CADASTRAL LAW EXPLANATION

2023
완벽한 시험대비
개 · 정 · 판

지적직 공무원
한국국토정보공사
공인중개사(2차)
감정평가사(1차)

지적법 해설

이영수 · 안병구 · 이민석 · 최병윤 저

부록편

· 기출문제(지적직 공무원, 공인중개사)
· 용어해설

예문사

2권 목차 »

부록 I 기출문제

부록 II **용어해설**

01 부동산종합공부에 등록해야 하는 내용으로 옳지 않은 것은?

① 건축물의 표시와 소유자에 관한 사항(토지에 건축물이 있는 경우만 해당한다) : 「건축법」 제38조에 따른 건축물 대장의 내용

② 토지의 이용 및 규제에 관한 사항 : 「국토의 계획 및 이용에 관한 법률」 제10조에 따른 토지이용계획확인서의 내용

③ 부동산의 가격에 관한 사항 : 「부동산 가격공시 및 감정평가에 관한 법률」 제11조에 따른 개별공시지가, 같은 법 제16조 및 제17조에 따른 개별주택가격 및 공동주택가격 공시내용

④ 토지의 표시와 소유자에 관한 사항 : 「공간정보의 구축 및 관리 등에 관한 법률」에 따른 지적공부의 내용

해설 **공간정보의 구축 및 관리 등에 관한 법률 제2조(정의)**

이 법에서 사용하는 용어의 뜻은 다음과 같다.

19. "지적공부"란 토지대장, 임야대장, 공유지연명부, 대지권등록부, 지적도, 임야도 및 경계점좌표등록부 등 지적측량 등을 통하여 조사된 토지의 표시와 해당 토지의 소유자 등을 기록한 대장 및 도면(정보처리시스템을 통하여 기록·저장된 것을 포함한다)을 말한다.

19의2. "연속지적도"란 지적측량을 하지 아니하고 전산화된 지적도 및 임야도 파일을 이용하여 도면상 경계점들을 연결하여 작성한 도면으로서 측량에 활용할 수 없는 도면을 말한다.

19의3. "부동산종합공부"란 토지의 표시와 소유자에 관한 사항, 건축물의 표시와 소유자에 관한 사항, 토지의 이용 및 규제에 관한 사항, 부동산의 가격에 관한 사항 등 부동산에 관한 종합정보를 정보관리체계를 통하여 기록·저장한 것을 말한다.

공간정보의 구축 및 관리 등에 관한 법률 제76조의3(부동산종합공부의 등록사항 등)

지적소관청은 부동산종합공부에 다음 각 호의 사항을 등록하여야 한다. 〈개정 2016.1.19.〉

1. 토지의 표시와 소유자에 관한 사항 : 이 법에 따른 지적공부의 내용

2. 건축물의 표시와 소유자에 관한 사항(토지에 건축물이 있는 경우만 해당한다) : 「건축법」 제38조에 따른 건축물대장의 내용

3. 토지의 이용 및 규제에 관한 사항 : 「토지이용규제 기본법」 제10조에 따른 토지이용계획확인서의 내용

4. 부동산의 가격에 관한 사항 : 「부동산 가격공시에 관한 법률」 제10조에 따른 개별공시지가, 같은 법 제16조, 제17조 및 제18조에 따른 개별주택가격 및 공동주택가격 공시내용

5. 그 밖에 부동산의 효율적 이용과 부동산과 관련된 정보의 종합적 관리·운영을 위하여 필요한 사항으로서 대통령령으로 정하는 사항

02 지적위원회에 대한 설명으로 옳은 것은?

① 중앙지적위원회는 위원장과 부위원장을 포함한 10인 이상 20인 이하의 위원으로 구성한다.

② 지적측량적부심사는 지방지적위원회의 심의 · 의결 사항이다.

③ 토지소유자 및 이해관계인만 지적측량 적부심사를 청구할 수 있다.

④ 지방지적위원회는 시 · 군 · 구에, 중앙지적위원회는 시 · 도에 둔다.

[해설] 공간정보의 구축 및 관리 등에 관한 법률 제28조(지적위원회) [암기] [정][무][연][개]는 [사][양][무][요]다.

① 다음 각 호의 사항을 심의 · 의결하기 위하여 국토교통부에 중앙지적위원회를 둔다.

1. 지적 관련 [정]책 개발 및 업[무] 개선 등에 관한 사항
2. 지적측량기술의 [연]구 · [개]발 및 보급에 관한 사항
3. 지적측량 적부심[사](適否審査)에 대한 재심사(再審査)
4. 측량기술자 중 지적분야 측량기술자(이하 "지적기술자"라 한다)의 [양]성에 관한 사항
5. 지적기술자의 업[무]정지 처분 및 징계[요]구에 관한 사항

② 지적측량에 대한 적부심사 청구사항을 심의 · 의결하기 위하여 특별시 · 광역시 · 특별자치시 · 도 또는 특별자치도(이하 "시 · 도"라 한다)에 지방지적위원회를 둔다. 〈신설 2013.7.17.〉

③ 중앙지적위원회와 지방지적위원회의 구성 및 운영에 필요한 사항은 대통령령으로 정한다.

④ 중앙지적위원회와 지방지적위원회의 위원 중 공무원이 아닌 사람은 「형법」 제127조 및 제129조부터 제132조까지의 규정을 적용할 때에는 공무원으로 본다. 〈신설 2017.10.24.〉

공간정보의 구축 및 관리 등에 관한 법률 시행령 제20조(중앙지적위원회의 구성 등)

① 중앙지적위원회(이하 "중앙지적위원회"라 한다)는 위원장 1명과 부위원장 1명을 포함하여 5명 이상 10명 이하의 위원으로 구성한다.

② 위원장은 국토교통부의 지적업무 담당 국장이, 부위원장은 국토교통부의 지적업무 담당 과장이 된다.

③ 위원은 지적에 관한 학식과 경험이 풍부한 사람 중에서 국토교통부장관이 임명하거나 위촉한다.

④ 위원장 및 부위원장을 제외한 위원의 임기는 2년으로 한다.

⑤ 중앙지적위원회의 간사는 국토교통부의 지적업무 담당 공무원 중에서 국토교통부장관이 임명하며, 회의 준비, 회의록 작성 및 회의 결과에 따른 업무 등 중앙지적위원회의 서무를 담당한다.

⑥ 중앙지적위원회의 위원에게는 예산의 범위에서 출석수당과 여비, 그 밖의 실비를 지급할 수 있다. 다만, 공무원인 위원이 그 소관 업무와 직접적으로 관련되어 출석하는 경우에는 그러하지 아니하다.

03 지적기술자의 업무정지 등에 관한 사항으로 옳지 않은 것은?

① 근무처 및 경력 등의 신고 또는 변경신고를 거짓으로 한 경우

② 다른 사람에게 지적측량업 등록증을 빌려 주거나 자기의 성명을 사용하여 측량업무를 수행하게 한 경우

③ 신의와 성실로써 공정하게 지적측량을 하지 아니하거나 고의 또는 중대한 과실로 지적측량을 잘못하여 다른 사람에게 손해를 입힌 경우

④ 지적기술자가 정당한 사유 없이 지적측량 신청을 거부한 경우

[해설] 공간정보의 구축 및 관리 등에 관한 법률 제42조(측량기술자의 업무정지 등)

① 국토교통부장관은 측량기술자(「건설기술진흥법」 제2조제8호에 따른 건설기술자인 측량기술자는 제외한다)가 다음 각 호의 어느 하나에 해당하는 경우에는 1년(지적기술자의 경우에는 2년) 이내의 기간을 정하여 측량업무의 수행을 정지시킬 수 있다. 이 경우 지적기술자에 대하여는 대통령령으로 정하는 바에 따라 중앙지적위원회의 심의 · 의결을 거쳐야 한다.

정답 02 ② 03 ②

1. 근무처 및 경력등의 신고 또는 변경신고를 거짓으로 한 경우
2. 다른 사람에게 측량기술경력증을 빌려 주거나 자기의 성명을 사용하여 측량업무를 수행하게 한 경우
3. 지적기술자가 신의와 성실로써 공정하게 지적측량을 하지 아니하거나 고의 또는 중대한 과실로 지적측량을 잘못하여 다른 사람에게 손해를 입힌 경우
4. 지적기술자가 정당한 사유 없이 지적측량 신청을 거부한 경우

② 국토교통부장관은 지적기술자가 제1항 각 호의 어느 하나에 해당하는 경우 위반행위의 횟수, 정도, 동기 및 결과 등을 고려하여 지적기술자가 소속된 한국국토정보공사 또는 지적측량업자에게 해임 등 적절한 징계를 할 것을 요청할 수 있다.

③ 제1항에 따른 업무정지의 기준과 그 밖에 필요한 사항은 국토교통부령으로 정한다.

04 지적측량수행자가 지적측량 의뢰를 받은 때에는 그 다음 날까지 지적소관청에 지적측량수행계획서를 제출해야 한다. 지적측량 수행계획서에 기재해야 할 내용이 아닌 것은?

① 측량 수수료 　　② 측량기간 　　③ 측량일자 　　④ 측량의뢰인

해설 공간정보의 구축 및 관리 등에 관한 법률 시행규칙 제25조(지적측량 의뢰 등)

① 지적측량을 의뢰하려는 자는 별지 제15호 서식의 지적측량 의뢰서(전자문서로 된 의뢰서를 포함한다)에 의뢰 사유를 증명하는 서류(전자문서를 포함한다)를 첨부하여 지적측량수행자에게 제출하여야 한다.

② 지적측량수행자는 제1항에 따른 지적측량 의뢰를 받은 때에는 측량기간, 측량일자 및 측량 수수료 등을 적은 지적측량 수행계획서를 그 다음 날까지 지적소관청에 제출하여야 한다. 제출한 지적측량 수행계획서를 변경한 경우에도 같다.

③ 지적측량의 측량기간은 5일로 하며, 측량검사기간은 4일로 한다. 다만, 지적기준점을 설치하여 측량 또는 측량검사를 하는 경우 지적기준점이 15점 이하인 경우에는 4일을, 15점을 초과하는 경우에는 4일에 15점을 초과하는 4점마다 1일을 가산한다.

④ 제3항에도 불구하고 지적측량 의뢰인과 지적측량수행자가 서로 합의하여 따로 기간을 정하는 경우에는 그 기간에 따르되, 전체 기간의 4분의 3은 측량기간으로, 전체 기간의 4분의 1은 측량검사기간으로 본다.

05 지상경계점등록부를 작성하는 경우에 등록하는 사항이 아닌 것은?

① 지적공부상 면적과 실제 토지이용 면적 　　② 경계점좌표등록부 시행지역의 경계점 좌표
③ 경계점의 사진 파일 및 경계점 위치 설명도 　　④ 토지의 소재 및 경계점 표지의 종류

해설 공간정보의 구축 및 관리 등에 관한 법률 제65조(지상경계의 구분 등) **암기** 토지경계는 공번점

① 토지의 지상경계는 둑, 담장이나 그 밖에 구획의 목표가 될 만한 구조물 및 경계점표지 등으로 구분한다.

② 지적소관청은 토지의 이동에 따라 지상경계를 새로 정한 경우에는 다음 각 호의 사항을 등록한 지상경계점등록부를 작성·관리하여야 한다.

1. 토지의 소재
2. 지번
3. 경계점 좌표(경계점좌표등록부 시행지역에 한정한다)
4. 경계점 위치 설명도
5. 그 밖에 국토교통부령으로 정하는 사항

③ 제1항에 따른 지상경계의 결정 기준 등 지상경계의 결정에 필요한 사항은 대통령령으로 정하고, 경계점 표지의 규격과 재질 등에 필요한 사항은 국토교통부령으로 정한다.

공간정보의 구축 및 관리 등에 관한 법률 시행규칙 제60조(지상 경계점 등록부 작성

① 경계점 위치 설명도의 작성 등에 관하여 필요한 사항은 국토교통부장관이 정한다.

② "그 밖에 국토교통부령으로 정하는 사항"이란 다음 각 호의 사항을 말한다.

1. ㉤부상 지목과 실제 토지이용 지목
2. 경㉔점의 사진 파일
3. 경계㉨표지의 종류 및 경계점 위치

06 지번을 부여할 때 지적확정측량을 실시한 지역과 동일한 지번부여방법을 준용하지 않는 대상지역은?

① 지번부여지역의 전부 또는 일부에 대하여 지번을 변경하는 경우

② 대규모의 등록전환으로 지번을 변경하는 경우

③ 행정구역 개편에 따라 새로 지번을 부여하는 경우

④ 축척변경 시행지역의 필지에 지번을 부여하는 경우

해설

구분		토지이동에 따른 지번의 부여방법(령 제56조)
부여방법		① 지번(地番)은 아라비아숫자로 표기하되, 임야대장 및 임야도에 등록하는 토지의 지번은 숫자 앞에 "산"자를 붙인다. ② 지번은 본번(本番)과 부번(副番)으로 구성하되, 본번과 부번 사이에 "-" 표시로 연결한다. 이 경우 "-" 표시는 "의"라고 읽는다. ③ 법 제66조에 따른 지번의 부여방법은 다음 각 호와 같다. 　1. 지번은 북서에서 남동으로 순차적으로 부여할 것
신규등록·등록전환	원칙	지번부여지역에서 인접토지의 본번에 부번을 붙여서 지번을 부여한다.
	예외	다음의 경우에는 그 지번부여지역의 최종 본번의 다음 순번부터 본번으로 하여 순차적으로 지번을 부여할 수 있다. ① 대상 토지가 그 지번부여지역의 최종 지번의 토지에 인접하여 있는 경우 ② 대상 토지가 이미 등록된 토지와 멀리 떨어져 있어서 등록된 토지의 본번에 부번을 부여하는 것이 불합리한 경우 ③ 대상 토지가 여러 필지로 되어 있는 경우
분할	원칙	분할 후의 필지 중 1필지의 지번은 분할 전의 지번으로 하고, 나머지 필지의 지번은 본번의 최종 부번 다음 순번으로 부번을 부여한다.
	예외	주거·사무실 등의 건축물이 있는 필지에 대해서는 분할 전의 지번을 우선하여 부여하여야 한다.
합병	원칙	합병 대상 지번 중 선순위의 지번을 그 지번으로 하되, 본번으로 된 지번이 있을 때에는 본번 중 선순위의 지번을 합병 후의 지번으로 한다.
	예외	토지소유자가 합병 전의 필지에 주거·사무실 등의 건축물이 있어서 그 건축물이 위치한 지번을 합병 후의 지번으로 신청할 때에는 그 지번을 합병 후의 지번으로 부여하여야 한다.
지적확정측량을 실시한 지역의 각 필지에 지번을 새로 부여하는 경우	원칙	다음 각 목의 지번을 제외한 본번으로 부여한다. ① 지적확정측량을 실시한 지역 안의 종전의 지번과 지적확정측량을 실시한 지역 밖에 있는 본번이 같은 지번이 있을 때 그 지번 ② 지적확정측량을 실시한 지역의 경계에 걸쳐 있는 지번
	예외	부여할 수 있는 종전 지번의 수가 새로 부여할 지번의 수보다 적을 때에는 블록단위로 하나의 본번을 부여한 후 필지별로 부번을 부여하거나, 그 지번부여지역의 최종 본번 다음 순번부터 본번으로 하여 차례로 지번을 부여할 수 있다.

구분	토지이동에 따른 지번의 부여방법(령 제56조)
지적확정측량에 준용	① 법 제66조제2항(② 지적소관청은 지적공부에 등록된 지번을 변경할 필요가 있다고 인정하면 시·도지사나 대도시 시장의 승인을 받아 지번부여지역의 전부 또는 일부에 대하여 지번을 새로 부여할 수 있다.)에 따라 지번부여지역의 지번을 변경할 때 ② 법 제85조제2항(② 지번부여지역의 일부가 행정구역의 개편으로 다른 지번부여지역에 속하게 되었으면 지적소관청은 새로 속하게 된 지번부여지역의 지번을 부여하여야 한다.)에 따른 행정구역 개편에 따라 새로 지번을 부여할 때 ③ 제72조제1항(① 지적소관청은 축척변경 시행지역의 각 필지별 지번·지목·면적·경계 또는 좌표를 새로 정하여야 한다.)에 따라 축척변경 시행지역의 필지에 지번을 부여할 때
도시개발사업 등의 준공 전	도시개발사업 등이 준공되기 전에 사업시행자가 지번부여를 신청하는 경우에는 국토교통부령으로 정하는 바에 따라 지번을 부여할 수 있다. 지적소관청은 도시개발사업 등이 준공되기 전에 지번을 부여하는 때에는 사업계획도에 따르되, 지적확정측량을 실시한 지역의 각 필지에 지번을 새로 부여하는 경우의 지번부여 방식에 따라 지번을 부여하여야 한다.

07 토지소유자 등이 토지의 이동에 따른 신청이 없는 경우 지적소관청이 직권으로 토지의 이동현황을 조사·측량하기 위하여 수립하는 계획의 명칭으로 옳은 것은?

① 토지이동현황 조사계획

② 토지이동현황 조사·측량계획

③ 토지이동현황 현지 조사계획

④ 토지이동현황 현지 조사·측량계획

해설 공간정보의 구축 및 관리 등에 관한 법률 제64조(토지의 조사·등록 등)
① 국토교통부장관은 모든 토지에 대하여 필지별로 소재·지번·지목·면적·경계 또는 좌표 등을 조사·측량하여 지적공부에 등록하여야 한다.
② 지적공부에 등록하는 지번·지목·면적·경계 또는 좌표는 토지의 이동이 있을 때 토지소유자(법인이 아닌 사단이나 재단의 경우에는 그 대표자나 관리인을 말한다. 이하 같다)의 신청을 받아 지적소관청이 결정한다. 다만, 신청이 없으면 지적소관청이 직권으로 조사·측량하여 결정할 수 있다.
③ 제2항 단서에 따른 조사·측량의 절차 등에 필요한 사항은 국토교통부령으로 정한다.

공간정보의 구축 및 관리 등에 관한 법률 시행규칙 제59조(토지의 조사·등록)
① 지적소관청은 토지의 이동현황을 직권으로 조사·측량하여 토지의 지번·지목·면적·경계 또는 좌표를 결정하려는 때에는 토지이동현황 조사계획을 수립하여야 한다. 이 경우 토지이동현황 조사계획은 시·군·구별로 수립하되, 부득이한 사유가 있는 때에는 읍·면·동별로 수립할 수 있다.
② 지적소관청은 제1항에 따른 토지이동현황 조사계획에 따라 토지의 이동현황을 조사한 때에는 별지 제55호 서식의 토지이동 조사부에 토지의 이동현황을 적어야 한다.
③ 지적소관청은 제2항에 따른 토지이동현황 조사 결과에 따라 토지의 지번·지목·면적·경계 또는 좌표를 결정한 때에는 이에 따라 지적공부를 정리하여야 한다.
④ 지적소관청은 제3항에 따라 지적공부를 정리하려는 때에는 제2항에 따른 토지이동 조사부를 근거로 별지 제56호 서식의 토지이동 조서를 작성하여 별지 제57호 서식의 토지이동정리 결의서에 첨부하여야 하며, 토지이동조서의 아래 부분 여백에 "「공간정보의 구축 및 관리 등에 관한 법률」 제64조제2항 단서에 따른 직권정리"라고 적어야 한다.

08 다음 중 토지대장의 사유란에 기록되는 사항으로 옳은 것은?

① 지리정보구축 완료신고　　　　② 용도구역변경 시행폐지
③ 등록사항정정 대상토지　　　　④ 집합건물대지 사용승인

해설 **토지의 이동사유**

토지 이동이 이루어질 경우 토지이동사유코드 및 이동연월일 및 그 사유를 등록한다.

〈토지 이동사유〉

코드	토지 이동사유	약부호
01	년　월　일 신규등록	신규등록
02	년　월　일 신규등록(매립준공)	매립준공
10	년　월　일 산　번에서 등록전환	등록전환
11	년　월　일　번으로 등록되어 말소	전환말소
20	년　월　일 분할되어 본번에　을부함	을부함
21	년　월　일　번에서 분할	에서 분할
22	년　월　일 분할개시 결정	분할결정
23	년　월　일 분할개시 결정 취소	분할취소
30	년　월　일　번과 합병	합병
31	년　월　일　번에 합병되어 말소	합병말소
40	년　월　일 지목변경	지목변경
41	년　월　일 지목변경(매립준공)	지목매립
42	년　월　일 해면성말소	해변말소
43	년　월　일　번에서 지번변경	지번변경
44	년　월　일 면적정정	면적정정
45	년　월　일 경계정정	경계정정
46	년　월　일 위치정정	위치정정
47	년　월　일 지적복구	지적복구
50	년　월　일　에서 행정구역명칭변경	명칭변경
51	년　월　일　에서 행정관할구역변경	관할변경
52	년　월　일　번에서 행정관할구역변경	관할지번
60	년　월　일 구획정리 시행신고	구획시행
61	년　월　일 구획정리 시행신고폐지	구획폐지
62	년　월　일 구획정리 완료	구획완료
63	년　월　일 구획정리되어 폐쇄	구획폐쇄
65	년　월　일 경지정리 시행신고	경지시행
66	년　월　일 경지정리 시행신고폐지	경지폐지
67	년　월　일 경지정리 완료	경지완료
68	년　월　일 경지정리되어 폐쇄	경지폐쇄
70	년　월　일 축척변경 시행	축척시행
71	년　월　일 축척변경 시행폐지	축척폐지
72	년　월　일 축척변경 완료	축척완료
73	년　월　일 축척변경되어 폐쇄	축척폐쇄
80	년　월　일 등록사항 정정 대상토지	정정대상
81	년　월　일 등록사항 정정(　)	등록정정

09 지목의 종류 및 구분 등에 대한 설명으로 옳지 않은 것은?

① '답'은 물을 상시적으로 직접 이용하여 벼·연(蓮)·미나리·왕골 등의 식물을 주로 재배하는 토지를 말한다.

② '과수원'은 사과·배·밤·호두·귤나무 등 과수류를 집단적으로 재배하는 토지와 이에 접속된 저장고 등 부속시설물의 부지를 말한다. 다만, 주거용 건축물의 부지는 '대'로 한다.

③ '광천지'는 온수·약수·석유류 등을 일정한 장소로 운송하는 송수관·송유관 및 저장시설의 부지를 말한다.

④ '유지(溜池)'는 물이 고이거나 상시적으로 물을 저장하고 있는 댐·저수지·소류지(沼溜池)·호수·연못 등의 토지와 연·왕골 등이 자생하는 배수가 잘 되지 아니하는 토지를 말한다.

> 해설 6. 광천지
> 지하에서 온수·약수·석유류 등이 용출되는 용출구(湧出口)와 그 유지(維持)에 사용되는 부지. 다만, 온수·약수·석유류 등을 일정한 장소로 운송하는 송수관·송유관 및 저장시설의 부지는 제외한다.
>
> 28. 잡종지
> 다음 각 목의 토지. 다만, 원상회복을 조건으로 돌을 캐내는 곳 또는 흙을 파내는 곳으로 허가된 토지는 제외한다.
> 가. 갈대밭, 실외에 물건을 쌓아두는 곳, 돌을 캐내는 곳, 흙을 파내는 곳, 야외시장 및 공동우물
> 나. 변전소, 송신소, 수신소 및 송유시설 등의 부지
> 다. 여객자동차터미널, 자동차운전학원 및 폐차장 등 자동차와 관련된 독립적인 시설물을 갖춘 부지
> 라. 공항시설 및 항만시설 부지
> 마. 도축장, 쓰레기처리장 및 오물처리장 등의 부지
> 바. 그 밖에 다른 지목에 속하지 않는 토지

10 도시개발사업 시행지구 내에서 환지를 수반하여 발생한 토지이동의 신청서로 갈음할 수 있는 서류는?

① 토지의 이동 신청을 갈음한다는 뜻이 기재된 환지처분 신고서

② 토지의 이동 신청을 할 사유가 발생하였다는 사업계획 신고서

③ 토지의 이동 신청을 갈음한다는 뜻이 기재된 사업변경 신고서

④ 토지의 이동 신청을 갈음한다는 뜻이 기재된 사업완료 신고서

> 해설 공간정보의 구축 및 관리 등에 관한 법률 시행령 제83조(토지개발사업 등의 범위 및 신고)
> ① 법 제86조제1항에서 "대통령령으로 정하는 토지개발사업"이란 다음 각 호의 사업을 말한다.
> 1. 「주택법」에 따른 주택건설사업
> 2. 「택지개발촉진법」에 따른 택지개발사업
> 3. 「산업입지 및 개발에 관한 법률」에 따른 산업단지개발사업
> 4. 「도시 및 주거환경정비법」에 따른 정비사업
> 5. 「지역 개발 및 지원에 관한 법률」에 따른 지역개발사업
> 6. 「체육시설의 설치·이용에 관한 법률」에 따른 체육시설 설치를 위한 토지개발사업
> 7. 「관광진흥법」에 따른 관광단지 개발사업
> 8. 「공유수면 관리 및 매립에 관한 법률」에 따른 매립사업
> 9. 「항만법」 및 「신항만건설촉진법」에 따른 항만개발사업
> 10. 「공공주택건설 등에 관한 특별법」에 따른 공공주택지구조성사업
> 11. 「물류시설의 개발 및 운영에 관한 법률」 및 「경제자유구역의 지정 및 운영에 관한 특별법」에 따른 개발사업

12. 「철도건설법」에 따른 고속철도, 일반철도 및 광역철도 건설사업

13. 「도로법」에 따른 고속국도 및 일반국도 건설사업

14. 그 밖에 제1호부터 제13호까지의 사업과 유사한 경우로서 국토교통부장관이 고시하는 요건에 해당하는 토지개발사업

② 도시개발사업 등의 착수·변경 또는 완료 사실의 신고는 그 사유가 발생한 날부터 15일 이내에 하여야 한다.

③ 토지의 이동 신청은 그 신청대상지역이 환지(換地)를 수반하는 경우에는 (법 제86조제1항에 따른) 사업완료 신고로써 이를 갈음할 수 있다. 이 경우 사업완료 신고서에 (법 제86조제2항에 따른) 토지의 이동 신청을 갈음한다는 뜻을 적어야 한다.

④ 「주택법」에 따른 주택건설사업의 시행자가 파산 등의 이유로 토지의 이동 신청을 할 수 없을 때에는 그 주택의 시공을 보증한 자 또는 입주예정자 등이 신청할 수 있다.

11 지적소관청이 지적공부에 등록된 토지소유자의 변경사항을 정리하고자 한다. 등기관서에서 등기한 것을 증명하는 서류 또는 제공한 자료에 해당하지 않는 것은?

① 등기완료통지서 ② 등기필증
③ 등기사항신청서 ④ 등기전산정보자료

해설 공간정보의 구축 및 관리 등에 관한 법률 제88조(토지소유자의 정리)

① 지적공부에 등록된 토지소유자의 변경사항은 등기관서에서 등기한 것을 증명하는 등기필증, 등기완료통지서, 등기사항증명서 또는 등기관서에서 제공한 등기전산정보자료에 따라 정리한다. 다만, 신규등록하는 토지의 소유자는 지적소관청이 직접 조사하여 등록한다.

② 「국유재산법」 제2조제10호에 따른 총괄청이나 같은 조 제11호에 따른 중앙관서의 장이 같은 법 제12조제3항에 따라 소유자 없는 부동산에 대한 소유자 등록을 신청하는 경우 지적소관청은 지적공부에 해당 토지의 소유자가 등록되지 아니한 경우에만 등록할 수 있다.

③ 등기부에 적혀 있는 토지의 표시가 지적공부와 일치하지 아니하면 제1항에 따라 토지소유자를 정리할 수 없다. 이 경우 토지의 표시와 지적공부가 일치하지 아니하다는 사실을 관할 등기관서에 통지하여야 한다.

④ 지적소관청은 필요하다고 인정하는 경우에는 관할 등기관서의 등기부를 열람하여 지적공부와 부동산등기부가 일치하는지 여부를 조사·확인하여야 하며, 일치하지 아니하는 사항을 발견하면 등기사항증명서 또는 등기관서에서 제공한 등기전산정보자료에 따라 지적공부를 직권으로 정리하거나, 토지소유자나 그 밖의 이해관계인에게 그 지적공부와 부동산등기부가 일치하게 하는 데에 필요한 신청 등을 하도록 요구할 수 있다.

⑤ 지적소관청 소속 공무원이 지적공부와 부동산등기부의 부합 여부를 확인하기 위하여 등기부를 열람하거나, 등기사항증명서의 발급을 신청하거나, 등기전산정보자료의 제공을 요청하는 경우 그 수수료는 무료로 한다.

12 다음 중 지목변경 없이 등록전환을 신청할 수 있는 사항으로 옳지 않은 것은?

① 대부분의 토지가 등록전환되어 나머지 토지를 임야도에 계속 존치하는 것이 불합리한 경우

② 임야도에 등록된 토지가 사실상 형질변경되었으나 지목변경을 할 수 없는 경우

③ 도시·군관리계획선에 따라 토지를 분할하는 경우

④ 잦은 토지의 이동으로 1필지의 규모가 작아서 소축척으로는 지적측량성과의 결정이나 토지의 이동에 따른 정리를 하기가 곤란한 경우

해설 공간정보의 구축 및 관리 등에 관한 법률 시행령 제64조(등록전환 신청)

① 법 제78조에 따라 등록전환을 신청할 수 있는 경우는 다음 각 호와 같다. 〈개정 2020.6.9.〉

> 1. 「산지관리법」에 따른 산지전용허가·신고, 산지일시사용허가·신고, 「건축법」에 따른 건축허가·신고 또는 그 밖의 관계 법령에 따른 개발행위 허가 등을 받은 경우
> 2. 대부분의 토지가 등록전환되어 나머지 토지를 임야도에 계속 존치하는 것이 불합리한 경우
> 3. 임야도에 등록된 토지가 사실상 형질변경되었으나 지목변경을 할 수 없는 경우
> 4. 도시·군관리계획선에 따라 토지를 분할하는 경우

② 삭제 〈2020.6.9.〉

③ 토지소유자는 법 제78조에 따라 등록전환을 신청할 때에는 등록전환 사유를 적은 신청서에 국토교통부령으로 정하는 서류를 첨부하여 지적소관청에 제출하여야 한다. 〈개정 2013.3.23.〉

13 지적소관청이 시·도지사 또는 대도시 시장으로부터 축척변경 승인을 받았을 때 공고사항으로 옳지 않은 것은?

① 축척변경 사유 등의 시·도지사 심사내용
② 축척변경 목적, 시행지역 및 시행기간
③ 축척변경의 시행에 따른 청산방법
④ 축척변경의 시행에 따른 토지소유자 등의 협조에 관한 사항

해설 공간정보의 구축 및 관리 등에 관한 법률 시행령 제71조(축척변경 시행공고 등) [암기] ㉠㉮목㉭청㉤세

① 지적소관청은 법 제83조제3항에 따라 시·도지사 또는 대도시 시장으로부터 축척변경 승인을 받았을 때에는 지체 없이 다음 각 호의 사항을 20일 이상 공고하여야 한다.

> 1. 축척변경의 ㉲적, 시행㉮역 및 시행㉠간
> 2. 축척변경의 시행에 따른 ㉭산방법
> 3. 축척변경의 시행에 따른 토지㉤유자 등의 협조에 관한 사항
> 4. 축척변경의 시행에 관한 ㉲부계획

② 제1항에 따른 시행공고는 시·군·구(자치구가 아닌 구를 포함한다) 및 축척변경 시행지역 동·리의 게시판에 주민이 볼 수 있도록 게시하여야 한다.

③ 축척변경 시행지역의 토지소유자 또는 점유자는 시행공고가 된 날(이하 "시행공고일"이라 한다)부터 30일 이내에 시행공고일 현재 점유하고 있는 경계에 국토교통부령으로 정하는 경계점표지를 설치하여야 한다.

14 지번의 부여 등에 대한 설명으로 옳지 않은 것은?

① 지번은 지적소관청이 지번부여지역별로 차례대로 부여한다.
② 지번은 아라비아숫자로 표기하되, 지적공부에 등록하는 토지의 지번은 숫자 앞에 반드시 '산' 자를 붙여야 한다.
③ 지적소관청은 지적공부에 등록된 지번을 변경할 필요가 있다고 인정하면 시·도지사나 대도시 시장의 승인을 받아 지번부여지역의 전부 또는 일부에 대하여 지번을 새로 부여할 수 있다.
④ 지번은 본번(本番)과 부번(副番)으로 구성하되, 본번과 부번 사이에 '-' 표시로 연결한다. 이 경우 '-' 표시는 '의'라고 읽는다.

공간정보의 구축 및 관리 등에 관한 법률 제66조(지번의 부여 등)
① 지번은 지적소관청이 지번부여지역별로 차례대로 부여한다.
② 지적소관청은 지적공부에 등록된 지번을 변경할 필요가 있다고 인정하면 시·도지사나 대도시 시장의 승인을 받아 지번부여지역 의 전부 또는 일부에 대하여 지번을 새로 부여할 수 있다.
③ 제1항과 제2항에 따른 지번의 부여방법 및 부여절차 등에 필요한 사항은 대통령령으로 정한다.

공간정보의 구축 및 관리 등에 관한 법률 시행령 제56조(지번의 구성 및 부여방법 등)
① 지번(地番)은 아라비아숫자로 표기하되, 임야대장 및 임야도에 등록하는 토지의 지번은 숫자 앞에 "산" 자를 붙인다.
② 지번은 본번(本番)과 부번(副番)으로 구성하되, 본번과 부번 사이에 "-" 표시로 연결한다. 이 경우 "-" 표시는 "의"라고 읽는다.
③ 지번의 부여방법은 다음 각 호와 같다.
　1. 지번은 북서에서 남동으로 순차적으로 부여할 것
　2. 신규등록 및 등록전환의 경우에는 그 지번부여지역에서 인접토지의 본번에 부번을 붙여서 지번을 부여할 것. 다만, 다음 각 목의 어느 하나에 해당하는 경우에는 그 지번부여지역의 최종 본번의 다음 순번부터 본번으로 하여 순차적으로 지번을 부여할 수 있다.

> 가. 대상토지가 그 지번부여지역의 최종 지번의 토지에 인접하여 있는 경우
> 나. 대상토지가 이미 등록된 토지와 멀리 떨어져 있어서 등록된 토지의 본번에 부번을 부여하는 것이 불합리한 경우
> 다. 대상토지가 여러 필지로 되어 있는 경우

15 지적소관청이 직권으로 조사·측량하여 지적공부를 정리하는 경우 이에 소요된 비용을 토지소유자에게 징수한다. 이때 징수하는 수수료 납부기한은 지적공부를 정리한 날로부터 며칠 이내인가?

① 7일 이내　　　　　　　　　　② 15일 이내
③ 30일 이내　　　　　　　　　　④ 60일 이내

공간정보의 구축 및 관리 등에 관한 법률 제106조(수수료 등)
① 다음 각 호의 어느 하나에 해당하는 신청 등을 하는 자는 국토교통부령으로 정하는 바에 따라 수수료를 내야 한다.
② 지적측량을 의뢰하는 자는 국토교통부령으로 정하는 바에 따라 지적측량수행자에게 지적측량수수료를 내야 한다.
③ 지적측량수수료는 국토교통부장관이 매년 12월 말일까지 고시하여야 한다.
④ 지적소관청이 직권으로 조사·측량하여 지적공부를 정리한 경우에는 그 조사·측량에 들어간 비용을 제2항에 준하여 토지소유자로부터 징수한다. 다만, 지적공부를 등록말소한 경우에는 그러하지 아니하다.

공간정보의 구축 및 관리 등에 관한 법률 시행규칙 제117조(수수료 납부기간)
법 제106조제4항에 따른 수수료는 지적공부를 정리한 날부터 30일 내에 내야 한다.

16 도시계획구역 안의 미등록 토지를 지방자치단체 명의로 신규등록하기 위해 누구와 협의해야 하는가?

① 시·도지사 또는 대도시 시장

② 국토교통부장관

③ 기획재정부장관

④ 행정자치부장관

공간정보의 구축 및 관리 등에 관한 법률 시행령 제63조(신규등록 신청)

토지소유자는 신규등록을 신청할 때에는 신규등록 사유를 적은 신청서에 국토교통부령으로 정하는 서류를 첨부하여 지적소관청에 제출하여야 한다.

공간정보의 구축 및 관리 등에 관한 법률 시행규칙 제81조(신규등록 신청) 암기 ㉤㉰㉮㉥㉯

① 영 제63조에서 "국토교통부령으로 정하는 서류"란 다음 각 호의 어느 하나에 해당하는 서류를 말한다.

> 1. 법원의 확정판결서 ㉤본 또는 ㉯본
> 2. 「공유수면 관리 및 매립에 관한 법률」에 따른 ㉰공검사확인증 ㉯본
> 3. 법률 제6389호 지적법개정법률 부칙 제5조에 따라 도시계획구역의 토지를 그 지방자치단체의 명의로 등록하는 때에는 ㉮획재정부장관과 협의한 문서의 ㉯본
> 4. 그 밖에 ㉥유권을 증명할 수 있는 서류의 ㉯본

② 제1항 각 호의 어느 하나에 해당하는 서류를 해당 지적소관청이 관리하는 경우에는 지적소관청의 확인으로 그 서류의 제출을 갈음할 수 있다.

17 타인 토지 출입 등에 관한 설명으로 옳은 것은?

① 해가 뜨기 전이라도 담장으로 둘러싸인 토지의 출입인 경우에는 소유자의 승낙이 없이도 가능하다.

② 타인의 토지에 출입하려는 자가 허가를 받아야 할 자로는 토지관리인도 포함된다.

③ 토지 출입에 따른 손실보상 협의가 성립되지 아니한 경우 관할 중앙토지수용위원회에 재결을 신청할 수 있다.

④ 측량 또는 토지의 이동을 조사하기 위해 필요한 경우 타인의 토지 등에 출입하거나 장애물을 제거할 수 있다.

공간정보의 구축 및 관리 등에 관한 법률 제101조(토지 등에의 출입 등)

① 이 법에 따라 측량을 하거나, 측량기준점을 설치하거나, 토지의 이동을 조사하는 자는 그 측량 또는 조사 등에 필요한 경우에는 타인의 토지·건물·공유수면 등(이하 "토지 등"이라 한다)에 출입하거나 일시 사용할 수 있으며, 특히 필요한 경우에는 나무, 흙, 돌, 그 밖의 장애물(이하 "장애물"이라 한다)을 변경하거나 제거할 수 있다.

② 제1항에 따라 타인의 토지 등에 출입하려는 자는 관할 특별자치시장, 특별자치도지사, 시장·군수 또는 구청장의 허가를 받아야 하며, 출입하려는 날의 3일 전까지 해당 토지 등의 소유자·점유자 또는 관리인에게 그 일시와 장소를 통지하여야 한다. 다만, 행정청인 자는 허가를 받지 아니하고 타인의 토지 등에 출입할 수 있다.

③ 제1항에 따라 타인의 토지 등을 일시 사용하거나 장애물을 변경 또는 제거하려는 자는 그 소유자·점유자 또는 관리인의 동의를 받아야 한다. 다만, 소유자·점유자 또는 관리인의 동의를 받을 수 없는 경우 행정청인 자는 관할 특별자치시장, 특별자치도지사, 시장·군수 또는 구청장에게 그 사실을 통지하여야 하며, 행정청이 아닌 자는 미리 관할 특별자치시장, 특별자치도지사, 시장·군수 또는 구청장의 허가를 받아야 한다.

④ 특별자치시장, 특별자치도지사, 시장·군수 또는 구청장은 제3항 단서에 따라 허가를 하려면 미리 그 소유자·점유자 또는 관리인의 의견을 들어야 한다.

⑤ 제3항에 따라 토지 등을 일시 사용하거나 장애물을 변경 또는 제거하려는 자는 토지 등을 사용하려는 날이나 장애물을 변경 또는 제거하려는 날의 3일 전까지 그 소유자·점유자 또는 관리인에게 통지하여야 한다. 다만, 토지 등의 소유자·점유자 또는 관리인이 현장에 없거나 주소 또는 거소가 분명하지 아니할 때에는 관할 특별자치시장, 특별자치도지사, 시장·군수 또는 구청장에게 통지하여야 한다.

⑥ 해 뜨기 전이나 해가 진 후에는 그 토지 등의 점유자의 승낙 없이 택지나 담장 또는 울타리로 둘러싸인 타인의 토지에 출입할 수 없다.

⑦ 토지 등의 점유자는 정당한 사유 없이 제1항에 따른 행위를 방해하거나 거부하지 못한다.

⑧ 제1항에 따른 행위를 하려는 자는 그 권한을 표시하는 허가증을 지니고 관계인에게 이를 내보여야 한다.

⑨ 제8항에 따른 허가증에 관하여 필요한 사항은 국토교통부령으로 정한다.

18 지적재조사사업을 시행하기 위한 토지현황조사의 내용으로 옳지 않은 것은?

① 소유자 조사

② 표준지가 조사

③ 지상건축물 및 지하건축물의 위치 조사

④ 좌표 조사

[해설] **지적재조사에 관한 특별법 제10조(토지현황조사)**

① 지적소관청은 제6조에 따른 실시계획을 수립한 때에는 지적재조사예정지구임이 지적공부에 등록된 토지를 대상으로 토지현황조사를 하여야 하며, 토지현황조사는 지적재조사측량과 병행하여 실시할 수 있다. 〈개정 2017.4.18., 2019.12.10., 2020.12.22.〉

② 토지현황조사를 할 때에는 소유자, 지번, 지목, 경계 또는 좌표, 지상건축물 및 지하건축물의 위치, 개별공시지가 등을 기재한 토지현황조사서를 작성하여야 한다.

③ 토지현황조사에 따른 조사 범위·대상·항목과 토지현황조사서 기재·작성 방법에 관련된 사항은 국토교통부령으로 정한다.

19 시·도의 지적재조사사업에 관한 사항을 심의·의결하기 위하여 운영하는 시·도 지적재조사위원회에 대한 설명으로 옳지 않은 것은?

① 시·군·구별 지적재조사사업의 우선순위를 조정한다.

② 위원회는 10명 이내의 위원으로 구성한다.

③ 지적재조사사업지구의 지정 및 변경을 심의한다.

④ 시·도 위원회는 재적위원 과반수의 출석과 출석위원 2/3 이상의 찬성으로 의결한다.

[해설] **지적재조사에 관한 특별법 제29조(시·도 지적재조사위원회)**

① 시·도의 지적재조사사업에 관한 주요 정책을 심의·의결하기 위하여 시·도지사 소속으로 시·도 지적재조사위원회(이하 "시·도 위원회"라 한다)를 둘 수 있다.

② 시·도 위원회는 다음 각 호의 사항을 심의·의결한다. 〈개정 2017.4.18., 2019.12.10., 2020.6.9.〉

> 1. 지적소관청이 수립한 ㉔시계획
> 1의2. 시·도㉟합계획의 수립 및 변경
> 2. 지적재조㉖지구의 지정 및 변경
> 3. 시·군·구별 지적재조사사업의 ㉗선순위 조정
> 4. 그 밖에 지적재조사사업에 필요하여 시·도 위원회의 ㉘원장이 회의에 부치는 사항

③ 시·도 위원회는 위원장 및 부위원장 각 1명을 포함한 10명 이내의 위원으로 구성한다.

④ 시·도 위원회의 위원장은 시·도지사가 되며, 부위원장은 위원 중에서 위원장이 지명한다.

⑤ 시·도 위원회의 위원은 다음 각 호의 어느 하나에 해당하는 사람 중에서 위원장이 임명 또는 위촉한다.

정답 **18** ② **19** ④

⑥ 시 · 도 위원회의 위원 중 공무원이 아닌 위원의 임기는 2년으로 한다.

⑦ 시 · 도 위원회는 재적위원 과반수의 출석과 출석위원 과반수의 찬성으로 의결한다.

⑧ 그 밖에 시 · 도 위원회의 조직 및 운영 등에 관하여 필요한 사항은 해당 시 · 도의 조례로 정한다.

20 지적도를 작성함에 있어 기점을 잘못 선택하는 등 기술적인 착오로 인해 지적도 상의 경계가 진실한 경계선과 다르게 잘못 작성된 경우, 판례상 토지경계의 확정 방법으로 옳은 것은?

① 지적도상의 경계에 의해 확정한다.

② 지적공부를 참조하여 경계를 확정한다.

③ 실제의 경계에 의해 확정한다.

④ 확정판결을 거쳐 경계를 확정한다.

해설 지적도상의 경계표시가 분할측량의 잘못 등으로 사실상의 경계와 다르게 표시되었다 하더라도 그 토지에 대한 매매도 특별한 사정이 없는 한 현실의 경계와 관계없이 지적공부상의 경계와 지적에 의하여 소유권의 범위가 확정된 토지를 매매 대상으로 하는 것으로 보아야 하고, 다만 지적도를 작성함에 있어서 기술적인 착오로 인하여 지적도상의 진실한 경계선과 다르게 작성되었기 때문에 경계와 지적이 실제의 것과 일치하지 않게 되었고, 그 토지들이 전전매도되면서도 당사자들이 사실상의 경계대로 토지를 매매할 의사를 가지고 거래한 경우 등과 같이 특별한 사정이 있는 경우에 한하여 그 토지의 경계는 실제의 경계에 의하여야 한다.(대법원 1996.7.9. 선고 95다.55597,55603 판결)

01 다음 설명 중 옳지 않은 것은?

① 축척변경 시행지역의 토지소유자 또는 점유자는 시행공고가 된 날부터 30일 이내에 시행공고일 현재 점유하고 있는 경계에 국토교통부령으로 정하는 경계점표지를 설치하여야 한다.

② 지방지적위원회의 의결에 불복하는 경우에는 그 의결서를 받은 날부터 90일 이내에 국토교통부장관을 거쳐 중앙지적위원회에 재심사를 청구할 수 있다.

③ 도시개발사업 등의 착수·변경 또는 완료 사실의 신고는 그 사유가 발생한 날부터 30일 이내에 하여야 한다.

④ 토지소유자, 이해관계인 또는 지적측량수행자로부터 지적측량 적부심사청구를 받은 시·도지사는 30일 이내에 지방 지적위원회에 회부하여야 한다.

해설 공간정보의 구축 및 관리 등에 관한 법률 시행령 제71조(축척변경 시행공고 등) **암기** ㉠㉣㉢㉥㉦㉧

① 지적소관청은 법 제83조제3항에 따라 시·도지사 또는 대도시 시장으로부터 축척변경 승인을 받았을 때에는 지체 없이 다음 각 호의 사항을 20일 이상 공고하여야 한다.

> 1. 축척변경의 ㉢적, 시행㉣역 및 시행㉠간
> 2. 축척변경의 시행에 따른 ㉧산방법
> 3. 축척변경의 시행에 따른 토지㉥유자 등의 협조에 관한 사항
> 4. 축척변경의 시행에 관한 ㉦부계획

② 제1항에 따른 시행공고는 시·군·구(자치구가 아닌 구를 포함한다) 및 축척변경 시행지역 동·리의 게시판에 주민이 볼 수 있도록 게시하여야 한다.

③ 축척변경 시행지역의 토지소유자 또는 점유자는 시행공고가 된 날(이하 "시행공고일"이라 한다)부터 30일 이내에 시행공고일 현재 점유하고 있는 경계에 국토교통부령으로 정하는 경계점표지를 설치하여야 한다.

공간정보의 구축 및 관리 등에 관한 법률 시행령 제83조(토지개발사업 등의 범위 및 신고)

② 법 제86조제1항에 따른 도시개발사업 등의 착수·변경 또는 완료 사실의 신고는 그 사유가 발생한 날부터 15일 이내에 하여야 한다.

③ 법 제86조제2항에 따른 토지의 이동 신청은 그 신청대상지역이 환지(換地)를 수반하는 경우에는 법 제86조제1항에 따른 사업완료 신고로써 이를 갈음할 수 있다. 이 경우 사업완료 신고서에 법 제86조제2항에 따른 토지의 이동 신청을 갈음한다는 뜻을 적어야 한다.

④ 「주택법」에 따른 주택건설사업의 시행자가 파산 등의 이유로 토지의 이동 신청을 할 수 없을 때에는 그 주택의 시공을 보증한 자 또는 입주예정자 등이 신청할 수 있다.

02 부동산종합공부에 기록·저장되는 내용에 대한 설명으로 옳지 않은 것은?

① 부동산의 가격에 관한 사항　　　　② 토지이용자에 관한 사항

③ 건축물의 표시와 소유자에 관한 사항　　④ 토지의 이용 및 규제에 관한 사항

정답　**01** ③　**02** ②

공간정보의 구축 및 관리 등에 관한 법률 제2조(정의)

이 법에서 사용하는 용어의 뜻은 다음과 같다.

19. "지적공부"란 토지대장, 임야대장, 공유지연명부, 대지권등록부, 지적도, 임야도 및 경계점좌표등록부 등 지적측량 등을 통하여 조사된 토지의 표시와 해당 토지의 소유자 등을 기록한 대장 및 도면(정보처리시스템을 통하여 기록·저장된 것을 포함한다)을 말한다.

19의2. "연속지적도"란 지적측량을 하지 아니하고 전산화된 지적도 및 임야도 파일을 이용하여, 도면상 경계점들을 연결하여 작성한 도면으로서 측량에 활용할 수 없는 도면을 말한다.

19의3. "부동산종합공부"란 토지의 표시와 소유자에 관한 사항, 건축물의 표시와 소유자에 관한 사항, 토지의 이용 및 규제에 관한 사항, 부동산의 가격에 관한 사항 등 부동산에 관한 종합정보를 정보관리체계를 통하여 기록·저장한 것을 말한다.

03 다음 중 주된 용도의 토지에 편입하여 1필지로 할 수 있는 경우는?

① 종된 용도의 토지의 지목이 '대'인 경우

② 종된 용도의 토지 면적이 주된 용도의 토지 면적의 10%를 초과하는 경우

③ 주된 용도의 토지의 편의를 위하여 설치된 도로·구거 등의 부지

④ 종된 용도의 토지 면적이 330m²를 초과하는 경우

주된 용도의 토지에 편입할 수 있는 토지(양입지)

지번부여지역 및 소유자·용도가 동일하고 지반이 연속된 경우 등 1필지로 정할 수 있는 기준에 적합하나 토지의 일부분의 용도가 다른 경우 주지목추종의 원칙에 의하여 주된 용도의 토지에 편입하여 1필지로 정할 수 있다.

대상토지	① 주된 용도의 토지 편의를 위하여 설치된 도로·구거(溝渠, 도랑) 등의 부지 ② 주된 용도의 토지에 접속하거나 주된 용도의 토지로 둘러싸인 토지로서 다른 용도로 사용되고 있는 토지
주된 용도의 토지에 편입할 수 없는 토지	① 종된 토지의 지목이 대인 경우 ② 종된 용도의 토지 면적이 주된 용도의 토지 면적의 10%를 초과하는 경우 ③ 종된 용도의 토지 면적이 330제곱미터를 초과하는 경우

04 「공간정보의 구축 및 관리 등에 관한 법률」상 경계에 대한 개념으로 옳은 것은?

① 도상경계선을 의미한다.

② 지상경계선을 의미한다.

③ 점유경계선을 의미한다.

④ 현실경계선을 의미한다.

공간정보의 구축 및 관리 등에 관한 법률 제2조(정의)

이 법에서 사용하는 용어의 뜻은 다음과 같다.

25. "경계점"이란 필지를 구획하는 선의 굴곡점으로서 지적도나 임야도에 도해(圖解) 형태로 등록하거나 경계점좌표등록부에 좌표 형태로 등록하는 점을 말한다.

26. "경계"란 필지별로 경계점들을 직선으로 연결하여 지적공부에 등록한 선을 말한다.

05 다음은 지적현황측량성과도의 도시방법을 표기한 것이다. 옳지 않은 것은?

① ⊓ : 벤치

② ◎ : 2등 삼각점

③ ⊕ : 지적삼각점

④ ⊖ : 전신주

해설 **지적현황측량성과도의 도시방법**

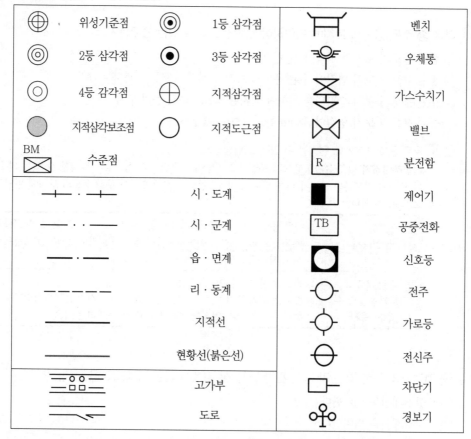

⊕ ·	위성기준점	◉	1등 삼각점
◎	2등 삼각점	●	3등 삼각점
◎	4등 감각점	⊕	지적삼각점
●	지적삼각보조점	○	지적도근점
BM ⊠	수준점		

─┼─·─┼─	시 · 도계
───··───	시 · 군계
───·───	읍 · 면계
─ ─ ─ ─ ─	리 · 동계
──────	지적선
──────	현황선(붉은선)
═○□□═	고가부
──/──	도로

⊓	벤치
우체통	우체통
⋈	가스수치기
⋈	밸브
R	분전함
◧	제어기
TB	공중전화
◼○	신호등
⊖	전주
⊖	가로등
⊖	전신주
⊏⊐	차단기
⊶⊷	경보기

06 다음 용어의 정의 중 옳은 것은?

① 축척변경이란 작은 축척에서 큰 축척으로, 큰 축척에서 작은 축척으로 변경되는 것을 의미한다.

② 토지대장에 등록된 토지를 임야대장에 옮겨 적는 것은 등록전환에 속한다.

③ 부령에 따라 구획되는 토지의 등록단위를 필지라 한다.

④ 토지의 지번을 새로 정하는 것은 토지의 이동에 해당된다.

공간정보의 구축 및 관리 등에 관한 법률 제2조(정의)

이 법에서 사용하는 용어의 뜻은 다음과 같다.

20. "토지의 표시"란 지적공부에 토지의 소재·지번(地番)·지목(地目)·면적·경계 또는 좌표를 등록한 것을 말한다.
21. "필지"란 대통령령으로 정하는 바에 따라 구획되는 토지의 등록단위를 말한다.
22. "지번"이란 필지에 부여하여 지적공부에 등록한 번호를 말한다.
23. "지번부여지역"이란 지번을 부여하는 단위지역으로서 동·리 또는 이에 준하는 지역을 말한다.
24. "지목"이란 토지의 주된 용도에 따라 토지의 종류를 구분하여 지적공부에 등록한 것을 말한다.
28. "토지의 이동(異動)"이란 토지의 표시를 새로 정하거나 변경 또는 말소하는 것을 말한다.
29. "신규등록"이란 새로 조성된 토지와 지적공부에 등록되어 있지 아니한 토지를 지적공부에 등록하는 것을 말한다.
30. "등록전환"이란 임야대장 및 임야도에 등록된 토지를 토지대장 및 지적도에 옮겨 등록하는 것을 말한다.
31. "분할"이란 지적공부에 등록된 1필지를 2필지 이상으로 나누어 등록하는 것을 말한다.
32. "합병"이란 지적공부에 등록된 2필지 이상을 1필지로 합하여 등록하는 것을 말한다.
33. "지목변경"이란 지적공부에 등록된 지목을 다른 지목으로 바꾸어 등록하는 것을 말한다.
34. "축척변경"이란 지적도에 등록된 경계점의 정밀도를 높이기 위하여 작은 축척을 큰 축척으로 변경하여 등록하는 것을 말한다.

07 다음 중 가장 최근에 신설된 지목은 무엇인가?

① 창고용지   ② 철도용지
③ 광천지   ④ 공원

구분		토지조사사업 당시의 지목	구 지적법상의 지목		현행법률의 지목
변경내용	분리신설	지소 → 지소, 유지 (토지조사당시의 지목 18개, 1918.6.18. 지세령 개정으로 19개)	잡종지 → 잡종지, 염전, 광천지		
	통합		• 철도용지 + 철도선로 → 철도용지 • 수도용지 + 수도선로 → 수도용지 • 유지 + 지소 → 유지		
	신설		• 과수원, 목장용지, 공장용지, 학교용지, 유원지, 운동장		• 주차장, 주유소용지, 창고용지, 양어장(2002년)
	명칭변경		• 공원지 → 공원 • 사사지 → 종교용지 • 성첩 → 사적지 • 분묘지 → 묘지 • 운동장 → 체육용지		

08 지적소관청은 토지의 이동에 따라 지상경계를 새로 정한 경우에는 지상경계점등록부를 작성·관리해야 한다. 다음 중 지상경계점등록부에 작성해야 하는 사항이 아닌 것은?

① 경계점의 사진 파일
② 경계점 위치 설명도
③ 공부상 지목과 실제 토지이용 지목
④ 토지의 소유자

해설 공간정보의 구축 및 관리 등에 관한 법률 제65조(지상경계의 구분 등) 암기 ㉤㉯㉱㉥는 ㉫㉮㉡

① 토지의 지상경계는 둑, 담장이나 그 밖에 구획의 목표가 될 만한 구조물 및 경계점표지 등으로 구분한다.
② 지적소관청은 토지의 이동에 따라 지상경계를 새로 정한 경우에는 다음 각 호의 사항을 등록한 지상경계점등록부를 작성·관리하여야 한다.
  1. ㉤지의 소재
  2. ㉯번
  3. ㉱계점 좌표(경계점좌표등록부 시행지역에 한정한다)
  4. 경㉥점 위치 설명도
  5. 그 밖에 국토교통부령으로 정하는 사항

공간정보의 구축 및 관리 등에 관한 법률 시행령 제60조(지상 경계점 등록부 작성 등)

① 법 제65조제2항제4호에 따른 경계점 위치 설명도의 작성 등에 관하여 필요한 사항은 국토교통부장관이 정한다. 〈개정 2014.1.17.〉
② 법 제65조제2항제5호에서 "그 밖에 국토교통부령으로 정하는 사항"이란 다음 각 호의 사항을 말한다. 〈신설 2014.1.17.〉
  1. ㉡부상 지목과 실제 토지이용 지목
  2. 경㉥점의 사진 파일
  3. 경계㉱표지의 종류 및 경계점 위치
③ 법 제65조제2항에 따른 지상경계점등록부는 별지 제58호 서식과 같다. 〈신설 2014.1.17.〉

09 다음은 지번부여방법을 설명한 것이다. 옳지 않은 것은?

① 신규등록의 경우 대상토지가 그 지번부여지역의 최종 지번의 토지에 인접한 경우 그 지번부여지역의 최종 본번의 다음 순번부터 본번으로 하여 순차적으로 지번을 부여할 수 있다.
② 지번은 지적소관청이 지번부여지역별로 차례대로 부여한다.
③ 등록전환 대상토지가 여러 필지로 되어 있는 경우에는 북서방향에 인접한 토지의 본번에 부번을 붙여서 부여한다.
④ 지번은 북서에서 남동으로 순차적으로 부여한다.

해설

구분	토지이동에 따른 지번의 부여방법(령 제56조)
부여방법	① 지번(地番)은 아라비아숫자로 표기하되, 임야대장 및 임야도에 등록하는 토지의 지번은 숫자 앞에 "산"자를 붙인다. ② 지번은 본번(本番)과 부번(副番)으로 구성하되, 본번과 부번 사이에 "－" 표시로 연결한다. 이 경우 "－" 표시는 "의"라고 읽는다. ③ 법 제66조에 따른 지번의 부여방법은 다음 각 호와 같다. 　1. 지번은 북서에서 남동으로 순차적으로 부여할 것

구분		토지이동에 따른 지번의 부여방법(령 제56조)
신규등록 · 등록전환	원칙	지번부여지역에서 인접토지의 본번에 부번을 붙여서 지번을 부여한다.
	예외	다음의 경우에는 그 지번부여지역의 최종 본번의 다음 순번부터 본번으로 하여 순차적으로 지번을 부여할 수 있다. ① 대상 토지가 그 지번부여지역의 최종 지번의 토지에 인접하여 있는 경우 ② 대상 토지가 이미 등록된 토지와 멀리 떨어져 있어서 등록된 토지의 본번에 부번을 부여하는 것이 불합리한 경우 ③ 대상 토지가 여러 필지로 되어 있는 경우
분할	원칙	분할 후의 필지 중 1필지의 지번은 분할 전의 지번으로 하고, 나머지 필지의 지번은 본번의 최종 부번 다음 순번으로 부번을 부여한다.
	예외	주거 · 사무실 등의 건축물이 있는 필지에 대해서는 분할 전의 지번을 우선하여 부여하여야 한다.
합병	원칙	합병 대상 지번 중 선순위의 지번을 그 지번으로 하되, 본번으로 된 지번이 있을 때에는 본번 중 선순위의 지번을 합병 후의 지번으로 한다.
	예외	토지소유자가 합병 전의 필지에 주거 · 사무실 등의 건축물이 있어서 그 건축물이 위치한 지번을 합병 후의 지번으로 신청할 때에는 그 지번을 합병 후의 지번으로 부여하여야 한다.
지적확정 측량을 실시한 지역의 각 필지에 지번을 새로 부여하는 경우	원칙	다음 각 목의 지번을 제외한 본번으로 부여한다. ① 지적확정측량을 실시한 지역 안의 종전의 지번과 지적확정측량을 실시한 지역 밖에 있는 본번이 같은 지번이 있을 때 그 지번 ② 지적확정측량을 실시한 지역의 경계에 걸쳐 있는 지번
	예외	부여할 수 있는 종전 지번의 수가 새로 부여할 지번의 수보다 적을 때에는 블록단위로 하나의 본번을 부여한 후 필지별로 부번을 부여하거나, 그 지번부여지역의 최종 본번 다음 순번부터 본번으로 하여 차례로 지번을 부여할 수 있다.
지적확정측량에 준용		① 법 제66조제2항(② 지적소관청은 지적공부에 등록된 지번을 변경할 필요가 있다고 인정하면 시 · 도지사나 대도시 시장의 승인을 받아 지번부여지역의 전부 또는 일부에 대하여 지번을 새로 부여할 수 있다.)에 따라 지번부여지역의 지번을 변경할 때 ② 법 제85조제2항(② 지번부여지역의 일부가 행정구역의 개편으로 다른 지번부여지역에 속하게 되었으면 지적소관청은 새로 속하게 된 지번부여지역의 지번을 부여하여야 한다.)에 따른 행정구역 개편에 따라 새로 지번을 부여할 때 ③ 제72조제1항(① 지적소관청은 축척변경 시행지역의 각 필지별 지번 · 지목 · 면적 · 경계 또는 좌표를 새로 정하여야 한다.)에 따라 축척변경 시행지역의 필지에 지번을 부여할 때
도시개발사업 등의 준공 전		도시개발사업 등이 준공되기 전에 사업시행자가 지번부여를 신청하는 경우에는 국토교통부령으로 정하는 바에 따라 지번을 부여할 수 있다. 지적소관청은 도시개발사업 등이 준공되기 전에 지번을 부여하는 때에는 사업계획도에 따르되, 지적확정측량을 실시한 지역의 각 필지에 지번을 새로 부여하는 경우의 지번부여방식에 따라 지번을 부여하여야 한다.

10 다음 중 지목을 도로로 설정할 수 없는 경우는?

① 2필지 이상에 진입하는 통로로 이용되는 토지

② 아파트 · 공장 등 단일 용도의 일정한 단지 안에 설치된 통로

③ 일반 공중의 교통 운수를 위하여 보행이나 차량 운행에 필요한 일정한 설비 또는 형태를 갖추어 이용되는 토지

④ 고속도로의 휴게소 부지

> (해설) **도로(道路)**
>
> 다음의 토지는 "도로"로 한다. 다만, 아파트 · 공장 등 단일 용도의 일정한 단지 안에 설치된 통로 등은 제외한다.
> ① 일반 공중(公衆)의 교통 운수를 위하여 보행이나 차량운행에 필요한 일정한 설비 또는 형태를 갖추어 이용되는 토지
> ②「도로법」등 관계 법령에 따라 도로로 개설된 토지
> ③ 고속도로의 휴게소 부지
> ④ 2필지 이상에 진입하는 통로로 이용되는 토지

11 다음 중 지적공부의 효율적인 관리 및 활용을 위하여 지적정보 전담 관리기구를 설치 · 운영해야 하는 자는?

① 지방자치단체의 장　　② 지적소관청　　③ 국토교통부장관　　④ 국토정보센터장

> (해설) **공간정보의 구축 및 관리 등에 관한 법률 제70조(지적정보 전담 관리기구의 설치)**
> ① 국토교통부장관은 지적공부의 효율적인 관리 및 활용을 위하여 지적정보 전담 관리기구를 설치 · 운영한다. 〈개정 2013.3.23.〉
> ② 국토교통부장관은 지적공부를 과세나 부동산정책자료 등으로 활용하기 위하여 주민등록전산자료, 가족관계등록전산자료, 부동산등기전산자료 또는 공시지가전산자료 등을 관리하는 기관에 그 자료를 요청할 수 있으며 요청을 받은 관리기관의 장은 특별한 사정이 없으면 그 요청을 따라야 한다. 〈개정 2020.6.9.〉
> ③ 제1항에 따른 지적정보 전담 관리기구의 설치 · 운영에 관한 세부사항은 대통령령으로 정한다.

12 다음 중 지적삼각점의 명칭으로 사용할 수 없는 것은?

① 인천　　　　　② 울산　　　　　③ 전주　　　　　④ 세종

> (해설) **지적삼각점의 명칭**
>
> 지적삼각점의 명칭은 측량지역이 소재하고 있는 특별시 · 광역시 · 도 또는 특별자치도(이하 "시 · 도"라 한다)의 명칭 중 두 글자를 선택하고 시 · 도 단위로 일련번호를 붙여서 정한다.

〈지적삼각점의 명칭〉

기관명	명칭	기관명	명칭	기관명	명칭
서울특별시	서 울	울산광역시	울 산	전라북도	전 북
부산광역시	부 산	경 기 도	경 기	전라남도	전 남
대구광역시	대 구	강 원 도	강 원	경상북도	경 북
인천광역시	인 천	충청북도	충 북	경상남도	경 남
광주광역시	광 주	충청남도	충 남	제 주 도	제 주
대전광역시	대 전	세종특별자치시	세 종		

13 다음은 지적공부의 복구에 관한 관계자료이다. 옳지 않은 것은?

① 등기사실을 증명하는 서류
② 지적공부의 초본
③ 측량 결과도
④ 토지이동정리 결의서

[해설] 지적공부의 복구방법 및 복구자료 **[암기]** ㉠ㅇㅈㅇㅂㅁ은 ㅇㅈㅇ에서

지적소관청(정보처리시스템에 따른 지적공부의 경우에는 시·도지사, 시장·군수 또는 구청장)은 지적공부의 전부 또는 일부가 멸실되거나 훼손된 경우에는 지체 없이 이를 복구하여야 한다.

토지의 표시에 관한 사항	지적소관청이 지적공부를 복구할 때에는 멸실·훼손 당시의 지적공부와 가장 부합된다고 인정되는 관계 자료에 따라 토지의 표시에 관한 사항을 복구하여야 한다.
소유자에 관한 사항	부동산등기부나 법원의 확정판결에 따라 복구하여야 한다.
지적공부의 복구자료	지적공부의 복구에 관한 관계 자료(이하 "복구자료"라 한다)는 다음과 같다. ① ㉠동산등기부㉡본 등 등기사실을 증명하는 서류 ② ㉢적공부의 ㉤본 ③ 지적공부를 복제하여 관리하는 시스템에서 ㉥제된 지적공부 ④ 지적소관청이 작성하거나 발행한 지적공부의 등록내용을 증㉦하는 서류 ⑤ 측㉧결과도 ⑥ 토㉨이동정리결의서 ⑦ 법㉩의 확정판결서 정본 또는 사본

14 지적공부의 등록사항을 지적소관청이 직권으로 정정할 수 없는 경우는?

① 지적공부의 등록사항이 잘못 입력된 경우
② 지적공부의 작성 또는 재작성 당시 잘못 정리된 경우
③ 지적측량성과와 다르게 정리된 경우
④ 임야도에 등록된 필지가 경계 및 면적이 잘못된 경우

[해설] 공간정보의 구축 및 관리 등에 관한 법률 시행령 제82조(등록사항의 직권정정 등)

① 지적소관청이 법 제84조제2항에 따라 지적공부의 등록사항에 잘못이 있는지를 직권으로 조사·측량하여 정정할 수 있는 경우는 다음 각 호와 같다. 〈개정 2015.6.1., 2017.1.10.〉

1. 제84조제2항에 따른 토지이동정리 결의서의 내용과 다르게 정리된 경우
2. 지적도 및 임야도에 등록된 필지가 면적의 증감 없이 경계의 위치만 잘못된 경우
3. 1필지가 각각 다른 지적도나 임야도에 등록되어 있는 경우로서 지적공부에 등록된 면적과 측량한 실제면적은 일치하지만 지적도나 임야도에 등록된 경계가 서로 접합되지 않아 지적도나 임야도에 등록된 경계를 지상의 경계에 맞추어 정정하여야 하는 토지가 발견된 경우
4. 지적공부의 작성 또는 재작성 당시 잘못 정리된 경우
5. 지적측량성과와 다르게 정리된 경우
6. 법 제29조제10항에 따라 지적공부의 등록사항을 정정하여야 하는 경우
7. 지적공부의 등록사항이 잘못 입력된 경우
8. 「부동산등기법」 제37조제2항에 따른 통지가 있는 경우(지적소관청의 착오로 잘못 합병한 경우만 해당한다.)
9. 법률 제2801호 지적법개정법률 부칙 제3조에 따른 면적 환산이 잘못된 경우

② 지적소관청은 제1항 각 호의 어느 하나에 해당하는 토지가 있을 때에는 지체 없이 관계 서류에 따라 지적공부의 등록사항을 정정하여야 한다.

③ 지적공부의 등록사항 중 경계나 면적 등 측량을 수반하는 토지의 표시가 잘못된 경우에는 지적소관청은 그 정정이 완료될 때까지 지적측량을 정지시킬 수 있다. 다만, 잘못 표시된 사항의 정정을 위한 지적측량은 그러하지 아니하다.

15 지적재조사사업에 관련된 설명으로 옳지 않은 것은?

① 지적공부의 등록사항과 일치하지 않는 토지의 실제 현황을 바로 잡기 위한 사업이다.

② 종이에 구현된 지적을 디지털 지적으로 전환하기 위한 사업이다.

③ 국토를 효율적으로 관리하기 위해 추진되는 사업이다.

④ 국민의 재산권을 보호해주기 위해 추진되는 국가사업이다.

> **해설** **지적재조사에 관한 특별법 제1조(목적)**
> 이 법은 토지의 실제 현황과 일치하지 아니하는 지적공부(地籍公簿)의 등록사항을 바로 잡고 종이에 구현된 지적(地籍)을 디지털 지적으로 전환함으로써 국토를 효율적으로 관리함과 아울러 국민의 재산권 보호에 기여함을 목적으로 한다.
>
> **지적재조사에 관한 특별법 제2조(정의)**
> 이 법에서 사용하는 용어의 정의는 다음과 같다.
> 1. "지적공부"란 토지대장, 임야대장, 공유지연명부, 대지권등록부, 지적도, 임야도 및 경계점좌표등록부 등 지적측량 등을 통하여 조사된 토지의 표시와 해당 토지의 소유자 등을 기록한 대장 및 도면(정보처리시스템을 통하여 기록·저장된 것을 포함한다)을 말한다.
> 2. "지적재조사사업"이란 「공간정보의 구축 및 관리 등에 관한 법률」 제71조부터 제73조까지의 규정에 따른 지적공부의 등록사항을 조사·측량하여 기존의 지적공부를 디지털에 의한 새로운 지적공부로 대체함과 동시에 지적공부의 등록사항이 토지의 실제 현황과 일치하지 아니하는 경우 이를 바로 잡기 위하여 실시하는 국가사업을 말한다.
> 3. "지적재조사지구"란 지적재조사사업을 시행하기 위하여 제7조 및 제8조에 따라 지정·고시된 지구를 말한다.

16 다음은 「지적재조사에 관한 특별법」에 의한 조정금의 산정 및 조정금 등에 관한 설명이다. 옳은 것은?

① 조정금에 관하여 이의가 있는 자는 납부고지를 받은 날부터 30일 이내에 지적소관청에 이의신청을 할 수 있다.

② 지방자치단체 소유의 공유지 행정재산의 조정금은 징수하지 않는다.

③ 조정금은 사업을 완료한 이후에 감정평가법인에 의뢰하여 평가한 감정평가액으로 산정한다.

④ 조정금에 대한 이의신청을 받은 지적소관청은 60일 이내에 시·군·구 지적재조사위원회의 심의·의결을 거쳐 그 인용 여부를 결정한다.

> **해설** **지적재조사에 관한 특별법 제20조(조정금의 산정)**
> ① 지적소관청은 제18조에 따른 경계 확정으로 지적공부상의 면적이 증감된 경우에는 필지별 면적 증감내역을 기준으로 조정금을 산정하여 징수하거나 지급한다.
> ② 제1항에도 불구하고 국가 또는 지방자치단체 소유의 국유지·공유지 행정재산의 조정금은 징수하거나 지급하지 아니한다.
> ③ 조정금은 제18조에 따라 경계가 확정된 시점을 기준으로 「감정평가 및 감정평가사에 관한 법률」에 따른 감정평가법인 등이 평가한 감정평가액으로 산정한다. 다만, 토지소유자협의회가 요청하는 경우

에는 제30조에 따른 시·군·구 지적재조사위원회의 심의를 거쳐 「부동산 가격공시에 관한 법률」에 따른 개별공시지가로 산정할 수 있다. 〈개정 2017.4.18., 2020.4.7.〉

④ 지적소관청은 제3항에 따라 조정금을 산정하고자 할 때에는 제30조에 따른 시·군·구 지적재조사위원회의 심의를 거쳐야 한다.

⑤ 제2항부터 제4항까지에 규정된 것 외에 조정금의 산정에 필요한 사항은 대통령령으로 정한다.

지적재조사에 관한 특별법 시행령 제12조(조정금의 산정)

법 제20조제1항에 따른 조정금은 다음 각 호의 구분에 따라 산정한다.

1. 개별공시지가를 기준으로 하는 경우 : 제11조에 따라 작성된 지적확정조서의 필지별 증감면적에 사업지구 지정고시일 당시의 개별공시지가(「부동산 가격공시 및 감정평가에 관한 법률」 제11조에 따른 개별공시지가를 말하며, 해당 토지의 개별공시지가가 없으면 같은 법 제9조에 따른 공시지가를 기준으로 하여 산출한 금액을 말한다)를 곱하여 산정한다.
2. 감정평가액을 기준으로 하는 경우: 제11조에 따라 작성된 지적확정조서의 필지별 증감면적을 「부동산 가격공시 및 감정평가에 관한 법률」 제28조에 따른 감정평가법인에 의뢰하여 평가한 감정평가액으로 산정한다.

지적재조사에 관한 특별법 제21조의2(조정금에 관한 이의신청)

① 법 제21조제3항에 따라 수령통지되거나 납부고지된 조정금에 관하여 이의가 있는 자는 수령통지 또는 납부고지를 받은 날부터 60일 이내에 지적소관청에 이의신청을 할 수 있다.
② 제1항에 따른 이의신청을 받은 지적소관청은 30일 이내에 법 제30조제1항에 따른 시·군·구 지적재조사위원회의 심의·의결을 거쳐 그 인용 여부를 결정한 후 지체 없이 그 내용을 서면으로 이의신청인에게 알려야 한다.

17 지적재조사사업지구 지정에 따른 토지소유자 수 및 동의자 수의 산정기준에 대한 설명으로 옳지 않은 것은?

① 1필지의 토지가 수인의 공유에 속할 때에는 그 수인을 대표하는 1인을 토지소유자로 산정한다.
② 1인이 다수 필지의 토지를 소유하고 있는 경우에는 필지 수에 관계없이 토지소유자를 1인으로 산정한다.
③ 토지 등기부 및 토지대장에 소유자로 등재될 당시 주민등록번호의 기재가 없거나, 기재된 주소가 현재 주소와 다른 경우 또는 소재가 확인되지 아니한 자는 일간신문에 공고 후 토지소유자에서 제외한다.
④ 국유지에 대해서는 그 재산관리청을 토지소유자로 산정한다.

해설 **지적재조사에 관한 특별법 시행령 제7조(토지소유자 수 및 동의자 수 산정방법 등)**

① 법 제7조제2항에 따른 토지소유자 수 및 동의자 수는 다음 각 호의 기준에 따라 산정한다.

> 1. 1필지의 토지가 수인의 공유에 속할 때에는 그 수인을 대표하는 1인을 토지소유자로 산정할 것
> 2. 1인이 다수 필지의 토지를 소유하고 있는 경우에는 필지 수에 관계없이 토지소유자를 1인으로 산정할 것
> 3. 토지 등기부 및 토지대장·임야대장에 소유자로 등재될 당시 주민등록번호의 기재가 없거나 기재된 주소가 현재 주소와 다른 경우 또는 소재가 확인되지 아니한 자는 토지소유자의 수에서 제외할 것
> 4. 국유지·공유지에 대해서는 그 재산관리청을 토지소유자로 산정할 것 〈삭제 2017.10.17.〉

18 다음은 「지적재조사에 관한 특별법」에서 규정하는 내용들이다. 옳지 않은 것은?

① 지적재조사사업은 지적소관청이 시행한다.

② 지적재조사를 위한 경계설정의 기준은 지상경계에 대하여 다툼이 없는 경우에는 등록할 때의 측량기록을 조사한 경계를 기준으로 한다.

③ 지적재조사에 따른 경계결정은 경계결정위원회의 의결을 거쳐 결정한다.

④ 중앙지적재조사위원회는 기본계획의 수립 및 변경, 관계 법령의 제정 · 개정 및 제도의 개선에 관한 사항 등을 심의 · 의결한다.

해설 지적재조사에 관한 특별법 제14조(경계설정의 기준)

　① 지적소관청은 다음 각 호의 순위로 지적재조사를 위한 경계를 설정하여야 한다.

> 1. 지상경계에 대하여 다툼이 없는 경우 토지소유자가 점유하는 토지의 현실경계
> 2. 지상경계에 대하여 다툼이 있는 경우 등록할 때의 측량기록을 조사한 경계
> 3. 지방관습에 의한 경계

　② 제1항에도 불구하고 경계를 같이 하는 토지소유자들이 경계에 합의한 경우 그 경계를 기준으로 한다. 다만, 국유지 · 공유지가 경계를 같이 하는 토지를 구성하는 때에는 그러하지 아니하다.

　③ 지적소관청이 제1항과 제2항에 따라 지적재조사를 위한 경계를 설정할 때에는 「도로법」, 「하천법」 등 관계 법령에 따라 고시되어 설치된 공공용지의 경계가 변경되지 아니하도록 하여야 한다.

19 다음 중 토지의 분할에 따른 지상경계를 지상 건축물에 걸리게 결정할 수 없는 경우는?

① 토지이용상 불합리한 지상 경계를 시정하기 위한 경우

② 공공사업 등에 따라 학교용지 · 도로 · 철도용지 · 제방 · 하천 · 구거 · 유지 · 수도용지 등의 지목으로 되는 토지를 분할하는 경우

③ 도시개발사업 등의 사업시행자가 사업지구의 경계를 결정하기 위하여 토지를 분할하려는 경우

④ 「국토의 계획 및 이용에 관한 법률」에 따른 지형도면 고시가 된 지역의 도시 · 군관리계획선에 따라 토지를 분할하려는 경우

해설 공간정보의 구축 및 관리 등에 관한 법률 시행령 제55조(지상 경계의 결정기준 등)

　① 지상 경계의 결정기준은 다음 각 호의 구분에 따른다.

　④ 분할에 따른 지상 경계는 지상 건축물을 걸리게 결정해서는 아니 된다. 다만, 다음 각 호의 어느 하나에 해당하는 경우에는 그러하지 아니하다.

> 1. 법원의 확정판결이 있는 경우
> 2. 공공사업 등에 따라 학교용지 · 도로 · 철도용지 · 제방 · 하천 · 구거 · 유지 · 수도용지 등의 지목으로 되는 토지를 분할하는 경우
> 3. 도시개발사업 등의 사업시행자가 사업지구의 경계를 결정하기 위하여 토지를 분할하려는 경우
> 4. 「국토의 계획 및 이용에 관한 법률」에 따른 도시 · 군관리계획 결정고시와 지형도면 고시가 된 지역의 도시 · 군관리계획선에 따라 토지를 분할하려는 경우

20 미등기 토지에 대하여 토지소유자의 성명 또는 명칭, 주민등록번호, 주소 등에 관한 사항의 정정을 신청한 경우로서 그 등록사항이 명백히 잘못된 경우에 지적소관청이 참고하여야 하는 서류는?

① 등기부등본　　　　　　　　　　　　② 소유권증명자료
③ 가족관계 기록사항에 관한 증명서　　　④ 등기전산정보자료

해설 공간정보의 구축 및 관리 등에 관한 법률 제84조(등록사항의 정정)

① 토지소유자는 지적공부의 등록사항에 잘못이 있음을 발견하면 지적소관청에 그 정정을 신청할 수 있다.

② 지적소관청은 지적공부의 등록사항에 잘못이 있음을 발견하면 대통령령으로 정하는 바에 따라 직권으로 조사·측량하여 정정할 수 있다.

③ 제1항에 따른 정정으로 인접 토지의 경계가 변경되는 경우에는 다음 각 호의 어느 하나에 해당하는 서류를 지적소관청에 제출하여야 한다.

> 1. 인접 토지소유자의 승낙서
> 2. 인접 토지소유자가 승낙하지 아니하는 경우에는 이에 대항할 수 있는 확정판결서 정본(正本)

④ 지적소관청이 제1항 또는 제2항에 따라 등록사항을 정정할 때 그 정정사항이 토지소유자에 관한 사항인 경우에는 등기필증, 등기완료통지서, 등기사항증명서 또는 등기관서에서 제공한 등기전산정보자료에 따라 정정하여야 한다. 다만, 제1항에 따라 미등기 토지에 대하여 토지소유자의 성명 또는 명칭, 주민등록번호, 주소 등에 관한 사항의 정정을 신청한 경우로서 그 등록사항이 명백히 잘못된 경우에는 가족관계 기록사항에 관한 증명서에 따라 정정하여야 한다. 〈개정 2011.4.12.〉

01 다음 중 양입지(量入地)의 요건을 갖춘 토지는?

① 과수원(4,500m²) 안의 대(垈, 300m²)
② 학교용지(20,000m²)에 접속된 원예실습장의 밭(田, 400m²)
③ 답(畓, 2,000m²) 안의 유지(220m²)
④ 양어장(3,000m²)의 편의를 위해 접속된 구거(250m²)

[해설] 공간정보의 구축 및 관리 등에 관한 법률 시행령 제5조(1필지로 정할 수 있는 기준)

① 법 제2조제21호에 따라 지번부여지역의 토지로서 소유자와 용도가 같고 지반이 연속된 토지는 1필지로 할 수 있다.

② 제1항에도 불구하고 다음 각 호의 어느 하나에 해당하는 토지는 주된 용도의 토지에 편입하여 1필지로 할 수 있다. 다만, 종된 용도의 토지의 지목(地目)이 "대"(垈)인 경우와 종된 용도의 토지 면적이 주된 용도의 토지 면적의 10퍼센트를 초과하거나 330제곱미터를 초과하는 경우에는 그러하지 아니하다.

> 1. 주된 용도의 토지의 편의를 위하여 설치된 도로·구거(溝渠 : 도랑) 등의 부지
> 2. 주된 용도의 토지에 접속되거나 주된 용도의 토지로 둘러싸인 토지로서 다른 용도로 사용되고 있는 토지

주된 용도의 토지에 편입할 수 있는 토지(양입지)

지번부여지역 및 소유자·용도가 동일하고 지반이 연속된 경우 등 1필지로 정할 수 있는 기준에 적합하나 토지의 일부분의 용도가 다른 경우 주지목추종의 원칙에 의하여 주된 용도의 토지에 편입하여 1필지로 정할 수 있다.

(1) 대상토지

> ① 주된 용도의 토지 편의를 위하여 설치된 도로·구거 등의 부지
> ② 주된 용도의 토지에 접속하거나 주된 용도의 토지로 둘러싸인 토지로서 다른 용도로 사용되고 있는 토지

(2) 주된 용도의 토지에 편입할 수 없는 토지

> ① 종된 토지의 지목이 대인 경우
> ② 종된 용도의 토지 면적이 주된 용도의 토지면적의 10%를 초과하는 경우
> ③ 종된 용도의 토지 면적이 330제곱미터를 초과하는 경우

02 「공간정보의 구축 및 관리 등에 관한 법률」상 용어의 정의로 옳은 것은?

① "토지의 이동"이란 지적공부에 토지의 소재·지번(地番)·지목(地目)·면적·경계 또는 좌표를 등록한 것을 말한다.
② "지번부여지역"이란 대통령령으로 정하는 바에 따라 구획되는 토지의 등록단위를 말한다.
③ "토지의 표시"란 토지의 주된 용도에 따라 토지의 종류를 구분하여 지적공부에 등록한 것을 말한다.
④ "경계점"이란 필지를 구획하는 선의 굴곡점으로서 지적도나 임야도에 도해(圖解) 형태로 등록하거나 경계점좌표 등록부에 좌표 형태로 등록하는 점을 말한다.

정답 **01** ④ **02** ④

공간정보의 구축 및 관리 등에 관한 법률 제2조(정의)

이 법에서 사용하는 용어의 뜻은 다음과 같다.

20. "토지의 표시"란 지적공부에 토지의 소재·지번(地番)·지목(地目)·면적·경계 또는 좌표를 등록한 것을 말한다.
23. "지번부여지역"이란 지번을 부여하는 단위지역으로서 동·리 또는 이에 준하는 지역을 말한다.
24. "지목"이란 토지의 주된 용도에 따라 토지의 종류를 구분하여 지적공부에 등록한 것을 말한다.
25. "경계점"이란 필지를 구획하는 선의 굴곡점으로서 지적도나 임야도에 도해(圖解) 형태로 등록하거나 경계점좌표등록부에 좌표 형태로 등록하는 점을 말한다.
28. "토지의 이동(異動)"이란 토지의 표시를 새로 정하거나 변경 또는 말소하는 것을 말한다.

03 지적측량의 적부심사에 대한 내용으로 옳지 않은 것은?

① 토지소유자, 이해관계인 또는 지적측량수행자는 지적측량 성과에 대하여 다툼이 있는 경우 관할 시·도지사를 거쳐 지방지적위원회에 지적측량 적부심사를 청구할 수 있다.

② 지적측량 적부심사청구를 회부받은 지방지적위원회는 그 심사청구를 회부받은 날부터 60일 이내에 심의·의결하여야 한다.

③ 시·도지사는 지방지적위원회가 작성한 의결서를 받은 날로부터 14일 이내에 지적측량 적부심사 청구인 및 이해 관계인에게 그 의결서를 통지하여야 한다.

④ 의결서를 받은 자가 지방지적위원회의 의결에 불복하는 경우에는 그 의결서를 받은 날로부터 90일 이내에 국토교통부장관을 거쳐 중앙지적위원회에 재심사를 청구할 수 있다.

공간정보의 구축 및 관리 등에 관한 법률 제29조(지적측량의 적부심사 등)

① 토지소유자, 이해관계인 또는 지적측량수행자는 지적측량성과에 대하여 다툼이 있는 경우에는 대통령령으로 정하는 바에 따라 관할 시·도지사를 거쳐 지방지적위원회에 지적측량 적부심사를 청구할 수 있다. 〈개정 2013.7.17.〉

② 제1항에 따른 지적측량 적부심사청구를 받은 시·도지사는 30일 이내에 다음 각 호의 사항을 조사하여 지방지적위원회에 회부하여야 한다.
  1. 다툼이 되는 지적측량의 경위 및 그 성과
  2. 해당 토지에 대한 토지이동 및 소유권 변동 연혁
  3. 해당 토지 주변의 측량기준점, 경계, 주요 구조물 등 현황 실측도

③ 제2항에 따라 지적측량 적부심사청구를 회부받은 지방지적위원회는 그 심사청구를 회부받은 날부터 60일 이내에 심의·의결하여야 한다. 다만, 부득이한 경우에는 그 심의기간을 해당 지적위원회의 의결을 거쳐 30일 이내에서 한 번만 연장할 수 있다.

④ 지방지적위원회는 지적측량 적부심사를 의결하였으면 대통령령으로 정하는 바에 따라 의결서를 작성하여 시·도지사에게 송부하여야 한다.

⑤ 시·도지사는 제4항에 따라 의결서를 받은 날부터 7일 이내에 지적측량 적부심사 청구인 및 이해관계인에게 그 의결서를 통지하여야 한다.

⑥ 제5항에 따라 의결서를 받은 자가 지방지적위원회의 의결에 불복하는 경우에는 그 의결서를 받은 날부터 90일 이내에 국토교통부장관을 거쳐 중앙지적위원회에 재심사를 청구할 수 있다.

⑦ 제6항에 따른 재심사청구에 관하여는 제2항부터 제5항까지의 규정을 준용한다. 이 경우 "시·도지사"는 "국토교통부장관"으로, "지방지적위원회"는 "중앙지적위원회"로 본다.

⑧ 제7항에 따라 중앙지적위원회로부터 의결서를 받은 국토교통부장관은 그 의결서를 관할 시·도지사에게 송부하여야 한다.

⑨ 시·도지사는 제4항에 따라 지방지적위원회의 의결서를 받은 후 해당 지적측량 적부심사 청구인 및

이해관계인이 제6항에 따른 기간에 재심사를 청구하지 아니하면 그 의결서 사본을 지적소관청에 보내야 하며, 제8항에 따라 중앙지적위원회의 의결서를 받은 경우에는 그 의결서 사본에 제4항에 따라 받은 지방지적위원회의 의결서 사본을 첨부하여 지적소관청에 보내야 한다.

⑩ 제9항에 따라 지방지적위원회 또는 중앙지적위원회의 의결서 사본을 받은 지적소관청은 그 내용에 따라 지적공부의 등록사항을 정정하거나 측량성과를 수정하여야 한다.

⑪ 제9항 및 제10항에도 불구하고 특별자치시장은 제4항에 따라 지방지적위원회의 의결서를 받은 후 해당 지적측량 적부심사 청구인 및 이해관계인이 제6항에 따른 기간에 재심사를 청구하지 아니하거나 제8항에 따라 중앙지적위원회의 의결서를 받은 경우에는 직접 그 내용에 따라 지적공부의 등록사항을 정정하거나 측량성과를 수정하여야 한다.

⑫ 지방지적위원회의 의결이 있은 후 제6항에 따른 기간에 재심사를 청구하지 아니하거나 중앙지적위원회의 의결이 있는 경우에는 해당 지적측량성과에 대하여 다시 지적측량 적부심사청구를 할 수 없다.

04 「공간정보의 구축 및 관리 등에 관한 법률」상 벌칙 기준이 나머지 셋과 다른 것은?

① 측량기준점표지를 이전 또는 파손한 자

② 성능검사를 부정하게 한 성능검사대행자

③ 측량업의 등록을 하지 아니하고 측량업을 한 자

④ 무단으로 기본측량성과를 복제한 자

[해설] **공간정보의 구축 및 관리 등에 관한 법률 제108조(벌칙)** [암기] [거][부][등] [외][표][성][검]

다음 각 호의 어느 하나에 해당하는 자는 2년 이하의 징역 또는 2천만 원 이하의 벌금에 처한다.

1. 측량업의 등록을 하지 아니하거나 [거]짓이나 그 밖의 [부]정한 방법으로 측량업의 [등]록을 하고 측량업을 한 자
2. 성능검사대행자의 등록을 하지 아니하거나 [거]짓이나 그 밖의 [부]정한 방법으로 성능검사대행자의 [등]록을 하고 성능검사업무를 한 자
3. 측량성과를 국[외]로 반출한 자
4. 측량기준점[표]지를 이전 또는 파손하거나 그 효용을 해치는 행위를 한 자
5. 고의로 측량[성]과를 사실과 다르게 한 자
6. 성능[검]사를 부정하게 한 성능검사대행자

공간정보의 구축 및 관리 등에 관한 법률 제109조(벌칙) [암기] [둘][비][허][불] [대][판][대][복]

다음 각 호의 어느 하나에 해당하는 자는 1년 이하의 징역 또는 1천만 원 이하의 벌금에 처한다. 〈개정 2013.3.23.〉

1. [둘] 이상의 측량업자에게 소속된 측량기술자
2. 업무상 알게 된 [비]밀을 누설한 측량기술자
3. 거짓([허]위)으로 다음 각 목의 신청을 한 자

가. 신규등록 신청	나. 등록전환 신청	다. 분할 신청
라. 합병 신청	마. 지목변경 신청	바. 바다로 된 토지의 등록말소 신청
사. 축척변경 신청	아. 등록사항의 정정 신청	
자. 도시개발사업 등 시행지역의 토지이동 신청		

4. 측량기술자가 아님에도 [불]구하고 측량을 한 자
5. 지적측량수수료 외의 [대]가를 받은 지적측량기술자
6. 심사를 받지 아니하고 지도 등을 간행하여 [판]매하거나 배포한 자
7. 다른 사람에게 측량업등록증 또는 측량업등록수첩을 [빌]려주거나 자기의 성명 또는 상호를 사용하여 측량업무를 하게 한 자

정답 04 ④

8. 다른 사람의 측량업등록증 또는 측량업등록수첩을 ⑪려서 사용하거나 다른 사람의 성명 또는 상호를 사용하여 측량업무를 한 자

9. 다른 사람에게 자기의 성능검사대행자 등록증을 ⑪려 주거나 자기의 성명 또는 상호를 사용하여 성능검사대행업무를 수행하게 한 자

10. 다른 사람의 성능검사대행자 등록증을 ⑪려서 사용하거나 다른 사람의 성명 또는 상호를 사용하여 성능검사대행업무를 수행한 자

11. 무단으로 측량성과 또는 측량기록을 ⑭제한 자

05 지적측량의 손해배상책임 보장에 대한 설명으로 가장 옳지 않은 것은?

① 지적측량업자는 지적측량업 등록 신청일로부터 10일 이내에 보증보험에 가입하여야 한다.

② 지적측량업자는 보장기간이 10년 이상이고 보증금액이 1억원 이상인 보증보험에 가입하여야 한다.

③ 지적측량업자가 보증보험에 가입하였을 때에는 이를 증명하는 서류를 시·도지사에게 제출하여야 한다.

④ 한국국토정보공사는 보증금액이 20억원 이상인 보증보험에 가입하여야 한다.

해설 공간정보의 구축 및 관리 등에 관한 법률 시행령 제41조(손해배상책임의 보장)

① 지적측량수행자는 법 제51조제2항에 따라 손해배상책임을 보장하기 위하여 다음 각 호의 구분에 따라 보증보험에 가입하거나 공간정보산업협회가 운영하는 보증 또는 공제에 가입하는 방법으로 보증설정(이하 "보증설정"이라 한다)을 하여야 한다. 〈개정 2017.1.10.〉

> 1. 지적측량업자 : 보장기간 10년 이상 및 보증금액 1억원 이상
> 2. 「국가공간정보 기본법」 제12조에 따라 설립된 한국국토정보공사(이하 "한국국토정보공사"라 한다) : 보증금액 20억원 이상

② 지적측량업자는 지적측량업 등록증을 발급받은 날부터 10일 이내에 제1항제1호의 기준에 따라 보증설정을 하여야 하며, 보증설정을 하였을 때에는 이를 증명하는 서류를 제35조제1항에 따라 등록한 시·도지사에게 제출하여야 한다. 〈개정 2014.1.17., 2017.1.10.〉

공간정보의 구축 및 관리 등에 관한 법률 시행령 제42조(보증설정의 변경)

① 법 제51조에 따라 보증설정을 한 지적측량수행자는 그 보증설정을 다른 보증설정으로 변경하려는 경우에는 해당 보증설정의 효력이 있는 기간 중에 다른 보증설정을 하고 그 사실을 증명하는 서류를 제35조제1항에 따라 등록한 시·도지사에게 제출하여야 한다.

② 보증설정을 한 지적측량수행자는 보증기간의 만료로 인하여 다시 보증설정을 하려는 경우에는 그 보증기간 만료일까지 다시 보증설정을 하고 그 사실을 증명하는 서류를 제35조제1항에 따라 등록한 시·도지사에게 제출하여야 한다.

06 다음 중 토지소유자의 토지이동 신청기한이 나머지 셋과 다른 것은?

① 바다로 된 토지의 등록말소　　　② 등록전환
③ 지목변경　　　④ 신규등록

해설 공간정보의 구축 및 관리 등에 관한 법률 제82조(바다로 된 토지의 등록말소 신청)

① 지적소관청은 지적공부에 등록된 토지가 지형의 변화 등으로 바다로 된 경우로서 원상(原狀)으로 회복될 수 없거나 다른 지목의 토지로 될 가능성이 없는 경우에는 지적공부에 등록된 토지소유자에게 지적공부의 등록말소 신청을 하도록 통지하여야 한다.

② 지적소관청은 제1항에 따른 토지소유자가 통지를 받은 날부터 90일 이내에 등록말소 신청을 하지 아니하면 대통령령으로 정하는 바에 따라 등록을 말소한다.

③ 지적소관청은 제2항에 따라 말소한 토지가 지형의 변화 등으로 다시 토지가 된 경우에는 대통령령으로 정하는 바에 따라 토지로 회복등록을 할 수 있다.

제77조(신규등록 신청)	토지소유자는 신규등록할 토지가 있으면 그 사유가 발생한 날부터 60일 이내에 지적소관청에 신규등록을 신청하여야 한다.
제78조(등록전환 신청)	토지소유자는 등록전환할 토지가 있으면 그 사유가 발생한 날부터 60일 이내에 지적소관청에 등록전환을 신청하여야 한다.
제79조(분할 신청)	의무 : 토지소유자는 지적공부에 등록된 1필지의 일부가 형질변경 등으로 용도가 변경된 경우에는 대통령령으로 정하는 바에 따라 용도가 변경된 날부터 60일 이내에 지적소관청에 토지의 분할을 신청하여야 한다.
제80조(합병 신청)	의무 : 토지소유자는 「주택법」에 따른 공동주택의 부지, 도로, 제방, 하천, 구거, 유지, 그 밖에 대통령령으로 정하는 토지로서 합병하여야 할 토지가 있으면 그 사유가 발생한 날부터 60일 이내에 지적소관청에 합병을 신청하여야 한다.
제81조(지목변경 신청)	토지소유자는 지목변경을 할 토지가 있으면 그 사유가 발생한 날부터 60일 이내에 지적소관청에 지목변경을 신청하여야 한다.

07 토지이동에 따른 신청의 대위자로 가장 옳지 않은 것은?
① 공공사업으로 인한 도로, 제방, 하천 등의 지목으로 되는 토지인 경우 해당 지역의 지방자치단체
② 「주택법」에 따른 공동주택의 부지인 경우 그 집합건물의 관리인 또는 해당 사업의 시행자
③ 국가나 지방자치단체가 취득하는 토지인 경우 해당 토지를 관리하는 행정기관의 장 또는 지방자치단체의 장
④ 공공사업으로 인한 학교용지, 철도용지, 수도용지의 지목으로 되는 토지인 경우 해당 사업의 시행자

해설 공간정보의 구축 및 관리 등에 관한 법률 제87조(신청의 대위)
다음 각 호의 어느 하나에 해당하는 자는 이 법에 따라 토지소유자가 하여야 하는 신청을 대신할 수 있다. 다만, 제84조에 따른 등록사항 정정 대상토지는 제외한다.
1. 공공사업 등에 따라 학교용지 · 도로 · 철도용지 · 제방 · 하천 · 구거 · 유지 · 수도용지 등의 지목으로 되는 토지인 경우 : 해당 사업의 시행자
2. 국가나 지방자치단체가 취득하는 토지인 경우 : 해당 토지를 관리하는 행정기관의 장 또는 지방자치단체의 장
3. 「주택법」에 따른 공동주택의 부지인 경우 : 「집합건물의 소유 및 관리에 관한 법률」에 따른 관리인 (관리인이 없는 경우에는 공유자가 선임한 대표자) 또는 해당 사업의 시행자
4. 「민법」 제404조에 따른 채권자

08 토지의 이동(합병, 분할)에 따른 경계 · 좌표 또는 면적의 결정 방법에 대한 설명으로 옳지 않은 것은?

① 합병에 따른 경계는 따로 지적측량을 하지 아니하고 합병 전 각 필지의 경계 중에서 합병으로 필요 없게 된 부분을 말소하여 결정한다.

② 합병에 따른 면적은 따로 지적측량을 하지 아니하고 합병 전 각 필지의 면적을 합산하여 결정한다.

③ 합병에 따른 좌표는 따로 지적측량을 하지 아니하고 합병 전 각 필지의 좌표 중에서 합병으로 필요 없게 된 부분을 말소하여 결정한다.

④ 분할에 따른 면적을 정할 때 분할 전후 면적의 차이가 허용범위 이내인 경우에는 지적공부상의 면적 또는 경계를 정정하여야 한다.

해설 공간정보의 구축 및 관리 등에 관한 법률 제26조(토지의 이동에 따른 면적 등의 결정방법)

① 합병에 따른 경계 · 좌표 또는 면적은 따로 지적측량을 하지 아니하고 다음 각 호의 구분에 따라 결정한다.

> 1. 합병 후 필지의 경계 또는 좌표 : 합병 전 각 필지의 경계 또는 좌표 중 합병으로 필요 없게 된 부분을 말소하여 결정
> 2. 합병 후 필지의 면적 : 합병 전 각 필지의 면적을 합산하여 결정

② 등록전환이나 분할에 따른 면적을 정할 때 오차가 발생하는 경우 그 오차의 허용 범위 및 처리방법 등에 필요한 사항은 대통령령으로 정한다.

공간정보의 구축 및 관리 등에 관한 법률 시행령 제19조(등록전환이나 분할에 따른 면적 오차의 허용 범위 및 배분 등)

① 법 제26조제2항에 따른 등록전환이나 분할을 위하여 면적을 정할 때에 발생하는 오차의 허용범위 및 처리방법은 다음 각 호와 같다.

1. 등록전환을 하는 경우

> 가. 임야대장의 면적과 등록전환될 면적의 오차 허용범위는 다음의 계산식에 따른다. 이 경우 오차의 허용범위를 계산할 때 축척이 3천분의 1인 지역의 축척분모는 6천으로 한다.
> $$A = 0.026^2 M \sqrt{F}$$
> (A는 오차 허용면적, M은 임야도 축척분모, F는 등록전환될 면적)
> 나. 임야대장의 면적과 등록전환될 면적의 차이가 가목의 계산식에 따른 허용범위 이내인 경우에는 등록전환될 면적을 등록전환 면적으로 결정하고, 허용범위를 초과하는 경우에는 임야대장의 면적 또는 임야도의 경계를 지적소관청이 직권으로 정정하여야 한다.

2. 토지를 분할하는 경우

> 가. 분할 후 각 필지의 면적 합계와 분할 전 면적과의 오차의 허용범위는 제1호 가목의 계산식에 따른다. 이 경우 A는 오차 허용면적, M은 축척분모, F는 원면적으로 하되, 축척이 3천분의 1인 지역의 축척분모는 6천으로 한다.
> 나. 분할 전후 면적의 차이가 가목의 계산식에 따른 허용범위 이내인 경우에는 그 오차를 분할 후의 각 필지의 면적에 따라 나누고, 허용범위를 초과하는 경우에는 지적공부(地籍公簿)상의 면적 또는 경계를 정정하여야 한다.
> 다. 분할 전후 면적의 차이를 배분한 산출면적은 다음의 계산식에 따라 필요한 자리까지 계산하고, 결정면적은 원면적과 일치하도록 산출면적의 구하려는 끝자리의 다음 숫자가 큰 것부터 순차로 올려서 정하되, 구하려는 끝자리의 다음 숫자가 서로 같을 때에는 산출면적이 큰 것을 올려서 정한다.
> $$r = \frac{F}{A} \times a$$
> (r은 각 필지의 산출면적, F는 원면적, A는 측정면적 합계 또는 보정면적 합계, a는 각 필지의 측정면적 또는 보정면적)

② 경계점좌표등록부가 있는 지역의 토지분할을 위하여 면적을 정할 때에는 제1항제2호나목에도 불구하고 다음 각 호의 기준에 따른다.

> 1. 분할 후 각 필지의 면적합계가 분할 전 면적보다 많은 경우에는 구하려는 끝자리의 다음 숫자가 작은 것부터 순차적으로 버려서 정하되, 분할 전 면적에 증감이 없도록 할 것
> 2. 분할 후 각 필지의 면적합계가 분할 전 면적보다 적은 경우에는 구하려는 끝자리의 다음 숫자가 큰 것부터 순차적으로 올려서 정하되, 분할 전 면적에 증감이 없도록 할 것

09 다음 중 지번부여방법으로 가장 옳지 않은 것은?

① 지적소관청은 지적공부에 등록된 지번을 변경할 필요가 있다고 인정하면 시·도지사나 대도시 시장의 승인을 받아 지번부여지역의 전부 또는 일부에 대하여 지번을 새로 부여할 수 있다.

② 등록전환의 경우에는 그 지번부여지역에서 최종 본번의 다음 순번부터 본번으로 부여하여야 한다.

③ 합병의 경우에는 합병 대상 지번 중 선순위의 지번을 그 지번으로 하되, 본번으로 된 지번이 있을 때에는 본번 중 선순위의 지번을 합병 후의 지번으로 한다.

④ 분할의 경우에는 분할 후의 필지 중 1필지의 지번은 분할 전의 지번으로 하고, 나머지 필지의 지번은 본번의 최종 부번 다음 순번으로 부번을 부여한다.

[해설]

구분		토지이동에 따른 지번의 부여방법(령 제56조)
부여방법		① 지번(地番)은 아라비아숫자로 표기하되, 임야대장 및 임야도에 등록하는 토지의 지번은 숫자 앞에 "산"자를 붙인다. ② 지번은 본번(本番)과 부번(副番)으로 구성하되, 본번과 부번 사이에 "-" 표시로 연결한다. 이 경우 "-" 표시는 "의"라고 읽는다. ③ 법 제66조에 따른 지번의 부여방법은 다음 각 호와 같다. 　1. 지번은 북서에서 남동으로 순차적으로 부여할 것
신규등록·등록전환	원칙	지번부여지역에서 인접토지의 본번에 부번을 붙여서 지번을 부여한다.
	예외	다음의 경우에는 그 지번부여지역의 최종 본번의 다음 순번부터 본번으로 하여 순차적으로 지번을 부여할 수 있다. ① 대상 토지가 그 지번부여지역의 최종 지번의 토지에 인접하여 있는 경우 ② 대상 토지가 이미 등록된 토지와 멀리 떨어져 있어서 등록된 토지의 본번에 부번을 부여하는 것이 불합리한 경우 ③ 대상 토지가 여러 필지로 되어 있는 경우
분할	원칙	분할 후의 필지 중 1필지의 지번은 분할 전의 지번으로 하고, 나머지 필지의 지번은 본번의 최종 부번 다음 순번으로 부번을 부여한다.
	예외	주거·사무실 등의 건축물이 있는 필지에 대해서는 분할 전의 지번을 우선하여 부여하여야 한다.
합병	원칙	합병 대상 지번 중 선순위의 지번을 그 지번으로 하되, 본번으로 된 지번이 있을 때에는 본번 중 선순위의 지번을 합병 후의 지번으로 한다.
	예외	토지소유자가 합병 전의 필지에 주거·사무실 등의 건축물이 있어서 그 건축물이 위치한 지번을 합병 후의 지번으로 신청할 때에는 그 지번을 합병 후의 지번으로 부여하여야 한다.

구분		토지이동에 따른 지번의 부여방법(령 제56조)
지적확정 측량을 실시한 지역의 각 필지에 지번을 새로 부여하는 경우	원칙	다음 각 목의 지번을 제외한 본번으로 부여한다. ① 지적확정측량을 실시한 지역 안의 종전의 지번과 지적확정측량을 실시한 지역 밖에 있는 본번이 같은 지번이 있을 때 그 지번 ② 지적확정측량을 실시한 지역의 경계에 걸쳐 있는 지번
	예외	부여할 수 있는 종전 지번의 수가 새로 부여할 지번의 수보다 적을 때에는 블록단위로 하나의 본번을 부여한 후 필지별로 부번을 부여하거나, 그 지번부여지역의 최종 본번 다음 순번부터 본번으로 하여 차례로 지번을 부여할 수 있다.
지적확정측량 에 준용		① 법 제66조제2항(② 지적소관청은 지적공부에 등록된 지번을 변경할 필요가 있다고 인정하면 시 · 도지사나 대도시 시장의 승인을 받아 지번부여지역의 전부 또는 일부에 대하여 지번을 새로 부여할 수 있다.)에 따라 지번부여지역의 지번을 변경할 때 ② 법 제85조제2항(② 지번부여지역의 일부가 행정구역의 개편으로 다른 지번부여지역에 속하게 되었으면 지적소관청은 새로 속하게 된 지번부여지역의 지번을 부여하여야 한다.)에 따른 행정구역 개편에 따라 새로 지번을 부여할 때 ③ 제72조제1항(① 지적소관청은 축척변경 시행지역의 각 필지별 지번 · 지목 · 면적 · 경계 또는 좌표를 새로 정하여야 한다.)에 따라 축척변경 시행지역의 필지에 지번을 부여할 때
도시개발사업 등의 준공 전		도시개발사업 등이 준공되기 전에 사업시행자가 지번부여를 신청하는 경우에는 국토교통부령으로 정하는 바에 따라 지번을 부여할 수 있다. 지적소관청은 도시개발사업 등이 준공되기 전에 지번을 부여하는 때에는 사업계획도에 따르되, 지적확정측량을 실시한 지역의 각 필지에 지번을 새로 부여하는 경우의 지번부여방식에 따라 지번을 부여하여야 한다.

10 다음 중 지적공부의 정리 등에 관한 사항으로 옳지 않은 것은?

① 지적소관청은 지번을 변경하는 경우와 지적공부를 복구하는 경우에는 지적공부를 정리하여야 한다.

② 토지소유자의 변동 등에 따라 지적공부를 정리하려는 경우에는 토지이동정리 결의서를 작성하여야 한다.

③ 지적소관청은 신규등록 · 등록전환 · 분할 · 합병 · 지목변경 등 토지의 이동이 있는 경우 지적공부를 정리하여야 한다.

④ 이미 작성된 지적공부에 정리할 수 없을 때에는 새로 작성하여야 한다.

해설 공간정보의 구축 및 관리 등에 관한 법률 제88조(토지소유자의 정리)

① 지적공부에 등록된 토지소유자의 변경사항은 등기관서에서 등기한 것을 증명하는 등기필증, 등기완료통지서, 등기사항증명서 또는 등기관서에서 제공한 등기전산정보자료에 따라 정리한다. 다만, 신규등록하는 토지의 소유자는 지적소관청이 직접 조사하여 등록한다. 〈개정 2011.4.12.〉

② 「국유재산법」 제2조제10호에 따른 총괄청이나 같은 조 제11호에 따른 중앙관서의 장이 같은 법 제12조제3항에 따라 소유자 없는 부동산에 대한 소유자 등록을 신청하는 경우 지적소관청은 지적공부에 해당 토지의 소유자가 등록되지 아니한 경우에만 등록할 수 있다. 〈개정 2011.3.30.〉

③ 등기부에 적혀 있는 토지의 표시가 지적공부와 일치하지 아니하면 제1항에 따라 토지소유자를 정리할 수 없다. 이 경우 토지의 표시와 지적공부가 일치하지 아니하다는 사실을 관할 등기관서에 통지하여야 한다.

④ 지적소관청은 필요하다고 인정하는 경우에는 관할 등기관서의 등기부를 열람하여 지적공부와 부동산등기부가 일치하는지 여부를 조사 · 확인하여야 하며, 일치하지 아니하는 사항을 발견하면 등기사

항증명서 또는 등기관서에서 제공한 등기전산정보자료에 따라 지적공부를 직권으로 정리하거나, 토지소유자나 그 밖의 이해관계인에게 그 지적공부와 부동산등기부가 일치하게 하는 데에 필요한 신청 등을 하도록 요구할 수 있다. 〈개정 2011.4.12.〉

⑤ 지적소관청 소속 공무원이 지적공부와 부동산등기부의 부합 여부를 확인하기 위하여 등기부를 열람하거나, 등기사항증명서의 발급을 신청하거나, 등기전산정보자료의 제공을 요청하는 경우 그 수수료는 무료로 한다.

11 다음 중 지목 구분의 기준으로 옳은 것은?

① 구거는 지하에서 온수 · 약수 · 석유류 등이 용출되는 용출구와 그 유지에 사용되는 부지. 다만, 온수 · 약수 · 석유류 등을 일정한 장소로 운송하는 송수관 · 송유관 및 저장시설의 부지는 제외한다.

② 수도용지는 용수 또는 배수를 위하여 일정한 형태를 갖춘 인공적인 수로 · 둑 및 그 부속시설물의 부지와 자연의 유수가 있거나 있을 것으로 예상되는 소규모 수로부지

③ 유지는 물이 고이거나 상시적으로 물을 저장하고 있는 댐 · 저수지 · 소류지 · 호수 · 연못 등의 토지와 연 · 왕골 등이 자생하는 배수가 잘 되지 아니하는 토지

④ 광천지는 물을 정수하여 공급하기 위한 취수 · 저수 · 도수 · 정수 · 송수 및 배수시설의 부지 및 이에 접속된 부속시설물의 부지

[해설] 공간정보의 구축 및 관리 등에 관한 법률 시행령 제58조(지목의 구분)

법 제67조제1항에 따른 지목의 구분은 다음 각 호의 기준에 따른다.

6. 광천지 : 지하에서 온수 · 약수 · 석유류 등이 용출되는 용출구(湧出口)와 그 유지(維持)에 사용되는 부지. 다만, 온수 · 약수 · 석유류 등을 일정한 장소로 운송하는 송수관 · 송유관 및 저장시설의 부지는 제외한다.

18. 구거 : 용수(用水) 또는 배수(排水)를 위하여 일정한 형태를 갖춘 인공적인 수로 · 둑 및 그 부속시설물의 부지와 자연의 유수(流水)가 있거나 있을 것으로 예상되는 소규모 수로부지

19. 유지(溜池) : 물이 고이거나 상시적으로 물을 저장하고 있는 댐 · 저수지 · 소류지(沼溜地) · 호수 · 연못 등의 토지와 연 · 왕골 등이 자생하는 배수가 잘 되지 아니하는 토지

20. 양어장 : 육상에 인공으로 조성된 수산생물의 번식 또는 양식을 위한 시설을 갖춘 부지와 이에 접속된 부속시설물의 부지

21. 수도용지 : 물을 정수하여 공급하기 위한 취수 · 저수 · 도수(導水) · 정수 · 송수 및 배수 시설의 부지 및 이에 접속된 부속시설물의 부지

12 면적의 결정 및 측량계산의 끝수처리에 대한 설명으로 가장 옳지 않은 것은?

① 토지의 면적에 1제곱미터 미만의 끝수가 있는 경우 0.5제곱미터 미만일 때에는 버리고 0.5제곱미터를 초과하는 때에는 올린다.

② 토지의 면적의 끝수가 0.5제곱미터일 때에는 구하려는 끝자리의 숫자가 0 또는 짝수이면 버리고 홀수이면 올린다.

③ 지적도의 축척이 600분의 1인 지역과 경제점좌표등록부에 등록하는 지역의 토지 면적에서 끝수가 0.5제곱미터 미만일 때에는 버리고 0.5제곱미터를 초과할 때에는 올린다.

④ 방위각의 각치(角値), 종횡선의 수치 또는 거리를 계산하는 경우 구하려는 끝자리의 다음 숫자가 5 미만일 때에는 버리고 5를 초과할 때에는 올린다.

해설 공간정보의 구축 및 관리 등에 관한 법률 시행령 제60조(면적의 결정 및 측량계산의 끝수처리)
① 면적의 결정은 다음 각 호의 방법에 따른다.

> 1. 토지의 면적에 1제곱미터 미만의 끝수가 있는 경우 0.5제곱미터 미만일 때에는 버리고 0.5제곱미터를 초과하는 때에는 올리며, 0.5제곱미터일 때에는 구하려는 끝자리의 숫자가 0 또는 짝수이면 버리고 홀수이면 올린다. 다만, 1필지의 면적이 1제곱미터 미만일 때에는 1제곱미터로 한다.
> 2. 지적도의 축척이 600분의 1인 지역과 경계점좌표등록부에 등록하는 지역의 토지 면적은 제1호에도 불구하고 제곱미터 이하 한 자리 단위로 하되, 0.1제곱미터 미만의 끝수가 있는 경우 0.05제곱미터 미만일 때에는 버리고 0.05제곱미터를 초과할 때에는 올리며, 0.05제곱미터일 때에는 구하려는 끝자리의 숫자가 0 또는 짝수이면 버리고 홀수이면 올린다. 다만, 1필지의 면적이 0.1제곱미터 미만일 때에는 0.1제곱미터로 한다.

② 방위각의 각치(角值), 종횡선의 수치 또는 거리를 계산하는 경우 구하려는 끝자리의 다음 숫자가 5 미만일 때에는 버리고 5를 초과할 때에는 올리며, 5일 때에는 구하려는 끝자리의 숫자가 0 또는 짝수이면 버리고 홀수이면 올린다. 다만, 전자계산조직을 이용하여 연산할 때에는 최종수치에만 이를 적용한다.

13 지적측량을 정확하고 효율적으로 시행하기 위하여 국가기준점을 기준으로 하여 정하는 지적기준점이 아닌 것은?

① 지적도근점   ② 지적위성기준점   ③ 지적삼각보조점   ④ 지적삼각점

해설 공간정보의 구축 및 관리 등에 관한 법률 시행령 제8조(측량기준점의 구분)
① 법 제7조제1항에 따른 측량기준점은 다음 각 호의 구분에 따른다.

암기 ㉠리가 ㉤㉧이 심하면 ㉩㉨를 모아 ㉦㉺을 ㉛㉘번 해라

측량기준점	측량의 정확도를 확보하고 효율성을 높이기 위하여 특정 지점을 제6조에 따른 측량기준에 따라 측정하고 좌표 등으로 표시하여 측량 시에 기준으로 사용되는 점
국가기준점	측량의 정확도를 확보하고 효율성을 높이기 위하여 국토교통부장관이 전 국토를 대상으로 주요 지점마다 정한 측량의 기본이 되는 측량기준점
㉤주측지기준점	국가측지기준계를 정립하기 위하여 전 세계 초장거리간섭계와 연결하여 정한 기준점
㉧성기준점	지리학적 경위도, 직각좌표 및 지구 중심 직교좌표의 측정 기준으로 사용하기 위하여 대한민국 경위도원점을 기초로 정한 기준점
㉨합기준점	지리학적 경위도, 직각좌표, 지구 중심 직교좌표, 높이 및 중력 측정의 기준으로 사용하기 위하여 위성기준점, 수준점 및 중력점을 기초로 정한 기준점
㉩력점	중력 측정의 기준으로 사용하기 위하여 정한 기준점
㉪자기점 (地磁氣點)	지구자기 측정의 기준으로 사용하기 위하여 정한 기준점
㉦준점	높이 측정의 기준으로 사용하기 위하여 대한민국 수준원점을 기초로 정한 기준점
㉺해기준점	우리나라의 영해를 획정(劃定)하기 위하여 정한 기준점 〈삭제 2021.2.9.〉
㉛로기준점	수로조사 시 해양에서의 수평 위치와 높이, 수심 측정 및 해안선 결정 기준으로 사용하기 위하여 위성기준점과 법 제6조제1항제3호의 기본수준면을 기초로 정한 기준점으로서 수로측량기준점, 기본수준점, 해안선기준점으로 구분 〈삭제 2021.2.9.〉
㉘각점	지리학적 경위도, 직각좌표 및 지구중심 직교좌표 측정의 기준으로 사용하기 위하여 위성기준점 및 통합기준점을 기초로 정한 기준점

공공기준점	제17조제2항에 따른 공공측량 시행자가 공공측량을 정확하고 효율적으로 시행하기 위하여 국가기준점을 기준으로 하여 따로 정하는 측량기준점
공공삼각점	공공측량 시 수평 위치의 기준으로 사용하기 위하여 국가기준점을 기초로 하여 정한 기준점
공공수준점	공공측량 시 높이의 기준으로 사용하기 위하여 국가기준점을 기초로 하여 정한 기준점
지적기준점	특별시장·광역시장·특별자치시장·도지사 또는 특별자치도지사(이하 "시·도지사"라 한다)나 지적소관청이 지적측량을 정확하고 효율적으로 시행하기 위하여 국가기준점을 기준으로 하여 따로 정하는 측량기준점
지적삼각점 (地籍三角點)	지적측량 시 수평 위치 측량의 기준으로 사용하기 위하여 국가기준점을 기준으로 하여 정한 기준점
지적삼각보조점	지적측량 시 수평 위치 측량의 기준으로 사용하기 위하여 국가기준점과 지적삼각점을 기준으로 하여 정한 기준점
지적도근점 (地籍圖根點)	지적측량 시 필지에 대한 수평 위치 측량 기준으로 사용하기 위하여 국가기준점, 지적삼각점, 지적삼각보조점 및 다른 지적도근점을 기초로 하여 정한 기준점

14 「지적재조사에 관한 특별법」에서 지적소관청 소속으로 두는 경계결정위원회에 대한 설명으로 옳은 것은?

① 경계결정위원회는 경계설정에 관한 결정과 경계설정에 따른 이의신청에 관한 결정 등 두 가지 사항을 의결한다.

② 경계결정위원회는 위원장 및 부위원장 각 1명을 포함한 9명 이상 11명 이내의 위원으로 구성한다.

③ 경계결정위원회의 위원장은 관할 지방법원장이 되며, 부위원장은 위원장이 위원 중에서 지명한다.

④ 경계결정위원회의 위원에는 각 사업지구의 읍장·면장·동장에 해당하는 위원이 반드시 포함되어야 한다.

(해설) 지적재조사에 관한 특별법 제31조(경계결정위원회)

① 다음 각 호의 사항을 의결하기 위하여 지적소관청 소속으로 경계결정위원회를 둔다.

> 1. 경계설정에 관한 결정
> 2. 경계설정에 따른 이의신청에 관한 결정

② 경계결정위원회는 위원장 및 부위원장 각 1명을 포함한 11명 이내의 위원으로 구성한다.

③ 경계결정위원회의 위원장은 위원인 판사가 되며, 부위원장은 위원 중에서 지적소관청이 지정한다.

④ 경계결정위원회의 위원은 다음 각 호에서 정하는 사람이 된다. 다만, 제3호 및 제4호의 위원은 해당 사업지구에 관한 안건인 경우에 위원으로 참석할 수 있다.

> 1. 관할 지방법원장이 지명하는 판사
> 2. 다음 각 목의 어느 하나에 해당하는 사람으로서 지적소관청이 임명 또는 위촉하는 사람
>   가. 지적소관청 소속 5급 이상 공무원
>   나. 변호사, 법학교수, 그 밖에 법률지식이 풍부한 사람
>   다. 지적측량기술자, 감정평가사, 그 밖에 지적재조사사업에 관한 전문성을 갖춘 사람
> 3. 각 사업지구의 토지소유자(토지소유자협의회가 구성된 경우에는 토지소유자협의회가 추천하는 사람을 말한다)
> 4. 각 사업지구의 읍장·면장·동장

⑤ 경계결정위원회의 위원에는 제4항제3호에 해당하는 위원이 반드시 포함되어야 한다.

⑥ 경계결정위원회의 위원 중 공무원이 아닌 위원의 임기는 2년으로 한다.

⑦ 경계결정위원회는 직권 또는 토지소유자나 이해관계인의 신청에 따라 사실조사를 하거나 신청인 또는 토지소유자나 이해관계인에게 필요한 서류의 제출을 요청할 수 있으며, 지적소관청의 소속 공무원으로 하여금 사실조사를 하게 할 수 있다.

⑧ 토지소유자나 이해관계인은 경계결정위원회에 출석하여 의견을 진술하거나 필요한 증빙서류를 제출할 수 있다.

⑨ 경계결정위원회의 결정 또는 의결은 문서로써 재적위원 과반수의 찬성이 있어야 한다.

⑩ 제9항에 따른 결정서 또는 의결서에는 주문, 결정 또는 의결 이유, 결정 또는 의결 일자 및 결정 또는 의결에 참여한 위원의 성명을 기재하고, 결정 또는 의결에 참여한 위원 전원이 서명날인하여야 한다. 다만, 서명날인을 거부하거나 서명날인을 할 수 없는 부득이한 사유가 있는 위원의 경우 해당 위원의 서명날인을 생략하고 그 사유만을 기재할 수 있다.

⑪ 경계결정위원회의 조직 및 운영 등에 관하여 필요한 사항은 해당 시·군·구의 조례로 정한다.

15 지적재조사사업에 있어서 시·도 지적재조사위원회의 심의·의결사항이 아닌 것은?

① 지적재조사사업지구의 지정 및 변경

② 시·군·구별 지적재조사사업의 우선순위 조정

③ 시·군·구 지적재조사위원회의 위원장이 회의에 부치는 사항

④ 지적소관청이 수립한 실시계획

해설 지적재조사에 관한 특별법 제29조(시·도 지적재조사위원회)

위원회	중앙지적재조사위원회	시·도 지적재조사위원회	시·군·구 지적재조사위원회
소속	국토교통부장관 암기 ⑦⑭⑧	시·도지사 암기 ⑩⑧⑭⑨⑭	지적소관청 암기 ⑭⑭⑫ ⑭⑧
심의 · 의결사항	• ⑦본계획의 수립 및 변경 • ⑭계 법령의 제정, 개정, 제도 개선에 관한 사항 • 지적재조사사업에 필요하여 중앙위원회 위원⑧이 회의에 부치는 사항	• 지적소관청이 수립한 ⑧시계획 • 시·도⑧합계획의 수립 및 변경 • 지적재조사⑭지구의 지정 및 변경 • 시·군·구별 지적재조사사업의 ⑨선순위 조정 • 그 밖에 지적재조사사업에 필요하여 시·도 위원회의 ⑭원장이 회의에 부치는 사항	• 경계⑭원측량 또는 지적공⑭정리 등의 허용여부 • ⑩목의 변경 • 조⑧금의 산정 • 조정금 이⑭신청에 관한 결정 • 지적재소사사업에 필요하여 시·군·구 위원회의 위원⑧이 회의에 부치는 사항

16 다음 중 지적측량성과 결정을 위한 지적측량성과와 검사성과의 연결교차 허용범위 기준으로 옳은 것은?

① 경계점좌표등록부 시행지역의 지적도근점 : 0.15미터 이내

② 지적삼각보조점 : 0.20미터 이내

③ 지적삼각점 : 0.25미터 이내

④ 경계점좌표등록부 시행지역의 경계점 : 0.20미터 이내

해설 지적측량 시행규칙 제27조(지적측량성과의 결정)

① 지적측량성과와 검사 성과의 연결교차가 다음 각 호의 허용범위 이내일 때에는 그 지적측량성과에 관하여 다른 입증을 할 수 있는 경우를 제외하고는 그 측량성과로 결정하여야 한다.

> 1. 지적삼각점 : 0.20미터
> 2. 지적삼각보조점 : 0.25미터
> 3. 지적도근점
>   가. 경계점좌표등록부 시행지역 : 0.15미터
>   나. 그 밖의 지역 : 0.25미터
> 4. 경계점
>   가. 경계점좌표등록부 시행지역 : 0.10미터
>   나. 그 밖의 지역 : 10분의 3M밀리미터(M은 축척분모)

② 지적측량성과를 전자계산기기로 계산하였을 때에는 그 계산성과자료를 측량부 및 면적측정부로 본다.

17 「부동산종합공부시스템 운영 및 관리규정」상 지적재조사사업으로 인한 결번이 발생한 경우에 알맞은 결번사유코드는?

① 1 　　　　　　② 3 　　　　　　③ 5 　　　　　　④ 7

해설 13) 결번사유 구분

코드체계	*	⇐	숫자 1자리	
코드	내용		코드	내용
1	행정구역변경		5	축척변경
2	토지구획정리사업		6	토지개발사업
3	경지정리사업		7	지적재조사사업
4	지번변경		9	기타

18 지적기준점표지의 설치 기준으로 가장 옳지 않은 것은?

① 지적삼각점표지의 점간거리는 평균 2킬로미터 이상 5킬로미터 이하로 할 것
② 지적삼각보조점표지의 점간거리는 평균 1킬로미터 이상 3킬로미터 이하로 할 것
③ 다각망도선법에 의한 지적삼각보조점표지의 점간거리는 평균 500미터 이하로 할 것
④ 지적도근점표지의 점간거리는 평균 50미터 이상 300미터 이하로 할 것

해설

구분	지적삼각측량	지적삼각보조측량	지적도근측량
점간거리	2~5km	1~3km (다각망)0.5~1km 이하 1도선 거리 4km 이하	50~300 (다)평균 500m 이하

19 다음 중 대지권등록부의 등록사항을 나열한 것으로 옳지 않은 것은?

① 토지의 고유번호, 전유부분의 건물표시

② 토지의 소재, 면적, 대지권 비율

③ 소유자가 변경된 날과 그 원인, 건물의 명칭

④ 소유권 지분, 소유자 주민등록번호

해설 공간정보의 구축 및 관리 등에 관한 법률 제71조(토지대장 등의 등록사항)

③ 토지대장이나 임야대장에 등록하는 토지가 「부동산등기법」에 따라 대지권 등기가 되어 있는 경우에는 대지권등록부에 다음 각 호의 사항을 등록하여야 한다. 〈개정 2013.3.23.〉

　1. 토지의 소재

　2. 지번

　3. 대지권 비율

　4. 소유자의 성명 또는 명칭, 주소 및 주민등록번호

　5. 그 밖에 국토교통부령으로 정하는 사항

④ 법 제71조제3항제5호에서 "그 밖에 국토교통부령으로 정하는 사항"이란 다음 각 호의 사항을 말한다. 〈개정 2013.3.23.〉

　1. 토지의 고유번호

　2. 전유부분(專有部分)의 건물표시

　3. 건물의 명칭

　4. 집합건물별 대지권등록부의 장번호

　5. 토지소유자가 변경된 날과 그 원인

　6. 소유권 지분

⑤ 토지의 고유번호를 붙이는 데에 필요한 사항은 국토교통부장관이 정한다.

20 다음 중 〈보기〉에서 합병신청을 할 수 없는 경우만을 모두 고르면?

> ㉠ 합병하려는 각 필지의 지반이 연속되어 있는 경우
> ㉡ 합병하려는 토지가 등기된 토지와 등기되지 아니한 토지인 경우
> ㉢ 합병하려는 토지에 소유권·지상권·전세권 또는 임차권의 등기 외의 등기가 있는 경우
> ㉣ 합병하려는 토지에 승역지(承役地)에 대한 지역권의 등기가 있는 경우
> ㉤ 합병하려는 토지가 구획정리, 경지정리 또는 축척변경을 시행하고 있는 지역의 토지와 그 지역 밖의 토지인 경우

① ㉠, ㉣

② ㉡, ㉢, ㉣

③ ㉡, ㉢, ㉤

④ ㉡, ㉣, ㉤

해설 공간정보의 구축 및 관리 등에 관한 법률 제80조(합병 신청) **암기** 도제천구유는 상한철수공제

① 토지소유자는 토지를 합병하려면 대통령령으로 정하는 바에 따라 지적소관청에 합병을 신청하여야 한다.

② 토지소유자는 「주택법」에 따른 공동주택의 부지, 도로, 제방, 하천, 구거, 유지, 그 밖에 대통령령으로 정하는 토지로서 합병하여야 할 토지가 있으면 그 사유가 발생한 날부터 60일 이내에 지적소관청에 합병을 신청하여야 한다.

③ 다음 각 호의 어느 하나에 해당하는 경우에는 합병 신청을 할 수 없다.

1. 합병하려는 토지의 지번부여지역, 지목 또는 소유자가 서로 다른 경우
2. 합병하려는 토지에 다음 각 목의 등기 외의 등기가 있는 경우

> 가. 소유권 · 지상권 · 전세권 또는 임차권의 등기
> 나. 승역지(承役地)에 대한 지역권의 등기
> 다. 합병하려는 토지 전부에 대한 등기원인(登記原因) 및 그 연월일과 접수번호가 같은 저당권의 등기
> 라. 합병하려는 토지 전부에 대한 「부동산등기법」 제81조제1항 각 호의 등기사항이 동일한 신탁등기

3. 그 밖에 합병하려는 토지의 지적도 및 임야도의 축척이 서로 다른 경우 등 대통령령으로 정하는 경우

공간정보의 구축 및 관리 등에 관한 법률 시행령 제66조(합병 신청)

① 토지소유자는 법 제80조제1항 및 제2항에 따라 토지의 합병을 신청할 때에는 합병 사유를 적은 신청서를 지적소관청에 제출하여야 한다.

② 법 제80조제2항에서 "대통령령으로 정하는 토지"란 공⑳용지 · ⑭교용지 · ⑳도용지 · ㈜도용지 · ㉛원 · ㉔육용지 등 다른 지목의 토지를 말한다.

③ 법 제80조제3항제3호에서 "합병하려는 토지의 지적도 및 임야도의 축척이 서로 다른 경우 등 대통령령으로 정하는 경우"란 다음 각 호의 경우를 말한다. 〈개정 2020.6.9.〉

> 1. 합병하려는 토지의 지적도 및 임야도의 축척이 서로 다른 경우
> 2. 합병하려는 각 필지가 서로 연접하지 않은 경우
> 3. 합병하려는 토지가 등기된 토지와 등기되지 아니한 토지인 경우
> 4. 합병하려는 각 필지의 지목은 같으나 일부 토지의 용도가 다르게 되어 법 제79조제2항에 따른 분할대상 토지인 경우. 다만, 합병 신청과 동시에 토지의 용도에 따라 분할 신청을 하는 경우는 제외한다.
> 5. 합병하려는 토지의 소유자별 공유지분이 다르거나 소유자의 주소가 서로 다른 경우
> 6. 합병하려는 토지가 구획정리, 경지정리 또는 축척변경을 시행하고 있는 지역의 토지와 그 지역 밖의 토지인 경우

01 다음 중 토지이동현황 조사에 대한 설명으로 가장 옳지 않은 것은?

① 지적소관청이 토지의 이동현황을 직권으로 조사·측량하여 토지의 지번·지목·면적·경계 또는 좌표를 결정하려는 때에는 토지이동현황 조사계획을 수립하여야 한다.

② 토지이동현황 조사계획은 시·도별로 수립하되, 부득이한 사유가 있는 때에는 시·군·구별로 수립할 수 있다.

③ 지적소관청은 토지이동현황 조사계획에 따라 토지의 이동 현황을 조사한 때에는 토지이동 조사부에 토지의 이동현황을 적어야 한다.

④ 지적소관청은 토지이동현황 조사 결과에 따라 토지의 지번·지목·면적·경계 또는 좌표를 결정한 때에는 이에 따라 지적공부를 정리하여야 한다.

> 해설 **공간정보의 구축 및 관리 등에 관한 법률 제64조(토지의 조사·등록 등)**
>
> ① 국토교통부장관은 모든 토지에 대하여 필지별로 소재·지번·지목·면적·경계 또는 좌표 등을 조사·측량하여 지적공부에 등록하여야 한다. 〈개정 2013.3.23.〉
>
> ② 지적공부에 등록하는 지번·지목·면적·경계 또는 좌표는 토지의 이동이 있을 때 토지소유자(법인이 아닌 사단이나 재단의 경우에는 그 대표자나 관리인을 말한다. 이하 같다)의 신청을 받아 지적소관청이 결정한다. 다만, 신청이 없으면 지적소관청이 직권으로 조사·측량하여 결정할 수 있다.
>
> ③ 제2항 단서에 따른 조사·측량의 절차 등에 필요한 사항은 국토교통부령으로 정한다.
>
> **공간정보의 구축 및 관리 등에 관한 법률 시행규칙 제59조(토지의 조사·등록)**
>
> ① 지적소관청은 법 제64조제2항 단서에 따라 토지의 이동현황을 직권으로 조사·측량하여 토지의 지번·지목·면적·경계 또는 좌표를 결정하려는 때에는 토지이동현황 조사계획을 수립하여야 한다. 이 경우 토지이동현황 조사계획은 시·군·구별로 수립하되, 부득이한 사유가 있는 때에는 읍·면·동별로 수립할 수 있다.
>
> ② 지적소관청은 제1항에 따른 토지이동현황 조사계획에 따라 토지의 이동현황을 조사한 때에는 별지 제55호 서식의 토지이동 조사부에 토지의 이동현황을 적어야 한다.
>
> ③ 지적소관청은 제2항에 따른 토지이동현황 조사 결과에 따라 토지의 지번·지목·면적·경계 또는 좌표를 결정한 때에는 이에 따라 지적공부를 정리하여야 한다.
>
> ④ 지적소관청은 제3항에 따라 지적공부를 정리하려는 때에는 제2항에 따른 토지이동 조사부를 근거로 별지 제56호 서식의 토지이동 조서를 작성하여 별지 제57호 서식의 토지이동정리 결의서에 첨부하여야 하며, 토지이동조서의 아래 부분 여백에 "「공간정보의 구축 및 관리 등에 관한 법률」 제64조제2항 단서에 따른 직권정리"라고 적어야 한다.

02 지적소관청이 축척변경 등의 사업을 시행하고자 하는 때에는 임시파일을 생성하여야 한다. 이때 생성된 임시파일의 정확성을 확인하기 위해 활용하는 자료로 가장 옳은 것은?

① 지번별 조서 ② 지번등명세
③ 토지이동조서 ④ 토지이동조사부

> **해설** 지적업무처리규정 제52조(임시파일 생성)
> ① 지적소관청이 지번변경, 행정구역변경, 구획정리, 경지정리, 축척변경, 토지개발사업을 하고자 하는 때에는 임시파일을 생성하여야 한다.
> ② 제1항에 따라 임시파일이 생성되면 지번별 조서를 출력하여 임시파일이 정확하게 생성되었는지 여부를 확인하여야 한다.

03 지적전산자료의 이용에 대한 설명으로 옳은 것은?

① 지적소관청은 전국단위, 시·도 단위, 시·군·구 단위 지적전산자료의 이용 또는 활용 승인권자에 해당한다.
② 토지소유자가 사망하여 그 상속인이 피상속인의 토지에 대한 지적전산자료를 신청하는 경우에는 심사를 받아야 한다.
③ 타 시·도의 지적전산자료를 이용하고자 하는 해당 지방자치단체는 국토교통부령으로 정하는 사용료를 내야 한다.
④ 지적공부에 관한 전산자료는 연속지적도를 포함하지 않는다.

> **해설** 공간정보의 구축 및 관리 등에 관한 법률 제76조(지적전산자료의 이용 등)
> ① 지적공부에 관한 전산자료(연속지적도를 포함하며, 이하 "지적전산자료"라 한다)를 이용하거나 활용하려는 자는 다음 각 호의 구분에 따라 국토교통부장관, 시·도지사 또는 지적소관청에 지적전산자료를 신청하여야 한다. 〈개정 2013.3.23., 2013.7.17., 2017.10.24.〉
> | 1. 전국 단위의 지적전산자료 : 국토교통부장관, 시·도지사 또는 지적소관청
> | 2. 시·도 단위의 지적전산자료 : 시·도지사 또는 지적소관청
> | 3. 시·군·구(자치구가 아닌 구를 포함한다) 단위의 지적전산자료 : 지적소관청
> ② 제1항에 따라 지적전산자료를 신청하려는 자는 대통령령으로 정하는 바에 따라 지적전산자료의 이용 또는 활용 목적 등에 관하여 미리 관계 중앙행정기관의 심사를 받아야 한다. 다만, 중앙행정기관의 장, 그 소속 기관의 장 또는 지방자치단체의 장이 신청하는 경우에는 그러하지 아니하다. 〈개정 2017.10.24.〉
> ③ 제2항에도 불구하고 다음 각 호의 어느 하나에 해당하는 경우에는 관계 중앙행정기관의 심사를 받지 아니할 수 있다. 〈개정 2017.10.24.〉
> | 1. 토지소유자가 자기 토지에 대한 지적전산자료를 신청하는 경우
> | 2. 토지소유자가 사망하여 그 상속인이 피상속인의 토지에 대한 지적전산자료를 신청하는 경우
> | 3. 「개인정보 보호법」 제2조제1호에 따른 개인정보를 제외한 지적전산자료를 신청하는 경우
> ④ 제1항 및 제3항에 따른 지적전산자료의 이용 또는 활용에 필요한 사항은 대통령령으로 정한다.

04 측량계산의 끝수처리에 대하여 ㉮~㉱에 각각 들어갈 내용으로 옳은 것은?(단, 지적도의 축척이 600분의 1인 지역과 경계점좌표등록부에 등록하는 지역의 토지는 제외한다.)

> 토지의 면적에 1제곱미터 미만의 끝수가 있는 경우 0.5제곱미터 ㉮일 때에는 버리고 0.5제곱미터(를) ㉯일(하는) 때에는 올리며, 0.5제곱미터일 때에는 구하려는 끝자리의 숫자가 0 또는 짝수이면 ㉰ 홀수이면 ㉱. 다만, 1필지의 면적이 1제곱미터 미만일 때에는 1제곱미터로 한다.

	㉮	㉯	㉰	㉱
①	이하	이상	올리고	버린다
②	미만	초과	올리고	버린다
③	이하	이상	버리고	올린다
④	미만	초과	버리고	올린다

해설 공간정보의 구축 및 관리 등에 관한 법률 시행령 제60조(면적의 결정 및 측량계산의 끝수처리)

① 면적의 결정은 다음 각 호의 방법에 따른다.

> 1. 토지의 면적에 1제곱미터 미만의 끝수가 있는 경우 0.5제곱미터 미만일 때에는 버리고 0.5제곱미터를 초과하는 때에는 올리며, 0.5제곱미터일 때에는 구하려는 끝자리의 숫자가 0 또는 짝수이면 버리고 홀수이면 올린다. 다만, 1필지의 면적이 1제곱미터 미만일 때에는 1제곱미터로 한다.
> 2. 지적도의 축척이 600분의 1인 지역과 경계점좌표등록부에 등록하는 지역의 토지 면적은 제1호에도 불구하고 제곱미터 이하 한 자리 단위로 하되, 0.1제곱미터 미만의 끝수가 있는 경우 0.05제곱미터 미만일 때에는 버리고 0.05제곱미터를 초과할 때에는 올리며, 0.05제곱미터일 때에는 구하려는 끝자리의 숫자가 0 또는 짝수이면 버리고 홀수이면 올린다. 다만, 1필지의 면적이 0.1제곱미터 미만일 때에는 0.1제곱미터로 한다.

② 방위각의 각치(角値), 종횡선의 수치 또는 거리를 계산하는 경우 구하려는 끝자리의 다음 숫자가 5 미만일 때에는 버리고 5를 초과할 때에는 올리며, 5일 때에는 구하려는 끝자리의 숫자가 0 또는 짝수이면 버리고 홀수이면 올린다. 다만, 전자계산조직을 이용하여 연산할 때에는 최종수치에만 이를 적용한다.

05 지목의 구분과 표기방법에 대한 설명으로 가장 옳은 것은?

① 자동차 등의 판매 목적으로 설치된 물류장 및 야외전시장 부지의 지목은 주차장이며, 지적도 및 임야도에 등록할 때에는 '주'라는 부호로 표기한다.

② 일반 공중의 보건·휴양 및 정서생활에 이용하기 위한 시설을 갖춘 토지로서 「국토의 계획 및 이용에 관한 법률」에 따라 공원 또는 녹지로 결정·고시된 토지의 지목은 공원이며, 지적도 및 임야도에 등록할 때에는 '원'이라는 부호로 표기한다.

③ 온수·약수·석유류 등을 일정한 장소로 운송하는 송수관·송유관 및 저장시설 부지의 지목은 광천지이며, 지적도 및 임야도에 등록할 때에는 '광'이라는 부호로 표기한다.

④ 육상에 인공으로 조성된 수산생물의 번식 또는 양식을 위한 시설을 갖춘 부지와 이에 접속된 부속시설물 부지의 지목은 양어장이며, 지적도 및 임야도에 등록할 때에는 '양'이라는 부호로 표기한다.

해설 공간정보의 구축 및 관리 등에 관한 법률 시행규칙 제64조(지목의 표기방법)

지목을 지적도 및 임야도(이하 "지적도면"이라 한다)에 등록하는 때에는 다음의 부호로 표기하여야 한다.

지목	부호	지목	부호	지목	부호	지목	부호
전	전	대	대	철도용지	철	공 원	공
답	답	공장용지	장	제 방	제	체육용지	체
과 수 원	과	학교용지	학	하 천	천	유 원 지	원
목장용지	목	주 차 장	차	구 거	구	종교용지	종
임 야	임	주유소용지	주	유 지	유	사 적 지	사
광 천 지	광	창고용지	창	양 어 장	양	묘 지	묘
염 전	염	도 로	도	수도용지	수	잡 종 지	잡

공간정보의 구축 및 관리 등에 관한 법률 시행령 제58조(지목의 구분)

법 제67조제1항에 따른 지목의 구분은 다음 각 호의 기준에 따른다.

6. 광천지 : 지하에서 온수·약수·석유류 등이 용출되는 용출구(湧出口)와 그 유지(維持)에 사용되는 부지. 다만, 온수·약수·석유류 등을 일정한 장소로 운송하는 송수관·송유관 및 저장시설의 부지는 제외한다.

11. 주차장 : 자동차 등의 주차에 필요한 독립적인 시설을 갖춘 부지와 주차전용 건축물 및 이에 접속된 부속시설물의 부지. 다만, 다음 각 목의 어느 하나에 해당하는 시설의 부지는 제외한다.

　가. 「주차장법」 제2조제1호가목 및 다목에 따른 노상주차장 및 부설주차장(「주차장법」 제19조제4항에 따라 시설물의 부지 인근에 설치된 부설주차장은 제외한다)

　나. 자동차 등의 판매 목적으로 설치된 물류장 및 야외전시장

20. 양어장 : 육상에 인공으로 조성된 수산생물의 번식 또는 양식을 위한 시설을 갖춘 부지와 이에 접속된 부속시설물의 부지

22. 공원 : 일반 공중의 보건·휴양 및 정서생활에 이용하기 위한 시설을 갖춘 토지로서 「국토의 계획 및 이용에 관한 법률」에 따라 공원 또는 녹지로 결정·고시된 토지

06 지적측량수행자의 손해배상책임 보장에 대한 설명으로 옳은 것은?

① 지적측량업자는 손해배상책임을 보장하기 위하여 보장 기간이 5년 이상이고 보증금액이 3억원 이상인 보증보험에 가입하여야 한다.

② 한국국토정보공사는 손해배상책임을 보장하기 위하여 보증금액이 10억원 이상인 보증보험에 가입하여야 한다.

③ 지적측량업자는 손해배상책임을 보장하기 위하여 지적측량업 등록증을 발급받은 날부터 10일 이내에 보증보험에 가입하여야 한다.

④ 지적측량업자는 보증보험에 가입하였을 때에는 이를 증명하는 서류를 사무소가 소재한 해당 지역의 지적소관청에 제출하여야 한다.

해설 공간정보의 구축 및 관리 등에 관한 법률 제51조(손해배상책임의 보장)

① 지적측량수행자가 타인의 의뢰에 의하여 지적측량을 함에 있어서 고의 또는 과실로 지적측량을 부실하게 함으로써 지적측량의뢰인이나 제3자에게 재산상의 손해를 발생하게 한 때에는 지적측량수행자는 그 손해를 배상할 책임이 있다.

② 지적측량수행자는 제1항에 따른 손해배상책임을 보장하기 위하여 대통령령으로 정하는 바에 따라 보험가입 등 필요한 조치를 하여야 한다.

공간정보의 구축 및 관리 등에 관한 법률 시행령 제41조(손해배상책임의 보장)

① 지적측량수행자는 법 제51조제2항에 따라 손해배상책임을 보장하기 위하여 다음 각 호의 구분에 따라 보증보험에 가입하거나 공간정보산업협회가 운영하는 보증 또는 공제에 가입하는 방법으로 보증설정(이하 "보증설정"이라 한다)을 하여야 한다. 〈개정 2017.1.10.〉

> 1. 지적측량업자 : 보장기간 10년 이상 및 보증금액 1억 원 이상
> 2. 「국가공간정보 기본법」 제12조에 따라 설립된 한국국토정보공사(이하 "한국국토정보공사"라 한다) : 보증금액 20억 원 이상

② 지적측량업자는 지적측량업 등록증을 발급받은 날부터 10일 이내에 제1항제1호의 기준에 따라 보증설정을 하여야 하며, 보증설정을 하였을 때에는 이를 증명하는 서류를 제35조제1항에 따라 등록한 시·도지사에게 제출하여야 한다. 〈개정 2014.1.17., 2017.1.10.〉

07 합병에 대한 설명으로 가장 옳지 않은 것은?

① 지적공부에 등록된 2필지 이상을 1필지로 합하여 등록하는 것을 말한다.

② 합병 후 필지의 면적은 1필지로 합병된 토지에 대하여 지적측량을 실시하고 새로이 산출된 면적으로 결정한다.

③ 합병 후 필지의 경계 또는 좌표에 대해서는 합병 전 각 필지의 경계 또는 좌표 중 합병으로 필요 없게 된 부분을 말소하여 결정한다.

④ 합병하려는 토지의 지번부여지역, 지목 또는 소유자가 서로 다른 경우에는 합병 신청을 할 수 없다.

[해설] 공간정보의 구축 및 관리 등에 관한 법률 제2조(정의)

이 법에서 사용하는 용어의 뜻은 다음과 같다.

32. "합병"이란 지적공부에 등록된 2필지 이상을 1필지로 합하여 등록하는 것을 말한다.

공간정보의 구축 및 관리 등에 관한 법률 제80조(합병 신청) [암기] ⓓⓔⓒⓖⓤ는 ⓖⓗⓒⓢⓞⓒ

① 토지소유자는 토지를 합병하려면 대통령령으로 정하는 바에 따라 지적소관청에 합병을 신청하여야 한다.

② 토지소유자는 「주택법」에 따른 공동주택의 부지, ⓓ로, ⓔ방, 하ⓒ, 구ⓖ, ⓤ지, 그 밖에 대통령령으로 정하는 토지로서 합병하여야 할 토지가 있으면 그 사유가 발생한 날부터 60일 이내에 지적소관청에 합병을 신청하여야 한다.

③ 다음 각 호의 어느 하나에 해당하는 경우에는 합병 신청을 할 수 없다.

1. 합병하려는 토지의 지번부여지역, 지목 또는 소유자가 서로 다른 경우
2. 합병하려는 토지에 다음 각 목의 등기 외의 등기가 있는 경우

> 가. 소유권·지상권·전세권 또는 임차권의 등기
> 나. 승역지(承役地)에 대한 지역권의 등기
> 다. 합병하려는 토지 전부에 대한 등기원인(登記原因) 및 그 연월일과 접수번호가 같은 저당권의 등기
> 라. 합병하려는 토지 전부에 대한 「부동산등기법」 제81조제1항 각 호의 등기사항이 동일한 신탁등기

3. 그 밖에 합병하려는 토지의 지적도 및 임야도의 축척이 서로 다른 경우 등 대통령령으로 정하는 경우

공간정보의 구축 및 관리 등에 관한 법률 시행령 제66조(합병 신청)

① 토지소유자는 법 제80조제1항 및 제2항에 따라 토지의 합병을 신청할 때에는 합병 사유를 적은 신청서를 지적소관청에 제출하여야 한다.

② 법 제80조제2항에서 "대통령령으로 정하는 토지"란 공ⓖ용지·ⓗ교용지·ⓒ도용지·ⓢ도용지·ⓞ원·ⓒ육용지 등 다른 지목의 토지를 말한다.

③ 법 제80조제3항제3호에서 "합병하려는 토지의 지적도 및 임야도의 축척이 서로 다른 경우 등 대통령령으로 정하는 경우"란 다음 각 호의 경우를 말한다.

1. 합병하려는 토지의 지적도 및 임야도의 축척이 서로 다른 경우
2. 합병하려는 각 필지의 지반이 연속되지 아니한 경우
3. 합병하려는 토지가 등기된 토지와 등기되지 아니한 토지인 경우
4. 합병하려는 각 필지의 지목은 같으나 일부 토지의 용도가 다르게 되어 법 제79조제2항에 따른 분할대상 토지인 경우. 다만, 합병 신청과 동시에 토지의 용도에 따라 분할 신청을 하는 경우는 제외한다.
5. 합병하려는 토지의 소유자별 공유지분이 다르거나 소유자의 주소가 서로 다른 경우
6. 합병하려는 토지가 구획정리, 경지정리 또는 축척변경을 시행하고 있는 지역의 토지와 그 지역 밖의 토지인 경우

08 현행 「지적재조사에 관한 특별법」에 따라 지적재조사사업 기본계획의 입안, 지적재조사사업의 지도·감독, 기술·인력 및 예산 등의 지원, 중앙위원회 심의·의결사항에 대한 보좌를 위하여 국토교통부에 설치한 것은?

① 지적재조사기획단
② 지적재조사지원단
③ 지적재조사추진단
④ 지적재조사총괄단

해설 지적재조사에 관한 특별법 제32조(지적재조사기획단 등)

① 기본계획의 입안, 지적재조사사업의 지도·감독, 기술·인력 및 예산 등의 지원, 중앙위원회 심의·의결사항에 대한 보좌를 위하여 국토교통부에 지적재조사기획단을 둔다.
② 지적재조사사업의 지도·감독, 기술·인력 및 예산 등의 지원을 위하여 시·도에 지적재조사지원단을, 실시계획의 입안, 지적재조사사업의 시행, 사업대행자에 대한 지도·감독 등을 위하여 지적소관청에 지적재조사추진단을 둘 수 있다.
③ 제1항에 따른 지적재조사기획단의 조직과 운영에 관하여 필요한 사항은 대통령령으로, 제2항에 따른 지적재조사지원단과 지적재조사추진단의 조직과 운영에 관하여 필요한 사항은 해당 지방자치단체의 조례로 정한다.

지적재조사에 관한 특별법 시행령 제26조(지적재조사기획단의 구성 등)

① 법 제32조제1항에 따른 지적재조사기획단(이하 "기획단"이라 한다)은 단장 1명과 소속 직원으로 구성하며, 단장은 국토교통부의 고위공무원단에 속하는 일반직공무원 중에서 국토교통부장관이 지명하는 자가 겸직한다.
② 국토교통부장관은 기획단의 업무수행을 위하여 필요하다고 인정할 때에는 관계 행정기관의 공무원 및 관련 기관·단체의 임직원의 파견을 요청할 수 있다.
③ 제1항 및 제2항에서 규정한 사항 외에 기획단의 조직과 운영에 필요한 사항은 국토교통부장관이 정한다.

09 다음 중 등록전환을 신청할 수 있는 경우가 아닌 것은?

① 토지이용상 불합리한 지상경계를 시정하기 위한 경우
② 대부분의 토지가 등록전환되어 나머지 토지를 임야도에 계속 존치하는 것이 불합리한 경우
③ 임야도에 등록된 토지가 사실상 형질 변경되었으나 지목 변경을 할 수 없는 경우
④ 도시·군관리계획선에 따라 토지를 분할하는 경우

공간정보의 구축 및 관리 등에 관한 법률 시행령 제64조(등록전환 신청)

① 법 제78조에 따라 등록전환을 신청할 수 있는 경우는 다음 각 호와 같다. 〈개정 2020.6.9.〉

> 1. 「산지관리법」에 따른 산지전용허가·신고, 산지일시사용허가·신고, 「건축법」에 따른 건축허가·신고 또는 그 밖의 관계 법령에 따른 개발행위 허가 등을 받은 경우
> 2. 대부분의 토지가 등록전환되어 나머지 토지를 임야도에 계속 존치하는 것이 불합리한 경우
> 3. 임야도에 등록된 토지가 사실상 형질변경되었으나 지목변경을 할 수 없는 경우
> 4. 도시·군관리계획선에 따라 토지를 분할하는 경우

② 삭제 〈2020.6.9.〉

③ 토지소유자는 법 제78조에 따라 등록전환을 신청할 때에는 등록전환 사유를 적은 신청서에 국토교통부령으로 정하는 서류를 첨부하여 지적소관청에 제출하여야 한다. 〈개정 2013.3.23.〉

공간정보의 구축 및 관리 등에 관한 법률 시행규칙 제82조(등록전환 신청)

① 영 제64조제3항에서 "국토교통부령으로 정하는 서류"란 관계 법령에 따른 개발행위 허가 등을 증명하는 서류의 사본(영 제64조제1항제1호에 해당하는 경우로 한정한다)을 말한다. 〈개정 2020.6.11.〉

② 제1항에 따른 서류를 그 지적소관청이 관리하는 경우에는 지적소관청의 확인으로 그 서류의 제출을 갈음할 수 있다.

---

10 지적재조사지구 지정고시 및 효력 상실에 대한 설명으로 가장 옳지 않은 것은?

① 지적재조사지구의 지정 또는 변경에 대한 고시가 있을 때에는 지적공부에 지적재조사지구로 지정된 사실을 기재하여야 한다.

② 지적소관청은 지적재조사지구 지정고시를 한 날부터 2년 내에 지적재조사사업에 관한 실시계획을 수립하여야 한다.

③ 지적소관청이 일필지조사 및 지적재조사측량 기간 내에 조사 및 측량을 시행하지 아니할 때에는 그 기간의 만료로 지적재조사지구의 지정은 효력이 상실된다.

④ 시·도지사는 지적재조사지구 지정의 효력이 상실되었을 때에는 이를 시·도 공보에 고시하고 국토교통부장관에게 보고하여야 한다.

지적재조사에 관한 특별법 제8조(지적재조사지구 지정고시)

① 시·도지사는 지적재조사지구를 지정하거나 변경한 경우에 시·도 공보에 고시하고 그 지정내용 또는 변경내용을 국토교통부장관에게 보고하여야 하며, 관계 서류를 일반인이 열람할 수 있도록 하여야 한다.

② 지적재조사지구의 지정 또는 변경에 대한 고시가 있을 때에는 지적공부에 지적재조사지구로 지정된 사실을 기재하여야 한다.

지적재조사에 관한 특별법 제9조(지적재조사지구 지정의 효력상실 등)

① 지적소관청은 지적재조사지구 지정고시를 한 날부터 2년 내에 일필지조사 및 지적재조사를 위한 지적측량(이하 "지적재조사측량"이라 한다)을 시행하여야 한다.

② 제1항의 기간 내에 일필지조사 및 지적재조사측량을 시행하지 아니할 때에는 그 기간의 만료로 지적재조사지구의 지정은 효력이 상실된다.

③ 시·도지사는 제2항에 따라 지적재조사지구 지정의 효력이 상실되었을 때에는 이를 시·도 공보에 고시하고 국토교통부장관에게 보고하여야 한다.

---

11 다음 중 토지이동 신청서 상의 신청 구분에 해당되지 않는 것은?

① 토지(임야)지목변경 　　　　② 토지(임야)경계확정

③ 등록전환 　　　　　　　　　④ 토지(임야)등록사항정정

해설

■ 공간정보의 구축 및 관리 등에 관한 법률 시행규칙 [별지 제75호 서식] 〈개정 2015.6.4.〉

토지이동 신청서

※ 뒤쪽의 수수료와 처리기간을 확인하시고, [ ]에는 해당되는 곳에 √ 표시를 합니다.　　　(앞 쪽)

접수번호	접수일	발급일	처리기간　　뒤 쪽 참조

신청구분	[ ]토지(임야)신규등록　　[ ]토지(임야)분할　　[ ]토지(임야)지목변경 [ ]등록전환　　　　　　　[ ]토지(임야)합병　　[ ]토지(임야)등록사항정정 [ ]기타

신청인	성명	(주민)등록번호
	주소	전화번호

신 청 내 용

토지소재			이동 전			이동 후			토지이동 결의일 및 이동사유
시·군·구	읍·면	동·리	지번	지목	면적 (m²)	지번	지목	면적 (m²)	

위와 같이 관계 증명 서류를 첨부하여 신청합니다.

　　　　　　　　　　　　　　　　　　　　　년　　　　월　　　　일장

　　　　　　　　　신청인　　　　　　　　　　　　(서명 또는 인)

시장 · 군수 · 구청장 귀하

> 수입증지 첨부란
>
> 「공간정보의 구축 및 관리 등에 관한 법률 시행규칙」 제115조 제1항에 따른 수수료(뒷면 참조)

210mm×297mm[일반용지60g/m²]

---

12 지상경계의 구분 및 결정기준에 대한 설명으로 가장 옳지 않은 것은?

① 지적확정측량의 경계는 공사가 완료된 현황대로 결정하되, 공사가 완료된 현황이 사업계획도와 다를 때에는 미리 사업 시행자에게 그 사실을 통지하여야 한다.

② 토지의 지상경계는 둑·담장이나 그 밖에 구획의 목표가 될 만한 구조물 및 경계점표지 등으로 구분한다.

③ 지적소관청은 토지의 이동에 따라 지상경계를 새로 정한 경우에는 토지의 소재, 지번, 경계점 좌표(경계점좌표등록부 시행지역에 한함), 경계점 위치 설명도 등을 등록한 지상경계 점등록부를 작성·관리하여야 한다.

④ 지상경계의 구획을 형성하는 구조물 등의 소유자가 다른 경우에는 그 구조물 등의 중앙을 지상경계로 결정한다.

해설 공간정보의 구축 및 관리 등에 관한 법률 제65조(지상경계의 구분 등)

① 토지의 지상경계는 둑, 담장이나 그 밖에 구획의 목표가 될 만한 구조물 및 경계점표지 등으로 구분한다.

② 지적소관청은 토지의 이동에 따라 지상경계를 새로 정한 경우에는 다음 각 호의 사항을 등록한 지상경계점등록부를 작성·관리하여야 한다.

  1. 토지의 소재

  2. 지번

  3. 경계점 좌표(경계점좌표등록부 시행지역에 한정한다)

  4. 경계점 위치 설명도

  5. 그 밖에 국토교통부령으로 정하는 사항

③ 제1항에 따른 지상경계의 결정기준 등 지상경계의 결정에 필요한 사항은 대통령령으로 정하고, 경계점표지의 규격과 재질 등에 필요한 사항은 국토교통부령으로 정한다.

공간정보의 구축 및 관리 등에 관한 법률 시행령 제55조(지상 경계의 결정기준 등)

① 법 제65조제1항에 따른 지상 경계의 결정기준은 다음 각 호의 구분에 따른다. 〈개정 2014.1.17.〉

> 1. 연접되는 토지 간에 높낮이 차이가 없는 경우 : 그 구조물 등의 중앙
> 2. 연접되는 토지 간에 높낮이 차이가 있는 경우 : 그 구조물 등의 하단부
> 3. 도로·구거 등의 토지에 절토(切土)된 부분이 있는 경우 : 그 경사면의 상단부
> 4. 토지가 해면 또는 수면에 접하는 경우 : 최대만조위 또는 최대만수위가 되는 선
> 5. 공유수면매립지의 토지 중 제방 등을 토지에 편입하여 등록하는 경우 : 바깥쪽 어깨부분

② 지상경계의 구획을 형성하는 구조물 등의 소유자가 다른 경우에는 제1항제1호부터 제3호까지의 규정에도 불구하고 그 소유권에 따라 지상경계를 결정한다.

③ 다음 각 호의 어느 하나에 해당하는 경우에는 지상경계점에 법 제65조제1항에 따른 경계점표지를 설치하여 측량할 수 있다. 〈개정 2012.4.10., 2014.1.17.〉

> 1. 법 제86조제1항에 따른 도시개발사업 등의 사업시행자가 사업지구의 경계를 결정하기 위하여 토지를 분할하려는 경우
> 2. 법 제87조제1호 및 제2호에 따른 사업시행자와 행정기관의 장 또는 지방자치단체의 장이 토지를 취득하기 위하여 분할하려는 경우
> 3. 「국토의 계획 및 이용에 관한 법률」 제30조제6항에 따른 도시·군관리계획 결정고시와 같은 법 제32조제4항에 따른 지형도면 고시가 된 지역의 도시·군관리계획선에 따라 토지를 분할하려는 경우
> 4. 제65조제1항에 따라 토지를 분할하려는 경우
> 5. 관계 법령에 따라 인가·허가 등을 받아 토지를 분할하려는 경우

④ 분할에 따른 지상 경계는 지상건축물을 걸리게 결정해서는 아니 된다. 다만, 다음 각 호의 어느 하나에 해당하는 경우에는 그러하지 아니하다.
1. 법원의 확정판결이 있는 경우
2. 법 제87조제1호에 해당하는 토지를 분할하는 경우
3. 제3항제1호 또는 제3호에 따라 토지를 분할하는 경우
⑤ 지적확정측량의 경계는 공사가 완료된 현황대로 결정하되, 공사가 완료된 현황이 사업계획도와 다를 때에는 미리 사업시행자에게 그 사실을 통지하여야 한다.

13 다음 중 토지소유자의 정리에 대한 설명으로 가장 옳지 않은 것은?

① 지적공부에 등록된 토지소유자의 변경사항은 등기관서에서 등기한 것을 증명하는 등기필증, 등기완료통지서, 등기사항증명서 또는 등기관서에서 제공한 등기전산정보자료에 따라 정리한다.

② 신규등록하는 토지의 소유자는 지적소관청이 직접 조사하여 등록한다.

③ 등기부에 적혀 있는 토지의 표시가 지적공부와 일치하지 아니하면 등기관서에서 등기한 것을 증명하는 자료에 의해 토지소유자를 정리할 수 있다.

④ 「국유재산법」에 따른 총괄청이나 중앙관서의 장이 소유자 없는 부동산에 대한 소유자 등록을 신청하는 경우 지적 소관청은 지적공부에 해당 토지의 소유자가 등록되지 아니한 경우에만 등록할 수 있다.

해설 공간정보의 구축 및 관리 등에 관한 법률 제88조(토지소유자의 정리)

① 지적공부에 등록된 토지소유자의 변경사항은 등기관서에서 등기한 것을 증명하는 등기필증, 등기완료통지서, 등기사항증명서 또는 등기관서에서 제공한 등기전산정보자료에 따라 정리한다. 다만, 신규등록하는 토지의 소유자는 지적소관청이 직접 조사하여 등록한다. 〈개정 2011.4.12.〉

② 「국유재산법」 제2조제10호에 따른 총괄청이나 같은 조 제11호에 따른 중앙관서의 장이 같은 법 제12조제3항에 따라 소유자 없는 부동산에 대한 소유자 등록을 신청하는 경우 지적소관청은 지적공부에 해당 토지의 소유자가 등록되지 아니한 경우에만 등록할 수 있다. 〈개정 2011.3.30.〉

③ 등기부에 적혀 있는 토지의 표시가 지적공부와 일치하지 아니하면 제1항에 따라 토지소유자를 정리할 수 없다. 이 경우 토지의 표시와 지적공부가 일치하지 아니하다는 사실을 관할 등기관서에 통지하여야 한다.

④ 지적소관청은 필요하다고 인정하는 경우에는 관할 등기관서의 등기부를 열람하여 지적공부와 부동산등기부가 일치하는지 여부를 조사·확인하여야 하며, 일치하지 아니하는 사항을 발견하면 등기사항증명서 또는 등기관서에서 제공한 등기전산정보자료에 따라 지적공부를 직권으로 정리하거나, 토지소유자나 그 밖의 이해관계인에게 그 지적공부와 부동산등기부가 일치하게 하는 데에 필요한 신청 등을 하도록 요구할 수 있다. 〈개정 2011.4.12.〉

⑤ 지적소관청 소속 공무원이 지적공부와 부동산등기부의 부합 여부를 확인하기 위하여 등기부를 열람하거나, 등기사항증명서의 발급을 신청하거나, 등기전산정보자료의 제공을 요청하는 경우 그 수수료는 무료로 한다.

14 다음 중 공유지연명부와 대지권등록부의 등록사항으로 공통되는 것만을 나열한 것은?

① 토지의 고유번호, 전유부분(專有部分)의 건물표시

② 토지의 고유번호, 대지권 비율

③ 소유권 지분, 토지소유자가 변경된 날과 그 원인

④ 소유권 지분, 건물의 명칭

해설 공간정보의 구축 및 관리 등에 관한 법률 제71조(토지대장 등의 등록사항)

구분	토지표시사항	소유권에 관한 사항	기타
토지대장 (土地臺帳, Land Books) & 임야대장 (林野臺帳, Forest Books)	• 토지 소재 • 지번 • 지목 • 면적 • 토지의 이동사유	• 토지소유자 변동일자 • 변동원인 • 주민등록번호 • 성명 또는 명칭 • 주소	• 토지의 고유번호(각 필지를 서로 구별하기 위하여 필지마다 붙이는 고유한 번호를 말한다) • 지적도 또는 임야도 번호 • 필지별 토지대장 또는 임야대장의 장번호 • 축척 • 토지등급 또는 기준수확량등급과 그 설정·수정연월일 • 개별공시지가와 그 기준일
공유지연명부 (共有地連名簿, Common Land Books)	• 토지 소재 • 지번	• 토지소유자 변동일자 • 변동원인 • 주민등록번호 • 성명·주소 • 소유권 지분	• 토지의 고유번호 • 필지별공유지 연명부의 장번호
대지권등록부 (垈地權登錄簿, Building Site Rights Books)	• 토지 소재 • 지번	• 토지소유자가 변동일자 및 변동원인 • 주민등록번호 • 성명 또는 명칭·주소 • 대지권 비율 • 소유권 지분	• 토지의 고유번호 • 집합건물별 대지권등록부의 장번호 • 건물의 명칭 • 전유부분의 건물의 표시
경계점좌표등록부 (境界點座標登錄簿, Boundary Point Coordinate Books)	• 토지 소재 • 지번 • 좌표		• 토지의 고유번호 • 필지별 경계점좌표등록부의 장번호 • 부호 및 부호도 • 지적도면의 번호
지적도 (地籍圖, Land Books) & 임야도 (林野圖, Forest Books)	• 토지 소재 • 지번 • 지목 • 경계 • 좌표에 의하여 계산된 경계점 간의 거리(경계점좌표등록부를 갖춰두는 지역으로 한정한다)		• 도면의 색인도 • 도면의 제명 및 축척 • 도곽선과 그 수치 • 삼각점 및 지적기준점의 위치 • 건축물 및 구조물 등의 위치

15 다음은 중앙지적위원회의 구성에 대한 설명이다. ㈎~㈏에 각각 들어갈 내용으로 옳은 것은?

> • 위원장 1명과 부위원장 1명을 포함하여 ㈎ 이상 ㈏ 이하의 위원으로 구성한다.
> • 위원은 지적에 관한 학식과 경험이 풍부한 사람 중에서 ㈐이 임명하거나 위촉한다.

	㈎	㈏	㈐
①	5명	10명	위원장
②	5명	10명	국토교통부장관
③	7명	15명	위원장
④	7명	15명	국토교통부장관

해설 공간정보의 구축 및 관리 등에 관한 법률 시행령 제20조(중앙지적위원회의 구성 등)
① 법 제28조제1항에 따른 중앙지적위원회(이하 "중앙지적위원회"라 한다)는 위원장 1명과 부위원장 1명을 포함하여 5명 이상 10명 이하의 위원으로 구성한다. 〈개정 2012.7.4.〉
② 위원장은 국토교통부의 지적업무 담당 국장이, 부위원장은 국토교통부의 지적업무 담당 과장이 된다. 〈개정 2013.3.23.〉
③ 위원은 지적에 관한 학식과 경험이 풍부한 사람 중에서 국토교통부장관이 임명하거나 위촉한다. 〈개정 2013.3.23.〉
④ 위원장 및 부위원장을 제외한 위원의 임기는 2년으로 한다.
⑤ 중앙지적위원회의 간사는 국토교통부의 지적업무 담당 공무원 중에서 국토교통부장관이 임명하며, 회의 준비, 회의록 작성 및 회의 결과에 따른 업무 등 중앙지적위원회의 서무를 담당한다. 〈개정 2013.3.23.〉
⑥ 중앙지적위원회의 위원에게는 예산의 범위에서 출석수당과 여비, 그 밖의 실비를 지급할 수 있다. 다만, 공무원인 위원이 그 소관 업무와 직접적으로 관련되어 출석하는 경우에는 그러하지 아니하다.

16 지적공부의 복구에 대한 설명으로 가장 옳은 것은?

① 지적소관청은 복구측량 등이 완료되어 지적공부를 복구하려는 경우에는 복구하려는 토지의 표시 등을 시·군·구 게시판에 30일 이상 게시하여야 한다.
② 복구측량을 한 결과가 복구자료와 부합하지 아니하는 때에는 복구측량 결과를 토대로 경계점표지를 설치하고 경계 또는 면적 등을 조정하여야 한다.
③ 측량결과도, 토지이동조서, 법원의 확정판결서 정본 또는 사본은 지적공부의 복구자료로 활용할 수 있다.
④ 토지대장·임야대장 또는 공유지연명부는 복구되고 지적도면이 복구되지 아니한 토지가 축척변경 시행지역에 편입된 때에는 지적도면을 복구하지 아니할 수 있다.

해설 공간정보의 구축 및 관리 등에 관한 법률 시행규칙 제72조(지적공부의 복구자료)
암기 ㉻㉱㉲㉯㉱㉳㉮은 ㉱㉩㉰에서
영 제61조제1항에 따른 지적공부의 복구에 관한 관계 자료(이하 "복구자료"라 한다)는 다음 각 호와 같다.

> 1. ㉻동산등기부 ㉲본 등 등기사실을 증명하는 서류
> 2. ㉱적공부의 ㉲본
> 3. 법 제69조제3항에 따라 ㉴제된 지적공부
> 4. 지적소관청이 작성하거나 발행한 지적공부의 등록내용을 증㉯하는 서류
> 5. 측㉳ 결과도
> 6. 토㉱이동정리 결의서
> 7. 법㉮의 확정판결서 정본 또는 사본

공간정보의 구축 및 관리 등에 관한 법률 시행규칙 제73조(지적공부의 복구절차 등)

① 지적소관청은 법 제74조 및 영 제61조제1항에 따라 지적공부를 복구하려는 경우에는 제72조 각 호의 복구자료를 조사하여야 한다.

② 지적소관청은 제1항에 따라 조사된 복구자료 중 토지대장·임야대장 및 공유지연명부의 등록 내용을 증명하는 서류 등에 따라 별지 제70호 서식의 지적복구자료 조사서를 작성하고, 지적도면의 등록 내용을 증명하는 서류 등에 따라 복구자료도를 작성하여야 한다.

③ 제2항에 따라 작성된 복구자료도에 따라 측정한 면적과 지적복구자료 조사서의 조사된 면적의 증감이 영 제19조제1항제2호가목의 계산식에 따른 허용범위를 초과하거나 복구자료도를 작성할 복구자료가 없는 경우에는 복구측량을 하여야 한다. 이 경우 같은 계산식 중 A는 오차허용면적, M은 축척분모, F는 조사된 면적을 말한다.

④ 제2항에 따라 작성된 지적복구자료 조사서의 조사된 면적이 영 제19조제1항제2호가목의 계산식에 따른 허용범위 이내인 경우에는 그 면적을 복구면적으로 결정하여야 한다.

⑤ 제3항에 따라 복구측량을 한 결과가 복구자료와 부합하지 아니하는 때에는 토지소유자 및 이해관계인의 동의를 받아 경계 또는 면적 등을 조정할 수 있다. 이 경우 경계를 조정한 때에는 제60조제2항에 따른 경계점표지를 설치하여야 한다.

⑥ 지적소관청은 제1항부터 제5항까지의 규정에 따른 복구자료의 조사 또는 복구측량 등이 완료되어 지적공부를 복구하려는 경우에는 복구하려는 토지의 표시 등을 시·군·구 게시판 및 인터넷 홈페이지에 15일 이상 게시하여야 한다.

⑦ 복구하려는 토지의 표시 등에 이의가 있는 자는 제6항의 게시기간 내에 지적소관청에 이의신청을 할 수 있다. 이 경우 이의신청을 받은 지적소관청은 이의사유를 검토하여 이유 있다고 인정되는 때에는 그 시정에 필요한 조치를 하여야 한다.

⑧ 지적소관청은 제6항 및 제7항에 따른 절차를 이행한 때에는 지적복구자료 조사서, 복구자료도 또는 복구측량 결과도 등에 따라 토지대장·임야대장·공유지연명부 또는 지적도면을 복구하여야 한다.

⑨ 토지대장·임야대장 또는 공유지연명부는 복구되고 지적도면이 복구되지 아니한 토지가 법 제83조에 따른 축척변경 시행지역이나 법 제86조에 따른 도시개발사업 등의 시행지역에 편입된 때에는 지적도면을 복구하지 아니할 수 있다.

17 「공간정보의 구축 및 관리 등에 관한 법률」상 도시개발사업 등 시행지역의 토지이동을 거짓으로 신청한 자에 대한 벌칙은?

① 3년 이하의 징역 또는 3천만 원 이하의 벌금

② 2년 이하의 징역 또는 2천만 원 이하의 벌금

③ 1년 이하의 징역 또는 1천만 원 이하의 벌금

④ 300만 원 이하의 과태료

해설 공간정보의 구축 및 관리 등에 관한 법률 제109조(벌칙) 암기 둘비허불 대판태불

다음 각 호의 어느 하나에 해당하는 자는 1년 이하의 징역 또는 1천만 원 이하의 벌금에 처한다. 〈개정 2013.3.23.〉

1. 둘 이상의 측량업자에게 소속된 측량기술자

2. 업무상 알게 된 비밀을 누설한 측량기술자

3. 거짓(ⓗ위)으로 다음 각 목의 신청을 한 자

> 가. 신규등록 신청　　나. 등록전환 신청　　다. 분할 신청
> 라. 합병 신청　　마. 지목변경 신청　　바. 바다로 된 토지의 등록말소 신청
> 사. 축척변경 신청　　아. 등록사항의 정정 신청
> 자. 도시개발사업 등 시행지역의 토지이동 신청

4. 측량기술자가 아님에도 ⓑ구하고 측량을 한 자
5. 지적측량수수료 외의 ⓓ가를 받은 지적측량기술자
6. 심사를 받지 아니하고 지도 등을 간행하여 ⓟ매하거나 배포한 자
7. 다른 사람에게 측량업등록증 또는 측량업등록수첩을 ⓑ려주거나 자기의 성명 또는 상호를 사용하여 측량업무를 하게 한 자
8. 다른 사람의 측량업등록증 또는 측량업등록수첩을 ⓑ려서 사용하거나 다른 사람의 성명 또는 상호를 사용하여 측량업무를 한 자
9. 다른 사람에게 자기의 성능검사대행자 등록증을 ⓑ려 주거나 자기의 성명 또는 상호를 사용하여 성능검사대행업무를 수행하게 한 자
10. 다른 사람의 성능검사대행자 등록증을 ⓑ려서 사용하거나 다른 사람의 성명 또는 상호를 사용하여 성능검사대행업무를 수행한 자
11. 무단으로 측량성과 또는 측량기록을 ⓑ제한 자

18 축척변경의 확정공고에 대한 설명으로 가장 옳지 않은 것은?

① 청산금의 납부 및 지급이 완료되었을 때에는 지적소관청은 지체 없이 축척변경의 확정공고를 하여야 한다.

② 축척변경 시행지역의 토지는 확정공고일에 토지의 이동이 있는 것으로 본다.

③ 지적소관청은 확정공고를 하였을 때에는 지체 없이 축척변경에 따라 확정된 사항을 지적공부에 등록하여야 한다.

④ 지적공부에 등록하는 때에 지적도는 확정공고된 축척변경 지번별 조서에 따라야 한다.

해설　공간정보의 구축 및 관리 등에 관한 법률 시행령 제78조(축척변경의 확정공고)
① 청산금의 납부 및 지급이 완료되었을 때에는 지적소관청은 지체 없이 축척변경의 확정공고를 하여야 한다.
② 지적소관청은 제1항에 따른 확정공고를 하였을 때에는 지체 없이 축척변경에 따라 확정된 사항을 지적공부에 등록하여야 한다.
③ 축척변경 시행지역의 토지는 제1항에 따른 확정공고일에 토지의 이동이 있는 것으로 본다.

공간정보의 구축 및 관리 등에 관한 법률 시행규칙 제92조(축척변경의 확정공고)

암기　ⓢⓩⓒ은 ⓒⓓ에서

① 영 제78조제1항에 따른 축척변경의 확정공고에는 다음 각 호의 사항이 포함되어야 한다.

> 1. 토지의 ⓢ재 및 ⓩ역명
> 2. 영 제73조에 따른 축ⓒ변경 지번별 조서
> 3. 영 제75조제4항에 따른 ⓒ산금 조서
> 4. 지적ⓓ의 축척

② 영 제78조제2항에 따라 지적공부에 등록하는 때에는 다음 각 호의 기준에 따라야 한다.

> 1. 토지대장은 제1항제2호에 따라 확정공고된 축척변경 지번별 조서에 따를 것
> 2. 지적도는 확정측량 결과도 또는 경계점좌표에 따를 것

정답　18 ④

19 지적재조사지구 지정에 대한 설명으로 가장 옳은 것은?

① 지적소관청은 지적재조사사업에 관한 실시계획을 20일 이상 주민에게 공람하여야 한다.

② 시·도지사는 지적재조사지구를 지정할 때에는 지방지적위원회의 심의를 거쳐야 한다.

③ 지적재조사지구에 있는 토지소유자와 이해관계인은 실시계획 공람기간 안에 지적소관청에 의견을 제출할 수 있다.

④ 지적소관청은 지적재조사지구를 변경한 경우 그 내용을 국토교통부장관에게 보고하여야 한다.

해설 지적재조사에 관한 특별법 제7조(지적재조사지구의 지정)

① 지적소관청은 실시계획을 수립하여 시·도지사에게 지적재조사지구 지정 신청을 하여야 한다.

② 지적소관청이 시·도지사에게 지적재조사지구 지정을 신청하고자 할 때에는 다음 각 호의 사항을 고려하여 지적재조사지구 토지소유자(국유지·공유지의 경우에는 그 재산관리청을 말한다. 이하 같다) 총수의 3분의 2 이상과 토지면적 3분의 2 이상에 해당하는 토지소유자의 동의를 받아야 한다.
   1. 지적공부의 등록사항과 토지의 실제 현황이 다른 정도가 심하여 주민의 불편이 많은 지역인지 여부
   2. 사업시행이 용이한지 여부
   3. 사업시행의 효과 여부

③ 제2항에도 불구하고 지적소관청은 지적재조사지구에 제13조에 따른 토지소유자협의회(이하 "토지소유자협의회"라 한다)가 구성되어 있고 토지소유자 총수의 4분의 3 이상의 동의가 있는 지구에 대하여는 우선하여 지적재조사지구로 지정을 신청할 수 있다.

④ 지적소관청은 지적재조사지구 지정을 신청하고자 할 때에는 실시계획 수립 내용을 주민에게 서면으로 통보한 후 주민설명회를 개최하고 실시계획을 30일 이상 주민에게 공람하여야 한다. 〈삭제 2020.12.22.〉

⑤ 지적재조사지구에 있는 토지소유자와 이해관계인은 제4항에 따른 공람기간 안에 지적소관청에 의견을 제출할 수 있으며, 지적소관청은 제출된 의견이 타당하다고 인정할 때에는 이를 반영하여야 한다. 〈삭제 2020.12.22.〉

⑥ 시·도지사는 지적재조사지구를 지정할 때에는 대통령령으로 정하는 바에 따라 제29조에 따른 시·도 지적재조사위원회의 심의를 거쳐야 한다.

⑦ 제1항부터 제3항까지, 제6항 및 제6조제2항부터 제4항까지의 규정은 지적재조사지구를 변경할 때에도 적용한다. 다만, 대통령령으로 정하는 경미한 사항을 변경할 때에는 제외한다.

⑧ 제2항에 따른 동의자 수의 산정방법, 동의절차, 그 밖에 필요한 사항은 대통령령으로 정한다.

20 바다로 된 토지의 등록말소 및 회복에 대한 설명으로 가장 옳지 않은 것은?

① 지적소관청은 지적공부에 등록된 토지가 지형의 변화 등으로 바다로 된 경우로서 원상으로 회복될 수 없는 경우에는 공유수면의 관리청에 지적공부의 등록말소 신청을 하도록 통지하여야 한다.

② 지적공부에 등록된 토지소유자가 등록말소 신청을 하지 아니하면 지적소관청이 직권으로 그 지적공부의 등록사항을 말소하여야 한다.

③ 지적소관청은 말소된 토지가 지형의 변화 등으로 다시 토지가 된 경우에는 지적측량성과 및 등록말소 당시의 지적공부 등 관계 자료에 따라 토지로 회복등록을 할 수 있다.

④ 지적공부의 등록사항을 말소하거나 회복등록하였을 때에는 그 정리결과를 토지소유자 및 해당 공유수면의 관리청에 통지하여야 한다.

[해설] 공간정보의 구축 및 관리 등에 관한 법률 제82조(바다로 된 토지의 등록말소 신청)

① 지적소관청은 지적공부에 등록된 토지가 지형의 변화 등으로 바다로 된 경우로서 원상(原狀)으로 회복될 수 없거나 다른 지목의 토지로 될 가능성이 없는 경우에는 지적공부에 등록된 토지소유자에게 지적공부의 등록말소 신청을 하도록 통지하여야 한다.

② 지적소관청은 제1항에 따른 토지소유자가 통지를 받은 날부터 90일 이내에 등록말소 신청을 하지 아니하면 대통령령으로 정하는 바에 따라 등록을 말소한다.

③ 지적소관청은 제2항에 따라 말소한 토지가 지형의 변화 등으로 다시 토지가 된 경우에는 대통령령으로 정하는 바에 따라 토지로 회복등록을 할 수 있다.

공간정보의 구축 및 관리 등에 관한 법률 시행령 제68조(바다로 된 토지의 등록말소 및 회복)

① 법 제82조제2항에 따라 토지소유자가 등록말소 신청을 하지 아니하면 지적소관청이 직권으로 그 지적공부의 등록사항을 말소하여야 한다.

② 지적소관청은 법 제82조제3항에 따라 회복등록을 하려면 그 지적측량성과 및 등록말소 당시의 지적공부 등 관계 자료에 따라야 한다.

③ 제1항 및 제2항에 따라 지적공부의 등록사항을 말소하거나 회복등록하였을 때에는 그 정리 결과를 토지소유자 및 해당 공유수면의 관리청에 통지하여야 한다.

서울시 7급(2017년)

01 공간정보의 구축 및 관리 등에 관한 법률(지적)의 성격에 대한 설명으로 옳은 것은?

① 토지등록공시법, 실체법적 성격을 지닌 절차법, 강행적 성격을 지닌 임의법

② 실체법적 성격을 지닌 절차법, 공법적 성격을 지닌 토지사법, 임의법적 성격을 지닌 강행법

③ 토지사법적 성격을 지닌 공법, 절차법 성격을 지닌 실체법, 임의법적 성격을 지닌 강행법

④ 임의법적 성격을 지닌 강행법, 토지사법적 성격을 지닌 공법, 실체법적 성격을 지닌 절차법

⑤ 토지사법적 성격을 지닌 공법, 절차법 성격을 지닌 실체법, 토지등록공시법

해설 지적에 관한 법률의 성격

토지의 등록공시에 관한 기본법	지적에 관한 법률에 의하여 지적공부에 토지표시사항이 등록·공시되어야 등기부가 창설되므로 토지의 등록공시에 관한 기본법이라 할 수 있다. ☞ 토지공시법은 측량·수로조사 및 지적에 관한 법과 부동산등기법이 있다.
사법적 성격을 지닌 토지공법	지적에 관한 법률은 효율적인 토지관리와 소유권 보호에 기여함을 목적으로 하고 있으므로 토지소유권 보호라는 사법적 성격과 효율적인 토지관리를 위한 공법적 성격을 함께 나타내고 있다.
실체법적 성격을 지닌 절차법	지적에 관한 법률은 토지와 관련된 정보를 조사·측량하여 지적공부에 등록·관리하고, 등록된 정보를 제공하는 데 있어 필요한 절차와 방법을 규정하고 있으므로 절차법적 성격을 지니고 있으며, 국가기관의 장인 시장·군수·구청장 및 토지소유자가 하여야 할 행위와 의무 등에 관한 사항도 규정하고 있으므로 실체법적 성격을 지니고 있다.
임의법적 성격을 지닌 강행법	지적에 관한 법률은 토지소유자의 의사에 따라 토지등록 및 토지이동을 신청할 수 있는 임의법적 성격과, 일정한 기한 내 신청이 없는 경우 국가가 강제적으로 지적공부에 등록·공시하는 강행법적 성격을 지니고 있다.

02 도시개발사업 등이 준공되기 전에 지번을 부여하는 경우 무엇에 의하여 부여하는가?

① 개발계획도   ② 사업계획도

③ 지번별조사   ④ 환지계획서

⑤ 개발계획서

해설 공간정보의 구축 및 관리 등에 관한 법률 시행규칙 제61조(도시개발사업 등 준공 전 지번부여)

지적소관청은 영 제56조제4항에 따라 도시개발사업 등이 준공되기 전에 지번을 부여하는 때에는 제95조제1항제3호의 사업계획도에 따르되, 영 제56조제3항제5호에 따라 부여하여야 한다.

03 다음 중 지적서고의 설치기준에 대해 설명이 잘못된 것은?

① 지적서고는 지적사무를 처리하는 사무실과 연접하여 설치하여야 한다.

② 전기시설을 설치한 때에는 단독휴즈를 설치하고 소화장비를 비치한다.

③ 바닥과 벽은 2중으로 하고 영구적인 방수설비를 한다.

④ 지적서고는 연중평균온도 섭씨 10±5도를, 연중평균습도는 75±5퍼센트를 유지한다.

⑤ 창문과 출입문은 2중으로 한다.

(해설) **공간정보의 구축 및 관리 등에 관한 법률 시행규칙 제65조(지적서고의 설치기준 등)**

① 법 제69조제1항에 따른 지적서고는 지적사무를 처리하는 사무실과 연접(連接)하여 설치하여야 한다.

② 제1항에 따른 지적서고의 구조는 다음 각 호의 기준에 따라야 한다.

   1. 골조는 철근콘크리트 이상의 강질로 할 것

   2. 지적서고의 면적은 별표 7의 기준면적에 따를 것

   3. 바닥과 벽은 2중으로 하고 영구적인 방수설비를 할 것

   4. 창문과 출입문은 2중으로 하되, 바깥쪽 문은 반드시 철제로 하고 안쪽 문은 곤충·쥐 등의 침입을 막을 수 있도록 철망 등을 설치할 것

   5. 온도 및 습도 자동조절장치를 설치하고, 연중 평균온도는 섭씨 20±5도를, 연중평균습도는 65±5퍼센트를 유지할 것

   6. 전기시설을 설치하는 때에는 단독퓨즈를 설치하고 소화장비를 갖춰 둘 것

   7. 열과 습도의 영향을 받지 아니하도록 내부공간을 넓게 하고 천장을 높게 설치할 것

③ 지적서고는 다음 각 호의 기준에 따라 관리하여야 한다.

   1. 지적서고는 제한구역으로 지정하고, 출입자를 지적사무담당공무원으로 한정할 것

   2. 지적서고에는 인화물질의 반입을 금지하며, 지적공부, 지적 관계 서류 및 지적측량장비만 보관할 것

④ 지적공부 보관상자는 벽으로부터 15센티미터 이상 띄워야 하며, 높이 10센티미터 이상의 깔판 위에 올려놓아야 한다.

04 다음 중 현행 공간정보의 구축 및 관리 등에 관한 법상 지적공부의 관리에 대해 잘못 설명한 것은?

① 지적공부 관리 장소는 지적사무를 처리하는 사무실로 한정한다.

② 지적소관청은 해당 청사에 지적서고를 설치하고 그 곳에 지적공부(정보처리시스템을 통하여 기록·저장한 경우도 포함한다. 이하 이 항에서 같다)를 영구히 보존하여야 한다.

③ 지적공부사용을 완료한 때에는 즉시 보관상자에 넣는다.

④ 도면은 항상 보호대에 넣어 보관하며, 말거나 접지 못한다.

⑤ 지적공부를 정보처리시스템을 통하여 기록·저장한 경우 관할 시·도지사, 시장·군수 또는 구청장은 그 지적공부를 지적정보관리체계에 영구히 보존하여야 한다.

(해설) **공간정보의 구축 및 관리 등에 관한 법률 시행규칙 제66조(지적공부의 보관방법 등)**

① 부책(簿冊)으로 된 토지대장·임야대장 및 공유지연명부는 지적공부 보관상자에 넣어 보관하고, 카드로 된 토지대장·임야대장·공유지연명부·대지권등록부 및 경계점좌표등록부는 100장 단위로 바인더(binder)에 넣어 보관하여야 한다.

② 일람도·지번색인표 및 지적도면은 지번부여지역별로 도면번호순으로 보관하되, 각 장별로 보호대에 넣어야 한다.

③ 법 제69조제2항에 따라 지적공부를 정보처리시스템을 통하여 기록·보존하는 때에는 그 지적공부를 「공공기관의 기록물 관리에 관한 법률」 제19조 제2항에 따라 기록물관리기관에 이관할 수 있다.

공간정보의 구축 및 관리 등에 관한 법률 제69조(지적공부의 보존 등)

① 지적소관청은 해당 청사에 지적서고를 설치하고 그 곳에 지적공부(정보처리시스템을 통하여 기록 · 저장한 경우는 제외한다. 이하 이 항에서 같다)를 영구히 보존하여야 하며, 다음 각 호의 어느 하나에 해당하는 경우 외에는 해당 청사 밖으로 지적공부를 반출할 수 없다.

> 1. 천재지변이나 그 밖에 이에 준하는 재난을 피하기 위하여 필요한 경우
> 2. 관할 시 · 도지사 또는 대도시 시장의 승인을 받은 경우

② 지적공부를 정보처리시스템을 통하여 기록 · 저장한 경우 관할 시 · 도지사, 시장 · 군수 또는 구청장은 그 지적공부를 지적정보관리체계에 영구히 보존하여야 한다.

③ 국토교통부장관은 제2항에 따라 보존하여야 하는 지적공부가 멸실되거나 훼손될 경우를 대비하여 지적공부를 복제하여 관리하는 정보관리체계를 구축하여야 한다.

④ 지적서고의 설치기준, 지적공부의 보관방법 및 반출승인 절차 등에 필요한 사항은 국토교통부령으로 정한다.

05 축척변경위원회의 심의 · 의결사항 중 틀린 것은?

① 지번별 m²당 금액의 결정에 관한 사항

② 축척변경에 관하여 시 · 도시자가 부의한 사항

③ 청산금의 산정에 관한 사항

④ 청산금의 이의신청에 관한 사항

⑤ 축척변경의 시행계획에 관한 사항

해설 공간정보의 구축 및 관리 등에 관한 법률 시행령 제80조(축척변경위원회의 기능) 암기 종제하고 청소하라

축척변경위원회는 지적소관청이 회부하는 다음 각 호의 사항을 심의 · 의결한다.

> 1. 축척변경 시행계획에 관한 사항
> 2. 지번별 제곱미터당 금액의 결정과 청산금의 산정에 관한 사항
> 3. 청산금의 이의신청에 관한 사항
> 4. 그 밖에 축척변경과 관련하여 지적소관청이 회의에 부치는 사항

06 다음 중 중앙지적위원회의 심의 · 의결사항에 해당하지 않는 것은?

① 지적 관련 정책 개발 및 업무 개선 등에 관한 사항

② 지적측량적부심사

③ 지적기술자의 양성에 관한 사항

④ 지적 관련 정책 개발 및 업무 개선 등에 관한 사항

⑤ 지적측량기술의 연구 · 개발 및 보급에 관한 사항

해설 공간정보의 구축 및 관리 등에 관한 법률 제28조(지적위원회) 암기 정연은 사양양구한다.

① 다음 각 호의 사항을 심의 · 의결하기 위하여 국토교통부에 중앙지적위원회를 둔다.

> 1. 지적 관련 정책 개발 및 업무 개선 등에 관한 사항
> 2. 지적측량기술의 연구 · 개발 및 보급에 관한 사항
> 3. 제29조제6항에 따른 지적측량 적부심사(適否審査)에 대한 재심사(再審査)
> 4. 제39조에 따른 측량기술자 중 지적분야 측량기술자(이하 "지적기술자"라 한다)의 양성에 관한 사항
> 5. 제42조에 따른 지적기술자의 업무정지 처분 및 징계요구에 관한 사항

② 제29조에 따른 지적측량에 대한 적부심사 청구사항을 심의·의결하기 위하여 특별시·광역시·특별자치시·도 또는 특별자치도(이하 "시·도"라 한다)에 지방지적위원회를 둔다. 〈신설 2013.7.17.〉
③ 중앙지적위원회와 지방지적위원회의 위원 구성 및 운영에 필요한 사항은 대통령령으로 정한다.
④ 중앙지적위원회와 지방지적위원회의 위원 중 공무원이 아닌 사람은 「형법」 제127조 및 제129조부터 제132조까지의 규정을 적용할 때에는 공무원으로 본다.

07 다음 중 지목변경신청에 대한 내용이 잘못 설명된 것은?

① 토지소유자가 지목변경신청을 할 때에는 신청서에 국토교통부령이 정하는 서류를 첨부하여 소관청에 제출한다.
② 「국토의 계획 및 이용에 관한 법률」 등 관계법령에 의한 토지의 형질변경 등의 공사가 준공된 경우에도 지목변경신청을 할 수 있다.
③ 토지의 용도가 변경된 경우에도 지목변경신청을 할 수 있다.
④ 도시개발사업의 원활한 사업추진을 위하여 사업시행자가 공사 중에 토지의 분할을 신청하는 경우에도 지목변경신청을 할 수 있다.
⑤ 건축물의 용도가 변경된 경우에도 지목변경신청을 할 수 있다.

해설 **공간정보의 구축 및 관리 등에 관한 법률 제81조(지목변경 신청)**
토지소유자는 지목변경을 할 토지가 있으면 대통령령으로 정하는 바에 따라 그 사유가 발생한 날부터 60일 이내에 지적소관청에 지목변경을 신청하여야 한다.

공간정보의 구축 및 관리 등에 관한 법률 시행령 제67조(지목변경 신청)
① 법 제81조에 따라 지목변경을 신청할 수 있는 경우는 다음 각 호와 같다.

> 1. 「국토의 계획 및 이용에 관한 법률」 등 관계 법령에 따른 토지의 형질변경 등의 공사가 준공된 경우
> 2. 토지나 건축물의 용도가 변경된 경우
> 3. 법 제86조에 따른 도시개발사업 등의 원활한 추진을 위하여 사업시행자가 공사 준공 전에 토지의 합병을 신청하는 경우

② 토지소유자는 법 제81조에 따라 지목변경을 신청할 때에는 지목변경 사유를 적은 신청서에 국토교통부령으로 정하는 서류를 첨부하여 지적소관청에 제출하여야 한다.

공간정보의 구축 및 관리 등에 관한 법률 시행규칙 제84조(지목변경 신청)
① 영 제67조제2항에서 "국토교통부령으로 정하는 서류"란 다음 각 호의 어느 하나에 해당하는 서류를 말한다. 〈개정 2013.3.23.〉

> 1. 관계법령에 따라 토지의 형질변경 등의 공사가 준공되었음을 증명하는 서류의 사본
> 2. 국유지·공유지의 경우에는 용도폐지 되었거나 사실상 공공용으로 사용되고 있지 아니함을 증명하는 서류의 사본
> 3. 토지 또는 건축물의 용도가 변경되었음을 증명하는 서류의 사본

② 개발행위허가·농지전용허가·보전산지전용허가 등 지목변경과 관련된 규제를 받지 아니하는 토지의 지목변경이나 전·답·과수원 상호 간의 지목변경인 경우에는 제1항에 따른 서류의 첨부를 생략할 수 있다.
③ 제1항 각 호의 어느 하나에 해당하는 서류를 해당 지적소관청이 관리하는 경우에는 지적소관청의 확인으로 그 서류의 제출을 갈음할 수 있다.

08 다음 중 현행 「공간정보의 구축 및 관리 등에 관한 법률」상 신청을 대위할 수 없는 자는?

① 공공사업 등으로 인하여 도로 · 제방 · 구거의 지목으로 되는 토지의 경우 그 사업 시행자

② 지방자치단체가 취득하는 토지의 경우에는 그 토지를 관리하는 지방자치단체의 장

③ 채권자는 일신에 전속한 권리를 제외하고는 자기의 채권을 보전하기 위하여 채무자의 권리를 행사할 수 있다는 민법규정에 의한 채권자

④ 국가가 취득하는 토지의 경우에는 그 토지를 관리하는 행정기관의 장

⑤ 주택법에 의한 공동주택의 부지의 경우에는 주택법에 의한 사업시행자

해설 **공간정보의 구축 및 관리 등에 관한 법률 제87조(신청의 대위)**

다음 각 호의 어느 하나에 해당하는 자는 이 법에 따라 토지소유자가 하여야 하는 신청을 대신할 수 있다. 다만, 제84조에 따른 등록사항 정정 대상토지는 제외한다. 〈개정 2014.6.3.〉

1. 공공사업 등에 따라 학교용지 · 도로 · 철도용지 · 제방 · 하천 · 구거 · 유지 · 수도용지 등의 지목으로 되는 토지인 경우 : 해당 사업의 시행자
2. 국가나 지방자치단체가 취득하는 토지인 경우 : 해당 토지를 관리하는 행정기관의 장 또는 지방자치단체의 장
3. 「주택법」에 따른 공동주택의 부지인 경우 : 「집합건물의 소유 및 관리에 관한 법률」에 따른 관리인(관리인이 없는 경우에는 공유자가 선임한 대표자) 또는 해당 사업의 시행자
4. 「민법」 제404조에 따른 채권자

09 다음 중 한국국토정보공사에 대한 설명이 잘못된 것은?

① 한국국토정보공사는 그 주된 사무소의 소재지에서 설립등기를 함으로써 성립한 법인이다.

② 한국국토정보공사의 정관에는 업무 및 그 집행에 관한 사항, 임원 및 직원에 관한 사항, 정관의 변경에 관한 사항도 기재되어 있다.

③ 한국국토정보공사가 정관을 변경하고자 할 때에는 중앙지적위원회의 심의를 받아야 한다.

④ 한국국토정보공사는 지적제도 및 지적측량에 관한 외국기술의 도입과 국외진출사업 및 국제교류 협력사업도 한다.

⑤ 한국국토정보공사는 지적제도 및 지적측량에 관한 연구, 교육 등의 지원사업도 한다.

해설 **국가공간정보 기본법 제12조(한국국토정보공사의 설립)**

① 공간정보체계의 구축 지원, 공간정보와 지적제도에 관한 연구, 기술 개발 및 지적측량 등을 수행하기 위하여 한국국토정보공사(이하 이 장에서 "공사"라 한다)를 설립한다.

② 공사는 법인으로 한다.

③ 공사는 그 주된 사무소의 소재지에서 설립등기를 함으로써 성립한다.

④ 공사의 설립등기에 필요한 사항은 대통령령으로 정한다.

국가공간정보 기본법 제13조(공사의 정관 등) 암기 ㉰㉛㉦㉠㉱㉯㉠㉠ ㉱㉥㉦㉣㉩

① 공사의 정관에는 다음 각 호의 사항이 포함되어야 한다.

1. ㉰적
2. ㉝칭
3. ㉣된 사무소의 소재지
4. ㉰직 및 기구에 관한 사항
5. ㉚무 및 그 집행에 관한 사항
6. ㉠사회에 관한 사항

7. [임]직원에 관한 사항
8. [재]산 및 회계에 관한 사항
9. [정]관의 변경에 관한 사항
10. [공]고의 방법에 관한 사항
11. [규]정의 제정, 개정 및 폐지에 관한 사항
12. [해]산에 관한 사항

② 공사는 정관을 변경하려면 미리 국토교통부장관의 인가를 받아야 한다.

국가공간정보 기본법 제14조(공사의 사업)

공사는 다음 각 호의 사업을 한다.

1. 다음 각 목을 제외한 공간정보체계 구축 지원에 관한 사업으로서 대통령령으로 정하는 사업
   가. 「공간정보의 구축 및 관리 등에 관한 법률」에 따른 측량업(지적측량업은 제외한다)의 범위에 해당하는 사업
   나. 「중소기업제품 구매촉진 및 판로지원에 관한 법률」에 따른 중소기업자 간 경쟁 제품에 해당하는 사업
2. 공간정보 · 지적제도에 관한 연구, 기술 개발, 표준화 및 교육사업
3. 공간정보 · 지적제도에 관한 외국 기술의 도입, 국제 교류 · 협력 및 국외 진출 사업
4. 「공간정보의 구축 및 관리 등에 관한 법률」 제23조제1항제1호 및 제3호부터 제5호까지의 어느 하나에 해당하는 사유로 실시하는 지적측량
5. 「지적재조사에 관한 특별법」에 따른 지적재조사사업
6. 다른 법률에 따라 공사가 수행할 수 있는 사업
7. 그 밖에 공사의 설립 목적을 달성하기 위하여 필요한 사업으로서 정관으로 정하는 사업

10 공간정보의 구축 및 관리 등에 관한 법률에 규정된 벌금형의 대상이 아닌 것은?

① 지적측량업등록증을 타인에세 빌려준 때
② 정당한 사유 없이 업무집행을 방해한 때
③ 토지의 이동신청을 허위로 한 때
④ 무자격자가 지적측량을 한 때
⑤ 측량성과를 국외로 반출한 경우

[해설] 300만 원 이하의 과태료 대상

1. 정당한 사유 없이 측량을 방해한 자
2. 정당한 사유 없이 제101조제7항을 위반하여 토지 등에의 출입 등을 방해하거나 거부한 자
3. 정당한 사유 없이 제99조제1항에 따른 보고를 하지 아니하거나 거짓으로 보고를 한 자
4. 정당한 사유 없이 제99조제1항에 따른 조사를 거부 · 방해 또는 기피한 자

11 토지를 지적공부에 등록할 때 국가가 결정하고 등록하는 주된 이유는?

① 토지를 대상으로 하는 세금의 과다부과
② 등록사항 결정과 등록의 공정처리
③ 지적직 공무원의 지위확보
④ 직권처리보다 자유재량의 최대화
⑤ 부동산등기부과 부합일치

정답 10 ② 11 ②

해설 토지를 지적공부에 등록할 때 국가가 결정하고 등록하는 주된 이유는 등록사항 결정과 등록의 공정처리이다.

공간정보의 구축 및 관리 등에 관한 법률 제64조(토지의 조사·등록 등)
① 국토교통부장관은 모든 토지에 대하여 필지별로 소재·지번·지목·면적·경계 또는 좌표 등을 조사·측량하여 지적공부에 등록하여야 한다.
② 지적공부에 등록하는 지번·지목·면적·경계 또는 좌표는 토지의 이동이 있을 때 토지소유자(법인이 아닌 사단이나 재단의 경우에는 그 대표자나 관리인을 말한다. 이하 같다)의 신청을 받아 지적소관청이 결정한다. 다만, 신청이 없으면 지적소관청이 직권으로 조사·측량하여 결정할 수 있다.

12 대장의 등록사항 중 등록번호에 대한 설명으로 틀린 것은?

① 국가는 행정안전부장관이 지정·고시한 국가기관별 등록번호
② 법인은 주된 사무소 소재지를 관할하는 등기관이 등기시 부여한 법인등록번호
③ 외국인은 거류지를 관할하는 출입국관리사무소장이 부여하는 개인별 외국인등록번호
④ 외국정부는 국토교통부장관이 지정·고시한 외국정보의 등록번호
⑤ 주민등록번호가 없는 재외국민은 대법원소재지 관할 등기소 등기관이 부여한 등록번호

해설 지방자치단체, 국가, 외국정부의 경우 부동산등기용등록번호는 국토교통부장관이 지정·고시한다.

13 다음 중 행정구역선의 제도에 관한 설명으로 틀린 것은?

① 국계는 실선 4mm와 허선 3mm로 연결하고 실선 중앙에 1mm로 교차하며, 허선에 직경 0.3mm의 점 2개를 제도한다.
② 시·도계는 실선 4mm와 허선 2mm로 연결하고 실선 중앙에 1mm로 교차하며, 허선에 직경 0.3mm의 점 1개를 제도한다.
③ 시·군계는 실선과 허선을 각각 3mm로 연결하고, 허선에 직경 0.3mm의 점 2개를 제도한다.
④ 읍·면·구계는 실선 3mm와 허선 2mm로 연결하고, 허선에 직경 0.3mm의 점 1개를 제도한다.
⑤ 동·리계는 실선 4mm와 허선 2mm로 연결하여 제도한다.

해설 **지적업무처리규정 제47조(행정구역선의 제도)**
① 도면에 등록할 행정구역선은 0.4밀리미터 폭으로 다음 각 호와 같이 제도한다. 다만, 동·리의 행정구역선은 0.2밀리미터 폭으로 한다.

행정구역	제도방법	내용
국계	← 4 → ← 3 → ... 0.3 ... 1	4밀리미터와 허선 3밀리미터로 연결하고 실선 중앙에 실선과 직각으로 교차하는 1밀리미터의 실선을 긋고, 허선에 직경 0.3밀리미터의 점 2개를 제도한다.
시·도계	← 4 → ← 2 → ... 0.3 ... 1	실선 4밀리미터와 허선 2밀리미터로 연결하고 실선 중앙에 실선과 직각으로 교차하는 1밀리미터의 실선을 긋고, 허선에 직경 0.3밀리미터의 점 1개를 제도한다.

행정구역	제도방법	내용
시·군계	⊢3→⊢3→ (실선과 허선, 0.3)	실선과 허선을 각각 3밀리미터로 연결하고, 허선에 0.3밀리미터의 점 2개를 제도한다.
읍·면·구계	⊢3→⊢2→ (실선과 허선, 0.3)	실선 3밀리미터와 허선 2밀리미터로 연결하고, 허선에 0.3밀리미터의 점 1개를 제도한다.
동·리계	⊢3→⊢1→ (실선과 허선)	실선 3밀리미터와 허선 1밀리미터로 연결하여 제도한다.
행정구역선이 2종 이상 겹칠 때		행정구역선이 2종 이상 겹치는 경우에는 최상급 행정구역선만 제도한다.
행정구역의 명칭		도면여백의 대소에 따라 4~6mm의 크기로 경계 및 지적기준점 등을 피하여 같은 간격으로 띄워서 제도한다.
도로·철도·하천·유지 등의 고유명칭		도로·철도·하천·유지 등의 고유명칭을 3~4mm의 크기로 같은 간격으로 띄워서 제도한다.

14 축척변경에 관한 내용으로 옳은 것은?

① 지적위원회의 의결을 거쳐야 한다.
② 축척변경위원회의 위원은 10~15인이다.
③ 축척변경은 지적소관청이 시행한다.
④ 축척변경은 시행지역 안의 토지소유자 1/3 이상의 동의가 필요하다.
⑤ 지적측량 시행기관인 한국국토정보공사장의 승인도 필요하다.

해설 공간정보의 구축 및 관리 등에 관한 법률 제83조(축척변경)

① 축척변경에 관한 사항을 심의·의결하기 위하여 지적소관청에 축척변경위원회를 둔다.

② 지적소관청은 지적도가 다음 각 호의 어느 하나에 해당하는 경우에는 토지소유자의 신청 또는 지적소관청의 직권으로 일정한 지역을 정하여 그 지역의 축척을 변경할 수 있다.

> 1. 잦은 토지의 이동으로 1필지의 규모가 작아서 소축척으로는 지적측량성과의 결정이나 토지의 이동에 따른 정리를 하기가 곤란한 경우
> 2. 하나의 지번부여지역에 서로 다른 축척의 지적도가 있는 경우
> 3. 그 밖에 지적공부를 관리하기 위하여 필요하다고 인정되는 경우

③ 지적소관청은 제2항에 따라 축척변경을 하려면 축척변경 시행지역의 토지소유자 3분의 2 이상의 동의를 받아 제1항에 따른 축척변경위원회의 의결을 거친 후 시·도지사 또는 대도시 시장의 승인을 받아야 한다. 다만, 다음 각 호의 어느 하나에 해당하는 경우에는 축척변경위원회의 의결 및 시·도지사 또는 대도시 시장의 승인 없이 축척변경을 할 수 있다.

> 1. 합병하려는 토지가 축척이 다른 지적도에 각각 등록되어 있어 축척변경을 하는 경우
> 2. 제86조에 따른 도시개발사업 등의 시행지역에 있는 토지로서 그 사업 시행에서 제외된 토지의 축척변경을 하는 경우

④ 축척변경의 절차, 축척변경으로 인한 면적 증감의 처리, 축척변경 결과에 대한 이의신청 및 축척변경위원회의 구성·운영 등에 필요한 사항은 대통령령으로 정한다.

공간정보의 구축 및 관리 등에 관한 법률 시행령 제79조(축척변경위원회의 구성 등)

① 축척변경위원회는 5명 이상 10명 이하의 위원으로 구성하되, 위원의 2분의 1 이상을 토지소유자로 하여야 한다. 이 경우 그 축척변경 시행지역의 토지소유자가 5명 이하일 때에는 토지소유자 전원을 위원으로 위촉하여야 한다.

② 위원장은 위원 중에서 지적소관청이 지명한다.

③ 위원은 다음 각 호의 사람 중에서 지적소관청이 위촉한다.

> 1. 해당 축척변경 시행지역의 토지소유자로서 지역 사정에 정통한 사람
> 2. 지적에 관하여 전문지식을 가진 사람

④ 축척변경위원회의 위원에게는 예산의 범위에서 출석수당과 여비, 그 밖의 실비를 지급할 수 있다. 다만, 공무원인 위원이 그 소관 업무와 직접적으로 관련되어 출석하는 경우에는 그러하지 아니하다.

15 토지이동정리결의서 및 소유자정리결의서 작성에 대한 설명으로 틀린 것은?

① 신규등록은 이동 후란에 지목·면적 및 지번수를, 증감란에 면적 및 지번수를 기재한다.

② 토지소재·이동 전·이동 후 및 증감란은 읍·면·동 단위로 지목별로 작성한다.

③ 등록전환에 따른 임야대장 및 임야도의 말소정리는 토지이동결의서에 의한다.

④ 분할 및 합병은 이동 전·후란에 지목 및 지번수를, 증감란에 지번수를 기재한다.

⑤ 지적공부등록말소는 이동 전·증감란에 지목·면적 및 지번수를 기재한다.

해설 지적업무처리규정 제66조(오기정정)

지적공부정리 중에 잘못 정리하였음을 즉시 발견하여 정정할 때에는 오기정정할 지적전산자료를 출력하여 지적전산자료책임관의 확인을 받은 후 정정하여야 한다. 다만, 잘못 정리하였음을 즉시 발견하지 못한 경우의 정정은 등록사항정정의 방법으로 하여야 한다.

1. 지적공부정리종목은 토지이동종목별로 구분하여 기재한다.
2. 토지소재·이동 전·이동 후 및 증감란은 읍·면·동 단위로 지목별로 작성한다.
3. 신규 등록은 이동후란에 지목·면적 및 지번수를, 증감란에는 면적 및 지번수를 기재한다.
4. 등록전환은 이동전란에 임야대장에 등록된 지목·면적 및 지번수를, 이동후란에 토지대장에 등록될 지목·면적 및 지번수를, 증감란에는 면적을 기재한다. 이 경우 등록전환에 따른 임야대장 및 임야도의 말소정리는 등록전환결의서에 따른다.

종목	이동 전	이동 후	증감란
신규등록		지목·면적 및 지번수	면적 및 지번수
등록전환	임야대장에 등록된 지목·면적 및 지번수	토지대장에 등록될 지목·면적 및 지번수	면적
분할 및 합병	지목 및 지번수	지목 및 지번수	지번수
지목변경	변경 전의 지목·면적 및 지번수	변경 후의 지목·면적 및 지번수	
등록말소	지목·면적 및 지번수		지목·면적 및 지번수
축척변경	축척변경 시행 전 토지의 지목·면적 및 지번수	축척이 변경된 토지의 지목·면적 및 지번수	
등록사항정정	정정 전의 지목·면적 및 지번수	정정 후의 지목·면적 및 지번수	면적 및 지번수
도시개발사업 등	사업 시행 전 토지의 지목·면적 및 지번수	확정된 토지의 지목·면적 및 지번수	

16 폐쇄 또는 말소된 지번을 다시 사용할 수 있는 토지이동으로 옳은 것은?

① 지적확정측량, 축척변경, 등록전환
② 지적확정측량, 지번변경, 지번정정
③ 지번변경, 지번정정, 합병
④ 합병, 지번변경, 지적확정측량
⑤ 지적확정측량, 축척변경, 지번변경

해설 **지적업무처리규정 제63조(지적공부 등의 정리)**

① 지적공부 등의 정리에 사용하는 문자·기호 및 경계는 따로 규정을 둔 사항을 제외하고 정리사항은 검은색, 도곽선과 그 수치 및 말소는 붉은색으로 한다.
② 지적확정측량, 축척변경 및 지번변경에 따른 토지이동의 경우를 제외하고는 폐쇄 또는 말소된 지번을 다시 사용할 수 없다.
③ 토지의 이동에 따른 도면정리는 예시 2의 도면정리 예시에 따른다. 이 경우 법 제2조제19호의 지적공부를 이용하여 지적측량을 한 때에는 측량성과파일에 따라 지적공부를 정리할 수 있다.

17 지적측량에 관한 사항 중에서 틀린 것은?

① 지적측량은 소유권한계를 규명하는 법률적 측면을 수반하는 측량이다.
② 지적측량은 국가가 시행하는 행정행위에 속하는 기속측량이다.
③ 지적측량은 측량법의 규정에 따라 행하는 일반측량과는 다르다.
④ 지적측량은 토지경계의 위치나 법률적 경계를 결정하기 위한 측량이다.
⑤ 지적측량은 점의 위치를 측정하는 포괄적인 대지측량에 속한다.

해설 **지적측량의 특성**

기속측량 (羈屬測量)	지적측량은 토지표시사항 중 경계와 면적을 평면적으로 측정하는 측량으로 측량방법은 법률로서 정하고 법률로 정하여진 규정 속에서 국가가 시행하는 행정행위(行政行爲)에 속한다.
준사법측량 (準司法測量)	국가가 토지에 대한 물권이 미치는 범위와 면적 등을 지적측량에 의하여 결정하고 지적공부에 등록, 공시하면 법률적으로 확정된 것과 같은 효력을 지닌다.
측량성과(測量成果)의 영속성(永續性)	지적측량의 성과는 토지에 대한 물권이 미치는 범위와 면적 등을 결정하여 지적공부에 등록하고 필요시 언제라도 이를 공개 또는 확인할 수 있도록 영구적으로 보존하여야 하는 특성을 지니고 있다.
평면측량 (平面測量)	측량은 대상지역의 넓이 또는 면적과 지구곡률의 고려 여부에 따라 평면측량과 측지측량으로 구분하고 있다. 따라서 지적측량은 지구곡률을 고려하지 않고 측량대상지역이 반경 11km 이내이므로 평면측량으로 구분하고 있다.

18 지적전산자료의 이용의 승인신청을 받아 심사할 사항이 아닌 것은?

① 지적전산자료의 이용, 활용지의 사용료 납부 여부

② 신청한 사항의 처리가 지적업무수행에 지장이 없는지의 여부

③ 신청내용의 타당성 · 적합성 · 공익성 여부

④ 개인의 사생활 침해 여부

⑤ 신청한 사항의 처리가 전산성보처리조직으로 가능한지의 여부

[해설] **공간정보의 구축 및 관리 등에 관한 법률 시행령 제62조(지적전산자료의 이용 등)**

① 법 제76조제1항에 따라 지적공부에 관한 전산자료(이하 "지적전산자료"라 한다)를 이용하거나 활용하려는 자는 같은 조 제2항에 따라 다음 각 호의 사항을 적은 신청서를 관계 중앙행정기관의 장에게 제출하여 심사를 신청하여야 한다. [암기] [이][목][근] [범][내]는 [제][보][전]하라

1. 자료의 [이]용 또는 활용 [목]적 및 [근]거
2. 자료의 [범]위 및 [내]용
3. 자료의 [제]공 방식, [보]관 기관 및 안[전]관리대책 등

② 제1항에 따른 심사 신청을 받은 관계 중앙행정기관의 장은 다음 각 호의 사항을 심사한 후 그 결과를 신청인에게 통지하여야 한다. [암기] [타][적][공]은 [사][적] [방][안] 마련하라

1. 신청 내용의 [타]당성, [적]합성 및 [공]익성
2. 개인의 [사]생활 침해 여부
3. 자료의 목[적] 외 사용 [방]지 및 [안]전관리대책

③ 법 제76조제1항에 따라 지적전산자료의 이용 또는 활용에 관한 승인을 받으려는 자는 승인신청을 할 때에 제2항에 따른 심사 결과를 제출하여야 한다. 다만, 중앙행정기관의 장이 승인을 신청하는 경우에는 제2항에 따른 심사 결과를 제출하지 아니할 수 있다.

④ 제3항에 따른 승인신청을 받은 국토교통부장관, 시 · 도지사 또는 지적소관청은 다음 각 호의 사항을 심사하여야 한다. 〈개정 2013.3.23.〉 [암기] [타][적][공]은 [사][적] [방][안] 마련하라 [전][지] 여부를

1. 신청 내용의 [타]당성, [적]합성 및 [공]익성
2. 개인의 [사]생활 침해 여부
3. 자료의 목[적] 외 사용 [방]지 및 [안]전관리대책
4. 신청한 사항의 처리가 [전]산정보처리조직으로 가능한지 여부
5. 신청한 사항의 처리가 [지]적업무수행에 지장을 주지 않는지 여부

⑤ 국토교통부장관, 시 · 도지사 또는 지적소관청은 제4항에 따른 심사를 거쳐 지적전산자료의 이용 또는 활용을 승인하였을 때에는 지적전산자료 이용 · 활용 승인대장에 그 내용을 기록 · 관리하고 승인한 자료를 제공하여야 한다. 〈개정 2013.3.23.〉

⑥ 제5항에 따라 지적전산자료의 이용 또는 활용에 관한 승인을 받은 자는 국토교통부령으로 정하는 사용료를 내야 한다. 다만, 국가나 지방자치단체에 대해서는 사용료를 면제한다.

19 시 · 도지사가 지적측량적부심사를 지방지적위원회에 회부할 때 첨부하는 서류가 아닌 것은?

① 측량자의 의견서

② 토지의 이동연혁

③ 측량자별 측량경위

④ 측량자별 측량성과

⑤ 소유권의 변동연혁

정답 18 ① 19 ①

[해설] 공간정보의 구축 및 관리 등에 관한 법률 제29조(지적측량의 적부심사 등)

[암기] [위][성][이] [연][기]하면 [계][측]하라

① 토지소유자, 이해관계인 또는 지적측량수행자는 지적측량성과에 대하여 다툼이 있는 경우에는 대통령령으로 정하는 바에 따라 관할 시 · 도지사를 거쳐 지방지적위원회에 지적측량 적부심사를 청구할 수 있다.

② 제1항에 따른 지적측량 적부심사청구를 받은 시 · 도지사는 30일 이내에 다음 각 호의 사항을 조사하여 지방지적위원회에 회부하여야 한다.

1. 다툼이 되는 지적측량의 경[위] 및 그 [성]과
2. 해당 토지에 대한 토지[이]동 및 소유권 변동 [연]혁
3. 해당 토지 주변의 측량[기]준점, 경[계], 주요 구조물 등 현황 실[측]도

20 다음 중 손해배상 책임 및 보험의 내용으로 틀린 것은?

① 지적측량수행자가 고의 또는 과실로 지적측량을 부실하게 함으로써 지적측량의뢰인에게 손해를 발생케 한 경우 그 손해를 배상할 책임이 있다.

② 지적측량수행자가 손해배상책임을 보장하기 위해 지적측량업자는 보장기간이 10년 이상이고 보증금액이 1억 원 이상, 한국국토정보공사는 보증금액이 20억 원 이상의 보증보험에 가입하여야 한다.

③ 지적측량수행자가 가입한 그 보증보험을 다른 보증보험으로 변경하고자 할 때에는 이미 가입한 보험의 효력이 만료된 후 다른 보증보험에 가입할 수 있다.

④ 지적측량업자는 지적측량업등록증을 교부받은 날부터 10일 이내에 해당 금액의 보증보험에 가입하여야 한다.

⑤ 지적측량업자는 보증보험에 가입한 경우, 이를 증명하는 서류를 시 · 도지사에게 제출하여야 한다.

[해설] 공간정보의 구축 및 관리 등에 관한 법률 시행령 제41조(손해배상책임의 보장)

① 지적측량수행자는 법 제51조제2항에 따라 손해배상책임을 보장하기 위하여 다음 각 호의 구분에 따라 보증보험에 가입하거나 공간정보산업협회가 운영하는 보증 또는 공제에 가입하는 방법으로 보증설정(이하 "보증설정"이라 한다)을 하여야 한다. 〈개정 2017.1.10.〉

1. 지적측량업자 : 보장기간 10년 이상 및 보증금액 1억 원 이상
2. 「국가공간정보 기본법」 제12조에 따라 설립된 한국국토정보공사(이하 "한국국토정보공사"라 한다) : 보증금액 20억 원 이상

② 지적측량업자는 지적측량업 등록증을 발급받은 날부터 10일 이내에 제1항제1호의 기준에 따라 보증설정을 하여야 하며, 보증설정을 하였을 때에는 이를 증명하는 서류를 제35조제1항에 따라 등록한 시 · 도지사에게 제출하여야 한다.

공간정보의 구축 및 관리 등에 관한 법률 시행령 제42조(보증설정의 변경)

① 법 제51조에 따라 보증설정을 한 지적측량수행자는 그 보증설정을 다른 보증설정으로 변경하려는 경우에는 해당 보증설정의 효력이 있는 기간 중에 다른 보증설정을 하고 그 사실을 증명하는 서류를 제35조제1항에 따라 등록한 시 · 도지사에게 제출하여야 한다.

② 보증설정을 한 지적측량수행자는 보증기간의 만료로 인하여 다시 보증설정을 하려는 경우에는 그 보증기간 만료일까지 다시 보증설정을 하고 그 사실을 증명하는 서류를 제35조제1항에 따라 등록한 시 · 도지사에게 제출하여야 한다.

정답 20 ③

01 「지적재조사에 관한 특별법」에서 규정하고 있는 중앙지적재조사위원회에 대한 설명으로 가장 옳은 것은?

① 지적재조사사업에 관한 주요 정책을 심의·의결하기 위하여 국토교통부장관 소속으로 중앙지적재조사위원회를 둘 수 있다.

② 중앙지적재조사위원회는 위원장 및 부위원장 각 1명을 제외하고 15명 이상 20명 이하의 위원으로 구성한다.

③ 중앙지적재조사위원회의 위원장은 위원 중에서 호선하며, 부위원장은 위원 중에서 위원장이 지명한다.

④ 중앙지적재조사위원회는 지적재조사사업에 필요하여 중앙지적재조사위원회의 위원장이 회의에 부치는 사항을 심의·의결한다.

[해설] 지적재조사에 관한 특별법 제28조(중앙지적재조사위원회) [암기] ㉮㉯㉰

① 지적재조사사업에 관한 주요 정책을 심의·의결하기 위하여 국토교통부장관 소속으로 중앙지적재조사위원회(이하 "중앙위원회"라 한다)를 둔다. 〈개정 2013.3.23.〉

② 중앙위원회는 다음 각 호의 사항을 심의·의결한다.

> 1. ㉮본계획의 수립 및 변경
> 2. ㉯계 법령의 제정·개정 및 제도의 개선에 관한 사항
> 3. 그 밖에 지적재조사사업에 필요하여 중앙위원회의 위원㉰이 회의에 부치는 사항

③ 중앙위원회는 위원장 및 부위원장 각 1명을 포함한 15명 이상 20명 이하의 위원으로 구성한다.

④ 중앙위원회의 위원장은 국토교통부장관이 되며, 부위원장은 위원 중에서 위원장이 지명한다. 〈개정 2013.3.23.〉

⑤ 중앙위원회의 위원은 다음 각 호의 어느 하나에 해당하는 사람 중에서 위원장이 임명 또는 위촉한다. 〈개정 2013.3.23., 2014.11.19., 2017.7.26.〉

> 1. 기획재정부·법무부·행정안전부 또는 국토교통부의 1급부터 3급까지 상당의 공무원 또는 고위공무원단에 속하는 공무원
> 2. 판사·검사 또는 변호사
> 3. 법학이나 지적 또는 측량 분야의 교수로 재직하고 있거나 있었던 사람
> 4. 그 밖에 지적재조사사업에 관하여 전문성을 갖춘 사람

⑥ 중앙위원회의 위원 중 공무원이 아닌 위원의 임기는 2년으로 한다.

⑦ 중앙위원회는 재적위원 과반수의 출석과 출석위원 과반수의 찬성으로 의결한다.

⑧ 그 밖에 중앙위원회의 조직 및 운영 등에 관하여 필요한 사항은 대통령령으로 정한다.

02 「공간정보의 구축 및 관리 등에 관한 법률」상 측량업의 당연 등록취소 사유에 해당하는 것을 모두 고른 것은?

> ㄱ. 고의 또는 과실로 측량을 부정확하게 한 경우
> ㄴ. 거짓이나 그 밖의 부정한 방법으로 측량업의 등록을 한 경우
> ㄷ. 다른 사람에게 자기의 측량업등록증 또는 측량업등록수첩을 빌려 주거나 자기의 성명 또는 상호를 사용하여 측량업무를 하게 한 경우
> ㄹ. 지적측량업자가 지적측량수수료를 고시한 금액보다 과다 또는 과소하게 받은 경우

① ㄱ, ㄴ   ② ㄱ, ㄹ

③ ㄴ, ㄷ   ④ ㄷ, ㄹ

해설 공간정보의 구축 및 관리 등에 관한 법률 제52조(측량업의 등록취소 등)

① 국토교통부장관, 시·도지사는 측량업자가 다음 각 호의 어느 하나에 해당하는 경우에는 측량업의 등록을 취소하거나 1년 이내의 기간을 정하여 영업의 정지를 명할 수 있다. 다만, 제2호·제4호·제7호·제8호·제11호 또는 제15호에 해당하는 경우에는 측량업의 등록을 취소하여야 한다. 〈개정 2013.3.23., 2014.6.3., 2018.4.17.〉

측량업 영업의 정지 `암기` ㉠㉣㉥㉧㉤㉣ ㉠㉡㉥㉤

1. ㉠의 또는 ㉣실로 측량을 부정확하게 한 경우
13. 지적측량업자가 제106조제2항에 따른 지적측량㉥수료를 같은 조 제3항에 따라 고시한 금액보다 과다 또는 과소하게 받은 경우
14. 다른 행정기관이 관계 법령에 따라 영업정지를 ㉧구한 경우
6. 지적측량업자가 제45조에 따른 ㉤무 범위를 위반하여 지적측량을 한 경우
10. 제51조를 위반하여 ㉤험가입 등 필요한 조치를 하지 아니한 경우
9. 지적측량업자가 제50조(㉤실의무)를 위반한 경우
3. 정당한 사유 없이 측량업의 등록을 한 날부터 1년 이내에 영업을 시작하지 아니하거나 계속하여 1년 이상 ㉤업한 경우
5. 제44조제4항을 위반하여 측량업 등록사항의 ㉥경신고를 하지 아니한 경우
12. 제52조제3항에 따른 임원의 직무정지 명령을 이행하지 아니한 경우

측량업 등록 취소 `암기` ㉤㉣㉣㉤ ㉤㉧㉤

11. ㉤업정지기간 중에 계속하여 영업을 한 경우
4. 제44조제2항에 따른 등록기준에 ㉤달하게 된 경우. 다만, 일시적으로 등록기준에 미달되는 등 대통령령으로 정하는 경우는 제외한다.
15. 「국가기술자격법」 제15조제2항을 위반하여 측량업자가 측량기술자의 국가기술자격증을 ㉤여 받은 사실이 확인된 경우
8. 제49조제1항을 위반하여 다른 사람에게 자기의 측량업등록증 또는 측량업등록수첩을 ㉤려 주거나 자기의 성명 또는 상호를 사용하여 측량업무를 하게 한 경우
7. 제47조(측량업등록의 ㉤격사유) 각 호의 어느 하나에 해당하게 된 경우. 다만, 측량업자가 같은 조 제5호에 해당하게 된 경우로서 그 사유가 발생한 날부터 3개월 이내에 그 사유를 해소한 경우는 제외한다.

> 제47조(측량업등록의 결격사유) 다음 각 호의 어느 하나에 해당하는 자는 측량업의 등록을 할 수 없다. 〈개정 2013.7.17., 2015.12.29.〉
> 1. 피성년후견인 또는 피한정후견인
> 2. 이 법이나 「국가보안법」 또는 「형법」 제87조부터 제104조까지의 규정을 위반하여 금고 이상의 실형을 선고받고 그 집행이 끝나거나(집행이 끝난 것으로 보는 경우를 포함한다) 집행이 면제된 날부터 2년이 지나지 아니한 자
> 3. 이 법이나 「국가보안법」 또는 「형법」 제87조부터 제104조까지의 규정을 위반하여 금고 이상의 형의 집행유예를 선고받고 그 집행유예기간 중에 있는 자
> 4. 제52조에 따라 측량업의 등록이 취소(제47조제1호에 해당하여 등록이 취소된 경우는 제외한다)된 후 2년이 지나지 아니한 자
> 5. 임원 중에 제1호부터 제4호까지의 어느 하나에 해당하는 자가 있는 법인

2. ㉮짓이나 그 밖의 ㉯정한 방법으로 측량업의 등록을 한 경우

14. 다른 행정기관이 관계 법령에 따라 등록㉰소를 요구한 경우

② 측량업자의 지위를 승계한 상속인이 제47조에 따른 측량업등록의 결격사유에 해당하는 경우에는 그 결격사유에 해당하게 된 날부터 6개월이 지난 날까지는 제1항제7호를 적용하지 아니한다.

③ 국토교통부장관, 시·도지사 또는 대도시 시장은 측량업자가 제47조제5호에 해당하게 된 경우에는 같은 조 제1호부터 제4호까지의 어느 하나에 해당하는 임원의 직무를 정지하도록 해당 측량업자에게 명할 수 있다. 〈신설 2018.4.17., 2020.2.18.〉

④ 국토교통부장관, 시·도지사 또는 대도시 시장은 제1항에 따라 측량업등록을 취소하거나 영업정지의 처분을 하였으면 그 사실을 공고하여야 한다. 〈개정 2013.3.23., 2018.4.17., 2020.2.18.〉

⑤ 측량업등록의 취소 및 영업정지 처분에 관한 세부 기준은 국토교통부령으로 정한다. 〈개정 2013.3.23., 2018.4.17., 2020.2.18.〉

03 「지적재조사에 관한 특별법」에서 규정하고 있는 경계의 결정에 대한 설명으로 가장 옳지 않은 것은?

① 지적재조사에 따른 경계결정은 경계결정위원회의 의결을 거쳐 결정한다.

② 지적소관청은 경계결정위원회에 경계에 관한 결정을 신청할 때에는 지적확정예정조서에 토지소유자나 이해관계인의 의견을 첨부하여 경계결정위원회에 제출하여야 한다.

③ 지적확정예정조서를 제출받은 경계결정위원회는 경계에 관한 결정을 할 수 없는 부득이한 사유가 없는 경우에는 제출받은 날부터 30일 이내에 경계에 관한 결정을 하고 이를 지적소관청에 통지하여야 한다.

④ 경계결정위원회는 경계에 관한 결정을 하기에 앞서 토지소유자들로 하여금 경계에 관한 합의를 하도록 반드시 권고하여야 한다.

해설 **지적재조사에 관한 특별법 제16조(경계의 결정)**

① 지적재조사에 따른 경계결정은 경계결정위원회의 의결을 거쳐 결정한다.

② 지적소관청은 제1항에 따른 경계에 관한 결정을 신청하고자 할 때에는 제15조제2항에 따른 지적확정예정조서에 토지소유자나 이해관계인의 의견을 첨부하여 경계결정위원회에 제출하여야 한다. 〈개정 2017.4.18.〉

③ 제2항에 따른 신청을 받은 경계결정위원회는 지적확정예정조서를 제출받은 날부터 30일 이내에 경계에 관한 결정을 하고 이를 지적소관청에 통지하여야 한다. 이 기간 안에 경계에 관한 결정을 할 수 없는 부득이한 사유가 있을 때에는 경계결정위원회는 의결을 거쳐 30일의 범위에서 그 기간을 연장할 수 있다. 〈개정 2017.4.18.〉

④ 토지소유자나 이해관계인은 경계결정위원회에 참석하여 의견을 진술할 수 있다. 경계결정위원회는 토지소유자나 이해관계인이 의견진술을 신청하는 경우에는 특별한 사정이 없는 한 이에 따라야 한다.

⑤ 경계결정위원회는 제3항에 따라 경계에 관한 결정을 하기에 앞서 토지소유자들로 하여금 경계에 관한 합의를 하도록 권고할 수 있다.

⑥ 지적소관청은 제3항에 따라 경계결정위원회로부터 경계에 관한 결정을 통지받았을 때에는 지체 없이 이를 토지소유자나 이해관계인에게 통지하여야 한다. 이 경우 제17조제1항에 따른 기간 안에 이의신청이 없으면 경계결정위원회의 결정대로 경계가 확정된다는 취지를 명시하여야 한다.

04 「공간정보의 구축 및 관리 등에 관한 법률 시행규칙」상 지적소관청이 토지의 이동현황을 직권으로 조사·측량하는 것에 대한 설명으로 가장 옳지 않은 것은?

① 토지의 이동현황을 직권으로 조사·측량하여 토지의 지번·지목·면적·경계 또는 좌표를 결정하려는 때에는 토지이동현황 조사계획을 수립하여야 한다.

② 토지이동현황 조사계획은 시·도별로 수립하되, 부득이한 사유가 있는 때에는 시·군·구별로 수립할 수 있다.

③ 토지이동현황 조사계획에 따라 토지의 이동현황을 조사한 때에는 토지이동 조사부에 토지의 이동현황을 적어야 한다.

④ 토지이동현황 조사 결과에 따라 토지의 지번·지목·면적·경계 또는 좌표를 결정한 때에는 이에 따라 지적공부를 정리하여야 한다.

> (해설) 공간정보의 구축 및 관리 등에 관한 법률 시행규칙 제59조(토지의 조사·등록)
>
> ① 지적소관청은 법 제64조제2항 단서에 따라 토지의 이동현황을 직권으로 조사·측량하여 토지의 지번·지목·면적·경계 또는 좌표를 결정하려는 때에는 토지이동현황 조사계획을 수립하여야 한다. 이 경우 토지이동현황 조사계획은 시·군·구별로 수립하되, 부득이한 사유가 있는 때에는 읍·면·동별로 수립할 수 있다.
>
> ② 지적소관청은 제1항에 따른 토지이동현황 조사계획에 따라 토지의 이동현황을 조사한 때에는 별지 제55호 서식의 토지이동 조사부에 토지의 이동현황을 적어야 한다.
>
> ③ 지적소관청은 제2항에 따른 토지이동현황 조사 결과에 따라 토지의 지번·지목·면적·경계 또는 좌표를 결정한 때에는 이에 따라 지적공부를 정리하여야 한다.
>
> ④ 지적소관청은 제3항에 따라 지적공부를 정리하려는 때에는 제2항에 따른 토지이동 조사부를 근거로 별지 제56호 서식의 토지이동 조서를 작성하여 별지 제57호 서식의 토지이동정리 결의서에 첨부하여야 하며, 토지이동조서의 아래 부분 여백에 "「공간정보의 구축 및 관리 등에 관한 법률」 제64조제2항 단서에 따른 직권정리"라고 적어야 한다.

05 「지적재조사에 관한 특별법」(이하 '동법'이라 한다.)에서 지적소관청이 사무를 수행하기 위하여 불가피한 경우로서 「개인정보 보호법 시행령」 제19조에 따른 주민등록번호 또는 외국인등록번호가 포함된 자료를 처리할 수 있는 사무에 해당하지 않는 것은?

① 동법 제7조제2항에 따른 토지소유자협의회의 구성에 관한 사무

② 동법 제10조제2항에 따른 토지현황조사서 작성에 관한 사무

③ 동법 제21조제3항에 따른 조정금 수령통지 또는 납부고지에 관한 사무

④ 동법 제24조제1항에 따른 새로운 지적공부의 작성에 관한 사무

지적재조사에 관한 특별법 시행령 제28조의2(고유식별정보의 처리)

지적소관청은 다음 각 호의 사무를 수행하기 위하여 불가피한 경우 「개인정보 보호법 시행령」 제19조에 따른 주민등록번호 또는 외국인등록번호가 포함된 자료를 처리할 수 있다.

1. 법 제6조제1항에 따른 실시계획 수립에 관한 사무
2. 법 제7조제2항에 따른 토지소유자의 동의에 관한 사무
3. 법 제10조제2항에 따른 토지현황조사서 작성에 관한 사무
4. 법 제15조제2항에 따른 지적확정예정조서 작성에 관한 사무
5. 법 제21조제3항에 따른 조정금 수령통지 또는 납부고지에 관한 사무
6. 법 제24조제1항에 따른 새로운 지적공부의 작성에 관한 사무
7. 법 제25조제1항에 따른 등기촉탁에 관한 사무 〈본조신설 2017.10.17.〉

지적재조사에 관한 특별법 제6조(실시계획의 수립)

① 지적소관청은 시·도종합계획을 통지받았을 때에는 다음 각 호의 사항이 포함된 지적재조사사업에 관한 실시계획(이하 "실시계획"이라 한다)을 수립하여야 한다.

지적재조사에 관한 특별법 제7조(지적재조사지구의 지정)

① 지적소관청은 실시계획을 수립하여 시·도지사에게 지적재조사지구 지정 신청을 하여야 한다.
② 지적소관청이 시·도지사에게 지적재조사지구 지정을 신청하고자 할 때에는 다음 각 호의 사항을 고려하여 사업지구 토지소유자(국유지·공유지의 경우에는 그 재산관리청을 말한다. 이하 같다) 총수의 3분의 2 이상과 토지면적 3분의 2 이상에 해당하는 토지소유자의 동의를 받아야 한다.

지적재조사에 관한 특별법 제10조(토지현황조사)

② 토지현황조사를 할 때에는 소유자, 지번, 지목, 경계 또는 좌표, 지상건축물 및 지하건축물의 위치, 개별공시지가 등을 기재한 토지현황조사서를 작성하여야 한다.

지적재조사에 관한 특별법 제15조(경계점표지 설치 및 지적확정예정조서 작성 등)

① 지적소관청은 제14조에 따라 경계를 설정하면 지체 없이 임시경계점표지를 설치하고 지적재조사측량을 실시하여야 한다.
② 지적소관청은 지적재조사측량을 완료하였을 때에는 대통령령으로 정하는 바에 따라 기존 지적공부상의 종전 토지면적과 지적재조사를 통하여 산정된 토지면적에 대한 지번별 내역 등을 표시한 지적확정예정조서를 작성하여야 한다.

지적재조사에 관한 특별법 제21조(조정금의 지급·징수 또는 공탁)

② 지적소관청은 제20조제1항에 따라 조정금을 산정하였을 때에는 지체 없이 조정금조서를 작성하고, 토지소유자에게 개별적으로 조정금액을 통보하여야 한다.
③ 지적소관청은 제2항에 따라 조정금액을 통지한 날부터 10일 이내에 토지소유자에게 조정금의 수령통지 또는 납부고지를 하여야 한다.

지적재조사에 관한 특별법 제24조(새로운 지적공부의 작성)

① 지적소관청은 제23조에 따른 사업완료 공고가 있었을 때에는 기존의 지적공부를 폐쇄하고 새로운 지적공부를 작성하여야 한다. 이 경우 그 토지는 제23조제1항에 따른 사업완료 공고일에 토지의 이동이 있는 것으로 본다.

지적재조사에 관한 특별법 제25조(등기촉탁)

① 지적소관청은 제24조에 따라 새로이 지적공부를 작성하였을 때에는 지체 없이 관할등기소에 그 등기를 촉탁하여야 한다. 이 경우 그 등기촉탁은 국가가 자기를 위하여 하는 등기로 본다.
② 토지소유자나 이해관계인은 지적소관청이 제1항에 따른 등기촉탁을 지연하고 있는 경우에는 대통령령으로 정하는 바에 따라 직접 제1항에 따른 등기를 신청할 수 있다.

06 「지적업무처리규정」(국토교통부훈령 제899호)상 경계점좌표등록부 정리에 대한 설명으로 가장 옳은 것은?

① 부호도의 각 필지의 경계점부호는 오른쪽 위에서부터 왼쪽으로 경계를 따라 아라비아 숫자로 연속하여 부여한다.

② 분할된 경우의 부호도 및 부호에는 새로 결정된 경계점의 부호를 그 필지의 시작부호 이전 번호부터 다시 부여한다.

③ 합병된 때에는 존치되는 필지의 경계점좌표등록부에 합병되는 필지의 좌표를 정리하고 부호도 및 부호를 새로 정리한다.

④ 합병으로 인하여 필지가 말소된 때에는 경계점좌표등록부의 부호도, 부호 및 좌표를 말소하고 경계점좌표등록부도 함께 삭제한다.

해설 지적업무처리규정 제47조(경계점좌표등록부의 정리)

① 부호도의 각 필지의 경계점부호는 왼쪽 위에서부터 오른쪽으로 경계를 따라 아라비아 숫자로 연속하여 부여한다. 이 경우 토지의 빈번한 이동정리로 부호도가 복잡한 경우에는 아래 여백에 새로 정리할 수 있다.

② 분할된 경우의 부호도 및 부호에는 새로 결정된 경계점의 부호를 그 필지의 마지막 부호 다음 번호부터 부여하고, 다른 필지로 된 경계점의 부호도, 부호 및 좌표는 말소하여야 하며, 새로 결정된 경계점의 좌표를 다음 란에 정리한다.

③ 분할 후 필지의 부호도 및 부호의 정리는 제1항 본문을 준용한다.

④ 합병된 때에는 존치되는 필지의 경계점좌표등록부에 합병되는 필지의 좌표를 정리하고 부호도 및 부호를 새로 정리한다. 이 경우 부호는 마지막 부호 다음 부호부터 부여하고, 합병으로 인하여 필요 없게 된 경계점(일직선상에 있는 경계점을 말한다)의 부호도·부호 및 좌표를 말소한다.

⑤ 합병으로 인하여 필지가 말소된 때에는 경계점좌표등록부의 부호도, 부호 및 좌표를 말소한다. 이 경우 말소된 경계점좌표등록부도 지번순으로 함께 보관한다.

⑥ 등록사항 정정으로 경계점좌표등록부를 정리할 때에는 제1항부터 제5항까지 규정을 준용한다.

⑦ 부동산종합공부시스템에 따라 경계점좌표등록부를 정리할 때에는 제1항부터 제6항까지를 적용하지 아니할 수 있다.

07 「지적재조사에 관한 특별법」상 토지소유자협의회의 기능에 해당하지 않는 것은?

① 토지현황조사에 대한 입회   ② 조정금 산정기준에 대한 의견 제출

③ 경계결정위원회 위원의 추천   ④ 지적재조사사업의 측량·조사 대행자 선정

해설 지적재조사에 관한 특별법 제13조(토지소유자협의회)

① 사업지구의 토지소유자는 토지소유자 총수의 2분의 1 이상과 토지면적 2분의 1 이상에 해당하는 토지소유자의 동의를 받아 토지소유자협의회를 구성할 수 있다.

② 토지소유자협의회는 위원장을 포함한 5명 이상 20명 이하의 위원으로 구성한다. 토지소유자협의회의 위원은 그 사업지구에 있는 토지의 소유자이어야 하며, 위원장은 위원 중에서 호선한다.

③ 토지소유자협의회의 기능은 다음 각 호와 같다. 〈개정 2017.4.18., 2019.12.10.〉

1. 지적소관청에 대한 제7조제3항에 따른 지적재조사지구의 신청

> 제7조 ③ 제2항에도 불구하고 지적소관청은 지적재조사지구에 제13조에 따른 토지소유자협의회(이하 "토지소유자협의회"라 한다)가 구성되어 있고 토지소유자 총수의 4분의 3 이상의 동의가 있는 지구에 대하여는 우선하여 지적재조사지구로 지정을 신청할 수 있다. 〈개정 2019.12.10.〉

2. 토지현황조사에 대한 입회
3. 임시경계점표지 및 경계점표지의 설치에 대한 입회
4. 삭제 〈2017.4.18.〉
5. 제20조제3항에 따른 조정금 산정기준에 대한 의견 제출
6. 제31조에 따른 경계결정위원회(이하 "경계결정위원회"라 한다) 위원의 추천

④ 제1항에 따른 동의자 수의 산정방법 및 동의절차, 토지소유자협의회의 구성 및 운영, 그 밖에 필요한 사항은 대통령령으로 정한다.

08 지적측량적부심사 청구를 받은 시·도지사가 지방지적 위원회에 회부하기 위한 조사 사항으로 가장 옳지 않은 것은?

① 다툼이 되는 지적측량의 경위 및 그 성과
② 해당 토지에 대한 지역권 등 물권 변동 연혁
③ 해당 토지에 대한 토지이동 연혁
④ 해당 토지 주변의 측량기준점, 경계, 주요 구조물 등 현황실측도

해설 공간정보의 구축 및 관리 등에 관한 법률 제29조(지적측량의 적부심사 등)

암기 (위)(성)(이) (연)(기)하면 (계)(측)하라 ③⑥③⑦⑨

① 토지소유자, 이해관계인 또는 지적측량수행자는 지적측량성과에 대하여 다툼이 있는 경우에는 대통령령으로 정하는 바에 따라 관할 시·도지사를 거쳐 지방지적위원회에 지적측량 적부심사를 청구할 수 있다. 〈개정 2013.7.17.〉

② 제1항에 따른 지적측량 적부심사청구를 받은 시·도지사는 ㉚일 이내에 다음 각 호의 사항을 조사하여 지방지적위원회에 회부하여야 한다.

1. 다툼이 되는 지적측량의 경(위) 및 그 (성)과
2. 해당 토지에 대한 토지(이)동 및 소유권 변동 (연)혁
3. 해당 토지 주변의 측량(기)준점, 경(계), 주요 구조물 등 현황 실(측)도

③ 제2항에 따라 지적측량 적부심사청구를 회부받은 지방지적위원회는 그 심사청구를 회부받은 날부터 (60)일 이내에 심의·의결하여야 한다. 다만, 부득이한 경우에는 그 심의기간을 해당 지적위원회의 의결을 거쳐 ㉚일 이내에서 한 번만 연장할 수 있다.

④ 지방지적위원회는 지적측량 적부심사를 의결하였으면 대통령령으로 정하는 바에 따라 의결서를 작성하여 시·도지사에게 송부하여야 한다.

⑤ 시·도지사는 제4항에 따라 의결서를 받은 날부터 ⑦일 이내에 지적측량 적부심사 청구인 및 이해관계인에게 그 의결서를 통지하여야 한다.

⑥ 제5항에 따라 의결서를 받은 자가 지방지적위원회의 의결에 불복하는 경우에는 그 의결서를 받은 날부터 (90)일 이내에 국토교통부장관을 거쳐 중앙지적위원회에 재심사를 청구할 수 있다. 〈개정 2013.3.23., 2013.7.17.〉

09 지적공부에 관한 전산자료를 이용하려는 자가 심사를 신청할 때 작성하는 사항으로 가장 옳지 않은 것은?

① 자료의 이용 또는 활용 목적 및 근거
② 자료의 범위 및 내용
③ 자료의 제공 방식
④ 자료의 목적 외 사용방지 및 안전관리대책

정답 08 ② 09 ④

① 법 제76조제1항에 따라 지적공부에 관한 전산자료(이하 "지적전산자료"라 한다)를 이용하거나 활용하려는 자는 같은 조 제2항에 따라 다음 각 호의 사항을 적은 신청서를 관계 중앙행정기관의 장에게 제출하여 심사를 신청하여야 한다. 암기 이목근 범내는 제보안하라

> 1. 자료의 이용 또는 활용 목적 및 근거
> 2. 자료의 범위 및 내용
> 3. 자료의 제공 방식, 보관 기관 및 안전관리대책 등

② 제1항에 따른 심사 신청을 받은 관계 중앙행정기관의 장은 다음 각 호의 사항을 심사한 후 그 결과를 신청인에게 통지하여야 한다. 암기 타적공은 사전 방안 마련하라

> 1. 신청 내용의 타당성, 적합성 및 공익성
> 2. 개인의 사생활 침해 여부
> 3. 자료의 목적 외 사용 방지 및 안전관리대책

③ 법 제76조제1항에 따라 지적전산자료의 이용 또는 활용에 관한 승인을 받으려는 자는 승인신청을 할 때에 제2항에 따른 심사 결과를 제출하여야 한다. 다만, 중앙행정기관의 장이 승인을 신청하는 경우에는 제2항에 따른 심사 결과를 제출하지 아니할 수 있다.

④ 제3항에 따른 승인신청을 받은 국토교통부장관, 시·도지사 또는 지적소관청은 다음 각 호의 사항을 심사하여야 한다. 〈개정 2013.3.23.〉 암기 타적공은 사전 방안 마련하라 전지 여부를

> 1. 신청 내용의 타당성, 적합성 및 공익성
> 2. 개인의 사생활 침해 여부
> 3. 자료의 목적 외 사용 방지 및 안전관리대책
> 4. 신청한 사항의 처리가 전산정보처리조직으로 가능한지 여부
> 5. 신청한 사항의 처리가 지적업무수행에 지장을 주지 않는지 여부

⑤ 국토교통부장관, 시·도지사 또는 지적소관청은 제4항에 따른 심사를 거쳐 지적전산자료의 이용 또는 활용을 승인하였을 때에는 지적전산자료 이용·활용 승인대장에 그 내용을 기록·관리하고 승인한 자료를 제공하여야 한다. 〈개정 2013.3.23.〉

⑥ 제5항에 따라 지적전산자료의 이용 또는 활용에 관한 승인을 받은 자는 국토교통부령으로 정하는 사용료를 내야 한다. 다만, 국가나 지방자치단체에 대해서는 사용료를 면제한다.

10 「지적확정측량규정」(국토교통부예규, 2017.6.23.)에 대한 설명으로 가장 옳지 않은 것은?

① 사업지구 인가·허가선에 의한 지구계 확정을 위하여 분할측량, 경계복원측량 또는 지적현황측량을 실시하여야 한다.

② 부번은 지번의 진행 방향에 따라 부여하되, 도곽이 다른 경우에도 같은 본번에 부번을 차례로 부여한다.

③ 지적도근점 검사성과 도선을 달리하여 검사하는 경우 연결교차 허용기준은 ±20cm 이내이다.

④ 지적확정측량에 따른 지적공부의 소유권변동일자는 환지처분일 또는 사업준공일로 정리한다.

해설 지적확정측량규정 제12조(지구계측량)

① 사업지구 인가·허가선에 의한 지구계 확정을 위하여 분할측량, 경계복원측량 또는 지적현황측량을 실시하여야 한다. 이 경우 세부측량방법은 「지적측량시행규칙」 제18조에 따른다.

② 지구계 측량은 다음 각 호에 따른다.

> 1. 지적기준점을 사용하여 기지경계선과 지구계점을 측정하여 그 부합여부를 도해측량방법으로 결정한다. 단 기존 경계점좌표등록부 지역을 재확정 측량하는 경우에는 수치측량방법으로 결정한다.
> 2. 지구계점좌표는 제1호에 따라 설치된 경계점표지를 경위의 또는 지적위성측량방법으로 측량하여 산출한다.

③ 예정지적좌표작성은 사업승인 및 시공 등을 위하여 확정측량 이전에 실시하여야 한다. 이 경우 지구계점좌표는 제1항 및 제2항에 의해 산출하고 지구 내 예정지적좌표는 사업계획도와 대비하여 산출한다.

지적확정측량규정 제19조(지번부여 및 지목설정)
① 지번의 구성 및 부여방법에 대하여는 영 제56조에 따른다.
② 부번은 지번의 진행방향에 따라 부여하되 도곽이 다른 경우에도 같은 본번에 부번을 차례로 부여한다.
③ 도시개발사업 등이 준공되기 전에 지번을 부여하는 경우에는 규칙 제61조에 따른다.
④ 지목의 설정방법은 영 제59조를 준용하여 설정하되 토지의 이용이 일시적인 경우 사업계획에 따라 지목을 설정할 수 있다.
⑤ 사업지역 내의 제척 토지는 축척변경을 할 수 있다.

지적확정측량규정 제25조(확정측량 성과검사 기준)
① 측량성과 검사대상은 지적기준점, 지구계점 및 필계점으로 한다.
② 확정측량성과검사는 측량에 사용한 기지점과 신설점, 신설점 상호 간의 실측거리에 의하여 비교하여야 하며 검사성과의 연결교차 허용기준은 다음 각 호와 같다.

> 1. 지적삼각점 : ±20cm 이내
> 2. 지적삼각보조점 : ±25cm 이내
> 3. 지적도근점(도선을 달리하여 검사) : ±15cm 이내
> 4. 경계점 : ±10cm 이내

지적확정측량규정 제28조(지적공부정리)
① 지적공부정리는 세계좌표로 한다.
② 지적공부정리는 확정 토지의 지번별 조서에 따라 지적전산파일을 정리하고, 확정측량성과에 따라 경계점좌표등록부를 작성한다.
③ 소유자는 환지계획서에 의하되, 소유권변동일자는 환지처분일 또는 사업준공일로 정리한다.
④ 지적소관청은 지적공부정리가 완료되면 새로운 지적공부가 확정 시행된다는 내용을 7일 이상 게시판 또는 인터넷홈페이지 등에 게시하여야 한다.

11 「지적재조사 측량·조사 등의 대행자 선정기준」(국토교통부고시 제2016-312호, 2016.5.25.)상 지적재조사 측량·조사 등의 대행자 선정기준의 평가의 대상으로 가장 옳지 않은 것은?

① 해당 사업에 투입되는 측량장비 ② 최근 5년 내 지적재조사측량 수행실적
③ 지적측량수행자의 재정상태 및 신용도 ④ 지적측량수행자 업무중첩도

해설 지적재조사 측량·조사 등의 수행자 선정기준 제4조(선정기준)
① 지적소관청은 법 제5조제2항에 따라 지적재조사사업 측량·조사 등의 수행자를 선정하고자 할 때에는 다음 각 호의 사항에 대해 평가하여야 하며, 평가항목 및 평가기준 등은 별표 1과 같다.

> 1. 해당 사업에 투입되는 지적측량기술자
> 2. 해당 사업에 투입되는 측량장비
> 3. 최근 3년 내 지적재조사측량 수행실적
> 4. 지적측량수행자의 재정상태 및 신용도
> 5. 지적측량수행자 업무중첩도

6. 해당 사업의 지적재조사 측량·조사 수행계획서
7. 기타 해당 사업 수행에 필요하다고 판단되는 사항

② 지적소관청은 제4조제1항제6호에 대한 평가를 함에 있어 사업의 규모와 특성 등을 고려하여 별표 2의 세부평가기준을 보완하여 작성할 수 있다.

③ 지적소관청은 제4조제1항제6호에 대한 평가 과정에서 수행자 선정의 공정성 확보를 위하여 다음 각 호에 따라 평가위원회를 구성하여 평가하여야 한다.

1. 평가위원은 5명 이상 7명 이하로 한다.
2. 평가위원회는 지적재조사업무 부서 및 타 부서의 6급 이상 공무원, 시·군·구 지적재조사위원회 위원 및 관련 전문가 등으로 구성한다. 다만, 지적재조사업무 부서의 공무원은 2명 이하로 한다.

④ 평가결과 평점이 최고점인 자를 수행자로 선정하며, 동점자인 경우 제1항에 따른 평가항목 중 지적재조사 측량·조사 수행계획서, 최근 3년 내 지적재조사측량 수행실적, 지적측량기술자, 측량장비의 고득점자순으로 결정한다. 다만, 1개의 지적측량수행자만이 단독으로 수행자 신청을 하였을 때는 평가결과 평점이 85점 이상인 경우에 한하여 수행자로 선정할 수 있다.

⑤ 지적소관청은 수행자를 선정할 경우 다음 각 호의 어느 하나에 해당하는 지적측량수행자는 제외한다.

1. 수행자 선정 공고일 현재 업무정지기간이 만료된 날로부터 6개월이 경과되지 않은 경우
2. 해당 수행자 선정건과 관련하여 위조, 변조, 허위 및 청탁 등 불공정 행위를 한 경우

12 「공간정보의 구축 및 관리 등에 관한 법률」에서 규정하고 있는 벌칙 중 부과되는 벌칙내용이 다른 것은?

① 측량기준점표지를 이전 또는 파손하거나 그 효용을 해치는 행위를 한 자
② 무단으로 측량성과 또는 측량기록을 복제한 자
③ 측량업등록증 또는 측량업등록수첩을 빌려주거나 자기의 성명 또는 상호를 사용하여 측량업무를 하게 한 자
④ 지적측량수수료 외의 대가를 받은 지적측량기술자

해설 **공간정보의 구축 및 관리 등에 관한 법률 제108조(벌칙)** 암기 ㉮ㅂ등 ㉨표성감

다음 각 호의 어느 하나에 해당하는 자는 2년 이하의 징역 또는 2천만 원 이하의 벌금에 처한다.

1. 측량업의 등록을 하지 아니하거나 ㉮짓이나 그 밖의 ㉝정한 방법으로 측량업의 등록을 하고 측량업을 한 자
2. 성능검사대행자의 등록을 하지 아니하거나 ㉮짓이나 그 밖의 ㉝정한 방법으로 성능검사대행자의 등록을 하고 성능검사업무를 한 자
3. 측량성과를 국외로 반출한 자
4. 측량기준점표지를 이전 또는 파손하거나 그 효용을 해치는 행위를 한 자
5. 고의로 측량성과를 사실과 다르게 한 자
6. 성능검사를 부정하게 한 성능검사대행자

공간정보의 구축 및 관리 등에 관한 법률 제109조(벌칙) 암기 등비허불 대관밀복

다음 각 호의 어느 하나에 해당하는 자는 1년 이하의 징역 또는 1천만 원 이하의 벌금에 처한다. 〈개정 2013.3.23.〉

1. 등 이상의 측량업자에게 소속된 측량기술자
2. 업무상 알게 된 비밀을 누설한 측량기술자
3. 거짓(허위)으로 다음 각 목의 신청을 한 자

가. 신규등록 신청	나. 등록전환 신청	다. 분할 신청
라. 합병 신청	마. 지목변경 신청	바. 바다로 된 토지의 등록말소 신청
사. 축척변경 신청	아. 등록사항의 정정 신청	
자. 도시개발사업 등 시행지역의 토지이동 신청		

4. 측량기술자가 아님에도 ㉠구하고 측량을 한 자
5. 지적측량수수료 외의 ㉯가를 받은 지적측량기술자
6. 심사를 받지 아니하고 지도 등을 간행하여 ㉰매하거나 배포한 자
7. 다른 사람에게 측량업등록증 또는 측량업등록수첩을 ㉱려주거나 자기의 성명 또는 상호를 사용하여 측량업무를 하게 한 자
8. 다른 사람의 측량업등록증 또는 측량업등록수첩을 ㉲려서 사용하거나 다른 사람의 성명 또는 상호를 사용하여 측량업무를 한 자
9. 다른 사람에게 자기의 성능검사대행자 등록증을 ㉳려 주거나 자기의 성명 또는 상호를 사용하여 성능검사대행업무를 수행하게 한 자
10. 다른 사람의 성능검사대행자 등록증을 ㉴려서 사용하거나 다른 사람의 성명 또는 상호를 사용하여 성능검사대행업무를 수행한 자
11. 무단으로 측량성과 또는 측량기록을 ㉵제한 자

13 지적재조사사업의 시행에 있어 기본계획 수립 내용으로 가장 옳지 않은 것은?

① 지적재조사사업에 관한 기본방향
② 지적재조사사업비의 지적소관청별 배분 계획
③ 지적재조사사업비의 연도별 집행계획
④ 지적재조사사업에 필요한 인력의 확보에 관한 계획

해설 지적재조사에 관한 특별법 제4조(기본계획의 수립)

기본계획 (제4조) 암기 ㉠㉡㉢㉣ ㉠⑤ ㉮㉯㉰㉱㉲㉳㉴㉵	시·도종합계획(제4조의2) 암기 ㉤㉥㉦㉧㉨㉩㉪	실시계획(제6조) 암기 ㉧㉨㉩㉪㉫㉬㉭㉮ ㉯㉰ ㉱㉲
1. 지적재조사사업의 시행기간 및 ㉠모	1. 지적재조사사업비의 연도별 ㉤산액	1. 지적재조사사업의 시행에 따른 ㉧보
2. 지적재조사사업비의 ㉡도별 집행계획	2. 지적재조사사업비의 지적㉥관청별 배분 계획	2. 사업지구의 ㉨칭
3. 지적재조사사업에 필요한 ㉢력의 확보에 관한 계획	3. 사업지구 지정의 ㉦부기준	3. 사업지구의 ㉩치 및 면적
4. 지적재조사사업에 관한 기본㉣향	4. 지적재조사사업의 ㉧육과 홍보에 관한 사항	4. 사업지구의 ㉪황
5. 지적재조사사업비의 특별시·광역시·도·특별자치도·특별자치시 및 「지방자치법」 제175조에 따른 대도시로서 구(區)를 둔 시(이하 "㉠·㉡"라 한다)별 배분 계획	5. 그 밖에 시·도의 지적재조사㉨업을 위하여 필요한 사항	5. 지적재조사사업비의 ㉫산액
	6. 지적재조사사업의 ㉩도별·지적소관청별 사업량	6. 지적재조사사업의 ㉬행자
	7. 지적재조사사업에 필요한 ㉪력의 확보에 관한 계획	

기본계획 (제4조) 암기 [규][연][인][방] [시][도] [표][준][교][육][연][구][개][발]	시 · 도종합계획(제4조의2) 암기 [추][소][세][교][사][연][인]	실시계획(제6조) 암기 [홍][명][위][현][추][시][사][기] [사][시] [측][시]
1. 디지털 지적(地籍)의 운영 · 관리에 필요한 [표][준]의 제정 및 그 활용 2. 지적재조사사업의 효율적 추진을 위하여 필요한 [교][육] 및 [연][구] · [개][발] 3. 그 밖에 국토교통부장관이 법 제4조제1항에 따른 지적재조사사업에 관한 기본계획(이하 "기본계획"이라 한다)의 수립에 필요하다고 인정하는 사항		1. 토지현황조[사]에 관한 사항 2. 지적재조사사업의 시행시기 및 [기]간 3. 그 밖에 지적소관청이 법 제6조제1항에 따른 지적재조사[사]업에 관한 실시계획(이하 "실시계획"이라 한다)의 수립에 필요하다고 인정하는 사항 4. 지적재조사사업의 [시]행에 관한 세부계획 5. 지적재조사[측]량에 관한 시행계획 6. 지적소관청은 실시계획을 수립할 때에는 [시] · 도종합계획과 연계되도록 하여야 한다.

14 「GNSS에 의한 지적측량규정」(국토교통부예규 제183호, 2017.6.23.)에 의한 측량을 실시하는 경우 관측점의 세계좌표 계산에 사용되는 고정점에 해당하지 않는 것은?

① 우주측지기준점
② 위성기준점
③ 통합기준점
④ 정확한 세계좌표를 알고 있는 지적측량기준점

[해설] GNSS에 의한 지적측량규정 제13조(세계좌표의 계산)

관측점의 세계좌표는 제10조의 규정에 의한 기선해석성과를 기준으로 조정계산에 의해 결정하되, 조정계산은 다음 각 호의 기준에 의한다.

1. 고정점은 위성기준점, 통합기준점 또는 정확한 세계좌표를 알고 있는 지적측량기준점으로 할 것
2. 계산방법은 기선해석에 사용하는 소프트웨어에서 정한 방법에 의할 것

15 「공간정보의 구축 및 관리 등에 관한 법률 시행규칙」상 대지권등록부의 등록사항에 해당하지 않는 것은?

① 토지의 고유번호
② 지적도면의 번호
③ 소유권 지분
④ 토지소유자가 변경된 날과 그 원인

정답 14 ① 15 ②

해설 공간정보의 구축 및 관리 등에 관한 법률 제71조(토지대장 등의 등록사항)

구분	토지표시사항	소유권에 관한 사항	기타
토지대장 (土地臺帳, Land Books) & 임야대장 (林野臺帳, Forest Books)	• 토지 소재 • 지번 • 지목 • 면적 • 토지의 이동사유	• 토지소유자 변동일자 • 변동원인 • 주민등록번호 • 성명 또는 명칭 • 주소	• 토지의 고유번호(각 필지를 서로 구별하기 위하여 필지마다 붙이는 고유한 번호를 말한다) • 지적도 또는 임야도 번호 • 필지별 토지대장 또는 임야대장의 장번호 • 축척 • 토지등급 또는 기준수확량등급과 그 설정·수정 연월일 • 개별공시지가와 그 기준일
공유지연명부 (共有地連名簿, Common Land Books)	• 토지 소재 • 지번	• 토지소유자 변동일자 • 변동원인 • 주민등록번호 • 성명·주소 • 소유권 지분	• 토지의 고유번호 • 필지별공유지 연명부의 장번호
대지권등록부 (垈地權登錄簿, Building Site Rights Books)	• 토지 소재 • 지번	• 토지소유자가 변동일자 및 변동원인 • 주민등록번호 • 성명 또는 명칭·주소 • 대지권 비율 • 소유권 지분	• 토지의 고유번호 • 집합건물별 대지권등록부의 장번호 • 건물의 명칭 • 전유부분의 건물의 표시
경계점좌표등록부 (境界點座標登錄簿, Boundary Point Coordinate Books)	• 토지 소재 • 지번 • 좌표		• 토지의 고유번호 • 필지별 경계점좌표등록부의 장번호 • 부호 및 부호도 • 지적도면의 번호
지적도 (地籍圖, Land Books) & 임야도 (林野圖, Forest Books)	• 토지 소재 • 지번 • 지목 • 경계 • 좌표에 의하여 계산된 경계점 간의 거리(경계점좌표등록부를 갖춰두는 지역으로 한정한다)		• 도면의 색인도 • 도면의 제명 및 축척 • 도곽선과 그 수치 • 삼각점 및 지적기준점의 위치 • 건축물 및 구조물 등의 위치

16 「공간정보 구축 및 관리 등에 관한 법률」상 부동산종합공부에 등록하여야 하는 사항의 내용으로 가장 옳지 않은 것은?

① 토지의 표시와 소유자에 관한 사항 : 「공간정보의 구축 및 관리 등에 관한 법률」에 따른 지적공부의 내용

② 건축물의 표시와 소유자에 관한 사항 : 「건축법」에 따른 건축물대장의 내용

③ 토지의 이용 및 규제에 관한 사항 : 「토지이용규제기본법」에 따른 토지이용계획확인서의 내용

④ 부동산의 가격에 관한 사항 : 「부동산 가격공시에 관한 법률」에 따른 표준지공시지가

(해설) **공간정보의 구축 및 관리 등에 관한 법률 제76조의3(부동산종합공부의 등록사항 등)**

지적소관청은 부동산종합공부에 다음 각 호의 사항을 등록하여야 한다. 〈개정 2016.1.19.〉

> 1. 토지의 표시와 소유자에 관한 사항 : 이 법에 따른 지적공부의 내용
> 2. 건축물의 표시와 소유자에 관한 사항(토지에 건축물이 있는 경우만 해당한다) : 「건축법」 제38조에 따른 건축물대장의 내용
> 3. 토지의 이용 및 규제에 관한 사항 : 「토지이용규제 기본법」 제10조에 따른 토지이용계획확인서의 내용
> 4. 부동산의 가격에 관한 사항 : 「부동산 가격공시에 관한 법률」 제10조에 따른 개별공시지가, 같은 법 제16조, 제17조 및 제18조에 따른 개별주택가격 및 공동주택가격 공시내용
> 5. 그 밖에 부동산의 효율적 이용과 부동산과 관련된 정보의 종합적 관리·운영을 위하여 필요한 사항으로서 대통령령으로 정하는 사항

공간정보의 구축 및 관리 등에 관한 법률 시행령 제62조의2(부동산종합공부의 등록사항)

법 제76조의3제5호에서 "대통령령으로 정하는 사항"이란 「부동산등기법」 제48조에 따른 부동산의 권리에 관한 사항을 말한다.

17 도시개발사업 등의 완료신고가 있는 때에 지적소관청이 확인하여야 하는 사항으로 가장 옳지 않은 것은?

① 지번별조서와 지적공부등록사항과의 부합여부

② 확정될 토지의 지번별조서와 면적측정부 및 환지계획서의 부합여부

③ 측량결과도 또는 경계점좌표와 새로이 작성된 지적도와의 부합여부

④ 종전토지 소유명의인 동일여부 및 종전토지 등기부에 소유권 등기 이외의 다른 등기사항이 없는지 여부

(해설) **공간정보의 구축 및 관리 등에 관한 법률 시행규칙 제95조(도시개발사업 등의 신고)**

① 법 제86조제1항 및 영 제83조제2항에 따른 도시개발사업 등의 착수 또는 변경의 신고를 하려는 자는 별지 제81호 서식의 도시개발사업 등의 착수(시행)·변경·완료 신고서에 다음 각 호의 서류를 첨부하여야 한다. 다만, 변경신고의 경우에는 변경된 부분으로 한정한다. 암기 ⑨㉚ⓒ

> 1. 사업⑨가서
> 2. ㉚번별 조서
> 3. 사업계획ⓒ

② 법 제86조제1항 및 영 제83조제2항에 따른 도시개발사업 등의 완료신고를 하려는 자는 별지 제81호 서식의 신청서에 다음 각 호의 서류를 첨부하여야 한다. 이 경우 지적측량수행자가 지적소관청에 측량검사를 의뢰하면서 미리 제출한 서류는 첨부하지 아니할 수 있다. 암기 확종지환

> 1. 확정될 토지의 지번별 조서 및 종전 토지의 지번별 조서
> 2. 환지처분과 같은 효력이 있는 고시된 환지계획서. 다만, 환지를 수반하지 아니하는 사업인 경우에는 사업의 완료를 증명하는 서류를 말한다.

지적업무처리규정 제58조(도시개발 등의 사업신고)

① 지적소관청은 규칙 제95조제1항에 따른 도시개발사업 등의 착수(시행) 또는 변경신고가 있는 때에는 다음 각 호에 따라 처리한다.
  1. 다음 각 목의 사항을 확인한다. 암기 지공부 지사업 수지계

> 가. 지번별조서와 지적공부등록사항과의 부합여부
> 나. 지번별조서·지적(임야)도와 사업계획도와의 부합여부
> 다. 착수 전 각종 지계의 정확여부

  2. 제1호에 따라 서류의 확인이 완료된 때에는 지체 없이 지적공부에 그 사유를 정리하여야 한다.
② 지적소관청은 규칙 제95조제2항에 따라 도시개발사업 등의 완료신고가 있는 때에는 다음 각 호에 따라 처리한다.
  1. 다음 각 목의 사항을 확인한다. 암기 지면환 지공계 측경지 종소등부

> 가. 확정될 토지의 지번별조서와 면적측정부 및 환지계획서의 부합여부
> 나. 종전토지의 지번별조서와 지적공부등록사항 및 환지계획서의 부합여부
> 다. 측량결과도 또는 경계점좌표와 새로이 작성된 지적도와의 부합여부
> 라. 종전토지 소유명의인 동일여부 및 종전토지 등기부에 소유권등기 이외의 다른 등기사항이 없는지 여부
> 마. 그 밖에 필요한 사항

  2. 제1호에 따른 서류의 확인이 완료된 때에는 확정될 토지의 지번별조서에 따라 토지대장을, 측량성과에 따라 경계점좌표등록부 등을 작성한다. 이 경우 토지대장에 등록하는 소유자의 성명 또는 명칭과 등록번호 및 주소는 환지계획서에 따르되, 소유자의 변동일자와 변동원인은 다음 각 목에 따라 정리한다.

> 가. 소유자변동일자 : 환지처분 또는 사업준공 인가일자(환지처분을 아니할 경우에만 해당한다)
> 나. 소유자변동원인 : 환지 또는 지적확정(환지처분을 아니하는 경우에만 해당한다)

  3. 지적공부의 작성이 완료된 때에는 새로 지적공부가 확정 시행됨을 7일 이상 시·군·구 게시판 또는 홈페이지 등에 게시한다.
  4. 도시개발사업 등의 완료로 인하여 폐쇄되는 지적공부는 폐쇄사유를 그 지적공부에 정리하고 별도로 영구 보관한다.

18 「공간정보의 구축 및 관리 등에 관한 법률 시행령」상 측량기준점 구분에서 국가기준점에 해당하지 않는 것은?

① 수준점
② 중력점
③ 지자기점(地磁氣點)
④ 지적도근점(地籍圖根點)

해설 공간정보의 구축 및 관리 등에 관한 법률 시행령 제8조(측량기준점의 구분)

① 법 제7조제1항에 따른 측량기준점은 다음 각 호의 구분에 따른다.

암기 ㈜리가 ㈜㈜이 심하면 ㈜㈜를 모아 ㈜㈜을 ㈜㈜번 해라

측량기준점		측량의 정확도를 확보하고 효율성을 높이기 위하여 특정 지점을 제6조에 따른 측량기준에 따라 측정하고 좌표 등으로 표시하여 측량 시에 기준으로 사용되는 점
국가기준점		측량의 정확도를 확보하고 효율성을 높이기 위하여 국토교통부장관이 전 국토를 대상으로 주요 지점마다 정한 측량의 기본이 되는 측량기준점
	㈜주측지기준점	국가측지기준계를 정립하기 위하여 전 세계 초장거리간섭계와 연결하여 정한 기준점
	㈜성기준점	지리학적 경위도, 직각좌표 및 지구 중심 직교좌표의 측정 기준으로 사용하기 위하여 대한민국 경위도원점을 기초로 정한 기준점
	㈜합기준점	지리학적 경위도, 직각좌표, 지구 중심 직교좌표, 높이 및 중력 측정의 기준으로 사용하기 위하여 위성기준점, 수준점 및 중력점을 기초로 정한 기준점
	㈜력점	중력 측정의 기준으로 사용하기 위하여 정한 기준점
	㈜자기점 (地磁氣點)	지구자기 측정의 기준으로 사용하기 위하여 정한 기준점
	㈜준점	높이 측정의 기준으로 사용하기 위하여 대한민국 수준원점을 기초로 정한 기준점
	㈜해기준점	우리나라의 영해를 획정(劃定)하기 위하여 정한 기준점 〈삭제 2021.2.9.〉
	㈜로기준점	수로조사 시 해양에서의 수평 위치와 높이, 수심 측정 및 해안선 결정 기준으로 사용하기 위하여 위성기준점과 법 제6조제1항제3호의 기본수준면을 기초로 정한 기준점으로서 수로측량기준점, 기본수준점, 해안선기준점으로 구분 〈삭제 2021.2.9.〉
	㈜각점	지리학적 경위도, 직각좌표 및 지구중심 직교좌표 측정의 기준으로 사용하기 위하여 위성기준점 및 통합기준점을 기초로 정한 기준점
공공기준점		제17조제2항에 따른 공공측량 시행자가 공공측량을 정확하고 효율적으로 시행하기 위하여 국가기준점을 기준으로 하여 따로 정하는 측량기준점
	공공삼각점	공공측량 시 수평 위치의 기준으로 사용하기 위하여 국가기준점을 기초로 하여 정한 기준점
	공공수준점	공공측량 시 높이의 기준으로 사용하기 위하여 국가기준점을 기초로 하여 정한 기준점
지적기준점		특별시장·광역시장·특별자치시장·도지사 또는 특별자치도지사(이하 "시·도지사"라 한다)나 지적소관청이 지적측량을 정확하고 효율적으로 시행하기 위하여 국가기준점을 기준으로 하여 따로 정하는 측량기준점
	지적삼각점 (地籍三角點)	지적측량 시 수평 위치 측량의 기준으로 사용하기 위하여 국가기준점을 기준으로 하여 정한 기준점
	지적삼각보조점	지적측량 시 수평 위치 측량의 기준으로 사용하기 위하여 국가기준점과 지적삼각점을 기준으로 하여 정한 기준점
	지적도근점 (地籍圖根點)	지적측량 시 필지에 대한 수평 위치 측량 기준으로 사용하기 위하여 국가기준점, 지적삼각점, 지적삼각보조점 및 다른 지적도근점을 기초로 하여 정한 기준점

19 축척변경에 대한 설명으로 가장 옳지 않은 것은?

① 하나의 지번부여지역에 서로 다른 축척의 임야도가 있는 경우 토지소유자의 신청 또는 지적소관청의 직권으로 그 지역의 축척을 변경할 수 있다.

② 축척변경 시행지역의 토지소유자 또는 점유자는 시행공고가 된 날부터 30일 이내에 시행공고일 현재 점유하고 있는 경계에 국토교통부령으로 정하는 경계점표지를 설치하여야 한다.

③ 지적소관청은 축척변경 승인을 받았을 때에는 시 · 군 · 구 및 시행지역 동 · 리 게시판에 20일 이상 축척변경 시행공고를 하여야 한다.

④ 축척변경에 관한 사항을 심의 · 의결하기 위하여 지적소관청에 축척변경위원회를 둔다.

[해설] 공간정보의 구축 및 관리 등에 관한 법률 제83조(축척변경)

① 축척변경에 관한 사항을 심의 · 의결하기 위하여 지적소관청에 축척변경위원회를 둔다.

② 지적소관청은 지적도가 다음 각 호의 어느 하나에 해당하는 경우에는 토지소유자의 신청 또는 지적소관청의 직권으로 일정한 지역을 정하여 그 지역의 축척을 변경할 수 있다.

> 1. 잦은 토지의 이동으로 1필지의 규모가 작아서 소축척으로는 지적측량성과의 결정이나 토지의 이동에 따른 정리를 하기가 곤란한 경우
> 2. 하나의 지번부여지역에 서로 다른 축척의 지적도가 있는 경우
> 3. 그 밖에 지적공부를 관리하기 위하여 필요하다고 인정되는 경우

③ 지적소관청은 제2항에 따라 축척변경을 하려면 축척변경 시행지역의 토지소유자 3분의 2 이상의 동의를 받아 제1항에 따른 축척변경위원회의 의결을 거친 후 시 · 도지사 또는 대도시 시장의 승인을 받아야 한다. 다만, 다음 각 호의 어느 하나에 해당하는 경우에는 축척변경위원회의 의결 및 시 · 도지사 또는 대도시 시장의 승인 없이 축척변경을 할 수 있다.

> 1. 합병하려는 토지가 축척이 다른 지적도에 각각 등록되어 있어 축척변경을 하는 경우
> 2. 제86조에 따른 도시개발사업 등의 시행지역에 있는 토지로서 그 사업 시행에서 제외된 토지의 축척변경을 하는 경우

④ 축척변경의 절차, 축척변경으로 인한 면적 증감의 처리, 축척변경 결과에 대한 이의신청 및 축척변경위원회의 구성 · 운영 등에 필요한 사항은 대통령령으로 정한다.

공간정보의 구축 및 관리 등에 관한 법률 제71조(축척변경 시행공고 등) [암기] [기][지][목][청][소][세]

① 지적소관청은 법 제83조제3항에 따라 시 · 도지사 또는 대도시 시장으로부터 축척변경 승인을 받았을 때에는 지체 없이 다음 각 호의 사항을 20일 이상 공고하여야 한다.

> 1. 축척변경의 [목]적, 시행[지]역 및 시행[기]간
> 2. 축척변경의 시행에 따른 [청]산방법
> 3. 축척변경의 시행에 따른 토지[소]유자 등의 협조에 관한 사항
> 4. 축척변경의 시행에 관한 [세]부계획

② 제1항에 따른 시행공고는 시 · 군 · 구(자치구가 아닌 구를 포함한다) 및 축척변경 시행지역 동 · 리의 게시판에 주민이 볼 수 있도록 게시하여야 한다.

③ 축척변경 시행지역의 토지소유자 또는 점유자는 시행공고가 된 날(이하 "시행공고일"이라 한다)부터 30일 이내에 시행공고일 현재 점유하고 있는 경계에 국토교통부령으로 정하는 경계점표지를 설치하여야 한다.

정답 19 ①

20 「공간정보의 구축 및 관리 등에 관한 법률」에서 정한 측량성과의 고시사항에 해당하지 않는 것은?

① 측량기기의 종류 및 정확도

② 설치한 측량기준점의 수

③ 측량의 규모(면적 또는 지도의 장수)

④ 측량실시의 시기 및 지역

해설 공간정보의 구축 및 관리 등에 관한 법률 시행령 제13조(측량성과의 고시)

① 법 제13조제1항에 따른 기본측량성과의 고시와 법 제18조제4항에 따른 공공측량성과의 고시는 최종성과를 얻은 날부터 30일 이내에 하여야 한다. 다만, 기본측량성과의 고시에 포함된 국가기준점 성과가 다른 국가기준점 성과와 연결하여 계산될 필요가 있는 경우에는 그 계산이 완료된 날부터 30일 이내에 기본측량성과를 고시할 수 있다. 〈개정 2014.1.17.〉

② 제1항에 따른 측량성과의 고시에는 다음 각 호의 사항이 포함되어야 한다.

> 1. 측량의 종류
> 2. 측량의 정확도
> 3. 설치한 측량기준점의 수
> 4. 측량의 규모(면적 또는 지도의 장수)
> 5. 측량실시의 시기 및 지역
> 6. 측량성과의 보관 장소
> 7. 그 밖에 필요한 사항

01 「공간정보의 구축 및 관리 등에 관한 법률」상 토지 이동에 따른 신청의무기간이 다른 하나는?

① 등록전환 신청

② 분할 신청

③ 지목변경 신청

④ 바다로 된 토지의 등록말소 신청

해설 공간정보의 구축 및 관리 등에 관한 법률 일자

60일	**법률 제29조(지적측량의 적부심사 등)** 지적측량 적부심사청구를 회부받은 지방(중앙)지적위원회는 그 심사청구를 회부받은 날부터 60일 이내에 심의 · 의결하여야 한다. 다만, 부득이한 경우 지적위원회의 의결을 거쳐 심의기간을 30일 이내에서 한 번 연장 가능하다.
60일	**법률 제77조(신규등록 신청)** 토지소유자는 신규등록 할 토지가 있으면 그 사유가 발생한 날부터 60일 이내에 지적소관청에 신규등록을 신청하여야 한다.
60일	**법률 제78조(등록전환 신청)** 토지소유자는 등록전환 할 토지가 있으면 그 사유가 발생한 날부터 60일 이내에 지적소관청에 등록전환을 신청하여야 한다.
60일	**법률 제79조(분할 신청)** 토지소유자는 지적공부에 등록된 1필지의 일부가 형질변경 등으로 용도가 변경된 경우에는 대통령령으로 정하는 바에 따라 용도가 변경된 날부터 60일 이내에 지적소관청에 토지의 분할을 신청하여야 한다. 토지소유자는 토지를 분할하려면 대통령령으로 정하는 바에 따라 지적소관청에 분할을 신청하여야 한다. (지적측량 토지소유자 개인이 아무 때나 신청 가능함)
60일	**법률 제80조(합병 신청)** 토지소유자는 「주택법」에 따른 공동주택의 부지, 도로, 제방, 하천, 구거, 유지, 그 밖에 대통령령으로 정하는 토지로서 합병하여야 할 토지가 있으면 그 사유가 발생한 날부터 60일 이내에 지적소관청에 합병을 신청하여야 한다.
60일	**법률 제81조(지목변경 신청)** 토지소유자는 지목변경을 할 토지가 있으면 그 사유가 발생한 날부터 60일 이내에 지적소관청에 지목변경을 신청하여야 한다.
60일	**시행규칙 제105조(성능검사대행자의 등록사항의 변경)** 성능검사대행자가 등록사항을 변경하려는 경우에는 그 변경된 날부터 60일 이내에 시 · 도지사에게 변경신고를 하여야 한다.
90일	**법률 제29조(지적측량의 적부심사 등)** 의결서를 받은 자가 지방지적위원회의 의결에 불복하는 경우에는 그 의결서를 받은 날부터 90일 이내에 국토교통부장관을 거쳐 중앙지적위원회에 재심사를 청구할 수 있다.

90일	법률 제82조(바다로 된 토지의 등록말소 신청) 지적소관청은 토지소유자가 통지를 받은 날부터 90일 이내에 등록말소 신청을 하지 아니하면 직권으로 등록을 말소한다.
90일	시행령 제37조(등록사항의 변경) 측량업의 등록을 한 자는 기술인력 및 장비에 해당하는 사항을 변경한 때에는 그 변경이 있은 날부터 90일 이내에 변경신고를 하여야 한다. 다만, 등록사항이 변경된 날부터 30일 이내에 변경신고를 하여야 한다.
90일	시행규칙 제99조(일시적인 등록기준 미달) 법 제96조제1항제2호 단서에서 "일시적으로 등록기준에 미달하는 등 대통령령으로 정하는 경우"란 별표 11에 따른 기술인력에 해당하는 사람의 사망·실종 또는 퇴직으로 인하여 등록기준에 미달하는 기간이 90일 이내인 경우를 말한다.

02 다음의 지적측량을 할 때 필지마다 면적을 측정하지 않아도 되는 경우는?

① 경계점을 지상에 복원하기 위하여 경계복원측량을 하는 경우

② 도시개발사업 등으로 인한 토지의 이동에 따라 토지의 표시를 새로 결정하는 경우

③ 지적공부의 복구·신규등록·등록전환·분할 및 축척 변경을 하는 경우

④ 지적공부의 등록사항에 잘못이 있음을 발견하여 지적소관청이 직권으로 경계를 정정하는 경우

해설 지적측량 시행규칙 제19조(면적측정의 대상)

① 세부측량을 하는 경우 다음 각 호의 어느 하나에 해당하면 필지마다 면적을 측정하여야 한다.

> 1. 지적공부의 복구·신규등록·등록전환·분할 및 축척변경을 하는 경우
> 2. 법 제84조에 따라 면적 또는 경계를 정정하는 경우
> 3. 법 제86조에 따른 도시개발사업 등으로 인한 토지의 이동에 따라 토지의 표시를 새로 결정하는 경우
> 4. 경계복원측량 및 지적현황측량에 면적측정이 수반되는 경우

② 제1항에도 불구하고 법 제23조제1항제4호(경계점을 지상에 복원하는 경우)의 경계복원측량과 영 제18조(법 제23조제1항제5호에서 "대통령령으로 정하는 경우"란 지상건축물 등의 현황을 지적도 및 임야도에 등록된 경계와 대비하여 표시하는 데에 필요한 경우를 말한다.)의 지적현황측량을 하는 경우에는 필지마다 면적을 측정하지 아니한다.

03 〈보기〉의 지적공부 중에서 소유자 정보를 포함하는 것을 모두 고른 것은?

ㄱ. 토지대장	ㄴ. 임야대장	ㄷ. 지적도
ㄹ. 임야도	ㅁ. 공유지연명부	ㅂ. 대지권등록부

① ㄱ, ㄴ

② ㄱ, ㄴ, ㅁ

③ ㄱ, ㄴ, ㅁ, ㅂ

④ ㄱ, ㄴ, ㄷ, ㄹ, ㅇ

구분	토지표시사항	소유권에 관한 사항	기타
토지대장 (土地臺帳, Land Books) & 임야대장 (林野臺帳, Forest Books)	• 토지 소재 • 지번 • 지목 • 면적 • 토지의 이동 사유	• 토지소유자 변동일자 • 변동원인 • 주민등록번호 • 성명 또는 명칭 • 주소	• 토지의 고유번호(각 필지를 서로 구별하기 위하여 필지마다 붙이는 고유한 번호를 말한다) • 지적도 또는 임야도 번호 • 필지별 토지대장 또는 임야대장의 장번호 • 축척 • 토지등급 또는 기준수확량등급과 그 설정·수정 연월일 • 개별공시지가와 그 기준일
공유지연명부 (共有地連名簿, Common Land Books)	• 토지 소재 • 지번	• 토지소유자 변동일자 • 변동원인 • 주민등록번호 • 성명·주소 • 소유권 지분	• 토지의 고유번호 • 필지별공유지 연명부의 장번호
대지권등록부 (垈地權登錄簿, Building Site Rights Books)	• 토지 소재 • 지번	• 토지소유자가 변동일자 및 변동원인 • 주민등록번호 • 성명 또는 명칭·주소 • 대지권 비율 • 소유권 지분	• 토지의 고유번호 • 집합건물별 대지권등록부의 장번호 • 건물의 명칭 • 전유부분의 건물의 표시

04 지적전산자료의 이용에 대한 설명으로 가장 옳지 않은 것은?

① 전국 단위의 지적전산자료는 국토교통부장관, 시·도지사 또는 지적소관청에 이용 신청을 하여야 한다.

② 시·군·구(자치구가 아닌 구를 포함) 단위의 지적전산자료는 지적소관청에 이용 신청을 하여야 한다.

③ 토지소유자가 사망하여 그 상속인이 피상속인의 토지에 대한 지적전산자료를 신청하는 경우 관계 중앙행정기관의 심사를 받지 아니할 수 있다.

④ 지방자치단체의 장이 지적전산자료를 신청하는 경우 지적전산자료의 이용 또는 활용 목적 등에 관하여 미리 관계 중앙행정기관의 심사를 받아야 한다.

해설 공간정보의 구축 및 관리 등에 관한 법률 제76조(지적전산자료의 이용 등)

① 지적공부에 관한 전산자료(연속지적도를 포함하며, 이하 "지적전산자료"라 한다)를 이용하거나 활용하려는 자는 다음 각 호의 구분에 따라 국토교통부장관, 시·도지사 또는 지적소관청에 지적전산자료를 신청하여야 한다. 〈개정 2013.3.23., 2013.7.17., 2017.10.24.〉

> 1. 전국 단위의 지적전산자료 : 국토교통부장관, 시·도지사 또는 지적소관청
> 2. 시·도 단위의 지적전산자료 : 시·도지사 또는 지적소관청
> 3. 시·군·구(자치구가 아닌 구를 포함한다) 단위의 지적전산자료 : 지적소관청

② 제1항에 따라 지적전산자료를 신청하려는 자는 대통령령으로 정하는 바에 따라 지적전산자료의 이

용 또는 활용 목적 등에 관하여 미리 관계 중앙행정기관의 심사를 받아야 한다. 다만, 중앙행정기관의 장, 그 소속 기관의 장 또는 지방자치단체의 장이 신청하는 경우에는 그러하지 아니하다. 〈개정 2017.10.24.〉

③ 제2항에도 불구하고 다음 각 호의 어느 하나에 해당하는 경우에는 관계 중앙행정기관의 심사를 받지 아니할 수 있다. 〈개정 2017.10.24.〉

> 1. 토지소유자가 자기 토지에 대한 지적전산자료를 신청하는 경우
> 2. 토지소유자가 사망하여 그 상속인이 피상속인의 토지에 대한 지적전산자료를 신청하는 경우
> 3. 「개인정보 보호법」 제2조제1호에 따른 개인정보를 제외한 지적전산자료를 신청하는 경우

④ 제1항 및 제3항에 따른 지적전산자료의 이용 또는 활용에 필요한 사항은 대통령령으로 정한다.

05 지적재조사사업의 지적재조사지구 지정에 대한 설명으로 가장 옳지 않은 것은?

① 지적소관청은 실시계획을 수립하여 시·도지사에게 지적재조사지구 지정 신청을 하여야 한다.

② 지적소관청이 지적재조사지구 지정 신청 시 지적재조사지구 토지 소유자 총수의 2분의 1 이상과 토지면적 3분의 2 이상에 해당하는 토지소유자의 동의를 받아야 한다.

③ 지적소관청은 지적재조사지구에 토지소유자협의회가 구성되어 있고 토지소유자 총수의 4분의 3 이상의 동의가 있는 지구에 대하여는 우선하여 지적재조사지구로 지정을 신청할 수 있다.

④ 지적소관청은 지적재조사지구 지정을 신청하고자 할 때에는 실시계획 수립내용을 주민에게 서면으로 통보한 후 주민설명회를 개최하고 실시계획을 30일 이상 주민에게 공람하여야 한다.

[해설] 지적재조사에 관한 특별법 제7조(지적재조사지구의 지정)

① 지적소관청은 실시계획을 수립하여 시·도지사에게 지적재조사지구 지정 신청을 하여야 한다. 〈개정 2019.12.10.〉

② 지적소관청이 시·도지사에게 지적재조사지구 지정을 신청하고자 할 때에는 다음 각 호의 사항을 고려하여 지적재조사지구 토지소유자(국유지·공유지의 경우에는 그 재산관리청을 말한다. 이하 같다) 총수의 3분의 2 이상과 토지면적 3분의 2 이상에 해당하는 토지소유자의 동의를 받아야 한다. 〈개정 2017.4.18., 2019.12.10.〉

1. 지적공부의 등록사항과 토지의 실제 현황이 다른 정도가 심하여 주민의 불편이 많은 지역인지 여부
2. 사업시행이 용이한지 여부
3. 사업시행의 효과 여부

③ 제2항에도 불구하고 지적소관청은 지적재조사지구에 제13조에 따른 토지소유자협의회(이하 "토지소유자협의회"라 한다)가 구성되어 있고 토지소유자 총수의 4분의 3 이상의 동의가 있는 지구에 대하여는 우선하여 지적재조사지구로 지정을 신청할 수 있다. 〈개정 2019.12.10.〉

④ 지적소관청은 지적재조사지구 지정을 신청하고자 할 때에는 실시계획 수립 내용을 주민에게 서면으로 통보한 후 주민설명회를 개최하고 실시계획을 30일 이상 주민에게 공람하여야 한다. 〈삭제 2020.12.22.〉

⑤ 지적재조사지구에 있는 토지소유자와 이해관계인은 제4항에 따른 공람기간 안에 지적소관청에 의견을 제출할 수 있으며, 지적소관청은 제출된 의견이 타당하다고 인정할 때에는 이를 반영하여야 한다. 〈삭제 2020.12.22.〉

⑥ 시·도지사는 지적재조사지구를 지정할 때에는 대통령령으로 정하는 바에 따라 제29조에 따른 시·도 지적재조사위원회의 심의를 거쳐야 한다. 〈개정 2019.12.10.〉

⑦ 제1항부터 제3항까지 제6항 및 제6조제2항부터 제4항까지의 규정은 지적재조사지구를 변경할 때에도 적용한다. 다만, 대통령령으로 정하는 경미한 사항을 변경할 때에는 제외한다. 〈개정 2019.12.10.〉

⑧ 제2항에 따른 동의자 수의 산정방법, 동의절차, 그 밖에 필요한 사항은 대통령령으로 정한다.

06 지적 관계 법규상 용어의 정의에 대한 설명으로 가장 옳지 않은 것은?

① '연속지적도'란 지적측량을 하지 아니하고 전산화된 지적도 및 임야도 파일을 이용하여, 도면상 경계점들을 연결하여 작성한 도면으로서 측량에 활용할 수 없는 도면을 말한다.

② '등록전환'이란 토지대장 및 지적도에 등록된 토지를 임야대장 및 임야도에 옮겨 등록하는 것을 말한다.

③ '토지현황조사'란 지적재조사사업을 시행하기 위하여 필지별로 소유자, 지번, 지목, 면적, 경계 또는 좌표 등을 조사하는 것을 말한다.

④ '지적확정측량'이란 도시개발사업 등에 따른 사업이 끝나 토지의 표시를 새로 정하기 위하여 실시하는 지적측량을 말한다.

해설 공간정보의 구축 및 관리 등에 관한 법률 제2조(정의)

이 법에서 사용하는 용어의 뜻은 다음과 같다.

4. "지적측량"이란 토지를 지적공부에 등록하거나 지적공부에 등록된 경계점을 지상에 복원하기 위하여 제21호에 따른 필지의 경계 또는 좌표와 면적을 정하는 측량을 말하며, 지적확정측량 및 지적재조사측량을 포함한다.

4의2. "지적확정측량"이란 제86조제1항에 따른 사업이 끝나 토지의 표시를 새로 정하기 위하여 실시하는 지적측량을 말한다.

4의3. "지적재조사측량"이란 「지적재조사에 관한 특별법」에 따른 지적재조사사업에 따라 토지의 표시를 새로 정하기 위하여 실시하는 지적측량을 말한다.

19. "지적공부"란 토지대장, 임야대장, 공유지연명부, 대지권등록부, 지적도, 임야도 및 경계점좌표등록부 등 지적측량 등을 통하여 조사된 토지의 표시와 해당 토지의 소유자 등을 기록한 대장 및 도면(정보처리시스템을 통하여 기록·저장된 것을 포함한다)을 말한다.

19의2. "연속지적도"란 지적측량을 하지 아니하고 전산화된 지적도 및 임야도 파일을 이용하여, 도면상 경계점들을 연결하여 작성한 도면으로서 측량에 활용할 수 없는 도면을 말한다.

19의3. "부동산종합공부"란 토지의 표시와 소유자에 관한 사항, 건축물의 표시와 소유자에 관한 사항, 토지의 이용 및 규제에 관한 사항, 부동산의 가격에 관한 사항 등 부동산에 관한 종합정보를 정보관리체계를 통하여 기록·저장한 것을 말한다.

29. "신규등록"이란 새로 조성된 토지와 지적공부에 등록되어 있지 아니한 토지를 지적공부에 등록하는 것을 말한다.

30. "등록전환"이란 임야대장 및 임야도에 등록된 토지를 토지대장 및 지적도에 옮겨 등록하는 것을 말한다.

지적재조사에 관한 특별법 제2조(정의)

이 법에서 사용하는 용어의 정의는 다음과 같다.

1. "지적공부"란 「공간정보의 구축 및 관리 등에 관한 법률」 제2조제19호에 따른 지적공부를 말한다.

2. "지적재조사사업"이란 「공간정보의 구축 및 관리 등에 관한 법률」 제71조부터 제73조까지의 규정에 따른 지적공부의 등록사항을 조사·측량하여 기존의 지적공부를 디지털에 의한 새로운 지적공부로 대체함과 동시에 지적공부의 등록사항이 토지의 실제 현황과 일치하지 아니하는 경우 이를 바로잡기 위하여 실시하는 국가사업을 말한다.

3. "지적재조사지구"란 지적재조사사업을 시행하기 위하여 제7조 및 제8조에 따라 지정·고시된 지구를 말한다.

4. "토지현황조사"란 지적재조사사업을 시행하기 위하여 필지별로 소유자, 지번, 지목, 면적, 경계 또는 좌표, 지상건축물 및 지하건축물의 위치, 개별공시지가 등을 조사하는 것을 말한다.

07 토지소유자가 합병신청을 할 수 없는 경우로 가장 옳지 않은 것은?

① 합병하려는 토지에 소유권 · 지상권 · 전세권 또는 임차권의 등기가 있는 경우

② 합병하려는 토지의 지적도 및 임야도의 축척이 서로 다른 경우

③ 합병하려는 각 필지의 지반이 연속되지 아니한 경우

④ 합병하려는 토지의 지번부여지역, 지목 또는 소유자가 서로 다른 경우

해설 공간정보의 구축 및 관리 등에 관한 법률 제80조(합병 신청)

① 토지소유자는 토지를 합병하려면 대통령령으로 정하는 바에 따라 지적소관청에 합병을 신청하여야 한다.

② 토지소유자는 「주택법」에 따른 공동주택의 부지, 도로, 제방, 하천, 구거, 유지, 그 밖에 대통령령으로 정하는 토지로서 합병하여야 할 토지가 있으면 그 사유가 발생한 날부터 60일 이내에 지적소관청에 합병을 신청하여야 한다.

③ 다음 각 호의 어느 하나에 해당하는 경우에는 합병 신청을 할 수 없다.

> 1. 합병하려는 토지의 지번부여지역, 지목 또는 소유자가 서로 다른 경우
> 2. 합병하려는 토지에 다음 각 목의 등기 외의 등기가 있는 경우
>
>> 가. 소유권 · 지상권 · 전세권 또는 임차권의 등기
>> 나. 승역지(承役地)에 대한 지역권의 등기
>> 다. 합병하려는 토지 전부에 대한 등기원인(登記原因) 및 그 연월일과 접수번호가 같은 저당권의 등기
>> 라. 합병하려는 토지 전부에 대한 「부동산등기법」 제81조제1항 각 호의 등기사항이 동일한 신탁등기
>
> 3. 그 밖에 합병하려는 토지의 지적도 및 임야도의 축척이 서로 다른 경우 등 대통령령으로 정하는 경우

08 지목의 구분에 대한 설명으로 가장 옳지 않은 것은?

① '전'은 물을 상시적으로 이용하지 않고 곡물 · 원예작물 등의 식물을 주로 재배하는 토지와 식용(食用)으로 죽순을 재배하는 토지를 말한다.

② '유지(溜池)'는 물이 고이거나 상시적으로 물을 저장하고 있는 댐 · 저수지 · 소류지(沼溜地) · 호수 · 연못 등의 토지와 연 · 왕골 등이 자생하는 배수가 잘 되지 아니하는 토지를 말한다.

③ '잡종지'는 원상회복을 조건으로 돌을 캐내는 곳 또는 흙을 파내는 곳으로 허가된 토지를 말한다.

④ '임야'는 산림 및 원야(原野)를 이루고 있는 수림지(樹林地) · 죽림지 · 암석지 · 자갈땅 · 모래땅 · 습지 · 황무지 등의 토지를 말한다.

해설 공간정보의 구축 및 관리 등에 관한 법률 시행령 제58조(지목의 구분)

법 제67조제1항에 따른 지목의 구분은 다음 각 호의 기준에 따른다.

1. 전

물을 상시적으로 이용하지 않고 곡물 · 원예작물(과수류는 제외한다) · 약초 · 뽕나무 · 닥나무 · 묘목 · 관상수 등의 식물을 주로 재배하는 토지와 식용(食用)으로 죽순을 재배하는 토지

5. 임야

산림 및 원야(原野)를 이루고 있는 수림지(樹林地) · 죽림지 · 암석지 · 자갈땅 · 모래땅 · 습지 · 황무지 등의 토지

19. 유지(溜池)

물이 고이거나 상시적으로 물을 저장하고 있는 댐 · 저수지 · 소류지(沼溜地) · 호수 · 연못 등의 토지와 연 · 왕골 등이 자생하는 배수가 잘 되지 아니하는 토지

28. 잡종지

다음 각 목의 토지. 다만, 원상회복을 조건으로 돌을 캐내는 곳 또는 흙을 파내는 곳으로 허가된 토지는 제외한다.

가. 갈대밭, 실외에 물건을 쌓아두는 곳, 돌을 캐내는 곳, 흙을 파내는 곳, 야외시장 및 공동우물
나. 변전소, 송신소, 수신소 및 송유시설 등의 부지
다. 여객자동차터미널, 자동차운전학원 및 폐차장 등 자동차와 관련된 독립적인 시설물을 갖춘 부지
라. 공항시설 및 항만시설 부지
마. 도축장, 쓰레기처리장 및 오물처리장 등의 부지
바. 그 밖에 다른 지목에 속하지 않는 토지

09 지상경계점등록부의 등록사항이 아닌 것은?

① 경계점 위치 설명도
② 공부상 지목과 실제 토지이용 지목
③ 건축물 및 구조물 등의 위치
④ 경계점표지의 종류 및 경계점 위치

해설 공간정보의 구축 및 관리 등에 관한 법률 제65조(지상경계의 구분 등)

<table>
<tr><td rowspan="2">지상경계점등록부
(지적재조사에 관한 특별법 시행규칙 제10조)</td><td colspan="2">암기 (토)(지)(목)(성)(도) (경)(번)(지) (세)(관)(위) (기)(경) (소)(직)(명) (확)(직)(명)</td></tr>
<tr><td>1. (토)지의 소재
2. (지)번
3. 지(목)
4. 작(성)일
5. 위치(도)
6. (경)계점 (번)호 및 표(지)종류</td><td>7. 경계점 (세)부설명 및 (관)련자료
8. 경계(위)치
9. 경계설정(기)준 및 (경)계형태
10. 작성자의 (소)속 · (직)급(직위) · 성(명)
11. (확)인자의 (직)급 · 성(명)</td></tr>
<tr><td rowspan="2">지상경계점등록부
(공간정보의 구축 및 관리 등에 관한 법률 제65조)</td><td colspan="2">암기 (토)(지)(경)(계) (공)(계)(점)</td></tr>
<tr><td>1. (토)지의 소재
2. (지)번
3. (경)계점 좌표(경계점좌표등록부 시행 지역에 한정한다)</td><td>4. 경(계)점 위치 설명도
5. (공)부상 지목과 실제 토지이용 지목
6. 경(계)점의 사진 파일
7. 경계(점)표지의 종류 및 경계점 위치</td></tr>
</table>

10 지번의 구성 및 부여방법에 대한 설명으로 가장 옳지 않은 것은?

① 합병의 경우에는 합병 대상 지번 중 후순위의 지번을 그 지번으로 하되, 본번(本番)으로 된 지번이 있을 때에는 본번 중 후순위의 지번을 합병 후의 지번으로 한다.
② 지번은 본번과 부번(副番)으로 구성하되, 본번과 부번 사이에 '−' 표시로 연결한다. 이 경우 '−' 표시는 '의'라고 읽는다.
③ 지번은 북서에서 남동으로 순차적으로 부여한다.
④ 분할의 경우에는 분할 후의 필지 중 1필지의 지번은 분할 전의 지번으로 하고, 나머지 필지의 지번은 본번의 최종 부번 다음 순번으로 부번을 부여한다.

정답 09 ③ 10 ①

구분	토지이동에 따른 지번의 부여방법	
부여방법	① 지번(地番)은 아라비아숫자로 표기하되, 임야대장 및 임야도에 등록하는 토지의 지번은 숫자 앞에 "산"자를 붙인다. ② 지번은 본번(本番)과 부번(副番)으로 구성하되, 본번과 부번 사이에 "−" 표시로 연결한다. 이 경우 "−" 표시는 "의"라고 읽는다. ③ 법 제66조에 따른 지번의 부여방법은 다음 각 호와 같다. 　1. 지번은 북서에서 남동으로 순차적으로 부여할 것	
신규등록 · 등록전환	원칙	지번부여지역에서 인접토지의 본번에 부번을 붙여서 지번을 부여한다.
	예외	다음의 경우에는 그 지번부여지역의 최종 본번의 다음 순번부터 본번으로 하여 순차적으로 지번을 부여할 수 있다. ① 대상 토지가 그 지번부여지역의 최종 지번의 토지에 인접하여 있는 경우 ② 대상 토지가 이미 등록된 토지와 멀리 떨어져 있어서 등록된 토지의 본번에 부번을 부여하는 것이 불합리한 경우 ③ 대상 토지가 여러 필지로 되어 있는 경우
분할	원칙	분할 후의 필지 중 1필지의 지번은 분할 전의 지번으로 하고, 나머지 필지의 지번은 본번의 최종 부번 다음 순번으로 부번을 부여한다.
	예외	주거 · 사무실 등의 건축물이 있는 필지에 대해서는 분할 전의 지번을 우선하여 부여하여야 한다.
합병	원칙	합병 대상 지번 중 선순위의 지번을 그 지번으로 하되, 본번으로 된 지번이 있을 때에는 본번 중 선순위의 지번을 합병 후의 지번으로 한다.
	예외	토지소유자가 합병 전의 필지에 주거 · 사무실 등의 건축물이 있어서 그 건축물이 위치한 지번을 합병 후의 지번으로 신청할 때에는 그 지번을 합병 후의 지번으로 부여하여야 한다.
지적확정측량을 실시한 지역의 각 필지에 지번을 새로 부여하는 경우	원칙	다음 각 목의 지번을 제외한 본번으로 부여한다. ① 지적확정측량을 실시한 지역 안의 종전의 지번과 지적확정측량을 실시한 지역 밖에 있는 본번이 같은 지번이 있을 때 그 지번 ② 지적확정측량을 실시한 지역의 경계에 걸쳐 있는 지번
	예외	부여할 수 있는 종전 지번의 수가 새로 부여할 지번의 수보다 적을 때에는 블록 단위로 하나의 본번을 부여한 후 필지별로 부번을 부여하거나, 그 지번부여지역의 최종 본번 다음 순번부터 본번으로 하여 차례로 지번을 부여할 수 있다.
지적확정측량에 준용	① 법 제66조제2항(지적소관청은 지적공부에 등록된 지번을 변경할 필요가 있다고 인정하면 시 · 도지사나 대도시 시장의 승인을 받아 지번부여지역의 전부 또는 일부에 대하여 지번을 새로 부여할 수 있다.)에 따라 지번부여지역의 지번을 변경할 때 ② 법 제85조제2항(지번부여지역의 일부가 행정구역의 개편으로 다른 지번부여지역에 속하게 되었으면 지적소관청은 새로 속하게 된 지번부여지역의 지번을 부여하여야 한다.)에 따른 행정구역 개편에 따라 새로 지번을 부여할 때 ③ 제72조제1항(지적소관청은 축척변경 시행지역의 각 필지별 지번 · 지목 · 면적 · 경계 또는 좌표를 새로 정하여야 한다.)에 따라 축척변경 시행지역의 필지에 지번을 부여할 때	

정답

구분	토지이동에 따른 지번의 부여방법
도시개발사업 등의 준공 전	도시개발사업 등이 준공되기 전에 사업시행자가 지번부여를 신청하는 경우에는 국토교통부령으로 정하는 바에 따라 지번을 부여할 수 있다. 지적소관청은 도시개발사업 등이 준공되기 전에 지번을 부여하는 때에는 사업계획도에 따르되, 지적확정측량을 실시한 지역의 각 필지에 지번을 새로 부여하는 경우의 지번부여방식에 따라 지번을 부여하여야 한다.

11 「공간정보의 구축 및 관리 등에 관한 법률」상 규정된 지적측량업자의 업무 범위로 가장 옳지 않은 것은?

① 경계점좌표등록부가 있는 지역에서의 지적측량
② 지적도·임야도, 연속지적도, 도시개발사업 등의 계획을 위한 지적도 등의 정보처리시스템을 통한 기록·저장 업무
③ 토지대장, 임야대장의 전산화 업무
④ 항공촬영, 지도제작 업무

해설 공간정보의 구축 및 관리 등에 관한 법률 제45조(지적측량업자의 업무 범위)

제44조제1항제2호에 따른 지적측량업의 등록을 한 자(이하 "지적측량업자"라 한다)는 제23조제1항제1호 및 제3호부터 제5호까지의 규정에 해당하는 사유로 하는 지적측량 중 다음 각 호의 지적측량과 지적전산자료를 활용한 정보화사업을 할 수 있다. 〈개정 2011.9.16., 2013.7.17.〉

> 1. 제73조에 따른 경계점좌표등록부가 있는 지역에서의 지적측량
> 2. 「지적재조사에 관한 특별법」에 따른 사업지구에서 실시하는 지적재조사측량
> 3. 제86조에 따른 도시개발사업 등이 끝남에 따라 하는 지적확정측량

공간정보의 구축 및 관리 등에 관한 법률 시행령 제39조(지적전산자료를 활용한 정보화사업 등)
법 제45조에 따른 지적전산자료를 활용한 정보화사업에는 다음 각 호의 사업을 포함한다.

> 1. 지적도·임야도, 연속지적도, 도시개발사업 등의 계획을 위한 지적도 등의 정보처리시스템을 통한 기록·저장 업무
> 2. 토지대장, 임야대장의 전산화 업무

12 「지적재조사에 관한 특별법」상 지적소관청은 사업완료 공고가 있었을 때 새로운 지적공부를 작성하여야 한다. 새로운 지적공부에 등록할 사항으로 가장 옳지 않은 것은?

① 토지의 이동 사유   ② 지하건축물의 위치
③ 측량일자   ④ 개별공시지가

해설 지적재조사에 관한 특별법 제24조(새로운 지적공부의 작성)

암기 토상지적좌유인 비상걸렸다. 유사지가지번건물표소별시표지명

① 지적소관청은 제23조에 따른 사업완료 공고가 있었을 때에는 기존의 지적공부를 폐쇄하고 새로운 지적공부를 작성하여야 한다. 이 경우 그 토지는 제23조제1항에 따른 사업완료 공고일에 토지의 이동이 있는 것으로 본다.
② 제1항에 따라 새로이 작성하는 지적공부에는 다음 각 호의 사항을 등록하여야 한다.

지적재조사에 관한 특별법에서 정하는 사항	국토교통부령에서 정하는 사항
• ㊗지의 소재 • ㉠번 • ㉠목 • 면㉱ • 경계점㉘표 • 소㊌자의 성명 또는 명칭, 주소 및 주민등록번호(국가, 지자체, 법인, 법인 아닌 사단 재단 및 외국인의 경우에는 부동산등기법의 등록번호를 말한다) • 소유㉠지분 • 대지권㊁율 • 지㉠건축물 및 지하건축물의 위치 • 국교부령으로 정하는 사항	• 토지의 고㊌번호 • 토지의 이동㊐유 • 토지소유㉠가 변경된 날과 그 원인 • 개별공시지㉠, 개별주택가격, 공동주택가격 및 부동산 실거래 가격과 그 기준일 • 필㉘별 공유지 연명부의 장번호 • 전유 부㊀의 건물표시 • ㉠물의 명칭 • 집합건㊀별 대지권등록부의 장번호 • 좌㊊에 의하여 계산된 경계점 사이의 거리 • ㉠적기준점의 위치 • 필지㊌ 경계점좌표의 부호 및 부호도 • 토지이용규제 기본법에 따른 토㉠이용과 관련된 지역, 지구 등의 지정에 관한 사항 • 건축물의 ㊌시와 건축물 현황도에 관한 사항 • 구분㉠상권에 관한 사항 • 도로㊅주소

13 지적재조사사업의 조정금에 대한 설명으로 가장 옳지 않은 것은?

① 조정금은 현금으로 지급하거나 납부하여야 한다.

② 지적소관청은 조정금액을 통지한 날부터 20일 이내에 토지소유자에게 조정금의 수령통지 또는 납부고지를 하여야 한다.

③ 지적소관청은 수령통지를 한 날부터 6개월 이내에 조정금을 지급하여야 한다.

④ 사업지구 지정이 있은 후 권리의 변동이 있을 때에는 그 권리를 승계한 자가 조정금 또는 공탁금을 수령하거나 납부한다.

해설 지적재조사에 관한 특별법 제21조(조정금의 지급·징수 또는 공탁)

① 조정금은 현금으로 지급하거나 납부하여야 한다. 〈개정 2017.4.18.〉

② 지적소관청은 제20조제1항에 따라 조정금을 산정하였을 때에는 지체 없이 조정금조서를 작성하고, 토지소유자에게 개별적으로 조정금액을 통보하여야 한다.

③ 지적소관청은 제2항에 따라 조정금액을 통지한 날부터 10일 이내에 토지소유자에게 조정금의 수령통지 또는 납부고지를 하여야 한다.

④ 지적소관청은 제3항에 따라 수령통지를 한 날부터 6개월 이내에 조정금을 지급하여야 한다.

⑤ 제3항에 따라 납부고지를 받은 자는 그 부과일부터 6개월 이내에 조정금을 납부하여야 한다. 다만, 지적소관청은 1년의 범위에서 대통령령으로 정하는 바에 따라 조정금을 분할납부하게 할 수 있다. 〈개정 2017.4.18.〉

⑥ 지적소관청은 조정금을 납부하여야 할 자가 기한 내에 납부하지 아니할 때에는 「지방세외수입금의 징수 등에 관한 법률」에 따라 징수할 수 있다. 〈신설 2017.4.18.〉

⑦ 지적소관청은 조정금을 지급하여야 하는 경우로서 다음 각 호의 어느 하나에 해당하는 때에는 조정금을 지급받을 자의 토지 소재지 공탁소에 그 조정금을 공탁할 수 있다. 〈개정 2017.4.18.〉
1. 조정금을 받을 자가 그 수령을 거부하거나 주소 불분명 등의 이유로 조정금을 수령할 수 없을 때
2. 지적소관청이 과실 없이 조정금을 받을 자를 알 수 없을 때
3. 압류 또는 가압류에 따라 조정금의 지급이 금지되었을 때

⑧ 지적재조사지구 지정이 있은 후 권리의 변동이 있을 때에는 그 권리를 승계한 자가 제1항에 따른 조정금 또는 제7항에 따른 공탁금을 수령하거나 납부한다.

14 「공간정보의 구축 및 관리 등에 관한 법률」상 300만 원 이하의 과태료를 부과하는 경우가 아닌 것은?

① 둘 이상의 측량업자에게 소속된 측량기술자

② 측량기기에 대해 부정한 방법으로 성능검사를 받은 자

③ 본인 또는 배우자가 소유한 토지에 대한 지적측량을 한 자

④ 최신 항행통보에 따라 수정되지 아니한 수로도서지를 보급한 자

해설 공간정보의 구축 및 관리 등에 관한 법률 제111조(과태료)

① 다음 각 호의 어느 하나에 해당하는 자에게는 300만 원 이하의 과태료를 부과한다.

300만 원 이하의 과태료 암기 ㉧㉠㉴㉭ ㉛㉴㉢㉮ ㉕ : ㉕㉯㉭㉝ ㉮ : ㉥㉲㉟ ㉢ : ㉥㉲㉱

1. ㉧당한 사유 없이 ㉱량을 방해한 자
2. 정당한 사유 없이 제101조제7항을 위반하여 토지 등에의 ㉠입 등을 방해하거나 거부한 자
3. 정당한 사유 없이 제99조제1항에 따른 ㉮고를 하지 아니하거나 거짓으로 보고를 한 자
4. 정당한 사유 없이 제99조제1항에 따른 ㉤사를 거부·방해 또는 기피한 자
5. 제44조제4항을 위반하여 측량㉛ ㉝록사항의 변경신고를 하지 아니한 자
6. 제48조(제54조제6항에 따라 준용되는 경우를 포함한다)를 위반하여 측량업의 휴업·㉯업 등의 신고를 하지 아니하거나 거짓으로 신고한 자
7. 제46조제2항(제54조제6항에 따라 준용되는 경우를 포함한다)을 위반하여 측량업자의 지위 ㉝계 신고를 하지 아니한 자
8. 제93조제1항을 위반하여 성능㉢사대행자의 ㉥록사항 변경을 신고하지 아니한 자
9. 제93조제3항을 위반하여 성능검사대행업무의 ㉯업신고를 하지 아니한 자
10. 제92조제1항을 위반하여 측량기기에 대한 성능㉢사를 받지 아니하거나 부정한 방법으로 성능검사를 받은 자
11. 제13조제4항을 위반하여 고시된 측량㉝과에 어긋나는 측량성과를 사용한 자
12. 제50조제2항을 위반하여 본인, 배우자 또는 ㉤계 존속·비속이 소유한 토지에 대한 지적측량을 한 자
13. 제40조제1항(제43조제3항에 따라 준용되는 경우를 포함한다)을 위반하여 ㉝짓으로 측량기술자 또는 수로기술자의 신고를 한 자

② 정당한 사유 없이 제98조제2항(성능검사대행자 및 그 소속 직원은 측량기기 성능검사의 품질향상과 서비스 제고를 위하여 국토교통부령으로 정하는 바에 따라 국토교통부장관이 실시하는 교육을 받아야 한다.)에 따른 교육을 받지 아니한 자에게는 100만 원 이하의 과태료를 부과한다. 〈신설 2020.4.7.〉

③ 제1항에 따른 과태료는 대통령령으로 정하는 바에 따라 국토교통부장관, 시·도지사 또는 지적소관청이 부과·징수한다.

1년 이하의 징역 또는 1천만 원 이하의 벌금 대상 암기 ㉥㉘㉭㉧ ㉣㉯㉣㉰

1. ㉥ 이상의 측량업자에게 소속된 측량기술자
2. 업무상 알게 된 ㉘밀을 누설한 측량기술자
3. 거짓(㉳위)으로 다음 각 목의 신청을 한 자

가. 신규등록 신청	나. 등록전환 신청
다. 분할 신청	라. 합병 신청
마. 지목변경 신청	바. 바다로 된 토지의 등록말소 신청
사. 축척변경 신청	아. 등록사항의 정정 신청
자. 도시개발사업 등 시행지역의 토지이동 신청	

4. 측량기술자가 아님에도 ㉥구하고 측량을 한 자

5. 지적측량수수료 외의 ㉒가를 받은 지적측량기술자
6. 심사를 받지 아니하고 지도 등을 간행하여 ㉒매하거나 배포한 자
7. 다른 사람에게 측량업등록증 또는 측량업등록수첩을 빌려주거나(㉑여) 자기의 성명 또는 상호를 사용하여 측량업무를 하게 한 자
8. 다른 사람의 측량업등록증 또는 측량업등록수첩을 빌려서(㉑여) 사용하거나 다른 사람의 성명 또는 상호를 사용하여 측량업무를 한 자
9. 다른 사람에게 자기의 성능검사대행자 등록증을 빌려주거나(㉑여) 자기의 성명 또는 상호를 사용하여 성능검사대행업무를 수행하게 한 자
10. 다른 사람의 성능검사대행자 등록증을 빌려서(㉑여) 사용하거나 다른 사람의 성명 또는 상호를 사용하여 성능검사대행업무를 수행한 자
11. 무단으로 측량성과 또는 측량기록을 ㉒제한 자

15 「지적재조사에 관한 특별법」상 규정된 토지소유자협의회에 대한 설명으로 가장 옳지 않은 것은?

① 토지소유자협의회의 회의는 재적위원 3분의 1 이상의 출석으로 개의(開議)하고, 출석위원 과반수의 찬성으로 의결한다.

② 토지소유자협의회는 위원장을 포함한 5명 이상 20명 이하의 위원으로 구성하며, 위원은 그 사업지구에 있는 토지의 소유자이어야 한다.

③ 토지소유자가 협의회 구성에 동의하거나 그 동의를 철회하려는 경우에는 협의회구성동의서 또는 동의철회서에 본인임을 확인한 후 서명 또는 날인하여 지적소관청에 제출하여야 한다.

④ 지적재조사지구의 토지소유자는 토지소유자 총수의 2분의 1 이상과 토지면적 2분의 1 이상에 해당하는 토지소유자의 동의를 받아 토지소유자협의회를 구성할 수 있다.

(해설) 지적재조사에 관한 특별법 제13조(토지소유자협의회)
① 지적재조사지구의 토지소유자는 토지소유자 총수의 2분의 1 이상과 토지면적 2분의 1 이상에 해당하는 토지소유자의 동의를 받아 토지소유자협의회를 구성할 수 있다.
② 토지소유자협의회는 위원장을 포함한 5명 이상 20명 이하의 위원으로 구성한다. 토지소유자협의회의 위원은 그 지적재조사지구에 있는 토지의 소유자이어야 하며, 위원장은 위원 중에서 호선한다.
③ 토지소유자협의회의 기능은 다음 각 호와 같다. 〈개정 2017.4.18., 2019.12.10.〉

> 1. 지적소관청에 대한 제7조제3항에 따른 지적재조사지구의 신청
>
> > 제7조 ③ 제2항에도 불구하고 지적소관청은 지적재조사지구에 제13조에 따른 토지소유자협의회(이하 "토지소유자협의회"라 한다)가 구성되어 있고 토지소유자 총수의 4분의 3 이상의 동의가 있는 지구에 대하여는 우선하여 지적재조사지구로 지정을 신청할 수 있다. 〈개정 2019.12.10.〉
>
> 2. 토지현황조사에 대한 입회
> 3. 임시경계점표지 및 경계점표지의 설치에 대한 입회
> 4. 삭제 〈2017.4.18.〉
> 5. 제20조제3항에 따른 조정금 산정기준에 대한 의견 제출
> 6. 제31조에 따른 경계결정위원회(이하 "경계결정위원회"라 한다) 위원의 추천

④ 제1항에 따른 동의자 수의 산정방법 및 동의절차, 토지소유자협의회의 구성 및 운영, 그 밖에 필요한 사항은 대통령령으로 정한다.

지적재조사에 관한 특별법 시행령 제10조(토지소유자협의회의 구성 등)
① 법 제13조제1항에 따른 토지소유자협의회(이하 이 조에서 "협의회"라 한다)를 구성할 때 토지소유자 수 및 동의자 수 산정은 제7조제1항의 기준에 따른다.

② 토지소유자가 협의회 구성에 동의하거나 그 동의를 철회하려는 경우에는 국토교통부령으로 정하는 협의회구성동의서 또는 동의철회서에 본인임을 확인한 후 서명 또는 날인하여 지적소관청에 제출하여야 한다. 〈개정 2017.10.17.〉

③ 협의회의 위원장은 협의회를 대표하고, 협의회의 업무를 총괄한다.

④ 협의회의 회의는 재적위원 과반수의 출석으로 개의(開議)하고, 출석위원 과반수의 찬성으로 의결한다.

⑤ 제1항부터 제4항까지에서 규정한 사항 외에 협의회의 운영 등에 필요한 사항은 협의회의 의결을 거쳐 위원장이 정한다.

16 지적공부 작성 시 도곽선 제도에 대한 설명으로 가장 옳지 않은 것은?

① 도면의 위 방향은 항상 북쪽이 되어야 한다.

② 지적도의 도곽 크기는 가로 50센티미터, 세로 40센티미터의 직사각형으로 한다.

③ 도면에 등록하는 도곽선은 0.1밀리미터의 폭으로 제도한다.

④ 이미 사용하고 있는 도면의 도곽크기는 종전에 구획되어 있는 도곽과 그 수치로 한다.

[해설] 지적업무처리규정 제40조(도곽선의 제도)

① 도면의 위 방향은 항상 북쪽이 되어야 한다.

② 지적도의 도곽 크기는 가로 40센티미터, 세로 30센티미터의 직사각형으로 한다.

③ 도곽의 구획은 영 제7조제3항 각 호에서 정한 좌표의 원점을 기준으로 하여 정하되, 그 도곽의 종횡선수치는 좌표의 원점으로부터 기산하여 영 제7조제3항에서 정한 종횡선수치를 각각 가산한다.

④ 이미 사용하고 있는 도면의 도곽크기는 제2항에도 불구하고 종전에 구획되어 있는 도곽과 그 수치로 한다.

⑤ 도면에 등록하는 도곽선은 0.1밀리미터의 폭으로, 도곽선의 수치는 도곽선 왼쪽 아랫부분과 오른쪽 윗부분의 종횡선교차점 바깥쪽에 2밀리미터 크기의 아라비아숫자로 제도한다.

17 지적공부의 보관방법 등에 대한 설명으로 가장 옳지 않은 것은?

① 부책(簿冊)으로 된 토지대장·임야대장 및 공유지연명부는 지적공부 보관상자에 넣어 보관하여야 한다.

② 카드로 된 토지대장·임야대장·공유지연명부·대지권 등록부 및 경계점좌표등록부는 100장 단위로 바인더(binder)에 넣어 보관하여야 한다.

③ 지적공부를 정보처리시스템을 통하여 기록·보존하는 때에는 그 지적공부를 「공공기관의 기록물 관리에 관한 법률」에 따라 기록물관리기관에 이관할 수 있다.

④ 일람도·지번색인표 및 지적도면은 지번부여지역별로 지번순으로 보관하되, 각 장별로 보호대에 넣어야 한다.

[해설] 공간정보의 구축 및 관리 등에 관한 법률 시행규칙 제66조(지적공부의 보관방법 등)

① 부책(簿冊)으로 된 토지대장·임야대장 및 공유지연명부는 지적공부 보관상자에 넣어 보관하고, 카드로 된 토지대장·임야대장·공유지연명부·대지권등록부 및 경계점좌표등록부는 100장 단위로 바인더(binder)에 넣어 보관하여야 한다.

② 일람도·지번색인표 및 지적도면은 지번부여지역별로 도면번호순으로 보관하되, 각 장별로 보호대에 넣어야 한다.

③ 법 제69조제2항에 따라 지적공부를 정보처리시스템을 통하여 기록·보존하는 때에는 그 지적공부를 「공공기관의 기록물 관리에 관한 법률」 제19조제2항에 따라 기록물관리기관에 이관할 수 있다.

정답 **16** ② **17** ④

18 중앙지적위원회의 심의 · 의결사항이 아닌 것은?

① 지적 관련 정책 개발 및 업무 개선 등에 관한 사항

② 지적측량기술의 연구 · 개발 및 보급에 관한 사항

③ 지적측량성과의 검사에 관한 사항

④ 지적기술자의 업무정지 처분 및 징계요구에 관한 사항

[해설] 공간정보의 구축 및 관리 등에 관한 법률 제28조(지적위원회) [암기] [정][무][연][개]는 ㉴[양][무][요]

① 다음 각 호의 사항을 심의 · 의결하기 위하여 국토교통부에 중앙지적위원회를 둔다. 〈개정 2013.7.17.〉

1. 지적 관련 [정]책 개발 및 업[무] 개선 등에 관한 사항
2. 지적측량기술의 [연]구 · [개]발 및 보급에 관한 사항
3. 제29조제6항에 따른 지적측량 적부심㉴(適否審查)에 대한 재심사(再審查)
4. 제39조에 따른 측량기술자 중 지적분야 측량기술자(이하 "지적기술자"라 한다)의 [양]성에 관한 사항
5. 제42조에 따른 지적기술자의 업[무]정지 처분 및 징계[요]구에 관한 사항

② 제29조에 따른 지적측량에 대한 적부심사 청구사항을 심의 · 의결하기 위하여 특별시 · 광역시 · 특별자치시 · 도 또는 특별자치도(이하 "시 · 도"라 한다)에 지방지적위원회를 둔다. 〈신설 2013.7.17.〉

③ 중앙지적위원회와 지방지적위원회의 위원 구성 및 운영에 필요한 사항은 대통령령으로 정한다.

④ 중앙지적위원회와 지방지적위원회의 위원 중 공무원이 아닌 사람은 「형법」 제127조 및 제129조부터 제132조까지의 규정을 적용할 때에는 공무원으로 본다.

19 지적기준점성과의 열람 및 등본발급에 대한 설명으로 가장 옳지 않은 것은?

① 지적기준점성과와 그 측량기록은 보관되어 일반인이 열람할 수 있도록 하여야 한다.

② 지적기준점성과의 등본이나 그 측량기록의 사본을 발급받으려는 자는 국토교통부령으로 정하는 바에 따라 그 발급을 신청하여야 한다.

③ 지적삼각점성과 또는 그 측량부를 열람하거나 등본을 발급받으려는 자는 특별시장 · 광역시장 · 특별자치시장 · 도지사 · 특별자치도지사 또는 지적소관청에 신청하여야 한다.

④ 지적도근점성과 또는 그 측량부를 열람하거나 등본을 발급받으려는 자는 지적측량수행자에게 신청하여야 한다.

[해설] 공간정보의 구축 및 관리 등에 관한 법률 제26조(지적기준점성과의 열람 및 등본발급)

① 법 제27조에 따라 지적측량기준점성과 또는 그 측량부를 열람하거나 등본을 발급받으려는 자는 지적삼각점성과에 대해서는 특별시장 · 광역시장 · 특별자치시장 · 도지사 · 특별자치도지사(이하 "시 · 도지사"라 한다) 또는 지적소관청에 신청하고, 지적삼각보조점성과 및 지적도근점성과에 대해서는 지적소관청에 신청하여야 한다.

② 제1항에 따른 지적측량기준점성과 또는 그 측량부의 열람 및 등본발급 신청서는 별지 제17호서식과 같다.

③ 지적측량기준점성과 또는 그 측량부의 열람이나 등본 발급 신청을 받은 해당 기관은 이를 열람하게 하거나 별지 제18호서식의 지적측량기준점성과 등본을 발급하여야 한다.

정답 18 ③ 19 ④

20 축척변경위원회의 의결 및 시·도지사 또는 대도시 시장의 승인 없이 축척변경을 할 수 있는 경우는?

① 도시개발사업 등의 시행지역에 있는 토지로서 그 사업 시행에서 제외된 토지의 축척변경을 하는 경우

② 잦은 토지의 이동으로 1필지의 규모가 작아서 소축척으로는 지적측량성과의 결정이나 토지의 이동에 따른 정리를 하기가 곤란한 경우

③ 하나의 지번부여지역에서로 다른 축척의 지적도가 있는 경우

④ 지적공부를 관리하기 위하여 필요하다고 인정되는 경우

해설 공간정보의 구축 및 관리 등에 관한 법률 제83조(축척변경)

① 축척변경에 관한 사항을 심의·의결하기 위하여 지적소관청에 축척변경위원회를 둔다.

② 지적소관청은 지적도가 다음 각 호의 어느 하나에 해당하는 경우에는 토지소유자의 신청 또는 지적소관청의 직권으로 일정한 지역을 정하여 그 지역의 축척을 변경할 수 있다.

　　1. 잦은 토지의 이동으로 1필지의 규모가 작아서 소축척으로는 지적측량성과의 결정이나 토지의 이동에 따른 정리를 하기가 곤란한 경우

　　2. 하나의 지번부여지역에 서로 다른 축척의 지적도가 있는 경우

　　3. 그 밖에 지적공부를 관리하기 위하여 필요하다고 인정되는 경우

③ 지적소관청은 제2항에 따라 축척변경을 하려면 축척변경 시행지역의 토지소유자 3분의 2 이상의 동의를 받아 제1항에 따른 축척변경위원회의 의결을 거친 후 시·도지사 또는 대도시 시장의 승인을 받아야 한다. 다만, 다음 각 호의 어느 하나에 해당하는 경우에는 축척변경위원회의 의결 및 시·도지사 또는 대도시 시장의 승인 없이 축척변경을 할 수 있다.

　　1. 합병하려는 토지가 축척이 다른 지적도에 각각 등록되어 있어 축척변경을 하는 경우

　　2. 제86조에 따른 도시개발사업 등의 시행지역에 있는 토지로서 그 사업 시행에서 제외된 토지의 축척변경을 하는 경우

④ 축척변경의 절차, 축척변경으로 인한 면적 증감의 처리, 축척변경 결과에 대한 이의신청 및 축척변경위원회의 구성·운영 등에 필요한 사항은 대통령령으로 정한다.

01 「공간정보의 구축 및 관리 등에 관한 법률」상의 용어에 대한 설명으로 가장 옳지 않은 것은?

① "일반측량"이란 기본측량, 공공측량, 지적측량 및 수로측량을 포함한 측량을 말한다.

② "측량"이란 공간상에 존재하는 일정한 점들의 위치를 측정하고 그 특성을 조사하여 도면 및 수치로 표현하거나 도면상의 위치를 현지(現地)에 재현하는 것을 말한다.

③ "지적측량"이란 토지를 지적공부에 등록하거나 지적 공부에 등록된 경계점을 지상에 복원하기 위하여 대통령령으로 정한 필지의 경계 또는 좌표와 면적을 정하는 측량을 말하며, 지적확정측량 및 지적재조사 측량을 포함한다.

④ "부동산종합공부"란 토지의 표시와 소유자에 관한 사항, 건축물의 표시와 소유자에 관한 사항, 토지의 이용 및 규제에 관한 사항, 부동산의 가격에 관한 사항 등 부동산에 관한 종합정보를 정보관리체계를 통하여 기록·저장한 것을 말한다.

해설 **공간정보의 구축 및 관리 등에 관한 법률 제2조(정의)**

이 법에서 사용하는 용어의 뜻은 다음과 같다.

1. "측량"이란 공간상에 존재하는 일정한 점들의 위치를 측정하고 그 특성을 조사하여 도면 및 수치로 표현하거나 도면상의 위치를 현지(現地)에 재현하는 것을 말하며, 측량용 사진의 촬영, 지도의 제작 및 각종 건설사업에서 요구하는 도면작성 등을 포함한다.

2. "기본측량"이란 모든 측량의 기초가 되는 공간정보를 제공하기 위하여 국토교통부장관이 실시하는 측량을 말한다.

3. "공공측량"이란 다음 각 목의 측량을 말한다.

　　가. 국가, 지방자치단체, 그 밖에 대통령령으로 정하는 기관이 관계 법령에 따른 사업 등을 시행하기 위하여 기본측량을 기초로 실시하는 측량

　　나. 가목 외의 자가 시행하는 측량 중 공공의 이해 또는 안전과 밀접한 관련이 있는 측량으로서 대통령령으로 정하는 측량

4. "지적측량"이란 토지를 지적공부에 등록하거나 지적공부에 등록된 경계점을 지상에 복원하기 위하여 제21호에 따른 필지의 경계 또는 좌표와 면적을 정하는 측량을 말하며, 지적확정측량 및 지적재조사측량을 포함한다.

4의2. "지적확정측량"이란 제86조제1항에 따른 사업이 끝나 토지의 표시를 새로 정하기 위하여 실시하는 지적측량을 말한다.

4의3. "지적재조사측량"이란 「지적재조사에 관한 특별법」에 따른 지적재조사사업에 따라 토지의 표시를 새로 정하기 위하여 실시하는 지적측량을 말한다.

19. "지적공부"란 토지대장, 임야대장, 공유지연명부, 대지권등록부, 지적도, 임야도 및 경계점좌표등록부 등 지적측량 등을 통하여 조사된 토지의 표시와 해당 토지의 소유자 등을 기록한 대장 및 도면(정보처리시스템을 통하여 기록·저장된 것을 포함한다)을 말한다.

19의2. "연속지적도"란 지적측량을 하지 아니하고 전산화된 지적도 및 임야도 파일을 이용하여, 도면상 경계점들을 연결하여 작성한 도면으로서 측량에 활용할 수 없는 도면을 말한다.

19의3. "부동산종합공부"란 토지의 표시와 소유자에 관한 사항, 건축물의 표시와 소유자에 관한 사항, 토지의 이용 및 규제에 관한 사항, 부동산의 가격에 관한 사항 등 부동산에 관한 종합정보를 정보관리체계를 통하여 기록·저장한 것을 말한다.

정답　**01** ①

02 「지적측량 시행규칙」상 지적측량 방법과 계산법을 〈보기〉에서 옳게 짝지은 것은?

〈보기 1〉	〈보기 2〉
㉠ 지적삼각점측량	ⓐ 교회법(交會法) 또는 다각망도선법
㉡ 지적삼각보조점측량	ⓑ 도선법, 교회법 및 다각망도선법
㉢ 지적도근점측량	ⓒ 평균계산법이나 망평균계산법

① ㉠-ⓑ
② ㉡-ⓒ
③ ㉡-ⓐ
④ ㉢-ⓒ

해설 **지적측량시행규칙 제9조(지적삼각점측량의 관측 및 계산)**
① 경위의측량방법에 따른 지적삼각점의 관측과 계산은 다음 각 호의 기준에 따른다.
④ 지적삼각점의 계산은 진수(眞數)를 사용하여 각규약(角規約)과 변규약(邊規約)에 따른 평균계산법 또는 망평균계산법에 따르며, 계산단위는 다음 표에 따른다. 〈개정 2014.1.17.〉

종별	각	변의 길이	진수	좌표 또는 표고	경위도	자오선수차
단위	초	센티미터	6자리 이상	센티미터	초 아래 3자리	초 아래 1자리

지적측량시행규칙 제10조(지적삼각보조점측량)
① 지적삼각보조점측량을 할 때에 필요한 경우에는 미리 지적삼각보조점표지를 설치하여야 한다.
② 지적삼각보조점은 측량지역별로 설치순서에 따라 일련번호를 부여하되, 영구표지를 설치하는 경우에는 시·군·구별로 일련번호를 부여한다. 이 경우 지적삼각보조점의 일련번호 앞에 "보"자를 붙인다.
③ 지적삼각보조점은 교회망 또는 교점다각망(交點多角網)으로 구성하여야 한다.

지적측량시행규칙 제12조(지적도근점측량)
① 지적도근점측량을 할 때에는 미리 지적도근점표지를 설치하여야 한다.
② 지적도근점의 번호는 영구표지를 설치하는 경우에는 시·군·구별로, 영구표지를 설치하지 아니하는 경우에는 시행지역별로 설치순서에 따라 일련번호를 부여한다. 이 경우 각 도선의 교점은 지적도근점의 번호 앞에 "교"자를 붙인다.
③ 지적도근점측량의 도선은 다음 각 호의 기준에 따라 1등도선과 2등도선으로 구분한다.

> 1. 1등도선은 위성기준점, 통합기준점, 삼각점, 지적삼각점 및 지적삼각보조점의 상호 간을 연결하는 도선 또는 다각망도선으로 할 것
> 2. 2등도선은 위성기준점, 통합기준점, 삼각점, 지적삼각점 및 지적삼각보조점과 지적도근점을 연결하거나 지적도근점 상호 간을 연결하는 도선으로 할 것
> 3. 1등도선은 가·나·다순으로 표기하고, 2등도선은 ㄱ·ㄴ·ㄷ순으로 표기할 것

④ 지적도근점은 결합도선·폐합도선(廢合道線)·왕복도선 및 다각망도선으로 구성하여야 한다.
⑤ 경위의측량방법에 따라 도선법으로 지적도근점측량을 할 때에는 다음 각 호의 기준에 따른다.

> 1. 도선은 위성기준점, 통합기준점, 삼각점, 지적삼각점, 지적삼각보조점 및 지적도근점의 상호 간을 연결하는 결합도선에 따를 것. 다만, 지형상 부득이한 경우에는 폐합도선 또는 왕복도선에 따를 수 있다.
> 2. 1도선의 점의 수는 40점 이하로 할 것. 다만, 지형상 부득이한 경우에는 50점까지로 할 수 있다.

⑥ 경위의측량방법이나 전파기 또는 광파기측량방법에 따라 다각망도선법으로 지적도근점측량을 할 때에는 다음 각 호의 기준에 따른다. 〈개정 2014.1.17.〉

> 1. 3점 이상의 기지점을 포함한 결합다각방식에 따를 것
> 2. 1도선의 점의 수는 20점 이하로 할 것

03 지적소관청은 토지의 이동에 따라 지상경계를 새로 정한 경우에는 지상경계점등록부를 작성·관리하여야 한다. 지상경계점등록부에 등록할 사항으로 가장 옳지 않은 것은?

① 경계점의 사진 파일
② 공부상 지목과 실제 토지이용 지목
③ 지번
④ 면적

해설 공간정보의 구축 및 관리 등에 관한 법률 제65조(지상경계의 구분 등)

지상경계점등록부 (지적재조사에 관한 특별법 시행규칙 제10조)	**암기** 토지목성도 경번지 세관원 기경 소직명 확직명 1. 토지의 소재 2. 지번 3. 지목 4. 작성일 5. 위치도 6. 경계점 번호 및 표지종류	7. 경계점 세부설명 및 관련자료 8. 경계위치 9. 경계설정기준 및 경계형태 10. 작성자의 소속·직급(직위)·성명 11. 확인자의 직급·성명
지상경계점등록부 (공간정보의 구축 및 관리 등에 관한 법률 제65조)	**암기** 토지경 공계점 1. 토지의 소재 2. 지번 3. 경계점 좌표(경계점좌표등록부 시행 지역에 한정한다)	4. 경계점 위치 설명도 5. 공부상 지목과 실제 토지이용 지목 6. 경계점의 사진 파일 7. 경계점표지의 종류 및 경계점 위치

04 분할에 따라 지상건축물을 걸리게 하여 지상경계를 결정할 수 있는 경우로 가장 옳지 않은 것은?

① 공공사업 등에 따라 학교용지·도로·철도용지·제방·하천·구거·유지·수도용지 등의 지목으로 되는 토지일 때 해당 사업의 시행자가 토지를 분할하는 경우
② 도시개발사업 등의 사업 시행자가 사업지구의 경계를 결정하기 위하여 토지를 분할하는 경우
③ 법원의 확정판결이 있는 경우
④ 국가나 지방자치단체가 취득하는 토지를 분할하는 경우

해설 공간정보의 구축 및 관리 등에 관한 법률 시행령 제55조(지상 경계의 결정기준 등)
  ① 법 제65조제1항에 따른 지상 경계의 결정기준은 다음 각 호의 구분에 따른다.

> 1. 연접되는 토지 간에 높낮이 차이가 없는 경우 : 그 구조물 등의 중앙
> 2. 연접되는 토지 간에 높낮이 차이가 있는 경우 : 그 구조물 등의 하단부
> 3. 도로·구거 등의 토지에 절토(切土)된 부분이 있는 경우 : 그 경사면의 상단부
> 4. 토지가 해면 또는 수면에 접하는 경우 : 최대만조위 또는 최대만수위가 되는 선
> 5. 공유수면매립지의 토지 중 제방 등을 토지에 편입하여 등록하는 경우 : 바깥쪽 어깨부분

  ② 지상 경계의 구획을 형성하는 구조물 등의 소유자가 다른 경우에는 제1항 제1호부터 제3호까지의 규정에도 불구하고 그 소유권에 따라 지상 경계를 결정한다.
  ③ 다음 각 호의 어느 하나에 해당하는 경우에는 지상 경계점에 법 제65조제1항에 따른 경계점표지를 설치하여 측량할 수 있다. 〈개정 2012.4.10., 2014.1.17.〉

1. 법 제86조제1항에 따른 도시개발사업 등의 사업시행자가 사업지구의 경계를 결정하기 위하여 토지를 분할하려는 경우
2. 법 제87조제1호 및 제2호에 따른 사업시행자와 행정기관의 장 또는 지방자치단체의 장이 토지를 취득하기 위하여 분할하려는 경우
3. 「국토의 계획 및 이용에 관한 법률」 제30조제6항에 따른 도시 · 군관리계획 결정고시와 같은 법 제32조제4항에 따른 지형도면 고시가 된 지역의 도시 · 군관리계획선에 따라 토지를 분할하려는 경우
4. 제65조제1항에 따라 토지를 분할하려는 경우
5. 관계 법령에 따라 인가 · 허가 등을 받아 토지를 분할하려는 경우

④ 분할에 따른 지상 경계는 지상건축물을 걸리게 결정해서는 아니 된다. 다만, 다음 각 호의 어느 하나에 해당하는 경우에는 그러하지 아니하다.

1. 법원의 확정판결이 있는 경우
2. 법 제87조제1호(공공사업 등에 따라 학교용지 · 도로 · 철도용지 · 제방 · 하천 · 구거 · 유지 · 수도용지 등의 지목으로 되는 토지인 경우 : 해당 사업의 시행자)에 해당하는 토지를 분할하는 경우
3. 제3항제1호 또는 제3호에 따라 토지를 분할하는 경우

⑤ 지적확정측량의 경계는 공사가 완료된 현황대로 결정하되, 공사가 완료된 현황이 사업계획도와 다를 때에는 미리 사업시행자에게 그 사실을 통지하여야 한다.

05 지적확정측량을 실시한 지역의 지번부여 방법을 준용하여 지번을 부여하는 것으로 가장 옳지 않은 것은?

① 축척변경 시행지역의 필지에 지번을 부여할 때
② 지번부여지역 일부의 행정구역 개편으로 새로 지번을 부여할 때
③ 신규등록 및 등록전환의 방법으로 지번을 부여할 때
④ 시 · 도지사나 대도시 시장의 승인을 받아 지번부여 지역의 지번을 변경할 때

해설 공간정보의 구축 및 관리 등에 관한 법률 시행령 제56조(지번의 구성 및 부여방법 등)

구분		토지이동에 따른 지번의 부여방법(령 제56조)
신규등록 · 등록전환	원칙	지번부여지역에서 인접토지의 본번에 부번을 붙여서 지번을 부여한다.
	예외	다음의 경우에는 그 지번부여지역의 최종 본번의 다음 순번부터 본번으로 하여 순차적으로 지번을 부여할 수 있다. ① 대상 토지가 그 지번부여지역의 최종 지번의 토지에 인접하여 있는 경우 ② 대상 토지가 이미 등록된 토지와 멀리 떨어져 있어서 등록된 토지의 본번에 부번을 부여하는 것이 불합리한 경우 ③ 대상 토지가 여러 필지로 되어 있는 경우
분할	원칙	분할 후의 필지 중 1필지의 지번은 분할 전의 지번으로 하고, 나머지 필지의 지번은 본번의 최종 부번 다음 순번으로 부번을 부여한다.
	예외	주거 · 사무실 등의 건축물이 있는 필지에 대해서는 분할 전의 지번을 우선하여 부여하여야 한다.

구분		토지이동에 따른 지번의 부여방법(령 제56조)
합병	원칙	합병 대상 지번 중 선순위의 지번을 그 지번으로 하되, 본번으로 된 지번이 있을 때에는 본번 중 선순위의 지번을 합병 후의 지번으로 한다.
	예외	토지소유자가 합병 전의 필지에 주거 · 사무실 등의 건축물이 있어서 그 건축물이 위치한 지번을 합병 후의 지번으로 신청할 때에는 그 지번을 합병 후의 지번으로 부여하여야 한다.
지적확정 측량을 실시한 지역의 각 필지에 지번을 새로 부여하는 경우	원칙	다음 각 목의 지번을 제외한 본번으로 부여한다. ① 지적확정측량을 실시한 지역 안의 종전의 지번과 지적확정측량을 실시한 지역 밖에 있는 본번이 같은 지번이 있을 때 그 지번 ② 지적확정측량을 실시한 지역의 경계에 걸쳐 있는 지번
	예외	부여할 수 있는 종전 지번의 수가 새로 부여할 지번의 수보다 적을 때에는 블록단위로 하나의 본번을 부여한 후 필지별로 부번을 부여하거나, 그 지번부여지역의 최종 본번 다음 순번부터 본번으로 하여 차례로 지번을 부여할 수 있다.
지적확정측량에 준용		① 법 제66조제2항(② 지적소관청은 지적공부에 등록된 지번을 변경할 필요가 있다고 인정하면 시 · 도지사나 대도시 시장의 승인을 받아 지번부여지역의 전부 또는 일부에 대하여 지번을 새로 부여할 수 있다.)에 따라 지번부여지역의 지번을 변경할 때 ② 법 제85조제2항(② 지번부여지역의 일부가 행정구역의 개편으로 다른 지번부여지역에 속하게 되었으면 지적소관청은 새로 속하게 된 지번부여지역의 지번을 부여하여야 한다.)에 따른 행정구역 개편에 따라 새로 지번을 부여할 때 ③ 제72조제1항(① 지적소관청은 축척변경 시행지역의 각 필지별 지번 · 지목 · 면적 · 경계 또는 좌표를 새로 정하여야 한다.)에 따라 축척변경 시행지역의 필지에 지번을 부여할 때
도시개발사업 등의 준공 전		도시개발사업 등이 준공되기 전에 사업시행자가 지번부여를 신청하는 경우에는 국토교통부령으로 정하는 바에 따라 지번을 부여할 수 있다. 지적소관청은 도시개발사업 등이 준공되기 전에 지번을 부여하는 때에는 사업계획도에 따르되, 지적확정측량을 실시한 지역의 각 필지에 지번을 새로 부여하는 경우의 지번부여방식에 따라 지번을 부여하여야 한다.

06 「지적측량 시행규칙」상 평판측량방법에 따른 세부측량의 기준으로 가장 옳지 않은 것은?

① 거리측정단위는 지적도를 갖춰 두는 지역에서는 1센티미터로 하고, 임야도를 갖춰 두는 지역에서는 5센티미터로 할 것

② 평판측량방법에 따른 세부측량은 교회법 · 도선법 및 방사법(放射法)에 따른다.

③ 평판측량방법에 따른 세부측량을 교회법으로 하는 경우에는 방향각의 교각은 30도 이상 150도 이하로 할 것

④ 평판측량방법에 따른 세부측량을 도선법으로 하는 경우에는 도선의 측선장은 도상길이 8센티미터 이하로 할 것

해설 지적측량시행규칙 제18조(세부측량의 기준 및 방법 등)
① 평판측량방법에 따른 세부측량은 다음 각 호의 기준에 따른다.

> 1. 거리측정단위는 지적도를 갖춰 두는 지역에서는 5센티미터로 하고, 임야도를 갖춰 두는 지역에서는 50센티미터로 할 것
> 2. 측량결과도는 그 토지가 등록된 도면과 동일한 축척으로 작성할 것

정답 06 ①

3. 세부측량의 기준이 되는 위성기준점, 통합기준점, 삼각점, 지적삼각점, 지적삼각보조점, 지적도근점 및 기지점이 부족한 경우에는 측량상 필요한 위치에 보조점을 설치하여 활용할 것
　　　4. 경계점은 기지점을 기준으로 하여 지상경계선과 도상경계선의 부합 여부를 현형법(現形法) · 도상원호(圖上圓弧)교회법 · 지상원호(地上圓弧)교회법 또는 거리비교확인법 등으로 확인하여 정할 것
② 평판측량방법에 따른 세부측량은 교회법 · 도선법 및 방사법(放射法)에 따른다.
③ 평판측량방법에 따른 세부측량을 교회법으로 하는 경우에는 다음 각 호의 기준에 따른다.

　　　1. 전방교회법 또는 측방교회법에 따를 것
　　　2. 3방향 이상의 교회에 따를 것
　　　3. 방향각의 교각은 30도 이상 150도 이하로 할 것
　　　4. 방향선의 도상길이는 측판의 방위표정(方位標定)에 사용한 방향선의 도상길이 이하로서 10센티미터 이하로 할 것. 다만, 광파조준의(光波照準儀) 또는 광파측거기를 사용하는 경우에는 30센티미터 이하로 할 수 있다.
　　　5. 측량결과 시오(示誤)삼각형이 생긴 경우 내접원의 지름이 1밀리미터 이하일 때에는 그 중심을 점의 위치로 할 것

④ 평판측량방법에 따른 세부측량을 도선법으로 하는 경우에는 다음 각 호의 기준에 따른다.

　　　1. 위성기준점, 통합기준점, 삼각점, 지적삼각점, 지적삼각보조점 및 지적도근점, 그 밖에 명확한 기지점 사이를 서로 연결할 것
　　　2. 도선의 측선장은 도상길이 8센티미터 이하로 할 것. 다만, 광파조준의 또는 광파측거기를 사용할 때에는 30센티미터 이하로 할 수 있다.
　　　3. 도선의 변은 20개 이하로 할 것

07 「공간정보의 구축 및 관리 등에 관한 법률 시행규칙」상 지적측량 의뢰에 관한 설명으로 가장 옳은 것은?

① 지적측량의 측량기간은 4일로 하며, 측량검사기간은 3일로 한다.
② 지적기준점을 설치하여 측량 또는 측량검사를 하는 경우 지적기준점이 15점 이하인 경우에는 4일로 한다.
③ 지적기준점을 설치하여 측량 또는 측량검사를 하는 경우 지적기준점이 15점을 초과하는 경우에는 4일에 15점을 초과하는 3점마다 1일을 가산한다.
④ 지적측량 의뢰인과 지적측량수행자가 서로 합의하여 따로 기간을 정하는 경우에는 그 기간에 따르되, 전체 기간의 5분의 4는 측량기간으로, 전체 기간의 5분의 1은 측량검사기간으로 본다.

해설　공간정보의 구축 및 관리 등에 관한 법률 시행규칙 제25조(지적측량 의뢰 등)
　　① 법 제24조제1항에 따라 지적측량을 의뢰하려는 자는 별지 제15호 서식의 지적측량 의뢰서(전자문서로 된 의뢰서를 포함한다)에 의뢰 사유를 증명하는 서류(전자문서를 포함한다)를 첨부하여 지적측량수행자에게 제출하여야 한다. 〈개정 2014.1.17.〉
　　② 지적측량수행자는 제1항에 따른 지적측량 의뢰를 받은 때에는 측량기간, 측량일자 및 측량 수수료 등을 적은 별지 제16호 서식의 지적측량 수행계획서를 그 다음 날까지 지적소관청에 제출하여야 한다. 제출한 지적측량 수행계획서를 변경한 경우에도 같다. 〈개정 2014.1.17.〉
　　③ 지적측량의 측량기간은 5일로 하며, 측량검사기간은 4일로 한다. 다만, 지적기준점을 설치하여 측량 또는 측량검사를 하는 경우 지적기준점이 15점 이하인 경우에는 4일을, 15점을 초과하는 경우에는 4일에 15점을 초과하는 4점마다 1일을 가산한다. 〈개정 2010.6.17.〉
　　④ 제3항에도 불구하고 지적측량 의뢰인과 지적측량수행자가 서로 합의하여 따로 기간을 정하는 경우에는 그 기간에 따르되, 전체 기간의 4분의 3은 측량기간으로, 전체 기간의 4분의 1은 측량검사기간으로 본다.

08 「지적재조사에 관한 특별법」상 지적소관청의 경계설정의 기준에 대한 설명 중 가장 옳지 않은 것은?

① 지방관습에 의한 경계
② 지상경계에 대하여 다툼이 있는 경우 등록할 때의 측량기록을 조사한 경계
③ 지상경계에 대하여 다툼이 없는 경우 토지소유자가 점유하는 토지의 현실경계
④ 지적재조사를 위한 경계설정을 하는 것이 불합리하다고 인정하는 경우 토지경계결정위원들이 합의한 경계

해설 지적재조사에 관한 특별법 제14조(경계설정의 기준)
① 지적소관청은 다음 각 호의 순위로 지적재조사를 위한 경계를 설정하여야 한다.

> 1. 지상경계에 대하여 다툼이 없는 경우 토지소유자가 점유하는 토지의 현실경계
> 2. 지상경계에 대하여 다툼이 있는 경우 등록할 때의 측량기록을 조사한 경계
> 3. 지방관습에 의한 경계

② 지적소관청은 제1항 각 호의 방법에 따라 지적재조사를 위한 경계설정을 하는 것이 불합리하다고 인정하는 경우에는 토지소유자들이 합의한 경계를 기준으로 지적재조사를 위한 경계를 설정할 수 있다.
③ 지적소관청은 제1항과 제2항에 따라 지적재조사를 위한 경계를 설정할 때에는 「도로법」, 「하천법」 등 관계 법령에 따라 고시되어 설치된 공공용지의 경계가 변경되지 아니하도록 하여야 한다. 다만, 해당 토지소유자들 간에 합의한 경우에는 그러하지 아니하다.

09 「공간정보의 구축 및 관리 등에 관한 법률」상 지적측량업자가 할 수 있는 업무 범위로 가장 옳지 않은 것은?

① 경계점좌표등록부가 있는 지역에서의 지적측량
②「지적재조사에 관한 특별법」에 따른 사업지구에서 실시하는 지적재조사측량
③ 측량성과에 대한 검사를 받아야 하는 검사측량
④ 도시개발사업 등이 끝남에 따라 하는 지적확정측량

해설 공간정보의 구축 및 관리 등에 관한 법률 제45조(지적측량업자의 업무 범위)
제44조제1항제2호에 따른 지적측량업의 등록을 한 자(이하 "지적측량업자"라 한다)는 제23조제1항제1호 및 제3호부터 제5호까지의 규정에 해당하는 사유로 하는 지적측량 중 다음 각 호의 지적측량과 지적전산자료를 활용한 정보화사업을 할 수 있다. 〈개정 2011.9.16., 2013.7.17.〉

> 1. 제73조에 따른 경계점좌표등록부가 있는 지역에서의 지적측량
> 2. 「지적재조사에 관한 특별법」에 따른 사업지구에서 실시하는 지적재조사측량
> 3. 제86조에 따른 도시개발사업 등이 끝남에 따라 하는 지적확정측량

공간정보의 구축 및 관리 등에 관한 법률 제39조(지적전산자료를 활용한 정보화사업 등)
법 제45조에 따른 지적전산자료를 활용한 정보화사업에는 다음 각 호의 사업을 포함한다.

> 1. 지적도 · 임야도, 연속지적도, 도시개발사업 등의 계획을 위한 지적도 등의 정보처리시스템을 통한 기록 · 저장 업무
> 2. 토지대장, 임야대장의 전산화 업무

10 「공간정보의 구축 및 관리 등에 관한 법률」에서 측량 또는 토지이동 조사 시 타인의 토지 등에 출입·사용에 관한 설명으로 가장 옳지 않은 것은?

① 비행정청인 자가 타인의 토지 등에 출입하려면 관할 특별자치시장, 특별자치도지사, 시장·군수 또는 구청장의 허가를 받아야 한다.

② 필요한 경우에는 타인의 토지 등에 출입하거나 일시 사용할 수 있으나, 나무, 흙, 돌, 그 밖의 장애물을 변경하거나 제거할 수 없다.

③ 일출 전이나 일몰 후에는 그 토지 등의 점유자의 승낙 없이 택지나 담장 또는 울타리로 둘러싸인 타인의 토지에 출입할 수 없다.

④ 타인의 토지 등에 출입하려는 자는 그 권한을 표시하는 허가증을 지니고 관계인에게 이를 내보여야 한다.

> **해설** 공간정보의 구축 및 관리 등에 관한 법률 제101조(토지 등에의 출입 등)
>
> ① 이 법에 따라 측량을 하거나, 측량기준점을 설치하거나, 토지의 이동을 조사하는 자는 그 측량 또는 조사 등에 필요한 경우에는 타인의 토지·건물·공유수면 등(이하 "토지 등"이라 한다)에 출입하거나 일시 사용할 수 있으며, 특히 필요한 경우에는 나무, 흙, 돌, 그 밖의 장애물(이하 "장애물"이라 한다)을 변경하거나 제거할 수 있다.
>
> ② 제1항에 따라 타인의 토지 등에 출입하려는 자는 관할 특별자치시장, 특별자치도지사, 시장·군수 또는 구청장의 허가를 받아야 하며, 출입하려는 날의 3일 전까지 해당 토지 등의 소유자·점유자 또는 관리인에게 그 일시와 장소를 통지하여야 한다. 다만, 행정청인 자는 허가를 받지 아니하고 타인의 토지 등에 출입할 수 있다. 〈개정 2012.12.18.〉
>
> ③ 제1항에 따라 타인의 토지 등을 일시 사용하거나 장애물을 변경 또는 제거하려는 자는 그 소유자·점유자 또는 관리인의 동의를 받아야 한다. 다만, 소유자·점유자 또는 관리인의 동의를 받을 수 없는 경우 행정청인 자는 관할 특별자치시장, 특별자치도지사, 시장·군수 또는 구청장에게 그 사실을 통지하여야 하며, 행정청이 아닌 자는 미리 관할 특별자치시장, 특별자치도지사, 시장·군수 또는 구청장의 허가를 받아야 한다. 〈개정 2012.12.18.〉
>
> ④ 특별자치시장, 특별자치도지사, 시장·군수 또는 구청장은 제3항 단서에 따라 허가를 하려면 미리 그 소유자·점유자 또는 관리인의 의견을 들어야 한다. 〈개정 2012.12.18.〉
>
> ⑤ 제3항에 따라 토지 등을 일시 사용하거나 장애물을 변경 또는 제거하려는 자는 토지 등을 사용하려는 날이나 장애물을 변경 또는 제거하려는 날의 3일 전까지 그 소유자·점유자 또는 관리인에게 통지하여야 한다. 다만, 토지 등의 소유자·점유자 또는 관리인이 현장에 없거나 주소 또는 거소가 분명하지 아니할 때에는 관할 특별자치시장, 특별자치도지사, 시장·군수 또는 구청장에게 통지하여야 한다. 〈개정 2012.12.18.〉
>
> ⑥ 해 뜨기 전이나 해가 진 후에는 그 토지 등의 점유자의 승낙 없이 택지나 담장 또는 울타리로 둘러싸인 타인의 토지에 출입할 수 없다.
>
> ⑦ 토지 등의 점유자는 정당한 사유 없이 제1항에 따른 행위를 방해하거나 거부하지 못한다.
>
> ⑧ 제1항에 따른 행위를 하려는 자는 그 권한을 표시하는 허가증을 지니고 관계인에게 이를 내보여야 한다. 〈개정 2012.12.18.〉
>
> ⑨ 제8항에 따른 허가증에 관하여 필요한 사항은 국토교통부령으로 정한다.

11 「공간정보의 구축 및 관리 등에 관한 법률」상 규정한 벌칙 중 징역형 또는 벌금형에 해당하지 않는 경우는?

① 측량기준점표지를 이전 또는 파손하거나 그 효용을 해치는 행위를 한 경우
② 측량업자가 측량업 등록사항의 변경을 국토교통부장관 또는 시·도지사에게 신고하지 아니한 경우
③ 측량기술자가 둘 이상의 측량업자에게 소속된 경우
④ 측량업자가 속임수로 입찰의 공정성을 해친 경우

해설 공간정보의 구축 및 관리 등에 관한 법률상의 벌칙

3년 이하의 징역 또는 3천만 원 이하의 벌금 암기 ㉠㉡㉢	측량업자로서 속㉠수, ㉡력(威力), 그 밖의 방법으로 측량업 또는 수로사업과 관련된 입찰의 ㉢정성을 해친 자는 3년 이하의 징역 또는 3천만 원 이하의 벌금에 처한다.
2년 이하의 징역 또는 2천만 원 이하의 벌금 암기 ㉤㉦㉧ ㉨㉩㉪㉫	• 측량업의 등록을 하지 아니하거나 ㉤짓이나 그 밖의 ㉦정한 방법으로 측량업의 ㉧록을 하고 측량업을 한 자 • 성능검사대행자의 등록을 하지 아니하거나 ㉤짓이나 그 밖의 ㉦정한 방법으로 성능검사대행자의 ㉧록을 하고 성능검사업무를 한 자 • 측량성과를 국㉨로 반출한 자 • 측량기준점㉩지를 이전 또는 파손하거나 그 효용을 해치는 행위를 한 자 • 고의로 측량㉪과를 사실과 다르게 한 자 • 성능㉫사를 부정하게 한 성능검사대행자
1년 이하의 징역 또는 1천만 원 이하의 벌금 암기 ㉬㉭㉮㉯ ㉰㉱㉲㉳	• ㉬ 이상의 측량업자에게 소속된 측량기술자 • 업무상 알게 된 ㉭밀을 누설한 측량기술자 • 거짓(㉮위)으로 다음 각 목의 신청을 한 자 　가. 신규등록 신청　　　나. 등록전환 신청 　다. 분할 신청　　　　　라. 합병 신청 　마. 지목변경 신청　　　바. 바다로 된 토지의 등록말소 신청 　사. 축척변경 신청　　　아. 등록사항의 정정 신청 　자. 도시개발사업 등 시행지역의 토지이동 신청 • 측량기술자가 아님에도 ㉯구하고 측량을 한 자 • 지적측량수수료 외의 ㉰가를 받은 지적측량기술자 • 심사를 받지 아니하고 지도 등을 간행하여 ㉱매하거나 배포한 자 • 다른 사람에게 측량업등록증 또는 측량업등록수첩을 ㉲려주거나 자기의 성명 또는 상호를 사용하여 측량업무를 하게 한 자 • 다른 사람의 측량업등록증 또는 측량업등록수첩을 ㉲려서 사용하거나 다른 사람의 성명 또는 상호를 사용하여 측량업무를 한 자 • 다른 사람에게 자기의 성능검사대행자 등록증을 ㉲려 주거나 자기의 성명 또는 상호를 사용하여 성능검사대행업무를 수행하게 한 자 • 다른 사람의 성능검사대행자 등록증을 ㉲려서 사용하거나 다른 사람의 성명 또는 상호를 사용하여 성능검사대행업무를 수행한 자 • 무단으로 측량성과 또는 측량기록을 ㉳제한 자

12 지적재조사사업에 따른 새로운 지적공부의 등록사항 중 국토교통부령으로 정하는 사항으로 가장 옳은 것은?

① 토지의 이동사유 · 지적기준점의 위치 · 도로명주소 · 구분지상권에 관한 사항
② 토지등급 또는 기준수확량과 그 설정 · 수정 연월일 · 토지의 이동사유 · 지적기준점의 위치 · 건물의 명칭
③ 도로명주소 · 구분지상권에 관한 사항 · 소유권 지분 · 필지별 공유지연명부의 장 번호 · 전유부분의 건물 표시
④ 구분지상권에 관한 사항 · 전유 부분의 건물표시 · 건물의 명칭 · 집합건물별 대지권등록부의 장 번호 · 대지권 비율

> **해설** 지적재조사에 관한 특별법 제24조(새로운 지적공부의 작성)
>
> **암기** 토지지적좌유 법상걸렸다. 유사자가분건물표지별지표지명
>
> ① 지적소관청은 제23조에 따른 사업완료 공고가 있었을 때에는 기존의 지적공부를 폐쇄하고 새로운 지적공부를 작성하여야 한다. 이 경우 그 토지는 제23조제1항에 따른 사업완료 공고일에 토지의 이동이 있은 것으로 본다.
> ② 제1항에 따라 새로이 작성하는 지적공부에는 다음 각 호의 사항을 등록하여야 한다. 〈개정 2013.3. 23.〉
> 　　1. 토지의 소재
> 　　2. 지번
> 　　3. 지목
> 　　4. 면적
> 　　5. 경계점좌표
> 　　6. 소유자의 성명 또는 명칭, 주소 및 주민등록번호(국가, 지방자치단체, 법인, 법인 아닌 사단이나 재단 및 외국인의 경우에는 「부동산등기법」 제49조에 따라 부여된 등록번호를 말한다. 이하 같다)
> 　　7. 소유권지분
> 　　8. 대지권비율
> 　　9. 지상건축물 및 지하건축물의 위치
> 　　10. 그 밖에 국토교통부령으로 정하는 사항
> ③ 제23조제2항에 따라 경계가 확정되지 아니하고 사업완료 공고가 된 토지에 대하여는 대통령령으로 정하는 바에 따라 "경계미확정 토지"라고 기재하고 지적공부를 정리할 수 있으며, 경계가 확정될 때까지 지적측량을 정지시킬 수 있다.

지적재조사에 관한 특별법 제13조(새로운 지적공부의 등록사항)
① 법 제24조제2항제10호에서 "국토교통부령으로 정하는 사항"이란 다음 각 호의 사항을 말한다. 〈개정 2013.3.23.〉
　1. 토지의 고유번호
　2. 토지의 이동 사유
　3. 토지소유자가 변경된 날과 그 원인
　4. 개별공시지가, 개별주택가격, 공동주택가격 및 부동산 실거래가격과 그 기준일
　5. 필지별 공유지 연명부의 장 번호
　6. 전유(專有) 부분의 건물 표시
　7. 건물의 명칭
　8. 집합건물별 대지권등록부의 장 번호
　9. 좌표에 의하여 계산된 경계점 사이의 거리
　10. 지적기준점의 위치
　11. 필지별 경계점좌표의 부호 및 부호도
　12. 「토지이용규제 기본법」에 따른 토지이용과 관련된 지역 · 지구 등의 지정에 관한 사항

13. 건축물의 ㉫시와 건축물 현황도에 관한 사항

14. 구분㉑상권에 관한 사항

15. 도로㉳주소

16. 그 밖에 새로운 지적공부의 등록과 관련하여 국토교통부장관이 필요하다고 인정하는 사항

② 법 제24조제1항에 따라 새로 작성하는 지적공부는 토지, 토지·건물 및 집합건물로 각각 구분하여 작성하며, 해당 지적공부는 각각 별지 제9호 서식의 부동산 종합공부(토지), 별지 제10호 서식의 부동산 종합공부(토지, 건물) 및 별지 제11호 서식의 부동산 종합공부(집합건물)에 따른다.

13 「공간정보의 구축 및 관리 등에 관한 법률」에서 규정하고 있는 지적측량수행자의 성실의무 등에 관한 설명으로 가장 옳지 않은 것은?

① 지적측량수행자는 정당한 사유 없이 그 업무상 알게 된 비밀을 누설하여서는 아니 된다.

② 지적측량수행자는 정당한 사유 없이 지적측량 신청을 거부하여서는 아니 된다.

③ 지적측량수행자는 지적측량수수료 외에는 어떠한 명목으로도 그 업무와 관련된 대가를 받으면 아니 된다.

④ 지적측량수행자는 본인, 배우자 또는 직계 존속·비속이 소유한 토지에 대한 지적측량을 하여서는 아니 된다.

해설 공간정보의 구축 및 관리 등에 관한 법률 제50조(지적측량수행자의 성실의무 등)

① 지적측량수행자(소속 지적기술자를 포함한다. 이하 이 조에서 같다)는 신의와 성실로써 공정하게 지적측량을 하여야 하며, 정당한 사유 없이 지적측량 신청을 거부하여서는 아니 된다. 〈개정 2013.7. 17.〉

② 지적측량수행자는 본인, 배우자 또는 직계 존속·비속이 소유한 토지에 대한 지적측량을 하여서는 아니 된다.

③ 지적측량수행자는 제106조제2항에 따른 지적측량수수료 외에는 어떠한 명목으로도 그 업무와 관련된 대가를 받으면 아니 된다.

14 「지적재조사에 관한 특별법」상 시·군·구 지적재조사위원회에 대한 설명으로 가장 옳지 않은 것은?

① 지적소관청이 수립한 실시계획을 심의·의결한다.

② 토지소유자의 신청에 따라 경계복원측량 또는 지적 공부정리의 허용 여부를 심의·의결한다.

③ 시·군·구 위원회는 위원장 및 부위원장 각 1명을 포함한 10명 이내의 위원으로 구성한다.

④ 시·군·구의 지적재조사사업에 관한 주요 정책을 심의·의결한다.

해설 지적재조사에 관한 특별법 제30조(시·군·구 지적재조사위원회) 암기 ㉫㉮㉑㉙은 ㉯㉙이

① 시·군·구의 지적재조사사업에 관한 주요 정책을 심의·의결하기 위하여 지적소관청 소속으로 시·군·구 지적재조사위원회(이하 "시·군·구 위원회"라 한다)를 둘 수 있다.

② 시·군·구 위원회는 다음 각 호의 사항을 심의·의결한다. 〈개정 2017.4.18.〉

> 1. 제12조제2항제3호에 따른 경계㉫원측량 또는 지적공㉮정리의 허용 여부
> 2. 제19조에 따른 ㉑목의 변경
> 3. 제20조에 따른 조㉙금의 산정
> 3의2. 제21조의2제2항에 따른 조정금 이㉯신청에 관한 결정
> 4. 그 밖에 지적재조사사업에 필요하여 시·군·구 위원회의 위원㉙이 회의에 부치는 사항

③ 시 · 군 · 구 위원회는 위원장 및 부위원장 각 1명을 포함한 10명 이내의 위원으로 구성한다.

④ 시 · 군 · 구 위원회의 위원장은 시장 · 군수 또는 구청장이 되며, 부위원장은 위원 중에서 위원장이 지명한다.

⑤ 시 · 군 · 구 위원회의 위원은 다음 각 호의 어느 하나에 해당하는 사람 중에서 위원장이 임명 또는 위촉한다.
    1. 해당 시 · 군 · 구의 5급 이상 공무원
    2. 해당 사업지구의 읍장 · 면장 · 동장
    3. 판사 · 검사 또는 변호사
    4. 법학이나 지적 또는 측량 분야의 교수로 재직하고 있거나 있었던 사람
    5. 그 밖에 지적재조사사업에 관하여 전문성을 갖춘 사람

⑥ 시 · 군 · 구 위원회의 위원 중 공무원이 아닌 위원의 임기는 2년으로 한다.

⑦ 시 · 군 · 구 위원회는 재적위원 과반수의 출석과 출석위원 과반수의 찬성으로 의결한다.

⑧ 그 밖에 시 · 군 · 구 위원회의 조직 및 운영 등에 관하여 필요한 사항은 해당 시 · 군 · 구의 조례로 정한다.

15 「공간정보의 구축 및 관리 등에 관한 법률」상 토지대장의 등록사항에 해당하는 것은?

① 토지의 고유번호, 지번, 좌표, 부호 및 부호도
② 토지의 소재, 지번, 소유권 지분, 토지소유자가 변경된 날과 그 원인
③ 토지의 고유번호, 면적, 토지의 이동사유, 개별공시지가와 그 기준일
④ 토지의 소재, 지번, 대지권 비율, 전유부분의 건물표시

해설 공간정보의 구축 및 관리 등에 관한 법률 제71조(토지대장 등의 등록사항)

구분	토지표시사항	소유권에 관한 사항	기타
토지대장 (土地臺帳, Land Books) & 임야대장 (林野臺帳, Forest Books)	• 토지 소재 • 지번 • 지목 • 면적 • 토지의 이동사유	• 토지소유자 변동일자 • 변동원인 • 주민등록번호 • 성명 또는 명칭 • 주소	• 토지의 고유번호(각 필지를 서로 구별하기 위하여 필지마다 붙이는 고유한 번호를 말한다) • 지적도 또는 임야도 번호 • 필지별 토지대장 또는 임야대장의 장번호 • 축척 • 토지등급 또는 기준수확량등급과 그 설정 · 수정 연월일 • 개별공시지가와 그 기준일
공유지연명부 (共有地連名簿, Common Land Books)	• 토지 소재 • 지번	• 토지소유자 변동일자 • 변동원인 • 주민등록번호 • 성명 · 주소 • 소유권 지분	• 토지의 고유번호 • 필지별공유지 연명부의 장번호

구분	토지표시사항	소유권에 관한 사항	기타
대지권등록부 (垈地權登錄簿, Building Site Rights Books)	• 토지 소재 • ㉥번	• 토지소유자가 ㉫동일자 및 변㉪원인 • ㉰민등록번호 • 성㉤ 또는 명칭 · 주㉠ • 대㉥권 비율 • 소유㉭ 지분	• 토지의 ㉠유번호 • 집합건물별 대지권등록부 의 ㉧번호 • ㉠물의 명칭 • ㉠유부분의 건물의 표시
경계점좌표등록부 (境界點座標登錄簿, Boundary Point Coordinate Books)	• 토지 소재 • ㉥번 • 좌㉭		• 토지의 ㉠유번호 • 필지별 경계점좌표등록부 의 ㉧번호 • ㉫호 및 부호도 • 지적㉠면의 번호
지적도 (地籍圖, Land Books) & 임야도 (林野圖, Forest Books)	• 토지 소재 • ㉥번 • ㉥목 • 경㉤ • 좌표에 의하여 계산된 경 계㉭ 간의 거리(경계점좌 표등록부를 갖춰두는 지 역으로 한정한다)		• ㉤면의 색인도 • 도㉫의 제명 및 축척 • 도곽㉤과 그 수치 • 삼㉢점 및 지적기준점의 위치 • 건축㉤ 및 구조물 등의 위치

16 다음 중 지목을 '대'로 할 수 있는 것으로 가장 옳은 것은?

① 동물원, 민속촌, 박물관

② 박물관, 극장, 미술관

③ 실내체육관, 미술관, 점포

④ 박물관, 사무실, 민속촌

해설 공간정보의 구축 및 관리 등에 관한 법률 시행령 제58조(지목의 구분)

법 제67조제1항에 따른 지목의 구분은 다음 각 호의 기준에 따른다.

대	가. 영구적 건축물 중 주거 · 사무실 · 점포와 박물관 · 극장 · 미술관 등 문화시설과 이에 접속 된 정원 및 부속시설물의 부지 나. 「국토의 계획 및 이용에 관한 법률」 등 관계 법령에 따른 택지조성공사가 준공된 토지
체육용지	국민의 건강증진 등을 위한 체육활동에 적합한 시설과 형태를 갖춘 종합운동장 · 실내체육관 · 야구장 · 골프장 · 스키장 · 승마장 · 경륜장 등 체육시설의 토지와 이에 접속된 부속시설물의 부지. 다만, 체육시설로서의 영속성과 독립성이 미흡한 정구장 · 골프연습장 · 실내수영장 및 체육도장, 유수(流水)를 이용한 요트장 및 카누장 등의 토지는 제외한다.
유원지	일반 공중의 위락 · 휴양 등에 적합한 시설물을 종합적으로 갖춘 수영장 · 유선장(遊船場) · 낚시 터 · 어린이놀이터 · 동물원 · 식물원 · 민속촌 · 경마장 · 야영장 등의 토지와 이에 접속된 부속시 설물의 부지. 다만, 이들 시설과의 거리 등으로 보아 독립적인 것으로 인정되는 숙식시설 및 유기장(遊 技場)의 부지와 하천 · 구거 또는 유지[공유(公有)인 것으로 한정한다]로 분류되는 것은 제외한다.

17 등록전환이나 분할에 따른 면적 오차의 허용범위 및 배분 등에 관한 설명으로 가장 옳은 것은?

① 분할에 따른 분할 전후의 면적의 차이를 배분한 결정 면적은 원면적과 일치하도록 산출면적의 구하려는 끝자리의 다음 숫자가 큰 것부터 순차로 올려서 정한다.

② 등록전환을 하는 경우 임야대장의 면적과 등록 전환될 면적의 오차 허용범위를 계산할 때 축척이 6천분의 1인 지역의 축척분모는 3천으로 한다.

③ 경계점좌표등록부가 있는 지역의 토지분할을 위하여 면적을 정할 때 분할 후 각 필지의 면적합계가 분할 전 면적보다 많은 경우 구하려는 끝자리의 다음 숫자가 큰 것부터 순차적으로 버려서 정한다.

④ 경계점좌표등록부가 있는 지역의 토지분할을 위하여 면적을 정할 때 분할 후 각 필지의 면적합계가 분할 전 면적보다 적은 경우 구하려는 끝자리의 다음 숫자가 작은 것부터 순차적으로 올려서 정한다.

해설 공간정보의 구축 및 관리 등에 관한 법률 시행령 제19조(등록전환이나 분할에 따른 면적 오차의 허용범위 및 배분 등)

① 법 제26조제2항에 따른 등록전환이나 분할을 위하여 면적을 정할 때에 발생하는 오차의 허용범위 및 처리방법은 다음 각 호와 같다.

　1. 등록전환을 하는 경우

　　가. 임야대장의 면적과 등록전환될 면적의 오차 허용범위는 다음의 계산식에 따른다. 이 경우 오차의 허용범위를 계산할 때 축척이 3천분의 1인 지역의 축척분모는 6천으로 한다.

$$A = 0.026^2 M \sqrt{F}$$

　　(A는 오차 허용면적, M은 임야도 축척분모, F는 등록전환될 면적)

　　나. 임야대장의 면적과 등록전환될 면적의 차이가 가목의 계산식에 따른 허용범위 이내인 경우에는 등록전환될 면적을 등록전환 면적으로 결정하고, 허용범위를 초과하는 경우에는 임야대장의 면적 또는 임야도의 경계를 지적소관청이 직권으로 정정하여야 한다.

　2. 토지를 분할하는 경우

　　가. 분할 후의 각 필지의 면적의 합계와 분할 전 면적과의 오차의 허용범위는 제1호 가목의 계산식에 따른다. 이 경우 A는 오차 허용면적, M은 축척분모, F는 원면적으로 하되, 축척이 3천분의 1인 지역의 축척분모는 6천으로 한다.

　　나. 분할 전후 면적의 차이가 가목의 계산식에 따른 허용범위 이내인 경우에는 그 오차를 분할 후의 각 필지의 면적에 따라 나누고, 허용범위를 초과하는 경우에는 지적공부(地籍公簿)상의 면적 또는 경계를 정정하여야 한다.

　　다. 분할 전후 면적의 차이를 배분한 산출면적은 다음의 계산식에 따라 필요한 자리까지 계산하고, 결정면적은 원면적과 일치하도록 산출면적의 구하려는 끝자리의 다음 숫자가 큰 것부터 순차로 올려서 정하되, 구하려는 끝자리의 다음 숫자가 서로 같을 때에는 산출면적이 큰 것을 올려서 정한다.

$$r = \frac{F}{A} \times a$$

　　(r은 각 필지의 산출면적, F는 원면적, A는 측정면적 합계 또는 보정면적 합계, a는 각 필지의 측정면적 또는 보정면적)

② 경계점좌표등록부가 있는 지역의 토지분할을 위하여 면적을 정할 때에는 제1항 제2호 나목에도 불구하고 다음 각 호의 기준에 따른다.

　1. 분할 후 각 필지의 면적합계가 분할 전 면적보다 많은 경우에는 구하려는 끝자리의 다음 숫자가 작은 것부터 순차적으로 버려서 정하되, 분할 전 면적에 증감이 없도록 할 것

　2. 분할 후 각 필지의 면적합계가 분할 전 면적보다 적은 경우에는 구하려는 끝자리의 다음 숫자가 큰 것부터 순차적으로 올려서 정하되, 분할 전 면적에 증감이 없도록 할 것

18 「GNSS에 의한 지적측량규정」에서 정한 관측 등에 관한 설명으로 가장 옳은 것은?

① 관측점으로부터 위성에 대한 고도각이 10° 이상에 위치할 것

② 관측점에서 동시에 수신 가능한 위성 수는 정지측량에 의하는 경우에는 5개 이상, 이동측량에 의하는 경우에는 4개 이상일 것

③ 관측 시 안테나 주위의 15미터 이내에는 자동차 등의 접근을 피할 것

④ 관측 시 발전기를 사용하는 경우에는 안테나로부터 20미터 이상 떨어진 곳에서 사용할 것

해설 GNSS에 의한 지적측량규정 제6조(관측)

① 관측 시 위성의 조건은 다음 각 호의 기준에 의한다.

> 1. 관측점으로부터 위성에 대한 고도각이 15° 이상에 위치할 것
> 2. 위성의 작동상태가 정상일 것
> 3. 관측점에서 동시에 수신 가능한 위성 수는 정지측량에 의하는 경우에는 4개 이상, 이동측량에 의하는 경우에는 5개 이상일 것

② GNSS 측량기에 입력하는 안테나의 높이 등에 관하여는 GNSS 측량기에서 정해진 방법에 따라 측정하고, 관측 후 확인한다.

③ 관측 시 주의사항은 다음 각 호와 같다.

> 1. 안테나 주위의 10미터 이내에는 자동차 등의 접근을 피할 것
> 2. 관측 중에는 무전기 등 전파발신기의 사용을 금한다. 다만, 부득이한 경우에는 안테나로부터 100미터 이상의 거리에서 사용할 것
> 3. 발전기를 사용하는 경우에는 안테나로부터 20미터 이상 떨어진 곳에서 사용할 것
> 4. 관측 중에는 수신기 표시장치 등을 통하여 관측상태를 수시로 확인하고 이상 발생 시에는 재관측을 실시할 것

④ 관측 완료 후 점검결과 제1항 내지 제3항의 관측조건에 맞지 아니한 경우에는 다시 관측을 하여야 한다.

⑤ 지적위성측량을 실시하는 경우에는 지적위성측량관측부를 작성하여야 한다.

19 축척변경의 청산금과 지적재조사사업의 조정금에 관한 사항으로 가장 옳지 않은 것은?

① • 축척변경의 청산금 이의신청 : 납부고지 또는 수령 통지를 받은 날부터 1개월 이내
　• 지적재조사사업의 조정금 이의신청 : 납부고지 또는 수령통지를 받은 날부터 60일 이내

② • 축척변경의 청산금 지급 : 수령통지를 한 날부터 6개월 이내
　• 지적재조사사업의 조정금 지급 : 수령통지를 한 날부터 6개월 이내

③ • 축척변경의 납부고지 또는 수령통지 : 청산금의 결정을 공고한 날부터 20일 이내
　• 지적재조사사업의 납부고지 또는 수령통지 : 조정 금액을 통지한 날부터 10일 이내

④ • 축척변경의 청산금을 납부할 자가 기간 내에 납부하지 아니할 때 : 지방세 체납처분의 예에 따라 징수
　• 지적재조사사업의 조정금을 납부할 자가 기간 내에 납부하지 아니할 때 : 지방세 체납처분의 예에 따라 징수

• 지적재조사사업의 조정금을 납부할 자가 기간 내에 납부하지 아니할 때 : 「지방행정제재 · 부과금의 징수 등에 관한 법률」에 따라 징수

공간정보의 구축 및 관리 등에 관한 법률 시행령 제76조(청산금의 납부고지 등)

① 지적소관청은 제75조제4항에 따라 청산금의 결정을 공고한 날부터 20일 이내에 토지소유자에게 청산금의 납부고지 또는 수령통지를 하여야 한다.

② 제1항에 따른 납부고지를 받은 자는 그 고지를 받은 날부터 6개월 이내에 청산금을 지적소관청에 내야 한다. 〈개정 2017.1.10.〉

③ 지적소관청은 제1항에 따른 수령통지를 한 날부터 6개월 이내에 청산금을 지급하여야 한다.

④ 지적소관청은 청산금을 지급받을 자가 행방불명 등으로 받을 수 없거나 받기를 거부할 때에는 그 청산금을 공탁할 수 있다.

⑤ 지적소관청은 청산금을 내야 하는 자가 제77조제1항에 따른 기간 내에 청산금에 관한 이의신청을 하지 아니하고 제2항에 따른 기간 내에 청산금을 내지 아니하면 지방세 체납처분의 예에 따라 징수할 수 있다.

공간정보의 구축 및 관리 등에 관한 법률 시행령 제77조(청산금에 관한 이의신청)

① 제76조제1항에 따라 납부고지되거나 수령통지된 청산금에 관하여 이의가 있는 자는 납부고지 또는 수령통지를 받은 날부터 1개월 이내에 지적소관청에 이의신청을 할 수 있다.

② 제1항에 따른 이의신청을 받은 지적소관청은 1개월 이내에 축척변경위원회의 심의 · 의결을 거쳐 그 인용(認容) 여부를 결정한 후 지체 없이 그 내용을 이의신청인에게 통지하여야 한다.

지적재조사에 관한 특별법 제21조(조정금의 지급 · 징수 또는 공탁)

① 조정금은 현금으로 지급하거나 납부하여야 한다.

② 지적소관청은 제20조제1항에 따라 조정금을 산정하였을 때에는 지체 없이 조정금조서를 작성하고, 토지소유자에게 개별적으로 조정금액을 통보하여야 한다.

③ 지적소관청은 제2항에 따라 조정금액을 통지한 날부터 10일 이내에 토지소유자에게 조정금의 수령통지 또는 납부고지를 하여야 한다.

④ 지적소관청은 제3항에 따라 수령통지를 한 날부터 6개월 이내에 조정금을 지급하여야 한다.

⑤ 제3항에 따라 납부고지를 받은 자는 그 부과일부터 6개월 이내에 조정금을 납부하여야 한다. 다만, 지적소관청은 1년의 범위에서 대통령령으로 정하는 바에 따라 조정금을 분할납부하게 할 수 있다. 〈개정 2017.4.18.〉

⑥ 지적소관청은 조정금을 납부하여야 할 자가 기한 내에 납부하지 아니할 때에는 「지방행정제재 · 부과금의 징수 등에 관한 법률」에 따라 징수할 수 있다. 〈신설 2017.4.18.〉〈개정 2020.6.9.〉

⑦ 지적소관청은 조정금을 지급하여야 하는 경우로서 다음 각 호의 어느 하나에 해당하는 때에는 조정금을 지급받을 자의 토지 소재지 공탁소에 그 조정금을 공탁할 수 있다. 〈개정 2017.4.18.〉

> 1. 조정금을 받을 자가 그 수령을 거부하거나 주소 불분명 등의 이유로 조정금을 수령할 수 없을 때
> 2. 지적소관청이 과실 없이 조정금을 받을 자를 알 수 없을 때
> 3. 압류 또는 가압류에 따라 조정금의 지급이 금지되었을 때

⑧ 사업지구 지정이 있은 후 권리의 변동이 있을 때에는 그 권리를 승계한 자가 제1항에 따른 조정금 또는 제7항에 따른 공탁금을 수령하거나 납부한다.

지적재조사에 관한 특별법 제21조의2(조정금에 관한 이의신청)

① 제21조제3항에 따라 수령통지 또는 납부고지된 조정금에 이의가 있는 토지소유자는 수령통지 또는 납부고지를 받은 날부터 60일 이내에 지적소관청에 이의신청을 할 수 있다.

② 지적소관청은 제1항에 따른 이의신청을 받은 날부터 30일 이내에 제30조에 따른 시 · 군 · 구 지적재조사위원회의 심의 · 의결을 거쳐 이의신청에 대한 결과를 신청인에게 서면으로 알려야 한다.

20 「지적재조사업무규정」에 따라 토지현황 사전조사를 할 경우 조사 항목과 참고 자료를 연결한 것으로 가장 옳지 않은 것은?

① 토지소유자–등기사항증명서
② 건축물소유자–등기사항증명서
③ 토지 지번–토지(임야)대장 또는 지적(임야)도
④ 토지이용 현황 및 건축물 현황–등기사항증명서

해설 지적재조사업무규정 제11조(토지현황 사전조사)

규칙 제4조제2항에 따른 토지현황 사전조사는 다음 각 호의 자료를 기준으로 작성한다.

토지에 관한 사항 : 지적공부 및 토지등기부	가. 소유자 : 등기사항증명서 나. 이해관계인 : 등기사항증명서 다. 지번 : 토지(임야)대장 또는 지적(임야)도 라. 지목 : 토지(임야)대장 마. 토지면적 : 토지(임야)대장
건축물에 관한 사항 : 건축물대장 및 건물등기부	가. 소유자 : 등기사항증명서 나. 이해관계인 : 등기사항증명서 다. 건물면적 : 건축물대장 라. 구조물 및 용도 : 건축물대장
토지이용계획에 관한 사항	토지이용계획확인서(토지이용규제기본법령에 따라 구축·운영하고 있는 국토이용정보체계의 지역·지구 등의 정보)
토지이용 현황 및 건축물 현황	개별공시지가 토지특성조사표, 국·공유지 실태조사표, 건축물대장 현황 및 배치도
지하시설(구조)물 등 현황	도시철도 및 지하상가 등 지하시설물을 관리하는 관리기관·관리부서의 자료와 구분지상권 등기사항

09 서울시 7급(2020년)

01 「공간정보의 구축 및 관리 등에 관한 법률」상 용어의 정의에 들어갈 내용을 옳게 짝지은 것은?

- "(㉠)"이란 임야대장 및 임야도에 등록된 토지를 토지대장 및 지적도에 옮겨 등록하는 것을 말한다.
- "축척변경"이란 지적도에 등록된 경계점의 (㉡)를 높이기 위하여 작은 축척을 큰 축척으로 변경하여 등록하는 것을 말한다.

	㉠	㉡		㉠	㉡
①	등록전환	정밀도	②	등록전환	정확도
③	형질변경	정밀도	④	형질변경	정확도

해설 공간정보의 구축 및 관리 등에 관한 법률 제2조(정의)

이 법에서 사용하는 용어의 뜻은 다음과 같다.

28. "토지의 이동(異動)"이란 토지의 표시를 새로 정하거나 변경 또는 말소하는 것을 말한다.
29. "신규등록"이란 새로 조성된 토지와 지적공부에 등록되어 있지 아니한 토지를 지적공부에 등록하는 것을 말한다.
30. "등록전환"이란 임야대장 및 임야도에 등록된 토지를 토지대장 및 지적도에 옮겨 등록하는 것을 말한다.
31. "분할"이란 지적공부에 등록된 1필지를 2필지 이상으로 나누어 등록하는 것을 말한다.
32. "합병"이란 지적공부에 등록된 2필지 이상을 1필지로 합하여 등록하는 것을 말한다.
33. "지목변경"이란 지적공부에 등록된 지목을 다른 지목으로 바꾸어 등록하는 것을 말한다.
34. "축척변경"이란 지적도에 등록된 경계점의 정밀도를 높이기 위하여 작은 축척을 큰 축척으로 변경하여 등록하는 것을 말한다.

02 〈보기〉에서 「공간정보의 구축 및 관리 등에 관한 법령」상 지상경계점등록부의 등록사항을 모두 고른 것은?

〈보기〉

ㄱ. 경계점표지의 종류 및 경계점 위치
ㄴ. 공부상 지목과 실제 토지이용 지목
ㄷ. 토지 소유자와 인접 토지 소유자의 서명·날인
ㄹ. 경계점의 사진 파일

① ㄱ, ㄷ
② ㄴ, ㄹ
③ ㄱ, ㄴ, ㄹ
④ ㄱ, ㄴ, ㄷ, ㄹ

① 토지의 지상경계는 둑, 담장이나 그 밖에 구획의 목표가 될 만한 구조물 및 경계점표지 등으로 구분한다.

② 지적소관청은 토지의 이동에 따라 지상경계를 새로 정한 경우에는 다음 각 호의 사항을 등록한 지상경계점등록부를 작성·관리하여야 한다.

　1. ⓣ지의 소재

　2. ⓙ번

　3. ⓖ계점 좌표(경계점좌표등록부 시행지역에 한정한다)

　4. 경ⓙ점 위치 설명도

　5. 그 밖에 국토교통부령으로 정하는 사항

③ 제1항에 따른 지상경계의 결정 기준 등 지상경계의 결정에 필요한 사항은 대통령령으로 정하고, 경계점표지의 규격과 재질 등에 필요한 사항은 국토교통부령으로 정한다.

공간정보의 구축 및 관리 등에 관한 법률 시행규칙 제60조(지상경계점등록부 작성 등)

① 경계점 위치 설명도의 작성 등에 관하여 필요한 사항은 국토교통부장관이 정한다.

② "그 밖에 국토교통부령으로 정하는 사항"이란 다음 각 호의 사항을 말한다.

　1. ⓖ부상 지목과 실제 토지이용 지목

　2. 경ⓙ점의 사진 파일

　3. 경계ⓖ표지의 종류 및 경계점 위치

03 시·도지사의 승인 사항이 아닌 것은?

① 지적측량적부심사　　　　　　② 지적공부반출

③ 지번변경　　　　　　　　　　④ 축척변경

해설 공간정보의 구축 및 관리 등에 관한 법률 제29조(지적측량의 적부심사 등)

① 토지소유자, 이해관계인 또는 지적측량수행자는 지적측량성과에 대하여 다툼이 있는 경우에는 대통령령으로 정하는 바에 따라 관할 시·도지사를 거쳐 지방지적위원회에 지적측량 적부심사를 청구할 수 있다.

공간정보의 구축 및 관리 등에 관한 법률 제66조(지번의 부여 등)

① 지번은 지적소관청이 지번부여지역별로 차례대로 부여한다.

② 지적소관청은 지적공부에 등록된 지번을 변경할 필요가 있다고 인정하면 시·도지사나 대도시 시장의 승인을 받아 지번부여지역의 전부 또는 일부에 대하여 지번을 새로 부여할 수 있다.

공간정보의 구축 및 관리 등에 관한 법률 제69조(지적공부의 보존 등)

① 지적소관청은 해당 청사에 지적서고를 설치하고 그곳에 지적공부(정보처리시스템을 통하여 기록·저장한 경우는 제외한다. 이하 이 항에서 같다)를 영구히 보존하여야 하며, 다음 각 호의 어느 하나에 해당하는 경우 외에는 해당 청사 밖으로 지적공부를 반출할 수 없다.

> 1. 천재지변이나 그 밖에 이에 준하는 재난을 피하기 위하여 필요한 경우
> 2. 관할 시·도지사 또는 대도시 시장의 승인을 받은 경우

② 지적공부를 정보처리시스템을 통하여 기록·저장한 경우 관할 시·도지사, 시장·군수 또는 구청장은 그 지적공부를 지적정보관리체계에 영구히 보존하여야 한다. 〈개정 2013.7.17.〉

③ 국토교통부장관은 제2항에 따라 보존하여야 하는 지적공부가 멸실되거나 훼손될 경우를 대비하여 지적공부를 복제하여 관리하는 정보관리체계를 구축하여야 한다. 〈개정 2013.3.23., 2013.7.17.〉

④ 지적서고의 설치기준, 지적공부의 보관방법 및 반출승인 절차 등에 필요한 사항은 국토교통부령으로 정한다.

정답　03 ①

공간정보의 구축 및 관리 등에 관한 법률 제83조(축척변경)

① 축척변경에 관한 사항을 심의 · 의결하기 위하여 지적소관청에 축척변경위원회를 둔다.

② 지적소관청은 지적도가 다음 각 호의 어느 하나에 해당하는 경우에는 토지소유자의 신청 또는 지적소관청의 직권으로 일정한 지역을 정하여 그 지역의 축척을 변경할 수 있다.

> 1. 잦은 토지의 이동으로 1필지의 규모가 작아서 소축척으로는 지적측량성과의 결정이나 토지의 이동에 따른 정리를 하기가 곤란한 경우
> 2. 하나의 지번부여지역에 서로 다른 축척의 지적도가 있는 경우
> 3. 그 밖에 지적공부를 관리하기 위하여 필요하다고 인정되는 경우

③ 지적소관청은 제2항에 따라 축척변경을 하려면 축척변경 시행지역의 토지소유자 3분의 2 이상의 동의를 받아 제1항에 따른 축척변경위원회의 의결을 거친 후 시 · 도지사 또는 대도시 시장의 승인을 받아야 한다. 다만, 다음 각 호의 어느 하나에 해당하는 경우에는 축척변경위원회의 의결 및 시 · 도지사 또는 대도시 시장의 승인 없이 축척변경을 할 수 있다.

> 1. 합병하려는 토지가 축척이 다른 지적도에 각각 등록되어 있어 축척변경을 하는 경우
> 2. 제86조에 따른 도시개발사업 등의 시행지역에 있는 토지로서 그 사업 시행에서 제외된 토지의 축척변경을 하는 경우

④ 축척변경의 절차, 축척변경으로 인한 면적 증감의 처리, 축척변경 결과에 대한 이의신청 및 축척변경위원회의 구성 · 운영 등에 필요한 사항은 대통령령으로 정한다.

04 지목에 대한 설명으로 가장 옳지 않은 것은?

① 잡종지 : 송유시설, 공항시설, 항만시설 부지
② 대 : 묘지의 관리를 위한 건축물 부지
③ 유원지 : 식물원 · 경륜장 · 야영장 등의 토지
④ 도로 : 고속도로의 휴게소 부지

[해설] 공간정보의 구축 및 관리 등에 관한 법률 제58조(지목의 구분)

법 제67조제1항에 따른 지목의 구분은 다음 각 호의 기준에 따른다. 〈개정 2020.6.9.〉

8. 대
   가. 영구적 건축물 중 주거 · 사무실 · 점포와 박물관 · 극장 · 미술관 등 문화시설과 이에 접속된 정원 및 부속시설물의 부지
   나. 「국토의 계획 및 이용에 관한 법률」 등 관계 법령에 따른 택지조성공사가 준공된 토지

14. 도로
   다음 각 목의 토지. 다만, 아파트 · 공장 등 단일 용도의 일정한 단지 안에 설치된 통로 등은 제외한다.
   가. 일반 공중(公衆)의 교통 운수를 위하여 보행이나 차량운행에 필요한 일정한 설비 또는 형태를 갖추어 이용되는 토지
   나. 「도로법」 등 관계 법령에 따라 도로로 개설된 토지
   다. 고속도로의 휴게소 부지
   라. 2필지 이상에 진입하는 통로로 이용되는 토지

23. 체육용지
   국민의 건강증진 등을 위한 체육활동에 적합한 시설과 형태를 갖춘 종합운동장 · 실내체육관 · 야구장 · 골프장 · 스키장 · 승마장 · 경륜장 등 체육시설의 토지와 이에 접속된 부속시설물의 부지. 다만, 체육시설로서의 영속성과 독립성이 미흡한 정구장 · 골프연습장 · 실내수영장 및 체육도장과 유수(流水)를 이용한 요트장 및 카누장 등의 토지는 제외한다.

24. 유원지

일반 공중의 위락·휴양 등에 적합한 시설물을 종합적으로 갖춘 수영장·유선장(遊船場)·낚시터·어린이놀이터·동물원·식물원·민속촌·경마장·야영장 등의 토지와 이에 접속된 부속시설물의 부지. 다만, 이들 시설과의 거리 등으로 보아 독립적인 것으로 인정되는 숙식시설 및 유기장(遊技場)의 부지와 하천·구거 또는 유지[공유(公有)인 것으로 한정한다]로 분류되는 것은 제외한다.

28. 잡종지

다음 각 목의 토지. 다만, 원상회복을 조건으로 돌을 캐내는 곳 또는 흙을 파내는 곳으로 허가된 토지는 제외한다.

가. 갈대밭, 실외에 물건을 쌓아두는 곳, 돌을 캐내는 곳, 흙을 파내는 곳, 야외시장 및 공동우물

나. 변전소, 송신소, 수신소 및 송유시설 등의 부지

다. 여객자동차터미널, 자동차운전학원 및 폐차장 등 자동차와 관련된 독립적인 시설물을 갖춘 부지

라. 공항시설 및 항만시설 부지

마. 도축장, 쓰레기처리장 및 오물처리장 등의 부지

바. 그 밖에 다른 지목에 속하지 않는 토지

05

「공간정보의 구축 및 관리 등에 관한 법령」상 도시개발사업, 농어촌정비사업, 그 밖에 토지개발사업 등의 시행자는 그 사업의 착수·변경 또는 완료 사실을 지적소관청에 신고하여야 하는바, 이 경우 신고기간은?

① 사업의 착수·변경 또는 완료 사유가 발생한 날부터 5일 이내

② 사업의 착수·변경 또는 완료 사유가 발생한 날부터 15일 이내

③ 사업의 착수·변경 또는 완료 사유가 발생한 날부터 30일 이내

④ 사업의 착수·변경 또는 완료 사유가 발생한 날부터 60일 이내

해설 공간정보의 구축 및 관리 등에 관한 법률 제86조(도시개발사업 등 시행지역의 토지이동 신청에 관한 특례)

① 「도시개발법」에 따른 도시개발사업, 「농어촌정비법」에 따른 농어촌정비사업, 그 밖에 대통령령으로 정하는 토지개발사업의 시행자는 대통령령으로 정하는 바에 따라 그 사업의 착수·변경 및 완료 사실을 지적소관청에 신고하여야 한다.

② 제1항에 따른 사업과 관련하여 토지의 이동이 필요한 경우에는 해당 사업의 시행자가 지적소관청에 토지의 이동을 신청하여야 한다.

③ 제2항에 따른 토지의 이동은 토지의 형질변경 등의 공사가 준공된 때에 이루어진 것으로 본다.

④ 제1항에 따라 사업의 착수 또는 변경의 신고가 된 토지의 소유자가 해당 토지의 이동을 원하는 경우에는 해당 사업의 시행자에게 그 토지의 이동을 신청하도록 요청하여야 하며, 요청을 받은 시행자는 해당 사업에 지장이 없다고 판단되면 지적소관청에 그 이동을 신청하여야 한다.

공간정보의 구축 및 관리 등에 관한 법률 제83조(토지개발사업 등의 범위 및 신고)

① 법 제86조제1항에서 "대통령령으로 정하는 토지개발사업"이란 다음 각 호의 사업을 말한다.

② 법 제86조제1항에 따른 도시개발사업 등의 착수·변경 또는 완료 사실의 신고는 그 사유가 발생한 날부터 15일 이내에 하여야 한다.

③ 법 제86조제2항에 따른 토지의 이동 신청은 그 신청대상지역이 환지(換地)를 수반하는 경우에는 법 제86조제1항에 따른 사업완료 신고로써 이를 갈음할 수 있다. 이 경우 사업완료 신고서에 법 제86조제2항에 따른 토지의 이동 신청을 갈음한다는 뜻을 적어야 한다.

④ 「주택법」에 따른 주택건설사업의 시행자가 파산 등의 이유로 토지의 이동 신청을 할 수 없을 때에는 그 주택의 시공을 보증한 자 또는 입주예정자 등이 신청할 수 있다.

06 「공간정보의 구축 및 관리 등에 관한 법률 시행규칙」상 지적서고의 설치기준 등에 관한 내용으로 가장 옳은 것은?

① 창문과 출입문은 2중으로 하되, 안쪽 문은 반드시 철제로 하고 바깥쪽 문은 곤충·쥐 등의 침입을 막을 수 있도록 철망 등을 설치할 것

② 온도 및 습도 자동조절장치를 설치하고, 연중평균온도는 섭씨 20±5도를, 연중평균습도는 60±5퍼센트를 유지할 것

③ 지적서고는 제한구역으로 지정하고, 출입자를 지적사무담당공무원으로 한정할 것

④ 지적공부 보관상자는 벽으로부터 10센티미터 이상 띄어야 하며, 높이 15센티미터 이상의 깔판 위에 올려 놓아야 할 것

해설 공간정보의 구축 및 관리 등에 관한 법률 시행규칙 제65조(지적서고의 설치기준 등)
① 법 제69조제1항에 따른 지적서고는 지적사무를 처리하는 사무실과 연접(連接)하여 설치하여야 한다.
② 제1항에 따른 지적서고의 구조는 다음 각 호의 기준에 따라야 한다.

> 1. 골조는 철근콘크리트 이상의 강질로 할 것
> 2. 지적서고의 면적은 별표 7의 기준면적에 따를 것
> 3. 바닥과 벽은 2중으로 하고 영구적인 방수설비를 할 것
> 4. 창문과 출입문은 2중으로 하되, 바깥쪽 문은 반드시 철제로 하고 안쪽 문은 곤충·쥐 등의 침입을 막을 수 있도록 철망 등을 설치할 것
> 5. 온도 및 습도 자동조절장치를 설치하고, 연중평균온도는 섭씨 20±5도를, 연중평균습도는 65±5퍼센트를 유지할 것
> 6. 전기시설을 설치하는 때에는 단독퓨즈를 설치하고 소화장비를 갖춰 둘 것
> 7. 열과 습도의 영향을 받지 아니하도록 내부공간을 넓게 하고 천장을 높게 설치할 것

③ 지적서고는 다음 각 호의 기준에 따라 관리하여야 한다.

> 1. 지적서고는 제한구역으로 지정하고, 출입자를 지적사무담당공무원으로 한정할 것
> 2. 지적서고에는 인화물질의 반입을 금지하며, 지적공부, 지적 관계 서류 및 지적측량장비만 보관할 것

④ 지적공부 보관상자는 벽으로부터 15센티미터 이상 띄어야 하며, 높이 10센티미터 이상의 깔판 위에 올려놓아야 한다.

07 「공간정보의 구축 및 관리 등에 관한 법령」상 지적소관청이 지적공부의 등록사항을 직권 정정하는 경우에 대한 설명으로 가장 옳지 않은 것은?

① 지적공부의 작성 또는 재작성 당시 잘못 정리된 경우, 지적공부의 등록사항에 잘못이 있는지를 직권으로 조사·측량하여 정정할 수 있다.

② 1필지가 각각 다른 지적도나 임야도에 등록되어 지적공부에 등록된 면적과 측량한 실제면적은 일치하지만 지적도나 임야도에 등록된 경계가 서로 접합되지 않아 도상 경계를 지상 경계에 맞춰야 하는 토지인 경우 직권 정정할 수 있다.

③ 지적공부의 등록사항 중 경계나 면적 등 측량을 수반하는 토지의 표시가 잘못된 경우, 지적소관청은 잘못 표시된 사항의 정정을 위한 지적측량을 정지시킬 수 있다.

④ 등기관이 합필제한을 위반한 등기의 신청을 각하하고 그 사유를 지적소관청에 통지한 경우, 지적소관청의 착오로 잘못 합병한 경우 직권으로 정정할 수 있다.

해설 공간정보의 구축 및 관리 등에 관한 법률 제82조(등록사항의 직권정정 등)

① 지적소관청이 법 제84조제2항에 따라 지적공부의 등록사항에 잘못이 있는지를 직권으로 조사·측량하여 정정할 수 있는 경우는 다음 각 호와 같다. 〈개정 2015.6.1., 2017.1.10.〉

> 1. 제84조제2항에 따른 토지이동정리 결의서의 내용과 다르게 정리된 경우
> 2. 지적도 및 임야도에 등록된 필지가 면적의 증감 없이 경계의 위치만 잘못된 경우
> 3. 1필지가 각각 다른 지적도나 임야도에 등록되어 있는 경우로서 지적공부에 등록된 면적과 측량한 실제면적은 일치하지만 지적도나 임야도에 등록된 경계가 서로 접합되지 않아 지적도나 임야도에 등록된 경계를 지상의 경계에 맞추어 정정하여야 하는 토지가 발견된 경우
> 4. 지적공부의 작성 또는 재작성 당시 잘못 정리된 경우
> 5. 지적측량성과와 다르게 정리된 경우
> 6. 법 제29조제10항에 따라 지적공부의 등록사항을 정정하여야 하는 경우
> 7. 지적공부의 등록사항이 잘못 입력된 경우
> 8. 「부동산등기법」제37조제2항에 따른 통지가 있는 경우(지적소관청의 착오로 잘못 합병한 경우만 해당한다)
> 9. 법률 제2801호 지적법 개정법률 부칙 제3조에 따른 면적 환산이 잘못된 경우

② 지적소관청은 제1항 각 호의 어느 하나에 해당하는 토지가 있을 때에는 지체 없이 관계 서류에 따라 지적공부의 등록사항을 정정하여야 한다.

③ 지적공부의 등록사항 중 경계나 면적 등 측량을 수반하는 토지의 표시가 잘못된 경우에는 지적소관청은 그 정정이 완료될 때까지 지적측량을 정지시킬 수 있다. 다만, 잘못 표시된 사항의 정정을 위한 지적측량은 그러하지 아니하다.

---

08 「공간정보의 구축 및 관리 등에 관한 법령」상 측량기준점표지의 설치 및 관리에 대한 설명으로 가장 옳지 않은 것은?

① 측량기준점표지의 이전경비 납부통지서를 받은 신청인은 이전을 원하는 날의 10일 전까지 측량기준점 표지를 설치한 자에게 이전경비를 내야 한다.

② 특별자치시장, 특별자치도지사, 시장·군수 또는 구청장은 측량기준점표지의 현황에 대한 조사 결과를 매년 10월 말까지 국토지리정보원장이 정하여 고시한 기준에 따라 보고하여야 한다.

③ 측량기준점표지의 이전을 신청하려는 자는 신청서를 이전을 원하는 날의 30일 전까지 측량기준점표지를 설치한 자에게 제출하여야 한다.

④ 측량기준점표지의 이전 신청을 받은 자는 신청받은 날부터 10일 이내에 이전경비 납부통지서를 신청인에게 통지하여야 한다.

해설 공간정보의 구축 및 관리 등에 관한 법률 시행규칙 제5조(측량기준점표지의 현황조사 결과 보고)

① 특별자치시장, 특별자치도지사, 시장·군수 또는 구청장은 법 제8조제5항에 따른 측량기준점표지의 현황에 대한 조사결과를 매년 10월 말까지 국토지리정보원장이 정하여 고시한 기준에 따라 보고하여야 한다. 〈개정 2013.6.19.〉

② 국토지리정보원장은 제1항에 따른 측량기준점표지의 현황조사 결과 보고에 대한 기준을 정한 경우에는 이를 고시하여야 한다.

공간정보의 구축 및 관리 등에 관한 법률 시행규칙 제6조(측량기준점표지의 이전 신청 절차)

① 법 제9조제2항에 따라 측량기준점표지의 이전을 신청하려는 자는 별지 제3호서식의 신청서를 이전을 원하는 날의 30일 전까지 측량기준점표지를 설치한 자에게 제출하여야 한다. 〈개정 2017.1.31.〉

② 제1항에 따른 이전 신청을 받은 자는 신청받은 날부터 10일 이내에 별지 제4호 서식의 이전경비 납부통지서를 신청인에게 통지하여야 한다.

③ 제2항에 따라 이전경비 납부통지서를 받은 신청인은 이전을 원하는 날의 7일 전까지 측량기준점표 지를 설치한 자에게 이전경비를 내야 한다.

09 지적소관청이 관할 등기관서에 토지의 표시 변경에 관한 등기촉탁을 할 필요가 있는 사유에 해당하지 않는 것은?

① 지적공부의 등록사항에 잘못이 있음을 발견하여 지적소관청이 직권으로 조사·측량하여 정정한 경우
② 토지소유자의 토지 신규등록 신청을 받아 지적소관청이 신규등록을 한 경우
③ 지적공부에 등록된 지번을 변경할 필요가 있어 시·도지사나 대도시 시장의 승인을 받아 지번부여지역의 전부 또는 일부에 대하여 지번을 새로 부여한 경우
④ 지번부여지역의 일부가 행정구역의 개편으로 다른 지번부여지역에 속하게 되어 지적소관청이 새로 속하게 된 지번부여지역의 지번을 부여한 경우

[해설] **공간정보의 구축 및 관리 등에 관한 법률 제89조(등기촉탁)**
① 지적소관청은 제64조제2항(신규등록은 제외한다), 제66조제2항, 제82조, 제83조제2항, 제84조제2항 또는 제85조제2항에 따른 사유로 토지의 표시 변경에 관한 등기를 할 필요가 있는 경우에는 지체 없이 관할 등기관서에 그 등기를 촉탁하여야 한다. 이 경우 등기촉탁은 국가가 국가를 위하여 하는 등기로 본다.
② 제1항에 따른 등기촉탁에 필요한 사항은 국토교통부령으로 정한다. 〈개정 2013.3.23.〉

10 「지적업무처리규정」상 시·도지사가 지적측량업등록신청에 관한 적합여부를 심사할 때의 업무 처리에 대한 설명으로 가장 옳지 않은 것은?

① 등록신청에 따른 서류를 심사할 경우에는 정본(등본 또는 증명서)은 서류 확인으로, 사본은 담당 공무원이 원본과 대조하여 확인한다.
② 지적측량업을 등록하려는 개인, 법인의 대표자와 임원에 관한 신원조회는 등록지 시장·구청장 또는 읍·면장에게 의뢰한다.
③ 지적측량업의 등록번호는 시·도명에 업종코드와 전국일련번호를 합하여 정한다.
④ 지적측량업을 등록한 자가 폐업신고 시에는 측량업 폐업신고서 및 등록된 기술인력에 대한 자격 상실증명원(4대 보험 중 하나)을 시·도지사 및 지적소관청에 제출하여야 한다.

[해설] **지적업무처리규정 제15조(지적측량업의 등록 등)**
① 영 제35조제4항에 따라 시·도지사는 지적측량업등록신청에 관한 적합여부를 심사하는 때에는 다음 각 호에 따라 처리한다.

> 1. 등록신청에 따른 서류를 심사할 경우에는 정본(등본 또는 증명서)은 서류 확인으로, 사본은 담당 공무원이 원본과 대조하여 확인한다.
> 2. 지적측량업을 등록하려는 개인, 법인의 대표자와 임원에 관한 신원조회는 등록지 시장·구청장 또는 읍·면장에게 의뢰한다.
> 3. 지적측량업의 등록번호는 시·도명에 업종코드와 전국일련번호를 합하여 정한다.

② 지적측량업을 등록한 자가 측량기기 성능검사를 받은 때에는 성능검사서 사본을 시·도지사에게 제출하여야 한다.

③ 지적측량업을 등록한 자가 폐업신고 시에는 측량업 폐업신고서 및 등록된 기술인력에 대한 자격상실 증명원(4대 보험 중 하나)을 시·도지사에게 제출하여야 한다.

④ 지적측량업을 등록한 자가 측량업을 휴업할 경우, 휴업기간 중에도 등록기준에 미달되지 않도록 등록된 사항을 유지하여야 한다. 다만, 보증보험은 제외한다.

11 「공간정보의 구축 및 관리 등에 관한 법령」상 측량기본계획 및 시행계획에 대한 설명으로 가장 옳지 않은 것은?

① 국토교통부장관의 연도별 추진실적 평가 항목은 시행계획 타당성과 시행계획 성과이다.

② 국토교통부장관은 측량산업 및 기술인력 육성 방안 등 측량 발전을 위하여 필요한 사항이 포함된 측량기본계획을 5년마다 수립하여야 한다.

③ 국토교통부장관은 측량기본계획과 연도별 시행계획을 수립하려는 경우 연도별 추진실적에 따른 평가 결과를 반영하여야 한다.

④ 국토교통부장관은 측량기본계획에 따라 연도별 시행계획을 수립·시행하고, 그 추진실적을 평가하여야 한다.

해설 **공간정보의 구축 및 관리 등에 관한 법률 제5조(측량기본계획 및 시행계획)**

① 국토교통부장관은 다음 각 호의 사항이 포함된 측량기본계획을 5년마다 수립하여야 한다. 〈개정 2013. 3.23., 2020.2.18.〉

> 1. 측량에 관한 기본 구상 및 추진 전략
> 2. 측량의 국내외 환경 분석 및 기술연구
> 3. 측량산업 및 기술인력 육성 방안
> 4. 그 밖에 측량 발전을 위하여 필요한 사항

② 국토교통부장관은 제1항에 따른 측량기본계획에 따라 연도별 시행계획을 수립·시행하고, 그 추진실적을 평가하여야 한다. 〈개정 2013.3.23., 2019.12.10.〉

③ 국토교통부장관은 제1항에 따른 측량기본계획과 제2항에 따른 연도별 시행계획을 수립하려는 경우 제2항에 따른 평가 결과를 반영하여야 한다. 〈신설 2019.12.10.〉

④ 제2항에 따른 연도별 추진실적 평가의 기준·방법·절차에 관한 사항은 국토교통부령으로 정한다.

공간정보의 구축 및 관리 등에 관한 법률 시행규칙 제2조의2(연도별 시행계획의 추진실적 평가)

① 법 제5조제2항에 따른 연도별 시행계획의 추진실적 평가항목은 다음 각 호와 같다.

> 1. 시행계획 이행 충실성
> 2. 시행계획 목표 달성 정도

② 국토지리정보원장은 법 제5조제2항에 따른 연도별 추진실적 평가를 위하여 필요한 경우 관계 기관, 법인, 단체 또는 관계 전문가 등에게 평가를 의뢰할 수 있다.

③ 국토지리정보원장은 제1항 및 제2항에서 규정한 사항 외에 평가의 방법·절차에 관하여 필요한 세부사항을 정할 수 있다.

12 「국가공간정보 기본법」상 용어의 정의로 가장 옳지 않은 것은?

① '국가공간정보체계'란 공간정보를 효과적으로 수집·저장·가공·분석·표현할 수 있도록 서로 유기적으로 연계된 컴퓨터의 하드웨어, 소프트웨어, 데이터베이스 및 인적자원의 결합체를 말한다.

② '공간정보데이터베이스'란 공간정보를 체계적으로 정리하여 사용자가 검색하고 활용할 수 있도록 가공한 정보의 집합체를 말한다.

③ '공간정보'란 지상·지하·수상·수중 등 공간상에 존재하는 자연적 또는 인공적인 객체에 대한 위치정보 및 이와 관련된 공간적 인지 및 의사결정에 필요한 정보를 말한다.

④ '국가공간정보통합체계'란 기본공간정보데이터베이스를 기반으로 국가공간정보체계를 통합 또는 연계하여 국토교통부장관이 구축·운용하는 공간정보체계를 말한다.

해설 **국가공간정보 기본법 제2조(정의)**

이 법에서 사용하는 용어의 뜻은 다음과 같다. 〈개정 2012.12.18., 2013.3.23., 2014.6.3.〉

1. "공간정보"란 지상·지하·수상·수중 등 공간상에 존재하는 자연적 또는 인공적인 객체에 대한 위치정보 및 이와 관련된 공간적 인지 및 의사결정에 필요한 정보를 말한다.
2. "공간정보데이터베이스"란 공간정보를 체계적으로 정리하여 사용자가 검색하고 활용할 수 있도록 가공한 정보의 집합체를 말한다.
3. "공간정보체계"란 공간정보를 효과적으로 수집·저장·가공·분석·표현할 수 있도록 서로 유기적으로 연계된 컴퓨터의 하드웨어, 소프트웨어, 데이터베이스 및 인적자원의 결합체를 말한다.
4. "관리기관"이란 공간정보를 생산하거나 관리하는 중앙행정기관, 지방자치단체, 「공공기관의 운영에 관한 법률」 제4조에 따른 공공기관(이하 "공공기관"이라 한다), 그 밖에 대통령령으로 정하는 민간기관을 말한다.
5. "국가공간정보체계"란 관리기관이 구축 및 관리하는 공간정보체계를 말한다.
6. "국가공간정보통합체계"란 제19조제3항의 기본공간정보데이터베이스를 기반으로 국가공간정보체계를 통합 또는 연계하여 국토교통부장관이 구축·운용하는 공간정보체계를 말한다.
7. "공간객체등록번호"란 공간정보를 효율적으로 관리 및 활용하기 위하여 자연적 또는 인공적 객체에 부여하는 공간정보의 유일식별번호를 말한다.

13 「공간정보의 구축 및 관리 등에 관한 법령」상 축척변경 청산금에 대한 설명으로 가장 옳지 않은 것은?

① 지적소관청은 청산금의 결정을 공고한 날부터 20일 이내에 토지소유자에게 청산금의 납부고지 또는 수령통지를 하여야 한다.

② 납부고지되거나 수령통지된 청산금에 관하여 이의가 있는 자는 납부고지 또는 수령통지를 받은 날부터 2개월 이내에 지적소관청에 이의신청을 할 수 있다.

③ 지적소관청은 청산금을 지급받을 자가 행방불명 등으로 받을 수 없거나 받기를 거부할 때에는 그 청산금을 공탁할 수 있다.

④ 지적소관청은 수령통지를 한 날부터 6개월 이내에 청산금을 지급하여야 한다.

해설 **공간정보의 구축 및 관리 등에 관한 법률 시행령 제76조(청산금의 납부고지 등)**

① 지적소관청은 제75조제4항에 따라 청산금의 결정을 공고한 날부터 20일 이내에 토지소유자에게 청산금의 납부고지 또는 수령통지를 하여야 한다.

② 제1항에 따른 납부고지를 받은 자는 그 고지를 받은 날부터 6개월 이내에 청산금을 지적소관청에 내야 한다. 〈개정 2017.1.10.〉

③ 지적소관청은 제1항에 따른 수령통지를 한 날부터 6개월 이내에 청산금을 지급하여야 한다.

④ 지적소관청은 청산금을 지급받을 자가 행방불명 등으로 받을 수 없거나 받기를 거부할 때에는 그 청산금을 공탁할 수 있다.

⑤ 지적소관청은 청산금을 내야 하는 자가 제77조제1항에 따른 기간 내에 청산금에 관한 이의신청을 하지 아니하고 제2항에 따른 기간 내에 청산금을 내지 아니하면 지방세 체납처분의 예에 따라 징수할 수 있다.

공간정보의 구축 및 관리 등에 관한 법률 시행령 제77조(청산금에 관한 이의신청)

① 제76조제1항에 따라 납부고지되거나 수령통지된 청산금에 관하여 이의가 있는 자는 납부고지 또는 수령통지를 받은 날부터 1개월 이내에 지적소관청에 이의신청을 할 수 있다.

② 제1항에 따른 이의신청을 받은 지적소관청은 1개월 이내에 축척변경위원회의 심의·의결을 거쳐 그 인용(認容) 여부를 결정한 후 지체 없이 그 내용을 이의신청인에게 통지하여야 한다.

14 〈보기〉에서 「지적재조사 측량·조사 등의 수행자 선정기준」상 지적소관청이 지적재조사사업 측량·조사 등의 수행자를 선정하고자 할 때의 평가사항을 모두 고른 것은?

〈보기〉

ㄱ. 해당 사업에 투입되는 지적측량기술자
ㄴ. 최근 3년 내 지적재조사측량 수행실적
ㄷ. 지적측량수행자 업무중첩도
ㄹ. 해당 사업의 지적재조사 측량·조사 수행계획서

① ㄱ, ㄴ　　　　　　　　　　　　　　② ㄱ, ㄷ
③ ㄴ, ㄷ, ㄹ　　　　　　　　　　　　④ ㄱ, ㄴ, ㄷ, ㄹ

해설 지적재조사 측량·조사 등의 수행자 선정기준

[시행 2019.1.1.] [국토교통부 고시 제2018-1049호, 2019.1.1., 일부개정]

제1조(목적)

이 기준은 「지적재조사에 관한 특별법」 제5조 및 같은 법 시행규칙 제2조에 따라 지적재조사사업의 측량·조사 등을 수행할 수 있는 수행자 선정에 필요한 사항을 정함을 목적으로 한다.

제3조(수행자 선정 공고)

지적소관청은 「지적재조사에 관한 특별법」(이하 "법"이라 한다) 제8조에 따른 사업지구를 지정·고시하였을 때는 다음 각 호의 사항 모두를 이용하여 수행자 선정 공고를 하여야 한다.

1. 시·군·구 홈페이지 또는 게시판
2. 지적재조사행정시스템
3. 전자조달시스템

제4조(선정기준)

① 지적소관청은 법 제5조제2항에 따라 지적재조사사업 측량·조사 등의 수행자를 선정하고자 할 때에는 다음 각 호의 사항에 대해 평가하여야 하며, 평가항목 및 평가기준 등은 별표 1과 같다.

1. 해당 사업에 투입되는 지적측량기술자
2. 해당 사업에 투입되는 측량장비
3. 최근 3년 내 지적재조사측량 수행실적
4. 지적측량수행자의 재정상태 및 신용도
5. 지적측량수행자 업무중첩도
6. 해당 사업의 지적재조사 측량·조사 수행계획서
7. 기타 해당 사업 수행에 필요하다고 판단되는 사항

② 지적소관청은 제4조제1항제6호에 대한 평가를 함에 있어 사업의 규모와 특성 등을 고려하여 별표 2의 세부평가기준을 보완하여 작성할 수 있다.

③ 지적소관청은 제4조제1항제6호에 대한 평가 과정에서 수행자 선정의 공정성 확보를 위하여 다음 각 호에 따라 평가위원회를 구성하여 평가하여야 한다.

> 1. 평가위원은 5명 이상 7명 이하로 한다.
> 2. 평가위원회는 지적재조사업무 부서 및 타 부서의 6급 이상 공무원, 시·군·구 지적재조사위원회 위원 및 관련 전문가 등으로 구성한다. 다만, 지적재조사업무 부서의 공무원은 2명 이하로 한다.

④ 평가결과 평점이 최고점인 자를 수행자로 선정하며, 동점자인 경우 제1항에 따른 평가항목 중 지적재조사측량·조사 수행계획서, 최근 3년 내 지적재조사측량 수행실적, 지적측량기술자, 측량장비의 고득점자 순으로 결정한다. 다만, 1개의 지적측량수행자만이 단독으로 수행자 신청을 하였을 때는 평가결과 평점이 85점 이상인 경우에 한하여 수행자로 선정할 수 있다.

⑤ 지적소관청은 수행자를 선정할 경우 다음 각 호의 어느 하나에 해당하는 지적측량수행자는 제외한다.

> 1. 수행자 선정 공고일 현재 업무정지기간이 만료된 날로부터 6개월이 경과되지 않은 경우
> 2. 해당 수행자 선정건과 관련하여 위조, 변조, 허위 및 청탁 등 불공정 행위를 한 경우

제5조(참여업체 및 기술자 현황등록)

① 지적소관청은 지적재조사 수행자를 선정하였을 경우에는 업체 및 사업에 참여하는 기술자를 지체 없이 지적재조사행정시스템에 등록하여야 한다.

② 사업 참여 업체는 사업에 참여하는 기술자가 변동되는 경우 지체 없이 지적소관청에 통보하여야 하며, 지적소관청은 지적재조사행정시스템에 변경된 기술자를 등록하여야 한다. 이 경우 당초 참여기술자와 동일 등급 이상의 기술자로 대체하여야 하며, 측량수행자 업무중첩도가 수행자 선정평가 당시보다 높아지게 할 수 없다.

제6조(부정한 방법으로 서류를 제출한 자 등)

지적측량수행자가 제출한 수행자 신청서류가 거짓 또는 그 밖의 부정한 방법으로 작성된 것이 판명된 때에는 다음 각 호와 같이 처리한다.

> 1. 계약체결 이전인 경우에는 수행자 결정을 취소한다.
> 2. 계약체결 이후인 경우에는 해당 계약을 해제 또는 해지할 수 있다.

15 〈보기〉에서 「공간정보의 구축 및 관리 등에 관한 법령」상 지번 부여 등에 관한 설명으로 옳은 것을 모두 고른 것은?

> 〈보기〉
> ㄱ. 지번은 지적소관청이 지번부여지역별로 차례대로 부여한다.
> ㄴ. 지번은 아라비아숫자로 표기하되, 임야대장 및 임야도에 등록하는 토지의 지번은 숫자 앞에 "임"자를 붙인다.
> ㄷ. 분할의 경우에는 분할 후의 필지 중 1필지의 지번은 분할 전의 지번으로 하고, 나머지 필지의 지번은 본번의 최종 부번 다음 순번으로 부번을 부여하는 것이 원칙이다.
> ㄹ. 합병의 경우에는 합병 대상 지번 중 선순위의 지번을 그 지번으로 하되, 본번으로 된 지번이 있을 때에는 본번 중 선순위의 지번을 합병 후의 지번으로 하는 것이 원칙이다.

① ㄱ, ㄴ
② ㄱ, ㄷ, ㄹ
③ ㄴ, ㄷ, ㄹ
④ ㄱ, ㄴ, ㄷ, ㄹ

구분		토지이동에 따른 지번의 부여방법(령 제56조)
부여방법		① 지번(地番)은 아라비아숫자로 표기하되, 임야대장 및 임야도에 등록하는 토지의 지번은 숫자 앞에 "산"자를 붙인다. ② 지번은 본번(本番)과 부번(副番)으로 구성하되, 본번과 부번 사이에 "-" 표시로 연결한다. 이 경우 "-" 표시는 "의"라고 읽는다. ③ 법 제66조에 따른 지번의 부여방법은 다음 각 호와 같다. 　1. 지번은 북서에서 남동으로 순차적으로 부여할 것
신규등록·등록전환	원칙	지번부여지역에서 인접토지의 본번에 부번을 붙여서 지번을 부여한다.
	예외	다음의 경우에는 그 지번부여지역의 최종 본번의 다음 순번부터 본번으로 하여 순차적으로 지번을 부여할 수 있다. ① 대상 토지가 그 지번부여지역의 최종 지번의 토지에 인접하여 있는 경우 ② 대상 토지가 이미 등록된 토지와 멀리 떨어져 있어서 등록된 토지의 본번에 부번을 부여하는 것이 불합리한 경우 ③ 대상 토지가 여러 필지로 되어 있는 경우
분할	원칙	분할 후의 필지 중 1필지의 지번은 분할 전의 지번으로 하고, 나머지 필지의 지번은 본번의 최종 부번 다음 순번으로 부번을 부여한다.
	예외	주거·사무실 등의 건축물이 있는 필지에 대해서는 분할 전의 지번을 우선하여 부여하여야 한다.
합병	원칙	합병 대상 지번 중 선순위의 지번을 그 지번으로 하되, 본번으로 된 지번이 있을 때에는 본번 중 선순위의 지번을 합병 후의 지번으로 한다.
	예외	토지소유자가 합병 전의 필지에 주거·사무실 등의 건축물이 있어서 그 건축물이 위치한 지번을 합병 후의 지번으로 신청할 때에는 그 지번을 합병 후의 지번으로 부여하여야 한다.
지적확정측량을 실시한 지역의 각 필지에 지번을 새로 부여하는 경우	원칙	다음 각 목의 지번을 제외한 본번으로 부여한다. ① 지적확정측량을 실시한 지역 안의 종전의 지번과 지적확정측량을 실시한 지역 밖에 있는 본번이 같은 지번이 있을 때 그 지번 ② 지적확정측량을 실시한 지역의 경계에 걸쳐 있는 지번
	예외	부여할 수 있는 종전 지번의 수가 새로 부여할 지번의 수보다 적을 때에는 블록단위로 하나의 본번을 부여한 후 필지별로 부번을 부여하거나, 그 지번부여지역의 최종 본번 다음 순번부터 본번으로 하여 차례로 지번을 부여할 수 있다.
지적확정측량에 준용		① 법 제66조제2항(② 지적소관청은 지적공부에 등록된 지번을 변경할 필요가 있다고 인정하면 시·도지사나 대도시 시장의 승인을 받아 지번부여지역의 전부 또는 일부에 대하여 지번을 새로 부여할 수 있다.)에 따라 지번부여지역의 지번을 변경할 때 ② 법 제85조제2항(② 지번부여지역의 일부가 행정구역의 개편으로 다른 지번부여지역에 속하게 되었으면 지적소관청은 새로 속하게 된 지번부여지역의 지번을 부여하여야 한다.)에 따른 행정구역 개편에 따라 새로 지번을 부여할 때 ③ 제72조제1항(① 지적소관청은 축척변경 시행지역의 각 필지별 지번·지목·면적·경계 또는 좌표를 새로 정하여야 한다.)에 따라 축척변경 시행지역의 필지에 지번을 부여할 때
도시개발사업 등의 준공 전		도시개발사업 등이 준공되기 전에 사업시행자가 지번부여를 신청하는 경우에는 국토교통부령으로 정하는 바에 따라 지번을 부여할 수 있다. 지적소관청은 도시개발사업 등이 준공되기 전에 지번을 부여하는 때에는 사업계획도에 따르되, 지적확정측량을 실시한 지역의 각 필지에 지번을 새로 부여하는 경우의 지번부여방식에 따라 지번을 부여하여야 한다.

정답

16 「지적재조사에 관한 특별법 시행령」상 지적재조사지구의 지정에 대한 설명으로 가장 옳은 것은?

① 지적재조사지구 지정 신청을 받은 시ㆍ도지사는 30일 이내에 그 신청을 시ㆍ도 지적재조사위원회에 회부해야 한다.

② 지적재조사지구 지정 신청을 회부받은 시ㆍ도 지적재조사위원회는 그 신청을 회부받은 날부터 30일 이내에 지적재조사지구의 지정 여부에 대하여 심의ㆍ의결해야 하며 불가피한 사유가 있을 때에는 30일의 범위에서 그 기간을 한 차례만 연장할 수 있다.

③ 시ㆍ도 지적재조사위원회는 지적재조사지구 지정 신청에 대하여 의결을 하였을 때에는 의결서를 작성하여 7일 이내에 시ㆍ도지사에게 송부해야 한다.

④ 시ㆍ도지사는 의결서를 받은 날부터 7일 이내에 지적재조사지구를 지정ㆍ고시하거나, 지적재조사지구를 지정하지 않는다는 결정을 하고, 그 사실을 지적소관청에 통지해야 한다.

해설 지적재조사에 관한 특별법 제7조(지적재조사지구의 지정)

① 지적소관청은 실시계획을 수립하여 시ㆍ도지사에게 지적재조사지구 지정 신청을 하여야 한다. 〈개정 2019.12.10.〉

② 지적소관청이 시ㆍ도지사에게 지적재조사지구 지정을 신청하고자 할 때에는 다음 각 호의 사항을 고려하여 지적재조사지구 토지소유자(국유지ㆍ공유지의 경우에는 그 재산관리청을 말한다. 이하 같다) 총수의 3분의 2 이상과 토지면적 3분의 2 이상에 해당하는 토지소유자의 동의를 받아야 한다.

> 1. 지적공부의 등록사항과 토지의 실제 현황이 다른 정도가 심하여 주민의 불편이 많은 지역인지 여부
> 2. 사업시행이 용이한지 여부
> 3. 사업시행의 효과 여부

③ 제2항에도 불구하고 지적소관청은 지적재조사지구에 제13조에 따른 토지소유자협의회(이하 "토지소유자협의회"라 한다)가 구성되어 있고 토지소유자 총수의 4분의 3 이상의 동의가 있는 지구에 대하여는 우선하여 지적재조사지구로 지정을 신청할 수 있다. 〈개정 2019.12.10.〉

④ 지적소관청은 지적재조사지구 지정을 신청하고자 할 때에는 실시계획 수립 내용을 주민에게 서면으로 통보한 후 주민설명회를 개최하고 실시계획을 30일 이상 주민에게 공람하여야 한다.

⑤ 지적재조사지구에 있는 토지소유자와 이해관계인은 제4항에 따른 공람기간 안에 지적소관청에 의견을 제출할 수 있으며, 지적소관청은 제출된 의견이 타당하다고 인정할 때에는 이를 반영하여야 한다.

⑥ 시ㆍ도지사는 지적재조사지구를 지정할 때에는 대통령령으로 정하는 바에 따라 제29조에 따른 시ㆍ도 지적재조사위원회의 심의를 거쳐야 한다. 〈개정 2019.12.10.〉

⑦ 제1항부터 제6항까지의 규정은 지적재조사지구를 변경할 때에도 적용한다. 다만, 대통령령으로 정하는 경미한 사항을 변경할 때에는 제외한다. 〈개정 2019.12.10.〉

⑧ 제2항에 따른 동의자 수의 산정방법, 동의절차, 그 밖에 필요한 사항은 대통령령으로 정한다.

지적재조사에 관한 특별법 시행령 제6조(지적재조사지구의 지정 등)

① 법 제7조제1항에 따른 지적재조사지구 지정 신청을 받은 특별시장ㆍ광역시장ㆍ도지사ㆍ특별자치도지사ㆍ특별자치시장 및 「지방자치법」 제175조에 따른 대도시로서 구를 둔 시의 시장(이하 "시ㆍ도지사"라 한다)은 15일 이내에 그 신청을 법 제29조제1항에 따른 시ㆍ도 지적재조사위원회(이하 "시ㆍ도 위원회"라 한다)에 회부해야 한다. 〈개정 2017.10.17., 2020.6.23.〉

② 제1항에 따라 지적재조사지구 지정 신청을 회부받은 시ㆍ도 위원회는 그 신청을 회부받은 날부터 30일 이내에 지적재조사지구의 지정 여부에 대하여 심의ㆍ의결해야 한다. 다만, 사실 확인이 필요한 경우 등 불가피한 사유가 있을 때에는 그 심의기간을 해당 시ㆍ도 위원회의 의결을 거쳐 15일의 범위에서 그 기간을 한 차례만 연장할 수 있다. 〈개정 2020.6.23.〉

③ 시ㆍ도 위원회는 지적재조사지구 지정 신청에 대하여 의결을 하였을 때에는 의결서를 작성하여 지체 없이 시ㆍ도지사에게 송부해야 한다. 〈개정 2020.6.23.〉

④ 시ㆍ도지사는 제3항에 따라 의결서를 받은 날부터 7일 이내에 법 제8조에 따라 지적재조사지구를 지정ㆍ고시하거나, 지적재조사지구를 지정하지 않는다는 결정을 하고, 그 사실을 지적소관청에 통지해야 한다.

⑤ 제1항부터 제4항까지의 규정은 지적재조사지구를 변경할 때에도 적용한다.

정답 **16** ④

17 「지적재조사에 관한 특별법」상 지적재조사사업의 경계 결정에 대한 설명으로 가장 옳지 않은 것은?

① 지적소관청은 경계에 관한 결정을 신청하고자 할 때에는 지적확정예정조서에 토지소유자나 이해관계인의 의견을 첨부하여 경계결정위원회에 제출하여야 한다.

② 경계 결정 신청을 받은 경계결정위원회는 부득이한 사유가 없는 경우 지적확정예정조서를 제출받은 날부터 30일 이내에 경계에 관한 결정을 하고 지적소관청에 통지하여야 한다.

③ 경계결정위원회는 경계에 관한 결정을 하기에 앞서 토지소유자들로 하여금 경계에 관한 진술을 하도록 권고할 수 있다.

④ 지적소관청은 경계결정위원회로부터 경계에 관한 결정을 통지받았을 때에는 지체 없이 이를 토지소유자나 이해관계인에게 통지하여야 한다.

해설 지적재조사에 관한 특별법 제16조(경계의 결정)

① 지적재조사에 따른 경계결정은 경계결정위원회의 의결을 거쳐 결정한다.

② 지적소관청은 제1항에 따른 경계에 관한 결정을 신청하고자 할 때에는 제15조제2항에 따른 지적확정예정조서에 토지소유자나 이해관계인의 의견을 첨부하여 경계결정위원회에 제출하여야 한다. 〈개정 2017.4.18.〉

③ 제2항에 따른 신청을 받은 경계결정위원회는 지적확정예정조서를 제출받은 날부터 30일 이내에 경계에 관한 결정을 하고 이를 지적소관청에 통지하여야 한다. 이 기간 안에 경계에 관한 결정을 할 수 없는 부득이한 사유가 있을 때에는 경계결정위원회는 의결을 거쳐 30일의 범위에서 그 기간을 연장할 수 있다. 〈개정 2017.4.18.〉

④ 토지소유자나 이해관계인은 경계결정위원회에 참석하여 의견을 진술할 수 있다. 경계결정위원회는 토지소유자나 이해관계인이 의견진술을 신청하는 경우에는 특별한 사정이 없으면 이에 따라야 한다. 〈개정 2020.6.9.〉

⑤ 경계결정위원회는 제3항에 따라 경계에 관한 결정을 하기에 앞서 토지소유자들로 하여금 경계에 관한 합의를 하도록 권고할 수 있다.

⑥ 지적소관청은 제3항에 따라 경계결정위원회로부터 경계에 관한 결정을 통지받았을 때에는 지체 없이 이를 토지소유자나 이해관계인에게 통지하여야 한다. 이 경우 제17조제1항에 따른 기간 안에 이의신청이 없으면 경계결정위원회의 결정대로 경계가 확정된다는 취지를 명시하여야 한다.

18 〈보기〉에서 「지적재조사에 관한 특별법」상 시·도 지적재조사위원회의 심의·의결 내용을 모두 고른 것은?

〈보기〉

ㄱ. 지적소관청이 수립한 실시계획

ㄴ. 기본계획의 수립 및 변경

ㄷ. 시·도종합계획의 수립 및 변경

ㄹ. 조정금 이의신청에 관한 결정

ㅁ. 지적재조사지구의 지정 및 변경

ㅂ. 경계복원측량 또는 지적공부정리의 허용 여부

ㅅ. 시·군·구별 지적재조사사업의 우선순위 조정

ㅇ. 토지소유자협의회가 요청하는 경우, 개별공시지가로 조정금의 산정

---

① ㄱ, ㄴ, ㄷ, ㄹ　　② ㄱ, ㄷ, ㅁ, ㅅ

③ ㄴ, ㄹ, ㅂ, ㅇ　　④ ㄴ, ㅁ, ㅂ, ㅅ

[해설] 위원회

위원회	중앙지적재조사위원회	시 · 도 지적재조사위원회	시 · 군 · 구 지적재조사위원회	경계결정위원회
소속	국토교통부장관 [암기] [기][관][장]	시 · 도지사 [암기] [실][종][사][우][위]	지적소관청 [암기] [복][부][지][정] [의][장]	지적소관청 [암기] [경][신]
심의, 의결사항	• [기]본계획의 수립 및 변경 • [관]계 법령의 제정, 개정, 제도 개선에 관한 사항 • 지적재조사사업에 필요하여 중앙위원회 위원[장]이 부의하는 사항	• 지적소관청이 수립한 [실]시계획 • 시 · 도[종]합계획의 수립 및 변경 • 지적재조사[사]지구의 지정 및 변경 • 시 · 군 · 구별 지적재조사사업의 [우]선순위 조정 • 그 밖에 지적재조사사업에 필요하여 시 · 도 위원회의 [위]원장이 부의하는 사항	• 경계[복]원측량 또는 지적공[부]정리 등의 허용 여부 • [지]목의 변경 • 조[정]금의 산정 • 조정금 이[의]신청에 관한 결정 • 지적재소사사업에 필요하여 시 · 군 · 구 위원회의 위원[장]이 부의하는 사항	• [경]계설정에 관한 결정 • 경계설정에 따른 이의[신]청에 관한 결정

19 지적공부 등록 필지 수에 따른 지적서고의 기준면적을 옳게 짝지은 것은?

① 10만 필지 이하 : 70제곱미터

② 10만 필지 초과 20만 필지 이하 : 100제곱미터

③ 20만 필지 초과 30만 필지 이하 : 120제곱미터

④ 30만 필지 초과 40만 필지 이하 : 150제곱미터

[해설] 공간정보의 구축 및 관리 등에 관한 법률 시행규칙 [별표 7]

지적서고의 기준면적(제65조제2항제2호 관련)

지적공부 등록 필지 수	지적서고의 기준면적
10만 필지 이하	80제곱미터
10만 필지 초과 20만 필지 이하	110제곱미터
20만 필지 초과 30만 필지 이하	130제곱미터
30만 필지 초과 40만 필지 이하	150제곱미터
40만 필지 초과 50만 필지 이하	165제곱미터
50만 필지 초과	180제곱미터에 60만 필지를 초과하는 10만 필지마다 10제곱미터를 가산한 면적

정답　19 ④

20 〈보기〉에서 1필지당 지적공부정리 신청 수수료가 동일한 것을 모두 고른 것은?

〈보기〉
ㄱ. 등록전환 신청
ㄴ. 지목변경 신청
ㄷ. 축척변경 신청

① ㄱ, ㄴ   ② ㄱ, ㄷ

③ ㄴ, ㄷ   ④ ㄱ, ㄴ, ㄷ

해설 공간정보의 구축 및 관리 등에 관한 법률 시행규칙 [별표 12] 〈개정 2019.2.25.〉

업무 종류에 따른 수수료의 금액(제115조제1항 관련)

해당 업무	단위	수수료	해당 법조문
16. 지적공부정리 신청			법 제106조
가. 신규등록 신청	1필지당	1,400원	제1항제15호
나. 등록전환 신청	1필지당	1,400원	
다. 분할 신청	분할 후 1필지당	1,400원	
라. 합병 신청	합병 전 1필지당	1,000원	
마. 지목변경 신청	1필지당	1,000원	
바. 바다로 된 토지의 등록말소 신청	1필지당	무료	
사. 축척변경 신청	1필지당	1,400원	
아. 등록사항의 정정 신청	1필지당	무료	
자. 법 제86조에 따른 토지이동 신청	확정 후 1필지당	1,400원	

01 「공간정보의 구축 및 관리 등에 관한 법률」상 〈보기〉에서 지적기술자의 측량업무 수행을 정지시킬 수 있는 경우를 모두 고른 것은?

〈보기〉

ㄱ. 고의 또는 중대한 과실로 지적측량을 잘못하여 다른 사람에게 손해를 입힌 경우
ㄴ. 다른 사람에게 측량기술경력증을 빌려주거나 자기의 성명을 사용하여 측량업무를 수행하게 한 경우
ㄷ. 정당한 사유 없이 지적측량 신청을 거부한 경우
ㄹ. 직계 비속이 소유한 토지에 대한 지적측량을 한 경우

---

① ㄱ
② ㄴ, ㄷ
③ ㄱ, ㄴ, ㄷ
④ ㄱ, ㄷ, ㄹ

해설 **지적기술자의 업무정지 기준(제44조제3항 관련)**

1. 일반기준

   국토교통부장관은 다음 각 목의 구분에 따라 업무정지의 기간을 줄일 수 있다.

   가. 위반행위가 있은 날 이전 최근 2년 이내에 업무정지 처분을 받은 사실이 없는 경우 : 4분의 1 경감

   나. 해당 위반행위가 과실 또는 상당한 이유에 의한 것으로서 보완이 가능한 경우 : 4분의 1 경감

   다. 가목과 나목 모두에 해당하는 경우 : 2분의 1 경감

2. 개별기준 **암기** ㉮㉯ ㉰㉱㉲ ㉳㉴㉵㉶㉷

위반사항	해당 법조문	행정처분기준
가. 법 제40조제1항에 따른 근무처 및 경력 등의 신고 또는 변경 신고를 ㉮짓으로 한 경우	법 제42조 제1항제1호	1년
나. 법 제41조제4항을 위반하여 다른 사람에게 측량기술경력증을 빌려(㉯여)주거나 자기의 성명을 사용하여 측량업무를 수행하게 한 경우	법 제42조 제1항제2호	1년
다. 법 제50조제1항을 위반하여 ㉰의와 성실로써 공정하게 지적측량을 하지 아니한 경우	법 제42조 제1항제3호	
1) 지적측량수행자 소속 지적기술자가 영업㉱지기간 중에 이를 알고도 지적측량업무를 행한 경우		2년
2) 지적측량수행자 소속 지적기술자가 법 제45조에 따른 업무㉲위를 위반하여 지적측량을 한 경우		2년
라. 고의 또는 중㉳실로 지적측량을 잘못하여 다른 사람에게 손해를 입힌 경우	법 제42조 제1항제3호	
1) 다른 사람에게 손해를 입혀 ㉴고 이상의 형을 선고받고 그 형이 확정된 경우		2년

위반사항	해당 법조문	행정처분기준
2) 다른 사람에게 손해를 입혀 ⑭금 이하의 형을 선고받고 그 형이 확정된 경우	법 제42조 제1항제3호	1년 6개월
3) 그 밖에 고의 또는 중대한 과실로 지적측량을 잘못하여 다른 사람에게 ㉚해를 입힌 경우		1년
마. 지적기술자가 법 제50조제1항을 위반하여 정당한 사유 없이 지적측량 신청을 ㉮부한 경우	법 제42조 제1항제4호	3개월

과태료의 부과기준(제105조 관련) [별표 13] 〈개정 2016.12.30.〉

2. 개별기준 암기 ㉚㉛㉜ ㉠㉡㉮ ㉚ : ㉤㉥㉦㉧ ㉡ : ㉨㉩㉪ ㉜ : ㉨㉩㉫

(단위 : 만 원)

위반행위	근거 법조문	과태료 금액		
		1차	2차	3차 이상
가. ㉚당한 사유 없이 ㉤량을 방해한 경우	법 제111조 제1항제1호	25	50	100
나. 정당한 사유 없이 법 제101조제7항을 위반하여 토지 등에의 ㉥입 등을 방해하거나 거부한 경우	법 제111조 제1항제18호	25	50	100
다. 정당한 사유 없이 법 제99조제1항에 따른 ㉦고를 하지 않거나 거짓으로 보고를 한 경우	법 제111조 제1항제16호	25	50	100
라. 정당한 사유 없이 법 제99조제1항에 따른 ㉧사를 거부·방해 또는 기피한 경우	법 제111조 제1항제17호	25	50	100
마. 법 제44조제4항을 위반하여 측량㉡ ㉩록사항의 변경 신고를 하지 않은 경우	법 제111조 제1항제8호	7	15	30
바. 법 제48조(법 제54조제6항에 따라 준용되는 경우를 포함한다)를 위반하여 측량업의 휴업·㉪업 등의 신고를 하지 않거나 거짓으로 신고한 경우	법 제111조 제1항제10호	30		
사. 법 제46조제2항(법 제54조제6항에 따라 준용되는 경우를 포함한다)을 위반하여 측량업의 지위 ㉨계 신고를 하지 않은 경우	법 제111조 제1항제9호	50		
아. 법 제93조제1항을 위반하여 성능㉮사대행자의 ㉩록 사항 변경을 신고하지 않은 경우	법 제111조 제1항제14호	6	12	25
자. 법 제93조제3항을 위반하여 성능검사대행업무의 ㉪업신고를 하지 않은 경우	법 제111조 제1항제15호	25		
자. 법 제92조제1항을 위반하여 측량기기에 대한 성능검사를 받지 않거나 부정한 방법으로 성능㉮사를 받은 경우	법 제111조 제1항제13호	25	50	100
아. 법 제13조제4항을 위반하여 고시된 측량㉬과에 어긋나는 측량성과를 사용한 경우	법 제111조 제1항제2호	37	75	150
차. 법 제50조제2항을 위반하여 본인, 배우자 또는 ㉛계 존속·비속이 소유한 토지에 대한 지적측량을 한 경우	법 제111조 제1항제11호	10	20	40
사. 법 제40조제1항(법 제43조제3항에 따라 준용되는 경우를 포함한다)을 위반하여 ㉮짓으로 측량기술자의 신고를 한 경우	법 제111조 제1항제7호	6	12	25

02 축척 1/1,000인 경계점좌표등록부 시행지역에서 1필지 면적 측정 결과 1,155.45m²가 산출되었다. 이때 지적공부에 등록할 면적은?

① 1,155.4m²

② 1,155m²

③ 1,155.5m²

④ 1,156m²

해설 공간정보의 구축 및 관리 등에 관한 법률 시행령 제60조(면적의 결정 및 측량계산의 끝수처리)

① 면적의 결정은 다음 각 호의 방법에 따른다.

1. 토지의 면적에 1제곱미터 미만의 끝수가 있는 경우 0.5제곱미터 미만일 때에는 버리고 0.5제곱미터를 초과하는 때에는 올리며, 0.5제곱미터일 때에는 구하려는 끝자리의 숫자가 0 또는 짝수이면 버리고 홀수이면 올린다. 다만, 1필지의 면적이 1제곱미터 미만일 때에는 1제곱미터로 한다.

2. 지적도의 축척이 600분의 1인 지역과 경계점좌표등록부에 등록하는 지역의 토지 면적은 제1호에도 불구하고 제곱미터 이하 한 자리 단위로 하되, 0.1제곱미터 미만의 끝수가 있는 경우 0.05제곱미터 미만일 때에는 버리고 0.05제곱미터를 초과할 때에는 올리며, 0.05제곱미터일 때에는 구하려는 끝자리의 숫자가 0 또는 짝수이면 버리고 홀수이면 올린다. 다만, 1필지의 면적이 0.1제곱미터 미만일 때에는 0.1제곱미터로 한다.

② 방위각의 각치(角値), 종횡선의 수치 또는 거리를 계산하는 경우 구하려는 끝자리의 다음 숫자가 5 미만일 때에는 버리고 5를 초과할 때에는 올리며, 5일 때에는 구하려는 끝자리의 숫자가 0 또는 짝수이면 버리고 홀수이면 올린다. 다만, 전자계산조직을 이용하여 연산할 때에는 최종수치에만 이를 적용한다.

03 「공간정보의 구축 및 관리 등에 관한 법률」및 하위 법령상 연·왕골 등이 자생하는 배수가 잘 되지 않는 토지의 지목 부호는?

① 답

② 광

③ 유

④ 구

해설 지목의 부호

전	물을 상시적으로 이용하지 않고 곡물·원예작물(과수류는 제외한다)·약초·뽕나무·닥나무·묘목·관상수 등의 식물을 주로 재배하는 토지와 식용(食用)으로 죽순을 재배하는 토지
답	물을 상시적으로 직접 이용하여 벼·연(蓮)·미나리·왕골 등의 식물을 주로 재배하는 토지
광천지	지하에서 온수·약수·석유류 등이 용출되는 용출구(湧出口)와 그 유지(維持)에 사용되는 부지. 다만, 온수·약수·석유류 등을 일정한 장소로 운송하는 송수관·송유관 및 저장시설의 부지는 제외한다.
유지(溜池)	물이 고이거나 상시적으로 물을 저장하고 있는 댐·저수지·소류지(沼溜地)·호수·연못 등의 토지와 연·왕골 등이 자생하는 배수가 잘 되지 아니하는 토지
구거	용수(用水) 또는 배수(排水)를 위하여 일정한 형태를 갖춘 인공적인 수로·둑 및 그 부속 시설물의 부지와 자연의 유수(流水)가 있거나 있을 것으로 예상되는 소규모 수로부지

04 「지적재조사에 관한 특별법」상 토지현황조사에 대한 설명 중 가장 옳지 않은 것은?

① 지적재조사지구 지정고시가 있으면 그 지적재조사 지구의 토지를 대상으로 토지현황조사를 하여야 한다.

② 토지현황조사는 지적재조사측량과 병행하여 실시할 수 있다.

③ 토지현황조사를 할 때에는 소유자, 지번, 지목, 경계 또는 좌표, 지상건축물 및 지하건축물의 위치, 개별공시지가 등을 기재한 토지현황조사서를 작성하여야 한다.

④ 토지현황조사에 따른 조사 범위·대상·항목과 토지현황조사서 기재·작성 방법에 관련된 사항은 지적 소관청에서 정한다.

[해설] 지적재조사에 관한 특별법 제10조(토지현황조사)

[암기] ⓢⓩⓜⓖⓟ는 ⓩⓗⓖⓚ에서 ⓣⓩⓖⓘⓨⓗⓗⓢⓢ을

① 지적소관청은 제8조에 따른 지적재조사지구 지정고시가 있으면 그 지적재조사지구의 토지를 대상으로 토지현황조사를 하여야 하며, 토지현황조사는 지적재조사측량과 병행하여 실시할 수 있다. 〈개정 2017.4.18., 2019.12.10.〉

② 토지현황조사를 할 때에는 ⓢ유자, ⓩ번, 지ⓜ, 경ⓖ 또는 좌ⓟ, ⓩ상건축물 및 지ⓗ건축물의 위치, 개별ⓖ시지가 등을 기재한 토지현황조사서를 작성하여야 한다. 〈개정 2017.4.18.〉

③ 토지현황조사에 따른 조사 범위·대상·항목과 토지현황조사서 기재·작성 방법에 관련된 사항은 국토교통부령으로 정한다.

지적재조사에 관한 특별법 시행규칙 제4조(토지현황조사)

① 법 제10조제1항에 따른 토지현황조사(이하 "토지현황조사"라 한다)는 지적재조사사업지구의 필지별로 다음 각 호의 사항에 대하여 조사한다. 〈개정 2013.3.23., 2017.10.19., 2020.6.18.〉

1. ⓣⓩ에 관한 사항
2. ⓖⓜ물에 관한 사항
3. 토지ⓘⓨ계획에 관한 사항
4. 토지이용 ⓗⓢ 및 건축물 현황
5. 지하ⓢⓢ물(지하구조물) 등에 관한 사항
6. 그 밖에 국토교통부장관이 토지현황조사와 관련하여 필요하다고 인정하는 사항

② 토지현황조사는 사전조사와 현지조사로 구분하여 실시하며, 현지조사는 법 제9조제1항에 따른 지적재조사를 위한 지적측량(이하 "지적재조사측량"이라 한다)과 함께 할 수 있다. 〈개정 2017.10.19.〉

③ 법 제10조제2항에 따른 토지현황조사서는 별지 제3호 서식에 따른다. 〈개정 2017.10.19.〉

④ 제1항부터 제3항까지에서 규정한 사항 외에 토지현황조사서 작성에 필요한 사항은 국토교통부장관이 정하여 고시한다.

05 「지적업무처리규정」에서 정의하는 용어에 대한 설명으로 가장 옳지 않은 것은?

① "기지경계선(旣知境界線)"이란 기초측량성과를 결정하는 기준이 되는 기지점을 필지별로 직선으로 연결한 선을 말한다.

② "전자평판측량"이란 토탈스테이션과 지적측량 운영프로그램 등이 설치된 컴퓨터를 연결하여 세부측량을 수행하는 측량을 말한다.

③ "지적측량파일"이란 측량준비파일, 측량현형파일 및 측량성과파일을 말한다.

④ "측량현형(現形)파일"이란 전자평판측량 및 위성측량방법으로 관측한 데이터 및 지적측량에 필요한 각종 정보가 들어있는 파일을 말한다.

지적업무처리규정 제3조(정의)

이 규정에서 사용하는 용어의 뜻은 다음 각 호와 같다.

1. "기지점(旣知點)"이란 기초측량에서는 국가기준점 또는 지적기준점을 말하고, 세부측량에서는 지적기준점 또는 지적도면상 필지를 구획하는 선의 경계점과 상호 부합되는 지상의 경계점을 말한다.
2. "기지경계선(旣知境界線)"이란 세부측량성과를 결정하는 기준이 되는 기지점을 필지별로 직선으로 연결한 선을 말한다.
3. "전자평판측량"이란 토탈스테이션과 지적측량 운영프로그램 등이 설치된 컴퓨터를 연결하여 세부측량을 수행하는 측량을 말한다.
4. "토탈스테이션"이란 경위의측량방법에 따른 기초측량 및 세부측량에 사용되는 장비를 말한다.
5. "지적측량파일"이란 측량준비파일, 측량현형파일 및 측량성과파일을 말한다.
6. "측량준비파일"이란 부동산종합공부시스템에서 지적측량 업무를 수행하기 위하여 도면 및 대장속성 정보를 추출한 파일을 말한다.
7. "측량현형(現形)파일"이란 전자평판측량 및 위성측량방법으로 관측한 데이터 및 지적측량에 필요한 각종 정보가 들어있는 파일을 말한다.
8. "측량성과파일"이란 전자평판측량 및 위성측량방법으로 관측 후 지적측량정보를 처리할 수 있는 시스템에 따라 작성된 측량결과도파일과 토지이동정리를 위한 지번, 지목 및 경계점의 좌표가 포함된 파일을 말한다.
9. "측량부"란 기초측량 또는 세부측량성과를 결정하기 위하여 사용한 관측부·계산부 등 이에 수반되는 기록을 말한다.

06 「공간정보의 구축 및 관리 등에 관한 법률」상 부동산종합공부에 관한 설명으로 가장 옳은 것은?

① 지적소관청은 부동산종합공부를 영구히 보존하여야 하지만 부동산종합공부의 멸실 또는 훼손에 대비하여 이를 별도로 복제하여 관리하는 정보관리체계를 구축할 필요가 없다.
② 부동산종합공부를 열람하려는 자는 지적소관청만을 대상으로 신청할 수 있다.
③ 부동산종합공부 등록사항 중 토지의 이용 및 규제에 관한 사항은 「토지이용규제 기본법」에 따른 토지이용 계획확인서의 내용과 도시계획확인서의 내용이다.
④ 부동산종합공부의 등록사항 중 토지의 표시와 소유자에 관한 사항은 「공간정보의 구축 및 관리 등에 관한 법률」에 따른 지적공부의 내용이다.

공간정보의 구축 및 관리 등에 관한 법률 제2조(정의)

이 법에서 사용하는 용어의 뜻은 다음과 같다.

18. "지적소관청"이란 지적공부를 관리하는 특별자치시장, 시장(「제주특별자치도 설치 및 국제자유도시 조성을 위한 특별법」 제10조제2항에 따른 행정시의 시장을 포함하며, 「지방자치법」 제3조제3항에 따라 자치구가 아닌 구를 두는 시의 시장은 제외한다)·군수 또는 구청장(자치구가 아닌 구의 구청장을 포함한다)을 말한다.
19. "지적공부"란 토지대장, 임야대장, 공유지연명부, 대지권등록부, 지적도, 임야도 및 경계점좌표등록부 등 지적측량 등을 통하여 조사된 토지의 표시와 해당 토지의 소유자 등을 기록한 대장 및 도면(정보처리시스템을 통하여 기록·저장된 것을 포함한다)을 말한다.
19의2. "연속지적도"란 지적측량을 하지 아니하고 전산화된 지적도 및 임야도 파일을 이용하여, 도면상 경계점들을 연결하여 작성한 도면으로서 측량에 활용할 수 없는 도면을 말한다.
19의3. "부동산종합공부"란 토지의 표시와 소유자에 관한 사항, 건축물의 표시와 소유자에 관한 사항, 토지의 이용 및 규제에 관한 사항, 부동산의 가격에 관한 사항 등 부동산에 관한 종합정보를 정보관리체계를 통하여 기록·저장한 것을 말한다.

07 「공간정보의 구축 및 관리 등에 관한 법률」의 목적으로 가장 옳지 않은 것은?

① 지적공부의 작성 및 관리 ② 해상교통의 안전
③ 국민의 소유권 보호 ④ 국토의 효율적 관리

해설 공간정보의 구축 및 관리 등에 관한 법률 제1조(목적)

이 법은 측량 기준 및 절차와 지적공부(地籍公簿) · 부동산종합공부(不動産綜合公簿)의 작성 및 관리 등에 관한 사항을 규정함으로써 국토의 효율적 관리와 국민의 소유권 보호에 기여함을 목적으로 한다. 〈개정 2013.7.17.〉

공간정보의 구축 및 관리 등에 관한 법률 제1조(목적)

이 법은 측량의 기준 및 절차와 지적공부(地籍公簿) · 부동산종합공부(不動産綜合公簿)의 작성 및 관리 등에 관한 사항을 규정함으로써 국토의 효율적 관리 및 국민의 소유권 보호에 기여함을 목적으로 한다. [시행일 : 2021.2.19.]

08 「공간정보의 구축 및 관리 등에 관한 법률」에서 정의하는 용어에 대한 설명으로 가장 옳지 않은 것은?

① "토지의 이동(異動)"이란 토지의 표시를 새로 정하거나 변경 또는 말소하는 것을 말한다.
② "지적재조사측량"이란 「지적재조사에 관한 특별법」에 따른 지적재조사사업에 따라 토지의 표시를 새로 정하기 위하여 실시하는 지적측량을 말한다.
③ "경계점"이란 필지를 구획하는 선의 굴곡점으로서 지적도나 임야도에 도해(圖解) 형태로 등록하거나 경계점좌표등록부에 좌표 형태로 등록하는 점을 말한다.
④ "지적측량"이란 토지를 지적공부에 등록하거나 지적공부에 등록된 경계점을 지상에 복원하기 위하여 국토교통부령으로 정한 필지의 경계 또는 좌표와 면적을 정하는 측량을 말하며, 지적확정측량 및 지적재조사측량을 포함한다.

해설 공간정보의 구축 및 관리 등에 관한 법률 제2조(정의)

이 법에서 사용하는 용어의 뜻은 다음과 같다. 〈개정 2020.2.18.〉

1. "측량"이란 공간상에 존재하는 일정한 점들의 위치를 측정하고 그 특성을 조사하여 도면 및 수치로 표현하거나 도면상의 위치를 현지(現地)에 재현하는 것을 말하며, 측량용 사진의 촬영, 지도의 제작 및 각종 건설사업에서 요구하는 도면작성 등을 포함한다.
4. "지적측량"이란 토지를 지적공부에 등록하거나 지적공부에 등록된 경계점을 지상에 복원하기 위하여 제21호에 따른 필지의 경계 또는 좌표와 면적을 정하는 측량을 말하며, 지적확정측량 및 지적재조사측량을 포함한다.
4의2. "지적확정측량"이란 제86조제1항에 따른 사업이 끝나 토지의 표시를 새로 정하기 위하여 실시하는 지적측량을 말한다.
4의3. "지적재조사측량"이란 「지적재조사에 관한 특별법」에 따른 지적재조사사업에 따라 토지의 표시를 새로 정하기 위하여 실시하는 지적측량을 말한다.
25. "경계점"이란 필지를 구획하는 선의 굴곡점으로서 지적도나 임야도에 도해(圖解) 형태로 등록하거나 경계점좌표등록부에 좌표 형태로 등록하는 점을 말한다.
26. "경계"란 필지별로 경계점들을 직선으로 연결하여 지적공부에 등록한 선을 말한다.
27. "면적"이란 지적공부에 등록한 필지의 수평면상 넓이를 말한다.
28. "토지의 이동(異動)"이란 토지의 표시를 새로 정하거나 변경 또는 말소하는 것을 말한다.

09 「지적재조사에 관한 특별법」상 지적재조사사업에 따른 경계의 확정시기로 가장 옳지 않은 것은?

① 이의신청 기간에 이의를 신청하지 아니하였을 때
② 이의신청에 대한 결정에 대하여 60일 이내에 불복의사를 표명하지 아니하였을 때
③ 경계에 관한 결정에 불복하여 행정소송을 제기한 경우 그 판결이 확정되었을 때
④ 지적확정예정조서를 제출하였을 때

해설 **지적재조사에 관한 특별법 제18조(경계의 확정)**
① 지적재조사사업에 따른 경계는 다음 각 호의 시기에 확정된다.
　1. 제17조제1항에 따른 이의신청 기간에 이의를 신청하지 아니하였을 때
　2. 제17조제4항에 따른 이의신청에 대한 결정에 대하여 60일 이내에 불복의사를 표명하지 아니하였을 때
　3. 제16조제3항에 따른 경계에 관한 결정이나 제17조제4항에 따른 이의신청에 대한 결정에 불복하여 행정소송을 제기한 경우에는 그 판결이 확정되었을 때
② 제1항에 따라 경계가 확정되었을 때에는 지적소관청은 지체 없이 경계점지를 설치하여야 하며, 국토교통부령으로 정하는 바에 따라 지상경계점등록부를 작성하고 관리하여야 한다. 이 경우 제1항에 따라 확정된 경계가 제15조제1항 및 제3항에 따라 설정된 경계와 동일할 때에는 같은 조 제1항 및 제3항에 따른 임시경계점지를 경계점지로 본다. 〈개정 2013.3.23., 2017.4.18.〉
③ 누구든지 제2항에 따른 경계점지를 이전 또는 파손하거나 그 효용을 해치는 행위를 하여서는 아니 된다.

10 「공간정보의 구축 및 관리 등에 관한 법률」상 축척변경 시 시·도지사 또는 대도시 시장의 승인을 받지 않아도 되는 경우로 가장 옳은 것은?

① 잦은 토지의 이동으로 1필지의 규모가 작아서 소축척으로는 토지의 이동에 따른 정리를 하기가 곤란한 경우
② 합병하려는 토지가 축척이 다른 지적도에 각각 등록되어 있어 축척변경을 하는 경우
③ 하나의 지번부여지역에 서로 다른 축척의 지적도가 있는 경우
④ 잦은 토지의 이동으로 1필지의 규모가 작아서 소축척으로는 지적측량성과의 결정이 곤란한 경우

해설 **공간정보의 구축 및 관리 등에 관한 법률 제83조(축척변경)**
① 축척변경에 관한 사항을 심의·의결하기 위하여 지적소관청에 축척변경위원회를 둔다.
② 지적소관청은 지적도가 다음 각 호의 어느 하나에 해당하는 경우에는 토지소유자의 신청 또는 지적소관청의 직권으로 일정한 지역을 정하여 그 지역의 축척을 변경할 수 있다.
　1. 잦은 토지의 이동으로 1필지의 규모가 작아서 소축척으로는 지적측량성과의 결정이나 토지의 이동에 따른 정리를 하기가 곤란한 경우
　2. 하나의 지번부여지역에 서로 다른 축척의 지적도가 있는 경우
　3. 그 밖에 지적공부를 관리하기 위하여 필요하다고 인정되는 경우
③ 지적소관청은 제2항에 따라 축척변경을 하려면 축척변경 시행지역의 토지소유자 3분의 2 이상의 동의를 받아 제1항에 따른 축척변경위원회의 의결을 거친 후 시·도지사 또는 대도시 시장의 승인을 받아야 한다. 다만, 다음 각 호의 어느 하나에 해당하는 경우에는 축척변경위원회의 의결 및 시·도지사 또는 대도시 시장의 승인 없이 축척변경을 할 수 있다.
　1. 합병하려는 토지가 축척이 다른 지적도에 각각 등록되어 있어 축척변경을 하는 경우
　2. 제86조에 따른 도시개발사업 등의 시행지역에 있는 토지로서 그 사업 시행에서 제외된 토지의 축척변경을 하는 경우
④ 축척변경의 절차, 축척변경으로 인한 면적 증감의 처리, 축척변경 결과에 대한 이의신청 및 축척변경위원회의 구성·운영 등에 필요한 사항은 대통령령으로 정한다.

11 「공간정보의 구축 및 관리 등에 관한 법률」상 중앙지적위원회에서 심의 · 의결하는 사항으로 가장 옳지 않은 것은?

① 지적측량업자의 업무정지 처분 및 징계요구에 관한 사항

② 지적기술자의 업무정지 처분 및 징계요구에 관한 사항

③ 지적 관련 정책 개발 및 업무 개선 등에 관한 사항

④ 지적측량기술의 연구 · 개발 및 보급에 관한 사항

해설 공간정보의 구축 및 관리 등에 관한 법률 제28조(지적위원회) 암기 정무연개는 사양무요다.

① 다음 각 호의 사항을 심의 · 의결하기 위하여 국토교통부에 중앙지적위원회를 둔다.
  1. 지적 관련 정책 개발 및 업무 개선 등에 관한 사항
  2. 지적측량기술의 연구 · 개발 및 보급에 관한 사항
  3. 제29조제6항에 따른 지적측량 적부심사(適否審査)에 대한 재심사(再審査)
  4. 제39조에 따른 측량기술자 중 지적분야 측량기술자(이하 "지적기술자"라 한다)의 양성에 관한 사항
  5. 제42조에 따른 지적기술자의 업무정지 처분 및 징계요구에 관한 사항

② 지적측량에 대한 적부심사 청구사항을 심의 · 의결하기 위하여 특별시 · 광역시 · 특별자치시 · 도 또는 특별자치도(이하 "시 · 도"라 한다)에 지방지적위원회를 둔다. 〈신설 2013.7.17.〉

③ 중앙지적위원회와 지방지적위원회의 구성 및 운영에 필요한 사항은 대통령령으로 정한다.

④ 중앙지적위원회와 지방지적위원회의 위원 중 공무원이 아닌 사람은 「형법」 제127조 및 제129조부터 제132조까지의 규정을 적용할 때에는 공무원으로 본다. 〈신설 2017.10.24.〉

12 「국가공간정보센터 운영규정」상 지적전산자료에 오류가 있다고 판단되는 경우 지적소관청에 자료의 수정 · 보완을 요청할 수 있는 자는?

① 국토교통부장관

② 한국국토정보공사 사장

③ 시 · 도지사

④ 대도시 시장

해설 국가공간정보센터 운영규정 제10조(지적전산자료의 관리)

① 국토교통부장관은 지적공부에 관한 전산자료(이하 "지적전산자료"라 한다)가 최신 정보에 맞도록 수시로 갱신하여야 한다. 〈개정 2013.3.23.〉

② 국토교통부장관은 지적전산자료에 오류가 있다고 판단되는 경우에는 「공간정보의 구축 및 관리 등에 관한 법률」 제2조제18호에 따른 지적소관청(이하 "지적소관청"이라 한다)에 자료의 수정 · 보완을 요청할 수 있다. 이 경우 지적소관청은 요청받은 내용을 확인하여 지체 없이 바로잡은 후 국토교통부장관에게 그 결과를 보고하여야 한다. 〈개정 2011.8.30., 2013.3.23., 2015.6.1.〉

③ 국토교통부장관은 「부동산 가격공시에 관한 법률」에 따른 표준지공시지가 및 개별공시지가에 관한 지가전산자료를 개별공시지가가 확정된 후 3개월 이내에 정리하여야 한다.

13 「공간정보의 구축 및 관리 등에 관한 법률」상 지적전산자료의 이용 또는 활용 목적 등에 관하여 미리 관계 중앙행정기관의 심사를 받지 않을 수 있는 경우가 아닌 것은?

① 토지소유자가 자기 토지에 대한 지적전산자료를 신청하는 경우

② 토지소유자가 사망하여 그 상속인이 피상속인의 토지에 대한 지적전산자료를 신청하는 경우

③ 전국 단위의 지적전산자료 및 시 · 도 단위의 지적전산자료를 신청하는 경우

④ 「개인정보 보호법」에 따른 개인정보를 제외한 지적전산자료를 신청하는 경우

공간정보의 구축 및 관리 등에 관한 법률 제76조(지적전산자료의 이용 등)

① 지적공부에 관한 전산자료(연속지적도를 포함하며, 이하 "지적전산자료"라 한다)를 이용하거나 활용하려는 자는 다음 각 호의 구분에 따라 국토교통부장관, 시·도지사 또는 지적소관청에 지적전산자료를 신청하여야 한다. 〈개정 2013.3.23., 2013.7.17., 2017.10.24.〉

   1. 전국 단위의 지적전산자료 : 국토교통부장관, 시·도지사 또는 지적소관청
   2. 시·도 단위의 지적전산자료 : 시·도지사 또는 지적소관청
   3. 시·군·구(자치구가 아닌 구를 포함한다) 단위의 지적전산자료 : 지적소관청

② 제1항에 따라 지적전산자료를 신청하려는 자는 대통령령으로 정하는 바에 따라 지적전산자료의 이용 또는 활용 목적 등에 관하여 미리 관계 중앙행정기관의 심사를 받아야 한다. 다만, 중앙행정기관의 장, 그 소속 기관의 장 또는 지방자치단체의 장이 신청하는 경우에는 그러하지 아니하다. 〈개정 2017.10.24.〉

③ 제2항에도 불구하고 다음 각 호의 어느 하나에 해당하는 경우에는 관계 중앙행정기관의 심사를 받지 아니할 수 있다. 〈개정 2017.10.24.〉

   1. 토지소유자가 자기 토지에 대한 지적전산자료를 신청하는 경우
   2. 토지소유자가 사망하여 그 상속인이 피상속인의 토지에 대한 지적전산자료를 신청하는 경우
   3. 「개인정보 보호법」 제2조제1호에 따른 개인정보를 제외한 지적전산자료를 신청하는 경우

④ 제1항 및 제3항에 따른 지적전산자료의 이용 또는 활용에 필요한 사항은 대통령령으로 정한다.

14 「공간정보의 구축 및 관리 등에 관한 법률」상 토지소유자의 정리에 관한 설명으로 가장 옳지 않은 것은?

① 지적공부에 등록된 토지소유자의 변경사항은 등기관서에서 등기한 것을 증명하는 등기필증, 등기완료 통지서, 등기사항증명서 또는 등기관서에서 제공한 등기전산정보자료에 따라 정리한다.

② 소유자 없는 부동산에 대한 소유자 등록을 신청하는 경우 지적소관청은 지적공부에 해당 토지의 소유자가 등록되지 아니한 경우에는 등록할 수 없다.

③ 등기부에 적혀 있는 토지의 표시가 지적공부와 일치하지 아니하면 토지소유자를 정리할 수 없다. 이 경우 토지의 표시와 지적공부가 일치하지 아니하다는 사실을 관할 등기관서에 통지하여야 한다.

④ 지적소관청은 필요하다고 인정하는 경우에는 관할 등기관서의 등기부를 열람하여 지적공부와 부동산 등기부가 일치하는지 여부를 조사·확인하여야 한다.

공간정보의 구축 및 관리 등에 관한 법률 제88조(토지소유자의 정리)

① 지적공부에 등록된 토지소유자의 변경사항은 등기관서에서 등기한 것을 증명하는 등기필증, 등기완료통지서, 등기사항증명서 또는 등기관서에서 제공한 등기전산정보자료에 따라 정리한다. 다만, 신규등록하는 토지의 소유자는 지적소관청이 직접 조사하여 등록한다. 〈개정 2011.4.12.〉

② 「국유재산법」 제2조제10호에 따른 총괄청이나 같은 조 제11호에 따른 중앙관서의 장이 같은 법 제12조제3항에 따라 소유자 없는 부동산에 대한 소유자 등록을 신청하는 경우 지적소관청은 지적공부에 해당 토지의 소유자가 등록되지 아니한 경우에만 등록할 수 있다. 〈개정 2011.3.30.〉

③ 등기부에 적혀 있는 토지의 표시가 지적공부와 일치하지 아니하면 제1항에 따라 토지소유자를 정리할 수 없다. 이 경우 토지의 표시와 지적공부가 일치하지 아니하다는 사실을 관할 등기관서에 통지하여야 한다.

④ 지적소관청은 필요하다고 인정하는 경우에는 관할 등기관서의 등기부를 열람하여 지적공부와 부동산등기부가 일치하는지 여부를 조사·확인하여야 하며, 일치하지 아니하는 사항을 발견하면 등기사항증명서 또는 등기관서에서 제공한 등기전산정보자료에 따라 지적공부를 직권으로 정리하거나, 토지소유자나 그 밖의 이해관계인에게 그 지적공부와 부동산등기부가 일치하게 하는 데에 필요한 신청 등을 하도록 요구할 수 있다. 〈개정 2011.4.12.〉

⑤ 지적소관청 소속 공무원이 지적공부와 부동산등기부의 부합 여부를 확인하기 위하여 등기부를 열람하거나, 등기사항증명서의 발급을 신청하거나, 등기전산정보자료의 제공을 요청하는 경우 그 수수료는 무료로 한다.

15 「지적측량 시행규칙」상 세부측량을 하는 때에 필지마다 면적을 측정해야 하는 경우로 가장 옳지 않은 것은?

① 「공간정보의 구축 및 관리 등에 관한 법률」상 등록사항 정정에 따라 지적공부의 경계를 정정하는 경우

② 지상건축물 등의 현황을 지적도 및 임야도에 등록된 경계와 대비하여 표시하는 데에 필요한 경우

③ 도시개발사업 등으로 인한 토지의 이동에 따라 토지의 표시를 새로 결정하는 경우

④ 지적공부를 복구하는 경우

[해설] 지적측량 시행규칙 제19조(면적측정의 대상)

① 세부측량을 하는 경우 다음 각 호의 어느 하나에 해당하면 필지마다 면적을 측정하여야 한다.

> 1. 지적공부의 복구·신규등록·등록전환·분할 및 축척변경을 하는 경우
> 2. 법 제84조에 따라 면적 또는 경계를 정정하는 경우
> 3. 법 제86조에 따른 도시개발사업 등으로 인한 토지의 이동에 따라 토지의 표시를 새로 결정하는 경우
> 4. 경계복원측량 및 지적현황측량에 면적측정이 수반되는 경우

② 제1항에도 불구하고 법 제23조제1항제4호의 경계복원측량과 영 제18조의 지적현황측량을 하는 경우에는 필지마다 면적을 측정하지 아니한다.

16 「공간정보의 구축 및 관리 등에 관한 법률」상 지적소관청이 지적공부의 등록사항에 잘못이 있는지를 직권으로 조사·측량하여 정정할 수 있는 경우로 가장 옳지 않은 것은?

① 지적도 및 임야도에 등록된 필지가 면적의 증감 없이 경계의 위치만 잘못된 경우

② 1필지가 각각 다른 지적도나 임야도에 등록되어 있는 경우로서 지적공부에 등록된 면적과 측량한 실제면적은 일치하지만 지적도나 임야도에 등록된 경계가 서로 접합되지 않아 지적도나 임야도에 등록된 경계를 지상의 경계에 맞추어 정정하여야 하는 토지가 발견된 경우

③ 「부동산등기법」상 합필제한에 따른 통지가 있는 경우로 등기관의 착오에 의해 잘못 합병한 경우

④ 지적공부의 등록사항이 잘못 입력된 경우

[해설] 공간정보의 구축 및 관리 등에 관한 법률 시행령 제82조(등록사항의 직권정정 등)

① 지적소관청이 법 제84조제2항에 따라 지적공부의 등록사항에 잘못이 있는지를 직권으로 조사·측량하여 정정할 수 있는 경우는 다음 각 호와 같다. 〈개정 2015.6.1., 2017.1.10.〉

1. 제84조제2항에 따른 토지이동정리 결의서의 내용과 다르게 정리된 경우
2. 지적도 및 임야도에 등록된 필지가 면적의 증감 없이 경계의 위치만 잘못된 경우
3. 1필지가 각각 다른 지적도나 임야도에 등록되어 있는 경우로서 지적공부에 등록된 면적과 측량한 실제면적은 일치하지만 지적나 임야도에 등록된 경계가 서로 접합되지 않아 지적나 임야도에 등록된 경계를 지상의 경계에 맞추어 정정하여야 하는 토지가 발견된 경우
4. 지적공부의 작성 또는 재작성 당시 잘못 정리된 경우
5. 지적측량성과와 다르게 정리된 경우
6. 법 제29조제10항에 따라 지적공부의 등록사항을 정정하여야 하는 경우
7. 지적공부의 등록사항이 잘못 입력된 경우
8. 「부동산등기법」 제37조제2항에 따른 통지가 있는 경우(지적소관청의 착오로 잘못 합병한 경우만 해당한다)
9. 법률 제2801호 지적법 개정법률 부칙 제3조에 따른 면적 환산이 잘못된 경우

② 지적소관청은 제1항 각 호의 어느 하나에 해당하는 토지가 있을 때에는 지체 없이 관계 서류에 따라 지적공부의 등록사항을 정정하여야 한다.

③ 지적공부의 등록사항 중 경계나 면적 등 측량을 수반하는 토지의 표시가 잘못된 경우에는 지적소관청은 그 정정이 완료될 때까지 지적측량을 정지시킬 수 있다. 다만, 잘못 표시된 사항의 정정을 위한 지적측량은 그러하지 아니하다.

17 「공간정보의 구축 및 관리 등에 관한 법률」 및 동법 시행규칙상 지적도면 등의 등록사항에 해당하지 않는 것은?

① 건축물 및 구조물 등의 위치
② 경계점좌표등록부를 갖춰 두는 지역의 경우 경계점 좌표
③ 도곽선(圖廓線)과 그 수치
④ 삼각점 및 지적기준점의 위치

해설 공간정보의 구축 및 관리 등에 관한 법률 제72조(지적도 등의 등록사항)

지적도 및 임야도에는 다음 각 호의 사항을 등록하여야 한다. 〈개정 2013.3.23.〉
1. 토지의 소재
2. 지번
3. 지목
4. 경계
5. 그 밖에 국토교통부령으로 정하는 사항

공간정보의 구축 및 관리 등에 관한 법률 시행규칙 제69조(지적도면 등의 등록사항 등)
① 법 제72조에 따른 지적도 및 임야도는 각각 별지 제67호 서식 및 별지 제68호 서식과 같다.
② 법 제72조제5호에서 "그 밖에 국토교통부령으로 정하는 사항"이란 다음 각 호의 사항을 말한다. 〈개정 2013.3.23.〉
1. 지적도면의 색인도(인접도면의 연결 순서를 표시하기 위하여 기재한 도표와 번호를 말한다)
2. 지적도면의 제명 및 축척
3. 도곽선(圖廓線)과 그 수치
4. 좌표에 의하여 계산된 경계점 간의 거리(경계점좌표등록부를 갖춰 두는 지역으로 한정한다)
5. 삼각점 및 지적기준점의 위치
6. 건축물 및 구조물 등의 위치
7. 그 밖에 국토교통부장관이 정하는 사항

③ 경계점좌표등록부를 갖춰 두는 지역의 지적도에는 해당 도면의 제명 끝에 "(좌표)"라고 표시하고, 도 곽선의 오른쪽 아래 끝에 "이 도면에 의하여 측량을 할 수 없음"이라고 적어야 한다.

④ 지적도면에는 지적소관청의 직인을 날인하여야 한다. 다만, 정보처리시스템을 이용하여 관리하는 지 적도면의 경우에는 그러하지 아니하다.

⑤ 지적소관청은 지적도면의 관리에 필요한 경우에는 지번부여지역마다 일람도와 지번색인표를 작성하 여 갖춰 둘 수 있다.

⑥ 지적도면의 축척은 다음 각 호의 구분에 따른다.

　1. 지적도 : 1/500, 1/600, 1/1000, 1/1200, 1/2400, 1/3000, 1/6000

　2. 임야도 : 1/3000, 1/6000

18 「지적재조사에 관한 특별법」상 중앙지적재조사위원회의 위원이 심의 · 의결에서 제척되는 사유로 가장 옳지 않은 것은?

① 위원이 해당 심의 · 의결 안건에 관하여 연구 · 용역의 방법으로 직접 관여한 경우

② 위원이 최근 3년 이내에 심의 · 의결 안건과 관련된 업체에 임원 또는 직원으로 재직한 경우

③ 심의 · 의결하는 사항과 직접적인 이해관계가 있다고 인정되는 경우

④ 직무태만 또는 품위손상의 사유로 인하여 위원으로 적합하지 아니하다고 인정된 경우

해설 지적재조사에 관한 특별법 시행령 제20조(중앙위원회 위원의 제척 · 기피 · 회피)

① 중앙위원회의 위원은 다음 각 호의 어느 하나에 해당하는 경우에는 그 안건의 심의 · 의결에서 제척 (除斥)된다.

> 1. 위원이 해당 심의 · 의결 안건에 관하여 연구 · 용역 또는 그 밖의 방법으로 직접 관여한 경우
> 2. 위원이 최근 3년 이내에 심의 · 의결 안건과 관련된 업체의 임원 또는 직원으로 재직한 경우
> 3. 그 밖에 심의 · 의결 안건과 직접적인 이해관계가 있다고 인정되는 경우

② 중앙위원회가 심의 · 의결하는 사항과 직접적인 이해관계가 있는 자는 제1항에 따른 제척 사유가 있 거나 공정한 심의 · 의결을 기대하기 어려운 사유가 있는 중앙위원회의 위원에 대해서는 그 사유를 밝 혀 중앙위원회에 그 위원에 대한 기피신청을 할 수 있다. 이 경우 중앙위원회는 의결로 해당 위원의 기피 여부를 결정하여야 한다.

③ 중앙위원회의 위원은 제1항 또는 제2항에 해당하는 경우에는 스스로 심의 · 의결을 회피할 수 있다.

지적재조사에 관한 특별법 시행령 제21조(중앙위원회 위원의 해촉)

위원장은 중앙위원회의 위원 중 위원장이 위촉한 위원이 다음 각 호의 어느 하나에 해당하는 경우에는 해당 위원을 해촉할 수 있다. 〈개정 2016.5.10.〉

> 1. 심신장애로 인하여 직무를 수행할 수 없게 된 경우
> 2. 직무와 관련된 비위사실이 있는 경우
> 3. 직무태만, 품위손상, 그 밖의 사유로 인하여 위원으로 적합하지 아니하다고 인정된 경우
> 4. 위원이 제20조제1항 각 호의 제척 사유에 해당함에도 불구하고 회피하지 아니한 경우
> 5. 위원 스스로 직무를 수행하는 것이 곤란하다고 의사를 밝히는 경우

19 지적법규의 변천과정을 순서대로 바르게 나열한 것은?

① 토지조사법－토지조사령－지세령－조선임야조사령－조선지세령－지적법－측량 · 수로조사 및 지적에 관한 법률－공간정보의 구축 및 관리 등에 관한 법률

② 토지조사법－조선임야조사령－토지조사령－조선지세령－지세령－지적법－측량 · 수로조사 및 지적에 관한 법률－공간정보의 구축 및 관리 등에 관한 법률

③ 토지조사령－조선지세령－토지조사법－지세령－조선임야조사령－지적법－측량 · 수로조사 및 지적에 관한 법률－공간정보의 구축 및 관리 등에 관한 법률

④ 토지조사법－토지조사령－조선지세령－조선임야조사령－지세령－지적법－측량 · 수로조사 및 지적에 관한 법률－공간정보의 구축 및 관리 등에 관한 법률

해설 **지적법규의 변천 과정**
① 토지조사법(1910.8.23.)
② 토지조사령(1912.8.13.)
③ 지세령(1914.3.16.)
④ 토지대장규칙(1914.4.25.)
⑤ 조선임야조사령(1918.5.1.)
⑥ 임야대장규칙(1920.8.23.)
⑦ 토지측량규정(1921.6.16.)
⑧ 임야측량규정(1935.6.12.)
⑨ 조선지세령(1943.3.31.)
⑩ 조선임야대장규칙(1943.3.31.)
⑪ 지세법(1950.12.1.)
⑫ 지적법(1950.12.1.)
⑬ 지적법 시행령(1951.4.1.)
⑭ 지적측량규정(1954.11.12.)
⑮ 지적측량사규정(1960.12.31.)

20 「지적재조사에 관한 특별법」상 지적재조사사업의 지도 · 감독, 기술 · 인력 및 예산 등의 지원을 위하여 시 · 도에 둘 수 있는 조직으로 가장 옳은 것은?

① 지적재조사기획단
② 지적재조사계획단
③ 지적재조사지원단
④ 지적재조사추진단

해설 **지적재조사에 관한 특별법 제32조(지적재조사기획단 등)**
① 기본계획의 입안, 지적재조사사업의 지도 · 감독, 기술 · 인력 및 예산 등의 지원, 중앙위원회 심의 · 의결사항에 대한 보좌를 위하여 국토교통부에 지적재조사기획단을 둔다. 〈개정 2013.3.23.〉
② 지적재조사사업의 지도 · 감독, 기술 · 인력 및 예산 등의 지원을 위하여 시 · 도에 지적재조사지원단을, 실시계획의 입안, 지적재조사사업의 시행, 사업대행자에 대한 지도 · 감독 등을 위하여 지적소관청에 지적재조사추진단을 둘 수 있다.
③ 제1항에 따른 지적재조사기획단의 조직과 운영에 관하여 필요한 사항은 대통령령으로, 제2항에 따른 지적재조사지원단과 지적재조사추진단의 조직과 운영에 관하여 필요한 사항은 해당 지방자치단체의 조례로 정한다.

01 공간정보의 구축 및 관리 등에 관한 법령상 등기촉탁에 대한 설명으로 가장 옳은 것은?

① 등기촉탁이란 토지의 소재 · 지번 · 지목 · 면적 · 소유자 등을 변경 · 정리할 필요가 있는 경우에 토지소유자를 대신하여 지적소관청이 관할 등기관서에 등기를 신청하는 것을 말한다.

② 지적소관청은 신규등록을 포함하여 합병 · 분할 · 축척변경 · 지번변경과 지적재조사에 의한 토지이동이 있는 때에도 등기를 촉탁하여야 한다.

③ 지적소관청의 등기촉탁은 국가가 지방자치단체를 위하여 하는 등기로 본다.

④ 지적소관청은 토지표시의 변경에 관한 등기를 촉탁한 때에는 토지표시변경등기 촉탁대장에 그 내용을 적어야 한다.

> **해설** **공간정보의 구축 및 관리 등에 관한 법률 제89조(등기촉탁)**
> ① 지적소관청은 제64조제2항(신규등록은 제외한다), 제66조제2항, 제82조, 제83조제2항, 제84조제2항 또는 제85조제2항에 따른 사유로 토지의 표시 변경에 관한 등기를 할 필요가 있는 경우에는 지체 없이 관할 등기관서에 그 등기를 촉탁하여야 한다. 이 경우 등기촉탁은 국가가 국가를 위하여 하는 등기로 본다.
> ② 제1항에 따른 등기촉탁에 필요한 사항은 국토교통부령으로 정한다.
>
> **공간정보의 구축 및 관리 등에 관한 법률 시행규칙 제97조(등기촉탁)**
> ① 지적소관청은 법 제89조제1항에 따라 등기관서에 토지표시의 변경에 관한 등기를 촉탁하려는 때에는 별지 제83호서식의 토지표시변경등기 촉탁서에 그 취지를 적어야 한다.
> 1. 삭제 〈2011.4.11.〉
> 2. 삭제 〈2011.4.11.〉
> ② 제1항에 따라 토지표시의 변경에 관한 등기를 촉탁한 때에는 별지 제84호서식의 토지표시변경등기 촉탁대장에 그 내용을 적어야 한다.

02 공간정보의 구축 및 관리 등에 관한 법령상 「산지관리법」에 따른 산지전용허가를 받아 임야대장에 등록된 토지를 토지대장에 옮겨 등록하려는 경우, 이에 대한 설명으로 가장 옳지 않은 것은?

① 토지소유자는 대통령령으로 정하는 바에 따라 그 사유가 발생한 날부터 60일 이내에 지적소관청에 등록전환을 신청하여야 한다.

② 토지소유자는 등록전환 사유를 적은 신청서에 관계 법령에 따른 개발행위 허가 등을 증명하는 서류의 사본을 첨부하여 지적소관청에 제출하여야 한다.

③ 임야대장의 면적과 등록전환될 면적의 차이가 허용 범위를 초과하는 경우에는 토지소유자의 신청에 의해 임야대장의 면적을 정정한 후에 등록전환을 하여야 한다.

④ 임야대장의 면적과 등록전환될 면적의 오차 허용 범위를 계산할 때 축척이 3천분의 1인 지역의 축척 분모는 6천으로 한다.

해설 공간정보의 구축 및 관리 등에 관한 법률 제78조(등록전환 신청)

토지소유자는 등록전환할 토지가 있으면 대통령령으로 정하는 바에 따라 그 사유가 발생한 날부터 60일 이내에 지적소관청에 등록전환을 신청하여야 한다.

공간정보의 구축 및 관리 등에 관한 법률 시행령 제64조(등록전환 신청)

① 법 제78조에 따라 등록전환을 신청할 수 있는 경우는 다음 각 호와 같다. 〈개정 2020.6.9.〉

> 1. 「산지관리법」에 따른 산지전용허가·신고, 산지일시사용허가·신고, 「건축법」에 따른 건축허가·신고 또는 그 밖의 관계 법령에 따른 개발행위 허가 등을 받은 경우
> 2. 대부분의 토지가 등록전환되어 나머지 토지를 임야도에 계속 존치하는 것이 불합리한 경우
> 3. 임야도에 등록된 토지가 사실상 형질변경되었으나 지목변경을 할 수 없는 경우
> 4. 도시·군관리계획선에 따라 토지를 분할하는 경우

② 삭제 〈2020.6.9.〉

③ 토지소유자는 법 제78조에 따라 등록전환을 신청할 때에는 등록전환 사유를 적은 신청서에 국토교통부령으로 정하는 서류를 첨부하여 지적소관청에 제출하여야 한다.

공간정보의 구축 및 관리 등에 관한 법률 시행규칙 제82조(등록전환 신청)

① 영 제64조제3항에서 "국토교통부령으로 정하는 서류"란 관계 법령에 따른 개발행위 허가 등을 증명하는 서류의 사본(영 제64조제1항제1호에 해당하는 경우로 한정한다)을 말한다.

② 제1항에 따른 서류를 그 지적소관청이 관리하는 경우에는 지적소관청의 확인으로 그 서류의 제출을 갈음할 수 있다.

공간정보의 구축 및 관리 등에 관한 법률 시행령 제19조(등록전환이나 분할에 따른 면적 오차의 허용범위 및 배분 등)

① 법 제26조제2항에 따른 등록전환이나 분할을 위하여 면적을 정할 때에 발생하는 오차의 허용범위 및 처리방법은 다음 각 호와 같다.

1. 등록전환을 하는 경우

   가. 임야대장의 면적과 등록전환될 면적의 오차 허용범위는 다음의 계산식에 따른다. 이 경우 오차의 허용범위를 계산할 때 축척이 3천분의 1인 지역의 축척분모는 6천으로 한다.

   > $$A = 0.026^2 M\sqrt{F}$$
   > (A는 오차 허용면적, M은 임야도 축척분모, F는 등록전환될 면적)

   나. 임야대장의 면적과 등록전환될 면적의 차이가 가목의 계산식에 따른 허용범위 이내인 경우에는 등록전환될 면적을 등록전환 면적으로 결정하고, 허용범위를 초과하는 경우에는 임야대장의 면적 또는 임야도의 경계를 지적소관청이 직권으로 정정하여야 한다.

---

03 「지적재조사에 관한 특별법 시행령」상 책임수행기관이 「공간정보의 구축 및 관리 등에 관한 법률」 제44조에 따라 지적측량업의 등록을 한 자에게 대행하게 할 수 있는 업무가 아닌 것은?

① 토지현황조사 및 토지현황조사서 작성

② 지적재조사측량 중 경계점 측량 및 필지별 면적산정

③ 경계점표지 설치

④ 지상경계점등록부 작성

해설 지적재조사에 관한 특별법 시행령 제4조(측량·조사 위탁에 관한 고시 등)

① 지적소관청은 법 제5조제2항에 따라 법 제5조의2에 따른 책임수행기관(이하 "책임수행기관"이라 한다)에 지적재조사사업의 측량·조사 등을 위탁한 때에는 법 제5조제3항에 따라 다음 각 호의 사항을 공보에 고시해야 한다. 〈개정 2021.6.8.〉

정답 **03** ④

```
1. 책임수행기관의 명칭
2. 지적재조사지구의 명칭
3. 지적재조사지구의 위치 및 면적
4. 책임수행기관에 위탁할 측량 · 조사에 관한 사항
```

② 지적소관청은 토지소유자와 책임수행기관에 제1항 각 호의 사항을 통지해야 한다. 〈개정 2021.6.8.〉

③ 책임수행기관은 제1항에 따라 위탁받은 지적재조사사업의 측량 · 조사 등의 업무 중 다음 각 호의 업무를 「공간정보의 구축 및 관리 등에 관한 법률」 제44조에 따라 지적측량업의 등록을 한 자에게 대행하게 할 수 있다. 〈신설 2021.6.8.〉

```
1. 법 제10조제1항 및 제2항에 따른 토지현황조사 및 토지현황조사서 작성
2. 법 제11조제1항에 따른 지적재조사측량 중 경계점 측량 및 필지별 면적산정
3. 법 제15조제1항에 따른 임시경계점표지 설치
4. 법 제18조제2항에 따른 경계점표지 설치
```

④ 책임수행기관은 제3항 각 호의 업무를 대행하게 한 경우에는 지적소관청에 대행업무를 수행하는 자(이하 "지적재조사대행자"라 한다)의 성명(법인인 경우에는 명칭 및 대표자의 성명을 말한다)과 소재지를 알려야 한다. 〈신설 2021.6.8.〉

⑤ 제3항에 따른 대행을 위한 계약의 체결방법 · 절차 등에 관하여 필요한 사항은 국토교통부장관이 정하여 고시한다.

04 「지적재조사에 관한 특별법」상 지적재조사사업 시행을 위해 수립하는 시 · 도종합계획에 대한 설명으로 가장 옳지 않은 것은?

① 시 · 도지사는 기본계획을 토대로 시 · 도종합계획을 수립하여야 하며, 시 · 도종합계획의 작성기준, 작성 방법, 그 밖에 시 · 도종합계획의 수립에 관한 세부적인 사항은 시 · 도지사가 정한다.

② 시 · 도지사는 시 · 도종합계획을 수립할 때에는 시 · 도 종합계획안을 지적소관청에 송부하여 의견을 들은 후 시 · 도지적재조사위원회의 심의를 거쳐야 한다.

③ 시 · 도지사로부터 시 · 도종합계획안을 송부받은 지적 소관청은 송부받은 날부터 14일 이내에 의견을 제출 하여야 한다.

④ 시 · 도지사는 시 · 도종합계획이 수립된 날부터 5년이 지나면 그 타당성을 검토하여야 한다.

(해설) 지적재조사에 관한 특별법 제4조의2(시 · 도종합계획의 수립)

① 시 · 도지사는 기본계획을 토대로 다음 각 호의 사항이 포함된 지적재조사사업에 관한 종합계획(이하 "시 · 도종합계획"이라 한다)을 수립하여야 한다.

```
1. 지적재조사지구 지정의 세부기준
2. 지적재조사사업의 연도별 · 지적소관청별 사업량
3. 지적재조사사업비의 연도별 추산액
4. 지적재조사사업비의 지적소관청별 배분 계획
5. 지적재조사사업에 필요한 인력의 확보에 관한 계획
6. 지적재조사사업의 교육과 홍보에 관한 사항
7. 그 밖에 시 · 도의 지적재조사사업을 위하여 필요한 사항
```

② 시 · 도지사는 시 · 도종합계획을 수립할 때에는 시 · 도종합계획안을 지적소관청에 송부하여 의견을 들은 후 제29조에 따른 시 · 도 지적재조사위원회의 심의를 거쳐야 한다.

③ 지적소관청은 제2항에 따라 시 · 도종합계획안을 송부받았을 때에는 송부받은 날부터 14일 이내에 의견을 제출하여야 한다. 이 경우 기간 내에 의견을 제출하지 아니하면 의견이 없는 것으로 본다.

④ 시 · 도지사는 시 · 도종합계획을 확정한 때에는 지체 없이 국토교통부장관에게 제출하여야 한다.

정답 04 ①

⑤ 국토교통부장관은 제4항에 따라 제출된 시·도종합계획이 기본계획과 부합되지 아니할 때에는 그 사유를 명시하여 시·도지사에게 시·도종합계획의 변경을 요구할 수 있다. 이 경우 시·도지사는 정당한 사유가 없으면 그 요구에 따라야 한다.

⑥ 시·도지사는 시·도종합계획이 수립된 날부터 5년이 지나면 그 타당성을 다시 검토하고 필요하면 변경하여야 한다.

⑦ 제2항부터 제5항까지의 규정은 제6항에 따라 시·도종합계획을 변경할 때에도 적용한다. 다만, 대통령령으로 정하는 경미한 사항을 변경할 때에는 그러하지 아니하다.

⑧ 시·도지사는 제1항에 따라 시·도종합계획을 수립하거나 제6항에 따라 변경하였을 때에는 시·도의 공보에 고시하고 지적소관청에 통지하여야 한다.

⑨ 시·도종합계획의 작성 기준, 작성 방법, 그 밖에 시·도종합계획의 수립에 관한 세부적인 사항은 국토교통부장관이 정한다.

05 토지이동시기에 대한 설명으로 가장 옳지 않은 것은?

① 「도시개발법」에 따른 도시개발사업 시행지역의 토지는 사업완료 신고일에 토지의 이동이 있는 것으로 본다.

② 「농어촌정비법」에 따른 농어촌정비사업 시행지역의 토지는 토지의 형질변경 등의 공사가 준공된 때에 토지의 이동이 있는 것으로 본다.

③ 축척변경 시행지역의 토지는 축척변경 확정공고일에 토지의 이동이 있는 것으로 본다.

④ 지적재조사지구의 토지는 사업완료 공고일에 토지의 이동이 있는 것으로 본다.

해설 공간정보의 구축 및 관리 등에 관한 법률 제86조(도시개발사업 등 시행지역의 토지이동 신청에 관한 특례)

① 「도시개발법」에 따른 도시개발사업, 「농어촌정비법」에 따른 농어촌정비사업, 그 밖에 대통령령으로 정하는 토지개발사업의 시행자는 대통령령으로 정하는 바에 따라 그 사업의 착수·변경 및 완료 사실을 지적소관청에 신고하여야 한다.

② 제1항에 따른 사업과 관련하여 토지의 이동이 필요한 경우에는 해당 사업의 시행자가 지적소관청에 토지의 이동을 신청하여야 한다.

③ 제2항에 따른 토지의 이동은 토지의 형질변경 등의 공사가 준공된 때에 이루어진 것으로 본다.

④ 제1항에 따라 사업의 착수 또는 변경의 신고가 된 토지의 소유자가 해당 토지의 이동을 원하는 경우에는 해당 사업의 시행자에게 그 토지의 이동을 신청하도록 요청하여야 하며, 요청을 받은 시행자는 해당 사업에 지장이 없다고 판단되면 지적소관청에 그 이동을 신청하여야 한다.

> • 「농어촌정비법」에 따른 농어촌정비사업 시행지역의 토지는 토지의 이동이 토지의 형질변경 등의 공사가 준공된 때에 이루어진 것으로 본다.
> • 「도시개발법」에 따른 도시개발사업 시행지역의 토지는 토지의 이동이 토지의 형질변경 등의 공사가 준공된 때에 이루어진 것으로 본다.

공간정보의 구축 및 관리 등에 관한 법률 시행령 제78조(축척변경의 확정공고)

① 청산금의 납부 및 지급이 완료되었을 때에는 지적소관청은 지체 없이 축척변경의 확정공고를 하여야 한다.

② 지적소관청은 제1항에 따른 확정공고를 하였을 때에는 지체 없이 축척변경에 따라 확정된 사항을 지적공부에 등록하여야 한다.

③ 축척변경 시행지역의 토지는 제1항에 따른 확정공고일에 토지의 이동이 있는 것으로 본다.

지적재조사에 관한 특별법 제24조(새로운 지적공부의 작성)

① 지적소관청은 제23조에 따른 사업완료 공고가 있었을 때에는 기존의 지적공부를 폐쇄하고 새로운 지적공부를 작성하여야 한다. 이 경우 그 토지는 제23조제1항에 따른 사업완료 공고일에 토지의 이동이 있는 것으로 본다.

06 「공간정보의 구축 및 관리 등에 관한 법률」상 벌칙규정에 대한 설명으로 가장 옳지 않은 것은?

① 지적측량수수료 외의 대가를 받은 지적측량기술자는 1년 이하의 징역 또는 1천만 원 이하의 벌금에 처한다.

② 고의로 측량성과를 사실과 다르게 한 자는 2년 이하의 징역 또는 2천만 원 이하의 벌금에 처한다.

③ 측량업자로서 속임수, 위력, 그 밖의 방법으로 측량업과 관련된 입찰의 공정성을 해친 자는 3년 이하의 징역 또는 3천만 원 이하의 벌금에 처한다.

④ 측량기술자가 아님에도 불구하고 측량을 한 자는 2년 이하의 징역 또는 2천만 원 이하의 벌금에 처한다.

해설 공간정보의 구축 및 관리 등에 관한 법률 제107~제109조(벌칙)

벌칙(법률 제107~제109조)	
3년 이하의 징역 또는 3천만 원 이하의 벌금 **암기** 임위공	측량업자로서 속임수, 위력(威力), 그 밖의 방법으로 측량업과 관련된 입찰의 공정성을 해친 자는 3년 이하의 징역 또는 3천만 원 이하의 벌금에 처한다.
2년 이하의 징역 또는 2천만 원 이하의 벌금 **암기** 거부등 외표성검	1. 측량업의 등록을 하지 아니하거나 거짓이나 그 밖의 부정한 방법으로 측량업의 등록을 하고 측량업을 한 자 2. 성능검사대행자의 등록을 하지 아니하거나 거짓이나 그 밖의 부정한 방법으로 성능검사대행자의 등록을 하고 성능검사업무를 한 자 3. 측량성과를 국외로 반출한 자 4. 측량기준점표지를 이전 또는 파손하거나 그 효용을 해치는 행위를 한 자 5. 고의로 측량성과를 사실과 다르게 한 자 6. 성능검사를 부정하게 한 성능검사대행자
1년 이하의 징역 또는 1천만 원 이하의 벌금 **암기** 둘비허등 대대대복	1. 둘 이상의 측량업자에게 소속된 측량기술자 2. 업무상 알게 된 비밀을 누설한 측량기술자 3. 거짓(허위)으로 다음 각 목의 신청을 한 자 가. 신규등록 신청 나. 등록전환 신청 다. 분할 신청 라. 합병 신청 마. 지목변경 신청 바. 바다로 된 토지의 등록말소 신청 사. 축척변경 신청 아. 등록사항의 정정 신청 자. 도시개발사업 등 시행지역의 토지이동 신청 4. 측량기술자가 아님에도 불구하고 측량을 한 자 5. 지적측량수수료 외의 대가를 받은 지적측량기술자 6. 심사를 받지 아니하고 지도 등을 간행하여 판매하거나 배포한 자 7. 다른 사람에게 측량업등록증 또는 측량업등록수첩을 빌려(대여)주거나 자기의 성명 또는 상호를 사용하여 측량업무를 하게 한 자 8. 다른 사람의 측량업등록증 또는 측량업등록수첩을 빌려서(대여) 사용하거나 다른 사람의 성명 또는 상호를 사용하여 측량업무를 한 자 9. 다른 사람에게 자기의 성능검사대행자 등록증을 빌려(대여)주거나 자기의 성명 또는 상호를 사용하여 성능검사대행업무를 수행하게 한 자 10. 다른 사람의 성능검사대행자 등록증을 빌려서(대여) 사용하거나 다른 사람의 성명 또는 상호를 사용하여 성능검사대행업무를 수행한 자 11. 무단으로 측량성과 또는 측량기록을 복제한 자

07 공간정보의 구축 및 관리 등에 관한 법령상 지적공부의 전부 또는 일부가 멸실·훼손된 경우에 대한 설명으로 가장 옳지 않은 것은?

① 지적소관청은 대통령령으로 정하는 바에 따라 지체 없이 이를 복구하여야 한다.

② 지적소관청이 지적공부를 복구할 때에는 멸실·훼손 당시의 지적공부의 등록내용을 증명하는 서류에 따라 토지의 표시 및 소유자에 관한 사항을 복구하여야 한다.

③ 복구자료도에 따라 측정한 면적과 지적복구자료 조사서의 조사된 면적의 증감이 허용범위를 초과한 경우, 복구측량을 한 결과가 복구자료와 부합하지 아니하는 때에는 토지소유자 및 이해관계인의 동의를 받아 경계 또는 면적 등을 조정할 수 있다.

④ 토지대장·임야대장 또는 공유지연명부는 복구되고 지적도면이 복구되지 아니한 토지가 축척변경 시행 지역이나 도시개발사업 등의 시행지역에 편입된 때에는 지적도면을 복구하지 아니할 수 있다.

해설 공간정보의 구축 및 관리 등에 관한 법률 제74조(지적공부의 복구)

지적소관청(제69조제2항에 따른 지적공부의 경우에는 시·도지사, 시장·군수 또는 구청장)은 지적공부의 전부 또는 일부가 멸실되거나 훼손된 경우에는 대통령령으로 정하는 바에 따라 지체 없이 이를 복구하여야 한다.

공간정보의 구축 및 관리 등에 관한 법률 시행령 제61조(지적공부의 복구)

① 지적소관청이 법 제74조에 따라 지적공부를 복구할 때에는 멸실·훼손 당시의 지적공부와 가장 부합된다고 인정되는 관계 자료에 따라 토지의 표시에 관한 사항을 복구하여야 한다. 다만, 소유자에 관한 사항은 부동산등기부나 법원의 확정판결에 따라 복구하여야 한다.

② 제1항에 따른 지적공부의 복구에 관한 관계 자료 및 복구절차 등에 관하여 필요한 사항은 국토교통부령으로 정한다.

공간정보의 구축 및 관리 등에 관한 법률 시행규칙 제73조(지적공부의 복구절차 등)

① 지적소관청은 법 제74조 및 영 제61조제1항에 따라 지적공부를 복구하려는 경우에는 제72조 각 호의 복구자료를 조사하여야 한다.

② 지적소관청은 제1항에 따라 조사된 복구자료 중 토지대장·임야대장 및 공유지연명부의 등록 내용을 증명하는 서류 등에 따라 별지 제70호서식의 지적복구자료 조사서를 작성하고, 지적도면의 등록 내용을 증명하는 서류 등에 따라 복구자료도를 작성하여야 한다.

③ 제2항에 따라 작성된 복구자료도에 따라 측정한 면적과 지적복구자료 조사서의 조사된 면적의 증감이 영 제19조제1항제2호가목의 계산식에 따른 허용범위를 초과하거나 복구자료도를 작성할 복구자료가 없는 경우에는 복구측량을 하여야 한다. 이 경우 같은 계산식 중 A는 오차허용면적, M은 축척분모, F는 조사된 면적을 말한다.

④ 제2항에 따라 작성된 지적복구자료 조사서의 조사된 면적이 영 제19조제1항제2호가목의 계산식에 따른 허용범위 이내인 경우에는 그 면적을 복구면적으로 결정하여야 한다.

⑤ 제3항에 따라 복구측량을 한 결과가 복구자료와 부합하지 아니하는 때에는 토지소유자 및 이해관계인의 동의를 받어 경계 또는 면적 등을 조정할 수 있다. 이 경우 경계를 조정한 때에는 제60조제2항에 따른 경계점표지를 설치하여야 한다.

⑥ 지적소관청은 제1항부터 제5항까지의 규정에 따른 복구자료의 조사 또는 복구측량 등이 완료되어 지적공부를 복구하려는 경우에는 복구하려는 토지의 표시 등을 시·군·구 게시판 및 인터넷 홈페이지에 15일 이상 게시하여야 한다.

⑦ 복구하려는 토지의 표시 등에 이의가 있는 자는 제6항의 게시기간 내에 지적소관청에 이의신청을 할 수 있다. 이 경우 이의신청을 받은 지적소관청은 이의사유를 검토하여 이유 있다고 인정되는 때에는 그 시정에 필요한 조치를 하여야 한다.

⑧ 지적소관청은 제6항 및 제7항에 따른 절차를 이행한 때에는 지적복구자료 조사서, 복구자료도 또는 복구측량 결과도 등에 따라 토지대장 · 임야대장 · 공유지연명부 또는 지적도면을 복구하여야 한다.

⑨ 토지대장 · 임야대장 또는 공유지연명부는 복구되고 지적도면이 복구되지 아니한 토지가 법 제83조에 따른 축척변경 시행지역이나 법 제86조에 따른 도시개발사업 등의 시행지역에 편입된 때에는 지적도면을 복구하지 아니할 수 있다.

08 「공간정보의 구축 및 관리 등에 관한 법률 시행령」상 임야대장의 면적과 등록전환될 면적의 오차 허용범위는?(단, A는 오차 허용면적, M은 임야도 축척분모, F는 등록전환될 면적이다.)

① $A = 0.023^2 M\sqrt{F}$

② $A = 0.026^2 M\sqrt{F}$

③ $A = 0.023^2 F\sqrt{M}$

④ $A = 0.026^2 F\sqrt{M}$

해설 공간정보의 구축 및 관리 등에 관한 법률 시행령 제19조(등록전환이나 분할에 따른 면적 오차의 허용범위 및 배분 등)

① 법 제26조제2항에 따른 등록전환이나 분할을 위하여 면적을 정할 때에 발생하는 오차의 허용범위 및 처리방법은 다음 각 호와 같다.

1. 등록전환을 하는 경우

가. 임야대장의 면적과 등록전환될 면적의 오차 허용범위는 다음의 계산식에 따른다. 이 경우 오차의 허용범위를 계산할 때 축척이 3천분의 1인 지역의 축척분모는 6천으로 한다.

$$A = 0.026^2 M\sqrt{F}$$
(A는 오차 허용면적, M은 임야도 축척분모, F는 등록전환될 면적)

나. 임야대장의 면적과 등록전환될 면적의 차이가 가목의 계산식에 따른 허용범위 이내인 경우에는 등록전환될 면적을 등록전환 면적으로 결정하고, 허용범위를 초과하는 경우에는 임야대장의 면적 또는 임야도의 경계를 지적소관청이 직권으로 정정하여야 한다.

09 「공간정보의 구축 및 관리 등에 관한 법률 시행령」상 성능검사를 받아야 하는 측량기기와 검사주기를 옳게 짝지은 것은?

① 트랜싯(데오드라이트) : 2년

② 레벨 : 2년

③ 토털 스테이션(Total Station) : 3년

④ 지피에스(GPS) 수신기 : 5년

해설 공간정보의 구축 및 관리 등에 관한 법률 시행령 제97조(성능검사의 대상 및 주기 등)

① 법 제92조제1항에 따라 성능검사를 받아야 하는 측량기기와 검사주기는 다음 각 호와 같다. 〈개정 2021.1.5.〉

1. 트랜싯(데오드라이트) : 3년
2. 레벨 : 3년
3. 거리측정기 : 3년
4. 토털 스테이션(Total Station : 각도 · 거리 통합 측량기) : 3년
5. 지피에스(GPS) 수신기 : 3년
6. 금속 또는 비금속 관로 탐지기 : 3년

② 법 제92조제1항에 따른 성능검사(신규 성능검사는 제외한다)는 제1항에 따른 성능검사 유효기간 만료일 2개월 전부터 유효기간 만료일까지의 기간에 받아야 한다. 〈개정 2015.6.1.〉

③ 법 제92조제1항에 따른 성능검사의 유효기간은 종전 유효기간 만료일의 다음 날부터 기산(起算)한다. 다만, 제2항에 따른 기간 외의 기간에 성능검사를 받은 경우에는 그 검사를 받은 날의 다음 날부터 기산한다. 〈신설 2015.6.1.〉

정답 08 ② **09** ③

10 지적재조사에 관한 특별법령상 지적확정예정조서의 등록사항에 해당하지 않는 것은?

① 토지의 소재지

② 토지소유자가 변경된 날과 그 원인

③ 종전 토지의 지번, 지목 및 면적

④ 토지소유자의 성명 또는 명칭 및 주소

> **해설** 지적재조사에 관한 특별법 시행령 제11조(지적확정예정조서의 작성)
>
> 지적소관청은 법 제15조제2항 본문에 따른 지적확정예정조서에 다음 각 호의 사항을 포함하여야 한다. 〈개정 2021.6.8.〉
>
> 1. ㉠전 토지의 ㉠번, 지㉰ 및 면㉯
> 2. ㉠정된 토지의 ㉠번, 지㉰ 및 면㉯
> 3. 토지소유자의 ㉰명 또는 ㉰칭 및 ㉰소
> 4. 토지의 ㉰재지
> 5. 그 밖에 국토교통부장관이 지적확정예정조서 작성에 필요하다고 인정하여 고시하는 사항

11 「지적업무처리규정」상 소유자정리 시 대장의 소유자 변동일자에 대한 설명으로 가장 옳지 않은 것은?

① 등기부 등본의 경우에는 등기접수일자로 정리한다.

② 등기필통지서의 경우에는 등기필통지일로 정리한다.

③ 미등기토지 소유자에 관한 정정신청의 경우에는 소유자 정리결의일자로 정리한다.

④ 공유수면 매립준공에 따른 신규등록의 경우에는 매립 준공일자로 정리한다.

> **해설** 지적업무처리규정 제60조(소유자정리)
>
> ① 대장의 소유자변동일자는 등기필통지서, 등기필증, 등기부 등본·초본 또는 등기관서에서 제공한 등기전산정보자료의 경우에는 등기접수일자로, 법 제84조제4항 단서의 미등기토지 소유자에 관한 정정신청의 경우와 법 제88조제2항에 따른 소유자등록신청의 경우에는 소유자정리결의일자로, 공유수면 매립준공에 따른 신규 등록의 경우에는 매립준공일자로 정리한다.
>
> ② 주소·성명·명칭의 변경 또는 경정 및 소유권이전 등이 같은 날짜에 등기가 된 경우의 지적공부정리는 등기접수 순서에 따라 모두 정리하여야 한다.
>
> ③ 소유자의 주소가 토지소재지와 같은 경우에도 등기부와 일치하게 정리한다. 다만, 등기관서에서 제공한 등기전산정보자료에 따라 정리하는 경우에는 등기전산정보자료에 따른다.
>
> ④ 법 제88조제4항에 따라 지적소관청이 소유자에 관한 사항이 대장과 부합되지 아니하는 토지소유자를 정리할 때에는 제1항부터 제3항까지와 제65조제2항을 준용하며, 토지소유자 등 이해관계인이 등기부 등본·초본 등에 따라 소유자정정을 신청하는 경우에는 별지 제9호 서식의 소유자정정 신청서를 제출하여야 한다.
>
> ⑤ 국토교통부장관은 등기관서로부터 법인 또는 재외국민의 부동산등기용등록번호 정정통보가 있는 때에는 정정 전 등록번호에 따라 토지소재를 조사하여 시·도지사에게 그 내용을 통지하여야 한다. 이 경우 시·도지사는 지체 없이 그 내용을 해당 지적소관청에 통지하여야 한다.
>
> ⑥ 소유자등록사항 중 토지이동과 함께 소유자가 결정되는 신규 등록, 도시개발사업 등의 환지 등록시에는 토지이동업무 처리와 동시에 소유자를 정리하여야 한다.

12 「지적재조사에 관한 특별법 시행령」상 책임수행기관의 지정취소 사유 중 의무적 취소사유에 해당하는 것은?

① 거짓이나 부정한 방법으로 지적재조사 · 측량업무를 수행한 경우

② 90일 이상 계속하여 책임수행기관의 지정기준에 미달되는 경우

③ 정당한 사유 없이 지적소관청으로부터 위탁받은 업무를 3개월 이상 계속하여 중단한 경우

④ 정당한 사유 없이 지적소관청으로부터 위탁받은 업무를 위탁받은 날부터 1개월 이내에 시작하지 않은 경우

해설 **지적재조사에 관한 특별법 시행령 제4조의4(책임수행기관의 지정취소)**

① 국토교통부장관은 법 제5조의2제2항에 따라 책임수행기관이 다음 각 호의 어느 하나에 해당하는 경우 그 지정을 취소할 수 있다. 다만, 제1호 또는 제2호에 해당하는 경우에는 지정을 취소해야 한다.

> 1. 거짓이나 부정한 방법으로 지정을 받은 경우
> 2. 거짓이나 부정한 방법으로 지적재조사 · 측량업무를 수행한 경우
> 3. 90일 이상 계속하여 제4조의2제2항제2호에 따른 지정기준에 미달되는 경우
> 4. 정당한 사유 없이 지적소관청으로부터 위탁받은 업무를 위탁받은 날부터 1개월 이내에 시작하지 않거나 3개월 이상 계속하여 중단한 경우

② 국토교통부장관은 제1항에 따라 지정을 취소하려는 경우에는 청문을 실시해야 한다.

③ 책임수행기관 지정취소의 공고 및 통지에 관하여는 제4조의3제4항을 준용한다.

13 공간정보의 구축 및 관리 등에 관한 법령상 토지의 조사 · 등록에 대한 설명으로 가장 옳지 않은 것은?

① 지적소관청이 토지이동현황 조사계획을 수립하는 경우 토지이동현황 조사계획은 시 · 군 · 구별로 수립하되, 부득이한 사유가 있는 때에는 읍 · 면 · 동별로 수립할 수 있다.

② 토지소유자의 신청이 없을 경우 지적소관청이 직권으로 하는 조사 · 측량의 절차 등에 필요한 사항은 대통령령으로 정한다.

③ 지적공부에 등록하는 지번 · 지목 · 면적 · 경계 또는 좌표는 토지의 이동이 있을 때 토지소유자의 신청이 없으면 지적소관청이 직권으로 조사 · 측량하여 결정할 수 있다.

④ 국토교통부장관은 모든 토지에 대하여 필지별로 소재 · 지번 · 지목 · 면적 · 경계 또는 좌표 등을 조사 · 측량하여 지적공부에 등록하여야 한다.

해설 **공간정보의 구축 및 관리 등에 관한 법률 제64조(토지의 조사 · 등록 등)**

① 국토교통부장관은 모든 토지에 대하여 필지별로 소재 · 지번 · 지목 · 면적 · 경계 또는 좌표 등을 조사 · 측량하여 지적공부에 등록하여야 한다. 〈개정 2013.3.23.〉

② 지적공부에 등록하는 지번 · 지목 · 면적 · 경계 또는 좌표는 토지의 이동이 있을 때 토지소유자(법인이 아닌 사단이나 재단의 경우에는 그 대표자나 관리인을 말한다. 이하 같다)의 신청을 받아 지적소관청이 결정한다. 다만, 신청이 없으면 지적소관청이 직권으로 조사 · 측량하여 결정할 수 있다.

③ 제2항 단서에 따른 조사 · 측량의 절차 등에 필요한 사항은 국토교통부령으로 정한다.

공간정보의 구축 및 관리 등에 관한 법률 시행규칙 제59조(토지의 조사 · 등록)

① 지적소관청은 법 제64조제2항 단서에 따라 토지의 이동현황을 직권으로 조사 · 측량하여 토지의 지번 · 지목 · 면적 · 경계 또는 좌표를 결정하려는 때에는 토지이동현황 조사계획을 수립하여야 한다. 이 경우 토지이동현황 조사계획은 시 · 군 · 구별로 수립하되, 부득이한 사유가 있는 때에는 읍 · 면 · 동별로 수립할 수 있다.

② 지적소관청은 제1항에 따른 토지이동현황 조사계획에 따라 토지의 이동현황을 조사한 때에는 별지 제55호서식의 토지이동 조사부에 토지의 이동현황을 적어야 한다.

③ 지적소관청은 제2항에 따른 토지이동현황 조사 결과에 따라 토지의 지번·지목·면적·경계 또는 좌표를 결정한 때에는 이에 따라 지적공부를 정리하여야 한다.

④ 지적소관청은 제3항에 따라 지적공부를 정리하려는 때에는 제2항에 따른 토지이동 조사부를 근거로 별지 제56호서식의 토지이동 조서를 작성하여 별지 제57호서식의 토지이동정리 결의서에 첨부하여야 하며, 토지이동조서의 아래 부분 여백에 "「공간정보의 구축 및 관리 등에 관한 법률」 제64조제2항 단서에 따른 직권정리"라고 적어야 한다.

14 공간정보의 구축 및 관리 등에 관한 법령상 지상경계의 구분 등에 대한 설명으로 가장 옳지 않은 것은?

① 연접되는 토지 간에 높낮이 차이가 있는 경우 그 구조물 등의 상단부가 지상경계의 결정기준이 된다.

② 지상경계의 구획을 형성하는 구조물 등의 소유자가 다른 경우에는 그 소유권에 따라 지상경계를 결정한다.

③ 지적확정측량의 경계는 공사가 완료된 현황대로 결정하되, 공사가 완료된 현황이 사업계획도와 다를 때에는 미리 사업시행자에게 그 사실을 통지하여야 한다.

④ 지적소관청은 토지의 이동에 따라 지상경계를 새로 정한 경우에는 지상경계점등록부를 작성·관리하여야 한다.

[해설] 공간정보의 구축 및 관리 등에 관한 법률 제65조(지상경계의 구분 등)

① 토지의 지상경계는 둑, 담장이나 그 밖에 구획의 목표가 될 만한 구조물 및 경계점표지 등으로 구분한다.

② 지적소관청은 토지의 이동에 따라 지상경계를 새로 정한 경우에는 다음 각 호의 사항을 등록한 지상경계점등록부를 작성·관리하여야 한다.

공간정보의 구축 및 관리 등에 관한 법률 시행령 제55조(지상 경계의 결정기준 등)

① 법 제65조제1항에 따른 지상 경계의 결정기준은 다음 각 호의 구분에 따른다. 〈개정 2021.1.5.〉

> 1. 연접되는 토지 간에 높낮이 차이가 없는 경우 : 그 구조물 등의 중앙
> 2. 연접되는 토지 간에 높낮이 차이가 있는 경우 : 그 구조물 등의 하단부
> 3. 도로·구거 등의 토지에 절토(땅깎기)된 부분이 있는 경우 : 그 경사면의 상단부
> 4. 토지가 해면 또는 수면에 접하는 경우 : 최대만조위 또는 최대만수위가 되는 선
> 5. 공유수면매립지의 토지 중 제방 등을 토지에 편입하여 등록하는 경우 : 바깥쪽 어깨부분

② 지상 경계의 구획을 형성하는 구조물 등의 소유자가 다른 경우에는 제1항제1호부터 제3호까지의 규정에도 불구하고 그 소유권에 따라 지상 경계를 결정한다.

③ 다음 각 호의 어느 하나에 해당하는 경우에는 지상 경계점에 법 제65조제1항에 따른 경계점표지를 설치하여 측량할 수 있다. 〈개정 2014.1.17.〉

> 1. 법 제86조제1항에 따른 도시개발사업 등의 사업시행자가 사업지구의 경계를 결정하기 위하여 토지를 분할하려는 경우
> 2. 법 제87조제1호 및 제2호에 따른 사업시행자와 행정기관의 장 또는 지방자치단체의 장이 토지를 취득하기 위하여 분할하려는 경우
> 3. 「국토의 계획 및 이용에 관한 법률」 제30조제6항에 따른 도시·군관리계획 결정고시와 같은 법 제32조제4항에 따른 지형도면 고시가 된 지역의 도시·군관리계획선에 따라 토지를 분할하려는 경우
> 4. 제65조제1항에 따라 토지를 분할하려는 경우
> 5. 관계 법령에 따라 인가·허가 등을 받아 토지를 분할하려는 경우

④ 분할에 따른 지상 경계는 지상건축물을 걸리게 결정해서는 아니 된다. 다만, 다음 각 호의 어느 하나에 해당하는 경우에는 그러하지 아니하다.

> 1. 법원의 확정판결이 있는 경우
> 2. 법 제87조제1호에 해당하는 토지를 분할하는 경우
> 3. 제3항제1호 또는 제3호에 따라 토지를 분할하는 경우

⑤ 지적확정측량의 경계는 공사가 완료된 현황대로 결정하되, 공사가 완료된 현황이 사업계획도와 다를 때에는 미리 사업시행자에게 그 사실을 통지하여야 한다. 〈개정 2014.1.17.〉

15 공간정보의 구축 및 관리 등에 관한 법령상 지적공부 및 부동산종합공부에 대한 설명으로 가장 옳지 않은 것은?

① 정보처리시스템을 통하여 기록 · 저장되지 않은 지적공부를 열람하거나 그 등본을 발급받으려는 자는 특별자치시장, 시장 · 군수 또는 구청장이나 읍 · 면 · 동의 장에게 신청하여야 한다.

② 부동산종합공부를 열람하거나 부동산종합공부 기록사항의 전부 또는 일부에 관한 증명서를 발급받으려는 자는 지적소관청이나 읍 · 면 · 동의 장에게 신청할 수 있다.

③ 지적소관청은 부동산종합공부에 토지의 표시와 소유자에 관한 사항 중 이 법에 따른 지적공부의 내용을 등록하여야 한다.

④ 지적소관청은 부동산의 효율적 이용과 부동산과 관련된 정보의 종합적 관리 · 운영을 위하여 부동산종합공부를 관리 · 운영한다.

(해설) **공간정보의 구축 및 관리 등에 관한 법률 제75조(지적공부의 열람 및 등본 발급)**

① 지적공부를 열람하거나 그 등본을 발급받으려는 자는 해당 지적소관청에 그 열람 또는 발급을 신청하여야 한다. 다만, 정보처리시스템을 통하여 기록 · 저장된 지적공부(지적도 및 임야도는 제외한다)를 열람하거나 그 등본을 발급받으려는 경우에는 특별자치시장, 시장 · 군수 또는 구청장이나 읍 · 면 · 동의 장에게 신청할 수 있다. 〈개정 2012.12.18.〉

② 제1항에 따른 지적공부의 열람 및 등본 발급의 절차 등에 필요한 사항은 국토교통부령으로 정한다.

공간정보의 구축 및 관리 등에 관한 법률 제76조의2(부동산종합공부의 관리 및 운영)

① 지적소관청은 부동산의 효율적 이용과 부동산과 관련된 정보의 종합적 관리 · 운영을 위하여 부동산종합공부를 관리 · 운영한다.

② 지적소관청은 부동산종합공부를 영구히 보존하여야 하며, 부동산종합공부의 멸실 또는 훼손에 대비하여 이를 별도로 복제하여 관리하는 정보관리체계를 구축하여야 한다.

③ 제76조의3 각 호의 등록사항을 관리하는 기관의 장은 지적소관청에 상시적으로 관련 정보를 제공하여야 한다.

④ 지적소관청은 부동산종합공부의 정확한 등록 및 관리를 위하여 필요한 경우에는 제76조의3 각 호의 등록사항을 관리하는 기관의 장에게 관련 자료의 제출을 요구할 수 있다. 이 경우 자료의 제출을 요구받은 기관의 장은 특별한 사유가 없으면 자료를 제공하여야 한다.

공간정보의 구축 및 관리 등에 관한 법률 제76조의3(부동산종합공부의 등록사항 등)

지적소관청은 부동산종합공부에 다음 각 호의 사항을 등록하여야 한다. 〈개정 2016.1.19.〉

1. 토지의 표시와 소유자에 관한 사항 : 이 법에 따른 지적공부의 내용
2. 건축물의 표시와 소유자에 관한 사항(토지에 건축물이 있는 경우만 해당한다) : 「건축법」 제38조에 따른 건축물대장의 내용
3. 토지의 이용 및 규제에 관한 사항 : 「토지이용규제 기본법」 제10조에 따른 토지이용계획확인서의 내용
4. 부동산의 가격에 관한 사항 : 「부동산 가격공시에 관한 법률」 제10조에 따른 개별공시지가, 같은 법 제16조, 제17조 및 제18조에 따른 개별주택가격 및 공동주택가격 공시내용
5. 그 밖에 부동산의 효율적 이용과 부동산과 관련된 정보의 종합적 관리·운영을 위하여 필요한 사항으로서 대통령령으로 정하는 사항

공간정보의 구축 및 관리 등에 관한 법률 제76조의4(부동산종합공부의 열람 및 증명서 발급)
① 부동산종합공부를 열람하거나 부동산종합공부 기록사항의 전부 또는 일부에 관한 증명서(이하 "부동산종합증명서"라 한다)를 발급받으려는 자는 지적소관청이나 읍·면·동의 장에게 신청할 수 있다.
② 제1항에 따른 부동산종합공부의 열람 및 부동산종합증명서 발급의 절차 등에 관하여 필요한 사항은 국토교통부령으로 정한다.

16 공간정보의 구축 및 관리 등에 관한 법령상 지적측량에 대한 설명으로 가장 옳지 않은 것은?

① 지적측량수행자에는 「공간정보의 구축 및 관리 등에 관한 법률」에 의해 지적측량업의 등록을 한 자와 「국가공간정보 기본법」 제12조에 따라 설립된 한국국토정보공사가 있다.

② 지적측량을 의뢰하는 자는 국토교통부령으로 정하는 바에 따라 지적측량수행자에게 지적측량수수료를 내야 한다.

③ 지적측량수행자가 지적공부를 정리하지 아니하는 경계복원측량 및 지적현황측량을 한 경우 시·도지사, 대도시 시장 또는 지적소관청으로부터 측량성과에 대한 검사를 받아야 한다.

④ 지적삼각점성과를 열람하거나 등본을 발급받으려는 자는 특별시장·광역시장·특별자치시장·도지사·특별 자치도지사 또는 지적소관청에 신청하여야 한다.

해설 공간정보의 구축 및 관리 등에 관한 법률 제24조(지적측량 의뢰 등)
① 토지소유자 등 이해관계인은 제23조제1항제1호 및 제3호(자목은 제외한다)부터 제5호까지의 사유로 지적측량을 할 필요가 있는 경우에는 다음 각 호의 어느 하나에 해당하는 자(이하 "지적측량수행자"라 한다)에게 지적측량을 의뢰하여야 한다.

1. 제44조제1항제2호의 지적측량업의 등록을 한 자
2. 「국가공간정보 기본법」 제12조에 따라 설립된 한국국토정보공사(이하 "한국국토정보공사"라 한다)

공간정보의 구축 및 관리 등에 관한 법률 제25조(지적측량성과의 검사)
① 지적측량수행자가 제23조에 따라 지적측량을 하였으면 시·도지사, 대도시 시장(「지방자치법」 제198조에 따라 서울특별시·광역시 및 특별자치시를 제외한 인구 50만 이상의 시의 시장을 말한다. 이하 같다) 또는 지적소관청으로부터 측량성과에 대한 검사를 받아야 한다. 다만, 지적공부를 정리하지 아니하는 측량으로서 국토교통부령으로 정하는 측량의 경우에는 그러하지 아니하다.

지적측량 시행규칙 제28조(지적측량성과의 검사방법 등)
① 법 제25조제1항 단서에서 "국토교통부령으로 정하는 측량의 경우"란 경계복원측량 및 지적현황측량을 하는 경우를 말한다.

공간정보의 구축 및 관리 등에 관한 법률 제106조(수수료 등)
① 다음 각 호의 어느 하나에 해당하는 신청 등을 하는 자는 국토교통부령으로 정하는 바에 따라 수수료를 내야 한다.

② 제24조제1항에 따라 지적측량을 의뢰하는 자는 국토교통부령으로 정하는 바에 따라 지적측량수행자에게 지적측량수수료를 내야 한다. 〈개정 2013.3.23.〉

③ 제2항에 따른 지적측량수수료는 국토교통부장관이 매년 12월 31일까지 고시하여야 한다.

④ 지적소관청이 제64조제2항 단서에 따라 직권으로 조사·측량하여 지적공부를 정리한 경우에는 그 조사·측량에 들어간 비용을 제2항에 준하여 토지소유자로부터 징수한다. 다만, 제82조에 따라 지적공부를 등록말소한 경우에는 그러하지 아니하다.

공간정보의 구축 및 관리 등에 관한 법률 제27조(지적기준점성과의 보관 및 열람 등)

① 시·도지사나 지적소관청은 지적기준점성과(지적기준점에 의한 측량성과를 말한다. 이하 같다)와 그 측량기록을 보관하고 일반인이 열람할 수 있도록 하여야 한다.

② 지적기준점성과의 등본이나 그 측량기록의 사본을 발급받으려는 자는 국토교통부령으로 정하는 바에 따라 시·도지사나 지적소관청에 그 발급을 신청하여야 한다.

공간정보의 구축 및 관리 등에 관한 법률 시행규칙 제26조(지적기준점성과의 열람 및 등본발급)

① 법 제27조에 따라 지적측량기준점성과 또는 그 측량부를 열람하거나 등본을 발급받으려는 자는 지적삼각점성과에 대해서는 특별시장·광역시장·특별자치시장·도지사·특별자치도지사(이하 "시·도지사"라 한다) 또는 지적소관청에 신청하고, 지적삼각보조점성과 및 지적도근점성과에 대해서는 지적소관청에 신청하여야 한다.

② 제1항에 따른 지적측량기준점성과 또는 그 측량부의 열람 및 등본발급 신청서는 별지 제17호서식과 같다.

③ 지적측량기준점성과 또는 그 측량부의 열람이나 등본 발급 신청을 받은 해당 기관은 이를 열람하게 하거나 별지 제18호서식의 지적측량기준점성과 등본을 발급하여야 한다.

17 「공간정보산업 진흥법」상 용어의 정의로 가장 옳지 않은 것은?

① "공간정보"란 지상·지하·수상·수중 등 공간상에 존재하는 자연 또는 인공적인 객체에 대한 위치정보 및 이와 관련된 공간적 인지와 의사결정에 필요한 정보를 말한다.

② "가공공간정보"란 공간정보를 가공하거나 이에 다른 정보를 추가하는 등의 방법으로 생산된 공간정보를 말한다.

③ "공간정보 등"이란 공간정보 및 이를 기반으로 하는 가공공간정보, 소프트웨어, 기기, 서비스 등을 말한다.

④ "공간정보오픈플랫폼"이란 민간에서 보유하고 있는 공개 가능한 공간정보를 국민이 자유롭게 활용할 수 있도록 다양한 방법을 제공하는 공간정보체계를 말한다.

해설 **공간정보산업 진흥법 제2조(정의)**

이 법에서 사용하는 용어의 뜻은 다음과 같다. 〈개정 2020.2.18.〉

1. "공간정보"란 지상·지하·수상·수중 등 공간상에 존재하는 자연 또는 인공적인 객체에 대한 위치정보 및 이와 관련된 공간적 인지와 의사결정에 필요한 정보를 말한다.
2. "공간정보산업"이란 공간정보를 생산·관리·가공·유통하거나 다른 산업과 융·복합하여 시스템을 구축하거나 서비스 등을 제공하는 산업을 말한다.
3. "공간정보사업"이란 공간정보산업에 속하는 다음 각 목의 사업을 말한다.

정답 17 ④

가. 「공간정보의 구축 및 관리 등에 관한 법률」 제44조에 따른 측량업 및 「해양조사와 해양정보 활용에 관한 법률」 제2조제13호에 따른 해양조사 · 정보업

나. 위성영상을 공간정보로 활용하는 사업

다. 위성측위 등 위치결정 관련 장비산업 및 위치기반 서비스업

라. 공간정보의 생산 · 관리 · 가공 · 유통을 위한 소프트웨어의 개발 · 유지관리 및 용역업

마. 공간정보시스템의 설치 및 활용업

바. 공간정보 관련 교육 및 상담업

사. 그 밖에 공간정보를 활용한 사업

4. "공간정보사업자"란 공간정보사업을 영위하는 자를 말한다.

4의2. "공간정보기술자"란 「국가기술자격법」 등 관계 법률에 따라 공간정보사업에 관련된 분야의 자격 · 학력 또는 경력을 취득한 사람으로서 대통령령으로 정하는 사람을 말한다.

5. "가공공간정보"란 공간정보를 가공하거나 이에 다른 정보를 추가하는 등의 방법으로 생산된 공간정보를 말한다.

6. "공간정보 등"이란 공간정보 및 이를 기반으로 하는 가공공간정보, 소프트웨어, 기기, 서비스 등을 말한다.

7. "융 · 복합 공간정보산업"이란 공간정보와 다른 정보 · 기술 등이 결합하여 새로운 자료 · 기기 · 소프트웨어 · 서비스 등을 생산하는 산업을 말한다

8. "공간정보오픈플랫폼"이란 국가에서 보유하고 있는 공개 가능한 공간정보를 국민이 자유롭게 활용할 수 있도록 다양한 방법을 제공하는 공간정보체계를 말한다.

18 〈보기〉의 (가)와 (나)에 해당하는 사항을 옳게 짝지은 것은?

〈보기〉
「지적재조사에 관한 특별법」상 지적재조사지구의 토지소유자는 토지소유자 총수의 (가) 이상과 토지면적 (나) 이상에 해당하는 토지소유자의 동의를 받아 토지소유자협의회를 구성할 수 있다.

	(가)	(나)		(가)	(나)
①	2분의 1	2분의 1	②	2분의 1	3분의 1
③	3분의 1	2분의 1	④	3분의 1	3분의 1

해설 지적재조사에 관한 특별법 제13조(토지소유자협의회)

① 지적재조사지구의 토지소유자는 토지소유자 총수의 2분의 1 이상과 토지면적 2분의 1 이상에 해당하는 토지소유자의 동의를 받아 토지소유자협의회를 구성할 수 있다.

② 토지소유자협의회는 위원장을 포함한 5명 이상 20명 이하의 위원으로 구성한다. 토지소유자협의회의 위원은 그 지적재조사지구에 있는 토지의 소유자이어야 하며, 위원장은 위원 중에서 호선한다.

③ 토지소유자협의회의 기능은 다음 각 호와 같다. 〈개정 2021.7.27.〉

1. 지적소관청에 대한 제7조제3항에 따른 지적재조사지구의 신청

2. 토지현황조사에 대한 참관

3. 임시경계점표지 및 경계점표지의 설치에 대한 참관

4. 삭제 〈2017.4.18.〉

5. 제20조제3항에 따른 조정금 산정기준에 대한 의견 제출

6. 제31조에 따른 경계결정위원회(이하 "경계결정위원회"라 한다) 위원의 추천

④ 제1항에 따른 동의자 수의 산정방법 및 동의절차, 토지소유자협의회의 구성 및 운영, 그 밖에 필요한 사항은 대통령령으로 정한다.

19 「공간정보의 구축 및 관리 등에 관한 법률」상 지목의 종류가 아닌 것은?

① 주차장
② 양어장
③ 비행장
④ 주유소용지

[해설] 공간정보의 구축 및 관리 등에 관한 법률 시행령 제58조(지목의 구분)

법 제67조제1항에 따른 지목의 구분은 다음 각 호의 기준에 따른다.

지목	부호	지목	부호	지목	부호	지목	부호
전	전	대	대	철도용지	철	공원	공
답	답	공장용지	[장]	제방	제	체육용지	체
과수원	과	학교용지	학	하천	[천]	유원지	[원]
목장용지	목	주차장	[차]	구거	구	종교용지	종
임야	임	주유소용지	주	유지	유	사적지	사
광천지	광	창고용지	창	양어장	양	묘지	묘
염전	염	도로	도	수도용지	수	잡종지	잡

28. 잡종지

다음 각 목의 토지. 다만, 원상회복을 조건으로 돌을 캐내는 곳 또는 흙을 파내는 곳으로 허가된 토지는 제외한다.

가. 갈대밭, 실외에 물건을 쌓아두는 곳, 돌을 캐내는 곳, 흙을 파내는 곳, 야외시장 및 공동우물
나. 변전소, 송신소, 수신소 및 송유시설 등의 부지
다. 여객자동차터미널, 자동차운전학원 및 폐차장 등 자동차와 관련된 독립적인 시설물을 갖춘 부지
라. 공항시설 및 항만시설 부지
마. 도축장, 쓰레기처리장 및 오물처리장 등의 부지
바. 그 밖에 다른 지목에 속하지 않는 토지

20 「공간정보의 구축 및 관리 등에 관한 법률 시행령」상 중앙지적위원회의 구성 및 회의에 대한 설명으로 가장 옳은 것은?

① 회의는 재적위원 3분의 1 이상의 출석으로 개의(開議)하고, 출석위원 과반수의 찬성으로 의결한다.
② 위원장은 국토교통부장관이, 부위원장은 국토교통부의 지적업무 담당국장이 된다.
③ 위원장 1명과 부위원장 1명을 포함하여 15명 이상 20명 이하의 위원으로 구성한다.
④ 위원장이 중앙지적위원회의 회의를 소집할 때에는 회의 일시 · 장소 및 심의 안건을 회의 5일 전까지 각 위원에게 서면으로 통지하여야 한다.

[해설]

지적위원회					
구분	위원수	위원장	부위원장	위원임기	위원임명
중앙지적위원회	5명 이상 10명 이하(위원장, 부위원장 포함)	• 국토교통부 • 지적업무 • 담당국장	• 국토교통부 • 지적업무 • 담당과장	2년(위원장, 부위원장 제외)	국토교통부장관

정답 19 ③ 20 ④

지방지적위원회	5인 이상 10인 이내 (위원장, 부위원장 포함)	• 시 · 도 • 지적업무 • 담당국장	• 시 · 도 • 지적업무 • 담당과장	2년(위원장, 부위원장 제외)	시 · 도지사

중앙지적위원회(정무연개사양무요)		지방지적위원회(36379)	
심의 · 의결 사항	1. 지적 관련 [정]책 개발 및 업[무] 개선 등에 관한 사항 2. 지적측량기술의 [연]구 · [개]발 및 보급에 관한 사항 3. 제29조제6항에 따른 지적측량 적부심[사](適否審査)에 대한 재심사(再審査) 4. 제39조에 따른 측량기술자 중 지적분야 측량기술자(이하 "지적기술자"라 한다)의 [양]성에 관한 사항 5. 제42조에 따른 지적기술자의 업[무]정지 처분 및 징계[요]구에 관한 사항	적부 심사 청구	① 법 제29조제1항에 따라 지적측량 적부심사(適否審査)를 청구하려는 자는 심사청구서에 다음 각 호의 구분에 따른 서류를 첨부하여 특별시장 · 광역시장 · 특별자치시장 · 도지사 또는 특별자치도지사(이하 "시 · 도지사"라 한다)를 거쳐 지방지적위원회에 제출하여야 한다. 〈개정 2014.1.17.〉 1. 토지소유자 또는 이해관계인 : 지적측량을 의뢰하여 발급받은 지적측량성과 2. 지적측량수행자(지적측량수행자 소속 지적기술자가 청구하는 경우만 해당한다) : 직접 실시한 지적측량성과
회의	① 중앙지적위원회 위원장은 회의를 소집하고 그 의장이 된다. ② 위원장이 부득이한 사유로 직무를 수행할 수 없을 때에는 부위원장이 그 직무를 대행하고, 위원장 및 부위원장이 모두 부득이한 사유로 직무를 수행할 수 없을 때에는 위원장이 미리 지명한 위원이 그 직무를 대행한다. ③ 중앙지적위원회의 회의는 재적위원 과반수의 출석으로 개의(開議)하고, 출석위원 과반수의 찬성으로 의결한다. ④ 중앙지적위원회는 관계인을 출석하게 하여 의견을 들을 수 있으며, 필요하면 현지조사를 할 수 있다. ⑤ 위원장이 중앙지적위원회의 회의를 소집할 때에는 회의 일시 · 장소 및 심의 안건을 회의 5일 전까지 각 위원에게 서면으로 통지하여야 한다. ⑥ 위원이 법 제29조제6항에 따른 재심사 시 그 측량 사안에 관하여 관련이 있는 경우에는 그 안건의 심의 또는 의결에 참석할 수 없다.	지방 지적 위원회 회부	② 제1항에 따른 지적측량 적부심사청구를 받은 시 · 도지사는 ㉚일 이내에 다음 각 호의 사항을 조사하여 지방지적위원회에 회부하여야 한다. **암기** [위][성][이] [연][기]되면 [계][측]하라 1. 다툼이 되는 지적측량의 경[위] 및 그 [성]과 2. 해당 토지에 대한 토지[이]동 및 소유권 변동 [연]혁 3. 해당 토지 주변의 측량[기]준점, 경[계], 주요 구조물 등 현황 실[측]도

정답

01 「지적재조사에 관한 특별법」상 경계결정위원회에 관한 설명으로 가장 옳지 않은 것은?

① 경계설정에 관한 결정과 경계설정에 따른 이의신청에 관한 결정을 의결하기 위하여 지적소관청 소속으로 경계결정위원회를 둔다.

② 경계결정위원회는 위원장 및 부위원장 각 1명을 포함한 11명 이내의 위원으로 구성한다.

③ 경계결정위원회의 결정 또는 의결은 문서로써 출석 위원 과반수의 찬성이 있어야 한다.

④ 경계결정위원회의 위원장은 위원인 판사가 되며, 부위원장은 위원 중에서 지적소관청이 지정한다.

해설 **지적재조사에 관한 특별법 제31조(경계결정위원회)**

① 다음 각 호의 사항을 의결하기 위하여 지적소관청 소속으로 경계결정위원회를 둔다.

> 1. 경계설정에 관한 결정
> 2. 경계설정에 따른 이의신청에 관한 결정

② 경계결정위원회는 위원장 및 부위원장 각 1명을 포함한 11명 이내의 위원으로 구성한다.

③ 경계결정위원회의 위원장은 위원인 판사가 되며, 부위원장은 위원 중에서 지적소관청이 지정한다.

④ 경계결정위원회의 위원은 다음 각 호에서 정하는 사람이 된다. 다만, 제3호 및 제4호의 위원은 해당 지적재조사지구에 관한 안건인 경우에 위원으로 참석할 수 있다. 〈개정 2019.12.10.〉

> 1. 관할 지방법원장이 지명하는 판사
> 2. 다음 각 목의 어느 하나에 해당하는 사람으로서 지적소관청이 임명 또는 위촉하는 사람
>
> > 가. 지적소관청 소속 5급 이상 공무원
> > 나. 변호사, 법학교수, 그 밖에 법률지식이 풍부한 사람
> > 다. 지적측량기술자, 감정평가사, 그 밖에 지적재조사사업에 관한 전문성을 갖춘 사람
>
> 3. 각 지적재조사지구의 토지소유자(토지소유자협의회가 구성된 경우에는 토지소유자협의회가 추천하는 사람을 말한다)
> 4. 각 지적재조사지구의 읍장·면장·동장

⑤ 경계결정위원회의 위원에는 제4항제3호에 해당하는 위원이 반드시 포함되어야 한다.

⑥ 경계결정위원회의 위원 중 공무원이 아닌 위원의 임기는 2년으로 한다.

⑦ 경계결정위원회는 직권 또는 토지소유자나 이해관계인의 신청에 따라 사실조사를 하거나 신청인 또는 토지소유자나 이해관계인에게 필요한 서류의 제출을 요청할 수 있으며, 지적소관청의 소속 공무원으로 하여금 사실조사를 하게 할 수 있다.

⑧ 토지소유자나 이해관계인은 경계결정위원회에 출석하여 의견을 진술하거나 필요한 증빙서류를 제출할 수 있다.

⑨ 경계결정위원회의 결정 또는 의결은 문서로써 재적위원 과반수의 찬성이 있어야 한다.

⑩ 제9항에 따른 결정서 또는 의결서에는 주문, 결정 또는 의결 이유, 결정 또는 의결 일자 및 결정 또는 의결에 참여한 위원의 성명을 기재하고, 결정 또는 의결에 참여한 위원 전원이 서명날인하여야 한다. 다만, 서명날인을 거부하거나 서명날인을 할 수 없는 부득이한 사유가 있는 위원의 경우 해당 위원의 서명날인을 생략하고 그 사유만을 기재할 수 있다.

⑪ 경계결정위원회의 조직 및 운영 등에 관하여 필요한 사항은 해당 시·군·구의 조례로 정한다.

정답 **01** ③

02 「공간정보의 구축 및 관리 등에 관한 법령」상 토지이동에 대한 설명으로 가장 옳지 않은 것은?

① 「도시개발법」에 따른 도시개발사업의 시행자가 지적 소관청에 토지의 이동을 신청하고 토지의 형질변경 등의 공사가 준공된 때에 토지이동이 이루어진 것으로 본다.

② 도시·군관리계획선에 따라 토지를 분할하는 경우 등록전환을 신청할 수 있다.

③ 합병하려는 토지 중, 승역지에 대한 지역권의 등기만 있는 경우에는 합병 신청을 할 수 있다.

④ 합병하려는 토지가 축척이 다른 지적도에 각각 등록되어 있어 축척변경을 하는 경우, 토지소유자 또는 점유자가 설치한 경계점표지를 기준으로 새로운 축척에 따라 면적·경계 또는 좌표를 정하여야 한다.

> **해설** 공간정보의 구축 및 관리 등에 관한 법률 제86조(도시개발사업 등 시행지역의 토지이동 신청에 관한 특례)
> ① 「도시개발법」에 따른 도시개발사업, 「농어촌정비법」에 따른 농어촌정비사업, 그 밖에 대통령령으로 정하는 토지개발사업의 시행자는 대통령령으로 정하는 바에 따라 그 사업의 착수·변경 및 완료 사실을 지적소관청에 신고하여야 한다.
> ② 제1항에 따른 사업과 관련하여 토지의 이동이 필요한 경우에는 해당 사업의 시행자가 지적소관청에 토지의 이동을 신청하여야 한다.
> ③ 제2항에 따른 토지의 이동은 토지의 형질변경 등의 공사가 준공된 때에 이루어진 것으로 본다.
> ④ 제1항에 따라 사업의 착수 또는 변경의 신고가 된 토지의 소유자가 해당 토지의 이동을 원하는 경우에는 해당 사업의 시행자에게 그 토지의 이동을 신청하도록 요청하여야 하며, 요청을 받은 시행자는 해당 사업에 지장이 없다고 판단되면 지적소관청에 그 이동을 신청하여야 한다.
>
> 공간정보의 구축 및 관리 등에 관한 법률 시행령 제64조(등록전환 신청)
> ① 법 제78조에 따라 등록전환을 신청할 수 있는 경우는 다음 각 호와 같다. 〈개정 2020.6.9.〉
>
> > 1. 「산지관리법」에 따른 산지전용허가·신고, 산지일시사용허가·신고, 「건축법」에 따른 건축허가·신고 또는 그 밖의 관계 법령에 따른 개발행위 허가 등을 받은 경우
> > 2. 대부분의 토지가 등록전환되어 나머지 토지를 임야도에 계속 존치하는 것이 불합리한 경우
> > 3. 임야도에 등록된 토지가 사실상 형질변경되었으나 지목변경을 할 수 없는 경우
> > 4. 도시·군관리계획선에 따라 토지를 분할하는 경우
>
> ② 삭제 〈2020.6.9.〉
> ③ 토지소유자는 법 제78조에 따라 등록전환을 신청할 때에는 등록전환 사유를 적은 신청서에 국토교통부령으로 정하는 서류를 첨부하여 지적소관청에 제출하여야 한다.
>
> 공간정보의 구축 및 관리 등에 관한 법률 제80조(합병 신청)
> ① 토지소유자는 토지를 합병하려면 대통령령으로 정하는 바에 따라 지적소관청에 합병을 신청하여야 한다.
> ② 토지소유자는 「주택법」에 따른 공동주택의 부지, 도로, 제방, 하천, 구거, 유지, 그 밖에 대통령령으로 정하는 토지로서 합병하여야 할 토지가 있으면 그 사유가 발생한 날부터 60일 이내에 지적소관청에 합병을 신청하여야 한다.
> ③ 다음 각 호의 어느 하나에 해당하는 경우에는 합병 신청을 할 수 없다. 〈개정 2020.2.4.〉
>
> > 1. 합병하려는 토지의 지번부여지역, 지목 또는 소유자가 서로 다른 경우
> > 2. 합병하려는 토지에 다음 각 목의 등기 외의 등기가 있는 경우
> >
> > > 가. 소유권·지상권·전세권 또는 임차권의 등기
> > > 나. 승역지(承役地)에 대한 지역권의 등기

다. 합병하려는 토지 전부에 대한 등기원인(登記原因) 및 그 연월일과 접수번호가 같은 저당권의 등기

라. 합병하려는 토지 전부에 대한 「부동산등기법」 제81조제1항 각 호의 등기사항이 동일한 신탁등기

3. 그 밖에 합병하려는 토지의 지적도 및 임야도의 축척이 서로 다른 경우 등 대통령령으로 정하는 경우

공간정보의 구축 및 관리 등에 관한 법률 제83조(축척변경)

① 축척변경에 관한 사항을 심의·의결하기 위하여 지적소관청에 축척변경위원회를 둔다.

② 지적소관청은 지적도가 다음 각 호의 어느 하나에 해당하는 경우에는 토지소유자의 신청 또는 지적소관청의 직권으로 일정한 지역을 정하여 그 지역의 축척을 변경할 수 있다.

> 1. 잦은 토지의 이동으로 1필지의 규모가 작아서 소축척으로는 지적측량성과의 결정이나 토지의 이동에 따른 정리를 하기가 곤란한 경우
> 2. 하나의 지번부여지역에 서로 다른 축척의 지적도가 있는 경우
> 3. 그 밖에 지적공부를 관리하기 위하여 필요하다고 인정되는 경우

③ 지적소관청은 제2항에 따라 축척변경을 하려면 축척변경 시행지역의 토지소유자 3분의 2 이상의 동의를 받아 제1항에 따른 축척변경위원회의 의결을 거친 후 시·도지사 또는 대도시 시장의 승인을 받아야 한다. 다만, 다음 각 호의 어느 하나에 해당하는 경우에는 축척변경위원회의 의결 및 시·도지사 또는 대도시 시장의 승인 없이 축척변경을 할 수 있다.

> 1. 합병하려는 토지가 축척이 다른 지적도에 각각 등록되어 있어 축척변경을 하는 경우
> 2. 제86조에 따른 도시개발사업 등의 시행지역에 있는 토지로서 그 사업 시행에서 제외된 토지의 축척변경을 하는 경우

공간정보의 구축 및 관리 등에 관한 법률 시행령 제72조(토지의 표시 등)

① 지적소관청은 축척변경 시행지역의 각 필지별 지번·지목·면적·경계 또는 좌표를 새로 정하여야 한다.

② 지적소관청이 축척변경을 위한 측량을 할 때에는 제71조제3항에 따라 토지소유자 또는 점유자가 설치한 경계점표지를 기준으로 새로운 축척에 따라 면적·경계 또는 좌표를 정하여야 한다.

③ 법 제83조제3항 단서에 따라 축척을 변경할 때에는 제1항에도 불구하고 각 필지별 지번·지목 및 경계는 종전의 지적공부에 따르고 면적만 새로 정하여야 한다.

④ 제3항에 따른 축척변경절차 및 면적결정방법 등에 관하여 필요한 사항은 국토교통부령으로 정한다.

03 「공간정보의 구축 및 관리 등에 관한 법령」상 지적공부의 등록사항을 짝지은 것으로 옳지 않은 것은?

① 토지대장과 임야대장 – 지적도 또는 임야도의 번호와 필지별 토지대장 또는 임야대장의 장번호 및 축척

② 공유지연명부 – 전유부분(專有部分)의 건물표시

③ 대지권등록부 – 대지권 비율

④ 경계점좌표등록부 – 지적도면의 번호

[해설] 지적공부의 등록사항

구분		[소]재	[지]번	지[목]=[축]척	[면]적	[경]계	[좌]표	[소]유자	[도]면번호	[고]유번호	소유권([지][분])	대지권([비][율])	기타 등록사항
대장	토지, 임야 대[장]	●	●	[장] ●	[장] ●			[장] ●	[장] ●	[장] ●			토지 [이][동] 사유 [개]별공시지가 [기]준수확량 등급 필지별 토지 · 임야대장의 장번호
	[공]유지 연명부	●	●					[공] ●		[공] ●	[공] ●		필지별 공유지연명부의 장번호
	[대]지권 등록부	●	●					[대] ●		[대] ●	[대] ●	[대] ●	[건]물의 명칭 [전]유건물표시 집합건물별 대지권등록부의 장번호
[경]계점좌표 등록표		●	●				[경] ●		[경] ●	[경] ●			[부]호, 부호[도] 필지별 경계점좌표등록부의 장번호
도면	지적 · 임야[도]	●	●	[도] ●		[도] ●							색[인]도 [지]적기준점 위치 [도]곽선과 수치 [건]축물의 위치 [좌]표에 의한 계산거리

[암기] [소][지]는 공통이고 [목][장][도] = [축]장도, [면][장], [경][도]는 [좌][경]이요,
[소][경][도], [도][공][대][도] [고][도]가 없고,
[소]대장, [지][분]은 공, 대에만 있다.
[이][동][개][기][건][전]하면 [부][도] 없이 [인][지][도] [건][좌]하다.

04 「지적재조사에 관한 특별법」상 조정금을 받을 권리나 징수할 권리를 행사해야 하는 소멸시효는?

① 1년 ② 3년 ③ 5년 ④ 10년

[해설] 지적재조사에 관한 특별법 제21조의2(조정금에 관한 이의신청)

① 제21조제3항에 따라 수령통지 또는 납부고지된 조정금에 이의가 있는 토지소유자는 수령통지 또는 납부고지를 받은 날부터 60일 이내에 지적소관청에 이의신청을 할 수 있다.

② 지적소관청은 제1항에 따른 이의신청을 받은 날부터 30일 이내에 제30조에 따른 시 · 군 · 구 지적재조사위원회의 심의 · 의결을 거쳐 이의신청에 대한 결과를 신청인에게 서면으로 알려야 한다.

지적재조사에 관한 특별법 제22조(조정금의 소멸시효)

조정금을 받을 권리나 징수할 권리는 5년간 행사하지 아니하면 시효의 완성으로 소멸한다.

정답 04 ③

05 「공간정보의 구축 및 관리 등에 관한 법률 시행규칙」상 지적공부의 보관 등에 대한 설명으로 가장 옳지 않은 것은?

① 부책(簿冊)으로 된 토지대장ㆍ임야대장 및 공유지연명부는 지적공부 보관상자에 넣어 보관한다.

② 지적공부 보관상자는 벽으로부터 15센티미터 이상 띄워야 하며, 높이 10센티미터 이상의 깔판 위에 올려 놓아야 한다.

③ 지적서고에는 인화물질의 반입을 금지하며, 지적공부, 지적 관계 서류 및 지적측량장비만 보관하여야 한다.

④ 일람도ㆍ지번색인표 및 지적도면은 도면번호순으로 지번부여지역별로 보관하되, 100장 단위로 바인더(binder)에 넣어 보관하여야 한다.

> **해설** 공간정보의 구축 및 관리 등에 관한 법률 시행규칙 제65조(지적서고의 설치기준 등)
> ① 법 제69조제1항에 따른 지적서고는 지적사무를 처리하는 사무실과 연접(連接)하여 설치하여야 한다.
> ② 제1항에 따른 지적서고의 구조는 다음 각 호의 기준에 따라야 한다.
>
> 1. 골조는 철근콘크리트 이상의 강질로 할 것
> 2. 지적서고의 면적은 별표 7의 기준면적에 따를 것
> 3. 바닥과 벽은 2중으로 하고 영구적인 방수설비를 할 것
> 4. 창문과 출입문은 2중으로 하되, 바깥쪽 문은 반드시 철제로 하고 안쪽 문은 곤충ㆍ쥐 등의 침입을 막을 수 있도록 철망 등을 설치할 것
> 5. 온도 및 습도 자동조절장치를 설치하고, 연중 평균온도는 섭씨 20±5도를, 연중평균습도는 65±5퍼센트를 유지할 것
> 6. 전기시설을 설치하는 때에는 단독퓨즈를 설치하고 소화장비를 갖춰 둘 것
> 7. 열과 습도의 영향을 받지 아니하도록 내부공간을 넓게 하고 천장을 높게 설치할 것
>
> ③ 지적서고는 다음 각 호의 기준에 따라 관리하여야 한다.
>
> 1. 지적서고는 제한구역으로 지정하고, 출입자를 지적사무담당공무원으로 한정할 것
> 2. 지적서고에는 인화물질의 반입을 금지하며, 지적공부, 지적 관계 서류 및 지적측량장비만 보관할 것
>
> ④ 지적공부 보관상자는 벽으로부터 15센티미터 이상 띄워야 하며, 높이 10센티미터 이상의 깔판 위에 올려놓아야 한다.
>
> **공간정보의 구축 및 관리 등에 관한 법률 시행규칙 제66조(지적공부의 보관방법 등)**
> ① 부책(簿冊)으로 된 토지대장ㆍ임야대장 및 공유지연명부는 지적공부 보관상자에 넣어 보관하고, 카드로 된 토지대장ㆍ임야대장ㆍ공유지연명부ㆍ대지권등록부 및 경계점좌표등록부는 100장 단위로 바인더(binder)에 넣어 보관하여야 한다.
> ② 일람도ㆍ지번색인표 및 지적도면은 지번부여지역별로 도면번호순으로 보관하되, 각 장별로 보호대에 넣어야 한다.
> ③ 법 제69조제2항에 따라 지적공부를 정보처리시스템을 통하여 기록ㆍ보존하는 때에는 그 지적공부를 「공공기관의 기록물 관리에 관한 법률」 제19조제2항에 따라 기록물관리기관에 이관할 수 있다.

06 「공간정보의 구축 및 관리 등에 관한 법령」상 측량기준점 표지의 설치 및 관리에 관한 설명으로 가장 옳은 것은?

① 국토교통부장관은 필요하다고 인정하는 경우에는 직접 측량기준점표지의 현황을 조사할 수 있다.

② 특별자치시장, 특별자치도지사, 시장·군수 또는 구청장은 측량기준점표지의 현황에 대한 조사 결과를 매년 12월 말까지 국토지리정보원장이 정하여 고시한 기준에 따라 보고하여야 한다.

③ 측량기준점표지의 설치자가 측량기준점표지의 설치 사실을 통지할 때에는 그 측량성과(평면직각좌표 및 표고(標高)의 성과가 있는 경우 그 좌표 및 표고를 제외한다)를 함께 통지하여야 한다.

④ 공공측량시행자는 측량기준점표지를 설치할 지역의 지형이 일정한 형상 및 규격으로 설치하기가 곤란할 경우에는 국토교통부장관의 승인을 받아 별도의 형상 및 규격으로 설치할 수 있다.

해설 공간정보의 구축 및 관리 등에 관한 법률 제8조(측량기준점표지의 설치 및 관리)

① 측량기준점을 정한 자는 측량기준점표지를 설치하고 관리하여야 한다.

② 제1항에 따라 측량기준점표지를 설치한 자는 대통령령으로 정하는 바에 따라 그 종류와 설치 장소를 국토교통부장관, 관계 시·도지사, 시장·군수 또는 구청장(자치구의 구청장을 말한다. 이하 같다) 및 측량기준점표지를 설치한 부지의 소유자 또는 점유자에게 통지하여야 한다. 설치한 측량기준점표지를 이전·철거하거나 폐기한 경우에도 같다. 〈개정 2013.3.23., 2020.2.18.〉

③ 삭제 〈2020.2.18.〉

④ 시·도지사 또는 지적소관청은 지적기준점표지를 설치·이전·복구·철거하거나 폐기한 경우에는 그 사실을 고시하여야 한다. 〈개정 2013.7.17.〉

⑤ 특별자치시장, 특별자치도지사, 시장·군수 또는 구청장은 국토교통부령으로 정하는 바에 따라 매년 관할 구역에 있는 측량기준점표지의 현황을 조사하고 그 결과를 시·도지사를 거쳐(특별자치시장 및 특별자치도지사의 경우는 제외한다) 국토교통부장관에게 보고하여야 한다. 측량기준점표지가 멸실·파손되거나 그 밖에 이상이 있음을 발견한 경우에도 같다. 〈개정 2012.12.18., 2013.3.23.〉

⑥ 제5항에도 불구하고 국토교통부장관은 필요하다고 인정하는 경우에는 직접 측량기준점표지의 현황을 조사할 수 있다. 〈개정 2013.3.23., 2020.2.18.〉

⑦ 측량기준점표지의 형상, 규격, 관리방법 등에 필요한 사항은 국토교통부령으로 정한다. 〈개정 2013.3.23., 2020.2.18.〉

공간정보의 구축 및 관리 등에 관한 법률 시행령 제9조(측량기준점표지 설치의 통지)

① 법 제8조제2항에 따라 측량기준점표지의 설치자가 측량기준점표지의 설치 사실을 통지할 때에는 그 측량성과[평면직각좌표 및 표고(標高)의 성과가 있는 경우 그 좌표 및 표고를 포함한다]를 함께 통지하여야 한다.

② 제1항에 따른 측량기준점표지 설치의 통지를 위하여 필요한 사항은 국토교통부령으로 정한다.

공간정보의 구축 및 관리 등에 관한 법률 시행규칙 제5조(측량기준점표지의 현황조사 결과 보고)

① 특별자치시장, 특별자치도지사, 시장·군수 또는 구청장은 법 제8조제5항에 따른 측량기준점표지의 현황에 대한 조사결과를 매년 10월 말까지 국토지리정보원장이 정하여 고시한 기준에 따라 보고하여야 한다. 〈개정 2013.6.19.〉

② 국토지리정보원장은 제1항에 따른 측량기준점표지의 현황조사 결과 보고에 대한 기준을 정한 경우에는 이를 고시하여야 한다.

공간정보의 구축 및 관리 등에 관한 법률 시행규칙 제3조(측량기준점표지의 형상)

① 법 제8조제1항에 따른 측량기준점표지의 형상 및 규격은 별표 1과 같다.

② 측량기준점을 정한 자는 측량기준점표지를 설치할 지역의 지형이 별표 1의 형상 및 규격으로 설치하기가 곤란할 경우에는 제1항에도 불구하고 별도의 형상 및 규격으로 설치할 수 있다. 이 경우 측량기

준점을 정한 자가 공공측량의 시행을 하는 자(이하 "공공측량시행자"라 한다)일 때에는 국토지리정보원장의 승인을 받아야 한다.
③ 측량기준점을 정한 자가 제2항에 따라 별도의 형상 및 규격을 정한 때에는 이를 고시하여야 한다.

07 「공간정보의 구축 및 관리 등에 관한 법률 시행령」상 지목의 구분에 대한 설명으로 가장 옳지 않은 것은?

① 임야 : 산림 및 원야(原野)를 이루고 있는 수림지(樹林地) · 죽림지 · 암석지 · 자갈땅 · 모래땅 · 습지 · 갈대밭 · 황무지 등의 토지
② 체육용지 : 체육시설로서의 영속성과 독립성이 미흡한 정구장 · 골프연습장 · 실내수영장 및 체육도장과 유수(流水)를 이용한 요트장 및 카누장 등의 토지는 제외
③ 주유소용지 : 자동차 · 선박 · 기차 등의 제작 또는 정비공장 안에 설치된 급유 · 송유시설 등의 부지는 제외
④ 공원 : 일반 공중의 보건 · 휴양 및 정서생활에 이용하기 위한 시설을 갖춘 토지로서 「국토의 계획 및 이용에 관한 법률」에 따라 공원 또는 녹지로 결정 · 고시된 토지

해설 공간정보의 구축 및 관리 등에 관한 법률 시행령 제58조(지목의 구분)
법 제67조제1항에 따른 지목의 구분은 다음 각 호의 기준에 따른다.
 5. 임야
  산림 및 원야(原野)를 이루고 있는 수림지(樹林地) · 죽림지 · 암석지 · 자갈땅 · 모래땅 · 습지 · 황무지 등의 토지
 12. 주유소용지
  다음 각 목의 토지. 다만, 자동차 · 선박 · 기차 등의 제작 또는 정비공장 안에 설치된 급유 · 송유시설 등의 부지는 제외한다.
  가. 석유 · 석유제품, 액화석유가스, 전기 또는 수소 등의 판매를 위하여 일정한 설비를 갖춘 시설물의 부지
  나. 저유소(貯油所) 및 원유저장소의 부지와 이에 접속된 부속시설물의 부지
 22. 공원
  일반 공중의 보건 · 휴양 및 정서생활에 이용하기 위한 시설을 갖춘 토지로서 「국토의 계획 및 이용에 관한 법률」에 따라 공원 또는 녹지로 결정 · 고시된 토지
 23. 체육용지
  국민의 건강증진 등을 위한 체육활동에 적합한 시설과 형태를 갖춘 종합운동장 · 실내체육관 · 야구장 · 골프장 · 스키장 · 승마장 · 경륜장 등 체육시설의 토지와 이에 접속된 부속시설물의 부지. 다만, 체육시설로서의 영속성과 독립성이 미흡한 정구장 · 골프연습장 · 실내수영장 및 체육도장과 유수(流水)를 이용한 요트장 및 카누장 등의 토지는 제외한다.
 28. 잡종지
  다음 각 목의 토지. 다만, 원상회복을 조건으로 돌을 캐내는 곳 또는 흙을 파내는 곳으로 허가된 토지는 제외한다.
  가. 갈대밭, 실외에 물건을 쌓아두는 곳, 돌을 캐내는 곳, 흙을 파내는 곳, 야외시장 및 공동우물
  나. 변전소, 송신소, 수신소 및 송유시설 등의 부지
  다. 여객자동차터미널, 자동차운전학원 및 폐차장 등 자동차와 관련된 독립적인 시설물을 갖춘 부지
  라. 공항시설 및 항만시설 부지
  마. 도축장, 쓰레기처리장 및 오물처리장 등의 부지
  바. 그 밖에 다른 지목에 속하지 않는 토지

정답 07 ①

08 「지적업무처리규정」상 행정구역선의 제도(製圖)에 관한 설명으로 가장 옳지 않은 것은?

① 행정구역선은 경계에서 약간 띄어서 그 외부에 제도한다.

② 행정구역선이 2종 이상 겹치는 경우에는 최상급 행정구역선만 제도한다.

③ 도로 · 철도 · 하천 · 유지 등의 고유명칭은 5밀리미터 이상 7밀리미터 이하의 크기로 같은 간격으로 띄어서 제도한다.

④ 행정구역의 명칭은 도면 여백의 넓이에 따라 4밀리미터 이상 6밀리미터 이하의 크기로 경계 및 지적 기준점 등을 피하여 같은 간격으로 띄어서 제도한다.

해설 지적업무처리규정 제44조(행정구역선의 제도)

① 도면에 등록할 행정구역선은 0.4밀리미터 폭으로 다음 각 호와 같이 제도한다. 다만, 동 · 리의 행정구역선은 0.2밀리미터 폭으로 한다.

행정구역	제도방법	내용
국계		4밀리미터와 허선 3밀리미터로 연결하고 실선 중앙에 실선과 직각으로 교차하는 1밀리미터의 실선을 긋고, 허선에 직경 0.3밀리미터의 점 2개를 제도한다.
시 · 도계		실선 4밀리미터와 허선 2밀리미터로 연결하고 실선 중앙에 실선과 직각으로 교차하는 1밀리미터의 실선을 긋고, 허선에 직경 0.3밀리미터의 점 1개를 제도한다.
시 · 군계		실선과 허선을 각각 3밀리미터로 연결하고, 허선에 0.3밀리미터의 점 2개를 제도한다.
읍 · 면 · 구계		실선 3밀리미터와 허선 2밀리미터로 연결하고, 허선에 0.3밀리미터의 점 1개를 제도한다.
동 · 리계		실선 3밀리미터와 허선 1밀리미터로 연결하여 제도한다.
행정구역선이 2종 이상 겹칠 때		행정구역선이 2종 이상 겹치는 경우에는 최상급 행정구역선만 제도한다.
행정구역의 명칭		도면여백의 대소에 따라 4~6mm의 크기로 경계 및 지적기준점 등을 피하여 같은 간격으로 띄어서 제도한다.
도로, 철도, 하천, 유지 등의 고유명칭		도로 · 철도 · 하천 · 유지 등의 고유명칭은 3~4mm의 크기로 같은 간격으로 띄어서 제도한다.

09 「공간정보의 구축 및 관리 등에 관한 법률」상 측량업에 관한 설명으로 가장 옳지 않은 것은?

① 측량업을 하려는 자는 업종별로 대통령령으로 정하는 기술인력·장비 등의 등록기준을 갖추어 국토교통부장관, 시·도지사 또는 대도시 시장에게 등록하여야 한다.

② 한국국토정보공사도 측량업의 등록을 하지 아니하고는 지적측량업을 할 수 없다.

③ 측량업자는 등록사항이 변경된 경우에는 국토교통부장관, 시·도지사 또는 대도시 시장에게 신고하여야 한다.

④ 국토교통부장관, 시·도지사 또는 대도시 시장은 측량업의 등록신청이 등록기준에 적합하지 않다고 인정할 때에는 신청인에게 그 뜻을 통지해야 한다.

해설 공간정보의 구축 및 관리 등에 관한 법률 제44조(측량업의 등록)

① 측량업은 다음 각 호의 업종으로 구분한다.

> 1. 측지측량업
> 2. 지적측량업
> 3. 그 밖에 항공촬영, 지도제작 등 대통령령으로 정하는 업종

② 측량업을 하려는 자는 업종별로 대통령령으로 정하는 기술인력·장비 등의 등록기준을 갖추어 국토교통부장관, 시·도지사 또는 대도시 시장에게 등록하여야 한다. 다만, 한국국토정보공사는 측량업의 등록을 하지 아니하고 제1항제2호의 지적측량업을 할 수 있다. 〈개정 2020.2.18.〉

③ 국토교통부장관, 시·도지사 또는 대도시 시장은 제2항에 따른 측량업의 등록을 한 자(이하 "측량업자"라 한다)에게 측량업등록증 및 측량업등록수첩을 발급하여야 한다. 〈개정 2020.2.18.〉

④ 측량업자는 등록사항이 변경된 경우에는 국토교통부장관, 시·도지사 또는 대도시 시장에게 신고하여야 한다. 〈개정 2020.2.18.〉

⑤ 측량업의 등록, 등록사항의 변경신고, 측량업등록증 및 측량업등록수첩의 발급절차 등에 필요한 사항은 대통령령으로 정한다.

공간정보의 구축 및 관리 등에 관한 법률 시행령 제35조(측량업의 등록 등)

① 법 제44조제1항제1호의 측지측량업과 이 영 제34조제1항제3호부터 제9호까지의 측량업은 국토교통부장관에게 등록하고, 법 제44조제1항제2호의 지적측량업과 이 영 제34조제1항제1호 및 제2호의 측량업은 특별시장·광역시장·특별자치시장·도지사 또는 대도시 시장(「지방자치법」 제198조에 따라 서울특별시·광역시 및 특별자치시를 제외한 인구 50만 이상의 시의 시장을 말한다. 이하 같다)에게 등록해야 한다. 다만, 특별자치도의 경우에는 법 제44조제1항제1호 및 제2호와 이 영 제34조제1항 각 호의 측량업을 특별자치도지사에게 등록해야 한다. 〈개정 2020.12.29.〉

② 제1항에 따라 측량업의 등록을 하려는 자는 국토교통부령으로 정하는 신청서(전자문서로 된 신청서를 포함한다)에 다음 각 호의 서류(전자문서를 포함한다)를 첨부하여 국토교통부장관, 시·도지사 또는 대도시 시장에게 제출해야 한다. 〈개정 2020.12.29.〉

> 1. 별표 8에 따른 기술인력을 갖춘 사실을 증명하기 위한 다음 각 목의 서류
>
> > 가. 보유하고 있는 측량기술자의 명단
> > 나. 가목의 인력에 대한 측량기술 경력증명서
>
> 2. 별표 8에 따른 장비를 갖춘 사실을 증명하기 위한 다음 각 목의 서류
>
> > 가. 보유하고 있는 장비의 명세서
> > 나. 가목의 장비의 성능검사서 사본
> > 다. 소유권 또는 사용권을 보유한 사실을 증명할 수 있는 서류

③ 제1항에 따른 등록신청을 받은 국토교통부장관, 시·도지사 또는 대도시 시장은 「전자정부법」 제36 조제1항에 따른 행정정보의 공동이용을 통하여 다음 각 호의 행정정보를 확인해야 한다. 다만, 사업 자등록증 및 제2호의 서류에 대해서는 신청인으로부터 확인에 대한 동의를 받고, 신청인이 확인에 동의하지 않는 경우에는 해당 서류의 사본을 첨부하도록 해야 한다. 〈개정 2020.12.29.〉

> 1. 사업자등록증 또는 법인등기부 등본(법인인 경우만 해당한다)
> 2. 「국가기술자격법」에 따른 국가기술자격(정보처리기사의 경우만 해당한다)

④ 제2항에 따른 측량업의 등록신청을 받은 국토교통부장관, 시·도지사 또는 대도시 시장은 신청받은 날부터 10일 이내에 법 제44조에 따른 등록기준에 적합한지와 법 제47조 각 호의 결격사유가 없는 지를 심사한 후 적합하다고 인정할 때에는 측량업등록부에 기록하고, 측량업등록증과 측량업등록수 첩을 발급해야 한다. 〈개정 2013.3.23., 2017.1.10., 2020.12.29.〉

⑤ 국토교통부장관, 시·도지사 또는 대도시 시장은 제2항에 따른 측량업의 등록신청이 등록기준에 적합하지 않다고 인정할 때에는 신청인에게 그 뜻을 통지해야 한다. 〈개정 2013.3.23., 2020.12.29.〉

⑥ 국토교통부장관, 시·도지사 또는 대도시 시장은 법 제44조제2항에 따라 등록을 했을 때에는 이를 해당 기관의 게시판이나 인터넷 홈페이지에 10일 이상 공고해야 한다.

10 「부동산종합공부시스템 운영 및 관리규정」상 용어의 정의에 대한 설명으로 가장 옳지 않은 것은?

① "정보관리체계"란 지적공부 및 부동산종합공부의 관리업무를 전자적으로 처리할 수 있도록 설치 된 정보시스템을 말한다.

② "부동산종합공부시스템"이란 국토교통부장관이 지적공부 및 부동산종합공부 정보를 전자적으로 관리·운영하는 시스템을 말한다.

③ "국토정보시스템"이란 국토교통부장관이 지적공부 및 부동산종합공부 정보를 전국 단위로 통합 하여 관리·운영하는 시스템을 말한다.

④ "사용자"란 부동산종합공부시스템을 이용하여 업무를 처리하는 업무담당자로서 부동산종합공부 시스템에 사용자로 등록된 자를 말한다.

해설 부동산종합공부시스템 운영 및 관리규정 제2조(정의)

이 규정에서 사용하는 용어의 정의는 다음과 같다.

1. "정보관리체계"란 지적공부 및 부동산종합공부의 관리업무를 전자적으로 처리할 수 있도록 설치된 정보시스템으로서, 국토교통부가 운영하는 "국토정보시스템"과 지방자치단체가 운영하는 "부동산 종합공부시스템"으로 구성된다.

2. "국토정보시스템"이란 국토교통부장관이 지적공부 및 부동산종합공부 정보를 전국 단위로 통합하여 관리·운영하는 시스템을 말한다.

3. "부동산종합공부시스템"이란 지방자치단체가 지적공부 및 부동산종합공부 정보를 전자적으로 관 리·운영하는 시스템을 말한다.

4. "운영기관"이란 부동산종합공부시스템이 설치되어 이를 운영하고 유지관리의 책임을 지는 지방자치 단체를 말하며, 영문표기는 "Korea Real estate Administration intelligence System"로 "KRAS"로 약칭한다.

5. "사용자"란 부동산종합공부시스템을 이용하여 업무를 처리하는 업무담당자로서 부동산종합공부시 스템에 사용자로 등록된 자를 말한다.

6. "운영지침서"란 국토교통부장관이 부동산종합공부시스템을 통한 업무처리의 절차 및 방법에 대하여 체계적으로 정한 지침으로서 '운영자 전산처리지침서'와 '사용자 업무처리지침서'를 말한다.

11 「공간정보의 구축 및 관리 등에 관한 법률 시행규칙」상 경계점표지의 규격과 재질 등 설치에 대한 설명으로 가장 옳지 않은 것은?

① 목제는 비포장지역에 설치한다.

② 철못1호는 아스팔트 포장지역에 설치한다.

③ 철못3호는 콘크리트 포장지역에 설치한다.

④ 표석은 소유자의 요구가 있는 경우 설치한다.

해설 공간정보의 구축 및 관리 등에 관한 법률 시행규칙 [별표 6] 〈개정 2014.1.17.〉

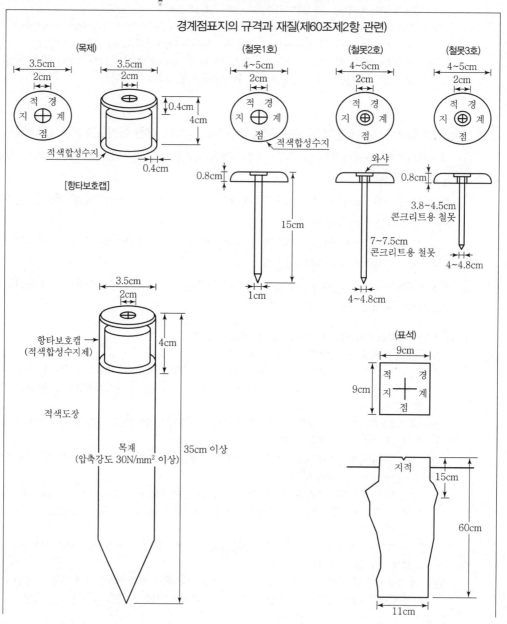

[비고]
1. 목제는 비포장지역에 설치한다.
2. 철못1호는 아스팔트 포장지역에 설치한다.
3. 철못2호는 콘크리트 포장지역에 설치한다.
4. 철못3호는 콘크리트 구조물·담장·벽에 설치한다.
5. 표석은 소유자의 요구가 있는 경우 설치한다.

12 「지적업무처리규정」상 분할 및 등록전환 측량성과도가 발급된 지 1년이 경과한 후 지적공부정리 신청이 있는 때에 지적소관청이 확인·조사하여야 하는 사항으로 가장 옳은 것은?

① 측량성과와 현지경계의 부합여부

② 토지의 이동사유

③ 토지의 이동현황

④ 신청인의 신청권한 적법여부

해설 지적업무처리규정 제50조(지적공부정리신청의 조사)

① 지적소관청은 법 제77조부터 제82조까지, 법 제84조, 법 제86조 및 법 제87조에 따른 지적공부정리 신청이 있는 때에는 다음 각 호의 사항을 확인·조사하여 처리한다.

1. 신청서의 기재사항과 지적공부등록사항과의 부합여부
2. 관계법령의 저촉여부
3. 대위신청에 관하여는 그 권한대위의 적법여부
4. 구비서류 및 수입증지의 첨부여부
5. 신청인의 신청권한 적법여부
6. 토지의 이동사유
7. 그 밖에 필요하다고 인정되는 사항

② 접수된 서류를 보완 또는 반려한 때에는 지적업무정리부의 비고란에 그 사유를 붉은색으로 기재한다.

③ 지목변경 및 합병을 하여야 하는 토지가 있을 때와 등록전환에 따라 지목이 바뀔 때에는 다음 각 호의 사항을 확인·조사하여 별지 제6호 서식에 따른 현지조사서를 작성하여야 한다.

1. 토지의 이용현황
2. 관계법령의 저촉여부
3. 조사자의 의견, 조사연월일 및 조사자 직·성명

④ 분할 및 등록전환 측량성과도가 발급된 지 1년이 경과한 후 지적공부정리 신청이 있는 때에는 지적소관청은 다음 각 호의 사항을 확인·조사하여야 한다.

1. 측량성과와 현지경계의 부합여부
2. 관계법령의 저촉여부

13 〈보기〉는 「공간정보의 구축 및 관리 등에 관한 법률」상 지적의 용어에 대한 설명이다. 옳은 것을 모두 고른 것은?

〈보기〉

ㄱ. "토지의 표시"란 지적공부에 토지의 소재 · 지번(地番) · 지목(地目) · 소유자(所有者) · 면적 · 경계 또는 좌표를 등록한 것을 말한다.

ㄴ. "지번부여지역"이란 지번을 부여하는 단위지역으로서 동 · 리 또는 이에 준하는 지역을 말한다.

ㄷ. "경계"란 필지별로 경계점들을 곡선으로 연결하여 지적공부에 등록한 선을 말한다.

ㄹ. "등록전환"이란 임야대장 및 임야도에 등록된 토지를 토지대장 및 지적도에 옮겨 등록하는 것을 말한다.

ㅁ. "축척변경"이란 지적도에 등록된 경계점의 정확도를 높이기 위하여 작은 축척을 큰 축척으로 변경하여 등록하는 것을 말한다.

① ㄱ, ㅁ   ② ㄴ, ㄹ

③ ㄱ, ㄴ, ㄷ   ④ ㄷ, ㄹ, ㅁ

해설 공간정보의 구축 및 관리 등에 관한 법률 제2조(정의)

이 법에서 사용하는 용어의 뜻은 다음과 같다.

20. "토지의 표시"란 지적공부에 토지의 소재 · 지번(地番) · 지목(地目) · 면적 · 경계 또는 좌표를 등록한 것을 말한다.

21. "필지"란 대통령령으로 정하는 바에 따라 구획되는 토지의 등록단위를 말한다.

22. "지번"이란 필지에 부여하여 지적공부에 등록한 번호를 말한다.

23. "지번부여지역"이란 지번을 부여하는 단위지역으로서 동 · 리 또는 이에 준하는 지역을 말한다.

24. "지목"이란 토지의 주된 용도에 따라 토지의 종류를 구분하여 지적공부에 등록한 것을 말한다.

25. "경계점"이란 필지를 구획하는 선의 굴곡점으로서 지적도나 임야도에 도해(圖解) 형태로 등록하거나 경계점좌표등록부에 좌표 형태로 등록하는 점을 말한다.

26. "경계"란 필지별로 경계점들을 직선으로 연결하여 지적공부에 등록한 선을 말한다.

27. "면적"이란 지적공부에 등록한 필지의 수평면상 넓이를 말한다.

28. "토지의 이동(異動)"이란 토지의 표시를 새로 정하거나 변경 또는 말소하는 것을 말한다.

29. "신규등록"이란 새로 조성된 토지와 지적공부에 등록되어 있지 아니한 토지를 지적공부에 등록하는 것을 말한다.

30. "등록전환"이란 임야대장 및 임야도에 등록된 토지를 토지대장 및 지적도에 옮겨 등록하는 것을 말한다.

31. "분할"이란 지적공부에 등록된 1필지를 2필지 이상으로 나누어 등록하는 것을 말한다.

32. "합병"이란 지적공부에 등록된 2필지 이상을 1필지로 합하여 등록하는 것을 말한다.

33. "지목변경"이란 지적공부에 등록된 지목을 다른 지목으로 바꾸어 등록하는 것을 말한다.

34. "축척변경"이란 지적도에 등록된 경계점의 정밀도를 높이기 위하여 작은 축척을 큰 축척으로 변경하여 등록하는 것을 말한다.

14 「지적재조사업무규정」상 지적재조사사업에 따른 토지 이동사유의 코드 및 코드명으로 가장 옳지 않은 것은?

① 33 년 월 일 지적재조사 예정지구

② 55 년 월 일 지적재조사 완료

③ 56 년 월 일 지적재조사 폐쇄

④ 57 년 월 일 지적재조사 경계확정 토지

(해설) 지적재조사업무규정 제31조(토지이동사유 코드 등)

지적재조사사업에 따른 토지이동사유의 코드는 다음과 같고, 토지(임야)대장의 토지표시 연혁 기재는 예시 4와 같이 한다.

코드	코드명
33	년 월 일 지적재조사 예정지구
34	년 월 일 지적재조사 예정지구 폐지
53	년 월 일 지적재조사 지구 지정
54	년 월 일 지적재조사 지구 지정 폐지
55	년 월 일 지적재조사 완료
56	년 월 일 지적재조사 폐쇄
57	년 월 일 지적재조사 경계미확정 토지
58	년 월 일 지적재조사 경계확정 토지

15 「공간정보의 구축 및 관리 등에 관한 법령」상 지상경계의 결정 등에 대한 설명으로 가장 옳지 않은 것은?

① 토지의 지상경계는 둑, 담장이나 그 밖의 구획의 목표가 될 만한 구조물 및 경계점표지 등으로 구분한다.

② 연접되는 토지 간에 높낮이 차이가 있는 경우, 그 구조물의 하단부를 지상경계로 결정하지만, 지상경계의 구획을 형성하는 구조물 등의 소유자가 다른 경우에는 그 소유권에 따라 지상경계를 결정한다.

③ 「국토의 계획 및 이용에 관한 법률」제30조제6항에 따른 도시·군관리계획 결정고시가 된 지역의 도시·군관리계획선에 따라 토지를 분할하려는 경우 경계점표지를 설치하여 측량할 수 있다.

④ 공공사업 등에 따라 학교용지·도로·철도용지·수도용지 등의 지목으로 되는 토지를 분할하는 경우, 분할에 따른 지상경계는 지상건축물을 걸리게 결정해서는 아니 된다.

(해설) 공간정보의 구축 및 관리 등에 관한 법률 제65조(지상경계의 구분 등)

① 토지의 지상경계는 둑, 담장이나 그 밖에 구획의 목표가 될 만한 구조물 및 경계점표지 등으로 구분한다.

② 지적소관청은 토지의 이동에 따라 지상경계를 새로 정한 경우에는 다음 각 호의 사항을 등록한 지상경계점등록부를 작성·관리하여야 한다.

1. 토지의 소재
2. 지번
3. 경계점 좌표(경계점좌표등록부 시행지역에 한정한다)
4. 경계점 위치 설명도
5. 그 밖에 국토교통부령으로 정하는 사항

③ 제1항에 따른 지상경계의 결정 기준 등 지상경계의 결정에 필요한 사항은 대통령령으로 정하고, 경계점표지의 규격과 재질 등에 필요한 사항은 국토교통부령으로 정한다.

공간정보의 구축 및 관리 등에 관한 법률 시행령 제55조(지상 경계의 결정기준 등)

① 법 제65조제1항에 따른 지상 경계의 결정기준은 다음 각 호의 구분에 따른다. 〈개정 2014.1.17., 2021.1.5.〉

1. 연접되는 토지 간에 높낮이 차이가 없는 경우 : 그 구조물 등의 중앙
2. 연접되는 토지 간에 높낮이 차이가 있는 경우 : 그 구조물 등의 하단부
3. 도로·구거 등의 토지에 절토(땅깎기)된 부분이 있는 경우 : 그 경사면의 상단부
4. 토지가 해면 또는 수면에 접하는 경우 : 최대만조위 또는 최대만수위가 되는 선
5. 공유수면매립지의 토지 중 제방 등을 토지에 편입하여 등록하는 경우 : 바깥쪽 어깨부분

② 지상 경계의 구획을 형성하는 구조물 등의 소유자가 다른 경우에는 제1항제1호부터 제3호까지의 규정에도 불구하고 그 소유권에 따라 지상 경계를 결정한다.

③ 다음 각 호의 어느 하나에 해당하는 경우에는 지상 경계점에 법 제65조제1항에 따른 경계점표지를 설치하여 측량할 수 있다. 〈개정 2012.4.10., 2014.1.17.〉

1. 법 제86조제1항에 따른 도시개발사업 등의 사업시행자가 사업지구의 경계를 결정하기 위하여 토지를 분할하려는 경우
2. 법 제87조제1호 및 제2호에 따른 사업시행자와 행정기관의 장 또는 지방자치단체의 장이 토지를 취득하기 위하여 분할하려는 경우
3. 「국토의 계획 및 이용에 관한 법률」 제30조제6항에 따른 도시·군관리계획 결정고시와 같은 법 제32조제4항에 따른 지형도면 고시가 된 지역의 도시·군관리계획선에 따라 토지를 분할하려는 경우
4. 제65조제1항에 따라 토지를 분할하려는 경우
5. 관계 법령에 따라 인가·허가 등을 받아 토지를 분할하려는 경우

④ 분할에 따른 지상 경계는 지상건축물을 걸리게 결정해서는 아니 된다. 다만, 다음 각 호의 어느 하나에 해당하는 경우에는 그러하지 아니하다.

1. 법원의 확정판결이 있는 경우
2. 법 제87조제1호(1. 공공사업 등에 따라 학교용지·도로·철도용지·제방·하천·구거·유지·수도용지 등의 지목으로 되는 토지인 경우 : 해당 사업의 시행자)에 해당하는 토지를 분할 하는 경우
3. 제3항제1호 또는 제3호에 따라 토지를 분할하는 경우

⑤ 지적확정측량의 경계는 공사가 완료된 현황대로 결정하되, 공사가 완료된 현황이 사업계획도와 다를 때에는 미리 사업시행자에게 그 사실을 통지하여야 한다.

16 「공간정보의 구축 및 관리 등에 관한 법률」상의 벌칙에 의해 2년 이하의 징역 또는 2천만 원 이하의 벌금에 처해지게 되는 사람은?

① 다른 사람의 성능검사대행자 등록증을 빌려서 사용한 자

② 고의로 측량성과를 사실과 다르게 한 자

③ 거짓으로 지목변경 신청을 한 자

④ 정당한 사유 없이 측량을 방해한 자

해설 공간정보의 구축 및 관리 등에 관한 법률 제107~109조(벌칙)

벌칙(법률 제107~제109조)	
3년 이하의 징역 또는 3천만 원 이하의 벌금 암기 ⑩⑪⑫	측량업자로서 속⑩수, ⑪력(威力), 그 밖의 방법으로 측량업과 관련된 입찰의 ⑫정성을 해친 자는 3년 이하의 징역 또는 3천만 원 이하의 벌금에 처한다.
2년 이하의 징역 또는 2천만 원 이하의 벌금 암기 ㉠⑪⑫ ⑫⑪⑫⑫	1. 측량업의 등록을 하지 아니하거나 ㉠짓이나 그 밖의 ⑪정한 방법으로 측량업의 ⑫록을 하고 측량업을 한 자 2. 성능검사대행자의 등록을 하지 아니하거나 ㉠짓이나 그 밖의 ⑪정한 방법으로 성능검사대행자의 ⑫록을 하고 성능검사업무를 한 자 3. 측량성과를 국⑫로 반출한 자 4. 측량기준점⑫지를 이전 또는 파손하거나 그 효용을 해치는 행위를 한 자 5. 고의로 측량⑫과를 사실과 다르게 한 자 6. 성능⑫사를 부정하게 한 성능검사대행자
1년 이하의 징역 또는 1천만 원 이하의 벌금 암기 ⑤⑪⑫⑫ ⑫⑪⑫⑫	1. ⑤ 이상의 측량업자에게 소속된 측량기술자 2. 업무상 알게 된 ⑪밀을 누설한 측량기술자 3. 거짓(⑪위)으로 다음 각 목의 신청을 한 자 가. 신규등록 신청 나. 등록전환 신청 다. 분할 신청 라. 합병 신청 마. 지목변경 신청 바. 바다로 된 토지의 등록말소 신청 사. 축척변경 신청 아. 등록사항의 정정 신청 자. 도시개발사업 등 시행지역의 토지이동 신청 4. 측량기술자가 아님에도 ⑪구하고 측량을 한 자 5. 지적측량수수료 외의 ⑪가를 받은 지적측량기술자 6. 심사를 받지 아니하고 지도 등을 간행하여 ⑪매하거나 배포한 자 7. 다른 사람에게 측량업등록증 또는 측량업등록수첩을 빌려(⑪여)주거나 자기의 성명 또는 상호를 사용하여 측량업무를 하게 한 자 8. 다른 사람의 측량업등록증 또는 측량업등록수첩을 빌려서(⑪여) 사용하거나 다른 사람의 성명 또는 상호를 사용하여 측량업무를 한 자 9. 다른 사람에게 자기의 성능검사대행자 등록증을 빌려(⑪여)주거나 자기의 성명 또는 상호를 사용하여 성능검사대행업무를 수행하게 한 자 10. 다른 사람의 성능검사대행자 등록증을 빌려서(⑪여) 사용하거나 다른 사람의 성명 또는 상호를 사용하여 성능검사대행업무를 수행한 자 11. 무단으로 측량성과 또는 측량기록을 ⑪제한 자

17 「공간정보의 구축 및 관리 등에 관한 법령」상 토지의 이동 현황을 직권으로 조사·등록하는 내용에 대한 설명으로 가장 옳은 것은?

① 지적소관청은 토지의 이동현황을 직권으로 조사·측량하여 토지의 지번·지목·면적·경계 또는 좌표를 결정하려는 때에는 토지이동현황 조사계획을 수립하여야 한다. 이 경우 토지이동현황 조사계획은 읍·면·동별로 수립하되, 부득이한 사유가 있는 때에는 시·군·구별로 수립할 수 있다.

② 지적소관청은 토지이동현황 조사계획에 따라 토지의 이동현황을 조사한 때에는 토지이동 조사부에 토지의 이동현황을 적어야 한다.

③ 지적소관청은 토지이동현황 조사계획에 따라 토지의 소유자·지번·지목·면적·경계 또는 좌표를 결정한 때에는 이에 따라 지적공부를 정리하여야 한다.

④ 지적소관청은 지적공부를 정리하려는 때에는 토지이동 조사부를 근거로 토지이동 조서를 작성하여 토지이동정리 결의서에 첨부하여야 하며, 토지이동 조서의 윗부분 여백에 "「공간정보의 구축 및 관리 등에 관한 법률」 제64조제2항 단서에 따른 직권정리"라고 적어야 한다.

> **해설** **공간정보의 구축 및 관리 등에 관한 법률 제64조(토지의 조사·등록 등)**
> ① 국토교통부장관은 모든 토지에 대하여 필지별로 소재·지번·지목·면적·경계 또는 좌표 등을 조사·측량하여 지적공부에 등록하여야 한다. 〈개정 2013.3.23.〉
> ② 지적공부에 등록하는 지번·지목·면적·경계 또는 좌표는 토지의 이동이 있을 때 토지소유자(법인이 아닌 사단이나 재단의 경우에는 그 대표자나 관리인을 말한다. 이하 같다)의 신청을 받아 지적소관청이 결정한다. 다만, 신청이 없으면 지적소관청이 직권으로 조사·측량하여 결정할 수 있다.
> ③ 제2항 단서에 따른 조사·측량의 절차 등에 필요한 사항은 국토교통부령으로 정한다.
>
> **공간정보의 구축 및 관리 등에 관한 법률 시행규칙 제59조(토지의 조사·등록)**
> ① 지적소관청은 법 제64조제2항 단서에 따라 토지의 이동현황을 직권으로 조사·측량하여 토지의 지번·지목·면적·경계 또는 좌표를 결정하려는 때에는 토지이동현황 조사계획을 수립하여야 한다. 이 경우 토지이동현황 조사계획은 시·군·구별로 수립하되, 부득이한 사유가 있는 때에는 읍·면·동별로 수립할 수 있다.
> ② 지적소관청은 제1항에 따른 토지이동현황 조사계획에 따라 토지의 이동현황을 조사한 때에는 별지 제55호서식의 토지이동 조사부에 토지의 이동현황을 적어야 한다.
> ③ 지적소관청은 제2항에 따른 토지이동현황 조사 결과에 따라 토지의 지번·지목·면적·경계 또는 좌표를 결정한 때에는 이에 따라 지적공부를 정리하여야 한다.
> ④ 지적소관청은 제3항에 따라 지적공부를 정리하려는 때에는 제2항에 따른 토지이동 조사부를 근거로 별지 제56호 서식의 토지이동 조서를 작성하여 별지 제57호 서식의 토지이동정리 결의서에 첨부하여야 하며, 토지이동조서의 아래 부분 여백에 "「공간정보의 구축 및 관리 등에 관한 법률」 제64조제2항 단서에 따른 직권정리"라고 적어야 한다.

18 「공간정보의 구축 및 관리 등에 관한 법률」상 일반 측량에 관한 설명으로 가장 옳지 않은 것은?

① 기본측량, 공공측량 및 지적측량을 포함하는 일반측량은 기본측량성과 및 그 측량기록, 공공측량성과 및 그 측량기록을 기초로 실시하여야 한다.

② 국토교통부장관은 측량의 정확도 확보를 위하여 필요하다고 인정되는 경우에는 일반측량을 한 자에게 그 측량성과 및 측량기록의 사본을 제출하게 할 수 있다.

③ 국토교통부장관은 측량의 중복 배제를 위하여 필요하다고 인정되는 경우에는 일반측량을 한 자에게 그 측량성과 및 측량기록의 사본을 제출하게 할 수 있다.

④ 국토교통부장관은 측량에 관한 자료의 수집ㆍ분석을 위하여 필요하다고 인정되는 경우에는 일반측량을 한 자에게 그 측량성과 및 측량기록의 사본을 제출하게 할 수 있다.

해설 공간정보의 구축 및 관리 등에 관한 법률 제2조(정의)
이 법에서 사용하는 용어의 뜻은 다음과 같다.
6. "일반측량"이란 기본측량, 공공측량 및 지적측량 외의 측량을 말한다.

공간정보의 구축 및 관리 등에 관한 법률 제22조(일반측량의 실시 등)
① 일반측량은 기본측량성과 및 그 측량기록, 공공측량성과 및 그 측량기록을 기초로 실시하여야 한다.
② 국토교통부장관은 다음 각 호의 어느 하나에 해당하는 목적을 위하여 필요하다고 인정되는 경우에는 일반측량을 한 자에게 그 측량성과 및 측량기록의 사본을 제출하게 할 수 있다. 〈개정 2013.3.23.〉

> 1. 측량의 정확도 확보
> 2. 측량의 중복 배제
> 3. 측량에 관한 자료의 수집ㆍ분석

③ 국토교통부장관은 측량의 정확도 확보 등을 위하여 일반측량에 관한 작업기준을 정할 수 있다.

---

19 「지적업무처리규정」상 색인도를 제도할 때 그 위치에 관한 내용으로 가장 옳은 것은?

① 도곽선의 오른쪽 윗부분 여백의 중앙
② 도곽선의 오른쪽 아랫부분 여백의 중앙
③ 도곽선의 왼쪽 윗부분 여백의 중앙
④ 도곽선의 왼쪽 아랫부분 여백의 중앙

해설 지적업무처리규정 제45조(색인도 등의 제도)
① 색인도는 도곽선의 왼쪽 윗부분 여백의 중앙에 다음 각 호와 같이 제도한다.

> 1. 가로 7밀리미터, 세로 6밀리미터 크기의 직사각형을 중앙에 두고 그의 4변에 접하여 같은 규격으로 4개의 직사각형을 제도한다.
> 2. 1장의 도면을 중앙으로 하여 동일 지번부여지역 안 위쪽ㆍ아래쪽ㆍ왼쪽 및 오른쪽의 인접 도면번호를 각각 3밀리미터의 크기로 제도한다.

② 제명 및 축척은 도곽선 윗부분 여백의 중앙에 "○○시ㆍ군ㆍ구 ○○읍ㆍ면 ○○동ㆍ리 지적도 또는 임야도 ○○장 중 제○○호 축척○○○○분의 1"이라 제도한다. 이 경우 그 제도방법은 다음 각 호와 같다.

> 1. 글자의 크기는 5밀리미터로 하고, 글자 사이의 간격은 글자크기의 2분의 1 정도 띄어 쓴다.
> 2. 축척은 제명 끝에서 10밀리미터를 띄어 쓴다.

20 「지적재조사에 관한 특별법령」상 조정금 산정 등에 관한 설명으로 가장 옳은 것은?

① 지적소관청은 경계 확정으로 지적공부상의 면적이 증감된 경우에는 필지별 면적 증감내역을 기준으로 조정금을 산정하여 징수하거나 지급한다. 또한 국가 또는 지방자치단체 소유의 국유지 · 공유지 행정재산의 조정금도 징수하거나 지급하여야 한다.

② 조정금은 경계가 확정된 시점을 기준으로 「감정평가 및 감정평가사에 관한 법률」에 따른 감정평가법인 등이 평가한 감정평가액으로 산정한다. 다만, 토지소유자협의회가 요청하는 경우에는 시 · 도 지적재조사위원회의 심의를 거쳐 「부동산 가격공시에 관한 법률」에 따른 개별공시지가로 산정하여야 한다.

③ 지적소관청은 조정금액을 통지한 날부터 10일 이내에 토지소유자에게 조정금의 수령통지 또는 납부고지를 하여야 한다. 또한 지적소관청은 수령통지를 한 날부터 6개월 이내에 조정금을 지급하여야 한다.

④ 지적소관청은 조정금의 분할납부 단서에 따라 조정금이 1천만 원을 초과하는 경우에는 그 조정금을 부과한 날부터 2년 이내의 기간을 정하여 4회 이내에서 나누어 내게 할 수 있다.

해설 지적재조사에 관한 특별법 제20조(조정금의 산정)
① 지적소관청은 제18조에 따른 경계 확정으로 지적공부상의 면적이 증감된 경우에는 필지별 면적 증감내역을 기준으로 조정금을 산정하여 징수하거나 지급한다.
② 제1항에도 불구하고 국가 또는 지방자치단체 소유의 국유지 · 공유지 행정재산의 조정금은 징수하거나 지급하지 아니한다.
③ 조정금은 제18조에 따라 경계가 확정된 시점을 기준으로 「감정평가 및 감정평가사에 관한 법률」에 따른 감정평가법인 등이 평가한 감정평가액으로 산정한다. 다만, 토지소유자협의회가 요청하는 경우에는 제30조에 따른 시 · 군 · 구 지적재조사위원회의 심의를 거쳐 「부동산 가격공시에 관한 법률」에 따른 개별공시지가로 산정할 수 있다. 〈개정 2017.4.18., 2020.4.7.〉
④ 지적소관청은 제3항에 따라 조정금을 산정하고자 할 때에는 제30조에 따른 시 · 군 · 구 지적재조사위원회의 심의를 거쳐야 한다.
⑤ 제2항부터 제4항까지에 규정된 것 외에 조정금의 산정에 필요한 사항은 대통령령으로 정한다.

지적재조사에 관한 특별법 제21조(조정금의 지급 · 징수 또는 공탁)
① 조정금은 현금으로 지급하거나 납부하여야 한다. 〈개정 2017.4.18.〉
② 지적소관청은 제20조제1항에 따라 조정금을 산정하였을 때에는 지체 없이 조정금조서를 작성하고, 토지소유자에게 개별적으로 조정금액을 통보하여야 한다.
③ 지적소관청은 제2항에 따라 조정금액을 통지한 날부터 10일 이내에 토지소유자에게 조정금의 수령통지 또는 납부고지를 하여야 한다.
④ 지적소관청은 제3항에 따라 수령통지를 한 날부터 6개월 이내에 조정금을 지급하여야 한다.
⑤ 제3항에 따라 납부고지를 받은 자는 그 부과일부터 6개월 이내에 조정금을 납부하여야 한다. 다만, 지적소관청은 1년의 범위에서 대통령령으로 정하는 바에 따라 조정금을 분할납부하게 할 수 있다. 〈개정 2017.4.18.〉
⑥ 지적소관청은 조정금을 납부하여야 할 자가 기한까지 납부하지 아니할 때에는 「지방행정제재 · 부과금의 징수 등에 관한 법률」에 따라 징수할 수 있다. 〈신설 2017.4.18., 2020.3.24., 2020.6.9.〉
⑦ 지적소관청은 조정금을 지급하여야 하는 경우로서 다음 각 호의 어느 하나에 해당하는 때에는 조정금을 지급받을 자의 토지 소재지 공탁소에 그 조정금을 공탁할 수 있다. 〈개정 2017.4.18.〉
> 1. 조정금을 받을 자가 그 수령을 거부하거나 주소 불분명 등의 이유로 조정금을 수령할 수 없을 때
> 2. 지적소관청이 과실 없이 조정금을 받을 자를 알 수 없을 때
> 3. 압류 또는 가압류에 따라 조정금의 지급이 금지되었을 때

정답 **20** ③

⑧ 지적재조사지구 지정이 있은 후 권리의 변동이 있을 때에는 그 권리를 승계한 자가 제1항에 따른 조정금 또는 제7항에 따른 공탁금을 수령하거나 납부한다. 〈개정 2017.4.18., 2019.12.10.〉

지적재조사에 관한 특별법 시행령 제13조(분할납부)

① 지적소관청은 법 제21조제5항 단서에 따라 조정금이 1천만 원을 초과하는 경우에는 그 조정금을 부과한 날부터 1년 이내의 기간을 정하여 4회 이내에서 나누어 내게 할 수 있다. 〈개정 2017.10.17.〉

② 제1항에 따라 분할납부를 신청하려는 자는 국토교통부령으로 정하는 조정금 분할납부신청서에 분할납부 사유 등을 적고, 분할납부 사유를 증명할 수 있는 자료 등을 첨부하여 지적소관청에 제출하여야 한다. 〈개정 2017.10.17.〉

③ 지적소관청은 제2항에 따라 분할납부신청서를 받은 날부터 15일 이내에 신청인에게 분할납부 여부를 서면으로 알려야 한다.

정답

01 「공간정보의 구축 및 관리 등에 관한 법률 시행규칙」상 지적공부의 복구자료이면서 신규등록 신청 시 첨부해야 할 공통적인 서류로 가장 옳은 것은?

① 측량결과도

② 토지이동정리 결의서

③ 법원의 확정판결서 정본 또는 사본

④ 부동산등기부 등본 등 등기사실을 증명하는 서류

해설 **공간정보의 구축 및 관리 등에 관한 법률 시행령 제61조(지적공부의 복구)**

① 지적소관청이 법 제74조에 따라 지적공부를 복구할 때에는 멸실·훼손 당시의 지적공부와 가장 부합된다고 인정되는 관계 자료에 따라 토지의 표시에 관한 사항을 복구하여야 한다. 다만, 소유자에 관한 사항은 부동산등기부나 법원의 확정판결에 따라 복구하여야 한다.

② 제1항에 따른 지적공부의 복구에 관한 관계 자료 및 복구절차 등에 관하여 필요한 사항은 국토교통부령으로 정한다.

공간정보의 구축 및 관리 등에 관한 법률 시행규칙 제72조(지적공부의 복구자료)

영 제61조제1항에 따른 지적공부의 복구에 관한 관계 자료(이하 "복구자료"라 한다)는 다음 각 호와 같다.

1. 지적공부의 등본
2. 측량 결과도
3. 토지이동정리 결의서
4. 부동산등기부 등본 등 등기사실을 증명하는 서류
5. 지적소관청이 작성하거나 발행한 지적공부의 등록내용을 증명하는 서류
6. 법 제69조제3항에 따라 복제된 지적공부
7. 법원의 확정판결서 정본 또는 사본

공간정보의 구축 및 관리 등에 관한 법률 시행규칙 제81조(신규등록 신청)

① 영 제63조에서 "국토교통부령으로 정하는 서류"란 다음 각 호의 어느 하나에 해당하는 서류를 말한다.

　　1. 법원의 확정판결서 정본 또는 사본

　　2. 「공유수면 관리 및 매립에 관한 법률」에 따른 준공검사확인증 사본

　　3. 법률 제6389호 지적법개정법률 부칙 제5조에 따라 도시계획구역의 토지를 그 지방자치단체의 명의로 등록하는 때에는 기획재정부장관과 협의한 문서의 사본

　　4. 그 밖에 소유권을 증명할 수 있는 서류의 사본

② 제1항 각 호의 어느 하나에 해당하는 서류를 해당 지적소관청이 관리하는 경우에는 지적소관청의 확인으로 그 서류의 제출을 갈음할 수 있다.

정답　**01** ③

02 「공간정보의 구축 및 관리 등에 관한 법률」상 지적측량적부심사에 대한 설명으로 가장 옳은 것은?

① 지적측량 적부심사청구를 받은 시·도지사는 30일 이내에 지방지적위원회에 회부하여야 한다.

② 지적측량 적부심사 의결서를 받은 자가 지방지적위원회의 의결에 불복하는 경우에는 그 의결서를 받은 다음 날부터 90일 이내에 국토교통부장관을 거쳐 중앙지적위원회에 재심사를 청구할 수 있다.

③ 지적측량 적부심사청구를 회부받은 지방지적위원회는 그 심사청구를 회부받은 다음 날부터 60일 이내에 심의·의결하여야 하며, 부득이한 경우 30일 이내에서 그 심의기간을 한 번만 연장할 수 있다.

④ 시·도지사는 지방지적위원회의 의결서를 받은 날부터 15일 이내에 지적측량 적부심사 청구인 및 이해관계인에게 그 의결서를 통지하여야 한다.

해설 공간정보의 구축 및 관리 등에 관한 법률 제29조(지적측량의 적부심사 등)

① 토지소유자, 이해관계인 또는 지적측량수행자는 지적측량성과에 대하여 다툼이 있는 경우에는 대통령령으로 정하는 바에 따라 관할 시·도지사를 거쳐 지방지적위원회에 지적측량 적부심사를 청구할 수 있다. 〈개정 2013.7.17.〉

② 제1항에 따른 지적측량 적부심사청구를 받은 시·도지사는 30일 이내에 다음 각 호의 사항을 조사하여 지방지적위원회에 회부하여야 한다.

> 1. 다툼이 되는 지적측량의 경위 및 그 성과
> 2. 해당 토지에 대한 토지이동 및 소유권 변동 연혁
> 3. 해당 토지 주변의 측량기준점, 경계, 주요 구조물 등 현황 실측도

③ 제2항에 따라 지적측량 적부심사청구를 회부받은 지방지적위원회는 그 심사청구를 회부받은 날부터 60일 이내에 심의·의결하여야 한다. 다만, 부득이한 경우에는 그 심의기간을 해당 지적위원회의 의결을 거쳐 30일 이내에서 한 번만 연장할 수 있다.

④ 지방지적위원회는 지적측량 적부심사를 의결하였으면 대통령령으로 정하는 바에 따라 의결서를 작성하여 시·도지사에게 송부하여야 한다.

⑤ 시·도지사는 제4항에 따라 의결서를 받은 날부터 7일 이내에 지적측량 적부심사 청구인 및 이해관계인에게 그 의결서를 통지하여야 한다.

⑥ 제5항에 따라 의결서를 받은 자가 지방지적위원회의 의결에 불복하는 경우에는 그 의결서를 받은 날부터 90일 이내에 국토교통부장관을 거쳐 중앙지적위원회에 재심사를 청구할 수 있다. 〈개정 2013.7.17.〉

⑦ 제6항에 따른 재심사청구에 관하여는 제2항부터 제5항까지의 규정을 준용한다. 이 경우 "시·도지사"는 "국토교통부장관"으로, "지방지적위원회"는 "중앙지적위원회"로 본다. 〈개정 2013.3.23.〉

⑧ 제7항에 따라 중앙지적위원회로부터 의결서를 받은 국토교통부장관은 그 의결서를 관할 시·도지사에게 송부하여야 한다. 〈개정 2013.3.23.〉

⑨ 시·도지사는 제4항에 따라 지방지적위원회의 의결서를 받은 후 해당 지적측량 적부심사 청구인 및 이해관계인이 제6항에 따른 기간에 재심사를 청구하지 아니하면 그 의결서 사본을 지적소관청에 보내야 하며, 제8항에 따라 중앙지적위원회의 의결서를 받은 경우에는 그 의결서 사본에 제4항에 따라 받은 지방지적위원회의 의결서 사본을 첨부하여 지적소관청에 보내야 한다.

⑩ 제9항에 따라 지방지적위원회 또는 중앙지적위원회의 의결서 사본을 받은 지적소관청은 그 내용에 따라 지적공부의 등록사항을 정정하거나 측량성과를 수정하여야 한다.

⑪ 제9항 및 제10항에도 불구하고 특별자치시장은 제4항에 따라 지방지적위원회의 의결서를 받은 후 해당 지적측량 적부심사 청구인 및 이해관계인이 제6항에 따른 기간에 재심사를 청구하지 아니하거나 제8항에 따라 중앙지적위원회의 의결서를 받은 경우에는 직접 그 내용에 따라 지적공부의 등록사항을 정정하거나 측량성과를 수정하여야 한다. 〈신설 2012.12.18.〉

⑫ 지방지적위원회의 의결이 있은 후 제6항에 따른 기간에 재심사를 청구하지 아니하거나 중앙지적위원회의 의결이 있는 경우에는 해당 지적측량성과에 대하여 다시 지적측량 적부심사청구를 할 수 없다. 〈개정 2012.12.18.〉

03 「공간정보의 구축 및 관리 등에 관한 법률」상 용어의 정의로 가장 옳지 않은 것은?

① 측량성과란 측량을 통하여 얻은 최종 결과를 말한다.

② 면적이란 지적공부에 등록한 필지의 수평면상 넓이를 말한다.

③ 경계란 현장에서 토지를 구분하기 위해 설치하는 담장이나 구조물 등을 말한다.

④ 토지의 이동(異動)이란 토지의 표시를 새로 정하거나 변경 또는 말소하는 것을 말한다.

(해설) 공간정보의 구축 및 관리 등에 관한 법률 제2조(정의)

이 법에서 사용하는 용어의 뜻은 다음과 같다. 〈개정 2020.2.18.〉

1. "측량"이란 공간상에 존재하는 일정한 점들의 위치를 측정하고 그 특성을 조사하여 도면 및 수치로 표현하거나 도면상의 위치를 현지(現地)에 재현하는 것을 말하며, 측량용 사진의 촬영, 지도의 제작 및 각종 건설사업에서 요구하는 도면작성 등을 포함한다.

8. "측량성과"란 측량을 통하여 얻은 최종 결과를 말한다.

19. "지적공부"란 토지대장, 임야대장, 공유지연명부, 대지권등록부, 지적도, 임야도 및 경계점좌표등록부 등 지적측량 등을 통하여 조사된 토지의 표시와 해당 토지의 소유자 등을 기록한 대장 및 도면(정보처리시스템을 통하여 기록·저장된 것을 포함한다)을 말한다.

19의2. "연속지적도"란 지적측량을 하지 아니하고 전산화된 지적도 및 임야도 파일을 이용하여, 도면상 경계점들을 연결하여 작성한 도면으로서 측량에 활용할 수 없는 도면을 말한다.

19의3. "부동산종합공부"란 토지의 표시와 소유자에 관한 사항, 건축물의 표시와 소유자에 관한 사항, 토지의 이용 및 규제에 관한 사항, 부동산의 가격에 관한 사항 등 부동산에 관한 종합정보를 정보관리체계를 통하여 기록·저장한 것을 말한다.

20. "토지의 표시"란 지적공부에 토지의 소재·지번(地番)·지목(地目)·면적·경계 또는 좌표를 등록한 것을 말한다.

21. "필지"란 대통령령으로 정하는 바에 따라 구획되는 토지의 등록단위를 말한다.

22. "지번"이란 필지에 부여하여 지적공부에 등록한 번호를 말한다.

23. "지번부여지역"이란 지번을 부여하는 단위지역으로서 동·리 또는 이에 준하는 지역을 말한다.

24. "지목"이란 토지의 주된 용도에 따라 토지의 종류를 구분하여 지적공부에 등록한 것을 말한다.

25. "경계점"이란 필지를 구획하는 선의 굴곡점으로서 지적도나 임야도에 도해(圖解) 형태로 등록하거나 경계점좌표등록부에 좌표 형태로 등록하는 점을 말한다.

26. "경계"란 필지별로 경계점들을 직선으로 연결하여 지적공부에 등록한 선을 말한다.

27. "면적"이란 지적공부에 등록한 필지의 수평면상 넓이를 말한다.

28. "토지의 이동(異動)"이란 토지의 표시를 새로 정하거나 변경 또는 말소하는 것을 말한다.

04 「지적재조사에 관한 특별법」상 지적재조사사업에 관한 기본계획의 수립과 관련한 사항으로 가장 옳지 않은 것은?

① 지적재조사사업에 필요한 인력의 확보에 관한 계획

② 국토교통부장관은 기본계획이 수립된 날부터 3년이 지나면 그 타당성을 다시 검토하고 필요하면 이를 변경해야 함

③ 지적재조사사업비의 연도별 집행계획

④ 지적재조사사업의 시행기간 및 규모

(해설) 지적재조사에 관한 특별법 제4조(기본계획의 수립)

① 국토교통부장관은 지적재조사사업을 효율적으로 시행하기 위하여 다음 각 호의 사항이 포함된 지적재조사사업에 관한 기본계획(이하 "기본계획"이라 한다)을 수립하여야 한다. 〈개정 2021.1.12.〉

정답 **03** ③ **04** ②

1. 지적재조사사업의 시행기간 및 ㉗모
2. 지적재조사사업비의 ㉑도별 집행계획
3. 지적재조사사업에 필요한 ㉑력의 확보에 관한 계획
4. 지적재조사사업에 관한 기본㉑향
5. 지적재조사사업비의 특별시·광역㉑·㉠·특별자치도·특별자치시 및「지방자치법」제175조에 따른 대도시로서 구(區)를 둔 시(이하 "시·도"라 한다)별 배분 계획
6. 그 밖에 지적재조사사업의 효율적 시행을 위하여 필요한 사항으로서 대통령령으로 정하는 사항

> 1. 디지털 지적(地籍)의 운영·관리에 필요한 ㉑㉟의 제정 및 그 활용
> 2. 지적재조사사업의 효율적 추진을 위하여 필요한 ㉑㉟ 및 ㉑㉠·㉑㉟
> 3. 그 밖에 국토교통부장관이 법 제4조제1항에 따른 지적재조사사업에 관한 기본계획(이하 "기본계획"이라 한다)의 수립에 필요하다고 인정하는 사항

② 국토교통부장관은 기본계획을 수립할 때에는 미리 공청회를 개최하여 관계 전문가 등의 의견을 들어 기본계획안을 작성하고, 특별시장·광역시장·도지사·특별자치도지사·특별자치시장 및「지방자치법」제198조에 따른 대도시로서 구를 둔 시의 시장(이하 "시·도지사"라 한다)에게 그 안을 송부하여 의견을 들은 후 제28조에 따른 중앙지적재조사위원회의 심의를 거쳐야 한다. 〈개정 2021.1.12.〉
③ 시·도지사는 제2항에 따라 기본계획안을 송부받았을 때에는 이를 지체 없이 지적소관청에 송부하여 그 의견을 들어야 한다.
④ 지적소관청은 제3항에 따라 기본계획안을 송부받은 날부터 20일 이내에 시·도지사에게 의견을 제출하여야 하며, 시·도지사는 제2항에 따라 기본계획안을 송부받은 날부터 30일 이내에 지적소관청의 의견에 자신의 의견을 첨부하여 국토교통부장관에게 제출하여야 한다. 이 경우 기간 내에 의견을 제출하지 아니하면 의견이 없는 것으로 본다. 〈개정 2013.3.23.〉
⑤ 제2항부터 제4항까지의 규정은 기본계획을 변경할 때에도 적용한다. 다만, 대통령령으로 정하는 경미한 사항을 변경할 때에는 제외한다.
⑥ 국토교통부장관은 기본계획을 수립하거나 변경하였을 때에는 이를 관보에 고시하고 시·도지사에게 통지하여야 하며, 시·도지사는 이를 지체 없이 지적소관청에 통지하여야 한다. 〈개정 2013.3.23.〉
⑦ 국토교통부장관은 기본계획이 수립된 날부터 5년이 지나면 그 타당성을 다시 검토하고 필요하면 이를 변경하여야 한다.

05 「지적재조사에 관한 특별법」상 지적재조사사업과 관련하여 경계결정에 대한 이의신청에 대한 설명으로 가장 옳은 것은?

① 경계에 관한 결정을 통지받은 토지소유자나 이해관계인이 이에 대하여 불복하는 경우에는 통지를 받은 날부터 90일 이내에 지적소관청에 이의신청을 할 수 있다.
② 지적소관청은 이의신청서가 접수된 날부터 7일 이내에 이의신청서에 의견서를 첨부하여 경계결정위원회에 송부하여야 한다.
③ 이의신청서를 송부받은 경계결정위원회는 이의신청서를 송부받은 날부터 30일 이내에 이의신청에 대한 결정을 하여야 한다. 다만, 부득이한 경우에는 30일의 범위에서 처리기간을 연장할 수 있다.
④ 경계결정위원회는 이의신청에 대한 결정을 하였을 때에는 그 내용을 소관청에 통지하여야 하며, 지적소관청은 결정내용을 통지받은 날부터 14일 이내에 결정서를 작성하여 이의신청인에게는 그 정본을, 그 밖의 토지소유자나 이해관계인에게는 그 부본을 송달하여야 한다.

해설 **지적재조사에 관한 특별법 제16조(경계의 결정)**

① 지적재조사에 따른 경계결정은 경계결정위원회의 의결을 거쳐 결정한다.

② 지적소관청은 제1항에 따른 경계에 관한 결정을 신청하고자 할 때에는 제15조제2항에 따른 지적확정예정조서에 토지소유자나 이해관계인의 의견을 첨부하여 경계결정위원회에 제출하여야 한다. 〈개정 2017.4.18.〉

③ 제2항에 따른 신청을 받은 경계결정위원회는 지적확정예정조서를 제출받은 날부터 30일 이내에 경계에 관한 결정을 하고 이를 지적소관청에 통지하여야 한다. 이 기간 안에 경계에 관한 결정을 할 수 없는 부득이한 사유가 있을 때에는 경계결정위원회는 의결을 거쳐 30일의 범위에서 그 기간을 연장할 수 있다. 〈개정 2017.4.18.〉

④ 토지소유자나 이해관계인은 경계결정위원회에 참석하여 의견을 진술할 수 있다. 경계결정위원회는 토지소유자나 이해관계인이 의견진술을 신청하는 경우에는 특별한 사정이 없으면 이에 따라야 한다. 〈개정 2020.6.9.〉

⑤ 경계결정위원회는 제3항에 따라 경계에 관한 결정을 하기에 앞서 토지소유자들로 하여금 경계에 관한 합의를 하도록 권고할 수 있다.

⑥ 지적소관청은 제3항에 따라 경계결정위원회로부터 경계에 관한 결정을 통지받았을 때에는 지체 없이 이를 토지소유자나 이해관계인에게 통지하여야 한다. 이 경우 제17조제1항에 따른 기간 안에 이의신청이 없으면 경계결정위원회의 결정대로 경계가 확정된다는 취지를 명시하여야 한다.

지적재조사에 관한 특별법 제17조(경계결정에 대한 이의신청)

① 제16조제6항에 따라 경계에 관한 결정을 통지받은 토지소유자나 이해관계인이 이에 대하여 불복하는 경우에는 통지를 받은 날부터 60일 이내에 지적소관청에 이의신청을 할 수 있다.

② 제1항에 따라 이의신청을 하고자 하는 토지소유자나 이해관계인은 지적소관청에 이의신청서를 제출하여야 한다. 이 경우 이의신청서에는 증빙서류를 첨부하여야 한다.

③ 지적소관청은 제2항에 따라 이의신청서가 접수된 날부터 14일 이내에 이의신청서에 의견서를 첨부하여 경계결정위원회에 송부하여야 한다.

④ 제3항에 따라 이의신청서를 송부받은 경계결정위원회는 이의신청서를 송부받은 날부터 30일 이내에 이의신청에 대한 결정을 하여야 한다. 다만, 부득이한 경우에는 30일의 범위에서 처리기간을 연장할 수 있다.

⑤ 경계결정위원회는 이의신청에 대한 결정을 하였을 때에는 그 내용을 지적소관청에 통지하여야 하며, 지적소관청은 결정내용을 통지받은 날부터 7일 이내에 결정서를 작성하여 이의신청인에게는 그 정본을, 그 밖의 토지소유자나 이해관계인에게는 그 부본을 송달하여야 한다. 이 경우 토지소유자는 결정서를 송부받은 날부터 60일 이내에 경계결정위원회의 결정에 대하여 행정심판이나 행정소송을 통하여 불복할지 여부를 지적소관청에 알려야 한다.

06 공간정보의 구축 및 관리 등에 관한 법령상 지적공부의 복구절차로 가장 옳은 것은?

① 복구측량을 한 결과가 복구자료와 부합하지 아니하는 때에는 지적소관청이 직권으로 경계 또는 면적 등을 조정할 수 있다.

② 복구자료의 조사 또는 복구측량 등이 완료되어 지적공부를 복구하려는 경우에는 복구하려는 토지의 표시 등을 시·군·구 게시판 및 인터넷 홈페이지에 10일 이상 게시하여야 한다.

③ 지적공부 복구 시 소유자에 관한 사항은 토지대장·임야대장 및 공유지연명부의 등록 내용에 따라 복구하여야 한다.

④ 지적복구자료 조사서의 조사된 면적이 $A = 0.026^2 M\sqrt{F}$ 계산식에 따른 허용범위 이내인 경우에는 그 조사된 면적을 복구면적으로 결정하여야 한다.

해설 공간정보의 구축 및 관리 등에 관한 법률 시행령 제61조(지적공부의 복구)

① 지적소관청이 법 제74조에 따라 지적공부를 복구할 때에는 멸실·훼손 당시의 지적공부와 가장 부합된다고 인정되는 관계 자료에 따라 토지의 표시에 관한 사항을 복구하여야 한다. 다만, 소유자에 관한 사항은 부동산등기부나 법원의 확정판결에 따라 복구하여야 한다.

② 제1항에 따른 지적공부의 복구에 관한 관계 자료 및 복구절차 등에 관하여 필요한 사항은 국토교통부령으로 정한다.

공간정보의 구축 및 관리 등에 관한 법률 시행규칙 제73조(지적공부의 복구절차 등)

① 지적소관청은 법 제74조 및 영 제61조제1항에 따라 지적공부를 복구하려는 경우에는 제72조 각 호의 복구자료를 조사하여야 한다.

② 지적소관청은 제1항에 따라 조사된 복구자료 중 토지대장·임야대장 및 공유지연명부의 등록 내용을 증명하는 서류 등에 따라 별지 제70호서식의 지적복구자료 조사서를 작성하고, 지적도면의 등록 내용을 증명하는 서류 등에 따라 복구자료도를 작성하여야 한다.

③ 제2항에 따라 작성된 복구자료도에 따라 측정한 면적과 지적복구자료 조사서의 조사된 면적의 증감이 영 제19조제1항제2호가목($A = 0.026^2 M\sqrt{F}$)의 계산식에 따른 허용범위를 초과하거나 복구자료도를 작성할 복구자료가 없는 경우에는 복구측량을 하여야 한다. 이 경우 같은 계산식 중 A는 오차 허용면적, M은 축척분모, F는 조사된 면적을 말한다.

④ 제2항에 따라 작성된 지적복구자료 조사서의 조사된 면적이 영 제19조제1항제2호가목의 계산식에 따른 허용범위 이내인 경우에는 그 면적을 복구면적으로 결정하여야 한다.

⑤ 제3항에 따라 복구측량을 한 결과가 복구자료와 부합하지 아니하는 때에는 토지소유자 및 이해관계인의 동의를 받아 경계 또는 면적 등을 조정할 수 있다. 이 경우 경계를 조정한 때에는 제60조제2항에 따른 경계점표지를 설치하여야 한다.

⑥ 지적소관청은 제1항부터 제5항까지의 규정에 따른 복구자료의 조사 또는 복구측량 등이 완료되어 지적공부를 복구하려는 경우에는 복구하려는 토지의 표시 등을 시·군·구 게시판 및 인터넷 홈페이지에 15일 이상 게시하여야 한다.

⑦ 복구하려는 토지의 표시 등에 이의가 있는 자는 제6항의 게시기간 내에 지적소관청에 이의신청을 할 수 있다. 이 경우 이의신청을 받은 지적소관청은 이의사유를 검토하여 이유 있다고 인정되는 때에는 그 시정에 필요한 조치를 하여야 한다.

⑧ 지적소관청은 제6항 및 제7항에 따른 절차를 이행한 때에는 지적복구자료 조사서, 복구자료도 또는 복구측량 결과도 등에 따라 토지대장·임야대장·공유지연명부 또는 지적도면을 복구하여야 한다.

⑨ 토지대장·임야대장 또는 공유지연명부는 복구되고 지적도면이 복구되지 아니한 토지가 법 제83조에 따른 축척변경 시행지역이나 법 제86조에 따른 도시개발사업 등의 시행지역에 편입된 때에는 지적도면을 복구하지 아니할 수 있다.

07 「공간정보의 구축 및 관리 등에 관한 법률 시행령」상 경계점좌표등록부가 있는 지역의 토지분할을 위한 면적을 결정할 때, 분할 후 각 필지의 면적합계가 분할 전 면적보다 많은 경우에 대한 설명으로 가장 옳은 것은?

① 구하려는 끝자리 숫자가 큰 것부터 순차적으로 버려서 정하되, 분할 전 면적에 증감이 없도록 한다.

② 구하려는 끝자리 숫자가 작은 것부터 순차적으로 버려서 정하되, 분할 전 면적에 증감이 없도록 한다.

③ 구하려는 끝자리 다음 숫자가 큰 것부터 순차적으로 버려서 정하되, 분할 전 면적에 증감이 없도록 한다.

④ 구하려는 끝자리 다음 숫자가 작은 것부터 순차적으로 버려서 정하되, 분할 전 면적에 증감이 없도록 한다.

해설 공간정보의 구축 및 관리 등에 관한 법률 시행령 제19조(등록전환이나 분할에 따른 면적 오차의 허용범위 및 배분 등)

① 법 제26조제2항에 따른 등록전환이나 분할을 위하여 면적을 정할 때에 발생하는 오차의 허용범위 및 처리방법은 다음 각 호와 같다.

1. 등록전환을 하는 경우

   가. 임야대장의 면적과 등록전환될 면적의 오차 허용범위는 다음의 계산식에 따른다. 이 경우 오차의 허용범위를 계산할 때 축척이 3천분의 1인 지역의 축척분모는 6천으로 한다.

   > $A = 0.026^2 M\sqrt{F}$
   >
   > (A는 오차 허용면적, M은 임야도 축척분모, F는 등록전환될 면적)

   나. 임야대장의 면적과 등록전환될 면적의 차이가 가목의 계산식에 따른 허용범위 이내인 경우에는 등록전환될 면적을 등록전환 면적으로 결정하고, 허용범위를 초과하는 경우에는 임야대장의 면적 또는 임야도의 경계를 지적소관청이 직권으로 정정하여야 한다.

2. 토지를 분할하는 경우

   가. 분할 후의 각 필지의 면적의 합계와 분할 전 면적과의 오차의 허용범위는 제1호가목의 계산식에 따른다. 이 경우 A는 오차 허용면적, M은 축척분모, F는 원면적으로 하되, 축척이 3천분의 1인 지역의 축척분모는 6천으로 한다.

   나. 분할 전후 면적의 차이가 가목의 계산식에 따른 허용범위 이내인 경우에는 그 오차를 분할 후의 각 필지의 면적에 따라 나누고, 허용범위를 초과하는 경우에는 지적공부(地籍公簿)상의 면적 또는 경계를 정정하여야 한다.

   다. 분할 전후 면적의 차이를 배분한 산출면적은 다음의 계산식에 따라 필요한 자리까지 계산하고, 결정면적은 원면적과 일치하도록 산출면적의 구하려는 끝자리의 다음 숫자가 큰 것부터 순차로 올려서 정하되, 구하려는 끝자리의 다음 숫자가 서로 같을 때에는 산출면적이 큰 것을 올려서 정한다.

   > $r = \dfrac{F}{A} \times a$
   >
   > (r은 각 필지의 산출면적, F는 원면적, A는 측정면적 합계 또는 보정면적 합계, a는 각 필지의 측정면적 또는 보정면적)

② 경계점좌표등록부가 있는 지역의 토지분할을 위하여 면적을 정할 때에는 제1항제2호나목에도 불구하고 다음 각 호의 기준에 따른다.

1. 분할 후 각 필지의 면적합계가 분할 전 면적보다 많은 경우에는 구하려는 끝자리의 다음 숫자가 작은 것부터 순차적으로 버려서 정하되, 분할 전 면적에 증감이 없도록 할 것
2. 분할 후 각 필지의 면적합계가 분할 전 면적보다 적은 경우에는 구하려는 끝자리의 다음 숫자가 큰 것부터 순차적으로 올려서 정하되, 분할 전 면적에 증감이 없도록 할 것

08 〈보기〉의 ㉠과 ㉡에 해당하는 사항을 옳게 짝지은 것은?

〈보기〉
「공간정보의 구축 및 관리 등에 관한 법률 시행규칙」상 경계점좌표등록부를 갖춰 두는 지역의 지적도에는 해당도면의 제명 끝에 "(㉠)"라고 표시하고, 도곽선의 (㉡)에 "이 도면에 의하여 측량을 할 수 없음"이라고 적어야 한다.

	㉠	㉡
①	좌표	오른쪽 아래 끝
②	좌표	왼쪽 아래 끝

③ 수치　　　오른쪽 아래 끝

④ 수치　　　왼쪽 아래 끝

> **해설**　공간정보의 구축 및 관리 등에 관한 법률 시행규칙 제69조(지적도면 등의 등록사항 등)
>
> ① 법 제72조에 따른 지적도 및 임야도는 각각 별지 제67호서식 및 별지 제68호서식과 같다.
>
> ② 법 제72조제5호에서 "그 밖에 국토교통부령으로 정하는 사항"이란 다음 각 호의 사항을 말한다. 〈개정 2013.3.23.〉
>
> 　1. 지적도면의 색인도(인접도면의 연결 순서를 표시하기 위하여 기재한 도표와 번호를 말한다)
>
> 　2. 지적도면의 제명 및 축척
>
> 　3. 도곽선(圖廓線)과 그 수치
>
> 　4. 좌표에 의하여 계산된 경계점 간의 거리(경계점좌표등록부를 갖춰 두는 지역으로 한정한다)
>
> 　5. 삼각점 및 지적기준점의 위치
>
> 　6. 건축물 및 구조물 등의 위치
>
> 　7. 그 밖에 국토교통부장관이 정하는 사항
>
> ③ 경계점좌표등록부를 갖춰 두는 지역의 지적도에는 해당 도면의 제명 끝에 "(좌표)"라고 표시하고, 도곽선의 오른쪽 아래 끝에 "이 도면에 의하여 측량을 할 수 없음"이라고 적어야 한다.
>
> ④ 지적도면에는 지적소관청의 직인을 날인하여야 한다. 다만, 정보처리시스템을 이용하여 관리하는 지적도면의 경우에는 그러하지 아니하다.
>
> ⑤ 지적소관청은 지적도면의 관리에 필요한 경우에는 지번부여지역마다 일람도와 지번색인표를 작성하여 갖춰 둘 수 있다.
>
> ⑥ 지적도면의 축척은 다음 각 호의 구분에 따른다.
>
> 　1. 지적도 : 1/500, 1/600, 1/1,000, 1/1,200, 1/2,400, 1/3,000, 1/6,000
>
> 　2. 임야도 : 1/3,000, 1/6,000

09　「지적재조사에 관한 특별법」상 지적재조사지구에서 사업완료 공고 전에도 경계복원측량 및 지적공부정리가 가능한 경우로 가장 옳지 않은 것은?

① 법원의 판결에 따라 경계복원측량을 하는 경우

② 지적재조사사업의 시행을 위하여 경계복원측량을 하는 경우

③ 법원의 결정에 따라 지적공부정리를 하는 경우

④ 토지소유자의 신청에 따라 시·군·구 경계결정위원회가 경계복원측량이 필요하다고 결정하는 경우

> **해설**　지적재조사에 관한 특별법 제12조(경계복원측량 및 지적공부정리의 정지)
>
> ① 제8조에 따른 지적재조사지구 지정고시가 있으면 해당 지적재조사지구 내의 토지에 대해서는 제23조에 따른 사업완료 공고 전까지 다음 각 호의 행위를 할 수 없다. 〈개정 2019.12.10.〉
>
> > 1. 「공간정보의 구축 및 관리 등에 관한 법률」 제23조제1항제4호에 따라 경계점을 지상에 복원하기 위하여 하는 지적측량(이하 "경계복원측량"이라 한다)
> >
> > 2. 「공간정보의 구축 및 관리 등에 관한 법률」 제77조부터 제84조까지에 따른 지적공부의 정리(이하 "지적공부정리"라 한다)
>
> ② 제1항에도 불구하고 다음 각 호의 어느 하나에 해당하는 경우에는 경계복원측량 또는 지적공부정리를 할 수 있다.
>
> > 1. 지적재조사사업의 시행을 위하여 경계복원측량을 하는 경우
> >
> > 2. 법원의 판결 또는 결정에 따라 경계복원측량 또는 지적공부정리를 하는 경우
> >
> > 3. 토지소유자의 신청에 따라 제30조에 따른 시·군·구 지적재조사위원회가 경계복원측량 또는 지적공부정리가 필요하다고 결정하는 경우

10 「지적측량 시행규칙」상 위성기준점, 통합기준점, 지적기준점 및 경계점을 기초로 하여 세부측량을 실시할 때 따라야 하는 측량방법으로 가장 옳지 않은 것은?

① 사진측량방법 ② 평판측량방법
③ 위성측량방법 ④ 경위의측량방법

_{해설} 지적측량 시행규칙 제7조(지적측량의 방법 등)

① 법 제23조제2항에 따른 지적측량의 방법은 다음 각 호의 어느 하나에 따른다. 〈개정 2013.3.23.〉
  1. 지적삼각점측량 : 위성기준점, 통합기준점, 삼각점 및 지적삼각점을 기초로 하여 경위의측량방법, 전파기 또는 광파기측량방법, 위성측량방법 및 국토교통부장관이 승인한 측량방법에 따르되, 그 계산은 평균계산법이나 망평균계산법에 따를 것
  2. 지적삼각보조점측량 : 위성기준점, 통합기준점, 삼각점, 지적삼각점 및 지적삼각보조점을 기초로 하여 경위의측량방법, 전파기 또는 광파기측량방법, 위성측량방법 및 국토교통부장관이 승인한 측량방법에 따르되, 그 계산은 교회법(交會法) 또는 다각망도선법에 따를 것
  3. 지적도근점측량 : 위성기준점, 통합기준점, 삼각점 및 지적기준점을 기초로 하여 경위의측량방법, 전파기 또는 광파기측량방법, 위성측량방법 및 국토교통부장관이 승인한 측량방법에 따르되, 그 계산은 도선법, 교회법 및 다각망도선법에 따를 것
  4. 세부측량 : 위성기준점, 통합기준점, 지적기준점 및 경계점을 기초로 하여 경위의측량방법, 평판측량방법, 위성측량방법 및 전자평판측량방법에 따를 것
② 위성측량의 방법 및 절차 등에 관하여 필요한 사항은 국토교통부장관이 따로 정한다.
③ 법 제23조제1항제1호에 따른 지적기준점측량의 절차는 다음 각 호의 순서에 따른다.
  1. 계획의 수립
  2. 준비 및 현지답사
  3. 선점(選點) 및 조표(調標)
  4. 관측 및 계산과 성과표의 작성
④ 지적측량의 계산 및 결과 작성에 사용하는 소프트웨어는 국토교통부장관이 정한다.

11 「공간정보의 구축 및 관리 등에 관한 법률 시행령」상 1필지로 정할 수 있는 기준으로 가장 옳은 것은?

① 주된 용도의 토지의 편의를 위하여 설치된 도로·구거 등의 부지는 주된 용도의 토지에 편입하여 1필지로 할 수 없다.
② 종된 용도의 토지면적이 주된 용도의 토지면적의 300제곱미터를 초과하는 경우에는 주된 용도의 토지에 편입하여 1필지로 할 수 없다.
③ 주된 용도의 토지에 접속되거나 주된 용도의 토지로 둘러싸인 토지로서 다른 용도로 사용되고 있는 토지는 주된 용도의 토지에 편입하여 1필지로 할 수 없다.
④ 종된 용도의 토지면적이 주된 용도의 토지면적의 10퍼센트를 초과하는 경우에는 주된 용도의 토지에 편입하여 1필지로 할 수 없다.

_{해설} 공간정보의 구축 및 관리 등에 관한 법률 시행령 제5조(1필지로 정할 수 있는 기준)

① 법 제2조제21호에 따라 지번부여지역의 토지로서 소유자와 용도가 같고 지반이 연속된 토지는 1필지로 할 수 있다.
② 제1항에도 불구하고 다음 각 호의 어느 하나에 해당하는 토지는 주된 용도의 토지에 편입하여 1필지로 할 수 있다. 다만, 종된 용도의 토지의 지목(地目)이 "대"(垈)인 경우와 종된 용도의 토지 면적이 주된 용도의 토지 면적의 10퍼센트를 초과하거나 330제곱미터를 초과하는 경우에는 그러하지 아니하다.

> 1. 주된 용도의 토지의 편의를 위하여 설치된 도로 · 구거(溝渠: 도랑) 등의 부지
> 2. 주된 용도의 토지에 접속되거나 주된 용도의 토지로 둘러싸인 토지로서 다른 용도로 사용되고 있는 토지

12 「지적재조사업무규정」상 지적재조사지구에 대한 기초조사 항목과 조사내용을 옳지 않게 짝지은 것은?

	조사항목	조사내용
①	건축물	유형별 건축물(단독, 공동 등)
②	용도별 분포	국유지, 공유지, 사유지 구분
③	위치와 면적	사업지구의 위치와 면적
④	토지의 이용상황	지목별 면적과 분포

해설 지적재조사업무규정 제5조(실시계획의 수립)

① 지적소관청은 실시계획 수립을 위하여 당해 지적재조사지구의 토지소유 현황 · 주택의 현황, 토지의 이용 상황 등을 조사하여야 한다.

② 지적재조사지구에 대한 기초조사는 공간정보 및 국토정보화사업의 추진에 따라 토지이용 · 건축물 등에 대하여 전산화된 자료와 각종 문헌이나 통계자료를 충분히 활용하도록 하며, 기초조사 항목과 조사내용은 다음과 같다.

조사항목	조사내용	비고
위치와 면적	사업지구의 위치와 면적	지적도 및 지형도
건축물	유형별 건축물(단독, 공동 등)	건축물대장
용도별 분포	용도지역 · 지구 · 구역별 면적	토지이용계획자료
토지 소유현황	국유지, 공유지, 사유지 구분	토지(임야)대장
개별공시지가현황	지목별 평균지가	지가자료
토지의 이용상황	지목별 면적과 분포	토지대장

③ 지적재조사지구의 토지면적은 토지대장 및 임야대장에 의한 면적으로 한다. 다만, 지적재조사지구를 지나는 도로 · 구거 · 하천 등 국 · 공유지는 실시계획 수립을 위한 지적도면에서 지적재조사지구로 포함되는 부분을 산정한 면적으로 한다.

④ 지적소관청이 지적재조사 사업을 시행하기 위하여 수립한 실시계획이 법 제7조제7항에 따라 시 · 도지사의 지적재조사지구 변경고시가 있은 때에는 고시된 날로부터 10일 이내에 실시계획을 변경하고, 30일 이상 주민에게 공람공고를 하는 등 후속조치를 하여야 한다. 다만, 법 제7조제7항 단서에 따라 시행령에서 정하는 경미한 사항을 변경할 때에는 제외한다.

13 「지적업무처리규정」상 일람도에 등재하여야 하는 사항으로 가장 옳지 않은 것은?

① 지번 및 지목

② 도곽선과 그 수치

③ 지번부여지역의 경계 및 인접지역의 행정구역명칭

④ 도로 · 철도 · 하천 · 구거 · 유지 · 취락 등 주요 지형 · 지물의 표시

규칙 제69조제5항에 따른 일람도 및 지번색인표에는 다음 각 호의 사항을 등재하여야 한다.

1. 일람도

> 가. 지번부여지역의 경계 및 인접지역의 행정구역명칭
> 나. 도면의 제명 및 축척
> 다. 도곽선과 그 수치
> 라. 도면번호
> 마. 도로 · 철도 · 하천 · 구거 · 유지 · 취락 등 주요 지형 · 지물의 표시

2. 지번색인표

> 가. 제명
> 나. 지번 · 도면번호 및 결번

14 〈보기〉의 ⑦과 ⓒ에 해당하는 사항을 옳게 짝지은 것은?

> 〈보기〉
> 「공간정보의 구축 및 관리 등에 관한 법률 시행령」상 지적소관청은 청산금의 결정을 공고한 날부터
> (⑦) 이내에 토지소유자에게 청산금의 납부고지 또는수령통지를 하여야 하고, 납부고지되거나 수
> 령통지된 청산금에 관하여 이의가 있는 자는 납부고지 또는 수령통지를 받은 날부터 (ⓒ) 이내에
> 지적소관청에 이의신청을 할 수 있다.

	⑦	ⓒ
①	10일	20일
②	15일	20일
③	20일	1개월
④	30일	1개월

해설 공간정보의 구축 및 관리 등에 관한 법률 시행령 제76조(청산금의 납부고지 등)

① 지적소관청은 제75조제4항에 따라 청산금의 결정을 공고한 날부터 20일 이내에 토지소유자에게 청
   산금의 납부고지 또는 수령통지를 하여야 한다.
② 제1항에 따른 납부고지를 받은 자는 그 고지를 받은 날부터 6개월 이내에 청산금을 지적소관청에 내
   야 한다. 〈개정 2017.1.10.〉
③ 지적소관청은 제1항에 따른 수령통지를 한 날부터 6개월 이내에 청산금을 지급하여야 한다.
④ 지적소관청은 청산금을 지급받을 자가 행방불명 등으로 받을 수 없거나 받기를 거부할 때에는 그 청
   산금을 공탁할 수 있다.
⑤ 지적소관청은 청산금을 내야 하는 자가 제77조제1항에 따른 기간 내에 청산금에 관한 이의신청을
   하지 아니하고 제2항에 따른 기간 내에 청산금을 내지 아니하면 지방세 체납처분의 예에 따라 징수
   할 수 있다.

공간정보의 구축 및 관리 등에 관한 법률 시행령 제77조(청산금에 관한 이의신청)

① 제76조제1항에 따라 납부고지되거나 수령통지된 청산금에 관하여 이의가 있는 자는 납부고지 또는
   수령통지를 받은 날부터 1개월 이내에 지적소관청에 이의신청을 할 수 있다.
② 제1항에 따른 이의신청을 받은 지적소관청은 1개월 이내에 축척변경위원회의 심의 · 의결을 거쳐 그
   인용(認容) 여부를 결정한 후 지체 없이 그 내용을 이의신청인에게 통지하여야 한다.

정답 14 ③

15 공간정보의 구축 및 관리 등에 관한 법령상 등록전환을 신청할 수 있는 경우로 가장 옳지 않은 것은?

① 임야도에 등록된 토지가 사실상 형질변경되었으나 지목변경을 할 수 없는 경우

② 잦은 토지의 이동으로 1필지의 규모가 작아서 소축척으로는 지적측량성과의 결정이 곤란한 경우

③ 도시 · 군관리계획선에 따라 토지를 분할하는 경우

④ 「산지관리법」에 따른 산지전용허가 · 신고 등 관계 법령에 따른 개발행위 허가 등을 받은 경우

> **해설** 공간정보의 구축 및 관리 등에 관한 법률 시행령 제64조(등록전환 신청)
>
> ① 법 제78조에 따라 등록전환을 신청할 수 있는 경우는 다음 각 호와 같다. 〈개정 2020.6.9.〉
>   1. 「산지관리법」에 따른 산지전용허가 · 신고, 산지일시사용허가 · 신고, 「건축법」에 따른 건축허가 · 신고 또는 그 밖의 관계 법령에 따른 개발행위 허가 등을 받은 경우
>   2. 대부분의 토지가 등록전환되어 나머지 토지를 임야도에 계속 존치하는 것이 불합리한 경우
>   3. 임야도에 등록된 토지가 사실상 형질변경되었으나 지목변경을 할 수 없는 경우
>   4. 도시 · 군관리계획선에 따라 토지를 분할하는 경우
> ② 삭제 〈2020.6.9.〉
> ③ 토지소유자는 법 제78조에 따라 등록전환을 신청할 때에는 등록전환 사유를 적은 신청서에 국토교통부령으로 정하는 서류를 첨부하여 지적소관청에 제출하여야 한다.
>
> 공간정보의 구축 및 관리 등에 관한 법률 시행령 제65조(분할 신청)
> ① 법 제79조제1항에 따라 분할을 신청할 수 있는 경우는 다음 각 호와 같다. 다만, 관계 법령에 따라 해당 토지에 대한 분할이 개발행위 허가 등의 대상인 경우에는 개발행위 허가 등을 받은 이후에 분할을 신청할 수 있다. 〈개정 2014.1.17., 2020.6.9.〉
>   1. 소유권이전, 매매 등을 위하여 필요한 경우
>   2. 토지이용상 불합리한 지상 경계를 시정하기 위한 경우
>   3. 삭제 〈2020.6.9.〉
> ② 토지소유자는 법 제79조에 따라 토지의 분할을 신청할 때에는 분할 사유를 적은 신청서에 국토교통부령으로 정하는 서류를 첨부하여 지적소관청에 제출하여야 한다. 이 경우 법 제79조제2항에 따라 1필지의 일부가 형질변경 등으로 용도가 변경되어 분할을 신청할 때에는 제67조제2항에 따른 지목변경 신청서를 함께 제출하여야 한다.

16 「지적재조사에 관한 특별법 시행령」상 지적재조사 책임 수행기관의 지정요건 및 지정취소에 대한 설명으로 가장 옳은 것은?

① 책임수행기관의 지정기간은 1년으로 한다.

② 권역별로 책임수행기관을 지정하는 경우에는 권역별로 지적분야 측량기술자 100명 이상이 상시 근무해야 한다.

③ 국토교통부장관은 거짓이나 부정한 방법으로 지적재조사 · 측량업무를 수행한 경우 책임수행기관 지정을 취소해야 한다.

④ 사업범위를 전국으로 하는 책임수행기관을 지정하는 경우에는 지적분야 측량기술자 500명 이상이 상시 근무해야 한다.

> **해설** 지적재조사에 관한 특별법 시행령 제4조의2(책임수행기관의 지정 요건 등)
> ① 국토교통부장관은 법 제5조의2제1항에 따라 사업범위를 전국으로 하는 책임수행기관을 지정하거나 인접한 2개 이상의 특별시 · 광역시 · 도 · 특별자치도 · 특별자치시를 묶은 권역별로 책임수행기관을 지정할 수 있다.

② 법 제5조의2제1항에 따른 책임수행기관의 지정대상은 다음 각 호에 해당하는 자로 한다.

> 1. 「국가공간정보 기본법」 제12조에 따른 한국국토정보공사(이하 "한국국토정보공사"라 한다)
> 2. 다음 각 목의 기준을 모두 충족하는 자
>   가. 「민법」 또는 「상법」에 따라 설립된 법인일 것
>   나. 지적재조사사업을 전담하기 위한 조직과 측량장비를 갖추고 있을 것
>   다. 「공간정보의 구축 및 관리 등에 관한 법률」 제39조에 따른 측량기술자(지적분야로 한정한다)
>   1,000명(제1항에 따라 권역별로 책임수행기관을 지정하는 경우에는 권역별로 200명) 이상이
>   상시 근무할 것

③ 책임수행기관의 지정기간은 5년으로 한다.
[본조신설 2021.6.8.]

지적재조사에 관한 특별법 시행령 제4조의3(책임수행기관의 지정절차)

① 법 제5조의2제1항에 따른 지정을 받으려는 자는 국토교통부령으로 정하는 지정신청서에 다음 각 호의 서류를 첨부하여 국토교통부장관에게 제출해야 한다.

> 1. 사업계획서
> 2. 제4조의2제2항에 따른 지정 기준을 충족했음을 증명하는 서류

② 제1항에 따른 지정신청을 받은 국토교통부장관은 다음 각 호의 사항을 고려하여 지정 여부를 결정한다.

> 1. 사업계획의 충실성 및 실행가능성
> 2. 지적재조사사업을 전담하기 위한 조직과 측량장비의 적정성
> 3. 기술인력의 확보 수준
> 4. 지적재조사사업의 조속한 이행 필요성

③ 국토교통부장관은 제1항에 따른 지정신청이 없거나 제4조의2제2항제2호에 해당하는 자의 지정신청을 검토한 결과 적합한 자가 없는 경우에는 한국국토정보공사를 책임수행기관으로 지정할 수 있다.
④ 국토교통부장관은 책임수행기관을 지정한 경우에는 이를 관보 및 인터넷 홈페이지에 공고하고 시·도지사 및 신청자에게 통지해야 한다. 이 경우 시·도지사는 이를 지체 없이 지적소관청에 통보해야 한다.
[본조신설 2021.6.8.]

지적재조사에 관한 특별법 시행령 제4조의4(책임수행기관의 지정취소)

① 국토교통부장관은 법 제5조의2제2항에 따라 책임수행기관이 다음 각 호의 어느 하나에 해당하는 경우 그 지정을 취소할 수 있다. 다만, 제1호 또는 제2호에 해당하는 경우에는 지정을 취소해야 한다.

> 1. 거짓이나 부정한 방법으로 지정을 받은 경우
> 2. 거짓이나 부정한 방법으로 지적재조사·측량업무를 수행한 경우
> 3. 90일 이상 계속하여 제4조의2제2항제2호에 따른 지정기준에 미달되는 경우
> 4. 정당한 사유 없이 지적소관청으로부터 위탁받은 업무를 위탁받은 날부터 1개월 이내에 시작하지 않거나 3개월 이상 계속하여 중단한 경우

② 국토교통부장관은 제1항에 따라 지정을 취소하려는 경우에는 청문을 실시해야 한다.
③ 책임수행기관 지정취소의 공고 및 통지에 관하여는 제4조의3제4항을 준용한다.
[본조신설 2021.6.8.]

17 축척 1/1,200 지적도에 등록되어 있는 원면적 361m²의 필지를 축척 1/600로 축척변경하고자 한다. 측정 면적이 356m²일 경우 오차 허용면적 산식으로 가장 옳은 것은?

① $A = 0.026^2 \times 600 \times \sqrt{356}$

② $A = 0.026^2 \times 1,200 \times \sqrt{356}$

③ $A = 0.026^2 \times 600 \times \sqrt{361}$

④ $A = 0.026^2 \times 1,200 \times \sqrt{361}$

공간정보의 구축 및 관리 등에 관한 법률 시행규칙 제87조(축척변경 절차 및 면적 결정방법 등)

① 영 제72조제3항에 따라 면적을 새로 정하는 때에는 축척변경 측량결과도에 따라야 한다.

② 축척변경 측량 결과도에 따라 면적을 측정한 결과 축척변경 전의 면적과 축척변경 후의 면적의 오차가 영 제19조제1항제2호가목($A = 0.026^2 M\sqrt{F}$)의 계산식에 따른 허용범위 이내인 경우에는 축척변경 전의 면적을 결정면적으로 하고, 허용면적을 초과하는 경우에는 축척변경 후의 면적을 결정면적으로 한다. 이 경우 같은 계산식 중 A는 오차 허용면적, M은 축척이 변경될 지적도의 축척분모, F는 축척변경 전의 면적을 말한다.

③ 경계점좌표등록부를 갖춰 두지 아니하는 지역을 경계점좌표등록부를 갖춰 두는 지역으로 축척변경을 하는 경우에는 그 필지의 경계점을 평판(平板) 측량방법이나 전자평판(電子平板) 측량방법으로 지상에 복원시킨 후 경위의(經緯儀) 측량방법 등으로 경계점좌표를 구하여야 한다. 이 경우 면적은 제2항에도 불구하고 경계점좌표에 따라 결정하여야 한다.

$$A = 0.026^2 M\sqrt{F} = 0.026^2 \times 600 \times \sqrt{361}$$
(A는 오차 허용면적, M은 축척이 변경될 지적도의 축척분모, F는 축척변경 전의 면적)

18 「공간정보의 구축 및 관리 등에 관한 법률」 및 「지적측량 시행규칙」상 지적소관청으로부터 측량성과에 대한 검사를 받지 않아도 되는 측량으로 가장 옳은 것은?

① 경계복원측량, 신규등록측량
② 신규등록측량, 지적확정측량
③ 지적확정측량, 지적현황측량
④ 지적현황측량, 경계복원측량

공간정보의 구축 및 관리 등에 관한 법률 제25조(지적측량성과의 검사)

① 지적측량수행자가 제23조에 따라 지적측량을 하였으면 시·도지사, 대도시 시장(「지방자치법」 제198조에 따라 서울특별시·광역시 및 특별자치시를 제외한 인구 50만 이상의 시의 시장을 말한다. 이하 같다) 또는 지적소관청으로부터 측량성과에 대한 검사를 받아야 한다. 다만, 지적공부를 정리하지 아니하는 측량으로서 국토교통부령으로 정하는 측량의 경우에는 그러하지 아니하다. 〈개정 2021.1.12.〉

② 제1항에 따른 지적측량성과의 검사방법 및 검사절차 등에 필요한 사항은 국토교통부령으로 정한다.

지적측량 시행규칙 제28조(지적측량성과의 검사방법 등)

① 법 제25조제1항 단서에서 "국토교통부령으로 정하는 측량의 경우"란 경계복원측량 및 지적현황측량을 하는 경우를 말한다.

19 「공간정보의 구축 및 관리 등에 관한 법률 시행규칙」상 지적측량수행자가 지적도근점을 33점 설치하여 지적측량을 실시한 경우 최대 지적측량 검사기간은?(단, 지적측량의뢰인과 지적측량수행자가 측량기간에 대하여 따로 기간을 정하지 않은 경우이다)

① 7일
② 8일
③ 9일
④ 10일

공간정보의 구축 및 관리 등에 관한 법률 시행규칙 제25조(지적측량 의뢰 등)

① 법 제24조제1항에 따라 지적측량을 의뢰하려는 자는 별지 제15호서식의 지적측량 의뢰서(전자문서로 된 의뢰서를 포함한다)에 의뢰 사유를 증명하는 서류(전자문서를 포함한다)를 첨부하여 지적측량수행자에게 제출하여야 한다.

② 지적측량수행자는 제1항에 따른 지적측량 의뢰를 받은 때에는 측량기간, 측량일자 및 측량 수수료 등을 적은 별지 제16호서식의 지적측량 수행계획서를 그다음 날까지 지적소관청에 제출하여야 한

다. 제출한 지적측량 수행계획서를 변경한 경우에도 같다.

③ 지적측량의 측량기간은 5일로 하며, 측량검사기간은 4일로 한다. 다만, 지적기준점을 설치하여 측량 또는 측량검사를 하는 경우 지적기준점이 15점 이하인 경우에는 4일을, 15점을 초과하는 경우에는 4일에 15점을 초과하는 4점마다 1일을 가산한다.

④ 제3항에도 불구하고 지적측량 의뢰인과 지적측량수행자가 서로 합의하여 따로 기간을 정하는 경우에는 그 기간에 따르되, 전체 기간의 4분의 3은 측량기간으로, 전체 기간의 4분의 1은 측량검사기간으로 본다.

> 지적기준점이 15점은 4일
> 15점을 초과하는 기준점이 18점이므로 4일(4점×4일=16점)
> 나머지 2점은 1일
> ∴ 합계 9일(4일+4일+1일)

20 〈보기〉에서 「국가공간정보 기본법」상 국가공간정보정책 기본계획의 수립 시 포함할 사항을 모두 고른 것은?

> 〈보기〉
> ㄱ. 국가공간정보체계에 관한 연구 · 개발
> ㄴ. 국가공간정보체계의 활용 및 공간정보의 유통
> ㄷ. 국가공간정보체계의 구축 및 공간정보의 활용 촉진을 위한 정책의 기본 방향
> ㄹ. 국가공간정보체계의 구축 · 관리 및 유통 촉진에 필요한 투자 및 재원조달 계획

① ㄱ, ㄷ
② ㄱ, ㄴ, ㄹ
③ ㄴ, ㄷ, ㄹ
④ ㄱ, ㄴ, ㄷ, ㄹ

해설 국가공간정보 기본법 제6조(국가공간정보정책 기본계획의 수립)

① 정부는 국가공간정보체계의 구축 및 활용을 촉진하기 위하여 국가공간정보정책 기본계획(이하 "기본계획"이라 한다)을 5년마다 수립하고 시행하여야 한다.

② 기본계획에는 다음 각 호의 사항이 포함되어야 한다. 〈개정 2014.6.3., 2021.3.16.〉

> 1. 국가공간정보체계의 구축 및 공간정보의 활용 촉진을 위한 ㉝책의 기본 방향
> 2. 제19조에 따른 기본공간정보의 ㉛득 및 관리
> 3. 국가공간정보체계에 관한 ㉕구 · 개발
> 4. 공간정보 관련 ㉗문인력의 양성
> 5. 국가공간정보체계의 활용 및 ㉝간정보의 유통
> 6. 국가공간정보체계의 구축 · 관리 및 유통 촉진에 필요한 투㉛ 및 재원조달 계획
> 7. 국가공간정보체계와 관련한 국가적 표준의 연㉤ · 보급 및 기술기준의 관리
> 8. 「공간정보산업 진흥법」 제2조제1항제2호에 따른 공간정보산업의 육㉝에 관한 사항
> 9. 그 밖에 국가공간정보정책에 관한 사항

③ 관계 중앙행정기관의 장은 제2항 각 호의 사항 중 소관 업무에 관한 기관별 국가공간정보정책 기본계획(이하 "기관별 기본계획"이라 한다)을 작성하여 대통령령으로 정하는 바에 따라 국토교통부장관에게 제출하여야 한다. 〈개정 2013.3.23.〉

④ 국토교통부장관은 제3항에 따라 관계 중앙행정기관의 장이 제출한 기관별 기본계획을 종합하여 기본계획을 수립하고 위원회의 심의를 거쳐 이를 확정한다. 〈개정 2009.5.22., 2013.3.23.〉

⑤ 제4항에 따라 확정된 기본계획을 변경하는 경우 그 절차에 관하여는 제4항을 준용한다. 다만, 대통령령으로 정하는 경미한 사항을 변경하는 경우에는 그러하지 아니하다.

14 공인중개사 21회

01 공간정보의 구축 및 관리 등에 관한 법률에 의한 지목의 종류에 해당하지 않는 것은?

① 비행장용지
② 과수원
③ 양어장
④ 하천
⑤ 잡종지

해설 **지목의 부호표기**

지목	부호	지목	부호	지목	부호
전	전	주차장	차	수도용지	수
답	답	주유소용지	주	공원	공
과수원	과	창고용지	창	체육용지	체
목장용지	목	도로	도	유원지	원
임야	임	철도용지	철	종교용지	종
광천지	광	제방	제	사적지	사
염전	염	하천	천	묘지	묘
대	대	구거	구	잡종지	잡
공장용지	장	유지	유		
학교용지	학	양어장	양		

02 공유지연명부의 등록사항이 아닌 것은?

① 소유권 지분
② 토지의 소재
③ 대지권 비율
④ 토지의 고유번호
⑤ 토지소유자가 변경된 날과 그 원인

구분	토지표시사항	소유권에 관한 사항	기타
토지대장 (土地臺帳, Land Books) & 임야대장 (林野臺帳, Forest Books)	• ㉤지 소재 • ㉠번 • ㉠목 • 면㉯ • 토지의 ㉑동사유	• 토지소유자 ㉾동일자 • 변㉼원인 • ㉾민등록번호 • 성㉲ 또는 명칭 • 주㉱	• 토지의 고㉯번호(각 필지를 서로 구별하기 위하여 필지마다 붙이는 고유한 번호를 말한다) • 지적도 또는 임야㉠ 번호 • 필지별 토지대장 또는 임야대장의 ㉺번호 • ㉳척 • ㉤지등급 또는 기준수확량등급과 그 설정·수정 연월일 • 개별㉫시지가와 그 기준일
공유지연명부 (共有地連名簿, Common Land Books)	• ㉤지 소재 • ㉠번	• 토지소유자 ㉾동일자 • 변㉼원인 • ㉾민등록번호 • 성㉲·주㉱ • 소유권 ㉠분	• 토지의 ㉯유번호 • 필지별공유지 연명부의 ㉺번호
대지권등록부 (坐地權登錄簿, Building Site Rights Books)	• ㉤지 소재 • ㉠번	• 토지소유자가 ㉾동일자 및 변㉼원인 • ㉾민등록번호 • 성㉲ 또는 명칭·주㉱ • 대㉠권 비율 • 소유㉲ 지분	• 토지의 ㉯유번호 • 집합건물별 대지권등록부의 ㉺번호 • ㉲물의 명칭 • ㉰유부분의 건물의 표시
경계점좌표등록부 (境界點座標登錄簿, Boundary Point Coordinate Books)	• ㉤지 소재 • ㉠번 • 좌㉭		• 토지의 ㉯유번호 • 필지별 경계점좌표등록부의 ㉺번호 • ㉾호 및 부호도 • 지적㉱면의 번호
지적도 (地籍圖, Land Books) & 임야도 (林野圖, Forest Books)	• ㉤지 소재 • ㉠번 • ㉠목 • 경㉤ • 좌표에 의하여 계산된 경계㉱ 간의 거리(경계점좌표등록부를 갖춰두는 지역으로 한정한다)		• ㉤면의 색인도 • 도㉲의 제명 및 축척 • 도곽㉜과 그 수치 • 삼㉰점 및 지적기준점의 위치 • 건축㉱ 및 구조물 등의 위치

03 지적도의 축척이 600분의 1인 지역 내 신규등록할 토지의 측정면적을 계산한 값이 325.551m²인 경우 토지의 대장에 등록할 면적은?

① 325m²

② 326m²

③ 325.5m²

④ 325.6m²

⑤ 325.55m²

해설 **측량계산의 끝수처리**

① 제곱미터 단위로 면적을 결정할 때

토지의 면적에 1제곱미터 미만의 끝수가 있는 경우 0.5제곱미터 미만일 때에는 버리고, 0.5제곱미터를 초과하는 때에는 올리며, 0.5제곱미터일 때에는 구하려는 끝자리의 숫자가 0 또는 짝수이면 버리고 홀수이면 올린다. 다만, 1필지의 면적이 1제곱미터 미만일 때에는 1제곱미터로 한다.

② 제곱미터이하 1자리 단위로 면적을 결정할 때

0.1제곱미터 미만의 끝수가 있는 경우 0.05제곱미터 미만일 때에는 버리고, 0.05제곱미터를 초과할 때에는 올리며, 0.05제곱미터일 때에는 구하려는 끝자리의 숫자가 0 또는 짝수이면 버리고 홀수이면 올린다. 다만, 1필지의 면적이 0.1제곱미터 미만일 때에는 0.1제곱미터로 한다.

[면적의 단위와 끝수처리]

축척	경계점좌표등록부 시행지역	1/600	그 이외의 지역
등록단위	0.1m²		1m²
최소등록단위	0.1m²		1m²
끝수처리	반올림하되 등록하고자 하는 자릿수의 다음 수가 5인 경우에 한하여 5사5입(五捨五入)법을 적용한다.		

04 토지의 조사 · 등록 등에 관한 설명으로 틀린 것은?

① 국토교통부장관은 토지의 효율적 관리 등을 위하여 지적재조사사업을 할 수 있다.

② 지적공부에 등록하는 지번 · 지목 · 면적 · 경계 · 도로명 및 건물번호의 변경이 있을 때 토지소유자의 신청을 받아 국토교통부장관이 결정한다.

③ 지적소관청은 「도시개발법」에 따른 도시개발사업에 따라 새로이 지적공부에 등록하는 토지에 대하여는 경계점좌표등록부를 작성하고 갖춰 두어야 한다.

④ 지적소관청은 지번변경의 사유로 지번에 결번이 생긴 때에는 결번대장에 적어 영구히 보존하여야 한다.

⑤ 토지의 지상 경계는 둑, 담장이나 그 밖에 구획의 목표가 될 만한 구조물 및 경계점표지 등으로 표시한다.

해설 **지적재조사에 관한 특별법 제4조(기본계획의 수립)**

① 국토교통부장관은 지적재조사사업을 효율적으로 시행하기 위하여 다음 각 호의 사항이 포함된 지적재조사사업에 관한 기본계획(이하 "기본계획"이라 한다)을 수립하여야 한다.

공간정보의 구축 및 관리 등에 관한 법률 제64조(토지의 조사 · 등록 등)

① 국토교통부장관은 모든 토지에 대하여 필지별로 소재 · 지번 · 지목 · 면적 · 경계 또는 좌표 등을 조사 · 측량하여 지적공부에 등록하여야 한다.

② 지적공부에 등록하는 지번·지목·면적·경계 또는 좌표는 토지의 이동이 있을 때 토지소유자(법인이 아닌 사단이나 재단의 경우에는 그 대표자나 관리인을 말한다. 이하 같다)의 신청을 받아 지적소관청이 결정한다. 다만, 신청이 없으면 지적소관청이 직권으로 조사·측량하여 결정할 수 있다.

공간정보의 구축 및 관리 등에 관한 법률 제73조(경계점좌표등록부의 등록사항)
지적소관청은 제86조에 따른 도시개발사업 등에 따라 새로이 지적공부에 등록하는 토지에 대하여는 다음 각 호의 사항을 등록한 경계점좌표등록부를 작성하고 갖춰 두어야 한다.
1. 토지의 소재
2. 지번
3. 좌표
4. 그 밖에 국토교통부령으로 정하는 사항

공간정보의 구축 및 관리 등에 관한 법률 시행규칙 제63조(결번대장의 비치)
지적소관청은 행정구역의 변경, 도시개발사업의 시행, 지번변경, 축척변경, 지번정정 등의 사유로 지번에 결번이 생긴 때에는 지체 없이 그 사유를 별지 제61호 서식의 결번대장에 적어 영구히 보존하여야 한다.

05 지목의 구분 기준에 관한 설명으로 옳은 것은?

① 연·왕골 등이 자생하는 배수가 잘 되지 아니하는 토지는 '유지'로 한다.
② 천일제염방식으로 하지 아니하고 동력으로 바닷물을 끌어들여 소금을 제조하는 공장시설물의 부지는 '염전'으로 한다.
③ 자동차 등의 판매 목적으로 설치된 물류장 및 야외전시장은 '주차장'으로 한다.
④ 자동차·선박·기차 등의 제작 또는 정비공장 안에 설치된 급유·송유시설의 부지는 '주유소용지'로 한다.
⑤ 학교용지·공원·종교용지 등 다른 지목으로 된 토지에 있는 유적·고적·기념물을 보호하기 위하여 구획된 토지는 '사적지'로 한다.

[해설] 공간정보의 구축 및 관리 등에 관한 법률 시행령 제58조(지목의 구분)
7. 염전(鹽田)
바닷물을 끌어들여 소금을 채취하기 위하여 조성된 토지와 이에 접속된 제염장(製鹽場) 등 부속시설물의 부지. 다만, 천일제염 방식으로 하지 아니하고 동력으로 바닷물을 끌어들여 소금을 제조하는 공장시설물의 부지는 제외한다.
11. 주차장(駐車場)
자동차 등의 주차에 필요한 독립적인 시설을 갖춘 부지와 주차전용 건축물 및 이에 접속된 부속시설물의 부지. 다만, 다음의 어느 하나에 해당하는 시설의 부지는 제외한다.
가. 「주차장법」 제2조제1호가목 및 다목에 따른 노상주차장 및 부설주차장(「주차장법」 제19조제4항에 따라 시설물의 부지 인근에 설치된 부설주차장은 제외한다)
나. 자동차 등의 판매 목적으로 설치된 물류장 및 야외전시장
12. 주유소용지(注油所用地)
다음의 토지는 "주유소용지"로 한다. 다만, 자동차·선박·기차 등의 제작 또는 정비공장 안에 설치된 급유·송유시설 등의 부지는 제외한다.
가. 석유·석유제품 또는 액화석유가스 등의 판매를 위하여 일정한 설비를 갖춘 시설물의 부지
나. 저유소(貯油所) 및 원유저장소의 부지와 이에 접속된 부속시설물의 부지

26. 사적지(史蹟地)

문화재로 지정된 역사적인 유적·고적·기념물 등을 보존하기 위하여 구획된 토지. 다만, 학교용지·공원·종교용지 등 다른 지목으로 된 토지에 있는 유적·고적·기념물 등을 보호하기 위하여 구획된 토지는 제외한다.

06 토지의 이동 신청에 관한 설명으로 틀린 것은?

① 공유수면매립 준공에 의하여 신규등록할 토지가 있는 경우 토지소유자는 그 사유가 발생한 날부터 60일 이내에 지적소관청에 신규등록을 신청하여야 한다.

② 임야도에 등록된 토지를 도시관리계획선에 따라 분할하는 경우 토지소유자는 지목변경 없이 등록전환을 신청할 수 있다.

③ 토지소유자는「주택법」에 따른 공동주택의 부지로서 합병할 토지가 있으면 그 사유가 발생한 날부터 60일 이내에 지적소관청에 합병을 신청하여야 한다.

④ 토지소유자는 토지나 건축물의 용도가 변경되어 지목변경을 하여야 할 토지가 있으면 그 사유가 발생한 날부터 60일 이내에 지적소관청에 지목변경을 신청하여야 한다.

⑤ 바다로 되어 말소된 토지가 지형의 변화 등으로 다시 토지가 된 경우 토지소유자는 그 사유가 발생한 날부터 90일 이내에 토지의 회복등록을 지적소관청에 신청하여야 한다.

해설 바다로 된 토지의 등록말소 및 회복

신청기한	① 지적소관청은 지적공부에 등록된 토지가 지형의 변화 등으로 바다로 된 경우로서 원상(原狀)으로 회복될 수 없거나 다른 지목의 토지로 될 가능성이 없는 경우에는 지적공부에 등록된 토지소유자에게 지적공부의 등록말소 신청을 하도록 통지하여야 한다. ② 지적소관청은 토지소유자가 통지를 받은 날부터 90일 이내에 등록말소 신청을 하지 아니하면 등록을 말소한다. ③ 지적소관청은 말소한 토지가 지형의 변화 등으로 다시 토지가 된 경우에는 회복등록을 할 수 있다.

07 지적공부에 등록하는 토지의 표시 사항 등에 관한 설명으로 틀린 것은?

① 지적소관청은 지적공부에 등록된 지번을 변경할 필요가 있다고 인정하면 시·도지사나 대도시 시장의 승인을 받아 지번부여지역의 지번을 새로 부여할 수 있다.

② 신규등록하고자 하는 대상 토지가 여러 필지로 되어 있는 경우의 지번부여는 그 지번부여지역의 최종 본번 다음 순번부터 본번으로 하여 순차적으로 지번을 부여할 수 있다.

③ 지번부여지역의 일부가 행정구역의 개편으로 다른 지번부여지역에 속하게 된 경우 시·도지사는 개편 전 지번부여지역의 지번을 부여하여야 한다.

④ 경계점좌표등록부에 등록하는 지역의 1필지 면적이 $0.1m^2$ 미만일 때에는 $0.1m^2$로 하며, 임야도에 등록하는 지역의 1필지 면적이 $1m^2$ 미만일 때에는 $1m^2$로 한다.

⑤ 도로·구거 등이 토지에 절토된 부분이 있는 토지의 지상경계를 새로이 결정하고자 하는 경우 그 경사면의 상단부를 기준으로 한다.

구분		토지이동에 따른 지번의 부여방법(령 제56조)
부여방법		① 지번(地番)은 아라비아숫자로 표기하되, 임야대장 및 임야도에 등록하는 토지의 지번은 숫자 앞에 "산"자를 붙인다. ② 지번은 본번(本番)과 부번(副番)으로 구성하되, 본번과 부번 사이에 "-" 표시로 연결한다. 이 경우 "-" 표시는 "의"라고 읽는다. ③ 법 제66조에 따른 지번의 부여방법은 다음 각 호와 같다. 　1. 지번은 북서에서 남동으로 순차적으로 부여할 것
신규등록 · 등록전환	원칙	지번부여지역에서 인접토지의 본번에 부번을 붙여서 지번을 부여한다.
	예외	다음의 경우에는 그 지번부여지역의 최종 본번의 다음 순번부터 본번으로 하여 순차적으로 지번을 부여할 수 있다. ① 대상 토지가 그 지번부여지역의 최종 지번의 토지에 인접하여 있는 경우 ② 대상 토지가 이미 등록된 토지와 멀리 떨어져 있어서 등록된 토지의 본번에 부번을 부여하는 것이 불합리한 경우 ③ 대상 토지가 여러 필지로 되어 있는 경우
분할	원칙	분할 후의 필지 중 1필지의 지번은 분할 전의 지번으로 하고, 나머지 필지의 지번은 본번의 최종 부번 다음 순번으로 부번을 부여한다.
	예외	주거 · 사무실 등의 건축물이 있는 필지에 대해서는 분할 전의 지번을 우선하여 부여하여야 한다.
합병	원칙	합병 대상 지번 중 선순위의 지번을 그 지번으로 하되, 본번으로 된 지번이 있을 때에는 본번 중 선순위의 지번을 합병 후의 지번으로 한다.
	예외	토지소유자가 합병 전의 필지에 주거 · 사무실 등의 건축물이 있어서 그 건축물이 위치한 지번을 합병 후의 지번으로 신청할 때에는 그 지번을 합병 후의 지번으로 부여하여야 한다.
지적확정측량을 실시한 지역의 각 필지에 지번을 새로 부여하는 경우	원칙	다음 각 목의 지번을 제외한 본번으로 부여한다. ① 지적확정측량을 실시한 지역 안의 종전의 지번과 지적확정측량을 실시한 지역 밖에 있는 본번이 같은 지번이 있을 때 그 지번 ② 지적확정측량을 실시한 지역의 경계에 걸쳐 있는 지번
	예외	부여할 수 있는 종전 지번의 수가 새로 부여할 지번의 수보다 적을 때에는 블록단위로 하나의 본번을 부여한 후 필지별로 부번을 부여하거나, 그 지번부여지역의 최종 본번 다음 순번부터 본번으로 하여 차례로 지번을 부여할 수 있다.
지적확정측량에 준용		① 법 제66조제2항(② 지적소관청은 지적공부에 등록된 지번을 변경할 필요가 있다고 인정하면 시 · 도지사나 대도시 시장의 승인을 받아 지번부여지역의 전부 또는 일부에 대하여 지번을 새로 부여할 수 있다.)에 따라 지번부여지역의 지번을 변경할 때 ② 법 제85조제2항(② 지번부여지역의 일부가 행정구역의 개편으로 다른 지번부여지역에 속하게 되었으면 지적소관청은 새로 속하게 된 지번부여지역의 지번을 부여하여야 한다.)에 따른 행정구역 개편에 따라 새로 지번을 부여할 때 ③ 제72조제1항(① 지적소관청은 축척변경 시행지역의 각 필지별 지번 · 지목 · 면적 · 경계 또는 좌표를 새로 정하여야 한다.)에 따라 축척변경 시행지역의 필지에 지번을 부여할 때
도시개발사업 등의 준공 전		도시개발사업 등이 준공되기 전에 사업시행자가 지번부여를 신청하는 경우에는 국토교통부령으로 정하는 바에 따라 지번을 부여할 수 있다. 지적소관청은 도시개발사업 등이 준공되기 전에 지번을 부여하는 때에는 사업계획도에 따르되, 지적확정측량을 실시한 지역의 각 필지에 지번을 새로 부여하는 경우의 지번부여방식에 따라 지번을 부여하여야 한다.

정답

08 토지의 이동 및 지적정리 등에 관한 설명으로 틀린 것은?

① 지적소관청은 분할·합병에 따른 사유로 토지의 표시변경에 관한 등기를 할 필요가 있는 경우 지체 없이 관할 등기관서에 그 등기를 촉탁하여야 한다.

② 지적소관청은 등록전환으로 인하여 토지의 표시에 관한 변경등기가 필요한 경우 그 변경등기를 등기관서에 접수한 날부터 15일 이내에 해당 토지소유자에게 지적정리를 통지하여야 한다.

③ 지적소관청은 지적공부정리를 하여야 할 토지의 이동이 있는 경우에는 토지이동정리 결의서를 작성하여야 한다.

④ 지적소관청은 토지의 표시에 관한 변경등기가 필요하지 아니한 경우 지적정리의 통지는 지적공부에 등록한 날부터 7일 이내에 토지소유자에게 하여야 한다.

⑤ 지적소관청은 지적공부를 복구하였으나 지적공부 정리내용을 통지받을 자의 주소나 거소를 알 수 없는 경우에는 일간신문, 해당 시·군·구의 공보 또는 인터넷 홈페이지에 공고하여야 한다.

해설 공간정보의 구축 및 관리 등에 관한 법률 제89조(등기촉탁)

① 지적소관청은 제64조제2항(신규등록은 제외한다), 제66조제2항, 제82조, 제83조제2항, 제84조제2항 또는 제85조제2항에 따른 사유로 토지의 표시 변경에 관한 등기를 할 필요가 있는 경우에는 지체 없이 관할 등기관서에 그 등기를 촉탁하여야 한다. 이 경우 등기촉탁은 국가가 국가를 위하여 하는 등기로 본다.

공간정보의 구축 및 관리 등에 관한 법률 시행령 제85조(지적정리 등의 통지)

지적소관청이 법 제90조에 따라 토지소유자에게 지적정리 등을 통지하여야 하는 시기는 다음 각 호의 구분에 따른다.

1. 토지의 표시에 관한 변경등기가 필요한 경우 : 그 등기완료의 통지서를 접수한 날부터 15일 이내
2. 토지의 표시에 관한 변경등기가 필요하지 아니한 경우 : 지적공부에 등록한 날부터 7일 이내

공간정보의 구축 및 관리 등에 관한 법률 시행령 제84조(지적공부의 정리 등)

② 지적소관청은 제1항에 따른 토지의 이동이 있는 경우에는 토지이동정리 결의서를 작성하여야 하고, 토지소유자의 변동 등에 따라 지적공부를 정리하려는 경우에는 소유자정리 결의서를 작성하여야 한다.

공간정보의 구축 및 관리 등에 관한 법률 제90조(지적정리 등의 통지)

제64조제2항 단서, 제66조제2항, 제74조, 제82조제2항, 제84조제2항, 제85조제2항, 제86조제2항, 제87조 또는 제89조에 따라 지적소관청이 지적공부에 등록하거나 지적공부를 복구 또는 말소하거나 등기촉탁을 하였으면 대통령령으로 정하는 바에 따라 해당 토지소유자에게 통지하여야 한다. 다만, 통지받을 자의 주소나 거소를 알 수 없는 경우에는 국토교통부령으로 정하는 바에 따라 일간신문, 해당 시·군·구의 공보 또는 인터넷 홈페이지에 공고하여야 한다.

09 지적측량의 적부심사 등에 관한 설명으로 틀린 것은?

① 지적측량 적부심사를 청구할 수 있는 자는 토지소유자, 이해관계인 또는 지적측량수행자이다.

② 지적측량 적부심사 청구를 받은 시·도지사는 30일 이내에 다툼이 되는 지적측량의 경위 및 그 성과 등을 조사하여 지방지적위원회에 회부하여야 한다.

③ 지적측량 적부심사를 청구하려는 자는 지적측량을 신청하여 측량을 실시한 후 심사청구서에 그 측량성과와 심사청구 경위서를 첨부하여 시·도지사에게 제출하여야 한다.

④ 지적측량 적부심사 청구서를 회부받은 지방지적위원회는 부득이한 경우가 아닌 경우 그 심사청구를 회부받은 날부터 90일 이내에 심의·의결하여야 한다.

⑤ 지적측량 적부심사 청구자가 지방지적위원회의 의결사항에 대하여 불복하는 경우에는 그 의결서를 받은 날부터 90일 이내에 국토교통부장관에 재심사를 청구할 수 있다.

(해설) 공간정보의 구축 및 관리 등에 관한 법률 제29조(지적측량의 적부심사 등)

암기 ㉎㉢㉧ ㉧㉠하면 ㉨㉩하라 ③⑥③⑦⑨

① 토지소유자, 이해관계인 또는 지적측량수행자는 지적측량성과에 대하여 다툼이 있는 경우에는 대통령령으로 정하는 바에 따라 관할 시·도지사를 거쳐 지방지적위원회에 지적측량 적부심사를 청구할 수 있다. 〈개정 2013.7.17.〉

② 제1항에 따른 지적측량 적부심사청구를 받은 시·도지사는 ㉚일 이내에 다음 각 호의 사항을 조사하여 지방지적위원회에 회부하여야 한다.

1. 다툼이 되는 지적측량의 경㉎ 및 그 ㉢과
2. 해당 토지에 대한 토지㉧동 및 소유권 변동 ㉧혁
3. 해당 토지 주변의 측량㉠준점, 경㉨, 주요 구조물 등 현황 실㉩도

③ 제2항에 따라 지적측량 적부심사청구를 회부받은 지방지적위원회는 그 심사청구를 회부받은 날부터 (60)일 이내에 심의·의결하여야 한다. 다만, 부득이한 경우에는 그 심의기간을 해당 지적위원회의 의결을 거쳐 ㉚일 이내에서 한 번만 연장할 수 있다.

④ 지방지적위원회는 지적측량 적부심사를 의결하였으면 대통령령으로 정하는 바에 따라 의결서를 작성하여 시·도지사에게 송부하여야 한다.

⑤ 시·도지사는 제4항에 따라 의결서를 받은 날부터 ⑦일 이내에 지적측량 적부심사 청구인 및 이해관계인에게 그 의결서를 통지하여야 한다.

⑥ 제5항에 따라 의결서를 받은 자가 지방지적위원회의 의결에 불복하는 경우에는 그 의결서를 받은 날부터 (90)일 이내에 국토교통부장관을 거쳐 중앙지적위원회에 재심사를 청구할 수 있다. 〈개정 2013.3.23., 2013.7.17.〉

⑦ 제6항에 따른 재심사청구에 관하여는 제2항부터 제5항까지의 규정을 준용한다. 이 경우 "시·도지사"는 "국토교통부장관"으로, "지방지적위원회"는 "중앙지적위원회"로 본다. 〈개정 2013.3.23.〉

⑧ 제7항에 따라 중앙지적위원회로부터 의결서를 받은 국토교통부장관은 그 의결서를 관할 시·도지사에게 송부하여야 한다. 〈개정 2013.3.23.〉

⑨ 시·도지사는 제4항에 따라 지방지적위원회의 의결서를 받은 후 해당 지적측량 적부심사 청구인 및 이해관계인이 제6항에 따른 기간에 재심사를 청구하지 아니하면 그 의결서 사본을 지적소관청에 보내야 하며, 제8항에 따라 중앙지적위원회의 의결서를 받은 경우에는 그 의결서 사본에 제4항에 따라 받은 지방지적위원회의 의결서 사본을 첨부하여 지적소관청에 보내야 한다.

⑩ 제9항에 따라 지방지적위원회 또는 중앙지적위원회의 의결서 사본을 받은 지적소관청은 그 내용에 따라 지적공부의 등록사항을 정정하거나 측량성과를 수정하여야 한다.

⑪ 제9항 및 제10항에도 불구하고 특별자치시장은 제4항에 따라 지방지적위원회의 의결서를 받은 후 해당 지적측량 적부심사 청구인 및 이해관계인이 제6항에 따른 기간에 재심사를 청구하지 아니하거나 제8항에 따라 중앙지적위원회의 의결서를 받은 경우에는 직접 그 내용에 따라 지적공부의 등록사항을 정정하거나 측량성과를 수정하여야 한다. 〈신설 2012.12.18.〉

⑫ 지방지적위원회의 의결이 있은 후 제6항에 따른 기간에 재심사를 청구하지 아니하거나 중앙지적위원회의 의결이 있는 경우에는 해당 지적측량성과에 대하여 다시 지적측량 적부심사청구를 할 수 없다.

정답

10 경계점좌표등록부를 갖춰두는 지역의 지적도가 아래와 같은 경우 이에 관한 설명으로 옳은 것은?

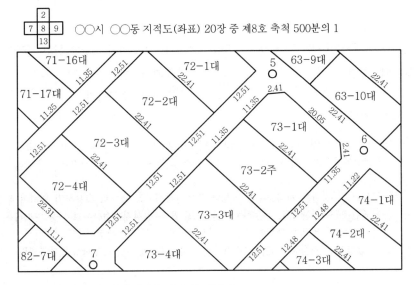

① 73-2에 대한 면적측정은 전자면적측정기에 의한다.

② 73-2의 경계선상에 등록된 '22.41'은 좌표에 의하여 계산된 경계점 간의 거리를 나타낸다.

③ 73-2에 대한 경계복원측량은 본 도면으로 실시하여야 한다.

④ 73-1에 대한 토지면적은 경계점좌표등록부에 등록한다.

⑤ 73-2에 대한 토지지목은 '주차장'이다.

해설 ① 73-2에 대한 면적측정은 경계점좌표등록지이므로 좌표면적계산법에 의한다.
③ 73-2에 대한 경계복원측량은 본 도면으로 실시할 수 없다.
④ 73-1에 대한 토지면적은 경계점좌표등록부에 등록하지 않는다.
⑤ 73-2에 대한 토지지목 '주'는 주유소용지이다.

11 지적측량에 관한 설명이다. 옳은 것을 모두 고른 것은?

> ㄱ. 지적기준점측량의 절차는 계획의 수립, 준비 및 현지답사, 선점 및 조표, 관측 및 계산과 성과표의 작성 순서에 따른다.
>
> ㄴ. 지적측량 수행자가 지적측량 의뢰를 받은 때에는 지적측량 수행계획서를 그 다음 날까지 지적소관청에 제출하여야 한다.
>
> ㄷ. 경계복원측량은 지상건축물 등의 현황을 지적도 및 임야도에 등록된 경계와 대비하여 표시하는 데 필요한 경우 실시한다.
>
> ㄹ. 합병에 따른 경계·좌표 또는 면적은 따로 지적측량을 하지 아니하고 결정한다.
>
> ㅁ. 지상 경계의 구획을 형성하는 구조물 등의 소유자가 다른 경우에는 그 소유권에 따라 지상 경계를 결정한다.

① ㄱ, ㄴ, ㄷ, ㄹ   ② ㄱ, ㄴ, ㄷ, ㅁ

③ ㄱ, ㄴ, ㄹ, ㅁ   ④ ㄱ, ㄷ, ㄹ, ㅁ

⑤ ㄴ, ㄷ, ㄹ, ㅁ

경계복원측량은 지적공부에 등록된 경계점을 지표상에 복원하기 위한 측량이다.

12 지적공부의 효율적인 관리 및 활용을 위하여 지적정보 전담 관리 기구를 설치·운영하는 자는?

① 읍·면·동장   ② 지적소관청

③ 시·도지사   ④ 행정안전부장관

⑤ 국토교통부장관

해설 공간정보의 구축 및 관리 등에 관한 법률 제70조(지적정보 전담 관리기구의 설치)

① 국토교통부장관은 지적공부의 효율적인 관리 및 활용을 위하여 지적정보 전담 관리기구를 설치·운영한다.

② 국토교통부장관은 지적공부를 과세나 부동산정책자료 등으로 활용하기 위하여 주민등록전산자료, 가족관계등록전산자료, 부동산등기전산자료 또는 공시지가전산자료 등을 관리하는 기관에 그 자료를 요청할 수 있으며 요청을 받은 관리기관의 장은 특별한 사정이 없는 한 이에 응하여야 한다.

③ 제1항에 따른 지적정보 전담 관리기구의 설치·운영에 관한 세부사항은 대통령령으로 정한다.

정답   **12** ⑤

01 다음 중 부동산 중개업자 甲이 매도의뢰 대상토지에 대한 소재, 지번, 지목과 면적을 모두 매수의뢰인 乙에게 설명하고자 하는 경우 적합한 것은?

① 토지대장 등본
② 지적측량기준 점성과 등본
③ 지적도 등본
④ 임야도 등본
⑤ 경계점좌표등록부 등본

해설 공간정보의 구축 및 관리 등에 관한 법률 제71조(토지대장 등의 등록사항)

구분	토지표시사항	소유권에 관한 사항	기타
토지대장 (土地臺帳, Land Books) & 임야대장 (林野臺帳, Forest Books)	• 토지 소재 • 지번 • 지목 • 면적 • 토지의 이동사유	• 토지소유자 변동일자 • 변동원인 • 주민등록번호 • 성명 또는 명칭 • 주소	• 토지의 고유번호(각 필지를 서로 구별하기 위하여 필지마다 붙이는 고유한 번호를 말한다) • 지적도 또는 임야도 번호 • 필지별 토지대장 또는 임야대장의 장번호 • 축척 • 토지등급 또는 기준수확량등급과 그 설정·수정 연월일 • 개별공시지가와 그 기준일
공유지연명부 (共有地連名簿, Common Land Books)	• 토지 소재 • 지번	• 토지소유자 변동일자 • 변동원인 • 주민등록번호 • 성명·주소 • 소유권 지분	• 토지의 고유번호 • 필지별공유지 연명부의 장번호
대지권등록부 (垈地權登錄簿, Building Site Rights Books)	• 토지 소재 • 지번	• 토지소유자가 변동일자 및 변동원인 • 주민등록번호 • 성명 또는 명칭·주소 • 대지권 비율 • 소유권 지분	• 토지의 고유번호 • 집합건물별 대지권등록부의 장번호 • 건물의 명칭 • 전유부분의 건물의 표시
경계점좌표등록부 (境界點座標登錄簿, Boundary Point Coordinate Books)	• 토지 소재 • 지번 • 좌표		• 토지의 고유번호 • 필지별 경계점좌표등록부의 장번호 • 부호 및 부호도 • 지적도면의 번호

구분	토지표시사항	소유권에 관한 사항	기타
지적도 (地籍圖, Land Books) & 임야도 (林野圖, Forest Books)	• ㉠지 소재 • ㉣번 • ㉣목 • 경㉢ • 좌표에 의하여 계산된 경계㉤ 간의 거리(경계점좌표등록부를 갖춰두는 지역으로 한정한다)		• ㉢면의 색인도 • 도㉠의 제명 및 축척 • 도곽㉤과 그 수치 • 삼㉠점 및 지적기준점의 위치 • 건축㉢ 및 구조물 등의 위치

02 공간정보의 구축 및 관리 등에 관한 법령상 지적공부의 복구 자료가 아닌 것은?

① 토지이용계획확인서
② 측량 결과도
③ 토지이동정리 결의서
④ 지적공부의 등본
⑤ 법원의 확정판결서 정본 또는 사본

(해설) 공간정보의 구축 및 관리 등에 관한 법률 시행규칙 제72조(지적공부의 복구자료)

[암기] ㉠㉡㉣㉤㉢㉤은 ㉣㉣㉤에서

영 제61조제1항에 따른 지적공부의 복구에 관한 관계 자료(이하 "복구자료"라 한다)는 다음 각 호와 같다.

1. ㉠동산등기부 등본 등 ㉣기사실을 증명하는 서류
2. ㉣적공부의 ㉤본
3. 법 제69조제3항에 따라 ㉤제된 지적공부
4. 지적소관청이 작성하거나 발행한 지적공부의 등록내용을 증㉢하는 서류
5. 측㉢ 결과도
6. 토㉣이동정리 결의서
7. 법㉢의 확정판결서 정본 또는 사본

03 지적측량을 하여야 하는 경우가 아닌 것은?

① 소유권이전, 매매 등을 위하여 분할하는 경우로서 측량을 할 필요가 있는 경우
② 공유수면매립 등으로 토지를 신규등록하는 경우로서 측량을 할 필요가 있는 경우
③ 「도시개발법」에 등록사항을 정정하는 경우로서 측량을 할 필요가 있는 경우
④ 지적공부에 등록된 사항을 정정하는 경우로서 측량을 할 필요가 있는 경우
⑤ 지적공부에 등록된 지목이 불분명하여 지적공부를 재작성하는 경우로서 측량을 할 필요가 있는 경우

(해설) 공간정보의 구축 및 관리 등에 관한 법률 제23조(지적측량의 실시 등)

① 다음 각 호의 어느 하나에 해당하는 경우에는 지적측량을 하여야 한다.
1. 제7조제1항제3호에 따른 지적기준점을 정하는 경우
2. 제25조에 따라 지적측량성과를 검사하는 경우
3. 다음 각 목의 어느 하나에 해당하는 경우로서 측량을 할 필요가 있는 경우

> 가. 제74조에 따라 지적공부를 복구하는 경우
> 나. 제77조에 따라 토지를 신규등록하는 경우
> 다. 제78조에 따라 토지를 등록전환하는 경우
> 라. 제79조에 따라 토지를 분할하는 경우
> 마. 제82조에 따라 바다가 된 토지의 등록을 말소하는 경우
> 바. 제83조에 따라 축척을 변경하는 경우
> 사. 제84조에 따라 지적공부의 등록사항을 정정하는 경우
> 아. 제86조에 따른 도시개발사업 등의 시행지역에서 토지의 이동이 있는 경우

  4. 경계점을 지상에 복원하는 경우
  5. 그 밖에 대통령령으로 정하는 경우
 ② 지적측량의 방법 및 절차 등에 필요한 사항은 국토교통부령으로 정한다.

04 지적도 및 임야도의 등록사항만으로 나열된 것은?

① 토지의 소재, 지번, 건축물의 번호, 삼각점 및 지적기준점의 위치

② 지번, 경계, 건축물 및 구조물 등의 위치, 삼각점 및 지적기준점의 위치

③ 토지의 소재, 지번, 토지의 고유번호, 삼각점 및 지적기준점의 위치

④ 지목, 부호 및 부호도, 도곽선과 그 수치, 토지의 고유번호

⑤ 지목, 도곽선과 그 수치, 토지의 고유번호, 건축물 및 구조물 등의 위치

해설 공간정보의 구축 및 관리 등에 관한 법률 제72조(지적도 등의 등록사항)

  지적도 및 임야도에는 다음 각 호의 사항을 등록하여야 한다.
  1. 토지의 소재
  2. 지번
  3. 지목
  4. 경계
  5. 그 밖에 국토교통부령으로 정하는 사항

공간정보의 구축 및 관리 등에 관한 법률 시행규칙 제69조(지적도면 등의 등록사항 등)

  ② 법 제72조제5호에서 "그 밖에 국토교통부령으로 정하는 사항"이란 다음 각 호의 사항을 말한다.
  1. 지적도면의 색인도(인접도면의 연결순서를 표시하기 위하여 기재한 도표와 번호를 말한다)
  2. 도면의 제명 및 축척
  3. 도곽선(圖廓線)과 그 수치
  4. 좌표에 의하여 계산된 경계점간의 거리(경계점좌표등록부를 갖춰 두는 지역으로 한정한다)
  5. 삼각점 및 지적측량기준점의 위치
  6. 건축물 및 구조물 등의 위치
  7. 그 밖에 국토교통부장관이 정하는 사항

05 지상 경계점 등록부의 등록사항으로 옳은 것은?

① 지목   ② 면적

③ 경계점 위치 설명도   ④ 토지의 고유번호

⑤ 토지소유자의 성명 또는 명칭

해설 공간정보의 구축 및 관리 등에 관한 법률 제65조(지상경계의 구분 등)

지상경계점등록부 (지적재조사에 관한 특별법 시행규칙 제10조)	**암기** 토지목성도 경번지 세관위 기경 소직명 확직명	
	1. 토지의 소재 2. 지번 3. 지목 4. 작성일 5. 위치도 6. 경계점 번호 및 표지종류	7. 경계점 세부설명 및 관련자료 8. 경계위치 9. 경계설정기준 및 경계형태 10. 작성자의 소속·직급(직위)·성명 11. 확인자의 직급·성명
지상경계점등록부 (공간정보의 구축 및 관리 등에 관한 법률 제65조)	**암기** 토지경계 공계점	
	1. 토지의 소재 2. 지번 3. 경계점 좌표(경계점좌표등록부 시행지역에 한정한다)	4. 경계점 위치 설명도 5. 공부상 지목과 실제 토지이용 지목 6. 경계점의 사진 파일 7. 경계점표지의 종류 및 경계점 위치

06 등록전환에 관한 설명으로 틀린 것은?

① 토지소유자는 등록전환 할 토지가 있으면 그 사유가 발생한 날부터 60일 이내에 지적소관청에 등록전환을 신청하여야 한다.
② 「산지관리법」, 「건축법」 등 관계 법령에 따른 토지의 형질변경 또는 건축물의 사용승인 등으로 인하여 지목을 변경하여야 할 토지는 등록전환을 신청할 수 있다.
③ 임야도에 등록된 토지가 사실상 형질변경되었으나 지목변경을 할 수 없는 경우에는 지목변경 없이 등록전환을 신청할 수 있다.
④ 등록전환에 따른 면적을 정할 때 임야대장의 면적과 등록전환될 면적의 차이가 오차의 허용범위 이내의 경우, 임야대장의 면적을 등록전환 면적으로 결정한다.
⑤ 지적소관청은 등록전환에 따라 지적공부를 정리한 경우, 지체 없이 관할 등기관서에 토지의 표시 변경에 관한 등기를 촉탁하여야 한다.

해설 공간정보의 구축 및 관리 등에 관한 법률 제78조(등록전환 신청)
토지소유자는 등록전환할 토지가 있으면 대통령령으로 정하는 바에 따라 그 사유가 발생한 날부터 60일 이내에 지적소관청에 등록전환을 신청하여야 한다.

공간정보의 구축 및 관리 등에 관한 법률 시행규칙 제64조(등록전환 신청)
① 법 제78조에 따라 등록전환을 신청할 수 있는 토지는 「산지관리법」, 「건축법」 등 관계 법령에 따른 토지의 형질변경 또는 건축물의 사용승인 등으로 인하여 지목을 변경하여야 할 토지로 한다.
② 다음 각 호의 어느 하나에 해당하는 경우에는 제1항에도 불구하고 지목변경 없이 등록전환을 신청할 수 있다.

> 1. 대부분의 토지가 등록전환되어 나머지 토지를 임야도에 계속 존치하는 것이 불합리한 경우
> 2. 임야도에 등록된 토지가 사실상 형질변경되었으나 지목변경을 할 수 없는 경우
> 3. 도시관리계획선에 따라 토지를 분할하는 경우

③ 토지소유자는 법 제78조에 따라 등록전환을 신청할 때에는 등록전환 사유를 적은 신청서에 국토교통부령으로 정하는 서류를 첨부하여 지적소관청에 제출하여야 한다.

공간정보의 구축 및 관리 등에 관한 법률 시행규칙 제19조(등록전환이나 분할에 따른 면적 오차의 허용범위 및 배분 등)

① 법 제26조제2항에 따른 등록전환이나 분할을 위하여 면적을 정할 때에 발생하는 오차의 허용범위 및 처리방법은 다음 각 호와 같다.

1. 등록전환을 하는 경우

> 가. 임야대장의 면적과 등록전환될 면적의 오차 허용범위는 다음의 계산식에 따른다. 이 경우 오차의 허용범위를 계산할 때 축척이 3천분의 1인 지역의 축척분모는 6천으로 한다.
>
> $$A = 0.026^2 M\sqrt{F}$$
>
> (A는 오차 허용면적, M은 임야도 축척분모, F는 등록전환될 면적)
>
> 나. 임야대장의 면적과 등록전환될 면적의 차이가 가목의 계산식에 따른 허용범위 이내인 경우에는 등록전환될 면적을 등록전환 면적으로 결정하고, 허용범위를 초과하는 경우에는 임야대장의 면적 또는 임야도의 경계를 지적소관청이 직권으로 정정하여야 한다.

공간정보의 구축 및 관리 등에 관한 법률 제89조(등기촉탁)

① 지적소관청은 제64조제2항(신규등록은 제외한다), 제66조제2항, 제82조, 제83조제2항, 제84조제2항 또는 제85조제2항에 따른 사유로 토지의 표시 변경에 관한 등기를 할 필요가 있는 경우에는 지체 없이 관할 등기관서에 그 등기를 촉탁하여야 한다. 이 경우 등기촉탁은 국가가 국가를 위하여 하는 등기로 본다.

② 제1항에 따른 등기촉탁에 필요한 사항은 국토교통부령으로 정한다.

07 지목변경 신청에 관한 설명으로 틀린 것은?

① 토지소유자는 지목변경을 할 토지가 있으면 그 사유가 발생한 날부터 60일 이내에 지적소관청에 지목변경을 신청하여야 한다.

② 「국토의 계획 및 이용에 관한 법률」 등 관계 법령에 따른 토지의 형질변경 등의 공사가 준공될 경우에는 지목변경을 신청할 수 있다.

③ 전·답·과수원 상호 간의 지목변경을 신청하는 경우에는 토지의 용도가 변경되었음을 증명하는 서류의 사본첨부를 생략할 수 있다.

④ 지목변경 신청에 따른 첨부서류를 해당 지적소관청이 관리하는 경우에는 시·도지사의 확인으로 그 서류의 제출을 갈음할 수 있다.

⑤ 「도시개발법」에 따른 도시개발사업의 원활한 추진을 위하여 사업시행자가 공사 준공 전에 토지의 합병을 신청하는 경우에는 지목변경을 신청할 수 있다.

(해설) 공간정보의 구축 및 관리 등에 관한 법률 제81조(지목변경 신청)

토지소유자는 지목변경을 할 토지가 있으면 대통령령으로 정하는 바에 따라 그 사유가 발생한 날부터 60일 이내에 지적소관청에 지목변경을 신청하여야 한다.

공간정보의 구축 및 관리 등에 관한 법률 시행령 제67조(지목변경 신청)

① 법 제81조에 따라 지목변경을 신청할 수 있는 경우는 다음 각 호와 같다.

> 1. 「국토의 계획 및 이용에 관한 법률」 등 관계 법령에 따른 토지의 형질변경 등의 공사가 준공된 경우
> 2. 토지나 건축물의 용도가 변경된 경우
> 3. 법 제86조에 따른 도시개발사업 등의 원활한 추진을 위하여 사업시행자가 공사 준공 전에 토지의 합병을 신청하는 경우

② 토지소유자는 법 제81조에 따라 지목변경을 신청할 때에는 지목변경 사유를 적은 신청서에 국토교통부령으로 정하는 서류를 첨부하여 지적소관청에 제출하여야 한다.

공간정보의 구축 및 관리 등에 관한 법률 시행규칙 제84조(지목변경 신청)

① 영 제67조제2항에서 "국토교통부령으로 정하는 서류"란 다음 각 호의 어느 하나에 해당하는 서류를 말한다.

> 1. 관계법령에 따라 토지의 형질변경 등의 공사가 준공되었음을 증명하는 서류의 사본
> 2. 국유지 · 공유지의 경우에는 용도폐지 되었거나 사실상 공공용으로 사용되고 있지 아니함을 증명하는 서류의 사본
> 3. 토지 또는 건축물의 용도가 변경되었음을 증명하는 서류의 사본

② 개발행위허가 · 농지전용허가 · 보전산지전용허가 등 지목변경과 관련된 규제를 받지 아니하는 토지의 지목변경이나 전 · 답 · 과수원 상호 간의 지목변경인 경우에는 제1항에 따른 서류의 첨부를 생략할 수 있다.

③ 제1항 각 호의 어느 하나에 해당하는 서류를 해당 지적소관청이 관리하는 경우에는 지적소관청의 확인으로 그 서류의 제출을 갈음할 수 있다.

08 다음은 공간정보의 구축 및 관리 등에 관한 법률상 합병신청을 할 수 없는 경우이다. 틀린 것은?

① 합병하려는 토지의 지번부여지역, 지목 또는 소유자가 서로 다른 경우
② 합병하려는 각 필지의 지반이 연속되지 아니한 경우
③ 합병하려는 토지의 소유자별 공유지분이 같은 경우
④ 합병하려는 토지의 지적도 및 임야도의 축척이 서로 다른 경우
⑤ 합병하려는 토지가 등기된 토지와 등기되지 아니한 토지인 경우

해설 **공간정보의 구축 및 관리 등에 관한 법률 제80조(합병 신청)**

① 토지소유자는 토지를 합병하려면 대통령령으로 정하는 바에 따라 지적소관청에 합병을 신청하여야 한다.

② 토지소유자는 「주택법」에 따른 공동주택의 부지, 도로, 제방, 하천, 구거, 유지, 그 밖에 대통령령으로 정하는 토지로서 합병하여야 할 토지가 있으면 그 사유가 발생한 날부터 60일 이내에 지적소관청에 합병을 신청하여야 한다.

③ 다음 각 호의 어느 하나에 해당하는 경우에는 합병 신청을 할 수 없다.
  1. 합병하려는 토지의 지번부여지역, 지목 또는 소유자가 서로 다른 경우
  2. 합병하려는 토지에 다음 각 목의 등기 외의 등기가 있는 경우

  > 가. 소유권 · 지상권 · 전세권 또는 임차권의 등기
  > 나. 승역지(承役地)에 대한 지역권의 등기
  > 다. 합병하려는 토지 전부에 대한 등기원인(登記原因) 및 그 연월일과 접수번호가 같은 저당권의 등기
  > 라. 합병하려는 토지 전부에 대한 「부동산등기법」 제81조제1항 각 호의 등기사항이 동일한 신탁등기

  3. 그 밖에 합병하려는 토지의 지적도 및 임야도의 축척이 서로 다른 경우 등 대통령령으로 정하는 경우

공간정보의 구축 및 관리 등에 관한 법률 시행령 제66조(합병 신청)

① 토지소유자는 법 제80조제1항 및 제2항에 따라 토지의 합병을 신청할 때에는 합병 사유를 적은 신청서를 지적소관청에 제출하여야 한다.

② 법 제80조제2항에서 "대통령령으로 정하는 토지"란 공장용지 · 학교용지 · 철도용지 · 수도용지 · 공원 · 체육용지 등 다른 지목의 토지를 말한다.

③ 법 제80조제3항제3호에서 "합병하려는 토지의 지적도 및 임야도의 축척이 서로 다른 경우 등 대통령령으로 정하는 경우"란 다음 각 호의 경우를 말한다.

1. 합병하려는 토지의 지적도 및 임야도의 축척이 서로 다른 경우
2. 합병하려는 각 필지가 서로 연접하지 않은 경우
3. 합병하려는 토지가 등기된 토지와 등기되지 아니한 토지인 경우
4. 합병하려는 각 필지의 지목은 같으나 일부 토지의 용도가 다르게 되어 법 제79조 제2항에 따른 분할대상 토지인 경우. 다만, 합병 신청과 동시에 토지의 용도에 따라 분할 신청을 하는 경우는 제외한다.
5. 합병하려는 토지의 소유자별 공유지분이 다르거나 소유자의 주소가 서로 다른 경우
6. 합병하려는 토지가 구획정리, 경지정리 또는 축척변경을 시행하고 있는 지역의 토지와 그 지역 밖의 토지인 경우

09 공간정보의 구축 및 관리 등에 관한 법령상 바다로 된 토지의 등록말소에 관한 설명으로 옳은 것은?

① 지적소관청은 지적공부에 등록된 토지가 일시적인 지형의 변화 등으로 바다로 된 경우에는 공유수면의 관리청에 지적공부의 등록말소 신청을 하도록 통지하여야 한다.

② 지적소관청은 등록말소 신청 통지를 받은 자가 통지를 받은 날부터 60일 이내에 등록말소 신청을 하지 아니하면 직권으로 그 지적공부의 등록사항을 말소하야여 한다.

③ 지적소관청이 직권으로 등록말소를 할 경우에는 시 · 도 지사의 승인을 받아야 하며, 시 · 도지사는 그 내용을 승인하기 전에 토지소유자의 의견을 청취하여야 한다.

④ 지적소관청은 말소한 토지가 지형의 변화 등으로 다시 토지가 된 경우에는 그 지적측량성과 및 등록말소 당시의 지적공부 등 관계 자료에 따라 토지로 회복등록을 할 수 있다.

⑤ 지적소관청이 지적공부의 등록사항을 말소하거나 회복등록하였을 때에는 그 정리 결과를 시 · 도지사 및 행정 안전부장관에게 통보하여야 한다.

해설 공간정보의 구축 및 관리 등에 관한 법률 제82조(바다로 된 토지의 등록말소 신청)

① 지적소관청은 지적공부에 등록된 토지가 지형의 변화 등으로 바다로 된 경우로서 원상(原狀)으로 회복될 수 없거나 다른 지목의 토지로 될 가능성이 없는 경우에는 지적공부에 등록된 토지소유자에게 지적공부의 등록말소 신청을 하도록 통지하여야 한다.

② 지적소관청은 제1항에 따른 토지소유자가 통지를 받은 날부터 90일 이내에 등록말소 신청을 하지 아니하면 대통령령으로 정하는 바에 따라 등록을 말소한다.

③ 지적소관청은 제2항에 따라 말소한 토지가 지형의 변화 등으로 다시 토지가 된 경우에는 대통령령으로 정하는 바에 따라 토지로 회복등록을 할 수 있다.

공간정보의 구축 및 관리 등에 관한 법률 시행령 제68조(바다로 된 토지의 등록말소 및 회복)

① 법 제82조제2항에 따라 토지소유자가 등록말소 신청을 하지 아니하면 지적소관청이 직권으로 그 지적공부의 등록사항을 말소하여야 한다.

② 지적소관청은 법 제82조제3항에 따라 회복등록을 하려면 그 지적측량성과 및 등록말소 당시의 지적공부 등 관계 자료에 따라야 한다.

③ 제1항 및 제2항에 따라 지적공부의 등록사항을 말소하거나 회복등록하였을 때에는 그 정리 결과를 토지소유자 및 해당 공유수면의 관리청에 통지하여야 한다.

10 공간정보의 구축 및 관리 등에 관한 법령상 지상 경계의 위치표시 및 결정 등에 관한 설명으로 틀린 것은?

① 토지의 지상 경계는 둑, 담장이나 그 밖에 구획의 목표가 될 만한 구조물 및 경계점표지 등으로 표시한다.

② 지적소관청은 토지의 이동에 따라 지상 경계를 새로 정한 경우에는 지상 경계점 등록부를 작성 · 관리하여야 한다.

③ 지상 경계의 구획을 형성하는 구조물 등의 소유자가 다른 경우에는 그 소유권에 따라 지상 경계를 결정한다.

④ 행정기관의 장 또는 지방자치단체의 장이 토지를 취득하기 위하여 분할하려는 경우에는 지상 경계점에 경계점표지를 설치한 후 지적측량을 할 수 있다.

⑤ 도시개발사업 등의 사업시행자가 사업지구의 경계를 결정하기 위하여 토지를 분할하는 경우, 지상 경계는 지상건축물을 걸리게 결정해서는 아니 된다.

[해설] 공간정보의 구축 및 관리 등에 관한 법률 제65조(지상경계의 구분 등)

① 토지의 지상경계는 둑, 담장이나 그 밖에 구획의 목표가 될 만한 구조물 및 경계점표지 등으로 구분한다.

② 지적소관청은 토지의 이동에 따라 지상경계를 새로 정한 경우에는 다음 각 호의 사항을 등록한 지상경계점등록부를 작성 · 관리하여야 한다.
1. 토지의 소재
2. 지번
3. 경계점 좌표(경계점좌표등록부 시행지역에 한정한다)
4. 경계점 위치 설명도
5. 그 밖에 국토교통부령으로 정하는 사항

③ 제1항에 따른 지상경계의 결정 기준 등 지상경계의 결정에 필요한 사항은 대통령령으로 정하고, 경계점표지의 규격과 재질 등에 필요한 사항은 국토교통부령으로 정한다.

공간정보의 구축 및 관리 등에 관한 법률 시행령 제55조(지상 경계의 결정기준 등)

① 법 제65조제1항에 따른 지상경계의 결정기준은 다음 각 호의 구분에 따른다.

1. 연접되는 토지 간에 높낮이 차이가 없는 경우 : 그 구조물 등의 중앙
2. 연접되는 토지 간에 높낮이 차이가 있는 경우 : 그 구조물 등의 하단부
3. 도로 · 구거 등의 토지에 절토(切土)된 부분이 있는 경우 : 그 경사면의 상단부
4. 토지가 해면 또는 수면에 접하는 경우 : 최대만조위 또는 최대만수위가 되는 선
5. 공유수면매립지의 토지 중 제방 등을 토지에 편입하여 등록하는 경우 : 바깥쪽 어깨부분

② 지상 경계의 구획을 형성하는 구조물 등의 소유자가 다른 경우에는 제1항제1호부터 제3호까지의 규정에도 불구하고 그 소유권에 따라 지상 경계를 결정한다.

③ 다음 각 호의 어느 하나에 해당하는 경우에는 지상 경계점에 법 제65조제1항에 따른 경계점표지를 설치한 후 측량할 수 있다.

1. 법 제86조제1항에 따른 도시개발사업 등의 사업시행자가 사업지구의 경계를 결정하기 위하여 토지를 분할하려는 경우
2. 법 제87조제1호 및 제2호에 따른 사업시행자와 행정기관의 장 또는 지방자치단체의 장이 토지를 취득하기 위하여 분할하려는 경우
3. 「국토의 계획 및 이용에 관한 법률」 제30조제6항에 따른 도시 · 군관리계획 결정고시와 같은 법 제32조제4항에 따른 지형도면 고시가 된 지역의 도시 · 군관리계획선에 따라 토지를 분할하려는 경우

4. 제65조제1항에 따라 토지를 분할하려는 경우
5. 관계 법령에 따라 인가 · 허가 등을 받아 토지를 분할하려는 경우

④ 분할에 따른 지상 경계는 지상건축물을 걸리게 결정해서는 아니 된다. 다만, 다음 각 호의 어느 하나에 해당하는 경우에는 그러하지 아니하다.

1. 법원의 확정판결이 있는 경우
2. 법 제87조제1호에 해당하는 토지를 분할하는 경우
3. 제3항제1호 또는 제3호에 따라 토지를 분할하는 경우

⑤ 지적확정측량의 경계는 공사가 완료된 현황대로 결정하되, 공사가 완료된 현황이 사업계획도와 다를 때에는 미리 사업시행자에게 그 사실을 통지하여야 한다.

11 다음은 지적측량의 기간에 관한 내용이다. ( )에 들어갈 내용으로 옳은 것은?

> 지적측량의 측량기간은 (ㄱ)로 하며, 측량검사기간은 (ㄴ)로 한다. 다만, 지적기준점을 설치하여 측량 또는 측량검사를 하는 경우 지적기준점이 15점 이하인 경우에는 4일을, 15점을 초과하는 경우에는 4일에 15점을 초과하는 (ㄷ)마다 1일을 가산한다. 이와 같은 기준에도 불구하고, 지적측량 의뢰인과 지적측량수행자가 서로 합의하여 따로 기간을 정하는 경우에는 그 기간에 따르되, 전체 기간의 (ㄹ)은 측량기간으로, 전체 기간의 (ㅁ)은(는) 측량검사기간으로 본다.

① ㄱ-4일, ㄴ-3일, ㄷ-5점, ㄹ-4분의 3, ㅁ-4분의 1
② ㄱ-4일, ㄴ-3일, ㄷ-4점, ㄹ-5분의 3, ㅁ-5분의 2
③ ㄱ-5일, ㄴ-4일, ㄷ-4점, ㄹ-4분의 3, ㅁ-4분의 1
④ ㄱ-5일, ㄴ-4일, ㄷ-4점, ㄹ-5분의 3, ㅁ-5분의 2
⑤ ㄱ-5일, ㄴ-4일, ㄷ-5점, ㄹ-5분의 3, ㅁ-5분의 2

해설 공간정보의 구축 및 관리 등에 관한 법률 시행규칙 제25조(지적측량 의뢰 등)
① 법 제24조제1항에 따라 지적측량을 의뢰하려는 자는 별지 제15호 서식의 지적측량 의뢰서에 의뢰 사유를 증명하는 서류를 첨부하여 지적측량수행자에게 제출하여야 한다.
② 지적측량수행자는 제1항에 따른 지적측량 의뢰를 받은 때에는 측량기간, 측량일자 및 측량 수수료 등을 적은 별지 제16호 서식의 지적측량 수행계획서를 그 다음 날까지 지적소관청에 제출하여야 한다.
③ 지적측량의 측량기간은 5일로 하며, 측량검사기간은 4일로 한다. 다만, 지적기준점을 설치하여 측량 또는 측량검사를 하는 경우 지적기준점이 15점 이하인 경우에는 4일을, 15점을 초과하는 경우에는 4일에 15점을 초과하는 4점마다 1일을 가산한다. 〈개정 2010.6.17.〉
④ 제3항에도 불구하고 지적측량 의뢰인과 지적측량수행자가 서로 합의하여 따로 기간을 정하는 경우에는 그 기간에 따르되, 전체 기간의 4분의 3은 측량기간으로, 전체 기간의 4분의 1은 측량검사기간으로 본다.

12 공간정보의 구축 및 관리 등에 관한 법령상 지목의 구분기분에 관한 설명으로 옳은 것은?
① 산림 및 원야를 이루고 있는 자갈땅 · 모래땅 · 습지 · 황무지 등의 토지는 '잡종지'로 한다.
② 물건 등을 보관하거나 저장하기 위하여 독립적으로 설치된 보관시설물의 부지와 이에 접속된 부속시설물의 부지는 '창고용지'로 한다.
③ 과수류를 집단적으로 재배하는 토지와 이에 접속된 주거용 건축물의 부지는 '과수원'으로 한다.

④ 용수 또는 배수를 위하여 일정한 형태를 갖춘 인공적인 수로·둑 및 그 부속시설물의 부지는 '유지'로 한다.

⑤ 지하에서 석유류 등이 용출되는 용출구와 그 유지에 사용되는 부지는 '주유소용지'로 한다.

해설 공간정보의 구축 및 관리 등에 관한 법률 시행령 제58조(지목의 구분)

법 제67조제1항에 따른 지목의 구분은 다음 각 호의 기준에 따른다.

3. 과수원

　사과·배·밤·호두·귤나무 등 과수류를 집단적으로 재배하는 토지와 이에 접속된 저장고 등 부속시설물의 부지. 다만, 주거용 건축물의 부지는 "대"로 한다.

5. 임야

　산림 및 원야(原野)를 이루고 있는 수림지(樹林地)·죽림지·암석지·자갈땅·모래땅·습지·황무지 등의 토지

6. 광천지

　지하에서 온수·약수·석유류 등이 용출되는 용출구(湧出口)와 그 유지(維持)에 사용되는 부지. 다만, 온수·약수·석유류 등을 일정한 장소로 운송하는 송수관·송유관 및 저장시설의 부지는 제외한다.

12. 주유소용지

　다음 각 목의 토지. 다만, 자동차·선박·기차 등의 제작 또는 정비공장 안에 설치된 급유·송유시설 등의 부지는 제외한다.

　가. 석유·석유제품 또는 액화석유가스 등의 판매를 위하여 일정한 설비를 갖춘 시설물의 부지

　나. 저유소(貯油所) 및 원유저장소의 부지와 이에 접속된 부속시설물의 부지

13. 창고용지

　물건 등을 보관하거나 저장하기 위하여 독립적으로 설치된 보관시설물의 부지와 이에 접속된 부속시설물의 부지

18. 구거

　용수(用水) 또는 배수(排水)를 위하여 일정한 형태를 갖춘 인공적인 수로·둑 및 그 부속시설물의 부지와 자연의 유수(流水)가 있거나 있을 것으로 예상되는 소규모 수로부지

19. 유지(溜池)

　물이 고이거나 상시적으로 물을 저장하고 있는 댐·저수지·소류지(沼溜地)·호수·연못 등의 토지와 연·왕골 등이 자생하는 배수가 잘 되지 아니하는 토지

28. 잡종지

　다음 각 목의 토지. 다만, 원상회복을 조건으로 돌을 캐내는 곳 또는 흙을 파내는 곳으로 허가된 토지는 제외한다.

　가. 갈대밭, 실외에 물건을 쌓아두는 곳, 돌을 캐내는 곳, 흙을 파내는 곳, 야외시장 및 공동우물

　나. 변전소, 송신소, 수신소 및 송유시설 등의 부지

　다. 여객자동차터미널, 자동차운전학원 및 폐차장 등 자동차와 관련된 독립적인 시설물을 갖춘 부지

　라. 공항시설 및 항만시설 부지

　마. 도축장, 쓰레기처리장 및 오물처리장 등의 부지

　바. 그 밖에 다른 지목에 속하지 않는 토지

정답

01 지적측량수행자가 실시한 지적측량성과에 대하여 시·도지사, 대도시 시장 또는 지적소관청으로부터 측량성과 검사를 받지 않아도 되는 측량은?

① 신규등록측량　　　　　　　② 지적현황측량
③ 분할측량　　　　　　　　　④ 등록전환측량
⑤ 지적확정측량

해설 공간정보의 구축 및 관리 등에 관한 법률 제25조(지적측량성과의 검사)
① 지적측량수행자가 제23조에 따라 지적측량을 하였으면 시·도지사, 대도시 시장(「지방자치법」 제3조제3항에 따라 자치구가 아닌 구가 설치된 시의 시장을 말한다. 이하 같다) 또는 지적소관청으로부터 측량성과에 대한 검사를 받아야 한다. 다만, 지적공부를 정리하지 아니하는 측량으로서 국토교통부령으로 정하는 측량의 경우에는 그러하지 아니하다.

지적측량 시행규칙 제28조(지적측량성과의 검사방법 등)
① 법 제25조제1항 단서에서 "국토교통부령으로 정하는 측량의 경우"란 경계복원측량 및 지적현황측량을 하는 경우를 말한다.

02 지적기준점성과와 그 측량기록의 보관 및 열람 등에 관한 설명으로 틀린 것은?

① 시·도지사나 지적소관청은 지적기준점성과와 그 측량기록을 보관하여야 한다.
② 지적삼각점성과를 열람하거나 등본을 발급받으려는 자는 시·도지사에게 신청하여야 한다.
③ 지적삼각보조점성과를 열람하거나 등본을 발급받으려는 자는 지적소관청에 신청하여야 한다.
④ 지적도근점성과를 열람하거나 등본을 발급받으려는 자는 지적소관청에 신청하여야 한다.
⑤ 지적기준점성과의 열람 및 등본 발급 신청을 받은 지적측량수행자는 이를 열람하게 하거나 등본을 발급하여야 한다.

해설 공간정보의 구축 및 관리 등에 관한 법률 시행규칙 제26조(지적기준점성과의 열람 및 등본발급)
① 법 제27조에 따라 지적측량기준점성과 또는 그 측량부를 열람하거나 등본을 발급받으려는 자는 지적삼각점성과에 대해서는 특별시장·광역시장·도지사 또는 특별자치도지사(이하 "시·도지사"라 한다)에게 신청하고, 지적삼각보조점성과 및 지적도근점성과에 대해서는 지적소관청에 신청하여야 한다.
② 제1항에 따른 지적측량기준점성과 또는 그 측량부의 열람 및 등본발급 신청서는 별지 제17호 서식과 같다.
③ 지적측량기준점성과 또는 그 측량부의 열람이나 등본 발급 신청을 받은 해당 기관은 이를 열람하게 하거나 별지 제18호 서식의 지적측량기준점성과 등본을 발급하여야 한다.

03 지목의 구분 및 설정방법 등에 관한 설명으로 틀린 것은?

① 필지마다 하나의 지목을 설정하여야 한다.

② 1필지가 둘 이상의 용도로 활용되는 경우에는 주된 용도에 따라 지목을 설정하여야 한다.

③ 토지가 일시적 또는 임시적인 용도로 사용될 때에는 지목을 변경하지 아니한다.

④ 조수 · 자연유수(自然流水) · 모래 · 바람 등을 막기 위하여 설치된 방조제 · 방수제 · 방사제 · 방파제 등의 부지는 '제방'으로 한다.

⑤ 지목이 공장용지인 경우 이를 지적도에 등록하는 때에는 '공'으로 표기하여야 한다.

해설 **공간정보의 구축 및 관리 등에 관한 법률 시행령 제59조(지목의 설정방법 등)**

① 법 제67조제1항에 따른 지목의 설정은 다음 각 호의 방법에 따른다.

　1. 필지마다 하나의 지목을 설정할 것

　2. 1필지가 둘 이상의 용도로 활용되는 경우에는 주된 용도에 따라 지목을 설정할 것

② 토지가 일시적 또는 임시적인 용도로 사용될 때에는 지목을 변경하지 아니한다.

공간정보의 구축 및 관리 등에 관한 법률 시행규칙 제64조(지목의 표기방법)

지목을 지적도 및 임야도(이하 "지적도면"이라 한다)에 등록하는 때에는 다음의 부호로 표기하여야 한다.

지목	부호	지목	부호	지목	부호	지목	부호
전	전	대	대	철도용지	철	공원	공
답	답	공장용지	㉣	제방	제	체육용지	체
과수원	과	학교용지	학	하천	㉜	유원지	㉞
목장용지	목	주차장	㉣	구거	구	종교용지	종
임야	임	주유소용지	주	유지	유	사적지	사
광천지	광	창고용지	창	양어장	양	묘지	묘
염전	염	도로	도	수도용지	수	잡종지	잡

04 지번의 부여 및 부여방법 등에 관한 설명으로 틀린 것은?

① 지적소관청은 지번을 변경할 필요가 있다고 인정하면 시 · 도지사나 대도시 시장의 승인을 받아 지번부여지역의 전부 또는 일부에 대하여 지번을 새로 부여할 수 있다.

② 신규등록의 경우에는 그 지번부여지역에서 인접토지의 본번에 부번을 붙여서 지번을 부여하는 것을 원칙으로 한다.

③ 분할의 경우에는 분할 후의 필지 중 1필지의 지번은 분할 전의 지번으로 하고, 나머지 필지의 지번은 최종 본번 다음 순번의 본번을 순차적으로 부여하여야 한다.

④ 등록전환 대상토지가 여러 필지로 되어 있는 경우에는 그 지번부여지역의 최종 본번의 다음 순번부터 본번으로 하여 순차적으로 지번을 부여할 수 있다.

⑤ 합병의 경우로서 토지소유자가 합병 전의 필지에 주거 · 사무실 등의 건축물이 있어서 그 건축물이 위치한 지번을 합병 후의 지번으로 신청할 때에는 그 지번을 합병 후의 지번으로 부여하여야 한다.

구분	토지이동에 따른 지번의 부여방법(령 제56조)	
부여방법	① 지번(地番)은 아라비아숫자로 표기하되, 임야대장 및 임야도에 등록하는 토지의 지번은 숫자 앞에 "산"자를 붙인다. ② 지번은 본번(本番)과 부번(副番)으로 구성하되, 본번과 부번 사이에 "-" 표시로 연결한다. 이 경우 "-" 표시는 "의"라고 읽는다. ③ 법 제66조에 따른 지번의 부여방법은 다음 각 호와 같다. 　1. 지번은 북서에서 남동으로 순차적으로 부여할 것	
신규등록·등록전환	원칙	지번부여지역에서 인접토지의 본번에 부번을 붙여서 지번을 부여한다.
	예외	다음의 경우에는 그 지번부여지역의 최종 본번의 다음 순번부터 본번으로 하여 순차적으로 지번을 부여할 수 있다. ① 대상 토지가 그 지번부여지역의 최종 지번의 토지에 인접하여 있는 경우 ② 대상 토지가 이미 등록된 토지와 멀리 떨어져 있어서 등록된 토지의 본번에 부번을 부여하는 것이 불합리한 경우 ③ 대상 토지가 여러 필지로 되어 있는 경우
분할	원칙	분할 후의 필지 중 1필지의 지번은 분할 전의 지번으로 하고, 나머지 필지의 지번은 본번의 최종 부번 다음 순번으로 부번을 부여한다.
	예외	주거·사무실 등의 건축물이 있는 필지에 대해서는 분할 전의 지번을 우선하여 부여하여야 한다.
합병	원칙	합병 대상 지번 중 선순위의 지번을 그 지번으로 하되, 본번으로 된 지번이 있을 때에는 본번 중 선순위의 지번을 합병 후의 지번으로 한다.
	예외	토지소유자가 합병 전의 필지에 주거·사무실 등의 건축물이 있어서 그 건축물이 위치한 지번을 합병 후의 지번으로 신청할 때에는 그 지번을 합병 후의 지번으로 부여하여야 한다.
지적확정측량을 실시한 지역의 각 필지에 지번을 새로 부여하는 경우	원칙	다음 각 목의 지번을 제외한 본번으로 부여한다. ① 지적확정측량을 실시한 지역 안의 종전의 지번과 지적확정측량을 실시한 지역 밖에 있는 본번이 같은 지번이 있을 때 그 지번 ② 지적확정측량을 실시한 지역의 경계에 걸쳐 있는 지번
	예외	부여할 수 있는 종전 지번의 수가 새로 부여할 지번의 수보다 적을 때에는 블록단위로 하나의 본번을 부여한 후 필지별로 부번을 부여하거나, 그 지번부여지역의 최종 본번 다음 순번부터 본번으로 하여 차례로 지번을 부여할 수 있다.
지적확정측량에 준용	① 법 제66조제2항(② 지적소관청은 지적공부에 등록된 지번을 변경할 필요가 있다고 인정하면 시·도지사나 대도시 시장의 승인을 받아 지번부여지역의 전부 또는 일부에 대하여 지번을 새로 부여할 수 있다.)에 따라 지번부여지역의 지번을 변경할 때 ② 법 제85조제2항(② 지번부여지역의 일부가 행정구역의 개편으로 다른 지번부여지역에 속하게 되었으면 지적소관청은 새로 속하게 된 지번부여지역의 지번을 부여하여야 한다.)에 따른 행정구역 개편에 따라 새로 지번을 부여할 때 ③ 제72조제1항(① 지적소관청은 축척변경 시행지역의 각 필지별 지번·지목·면적·경계 또는 좌표를 새로 정하여야 한다.)에 따라 축척변경 시행지역의 필지에 지번을 부여할 때	
도시개발사업 등의 준공 전	도시개발사업 등이 준공되기 전에 사업시행자가 지번부여를 신청하는 경우에는 국토교통부령으로 정하는 바에 따라 지번을 부여할 수 있다. 지적소관청은 도시개발사업 등이 준공되기 전에 지번을 부여하는 때에는 사업계획도에 따르되, 지적확정측량을 실시한 지역의 각 필지에 지번을 새로 부여하는 경우의 지번부여방식에 따라 지번을 부여하여야 한다.	

05 「공간정보의 구축 및 관리 등에 관한 법령」상 토지의 조사 · 등록 등에 관한 내용이다. (   ) 안에 들어갈 사항으로 옳은 것은?

(㉠)은(는) (㉡)에 대하여 필지별로 소재 · 지번 · 지목 · 면적 · 경계 또는 좌표 등을 조사 · 측량하여 지적공부에 등록하여야 한다. 지적공부에 등록하는 지번 · 지목 · 면적 · 경계 또는 좌표는 (㉢)이 있을 때 토지소유자의 신청을 받아 (㉣)이 결정한다.

① ㉠ : 지적소관청   ㉡ : 모든 토지   ㉢ : 토지의 이용   ㉣ : 국토교통부장관
② ㉠ : 지적측량수행자   ㉡ : 관리 토지   ㉢ : 토지의 이동   ㉣ : 국토교통부장관
③ ㉠ : 지적측량수행자   ㉡ : 모든 토지   ㉢ : 토지의 이동   ㉣ : 지적소관청
④ ㉠ : 국토교통부장관   ㉡ : 관리 토지   ㉢ : 토지의 이용   ㉣ : 지적소관청
⑤ ㉠ : 국토교통부장관   ㉡ : 모든 토지   ㉢ : 토지의 이동   ㉣ : 지적소관청

(해설) 공간정보의 구축 및 관리 등에 관한 법률 제64조(토지의 조사 · 등록 등)
① 국토교통부장관은 모든 토지에 대하여 필지별로 소재 · 지번 · 지목 · 면적 · 경계 또는 좌표 등을 조사 · 측량하여 지적공부에 등록하여야 한다.
② 지적공부에 등록하는 지번 · 지목 · 면적 · 경계 또는 좌표는 토지의 이동이 있을 때 토지소유자(법인이 아닌 사단이나 재단의 경우에는 그 대표자나 관리인을 말한다. 이하 같다)의 신청을 받아 지적소관청이 결정한다. 다만, 신청이 없으면 지적소관청이 직권으로 조사 · 측량하여 결정할 수 있다.

06 다음은 지적소관청이 토지소유자에게 지적정리 등을 통지하여야 하는 시기에 관한 내용이다. (   ) 안에 들어갈 사항으로 옳은 것은?

• 토지의 표시에 관한 변경등기가 필요하지 아니한 경우 : 지적공부에 등록한 날부터 (㉠) 이내
• 토지의 표시에 관한 변경등기가 필요한 경우 : 그 등기완료의 통지서를 접수한 날부터 (㉡) 이내

① ㉠ : 7일, ㉡ : 15일   ② ㉠ : 15일, ㉡ : 7일
③ ㉠ : 30일, ㉡ : 30일   ④ ㉠ : 60일, ㉡ : 30일
⑤ ㉠ : 30일, ㉡ : 60일

(해설) 공간정보의 구축 및 관리 등에 관한 법률 시행령 제85조(지적정리 등의 통지)
지적소관청이 법 제90조에 따라 토지소유자에게 지적정리 등을 통지하여야 하는 시기는 다음 각 호의 구분에 따른다.
1. 토지의 표시에 관한 변경등기가 필요한 경우 : 그 등기완료의 통지서를 접수한 날부터 15일 이내
2. 토지의 표시에 관한 변경등기가 필요하지 아니한 경우 : 지적공부에 등록한 날부터 7일 이내

07 「공간정보의 구축 및 관리 등에 관한 법령」상 지적소관청은 토지의 이동 등으로 토지의 표시 변경에 관한 등기를 할 필요가 있는 경우에는 지체 없이 관할 등기 관서에 그 등기를 촉탁하여야 한다. 등기 촉탁 대상이 아닌 것은?

① 신규등록   ② 합병
③ 지목변경   ④ 등록전환
⑤ 분할

[해설] 공간정보의 구축 및 관리 등에 관한 법률 제89조(등기촉탁)

① 지적소관청은 제64조제2항(신규등록은 제외한다), 제66조제2항, 제82조, 제83조제2항, 제84조제2항 또는 제85조제2항에 따른 사유로 토지의 표시 변경에 관한 등기를 할 필요가 있는 경우에는 지체 없이 관할 등기관서에 그 등기를 촉탁하여야 한다. 이 경우 등기촉탁은 국가가 국가를 위하여 하는 등기로 본다.

08 토지소유자가 신규등록을 신청할 때에는 신규등록 사유를 적은 신청서에 해당 서류를 첨부하여 지적소 관청에 제출하여야 한다. 이 경우 첨부해야 할 해당 서류가 아닌 것은?

① 법원의 확정판결서 정본 또는 사본

② 「공유수면 관리 및 매립에 관한 법률」에 따른 준공검사확인증 사본

③ 도시계획구역의 토지를 그 지방자치단체의 명의로 등록하는 때에는 기획재정부장관과 협의한 문서의 사본

④ 지형도면에 고시된 도시관리계획도 사본

⑤ 소유권을 증명할 수 있는 서류의 사본

[해설] 공간정보의 구축 및 관리 등에 관한 법률 시행규칙 제81조(신규등록 신청)

① 영 제63조에서 "국토교통부령으로 정하는 서류"란 다음 각 호의 어느 하나에 해당하는 서류를 말한다.

1. 법원의 확정판결서 정본 또는 사본 2. 「공유수면 관리 및 매립에 관한 법률」에 따른 준공검사확인증 사본 3. 법률 제6389호 구 지적법 개정법률 부칙 제5조에 따라 도시계획구역의 토지를 그 지방자치단체의 명의로 등록하는 때에는 기획재정부장관과 협의한 문서의 사본 4. 그 밖에 소유권을 증명할 수 있는 서류의 사본

② 제1항 각 호의 어느 하나에 해당하는 서류를 해당 지적소관청이 관리하는 경우에는 지적소관청의 확인으로 그 서류의 제출을 갈음할 수 있다.

09 「공간정보의 구축 및 관리 등에 관한 법률」상 대지권등록부의 등록사항이 아닌 것은?

① 대지권 비율

② 건물의 명칭

③ 소유권 지분

④ 건물의 경계

⑤ 토지소유자가 변경된 날과 그 원인

[해설] 공간정보의 구축 및 관리 등에 관한 법률 제71조(토지대장 등의 등록사항)

구분	토지표시사항	소유권에 관한 사항	기타
토지대장 (土地臺帳 Land Books) & 임야대장 (林野臺帳 Forest Books)	• [토]지 소재 • [지]번 • [지]목 • 면[적] • 토지의 [이]동사유	• 토지소유자 [변]동일자 • 변[동]원인 • [주]민등록번호 • 성[명] 또는 명칭 • 주[소]	• 토지의 고[유]번호(각 필지를 서로 구별하기 위하여 필지마다 붙이는 고유한 번호를 말한다) • 지적도 또는 임야[도] 번호 • 필지별 토지대장 또는 임야대장의 [장]번호 • [축]척

정답 08 ④ 09 ④

구분	토지표시사항	소유권에 관한 사항	기타
토지대장 (土地臺帳, Land Books) & 임야대장 (林野臺帳, Forest Books)			• ㉭지등급 또는 기준수확 량등급과 그 설정·수정 연월일 • 개별㉭시지가와 그 기준일
공유지연명부 (共有地連名簿, Common Land Books)	• ㉫지 소재 • ㉢번	• 토지소유자 ㉲동일자 • 변㉨원인 • ㉬민등록번호 • 성㉙·주㉗ • 소유권 ㉢분	• 토지의 ㉠유번호 • 필지별공유지 연명부의 ㉠번호
대지권등록부 (垈地權登錄簿, Building Site Rights Books)	• ㉫지 소재 • ㉢번	• 토지소유자가 ㉲동일자 및 변㉨원인 • ㉬민등록번호 • 성㉙ 또는 명칭·주㉗ • 대㉢권 비율 • 소유㉮ 지분	• 토지의 ㉠유번호 • 집합건물별 대지권등록부 의 ㉠번호 • ㉢물의 명칭 • ㉢유부분의 건물의 표시
경계점좌표등록부 (境界點座標登錄簿, Boundary Point Coordinate Books)	• ㉫지 소재 • ㉢번 • 좌㉢		• 토지의 ㉠유번호 • 필지별 경계점좌표등록부 의 ㉠번호 • ㉲호 및 부호도 • 지적㉡면의 번호
지적도 (地籍圖, Land Books) & 임야도 (林野圖, Forest Books)	• ㉫지 소재 • ㉢번 • ㉢목 • 경㉙ • 좌표에 의하여 계산된 경 계㉢ 간의 거리(경계점좌 표등록부를 갖춰두는 지 역으로 한정한다)		• ㉢면의 색인도 • 도㉲의 제명 및 축척 • 도곽㉕과 그 수치 • 삼㉮점 및 지적기준점의 위치 • 건축㉲ 및 구조물 등의 위치

10 「공간정보의 구축 및 관리 등에 관한 법령」상 지적소관청은 지적공부의 등록사항에 잘못이 있음을 발견하면 직권으로 조사·측량하여 정정할 수 있다. 직권으로 조사·측량하여 정정할 수 있는 경우가 아닌 것은?

① 지적공부의 등록사항이 잘못 입력된 경우

② 지적측량성과와 다르게 정리된 경우

③ 토지이용계획서의 내용과 다르게 정리된 경우

④ 지적공부의 작성 또는 재작성 당시 잘못 정리된 경우

⑤ 지적도 및 임야도에 등록된 필지가 면적의 증감 없이 경계의 위치만 잘못된 경우

해설 공간정보의 구축 및 관리 등에 관한 법률 시행령 제82조(등록사항의 직권정정 등)

① 지적소관청이 법 제84조제2항에 따라 지적공부의 등록사항에 잘못이 있는지를 직권으로 조사·측량하여 정정할 수 있는 경우는 다음 각 호와 같다.

정답 **10** ③

1. 제84조제2항에 따른 토지이동정리 결의서의 내용과 다르게 정리된 경우
2. 지적도 및 임야도에 등록된 필지가 면적의 증감 없이 경계의 위치만 잘못된 경우
3. 1필지가 각각 다른 지적도나 임야도에 등록되어 있는 경우로서 지적공부에 등록된 면적과 측량한 실제면적은 일치하지만 지적도나 임야도에 등록된 경계가 서로 접합되지 않아 지적도나 임야도에 등록된 경계를 지상의 경계에 맞추어 정정하여야 하는 토지가 발견된 경우
4. 지적공부의 작성 또는 재작성 당시 잘못 정리된 경우
5. 지적측량성과와 다르게 정리된 경우
6. 법 제29조제10항에 따라 지적공부의 등록사항을 정정하여야 하는 경우
7. 지적공부의 등록사항이 잘못 입력된 경우
8. 「부동산등기법」 제90조의3제2항에 따른 통지가 있는 경우
9. 법률 제2801호 구 지적법 개정법률 부칙 제3조에 따른 면적 환산이 잘못된 경우

11 「공간정보의 구축 및 관리 등에 관한 법령」상 지번에 관한 설명으로 틀린 것은?

① 지번은 북동에서 남서로 순차적으로 부여한다.

② 지번은 지적소관청이 지번부여지역별로 차례대로 부여한다.

③ 토지대장 및 지적도에 등록하는 토지의 지번은 아라비아 숫자로 표기한다.

④ 지번은 본번과 부번으로 구성하되, 본번과 부번 사이에 "−" 표시로 연결한다.

⑤ 임야대장 및 임야도에 등록하는 토지의 지번은 아라비아숫자 앞에 "산" 자를 붙여 표기한다.

해설 공간정보의 구축 및 관리 등에 관한 법률 시행령 제56조(지번의 구성 및 부여방법 등)

구분	토지이동에 따른 지번의 부여방법(령 제56조)	
부여방법	① 지번(地番)은 아라비아숫자로 표기하되, 임야대장 및 임야도에 등록하는 토지의 지번은 숫자 앞에 "산"자를 붙인다. ② 지번은 본번(本番)과 부번(副番)으로 구성하되, 본번과 부번 사이에 "−" 표시로 연결한다. 이 경우 "−" 표시는 "의"라고 읽는다. ③ 법 제66조에 따른 지번의 부여방법은 다음 각 호와 같다. 　1. 지번은 북서에서 남동으로 순차적으로 부여할 것	
신규등록 · 등록전환	원칙	지번부여지역에서 인접토지의 본번에 부번을 붙여서 지번을 부여한다.
	예외	다음의 경우에는 그 지번부여지역의 최종 본번의 다음 순번부터 본번으로 하여 순차적으로 지번을 부여할 수 있다. ① 대상 토지가 그 지번부여지역의 최종 지번의 토지에 인접하여 있는 경우 ② 대상 토지가 이미 등록된 토지와 멀리 떨어져 있어서 등록된 토지의 본번에 부번을 부여하는 것이 불합리한 경우 ③ 대상 토지가 여러 필지로 되어 있는 경우
분할	원칙	분할 후의 필지 중 1필지의 지번은 분할 전의 지번으로 하고, 나머지 필지의 지번은 본번의 최종 부번 다음 순번으로 부번을 부여한다.
	예외	주거 · 사무실 등의 건축물이 있는 필지에 대해서는 분할 전의 지번을 우선하여 부여하여야 한다.
합병	원칙	합병 대상 지번 중 선순위의 지번을 그 지번으로 하되, 본번으로 된 지번이 있을 때에는 본번 중 선순위의 지번을 합병 후의 지번으로 한다.
	예외	토지소유자가 합병 전의 필지에 주거 · 사무실 등의 건축물이 있어서 그 건축물이 위치한 지번을 합병 후의 지번으로 신청할 때에는 그 지번을 합병 후의 지번으로 부여하여야 한다.

구분		토지이동에 따른 지번의 부여방법(령 제56조)
지적확정 측량을 실시한 지역의 각 필지에 지번을 새로 부여하는 경우	원칙	다음 각 목의 지번을 제외한 본번으로 부여한다. ① 지적확정측량을 실시한 지역 안의 종전의 지번과 지적확정측량을 실시한 지역 밖에 있는 본번이 같은 지번이 있을 때 그 지번 ② 지적확정측량을 실시한 지역의 경계에 걸쳐 있는 지번
	예외	부여할 수 있는 종전 지번의 수가 새로 부여할 지번의 수보다 적을 때에는 블록단위로 하나의 본번을 부여한 후 필지별로 부번을 부여하거나, 그 지번부여지역의 최종 본번 다음 순번부터 본번으로 하여 차례로 지번을 부여할 수 있다.
지적확정측량 에 준용		① 법 제66조제2항(② 지적소관청은 지적공부에 등록된 지번을 변경할 필요가 있다고 인정하면 시·도지사나 대도시 시장의 승인을 받아 지번부여지역의 전부 또는 일부에 대하여 지번을 새로 부여할 수 있다.)에 따라 지번부여지역의 지번을 변경할 때 ② 법 제85조제2항(② 지번부여지역의 일부가 행정구역의 개편으로 다른 지번부여지역에 속하게 되었으면 지적소관청은 새로 속하게 된 지번부여지역의 지번을 부여하여야 한다.)에 따른 행정구역 개편에 따라 새로 지번을 부여할 때 ③ 제72조제1항(① 지적소관청은 축척변경 시행지역의 각 필지별 지번·지목·면적·경계 또는 좌표를 새로 정하여야 한다.)에 따라 축척변경 시행지역의 필지에 지번을 부여할 때
도시개발사업 등의 준공 전		도시개발사업 등이 준공되기 전에 사업시행자가 지번부여를 신청하는 경우에는 국토교통부령으로 정하는 바에 따라 지번을 부여할 수 있다. 지적소관청은 도시개발사업 등이 준공되기 전에 지번을 부여하는 때에는 사업계획도에 따르되, 지적확정측량을 실시한 지역의 각 필지에 지번을 새로 부여하는 경우의 지번부여방식에 따라 지번을 부여하여야 한다.

12 지적측량에 관한 설명으로 틀린 것은?

① 지적측량은 지적기준점을 정하기 위한 기초측량과 1필지의 경계와 면적을 정하는 세부측량으로 구분하며, 평판측량, 전자평판측량, 경위의측량, 전파기 또는 광파기 측량, 사진측량 및 위성측량 등의 방법에 따른다.

② 지적측량수행자가 지적측량 의뢰를 받은 때에는 측량기간, 측량일자 및 측량수수료 등을 적은 지적측량 수행계획서를 그 다음 날까지 시·도지사에게 제출하여야 한다.

③ 지적기준점을 설치하지 아니하고, 지적측량의뢰인과 지적측량수행자가 서로 합의하여 따로 기간을 정하는 경우를 제외한 지적측량의 측량기간은 5일, 측량검사기간은 4일로 한다.

④ 지적공부의 복구·신규등록·등록전환 및 축척변경을 하기 위하여 세부측량을 하는 경우에는 필지마다 면적을 측정하여야 한다.

⑤ 지적기준점측량의 절차는 계획의 수립, 준비 및 현지답사, 선점(選點) 및 조표(調標), 관측 및 계산과 성과표의 작성 순서에 따른다.

해설 공간정보의 구축 및 관리 등에 관한 법률 시행규칙 25조(지적측량 의뢰 등)
① 법 제24조제1항에 따라 지적측량을 의뢰하려는 자는 별지 제15호 서식의 지적측량 의뢰서에 의뢰 사유를 증명하는 서류를 첨부하여 지적측량수행자에게 제출하여야 한다.

② 지적측량수행자는 제1항에 따른 지적측량 의뢰를 받은 때에는 측량기간, 측량일자 및 측량 수수료 등을 적은 별지 제16호 서식의 지적측량 수행계획서를 그 다음 날까지 지적소관청에 제출하여야 한다.제출한 지적측량 수행계획서를 변경한 경우에도 같다.

③ 지적측량의 측량기간은 5일로 하며, 측량검사기간은 4일로 한다. 다만, 지적기준점을 설치하여 측량 또는 측량검사를 하는 경우 지적기준점이 15점 이하인 경우에는 4일을, 15점을 초과하는 경우에는 4일에 15점을 초과하는 4점마다 1일을 가산한다.

정답

01 공간정보의 구축 및 관리 등에 관한 법률상 지번의 구성 및 부여방법 등에 관한 설명으로 틀린 것은?

① 지번은 아라비아숫자로 표기하되, 임야대장 및 임야도에 등록하는 토지의 지번은 숫자 앞에 "산"자를 붙인다.

② 지번은 본번과 부번으로 구성하되, 본번과 부번 사이에 "—" 표시로 연결한다. 이 경우 "—"표시는 "의"라고 읽는다.

③ 축척변경 시행지역의 필지에 지번을 부여할 때에는 그 지번부여지역에서 인접토지의 본번에 부번을 붙여서 지번을 부여하여야 한다.

④ 신규등록 대상토지가 그 지번부여지역의 최종 지번의 토지에 인접하여 있는 경우에는 그 지번부여지역의 최종본번의 다음 순번부터 본번으로 하여 순차적으로 지번을 부여할 수 있다.

⑤ 행정구역 개편에 따라 새로 지번을 부여할 때에는 도시개발사업 등이 완료됨에 따라 지적확정측량을 실시한 지역의 지번부여 방법을 준용한다.

해설 공간정보의 구축 및 관리 등에 관한 법률 시행령 제56조(지번의 구성 및 부여방법 등)

구분	토지이동에 따른 지번의 부여방법(령 제56조)	
부여방법	① 지번(地番)은 아라비아숫자로 표기하되, 임야대장 및 임야도에 등록하는 토지의 지번은 숫자 앞에 "산"자를 붙인다. ② 지번은 본번(本番)과 부번(副番)으로 구성하되, 본번과 부번 사이에 "－" 표시로 연결한다. 이 경우 "－" 표시는 "의"라고 읽는다. ③ 법 제66조에 따른 지번의 부여방법은 다음 각 호와 같다. 　1. 지번은 북서에서 남동으로 순차적으로 부여할 것	
신규등록 · 등록전환	원칙	지번부여지역에서 인접토지의 본번에 부번을 붙여서 지번을 부여한다.
	예외	다음의 경우에는 그 지번부여지역의 최종 본번의 다음 순번부터 본번으로 하여 순차적으로 지번을 부여할 수 있다. ① 대상 토지가 그 지번부여지역의 최종 지번의 토지에 인접하여 있는 경우 ② 대상 토지가 이미 등록된 토지와 멀리 떨어져 있어서 등록된 토지의 본번에 부번을 부여하는 것이 불합리한 경우 ③ 대상 토지가 여러 필지로 되어 있는 경우
분할	원칙	분할 후의 필지 중 1필지의 지번은 분할 전의 지번으로 하고, 나머지 필지의 지번은 본번의 최종 부번 다음 순번으로 부번을 부여한다.
	예외	주거 · 사무실 등의 건축물이 있는 필지에 대해서는 분할 전의 지번을 우선하여 부여하여야 한다.

구분		토지이동에 따른 지번의 부여방법(령 제56조)
합병	원칙	합병 대상 지번 중 선순위의 지번을 그 지번으로 하되, 본번으로 된 지번이 있을 때에는 본번 중 선순위의 지번을 합병 후의 지번으로 한다.
	예외	토지소유자가 합병 전의 필지에 주거·사무실 등의 건축물이 있어서 그 건축물이 위치한 지번을 합병 후의 지번으로 신청할 때에는 그 지번을 합병 후의 지번으로 부여하여야 한다.
지적확정 측량을 실시한 지역의 각 필지에 지번을 새로 부여하는 경우	원칙	다음 각 목의 지번을 제외한 본번으로 부여한다. ① 지적확정측량을 실시한 지역 안의 종전의 지번과 지적확정측량을 실시한 지역 밖에 있는 본번이 같은 지번이 있을 때 그 지번 ② 지적확정측량을 실시한 지역의 경계에 걸쳐 있는 지번
	예외	부여할 수 있는 종전 지번의 수가 새로 부여할 지번의 수보다 적을 때에는 블록단위로 하나의 본번을 부여한 후 필지별로 부번을 부여하거나, 그 지번부여지역의 최종 본번 다음 순번부터 본번으로 하여 차례로 지번을 부여할 수 있다.
지적확정측량에 준용		① 법 제66조제2항(② 지적소관청은 지적공부에 등록된 지번을 변경할 필요가 있다고 인정하면 시·도지사나 대도시 시장의 승인을 받아 지번부여지역의 전부 또는 일부에 대하여 지번을 새로 부여할 수 있다.)에 따라 지번부여지역의 지번을 변경할 때 ② 법 제85조제2항(② 지번부여지역의 일부가 행정구역의 개편으로 다른 지번부여지역에 속하게 되었으면 지적소관청은 새로 속하게 된 지번부여지역의 지번을 부여하여야 한다.)에 따른 행정구역 개편에 따라 새로 지번을 부여할 때 ③ 제72조제1항(① 지적소관청은 축척변경 시행지역의 각 필지별 지번·지목·면적·경계 또는 좌표를 새로 정하여야 한다.)에 따라 축척변경 시행지역의 필지에 지번을 부여할 때
도시개발사업 등의 준공 전		도시개발사업 등이 준공되기 전에 사업시행자가 지번부여를 신청하는 경우에는 국토교통부령으로 정하는 바에 따라 지번을 부여할 수 있다. 지적소관청은 도시개발사업 등이 준공되기 전에 지번을 부여하는 때에는 사업계획도에 따르되, 지적확정측량을 실시한 지역의 각 필지에 지번을 새로 부여하는 경우의 지번부여방식에 따라 지번을 부여하여야 한다.

02 공간정보의 구축 및 관리 등에 관한 법령상 지목을 구분하는 기준으로 옳은 것은?

① 유수(流水)를 이용한 요트장 및 카누장은 "체육용지"로 한다.
② 호두나무를 집단적으로 재배하는 토지는 "과수원"으로 한다.
③ 「장사 등에 관한 법률」에 따른 봉안시설과 이에 접속된 부속시설물의 부지는 "대"로 한다.
④ 자동차 정비공장 안에 설치된 급유시설의 부지는 "주유소용지"로 한다.
⑤ 원야(原野)를 이루고 있는 암석지 및 황무지는 "잡종지"로 한다.

해설 공간정보의 구축 및 관리 등에 관한 법률 시행령 제58조(지목의 구분)
법 제67조제1항에 따른 지목의 구분은 다음 각 호의 기준에 따른다.

3. 과수원
   사과·배·밤·호두·귤나무 등 과수류를 집단적으로 재배하는 토지와 이에 접속된 저장고 등 부속시설물의 부지. 다만, 주거용 건축물의 부지는 "대"로 한다.

8. 대
   가. 영구적 건축물 중 주거·사무실·점포와 박물관·극장·미술관 등 문화시설과 이에 접속된 정원 및 부속시설물의 부지
   나. 「국토의 계획 및 이용에 관한 법률」 등 관계 법령에 따른 택지조성공사가 준공된 토지

12. 주유소용지

다음 각 목의 토지. 다만, 자동차 · 선박 · 기차 등의 제작 또는 정비공장 안에 설치된 급유 · 송유시설 등의 부지는 제외한다.

가. 석유 · 석유제품 또는 액화석유가스 등의 판매를 위하여 일정한 설비를 갖춘 시설물의 부지

나. 저유소(貯油所) 및 원유저장소의 부지와 이에 접속된 부속시설물의 부지

23. 체육용지

국민의 건강증진 등을 위한 체육활동에 적합한 시설과 형태를 갖춘 종합운동장 · 실내체육관 · 야구장 · 골프장 · 스키장 · 승마장 · 경륜장 등 체육시설의 토지와 이에 접속된 부속시설물의 부지. 다만, 체육시설로서의 영속성과 독립성이 미흡한 정구장 · 골프연습장 · 실내수영장 및 체육도장, 유수(流水)를 이용한 요트장 및 카누장 등의 토지는 제외한다.

27. 묘지

사람의 시체나 유골이 매장된 토지, 「도시공원 및 녹지 등에 관한 법률」에 따른 묘지공원으로 결정 · 고시된 토지 및 「장사 등에 관한 법률」 제2조 제9호에 따른 봉안시설과 이에 접속된 부속시설물의 부지. 다만, 묘지의 관리를 위한 건축물의 부지는 "대"로 한다.

28. 잡종지

다음 각 목의 토지. 다만, 원상회복을 조건으로 돌을 캐내는 곳 또는 흙을 파내는 곳으로 허가된 토지는 제외한다.

가. 갈대밭, 실외에 물건을 쌓아두는 곳, 돌을 캐내는 곳, 흙을 파내는 곳, 야외시장 및 공동우물

나. 변전소, 송신소, 수신소 및 송유시설 등의 부지

다. 여객자동차터미널, 자동차운전학원 및 폐차장 등 자동차와 관련된 독립적인 시설물을 갖춘 부지

라. 공항시설 및 항만시설 부지

마. 도축장, 쓰레기처리장 및 오물처리장 등의 부지

바. 그 밖에 다른 지목에 속하지 않는 토지

03 다음 중 공간정보의 구축 및 관리 등에 관한 법령에서 규정하고 있는 지목의 종류에 해당하는 것은?

① 초지 ② 선하지

③ 저수지 ④ 항만용지

⑤ 유원지

[해설] 공간정보의 구축 및 관리 등에 관한 법률 제67조(지목의 종류)

① 지목은 전 · 답 · 과수원 · 목장용지 · 임야 · 광천지 · 염전 · 대(垈) · 공장용지 · 학교용지 · 주차장 · 주유소용지 · 창고용지 · 도로 · 철도용지 · 제방(堤防) · 하천 · 구거(溝渠) · 유지(溜池) · 양어장 · 수도용지 · 공원 · 체육용지 · 유원지 · 종교용지 · 사적지 · 묘지 · 잡종지로 구분하여 정한다.

지목	부호	지목	부호	지목	부호	지목	부호
전	전	대	대	철도용지	철	공원	공
답	답	공장용지	[장]	제방	제	체육용지	체
과수원	과	학교용지	학	하천	[천]	유원지	[원]
목장용지	목	주차장	[차]	구거	구	종교용지	종
임야	임	주유소용지	주	유지	유	사적지	사
광천지	광	창고용지	창	양어장	양	묘지	묘
염전	염	도로	도	수도용지	수	잡종지	잡

정답 03 ⑤

04 다음 중 공간정보의 구축 및 관리 등에 관한 법령상 토지 소유자가 하여야 하는 토지의 이동 신청을 대신할 수 있는 자가 아닌 것은?

① 「민법」 제404조에 따른 채권자
② 주차전용 건축물 및 이에 접속된 부속시설물의 부지인 경우는 해당 토지를 관리하는 관리인
③ 국가나 지방자치단체가 취득하는 토지인 경우는 해당 토지를 관리하는 행정기관의 장 또는 지방자치단체의 장
④ 공공사업 등에 따라 하천·구거·유지·수도용지 등의 지목으로 되는 토지인 경우는 해당 사업의 시행자
⑤ 「주택법」에 따른 공동주택의 부지인 경우는 「집합건물의 소유 및 관리에 관한 법률」에 따른 관리인(관리인이 없는 경우에는 공유자가 선임한 대표자) 또는 해당 사업의 시행자

(해설) 공간정보의 구축 및 관리 등에 관한 법률 제87조(신청의 대위)
　다음 각 호의 어느 하나에 해당하는 자는 이 법에 따라 토지소유자가 하여야 하는 신청을 대신할 수 있다.
　1. 공공사업 등에 따라 학교용지·도로·철도용지·제방·하천·구거·유지·수도용지 등의 지목으로 되는 토지인 경우 : 해당 사업의 시행자
　2. 국가나 지방자치단체가 취득하는 토지인 경우 : 해당 토지를 관리하는 행정기관의 장 또는 지방자치단체의 장
　3. 「주택법」에 따른 공동주택의 부지인 경우 : 「집합건물의 소유 및 관리에 관한 법률」에 따른 관리인(관리인이 없는 경우에는 공유자가 선임한 대표자) 또는 해당 사업의 시행자
　4. 「민법」 제404조에 따른 채권자

05 공간정보의 구축 및 관리 등에 관한 법령상 분할에 따른 지상경계를 지상건축물에 걸리게 결정할 수 없는 경우는?

① 소유권 이전 및 매매를 위하여 토지를 분할하는 경우
② 법원의 확정판결에 따라 토지를 분할하는 경우
③ 도시개발사업 시행자가 사업지구의 경계를 결정하기 위하여 토지를 분할하는 경우
④ 「국토의 계획 및 이용에 관한 법률」에 따른 도시·군관리계획 결정고시와 지형도면 고시가 된 지역의 도시·군관리계획선에 따라 토지를 분할하는 경우
⑤ 공공사업 등에 따라 학교용지·도로·철도용지·제방 등의 지목으로 되는 토지를 분할하는 경우

(해설) 공간정보의 구축 및 관리 등에 관한 법률 시행령 제55조(지상 경계의 결정기준 등)
　③ 다음 각 호의 어느 하나에 해당하는 경우에는 지상 경계점에 제54조제1항에 따른 경계점표지를 설치한 후 측량할 수 있다.

> 1. 법 제86조제1항에 따른 도시개발사업 등의 사업시행자가 사업지구의 경계를 결정하기 위하여 토지를 분할하려는 경우
> 2. 법 제87조제1호 및 제2호에 따른 사업시행자와 행정기관의 장 또는 지방자치단체의 장이 토지를 취득하기 위하여 분할하려는 경우
> 3. 「국토의 계획 및 이용에 관한 법률」 제30조제6항에 따른 도시관리계획 결정고시와 같은 법 제32조제4항에 따른 지형도면 고시가 된 지역의 도시관리계획선에 따라 토지를 분할하려는 경우
> 4. 제65조제1항에 따라 토지를 분할하려는 경우
> 5. 관계 법령에 따라 인가·허가 등을 받아 토지를 분할하려는 경우

④ 분할에 따른 지상 경계는 지상건축물을 걸리게 결정해서는 아니 된다. 다만, 다음 각 호의 어느 하나에 해당하는 경우에는 그러하지 아니하다.

> 1. 법원의 확정판결이 있는 경우
> 2. 법 제87조제1호에 해당하는 토지를 분할하는 경우
> 3. 제3항제1호 또는 제3호에 따라 토지를 분할하는 경우

공간정보의 구축 및 관리 등에 관한 법률 제87조(신청의 대위)
다음 각 호의 어느 하나에 해당하는 자는 이 법에 따라 토지소유자가 하여야 하는 신청을 대신할 수 있다.

> 1. 공공사업 등에 따라 학교용지·도로·철도용지·제방·하천·구거·유지·수도용지 등의 지목으로 되는 토지인 경우 : 해당 사업의 시행자

06 공간정보의 구축 및 관리 등에 관한 법령상 세부측량 시 필지마다 면적을 측정하여야 하는 경우가 아닌 것은?

① 지적공부의 복구를 하는 경우　　　　　② 등록전환을 하는 경우
③ 지목변경을 하는 경우　　　　　　　　④ 축척변경을 하는 경우
⑤ 도시개발사업 등으로 인한 토지의 이동에 따라 토지의 표시를 새로 결정하는 경우

해설 지적측량 시행규칙 제19조(면적측정의 대상)
① 세부측량을 하는 경우 다음 각 호의 어느 하나에 해당하면 필지마다 면적을 측정하여야 한다.
1. 지적공부의 복구·신규등록·등록전환·분할 및 축척변경을 하는 경우
2. 법 제84조에 따라 면적 또는 경계를 정정하는 경우
3. 법 제86조에 따른 도시개발사업 등으로 인한 토지의 이동에 따라 토지의 표시를 새로 결정하는 경우
4. 경계복원측량 및 지적현황측량에 면적측정이 수반되는 경우

07 공간정보의 구축 및 관리 등에 관한 법령상 지적측량을 하여야 하는 경우가 아닌 것은?

① 지적측량성과를 검사하는 경우
② 경계점을 지상에 복원하는 경우
③ 지상건축물 등의 현황을 지적도 및 임야도에 등록된 경계와 대비하여 표시하는 데에 필요한 경우
④ 위성기준점 및 공공기준점을 설치하는 경우
⑤ 바다가 된 토지의 등록을 말소하는 경우로서 지적측량을 할 필요가 있는 경우

해설 공간정보의 구축 및 관리 등에 관한 법률 제23조(지적측량의 실시 등)
① 다음 각 호의 어느 하나에 해당하는 경우에는 지적측량을 하여야 한다.
1. 제7조제1항제3호에 따른 지적기준점을 정하는 경우
2. 제25조에 따라 지적측량성과를 검사하는 경우
3. 다음 각 목의 어느 하나에 해당하는 경우로서 측량을 할 필요가 있는 경우

> 가. 제74조에 따라 지적공부를 복구하는 경우
> 나. 제77조에 따라 토지를 신규등록하는 경우
> 다. 제78조에 따라 토지를 등록전환하는 경우
> 라. 제79조에 따라 토지를 분할하는 경우
> 마. 제82조에 따라 바다가 된 토지의 등록을 말소하는 경우
> 바. 제83조에 따라 축척을 변경하는 경우

사. 제84조에 따라 지적공부의 등록사항을 정정하는 경우

아. 제86조에 따른 도시개발사업 등의 시행지역에서 토지의 이동이 있는 경우

4. 경계점을 지상에 복원하는 경우

5. 그 밖에 대통령령으로 정하는 경우

공간정보의 구축 및 관리 등에 관한 법률 시행령 제18조(지적현황측량)

법 제23조제1항제5호에서 "대통령령으로 정하는 경우"란 지상건축물 등의 현황을 지적도 및 임야도에 등록된 경계와 대비하여 표시하는 데에 필요한 경우를 말한다.

08 지적도 및 임야도의 등록사항이 아닌 것은?

① 지적도면의 일람도   ② 도곽선과 그 수치

③ 지적도면의 제명 및 축척   ④ 삼각점 및 지적기준점의 위치

⑤ 건축물 및 구조물의 위치

(해설) 공간정보의 구축 및 관리 등에 관한 법률 제72조(지적도 등의 등록사항)

구분	토지표시사항	소유권에 관한 사항	기타
토지대장 (土地臺帳, Land Books) & 임야대장 (林野臺帳, Forest Books)	• ㉠지 소재 • ㉠번 • ㉠목 • 면㉠ • 토지의 ㉠동사유	• 토지소유자 ㉠동일자 • 변㉠원인 • ㉠민등록번호 • 성㉠ 또는 명칭 • 주㉠	• 토지의 고㉠번호(각 필지를 서로 구별하기 위하여 필지마다 붙이는 고유한 번호를 말한다) • 지적도 또는 임야㉠ 번호 • 필지별 토지대장 또는 임야대장의 ㉠번호 • ㉠척 • ㉠지등급 또는 기준수확량등급과 그 설정·수정 연월일 • 개별㉠시지가와 그 기준일
공유지연명부 (共有地連名簿, Common Land Books)	• ㉠지 소재 • ㉠번	• 토지소유자 ㉠동일자 • 변㉠원인 • ㉠민등록번호 • 성㉠ · 주㉠ • 소유권 ㉠분	• 토지의 ㉠유번호 • 필지별공유지 연명부의 ㉠번호
대지권등록부 (垈地權登錄簿, Building Site Rights Books)	• ㉠지 소재 • ㉠번	• 토지소유자가 ㉠동일자 및 변㉠원인 • ㉠민등록번호 • 성㉠ 또는 명칭 · 주㉠ • 대㉠권 비율 • 소유㉠ 지분	• 토지의 ㉠유번호 • 집합건물별 대지권등록부의 ㉠번호 • ㉠물의 명칭 • ㉠유부분의 건물의 표시
경계점좌표등록부 (境界點座標登錄簿, Boundary Point Coordinate Books)	• ㉠지 소재 • ㉠번 • 좌㉠		• 토지의 ㉠유번호 • 필지별 경계점좌표등록부의 ㉠번호 • ㉠호 및 부호도 • 지적㉠면의 번호

구분	토지표시사항	소유권에 관한 사항	기타
지적도 (地籍圖, Land Books) & 임야도 (林野圖, Forest Books)	• ㉠지 소재 • ㉮번 • ㉯목 • 경㉰ • 좌표에 의하여 계산된 경계㉱ 간의 거리(경계점좌표등록부를 갖춰두는 지역으로 한정한다)		• ㉲면의 색인도 • 도㉳의 제명 및 축척 • 도곽㉴과 그 수치 • 삼㉵점 및 지적기준점의 위치 • 건축㉶ 및 구조물 등의 위치

09 지적공부와 등록사항을 연결한 것으로 틀린 것은?

① 지적도 – 토지의 소재

② 토지대장 – 토지의 이동사유

③ 공유지연명부 – 소유권 지분

④ 대지권등록부 – 전유부분의 건물표시

⑤ 경계점좌표등록부 – 색인도

해설 공간정보의 구축 및 관리 등에 관한 법률 제73조(경계점좌표등록부의 등록사항)

지적소관청은 제86조에 따른 도시개발사업 등에 따라 새로이 지적공부에 등록하는 토지에 대하여는 다음 각 호의 사항을 등록한 경계점좌표등록부를 작성하고 갖춰 두어야 한다.

1. 토지의 소재
2. 지번
3. 좌표
4. 그 밖에 국토교통부령으로 정하는 사항

공간정보의 구축 및 관리 등에 관한 법률 시행령 제71조(경계점좌표등록부의 등록사항 등)

③ 법 제73조제4호에서 "그 밖에 국토교통부령으로 정하는 사항"이란 다음 각 호의 사항을 말한다.

1. 토지의 고유번호
2. 지적도면의 번호
3. 필지별 경계점좌표등록부의 장번호
4. 부호 및 부호도

10 공간정보의 구축 및 관리 등에 관한 법령상 토지의 이동 신청 및 지적정리 등에 관한 설명으로 틀린 것은?

① 토지소유자는 지적공부에 등록된 1필지의 일부가 형질변경 등으로 용도가 변경된 경우에는 용도가 변경된 날부터 60일 이내에 지적소관청에 토지의 분할을 신청하여야 한다.

② 지적소관청은 지적공부의 등록사항에 토지이동정리 결의서의 내용과 다르게 정리된 경우 직권으로 조사·측량하여 정정할 수 있다.

③ 지적소관청은 토지소유자의 변동 등에 따라 지적공부를 정리하려는 경우에는 소유자정리 결의서를 작성하여야 한다.

④ 지적소관청은 토지이동(신규등록은 제외)에 따른 토지의 표시 변경에 관한 등기를 할 필요가 있는 경우에는 지체 없이 관할 등기관서에 그 등기를 촉탁하여야 한다.

⑤ 지적소관청은 토지이동에 따른 토지의 표시에 관한 변경등기가 필요한 경우 그 등기완료의 통지서를 접수한 날부터 30일 이내에 토지소유자에게 지적정리 등을 통지하여야 한다.

해설 공간정보의 구축 및 관리 등에 관한 법률 제79조(분할 신청)

② 토지소유자는 지적공부에 등록된 1필지의 일부가 형질변경 등으로 용도가 변경된 경우에는 대통령령으로 정하는 바에 따라 용도가 변경된 날부터 60일 이내에 지적소관청에 토지의 분할을 신청하여야 한다.

공간정보의 구축 및 관리 등에 관한 법률 시행령 제82조(등록사항의 직권정정 등)

① 지적소관청이 법 제84조제2항에 따라 지적공부의 등록사항에 잘못이 있는지를 직권으로 조사·측량하여 정정할 수 있는 경우는 다음 각 호와 같다.

1. 제84조제2항에 따른 토지이동정리 결의서의 내용과 다르게 정리된 경우

공간정보의 구축 및 관리 등에 관한 법률 시행령 제84조(지적공부의 정리 등)

② 지적소관청은 제1항에 따른 토지의 이동이 있는 경우에는 토지이동정리 결의서를 작성하여야 하고, 토지소유자의 변동 등에 따라 지적공부를 정리하려는 경우에는 소유자정리 결의서를 작성하여야 한다.

공간정보의 구축 및 관리 등에 관한 법률 제89조(등기촉탁)

① 지적소관청은 제64조제2항(신규등록은 제외한다), 제66조제2항, 제82조, 제83조제2항, 제84조제2항 또는 제85조제2항에 따른 사유로 토지의 표시 변경에 관한 등기를 할 필요가 있는 경우에는 지체 없이 관할 등기관서에 그 등기를 촉탁하여야 한다. 이 경우 등기촉탁은 국가가 국가를 위하여 하는 등기로 본다.

공간정보의 구축 및 관리 등에 관한 법률 시행령 제85조(지적정리 등의 통지)

지적소관청이 법 제90조에 따라 토지소유자에게 지적정리 등을 통지하여야 하는 시기는 다음 각 호의 구분에 따른다.

1. 토지의 표시에 관한 변경등기가 필요한 경우 : 등기완료의 통지서를 접수한 날부터 15일 이내
2. 토지의 표시에 관한 변경등기가 필요하지 아니한 경우 : 지적공부에 등록한 날부터 7일 이내

11 공간정보의 구축 및 관리 등에 관한 법령상 토지의 조사·등록에 관한 설명으로 틀린 것은?

① 국토교통부장관은 모든 토지에 대하여 필지별로 소재·지번·지목·면적·경계 또는 좌표 등을 조사·측량하여 지적공부에 등록하여야 한다.

② 지적공부에 등록하는 지번·지목·면적·경계 또는 좌표는 토지의 이동이 있을 때 토지소유자의 신청을 받아 지적소관청이 결정한다. 다만, 신청이 없으면 지적소관청이 직권으로 조사·측량하여 결정할 수 있다.

③ 지적소관청은 토지의 이동현황을 직권으로 조사·측량하여 토지의 지번·지목·면적·경계 또는 좌표를 결정하려는 때에는 토지 이동현황 조사계획을 수립하여 시·도지사 또는 대도시 시장의 승인을 받아야 한다.

④ 지적소관청은 토지이동현황 조사계획에 따라 토지의 이동현황을 조사한 때에는 토지이동 조사부에 토지의 이동현황을 적어야 한다.

⑤ 지적소관청은 토지이동현황 조사 결과에 따라 토지의 지번·지목·면적·경계 또는 좌표를 결정한 때에는 이에 따라 지적공부를 정리하여야 한다.

정답 11 ③

공간정보의 구축 및 관리 등에 관한 법률 제64조(토지의 조사·등록 등)

① 국토교통부장관은 모든 토지에 대하여 필지별로 소재·지번·지목·면적·경계 또는 좌표 등을 조사·측량하여 지적공부에 등록하여야 한다.

공간정보의 구축 및 관리 등에 관한 법률 시행령 제59조(토지의 조사·등록)

① 지적소관청은 법 제64조제2항 단서에 따라 토지의 이동현황을 직권으로 조사·측량하여 토지의 지번·지목·면적·경계 또는 좌표를 결정하려는 때에는 토지이동현황 조사계획을 수립하여야 한다. 이 경우 토지이동현황 조사계획은 시·군·구별로 수립하되, 부득이한 사유가 있는 때에는 읍·면·동별로 수립할 수 있다.

② 지적소관청은 제1항에 따른 토지이동현황 조사계획에 따라 토지의 이동현황을 조사한 때에는 별지 제55호 서식의 토지이동 조사부에 토지의 이동현황을 적어야 한다.

③ 지적소관청은 제2항에 따른 토지이동현황 조사 결과에 따라 토지의 지번·지목·면적·경계 또는 좌표를 결정한 때에는 이에 따라 지적공부를 정리하여야 한다.

④ 지적소관청은 제3항에 따라 지적공부를 정리하려는 때에는 제2항에 따른 토지이동 조사부를 근거로 별지 제56호 서식의 토지이동 조서를 작성하여 별지 제57호 서식의 토지이동정리 결의서에 첨부하여야 하며, 토지이동조서의 아래 부분 여백에 "「공간정보의 구축 및 관리 등에 관한 법률」 제64조제2항 단서에 따른 직권정리"라고 적어야 한다.

12 공간정보의 구축 및 관리 등에 관한 법령상 축척변경에 관한 설명으로 틀린 것은?(단, 축척변경위원회의 의결 및 시·도지사 또는 대도시 시장의 승인을 받는 경우에 한함)

① 지적소관청은 하나의 지번부여지역에 서로 다른 축척의 지적도가 있는 경우에는 토지소유자의 신청 또는 지적소관청의 직권으로 일정한 지역을 정하여 그 지역의 축척을 변경할 수 있다.

② 축척변경을 신청하는 토지소유자는 축척변경 사유를 적은 신청서에 토지소유자 3분의 2 이상의 동의서를 첨부하여 지적소관청에 제출하여야 한다.

③ 축척변경 시행지역의 토지소유자 또는 점유자는 시행공고일 현재 점유하고 있는 경계에 경계점표지를 설치하여야 한다.

④ 축척변경에 따른 청산금의 납부고지를 받은 자는 그 고지를 받은 날부터 3개월 이내에 청산금을 지적소관청에 내야 한다.

⑤ 축척변경에 따른 청산금의 납부 및 지급이 완료되었을 때에는 지적소관청은 지체 없이 축척변경의 확정공고를 하고 확정된 사항을 지적공부에 등록하여야 한다.

공간정보의 구축 및 관리 등에 관한 법률 제83조(축척변경)

① 축척변경에 관한 사항을 심의·의결하기 위하여 지적소관청에 축척변경위원회를 둔다.

② 지적소관청은 지적도가 다음 각 호의 어느 하나에 해당하는 경우에는 토지소유자의 신청 또는 지적소관청의 직권으로 일정한 지역을 정하여 그 지역의 축척을 변경할 수 있다.

1. 잦은 토지의 이동으로 1필지의 규모가 작아서 소축척으로는 지적측량성과의 결정이나 토지의 이동에 따른 정리를 하기가 곤란한 경우
2. 하나의 지번부여지역에 서로 다른 축척의 지적도가 있는 경우
3. 그 밖에 지적공부를 관리하기 위하여 필요하다고 인정되는 경우

③ 지적소관청은 제2항에 따라 축척변경을 하려면 축척변경 시행지역의 토지소유자 3분의 2 이상의 동의를 받아 제1항에 따른 축척변경위원회의 의결을 거친 후 시·도지사 또는 대도시 시장의 승인을 받아야 한다. 다만, 다음 각 호의 어느 하나에 해당하는 경우에는 축척변경위원회의 의결 및 시·도지사 또는 대도시 시장의 승인 없이 축척변경을 할 수 있다.

받아야 한다. 다만, 다음 각 호의 어느 하나에 해당하는 경우에는 축척변경위원회의 의결 및 시·도지사 또는 대도시 시장의 승인 없이 축척변경을 할 수 있다.

1. 합병하려는 토지가 축척이 다른 지적도에 각각 등록되어 있어 축척변경을 하는 경우
2. 제86조에 따른 도시개발사업 등의 시행지역에 있는 토지로서 그 사업 시행에서 제외된 토지의 축척변경을 하는 경우

공간정보의 구축 및 관리 등에 관한 법률 시행령 제71조(축척변경 시행공고 등)

③ 축척변경 시행지역의 토지소유자 또는 점유자는 시행공고가 된 날(이하 "시행공고일"이라 한다)부터 30일 이내에 시행공고일 현재 점유하고 있는 경계에 국토교통부령으로 정하는 경계점표지를 설치하여야 한다.

제76조(청산금의 납부고지 등)

② 제1항에 따른 납부고지를 받은 자는 그 고지를 받은 날부터 6개월 이내에 청산금을 지적소관청에 내야 한다. 〈개정 2017.1.10.〉

제78조(축척변경의 확정공고)

① 청산금의 납부 및 지급이 완료되었을 때에는 지적소관청은 지체 없이 축척변경의 확정공고를 하여야 한다.
② 지적소관청은 제1항에 따른 확정공고를 하였을 때에는 지체 없이 축척변경에 따라 확정된 사항을 지적공부에 등록하여야 한다.
③ 축척변경 시행지역의 토지는 제1항에 따른 확정공고일에 토지의 이동이 있는 것으로 본다.

18 공인중개사 25회

01 공간정보의 구축 및 관리 등에 관한 법령상 토지소유자가 지적소관청에 신청할 수 있는 토지의 이동 종목이 아닌 것은?

① 신규등록
② 분할
③ 지목변경
④ 등록전환
⑤ 소유자변경

> **해설** 공간정보의 구축 및 관리 등에 관한 법률 제77조(신규등록 신청)
>
> 토지소유자는 신규등록할 토지가 있으면 대통령령으로 정하는 바에 따라 그 사유가 발생한 날부터 60일 이내에 지적소관청에 신규등록을 신청하여야 한다.
>
> **제78조(등록전환 신청)**
>
> 토지소유자는 등록전환할 토지가 있으면 대통령령으로 정하는 바에 따라 그 사유가 발생한 날부터 60일 이내에 지적소관청에 등록전환을 신청하여야 한다.
>
> **제79조(분할 신청)**
>
> ① 토지소유자는 토지를 분할하려면 대통령령으로 정하는 바에 따라 지적소관청에 분할을 신청하여야 한다.
>
> ② 토지소유자는 지적공부에 등록된 1필지의 일부가 형질변경 등으로 용도가 변경된 경우에는 대통령령으로 정하는 바에 따라 용도가 변경된 날부터 60일 이내에 지적소관청에 토지의 분할을 신청하여야 한다.
>
> **제80조(합병 신청)**
>
> ① 토지소유자는 토지를 합병하려면 대통령령으로 정하는 바에 따라 지적소관청에 합병을 신청하여야 한다.
>
> ② 토지소유자는 「주택법」에 따른 공동주택의 부지, 도로, 제방, 하천, 구거, 유지, 그 밖에 대통령령으로 정하는 토지로서 합병하여야 할 토지가 있으면 그 사유가 발생한 날부터 60일 이내에 지적소관청에 합병을 신청하여야 한다.
>
> **제81조(지목변경 신청)**
>
> 토지소유자는 지목변경을 할 토지가 있으면 대통령령으로 정하는 바에 따라 그 사유가 발생한 날부터 60일 이내에 지적소관청에 지목변경을 신청하여야 한다.
>
> **제88조(토지소유자의 정리)**
>
> ① 지적공부에 등록된 토지소유자의 변경사항은 등기관서에서 등기한 것을 증명하는 등기필증, 등기완료통지서, 등기사항증명서 또는 등기관서에서 제공한 등기전산정보자료에 따라 정리한다. 다만, 신규등록하는 토지의 소유자는 지적소관청이 직접 조사하여 등록한다.

02 토지대장에 등록된 토지소유자의 변경사항은 등기관서에서 등기한 것을 증명하거나 제공한 자료에 따라 정리한다. 다음 중 등기관서에서 등기한 것을 증명하거나 제공한 자료가 아닌 것은?

① 등기필증
② 등기완료통지서
③ 등기사항증명서
④ 등기신청접수증
⑤ 등기전산정보자료

해설 공간정보의 구축 및 관리 등에 관한 법률 제84조(등록사항의 정정)
① 토지소유자는 지적공부의 등록사항에 잘못이 있음을 발견하면 지적소관청에 그 정정을 신청할 수 있다.
② 지적소관청은 지적공부의 등록사항에 잘못이 있음을 발견하면 대통령령으로 정하는 바에 따라 직권으로 조사·측량하여 정정할 수 있다.
③ 제1항에 따른 정정으로 인접 토지의 경계가 변경되는 경우에는 다음 각 호의 어느 하나에 해당하는 서류를 지적소관청에 제출하여야 한다.
  1. 인접 토지소유자의 승낙서
  2. 인접 토지소유자가 승낙하지 아니하는 경우에는 이에 대항할 수 있는 확정판결서 정본(正本)
④ 지적소관청이 제1항 또는 제2항에 따라 등록사항을 정정할 때 그 정정사항이 토지소유자에 관한 사항인 경우에는 등기필증, 등기완료통지서, 등기사항증명서 또는 등기관서에서 제공한 등기전산정보자료에 따라 정정하여야 한다. 다만, 제1항에 따라 미등기 토지에 대하여 토지소유자의 성명 또는 명칭, 주민등록번호, 주소 등에 관한 사항의 정정을 신청한 경우로서 그 등록사항이 명백히 잘못된 경우에는 가족관계 기록사항에 관한 증명서에 따라 정정하여야 한다.

03 공간정보의 구축 및 관리 등에 관한 법률상 부동산종합공부의 등록사항에 해당하지 않는 것은?

① 토지의 표시와 소유자에 관한 사항 : 「공간정보의 구축 및 관리 등에 관한 법률」에 따른 지적공부의 내용
② 건축물의 표시와 소유자에 관한 사항(토지에 건축물이 있는 경우만 해당한다) : 「건축법」 제38조에 따른 건축물대장의 내용
③ 토지의 이용 및 규제에 관한 사항 : 「토지이용규제 기본법」 제10조에 따른 토지이용계획확인서의 내용
④ 부동산의 보상에 관한 사항 : 「공익사업을 위한 토지 등의 취득 및 보상에 관한 법률」 제68조에 따른 부동산의 보상 가격 내용
⑤ 부동산의 가격에 관한 사항 : 「부동산 가격공시 및 감정평가에 관한 법률」 제11조에 따른 개별공시지가, 같은 법 제16조 및 제17조에 따른 개별주택가격 및 공동주택가격 공시내용

해설 공간정보의 구축 및 관리 등에 관한 법률 제76조의3(부동산종합공부의 등록사항 등)
지적소관청은 부동산종합공부에 다음 각 호의 사항을 등록하여야 한다.
1. 토지의 표시와 소유자에 관한 사항 : 이 법에 따른 지적공부의 내용
2. 건축물의 표시와 소유자에 관한 사항(토지에 건축물이 있는 경우만 해당한다) : 「건축법」 제38조에 따른 건축물대장의 내용
3. 토지의 이용 및 규제에 관한 사항 : 「토지이용규제 기본법」 제10조에 따른 토지이용계획확인서의 내용
4. 부동산의 가격에 관한 사항 : 「부동산 가격공시 및 감정평가에 관한 법률」 제11조에 따른 개별공시지가, 같은 법 제16조 및 제17조에 따른 개별주택가격 및 공동주택가격 공시내용
5. 그 밖에 부동산의 효율적 이용과 부동산과 관련된 정보의 종합적 관리·운영을 위하여 필요한 사항으로서 대통령령으로 정하는 사항

공간정보의 구축 및 관리 등에 관한 법률 시행령 제62조의2(부동산종합공부의 등록사항)

법 제76조의3제5호에서 "대통령령으로 정하는 사항"이란 「부동산등기법」 제48조에 따른 부동산의 권리에 관한 사항을 말한다.

부동산 등기법 제48조(등기사항)

① 등기관이 갑구 또는 을구에 권리에 관한 등기를 할 때에는 다음 각 호의 사항을 기록하여야 한다.
    1. 순위번호
    2. 등기목적
    3. 접수연월일 및 접수번호
    4. 등기원인 및 그 연월일
    5. 권리자

② 제1항제5호의 권리자에 관한 사항을 기록할 때에는 권리자의 성명 또는 명칭 외에 주민등록번호 또는 부동산등기용등록번호와 주소 또는 사무소 소재지를 함께 기록하여야 한다.

③ 제26조에 따라 법인 아닌 사단이나 재단 명의의 등기를 할 때에는 그 대표자나 관리인의 성명, 주소 및 주민등록번호를 함께 기록하여야 한다.

④ 제1항제5호의 권리자가 2인 이상인 경우에는 권리자별 지분을 기록하여야 하고 등기할 권리가 합유(合有)인 때에는 그 뜻을 기록하여야 한다.

04 공간정보의 구축 및 관리 등에 관한 법령상 지적정리 등의 통지에 관한 설명으로 틀린 것은?

① 지적소관청이 시·도지사나 대도시 시장의 승인을 받아 지번부여지역의 일부에 대한 지번을 변경하여 지적공부에 등록한 경우 해당 토지소유자에게 통지하여야 한다.

② 토지의 표시에 관한 변경등기가 필요하지 아니한 지적정리 등의 통지는 지적소관청이 지적공부에 등록한 날부터 10일 이내에 해당 토지소유자에게 하여야 한다.

③ 지적소관청은 지적공부의 전부 또는 일부가 멸실되거나 훼손되어 이를 복구 등록한 경우 해당 토지소유자에게 통지하여야 한다.

④ 토지의 표시에 관한 변경등기가 필요한 지적정리 등의 통지는 지적소관청이 그 등기완료의 통지서를 접수한 날부터 15일 이내에 해당 토지소유자에게 하여야 한다.

⑤ 지적소관청이 직권으로 조사·측량하여 결정한 지번·지목·면적·경계 또는 좌표를 지적공부에 등록한 경우 해당 토지소유자에게 통지하여야 한다.

해설 **공간정보의 구축 및 관리 등에 관한 법률 제90조(지적정리 등의 통지)**

제64조제2항 단서, 제66조제2항, 제74조, 제82조제2항, 제84조제2항, 제85조제2항, 제86조제2항, 제87조 또는 제89조에 따라 지적소관청이 지적공부에 등록하거나 지적공부를 복구 또는 말소하거나 등기촉탁을 하였으면 대통령령으로 정하는 바에 따라 해당 토지소유자에게 통지하여야 한다. 다만, 통지받을 자의 주소나 거소를 알 수 없는 경우에는 국토교통부령으로 정하는 바에 따라 일간신문, 해당 시·군·구의 공보 또는 인터넷 홈페이지에 공고하여야 한다.

공간정보의 구축 및 관리 등에 관한 법률 시행령 제85조(지적정리 등의 통지)

지적소관청이 법 제90조에 따라 토지소유자에게 지적정리 등을 통지하여야 하는 시기는 다음 각 호의 구분에 따른다.

1. 토지의 표시에 관한 변경등기가 필요한 경우 : 그 등기완료의 통지서를 접수한 날부터 15일 이내
2. 토지의 표시에 관한 변경등기가 필요하지 아니한 경우 : 지적공부에 등록한 날부터 7일 이내

제64조(토지의 조사·등록 등)

① 국토교통부장관은 모든 토지에 대하여 필지별로 소재·지번·지목·면적·경계 또는 좌표 등을 조

사ㆍ측량하여 지적공부에 등록하여야 한다. 〈개정 2013.3.23.〉

② 지적공부에 등록하는 지번ㆍ지목ㆍ면적ㆍ경계 또는 좌표는 토지의 이동이 있을 때 토지소유자(법인이 아닌 사단이나 재단의 경우에는 그 대표자나 관리인을 말한다. 이하 같다)의 신청을 받아 지적소관청이 결정한다. 다만, 신청이 없으면 지적소관청이 직권으로 조사ㆍ측량하여 결정할 수 있다.

제66조(지번의 부여 등)

① 지번은 지적소관청이 지번부여지역별로 차례대로 부여한다.

② 지적소관청은 지적공부에 등록된 지번을 변경할 필요가 있다고 인정하면 시ㆍ도지사나 대도시 시장의 승인을 받아 지번부여지역 의 전부 또는 일부에 대하여 지번을 새로 부여할 수 있다.

제74조(지적공부의 복구)

지적소관청(제69조제2항에 따른 지적공부의 경우에는 시ㆍ도지사, 시장ㆍ군수 또는 구청장)은 지적공부의 전부 또는 일부가 멸실되거나 훼손된 경우에는 대통령령으로 정하는 바에 따라 지체 없이 이를 복구하여야 한다.

제82조(바다로 된 토지의 등록말소 신청)

① 지적소관청은 지적공부에 등록된 토지가 지형의 변화 등으로 바다로 된 경우로서 원상(原狀)으로 회복될 수 없거나 다른 지목의 토지로 될 가능성이 없는 경우에는 지적공부에 등록된 토지소유자에게 지적공부의 등록말소 신청을 하도록 통지하여야 한다.

② 지적소관청은 제1항에 따른 토지소유자가 통지를 받은 날부터 90일 이내에 등록말소 신청을 하지 아니하면 대통령령으로 정하는 바에 따라 등록을 말소한다.

제84조(등록사항의 정정)

① 토지소유자는 지적공부의 등록사항에 잘못이 있음을 발견하면 지적소관청에 그 정정을 신청할 수 있다.

② 지적소관청은 지적공부의 등록사항에 잘못이 있음을 발견하면 대통령령으로 정하는 바에 따라 직권으로 조사ㆍ측량하여 정정할 수 있다.

제85조(행정구역의 명칭변경 등)

① 행정구역의 명칭이 변경되었으면 지적공부에 등록된 토지의 소재는 새로운 행정구역의 명칭으로 변경된 것으로 본다.

② 지번부여지역의 일부가 행정구역의 개편으로 다른 지번부여지역에 속하게 되었으면 지적소관청은 새로 속하게 된 지번부여지역의 지번을 부여하여야 한다.

제86조(도시개발사업 등 시행지역의 토지이동 신청에 관한 특례)

① 「도시개발법」에 따른 도시개발사업, 「농어촌정비법」에 따른 농어촌정비사업, 그 밖에 대통령령으로 정하는 토지개발사업의 시행자는 대통령령으로 정하는 바에 따라 그 사업의 착수ㆍ변경 및 완료 사실을 지적소관청에 신고하여야 한다.

② 제1항에 따른 사업과 관련하여 토지의 이동이 필요한 경우에는 해당 사업의 시행자가 지적소관청에 토지의 이동을 신청하여야 한다.

제87조(신청의 대위)

다음 각 호의 어느 하나에 해당하는 자는 이 법에 따라 토지소유자가 하여야 하는 신청을 대신할 수 있다. 다만, 제84조에 따른 등록사항 정정 대상토지는 제외한다. 〈개정 2014.6.3.〉

1. 공공사업 등에 따라 학교용지ㆍ도로ㆍ철도용지ㆍ제방ㆍ하천ㆍ구거ㆍ유지ㆍ수도용지 등의 지목으로 되는 토지인 경우 : 해당 사업의 시행자
2. 국가나 지방자치단체가 취득하는 토지인 경우 : 해당 토지를 관리하는 행정기관의 장 또는 지방자치단체의 장
3. 「주택법」에 따른 공동주택의 부지인 경우 : 「집합건물의 소유 및 관리에 관한 법률」에 따른 관리인(관리인이 없는 경우에는 공유자가 선임한 대표자) 또는 해당 사업의 시행자
4. 「민법」 제404조에 따른 채권자

제89조(등기촉탁)

① 지적소관청은 제64조제2항(신규등록은 제외한다), 제66조제2항, 제82조, 제83조제2항, 제84조제2항 또는 제85조제2항에 따른 사유로 토지의 표시 변경에 관한 등기를 할 필요가 있는 경우에는 지체없이 관할 등기관서에 그 등기를 촉탁하여야 한다. 이 경우 등기촉탁은 국가가 국가를 위하여 하는 등기로 본다.

② 제1항에 따른 등기촉탁에 필요한 사항은 국토교통부령으로 정한다.

05 지적공부에 등록하는 면적에 관한 설명으로 틀린 것은?

① 면적은 토지대장 및 경계점좌표등록부의 등록사항이다.

② 지적도의 축척이 600분의 1인 지역의 토지 면적은 제곱미터 이하 한 자리 단위로 한다.

③ 지적도의 축척이 1,200분의 1인 지역의 1필지 면적이 1제곱미터 미만일 때에는 1제곱미터로 한다.

④ 임야도의 축척이 6,000분의 1인 지역의 1필지 면적이 1제곱미터 미만일 때에는 1제곱미터로 한다.

⑤ 경계점좌표등록부에 등록하는 지역의 1필지 면적이 0.1제곱미터 미만일 때에는 0.1제곱미터로 한다.

해설 공간정보의 구축 및 관리 등에 관한 법률 시행령 제60조(면적의 결정 및 측량계산의 끝수처리)

① 면적의 결정은 다음 각 호의 방법에 따른다.

> 1. 토지의 면적에 1제곱미터 미만의 끝수가 있는 경우 0.5제곱미터 미만일 때에는 버리고 0.5제곱미터를 초과하는 때에는 올리며, 0.5제곱미터일 때에는 구하려는 끝자리의 숫자가 0 또는 짝수이면 버리고 홀수이면 올린다. 다만, 1필지의 면적이 1제곱미터 미만일 때에는 1제곱미터로 한다.
> 2. 지적도의 축척이 600분의 1인 지역과 경계점좌표등록부에 등록하는 지역의 토지 면적은 제1호에도 불구하고 제곱미터 이하 한 자리 단위로 하되, 0.1제곱미터 미만의 끝수가 있는 경우 0.05제곱미터 미만일 때에는 버리고 0.05제곱미터를 초과할 때에는 올리며, 0.05제곱미터일 때에는 구하려는 끝자리의 숫자가 0 또는 짝수이면 버리고 홀수이면 올린다. 다만, 1필지의 면적이 0.1제곱미터 미만일 때에는 0.1제곱미터로 한다.

② 방위각의 각치(角値), 종횡선의 수치 또는 거리를 계산하는 경우 구하려는 끝자리의 다음 숫자가 5 미만일 때에는 버리고 5를 초과할 때에는 올리며, 5일 때에는 구하려는 끝자리의 숫자가 0 또는 짝수이면 버리고 홀수이면 올린다. 다만, 전자계산조직을 이용하여 연산할 때에는 최종수치에만 이를 적용한다.

06 지방지적위원회의 심의 · 의결 사항으로 옳은 것은?

① 지적측량에 대한 적부심사(適否審査) 청구사항

② 지적측량기술의 연구 · 개발 및 보급에 관한 사항

③ 지적 관련 정책 개발 및 업무 개선 등에 관한 사항

④ 지적기술자의 업무정지 처분 및 징계요구에 관한 사항

⑤ 지적분야 측량기술자의 양성에 관한 사항

[해설] 공간정보의 구축 및 관리 등에 관한 법률 제28조(지적위원회) [암기] [정][무][연][개]는 [사][양][무][요]다.

① 다음 각 호의 사항을 심의 · 의결하기 위하여 국토교통부에 중앙지적위원회를 둔다. 〈개정 2013. 7.17.〉

1. 지적 관련 [정]책 개발 및 업[무] 개선 등에 관한 사항
2. 지적측량기술의 [연]구 · [개]발 및 보급에 관한 사항
3. 제29조제6항에 따른 지적측량 적부심[사](適否審査)에 대한 재심사(再審査)
4. 제39조에 따른 측량기술자 중 지적분야 측량기술자(이하 "지적기술자"라 한다)의 [양]성에 관한 사항
5. 제42조에 따른 지적기술자의 업[무]정지 처분 및 징계[요]구에 관한 사항

② 제29조에 따른 지적측량에 대한 적부심사 청구사항을 심의 · 의결하기 위하여 특별시 · 광역시 · 특별자치시 · 도 또는 특별자치도(이하 "시 · 도"라 한다)에 지방지적위원회를 둔다. 〈신설 2013.7.17.〉

③ 중앙지적위원회와 지방지적위원회의 구성 및 운영에 필요한 사항은 대통령령으로 정한다.

07 공간정보의 구축 및 관리 등에 관한 법령상 지상 경계의 결정기준에 관한 설명으로 옳은 것을 모두 고른 것은?(단, 지상 경계의 구획을 형성하는 구조물 등의 소유자가 다른 경우는 제외함)

ㄱ. 연접되는 토지 간에 높낮이 차이가 없는 경우 : 그 구조물 등의 바깥쪽 면
ㄴ. 연접되는 토지 간에 높낮이 차이가 있는 경우 : 그 구조물 등의 상단부
ㄷ. 도로 · 구거 등의 토지에 절토(切土)된 부분이 있는 경우 : 그 경사면의 하단부
ㄹ. 토지가 해면 또는 수면에 접하는 경우 : 최대만조위 또는 최대만수위가 되는 선
ㅁ. 공유수면매립지의 토지 중 제방 등을 토지에 편입하여 등록하는 경우 : 바깥쪽 어깨부분

① ㄱ, ㄴ
② ㄱ, ㅁ
③ ㄴ, ㄷ
④ ㄷ, ㄹ
⑤ ㄹ, ㅁ

[해설] 공간정보의 구축 및 관리 등에 관한 법률 시행령 제55조(지상 경계의 결정기준 등)

① 법 제65조제1항에 따른 지상 경계의 결정기준은 다음 각 호의 구분에 따른다.

1. 연접되는 토지 간에 높낮이 차이가 없는 경우 : 그 구조물 등의 중앙
2. 연접되는 토지 간에 높낮이 차이가 있는 경우 : 그 구조물 등의 하단부
3. 도로 · 구거 등의 토지에 절토(切土)된 부분이 있는 경우 : 그 경사면의 상단부
4. 토지가 해면 또는 수면에 접하는 경우 : 최대만조위 또는 최대만수위가 되는 선
5. 공유수면매립지의 토지 중 제방 등을 토지에 편입하여 등록하는 경우 : 바깥쪽 어깨부분

08 공간정보의 구축 및 관리 등에 관한 법령상 지목의 구분 기준에 관한 설명으로 옳은 것은?

① 물을 상시적으로 이용하지 않고 닥나무 · 묘목 · 관상수 등의 식물을 주로 재배하는 토지는 "전"으로 한다.
② 온수 · 약수 · 석유류 등을 일정한 장소로 운송하는 송수관 · 송유관 및 저장시설의 부지는 "광천지"로 한다.
③ 아파트 · 공장 등 단일 용도의 일정한 단지 안에 설치된 통로 등은 "도로"로 한다.
④ 「도시공원 및 녹지 등에 관한 법률」에 따른 묘지공원으로 결정 · 고시된 토지는 "공원"으로 한다.
⑤ 자연의 유수(流水)가 있거나 있을 것으로 예상되는 소규모 수로부지는 "하천"으로 한다.

정답 07 ⑤ 08 ①

공간정보의 구축 및 관리 등에 관한 법률 시행령 제58조(지목의 구분)

법 제67조제1항에 따른 지목의 구분은 다음 각 호의 기준에 따른다.

1. 전

    물을 상시적으로 이용하지 않고 곡물·원예작물(과수류는 제외한다)·약초·뽕나무·닥나무·묘목·관상수 등의 식물을 주로 재배하는 토지와 식용(食用)으로 죽순을 재배하는 토지

6. 광천지

    지하에서 온수·약수·석유류 등이 용출되는 용출구(湧出口)와 그 유지(維持)에 사용되는 부지. 다만, 온수·약수·석유류 등을 일정한 장소로 운송하는 송수관·송유관 및 저장시설의 부지는 제외한다.

14. 도로

    다음 각 목의 토지. 다만, 아파트·공장 등 단일 용도의 일정한 단지 안에 설치된 통로 등은 제외한다.
    가. 일반 공중(公衆)의 교통 운수를 위하여 보행이나 차량운행에 필요한 일정한 설비 또는 형태를 갖추어 이용되는 토지
    나. 「도로법」 등 관계 법령에 따라 도로로 개설된 토지
    다. 고속도로의 휴게소 부지
    라. 2필지 이상에 진입하는 통로로 이용되는 토지

17. 하천

    자연의 유수(流水)가 있거나 있을 것으로 예상되는 토지

22. 공원

    일반 공중의 보건·휴양 및 정서생활에 이용하기 위한 시설을 갖춘 토지로서 「국토의 계획 및 이용에 관한 법률」에 따라 공원 또는 녹지로 결정·고시된 토지

09 공간정보의 구축 및 관리 등에 관한 법령상 지적측량 의뢰 등에 관한 설명으로 틀린 것은?

① 토지소유자는 토지를 분할하는 경우로서 지적측량을 할 필요가 있는 경우에는 지적측량수행자에게 지적측량을 의뢰하여야 한다.

② 지적측량을 의뢰하려는 자는 지적측량 의뢰서(전자문서로 된 의뢰서를 포함한다)에 의뢰 사유를 증명하는 서류(전자문서를 포함한다)를 첨부하여 지적측량수행자에게 제출하여야 한다.

③ 지적측량수행자는 지적측량 의뢰를 받은 때에는 측량기간, 측량일자 및 측량 수수료 등을 적은 지적측량 수행계획서를 그 다음 날까지 지적소관청에 제출하여야 한다.

④ 지적기준점을 설치하지 않고 측량 또는 측량검사를 하는 경우 지적측량의 측량기간은 5일, 측량검사기간은 4일을 원칙으로 한다.

⑤ 지적측량 의뢰인과 지적측량수행자가 서로 합의하여 따로 기간을 정하는 경우에는 그 기간에 따르되, 전체 기간의 5분의 3은 측량기간으로, 전체 기간의 5분의 2는 측량검사기간으로 본다.

공간정보의 구축 및 관리 등에 관한 법률 제24조(지적측량 의뢰 등)

① 토지소유자 등 이해관계인은 제23조제1항제1호 및 제3호(자목은 제외한다)부터 제5호까지의 사유로 지적측량을 할 필요가 있는 경우에는 다음 각 호의 어느 하나에 해당하는 자(이하 "지적측량수행자"라 한다)에게 지적측량을 의뢰하여야 한다. 〈개정 2013.7.17., 2014.6.3.〉
1. 제44조제1항제2호의 지적측량업의 등록을 한 자
2. 「국가공간정보 기본법」 제12조에 따라 설립된 한국국토정보공사(이하 "한국국토정보공사"라 한다)
② 지적측량수행자는 제1항에 따른 지적측량 의뢰를 받으면 지적측량을 하여 그 측량성과를 결정하여야 한다.

공간정보의 구축 및 관리 등에 관한 법률 시행규칙 제25조(지적측량 의뢰 등)

① 법 제24조제1항에 따라 지적측량을 의뢰하려는 자는 별지 제15호 서식의 지적측량 의뢰서(전자문서로 된 의뢰서를 포함한다)에 의뢰 사유를 증명하는 서류(전자문서를 포함한다)를 첨부하여 지적측량수행자에게 제출하여야 한다. 〈개정 2014.1.17.〉

② 지적측량수행자는 제1항에 따른 지적측량 의뢰를 받은 때에는 측량기간, 측량일자 및 측량 수수료 등을 적은 별지 제16호 서식의 지적측량 수행계획서를 그 다음 날까지 지적소관청에 제출하여야 한다. 제출한 지적측량 수행계획서를 변경한 경우에도 같다. 〈개정 2014.1.17.〉

③ 지적측량의 측량기간은 5일로 하며, 측량검사기간은 4일로 한다. 다만, 지적기준점을 설치하여 측량 또는 측량검사를 하는 경우 지적기준점이 15점 이하인 경우에는 4일을, 15점을 초과하는 경우에는 4일에 15점을 초과하는 4점마다 1일을 가산한다. 〈개정 2010.6.17.〉

④ 제3항에도 불구하고 지적측량 의뢰인과 지적측량수행자가 서로 합의하여 따로 기간을 정하는 경우에는 그 기간에 따르되, 전체 기간의 4분의 3은 측량기간으로, 전체 기간의 4분의 1은 측량검사기간으로 본다.

10 중앙지적위원회의 위원이 중앙지적위원회의 심의 · 의결에서 제척(除斥)되는 경우에 해당하지 않는 것은?

① 위원이 해당 안건의 당사자와 친족이거나 친족이었던 경우
② 위원이 해당 안건에 대하여 증언, 진술 또는 감정을 한 경우
③ 위원이 중앙지적위원회에서 해당 안건에 대하여 현지조사 결과를 보고받거나 관계인의 의견을 들은 경우
④ 위원이 속한 법인 · 단체 등이 해당 안건의 당사자의 대리인이거나 대리인이었던 경우
⑤ 위원의 배우자이었던 사람이 해당 안건의 당사자와 공동권리자 또는 공동의무자인 경우

해설 공간정보의 구축 및 관리 등에 관한 법률 시행령 제20조의2(위원의 제척 · 기피 · 회피)

① 중앙지적위원회의 위원이 다음 각 호의 어느 하나에 해당하는 경우에는 중앙지적위원회의 심의 · 의결에서 제척(除斥)된다.

> 1. 위원 또는 그 배우자나 배우자이었던 사람이 해당 안건의 당사자가 되거나 그 안건의 당사자와 공동권리자 또는 공동의무자인 경우
> 2. 위원이 해당 안건의 당사자와 친족이거나 친족이었던 경우
> 3. 위원이 해당 안건에 대하여 증언, 진술 또는 감정을 한 경우
> 4. 위원이나 위원이 속한 법인 · 단체 등이 해당 안건의 당사자의 대리인이거나 대리인이었던 경우
> 5. 위원이 해당 안건의 원인이 된 처분 또는 부작위에 관여한 경우

② 해당 안건의 당사자는 위원에게 공정한 심의 · 의결을 기대하기 어려운 사정이 있는 경우에는 중앙지적위원회에 기피 신청을 할 수 있고, 중앙지적위원회는 의결로 이를 결정한다. 이 경우 기피 신청의 대상인 위원은 그 의결에 참여하지 못한다.

③ 위원이 제1항 각 호에 따른 제척 사유에 해당하는 경우에는 스스로 해당 안건의 심의 · 의결에서 회피(回避)하여야 한다.

11 부동산종합공부에 관한 설명으로 틀린 것은?

① 지적소관청은 부동산의 효율적 이용과 부동산과 관련된 정보의 종합적 관리 · 운영을 위하여 부동산종합공부를 관리 · 운영한다.

② 지적소관청은 부동산종합공부를 영구히 보존하여야 하며, 멸실 또는 훼손에 대비하여 이를 별도로 복제하여 관리하는 정보관리체계를 구축하여야 한다.

③ 지적소관청은 부동산종합공부의 불일치 등록사항에 대하여는 등록사항을 정정하고, 등록사항을 관리하는 기관의 장에게 그 내용을 통지하여야 한다.

④ 지적소관청은 부동산종합공부의 정확한 등록 및 관리를 위하여 필요한 경우에는 부동산종합공부의 등록사항을 관리하는 기관의 장에게 관련 자료의 제출을 요구할 수 있다.

⑤ 부동산종합공부의 등록사항을 관리하는 기관의 장은 지적소관청에 상시적으로 관련 정보를 제공하여야 한다.

해설 공간정보의 구축 및 관리 등에 관한 법률 제76조의2(부동산종합공부의 관리 및 운영)

　① 지적소관청은 부동산의 효율적 이용과 부동산과 관련된 정보의 종합적 관리 · 운영을 위하여 부동산종합공부를 관리 · 운영한다.

　② 지적소관청은 부동산종합공부를 영구히 보존하여야 하며, 부동산종합공부의 멸실 또는 훼손에 대비하여 이를 별도로 복제하여 관리하는 정보관리체계를 구축하여야 한다.

　③ 제76조의3 각 호의 등록사항을 관리하는 기관의 장은 지적소관청에 상시적으로 관련 정보를 제공하여야 한다.

　④ 지적소관청은 부동산종합공부의 정확한 등록 및 관리를 위하여 필요한 경우에는 제76조의3 각 호의 등록사항을 관리하는 기관의 장에게 관련 자료의 제출을 요구할 수 있다. 이 경우 자료의 제출을 요구받은 기관의 장은 특별한 사유가 없으면 자료를 제공하여야 한다

12 다음 중 지적공부와 등록사항의 연결이 틀린 것은?

① 임야대장 – 토지의 소재 및 개별공시지가와 그 기준일

② 경계점좌표등록부 – 좌표와 건축물 및 구조물 등의 위치

③ 대지권등록부 – 대지권 비율과 전유부분(專有部分)의 건물표시

④ 임야도 – 경계와 삼각점 및 지적기준점의 위치

⑤ 공유지연명부 – 소유권 지분 및 토지소유자가 변경된 날과 그 원인

구분	토지표시사항	소유권에 관한 사항	기타
토지대장 (土地臺帳, Land Books) & 임야대장 (林野臺帳, Forest Books)	• ㉠지 소재 • ㉡번 • ㉢목 • 면㉥ • 토지의 ㉑동사유	• 토지소유자 ㉲동일자 • 변㉺원인 • ㉻민등록번호 • 성㉺ 또는 명칭 • 주㉒	• 토지의 고㉴번호(각 필지를 서로 구별하기 위하여 필지마다 붙이는 고유한 번호를 말한다) • 지적도 또는 임야㉵ 번호 • 필지별 토지대장 또는 임야대장의 ㉰번호 • ㉭척 • ㉠지등급 또는 기준수확량등급과 그 설정·수정 연월일 • 개별㉪시지가와 그 기준일
공유지연명부 (共有地連名簿, Common Land Books)	• ㉠지 소재 • ㉡번	• 토지소유자 ㉲동일자 • 변㉺원인 • ㉻민등록번호 • 성㉺ · 주㉒ • 소유권 ㉡분	• 토지의 ㉴유번호 • 필지별공유지 연명부의 ㉰번호
대지권등록부 (垈地權登錄簿, Building Site Rights Books)	• ㉠지 소재 • ㉡번	• 토지소유자가 ㉲동일자 및 변㉺원인 • ㉻민등록번호 • 성㉺ 또는 명칭 · 주㉒ • 대㉡권 비율 • 소유㉪ 지분	• 토지의 ㉴유번호 • 집합건물별 대지권등록부의 ㉰번호 • ㉡물의 명칭 • ㉠유부분의 건물의 표시
경계점좌표등록부 (境界點座標登錄簿, Boundary Point Coordinate Books)	• ㉠지 소재 • ㉡번 • 좌㉭		• 토지의 ㉴유번호 • 필지별 경계점좌표등록부의 ㉰번호 • ㉲호 및 부호도 • 지적㉵면의 번호
지적도 (地籍圖, Land Books) & 임야도 (林野圖, Forest Books)	• ㉠지 소재 • ㉡번 • ㉢목 • 경㉫ • 좌표에 의하여 계산된 경계㉭ 간의 거리(경계점좌표등록부를 갖춰두는 지역으로 한정한다)		• ㉵면의 색인도 • 도㉲의 제명 및 축척 • 도곽㉢과 그 수치 • 삼㉢점 및 지적기준점의 위치 • 건축㉺ 및 구조물 등의 위치

19 공인중개사 26회

01 공간정보의 구축 및 관리 등에 관한 법령상 토지의 이동사유를 등록하는 지적공부는?

① 경계점좌표등록부   ② 대지권등록부
③ 토지대장   ④ 공유지연명부
⑤ 지적도

(해설) 공간정보의 구축 및 관리 등에 관한 법률 제71조(토지대장 등의 등록사항)

구분	토지표시사항	소유권에 관한 사항	기타
토지대장 (土地臺帳, Land Books) & 임야대장 (林野臺帳, Forest Books)	• 토지 소재 • 지번 • 지목 • 면적 • 토지의 이동사유	• 토지소유자 변동일자 • 변동원인 • 주민등록번호 • 성명 또는 명칭 • 주소	• 토지의 고유번호(각 필지를 서로 구별하기 위하여 필지마다 붙이는 고유한 번호를 말한다) • 지적도 또는 임야도 번호 • 필지별 토지대장 또는 임야대장의 장번호 • 축척 • 토지등급 또는 기준수확량등급과 그 설정·수정 연월일 • 개별공시지가와 그 기준일
공유지연명부 (共有地連名簿, Common Land Books)	• 토지 소재 • 지번	• 토지소유자 변동일자 • 변동원인 • 주민등록번호 • 성명·주소 • 소유권 지분	• 토지의 고유번호 • 필지별공유지 연명부의 장번호
대지권등록부 (垈地權登錄簿, Building Site Rights Books)	• 토지 소재 • 지번	• 토지소유자가 변동일자 및 변동원인 • 주민등록번호 • 성명 또는 명칭·주소 • 대지권 비율 • 소유권 지분	• 토지의 고유번호 • 집합건물별 대지권등록부의 장번호 • 건물의 명칭 • 전유부분의 건물의 표시
경계점좌표등록부 (境界點座標登錄簿, Boundary Point Coordinate Books)	• 토지 소재 • 지번 • 좌표		• 토지의 고유번호 • 필지별 경계점좌표등록부의 장번호 • 부호 및 부호도 • 지적도면의 번호

구분	토지표시사항	소유권에 관한 사항	기타
지적도 (地籍圖, Land Books) & 임야도 (林野圖, Forest Books)	• [토]지 소재 • [지]번 • [지]목 • 경[계] • 좌표에 의하여 계산된 경계[점] 간의 거리(경계점좌표등록부를 갖춰두는 지역으로 한정한다)		• [도]면의 색인도 • 도[면]의 제명 및 축척 • 도곽[선]과 그 수치 • 삼[각]점 및 지적기준점의 위치 • 건축[물] 및 구조물 등의 위치

02 공간정보의 구축 및 관리 등에 관한 법령에 따라 지적 측량의뢰인과 지적측량수행자가 서로 합의하여 토지의 분할을 위한 측량기간과 측량검사기간을 합쳐 20일로 정하였다. 이 경우 측량검사기간은?(단, 지적기준점의 설치가 필요 없는 지역임)

① 5일　② 8일
③ 10일　④ 12일
⑤ 15일

[해설] 공간정보의 구축 및 관리 등에 관한 법률 시행규칙 제25조(지적측량 의뢰 등)

① 법 제24조제1항에 따라 지적측량을 의뢰하려는 자는 별지 제15호 서식의 지적측량 의뢰서(전자문서로 된 의뢰서를 포함한다)에 의뢰 사유를 증명하는 서류(전자문서를 포함한다)를 첨부하여 지적측량수행자에게 제출하여야 한다.
② 지적측량수행자는 제1항에 따른 지적측량 의뢰를 받은 때에는 측량기간, 측량일자 및 측량 수수료 등을 적은 별지 제16호 서식의 지적측량 수행계획서를 그 다음 날까지 지적소관청에 제출하여야 한다. 제출한 지적측량 수행계획서를 변경한 경우에도 같다.
③ 지적측량의 측량기간은 5일로 하며, 측량검사기간은 4일로 한다. 다만, 지적기준점을 설치하여 측량 또는 측량검사를 하는 경우 지적기준점이 15점 이하인 경우에는 4일을, 15점을 초과하는 경우에는 4일에 15점을 초과하는 4점마다 1일을 가산한다.
④ 제3항에도 불구하고 지적측량 의뢰인과 지적측량수행자가 서로 합의하여 따로 기간을 정하는 경우에는 그 기간에 따르되, 전체 기간의 4분의 3은 측량기간으로, 전체 기간의 4분의 1은 측량검사기간으로 본다.

03 공간정보의 구축 및 관리 등에 관한 법령상 지번에 관한 설명으로 옳은 것은?

① 지적소관청이 지번을 변경하기 위해서는 국토교통부장관의 승인을 받아야 한다.
② 임야대장 및 임야도에 등록하는 토지의 지번은 숫자 뒤에 "산" 자를 붙인다.
③ 지번은 본번(本番)과 부번(副番)으로 구성하며, 북동에서 남서로 순차적으로 부여한다.
④ 분할의 경우에는 분할된 필지마다 새로운 본번을 부여한다.
⑤ 지적소관청은 축척변경으로 지번에 결번이 생긴 때에는 지체 없이 그 사유를 결번대장에 적어 영구히 보존하여야 한다.

정답　02 ①　03 ⑤

구분	토지이동에 따른 지번의 부여방법(령 제56조)	
부여방법	① 지번(地番)은 아라비아숫자로 표기하되, 임야대장 및 임야도에 등록하는 토지의 지번은 숫자 앞에 "산"자를 붙인다. ② 지번은 본번(本番)과 부번(副番)으로 구성하되, 본번과 부번 사이에 "-" 표시로 연결한다. 이 경우 "-" 표시는 "의"라고 읽는다. ③ 법 제66조에 따른 지번의 부여방법은 다음 각 호와 같다. 1. 지번은 북서에서 남동으로 순차적으로 부여할 것	
신규등록 · 등록전환	원칙	지번부여지역에서 인접토지의 본번에 부번을 붙여서 지번을 부여한다.
	예외	다음의 경우에는 그 지번부여지역의 최종 본번의 다음 순번부터 본번으로 하여 순차적으로 지번을 부여할 수 있다. ① 대상 토지가 그 지번부여지역의 최종 지번의 토지에 인접하여 있는 경우 ② 대상 토지가 이미 등록된 토지와 멀리 떨어져 있어서 등록된 토지의 본번에 부번을 부여하는 것이 불합리한 경우 ③ 대상 토지가 여러 필지로 되어 있는 경우
분할	원칙	분할 후의 필지 중 1필지의 지번은 분할 전의 지번으로 하고, 나머지 필지의 지번은 본번의 최종 부번 다음 순번으로 부번을 부여한다.
	예외	주거 · 사무실 등의 건축물이 있는 필지에 대해서는 분할 전의 지번을 우선하여 부여하여야 한다.
합병	원칙	합병 대상 지번 중 선순위의 지번을 그 지번으로 하되, 본번으로 된 지번이 있을 때에는 본번 중 선순위의 지번을 합병 후의 지번으로 한다.
	예외	토지소유자가 합병 전의 필지에 주거 · 사무실 등의 건축물이 있어서 그 건축물이 위치한 지번을 합병 후의 지번으로 신청할 때에는 그 지번을 합병 후의 지번으로 부여하여야 한다.
지적확정 측량을 실시한 지역의 각 필지에 지번을 새로 부여하는 경우	원칙	다음 각 목의 지번을 제외한 본번으로 부여한다. ① 지적확정측량을 실시한 지역 안의 종전의 지번과 지적확정측량을 실시한 지역 밖에 있는 본번이 같은 지번이 있을 때 그 지번 ② 지적확정측량을 실시한 지역의 경계에 걸쳐 있는 지번
	예외	부여할 수 있는 종전 지번의 수가 새로 부여할 지번의 수보다 적을 때에는 블록단위로 하나의 본번을 부여한 후 필지별로 부번을 부여하거나, 그 지번부여지역의 최종 본번 다음 순번부터 본번으로 하여 차례로 지번을 부여할 수 있다.
지적확정측량에 준용	① 법 제66조제2항(② 지적소관청은 지적공부에 등록된 지번을 변경할 필요가 있다고 인정하면 시 · 도지사나 대도시 시장의 승인을 받아 지번부여지역의 전부 또는 일부에 대하여 지번을 새로 부여할 수 있다.)에 따라 지번부여지역의 지번을 변경할 때 ② 법 제85조제2항(② 지번부여지역의 일부가 행정구역의 개편으로 다른 지번부여지역에 속하게 되었으면 지적소관청은 새로 속하게 된 지번부여지역의 지번을 부여하여야 한다.)에 따른 행정구역 개편에 따라 새로 지번을 부여할 때 ③ 제72조제1항(① 지적소관청은 축척변경 시행지역의 각 필지별 지번 · 지목 · 면적 · 경계 또는 좌표를 새로 정하여야 한다.)에 따라 축척변경 시행지역의 필지에 지번을 부여할 때	
도시개발사업 등의 준공 전	도시개발사업 등이 준공되기 전에 사업시행자가 지번부여를 신청하는 경우에는 국토교통부령으로 정하는 바에 따라 지번을 부여할 수 있다. 지적소관청은 도시개발사업 등이 준공되기 전에 지번을 부여하는 때에는 사업계획도에 따르되, 지적확정측량을 실시한 지역의 각 필지에 지번을 새로 부여하는 경우의 지번부여방식에 따라 지번을 부여하여야 한다.	

정답

04 공간정보의 구축 및 관리 등에 관한 법령상 도시개발사업 등 시행지역의 토지이용 신청 특례에 관한 설명으로 틀린 것은?

① 「농어촌정비법」에 따른 농어촌정비사업의 시행자는 그 사업의 착수·변경 및 완료 사실을 시·도지사에게 신고하여야 한다.

② 도시개발사업 등의 사업의 착수 또는 변경의 신고가 된 토지의 소유자가 해당 토지의 이동을 원하는 경우에는 해당 사업의 시행자에게 그 토지의 이동을 신청하도록 요청하여야 한다.

③ 도시개발사업 등의 사업시행자가 토지의 이동을 신청한 경우 토지의 이동은 토지의 형질변경 등의 공사가 준공된 때에 이루어진 것으로 본다.

④ 「도시개발법」에 따른 도시개발사업의 시행자는 그 사업의 착수·변경 또는 완료 사실의 신고를 그 사유가 발생한 날부터 15일 이내에 하여야 한다.

⑤ 「주택법」에 따른 주택건설사업의 시행자가 파산 등의 이유로 토지의 이동 신청을 할 수 없을 때에는 그 주택의 시공을 보증한 자 또는 입주예정자 등이 신청할 수 있다.

해설 공간정보의 구축 및 관리 등에 관한 법률 제86조(도시개발사업 등 시행지역의 토지이동 신청에 관한 특례)

① 「도시개발법」에 따른 도시개발사업, 「농어촌정비법」에 따른 농어촌정비사업, 그 밖에 대통령령으로 정하는 토지개발사업의 시행자는 대통령령으로 정하는 바에 따라 그 사업의 착수·변경 및 완료 사실을 지적소관청에 신고하여야 한다.

② 제1항에 따른 사업과 관련하여 토지의 이동이 필요한 경우에는 해당 사업의 시행자가 지적소관청에 토지의 이동을 신청하여야 한다.

③ 제2항에 따른 토지의 이동은 토지의 형질변경 등의 공사가 준공된 때에 이루어진 것으로 본다.

④ 제1항에 따라 사업의 착수 또는 변경의 신고가 된 토지의 소유자가 해당 토지의 이동을 원하는 경우에는 해당 사업의 시행자에게 그 토지의 이동을 신청하도록 요청하여야 하며, 요청을 받은 시행자는 해당 사업에 지장이 없다고 판단되면 지적소관청에 그 이동을 신청하여야 한다.

공간정보의 구축 및 관리 등에 관한 법률 시행령 제83조(토지개발사업 등의 범위 및 신고)

① 법 제86조제1항에서 "대통령령으로 정하는 토지개발사업"이란 다음 각 호의 사업을 말한다. 〈개정 2010.10.14., 2013.3.23., 2014.1.17., 2014.4.29., 2014.12.30.〉

> 1. 「주택법」에 따른 주택건설사업
> 2. 「택지개발촉진법」에 따른 택지개발사업
> 3. 「산업입지 및 개발에 관한 법률」에 따른 산업단지개발사업
> 4. 「도시 및 주거환경정비법」에 따른 정비사업
> 5. 「지역 개발 및 지원에 관한 법률」에 따른 지역개발사업
> 6. 「체육시설의 설치·이용에 관한 법률」에 따른 체육시설 설치를 위한 토지개발사업
> 7. 「관광진흥법」에 따른 관광단지 개발사업
> 8. 「공유수면 관리 및 매립에 관한 법률」에 따른 매립사업
> 9. 「항만법」 및 「신항만건설촉진법」에 따른 항만개발사업
> 10. 「공공주택건설 등에 관한 특별법」에 따른 공공주택지구조성사업
> 11. 「물류시설의 개발 및 운영에 관한 법률」 및 「경제자유구역의 지정 및 운영에 관한 특별법」에 따른 개발사업
> 12. 「철도건설법」에 따른 고속철도, 일반철도 및 광역철도 건설사업
> 13. 「도로법」에 따른 고속국도 및 일반국도 건설사업
> 14. 그 밖에 제1호부터 제13호까지의 사업과 유사한 경우로서 국토교통부장관이 고시하는 요건에 해당하는 토지개발사업

② 법 제86조제1항에 따른 도시개발사업 등의 착수·변경 또는 완료 사실의 신고는 그 사유가 발생한 날부터 15일 이내에 하여야 한다.

③ 법 제86조제2항에 따른 토지의 이동 신청은 그 신청대상지역이 환지(換地)를 수반하는 경우에는 법 제86조제1항에 따른 사업완료 신고로써 이를 갈음할 수 있다. 이 경우 사업완료 신고서에 법 제86조제2항에 따른 토지의 이동 신청을 갈음한다는 뜻을 적어야 한다.

④ 「주택법」에 따른 주택건설사업의 시행자가 파산 등의 이유로 토지의 이동 신청을 할 수 없을 때에는 그 주택의 시공을 보증한 자 또는 입주예정자 등이 신청할 수 있다.

05 공간정보의 구축 및 관리 등에 관한 법령상 지적공부의 복구에 관한 관계 자료에 해당하지 않는 것은?

① 지적공부의 등본
② 부동산종합증명서
③ 토지이동정리 결의서
④ 지적측량 수행계획서
⑤ 법원의 확정판결서 정본 또는 사본

해설 공간정보의 구축 및 관리 등에 관한 법률 시행규칙 제72조(지적공부의 복구자료)

암기 ㉫㉨㉩㉨㉰은 ㉯㉩㉮에서

영 제61조제1항에 따른 지적공부의 복구에 관한 관계 자료(이하 "복구자료"라 한다)는 다음 각 호와 같다.

> 1. ㉫동산등기부 ㉨본 등 등기사실을 증명하는 서류
> 2. ㉩적공부의 ㉨본
> 3. 법 제69조제3항에 따라 ㉰제된 지적공부
> 4. 지적소관청이 작성하거나 발행한 지적공부의 등록내용을 증㉯하는 서류
> 5. 측㉩ 결과도
> 6. 토㉩이동정리 결의서
> 7. 법㉮의 확정판결서 정본 또는 사본

06 공간정보의 구축 및 관리 등에 관한 법령상 지목의 구분으로 옳은 것은?

① 축산업 및 낙농업을 하기 위하여 초지를 조성한 토지와 그 토지에 설치된 주거용 건축물의 부지의 지목은 "목장용지"로 한다.

② 물건 등을 보관하거나 저장하기 위하여 독립적으로 설치된 보관시설물의 부지와 이에 접속된 부속시설물의 부지의 지목은 "대"로 한다.

③ 제조업을 하고 있는 공장시설물의 부지와 같은 구역 있는 의료시설 등 부속시설물의 부지의 지목은 "공장용지"로 한다.

④ 물을 상시적으로 직접 이용하여 벼·연(蓮)·미나리·왕골 등의 식물을 주로 재배하는 토지의 지목은 "농지"로 한다.

⑤ 용수(用水) 또는 배수(排水)를 위하여 일정한 형태를 갖춘 인공적인 수로·둑 및 그 부속시설물의 부지의 지목은 "제방"으로 한다.

해설 공간정보의 구축 및 관리 등에 관한 법률 시행령 제58조(지목의 구분)

법 제67조제1항에 따른 지목의 구분은 다음 각 호의 기준에 따른다.

1. 전

물을 상시적으로 이용하지 않고 곡물·원예작물(과수류는 제외한다)·약초·뽕나무·닥나무·묘목·관상수 등의 식물을 주로 재배하는 토지와 식용(食用)으로 죽순을 재배하는 토지

4. 목장용지

다음 각 목의 토지. 다만, 주거용 건축물의 부지는 "대"로 한다.

가. 축산업 및 낙농업을 하기 위하여 초지를 조성한 토지

나. 「축산법」 제2조제1호에 따른 가축을 사육하는 축사 등의 부지

다. 가목 및 나목의 토지와 접속된 부속시설물의 부지

5. 임야

산림 및 원야(原野)를 이루고 있는 수림지(樹林地)·죽림지·암석지·자갈땅·모래땅·습지·황무지 등의 토지

6. 광천지

지하에서 온수·약수·석유류 등이 용출되는 용출구(湧出口)와 그 유지(維持)에 사용되는 부지. 다만, 온수·약수·석유류 등을 일정한 장소로 운송하는 송수관·송유관 및 저장시설의 부지는 제외한다.

7. 염전

바닷물을 끌어들여 소금을 채취하기 위하여 조성된 토지와 이에 접속된 제염장(製鹽場) 등 부속시설물의 부지. 다만, 천일제염 방식으로 하지 아니하고 동력으로 바닷물을 끌어들여 소금을 제조하는 공장시설물의 부지는 제외한다.

8. 대

가. 영구적 건축물 중 주거·사무실·점포와 박물관·극장·미술관 등 문화시설과 이에 접속된 정원 및 부속시설물의 부지

나. 「국토의 계획 및 이용에 관한 법률」 등 관계 법령에 따른 택지조성공사가 준공된 토지

9. 공장용지

가. 제조업을 하고 있는 공장시설물의 부지

나. 「산업집적활성화 및 공장설립에 관한 법률」 등 관계 법령에 따른 공장부지 조성공사가 준공된 토지

다. 가목 및 나목의 토지와 같은 구역에 있는 의료시설 등 부속시설물의 부지

10. 학교용지

학교의 교사(校舍)와 이에 접속된 체육장 등 부속시설물의 부지

11. 주차장

자동차 등의 주차에 필요한 독립적인 시설을 갖춘 부지와 주차전용 건축물 및 이에 접속된 부속시설물의 부지. 다만, 다음 각 목의 어느 하나에 해당하는 시설의 부지는 제외한다.

가. 「주차장법」 제2조제1호가목 및 다목에 따른 노상주차장 및 부설주차장(「주차장법」 제19조제4항에 따라 시설물의 부지 인근에 설치된 부설주차장은 제외한다)

나. 자동차 등의 판매 목적으로 설치된 물류장 및 야외전시장

12. 주유소용지

다음 각 목의 토지. 다만, 자동차·선박·기차 등의 제작 또는 정비공장 안에 설치된 급유·송유시설 등의 부지는 제외한다.

가. 석유·석유제품 또는 액화석유가스 등의 판매를 위하여 일정한 설비를 갖춘 시설물의 부지

나. 저유소(貯油所) 및 원유저장소의 부지와 이에 접속된 부속시설물의 부지

07 경계점좌표등록부를 갖춰 두는 지역의 지적도에 등록하는 사항으로 옳은 것은?

① 좌표에 의하여 계산된 경계점 간의 높이   ② 좌표에 의하여 계산된 경계점 간의 거리

③ 좌표에 의하여 계산된 경계점 간의 오차   ④ 좌표에 의하여 계산된 경계점 간의 각도

⑤ 좌표에 의하여 계산된 경계점 간의 방위

공간정보의 구축 및 관리 등에 관한 법률 시행규칙 제69조(지적도면 등의 등록사항 등)

① 법 제72조에 따른 지적도 및 임야도는 각각 별지 제67호 서식 및 별지 제68호 서식과 같다.

② 법 제72조제5호에서 "그 밖에 국토교통부령으로 정하는 사항"이란 다음 각 호의 사항을 말한다.

1. 지적도면의 색인도(인접도면의 연결 순서를 표시하기 위하여 기재한 도표와 번호를 말한다)
2. 지적도면의 제명 및 축척
3. 도곽선(圖廓線)과 그 수치
4. 좌표에 의하여 계산된 경계점 간의 거리(경계점좌표등록부를 갖춰 두는 지역으로 한정한다)
5. 삼각점 및 지적기준점의 위치
6. 건축물 및 구조물 등의 위치
7. 그 밖에 국토교통부장관이 정하는 사항

③ 경계점좌표등록부를 갖춰 두는 지역의 지적도에는 해당 도면의 제명 끝에 "(좌표)"라고 표시하고, 도곽선의 오른쪽 아래 끝에 "이 도면에 의하여 측량을 할 수 없음"이라고 적어야 한다.

④ 지적도면에는 지적소관청의 직인을 날인하여야 한다. 다만, 정보처리시스템을 이용하여 관리하는 지적도면의 경우에는 그러하지 아니하다.

⑤ 지적소관청은 지적도면의 관리에 필요한 경우에는 지번부여지역마다 일람도와 지번색인표를 작성하여 갖춰 둘 수 있다.

⑥ 지적도면의 축척은 다음 각 호의 구분에 따른다.

1. 지적도 : 1/500, 1/600, 1/1,000, 1/1,200, 1/2,400, 1/3,000, 1/6,000
2. 임야도 : 1/3,000, 1/6,000

08 공간정보의 구축 및 관리 등에 관한 법령상 지적측량을 실시하여야 할 대상으로 틀린 것은?

① 「지적재조사에 관한 특별법」에 따른 지적재조사사업에 따라 토지의 이동이 있는 경우로서 측량을 할 필요가 있는 경우

② 지적측량수행자가 실시한 측량성과에 대하여 지적소관청이 검사를 위해 측량을 하는 경우

③ 연속지적도에 있는 경계점을 지상에 표시하기 위해 측량을 하는 경우

④ 지상건축물 등의 현황을 지적도 및 임야도에 등록된 경계와 대비하여 표시하기 위해 측량을 할 필요가 있는 경우

⑤ 「도시 및 주거환경정비법」에 따른 정비사업 시행지역에서 토지의 이동이 있는 경우로서 측량을 할 필요가 있는 경우

공간정보의 구축 및 관리 등에 관한 법률 제23조(지적측량의 실시 등)

① 다음 각 호의 어느 하나에 해당하는 경우에는 지적측량을 하여야 한다. 〈개정 2013.7.17.〉

1. 제7조제1항제3호에 따른 지적기준점을 정하는 경우
2. 제25조에 따라 지적측량성과를 검사하는 경우
3. 다음 각 목의 어느 하나에 해당하는 경우로서 측량을 할 필요가 있는 경우

> 가. 제74조에 따라 지적공부를 복구하는 경우
> 나. 제77조에 따라 토지를 신규등록하는 경우
> 다. 제78조에 따라 토지를 등록전환하는 경우
> 라. 제79조에 따라 토지를 분할하는 경우
> 마. 제82조에 따라 바다가 된 토지의 등록을 말소하는 경우
> 바. 제83조에 따라 축척을 변경하는 경우
> 사. 제84조에 따라 지적공부의 등록사항을 정정하는 경우

아. 제86조에 따른 도시개발사업 등의 시행지역에서 토지의 이동이 있는 경우

자. 「지적재조사에 관한 특별법」에 따른 지적재조사사업에 따라 토지의 이동이 있는 경우

　　4. 경계점을 지상에 복원하는 경우

　　5. 그 밖에 대통령령으로 정하는 경우

② 지적측량의 방법 및 절차 등에 필요한 사항은 국토교통부령으로 정한다.

09 공간정보의 구축 및 관리 등에 관한 법령상 지상경계점등록부의 등록사항에 해당하는 것을 모두 고른 것은?

ㄱ. 경계점표지의 종류 및 경계점 위치	ㄴ. 공부상 지목과 실제 토지이용 지목
ㄷ. 토지소유자와 인접토지소유자의 서명·날인	ㄹ. 경계점 위치 설명도와 경계점의 사진 파일

① ㄱ, ㄹ

② ㄴ, ㄷ

③ ㄷ, ㄹ

④ ㄱ, ㄴ, ㄹ

⑤ ㄱ, ㄴ, ㄷ, ㄹ

해설 공간정보의 구축 및 관리 등에 관한 법률 제65조(지상경계의 구분 등)

	암기 토지목성도 경번지 세부위 기경 소장명 확직명	
지상경계점등록부 (지적재조사에 관한 특별법 시행규칙 제10조)	1. 토지의 소재 2. 지번 3. 지목 4. 작성일 5. 위치도 6. 경계점 번호 및 표지종류	7. 경계점 세부설명 및 관련자료 8. 경계위치 9. 경계설정기준 및 경계형태 10. 작성자의 소속·직급(직위)·성명 11. 확인자의 직급·성명
	암기 토지경계 공계점	
지상경계점등록부 (공간정보의 구축 및 관리 등에 관한 법률 제65조)	1. 토지의 소재 2. 지번 3. 경계점 좌표(경계점좌표등록부 시행지역에 한정한다)	4. 경계점 위치 설명도 5. 공부상 지목과 실제 토지이용 지목 6. 경계점의 사진 파일 7. 경계점표지의 종류 및 경계점 위치

10 공간정보의 구축 및 관리 등에 관한 법령상 지적공부의 관리 등에 관한 설명으로 틀린 것은?

① 지적공부를 정보처리시스템을 통하여 기록·저장한 경우 관할 시·도지사, 시장·군수 또는 구청장은 그 지적공부를 지적정보관리체계에 영구히 보존하여야 한다.

② 지적소관청은 해당 청사에 지적서고를 설치하고 그곳에 지적공부(정보처리시스템을 통하여 기록·저장한 경우는 제외한다)를 영구히 보존하여야 한다.

③ 국토교통부장관은 지적공부를 과세나 부동산정책자료 등으로 활용하기 위하여 주민등록전산자료, 가족관계등록전산자료, 부동산등기전산자료 또는 공시지가전산자료 등을 관리하는 기관에 그 자료를 요청할 수 있다.

④ 토지소유자가 자기 토지에 대한 지적전산자료를 신청하거나, 토지소유자가 사망하여 그 상속인이 피상속인의 토지에 대한 지적전산자료를 신청하는 경우에는 승인을 받지 아니할 수 있다.

⑤ 지적소관청은 지적공부의 전부 또는 일부가 멸실되거나 훼손되어 이를 복구하고자 하는 경우에는 국토교통부장관의 승인을 받아야 한다.

(해설) 공간정보의 구축 및 관리 등에 관한 법률 제69조(지적공부의 보존 등)
① 지적소관청은 해당 청사에 지적서고를 설치하고 그곳에 지적공부(정보처리시스템을 통하여 기록·저장한 경우는 제외한다. 이하 이 항에서 같다)를 영구히 보존하여야 하며, 다음 각 호의 어느 하나에 해당하는 경우 외에는 해당 청사 밖으로 지적공부를 반출할 수 없다.
   1. 천재지변이나 그 밖에 이에 준하는 재난을 피하기 위하여 필요한 경우
   2. 관할 시·도지사 또는 대도시 시장의 승인을 받은 경우
② 지적공부를 정보처리시스템을 통하여 기록·저장한 경우 관할 시·도지사, 시장·군수 또는 구청장은 그 지적공부를 지적정보관리체계에 영구히 보존하여야 한다.
③ 국토교통부장관은 제2항에 따라 보존하여야 하는 지적공부가 멸실되거나 훼손될 경우를 대비하여 지적공부를 복제하여 관리하는 정보관리체계를 구축하여야 한다.
④ 지적서고의 설치기준, 지적공부의 보관방법 및 반출승인 절차 등에 필요한 사항은 국토교통부령으로 정한다.

공간정보의 구축 및 관리 등에 관한 법률 제70조(지적정보 전담 관리기구의 설치)
① 국토교통부장관은 지적공부의 효율적인 관리 및 활용을 위하여 지적정보 전담 관리기구를 설치·운영한다.
② 국토교통부장관은 지적공부를 과세나 부동산정책자료 등으로 활용하기 위하여 주민등록전산자료, 가족관계등록전산자료, 부동산등기전산자료 또는 공시지가전산자료 등을 관리하는 기관에 그 자료를 요청할 수 있으며 요청을 받은 관리기관의 장은 특별한 사정이 없는 한 이에 응하여야 한다.
③ 제1항에 따른 지적정보 전담 관리기구의 설치·운영에 관한 세부사항은 대통령령으로 정한다.

공간정보의 구축 및 관리 등에 관한 법률 제74조(지적공부의 복구)
지적소관청(제69조제2항에 따른 지적공부의 경우에는 시·도지사, 시장·군수 또는 구청장)은 지적공부의 전부 또는 일부가 멸실되거나 훼손된 경우에는 대통령령으로 정하는 바에 따라 지체 없이 이를 복구하여야 한다.

11 공간정보의 구축 및 관리 등에 관한 법령상 축척변경사업에 따른 청산금에 관한 내용이다. ( )에 들어갈 사항으로 옳은 것은?

- 지적소관청이 납부고지하거나 수령통지한 청산금에 관하여 이의가 있는 자는 납부고지 또는 수령통지를 받은 날부터 (ㄱ) 이내에 지적소관청에 이의신청을 할 수 있다.
- 지적소관청으로부터 청산금의 납부고지를 받은 자는 그 고지를 받은 날부터 (ㄴ) 이내에 청산금을 지적소관청에 내야 한다.

① ㄱ : 15일, ㄴ : 6개월 　　　　② ㄱ : 1개월, ㄴ : 3개월
③ ㄱ : 1개월, ㄴ : 6개월 　　　　④ ㄱ : 3개월, ㄴ : 6개월
⑤ ㄱ : 3개월, ㄴ : 1년

(해설) 공간정보의 구축 및 관리 등에 관한 법률 시행령 제76조(청산금의 납부고지 등)
① 지적소관청은 제75조제4항에 따라 청산금의 결정을 공고한 날부터 20일 이내에 토지소유자에게 청산금의 납부고지 또는 수령통지를 하여야 한다.
② 제1항에 따른 납부고지를 받은 자는 그 고지를 받은 날부터 6개월 이내에 청산금을 지적소관청에 내야 한다. 〈개정 2017.1.10.〉

③ 지적소관청은 제1항에 따른 수령통지를 한 날부터 6개월 이내에 청산금을 지급하여야 한다.
④ 지적소관청은 청산금을 지급받을 자가 행방불명 등으로 받을 수 없거나 받기를 거부할 때에는 그 청산금을 공탁할 수 있다.
⑤ 지적소관청은 청산금을 내야 하는 자가 제77조제1항에 따른 기간 내에 청산금에 관한 이의신청을 하지 아니하고 제2항에 따른 기간 내에 청산금을 내지 아니하면 지방세 체납처분의 예에 따라 징수할 수 있다.

공간정보의 구축 및 관리 등에 관한 법률 시행령 제77조(청산금에 관한 이의신청)
① 제76조제1항에 따라 납부고지되거나 수령통지된 청산금에 관하여 이의가 있는 자는 납부고지 또는 수령통지를 받은 날부터 1개월 이내에 지적소관청에 이의신청을 할 수 있다.
② 제1항에 따른 이의신청을 받은 지적소관청은 1개월 이내에 축척변경위원회의 심의·의결을 거쳐 그 인용(認容) 여부를 결정한 후 지체 없이 그 내용을 이의신청인에게 통지하여야 한다.

12 공간정보의 구축 및 관리 등에 관한 법령상 지적측량성과에 대하여 다툼이 있는 경우에 토지소유자, 이해관계인 또는 지적측량수행자가 관할 시·도지사를 거쳐 지적측량 적부심사를 청구할 수 있는 위원회는?

① 지적재조사위원회 ② 지방지적위원회
③ 축척변경위원회 ④ 토지수용위원회
⑤ 국가지명위원회

(해설) **공간정보의 구축 및 관리 등에 관한 법률 제29조(지적측량의 적부심사 등)**
암기 (위)(성)(이) (연)(기)하면 (계)(측)해라 ③⑥③⑦⑨
① 토지소유자, 이해관계인 또는 지적측량수행자는 지적측량성과에 대하여 다툼이 있는 경우에는 대통령령으로 정하는 바에 따라 관할 시·도지사를 거쳐 지방지적위원회에 지적측량 적부심사를 청구할 수 있다.
② 제1항에 따른 지적측량 적부심사청구를 받은 시·도지사는 ㉚일 이내에 다음 각 호의 사항을 조사하여 지방지적위원회에 회부하여야 한다.

1. 다툼이 되는 지적측량의 경(위) 및 그 (성)과
2. 해당 토지에 대한 토지(이)동 및 소유권 변동 (연)혁
3. 해당 토지 주변의 측량(기)준점, 경(계), 주요 구조물 등 현황 실(측)도

③ 제2항에 따라 지적측량 적부심사청구를 회부받은 지방지적위원회는 그 심사청구를 회부받은 날부터 (60)일 이내에 심의·의결하여야 한다. 다만, 부득이한 경우에는 그 심의기간을 해당 지적위원회의 의결을 거쳐 (60)일 이내에서 한 번만 연장할 수 있다.
④ 지방지적위원회는 지적측량 적부심사를 의결하였으면 대통령령으로 정하는 바에 따라 의결서를 작성하여 시·도지사에게 송부하여야 한다.
⑤ 시·도지사는 제4항에 따라 의결서를 받은 날부터 ⑦일 이내에 지적측량 적부심사 청구인 및 이해관계인에게 그 의결서를 통지하여야 한다.
⑥ 제5항에 따라 의결서를 받은 자가 지방지적위원회의 의결에 불복하는 경우에는 그 의결서를 받은 날부터 (90)일 이내에 국토교통부장관을 거쳐 중앙지적위원회에 재심사를 청구할 수 있다.
⑦ 제6항에 따른 재심사청구에 관하여는 제2항부터 제5항까지의 규정을 준용한다. 이 경우 "시·도지사"는 "국토교통부장관"으로, "지방지적위원회"는 "중앙지적위원회"로 본다.
⑧ 제7항에 따라 중앙지적위원회로부터 의결서를 받은 국토교통부장관은 그 의결서를 관할 시·도지사에게 송부하여야 한다.
⑨ 시·도지사는 제4항에 따라 지방지적위원회의 의결서를 받은 후 해당 지적측량 적부심사 청구인

정답 12 ②

및 이해관계인이 제6항에 따른 기간에 재심사를 청구하지 아니하면 그 의결서 사본을 지적소관청에 보내야 하며, 제8항에 따라 중앙지적위원회의 의결서를 받은 경우에는 그 의결서 사본에 제4항에 따라 받은 지방지적위원회의 의결서 사본을 첨부하여 지적소관청에 보내야 한다.

⑩ 제9항에 따라 지방지적위원회 또는 중앙지적위원회의 의결서 사본을 받은 지적소관청은 그 내용에 따라 지적공부의 등록사항을 정정하거나 측량성과를 수정하여야 한다.

⑪ 제9항 및 제10항에도 불구하고 특별자치시장은 제4항에 따라 지방지적위원회의 의결서를 받은 후 해당 지적측량 적부심사 청구인 및 이해관계인이 제6항에 따른 기간에 재심사를 청구하지 아니하거나 제8항에 따라 중앙지적위원회의 의결서를 받은 경우에는 직접 그 내용에 따라 지적공부의 등록사항을 정정하거나 측량성과를 수정하여야 한다.

⑫ 지방지적위원회의 의결이 있은 후 제6항에 따른 기간에 재심사를 청구하지 아니하거나 중앙지적위원회의 의결이 있는 경우에는 해당 지적측량성과에 대하여 다시 지적측량 적부심사청구를 할 수 없다.

20 공인중개사 27회

01 공간정보의 구축 및 관리 등에 관한 법령상 지목의 구분, 표기방법, 설정방법 등에 관한 설명으로 틀린 것은?

① 지목을 지적도 및 임야도에 등록하는 때에는 부호로 표기하여야 한다.

② 온수 · 약수 · 석유류 등을 일정한 장소로 운송하는 송수관 · 송유관 및 저장시설의 부지의 지목은 "광천지"로 한다.

③ 필지마다 하나의 지목을 설정하여야 한다.

④ 1필지가 둘 이상의 용도로 활용되는 경우에는 주된 용도에 따라 지목을 설정하여야 한다.

⑤ 토지가 일시적 또는 임시적인 용도로 사용될 때에는 지목을 변경하지 아니한다.

[해설] 공간정보의 구축 및 관리 등에 관한 법률 시행규칙 제64조(지목의 표기방법)

지목을 지적도 및 임야도(이하 "지적도면"이라 한다)에 등록하는 때에는 다음의 부호로 표기하여야 한다.

지목	부호	지목	부호	지목	부호	지목	부호
전	전	대	대	철도용지	철	공원	공
답	답	공장용지	[장]	제방	제	체육용지	체
과수원	과	학교용지	학	하천	[천]	유원지	[원]
목장용지	목	주차장	[차]	구거	구	종교용지	종
임야	임	주유소용지	주	유지	유	사적지	사
광천지	광	창고용지	창	양어장	양	묘지	묘
염전	염	도로	도	수도용지	수	잡종지	잡

공간정보의 구축 및 관리 등에 관한 법률 시행령 제59조(지목의 설정방법 등)

① 법 제67조제1항에 따른 지목의 설정은 다음 각 호의 방법에 따른다.

1. 필지마다 하나의 지목을 설정할 것
2. 1필지가 둘 이상의 용도로 활용되는 경우에는 주된 용도에 따라 지목을 설정할 것

② 토지가 일시적 또는 임시적인 용도로 사용될 때에는 지목을 변경하지 아니한다.

공간정보의 구축 및 관리 등에 관한 법률 시행령 제58조(지목의 구분)

법 제67조제1항에 따른 지목의 구분은 다음 각 호의 기준에 따른다.

6. 광천지

지하에서 온수 · 약수 · 석유류 등이 용출되는 용출구(湧出口)와 그 유지(維持)에 사용되는 부지. 다만, 온수 · 약수 · 석유류 등을 일정한 장소로 운송하는 송수관 · 송유관 및 저장시설의 부지는 제외한다.

정답 01 ②

02 공간정보의 구축 및 관리 등에 관한 법령상 지목의 구분으로 틀린 것은?

① 학교의 교사(校舍)와 이에 접속된 체육장 등 부속시설물의 부지의 지목은 "학교용지"로 한다.

② 물건 등을 보관하거나 저장하기 위하여 독립적으로 설치된 보관시설물의 부지와 이에 접속된 부속시설물의 부지의 지목은 "창고용지"로 한다.

③ 사람의 시체나 유골이 매장된 토지, 「장사 등에 관한 법률」 제2조제9호에 따른 봉안시설과 이에 접속된 부속시설물의 부지 및 묘지의 관리를 위한 건축물의 부지의 지목은 "묘지"로 한다.

④ 교통 운수를 위하여 일정한 궤도 등의 설비와 형태를 갖추어 이용되는 토지와 이에 접속된 역사(驛舍)·차고·발전시설 및 공작창(工作廠) 등 부속시설물의 부지의 지목은 "철도용지"로 한다.

⑤ 육상에 인공으로 조성된 수산생물의 번식 또는 양식을 위한 시설을 갖춘 부지와 이에 접속된 부속시설물의 부지의 지목은 "양어장"으로 한다.

해설 공간정보의 구축 및 관리 등에 관한 법률 시행령 제58조(지목의 구분)

법 제67조제1항에 따른 지목의 구분은 다음 각 호의 기준에 따른다.

8. 대

가. 영구적 건축물 중 주거·사무실·점포와 박물관·극장·미술관 등 문화시설과 이에 접속된 정원 및 부속시설물의 부지

나. 「국토의 계획 및 이용에 관한 법률」 등 관계 법령에 따른 택지조성공사가 준공된 토지

10. 학교용지

학교의 교사(校舍)와 이에 접속된 체육장 등 부속시설물의 부지

13. 창고용지

물건 등을 보관하거나 저장하기 위하여 독립적으로 설치된 보관시설물의 부지와 이에 접속된 부속시설물의 부지

15. 철도용지

교통 운수를 위하여 일정한 궤도 등의 설비와 형태를 갖추어 이용되는 토지와 이에 접속된 역사(驛舍)·차고·발전시설 및 공작창(工作廠) 등 부속시설물의 부지

20. 양어장

육상에 인공으로 조성된 수산생물의 번식 또는 양식을 위한 시설을 갖춘 부지와 이에 접속된 부속시설물의 부지

27. 묘지

사람의 시체나 유골이 매장된 토지, 「도시공원 및 녹지 등에 관한 법률」에 따른 묘지공원으로 결정·고시된 토지 및 「장사 등에 관한 법률」 제2조제9호에 따른 봉안시설과 이에 접속된 부속시설물의 부지. 다만, 묘지의 관리를 위한 건축물의 부지는 "대"로 한다.

03 경계점좌표등록부에 등록하는 지역에서 1필지의 면적측정을 위해 계산한 값이 $1,029.551\text{m}^2$인 경우 토지대장에 등록할 면적으로 옳은 것은?

① $1,029.55\text{m}^2$
② $1,029.56\text{m}^2$
③ $1,029.5\text{m}^2$
④ $1,029.6\text{m}^2$
⑤ $1,030.0\text{m}^2$

해설 공간정보의 구축 및 관리 등에 관한 법률 시행령 제60조(면적의 결정 및 측량계산의 끝수처리)

① 면적의 결정은 다음 각 호의 방법에 따른다.

> 1. 토지의 면적에 1제곱미터 미만의 끝수가 있는 경우 0.5제곱미터 미만일 때에는 버리고 0.5제곱미터를 초과하는 때에는 올리며, 0.5제곱미터일 때에는 구하려는 끝자리의 숫자가 0 또는 짝수이면 버리고 홀수이면 올린다. 다만, 1필지의 면적이 1제곱미터 미만일 때에는 1제곱미터로 한다.
> 2. 지적도의 축척이 600분의 1인 지역과 경계점좌표등록부에 등록하는 지역의 토지 면적은 제1호에도 불구하고 제곱미터 이하 한 자리 단위로 하되, 0.1제곱미터 미만의 끝수가 있는 경우 0.05제곱미터 미만일 때에는 버리고 0.05제곱미터를 초과할 때에는 올리며, 0.05제곱미터일 때에는 구하려는 끝자리의 숫자가 0 또는 짝수이면 버리고 홀수이면 올린다. 다만, 1필지의 면적이 0.1제곱미터 미만일 때에는 0.1제곱미터로 한다.

② 방위각의 각치(角値), 종횡선의 수치 또는 거리를 계산하는 경우 구하려는 끝자리의 다음 숫자가 5 미만일 때에는 버리고 5를 초과할 때에는 올리며, 5일 때에는 구하려는 끝자리의 숫자가 0 또는 짝수이면 버리고 홀수이면 올린다. 다만, 전자계산조직을 이용하여 연산할 때에는 최종수치에만 이를 적용한다.

04 공간정보의 구축 및 관리 등에 관한 법령상 지상 경계의 구분 및 결정기준 등에 관한 설명으로 틀린 것은?

① 토지의 지상경계는 둑, 담장이나 그 밖에 구획의 목표가 될 만한 구조물 및 경계점표지 등으로 구분한다.

② 토지가 해면 또는 수면에 접하는 경우 평균해수면이 되는 선을 지상 경계의 결정기준으로 한다.

③ 분할에 따른 지상 경계는 지상건축물을 걸리게 결정해서는 아니 된다. 다만, 법원의 확정판결이 있는 경우에는 그러하지 아니하다.

④ 매매 등을 위하여 토지를 분할하려는 경우 지상 경계점에 경계점표지를 설치하여 측량할 수 있다.

⑤ 공유수면매립지의 토지 중 제방 등을 토지에 편입하여 등록하는 경우 바깥쪽 어깨부분을 지상 경계의 결정기준으로 한다.

해설 공간정보의 구축 및 관리 등에 관한 법률 제65조(지상경계의 구분 등)

① 토지의 지상경계는 둑, 담장이나 그 밖에 구획의 목표가 될 만한 구조물 및 경계점표지 등으로 구분한다.

② 지적소관청은 토지의 이동에 따라 지상경계를 새로 정한 경우에는 다음 각 호의 사항을 등록한 지상경계점등록부를 작성·관리하여야 한다.
> 1. 토지의 소재
> 2. 지번
> 3. 경계점 좌표(경계점좌표등록부 시행지역에 한정한다)
> 4. 경계점 위치 설명도
> 5. 그 밖에 국토교통부령으로 정하는 사항

③ 제1항에 따른 지상경계의 결정 기준 등 지상경계의 결정에 필요한 사항은 대통령령으로 정하고, 경계점표지의 규격과 재질 등에 필요한 사항은 국토교통부령으로 정한다.

공간정보의 구축 및 관리 등에 관한 법률 시행령 제55조(지상 경계의 결정기준 등)

① 법 제65조제1항에 따른 지상 경계의 결정기준은 다음 각 호의 구분에 따른다.

> 1. 연접되는 토지 간에 높낮이 차이가 없는 경우 : 그 구조물 등의 중앙
> 2. 연접되는 토지 간에 높낮이 차이가 있는 경우 : 그 구조물 등의 하단부
> 3. 도로·구거 등의 토지에 절토(切土)된 부분이 있는 경우 : 그 경사면의 상단부

4. 토지가 해면 또는 수면에 접하는 경우 : 최대만조위 또는 최대만수위가 되는 선
5. 공유수면매립지의 토지 중 제방 등을 토지에 편입하여 등록하는 경우 : 바깥쪽 어깨부분

② 지상 경계의 구획을 형성하는 구조물 등의 소유자가 다른 경우에는 제1항제1호부터 제3호까지의 규정에도 불구하고 그 소유권에 따라 지상 경계를 결정한다.

③ 다음 각 호의 어느 하나에 해당하는 경우에는 지상 경계점에 법 제65조제1항에 따른 경계점표지를 설치하여 측량할 수 있다.

1. 법 제86조제1항에 따른 도시개발사업 등의 사업시행자가 사업지구의 경계를 결정하기 위하여 토지를 분할하려는 경우
2. 법 제87조제1호 및 제2호에 따른 사업시행자와 행정기관의 장 또는 지방자치단체의 장이 토지를 취득하기 위하여 분할하려는 경우
3. 「국토의 계획 및 이용에 관한 법률」 제30조제6항에 따른 도시 · 군관리계획 결정고시와 같은 법 제32조제4항에 따른 지형도면 고시가 된 지역의 도시 · 군관리계획선에 따라 토지를 분할하려는 경우
4. 제65조제1항에 따라 토지를 분할하려는 경우
5. 관계 법령에 따라 인가 · 허가 등을 받아 토지를 분할하려는 경우

④ 분할에 따른 지상 경계는 지상건축물을 걸리게 결정해서는 아니 된다. 다만, 다음 각 호의 어느 하나에 해당하는 경우에는 그러하지 아니하다.

1. 법원의 확정판결이 있는 경우
2. 법 제87조제1호에 해당하는 토지를 분할하는 경우
3. 제3항제1호 또는 제3호에 따라 토지를 분할하는 경우

⑤ 지적확정측량의 경계는 공사가 완료된 현황대로 결정하되, 공사가 완료된 현황이 사업계획도와 다를 때에는 미리 사업시행자에게 그 사실을 통지하여야 한다.

05 공간정보의 구축 및 관리 등에 관한 법령상 지번부여에 관한 설명이다. (   ) 안에 들어갈 내용으로 옳은 것은?

지적소관청은 도시개발사업 등이 준공되기 전에 사업시행자가 지번부여 신청을 하면 지번을 부여할 수 있으며, 도시개발사업 등이 준공되기 전에 지번을 부여하는 때에는 (   )에 따르되, 지적확정측량을 실시한 지역의 지번부여 방법에 따라 지번을 부여하여야 한다.

① 사업계획도   ② 사업인가서
③ 지적도   ④ 토지대장
⑤ 토지분할조서

해설 공간정보의 구축 및 관리 등에 관한 법률 시행규칙 제61조(도시개발사업 등 준공 전 지번부여)
지적소관청은 영 제56조제4항(법 제86조에 따른 도시개발사업 등이 준공되기 전에 사업시행자가 지번부여 신청을 하면 국토교통부령으로 정하는 바에 따라 지번을 부여할 수 있다)에 따라 도시개발사업 등이 준공되기 전에 지번을 부여하는 때에는 제95조제1항제3호의 사업계획도에 따르되, 영 제56조제3항제5호에 따라 부여하여야 한다.

공간정보의 구축 및 관리 등에 관한 법률 시행규칙 제95조(도시개발사업 등의 신고)
① 법 제86조제1항 및 영 제83조제2항에 따른 도시개발사업 등의 착수 또는 변경의 신고를 하려는 자는 별지 제81호 서식의 도시개발사업 등의 착수(시행) · 변경 · 완료 신고서에 다음 각 호의 서류를 첨부하여야 한다. 다만, 변경신고의 경우에는 변경된 부분으로 한정한다.
1. 사업인가서, 2. 지번별 조서, 3. 사업계획도

정답 **05** ①

공간정보의 구축 및 관리 등에 관한 법률 시행령 제56조(지번의 구성 및 부여방법 등)
③ 법 제66조에 따른 지번의 부여방법은 다음 각 호와 같다. 〈개정 2014.1.17.〉
   5. 지적확정측량을 실시한 지역의 각 필지에 지번을 새로 부여하는 경우에는 다음 각 목의 지번을 제외한 본번으로 부여할 것. 다만, 부여할 수 있는 종전 지번의 수가 새로 부여할 지번의 수보다 적을 때에는 블록 단위로 하나의 본번을 부여한 후 필지별로 부번을 부여하거나, 그 지번부여지역의 최종 본번 다음 순번부터 본번으로 하여 차례로 지번을 부여할 수 있다.
      가. 지적확정측량을 실시한 지역의 종전의 지번과 지적확정측량을 실시한 지역 밖에 있는 본번이 같은 지번이 있을 때에는 그 지번
      나. 지적확정측량을 실시한 지역의 경계에 걸쳐 있는 지번

06 공간정보의 구축 및 관리 등에 관한 법령상 중앙지적위원회 구성 및 회의 등에 관한 설명으로 틀린 것은?

① 위원장은 국토교통부의 지적업무 담당 국장이, 부위원장은 국토교통부의 지적업무 담당 과장이 된다.
② 중앙지적위원회는 관계인을 출석하게 하여 의견을 들을 수 있으며, 필요하면 현지조사를 할 수 있다.
③ 중앙지적위원회는 위원장 1명과 부위원장 1명을 포함하여 5명 이상 10명 이하의 위원으로 구성한다.
④ 중앙지적위원회의 회의는 재적위원 과반수의 출석으로 개의(開議)하고, 출석위원 과반수의 찬성으로 의결한다.
⑤ 위원장이 중앙지적위원회의 회의를 소집할 때에는 회의일시 · 장소 및 심의 안건을 회의 7일 전까지 각 위원에게 서면으로 통지하여야 한다.

해설 공간정보의 구축 및 관리 등에 관한 법률 시행령 제20조(중앙지적위원회의 구성 등)
① 법 제28조제1항에 따른 중앙지적위원회(이하 "중앙지적위원회"라 한다)는 위원장 1명과 부위원장 1명을 포함하여 5명 이상 10명 이하의 위원으로 구성한다.
② 위원장은 국토교통부의 지적업무 담당 국장이, 부위원장은 국토교통부의 지적업무 담당 과장이 된다.
③ 위원은 지적에 관한 학식과 경험이 풍부한 사람 중에서 국토교통부장관이 임명하거나 위촉한다.
④ 위원장 및 부위원장을 제외한 위원의 임기는 2년으로 한다.
⑤ 중앙지적위원회의 간사는 국토교통부의 지적업무 담당 공무원 중에서 국토교통부장관이 임명하며, 회의 준비, 회의록 작성 및 회의 결과에 따른 업무 등 중앙지적위원회의 서무를 담당한다.
⑥ 중앙지적위원회의 위원에게는 예산의 범위에서 출석수당과 여비, 그 밖의 실비를 지급할 수 있다. 다만, 공무원인 위원이 그 소관 업무와 직접적으로 관련되어 출석하는 경우에는 그러하지 아니하다.

공간정보의 구축 및 관리 등에 관한 법률 시행령 제21조(중앙지적위원회의 회의 등)
① 중앙지적위원회 위원장은 회의를 소집하고 그 의장이 된다.
② 위원장이 부득이한 사유로 직무를 수행할 수 없을 때에는 부위원장이 그 직무를 대행하고, 위원장 및 부위원장이 모두 부득이한 사유로 직무를 수행할 수 없을 때에는 위원장이 미리 지명한 위원이 그 직무를 대행한다.
③ 중앙지적위원회의 회의는 재적위원 과반수의 출석으로 개의(開議)하고, 출석위원 과반수의 찬성으로 의결한다.
④ 중앙지적위원회는 관계인을 출석하게 하여 의견을 들을 수 있으며, 필요하면 현지조사를 할 수 있다.
⑤ 위원장이 중앙지적위원회의 회의를 소집할 때에는 회의 일시 · 장소 및 심의 안건을 회의 5일 전까지 각 위원에게 서면으로 통지하여야 한다.
⑥ 위원이 법 제29조제6항에 따른 재심사 시 그 측량 사안에 관하여 관련이 있는 경우에는 그 안건의 심의 또는 의결에 참석할 수 없다.

07 공간정보의 구축 및 관리 등에 관한 법령상 지적공부와 등록사항의 연결이 틀린 것은?

① 토지대장 – 토지의 소재, 토지의 고유번호
② 임야대장 – 지번, 개별공시지가와 그 기준일
③ 지적도 – 경계, 건축물 및 구조물 등의 위치
④ 공유지연명부 – 소유권 지분, 전유부분의 건물표시
⑤ 대지권등록부 – 대지권 비율, 건물의 명칭

해설 **공간정보의 구축 및 관리 등에 관한 법률 제71조(토지대장 등의 등록사항)**

구분	토지표시사항	소유권에 관한 사항	기타
토지대장 (土地臺帳, Land Books) & 임야대장 (林野臺帳, Forest Books)	• ㉧지 소재 • ㉪번 • ㉪목 • 면㉱ • 토지의 ㉧동사유	• 토지소유자 ㉫동일자 • 변㉪원인 • ㉬민등록번호 • 성㉳ 또는 명칭 • 주㉛	• 토지의 고㉩번호(각 필지를 서로 구별하기 위하여 필지마다 붙이는 고유한 번호를 말한다) • 지적도 또는 임야㉯ 번호 • 필지별 토지대장 또는 임야대장의 ㉲번호 • ㉫척 • ㉥지등급 또는 기준수확량등급과 그 설정·수정 연월일 • 개별㉳시지가와 그 기준일
공유지연명부 (共有地連名簿, Common Land Books)	• ㉥지 소재 • ㉪번	• 토지소유자 ㉫동일자 • 변㉪원인 • ㉬민등록번호 • 성㉳ · 주㉛ • 소유권 ㉪분	• 토지의 ㉠유번호 • 필지별공유지 연명부의 ㉲번호
대지권등록부 (坐地權登錄簿, Building Site Rights Books)	• ㉥지 소재 • ㉪번	• 토지소유자가 ㉫동일자 및 변㉪원인 • ㉬민등록번호 • 성㉳ 또는 명칭 · 주㉛ • 대㉪권 비율 • 소유㉭ 지분	• 토지의 ㉠유번호 • 집합건물별 대지권등록부의 ㉲번호 • ㉢물의 명칭 • ㉪유부분의 건물의 표시
경계점좌표등록부 (境界點座標登錄簿, Boundary Point Coordinate Books)	• ㉥지 소재 • ㉪번 • 좌㉲		• 토지의 ㉠유번호 • 필지별 경계점좌표등록부의 ㉲번호 • ㉫호 및 부호도 • 지적㉣면의 번호
지적도 (地籍圖, Land Books) & 임야도 (林野圖, Forest Books)	• ㉥지 소재 • ㉪번 • ㉪목 • 경㉮ • 좌표에 의하여 계산된 경계㉳ 간의 거리(경계점좌표등록부를 갖춰두는 지역으로 한정한다)		• ㉣면의 색인도 • 도㉫의 제명 및 축척 • 도곽㉢과 그 수치 • 삼㉨점 및 지적기준점의 위치 • 건축㉳ 및 구조물 등의 위치

08 공간정보의 구축 및 관리 등에 관한 법령상 부동산 종합공부에 관한 설명으로 틀린 것은?

① 부동산종합공부를 열람하거나 부동산종합공부 기록사항의 전부 또는 일부에 관한 증명서를 발급 받으려는 자는 지적소관청이나 읍 · 면 · 동의 장에게 신청할 수 있다.

② 지적소관청은 부동산종합공부의 등록사항정정을 위하여 등록사항 상호 간에 일치하지 아니하는 사항을 확인 및 관리하여야 한다.

③ 토지소유자는 부동산종합공부의 토지의 표시에 관한 사항(「공간정보의 구축 및 관리 등에 관한 법률」에 따른 지적공부의 내용)의 등록사항에 잘못이 있음을 발견하면 지적소관청이나 읍 · 면 · 동의 장에게 그 정정을 신청할 수 있다.

④ 토지의 이용 및 규제에 관한 사항(「토지이용규제 기본법」 제10조에 따른 토지이용계획확인서의 내용)은 부동산종합공부의 등록사항이다.

⑤ 지적소관청은 부동산종합공부의 등록사항 중 등록사항 상호 간에 일치하지 아니하는 사항에 대해서는 등록사항을 관리하는 기관의 장에게 그 내용을 통지하여 등록사항정정을 요청할 수 있다.

해설 공간정보의 구축 및 관리 등에 관한 법률 제75조(지적공부의 열람 및 등본 발급)

① 지적공부를 열람하거나 그 등본을 발급받으려는 자는 해당 지적소관청에 그 열람 또는 발급을 신청하여야 한다. 다만, 정보처리시스템을 통하여 기록 · 저장된 지적공부(지적도 및 임야도는 제외한다)를 열람하거나 그 등본을 발급받으려는 경우에는 특별자치시장, 시장 · 군수 또는 구청장이나 읍 · 면 · 동의 장에게 신청할 수 있다.

② 제1항에 따른 지적공부의 열람 및 등본 발급의 절차 등에 필요한 사항은 국토교통부령으로 정한다.

공간정보의 구축 및 관리 등에 관한 법률 시행규칙 제74조(지적공부 및 부동산종합공부의 열람 · 발급 등)

① 법 제75조에 따라 지적공부를 열람하거나 그 등본을 발급받으려는 자는 별지 제71호 서식의 지적공부 · 부동산종합공부 열람 · 발급 신청서(전자문서로 된 신청서를 포함한다)를 지적소관청 또는 읍 · 면 · 동장에게 제출하여야 한다.

② 법 제76조의4에 따라 부동산종합공부를 열람하거나 부동산종합공부 기록사항의 전부 또는 일부에 관한 증명서(이하 "부동산종합증명서"라 한다)를 발급받으려는 자는 별지 제71호 서식의 지적공부 · 부동산종합공부 열람 · 발급 신청서(전자문서로 된 신청서를 포함한다)를 지적소관청 또는 읍 · 면 · 동장에게 제출하여야 한다. 〈신설 2014.1.17.〉

③ 부동산종합증명서의 건축물현황도 중 평면도 및 단위세대별 평면도의 열람 · 발급의 방법과 절차에 관하여는 「건축물대장의 기재 및 관리 등에 관한 규칙」 제11조제3항에 따른다. 〈신설 2014.1.17.〉

④ 부동산종합증명서는 별지 제71호의2 서식부터 별지 제71호의4 서식까지와 같다.

공간정보의 구축 및 관리 등에 관한 법률 제76조의3(부동산종합공부의 등록사항 등) 지적소관청은 부동산종합공부에 다음 각 호의 사항을 등록하여야 한다.

1. 토지의 표시와 소유자에 관한 사항 : 이 법에 따른 지적공부의 내용
2. 건축물의 표시와 소유자에 관한 사항(토지에 건축물이 있는 경우만 해당한다) : 「건축법」 제38조에 따른 건축물대장의 내용
3. 토지의 이용 및 규제에 관한 사항 : 「토지이용규제 기본법」 제10조에 따른 토지이용계획확인서의 내용
4. 부동산의 가격에 관한 사항 : 「부동산 가격공시 및 감정평가에 관한 법률」 제11조에 따른 개별공시지가, 같은 법 제16조 및 제17조에 따른 개별주택가격 및 공동주택가격 공시내용
5. 그 밖에 부동산의 효율적 이용과 부동산과 관련된 정보의 종합적 관리 · 운영을 위하여 필요한 사항으로서 대통령령으로 정하는 사항

공간정보의 구축 및 관리 등에 관한 법률 시행규칙 제62조의3(부동산종합공부의 등록사항 정정 등)
① 지적소관청은 법 제76조의5에 따라 준용되는 법 제84조에 따른 부동산종합공부의 등록사항 정정을 위하여 법 제76조의3 각 호의 등록사항 상호 간에 일치하지 아니하는 사항(이하 이 조에서 "불일치 등록사항"이라 한다)을 확인 및 관리하여야 한다.
② 지적소관청은 제1항에 따른 불일치 등록사항에 대해서는 법 제76조의3 각 호의 등록사항을 관리하는 기관의 장에게 그 내용을 통지하여 등록사항 정정을 요청할 수 있다.
③ 제1항 및 제2항에 따른 부동산종합공부의 등록사항 정정 절차 등에 관하여 필요한 사항은 국토교통부장관이 따로 정한다.

09 공간정보의 구축 및 관리 등에 관한 법령상 경계점좌표등록부의 등록사항으로 옳은 것만 나열한 것은?

① 지번, 토지의 이동사유
② 토지의 고유번호, 부호 및 부호도
③ 경계, 삼각점 및 지적기준점의 위치
④ 좌표, 건축물 및 구조물 등의 위치
⑤ 면적, 필지별 경계점좌표등록부의 장번호

해설 공간정보의 구축 및 관리 등에 관한 법률 제73조(경계점좌표등록부의 등록사항) 암기 토지좌표고장부도

지적소관청은 제86조에 따른 도시개발사업 등에 따라 새로이 지적공부에 등록하는 토지에 대하여는 다음 각 호의 사항을 등록한 경계점좌표등록부를 작성하고 갖춰 두어야 한다.

1. 토지의 소재
2. 지번
3. 좌표
4. 그 밖에 국토교통부령으로 정하는 사항

공간정보의 구축 및 관리 등에 관한 법률 시행규칙 제71조(경계점좌표등록부의 등록사항 등)
① 법 제73조의 경계점좌표등록부는 별지 제69호 서식과 같다.
② 법 제73조에 따라 경계점좌표등록부를 갖춰 두는 토지는 지적확정측량 또는 축척변경을 위한 측량을 실시하여 경계점을 좌표로 등록한 지역의 토지로 한다.
③ 법 제73조제4호에서 "그 밖에 국토교통부령으로 정하는 사항"이란 다음 각 호의 사항을 말한다.

1. 토지의 고유번호
2. 필지별 경계점좌표등록부의 장번호
3. 부호 및 부호도
4. 지적도면의 번호

10 공간정보의 구축 및 관리 등에 관한 법령상 축척변경위원회의 심의 · 의결사항으로 틀린 것은?

① 축척변경 시행계획에 관한 사항
② 지번별 제곱미터당 금액의 결정에 관한 사항
③ 축척변경 승인에 관한 사항
④ 청산금의 산정에 관한 사항
⑤ 청산금의 이의신청에 관한 사항

[해설] 공간정보의 구축 및 관리 등에 관한 법률 시행령 제80조(축척변경위원회의 기능) [암기] [축][제]하고 [청][소]해라

축척변경위원회는 지적소관청이 회부하는 다음 각 호의 사항을 심의 · 의결한다.

1. [축]척변경 시행계획에 관한 사항
2. 지번별 [제]곱미터당 금액의 결정과 청산금의 산정에 관한 사항
3. [청]산금의 이의신청에 관한 사항
4. 그 밖에 축척변경과 관련하여 지적[소]관청이 회의에 부치는 사항

11 공간정보의 구축 및 관리 등에 관한 법령상 토지의 등록, 지적공부 등에 관한 설명으로 틀린 것은?

① 지번은 지적소관청이 지번부여지역별로 차례대로 부여한다.

② 지적소관청은 도시개발사업의 시행 등의 사유로 지번에 결번이 생긴 때에는 지체 없이 그 사유를 결번대장에 적어 영구히 보존하여야 한다.

③ 지적소관청은 토지의 이동에 따라 지상경계를 새로 정한 경우에는 지상경계점등록부를 작성 · 관리하여야 한다.

④ 합병에 따른 경계 · 좌표 또는 면적은 지적측량을 하여 결정한다.

⑤ 지적공부를 정보처리시스템을 통하여 기록 · 저장한 경우 관할 시 · 도지사, 시장 · 군수 또는 구청장은 그 지적공부를 지적정보관리체계에 영구히 보존하여야 한다.

[해설] 공간정보의 구축 및 관리 등에 관한 법률 제65조(지상경계의 구분 등)

① 토지의 지상경계는 둑, 담장이나 그 밖에 구획의 목표가 될 만한 구조물 및 경계점표지 등으로 구분한다.

② 지적소관청은 토지의 이동에 따라 지상경계를 새로 정한 경우에는 다음 각 호의 사항을 등록한 지상경계점등록부를 작성 · 관리하여야 한다.

1. 토지의 소재
2. 지번
3. 경계점 좌표(경계점좌표등록부 시행지역에 한정한다)
4. 경계점 위치 설명도
5. 그 밖에 국토교통부령으로 정하는 사항

공간정보의 구축 및 관리 등에 관한 법률 제66조(지번의 부여 등)

① 지번은 지적소관청이 지번부여지역별로 차례대로 부여한다.

공간정보의 구축 및 관리 등에 관한 법률 시행규칙 제63조(결번대장의 비치)

지적소관청은 행정구역의 변경, 도시개발사업의 시행, 지번변경, 축척변경, 지번정정 등의 사유로 지번에 결번이 생긴 때에는 지체 없이 그 사유를 별지 제61호 서식의 결번대장에 적어 영구히 보존하여야 한다.

공간정보의 구축 및 관리 등에 관한 법률 제69조(지적공부의 보존 등)

① 지적소관청은 해당 청사에 지적서고를 설치하고 그곳에 지적공부(정보처리시스템을 통하여 기록 · 저장한 경우는 제외한다. 이하 이 항에서 같다)를 영구히 보존하여야 하며, 다음 각 호의 어느 하나에 해당하는 경우 외에는 해당 청사 밖으로 지적공부를 반출할 수 없다.

1. 천재지변이나 그 밖에 이에 준하는 재난을 피하기 위하여 필요한 경우
2. 관할 시 · 도지사 또는 대도시 시장의 승인을 받은 경우

② 지적공부를 정보처리시스템을 통하여 기록 · 저장한 경우 관할 시 · 도지사, 시장 · 군수 또는 구청장은 그 지적공부를 지적정보관리체계에 영구히 보존하여야 한다.

정답 11 ④

12 공간정보의 구축 및 관리 등에 관한 법령상 토지의 이동 신청 및 지적정리 등에 관한 설명이다. ( ) 안에 들어갈 내용으로 옳은 것은?

> 지적소관청은 토지의 표시가 잘못되었음을 발견하였을 때에는 (ㄱ) 등록사항정정에 필요한 서류와 등록사항정정 측량성과도를 작성하고, 「공간정보의 구축 및 관리 등에 관한 법률 시행령」 제84조제2 항에 따라 토지이동정리 결의서를 작성한 후 대장의 사유란에 (ㄴ)라고 적고, 토지소유자에게 등록사 항정정 신청을 할 수 있도록 그 사유를 통지하여야 한다.

① ㄱ : 지체 없이   ㄴ : 등록사항정정 대상토지
② ㄱ : 지체 없이   ㄴ : 지적불부합 토지
③ ㄱ : 7일 이내   ㄴ : 등록사항정정 대상토지
④ ㄱ : 30일 이내   ㄴ : 지적불부합 토지
⑤ ㄱ : 30일 이내   ㄴ : 등록사항정정 대상토지

해설 공간정보의 구축 및 관리 등에 관한 법률 시행규칙 제94조(등록사항 정정 대상토지의 관리 등)
① 지적소관청은 토지의 표시가 잘못되었음을 발견하였을 때에는 (지체 없이) 등록사항 정정에 필요한 서류와 등록사항 정정 측량성과도를 작성하고, 영 제84조제2항에 따라 토지이동정리 결의서를 작성한 후 대장의 사유란에 ("등록사항정정 대상토지")라고 적고, 토지소유자에게 등록사항 정정 신청을 할 수 있도록 그 사유를 통지하여야 한다. 다만, 영 제82조제1항에 따라 지적소관청이 직권으로 정정할 수 있는 경우에는 토지소유자에게 통지를 하지 아니할 수 있다.
② 제1항에 따른 등록사항 정정 대상토지에 대한 대장을 열람하게 하거나 등본을 발급하는 때에는 "등록사항 정정 대상토지"라고 적은 부분을 흑백의 반전(反轉)으로 표시하거나 붉은색으로 적어야 한다.

21 공인중개사 28회

01 공간정보의 구축 및 관리 등에 관한 법령상 다음의 예시에 따를 경우 지적측량의 측량기간과 측량검사기간으로 옳은 것은?

- 지적기준점의 설치가 필요 없는 경우임
- 지적측량의뢰인과 지적측량수행자가 서로 합의하여 측량기간과 측량검사기간을 합쳐 40일로 정함

	측량기간	측량검사기간
①	33일	7일
②	30일	10일
③	26일	14일
④	25일	15일
⑤	20일	20일

해설 공간정보의 구축 및 관리 등에 관한 법률 시행규칙 제25조(지적측량 의뢰 등)

① 법 제24조제1항에 따라 지적측량을 의뢰하려는 자는 별지 제15호 서식의 지적측량 의뢰서(전자문서로 된 의뢰서를 포함한다)에 의뢰 사유를 증명하는 서류(전자문서를 포함한다)를 첨부하여 지적측량수행자에게 제출하여야 한다. 〈개정 2014.1.17.〉

② 지적측량수행자는 제1항에 따른 지적측량 의뢰를 받은 때에는 측량기간, 측량일자 및 측량 수수료 등을 적은 별지 제16호 서식의 지적측량 수행계획서를 그 다음 날까지 지적소관청에 제출하여야 한다. 제출한 지적측량 수행계획서를 변경한 경우에도 같다. 〈개정 2014.1.17.〉

③ 지적측량의 측량기간은 5일로 하며, 측량검사기간은 4일로 한다. 다만, 지적기준점을 설치하여 측량 또는 측량검사를 하는 경우 지적기준점이 15점 이하인 경우에는 4일을, 15점을 초과하는 경우에는 4일에 15점을 초과하는 4점마다 1일을 가산한다. 〈개정 2010.6.17.〉

④ 제3항에도 불구하고 지적측량 의뢰인과 지적측량수행자가 서로 합의하여 따로 기간을 정하는 경우에는 그 기간에 따르되, 전체 기간의 4분의 3은 측량기간으로, 전체 기간의 4분의 1은 측량검사기간으로 본다.

02 「공간정보의 구축 및 관리 등에 관한 법령」에서 규정하고 있는 지목의 종류를 모두 고른 것은?

ㄱ. 선로용지	ㄴ. 체육용지	ㄷ. 창고용지
ㄹ. 철도용지	ㅁ. 종교용지	ㅂ. 항만용지

① ㄱ, ㄴ, ㄷ   ② ㄴ, ㅁ, ㅂ

③ ㄱ, ㄷ, ㄹ, ㅂ   ④ ㄱ, ㄹ, ㅁ, ㅂ

⑤ ㄴ, ㄷ, ㄹ, ㅁ

[해설]

토지조사사업 당시 지목 (18개)	과세지 : 전, 답, 대(垈), 지소(池沼), 임야(林野), 잡종지(雜種地)(6개) 비과세 : 도로, 하천, 구거, 제방, 성첩, 철도선로, 수도선로(7개) 면세지 : 사사지, 분묘지, 공원지, 철도용지, 수도용지(5개)
1918년 지세령 개정 (19개)	지소(池沼) : 지소, 유지로 세분
1950년 구 지적법 (21개)	잡종지(雜種地) : 잡종지, 염전, 관천으로 세분

1975년 지적법 2차 개정 (24개)	통합	철도용지＋철도선로＝철도용지 수도용지＋수도선로＝수도용지 유지＋지소＝유지
	신설	과수원, 목장용지, 공장용지, 학교용지, 유원지, 운동장(6개)
	명칭 변경	사사지 ⇒ 종교용지 성첩 ⇒ 사적지 분묘지 ⇒ 묘지 운동장 ⇒ 체육용지

2001년 지적법 10차 개정 (28개)	주차장, 주유소용지, 창고용지, 양어장(4개 신설)

지목	**부호**	**지목**	**부호**	**지목**	**부호**	**지목**	**부호**
전	전	대	대	철도용지	철	공원	공
답	답	공장용지	장	제방	제	체육용지	체
과수원	과	학교용지	학	하천	천	유원지	원
목장용지	목	주차장	차	구거	구	종교용지	종
임야	임	주유소용지	주	유지	유	사적지	사
광천지	광	창고용지	창	양어장	양	묘지	묘
염전	염	도로	도	수도용지	수	잡종지	잡

현행(28개)

03 「공간정보의 구축 및 관리 등에 관한 법령」상 지상 경계점등록부의 등록사항으로 옳은 것은?

① 경계점표지의 설치 사유
② 경계점의 사진 파일
③ 경계점표지의 보존 기간
④ 경계점의 설치 비용
⑤ 경계점표지의 제조 연월일

[해설] 공간정보의 구축 및 관리 등에 관한 법률 제65조(지상경계의 구분 등)

<table>
<tr><td rowspan="2">지상경계점등록부
(지적재조사에 관한 특별법
시행규칙 제10조)</td><td colspan="2">암기 [토][지][목][성][도] [경][번][지] [세][관][위] [기][경] [소][직][명] [확][직][명]</td></tr>
<tr><td>1. [토]지의 소재
2. [지]번
3. 지[목]
4. 작[성]일
5. 위치[도]
6. [경]계점 [번]호 및 표[지]종류</td><td>7. 경계점 [세]부설명 및 [관]련자료
8. 경계[위]치
9. 경계설정[기]준 및 [경]계형태
10. 작성자의 [소]속 · [직]급(직위) · 성[명]
11. [확]인자의 [직]급 · 성[명]</td></tr>
<tr><td rowspan="2">지상경계점등록부
(공간정보의 구축 및 관리 등에 관한 법률 제65조)</td><td colspan="2">암기 [토][지][경][계] [공][계][점]</td></tr>
<tr><td>1. [토]지의 소재
2. [지]번
3. [경]계점 좌표(경계점좌표등록부 시행 지역에 한정한다)</td><td>4. 경[계]점 위치 설명도
5. [공]부상 지목과 실제 토지이용 지목
6. 경[계]점의 사진 파일
7. 경계[점]표지의 종류 및 경계점 위치</td></tr>
</table>

04 「공간정보의 구축 및 관리 등에 관한 법령」상 토지의 등록 등에 관한 설명으로 옳은 것은?

① 지적공부에 등록하는 지번 · 지목 · 면적 · 경계 또는 좌표는 토지의 이동이 있을 때 토지소유자의 신청을 받아 지적소관청이 결정하되, 신청이 없으면 지적소관청이 직권으로 조사 · 측량하여 결정할 수 있다.
② 지적소관청은 토지의 이용현황을 직권으로 조사 · 측량하여 토지의 지번 · 지목 · 면적 · 경계 또는 좌표를 결정하려는 때에는 토지이용계획을 수립하여야 한다.
③ 토지소유자가 지번을 변경하려면 지번변경 사유와 지번 변경 대상토지의 지번 · 지목 · 면적에 대한 상세한 내용을 기재하여 지적소관청에 신청하여야 한다.
④ 지적소관청은 토지가 일시적 또는 임시적인 용도로 사용되는 경우로서 토지소유자의 신청이 있는 경우에는 지목을 변경할 수 있다.
⑤ 지적도의 축척이 600분의 1인 지역과 경계점좌표등록부에 등록하는 지역의 1필지 면적이 1제곱미터 미만일 때에는 1제곱미터로 한다.

정답 **03** ② **04** ①

[해설] 공간정보의 구축 및 관리 등에 관한 법률 제64조(토지의 조사·등록 등)

① 국토교통부장관은 모든 토지에 대하여 필지별로 소재·지번·지목·면적·경계 또는 좌표 등을 조사·측량하여 지적공부에 등록하여야 한다.

② 지적공부에 등록하는 지번·지목·면적·경계 또는 좌표는 토지의 이동이 있을 때 토지소유자(법인이 아닌 사단이나 재단의 경우에는 그 대표자나 관리인을 말한다. 이하 같다)의 신청을 받아 지적소관청이 결정한다. 다만, 신청이 없으면 지적소관청이 직권으로 조사·측량하여 결정할 수 있다.

③ 제2항 단서에 따른 조사·측량의 절차 등에 필요한 사항은 국토교통부령으로 정한다.

공간정보의 구축 및 관리 등에 관한 법률 시행규칙 제59조(토지의 조사·등록)

① 지적소관청은 법 제64조제2항 단서에 따라 토지의 이동현황을 직권으로 조사·측량하여 토지의 지번·지목·면적·경계 또는 좌표를 결정하려는 때에는 토지이동현황 조사계획을 수립하여야 한다. 이 경우 토지이동현황 조사계획은 시·군·구별로 수립하되, 부득이한 사유가 있는 때에는 읍·면·동별로 수립할 수 있다.

② 지적소관청은 제1항에 따른 토지이동현황 조사계획에 따라 토지의 이동현황을 조사한 때에는 별지 제55호 서식의 토지이동 조사부에 토지의 이동현황을 적어야 한다.

③ 지적소관청은 제2항에 따른 토지이동현황 조사 결과에 따라 토지의 지번·지목·면적·경계 또는 좌표를 결정한 때에는 이에 따라 지적공부를 정리하여야 한다.

공간정보의 구축 및 관리 등에 관한 법률 시행령 제57조(지번변경 승인신청 등)

① 지적소관청은 법 제66조제2항에 따라 지번을 변경하려면 지번변경 사유를 적은 승인신청서에 지번변경 대상지역의 지번·지목·면적·소유자에 대한 상세한 내용(이하 "지번등 명세"라 한다)을 기재하여 시·도지사 또는 대도시 시장(법 제25조제1항의 대도시 시장을 말한다. 이하 같다)에게 제출하여야 한다. 이 경우 시·도지사 또는 대도시 시장은 「전자정부법」 제36조제1항에 따른 행정정보의 공동이용을 통하여 지번변경 대상지역의 지적도 및 임야도를 확인하여야 한다. 〈개정 2010.11.2.〉

② 제1항에 따라 신청을 받은 시·도지사 또는 대도시 시장은 지번변경 사유 등을 심사한 후 그 결과를 지적소관청에 통지하여야 한다.

공간정보의 구축 및 관리 등에 관한 법률 시행령 제59조(지목의 설정방법 등)

① 법 제67조제1항에 따른 지목의 설정은 다음 각 호의 방법에 따른다.

  1. 필지마다 하나의 지목을 설정할 것
  2. 1필지가 둘 이상의 용도로 활용되는 경우에는 주된 용도에 따라 지목을 설정할 것

② 토지가 일시적 또는 임시적인 용도로 사용될 때에는 지목을 변경하지 아니한다.

공간정보의 구축 및 관리 등에 관한 법률 시행령 제60조(면적의 결정 및 측량계산의 끝수처리)

① 면적의 결정은 다음 각 호의 방법에 따른다.

> 1. 토지의 면적에 1제곱미터 미만의 끝수가 있는 경우 0.5제곱미터 미만일 때에는 버리고 0.5제곱미터를 초과하는 때에는 올리며, 0.5제곱미터일 때에는 구하려는 끝자리의 숫자가 0 또는 짝수이면 버리고 홀수이면 올린다. 다만, 1필지의 면적이 1제곱미터 미만일 때에는 1제곱미터로 한다.
> 2. 지적도의 축척이 600분의 1인 지역과 경계점좌표등록부에 등록하는 지역의 토지 면적은 제1호에도 불구하고 제곱미터 이하 한 자리 단위로 하되, 0.1제곱미터 미만의 끝수가 있는 경우 0.05제곱미터 미만일 때에는 버리고 0.05제곱미터를 초과할 때에는 올리며, 0.05제곱미터일 때에는 구하려는 끝자리의 숫자가 0 또는 짝수이면 버리고 홀수이면 올린다. 다만, 1필지의 면적이 0.1제곱미터 미만일 때에는 0.1제곱미터로 한다.

05 공간정보의 구축 및 관리 등에 관한 법령상 축척변경에 관한 설명이다. (   ) 안에 들어갈 내용으로 옳은 것은?

> • 지적소관청은 축척변경을 하려면 축척변경 시행 지역의 토지소유자 (ㄱ)의 동의를 받아 축척변경위원회의 의견을 거친 후 (ㄴ)의 승인을 받아야 한다.
> • 축척변경 시행지역의 토지소유자 또는 점유자는 시행공고일부터 (ㄷ) 이내에 시행 공고일 현재 점유하고 있는 경계에 경계점표지를 설치하여야 한다.

	ㄱ	ㄴ	ㄷ
①	2분의 1 이상	국토교통부장관	30일
②	2분의 1 이상	시 · 도지사 또는 대도시 시장	60일
③	2분의 1 이상	국토교통부장관	60일
④	3분의 2 이상	시 · 도지사 또는 대도시 시장	30일
⑤	3분의 2 이상	국토교통부장관	60일

해설 공간정보의 구축 및 관리 등에 관한 법률 제83조(축척변경)

① 축척변경에 관한 사항을 심의 · 의결하기 위하여 지적소관청에 축척변경위원회를 둔다.

② 지적소관청은 지적도가 다음 각 호의 어느 하나에 해당하는 경우에는 토지소유자의 신청 또는 지적소관청의 직권으로 일정한 지역을 정하여 그 지역의 축척을 변경할 수 있다.

> 1. 잦은 토지의 이동으로 1필지의 규모가 작아서 소축척으로는 지적측량성과의 결정이나 토지의 이동에 따른 정리를 하기가 곤란한 경우
> 2. 하나의 지번부여지역에 서로 다른 축척의 지적도가 있는 경우
> 3. 그 밖에 지적공부를 관리하기 위하여 필요하다고 인정되는 경우

③ 지적소관청은 제2항에 따라 축척변경을 하려면 축척변경 시행지역의 토지소유자 3분의 2 이상의 동의를 받아 제1항에 따른 축척변경위원회의 의결을 거친 후 시 · 도지사 또는 대도시 시장의 승인을 받아야 한다. 다만, 다음 각 호의 어느 하나에 해당하는 경우에는 축척변경위원회의 의결 및 시 · 도지사 또는 대도시 시장의 승인 없이 축척변경을 할 수 있다.

> 1. 합병하려는 토지가 축척이 다른 지적도에 각각 등록되어 있어 축척변경을 하는 경우
> 2. 제86조에 따른 도시개발사업 등의 시행지역에 있는 토지로서 그 사업 시행에서 제외된 토지의 축척변경을 하는 경우

④ 축척변경의 절차, 축척변경으로 인한 면적 증감의 처리, 축척변경 결과에 대한 이의신청 및 축척변경위원회의 구성 · 운영 등에 필요한 사항은 대통령령으로 정한다.

공간정보의 구축 및 관리 등에 관한 법률 시행령 제71조(축척변경 시행공고 등) **암기** ㉠㉡⑤㉛⑥⑭

① 지적소관청은 법 제83조제3항에 따라 시 · 도지사 또는 대도시 시장으로부터 축척변경 승인을 받았을 때에는 지체 없이 다음 각 호의 사항을 20일 이상 공고하여야 한다.

> 1. 축척변경의 ⑤적, 시행㉡역 및 시행㉠간
> 2. 축척변경의 시행에 따른 ㉛산방법
> 3. 축척변경의 시행에 따른 토지⑥유자 등의 협조에 관한 사항
> 4. 축척변경의 시행에 관한 ⑭부계획

② 제1항에 따른 시행공고는 시 · 군 · 구(자치구가 아닌 구를 포함한다) 및 축척변경 시행지역 동 · 리의 게시판에 주민이 볼 수 있도록 게시하여야 한다.

③ 축척변경 시행지역의 토지소유자 또는 점유자는 시행공고가 된 날(이하 "시행공고일"이라 한다)부터 30일 이내에 시행공고일 현재 점유하고 있는 경계에 국토교통부령으로 정하는 경계점표지를 설치하여야 한다.

06 공간정보의 구축 및 관리 등에 관한 법령상 지목의 구분에 관한 설명으로 옳은 것은?

① 물을 정수하여 공급하기 위한 취수 · 저수 · 도수(導水) · 정수 · 송수 및 배수 시설의 부지 및 이에 접속된 부속시설물의 부지 지목은 "수도용지"로 한다.

② 「산업집적활성화 및 공장설립에 관한 법률」 등 관계 법령에 따른 공장부지 조성공사가 준공된 토지의 지목은 "산업용지"로 한다.

③ 물이 고이거나 상시적으로 물을 저장하고 있는 댐 · 저수지 · 소류지(沼溜地) 등의 토지와 연 · 왕골 등을 재배하는 토지의 지목은 "유지"로 한다.

④ 물을 상시적으로 이용하지 않고 곡물 · 원예작물(과수류 포함) 등의 식물을 주로 재배하는 토지와 죽림지의 지목은 "전"으로 한다.

⑤ 학교용지 · 공원 등 다른 지목으로 된 토지에 있는 유적 · 고적 · 기념물 등을 보호하기 위하여 구획된 토지의 지목은 "사적지"로 한다.

해설 공간정보의 구축 및 관리 등에 관한 법률 제58조(지목의 구분)

법 제67조제1항에 따른 지목의 구분은 다음 각 호의 기준에 따른다.

수도용지	물을 정수하여 공급하기 위한 취수 · 저수 · 도수(導水) · 정수 · 송수 및 배수 시설의 부지 및 이에 접속된 부속시설물의 부지
공장용지	가. 제조업을 하고 있는 공장시설물의 부지 나. 「산업집적활성화 및 공장설립에 관한 법률」 등 관계 법령에 따른 공장부지 조성공사가 준공된 토지 다. 가목 및 나목의 토지와 같은 구역에 있는 의료시설 등 부속시설물의 부지
유지(溜池)	물이 고이거나 상시적으로 물을 저장하고 있는 댐 · 저수지 · 소류지(沼溜地) · 호수 · 연못 등의 토지와 연 · 왕골 등이 자생하는 배수가 잘 되지 아니하는 토지
전	물을 상시적으로 이용하지 않고 곡물 · 원예작물(과수류는 제외한다) · 약초 · 뽕나무 · 닥나무 · 묘목 · 관상수 등의 식물을 주로 재배하는 토지와 식용(食用)으로 죽순을 재배하는 토지
사적지	문화재로 지정된 역사적인 유적 · 고적 · 기념물 등을 보존하기 위하여 구획된 토지. 다만, 학교용지 · 공원 · 종교용지 등 다른 지목으로 된 토지에 있는 유적 · 고적 · 기념물 등을 보호하기 위하여 구획된 토지는 제외한다.
학교용지	학교의 교사(校舍)와 이에 접속된 체육장 등 부속시설물의 부지

07 공간정보의 구축 및 관리 등에 관한 법령상 토지 소유자 등 이해관계인이 지적측량수행자에게 지적측량을 의뢰할 수 없는 경우는?

① 바다가 된 토지의 등록을 말소하는 경우로서 지적측량을 할 필요가 있는 경우

② 토지를 등록전환하는 경우로서 지적측량을 할 필요가 있는 경우

③ 지적공부의 등록사항을 정정하는 경우로서 지적측량을 할 필요가 있는 경우

④ 도시개발사업 등의 시행지역에서 토지의 이동이 있는 경우로서 지적측량을 할 필요가 있는 경우

⑤ 「지적재조사에 관한 특별법」에 따른 지적재조사사업에 따라 토지의 이동이 있는 경우로서 지적측량을 할 필요가 있는 경우

공간정보의 구축 및 관리 등에 관한 법률 제23조(지적측량의 실시 등)

① 다음 각 호의 어느 하나에 해당하는 경우에는 지적측량을 하여야 한다. 〈개정 2013.7.17.〉

   1. 제7조제1항제3호에 따른 지적기준점을 정하는 경우
   2. 제25조에 따라 지적측량성과를 검사하는 경우
   3. 다음 각 목의 어느 하나에 해당하는 경우로서 측량을 할 필요가 있는 경우

   > 가. 제74조에 따라 지적공부를 복구하는 경우
   > 나. 제77조에 따라 토지를 신규등록하는 경우
   > 다. 제78조에 따라 토지를 등록전환하는 경우
   > 라. 제79조에 따라 토지를 분할하는 경우
   > 마. 제82조에 따라 바다가 된 토지의 등록을 말소하는 경우
   > 바. 제83조에 따라 축척을 변경하는 경우
   > 사. 제84조에 따라 지적공부의 등록사항을 정정하는 경우
   > 아. 제86조에 따른 도시개발사업 등의 시행지역에서 토지의 이동이 있는 경우
   > 자. 「지적재조사에 관한 특별법」에 따른 지적재조사사업에 따라 토지의 이동이 있는 경우

   4. 경계점을 지상에 복원하는 경우
   5. 그 밖에 대통령령으로 정하는 경우

② 지적측량의 방법 및 절차 등에 필요한 사항은 국토교통부령으로 정한다. 〈개정 2013.3.23.〉

공간정보의 구축 및 관리 등에 관한 법률 제24조(지적측량 의뢰 등)

① 토지소유자 등 이해관계인은 제23조제1항제1호 및 제3호(자목은 제외한다)부터 제5호까지의 사유로 지적측량을 할 필요가 있는 경우에는 다음 각 호의 어느 하나에 해당하는 자(이하 "지적측량수행자"라 한다)에게 지적측량을 의뢰하여야 한다.

   > 1. 제44조제1항제2호의 지적측량업의 등록을 한 자
   > 2. 「국가공간정보 기본법」 제12조에 따라 설립된 한국국토정보공사(이하 "한국국토정보공사"라 한다)

② 지적측량수행자는 제1항에 따른 지적측량 의뢰를 받으면 지적측량을 하여 그 측량성과를 결정하여야 한다.

③ 제1항 및 제2항에 따른 지적측량 의뢰 및 측량성과 결정 등에 필요한 사항은 국토교통부령으로 정한다.

08 공간정보의 구축 및 관리 등에 관한 법령상 지적확정측량을 실시한 지역의 각 필지에 지번을 새로 부여하는 방법을 준용하는 것을 모두 고른 것은?

> ㄱ. 지번부여지역의 지번을 변경할 때
> ㄴ. 행정구역 개편에 따라 새로 지번을 부여할 때
> ㄷ. 축척변경 시행지역의 필지에 지번을 부여할 때
> ㄹ. 등록사항정정으로 지번을 정정하여 부여할 때
> ㅁ. 바다로 된 토지가 등록 말소된 후 다시 회복 등록을 위해 지번을 부여할 때

① ㄱ
② ㄱ, ㄴ
③ ㄱ, ㄴ, ㄷ
④ ㄱ, ㄴ, ㄷ, ㄹ
⑤ ㄴ, ㄷ, ㄹ, ㅁ

구분	토지이동에 따른 지번의 부여방법(령 제56조)	
부여방법	① 지번(地番)은 아라비아숫자로 표기하되, 임야대장 및 임야도에 등록하는 토지의 지번은 숫자 앞에 "산"자를 붙인다. ② 지번은 본번(本番)과 부번(副番)으로 구성하되, 본번과 부번 사이에 "－" 표시로 연결한다. 이 경우 "－" 표시는 "의"라고 읽는다. ③ 법 제66조에 따른 지번의 부여방법은 다음 각 호와 같다. 1. 지번은 북서에서 남동으로 순차적으로 부여할 것	
신규등록· 등록전환	원칙	지번부여지역에서 인접토지의 본번에 부번을 붙여서 지번을 부여한다.
	예외	다음의 경우에는 그 지번부여지역의 최종 본번의 다음 순번부터 본번으로 하여 순차적으로 지번을 부여할 수 있다. ① 대상 토지가 그 지번부여지역의 최종 지번의 토지에 인접하여 있는 경우 ② 대상 토지가 이미 등록된 토지와 멀리 떨어져 있어서 등록된 토지의 본번에 부번을 부여하는 것이 불합리한 경우 ③ 대상 토지가 여러 필지로 되어 있는 경우
분할	원칙	분할 후의 필지 중 1필지의 지번은 분할 전의 지번으로 하고, 나머지 필지의 지번은 본번의 최종 부번 다음 순번으로 부번을 부여한다.
	예외	주거·사무실 등의 건축물이 있는 필지에 대해서는 분할 전의 지번을 우선하여 부여하여야 한다.
합병	원칙	합병 대상 지번 중 선순위의 지번을 그 지번으로 하되, 본번으로 된 지번이 있을 때에는 본번 중 선순위의 지번을 합병 후의 지번으로 한다.
	예외	토지소유자가 합병 전의 필지에 주거·사무실 등의 건축물이 있어서 그 건축물이 위치한 지번을 합병 후의 지번으로 신청할 때에는 그 지번을 합병 후의 지번으로 부여하여야 한다.
지적확정측량을 실시한 지역의 각 필지에 지번을 새로 부여하는 경우	원칙	다음 각 목의 지번을 제외한 본번으로 부여한다. ① 지적확정측량을 실시한 지역 안의 종전의 지번과 지적확정측량을 실시한 지역 밖에 있는 본번이 같은 지번이 있을 때 그 지번 ② 지적확정측량을 실시한 지역의 경계에 걸쳐 있는 지번
	예외	부여할 수 있는 종전 지번의 수가 새로 부여할 지번의 수보다 적을 때에는 블록단위로 하나의 본번을 부여한 후 필지별로 부번을 부여하거나, 그 지번부여지역의 최종 본번 다음 순번부터 본번으로 하여 차례로 지번을 부여할 수 있다.
지적확정측량에 준용	① 법 제66조제2항(② 지적소관청은 지적공부에 등록된 지번을 변경할 필요가 있다고 인정하면 시·도지사나 대도시 시장의 승인을 받아 지번부여지역의 전부 또는 일부에 대하여 지번을 새로 부여할 수 있다.)에 따라 지번부여지역의 지번을 변경할 때 ② 법 제85조제2항(② 지번부여지역의 일부가 행정구역의 개편으로 다른 지번부여지역에 속하게 되었으면 지적소관청은 새로 속하게 된 지번부여지역의 지번을 부여하여야 한다.)에 따른 행정구역 개편에 따라 새로 지번을 부여할 때 ③ 제72조제1항(① 지적소관청은 축척변경 시행지역의 각 필지별 지번·지목·면적·경계 또는 좌표를 새로 정하여야 한다.)에 따라 축척변경 시행지역의 필지에 지번을 부여할 때	
도시개발사업 등의 준공 전	도시개발사업 등이 준공되기 전에 사업시행자가 지번부여를 신청하는 경우에는 국토교통부령으로 정하는 바에 따라 지번을 부여할 수 있다. 지적소관청은 도시개발사업 등이 준공되기 전에 지번을 부여하는 때에는 사업계획도에 따르되, 지적확정측량을 실시한 지역의 각 필지에 지번을 새로 부여하는 경우의 지번부여방식에 따라 지번을 부여하여야 한다.	

09 공간정보의 구축 및 관리 등에 관한 법령상 지적소관청은 토지의 이동 등으로 토지의 표시 변경에 관한 등기를 할 필요가 있는 경우에는 지체없이 관할 등기관서에 그 등기를 촉탁하여야 한다. 등기촉탁 대상이 아닌 것은?

① 지번부여지역의 전부 또는 일부에 대하여 지번을 새로 부여한 경우
② 바다로 된 토지의 등록을 말소한 경우
③ 하나의 지번부여지역에 서로 다른 축척의 지적도가 있어 축척을 변경한 경우
④ 지적소관청이 신규등록하는 토지의 소유자를 직접 조사하여 등록한 경우
⑤ 지적소관청이 직권으로 조사·측량하여 지적공부의 등록사항을 정정한 경우

해설 **공간정보의 구축 및 관리 등에 관한 법률 제89조(등기촉탁)**

① 지적소관청은 제64조제2항(신규등록은 제외한다), 제66조제2항, 제82조, 제83조제2항, 제84조제2항 또는 제85조제2항에 따른 사유로 토지의 표시 변경에 관한 등기를 할 필요가 있는 경우에는 지체 없이 관할 등기관서에 그 등기를 촉탁하여야 한다. 이 경우 등기촉탁은 국가가 국가를 위하여 하는 등기로 본다.
② 제1항에 따른 등기촉탁에 필요한 사항은 국토교통부령으로 정한다.

> • 지적소관청은 지적공부에 등록하는 지번·지목·면적·경계 또는 좌표는 토지의 이동이 있을 때 (제64조제2항 단, 신규등록은 제외한다)
> • 지적소관청은 지적공부에 등록된 지번을 변경할 필요가 있을 때(제66조제2항)
> • 바다로 된 토지의 등록말소 신청(제82조)
> • 축척변경을 한 때(제83조제2항)
> • 지적소관청은 지적공부의 등록사항에 잘못이 있음을 발견하면 대통령령으로 정하는 바에 따라 직권으로 조사·측량하여 정정할 수 있다.(제84조제2항)
> • 지번부여지역의 일부가 행정구역의 개편으로 다른 지번부여지역에 속하게 되었으면 지적소관청은 새로 속하게 된 지번부여지역의 지번을 부여하여야 한다.(제85조제2항)

10 공간정보의 구축 및 관리 등에 관한 법령상 경계점좌표등록부를 갖춰 두는 지역의 지적공부 및 토지의 등록 등에 관한 설명으로 틀린 것은?

① 지적도에는 해당 도면의 제명 앞에 "(수치)"라고 표시하여야 한다.
② 지적도에는 도곽선의 오른쪽 아래 끝에 "이 도면에 의하여 측량할 수 없음"이라고 적어야 한다.
③ 토지 면적은 제곱미터 이하 한 자리 단위로 결정하여야 한다.
④ 면적측정 방법은 좌표면적계산법에 의한다.
⑤ 경계점좌표등록부를 갖춰 두는 토지는 지적확정측량 또는 축척변경을 위한 측량을 실시하여 경계점을 좌표로 등록한 지역의 토지로 한다.

해설 **공간정보의 구축 및 관리 등에 관한 법률 시행규칙 제69조(지적도면 등의 등록사항 등)**

① 법 제72조에 따른 지적도 및 임야도는 각각 별지 제67호 서식 및 별지 제68호 서식과 같다.
② 법 제72조제5호에서 "그 밖에 국토교통부령으로 정하는 사항"이란 다음 각 호의 사항을 말한다. 〈개정 2013.3.23.〉

> 1. 지적도면의 색인도(인접도면의 연결 순서를 표시하기 위하여 기재한 도표와 번호를 말한다)
> 2. 지적도면의 제명 및 축척
> 3. 도곽선(圖廓線)과 그 수치

4. 좌표에 의하여 계산된 경계점 간의 거리(경계점좌표등록부를 갖춰 두는 지역으로 한정한다)
5. 삼각점 및 지적기준점의 위치
6. 건축물 및 구조물 등의 위치
7. 그 밖에 국토교통부장관이 정하는 사항

③ 경계점좌표등록부를 갖춰 두는 지역의 지적도에는 해당 도면의 제명 끝에 "(좌표)"라고 표시하고, 도곽선의 오른쪽 아래 끝에 "이 도면에 의하여 측량을 할 수 없음"이라고 적어야 한다.
④ 지적도면에는 지적소관청의 직인을 날인하여야 한다. 다만, 정보처리시스템을 이용하여 관리하는 지적도면의 경우에는 그러하지 아니하다.
⑤ 지적소관청은 지적도면의 관리에 필요한 경우에는 지번부여지역마다 일람도와 지번색인표를 작성하여 갖춰 둘 수 있다.

11 공간정보의 구축 및 관리 등에 관한 법령상 지적공부(정보처리시스템을 통하여 기록·저장한 경우는 제외)의 복구에 관한 설명으로 틀린 것은?

① 지적소관청은 지적공부의 전부 또는 일부가 멸실되거나 훼손된 경우에는 지체없이 이를 복구하여야 한다.
② 지적공부를 복구할 때 송유자에 관한 사항은 부동산 등기부나 법원의 확정판결에 따라 복구하여야 한다.
③ 토지이동정리 결의서는 지적공부의 복구에 관한 관계자료에 해당한다.
④ 복구자료도에 따라 측정한 면적과 지적복구자료 조사서의 조사된 면적의 증감이 허용범위를 초과하는 경우에는 복구측량을 하여야 한다.
⑤ 지적소관청이 지적공부를 복구하려는 경우에는 해당토지의 소유자에게 지적공부의 복구신청을 하도록 통지하여야 한다.

해설 **공간정보의 구축 및 관리 등에 관한 법률 제74조(지적공부의 복구)**
지적소관청(제69조제2항에 따른 지적공부의 경우에는 시·도지사, 시장·군수 또는 구청장)은 지적공부의 전부 또는 일부가 멸실되거나 훼손된 경우에는 대통령령으로 정하는 바에 따라 지체 없이 이를 복구하여야 한다.

공간정보의 구축 및 관리 등에 관한 법률 시행규칙 제72조(지적공부의 복구자료)
암기 부등지등복증은 측지원에서
영 제61조제1항에 따른 지적공부의 복구에 관한 관계 자료(이하 "복구자료"라 한다)는 다음 각 호와 같다.

1. ㉒동산등기부 등본 등 ㉒기사실을 증명하는 서류
2. ㉒적공부의 ㉒본
3. 법 제69조제3항에 따라 ㉒제된 지적공부
4. 지적소관청이 작성하거나 발행한 지적공부의 등록내용을 증㉒하는 서류
5. 측㉒ 결과도
6. 토㉒이동정리 결의서
7. 법㉒의 확정판결서 정본 또는 사본

공간정보의 구축 및 관리 등에 관한 법률 시행규칙 제73조(지적공부의 복구절차 등)
① 지적소관청은 법 제74조 및 영 제61조제1항에 따라 지적공부를 복구하려는 경우에는 제72조 각 호의 복구자료를 조사하여야 한다.
② 지적소관청은 제1항에 따라 조사된 복구자료 중 토지대장·임야대장 및 공유지연명부의 등록 내용

을 증명하는 서류 등에 따라 별지 제70호 서식의 지적복구자료 조사서를 작성하고, 지적도면의 등록 내용을 증명하는 서류 등에 따라 복구자료도를 작성하여야 한다.

③ 제2항에 따라 작성된 복구자료도에 따라 측정한 면적과 지적복구자료 조사서의 조사된 면적의 증감이 영 제19조제1항제2호가목의 계산식에 따른 허용범위를 초과하거나 복구자료도를 작성할 복구자료가 없는 경우에는 복구측량을 하여야 한다. 이 경우 같은 계산식 중 A는 오차허용면적, M은 축척분모, F는 조사된 면적을 말한다.

④ 제2항에 따라 작성된 지적복구자료 조사서의 조사된 면적이 영 제19조제1항제2호가목의 계산식에 따른 허용범위 이내인 경우에는 그 면적을 복구면적으로 결정하여야 한다.

⑤ 제3항에 따라 복구측량을 한 결과가 복구자료와 부합하지 아니하는 때에는 토지소유자 및 이해관계인의 동의를 받어 경계 또는 면적 등을 조정할 수 있다. 이 경우 경계를 조정한 때에는 제60조제2항에 따른 경계점표지를 설치하여야 한다.

⑥ 지적소관청은 제1항부터 제5항까지의 규정에 따른 복구자료의 조사 또는 복구측량 등이 완료되어 지적공부를 복구하려는 경우에는 복구하려는 토지의 표시 등을 시·군·구 게시판 및 인터넷 홈페이지에 15일 이상 게시하여야 한다.

⑦ 복구하려는 토지의 표시 등에 이의가 있는 자는 제6항의 게시기간 내에 지적소관청에 이의신청을 할 수 있다. 이 경우 이의신청을 받은 지적소관청은 이의사유를 검토하여 이유 있다고 인정되는 때에는 그 시정에 필요한 조치를 하여야 한다.

⑧ 지적소관청은 제6항 및 제7항에 따른 절차를 이행한 때에는 지적복구자료 조사서, 복구자료도 또는 복구측량 결과도 등에 따라 토지대장·임야대장·공유지연명부 또는 지적도면을 복구하여야 한다.

⑨ 토지대장·임야대장 또는 공유지연명부는 복구되고 지적도면이 복구되지 아니한 토지가 법 제83조에 따른 축척변경 시행지역이나 법 제86조에 따른 도시개발사업 등의 시행지역에 편입된 때에는 지적도면을 복구하지 아니할 수 있다.

12 공간정보의 구축 및 관리 등에 관한 법령상 지적소관청이 토지소유자에게 지적정리 등을 통지하여야 하는 경우로 틀린 것은?(단, 통지받을 자의 주소나 거소를 알 수 없는 경우는 제외)

① 도시개발사업 시행지역에 있는 토지로서 그 사업 시행에서 제외된 토지의 축척을 지적소관청이 변경하여 등록한 경우

② 지적공부의 등록사항에 잘못이 있음을 발견하여 지적소관청이 직권으로 조사·측량하여 정정 등록한 경우

③ 토지소유자가 하여야 하는 토지이동 신청을 「민법」 제404조에 따른 채권자가 대위하여 지적소관청이 등록한 경우

④ 토지소유자의 토지이동신청이 없어 지적소관청이 직권으로 조사·측량하여 지적공부에 등록하는 지번·지목·면적·경계 또는 좌표를 결정하여 등록한 경우

⑤ 지번부여지역의 일부가 행정구역의 개편으로 다른 지번부여지역에 속하게 되어 지적소관청이 새로 속하게 된 지번부여지역의 지번을 부여하여 등록한 경우

해설 **공간정보의 구축 및 관리 등에 관한 법률 제90조(지적정리 등의 통지)**
제64조제2항 단서, 제66조제2항, 제74조, 제82조제2항, 제84조제2항, 제85조제2항, 제86조제2항, 제87조 또는 제89조에 따라 지적소관청이 지적공부에 등록하거나 지적공부를 복구 또는 말소하거나 등기촉탁을 하였으면 대통령령으로 정하는 바에 따라 해당 토지소유자에게 통지하여야 한다. 다만, 통지받을 자의 주소나 거소를 알 수 없는 경우에는 국토교통부령으로 정하는 바에 따라 일간신문, 해당 시·군·구의 공보 또는 인터넷홈페이지에 공고하여야 한다.

제64조(토지의 조사 · 등록 등)

② 지적공부에 등록하는 지번 · 지목 · 면적 · 경계 또는 좌표는 토지의 이동이 있을 때 토지소유자(법인이 아닌 사단이나 재단의 경우에는 그 대표자나 관리인을 말한다. 이하 같다)의 신청을 받아 지적소관청이 결정한다. 다만, 신청이 없으면 지적소관청이 직권으로 조사 · 측량하여 결정할 수 있다.

제66조(지번의 부여 등)

② 지적소관청은 지적공부에 등록된 지번을 변경할 필요가 있다고 인정하면 시 · 도지사나 대도시 시장의 승인을 받아 지번부여지역의 전부 또는 일부에 대하여 지번을 새로 부여할 수 있다.

제74조(지적공부의 복구)

지적소관청(제69조제2항에 따른 지적공부의 경우에는 시 · 도지사, 시장 · 군수 또는 구청장)은 지적공부의 전부 또는 일부가 멸실되거나 훼손된 경우에는 대통령령으로 정하는 바에 따라 지체 없이 이를 복구하여야 한다.

제82조(바다로 된 토지의 등록말소 신청)

② 지적소관청은 제1항에 따른 토지소유자가 통지를 받은 날부터 90일 이내에 등록말소 신청을 하지 아니하면 대통령령으로 정하는 바에 따라 등록을 말소한다.

제84조(등록사항의 정정)

② 지적소관청은 지적공부의 등록사항에 잘못이 있음을 발견하면 대통령령으로 정하는 바에 따라 직권으로 조사 · 측량하여 정정할 수 있다.

제85조(행정구역의 명칭변경 등)

② 지번부여지역의 일부가 행정구역의 개편으로 다른 지번부여지역에 속하게 되었으면 지적소관청은 새로 속하게 된 지번부여지역의 지번을 부여하여야 한다.

제86조(도시개발사업 등 시행지역의 토지이동 신청에 관한 특례)

② 제1항에 따른 사업과 관련하여 토지의 이동이 필요한 경우에는 해당 사업의 시행자가 지적소관청에 토지의 이동을 신청하여야 한다.

제87조(신청의 대위)

다음 각 호의 어느 하나에 해당하는 자는 이 법에 따라 토지소유자가 하여야 하는 신청을 대신할 수 있다. 다만, 제84조에 따른 등록사항 정정 대상토지는 제외한다. 〈개정 2014.6.3.〉

1. 공공사업 등에 따라 학교용지 · 도로 · 철도용지 · 제방 · 하천 · 구거 · 유지 · 수도용지 등의 지목으로 되는 토지인 경우 : 해당 사업의 시행자

2. 국가나 지방자치단체가 취득하는 토지인 경우 : 해당 토지를 관리하는 행정기관의 장 또는 지방자치단체의 장

3. 「주택법」에 따른 공동주택의 부지인 경우 : 「집합건물의 소유 및 관리에 관한 법률」에 따른 관리인(관리인이 없는 경우에는 공유자가 선임한 대표자) 또는 해당 사업의 시행자

4. 「민법」 제404조에 따른 채권자

제89조(등기촉탁)

① 지적소관청은 제64조제2항(신규등록은 제외한다), 제66조제2항, 제82조, 제83조제2항, 제84조제2항 또는 제85조제2항에 따른 사유로 토지의 표시 변경에 관한 등기를 할 필요가 있는 경우에는 지체 없이 관할 등기관서에 그 등기를 촉탁하여야 한다. 이 경우 등기촉탁은 국가가 국가를 위하여 하는 등기로 본다.

② 제1항에 따른 등기촉탁에 필요한 사항은 국토교통부령으로 정한다.

공간정보의 구축 및 관리 등에 관한 법률 시행령 제85조(지적정리 등의 통지)

지적소관청이 법 제90조에 따라 토지소유자에게 지적정리 등을 통지하여야 하는 시기는 다음 각 호의 구분에 따른다.

1. 토지의 표시에 관한 변경등기가 필요한 경우 : 그 등기완료의 통지서를 접수한 날부터 15일 이내
2. 토지의 표시에 관한 변경등기가 필요하지 아니한 경우 : 지적공부에 등록한 날부터 7일 이내

01 공간정보의 구축 및 관리 등에 관한 법령상 지목과 지적도면에 등록하는 부호의 연결이 틀린 것을 모두 고른 것은?

ㄱ. 공원 – 공	ㄴ. 목장용지 – 장	ㄷ. 하천 – 하
ㄹ. 주차장 – 차	ㅁ. 양어장 – 어	

① ㄴ, ㄷ, ㅁ   ② ㄴ, ㄹ, ㅁ

③ ㄷ, ㄹ, ㅁ   ④ ㄱ, ㄴ, ㄷ, ㄹ

⑤ ㄱ, ㄴ, ㄹ, ㅁ

해설

지목	부호	지목	부호	지목	부호	지목	부호
전	전	대	대	철도용지	철	공원	공
답	답	공장용지	㉧	제방	제	체육용지	체
과수원	과	학교용지	학	하천	㉛	유원지	㉲
목장용지	목	주차장	㉳	구거	구	종교용지	종
임야	임	주유소용지	주	유지	유	사적지	사
광천지	광	창고용지	창	양어장	양	묘지	묘
염전	염	도로	도	수도용지	수	잡종지	잡

02 공간정보의 구축 및 관리 등에 관한 법령상 지상경계의 구분 및 결정기준 등에 관한 설명으로 틀린 것은?

① 토지의 지상경계는 둑, 담장이나 그 밖에 구획의 목표가 될 만한 구조물 및 경계점표지 등으로 구분한다.

② 지적소관청은 토지의 이동에 따라 지상경계를 새로 정한 경우에는 경계점 위치 설명도 등을 등록한 경계점좌표등록부를 작성, 관리하여야 한다.

③ 도시개발사업 등의 사업시행자가 사업지구의 경계를 결정하기 위하여 토지를 분할하려는 경우에는 지상경계점에 경계점 표지를 설치하여 측량할 수 있다.

④ 토지가 수면에 접하는 경우 지상경계의 결정기준은 최대만수위가 되는 선으로 한다.

⑤ 공유수면매립지의 토지 중 제방 등을 토지에 편입하여 등록하는 경우 지상경계의 결정기준은 바깥쪽 어깨부분으로 한다.

해설 공간정보의 구축 및 관리 등에 관한 법률 제65조(지상경계의 구분 등)

① 토지의 지상경계는 둑, 담장이나 그 밖에 구획의 목표가 될 만한 구조물 및 경계점표지 등으로 구분한다.
② 지적소관청은 토지의 이동에 따라 지상경계를 새로 정한 경우에는 다음 각 호의 사항을 등록한 지상경계점등록부를 작성·관리하여야 한다.

> 1. 토지의 소재
> 2. 지번
> 3. 경계점 좌표(경계점좌표등록부 시행지역에 한정한다)
> 4. 경계점 위치 설명도
> 5. 그 밖에 국토교통부령으로 정하는 사항

③ 제1항에 따른 지상경계의 결정 기준 등 지상경계의 결정에 필요한 사항은 대통령령으로 정하고, 경계점표지의 규격과 재질 등에 필요한 사항은 국토교통부령으로 정한다.

공간정보의 구축 및 관리 등에 관한 법률 시행령 제55조(지상 경계의 결정기준 등)

① 법 제65조제1항에 따른 지상 경계의 결정기준은 다음 각 호의 구분에 따른다. 〈개정 2014.1.17.〉

> 1. 연접되는 토지 간에 높낮이 차이가 없는 경우 : 그 구조물 등의 중앙
> 2. 연접되는 토지 간에 높낮이 차이가 있는 경우 : 그 구조물 등의 하단부
> 3. 도로·구거 등의 토지에 절토(切土)된 부분이 있는 경우 : 그 경사면의 상단부
> 4. 토지가 해면 또는 수면에 접하는 경우 : 최대만조위 또는 최대만수위가 되는 선
> 5. 공유수면매립지의 토지 중 제방 등을 토지에 편입하여 등록하는 경우 : 바깥쪽 어깨부분

② 지상 경계의 구획을 형성하는 구조물 등의 소유자가 다른 경우에는 제1항제1호부터 제3호까지의 규정에도 불구하고 그 소유권에 따라 지상 경계를 결정한다.
③ 다음 각 호의 어느 하나에 해당하는 경우에는 지상 경계점에 법 제65조제1항에 따른 경계점표지를 설치하여 측량할 수 있다. 〈개정 2012.4.10., 2014.1.17.〉

> 1. 법 제86조제1항에 따른 도시개발사업 등의 사업시행자가 사업지구의 경계를 결정하기 위하여 토지를 분할하려는 경우
> 2. 법 제87조제1호 및 제2호에 따른 사업시행자와 행정기관의 장 또는 지방자치단체의 장이 토지를 취득하기 위하여 분할하려는 경우
> 3. 「국토의 계획 및 이용에 관한 법률」 제30조제6항에 따른 도시·군관리계획 결정고시와 같은 법 제32조제4항에 따른 지형도면 고시가 된 지역의 도시·군관리계획선에 따라 토지를 분할하려는 경우
> 4. 제65조제1항에 따라 토지를 분할하려는 경우
> 5. 관계 법령에 따라 인가·허가 등을 받아 토지를 분할하려는 경우

④ 분할에 따른 지상 경계는 지상건축물을 걸리게 결정해서는 아니 된다. 다만, 다음 각 호의 어느 하나에 해당하는 경우에는 그러하지 아니하다.

> 1. 법원의 확정판결이 있는 경우
> 2. 법 제87조제1호에 해당하는 토지를 분할하는 경우
> 3. 제3항제1호 또는 제3호에 따라 토지를 분할하는 경우

⑤ 지적확정측량의 경계는 공사가 완료된 현황대로 결정하되, 공사가 완료된 현황이 사업계획도와 다를 때에는 미리 사업시행자에게 그 사실을 통지하여야 한다.

공간정보의 구축 및 관리 등에 관한 법률 시행규칙 제71조(경계점좌표등록부의 등록사항 등)

① 법 제73조의 경계점좌표등록부는 별지 제69호 서식과 같다.
② 법 제73조에 따라 경계점좌표등록부를 갖춰 두는 토지는 지적확정측량 또는 축척변경을 위한 측량을 실시하여 경계점을 좌표로 등록한 지역의 토지로 한다.
③ 법 제73조제4호에서 "그 밖에 국토교통부령으로 정하는 사항"이란 다음 각 호의 사항을 말한다. 〈개정 2013.3.23.〉

> 1. 토지의 고유번호   2. 지적도면의 번호
> 3. 필지별 경계점좌표등록부의 장번호   4. 부호 및 부호도

03 공간정보의 구축 및 관리 등에 관한 법령상 지번의 구성 및 부여방법 등에 관한 설명으로 틀린 것은?

① 지번은 아라비아숫자로 표기하되, 임야대장 및 임야도에 등록하는 토지의 지번은 숫자 앞에 "산" 자를 붙인다.

② 지번은 북서에서 남동으로 순차적으로 부여한다.

③ 지번은 본번과 부번으로 구성하되, 본번과 부번 사이에 "–"표시로 연결한다.

④ 지번은 국토교통부장관이 시·군·구별로 차례대로 부여한다.

⑤ 분할의 경우에는 분할 후의 필지 중 1필지의 지번은 분할 전의 지번으로 하고, 나머지 필지의 지번은 본번의 최종 부번 다음 순번으로 부번을 부여한다.

해설

구분		토지이동에 따른 지번의 부여방법(령 제56조)
부여방법		① 지번(地番)은 아라비아숫자로 표기하되, 임야대장 및 임야도에 등록하는 토지의 지번은 숫자 앞에 "산"자를 붙인다. ② 지번은 본번(本番)과 부번(副番)으로 구성하되, 본번과 부번 사이에 "–" 표시로 연결한다. 이 경우 "–" 표시는 "의"라고 읽는다. ③ 법 제66조에 따른 지번의 부여방법은 다음 각 호와 같다. 　1. 지번은 북서에서 남동으로 순차적으로 부여할 것
신규등록·등록전환	원칙	지번부여지역에서 인접토지의 본번에 부번을 붙여서 지번을 부여한다.
	예외	다음의 경우에는 그 지번부여지역의 최종 본번의 다음 순번부터 본번으로 하여 순차적으로 지번을 부여할 수 있다. ① 대상 토지가 그 지번부여지역의 최종 지번의 토지에 인접하여 있는 경우 ② 대상 토지가 이미 등록된 토지와 멀리 떨어져 있어서 등록된 토지의 본번에 부번을 부여하는 것이 불합리한 경우 ③ 대상 토지가 여러 필지로 되어 있는 경우
분할	원칙	분할 후의 필지 중 1필지의 지번은 분할 전의 지번으로 하고, 나머지 필지의 지번은 본번의 최종 부번 다음 순번으로 부번을 부여한다.
	예외	주거·사무실 등의 건축물이 있는 필지에 대해서는 분할 전의 지번을 우선하여 부여하여야 한다.
합병	원칙	합병 대상 지번 중 선순위의 지번을 그 지번으로 하되, 본번으로 된 지번이 있을 때에는 본번 중 선순위의 지번을 합병 후의 지번으로 한다.
	예외	토지소유자가 합병 전의 필지에 주거·사무실 등의 건축물이 있어서 그 건축물이 위치한 지번을 합병 후의 지번으로 신청할 때에는 그 지번을 합병 후의 지번으로 부여하여야 한다.
지적확정측량을 실시한 지역의 각 필지에 지번을 새로 부여하는 경우	원칙	다음 각 목의 지번을 제외한 본번으로 부여한다. ① 지적확정측량을 실시한 지역 안의 종전의 지번과 지적확정측량을 실시한 지역 밖에 있는 본번이 같은 지번이 있을 때 그 지번 ② 지적확정측량을 실시한 지역의 경계에 걸쳐 있는 지번
	예외	부여할 수 있는 종전 지번의 수가 새로 부여할 지번의 수보다 적을 때에는 블록단위로 하나의 본번을 부여한 후 필지별로 부번을 부여하거나, 그 지번부여지역의 최종 본번 다음 순번부터 본번으로 하여 차례로 지번을 부여할 수 있다.

구분	토지이동에 따른 지번의 부여방법(령 제56조)
지적확정측량 에 준용	① 법 제66조제2항(② 지적소관청은 지적공부에 등록된 지번을 변경할 필요가 있다고 인정하면 시·도지사나 대도시 시장의 승인을 받아 지번부여지역의 전부 또는 일부에 대하여 지번을 새로 부여할 수 있다.)에 따라 지번부여지역의 지번을 변경할 때 ② 법 제85조제2항(② 지번부여지역의 일부가 행정구역의 개편으로 다른 지번부여지역에 속하게 되었으면 지적소관청은 새로 속하게 된 지번부여지역의 지번을 부여하여야 한다.)에 따른 행정구역 개편에 따라 새로 지번을 부여할 때 ③ 제72조제1항(① 지적소관청은 축척변경 시행지역의 각 필지별 지번·지목·면적·경계 또는 좌표를 새로 정하여야 한다.)에 따라 축척변경 시행지역의 필지에 지번을 부여할 때
도시개발사업 등의 준공 전	도시개발사업 등이 준공되기 전에 사업시행자가 지번부여를 신청하는 경우에는 국토교통부령으로 정하는 바에 따라 지번을 부여할 수 있다. 지적소관청은 도시개발사업 등이 준공되기 전에 지번을 부여하는 때에는 사업계획도에 따르되, 지적확정측량을 실시한 지역의 각 필지에 지번을 새로 부여하는 경우의 지번부여방식에 따라 지번을 부여하여야 한다.

04 공간정보의 구축 및 관리 등에 관한 법령상 지적도의 축척에 해당하는 것을 모두 고른 것은?

ㄱ. 1/1,000	ㄴ. 1/2,000	ㄷ. 1/2400
ㄹ. 1/3,000	ㅁ. 1/6,000	

① ㄱ, ㄷ
② ㄱ, ㄴ, ㄷ
③ ㄱ, ㄹ, ㅁ
④ ㄴ, ㄹ, ㅁ
⑤ ㄱ, ㄷ, ㄹ, ㅁ

(해설) **공간정보의 구축 및 관리 등에 관한 법률 시행규칙 제69조(지적도면 등의 등록사항 등)**
① 법 제72조에 따른 지적도 및 임야도는 각각 별지 제67호 서식 및 별지 제68호 서식과 같다.
② 법 제72조제5호에서 "그 밖에 국토교통부령으로 정하는 사항"이란 다음 각 호의 사항을 말한다. 〈개정 2013.3.23.〉
　1. 지적도면의 색인도(인접도면의 연결 순서를 표시하기 위하여 기재한 도표와 번호를 말한다)
　2. 지적도면의 제명 및 축척
　3. 도곽선(圖廓線)과 그 수치
　4. 좌표에 의하여 계산된 경계점 간의 거리(경계점좌표등록부를 갖춰 두는 지역으로 한정한다)
　5. 삼각점 및 지적기준점의 위치
　6. 건축물 및 구조물 등의 위치
　7. 그 밖에 국토교통부장관이 정하는 사항
③ 경계점좌표등록부를 갖춰 두는 지역의 지적도에는 해당 도면의 제명 끝에 "(좌표)"라고 표시하고, 도곽선의 오른쪽 아래 끝에 "이 도면에 의하여 측량을 할 수 없음"이라고 적어야 한다.
④ 지적도면에는 지적소관청의 직인을 날인하여야 한다. 다만, 정보처리시스템을 이용하여 관리하는 지적도면의 경우에는 그러하지 아니하다.
⑤ 지적소관청은 지적도면의 관리에 필요한 경우에는 지번부여지역마다 일람도와 지번색인표를 작성하여 갖춰 둘 수 있다.
⑥ 지적도면의 축척은 다음 각 호의 구분에 따른다.
　1. 지적도 : 1/500, 1/600, 1/1,000, 1/1,200, 1/2,400, 1/3,000, 1/6,000
　2. 임야도 : 1/3,000, 1/6,000

05 공간정보의 구축 및 관리 등에 관한 법령상 지목의 구분에 관한 설명으로 옳은 것은?

① 일반 공중의 보건 · 휴양 및 정서생활에 이용하기 위한 시설을 갖춘 토지로서 「국토의 계획 및 이용에 관한 법률」에 따라 공원 또는 녹지로 결정 · 고시된 토지는 "체육용지"로 한다.

② 온수 · 약수 · 석유류 등을 일정한 장소로 운송하는 송수관 · 송유관 및 저장시설의 부지는 "광천지"로 한다.

③ 물을 상시적으로 직접 이용하여 연(蓮) · 미나리 · 왕골 등의 식물을 주로 재배하는 토지는 "답"으로 한다.

④ 해상에 인공으로 조성된 수성생물의 번식 또는 양식을 위한 시설을 갖춘 부지는 "양어장"으로 한다.

⑤ 자연의 유수(流水)가 있거나 있을 것으로 예상되는 소규모 수로부지는 "하천"으로 한다.

해설 공간정보의 구축 및 관리 등에 관한 법률 시행령 제58조(지목의 구분)

법 제67조제1항에 따른 지목의 구분은 다음 각 호의 기준에 따른다.

1. 전
   물을 상시적으로 이용하지 않고 곡물 · 원예작물(과수류는 제외한다) · 약초 · 뽕나무 · 닥나무 · 묘목 · 관상수 등의 식물을 주로 재배하는 토지와 식용(食用)으로 죽순을 재배하는 토지

2. 답
   물을 상시적으로 직접 이용하여 벼 · 연(蓮) · 미나리 · 왕골 등의 식물을 주로 재배하는 토지

6. 광천지
   지하에서 온수 · 약수 · 석유류 등이 용출되는 용출구(湧出口)와 그 유지(維持)에 사용되는 부지. 다만, 온수 · 약수 · 석유류 등을 일정한 장소로 운송하는 송수관 · 송유관 및 저장시설의 부지는 제외한다.

17. 하천
    자연의 유수(流水)가 있거나 있을 것으로 예상되는 토지

18. 구거
    용수(用水) 또는 배수(排水)를 위하여 일정한 형태를 갖춘 인공적인 수로 · 둑 및 그 부속시설물의 부지와 자연의 유수(流水)가 있거나 있을 것으로 예상되는 소규모 수로부지

20. 양어장
    육상에 인공으로 조성된 수산생물의 번식 또는 양식을 위한 시설을 갖춘 부지와 이에 접속된 부속시설물의 부지

23. 체육용지
    국민의 건강증진 등을 위한 체육활동에 적합한 시설과 형태를 갖춘 종합운동장 · 실내체육관 · 야구장 · 골프장 · 스키장 · 승마장 · 경륜장 등 체육시설의 토지와 이에 접속된 부속시설물의 부지. 다만, 체육시설로서의 영속성과 독립성이 미흡한 정구장 · 골프연습장 · 실내수영장 및 체육도장, 유수(流水)를 이용한 요트장 및 카누장 등의 토지는 제외한다.

06 「공간정보의 구축 및 관리 등에 관한 법령」상 지적측량의 측량기간 및 검사기간에 관한 설명이다. ( ) 안에 들어갈 내용으로 옳은 것은?(단, 합의하여 따로 기간을 정하는 경우는 제외함)

> 지적측량의 측량기간은 5일로 하며, 측량검사기간은 4일로 한다. 다만, 지적기준점을 설치하여 측량 또는 측량검사를 하는 경우 지적기준점이 15점 이하인 경우에는 (ㄱ)을, 15점을 초과하는 경우에는 (ㄴ)에 15점을 초과하는 (ㄷ)마다 1일을 가산한다.

① ㄱ : 4일, ㄴ : 4일, ㄷ : 4점　　　　② ㄱ : 4일, ㄴ : 5일, ㄷ : 5점

③ ㄱ : 5일, ㄴ : 4일, ㄷ : 4점　　　　④ ㄱ : 5일, ㄴ : 5일, ㄷ : 4점

⑤ ㄱ : 5일, ㄴ : 5일, ㄷ : 5점

해설 **공간정보의 구축 및 관리 등에 관한 법률 시행규칙 제25조(지적측량 의뢰 등)**

　① 법 제24조제1항에 따라 지적측량을 의뢰하려는 자는 별지 제15호 서식의 지적측량 의뢰서(전자문서로 된 의뢰서를 포함한다)에 의뢰 사유를 증명하는 서류(전자문서를 포함한다)를 첨부하여 지적측량수행자에게 제출하여야 한다. 〈개정 2014.1.17.〉

　② 지적측량수행자는 제1항에 따른 지적측량 의뢰를 받은 때에는 측량기간, 측량일자 및 측량 수수료 등을 적은 별지 제16호 서식의 지적측량 수행계획서를 그 다음 날까지 지적소관청에 제출하여야 한다. 제출한 지적측량 수행계획서를 변경한 경우에도 같다. 〈개정 2014.1.17.〉

　③ 지적측량의 측량기간은 5일로 하며, 측량검사기간은 4일로 한다. 다만, 지적기준점을 설치하여 측량 또는 측량검사를 하는 경우 지적기준점이 15점 이하인 경우에는 4일을, 15점을 초과하는 경우에는 4일에 15점을 초과하는 4점마다 1일을 가산한다. 〈개정 2010.6.17.〉

　④ 제3항에도 불구하고 지적측량 의뢰인과 지적측량수행자가 서로 합의하여 따로 기간을 정하는 경우에는 그 기간에 따르되, 전체 기간의 4분의 3은 측량기간으로, 전체 기간의 4분의 1은 측량검사기간으로 본다.

07 공간정보의 구축 및 관리 등에 관한 법령상 토지소유자의 정리 등에 관한 설명으로 틀린 것은?

① 지적소관청은 등기부에 적혀 있는 토지의 표시가 지적공부와 일치하지 아니하면 토지소유자를 정리할 수 없다.

② 「국유재산법」에 따른 총괄청이나 같은 법에 따른 중앙관서의 장이 소유자 없는 부동산에 대한 소유자 등록을 신청하는 경우 지적소관청은 지적공부에 해당 토지의 소유자가 등록되지 아니한 경우에는 등록할 수 있다.

③ 지적공부에 신규등록하는 토지의 소유자에 관한 사항은 등기관서에 등기한 것을 증명하는 등기필증, 등기완료통지서, 등기사항증명서 또는 등기관서에서 제공한 등기전산정보자료에 따라 정리한다.

④ 지적소관청은 필요하다고 인정하는 경우에는 관할 등기관서의 등기부를 열람하여 지적공부와 부동산등기부가 일치하는지 여부를 조사 · 확인하여야 한다.

⑤ 지적소관청 소속 공무원이 지적공부와 부동산등기부의 부합 여부를 확인하기 위하여 등기전산정보 자료의 제공을 요청하는 경우 그 수수료는 무료로 한다.

해설 **공간정보의 구축 및 관리 등에 관한 법률 제88조(토지소유자의 정리)**

　① 지적공부에 등록된 토지소유자의 변경사항은 등기관서에서 등기한 것을 증명하는 등기필증, 등기완료통지서, 등기사항증명서 또는 등기관서에서 제공한 등기전산정보자료에 따라 정리한다. 다만, 신

규등록하는 토지의 소유자는 지적소관청이 직접 조사하여 등록한다.

② 「국유재산법」제2조제10호에 따른 총괄청이나 같은 조 제11호에 따른 중앙관서의 장이 같은 법 제12조제3항에 따라 소유자 없는 부동산에 대한 소유자 등록을 신청하는 경우 지적소관청은 지적공부에 해당 토지의 소유자가 등록되지 아니한 경우에만 등록할 수 있다.

③ 등기부에 적혀 있는 토지의 표시가 지적공부와 일치하지 아니하면 제1항에 따라 토지소유자를 정리할 수 없다. 이 경우 토지의 표시와 지적공부가 일치하지 아니하다는 사실을 관할 등기관서에 통지하여야 한다.

④ 지적소관청은 필요하다고 인정하는 경우에는 관할 등기관서의 등기부를 열람하여 지적공부와 부동산등기부가 일치하는지 여부를 조사·확인하여야 하며, 일치하지 아니하는 사항을 발견하면 등기사항증명서 또는 등기관서에서 제공한 등기전산정보자료에 따라 지적공부를 직권으로 정리하거나, 토지소유자나 그 밖의 이해관계인에게 그 지적공부와 부동산등기부가 일치하게 하는 데에 필요한 신청 등을 하도록 요구할 수 있다.

⑤ 지적소관청 소속 공무원이 지적공부와 부동산등기부의 부합 여부를 확인하기 위하여 등기부를 열람하거나, 등기사항증명서의 발급을 신청하거나, 등기전산정보자료의 제공을 요청하는 경우 그 수수료는 무료로 한다.

08 「공간정보의 구축 및 관리 등에 관한 법령」상 지적도면 등의 등록사항 등에 관한 설명으로 틀린 것은?

① 지적소관청은 지적도면의 관리에 필요한 경우에는 지번부여 지역마다 일람도와 지번색인표를 작성하여 갖춰 둘 수 있다.

② 지적도면의 축척은 지적도 7종, 임야도 2종으로 구분한다.

③ 지적도면의 색인도, 건축물 및 구조물 등의 위치는 지적도면의 등록사항에 해당한다.

④ 경계점좌표등록부를 갖춰 두는 지역의 임야도에는 해당도면의 제명 끝에 "(좌표)"라고 표시하고, 도곽선의 오른쪽 아래 끝에 "이 도면에 의하여 측량을 할 수 없음"이라고 적어야 한다.

⑤ 지적도면에는 지적소관청의 직인을 날인하여야 한다. 다만, 정보처리시스템을 이용하여 관리하는 지적도면의 경우에는 그러하지 아니하다.

해설 **공간정보의 구축 및 관리 등에 관한 법률 제72조(지적도 등의 등록사항)**

지적도 및 임야도에는 다음 각 호의 사항을 등록하여야 한다.

1. 토지의 소재
2. 지번
3. 지목
4. 경계
5. 그 밖에 국토교통부령으로 정하는 사항

공간정보의 구축 및 관리 등에 관한 법률 시행령 제69조(지적도면 등의 등록사항 등)

① 법 제72조에 따른 지적도 및 임야도는 각각 별지 제67호 서식 및 별지 제68호 서식과 같다.

② 법 제72조제5호에서 "그 밖에 국토교통부령으로 정하는 사항"이란 다음 각 호의 사항을 말한다.

  1. 지적도면의 색인도(인접도면의 연결 순서를 표시하기 위하여 기재한 도표와 번호를 말한다)
  2. 지적도면의 제명 및 축척
  3. 도곽선(圖廓線)과 그 수치
  4. 좌표에 의하여 계산된 경계점 간의 거리(경계점좌표등록부를 갖춰 두는 지역으로 한정한다)
  5. 삼각점 및 지적기준점의 위치
  6. 건축물 및 구조물 등의 위치
  7. 그 밖에 국토교통부장관이 정하는 사항

③ 경계점좌표등록부를 갖춰 두는 지역의 지적도에는 해당 도면의 제명 끝에 "(좌표)"라고 표시하고, 도곽선의 오른쪽 아래 끝에 "이 도면에 의하여 측량을 할 수 없음"이라고 적어야 한다.
④ 지적도면에는 지적소관청의 직인을 날인하여야 한다. 다만, 정보처리시스템을 이용하여 관리하는 지적도면의 경우에는 그러하지 아니하다.
⑤ 지적소관청은 지적도면의 관리에 필요한 경우에는 지번부여지역마다 일람도와 지번색인표를 작성하여 갖춰 둘 수 있다.
⑥ 지적도면의 축척은 다음 각 호의 구분에 따른다.
1. 지적도 : 1/500, 1/600, 1/1,000, 1/1,200, 1/2,400, 1/3,000, 1/6,000
2. 임야도 : 1/3,000, 1/6,000

09 「공간정보의 구축 및 관리 등에 관한 법령」상 지적위원회 및 지적측량의 적부심사 등에 관한 설명으로 틀린 것은?

① 토지소유자, 이해관계인 또는 지적측량수행자는 지적측량성과에 대하여 다툼이 있는 경우에는 관할 시 · 도지사를 거쳐 지방지적위원회에 지적측량 적부심사를 청구할 수 있다.
② 지방지적위원회는 지적측량에 대한 적부심사 청구사항과 지적기술자의 징계요구에 관한 사항을 심의 · 의결한다.
③ 시 · 도지사는 지방지적위원회의 의결서를 받은 날부터 7일 이내에 지적측량 적부심사 청구인 및 이해관계인에게 그 의결서를 통지하여야 한다.
④ 시 · 도지사로부터 의결서를 받은 자가 지방지적위원회의 의결에 불복하는 경우에는 그 의결서를 받은 날부터 90일 이내에 국토교통부장관을 거쳐 중앙지적위원회에 재심사를 청구할 수 있다.
⑤ 중앙지적위원회는 관계인을 출석하게 하여 의견을 들을 수 있으며, 필요하면 현지조사를 할 수 있다.

[해설] 공간정보의 구축 및 관리 등에 관한 법률 제28조(지적위원회) [암기] [정][무][연][개]는 [사][양][무][요]다.
① 다음 각 호의 사항을 심의 · 의결하기 위하여 국토교통부에 중앙지적위원회를 둔다.

1. 지적 관련 [정]책 개발 및 업[무] 개선 등에 관한 사항
2. 지적측량기술의 [연]구 · [개]발 및 보급에 관한 사항
3. 제29조제6항에 따른 지적측량 적부심[사](適否審査)에 대한 재심사(再審査)
4. 제39조에 따른 측량기술자 중 지적분야 측량기술자(이하 "지적기술자"라 한다)의 [양]성에 관한 사항
5. 제42조에 따른 지적기술자의 업[무]정지 처분 및 징계[요]구에 관한 사항

② 제29조에 따른 지적측량에 대한 적부심사 청구사항을 심의 · 의결하기 위하여 특별시 · 광역시 · 특별자치시 · 도 또는 특별자치도(이하 "시 · 도"라 한다)에 지방지적위원회를 둔다.
③ 중앙지적위원회와 지방지적위원회의 위원 구성 및 운영에 필요한 사항은 대통령령으로 정한다. 〈개정 2013.7.17., 2017.10.24.〉
④ 중앙지적위원회와 지방지적위원회의 위원 중 공무원이 아닌 사람은 「형법」 제127조 및 제129조부터 제132조까지의 규정을 적용할 때에는 공무원으로 본다. 〈신설 2017.10.24.〉

정답 09 ②

10 공간정보의 구축 및 관리 등에 관한 법령상 지적서고의 설치기준 등에 관한 설명으로 틀린 것은?

① 지적서고는 지적사무를 처리하는 사무실과 연접하여 설치하여야 한다.

② 바닥과 벽은 2중으로 하고 영구적인 방수설비를 하여야 한다.

③ 창문과 출입문은 2중으로 하되, 안쪽 문은 반드시 철제로 하고 바깥쪽 문은 곤충·쥐 등의 침입을 막을 수 있도록 철망 등을 설치하여야 한다.

④ 온도 및 습도 자동조절장치를 설치하고, 연중 평균온도는 섭씨 20±5도를, 연중평균습도는 65±5 퍼센트를 유지하여야 한다.

⑤ 전기시설을 설치하는 때에는 단독퓨즈를 설치하고 소화장비를 갖춰 두어야 한다.

[해설] 공간정보의 구축 및 관리 등에 관한 법률 시행규칙 제65조(지적서고의 설치기준 등)

① 법 제69조제1항에 따른 지적서고는 지적사무를 처리하는 사무실과 연접(連接)하여 설치하여야 한다.

② 제1항에 따른 지적서고의 구조는 다음 각 호의 기준에 따라야 한다.

> 1. 골조는 철근콘크리트 이상의 강질로 할 것
> 2. 지적서고의 면적은 별표 7의 기준면적에 따를 것
> 3. 바닥과 벽은 2중으로 하고 영구적인 방수설비를 할 것
> 4. 창문과 출입문은 2중으로 하되, 바깥쪽 문은 반드시 철제로 하고 안쪽 문은 곤충·쥐 등의 침입을 막을 수 있도록 철망 등을 설치할 것
> 5. 온도 및 습도 자동조절장치를 설치하고, 연중 평균온도는 섭씨 20±5도를, 연중평균습도는 65±5퍼센트를 유지할 것
> 6. 전기시설을 설치하는 때에는 단독퓨즈를 설치하고 소화장비를 갖춰 둘 것
> 7. 열과 습도의 영향을 받지 아니하도록 내부공간을 넓게 하고 천장을 높게 설치할 것

③ 지적서고는 다음 각 호의 기준에 따라 관리하여야 한다.

> 1. 지적서고는 제한구역으로 지정하고, 출입자를 지적사무담당공무원으로 한정할 것
> 2. 지적서고에는 인화물질의 반입을 금지하며, 지적공부, 지적 관계 서류 및 지적측량장비만 보관할 것

④ 지적공부 보관상자는 벽으로부터 15센티미터 이상 띄워야 하며, 높이 10센티미터 이상의 깔판 위에 올려놓아야 한다.

11 공간정보의 구축 및 관리 등에 관한 법령상 공유지 연명부와 대지권등록부의 공통된 등록사항을 모두 고른 것은?

ㄱ. 대지권 비율	ㄴ. 토지소유자가 변경된 날과 그 원인
ㄷ. 토지의 소재	ㄹ. 토지의 고유번호
ㅁ. 소유권 지분	

① ㄱ, ㄷ, ㄹ

② ㄱ, ㄷ, ㅁ

③ ㄴ, ㄷ, ㄹ

④ ㄱ, ㄴ, ㄹ, ㅁ

⑤ ㄴ, ㄷ, ㄹ, ㅁ

[해설] 공간정보의 구축 및 관리 등에 관한 법률 제71조(토지대장 등의 등록사항)

구분	토지표시사항	소유권에 관한 사항	기타
토지대장 (土地臺帳 Land Books) & 임야대장 (林野臺帳 Forest Books)	• [토]지 소재 • [지]번 • [지]목 • 면[적] • 토지의 [이]동사유	• 토지소유자 [변]동일자 • 변[동]원인 • [주]민등록번호 • 성[명] 또는 명칭 • 주[소]	• 토지의 고[유]번호(각 필지를 서로 구별하기 위하여 필지마다 붙이는 고유한 번호를 말한다) • 지적도 또는 임야[도] 번호 • 필지별 토지대장 또는 임야대장의 [장]번호 • [축]척 • [토]지등급 또는 기준수확량등급과 그 설정 · 수정 연월일 • 개별[공]시지가와 그 기준일
공유지연명부 (共有地連名簿, Common Land Books)	• [토]지 소재 • [지]번	• 토지소유자 [변]동일자 • 변[동]원인 • [주]민등록번호 • 성[명] · 주[소] • 소유권 [지]분	• 토지의 [고]유번호 • 필지별공유지 연명부의 [장]번호
대지권등록부 (垈地權登錄簿, Building Site Rights Books)	• [토]지 소재 • [지]번	• 토지소유자가 [변]동일자 및 변[동]원인 • [주]민등록번호 • 성[명] 또는 명칭 · 주[소] • 대[지]권 비율 • 소유[권] 지분	• 토지의 [고]유번호 • 집합건물별 대지권등록부의 [장]번호 • [건]물의 명칭 • [전]유부분의 건물의 표시
경계점좌표등록부 (境界點座標登錄簿, Boundary Point Coordinate Books)	• [토]지 소재 • [지]번 • 좌[표]		• 토지의 [고]유번호 • 필지별 경계점좌표등록부의 [장]번호 • [부]호 및 부호도 • 지적[도]면의 번호
지적도 (地籍圖, Land Books) & 임야도 (林野圖, Forest Books)	• [토]지 소재 • [지]번 • [지]목 • 경[계] • 좌표에 의하여 계산된 경계[점] 간의 거리(경계점좌표등록부를 갖춰두는 지역으로 한정한다)		• [도]면의 색인도 • 도[면]의 제명 및 축척 • 도곽[선]과 그 수치 • 삼[각]점 및 지적기준점의 위치 • 건축[물] 및 구조물 등의 위치

정답

12 공간정보의 구축 및 관리 등에 관한 법령상 축척변경에 따른 청산금 등에 관한 설명으로 틀린 것은?

① 지적소관청은 청산금의 결정을 공고한 날부터 20일 이내에 토지소유자에게 청산금의 납부고지 또는 수령통지를 하여야 한다.

② 청산금의 납부고지를 받은 자는 그 고지를 받은 날부터 1년 이내에 청산금을 지적소관청에 내야 한다.

③ 지적소관청은 청산금의 수령통지를 한 날부터 6개월 이내에 청산금을 지급하여야 한다.

④ 지적소관청은 청산금을 지급받을 자가 행방불명 등으로 받을 수 없거나 받기를 거부할 때에는 그 청산금을 공탁할 수 있다.

⑤ 수령통지된 청산금에 관하여 이의가 있는 자는 수령통지를 받은 날부터 1개월 이내에 지적소관청에 이의신청을 할 수 있다.

해설 공간정보의 구축 및 관리 등에 관한 법률 시행령 제75조(청산금의 산정)

① 지적소관청은 축척변경에 관한 측량을 한 결과 측량 전에 비하여 면적의 증감이 있는 경우에는 그 증감면적에 대하여 청산을 하여야 한다. 다만, 다음 각 호의 어느 하나에 해당하는 경우에는 그러하지 아니하다.

    1. 필지별 증감면적이 제19조제1항제2호가목에 따른 허용범위 이내인 경우. 다만, 축척변경위원회의 의결이 있는 경우는 제외한다.

    2. 토지소유자 전원이 청산하지 아니하기로 합의하여 서면으로 제출한 경우

② 제1항 본문에 따라 청산을 할 때에는 축척변경위원회의 의결을 거쳐 지번별로 제곱미터당 금액(이하 "지번별 제곱미터당 금액"이라 한다)을 정하여야 한다. 이 경우 지적소관청은 시행공고일 현재를 기준으로 그 축척변경 시행지역의 토지에 대하여 지번별 제곱미터당 금액을 미리 조사하여 축척변경위원회에 제출하여야 한다.

③ 청산금은 제73조에 따라 작성된 축척변경 지번별 조서의 필지별 증감면적에 제2항에 따라 결정된 지번별 제곱미터당 금액을 곱하여 산정한다.

④ 지적소관청은 청산금을 산정하였을 때에는 청산금 조서(축척변경 지번별 조서에 필지별 청산금 명세를 적은 것을 말한다)를 작성하고, 청산금이 결정되었다는 뜻을 제71조제2항의 방법에 따라 15일 이상 공고하여 일반인이 열람할 수 있게 하여야 한다.

⑤ 제3항에 따라 청산금을 산정한 결과 증가된 면적에 대한 청산금의 합계와 감소된 면적에 대한 청산금의 합계에 차액이 생긴 경우 초과액은 그 지방자치단체(「제주특별자치도 설치 및 국제자유도시 조성을 위한 특별법」 제10조제2항에 따른 행정시의 경우에는 해당 행정시가 속한 특별자치도를 말하고, 「지방자치법」 제3조제3항에 따른 자치구가 아닌 구의 경우에는 해당 구가 속한 시를 말한다. 이하 이 항에서 같다)의 수입으로 하고, 부족액은 그 지방자치단체가 부담한다. 〈개정 2016.1.22.〉

공간정보의 구축 및 관리 등에 관한 법률 시행령 제76조(청산금의 납부고지 등)

① 지적소관청은 제75조제4항에 따라 청산금의 결정을 공고한 날부터 20일 이내에 토지소유자에게 청산금의 납부고지 또는 수령통지를 하여야 한다.

② 제1항에 따른 납부고지를 받은 자는 그 고지를 받은 날부터 6개월 이내에 청산금을 지적소관청에 내야 한다. 〈개정 2017.1.10.〉

③ 지적소관청은 제1항에 따른 수령통지를 한 날부터 6개월 이내에 청산금을 지급하여야 한다.

④ 지적소관청은 청산금을 지급받을 자가 행방불명 등으로 받을 수 없거나 받기를 거부할 때에는 그 청산금을 공탁할 수 있다.

⑤ 지적소관청은 청산금을 내야 하는 자가 제77조제1항에 따른 기간 내에 청산금에 관한 이의신청을 하지 아니하고 제2항에 따른 기간 내에 청산금을 내지 아니하면 지방세 체납처분의 예에 따라 징수할 수 있다.

공간정보의 구축 및 관리 등에 관한 법률 시행령 제77조(청산금에 관한 이의신청)

① 제76조제1항에 따라 납부고지되거나 수령통지된 청산금에 관하여 이의가 있는 자는 납부고지 또는 수령통지를 받은 날부터 1개월 이내에 지적소관청에 이의신청을 할 수 있다.

② 제1항에 따른 이의신청을 받은 지적소관청은 1개월 이내에 축척변경위원회의 심의 · 의결을 거쳐 그 인용(認容) 여부를 결정한 후 지체 없이 그 내용을 이의신청인에게 통지하여야 한다.

01 「공간정보의 구축 및 관리 등에 관한 법령」상 물이 고이거나 상시적으로 물을 저장하고 있는 저수지 · 호수 등의 토지와 연 · 왕골 등이 자생하는 배수가 잘 되지 아니하는 토지의 지목 구분은?

① 유지(溜池)
② 양어장
③ 구거
③ 답
⑤ 유원지

해설 공간정보의 구축 및 관리 등에 관한 법률 시행령 제58조(지목의 구분)
법 제67조제1항에 따른 지목의 구분은 다음 각 호의 기준에 따른다.

1. 전
   물을 상시적으로 이용하지 않고 곡물 · 원예작물(과수류는 제외한다) · 약초 · 뽕나무 · 닥나무 · 묘목 · 관상수 등의 식물을 주로 재배하는 토지와 식용(食用)으로 죽순을 재배하는 토지
2. 답
   물을 상시적으로 직접 이용하여 벼 · 연(蓮) · 미나리 · 왕골 등의 식물을 주로 재배하는 토지
18. 구거
   용수(用水) 또는 배수(排水)를 위하여 일정한 형태를 갖춘 인공적인 수로 · 둑 및 그 부속시설물의 부지와 자연의 유수(流水)가 있거나 있을 것으로 예상되는 소규모 수로부지
19. 유지(溜池)
   물이 고이거나 상시적으로 물을 저장하고 있는 댐 · 저수지 · 소류지(沼溜地) · 호수 · 연못 등의 토지와 연 · 왕골 등이 자생하는 배수가 잘 되지 아니하는 토지
20. 양어장
   육상에 인공으로 조성된 수산생물의 번식 또는 양식을 위한 시설을 갖춘 부지와 이에 접속된 부속시설물의 부지
24. 유원지
   일반 공중의 위락 · 휴양 등에 적합한 시설물을 종합적으로 갖춘 수영장 · 유선장(遊船場) · 낚시터 · 어린이놀이터 · 동물원 · 식물원 · 민속촌 · 경마장 · 야영장 등의 토지와 이에 접속된 부속시설물의 부지. 다만, 이들 시설과의 거리 등으로 보아 독립적인 것으로 인정되는 숙식시설 및 유기장(遊技場)의 부지와 하천 · 구거 또는 유지[공유(公有)인 것으로 한정한다]로 분류되는 것은 제외한다.

02 「공간정보의 구축 및 관리 등에 관한 법령」상 지적측량적부심사에 대한 재심사와 지적분야 측량기술자의 양성에 관한 사항을 심의 · 의결하기 위하여 설치한 위원회는?

① 축척변경위원회
② 중앙지적위원회
③ 토지수용위원회
④ 경계결정위원회
⑤ 지방지적위원회

[해설] 공간정보의 구축 및 관리 등에 관한 법률 제28조(지적위원회) [암기] [정][무][연][개]는 [사][양][무][요]다.

① 다음 각 호의 사항을 심의 · 의결하기 위하여 국토교통부에 중앙지적위원회를 둔다. 〈개정 2013.7.17.〉

1. 지적 관련 [정]책 개발 및 업[무] 개선 등에 관한 사항
2. 지적측량기술의 [연]구 · [개]발 및 보급에 관한 사항
3. 제29조제6항에 따른 지적측량 적부심[사](適否審査)에 대한 재심사(再審査)
4. 제39조에 따른 측량기술자 중 지적분야 측량기술자(이하 "지적기술자"라 한다)의 [양]성에 관한 사항
5. 제42조에 따른 지적기술자의 업[무]정지 처분 및 징계[요]구에 관한 사항

② 제29조에 따른 지적측량에 대한 적부심사 청구사항을 심의 · 의결하기 위하여 특별시 · 광역시 · 특별자치시 · 도 또는 특별자치도(이하 "시 · 도"라 한다)에 지방지적위원회를 둔다. 〈신설 2013.7.17.〉

③ 중앙지적위원회와 지방지적위원회의 위원 구성 및 운영에 필요한 사항은 대통령령으로 정한다. 〈개정 2013.7.17., 2017.10.24.〉

④ 중앙지적위원회와 지방지적위원회의 위원 중 공무원이 아닌 사람은 「형법」 제127조 및 제129조부터 제132조까지의 규정을 적용할 때에는 공무원으로 본다.

03 「공간정보의 구축 및 관리 등에 관한 법령」상 지적소관청이 토지의 이동에 따라 지상경계를 새로 정한 경우에 경계점 위치 설명도와 경계점 표지의 종류 등을 등록하여 관리하는 장부는?

① 토지이동조사부 ② 부동산종합공부
③ 경계점좌표등록부 ④ 지상경계점등록부
⑤ 토지이동정리결의서

[해설] 공간정보의 구축 및 관리 등에 관한 법률 제65조(지상경계의 구분 등) [암기] [토][지][경][계]는 [공][계][점]

① 토지의 지상경계는 둑, 담장이나 그 밖에 구획의 목표가 될 만한 구조물 및 경계점표지 등으로 구분한다.

② 지적소관청은 토지의 이동에 따라 지상경계를 새로 정한 경우에는 다음 각 호의 사항을 등록한 지상경계점등록부를 작성 · 관리하여야 한다.

1. [토]지의 소재
2. [지]번
3. [경]계점 좌표(경계점좌표등록부 시행지역에 한정한다)
4. 경[계]점 위치 설명도
5. 그 밖에 국토교통부령으로 정하는 사항

③ 제1항에 따른 지상경계의 결정 기준 등 지상경계의 결정에 필요한 사항은 대통령령으로 정하고, 경계점표지의 규격과 재질 등에 필요한 사항은 국토교통부령으로 정한다.

공간정보의 구축 및 관리 등에 관한 법률 시행규칙 제60조(지상경계점등록부 작성 등)

① 법 제65조제2항제4호에 따른 경계점 위치 설명도의 작성 등에 관하여 필요한 사항은 국토교통부장관이 정한다. 〈개정 2014.1.17.〉

② 법 제65조제2항제5호에서 "그 밖에 국토교통부령으로 정하는 사항"이란 다음 각 호의 사항을 말한다. 〈신설 2014.1.17.〉

1. [공]부상 지목과 실제 토지이용 지목
2. 경[계]점의 사진 파일
3. 경계[점]표지의 종류 및 경계점 위치

③ 법 제65조제2항에 따른 지상경계점등록부는 별지 제58호 서식과 같다. 〈신설 2014.1.17.〉

④ 법 제65조제3항에 따른 경계점표지의 규격과 재질은 별표 6과 같다.

정답 03 ④

04 「공간정보의 구축 및 관리 등에 관한 법령」상 지적공부에 등록된 토지가 지형의 변화 등으로 바다로 된 토지의 등록말소 및 회복 등에 관한 설명으로 틀린 것은?

① 지적소관청은 지적공부에 등록된 토지가 지형의 변화 등으로 바다로 된 경우로서 원상(原狀)으로 회복될 수 없는 경우에는 지적공부에 등록된 토지소유자에게 지적공부의 등록말소 신청을 통지하여야 한다.

② 지적소관청은 바다로 된 토지의 등록말소 신청에 의하여 토지의 표시 변경에 관한 등기를 할 필요가 있는 경우에는 지체 없이 관할 등기관서에 그 등기를 촉탁하여야 한다.

③ 지적소관청이 직권으로 지적공부의 등록사항을 말소한 후 지형의 변화 등으로 다시 토지가 된 경우에 토지로 회복등록을 하려면 그 지적측량성과 및 등록말소 당시의 지적공부 등 관계 자료에 따라야 한다.

④ 지적소관청으로부터 지적공부의 등록말소 신청을 하도록 통지를 받은 토지소유자가 통지를 받은 날부터 60일 이내에 등록말소 신청을 하지 아니하면, 지적소관청은 직권으로 그 지적공부의 등록사항을 말소하여야 한다.

⑤ 지적소관청이 직권으로 지적공부의 등록사항을 말소하거나 회복 등록하였을 때에는 그 정리 결과를 토지소유자 및 해당 공유수면의 관리청에 통지하여야 한다.

해설 공간정보의 구축 및 관리 등에 관한 법률 제82조(바다로 된 토지의 등록말소 신청)

① 지적소관청은 지적공부에 등록된 토지가 지형의 변화 등으로 바다로 된 경우로서 원상(原狀)으로 회복될 수 없거나 다른 지목의 토지로 될 가능성이 없는 경우에는 지적공부에 등록된 토지소유자에게 지적공부의 등록말소 신청을 하도록 통지하여야 한다.

② 지적소관청은 제1항에 따른 토지소유자가 통지를 받은 날부터 90일 이내에 등록말소 신청을 하지 아니하면 대통령령으로 정하는 바에 따라 등록을 말소한다.

③ 지적소관청은 제2항에 따라 말소한 토지가 지형의 변화 등으로 다시 토지가 된 경우에는 대통령령으로 정하는 바에 따라 토지로 회복등록을 할 수 있다.

공간정보의 구축 및 관리 등에 관한 법률 시행령 제68조(바다로 된 토지의 등록말소 및 회복)

① 법 제82조제2항에 따라 토지소유자가 등록말소 신청을 하지 아니하면 지적소관청이 직권으로 그 지적공부의 등록사항을 말소하여야 한다.

② 지적소관청은 법 제82조제3항에 따라 회복등록을 하려면 그 지적측량성과 및 등록말소 당시의 지적공부 등 관계 자료에 따라야 한다.

③ 제1항 및 제2항에 따라 지적공부의 등록사항을 말소하거나 회복등록하였을 때에는 그 정리 결과를 토지소유자 및 해당 공유수면의 관리청에 통지하여야 한다.

05 「공간정보의 구축 및 관리 등에 관한 법령」상 축척변경위원회의 구성과 회의 등에 관한 설명으로 옳은 것을 모두 고른 것은?

> ㄱ. 축척변경위원회의 회의는 위원장을 포함한 재적위원 과반수의 출석으로 개의(開議)하고, 출석위원 과반수의 찬성으로 의결한다.
> ㄴ. 축척변경위원회는 5명 이상 15명 이하의 위원으로 구성하되, 위원의 3분의 2 이상을 토지소유자로 하여야 한다. 이 경우 그 축척변경 시행지역의 토지소유자가 5명 이하일 때에는 토지소유자 전원을 위원으로 위촉하여야 한다.
> ㄷ. 위원은 해당 축척변경 시행지역의 토지소유자로서 지역 사정에 정통한 사람과 지적에 관하여 전문지식을 가진 사람 중에서 지적소관청이 위촉한다.

① ㄱ   ② ㄴ
③ ㄱ, ㄷ   ④ ㄴ, ㄷ
⑤ ㄱ, ㄴ, ㄷ

[해설] 공간정보의 구축 및 관리 등에 관한 법률 시행령 제79조(축척변경위원회의 구성 등)
① 축척변경위원회는 5명 이상 10명 이하의 위원으로 구성하되, 위원의 2분의 1 이상을 토지소유자로 하여야 한다. 이 경우 그 축척변경 시행지역의 토지소유자가 5명 이하일 때에는 토지소유자 전원을 위원으로 위촉하여야 한다.
② 위원장은 위원 중에서 지적소관청이 지명한다.
③ 위원은 다음 각 호의 사람 중에서 지적소관청이 위촉한다.

> 1. 해당 축척변경 시행지역의 토지소유자로서 지역 사정에 정통한 사람
> 2. 지적에 관하여 전문지식을 가진 사람

④ 축척변경위원회의 위원에게는 예산의 범위에서 출석수당과 여비, 그 밖의 실비를 지급할 수 있다. 다만, 공무원인 위원이 그 소관 업무와 직접적으로 관련되어 출석하는 경우에는 그러하지 아니하다.

공간정보의 구축 및 관리 등에 관한 법률 시행령 제80조(축척변경위원회의 기능) **암기** ⓒⓔ하고 ⓒⓒ해라
축척변경위원회는 지적소관청이 회부하는 다음 각 호의 사항을 심의·의결한다.

> 1. ⓒ척변경 시행계획에 관한 사항
> 2. 지번별 ⓔ곱미터당 금액의 결정과 청산금의 산정에 관한 사항
> 3. ⓒ산금의 이의신청에 관한 사항
> 4. 그 밖에 축척변경과 관련하여 지적ⓒ관청이 회의에 부치는 사항

공간정보의 구축 및 관리 등에 관한 법률 시행령 제81조(축척변경위원회의 회의)
① 축척변경위원회의 회의는 지적소관청이 제80조 각 호의 어느 하나에 해당하는 사항을 축척변경위원회에 회부하거나 위원장이 필요하다고 인정할 때에 위원장이 소집한다.
② 축척변경위원회의 회의는 위원장을 포함한 재적위원 과반수의 출석으로 개의(開議)하고, 출석위원 과반수의 찬성으로 의결한다.
③ 위원장은 축척변경위원회의 회의를 소집할 때에는 회의일시·장소 및 심의안건을 회의 개최 5일 전까지 각 위원에게 서면으로 통지하여야 한다.

06 「공간정보의 구축 및 관리 등에 관한 법령」상 지적공부의 열람 및 등본 발급, 부동산종합공부의 등록사항 및 열람·증명서 발급 등에 관한 설명으로 틀린 것은?

① 정보처리시스템을 통하여 기록·저장된 지적공부(지적도 및 임야도는 제외한다)를 열람하거나 그 등본을 발급받으려는 경우에는 시·도지사, 시장·군수 또는 구청장이나 읍·면·동의 장에게 신청할 수 있다.

② 지적소관청은 부동산종합공부에 「공간정보의 구축 및 관리 등에 관한 법률」에 따른 지적공부의 내용에서 토지의 표시와 소유자에 관한 사항을 등록하여야 한다.

③ 부동산종합공부를 열람하거나 부동산종합공부 기록사항에 관한 증명서를 발급받으려는 자는 지적공부·부동산 종합공부 열람·발급 신청서(전자문서로 된 신청서를 포함한다)를 지적소관청 또는 읍·면·동장에게 제출하여야 한다.

④ 지적소관청은 부동산종합공부에 「토지이용규제 기본법」 제10조에 따른 토지이용계획확인서의 내용에서 토지의 이용 및 규제에 관한 사항을 등록하여야 한다.

⑤ 지적소관청은 부동산종합공부에 「건축법」 제38조에 따른 건축물대장의 내용에서 건축물의 표시와 소유자에 관한 사항(토지에 건축물이 있는 경우만 해당한다)을 등록하여야 한다.

해설 공간정보의 구축 및 관리 등에 관한 법률 제75조(지적공부의 열람 및 등본 발급)

① 지적공부를 열람하거나 그 등본을 발급받으려는 자는 해당 지적소관청에 그 열람 또는 발급을 신청하여야 한다. 다만, 정보처리시스템을 통하여 기록·저장된 지적공부(지적도 및 임야도는 제외한다)를 열람하거나 그 등본을 발급받으려는 경우에는 특별자치시장, 시장·군수 또는 구청장이나 읍·면·동의 장에게 신청할 수 있다.

② 제1항에 따른 지적공부의 열람 및 등본 발급의 절차 등에 필요한 사항은 국토교통부령으로 정한다.

공간정보의 구축 및 관리 등에 관한 법률 제76조의3(부동산종합공부의 등록사항 등)
지적소관청은 부동산종합공부에 다음 각 호의 사항을 등록하여야 한다. 〈개정 2016.1.19.〉

> 1. 토지의 표시와 소유자에 관한 사항 : 이 법에 따른 지적공부의 내용
> 2. 건축물의 표시와 소유자에 관한 사항(토지에 건축물이 있는 경우만 해당한다) : 「건축법」 제38조에 따른 건축물대장의 내용
> 3. 토지의 이용 및 규제에 관한 사항 : 「토지이용규제 기본법」 제10조에 따른 토지이용계획확인서의 내용
> 4. 부동산의 가격에 관한 사항 : 「부동산 가격공시에 관한 법률」 제10조에 따른 개별공시지가, 같은 법 제16조, 제17조 및 제18조에 따른 개별주택가격 및 공동주택가격 공시내용
> 5. 그 밖에 부동산의 효율적 이용과 부동산과 관련된 정보의 종합적 관리·운영을 위하여 필요한 사항으로서 대통령령으로 정하는 사항

공간정보의 구축 및 관리 등에 관한 법률 시행령 제62조의2(부동산종합공부의 등록사항)
법 제76조의3제5호에서 "대통령령으로 정하는 사항"이란 「부동산등기법」 제48조에 따른 부동산의 권리에 관한 사항을 말한다.

공간정보의 구축 및 관리 등에 관한 법률 제76조의4(부동산종합공부의 열람 및 증명서 발급)

① 부동산종합공부를 열람하거나 부동산종합공부 기록사항의 전부 또는 일부에 관한 증명서(이하 "부동산종합증명서"라 한다)를 발급받으려는 자는 지적소관청이나 읍·면·동의 장에게 신청할 수 있다.

② 제1항에 따른 부동산종합공부의 열람 및 부동산종합증명서 발급의 절차 등에 관하여 필요한 사항은 국토교통부령으로 정한다.

공간정보의 구축 및 관리 등에 관한 법률 시행규칙 제74조(지적공부 및 부동산종합공부의 열람·발급 등)
① 법 제75조에 따라 지적공부를 열람하거나 그 등본을 발급받으려는 자는 별지 제71호 서식의 지적공부·부동산종합공부 열람·발급 신청서(전자문서로 된 신청서를 포함한다)를 지적소관청 또는 읍·면·동장에게 제출하여야 한다.
② 법 제76조의4에 따라 부동산종합공부를 열람하거나 부동산종합공부 기록사항의 전부 또는 일부에 관한 증명서(이하 "부동산종합증명서"라 한다)를 발급받으려는 자는 별지 제71호 서식의 지적공부·부동산종합공부 열람·발급 신청서(전자문서로 된 신청서를 포함한다)를 지적소관청 또는 읍·면·동장에게 제출하여야 한다. 〈신설 2014.1.17.〉
③ 부동산종합증명서의 건축물현황도 중 평면도 및 단위세대별 평면도의 열람·발급의 방법과 절차에 관하여는 「건축물대장의 기재 및 관리 등에 관한 규칙」 제11조제3항에 따른다. 〈신설 2014.1.17.〉
④ 부동산종합증명서는 별지 제71호의2 서식부터 별지 제71호의4 서식까지와 같다.

07 「공간정보의 구축 및 관리 등에 관한 법령」상 지적소관청이 지적공부의 등록사항에 잘못이 있는지를 직권으로 조사·측량하여 정정할 수 있는 경우를 모두 고른 것은?

ㄱ. 지적공부의 작성 또는 재작성 당시 잘못 정리된 경우
ㄴ. 지적도에 등록된 필지의 경계가 지상 경계와 일치하지 않아 면적의 증감이 있는 경우
ㄷ. 측량 준비 파일과 다르게 정리된 경우
ㄹ. 지적공부의 등록사항이 잘못 입력된 경우

① ㄷ
② ㄹ
③ ㄱ, ㄹ
④ ㄴ, ㄷ
⑤ ㄱ, ㄷ, ㄹ

해설 **공간정보의 구축 및 관리 등에 관한 법률 제84조(등록사항의 정정)**
① 토지소유자는 지적공부의 등록사항에 잘못이 있음을 발견하면 지적소관청에 그 정정을 신청할 수 있다.
② 지적소관청은 지적공부의 등록사항에 잘못이 있음을 발견하면 대통령령으로 정하는 바에 따라 직권으로 조사·측량하여 정정할 수 있다.
③ 제1항에 따른 정정으로 인접 토지의 경계가 변경되는 경우에는 다음 각 호의 어느 하나에 해당하는 서류를 지적소관청에 제출하여야 한다.
  1. 인접 토지소유자의 승낙서
  2. 인접 토지소유자가 승낙하지 아니하는 경우에는 이에 대항할 수 있는 확정판결서 정본(正本)
④ 지적소관청이 제1항 또는 제2항에 따라 등록사항을 정정할 때 그 정정사항이 토지소유자에 관한 사항인 경우에는 등기필증, 등기완료통지서, 등기사항증명서 또는 등기관서에서 제공한 등기전산정보자료에 따라 정정하여야 한다. 다만, 제1항에 따라 미등기 토지에 대하여 토지소유자의 성명 또는 명칭, 주민등록번호, 주소 등에 관한 사항의 정정을 신청한 경우로서 그 등록사항이 명백히 잘못된 경우에는 가족관계 기록사항에 관한 증명서에 따라 정정하여야 한다.

공간정보의 구축 및 관리 등에 관한 법률 시행령 제82조(등록사항의 직권정정 등)
① 지적소관청이 법 제84조제2항에 따라 지적공부의 등록사항에 잘못이 있는지를 직권으로 조사·측량하여 정정할 수 있는 경우는 다음 각 호와 같다. 〈개정 2015.6.1., 2017.1.10.〉
  1. 제84조제2항에 따른 토지이동정리 결의서의 내용과 다르게 정리된 경우
  2. 지적도 및 임야도에 등록된 필지가 면적의 증감 없이 경계의 위치만 잘못된 경우
  3. 1필지가 각각 다른 지적도나 임야도에 등록되어 있는 경우로서 지적공부에 등록된 면적과 측량한 실제면적은 일치하지만 지적도나 임야도에 등록된 경계가 서로 접합되지 않아 지적도나 임야도에 등록된 경계를 지상의 경계에 맞추어 정정하여야 하는 토지가 발견된 경우

4. 지적공부의 작성 또는 재작성 당시 잘못 정리된 경우

5. 지적측량성과와 다르게 정리된 경우

6. 법 제29조제10항에 따라 지적공부의 등록사항을 정정하여야 하는 경우

7. 지적공부의 등록사항이 잘못 입력된 경우

8. 「부동산등기법」 제37조제2항에 따른 통지가 있는 경우(지적소관청의 착오로 잘못 합병한 경우만 해당한다)

9. 법률 제2801호 지적법개정법률 부칙 제3조에 따른 면적 환산이 잘못된 경우

② 지적소관청은 제1항 각 호의 어느 하나에 해당하는 토지가 있을 때에는 지체 없이 관계 서류에 따라 지적공부의 등록사항을 정정하여야 한다.

③ 지적공부의 등록사항 중 경계나 면적 등 측량을 수반하는 토지의 표시가 잘못된 경우에는 지적소관청은 그 정정이 완료될 때까지 지적측량을 정지시킬 수 있다. 다만, 잘못 표시된 사항의 정정을 위한 지적측량은 그러하지 아니하다.

08 「공간정보의 구축 및 관리 등에 관한 법령」상 지적도의 축척이 600분의 1인 지역에서 신규 등록할 1필지의 면적을 계산한 값이 0.050m²이었다. 토지대장에 등록하는 면적의 결정으로 옳은 것은?

① 0.01m²

② 0.05m²

③ 0.1m²

④ 0.5m²

⑤ 1.0m²

해설 공간정보의 구축 및 관리 등에 관한 법률 시행령 제60조(면적의 결정 및 측량계산의 끝수처리)

① 면적의 결정은 다음 각 호의 방법에 따른다.

1. 토지의 면적에 1제곱미터 미만의 끝수가 있는 경우 0.5제곱미터 미만일 때에는 버리고 0.5제곱미터를 초과하는 때에는 올리며, 0.5제곱미터일 때에는 구하려는 끝자리의 숫자가 0 또는 짝수이면 버리고 홀수이면 올린다. 다만, 1필지의 면적이 1제곱미터 미만일 때에는 1제곱미터로 한다.

2. 지적도의 축척이 600분의 1인 지역과 경계점좌표등록부에 등록하는 지역의 토지 면적은 제1호에도 불구하고 제곱미터 이하 한 자리 단위로 하되, 0.1제곱미터 미만의 끝수가 있는 경우 0.05제곱미터 미만일 때에는 버리고 0.05제곱미터를 초과할 때에는 올리며, 0.05제곱미터일 때에는 구하려는 끝자리의 숫자가 0 또는 짝수이면 버리고 홀수이면 올린다. 다만, 1필지의 면적이 0.1제곱미터 미만일 때에는 0.1제곱미터로 한다.

② 방위각의 각치(角値), 종횡선의 수치 또는 거리를 계산하는 경우 구하려는 끝자리의 다음 숫자가 5 미만일 때에는 버리고 5를 초과할 때에는 올리며, 5일 때에는 구하려는 끝자리의 숫자가 0 또는 짝수이면 버리고 홀수이면 올린다. 다만, 전자계산조직을 이용하여 연산할 때에는 최종수치에만 이를 적용한다.

09 「공간정보의 구축 및 관리 등에 관한 법령」상 도시개발사업 등 시행지역의 토지이동 신청에 관한 특례의 설명으로 틀린 것은?

① 「도시개발법」에 따른 도시개발사업의 착수를 지적소관청에 신고하려는 자는 도시개발사업 등의 착수(시행)·변경·완료 신고서에 사업인가서, 지번별 조서, 사업계획도를 첨부하여야 한다.

② 「농어촌정비법」에 따른 농어촌정비사업의 사업시행자가 지적소관청에 토지의 이동을 신청한 경우 토지의 이동은 토지의 형질변경 등의 공사가 착수(시행)된 때에 이루어진 것으로 본다.

③ 「도시 및 주거환경정비법」에 따른 정비사업의 착수·변경 또는 완료 사실의 신고는 그 사유가 발생한 날부터 15일 이내에 하여야 한다.

④ 「주택법」에 따른 주택건설사업의 시행자가 파산 등의 이유로 토지의 이동 신청을 할 수 없을 때에는 그 주택의 시공을 보증한 자 또는 입주예정자 등이 신청할 수 있다.

⑤ 「택지개발촉진법」에 따른 택지개발사업의 사업시행자가 지적소관청에 토지의 이동을 신청한 경우 신청 대상지역이 환지(換地)를 수반하는 경우에는 지적소관청에 신고한 사업완료 신고로써 이를 갈음할 수 있다. 이 경우 사업완료 신고서에 택지개발 사업시행자가 토지의 이동 신청을 갈음한다는 뜻을 적어야 한다.

해설 공간정보의 구축 및 관리 등에 관한 법률 제86조(도시개발사업 등 시행지역의 토지이동 신청에 관한 특례)

① 「도시개발법」에 따른 도시개발사업, 「농어촌정비법」에 따른 농어촌정비사업, 그 밖에 대통령령으로 정하는 토지개발사업의 시행자는 대통령령으로 정하는 바에 따라 그 사업의 착수·변경 및 완료 사실을 지적소관청에 신고하여야 한다.

② 제1항에 따른 사업과 관련하여 토지의 이동이 필요한 경우에는 해당 사업의 시행자가 지적소관청에 토지의 이동을 신청하여야 한다.

③ 제2항에 따른 토지의 이동은 토지의 형질변경 등의 공사가 준공된 때에 이루어진 것으로 본다.

④ 제1항에 따라 사업의 착수 또는 변경의 신고가 된 토지의 소유자가 해당 토지의 이동을 원하는 경우에는 해당 사업의 시행자에게 그 토지의 이동을 신청하도록 요청하여야 하며, 요청을 받은 시행자는 해당 사업에 지장이 없다고 판단되면 지적소관청에 그 이동을 신청하여야 한다.

공간정보의 구축 및 관리 등에 관한 법률 시행령 제83조(토지개발사업 등의 범위 및 신고)

① 법 제86조제1항에서 "대통령령으로 정하는 토지개발사업"이란 다음 각 호의 사업을 말한다. 〈개정 2019.3.12.〉

1. 「주택법」에 따른 주택건설사업
2. 「택지개발촉진법」에 따른 택지개발사업
3. 「산업입지 및 개발에 관한 법률」에 따른 산업단지개발사업
4. 「도시 및 주거환경정비법」에 따른 정비사업
5. 「지역 개발 및 지원에 관한 법률」에 따른 지역개발사업
6. 「체육시설의 설치·이용에 관한 법률」에 따른 체육시설 설치를 위한 토지개발사업
7. 「관광진흥법」에 따른 관광단지 개발사업
8. 「공유수면 관리 및 매립에 관한 법률」에 따른 매립사업
9. 「항만법」 및 「신항만건설촉진법」에 따른 항만개발사업
10. 「공공주택 특별법」에 따른 공공주택지구조성사업
11. 「물류시설의 개발 및 운영에 관한 법률」 및 「경제자유구역의 지정 및 운영에 관한 특별법」에 따른 개발사업
12. 「철도의 건설 및 철도시설 유지관리에 관한 법률」에 따른 고속철도, 일반철도 및 광역철도 건설사업
13. 「도로법」에 따른 고속국도 및 일반국도 건설사업
14. 그 밖에 제1호부터 제13호까지의 사업과 유사한 경우로서 국토교통부장관이 고시하는 요건에 해당하는 토지개발사업

② 법 제86조제1항에 따른 도시개발사업 등의 착수·변경 또는 완료 사실의 신고는 그 사유가 발생한 날부터 15일 이내에 하여야 한다.

③ 법 제86조제2항에 따른 토지의 이동 신청은 그 신청대상지역이 환지(換地)를 수반하는 경우에는 법 제86조제1항에 따른 사업완료 신고로써 이를 갈음할 수 있다. 이 경우 사업완료 신고서에 법 제86조제2항에 따른 토지의 이동 신청을 갈음한다는 뜻을 적어야 한다.

④ 「주택법」에 따른 주택건설사업의 시행자가 파산 등의 이유로 토지의 이동 신청을 할 수 없을 때에는 그 주택의 시공을 보증한 자 또는 입주예정자 등이 신청할 수 있다.

공간정보의 구축 및 관리 등에 관한 법률 시행규칙 제95조(도시개발사업 등의 신고)
① 법 제86조제1항 및 영 제83조제2항에 따른 도시개발사업 등의 착수 또는 변경의 신고를 하려는 자는 별지 제81호 서식의 도시개발사업 등의 착수(시행)·변경·완료 신고서에 다음 각 호의 서류를 첨부하여야 한다. 다만, 변경신고의 경우에는 변경된 부분으로 한정한다.

> 1. 사업인가서
> 2. 지번별 조서
> 3. 사업계획도

② 법 제86조제1항 및 영 제83조제2항에 따른 도시개발사업 등의 완료신고를 하려는 자는 별지 제81호 서식의 신청서에 다음 각 호의 서류를 첨부하여야 한다. 이 경우 지적측량수행자가 지적소관청에 측량검사를 의뢰하면서 미리 제출한 서류는 첨부하지 아니할 수 있다.

> 1. 확정될 토지의 지번별 조서 및 종전 토지의 지번별 조서
> 2. 환지처분과 같은 효력이 있는 고시된 환지계획서. 다만, 환지를 수반하지 아니하는 사업인 경우에는 사업의 완료를 증명하는 서류를 말한다.

10 「공간정보의 구축 및 관리 등에 관한 법령」상 지적측량을 실시하여야 하는 경우를 모두 고른 것은?

> ㄱ. 토지소유자가 지적소관청에 신규등록 신청을 하기 위하여 측량을 할 필요가 있는 경우
> ㄴ. 지적소관청이 지적공부의 일부가 멸실되어 이를 복구하기 위하여 측량을 할 필요가 있는 경우
> ㄷ. 「지적재조사에 관한 특별법」에 따른 지적재조사사업에 따라 토지의 이동이 있어 측량을 할 필요가 있는 경우
> ㄹ. 토지소유자가 지적소관청에 바다가 된 토지에 대하여 지적공부의 등록말소를 신청하기 위하여 측량을 할 필요가 있는 경우

① ㄱ, ㄴ, ㄷ   ② ㄱ, ㄴ, ㄹ
③ ㄱ, ㄷ, ㄹ   ④ ㄴ, ㄷ, ㄹ
⑤ ㄱ, ㄴ, ㄷ, ㄹ

해설 **공간정보의 구축 및 관리 등에 관한 법률 제23조(지적측량의 실시 등)**
① 다음 각 호의 어느 하나에 해당하는 경우에는 지적측량을 하여야 한다. 〈개정 2013.7.17.〉
  1. 제7조제1항제3호에 따른 지적기준점을 정하는 경우
  2. 제25조에 따라 지적측량성과를 검사하는 경우
  3. 다음 각 목의 어느 하나에 해당하는 경우로서 측량을 할 필요가 있는 경우

> 가. 제74조에 따라 지적공부를 복구하는 경우
> 나. 제77조에 따라 토지를 신규등록하는 경우
> 다. 제78조에 따라 토지를 등록전환하는 경우
> 라. 제79조에 따라 토지를 분할하는 경우
> 마. 제82조에 따라 바다가 된 토지의 등록을 말소하는 경우
> 바. 제83조에 따라 축척을 변경하는 경우
> 사. 제84조에 따라 지적공부의 등록사항을 정정하는 경우
> 아. 제86조에 따른 도시개발사업 등의 시행지역에서 토지의 이동이 있는 경우
> 자. 「지적재조사에 관한 특별법」에 따른 지적재조사사업에 따라 토지의 이동이 있는 경우

4. 경계점을 지상에 복원하는 경우

5. 그 밖에 대통령령으로 정하는 경우

② 지적측량의 방법 및 절차 등에 필요한 사항은 국토교통부령으로 정한다.

11 「공간정보의 구축 및 관리 등에 관한 법령」상 지목을 지적도에 등록하는 때에 표기하는 부호로써 옳은 것은?

① 관천지 – 천
② 공장용지 – 공

③ 유원지 – 유
④ 제방 – 제

⑤ 도로 – 로

해설 **공간정보의 구축 및 관리 등에 관한 법률 시행규칙 제64조(지목의 표기방법)**

지목을 지적도 및 임야도(이하 "지적도면"이라 한다)에 등록하는 때에는 다음의 부호로 표기하여야 한다.

지목	부호	지목	부호	지목	부호	지목	부호
전	전	대	대	철도용지	철	공원	공
답	답	공장용지	㉧	제방	제	체육용지	체
과수원	과	학교용지	학	하천	㉬	유원지	㉪
목장용지	목	주차장	㉤	구거	구	종교용지	종
임야	임	주유소용지	주	유지	유	사적지	사
광천지	광	창고용지	창	양어장	양	묘지	묘
염전	염	도로	도	수도용지	수	잡종지	잡

12 「공간정보의 구축 및 관리 등에 관한 법령」상 토지의 합병 및 지적공부의 정리 등에 관한 설명으로 틀린 것은?

① 합병에 따른 면적은 따로 지적측량을 하지 않고 합병 전 각 필지의 면적을 합산하여 합병 후 필지의 면적으로 결정한다.

② 토지소유자가 합병 전의 필지에 주거 · 사무실 등의 건축물이 있어서 그 건축물이 위치한 지번을 합병 후의 지번으로 신청할 때에는 그 지번을 합병 후의 지번으로 부여하여야 한다.

③ 합병에 따른 경계는 따로 지적측량을 하지 않고 합병 전 각 필지의 경계 중 합병으로 필요 없게 된 부분을 말소하여 합병 후 필지의 경계로 결정한다.

④ 지적소관청은 토지소유자의 합병신청에 의하여 토지의 이동이 있는 경우에는 지적공부를 정리하여야 하며, 이 경우에는 토지이동정리 결의서를 작성하여야 한다.

⑤ 토지소유자는 도로, 제방, 하천, 구거, 유지의 토지로서 합병하여야 할 토지가 있으면 그 사유가 발생한 날부터 90일 이내에 지적소관청에 합병을 신청하여야 한다.

해설 **공간정보의 구축 및 관리 등에 관한 법률 제26조(토지의 이동에 따른 면적 등의 결정방법)**

① 합병에 따른 경계 · 좌표 또는 면적은 따로 지적측량을 하지 아니하고 다음 각 호의 구분에 따라 결정한다.

정답 **11** ④ **12** ⑤

1. 합병 후 필지의 경계 또는 좌표 : 합병 전 각 필지의 경계 또는 좌표 중 합병으로 필요 없게 된 부분을 말소하여 결정
2. 합병 후 필지의 면적 : 합병 전 각 필지의 면적을 합산하여 결정

② 등록전환이나 분할에 따른 면적을 정할 때 오차가 발생하는 경우 그 오차의 허용 범위 및 처리방법 등에 필요한 사항은 대통령령으로 정한다.

공간정보의 구축 및 관리 등에 관한 법률 제80조(합병 신청)

① 토지소유자는 토지를 합병하려면 대통령령으로 정하는 바에 따라 지적소관청에 합병을 신청하여야 한다.
② 토지소유자는 「주택법」에 따른 공동주택의 부지, 도로, 제방, 하천, 구거, 유지, 그 밖에 대통령령으로 정하는 토지로서 합병하여야 할 토지가 있으면 그 사유가 발생한 날부터 60일 이내에 지적소관청에 합병을 신청하여야 한다.
③ 다음 각 호의 어느 하나에 해당하는 경우에는 합병 신청을 할 수 없다.

1. 합병하려는 토지의 지번부여지역, 지목 또는 소유자가 서로 다른 경우
2. 합병하려는 토지에 다음 각 목의 등기 외의 등기가 있는 경우
   가. 소유권·지상권·전세권 또는 임차권의 등기
   나. 승역지(承役地)에 대한 지역권의 등기
   다. 합병하려는 토지 전부에 대한 등기원인(登記原因) 및 그 연월일과 접수번호가 같은 저당권의 등기
   라. 합병하려는 토지 전부에 대한 「부동산등기법」 제81조제1항 각 호의 등기사항이 동일한 신탁등기
3. 그 밖에 합병하려는 토지의 지적도 및 임야도의 축척이 서로 다른 경우 등 대통령령으로 정하는 경우

공간정보의 구축 및 관리 등에 관한 법률 시행령 제66조(합병 신청)

① 토지소유자는 법 제80조제1항 및 제2항에 따라 토지의 합병을 신청할 때에는 합병 사유를 적은 신청서를 지적소관청에 제출하여야 한다.
② 법 제80조제2항에서 "대통령령으로 정하는 토지"란 공장용지·학교용지·철도용지·수도용지·공원·체육용지 등 다른 지목의 토지를 말한다.
③ 법 제80조제3항제3호에서 "합병하려는 토지의 지적도 및 임야도의 축척이 서로 다른 경우 등 대통령령으로 정하는 경우"란 다음 각 호의 경우를 말한다.

1. 합병하려는 토지의 지적도 및 임야도의 축척이 서로 다른 경우
2. 합병하려는 각 필지의 지반이 연속되지 아니한 경우
3. 합병하려는 토지가 등기된 토지와 등기되지 아니한 토지인 경우
4. 합병하려는 각 필지의 지목은 같으나 일부 토지의 용도가 다르게 되어 법 제79조제2항에 따른 분할대상 토지인 경우. 다만, 합병 신청과 동시에 토지의 용도에 따라 분할 신청을 하는 경우는 제외한다.
5. 합병하려는 토지의 소유자별 공유지분이 다르거나 소유자의 주소가 서로 다른 경우
6. 합병하려는 토지가 구획정리, 경지정리 또는 축척변경을 시행하고 있는 지역의 토지와 그 지역 밖의 토지인 경우

공간정보의 구축 및 관리 등에 관한 법률 시행령 제56조(지번의 구성 및 부여방법 등)

③ 법 제66조에 따른 지번의 부여방법은 다음 각 호와 같다.
   4. 합병의 경우에는 합병 대상 지번 중 선순위의 지번을 그 지번으로 하되, 본번으로 된 지번이 있을 때에는 본번 중 선순위의 지번을 합병 후의 지번으로 할 것. 이 경우 토지소유자가 합병 전의 필지에 주거·사무실 등의 건축물이 있어서 그 건축물이 위치한 지번을 합병 후의 지번으로 신청할 때에는 그 지번을 합병 후의 지번으로 부여하여야 한다.

공간정보의 구축 및 관리 등에 관한 법률 시행령 제84조(지적공부의 정리 등)

① 지적소관청은 지적공부가 다음 각 호의 어느 하나에 해당하는 경우에는 지적공부를 정리하여야 한다. 이 경우 이미 작성된 지적공부에 정리할 수 없을 때에는 새로 작성하여야 한다.

> 1. 법 제66조제2항에 따라 지번을 변경하는 경우
> 2. 법 제74조에 따라 지적공부를 복구하는 경우
> 3. 법 제77조부터 제86조까지의 규정에 따른 신규등록 · 등록전환 · 분할 · 합병 · 지목변경 등 토지의 이동이 있는 경우

② 지적소관청은 제1항에 따른 토지의 이동이 있는 경우에는 토지이동정리 결의서를 작성하여야 하고, 토지소유자의 변동 등에 따라 지적공부를 정리하려는 경우에는 소유자정리 결의서를 작성하여야 한다.

③ 제1항 및 제2항에 따른 지적공부의 정리방법, 토지이동정리 결의서 및 소유자정리 결의서 작성방법 등에 관하여 필요한 사항은 국토교통부령으로 정한다.

01 「공간정보의 구축 및 관리 등에 관한 법령」상 지적공부의 보존 및 보관방법 등에 관한 설명으로 틀린 것은?(단, 정보처리시스템을 통하여 기록·저장한 지적공부는 제외함)

① 지적소관청은 해당 청사에 지적서고를 설치하고 그 곳에 지적공부를 영구히 보존하여야 한다.

② 국토교통부장관의 승인을 받은 경우 지적공부를 해당 청사 밖으로 반출할 수 있다.

③ 지적서고는 지적사무를 처리하는 사무실과 연접(連接)하여 설치하여야 한다.

④ 지적도면은 지번부여지역별로 도면번호순으로 보관하되, 각 장별로 보호대에 넣어야 한다.

⑤ 카드로 된 토지대장·임야대장·공유지연명부·대지권등록부 및 경계점좌표등록부는 100장 단위로 바인더(binder)에 넣어 보관하여야 한다.

해설 공간정보의 구축 및 관리 등에 관한 법률 제69조(지적공부의 보존 등)

① 지적소관청은 해당 청사에 지적서고를 설치하고 그 곳에 지적공부(정보처리시스템을 통하여 기록·저장한 경우는 제외한다. 이하 이 항에서 같다)를 영구히 보존하여야 하며, 다음 각 호의 어느 하나에 해당하는 경우 외에는 해당 청사 밖으로 지적공부를 반출할 수 없다.

> 1. 천재지변이나 그 밖에 이에 준하는 재난을 피하기 위하여 필요한 경우
> 2. 관할 시·도지사 또는 대도시 시장의 승인을 받은 경우

② 지적공부를 정보처리시스템을 통하여 기록·저장한 경우 관할 시·도지사, 시장·군수 또는 구청장은 그 지적공부를 지적정보관리체계에 영구히 보존하여야 한다. 〈개정 2013.7.17.〉

③ 국토교통부장관은 제2항에 따라 보존하여야 하는 지적공부가 멸실되거나 훼손될 경우를 대비하여 지적공부를 복제하여 관리하는 정보관리체계를 구축하여야 한다.

공간정보의 구축 및 관리 등에 관한 법률 시행규칙 제65조(지적서고의 설치기준 등)

① 법 제69조제1항에 따른 지적서고는 지적사무를 처리하는 사무실과 연접(連接)하여 설치하여야 한다.

공간정보의 구축 및 관리 등에 관한 법률 시행규칙 제66조(지적공부의 보관방법 등)

① 부책(簿册)으로 된 토지대장·임야대장 및 공유지연명부는 지적공부 보관상자에 넣어 보관하고, 카드로 된 토지대장·임야대장·공유지연명부·대지권등록부 및 경계점좌표등록부는 100장 단위로 바인더(binder)에 넣어 보관하여야 한다.

② 일람도·지번색인표 및 지적도면은 지번부여지역별로 도면번호순으로 보관하되, 각 장별로 보호대에 넣어야 한다.

③ 법 제69조제2항에 따라 지적공부를 정보처리시스템을 통하여 기록·보존하는 때에는 그 지적공부를 「공공기관의 기록물 관리에 관한 법률」 제19조제2항에 따라 기록물관리기관에 이관할 수 있다.

02 「공간정보의 구축 및 관리 등에 관한 법령」상 지적공부와 등록사항의 연결이 옳은 것은?

① 토지대장 – 경계와 면적

② 임야대장 – 건축물 및 구조물 등의 위치

③ 공유지연명부 – 소유권 지분과 토지의 이동사유

④ 대지권등록부 – 대지권 비율과 지목

⑤ 토지대장 · 임야대장 · 공유지연명부 · 대지권등록부 – 토지소유자가 변경된 날과 그 원인

해설 지적공부의 등록사항

구분	토지표시사항	소유권에 관한 사항	기타
토지대장 (土地臺帳, Land Books) & 임야대장 (林野臺帳, Forest Books)	• ㉠지 소재 • ㉠번 • ㉠목 • 면㉠ • 토지의 ㉠동사유	• 토지소유자 ㉯동일자 • 변㉰원인 • ㉰민등록번호 • 성㉭ 또는 명칭 • 주㉰	• 토지의 고㉯번호(각 필지를 서로 구별하기 위하여 필지마다 붙이는 고유한 번호를 말한다) • 지적도 또는 임야㉰ 번호 • 필지별 토지대장 또는 임야대장의 ㉰번호 • ㉰척 • ㉠지등급 또는 기준수확량등급과 그 설정 · 수정 연월일 • 개별㉰시지가와 그 기준일
공유지연명부 (共有地連名簿, Common Land Books)	• ㉠지 소재 • ㉠번	• 토지소유자 ㉯동일자 • 변㉰원인 • ㉰민등록번호 • 성㉭ · 주㉰ • 소유권 ㉠분	• 토지의 ㉰유번호 • 필지별공유지 연명부의 ㉰번호
대지권등록부 (垈地權登錄簿, Building Site Rights Books)	• ㉠지 소재 • ㉠번	• 토지소유자가 ㉯동일자 및 변㉰원인 • ㉰민등록번호 • 성㉭ 또는 명칭 · 주㉰ • 대㉠권 비율 • 소유㉭ 지분	• 토지의 ㉰유번호 • 집합건물별 대지권등록부의 ㉰번호 • ㉠물의 명칭 • ㉰유부분의 건물의 표시
경계점좌표등록부 (境界點座標登錄簿, Boundary Point Coordinate Books)	• ㉠지 소재 • ㉠번 • 좌㉰		• ㉰유번호 • 장번호 • ㉯호 및 부호도 • ㉰면의 번호
지적도 (地籍圖, Land Books) & 임야도 (林野圖, Forest Books)	• ㉠지 소재 • ㉠번 • ㉠목 • 경㉰ • 좌표에 의하여 계산된 경계㉰ 간의 거리(경계점좌표등록부를 갖춰두는 지역으로 한정한다)		• ㉰면의 색인도 • 도㉯의 제명 및 축척 • 도곽㉰과 그 수치 • 삼㉰점 및 ㉠적기준점의 위치 • 건축㉭ 및 구조물 등의 위치

03 「공간정보의 구축 및 관리 등에 관한 법령」상 지목을 잡종지로 정할 수 있는 것으로만 나열한 것은?(단, 원상회복을 조건으로 돌을 캐내는 곳 또는 흙을 파내는 곳으로 허가된 토지는 제외함)

① 변전소, 송신소, 수신소 및 지하에서 석유류 등이 용출되는 용출구(湧出口)와 그 유지(維持)에 사용되는 부지

② 여객자동차터미널, 자동차운전학원 및 폐차장 등 자동차와 관련된 독립적인 시설들을 갖춘 부지

③ 갈대밭, 실외에 물건을 쌓아두는 곳, 산림 및 원야(原野)를 이루고 있는 암석지·자갈땅·모래땅·황무지 등의 토지

④ 공항 항만시설 부지 및 물건 등을 보관하거나 저장하기 위하여 독립적으로 설치된 보관시설물의 부지

⑤ 도축장, 쓰레기처리장, 오물처리장 및 일반 공중의 위락·휴양 등에 적합한 시설물을 종합적으로 갖춘 야영장·식물원 등의 토지

해설 공간정보의 구축 및 관리 등에 관한 법률 시행령 제58조(지목의 구분)

법 제67조제1항에 따른 지목의 구분은 다음 각 호의 기준에 따른다. 〈개정 2020.6.9.〉

5. 임야

산림 및 원야(原野)를 이루고 있는 수림지(樹林地)·죽림지·암석지·자갈땅·모래땅·습지·황무지 등의 토지

6. 광천지

지하에서 온수·약수·석유류 등이 용출되는 용출구(湧出口)와 그 유지(維持)에 사용되는 부지. 다만, 온수·약수·석유류 등을 일정한 장소로 운송하는 송수관·송유관 및 저장시설의 부지는 제외한다.

13. 창고용지

물건 등을 보관하거나 저장하기 위하여 독립적으로 설치된 보관시설물의 부지와 이에 접속된 부속시설물의 부지

24. 유원지

일반 공중의 위락·휴양 등에 적합한 시설물을 종합적으로 갖춘 수영장·유선장(遊船場)·낚시터·어린이놀이터·동물원·식물원·민속촌·경마장·야영장 등의 토지와 이에 접속된 부속시설물의 부지. 다만, 이들 시설과의 거리 등으로 보아 독립적인 것으로 인정되는 숙식시설 및 유기장(遊技場)의 부지와 하천·구거 또는 유지[공유(公有)인 것으로 한정한다]로 분류되는 것은 제외한다.

28. 잡종지

다음 각 목의 토지. 다만, 원상회복을 조건으로 돌을 캐내는 곳 또는 흙을 파내는 곳으로 허가된 토지는 제외한다.

가. 갈대밭, 실외에 물건을 쌓아두는 곳, 돌을 캐내는 곳, 흙을 파내는 곳, 야외시장 및 공동우물

나. 변전소, 송신소, 수신소 및 송유시설 등의 부지

다. 여객자동차터미널, 자동차운전학원 및 폐차장 등 자동차와 관련된 독립적인 시설물을 갖춘 부지

라. 공항시설 및 항만시설 부지

마. 도축장, 쓰레기처리장 및 오물처리장 등의 부지

바. 그 밖에 다른 지목에 속하지 않는 토지

04 「공간정보의 구축 및 관리 등에 관한 법령」상 지적소관청이 축척변경 시행공고를 할 때 공고하여야 할 사항으로 틀린 것은?

① 축척변경의 목적, 시행지역 및 시행기간
② 축척변경의 시행에 관한 세부계획
③ 축척변경의 시행자 선정 및 평가방법
④ 축척변경의 시행에 따른 청산방법
⑤ 축척변경의 시행에 따른 토지소유자 등의 협조에 관한 사항

[해설] 공간정보의 구축 및 관리 등에 관한 법률 시행령 제71조(축척변경 시행공고 등)

① 지적소관청은 법 제83조제3항에 따라 시 · 도지사 또는 대도시 시장으로부터 축척변경 승인을 받았을 때에는 지체 없이 다음 각 호의 사항을 20일 이상 공고하여야 한다. [암기] [기][지][목] [청][소][세]

1. 축척변경의 [목]적, 시행[지]역 및 시행[기]간
2. 축척변경의 시행에 따른 [청]산방법
3. 축척변경의 시행에 따른 토지[소]유자 등의 협조에 관한 사항
4. 축척변경의 시행에 관한 [세]부계획

② 제1항에 따른 시행공고는 시 · 군 · 구(자치구가 아닌 구를 포함한다) 및 축척변경 시행지역 동 · 리의 게시판에 주민이 볼 수 있도록 게시하여야 한다.
③ 축척변경 시행지역의 토지소유자 또는 점유자는 시행공고가 된 날(이하 "시행공고일"이라 한다)부터 30일 이내에 시행공고일 현재 점유하고 있는 경계에 국토교통부령으로 정하는 경계점표지를 설치하여야 한다.

05 「공간정보의 구축 및 관리 등에 관한 법령」상 지적공부의 복구 및 복구절차 등에 관한 설명으로 틀린 것은?

① 지적소관청(정보처리시스템을 통하여 기록 · 저장한 지적공부의 경우에는 시 · 도지사, 시장 · 군수 또는 구청장)은 지적공부의 전부 또는 일부가 멸실되거나 훼손된 경우에는 지체 없이 이를 복구하여야 한다.
② 지적공부를 복구할 때에는 멸실 · 훼손 당시의 지적공부와 가장 부합된다고 인정되는 관계 자료에 따라 토지의 표시에 관한 사항을 복구하여야 한다. 다만, 소유자에 관한 사항은 부동산등기부나 법원의 확정판결에 따라 복구하여야 한다.
③ 지적공부의 등본, 개별공시지가 자료, 측량신청서 및 측량 준비도, 법원의 확정판결서 정본 또는 사본은 지적공부의 복구자료이다.
④ 지적소관청은 조사된 복구자료 중 토지대장 · 임야대장 및 공유지연명부의 등록 내용을 증명하는 서류 등에 따라 지적복구자료 조사서를 작성하고, 지적도면의 등록 내용을 증명하는 서류 등에 따라 복구자료도를 작성하여야 한다.
⑤ 복구자료도에 따라 측정한 면적과 지적복구자료 조사서의 조사된 면적의 증감이 오차의 허용범위를 초과하거나 복구자료도를 작성할 복구료가 없는 경우에는 복구측량을 하여야 한다.

[해설] 공간정보의 구축 및 관리 등에 관한 법률 시행규칙 제72조(지적공부의 복구자료)
영 제61조제1항에 따른 지적공부의 복구에 관한 관계 자료(이하 "복구자료"라 한다)는 다음 각 호와 같다.
[암기] [부][등][지][등][복][명]은 [량][지][원]에서

정답 04 ③ 05 ③

1. ㊀동산등기부 ㊀본 등 등기사실을 증명하는 서류
2. ㊀적공부의 ㊀본
3. 법 제69조제3항(지적공부를 복제하여 관리하는 정보관리체계를 구축하여야 한다)에 따라 ㊀제된 지적공부
4. 지적소관청이 작성하거나 발행한 지적공부의 등록내용을 증㊀하는 서류
5. 측㊀ 결과도
6. 토㊀이동정리 결의서
7. 법㊀의 확정판결서 정본 또는 사본

공간정보의 구축 및 관리 등에 관한 법률 제74조(지적공부의 복구)

지적소관청[제69조제2항(② 지적공부를 정보처리시스템을 통하여 기록·저장한 경우 관할 시·도지사, 시장·군수 또는 구청장은 그 지적공부를 지적정보관리체계에 영구히 보존하여야 한다)에 따른 지적공부의 경우에는 시·도지사, 시장·군수 또는 구청장]은 지적공부의 전부 또는 일부가 멸실되거나 훼손된 경우에는 대통령령으로 정하는 바에 따라 지체 없이 이를 복구하여야 한다.

공간정보의 구축 및 관리 등에 관한 법률 시행령 제61조(지적공부의 복구)

① 지적소관청이 법 제74조에 따라 지적공부를 복구할 때에는 멸실·훼손 당시의 지적공부와 가장 부합된다고 인정되는 관계 자료에 따라 토지의 표시에 관한 사항을 복구하여야 한다. 다만, 소유자에 관한 사항은 부동산등기부나 법원의 확정판결에 따라 복구하여야 한다.
② 제1항에 따른 지적공부의 복구에 관한 관계 자료 및 복구절차 등에 관하여 필요한 사항은 국토교통부령으로 정한다.

공간정보의 구축 및 관리 등에 관한 법률 시행규칙 제73조(지적공부의 복구절차 등)

① 지적소관청은 법 제74조 및 영 제61조제1항에 따라 지적공부를 복구하려는 경우에는 제72조 각 호의 복구자료를 조사하여야 한다.
② 지적소관청은 제1항에 따라 조사된 복구자료 중 토지대장·임야대장 및 공유지연명부의 등록 내용을 증명하는 서류 등에 따라 별지 제70호 서식의 지적복구자료 조사서를 작성하고, 지적도면의 등록 내용을 증명하는 서류 등에 따라 복구자료도를 작성하여야 한다.
③ 제2항에 따라 작성된 복구자료도에 따라 측정한 면적과 지적복구자료 조사서의 조사된 면적의 증감이 영 제19조제1항제2호가목의 계산식에 따른 허용범위를 초과하거나 복구자료도를 작성할 복구자료가 없는 경우에는 복구측량을 하여야 한다. 이 경우 같은 계산식 중 A는 오차허용면적, M은 축척분모, F는 조사된 면적을 말한다.
④ 제2항에 따라 작성된 지적복구자료 조사서의 조사된 면적이 영 제19조제1항제2호가목의 계산식에 따른 허용범위 이내인 경우에는 그 면적을 복구면적으로 결정하여야 한다.
⑤ 제3항에 따라 복구측량을 한 결과가 복구자료와 부합하지 아니하는 때에는 토지소유자 및 이해관계인의 동의를 받아 경계 또는 면적 등을 조정할 수 있다. 이 경우 경계를 조정한 때에는 제60조제2항에 따른 경계점표지를 설치하여야 한다.
⑥ 지적소관청은 제1항부터 제5항까지의 규정에 따른 복구자료의 조사 또는 복구측량 등이 완료되어 지적공부를 복구하려는 경우에는 복구하려는 토지의 표시 등을 시·군·구 게시판 및 인터넷 홈페이지에 15일 이상 게시하여야 한다.
⑦ 복구하려는 토지의 표시 등에 이의가 있는 자는 제6항의 게시기간 내에 지적소관청에 이의신청을 할 수 있다. 이 경우 이의신청을 받은 지적소관청은 이의사유를 검토하여 이유 있다고 인정되는 때에는 그 시정에 필요한 조치를 하여야 한다.
⑧ 지적소관청은 제6항 및 제7항에 따른 절차를 이행한 때에는 지적복구자료 조사서, 복구자료도 또는 복구측량 결과도 등에 따라 토지대장·임야대장·공유지연명부 또는 지적도면을 복구하여야 한다.
⑨ 토지대장·임야대장 또는 공유지연명부는 복구되고 지적도면이 복구되지 아니한 토지가 법 제83조에 따른 축척변경 시행지역이나 법 제86조에 따른 도시개발사업 등의 시행지역에 편입된 때에는 지적도면을 복구하지 아니할 수 있다.

06 「공간정보의 구축 및 관리 등에 관한 법령」상 등록전환을 할 때 임야대장의 면적과 등록전환된 면적의 차이가 오차의 허용범위를 초과하는 경우 처리 방법으로 옳은 것은?

① 지적소관청이 임야대장의 면적 또는 임야도의 경계를 직권으로 정정하여야 한다.

② 지적소관청이 시·도지사의 승인을 받아 허용범위를 초과하는 면적을 등록전환 면적으로 결정하여야 한다.

③ 지적측량수행자가 지적소관청의 승인을 받아 허용범위를 초과하는 면적을 등록전환 면적으로 결정하여야 한다.

④ 지적측량수행자가 토지소유자와 합의한 면적을 등록전환 면적으로 결정하여야 한다.

⑤ 지적측량수행자가 임야대장의 면적 또는 임야도의 경계를 직권으로 정정하여야 한다.

[해설] 공간정보의 구축 및 관리 등에 관한 법률 시행령 제19조(등록전환이나 분할에 따른 면적 오차의 허용범위 및 배분 등)

① 법 제26조제2항에 따른 등록전환이나 분할을 위하여 면적을 정할 때에 발생하는 오차의 허용범위 및 처리방법은 다음 각 호와 같다.

1. 등록전환을 하는 경우

> 가. 임야대장의 면적과 등록전환될 면적의 오차 허용범위는 다음의 계산식에 따른다. 이 경우 오차의 허용범위를 계산할 때 축척이 3천분의 1인 지역의 축척분모는 6천으로 한다.
>
> $$A = 0.026^2 M \sqrt{F}$$
> (A는 오차 허용면적, M은 임야도 축척분모, F는 등록전환될 면적)
>
> 나. 임야대장의 면적과 등록전환될 면적의 차이가 가목의 계산식에 따른 허용범위 이내인 경우에는 등록전환될 면적을 등록전환 면적으로 결정하고, 허용범위를 초과하는 경우에는 임야대장의 면적 또는 임야도의 경계를 지적소관청이 직권으로 정정하여야 한다.

2. 토지를 분할하는 경우

> 가. 분할 후의 각 필지의 면적의 합계와 분할 전 면적과의 오차의 허용범위는 제1호가목의 계산식에 따른다. 이 경우 A는 오차 허용면적, M은 축척분모, F는 원면적으로 하되, 축척이 3천분의 1인 지역의 축척분모는 6천으로 한다.
>
> 나. 분할 전후 면적의 차이가 가목의 계산식에 따른 허용범위 이내인 경우에는 그 오차를 분할 후의 각 필지의 면적에 따라 나누고, 허용범위를 초과하는 경우에는 지적공부(地籍公簿)상의 면적 또는 경계를 정정하여야 한다.
>
> 다. 분할 전후 면적의 차이를 배분한 산출면적은 다음의 계산식에 따라 필요한 자리까지 계산하고, 결정면적은 원면적과 일치하도록 산출면적의 구하려는 끝자리의 다음 숫자가 큰 것부터 순차로 올려서 정하되, 구하려는 끝자리의 다음 숫자가 서로 같을 때에는 산출면적이 큰 것을 올려서 정한다.
>
> $$r = \frac{F}{A} \times a$$
> (r은 각 필지의 산출면적, F는 원면적, A는 측정면적 합계 또는 보정면적 합계, a는 각 필지의 측정면적 또는 보정면적)

② 경계점좌표등록부가 있는 지역의 토지분할을 위하여 면적을 정할 때에는 제1항제2호나목에도 불구하고 다음 각 호의 기준에 따른다.

1. 분할 후 각 필지의 면적합계가 분할 전 면적보다 많은 경우에는 구하려는 끝자리의 다음 숫자가 작은 것부터 순차적으로 버려서 정하되, 분할 전 면적에 증감이 없도록 할 것
2. 분할 후 각 필지의 면적합계가 분할 전 면적보다 적은 경우에는 구하려는 끝자리의 다음 숫자가 큰 것부터 순차적으로 올려서 정하되, 분할 전 면적에 증감이 없도록 할 것

07 「공간정보의 구축 및 관리 등에 관한 법령」상 지목을 도로로 정할 수 없는 것은?(단, 아파트·공장 등 단일용도의 일정한 단지 안에 설치된 통로 등은 제외함)

① 일반 공중(公衆)의 교공 운수를 위하여 보행이나 차량운행에 필요한 일정한 설비 또는 형태를 갖추어 이용되는 토지
② 「도로법」 등 관계 법령에 따라 도로로 개설된 토지
③ 고속도로의 휴게소 부지
④ 2필지 이상에 진입하는 통로로 이용되는 토지
⑤ 교통 운수를 위하여 일정한 제도 동의 설비와 형태를 갖추어 이용되는 토지

해설 공공간정보의 구축 및 관리 등에 관한 법률 시행령 제58조(지목의 구분)

법 제67조제1항에 따른 지목의 구분은 다음 각 호의 기준에 따른다. 〈개정 2020.6.9.〉

14. 도로
다음 각 목의 토지. 다만, 아파트·공장 등 단일 용도의 일정한 단지 안에 설치된 통로 등은 제외한다.

가. 일반 공중(公衆)의 교통 운수를 위하여 보행이나 차량운행에 필요한 일정한 설비 또는 형태를 갖추어 이용되는 토지
나. 「도로법」 등 관계 법령에 따라 도로로 개설된 토지
다. 고속도로의 휴게소 부지
라. 2필지 이상에 진입하는 통로로 이용되는 토지

08 「공간정보의 구축 및 관리 등에 관한 법령」상 중앙지적위원회의 심의·의결사항으로 틀린 것은?

① 측량기술자 중 지적기술자의 양성에 관한 사항
② 지적측량기술의 연구·개발 및 보급에 관한 사항
③ 지적재조사 기본계획의 수립 및 변경에 관한 사항
④ 지적 관련 정책 개발 및 업무 개선 등에 관한 사항
⑤ 지적기술자의 업무정지 처분 및 징계요구에 관한 사항

[해설] 공간정보의 구축 및 관리 등에 관한 법률 제28조(지적위원회)

① 다음 각 호의 사항을 심의 · 의결하기 위하여 국토교통부에 중앙지적위원회를 둔다.

중앙지적위원회		지방지적위원회	
심의 · 의결사항 (영 제28조)	[암기] [정][무][연][개][사][양][무][요] 1. 지적 관련 [정]책 개발 및 업[무] 개선 등에 관한 사항 2. 지적측량기술의 [연]구 · [개]발 및 보급에 관한 사항 3. 제29조제6항에 따른 지적측량 적부심[사](適否審査)에 대한 재심사(再審査) 4. 제39조에 따른 측량기술자 중 지적분야 측량기술자(이하 "지적기술자"라 한다)의 [양]성에 관한 사항 5. 제42조에 따른 지적기술자의 업[무]정지 처분 및 징계[요]구에 관한 사항	적부 심사청구 (영 제24조)	① 법 제29조제1항에 따라 지적측량 적부심사(適否審査)를 청구하려는 자는 심사청구서에 다음 각 호의 구분에 따른 서류를 첨부하여 특별시장 · 광역시장 · 특별자치시장 · 도지사 또는 특별자치도지사(이하 "시 · 도지사"라 한다)를 거쳐 지방지적위원회에 제출하여야 한다. 〈개정 2014. 1.17.〉 1. 토지소유자 또는 이해관계인 : 지적측량을 의뢰하여 발급받은 지적측량성과 2. 지적측량수행자(지적측량수행자 소속 지적기술자가 청구하는 경우만 해당한다) : 직접 실시한 지적측량성과
회의 (영 제21조)	① 중앙지적위원회 위원장은 회의를 소집하고 그 의장이 된다. ② 위원장이 부득이한 사유로 직무를 수행할 수 없을 때에는 부위원장이 그 직무를 대행하고, 위원장 및 부위원장이 모두 부득이한 사유로 직무를 수행할 수 없을 때에는 위원장이 미리 지명한 위원이 그 직무를 대행한다. ③ 중앙지적위원회의 회의는 재적위원 과반수의 출석으로 개의(開議)하고, 출석위원 과반수의 찬성으로 의결한다. ④ 중앙지적위원회는 관계인을 출석하게 하여 의견을 들을 수 있으며, 필요하면 현지조사를 할 수 있다. ⑤ 위원장이 중앙지적위원회의 회의를 소집할 때에는 회의 일시 · 장소 및 심의 안건을 회의 5일 전까지 각 위원에게 서면으로 통지하여야 한다. ⑥ 위원이 법 제29조제6항에 따른 재심사 시 그 측량 사안에 관하여 관련이 있는 경우에는 그 안건의 심의 또는 의결에 참석할 수 없다.	지방지적 위원회 회부 (법 제29조)	② 제1항에 따른 지적측량 적부심사청구를 받은 시 · 도지사는 [30]일 이내에 다음 각 호의 사항을 조사하여 지방지적위원회에 회부하여야 한다. [암기] [위][성][이] [연][기]되면 [계][측]하라 1. 다툼이 되는 지적측량의 경[위] 및 그 [성]과 2. 해당 토지에 대한 토지[이]동 및 소유권 변동 [연]혁 3. 해당 토지 주변의 측량[기]준점, 경[계], 주요 구조물 등 현황 실[측]도

정답

09 다음은 「공간정보의 구축 및 관리 등에 관한 법령」상 도시개발사업 등 시행지역의 토지이동 신청 특례에 관한 설명이다. (   )에 들어갈 내용으로 옳은 것은?

> • 「도시개발법」에 따른 도시개발사업, 「농어촌정비법」에 따른 농어촌정비사업 등의 사업시행자는 그 사업의 착수·변경 및 완료 사실을 (ㄱ)에(게) 신고하여야 한다.
> • 도시개발사업 등의 착수·변경 또는 완료 사실의 신고는 그 사유가 발생한 날부터 (ㄴ) 이내에 하여야 한다.

① ㄱ : 시·도지사, ㄴ : 15일   ② ㄱ : 시·도지사, ㄴ : 30일

③ ㄱ : 시·도지사, ㄴ : 60일   ④ ㄱ : 지적소관청, ㄴ : 15일

⑤ ㄱ : 지적소관청, ㄴ : 30일

[해설] 공공간정보의 구축 및 관리 등에 관한 법률 제86조(도시개발사업 등 시행지역의 토지이동 신청에 관한 특례)

① 「도시개발법」에 따른 도시개발사업, 「농어촌정비법」에 따른 농어촌정비사업, 그 밖에 대통령령으로 정하는 토지개발사업의 시행자는 대통령령으로 정하는 바에 따라 그 사업의 착수·변경 및 완료 사실을 지적소관청에 신고하여야 한다.

② 제1항에 따른 사업과 관련하여 토지의 이동이 필요한 경우에는 해당 사업의 시행자가 지적소관청에 토지의 이동을 신청하여야 한다.

③ 제2항에 따른 토지의 이동은 토지의 형질변경 등의 공사가 준공된 때에 이루어진 것으로 본다.

④ 제1항에 따라 사업의 착수 또는 변경의 신고가 된 토지의 소유자가 해당 토지의 이동을 원하는 경우에는 해당 사업의 시행자에게 그 토지의 이동을 신청하도록 요청하여야 하며, 요청을 받은 시행자는 해당 사업에 지장이 없다고 판단되면 지적소관청에 그 이동을 신청하여야 한다.

공간정보의 구축 및 관리 등에 관한 법률 시행령 제83조(토지개발사업 등의 범위 및 신고)

① 법 제86조제1항에서 "대통령령으로 정하는 토지개발사업"이란 다음 각 호의 사업을 말한다.

② 법 제86조제1항에 따른 도시개발사업 등의 착수·변경 또는 완료 사실의 신고는 그 사유가 발생한 날부터 15일 이내에 하여야 한다.

③ 법 제86조제2항에 따른 토지의 이동 신청은 그 신청대상지역이 환지(換地)를 수반하는 경우에는 법 제86조제1항에 따른 사업완료 신고로써 이를 갈음할 수 있다. 이 경우 사업완료 신고서에 법 제86조제2항에 따른 토지의 이동 신청을 갈음한다는 뜻을 적어야 한다.

④ 「주택법」에 따른 주택건설사업의 시행자가 파산 등의 이유로 토지의 이동 신청을 할 수 없을 때에는 그 주택의 시공을 보증한 자 또는 입주예정자 등이 신청할 수 있다.

10 다음은 「공간정보의 구축 및 관리 등에 관한 법령」상 등록사항 정정 대상토지에 대한 대장의 열람 또는 등본의 발급에 관한 설명이다. (   )에 들어갈 내용으로 옳은 것은?

> 지적소관청은 등록사항 정정 대상토지에 대한 대장을 열람하게 하거나 등본을 발급하는 때에는 (ㄱ)라고 적은 부분을 흑백의 반전(反轉)으로 표시하거나 (ㄴ)(으)로 적어야 한다.

① ㄱ : 지적불부합지   ㄴ : 붉은색

② ㄱ : 지적불부합지   ㄴ : 굵은 고딕체

③ ㄱ : 지적불부합지   ㄴ : 담당자의 자필

④ ㄱ : 등록사항 정정 대상토지   ㄴ : 붉은색

⑤ ㄱ : 등록사항 정정 대상토지   ㄴ : 굵은 고딕체

공공간정보의 구축 및 관리 등에 관한 법률 시행규칙 제94조(등록사항 정정 대상토지의 관리 등)

① 지적소관청은 토지의 표시가 잘못되었음을 발견하였을 때에는 지체 없이 등록사항 정정에 필요한 서류와 등록사항 정정 측량성과도를 작성하고, 영 제84조제2항에 따라 토지이동정리 결의서를 작성한 후 대장의 사유란에 "등록사항 정정 대상토지"라고 적고, 토지소유자에게 등록사항 정정 신청을 할 수 있도록 그 사유를 통지하여야 한다. 다만, 영 제82조제1항에 따라 지적소관청이 직권으로 정정할 수 있는 경우에는 토지소유자에게 통지를 하지 아니할 수 있다.

② 제1항에 따른 등록사항 정정 대상토지에 대한 대장을 열람하게 하거나 등본을 발급하는 때에는 "등록사항 정정 대상토지"라고 적은 부분을 흑백의 반전(反轉)으로 표시하거나 붉은색으로 적어야 한다.

11 「공간정보의 구축 및 관리 등에 관한 법령」상 지적소관청이 지체 없이 축척변경의 확정공고를 하여야 하는 때로 옳은 것은?

① 청산금의 납부 및 지급이 완료되었을 때

② 축척변경을 위한 수량이 완료되었을 때

③ 축척변경에 관한 측량에 따라 필지별 증감 면적의 산정이 완료되었을 때

④ 축척변경에 관한 측량에 따라 변동사항을 표시한 축척변경 지번 조서 작성이 완료되었을 때

⑤ 축척변경에 따라 확정된 사항이 지적공부에 등록되었을 때

공공간정보의 구축 및 관리 등에 관한 법률 시행령 제78조(축척변경의 확정공고)

① 청산금의 납부 및 지급이 완료되었을 때에는 지적소관청은 지체 없이 축척변경의 확정공고를 하여야 한다.

② 지적소관청은 제1항에 따른 확정공고를 하였을 때에는 지체 없이 축척변경에 따라 확정된 사항을 지적공부에 등록하여야 한다.

③ 축척변경 시행지역의 토지는 제1항에 따른 확정공고일에 토지의 이동이 있는 것으로 본다.

12 「공간정보의 구축 및 관리 등에 관한 법령」상 지적기준점성과와 지적기준점성과의 열람 및 등본 발급 신청기관의 연결이 옳은 것은?

① 지적삼각점성과 – 시 · 도지사 또는 지적소관청

② 지적삼각보조점성과 – 시 · 도지사 또는 지적소관청

③ 지적삼각보조점성과 – 지적소관청 또는 한국국토정보공사

④ 지적도근점성과 – 시 · 도지사 또는 한국국토정보공사

⑤ 지적도근점성과 – 지적소관청 또는 한국국토정보공사

공공간정보의 구축 및 관리 등에 관한 법률 시행규칙 제26조(지적기준점성과의 열람 및 등본발급)

① 법 제27조에 따라 지적측량기준점성과 또는 그 측량부를 열람하거나 등본을 발급받으려는 자는 지적삼각점성과에 대해서는 특별시장 · 광역시장 · 특별자치시장 · 도지사 · 특별자치도지사(이하 "시 · 도지사"라 한다) 또는 지적소관청에 신청하고, 지적삼각보조점성과 및 지적도근점성과에 대해서는 지적소관청에 신청하여야 한다. 〈개정 2013.6.19., 2015.6.4.〉

② 제1항에 따른 지적측량기준점성과 또는 그 측량부의 열람 및 등본발급 신청서는 별지 제17호 서식과 같다.

③ 지적측량기준점성과 또는 그 측량부의 열람이나 등본 발급 신청을 받은 해당 기관은 이를 열람하게 하거나 별지 제18호 서식의 지적측량기준점성과 등본을 발급하여야 한다.

부 록

02

용어해설

발생설	과세설	둠즈데이북
		신라장적문서
	치수설	
	지배설	영토보존수단
		통치수단
	침략설	
지적제도 분류	발전 과정	(세)지적
		(법)지적
		(다)목적지적
	측량 방법	(도)해지적
		(수)치지적
		(계)산지적
	등록 방법	(2)차원 지적
		(3)차원 지적
		(4)차원 지적
다목적 지적 5대 요소	(측)지기준망	
	(기)본도	
	(지)적중첩도	
	(필)지식별번호	
	(토)지자료파일	
지적제도 특징	(전)통성, 영(속)성	
	이(면)성, 내(재)성	
	(전)문성, (기)술성	
	존(사)법성, (기)속성	
	(통)일성, 획(일)성	
제도 기능	(등)기의 기초	(평)가의 기초
	(과)세 기초	(거)래 기초
	이(용)계획 기초	주소(표)(기) 기초
법 성격	(기)본법	
	(토)지공법	
	(절)차법	
	(강)행법	
기본 이념	(국)정주의	
	(형)식주의	
	(공)개주의	

토지 등록 제원칙	(등)록의 원칙	
	(신)청의 원칙	
	(특)정화의 원칙	
	국(정) · 직권주의	
	(공)시의 원칙	
	공(신)의 원칙	
토지등록 제도 유형	(날)인증서등록	
	(권)원등록	
	(소)극적	
	(적)극적	
	(토)렌스시스템	거울이론
		커튼이론
		보험이론
토지대장 편성주의	물적 편성주의	
	인적 편성주의	
	연대적 편성	
	물적 · 인적 편성	
지적공부 등록방법	고립형 지적도	분산등록
	연속형 지적도	일괄등록
부여방법	진행 방향	(사)행식
		(기)우식
		(단)지식
	부여 단위	(지)역 단위
		(도)엽 단위
		(단)지 단위
	기번 위치	북(동) 부여
		북(서) 부여
	일반적 방법	(분)수식
		(기)번식
		(자)유부번
지목분류	토지 현황	지형지목
		토성지목
		용도지목
	소재 지역	농촌형 지목
		도시형 지목

기본 이념	ⓢ직적 심사주의		지목분류	산업별	1차 산업형 지목
	ⓓ권 등록주의				2차 산업형 지목
제도 특징	ⓐ전성	ⓖ편성			3차 산업형 지목
	ⓙ확성	ⓢ속성		국가 발전	후진국형 지목
	ⓙ렴성, ⓗ합성	ⓓ록완전성			선진국형 지목
지적의 3대 요소	외부 요소	지리적 요소		구성 내용	단식지목
		법률적 요소			복식지목
		사회적 요소	지목설정 원칙	ⓟ필일지목	
	광의	ⓢ유자		ⓙ지목추정	
		ⓖ권리		ⓓ록선후	
		ⓟ지		ⓨ도경중	
	협의	ⓣ지		ⓘ시변경불변	
		ⓓ록		ⓢ용목적추정	
		ⓑ부	경계 종류	경계특성 분류	일반경계
지적 성격	역ⓢ성, 연ⓖ성	ⓑ복적 ⓜ원성			보증경계
	ⓙ문성, ⓖ술성	ⓢ비스성, ⓨ리성			고정경계
	ⓙ보원			물리적 경계	자연적 경계
토지등록 법률적 효력	ⓖ속력				인공적 경계
	ⓖ정력			법률적 경계	민법상 경계
	ⓗ정력				형법상 경계
	ⓖ제력				지적법상 경계
법률 효력	지적법상		재조사 위원회	중앙지적재조사 위원회	
경계 분류	민법상			시·도	
	형법상			시·군·구	
현지경계 결정방법	점유설			경계결정위원회	
	평분설		토지소유자협의회		
	보완설		축척변경위원회		
경계결정 원칙	경계ⓖ정주의 원칙		지적위원회	중앙지적위원회	
	등록ⓢ후의 원칙			지방지적위원회	
	축척ⓙ대의 원칙				
	경계ⓑ가분의 원칙				
	경계ⓙ직선주의				

토지조사법 (土地調査法)	현행과 같은 근대적 지적에 관한 법률의 체제는 1910년 8월 23일(대한제국시대) 법률 제7호로 제정 공포된 토지조사법에서 그 기원을 찾아 볼 수 있으나, 1910년 8월 29일 국권피탈로 대한제국이 멸망한 이후 실질적인 효력이 상실되었다. 우리나라에서 토지조사에 관련된 최초의 법령은 구한국 정부의 토지조사법(1910년)이며 이후 이 법은 토지조사령으로 계승되었다.
토지조사령 (土地調査令)	대한제국을 강점한 일본은 토지소유권 제도의 확립이라는 명분하에 토지 찬탈과 토지과세를 위하여 토지조사사업을 실시하였으며 이를 위하여 토지조사령(1912.8.13. 제령 제2호)을 공포하고 시행하였다.
지세령 (地稅令)	1914년에 지세령(1914.3.6. 제령 제1호)과 토지대장규칙(1914.4.25. 조선총독부령 제45호) 및 토지측량표규칙(1915.1.15. 조선총독부령 제1호)을 제정하여 토지조사사업의 성과를 담은 토지대장과 지적도의 등록사항과 변경·정리방법 등을 규정하였다.
토지대장규칙 (土地臺帳規則)	1914년 4월 25일 조선총독부령 제45호로 전문 8조로 구성되어 있으며 이는 1914년 3월 6일 제령 제1호로 공포된 지세령 제5항에 규정된 토지대장에 관한 사항을 규정하는 데 그 목적이 있었다.
조선임야조사령 (朝鮮林野調査令)	1918년 5월 조선임야조사령(1918.5.1. 제령 제5호)을 제정 공포하여 임야조사사업을 전국적으로 확대 실시하게 되었으며, 1920년 8월 임야대장규칙(1920.8.23. 조선총독부령 제113호)을 제정 공포하고 이 규칙에 의하여 임야조사사업의 성과를 담은 임야대장과 임야도의 등록사항과 변경정리방법 등을 규정하였다.
임야대장규칙 (林野臺帳規則)	1920년 8월 23일 조선총독부령 제113호로 전문 6조의 임야대장규칙을 제정하여 임야관계 지적공부를 부(府), 군(郡), 도(島)에 비치하는 근거를 마련하였으며 임야대장 등록지의 면적은 무(畝)를 단위로 하였다.
토지측량규정 (土地測量規程)	1921년 3월 18일 조선총독부훈령 제10호로 전문 62조의 토지측량규정을 제정하였다. 이 규정에는 새로이 토지대장에 등록할 토지 또는 토지대장에 등록한 토지의 측량, 면적산정 및 지적도 정리에 관한 사항을 규정하였다.
임야측량규정 (林野測量規程)	1935년 6월 12일 조선총독부훈령 제27호로 전문 26조의 임야측량규정을 제정하였다. 이 규정에는 새로이 임야대장에 등록할 토지 및 등록한 토지의 측량, 면적산정, 임야도 정리에 관한 사항을 규정하였으며 1954년 11월 12일 지적측량규정을 제정·시행함과 동시에 본 규정은 폐지되었다.
조선지세령 (朝鮮地稅令)	1943년 3월 조선총독부는 지적에 관한 사항과 지세에 관한 사항을 동시에 규정한 조선지세령(1943.3.31, 제령 제6호)을 공포하였다. 조선지세령은 지적사무와 지세사무에 관한 사항이 서로 다른 규정을 두어 이질적인 내용이 혼합되어 당시의 지적행정 수행에 지장이 많아 독자적인 지적법을 제정하기에 이르렀다.
조선임야대장규칙 (朝鮮林野臺帳規則)	1943년 3월 31일 조선총독부령 제69호로 전문 22조의 조선임야대장규칙을 제정하였다. 이로써 1920년 8월 23일 제정되어 사용되어 온 임야대장규칙은 폐지되었다.

구 지적법 (舊 地籍法)	구 지적법은 대한제국에서 근대적인 지적제도를 창설하기 위하여 1910년 8월에 토지조사법을 제정한 후 약 40년 후인 1950년 12월 1일 법률 제165호로 41개 조문으로 제정된 최초의 지적에 관한 독립법령이다. 구 지적법은 이전까지 시행해오던 조선지세령, 동법시행규칙, 조선임야대장규칙 중에서 지적에 관한 사항을 분리하여 제정하였으며, 지세에 관한 사항은 지세법(1950.12.1.)을 제정하였다. 이어서 1951년 4월 1일 지적법시행령을 제정 시행하였으며, 지적측량에 관한 사항은 토지측량규정(1921.3.18.)과 임야측량규정(1935.6.12.)을 통합하여 1954년 11월 12일 지적측량규정을 제정하고 1960년 12월 31일 지적측량을 할 수 있는 자격과 지적측량사시험 등을 규정한 지적측량사 규정을 제정하여 법률적인 정비를 완료하였다. 그 이후 지금까지 20여 차에 거친 법 개정을 통하여 법·령·규칙으로 체계화하였다.

SECTION 03 지적에 관한 법률의 주요 제정 및 개정 내용

1. 지적법 제정(1950.12.1. 법률 제165호)

규정	① 토지대장, 지적도, 임야대장 및 임야도를 지적공부로 규정 ② 지목을 21개 종목으로 규정(토지·임야조사사업 당시 지목 18개) ③ 세무서에 토지대장을 비치하고 토지의 소재, 지번, 지목, 지적(地積), 소유자의 주소 및 명칭, 질권 또는 지상권의 목적인 토지에 대하여는 그 질권 또는 지상권자의 주소 및 성명 또는 명칭사항을 등록하도록 규정 ④ 정부는 지적도를 비치하고 토지대장에 등록된 토지에 대하여 토지의 소재, 지번, 지목, 경계를 등록하도록 규정 ⑤ 洞(동)·里(리)·路(로)·街(가) 또는 이에 준할 만한 지역을 지번지역으로 규정 ⑥ 地積(지적)은 坪(평)을 단위로, 임야대장등록 토지의 지적은 무(畝)를 단위로 하여 등록하도록 규정 ⑦ 토지의 이동이 있을 경우에는 지번, 지목, 경계 및 지적은 신고에 의하여, 신고가 없거나 신고가 부적당하다고 인정되는 때 또는 신고를 필하지 아니할 때에는 정부의 조사에 의하여 정하도록 규정 ⑧ 새로이 토지대장에 등록할 토지가 발생하였을 경우 토지소유자는 30일 이내에 이를 정부에 신고하도록 규정 ⑨ 질권자 또는 지상권자·철도용지·수도용지·도로 등이 된 토지는 공사시행관청 또는 기업자, 토지개량시행지 또는 시가지계획시행지는 시행자, 국유가 될 토지에 대하여 분할 신고를 할 때에는 그 토지를 보관한 관청이 토지소유자를 대신하여 신고 또는 신청할 수 있도록 규정
환지교부	토지개량시행 또는 시가지계획시행지로서 환지를 교부하는 토지는 1구역마다 지번, 지목, 경계 및 지적을 정함
이동정리	본법 시행으로 인하여 새로이 지적공부에 등록하여야 할 토지의 이동정리는 본법 시행일로부터 3년 이내에 하여야 한다.

시행기일	지적법의 시행기일은 단기 4283년(1950년) 12월 1일로 한다.(지적법 시행 기일에 관한 건 1950.12.1. 대통령령 제419호)

2. 지적법 제1차 개정(1961.12.8. 법률 제829호)

개정	① 지적공부 비치기관을 「세무서」에서 「서울특별시 또는 시·군」으로 개정 ② 「토지에 대한 지세」를 「재산세, 농지세」로 개정
규정삭제	토지대장의 등록사항 중 「질권자의 주소·성명·명칭 등」의 등록규정을 삭제
시행	이 법은 1962년 1월 1일부터 시행한다.

3. 지적법 제2차 개정(전부개정, 1975.12.31. 법률 제2801호)

규정	① 지적법의 입법목적을 규정 ② 지적공부·소관청·필지·지번·지번지역·지목 등 지적에 관한 용어의 정의를 규정 ③ 시·군·구에 토지대장, 지적도, 임야대장, 임야도 및 수치지적도를 비치 관리하도록 하고 그 등록사항을 규정 ④ 시의 동과 군의 읍·면에 토지대장 부본 및 지적약도와 임야대장 부본 및 임야약도를 작성·비치하도록 규정 ⑤ 토지(임야)대장에 토지소유자의 등록번호를 등록하도록 규정 ⑥ 경계복원측량·현황측량 등을 지적측량으로 규정 ⑦ 지적측량업무의 일부를 지적측량을 주된 업무로 하여 설립된 비영리법인에게 대행시킬 수 있도록 규정
규정삭제	토지대장의 등록사항 중 지상권자의 주소·성명·명칭 등의 등록규정을 삭제
개정	① 면적단위를 척관법의 「坪」과 「畝」에서 미터법의 「평방미터」로 개정 ② 지적측량기술자격을 기술계와 기능계로 구분하도록 개정 ③ 토지(임야)대장 서식을 「한지부책식(韓紙簿册式)」에서 「카드식」으로 개정
제도신설	① 소관청은 연 1회 이상 등기부를 열람하여 지적공부와 부합되지 아니할 때에는 부합에 필요한 조치를 할 수 있도록 제도 신설 ② 소관청이 직권으로 조사 또는 측량하여 지적공부를 정리한 경우와 지번경정·축척변경·행정구역변경·등록사항정정 등을 한 경우에는 관할 등기소에 토지표시변경등기를 촉탁하도록 제도 신설 ③ 지적위원회를 설치하여 지적측량적부심사청구사안 등을 심의·의결하도록 제도 신설 ④ 지적도의 축척을 변경할 수 있도록 제도 신설 ⑤ 지적측량을 사진측량과 수치측량방법으로 실시할 수 있도록 제도 신설 ⑥ 지목을 21개 종목에서 24개 종목으로 통·폐합 및 신설
시행	이 법은 공포 후 3월이 경과한 날부터 시행한다.

4. 지적법 제3차 개정(1986.5.8. 법률 제3810호)

면적단위	면적단위를 「평방미터」에서 「제곱미터」로 개정
규정삭제	시의 동에 지적공부 부본 및 약도의 비치규정을 삭제
제도신설	① 지적(임야)도를 각 2부씩 작성하여 1부는 재조제를 위한 경우를 제외하고는 열람 등을 하지 못하도록 제도 신설 ② 토지대장 및 임야대장에 국가·지방자치단체, 법인 또는 법인 아닌 사단이나 재단 및 외국인 등의 등록번호를 등록하도록 제도 신설 ③ 아파트·연립주택 등의 공동주택부지와 도로·하천·구거 등의 합병을 촉진하기 위하여 집합건물의 관리인 또는 사업시행자에게 합병신청에 관한 대위권을 인정하도록 제도 신설 ④ 신규등록, 분할, 합병을 제외한 토지의 이동에 따른 지적공부를 정리한 때에는 소관청이 관할등기소에 토지표시변경등기를 촉탁하도록 제도 신설 ⑤ 소관청의 등기부열람 횟수를 「연 1회 이상」에서 「필요하다고 인정할 때는」으로 개정하고, 소관청 소속공무원의 등기부열람 수수료를 무료로 하도록 제도 신설
시행	이 법은 공포 후 6월이 경과한 날로부터 시행한다.

5. 지적법 제4차 개정(1990.12.31. 법률 제4273호)

규정	지적공부의 등록사항을 전산정보처리조직에 의하여 처리할 경우 전산등록 파일을 지적공부로 보도록 규정
제도신설	① 전산정보처리조직에 의하여 입력된 지적공부는 시·도의 지역전산본부에 보관·관리토록 하고 복구 등을 위한 경우 이외에는 등록파일의 형태로 복제할 수 없도록 제도 신설 ② 지적공부의 열람 및 등본의 교부를 전국 어느 소관청에서도 신청할 수 있도록 제도 신설
시행	이 법은 1991년 1월 1일부터 시행한다.

6. 지적법 제5차 개정(1991.11.30. 법률 제4405호)

개정	① 지목 중 『운동장』을 『체육용지』로 명칭을 변경하도록 개정 ② 지적공부의 등록사항을 전산정보처리조직에 의하여 처리하는 경우에는 카드식대장에 등록·정리하지 아니할 수 있도록 개정
시행	이 법은 1992년 1월 1일부터 시행한다.

7. 지적법 제6차 개정(1991.12.14. 법률 제4422호)

개정	① 합병하고자 하는 토지에 관하여 소유권, 지상권, 전세권, 임차권 및 승역지에 관하여 하는 지역권의 등기 이외의 등기가 있는 경우 합병할 수 없도록 개정 ② 합병하고자 하는 토지 전부에 관하여 등기원인 및 그 연월일과 접수번호가 동일한 저당권에 관한 등기가 있는 경우 합병 가능토록 개정
시행	이 법은 1992년 2월 1일부터 시행한다.

8. 지적법 제7차 개정(1995.1.5. 법률 제4869호)

개정	① 지적파일을 지적공부로 개정 ② "토지의 표시"라는 용어를 신설하고, 토지의 이동에서 신규등록을 제외토록 개정 ③ 「기초점」을 「지적측량기준점」으로 용어를 바꾸고 지적측량기준점에 지적삼각보조점을 추가하도록 개정 ④ 국가는 지적법의 정하는 바에 따라 토지의 표시사항을 지적공부에 등록하도록 개정 ⑤ 위성측량방법에 의하여 지적측량을 할 수 있도록 개정 ⑥ 소관청 소속공무원이 지적공부와 부동산등기부의 부합여부를 확인하기 위하여 등기부의 열람, 등본, 초본교부를 신청하는 경우 그 수수료를 무료로 하도록 개정 ⑦ 분할·합병이 된 경우 소관청이 토지의 표시변경등기를 촉탁할 수 있도록 개정
제도신설	① 내무부장관은 지적(임야)도를 복제한 지적약도 등을 간행하여 이를 판매 또는 배포할 수 있도록 하되, 이를 대행할 대행업자를 지정할 수 있도록 제도신설 ② 지적전산정보자료를 이용 또는 활용하고자 하는 자는 관계중앙행정기관장의 심사를 거쳐 내무부장관의 승인을 얻도록 제도신설 ③ 지적측량기준점 성과의 열람 또는 등본을 교부 받고자 하는 자는 도지사 또는 소관청에 신청할 수 있도록 제도신설 ④ 지적공부에 소유자가 등록되지 아니한 토지를 국유재산법의 규정에 의하여 국유재산으로 취득하기 위하여 소유자 등록신청이 있는 경우 소관청이 이를 등록할 수 있도록 제도신설 ⑤ 시·도지사 소속하에 지방지적위원회를 설치하여 지적측량에 관한 민원을 신속·공정하게 처리하도록 하고, 지방지적위원회의 의결에 불복하는 경우에는 내무부장관 소속하의 중앙지적위원회에 재심사를 청구할 수 있도록 제도신설 ⑥ 벌칙규정을 현실에 적합하도록 상향조정하고, 대행업자의 지정을 받지 아니하고 지적약도 등을 간행·판매 또는 배포한 자의 벌칙규정 신설
축척변경	축척변경위원회의 의결 없이 축척변경 할 수 있는 범위 확대
용어변경	어려운 용어의 변경 및 현실에 적합하도록 용어변경 • 지번지역 → 지번설정지역 • 경정 → 변경 • 재조제 → 재작성 • 조제 → 작성 • 오손 또는 마멸 → 더럽혀지거나 헐어져서 • 측량소도 → 측량준비도 • 측량원도 → 측량결과도 • 기초점 → 지적측량기준점
시행	이 법은 1995년 4월 1일부터 시행한다.

9. 지적법 제8차 개정(1997.12.13. 법률 제5454호)

변경	정부조직법의 개정으로 부처명칭이 변경된 후에도 종전의 부처명을 계속 사용하고 있는 규정을 정비
개정	서울특별시는 특별시로, 종전의 직할시는 광역시로 규정을 정비

10. 지적법 제9차 개정(1999.1.18. 법률 제5630호)

개정	① 지번변경, 지적공부반출, 지적공부의 재작성 및 축척변경에 대한 행정자치부장관의 승인권을 도지사에게 이양하도록 개정(법 제4조제2항 · 제8조제3항 · 제14조 및 제27조제1항) ② 지적도 또는 임야도를 복제한 지적약도 등을 간행하여 판매업을 영위하고자 하는 자는 행정자치부장관에게 등록을 하도록 개정(법 제12조의2)
변경	토지분할 · 합병 · 지목변경 등 토지이동 사유가 발생한 경우 토지소유자가 소관청에 토지이동을 신청하는 기간을 30일 이내에서 60일 이내로 연장(법 제1조 내지 제18조, 제20조 및 제22조)

11. 지적법 제10차 개정(전부개정, 2001.1.26. 법률 제6389호)

신설	① 도시화 및 산업화 등으로 급속히 증가하고 있는 창고용지 · 주차장 및 주유소용지, 양어장 등을 별도의 지목으로 신설(법 제5조) ② 지적관련 전문용어의 신설 및 변경(법 제2조 및 제22조) • 신설 : 경계점 • 변경 : 해면성말소 → 바다로 된 토지의 등록말소
보완	지적법의 목적을 정보화 시대에 맞도록 보완(법 제1조)
변경	공유지연명부와 대지권등록부를 지적공부로 규정하고 수치지적부를 경계점좌표등록부로 명칭을 변경(법 제2조)
추가	지적위성기준점(GPS 상시관측소)을 지적측량기준점으로 추가
개정	① 현재 시 · 도지사가 지역전산본부에 보관 · 운영하고 있는 전산처리된 지적공부를 지적관련민원업무를 직접 담당하고 있는 시장 · 군수 · 구청장도 보관 · 운영하도록 개정(법 제2조제20호 및 제8조제3항) ② 토지의 지번으로 위치를 찾기 어려운 지역의 도로와 건물에 도로명과 건물번호를 부여하여 관리할 수 있도록 개정(법 제16조) ③ 지적공부에 등록된 토지가 지형의 변화 등으로 바다로 되어 원상으로 회복할 수 없거나 다른 지목의 토지로 될 가능성이 없는 경우 토지소유자가 일정기간 내에 지적공부의 등록말소신청을 하지 아니하면 소관청이 직권으로 말소할 수 있도록 개정(법 제22조) ④ 아파트 등 공동주택의 부지를 분할하거나 지목변경 등을 하는 경우 사업시행자가 토지이동신청을 대위할 수 있게 하여 국민의 불편을 해소할 수 있도록 개정(법 제28조제3호) ⑤ 행정자치부장관은 전국의 지적 · 주민등록 · 공시지가 등 토지관련자료의 효율적인 관리와 공동활용을 위하여 지적정보센터를 설치 · 운영할 수 있도록 개정(법 제42조) ⑥ 시 · 도지사는 지적측량적부심사 의결서를 청구인뿐만 아니라 이해관계인에게도 통지하여 지적측량적부심사 의결내용에 불복이 있는 경우에는 이해관계인도 재심사청구를 할 수 있도록 개정(법률 제45조제5항 내지 제7항)
폐지	도면의 전산화사업에 따라 지적공부부본 작성제도과 도면의 2부 작성 제도를 폐지하고 활용도가 저조한 도근보조점 성치제도와 삼사법, 푸라니미터에 의한 면적측정방법 폐지

12. 지적법 제11차 개정(2002.2.4. 법률 제6656호)

개정	지적법 내용 중 「토지수용법」을 「공익사업을 위한 토지 등의 취득 및 보상에 관한 법률」로 개정(법 제34조)

13. 지적법 제12차 개정(2003.5.29. 법률 제6916호)

개정	지적법 내용 중 「주택건설촉진법」을 「주택법」으로 개정(법 제20조 및 제28조)

14. 지적법 제13차 개정(2003.12.31. 법률 제7036호)

규정	지적측량수행자는 신의와 성실로써 공정하게 지적측량을 하도록 하고, 자기·배우자 등의 토지는 지적측량을 하지 못하게 하며, 지적측량수수료 외의 대가를 받지 못하게 하는 등 지적측량수행자의 의무를 규정함(법 제45조의2 신설)
개정	지적측량업무를 대행하던 기존의 재단법인 대한지적공사를 이 법에 의한 특수법인으로 전환하여 제반 지적측량을 수행하도록 개정(법 제41조의9 및 제41조의11 신설 및 부칙 제2조)
신설 및 개정	① 지적측량업을 영위하고자 하는 자는 행정자치부장관에게 등록하도록 하고, 지적측량업의 등록을 한 자는 경계점좌표등록부가 비치된 지역의 지적측량과 도시개발사업 등이 완료된에 따라 실시하는 지적확정측량을 수행할 수 있도록 개정(법 제41조의2 및 제41조의3 신설) ② 부실한 지적측량에 의한 손해배상책임을 보장하기 위하여 지적측량수행자로 하여금 보험가입 등 필요한 조치를 하도록 개정(법 제45조의3 신설) ③ 지적측량업의 등록을 하지 아니하고 지적측량업을 영위하거나 지적측량업 등록증을 다른 사람에게 빌려준 때에는 5년 이하의 징역 또는 5천만 원 이하의 벌금에 처하도록 개정(법 제50조의2 신설)

15. 지적법 제14차 개정(2005.3.31. 법률 제7428호)

개정	지적법 내용 중 "파산자"를 각각 "파산선고를 받은 자"로 개정(법 제41조의4 및 제41조의 13)

16. 지적법 제15차 개정(2006.9.22. 법률 제7987호)

개정이유 및 주요내용	지적측량업의 등록결격사유에서 '파산자로서 복권되지 아니한 자'를 제외함으로써 파산자의 경우에도 지적측량업의 등록을 할 수 있도록 개정

17. 지적법 제16차 개정(2006.10.4. 법률 제8027호)

변경	기존 주소체계를 도로와 건축물 등에 도로명 및 건물번호를 부여하고 이 도로명 및 건축번호를 기준으로 주소체계를 구성하는 새로운 주소체계로 변경하고 이를 전국에 통일적으로 적용

18. 지적법 제17차 개정(2007.5.17. 법률 제8435호)

개정	"호적·제적"을 "가족관계기록사항에 관한 증명서"로 개정

19. 지적법 제18차 개정(2008.2.29. 법률 제8853호)

정비	정부조직법의 개정으로 지적업무의 소관이 행정자치부에서 국토해양부로 이관됨에 따라 행정자치부장관, 행정자치부령 및 행정자치부를 각각 국토해양부장관, 국토해양부령 및 국토해양부로 변경하는 등 관련 규정을 정비

20. 지적법 폐지(2009.6.9. 법률 제9774호)

폐지	측량, 지적 및 수로업무 분야에서 서로 다른 기준과 절차에 따라 측량 및 지도 제작 등이 이루어져 우리나라 지도의 근간을 이루는 지형도·지적도 및 해도가 서로 불일치하는 등 국가지리정보산업의 발전에 지장을 초래하는 문제를 해소하기 위하여「측량법」,「지적법」및「수로업무법」을 통합하여 측량의 기준과 절차를 일원화함으로써 측량성과의 신뢰도 및 정확도를 높여 국토의 효율적 관리, 항해의 안전 및 국민의 소유권 보호에 기여하고 국가지리정보산업의 발전을 도모하기 위하여「측량·수로조사 및 지적에 관한법률」로 통합됨

21. 측량·수로조사 및 지적에 관한 법률 제정(2009.6.9. 법률 제9774호)

① 제정이유

제정이유	측량, 지적 및 수로업무 분야에서 서로 다른 기준과 절차에 따라 측량 및 지도 제작 등이 이루어져 우리나라 지도의 근간을 이루는 지형도·지적도 및 해도가 서로 불일치하는 등 국가지리정보산업의 발전에 지장을 초래하는 문제를 해소하기 위하여「측량법」,「지적법」및「수로업무법」을 통합하여 측량의 기준과 절차를 일원함으로써 측량성과의 신뢰도 및 정확도를 높여 국토의 효율적 관리, 항해의 안전 및 국민의 소유권 보호에 기여하고 국가지리정보산업의 발전을 도모하려는 것임

② 주요내용

측량기준 일원화 (법 제6조 및 제7조)	위치는 세계측지계(世界測地系)에 따라 측정한 지리학적 경위도와 높이로 표시하고, 측량의 원점은 대한민국 경위도원점 및 수준원점으로 하는 등 각 개별법에서 서로 다르게 운영되고 있는 측량기준을 통합하고, 측량기준점은 국가기준점, 공공기준점 및 지적기준점으로 구분하여 정함
측량기준점표지의 설치·관리 (법 제8조)	측량기준점표지는 그 측량기준점을 정한 자가 설치·관리하고, 측량기준점표지를 설치한 자는 그 종류와 설치 장소를 국토해양부장관 및 관계 시·도지사와 측량기준점표지를 설치한 부지의 소유자 등에게 통지하도록 함
지형·지물의 변동사항 통보 (법 제11조)	특별자치도지사, 시장·군수 또는 구청장은 그 관할구역에서 지형·지물의 변동이 발생한 경우에는 그 변동사항을 국토해양부장관에게 통보하도록 하고, 공공측량수행자는 지형·지물의 변동을 유발하는 공사를 착공하거나 완공하면 그 사실과 변동사항을 국토해양부장관에게 통보하도록 함
기본측량성과 등을 사용한 지도 등의 간행 (법 제15조)	국토해양부장관은 기본측량성과 및 기본측량기록을 사용하여 지도나 그 밖에 필요한 간행물을 간행하여 판매하거나 배포할 수 있도록 하고, 기본측량성과, 기본측량기록 또는 국토해양부장관이 간행한 지도 등을 활용한 지도 등을 간행하여 판매하거나 배포하려는 자는 국토해양부장관의 심사를 받도록 함
지적측량의 적부심사 (법 제29조)	토지소유자, 이해관계인 또는 지적측량수행자는 지적측량성과에 다툼이 있는 경우에는 관할 시·도지사에게 지적측량 적부심사를 청구할 수 있고, 지적측량 적부심사청구를 받은 시·도지사는 소관 지방지적위원회에 회부하여 심의·의결을 거친 후 그 결과를 청구인에게 통지하도록 하며, 지방지적위원회의 의결에 불복하는 경우에는 국토해양부장관에게 재심사를 청구할 수 있도록 함

수로도서지의 간행 등 (법 제35조 및 제36조)	국토해양부장관은 수로조사 성과를 수록한 수로 도서지를 간행하여 판매하거나 배포하도록 하고, 수로도서지의 판매를 대행하는 자를 지정할 수 있도록 하며, 국토해양부장관이 간행한 수로 도서지를 복제하거나 변형하여 수로 도서지와 비슷한 제작물로 발행하려는 자는 국토해양부장관의 승인을 받도록 함
지적측량업자 업무범위 확대 (법 제45조)	지적측량업자의 업무범위로 경제점좌표등록부가 있는 지역에서의 지적측량, 지적재조사사업에 따라 실시하는 지적확정측량, 도시개발사업 등이 끝남에 따라 하는 지적확정측량 외에 지적전산자료를 활용한 정보화사업을 규정함
측량협회의 설립 (법 제56조)	측량에 관한 기술의 향상과 측량제도의 건전한 발전을 위하여 측량협회를 설립할 수 있도록 하고, 설립요건으로 측량기술자 300명 이상 또는 측량업자 10분의 1 이상을 발기인으로 하여 정관을 작성한 후 창립총회의 의결을 거쳐 국토해양부장관의 인가를 받도록 함
토지의 조사·등록 (법 제64조)	국가는 모든 토지를 필지마다 토지의 소재·지번·지목·면적·경계 또는 좌표 등을 조사·측량하여 지적공부에 등록하도록 하고, 지적공부에 등록하는 지번·지목·면적·경계 또는 좌표는 토지의 이동이 있을 때 지적소관청이 토지소유자의 신청이나 직권으로 결정하도록 함

22. 공간정보의 구축 및 관리 등에 관한 법률(약칭 : 공간정보관리법)

[시행 2018.12.13.] [법률 제15719호, 2018.8.14., 타법개정]

① 체계와 구성

목적	이 법은 측량 및 수로조사의 기준 및 절차와 지적공부(地籍公簿)·부동산종합공부(不動産綜合公簿)의 작성 및 관리 등에 관한 사항을 규정함으로써 국토의 효율적 관리와 해상교통의 안전 및 국민의 소유권 보호에 기여함을 목적으로 한다.
체계	법률, 법률 시행령, 법률 시행규칙, 지적측량 시행규칙의 체계로 이루어져 있다.
구성	5개의 장과 부칙으로 구성되고 총 111개 조문으로 이루어져 있다.

② 구성 및 주요내용

구분	제목	주요내용
제1장	총칙	법의 목적, 용어의 정의, 다른 법률과의 관계, 적용범위
제2장	측량 및 수로조사	측량기본계획, 측량기준, 측량기준점, 기본측량, 공공측량, 지적측량, 수로조사, 측량기술자 및 수로기술자, 측량업 및 수로사업, 협회, 대한지적공사
제3장	지적	토지의 등록, 지적공부, 토지의 이동신청 및 지적정리 등
제4장	보칙	지명의 결정, 측량기기의 검사, 성능검사대행자, 토지 등에의 출입, 권한의 위임·위탁, 수수료
제5장	벌칙	벌칙, 양벌규정, 과태료
부칙		법 시행일, 다른 법률의 폐지, 측량기준에 관한 경과조치

가경전(加耕田)	조선시대 때 기경(起耕)한 전답으로 새로 개간하여 양안에 등재하지 아니한 논밭을 말하며 4년 되던 해에 양안에 등록, 자호는 붙이지 아니하고 가(加) 또는 내(內), 장외신기(帳外新奇), 신가경전(薪加耕田), 양안 외 가경지, 가기(加基, 家基)라고 한다.
강계선(疆界線)	사정선이라고 하고 토지조사 당시 확정된 소유자가 다른 토지 간의 사정된 경계선을 가리킨다.
간의(簡儀)	천문시계를 원래 혼천의(渾天儀), 혼의, 선기옥형(璇璣玉衡)이라고 불렀는데, 이 혼천의를 간소화한 것이 간의이다. 간의는 천체의 적도좌표를 실제로 관측하기 위한 측각기로 조선시대에는 간의 이외에 여러 가지의 각도 측정기구가 있었다.
경지배열일람도 (耕地配列一覽圖)	근대적인 측량기술을 사용하여 제작한 1900년대 초기의 지적도로 경지배열일람도가 있다. 경지배열일람도는 대한제국시대에 작성한 대축척 지적도로 현대 지적도와 비교해도 손색이 없을 정도로 정확하게 작성되어진 것으로 최근 충북 제천군 지역의 도면이 발견되었다.
간주지적도	토지조사지역 밖인 산림지대(임야)에도 전, 답, 대 등 과세지가 있더라도 구태여 지적도에 신규등록 할 것 없이 그 지목만을 수정하여 임야도에 그냥 존치하도록 하되 그에 대한 대장은 일반적인 토지대장과는 별도로 작성하여 '별책토지대장', '을호토지대장', '산토지대장'으로 불렀으며, 이와 같이 지적도로 간주하는 임야도를 '간주지적도'라 하였다.
간주임야도	임야도는 경제적 가치에 따라 1/3,000과 1/6,000으로 작성하였으며 임야의 필지가 너무 커서 임야도(1/6,000)로 조제하기 어려운 국유임야 등에 대하여 1/50,000 지형도를 임야도로 간주하여 지형도 내에 지번과 지목을 기입하여 사용하였는데, 이를 '간주임야도'라 하였다.
산 토지대장 (山土地臺將)	임야도를 지적도로 간주하는 것을 간주지적도라 하였으며 간주지적도에 등록하는 토지에 관한 대장은 별도 작성하여 '별책토지대장', '을호토지대장', '산 토지대장'이라 하였다.
고등 토지조사위원회	토지의 사정에 대하여 불복이 있는 경우에는 사정공고기간(30일) 만료 후 60일 이내에 불복하거나 재결이 있는 날로부터 3년 이내에 사정의 확정 또는 재결이 체벌받을 만한 행위에 근거하여 재심의 재결을 하는 토지소유권의 확정에 관한 최고의 심의 기관이다.
구장산술 (九章算術)	현재 남아 있는 중국의 고대 수학서는 10종류로서 산경십서(算經十書)라는 것이 있으며, 그중에서 가장 큰 것이 구장산술이며 10종류 중 2번째로 오래되었다. 가장 오래된 주비산경(周膞算俓)은 천문학에 관한 서적이며 구장산술은 선진(先秦) 이래의 유문(遺文)을 모은 것이다.
궁장토(宮庄土)	궁장이라 함은 후궁, 대군, 공주, 옹주 등의 존칭으로서 각 궁방 소속의 토지를 궁방전 또는 궁장토라 일컬었으며 또한 일사칠궁 소속의 토지도 궁장토라 불렀다.
일사칠궁	제실의 일반 소요경비 및 제사를 관장하기 위하여 설치되었으며 각기 독립된 재산을 가졌다.

일사칠궁	내수사	조선 건국 시초부터 설치되어 왕실이 수용하는 미곡, 포목, 노비에 관한 사무를 관장하는 궁중직의 하나
	수진궁	예종의 왕자인 제안대군의 사저
	선희궁	장조(莊祖)의 생모인 영빈 이씨의 제사를 지내던 장소

일사칠궁	용동궁	명종왕의 제1왕자인 순회세자의 구궁이었으나 그 후 내탕에 귀속
	육상궁	영조대왕의 생모인 숙빈 최씨의 제사를 지내던 장소
	어의궁	인조대왕의 개인저택이었으나 그 후 왕비가 쓰는 내탕에 귀속
	명례궁	덕종의 제2왕자 인월산대군의 저택
	경우궁	순조의 생모인 수빈 박씨의 제사를 지내는 곳
과세지 견취도		토지조사 측량성과인 지적도가 나오기 전인 1911년부터 1913년까지 지세부과를 목적으로 작성한 약도로서 결수연명부와 과세지 견취도는 부, 군청에 보관되어 소유자라고 간주한 자에 대하여 납세액 및 기타 사실을 기재한 지적부 및 도면이었다.
과전법(科田法)		고려 말과 조선 초기에 전국에 전답을 국유화하여 백성에게 경작케 하고, 관리들에게 등급에 따라 조세를 받아들일 수 있는 권리를 주던 제도(소유권이 아닌 수조권 지급)
결수연명부		각 재무감독국별로 상이한 형태와 내용의 징세대장이 만들어져 재무감독별로 내용과 형태가 다른 징세대장이 만들어져 이에 따른 통일된 양식의 징세대장을 만들기 위해 결수연명부를 작성토록 하였다.
검열증		1909년 유길준이 창설한 대한측량총관회에서 발행한 한국 최초의 측량기술자격증이다. 동년 4월 총관회 부평분사무소에서 부평·김포·양천군의 측량기술을 검정하여 합격자는 검열증을 주고 미합격자는 1, 2개월 강습한 다음 다시 검정하여 검열증을 주었다. 그러나 원본이 보관되지 않아 그 내역을 알 수 없다.
군간 권형 (君間權衡)		지위등급조사는 외업 반원이 이에 종사하여 조사의 통일과 각 지방의 권형을 잡도록 노력하는 한편 전국적인 자료를 가지고 본부에서 그를 심사·조정·통일한 후 지위 등급을 결정하기로 하였다.
개황도		개황도는 일필지 조사를 끝마친 후 그 강계 및 지역을 보측하여 개황을 그리고 여기에 각종 조사사항을 기재함으로써 장부조제의 참고자료 또는 세부측량의 안내자료로 활용한 것이다.
한광지		우리나라에서는 과거 관민 간에 이용하지 않은 원시적인 황무지를 한광지라 부르고 한광지의 개간에 관해서는 속대전의 「한광지처 기간자 위주」라는 규정에 따랐는데, 원시적인 황무지는 개간한 자가 임자였던 것이다.
무주한광지		무주한광지는 경작지 사이에 끼어 있는 원시적인 황무지로서 일찍이 국민이 이를 이용한 적이 없고 정부에서도 특별히 그 토지를 관리한 적도 없는 지역을 말한다.
폐진전(진전)		폐진전(진전)은 일단 개간하여 경작한 토지로서 천재지변 등 기타 원인으로 황폐한 토지를 말한다.
기리고차		기리고차는 거리를 측정하는 세계 최초의 반자동화된 거리측정 기구로서 조선 세종 때 장영실이 만든 것으로 추정되며 수레의 바퀴 회전수에 따라 종과 북을 울리게 하여 사람이 종과 북소리를 듣고 거리를 기록하는 기구이다.
고복장		구한말과 일제 초기에 실시한 납세 장부이다. 매년 지세 징수를 할 때 과세지의 변동을 조사하여 납세액을 기재한 장부로 걸복이라고도 한다. 토지소재·자호·지번·지목 배미수·두락수·결수·사표·지주의 주소·성명 등으로 지적에 필요한 사항이 모두 기재되어 있다. 지세 징수를 할 때 과세지·비과세지를 구분, 과세지의 작항, 작부 면적을 조사하여 각인의 납세액을 조사하는 작업을 고복작부라고 하며, 고복작부를 행할 때 그 경비를 마련하기 위하여 농민으로부터 징수하는 것을 고복채라고 한다.

깃기	조선시대 때 면 단위로 작성된 지조 징수의 대장으로 일종의 지조명기장이다. 깃기는 기록에만 있고 대한제국 때 것은 규장각에 소장되어 있다.
결(結) 경(頃)	'결'은 신라시대부터 쓰여 오던 것으로서 과세의 표준이 되었으며, 고려 중기까지는 중국의 경묘법의 '경'과 동일면적으로 사용되었으며, 고려 말기에 이르러 농부들의 손뼘을 기준으로 척장의 길이를 달리하는 수등이척법을 사용함에 따라 '결'과 '경'의 면적은 달라져서 '결'의 면적이 '경'의 면적의 몇 분의 1로 축소되었다.

결부법	경무법
① 1척 → 1파(把) ② 10파 → 1속(束) ③ 10속 → 1부(負) ④ 100부 → 1결(結)	① 6척 → 1보 ② 100보 → 1무 ③ 100무 → 1경

과세지성	토지이동 사항을 정리하기 위해 조사하는 방법을 과세지성 및 비과세지성으로 구분한다. 과세지성이라 함은 지세관계법령에 의한 지세를 부과하지 않는 토지가 지세를 부과하는 토지로 된 것을 말한다.
비과세지성	비과세지성이라 함은 지세를 부과하는 토지가 지세를 부과하지 않는 토지로 된 것을 말하며 이러한 비과세지는 면세연기지, 재해면세지, 자작농면세지 및 사립학교용 면세지를 포함하지 않는 것이다.
황지면세	재해로 인하여 지형이 변하였거나 작토를 손상한 토지에 대하여 세무서장은 황지면세연기를 허가할 수 있도록 하였다.
두락(斗落)	볍씨 한 말로 모를 부어 낼 수 있는 논밭의 넓이 또는 한 말의 씨앗을 뿌릴 만한 밭의 넓이
두락제(斗落制)	① 전답에 뿌리는 씨앗의 수량으로 면적(마지기)을 표시 ② 하두락, 하승락, 하합락으로 분류되며 1두락의 면적은 120평 또는 180평 ③ 1석(石, 20두)의 씨앗을 뿌리는 면적을 1석락(石落)이라고 한다.
일경(日耕)	① 소 한 마리가 하루 낮 동안 갈 수 있는 논밭의 넓이 ② 그 반의 면적은 반일경이라 한다. 하루 일할 때 휴식을 4번으로 하고 한 번 가는 면적을 1식경(息耕)으로 한다면 4식경이 1일경이다. ③ 대개 1일경의 면적은 800~1,200평으로, 지방마다 차이가 심하다.
대	조선시대 때 지목의 하나로 건물의 부지를 말하며 가대, 가기 또는 기지라고도 한다. 보통 대라고 할 때는 관습상 단순히 건물이 있는 곳만 말하는 것이 아니라 부속된 토지를 포함하며 이를 대전 또는 공대라고 말한다. 이곳에는 대개 채소·죽목 등을 재배하며 혹은 채전 또는 가원이라고 한다.
두입지	구한말 북두칠성 모양처럼 타 읍령 내에 깊숙이 침입한 토지를 말한다. 개 이의 모양이라 하여 견아상입지, 견아상착지 또는 상입지라고도 한다.
등과전	과거에 합격한 자에게 지급되는 토지
둠즈데이북 (Domesday Book)	덴마크 침략자들의 약탈을 피하기 위하여 지불되는 보호금을 모으기 위해 영국에서 사용되었던 과세용의 지세장부로, 현재 우리나라의 토지대장과 같은 것이라 할 수 있다.
대한제국전답 관계	1901년 지계아문을 설치하고 발행한 지원으로 한국 최초의 인쇄된 문서로서 전면에는 토지소재 자호, 면적(두락, 결부속), 사표, 시중가격을 매수보증인이 기록하였다. 3부 작성으로 1부는 지계아문, 다른 1부는 지방관청, 나머지 1부는 소유자관계인이 보관하였다.

대한측량 총관회	융희 2년 1월 21일 구한국 정부는 법률 제1호로 삼림법(森林法)을 공포하였다. 전문(全文) 22조로 된 본문 중에서 3년 이내에 삼림산야의 지적과 면적의 약도를 첨부하여 신고하지 않으면 국유화한다는 제19조가 측량을 모르는 국민에게 이 일을 강요하여 측량 비용 출혈토록 하였다. 1908년부터 측량학교, 강습소가 서울 및 지방에 세워졌으며, 측량의 개화와 교육 발전에 기여했다.
도장(導掌)	궁방은 후궁, 대군, 공주, 옹주 등을 존칭하여 이르는 말로 각 궁방에 소속된 토지를 궁방전 또는 궁장토라 한다. 도장은 궁방의 직원이 궁장토를 관리하면서 일정한 세액을 바치고 그 이외의 수익권을 갖는 직책이 본래의 의미이나 토지의 투탁이 성행하면서 도장의 직책을 통한 문제점이 발생하였다.
문기	토지 및 가옥을 매수 또는 매도할 때에 작성한 매매계약서로서 매매문기, 매려문기, 특약부문기, 패지, 증여문기, 전세문기, 국유지, 사매문기, 저당문기, 도지권에 관한 문기 및 소작권에 관한 문기 등 11종이 있다.
매매문기	조선시대 관청의 허가를 받은 매매계약서로 경국대전에 규정되었으며, 국토이용관리법상 거래계약허가 구역으로 지정된 곳에서 거래 계약허가를 받는 것과 같다. 토지의 소재면, 자번호, 결수, 면적, 가격 등을 기재한 계약서를 관청에 제출, 승인을 받은 후에 매매하였다. 승인을 받아야 매매의 효력이 발생하였다.
화회문기	가장이 은퇴 또는 사망할 때 그 부동산을 자손 또는 친척에게 증여함에 있어 가족 입회하에 작성
별결문기	은퇴, 사망과 관계없이 널리 행하여지는 것이고 문기는 반드시 특별증여의 뜻을 표시하는 것이 통례
사문기	조선시대에 관청의 증명을 받지 않고 당사자 간에 임의로 작성한 문기
공문기	조선시대에 관청의 증명을 필요로 하는 문기
신문기	조선시대에 토지소유권을 이전할 때마다 문기를 작성하였는데 이때 새로이 작성한 문기를 말함
망모전결율 (妄冒田結律)	20년마다 토지를 측량하여 양안을 정리하는데 이때 농토를 거짓으로 등재한 사건에 대하여 처분한 벌칙
망척제(網尺制)	방전, 직전, 원전 등 전형에 구애 없이 그물눈만 계산토록 하였다.
민정문서	① 지적의 발생근원을 괴세에서부터 시작되었다는 설을 뒷받침해주며 국가가 과세를 목적으로 토지에 대한 각종 현상을 기록 관리하는 장부 ② 민정문서는 1933년 일본에서 처음 발견되어 현재 일본에 보관 중
민유임야약도 (民有林野略圖)	대한제국은 산림법을 제정 공포하여 모든 민유임야 토지에 대하여 3년 안에 농공상부대신에게 면적과 약도를 작성하여 신고하도록 강제 규정하였다. 민유임야약도는 이 규정에 의거하여 임야 토지소유자가 자비로 측량하여 작성한 지적도이다.
사표	조선시대 때 토지의 도면, 필지의 경계를 명확하게 하기 위해 네 둘레 접속지의 지목, 자호, 지주의 성명을 양안의 해당란에 기입하는 것이나 별도의 도면을 말한다. 다만 도로, 구거, 하천 등의 소유자 성명은 적지 아니한다.
사패	임금이 왕족이나 공신에게 노예 또는 전지를 하사할 때의 문서로, 고려시대에 권세 있는 사람들이 이 사패를 빙자하여 많은 전토를 겸병하여 토지제도를 문란하게 하였다.

사출도	부여는 전국을 5개 지역으로 나누어 통치하였다. 수도(首都)를 중심으로 동·서·남·북의 방위에 따라 지방을 4개 구역으로 나누었으며 그것을 사출도(四出道)라고 하였다. 수도(首都)가 있는 중앙지역에는 가장 강력한 부족(部族)이 있고, 이 중앙부족을 중심으로 사방(四方)에는 그 지방에 있는 우세한 부족들이 각각 사출도의 한 도를 장악하고, 중앙부족이 이를 인정하여 부족연맹을 형성하였다.
상한의(象限儀)	지형의 각도나 천체의 고도각을 측정하는 기구로 상한의가 있다. 상한의는 여러 지점에서 항성의 위도를 측정하여 남북거리를 산정할 수 있는 측각기이다. 조선시대에는 상한의 이외에 여러 가지 종류의 측각기가 있었다.
식년(式年)	① 일정한 행사를 진행하기로 예정된 해 ② 속대전에서는 이 조항에 각각 "자년, 오년, 묘년, 유년"이라는 주석을 달아놓았다. 조선 초기에는 호적작성이나 정기적인 과거시험과 같은 중요한 국가행사를 3년에 한 번씩 하기로 정해놓은 것을 후세에 자년, 오년, 묘년, 유년으로 고정시켜 놓고 그런 해를 "식년"이라고 부르게 된 것이다.
산학박사 (算學博士)	신라의 국학에 소속된 교수직으로 산술을 교육하였으며 고려시대 산학박사는 국자감에 소속되어 산학을 가르치던 교수직 및 각 관청에서 회계 사무를 담당한 관직이었다.
산학(算學)	고려·조선시대의 교육기관으로 주요 업무는 8품관 이상의 자손 및 서민을 입학시켜 산술을 교육하는 것이다.
수등이척제 (隨等異尺制)	수등이척제란 고려 말기에 농부들의 손 뼘을 기준으로 전품을 상, 중, 하 3등급으로 나누어 척수의 길이를 다르게 하여 면적을 계산하던 방법(제도)이다.
실지조사부	실지조사부는 토지조사에 따른 도부 중 하나로서 사정공시를 할 때에 필요한 토지조사부를 조제하는 데 쓰는 자료이다.

산림산야 (금산, 봉산, 태봉산, 국유림)	금산	① 왕궁의 존엄성을 유지하고 풍치를 위하여 한성부의 주위에 설치한 것으로 경복궁 및 창덕궁의 주산과 산맥은 경작을 금지하였다. ② 매년 춘추 2회에 걸쳐 소나무와 잡목을 심게 하고 벌목을 금하였다.
	봉산	왕실 및 정부의 필요에 따라 궁전 선박 등의 용재를 제공하기 위하여 수목의 식재에 적당한 지역을 선정한 다음, 정부가 직접 보호·관리하여 온 것으로 매년 치송을 심고 해마다 경채관을 보내어 실지를 시찰하였다.
	태봉산	조선 역대의 왕과 왕비의 포의를 안치한 태봉이 있는 산으로 태봉으로 판명된 것은 24개소가 있다. 태봉산의 구역은 경국대전에서 대왕태실은 300보, 대군은 200보, 왕자는 100보로 정하였다.
	국유림	1908년 삼림법을 공포하여 법 시행일로부터 3년 이내에 삼림산야를 농상공부대신에게 신고하게 하고 기간 내에 신고하지 않는 것은 모두 국유로 간주한다고 규정하였다.

양안(量案)	양안은 전적이라고도 하였으며 오늘날 지적공부인 토지대장과 지적도 등의 내용을 수록하고 있는 장부로서 일제 초기 토지조사 측량 때까지 사용하였다.
입안(立案)	현재의 등기 권리증과 같은 것으로 소유자 확인 및 토지매매를 증명하는 제도이며 소유권의 명의 변경 절차이다.
양휘산법 (楊輝算法)	양휘산법은 5종 10권으로 구성되었으며 1275년 송나라 수학자인 양휘자가 저술하였다. 명나라 태조에 의해 목판인쇄 되었으며, 우리나라는 세종 때 공조참판 손인손이 명나라에서 들여왔다. 경상도 감사가 1백 부를 간행했으며 임진왜란 때 일본인이 복간본을 일본으로 가지고 가서 이후 일본 국보(제17호)로 지정하였다. 우리나라의 경우는 한두 권 남 아있는 실정이지만 보물로도 지정된 바가 없다.

양전(量田)	① 오늘날 지적측량을 말한다. 양전은 신라시대부터 고려시대 중기까지 경묘법을 채택하고 그 이후에도 결부법 등을 채택하여 토지의 실지면적과 수확량을 파악하는 데 이용하였다. 조선시대부터 대한제국 말까지 시행된 과세를 위한 지적측량이다. ② 경국대전 호전 · 양전조에 전지는 6등급으로 구분하고 20년마다 다시 측량하여 장부를 만들어 호조와 그 도 · 읍에 비치하였다.
양전청(量田廳)	양전청은 숙종 43년에 양전사업 수행을 위해 설치한 우리나라 최초의 지적중앙관서라 할 수 있다.
양전승(量田繩)	조선시대 측량에 있어 가장 기본적이면서도 가장 힘든 것이 거리측량이었다. 우리나라에 전통적으로 흔한 볏짚을 꽈서 만든 새끼줄을 양승이라 하는데, 양전승은 이를 이용하여 거리측량을 하는 것을 말한다.
이조척(李朝尺)	조선시대의 길이 단위로, 도량형을 통일하여 국가의 재정원으로서의 조세 및 지적제도를 확립하는 것이 필연적이었다.
인지의(印地義)	토지의 원근을 측량하는 평판측량기구로서 규형 또는 규형인지의가 있었으며 세조 때(1467년) 영릉에서 인지의를 이용하여 땅의 측량을 시도하였으며 단종 2년에 인지의를 사용하여 한양지도를 완성하였다.
은결(隱結)	양안에 등재를 누락하고 조세를 징수하는 전답으로 은토(隱土)라고도 한다. 1715년(영조 27년)에 은여결정목을 제정, 징세장부에 누락한 전지를 조사하여 과세하였으며 토지조사측량 때 이 은결은 일소되어 토지대장에 등록되었다.
일자오결제도 (一字五結制度)	토지의 면적이 5결이 되면 폐경전, 기경전을 막론하고 천자문의 자번호을 부여했으며, 자번호 또는 일자오결이라고도 한다. 약 160년 동안 사용된 조선시대부터 일제 초기까지의 지번제도
양입지(量入地)	일필지 조사 중 강계 및 지역의 조사를 함에 있어 본 토지에 둘러싸여 있거나 접속하여 있는 지목이 다른 토지로서 그 면적이 적은 것은 본 토지에 병합하고 도로, 하천, 구거에 접속되어 있는 작은 면적의 죽림 초생지 등은 대개 이를 그 접속하는 토지에 병합하였다. 이처럼 다른 지목에 병합하여 조사할 토지를 '양입지'라 하였다.
원야	조선시대 지목으로 관목, 잡초가 자생한 상당히 많은 면적의 토지로 타 지목에 해당하지 않는 것. 사력지도 이에 포함된다.
월경지	구한말 갑군에 있는 토지가 군경계를 넘어 을군 안에 있는 토지를 말한다. 월경처, 비지, 비월지, 비입지라고도 한다. 1차로 1906년 '지방구역정리전'으로 대부분 해소되었고 토지조사 측량 때 모두 정리되었다.
역토	역참에 부속된 토지를 말하며 역토에 등록하는 토지 지목은 전, 답, 대, 지소, 잡종지의 5종목이고, 국유지와 민유지로 구분된다.
둔토	국경지대의 군수품에 충당하기 위하여 그 부근에 있는 미간지를 주둔군에 부속시켜 놓고 항상 주둔 병정으로 하여금 이를 개간, 경작시킨 데서부터 시작된 토지이다.
역둔토(驛屯土)	역토와 둔토에 대하여 관리들이 그 수익을 대부분 착복하는 등 폐단이 발생하여 조정에서 군부소관에서 탁지부, 궁내부로 그 사무를 이관하여 이 두 토지를 역둔토라 하였다.
둔전(屯田)	둔전이란 둔토라고도 일컬으며 그 기원은 고려 때 국경지대나 군사요지에 있는 미간지를 주둔군에 부속시켜 놓고 주둔 병정으로 하여금 이를 개간하여 군수품에 충당하기 위한 토지이다. 이후 지방의 주현, 구, 군 등에서도 이 제도를 본떠 관아의 경비를 조달할 목적으로 둔전을 설치하였다.

역분전(役分田)	고려 태조 왕건이 공신들에게 공훈의 차등에 따라 일정한 토지를 나누어 주었는데 역분전이란 "직역의 분수에 의한 급전"이란 뜻이다. 역분전은 후일 공훈전으로 발전하였으며 고려 전기 토지제도의 근간을 이룬 전시과의 선구가 되는 것이다.
전시과(田柴科)	고려 때 국가에서 관료와 군인을 비롯한 직역자와 특정 기관에 토지를 분급하던 제도. 당나라의 반전제도(班田制度)를 그대로 본떠 전시과를 정하고 그에 따라 구분전, 공음전, 공해전, 녹과전, 둔전 등을 두었으나 모두를 공전으로 하여 이 토지를 받은 자는 수익만을 차지할 뿐 그 토지를 임의로 처분할 수 없었는데 이것이 전시과의 효시이다.
영조척(營造尺)	① 변기, 형구, 축성, 교량, 도로, 선박, 차량, 두승(斗升) 등을 만드는 기준척이며 도로는 대로폭(56척), 중로폭(16척), 소로폭(11척) ② 선체의 길이는 영조척뿐 아니라 양강척(量舡尺)이라는 새로운 척도를 사용 ③ 양강척은 영조척 5촌, 1파는 양강척=10척
입지	① 조선시대 지방행정관청에서 발급한 증명서의 일종 ② 전답의 소유자가 문기를 멸실하였을 때 관청으로부터 이를 증명 받는 문서 ③ 가옥전세계약을 체결하였을 때 그 사유를 기재하여 관청에서 이를 증명하는 문서
양지아문 (陽地衙門)	1898년 내무대신 박정양과 농공부대신 이도재가 토지측량에 관한 청의서를 제출하여 양지아문을 설치하고 전국의 측량에 착수하였다. 양지아문은 박정양, 이도재, 심상후가 총재가 되어 추진되었으나 1901년 폐지되고 지계아문에 병합되었다.
지계아문 (地契衙門)	1901년 설치된 지적중앙관서로서 각 도에 지계감리를 두어 '대한제국 전답관계'라는 지계를 발급하였다. 당시에는 전답의 소유주가 매매, 양여한 경우 관계를 받아야만 했으나 토지조사의 미비와 국민들의 의식부족으로 충남과 강원도 일부에서 실시하다 중단되었다.
조계	1876년 조선은 일본의 군사적 위협 아래 강제로 조일수로 조규를 제출했다. 여기서 치외법권, 거주권, 통상권 등을 가장한 조계를 마련하여 일본 안의 기주를 허용했으며, 이에 작성한 조일수로 조치 부록에서 일본화에 유통 무관세 무역을 허용했다. 일본은 조선정부로부터 강제로 얻어낸 조계를 터전으로 조선에 새로운 질서를 강요했다.
정전제(井田制)	고조선시대의 토지구획방법으로 균형 있는 촌락의 설치와 토지의 분급 및 수확량을 파악하기 위하여 시행되었던 지적제도로서 당시 납세의 의무를 지게 하여 소득의 1/9를 조공으로 바치게 하였다.
정전(丁田)	신라시대 때 종래의 족재 조직에 의한 공유제도를 공전(公田)제도로 고쳐 토지를 모두 공전으로 한 다음 관리에게는 관료전을 주고 백성에게는 정전이라는 토지를 주었다.
전제상정소 (田制詳定所)	전제상정소는 토지에 대한 조세제도의 조사·연구와 신세법(新稅法)의 제정을 목적으로 설치한 공법(公法)개혁의 주무기관으로서 세종 25년에 설치한 임시기구이다. 양전청은 숙종 때 양전사업 수행을 위해 설치한 우리나라 최초의 지적중앙관서라 할 수 있다.
전제상정소준수조화 (田制詳定所遵守條畵)	전제상정소준수조화는 효종 때 전제상정소에서 제정 반포한 우리나라 최초의 측량에 관하여 규정한 법률서(法律書)로서 조화의 조(條)는 규정을, 화(畵)는 도면을 말한다.
조방제	① 정전법에서 발전한 고대 구획정리 ② 토지를 격자형으로 구획한 것으로 고구려 도읍지인 평양에서 시작하여 부여, 공주, 경주 상주 등에서 시행 ③ 북한에서는 리방제, 중국에서는 방리제, 일본은 조방제 ④ 동서를 조, 남북을 방이라고 한다. ⑤ 고구려 아당 유적은 1954년 북한 김착공업 종합대학 건설장에서 발견되었으며 리방 구획과 운하터가 확인되었다.

주척(周尺)	중국 주나라에서 사용한 자로서 조선 초에는 송나라 주의(朱意)의 가례에 기록된 석각(夕刻)을 표준으로 하였고 세종 때 나무로 주척을 만들어 각 지방에 보내어 사용토록 하였다.
전통도	각리(各里)를 양전하여 리 단위의 지적도를 작성하였는데 리(里) 단위의 지적도를 전통도라 한다.(유길준이 주장)
증보도	기작성된 지적도나 임야도에 등록할 토지가 기존 지적(임야)도의 지역 밖에 있을 경우에 새로이 지적(임야)도를 조제하여 등록하되 새로이 작성된 지적(임야)도를 증보도라 한다.
지적장부	지적장부란 토지조사부, 토지대장, 토지대장 집계부, 지세명기장 등의 토지등록사항을 말하며 개인토지와 국유지를 파악하여 세금을 징수하는 데 사용하였다.
토지조사부	토지소유권의 사정원부로 1동리마다 지번 순으로 지번, 가지번, 지목, 지적(地積), 신고년월일, 소유자의 주소, 성명을 등사(謄寫)
토지대장 집계부	1개의 면마다 국유지, 민유과세지, 민유불과세지로 구분하고, 지목마다 지적, 지가 및 필수를 기재하고 다시 부, 군, 도를 합계하였다.
지세 명기장	지세 징수를 위하여 이동정리를 끝낸 토지대장 중에서 민유과세지만을 뽑아 각 면마다 소유자별로 연기하여 이를 합계한 것으로, 과세지에 대한 인적편성주의에 따라 성명별 목록을 작성한 것이다.
토지대장	1필을 1매의 대장에 등록하고 토지조사부 등급조사부 100평당 지가금표를 자료로 하여 1동리마다 조제
토지검사 (土地檢査)	토지의 이동이 있을 경우 토지소유자로 하여금 그 사실을 일정한 기일 내에 소관청에 신고하게 하였으나 토지의 이동정리를 순전히 소유자의 신고에만 의존하지 않고 토지소유자의 신고가 있거나 없거나 국가가 고유의 권한으로써 이를 조사 정리할 수 있도록 하는 이른바 '지적국정주의'를 채택하였으며 이의 대표적인 사례가 '토지검사'와 '지압조사'이다. 토지검사란 넓은 의미에서 지압조사를 포함하며 지세관계법령에 의하여 세금관리로 하여금 매년 6월에서 9월 사이에 하는 것을 원칙으로 하나 필요시에는 임시로 할 수 있도록 하는 토지이동 사항의 조사를 말한다.
지압조사 (地押調査)	토지의 이동이 있을 경우 관계법령에 따라 토지소유자가 지적소관청에 신고하도록 되어 있으나 이것이 잘 이행되지 못할 경우에는 그 신고 없는 이동지를 조사·발견할 목적으로 국가가 자진하여 현지조사를 하는 것을 '지압조사'라 한다.
지역선(地域線)	① 소유자가 같은 토지와의 구획선 ② 소유자를 알 수 없는 구획선 ③ 조사지와 불조사지와의 지계선
재결	토지사정에 대하여 불복이 있을 경우 고등토지조사위원회에 요청하는 행위
지방 토지조사위원회	토지조사령의 규정에 의하여 토지조사국장의 토지 사정에 있어서 1개 필지의 소유자 및 그 경계의 조사에 관한 자문을 응하는 기관이다.
제령(制令) 및 조선총독부령	일제시대에 일본 본국에는 법률 및 칙령이 있고 우리나라에는 제령 및 조선총독부령이 있었는데, 일제시대의 법률 및 제령은 오늘날의 법률과 효력이 동일하고 칙령과 조선총독부령은 대통령령과 효력이 같다. 조선에 시행할 제령이라는 것은 법률 사항을 규정하는 조선총독의 명령인데 조선총독에게 제령 제정권을 부여한 것은 식민지 정책상 사실상의 입법권을 부여한 것으로 결국 조선총독은 자기가 입법하고 자기가 집행하는 독재관청이 된다.

제언(堤堰) 보(洑)	오늘날 저수지와 같은 관개수리시설로 제언과 보가 있다. 제언은 토제를 쌓고 계수 또는 우수를 전장하는 시설을 말하며, 보는 토석 및 목재로 하천을 막아 관개에 사용한 시설로 보의 보동이나 제언을 동 또는 방축이라 하였다.
투탁지	현종 때 시작한 것으로 자기의 토지를 궁방에 투탁하여 궁방장토와 같이 가장하여 스스로 그 관리인 또는 도장이 되고 투탁궁사에 대하여는 약간의 명료료를 납부하는 토지를 말한다. 양반, 권세가들이 지방민유전답을 구실로 붙여 강탈하는 폐단이 있어 이를 두려워하는 구민은 궁방 또는 왕족에게 출원하여 투탁지령을 받는다. 1908년 제실재산급 국민 유재산정리국에서 투탁지는 모두 소유자에게 환부시켰다.
토규(土圭) 일표(日表) 규표(圭表)	천문측량을 통해 토지측량 시 자오선을 결정할 때 사용하는 기구로 토규와 일표가 있다. 토규는 지상에 수평으로 안치된 자를, 일표는 해시계를 말하는 것으로 토규와 일표가 함께 설치되는 경우 규표라 하였다. 규표는 방위, 절기, 시각을 측정하는 원시적 천문측량 의기이다.
토지조사법	1910년 8월 23일 법률 제7호로 내각총리 대신 이완용과 탁지부대신 고영희 공동명의로 공포하였고 국권 피탈로 인해 1912년 8월 3일 제령 제2호로 공포된 토지조사령으로 폐지되었다. 내용상으로는 지적관계사항이 구비되었지만 법규라고 하기에는 미비하였다. 그러나 토지조사법은 동일자 탁지부령 제26호로 토지조사법 시행규칙이 탁지부대신 고영희 명의로 제정되어 법령체제를 갖추었다. 토지조사법은 법률체제를 갖춘 한국 최초의 지적법이라 볼 수 있다.
토지조사령	토지조사령(1912년)과 임야조사령(1918년)에 의해 토지조사와 임야조사를 완료하였고, 지세령(1914년)과 토지대장 규칙(1914년) 및 임야대장규칙(1920년)에 의하여 토지이동 정리와 토지세를 징수하였으며, 8·15 해방 이후 지적법(1950년)과 지세령(1950년)이 분리 제정됨으로써 지적법령이 체계화되기에 이르렀다.
투화전(投化田)	외국인이 고려에 래투귀화(來投歸化)자에게 지급한 토지를 말하며 사전(賜田) 등 사인(私人)에 소속된 토지는 투화전, 입진가급, 보급전, 등과전 등이 있다.
행심(行審)	조선시대 때 면 단위로 작성된 양안의 축소사본으로 양안 이후 거주의 변동, 면조지(免租地)의 변화를 기록한 일종의 지조명기장이다.
황종척(黃鐘尺)	① 세종 12년에 국악의 기본음을 중국음악과 일치시키기 위하여 만든 척도(尺度) ② 국악의 기본음인 황종음을 낼 수 있는 황종율관(黃鐘律官)의 길이를 결정하는 데 쓰임 ③ 9촌 길이인 황종율관이 내는 소리를 국악의 기본음으로 결정하였는데, 이후 세조는 영조척 1척의 길이인 동율관이 내는 소리로서 황종음이 되게 바꾸었다.
회조기(回照器)	삼각측량 시 관측점 간 거리가 너무 멀어 측표가 보이지 않는 경우 각 관측 보조기구로 회조기를 사용한다. 회조기는 태양광선을 목표관측에 반사시켜 측표의 위치를 알리는 간단한 각 관측 보조기구이다. 임시토지조사국의 토지조사사업 당시 대삼각본점측량에 활용하였다.
험조	임시토지조사국에서 국토의 평균해수면을 결정하여 수준측량의 기초로 활용하기 위하여 청진, 원산, 목포, 남포, 인천의 5개소에 험조장을 설치하고 자기험조의를 장착한 후 적어도 1년 이상의 관측결과로써 평균 해수면을 산정하였다. 당시 임시적인 토지조사사업에 적응하도록 하기 위하여 비교적 짧은 시일에 걸친 관측결과를 채용하게 되었다.
포백척	옷감을 재는 자로 세종 26년 이후 1등전척의 길이를 표시하는 기준척으로 한강 수위를 측정하는 수위계로 사용되었다.

포락지(浦落地) 이생지(泥生地)	홍수로 인한 범람 또는 하천의 유수 방향이 자연적으로 변경되어 멸실과 생성이 이루어진 토지를 포락지와 이생지라 한다. 포락지는 과세토지가 하천에 침수되어 원상회복이 어렵게 되어 멸실된 토지이며, 이생지는 이와는 상반된 개념으로 하천의 유수방향이 변경되어 생성된 과세토지를 말한다.
판도사	고려시대 충렬왕 · 공민왕 때 호구(戶口) · 공부(貢賦) · 전량(錢糧)의 행정을 맡아 본 행정 관청을 판도사(版圖司)라 하며 시대에 따라 민관(民官) · 상서호부(尙書戶部) · 판도사(版圖司) · 민조(民曹) · 민부(民部) · 호부(戶部) · 호조(戶曹) 등으로 개칭하기도 하였다.
판적국(版籍局)	판적국의 설치는 1895년 칙령 제53호로 내부관제가 공포되었고 이에 주현국, 토목국, 판적국, 위생국, 회계국의 5국을 둔다고 하였다.

SECTION 05 지적법 요약정리

地籍의 發生設(지적제도의 기원)	
과세설(課稅說) (Taxation Theory)	국가가 과세를 목적으로 토지에 대한 각종 현상을 기록 · 관리하는 수단으로부터 출발했다고 보는 설로 공동생활과 집단생활을 형성 · 유지하기 위해서는 경제적 수단을 공동체에 제공해야 한다. 토지는 과세목적을 위해 측정되고 경계의 확정량에 따른 과세가 이루어졌고, 고대에는 정복한 지역에서 공납물을 징수하는 수단으로 이용되었다. 정주생활에 따른 과세의 필요성에서 그 유래를 찾아 볼 수 있고, 과세설의 증거자료로는 영국의 토지대장(Domesday Book), 신라의 장적문서(서원경 부근의 4개 촌락의 현 · 촌명 및 촌락의 영역, 호구(戶口) 수, 우마(牛馬) 수, 토지의 종목 및 면적, 뽕나무, 백자목, 추자목의 수량을 기록) 등이 있다.
치수설(治水說) (Flood Control Theory)	국가가 토지를 농업생산 수단으로 이용하기 위하여 관개시설 등을 측량하고 기록, 유지, 관리하는 데서 비롯되었다고 보는 설로 토지측량설(土地測量說, land survey theory)이라고도 한다. 물을 다스려 보국안민을 이룬다는 데서 유래를 찾아볼 수 있고 주로 4대강 유역이 치수설을 뒷받침하고 있다. 즉 관개시설에 의한 농업적 용도에서 물을 다스릴 수 있는 토목과 측량술의 발달은 농경지의 생산성에 대한 합리적인 과세목적에서 토지기록이 이루어지게 된 것이다.
지배설(支配說) (Rule Theory)	국가가 토지를 다스르기 위한 영토의 본존과 통치수단으로 토지에 대한 각종현황을 관리하는 데서 출발한다고 보는 설로 지배설은 자국영토의 국경을 상징하는 경계표시를 만들어 객관적으로 표시하고 기록하는 과정에서 지적이 발생했다는 이론이다. 이러한 국경의 경계를 객관적으로 표시하고 기록하는 것은 자국민의 생활의 안전을 보장하여 통치의 수단으로서 중요한 역할을 하였다. 국가 경계의 표시 및 기록은 영토보존의 수단이며 통치의 수단으로 백성을 다스리는 근본을 토지에서 찾았던 고대에는 이러한 일련의 행위가 매우 중요하게 평가되었다. 고대세계의 성립과 발전, 그리고 중세봉건사회와 근대절대왕정, 그리고 근대시민사회의 성립 등에서 지배설을 뒷받침하고 있다.
침략설(侵略說) (Rule Theory)	국가가 영토확장 또는 침략상 우위를 확보하기 위해 상대국의 토지 · 현황을 미리 조사, 분석, 연구하는 데서 비롯되었다는 학설

地籍制度의 類型 [암기] 세법대도수계②③④

발전과정	세지적 (稅地籍)	토지에 대한 조세부과를 주된 목적으로 하는 제도로 과세지적이라고도 한다. 국가의 재정수입을 토지세에 의존하던 농경사회에서 개발된 제도로 과세의 표준이 되는 농경지는 기준수확량, 일반토지는 토지등급을 중시하고 지적공부의 등록사항으로는 면적단위를 중시한 지적제도이다.
	법지적 (法地籍)	세지적의 발전된 형태로서 토지에 대한 사유재산권이 인정되면서 생성된 유형으로 소유지적, 경계지적이라고도 한다. 토지소유권 보호를 주된 목적으로 하는 제도로 토지거래의 안전과 토지소유권의 보호를 위한 토지경계를 중시한 지적제도이다.
	다목적지적 (多目的地籍)	현대사회에서 추구하고 있는 지적제도로 종합지적, 통합지적, 유사지적, 경제지적, 정보지적이라고도 한다. 토지와 관련한 다양한 정보를 종합적으로 등록·관리하고 이를 이용 또는 활용하고 필요한 자에게 제공해 주는 것을 목적으로 하는 지적제도이다.
측량방법	도해지적 (圖解地籍)	• 토지의 경계를 도면 위에 표시하는 지적제도 • 세지적, 법지적은 토지경계표시를 도해지적에 의존 • 측량에 소요되는 비용이 비교적 저렴함 • 고도의 기술이 필요 없음 • 도면의 신축방지와 보관관리가 어려움 • 축척 크기에 따라 허용오차가 다르고 인위적, 기계적, 자연적 오차가 유발되기 쉬워 지적측량의 신뢰성이 저하됨
	수치지적 (數値地籍) (Numerical Cadastre)	• 수학적인 좌표로 표시하는 지적제도 • 다목적 지적제도하에서는 토지경계를 수치지적에 의존 • 필지 경계점이 수치좌표로 등록됨 • 경비와 인력이 비교적 많이 소요됨 • 고도의 전문적인 기술이 필요
	계산지적 (計算地籍)	계산지적은 경계점의 정확한 위치결정이 용이하도록 측량기준점과 연결하여 관측하는 지적제도를 말한다. 계산지적은 국가의 통일된 기준좌표계에 의하여 각 경계상의 굴곡점을 좌표로 표시하는 지적제도이다.
등록방법	②차원 지적	• 토지의 고저에 관계없이 수평면상의 투영만을 가상하여 각 필지의 경계를 공시하는 제도 • 평면지적 • 토지의 경계, 지목 등 지표의 물리적 현황만을 등록하는 제도 • 점선을 지적공부도면에 폐쇄된 다각형의 형태로 등록관리
	③차원 지적	• 2차원 지적에서 진일보한 지적제도로 선진국에서 활발하게 연구 중 • 지상과 지하에 설치한 시설물을 수치형태로 등록공시 • 입체지적 • 인력과 시간과 예산이 소요되는 단점 • 지상건축물과 지하의 상수도, 하수도, 전기, 전화선 등 공공 시설물을 효율적으로 등록 관리할 수 있는 장점
	④차원 지적	3차원 지적에서 발전한 형태로 지표, 지상, 건축물, 지하시설물 등을 효율적으로 등록 공시하거나 관리 지원할 수 있고, 등록사항의 변경내용을 정확하게 유지 관리할 수 있는 다목적 지적제도로 전산화한 시스템의 구축이 전제된다.

등록성질	적극적 지적	• Positive System • 소유자의 신청과 관계없이 국가가 직권으로 조사 등록의 의무를 가짐(직권등록주의) • 토렌스시스템 • 실질적 심사주의 • 공신력 인정 • 대만, 일본, 오스트레일리아, 뉴질랜드
	소극적 지적	• Negative System • 토지소유자의 신청 시 신청한 사항에 대해서만 등록(신청주의) • 권리보험제도 • 형식적 심사주의 • 공신력 불인정 • 네델란드, 영국, 프랑스, 이탈리아, 캐나다

多目的地籍(다목적 지적)의 5대 構成要素(구성요소) [암기] [측][기][지][필][토]	
[측]지기준망 (Geodetic Reference Network)	토지의 경계선과 측지측량이나 그 밖의 토지 및 토지관련 자료와 지형 간의 상관관계를 형성, 지상에 영구적으로 표시되어 지적도상에 등록된 경계선을 현지에 복원할 수 있는 정확도를 유지할 수 있는 기준점 표지의 연결망을 말하는데, 서로 관련 있는 모든 지역의 기준점이 단일의 통합된 네트워크여야 한다.
[기]본도 (Base Map)	측지기본망을 기초로 하여 작성된 도면으로서 지도작성에 기본적으로 필요한 정보를 일정한 축척의 도면 위에 등록한 것으로 변동사항과 자료를 수시로 정비하여 최신화시켜 사용될 수 있어야 한다.
[지]적중첩도 (Cadastral Overlay)	측지기본망과 기본도와 연계하여 활용할 수 있고 토지소유권에 관한 현재 상태의 경계를 식별할 수 있도록 일필지 단위로 등록한 지적도, 시설물, 토지이용, 지역구도 등을 결합한 상태의 도면을 말한다.
[필]지식별번호 (Unique Parcel Identification Number)	각 필지별 등록사항의 조직적인 저장과 수정을 용이하게 각 정보를 인식 · 선정 · 식별 · 조정하는 가변성이 없는 토지의 고유번호를 말하는데 지적도의 등록 사항과 도면의 등록 사항을 연결시켜 자료파일의 검색 등 색인번호의 역할을 한다. 이러한 필지식별번호는 토지평가, 토지의 과세, 토지의 거래, 토지이용계획 등에서 활용되고 있다.
[토]지자료파일 (Land Data File)	토지에 대한 정보검색이나 다른 자료철에 있는 정보를 연결시키기 위한 목적으로 만들어진 각 필지의 식별번호를 포함한 일련의 공부 또는 토지자료철을 말하는데 과세대장, 건축물대장, 천연자원기록, 토지이용, 도로, 시설물대장 등 토지관련자료를 등록한 대장을 뜻한다.

地籍制度(지적제도)의 特徵(특징) [암기] [전][속][면][재][전][기][사][기][통][일]	
[전]통성(傳統性)과 영[속]성(永續性)	인류문명의 시작에서부터 오늘날까지 관리주체가 다양한 목적에 의거 토지에 관한 일정한 사항을 등록 · 공시하고 지속적으로 유지 · 관리되고 있다.
이[면]성(裏面性)과 내[재]성(內在性)	토지에 대한 등록 · 공시 사항은 국가에 있어서는 토지관련 업무의 기초정보이며 토지소유자에게 있어서는 재산권을 공시하고 보호하는 중요한 사항이다. 이는 이용자가 국가나 토지소유자와 이해관계인에 국한되어 있어 일반인에게는 잘 드러나지 않고 내부적으로 행위가 이루어진다.
[전]문성(傳門性)과 [기]술성(技術性)	토지에 관한 물리적 현황과 법적인 권리관계 등을 조사 · 측량하여 지적공부에 등록하고 관리하기 위하여는 법률적인 전문성과 전문기술을 습득하여야 한다.

준사법성과(準司法性)과 기속성(羈屬性)	토지에 대한 물권이 미치는 범위와 면적을 국가가 실질적인 심사방법에 의하여 결정하고 등록·공시하면 법률적으로 확정하는 것과 같은 준사법적인 성격을 지니며, 이에 관한 모든 결정과 절차에 관한 사항을 법률로 규정하여 이에 따르도록 함으로써 기속적인 특성을 갖는다.
통일성(統一性)과 획일성(劃一性)	토지에 관한 일정한 사항을 등록함에 있어 전 국토에 동일한 기준을 적용하므로 통일성을 지녀야 한다. 이를 위해서는 등록기준과 업무처리절차 등을 동일하게 정하는 획일성의 특성을 지닌다.

地籍制度의 機能 암기 등평과가이표기

토지등기의 기초 (선등록 후등기)	지적공부에 토지표시사항인 토지소재, 지번, 지목, 면적, 경계와 소유자가 등록되면 이를 기초로 토지소유자가 등기소에 소유권보존등기를 신청함으로써 토지등기부가 생긴다. 즉 토지표시사항은 토지등기부의 표제부에, 소유자는 갑구에 등록한다.
토지평가의 기초 (선등록 후평가)	토지평가는 지적공부에 등록한 토지에 한하여 이루어지며 평가는 지적공부에 등록된 토지표시사항을 기초자료로 이용하고 있다.
토지과세의 기초 (선등록 후과세)	토지에 대한 각종 국세와 지방세는 지적공부에 등록된 필지를 단위로 면적과 지목 등 기초자료를 결정한 개별공시지가(지가공시 및 토지 등의 평가에 관한 법률)를 과세의 기초자료로 하고 있다.
토지거래의 기초 (선등록 후거래)	토지거래는 지적공부에 등록된 필지 단위로 이루어지며, 지적공부에 등록된 토지표시사항(소재, 지번, 지목, 면적, 경계 등)과 등기부에 등재된 소유권 및 기타권리 관계를 기초로 하여 거래가 이루어지고 있다.
토지이용계획의 기초 (선등록 후계획)	각종 토지이용계획(국토건설종합계획, 국토이용계획, 도시계획, 도시개발, 도시재개발 등)은 지적공부에 등록된 토지표시사항을 기초자료로 활용하고 있다.
주소표기의 기초 (선등록 후설정)	민법에서의 주소, 호적법에서의 본적 및 주소, 주민등록법에서의 거주지, 지번, 본적, 인감증명법에서의 주소와 기타법령에 의한 주소, 거주지, 지번은 모두 지적공부에 등록된 토지소재와 지번을 기초로 하고 있다.

地籍에 관한 法律의 性格 암기 기토절강

토지의 등록공시에 관한 기본법	지적에 관한 법률에 의하여 지적공부에 토지표시사항이 등록·공시되어야 등기부가 창설되므로 토지의 등록공시에 관한 기본법이라 할 수 있다. ⇒ 토지공시법은 공간정보의 구축 및 관리 등에 관한 법률과 부동산등기법이 있다.
사법적 성격을 지닌 토지공법	지적에 관한 법률은 효율적인 토지관리와 소유권 보호에 기여함을 목적으로 하고 있으므로 토지소유권 보호라는 사법적 성격과 효율적인 토지관리를 위한 공법적 성격을 함께 나타내고 있다.
실체법적 성격을 지닌 절차법	지적에 관한 법률은 토지와 관련된 정보를 조사·측량하여 지적공부에 등록·관리하고, 등록된 정보를 제공하는 데 있어 필요한 절차와 방법을 규정하고 있으므로 절차법적 성격을 지니고 있으며, 국가기관의 장인 시장·군수·구청장 및 토지소유자가 하여야 할 행위와 의무 등에 관한 사항도 규정하고 있으므로 실체법적 성격을 지니고 있다.
임의법적 성격을 지닌 강행법	지적에 관한 법률은 토지소유자의 의사에 따라 토지등록 및 토지이동을 신청할 수 있는 임의법적 성격과, 일정한 기한 내 신청이 없는 경우 국가가 강제적으로 지적공부에 등록·공시하는 강행법적 성격을 지니고 있다.

地籍에 관한 法律의 基本理念 [암기] 국형공실직

지적국정주의 (地籍國定主義)	지적공부의 등록사항인 토지표시사항을 국가만이 결정할 수 있는 권한을 가진다는 이념이다.
지적형식주의 (地籍形式主義)	국가가 결정한 토지에 대한 물리적 현황과 법적 권리관계 등을 외부에서 인식할 수 있도록 일정한 법정의 형식을 갖추어 지적공부에 등록하여야만 효력이 발생한다는 이념으로 '지적등록주의'라고도 한다.
지적공개주의 (地籍公開主義)	지적공부에 등록된 사항을 토지소유자나 이해관계인은 물론 일반인에게도 공개한다는 이념이다. 공시원칙에 의한 지적공부의 3가지 형식 • 지적공부를 직접열람 및 등본으로 알 수 있다. • 현장에 경계복원함으로써 알 수 있다. • 등록된 사항과 현장상황이 틀린 경우 변경등록한다.
실질적 심사주의 (實質的審査主義)	토지에 대한 사실관계를 정확하게 지적공부에 등록·공시하기 위하여 토지를 새로이 지적공부에 등록하거나 등록된 사항을 변경 등록하고자 할 경우 소관청은 실질적인 심사를 실시하여야 한다는 이념으로서 「사실심사주의」라고도 한다.
직권등록주의 (職權登錄主義)	국가는 의무적으로 통치권이 미치는 모든 토지에 대한 일정한 사항을 직권으로 조사·측량하여 지적공부에 등록·공시하여야 한다는 이념으로써 「적극적등록주의」 또는 「등록강제주의」라고도 한다.

地籍의 特徵(要件) [암기] 안간정신저적등

안전성(安全性) (Security)	안전성(安全性)은 소유권 등록체계의 근본이며 토지의 소유자, 그로부터 토지를 사거나 임대받은 자, 토지를 담보로 그에게 돈을 빌려준 자, 주위 토지통행권 또는 전기·수도 등의 시설권을 가진 인접 토지소유자, 토지를 통과하거나 그것에 배수로를 뚫을 권리를 지닌 이웃하는 토지소유자 등 모두가 해당한다. 그들의 권리는 일단 등록되면 불가침의 영역이다.
간편성(簡便性) (Simplicity)	간편성(簡便性)은 그 본질의 효율적 작용을 위해서만이 아니라 초기적 수용을 위해서 효과적이다. 소유권 등록은 단순한 형태로 사용되어야 하며 절차는 명확하고 확실해야 한다.
정확성(正確性) (Accuracy)	정확성(正確性)은 어떤 체계가 효과적이기 위해서 필요하다. 정확성에 대해서는 논할 필요가 없다. 왜냐하면 부정확한 등록은 유용하지 않다기보다는 해로울 것이기 때문이다.
신속성(迅速性) (Expedition)	신속성(迅速性)은 신속함 또는 역으로 지연됨은 그 자체가 중요한 것으로 인식되지는 않는다. 다만, 등록이 너무 오래 걸린다는 불평이 정당화되고 그 체계에 대해 평판이 나빠지게 되면 그때 중요하게 인식된다.
저렴성(低廉性) (Cheapness)	저렴성(低廉性)은 상대적인 것이고 다른 대안으로서 비교되어야만 평가할 수 있는 것이지만 효율적인 소유권 등록에 의해서 소유권을 입증하는 것보다 더 저렴한 방법은 없다. 왜냐하면 이것은 소급해서 권원(title)을 조사할 필요가 없기 때문이다.
적합성(適合性) (Suitability)	적합성(適合性)은 지금 존재하는 것과 미래에 발생할 것에 기초를 둔다. 그러나 상황이 어떻든 간에 결정적인 요소는 적당해야 할 것이며 이것은 비용, 인력, 전문적인 기술에 유용해야 한다.

Ⓔ록의 완전성(完全性) (Completeness of the Record)	등록의 완전성(完全性)은 두 가지 방식으로 해석된다. 우선적으로 등록이란 모든 토지에 대하여 완전해야 된다. 그 이유는 등록이 완전해질 때까지 등록되지 않은 구획토지는 등록된 토지와 중복되고 또 각각 적용되는 법률도 다르므로 소유권 행사에 여러 가지 제약을 받기 때문이다. 그 다음은 각각의 개별적인 구획토지의 등록은 실직적인 최근의 상황을 반영할 수 있도록 그 자체가 완전해야 한다.	

地籍의 原理 암기 ⓒⓜⓔⓔⓙ

Ⓒ기능성의 원리 (Publicness)	지적은 국가가 국토에 대한 상황을 다수의 이익을 추구하기 위하여 기록·공시하는 국가의 공공업무이며, 국가고유의 사무이다. 현대 지적은 일방적인 관리층의 필요에서 만들어져서는 안 되고, 제도권 내의 사람에게 수평성의 원리에서 공공관계가 이루어져야 한다. 따라서 모든 지적사항은 필요에 의해 공개되어야 한다.	
Ⓜ주성의 원리 (Democracy)	현대 지적에서 민주성이란, 제도의 운영주체와 객체가 내적인 면에서 행정의 인간화가 이루어지고, 외적인 면에서 주민의 뜻이 반영되는 지적행정이라 할 수 있다. 아울러 지적의 책임성은 지적법의 규정에 따라 공익을 증진하고 주민의 기대에 부응하도록 하는 데 있다.	
Ⓔ률성의 원리 (Efficency)	실무활동의 능률성은 토지현상을 조사하여 지적공부를 만드는 과정에서의 능률을 의미하고, 이론개발 및 전달과정의 능률성은 주어진 여건과 실행과정의 개선을 의미한다. 지적활동을 능률화한다는 것은 지적문제의 해소를 뜻하며, 나아가서 지적활동의 과학화, 기술화 내지는 합리화, 근대화를 지칭하는 것이다.	
Ⓙ확성의 원리 (Accuracy)	지적활동의 정확도는 크게 토지현황조사, 기록과 도면, 관리와 운영의 정확도를 말한다. 토지현황조사의 정확성은 일필지조사, 기록과 도면의 정확성은 측량의 정확도, 그리고 지적공부를 중심으로 한 관리·운영의 정확성은 지적조직의 업무분화와 정확도에 관련됨이 크다. 결국 지적의 정확성은 지적불부합의 반대개념이다.	

地籍의 構成要素 암기 ⓙⓑⓢⓣⓔⓙⓢⓠⓟ

외부요소	Ⓙ리적 요소	지적측량에 있어서 지형, 식생, 토지이용 등 형태 결정에 영향
	Ⓑ률적 요소	효율적인 토지관리와 소유권 보호를 목적으로 공시하기 위한 제도로서 등록이 강제되고 있다.
	Ⓢ회적 요소	토지소유권 제도는 사회적 요소들이 신중하게 평가되어야 한다. 사회적으로 그 제도가 받아들여져야 하고 사람들에게 신뢰성이 있어야 하기 때문이다.
협의	Ⓣ지	지적제도는 토지를 대상으로 성립하며 토지 없이는 등록행위가 이루어질 수 없어 지적제도 성립이 될 수 없다. 지적에서 말하는 토지란 행정적 또는 사법적 목적에 의해 인위적으로 구획된 토지의 단위구역으로서 법적으로는 등록의 객체가 되는 일필지를 의미한다.
	Ⓔ록	국가통치권이 미치는 모든 영토를 필지단위로 구획하여 시장, 군수, 구청이 강제적으로 등록을 하여야 한다는 이념
	Ⓙ적공부	토지를 구획하여 일정한 사항을 기록한 장부
광의	Ⓢ유자	토지를 소유할 수 있는 권리의 주체
	Ⓠ리	토지를 소유할 수 있는 법적 권리
	Ⓟ지	법적으로 물권이 미치는 권리의 객체

地籍의 性格 [암기] 사구반민전기서윤정	
역사성 영구성	① 지적의 발생에 대해서는 여러 가지 설이 있으나 역사적으로 가장 일반적 이론은 합리적인 과세부과이며 토지는 측정에 의해 경계가 정해진다. ② 중농주의 학자들에 의하면 토지는 국가 및 지역에서 부를 축적하는 원천이며, 수입은 과세함으로써 처리되었고 토지의 용도 및 수확량에 따라 토지세가 차등 부과되었다. 이러한 사실은 과거의 양안이나 기타 기록물을 통해서도 알 수 있다.
반복적 민원성	지적업무는 필요에 따라 반복되는 특징을 가지고 있으며 실제로 시, 군, 구의 소관청에서 행해지는 대부분의 지적업무는 지적공부의 열람, 등본 및 공부의 소유권 토지이동의 신청접수 및 정리, 등록사항 정정 및 정리 등의 업무가 일반적이다.
전문성 기술성	① 자신이 소유한 토지에 대해 정확한 자료의 기록과 이를 도면상에서 볼 수 있는 체계적인 기술이 필요하며 이는 전문기술인에 의해서 운영·유지되고 있다. ② 부의 축적 수단과 삶의 터전인 토지는 재산가치에 대한 높은 인식이 크므로 법지적 기반 위에서 확실성이 요구된다. ③ 지적인은 기술뿐만 아니라 국민의 재산지킴이로서 사명감이 있어야 한다. ④ 일반측량에 비해 지적측량은 토지관계의 효율화와 소유권 보호가 우선이므로 전문기술을 갖춘 기술진이 중요하다. ⑤ 지적측량을 통해 토지에 대한 여러 가지 자료를 결합시켜 종합정보를 제공하는 정보제공의 기초수단이다.
서비스성 윤리성	① 소관청의 민원업무 중에서 지적업무의 민원이 큰 비중을 차지하고 있어 다른 행정업무보다 서비스 제공에 각별히 관심을 가져야 한다. ② 지적민원은 지적과 등기가 포함된 행정서비스로 개인의 토지재산권과 관련되는 중요한 사항으로서 윤리성을 갖지 않고 행정서비스를 제공한다면 커다란 사회적 혼란 내지는 국가적 손실을 초래할 수 있어 다른 어떤 행정보다 공익적인 측면에서 서비스성과 윤리성이 강조된다. ③ 지적행정업무는 매 필지마다 경계, 지목, 면적, 소유권 등에서 이해관계가 있기 때문에 지적측량성과, 토지이동정리, 경계복원 등에서 객관적이고 공정한 의식이 요구된다.
정보원	① 지적은 광의적인 의미의 지리정보체계에 포함되며 협의적으로는 토지와 관련된 지적종합시스템이다. ② GIS는 지형공간의 의사결정과 분석을 위해 토지에 대한 자료를 수집, 처리, 제공하며 지적분야도 이와 같은 범주에 포함되도록 체계가 운영된다. ③ 토지는 국가적, 개인적으로 중요한 자원이며 이들 토지의 이동상황이나 활동 등에 대한 기초적인 자료로서 지적정보가 활용된다.
土地登錄의 效力 [암기] 구공확강	
행정처분의 구속력(拘束力)	행정처분의 구속력은 행정행위가 법정요건을 갖추어 행하여진 경우에는 그 내용에 따라 상대방과 행정청을 구속하는 효력, 즉 토지등록의 행정처분이 유효하는 한 정당한 절차 없이 그 존재를 부정하거나 효력을 기피할 수 없다는 효력을 말한다.
토지등록의 공정력(公正力)	공정력은 토지 등록에 있어서의 행정처분이 유효하게 성립하기 위한 요건을 완전히 갖추지 못하여 하자가 있다고 인정될 때라도 절대 무효인 경우를 제외하고는 그 효력을 부인할 수 없는 것으로서 무하자 추정 또는 적법성이 추정되는 것으로 일단 권한 있는 기관에 의하여 취소되기 전에는 상대방 또는 제3자도 이에 구속되고 그 효력을 부정하지 못함을 의미한다.

토지등록의 (활)정력(確定力)	확정력이란 행정행위의 불가쟁력(不可爭力)이라고도 하는데 확정력은 일단 유효하게 등록된 사항은 일정한 기간이 경과한 뒤에는 그 상대방이나 이해관계인이 그 효력을 다툴 수 없을 뿐만 아니라 소관청 자신도 특별한 사유가 없는 한 그 처분행위를 다툴 수 없는 것이다.
토지등록의 (강)제력(强制力)	강제력은 지적측량이나 토지등록사항에 대하여 사법권의 힘을 빌릴 것이 없이 행정청 자체의 명의로써 자력으로 집행할 수 있는 강력한 효력으로 강제집행력(强制執行力)이라고도 한다.

土地登錄(토지등록)의 制原則(제원칙) 【암기】 (등)(신)(특)(정)(공)(신)

(등)록의 원칙 (登錄의 原則)	토지에 관한 모든 표시사항을 지적공부에 반드시 등록하여야 하며 토지의 이동이 이루어지려면 지적공부에 그 변동사항을 등록하여야 한다는 원칙으로 토지표시의 등록주의(登錄主義, booking principle)라고 할 수 있다. 적극적 등록제도(positive system)와 법지적(legal cadastre)을 채택하고 있는 나라에서 적용하고 있는 원리로서 토지의 모든 권리의 행사는 토지대장 또는 토지등록부에 등록하지 않고는 모든 법률상의 효력을 갖지 못하는 원칙으로 형식주의(principle of formality) 규정이라고 할 수 있다.
(신)청의 원칙 (申請의 原則)	토지의 등록은 토지소유자의 신청을 전제로 하되 신청이 없을 때는 직권으로 직접 조사하거나 측량하여 처리하도록 규정하고 있다.
(특)정화의 원칙 (特定化의 原則)	토지등록제도에 있어서 특정화의 원칙(principle of speciality)은 권리의 객체로서 모든 토지는 반드시 특정적이면서도 단순하며 명확한 방법에 의하여 인식될 수 있도록 개별화함을 의미하는데 이 원칙이 실제적으로 지적과 등기와의 관련성을 성취시켜 주는 열쇠가 된다.
국(정)주의(國定主義) 직권주의(職權主義)	국정주의(principle of national decision)는 지적공부의 등록사항인 토지의 지번, 지목, 경계, 좌표, 면적의 결정은 국가의 공권력에 의하여 국가만이 결정할 수 있는 원칙이다. 직권주의는 모든 필지는 필지단위로 구획하여 국가기관인 소관청이 직권으로 조사·정리하여 지적공부에 등록 공시하여야 한다는 원칙이다.
(공)시의 원칙 (公示의 原則) 공개주의 (公開主義)	토지등록의 법적 지위에 있어서 토지이동이나 물권의 변동은 반드시 외부에 알려야 한다는 원칙을 공시의 원칙(principle of public notification) 또는 공개주의(principle of publicity)라고 한다. 토지에 관한 등록사항을 지적공부에 등록하여 일반인에게 공시하여 토지소유자는 물론 이해관계자 및 기타 누구나 이용할 수 있도록 하는 것이다.
공(신)의 원칙 (公信의 原則)	공신의 원칙(principle of public confidence)은 물권의 존재를 추측케 하는 표상, 즉 공시방법을 신뢰하여 거래한 자는 비록 그 공시방법이 진실한 권리관계에 일치하고 있지 않더라도 그 공시된 대로의 권리를 인정하여 이를 보호하여야 한다는 것이 공신의 원칙이다. 즉 공신의 원칙은 선의의 거래자를 보호하여 진실로 그러한 등기 내용과 같은 권리관계가 존재한 것처럼 법률효과를 인정하려는 법률법칙을 말한다.

土地登錄制度(토지등록제도)의 類型(유형) 【암기】 (날)(권)(소)(적)(토)

(날)인증서등록제도 (捺印證書登錄制度)	토지의 이익에 영향을 미치는 문서의 공적 등기를 보전하는 것을 날인증서등록제도(registration of deed)라고 한다. 기본적인 원칙은 등록된 문서가 등록되지 않은 문서 또는 뒤늦게 등록된 서류보다 우선권을 갖는다. 즉 특정한 거래가 발생했다는 것은 나타나지만 그 관계자들이 법적으로 그 거래를 수행할 권리가 주어졌다는 것을 입증하지 못하므로 거래의 유효성을 증명하지 못한다. 그러므로 토지거래를 하려는 자는 매도인 등의 토지에 대한 권원(title) 조사가 필요하다.

㉠원등록제도 (權原登錄制度)	권원등록(registration of title)제도는 공적 기관에서 보존되는 특정한 사람에게 귀속된 명확히 한정된 단위의 토지에 대한 권리와 그러한 권리들이 존속되는 한계에 대한 권위 있는 등록이다. 소유권 등록은 언제나 최후의 권리이며 정부는 등록한 이후에 이루어지는 거래의 유효성에 대해 책임을 진다.
㉠극적 등록제도 (消極的登錄制度)	소극적 등록제도(negative system)는 기본적으로 거래와 그에 관한 거래증서의 변경기록을 수행하는 것이며, 일필지의 소유권이 거래되면서 발생되는 거래증서를 변경등록하는 것이다. 네덜란드, 영국, 프랑스, 이탈리아, 미국의 일부 주 및 캐나다 등에서 시행되고 있다.
㉠극적 등록제도 (積極的登錄制度)	적극적 등록제도(positive system)하에서의 토지등록은 일필지의 개념으로 법적인 권리보장이 인증되고 정부에 의해서 그러한 합법성과 효력이 발생한다. 이 제도의 기본원칙은 지적공부에 등록되지 아니한 토지는 그 토지에 대한 어떠한 권리도 인정될 수 없고 등록은 강제되고 의무적이며 공적인 지적측량이 시행되지 않는 한 토지등기도 허가되지 않는다는 이론이 지배적이다. 적극적 등록제도의 발달된 형태는 토렌스 시스템이다.
㉠렌스 시스템 (Torrens System)	오스트레일리아의 Robert Torrens 경에 의해 창안된 토렌스 시스템은 토지의 권원(title)을 명확히 하고 토지거래에 따른 변동사항 정리를 용이하게 하여 권리증서의 발행을 편리하게 하는 것이 목적이다. 이 제도의 기본원리는 법률적으로 토지의 권리를 확인하는 대신에 토지의 권원을 등록하는 행위이다.

	거울이론 (Mirror Principle)	토지권리증서의 등록은 토지의 거래사실을 완벽하게 반영하는 거울과 같다는 입장의 이론이다. 소유권에 관한 현재의 법적 상태는 오직 등기부에 의해서만 이론의 여지없이 완벽하게 보여진다는 원리이며 주 정부에 의하여 적법성을 보장받는다.
	커튼이론 (Curtain Principle)	토지등록 업무가 커튼 뒤에 놓인 공정성과 신빙성에 대하여 관여할 필요도 없고 관여해서도 안 된다는 매입신청자를 위한 유일한 정보의 이론이다. 토렌스 제도에 의해 한번 권리증명서가 발급되면 당해 토지의 과거 이해관계에 대하여 모두 무효화시키고 현재의 소유권을 되돌아볼 필요가 없다는 것이다.
	보험이론 (Insurance Principle)	토지등록이 인간의 과실로 인하여 착오가 발생한 경우 피해를 입은 사람은 피해보상에 대하여 법률적으로 선의의 제3자와 동등한 입장이 되어야 한다는 이론으로 권리증명서에 등기된 모든 정보는 정부에 의하여 보장된다는 원리이다.

土地臺帳 偏性主義
(토지대장) (편성주의)

물적편성주의 (物的編成主義)	물적편성주의(System des Realfoliums)란 개개의 토지를 중심으로 등록부를 편성하는 것으로서 1토지에 1용지를 두는 경우이다. 등록객체인 토지를 필지로 구획하고 이를 등록단위로 하므로 토지의 이용, 관리, 개발측면에서는 편리하나 권리주체인 소유자별 파악이 곤란하다.
인적편성주의 (人的編成主義)	인적편성주의(System des Personalfoliums)란 개개의 토지 소유자를 중심으로 등록부를 편성하는 것으로 토지대장이나 등기부를 소유자별로 작성하여 동일소유자에 속하는 모든 토지는 당해 소유자의 대장에 기록하는 방식이다.
연대적 편성주의 (年代的編成主義)	연대적 편성주의(Chronologisches System)란 당사자 신청의 순서에 따라 순차로 등록부에 기록하는 것으로 프랑스의 등기부와 미국에서 일부 사용되는 리코딩 시스템(Recoding System)이 이에 속한다. 등기부의 편성방법으로서는 유효하나 공시의 작용을 하지 못하는 단점이 있다.

물적 · 인적편성주의 (物的 · 人的編成主義)	물적 · 인적편성주의(System der Real Personalfolien)란 물적 편성주의를 기본으로 등록부를 편성하되 인적 편성주의의 요소를 가미한 것이다. 즉 소유자별 토지등록부를 동시에 설치함으로써 효과적인 토지행정을 수행하는 방법이다.

地籍公簿의 登錄方法

분산등록제도 (Sporadic System)	지적공부 등록방법에 따른 분류로 토지의 매매가 이루어지거나 소유자가 등록을 요구하는 경우 필요시에 한하여 토지를 지적공부에 등록하는 제도를 말한다.
	① 국토면적이 넓으나 비교적 인구가 적고 도시지역에 집중하여 거주하고 있는 국가(미국, 호주)에서 채택하고 있다. ② 국토관리를 지형도에 의존하는 경향이 있으며 전국적인 지적도가 작성되어 있지 아니하기 때문에 지형도를 기본도(Base Map)로 활용한다. ③ 토지의 등록이 점진적으로 이루어지며 도시지역만 지적도를 작성하고 산간, 사막 지역은 지적도를 작성하지 않는다. ④ 일시에 많은 예산이 소요되지 않는 장점이 있지만 지적공부 등록에 대한 예측이 불가능해진다.
일괄등록제도 (Systematic System)	지적공부 등록방법에 따른 분류로 일정 지역 내의 모든 필지를 일시에 체계적으로 조사 측량하여 한꺼번에 지적공부에 등록하는 제도를 말한다.
	① 비교적 국토면적이 좁고 인구가 많은 국가(한국, 대만)에서 채택하고 있다. ② 동시에 지적공부에 등록하여 관리하므로 초기에 많은 예산이 소요되나 분산등록제도에 비해 소유권의 안전한 보호와 국토의 체계적 이용관리가 가능하다. ③ 지형도보다 상대적으로 정확도가 높은 지적도를 기본도(Base Map)로 사용하여 국토관리를 하고 있다.

地番附與方法 <small>암기</small> ⓢⓐ단ⓩⓓ단동ⓢ을ⓖⓩ

진행방법	ⓢ행식	필지의 배열이 불규칙한 지역에서 진행순서에 따라 지번을 부여하는 방법으로 농촌지역의 지번부여에 적합하며 우리나라 토지의 대부분은 사행식에 의해 부여하며 지번부여가 일정하지 않고 상하좌우로 분산되어 부여되는 결점이 있다.
	ⓖ우식	도로를 중심으로 한쪽은 홀수인 기수, 다른 쪽은 짝수인 우수로 지번을 부여하는 방법으로 리 · 동 · 도 · 가 등의 시가지 지역의 지번부여방법으로 적합하고 교호식이라고도 한다.
	단지식	단지마다 하나의 지번을 부여하고 단지 내 필지마다 부번을 부여하는 방법으로 단지식은 블록식이라고도 하며 도시개발사업 및 농지개량사업 시행지역 등의 지번부여에 적합하다.
	절충식	사행식, 기우식, 단지식 등을 적당히 취사선택(取捨選擇)하여 부번(附番)하는 방식
부여단위	ⓩ역단위법	1개의 지번부여지역 전체를 대상으로 순차적으로 부여하고 지역이 작거나 지적도나 임야도의 장수가 많지 않은 지역의 지번부여에 적합하다. 토지의 구획이 잘된 시가지 등에서 노선의 권장이 비교적 긴 지역에 적합하다.
	ⓓ엽단위법	1개의 지번부여지역을 지적도 또는 임야도의 도엽단위로 세분하여 도엽의 순서에 따라 순차적으로 지번을 부여하는 방법으로 지번부여지역이 넓거나 지적도 또는 임야도의 장수가 많은 지역에 적합하다.
	단지단위법	1개의 지번부여지역을 단지단위로 세분하여 단지의 순서에 따라 순차적으로 지번을 부여하는 방법으로 토지의 위치를 쉽고 편리하게 이용하는 데 가장 큰 목적이 있다. 특히 소규모 단지로 구성된 토지구획정리 및 농지개량사업 시행지역 등에 적합하다.

기번위치	북동기번법	북동쪽에서 기번하여 남서쪽으로 순차적으로 지번을 부여하는 방법으로 한자로 지번을 부여하는 지역에 적합하다.
	북서기번법	북서쪽에서 기번하여 남동쪽으로 순차적으로 지번을 부여하는 방법으로 아라비아 숫자로 지번을 부여하는 지역에 적합하다.
일반적	분수식 지번제도 (Fraction System)	본번을 분자로 부번을 분모로 한 분수형태의 지번을 부여하는 제도로 본번을 변경하지 않고 부여하는 방법이다. 분할 후의 지번이 어느 지번에서 파생되었는지 그 유래 파악이 곤란하고 지번을 주소로 활용할 수 없다는 단점이 있다. 예를 들면 237번지가 3필지로 분할되면 237/1, 237/2, 237/3, 237/4로 표시된다. 그리고 최종 부번이 237의 5번지이고 237/2을 2필지로 분할할 경우 237/2번지는 소멸되고 237/6, 237/7로 표시된다.
	기번제도 (Filiation System)	237번지를 4필지로 분할할 때 분할지번은 237a, 237b, 237c, 237d로 표시한다. 다시 237c를 3필지로 분할할 경우는 237c1, 237c2, 237c3으로 표시한다. 인접지번 또는 지번의 자릿수와 함께 본번의 번호로 구성되어 지번의 발생근거를 쉽게 파악할 수 있으며 사정지번이 본번지로 편철보존될 수 있다. 또한 지번의 이동내역의 연혁을 파악하기 용이하고 여러 차례 분할될 경우 지번배열이 혼잡할 수 있다. 벨기에 등에서 채택하고 있다.
	자유부번 (Free Numbering System)	237번지, 238번지, 239번지로 표시되고 인접지에 등록전환이나 신규등록이 발생되어 지번을 부여할 경우 최종지번이 240번지이면 241번지로 표시된다. 분할하여 새로이 발생되면 241번지, 242번지로 표시된다. 새로운 경계를 부여하기까지의 모든 절차상의 번호가 영원히 소멸하고 토지등록구역에서 사용되지 않는 최종지번 다음 번호로 바뀐다. 분할 후에는 종전지번을 사용하지 않고 지번부여구역 내 최종지번의 다음 지번으로 부여하는 제도로 부번이 없기 때문에 지번을 표기하는 데 용이하며 분할의 유래를 파악하기 위해서는 별도의 보고장부나 전산화가 필요하다. 그러나 지번을 주소로 사용할 수 없는 단점이 있다.

<table>
<tr><td colspan="3" align="center">地目(지목)의 分流(분류)</td></tr>
</table>

토지현황	지형지목	지표면의 형태, 토지의 고저, 수륙의 분포상태 등 땅이 생긴 모양에 따라 지목을 결정하는 것을 지형지목이라 한다. 지형은 주로 그 형성과정에 따라 하식지(河蝕地), 빙하지, 해안지, 분지, 습곡지, 화산지 등으로 구분한다.
	토성지목	토지의 성질(토성, 토질)인 지층이나 암석 또는 토양의 종류 등에 따라 결정한 지목을 토성지목이라고 한다. 토성은 암석지, 조사지(租沙地), 점토지(粘土地), 사토지(砂土地), 양토지(壤土地), 식토지(植土地) 등으로 구분한다.
	용도지목	토지의 용도에 따라 결정하는 지목을 용도지목이라고 한다. 우리나라에서 채택하고 있으며 지형 및 토양 등과 관계없이 토지의 현실적 용도를 주로 하기 때문에 일상생활과 가장 밀접한 관계를 맺게 된다.
소재지역	농촌형 지목	농어촌 소재에 형성된 지목을 농촌형 지목이라고 한다. 임야, 전, 답, 과수원, 목장용지 등을 말한다.
	도시형 지목	도시지역에 형성된 지목을 도시형 지목이라고 한다. 대, 공장용지, 수도용지, 학교용지도로, 공원, 체육용지 등을 말한다.
산업별	1차 산업형 지목	농업 및 어업 위주의 용도로 이용되고 있는 지목을 말한다.
	2차 산업형 지목	토지의 용도가 제조업 중심으로 이용되고 있는 지목을 말한다.
	3차 산업형 지목	토지의 용도가 서비스 산업 위주로 이용되는 것으로 도시형 지목이 해당된다.

국가발전	후진국형 지목	토지이용이 1차 산업의 핵심과 농·어업이 주로 이용되는 지목을 말한다.
	선진국형 지목	토지이용 형태가 3차 산업, 서비스업 형태의 토지이용에 관련된 지목을 말한다.
구성내용	단식 지목	하나의 필지에 하나의 기준으로 분류한 지목을 단식지목이라 한다. 토지의 현황은 지형·토성·용도별로 분류할 수 있기 때문에 지목도 이들 기준으로 분류할 수 있다. 우리나라에서 채택하고 있다.
	복식 지목	일필지 토지에 둘 이상의 기준에 따라 분류하는 지목을 복식지목이라 한다. 토지의 이용이 다목적인 지역에 적합하며, 독일의 영구녹지대 중 녹지대라는 것은 용도지목이면서 다른 기준인 토성까지 더하여 표시하기 때문에 복식지목의 유형에 속한다.

地目附與 原則 [암기] 일주등용일사
<small>지목부여 원칙</small>

일필일지목의 원칙	일필지의 토지에는 1개의 지목만을 설정하여야 한다는 원칙
주지목추정의 원칙	주된 토지의 사용목적 또는 용도에 따라 지목을 정하여야 한다는 원칙
등록선후의 원칙	지목이 서로 중복될 때는 먼저 등록된 토지의 사용목적 또는 용도에 따라 지목을 설정하여야 한다는 원칙
용도경중의 원칙	지목이 중복될 때는 중요한 토지의 사용목적 또는 용도에 따라 지목을 설정하여야 한다는 원칙
일시변경불변의 원칙	임시적이고 일시적인 용도의 변경이 있는 경우에는 등록전환을 하거나 지목변경을 할 수 없는 원칙
사용목적추종의 원칙	도시계획사업 등의 완료로 인하여 조성된 토지는 사용목적에 따라 지목을 설정하여야 한다는 원칙

境界의 分流
<small>경계   분류</small>

경계특성	일반 경계	일반경계(general boundary 또는 unfixed boundary)라 함은 특정 토지에 대한 소유권이 오랜 기간 동안 존속하였기 때문에 담장·울타리·구거·제방·도로 등 자연적 또는 인위적 형태의 지형·지물을 필지별 경계로 인식하는 것이다.
	고정 경계	고정경계(fixed boundary)라 함은 특정 토지에 대한 경계점의 지상에 석주·철주·말뚝 등의 경계표지를 설치하거나 이를 정확하게 측량하여 지적도상에 등록 관리하는 경계이다.
	보증 경계	지적측량사에 의하여 정밀 지적측량이 행해지고 지적 관리청의 사정(査定)에 의하여 행정처리가 완료되어 측정된 토지경계를 의미한다.
물리적	자연적 경계	자연적 경계란 토지의 경계가 지상에서 계곡, 산등선, 하천, 호수, 해안, 구거 등 자연적 지형·지물에 의하여 경계로 인식될 수 있는 경계로서 지상경계이며 관습법상 인정되는 경계를 말한다.
	인공적 경계	인공적 경계란 담장, 울타리, 철조망, 운하, 철도선로, 경계석, 경계표지 등을 이용하여 인위적으로 설정된 경계로 지상경계이며 사람에 의해 설정된 경계를 말한다.
법률적	공간정보의 구축 및 관리 등에 관한 법상 경계	공간정보의 구축 및 관리 등에 관한 법상 경계란 소관청이 자연적 또는 인위적인 사유로 항상 변하고 있는 지표상의 경계를 지적측량을 실시하여 소유권이 미치는 범위와 면적 등을 정하여 지적도 또는 임야도에 등록 공시한 구획선 또는 경계점좌표등록부에 등록된 좌표의 연결을 말한다.
	민법상 경계	민법상의 경계란 실제 토지 위에 설치한 담장이나 전·답 등의 구획된 둑 또는 주요 지형·지형에 의하여 구획된 구거 등을 말하는 것으로 일반적으로 지표상의 경계를 말한다. (민법 제237조 및 제239조)

법률적	형법상 경계	형법상의 경계란 소유권·지상권·임차권 등 토지에 관한 사법상의 권리의 범위를 표시하는 지상의 경계(권리의 장소적 한계를 나타내는 지표)뿐만 아니라 도·시·군·읍·면·동·리의 경계 등 공법상의 관계에 있는 토지의 지상경계도 포함된다. (형법 제370조)
일반적	지상경계	지상경계란 도상경계를 지상에 복원한 경계를 말한다.
	도상경계	도상경계란 지적도나 임야도의 도면상에 표시된 경계이며 공부상 경계라고도 한다.
	법정경계	법정경계란 공간정보의 구축 및 관리 등에 관한 법상 도상경계와 법원이 인정하는 경계확정의 판결에 의한 경계를 말한다.
	사실경계	사실경계란 사실상·현실상의 경계이며 인접한 필지의 소유자 간에 존재하는 경계를 말한다.

法律的效力에 따른 境界의 分流

공간정보의 구축 및 관리 등에 관한 법상 경계	① 지적도나 임야도 위에 지적측량에 의하여 지번별로 확정하여 등록한 선 또는 경계점좌표등록부에 등록된 좌표의 연결 ② 도상경계이며 합병을 제외하고는 반드시 지적측량에 의해 경계가 결정된다. ③ 지적공부에 등록된 경계를 의미하는 것으로 지적도·임야도 또는 경계점좌표등록부상에 등록된 경계점의 연결을 말한다.
민법상의 경계	① 토지에 대한 소유권이 미치는 범위를 경계로 본다. ② 민법 제237조는 "인접토지소유자는 공동비용으로 경계표나 담을 설치"하고, "비용은 쌍방이 절반하여 부담하고 측량비용은 면적에 비례하여 부담한다"고 규정하고 있다. ③ 실제 설치되어 있는 울타리, 담장, 둑, 구거 등의 현지경계로서 지상경계를 인정한다.
형법상의 경계	형법상 경계라 함은 소유권 등 권리의 장소적 한계를 드러내는 지표를 말하므로 비록 지적공부상의 경계선과 부합하지 않더라도 그것이 종전부터 일반적으로 승인되어 왔다거나 이해관계인들의 명시적·묵시적 합의에 의하여 정해진 것이라면 일필지 상호 간의 계표에 해당하고 이 계표에 형법상 법률관계가 존재하므로 이를 인식불능의 상태로까지 훼손할 경우는 형법의 경계표 훼손죄가 성립한다.(형법 제366조 및 제370조)

현지 境界의 決定 方法

점유설(占有說)	현재 점유하고 있는 구획선이 하나일 경우에는 그를 양지(兩地)의 경계로 결정하는 방법이다. 토지소유권의 경계는 불명하지만 양지(兩地)의 소유자가 각자 점유하는 지역이 명확한 하나의 선으로 구분되어 있을 때에는 이 하나의 선을 소유지의 경계로 하여야 할 것이다. 민법에도 "점유자는 소유의 의사로 선의·평온·공연하게 점유한 것으로 추정한다"라고 명백히 규정하고 있다.(민법 제197조)
평분설(平分說)	점유상태를 확정할 수 없을 경우에 분쟁지를 이등분하여 각각 양지(兩地)에 소속시키는 방법이다. 경계가 불명하고 또 점유상태까지 확정할 수 없는 경우에는 분쟁지를 물리적으로 평분하여 쌍방토지에 소속시켜야 할 것이다. 이는 분쟁당사자를 대등한 입장에서 자기의 점유 경계선을 상대방과는 다르게 주장하기 때문에 이에 대한 해결은 마땅히 평등 배분하는 것이 합리적이기 때문이다.
보완설(補完說)	새로이 결정한 경계가 다른 확정한 자료에 비추어 볼 때 형평 타당하지 못할 때에는 상당한 보완을 하여 경계를 경정하는 방법이다. 현 점유설에 의하거나 혹은 평분하여 경계를 결정하고자 할 때 그 새로이 결정되는 경계가 이미 조사된 신빙성 있는 다른 자료와 일치하지 않을 경우에는 이 자료를 감안하여 공평하고도 적당한 방법에 따라 그 경계를 보완하여야 할 것이다.

경계결정 원칙 境界決定 原則 암기 국선종물계	
경계국정주의 원칙	지적공부에 등록하는 경계는 국가가 조사 · 측량하여 결정한다는 원칙
등록선후의 원칙	동일한 경계가 축척이 서로 다른 도면에 각각 등록되어 있는 경우로서 경계가 상호 일치하지 않는 경우에는 경계에 잘못이 있는 경우를 제외하고 등록시기가 빠른 토지의 경계를 따른다는 원칙
축척종대의 원칙	동일한 경계가 축척이 서로 다른 도면에 각각 등록되어 있는 경우로서 경계가 상호 일치하지 않는 경우에는 경계에 잘못이 있는 경우를 제외하고 축척이 큰 것에 등록된 경계를 따른다는 원칙
경계불가분의 원칙	경계는 유일무이한 것으로 이를 분리할 수 없다는 원칙
경계직선주의	지적공부에 등록하는 경계는 직선으로 한다는 원칙

SECTION 06 지번

토지이동에 따른 지번부여방법		
부여방법		① 지번(地番)은 아라비아숫자로 표기하되, 임야대장 및 임야도에 등록하는 토지의 지번은 숫자 앞에 "산"자를 붙인다. ② 지번은 본번(本番)과 부번(副番)으로 구성하되, 본번과 부번 사이에 "-" 표시로 연결한다. 이 경우 "-" 표시는 "의"라고 읽는다. ③ 법 제66조에 따른 지번의 부여방법은 다음 각 호와 같다. 1. 지번은 북서에서 남동으로 순차적으로 부여할 것
신규등록 · 등록전환	원칙	지번부여지역에서 인접토지의 본번에 부번을 붙여서 지번을 부여한다.
	예외	다음의 경우에는 그 지번부여지역의 최종 본번의 다음 순번부터 본번으로 하여 순차적으로 지번을 부여할 수 있다. ① 대상 토지가 그 지번부여지역의 최종 지번의 토지에 인접하여 있는 경우 ② 대상 토지가 이미 등록된 토지와 멀리 떨어져 있어서 등록된 토지의 본번에 부번을 부여하는 것이 불합리한 경우 ③ 대상 토지가 여러 필지로 되어 있는 경우
분할	원칙	분할 후의 필지 중 1필지의 지번은 분할 전의 지번으로 하고, 나머지 필지의 지번은 본번의 최종 부번 다음 순번으로 부번을 부여한다.
	예외	주거 · 사무실 등의 건축물이 있는 필지에 대해서는 분할 전의 지번을 우선하여 부여하여야 한다.
합병	원칙	합병 대상 지번 중 선순위의 지번을 그 지번으로 하되, 본번으로 된 지번이 있을 때에는 본번 중 선순위의 지번을 합병 후의 지번으로 한다.
	예외	토지소유자가 합병 전의 필지에 주거 · 사무실 등의 건축물이 있어서 그 건축물이 위치한 지번을 합병 후의 지번으로 신청할 때에는 그 지번을 합병 후의 지번으로 부여하여야 한다.

지적확정측량을 실시한 지역의 각 필지에 지번을 새로 부여하는 경우	원칙	다음 각 목의 지번을 제외한 본번으로 부여한다. ① 지적확정측량을 실시한 지역 안의 종전의 지번과 지적확정측량을 실시한 지역 밖에 있는 본번이 같은 지번이 있을 때 그 지번 ② 지적확정측량을 실시한 지역의 경계에 걸쳐 있는 지번
	예외	부여할 수 있는 종전 지번의 수가 새로 부여할 지번의 수보다 적을 때에는 블록단위로 하나의 본번을 부여한 후 필지별로 부번을 부여하거나, 그 지번부여지역의 최종 본번 다음 순번부터 본번으로 하여 차례로 지번을 부여할 수 있다.
지적확정측량에 준용		① 법 제66조제2항(지적소관청은 지적공부에 등록된 지번을 변경할 필요가 있다고 인정하면 시·도지사나 대도시 시장의 승인을 받아 지번부여지역의 전부 또는 일부에 대하여 지번을 새로 부여할 수 있다)에 따라 지번부여지역의 지번을 변경할 때 ② 법 제85조제2항(지번부여지역의 일부가 행정구역의 개편으로 다른 지번부여지역에 속하게 되었으면 지적소관청은 새로 속하게 된 지번부여지역의 지번을 부여하여야 한다)에 따른 행정구역 개편에 따라 새로 지번을 부여할 때 ③ 제72조제1항(지적소관청은 축척변경 시행지역의 각 필지별 지번·지목·면적·경계 또는 좌표를 새로 정하여야 한다)에 따라 축척변경 시행지역의 필지에 지번을 부여할 때
도시개발사업 등의 준공 전		① 도시개발사업 등이 준공되기 전에 사업시행자가 지번부여를 신청하는 경우에는 국토교통부령으로 정하는 바에 따라 지번을 부여할 수 있다. ② 지적소관청은 도시개발사업 등이 준공되기 전에 지번을 부여하는 때에는 사업계획도에 따르되, 지적확정측량을 실시한 지역의 각 필지에 지번을 새로 부여하는 경우의 지번부여방식에 따라 지번을 부여하여야 한다.
그 외의 지번부여방법		
진행방법	사행식	필지의 배열이 불규칙한 지역에서 진행 순서에 따라 지번을 부여하는 방법이다. 농촌지역의 지번부여에 적합하고, 우리나라 토지의 대부분은 사행식에 의해 부여하며 지번부여가 일정하지 않고 상하좌우로 분산되어 부여되는 결점이 있다.
	기우식	도로를 중심으로 한쪽은 홀수인 기수, 다른 쪽은 짝수인 우수로 지번을 부여하는 방법으로 시가지 지역의 지번부여 방법으로 적합하고 교호식이라고도 한다.
	단지식	단지마다 하나의 지번을 부여하고 단지 내 필지마다 부번을 부여하는 방법으로 단지식은 블록식이라고도 하며, 도시개발사업 및 농지개량사업 시행지역 등의 지번부여에 적합하다.
	절충식	사행식, 기우식, 단지식 등을 적당히 취사선택하여 부번하는 방식이다.
부여단위	지역단위법	1개의 지번부여지역 전체를 대상으로 순차적으로 부여하고 지역이 작거나 지적도나 임야도의 장수가 많지 않은 지역의 지번부여에 적합하다. 토지의 구획이 잘된 시가지 등에서 노선의 권장이 비교적 긴 지역에 적합하다.
	도엽단위법	1개의 지번부여지역을 지적도 또는 임야도의 도엽 단위로 세분하여 도엽의 순서에 따라 순차적으로 지번을 부여하는 방법으로 지번부여지역이 넓거나 지적도 또는 임야도의 장수가 많은 지역에 적합하다.
	단지단위법	1개의 지번부여지역을 단지 단위로 세분하여 단지의 순서에 따라 순차적으로 지번을 부여하는 방법으로 토지의 위치를 쉽고 편리하게 이용하는 데 가장 큰 목적이 있다. 특히 소규모 단지로 구성된 토지구획정리 및 농지개량사업 시행지역 등에 적합하다.

기번위치	북동기번법	북동쪽에서 기번하여 남서쪽으로 순차적으로 지번을 부여하는 방법으로 한자로 지번을 부여하는 지역에 적합하다.
	북서기번법	북서쪽에서 기번하여 남동쪽으로 순차적으로 지번을 부여하는 방법으로 아라비아 숫자로 지번을 부여하는 지역에 적합하다.
일반적	분수식 지번제도 (Fraction System)	본번을 분자, 부번을 분모로 한 분수 형태의 지번을 부여하는 제도로 본번을 변경하지 않고 부여하는 방법이다. 분할 후의 지번이 어느 지번에서 파생되었는지 그 유래 파악이 곤란하고 지번을 주소로 활용할 수 없다는 단점이 있다. 예를 들면, 237번지가 3필지로 분할되면 237/1, 237/2, 237/3, 237/4로 표시된다. 그리고 최종 부번이 237의 5번지이고 237/2을 2필지로 분할할 경우 237/2번지는 소멸되고 237/6, 237/7로 표시된다.
	기번제도 (Filiation System)	237번지를 4필지로 분할할 때 분할지번은 237a, 237b, 237c, 237d로 표시한다. 다시 237c를 3필지로 분할할 경우는 237c1, 237c2, 237c3으로 표시한다. 인접 지번 또는 지번의 자릿수와 함께 본번의 번호로 구성되어 지번의 발생 근거를 쉽게 파악할 수 있으며, 사정지번이 본번으로 편철 보존될 수 있다. 또한 지번의 이동 내역의 연혁을 파악하기 용이하고, 여러 차례 분할될 경우 지번 배열이 혼잡할 수 있다. 벨기에 등에서 채택하고 있다.
	자유부번 (Free Numbering System)	237번지, 238번지, 239번지로 표시되고 인접지에 등록전환이나 신규등록이 발생되어 지번을 부여할 경우 최종 지번이 240번지이면 241번지로 표시된다. 분할하여 새로이 발생되면 241번지, 242번지로 표시된다. 새로운 경계를 부여하기까지의 모든 절차상의 번호가 영원히 소멸하고 토지등록구역에서 사용되지 않는 최종 지번 다음 번호로 바뀐다. 분할 후에는 종전 지번을 사용하지 않고 지번부여구역 내 최종 지번의 다음 지번으로 부여하는 제도로 부번이 없기 때문에 지번을 표기하는 데 용이하며 분할의 유래를 파악하기 위해서는 별도의 보고장부나 전산화가 필요하다. 그러나 지번을 주소로 사용할 수 없는 단점이 있다.

SECTION 07 지목

암기 [과][전][답][대][지][임][잡] [비][도][천][거][제][성][철][수] [면][사][분][공][철][수]

토지조사사업 당시 지목(18개)		• [과]세지 : [전], [답], [대](垈), [지]소(池沼), [임]야(林野), [잡]종지(雜種地)(6개) • [비]과세지 : [도]로, 하[천], 구[거], [제]방, [성]첩(城堞), [철]도선로, [수]도선로(7개) • [면]세지 : [사]사지, [분]묘지, [공]원지, [철]도용지, [수]도용지(5개)
1918년 지세령 개정(19개)		지소(池沼) : 지소(池沼), 유지(溜池)로 세분
1950년 구 지적법(21개)		잡종지(雜種地) : 잡종지, 염전, 광천지로 세분
1975년 지적법 2차 개정(24개)	통합	철도용지＋철도선로＝철도용지 수도용지＋수도선로＝수도용지 유지＋지소＝유지
	신설	과수원, 목장용지, 공장용지, 학교용지, 유원지, 운동장(6개)
	명칭 변경	공원지 ⇒ 공원 사사지 ⇒ 종교용지 성첩(城堞) ⇒ 사적지(史蹟地) 분묘지 ⇒ 묘지 운동장 ⇒ 체육용지
2001년 지적법 10차 개정(28개)		주차장, 주유소용지, 창고용지, 양어장(4개 신설)

현행(28개)

지목	부호	지목	부호	지목	부호	지목	부호
전	전	대	대	철도용지	철	공원	공
답	답	공장용지	[장]	제방	제	체육용지	체
과수원	과	학교용지	학	하천	[천]	유원지	[원]
목장용지	목	주차장	[차]	구거	구	종교용지	종
임야	임	주유소용지	주	유지	유	사적지	사
광천지	광	창고용지	창	양어장	양	묘지	묘
염전	염	도로	도	수도용지	수	잡종지	잡

지목	
전	물을 상시적으로 이용하지 않고 곡물 · 원예작물(과수류는 제외한다) · 약초 · 뽕나무 · 닥나무 · 묘목 · 관상수 등의 식물을 주로 재배하는 토지와 식용(食用)으로 죽순을 재배하는 토지
답	물을 상시적으로 직접 이용하여 벼 · 연(蓮) · 미나리 · 왕골 등의 식물을 주로 재배하는 토지
과수원	사과 · 배 · 밤 · 호두 · 귤나무 등 과수류를 집단적으로 재배하는 토지와 이에 접속된 저장고 등 부속시설물의 부지. 다만, 주거용 건축물의 부지는 "대"로 한다.
목장용지	다음 각 목의 토지. 다만, 주거용 건축물의 부지는 "대"로 한다. 가. 축산업 및 낙농업을 하기 위하여 초지를 조성한 토지 나. 「축산법」 제2조제1호에 따른 가축을 사육하는 축사 등의 부지 다. 가목 및 나목의 토지와 접속된 부속시설물의 부지

임야	산림 및 원야(原野)를 이루고 있는 수림지(樹林地)·죽림지·암석지·자갈땅·모래땅·습지·황무지 등의 토지
광천지	지하에서 온수·약수·석유류 등이 용출되는 용출구(湧出口)와 그 유지(維持)에 사용되는 부지. 다만, 온수·약수·석유류 등을 일정한 장소로 운송하는 송수관·송유관 및 저장시설의 부지는 제외한다.
염전	바닷물을 끌어들여 소금을 채취하기 위하여 조성된 토지와 이에 접속된 제염장(製鹽場) 등 부속시설물의 부지. 다만, 천일제염 방식으로 하지 아니하고 동력으로 바닷물을 끌어들여 소금을 제조하는 공장시설물의 부지는 제외한다.
대	가. 영구적 건축물 중 주거·사무실·점포와 박물관·극장·미술관 등 문화시설과 이에 접속된 정원 및 부속시설물의 부지 나. 「국토의 계획 및 이용에 관한 법률」 등 관계 법령에 따른 택지조성공사가 준공된 토지
공장용지	가. 제조업을 하고 있는 공장시설물의 부지 나. 「산업집적활성화 및 공장설립에 관한 법률」 등 관계 법령에 따른 공장부지 조성공사가 준공된 토지 다. 가목 및 나목의 토지와 같은 구역에 있는 의료시설 등 부속시설물의 부지
학교용지	학교의 교사(校舍)와 이에 접속된 체육장 등 부속시설물의 부지
주차장	자동차 등의 주차에 필요한 독립적인 시설을 갖춘 부지와 주차전용 건축물 및 이에 접속된 부속시설물의 부지. 다만, 다음 각 목의 어느 하나에 해당하는 시설의 부지는 제외한다. 가. 「주차장법」 제2조제1호가목 및 다목에 따른 노상주차장 및 부설주차장(「주차장법」 제19조제4항에 따라 시설물의 부지 인근에 설치된 부설주차장은 제외한다) 나. 자동차 등의 판매 목적으로 설치된 물류장 및 야외전시장
주유소용지	다음 각 목의 토지. 다만, 자동차·선박·기차 등의 제작 또는 정비공장 안에 설치된 급유·송유시설 등의 부지는 제외한다. 가. 석유·석유제품, 액화석유가스, 전기 또는 수소 등의 판매를 위하여 일정한 설비를 갖춘 시설물의 부지 나. 저유소(貯油所) 및 원유저장소의 부지와 이에 접속된 부속시설물의 부지
창고용지	물건 등을 보관하거나 저장하기 위하여 독립적으로 설치된 보관시설물의 부지와 이에 접속된 부속시설물의 부지
도로	다음 각 목의 토지. 다만, 아파트·공장 등 단일 용도의 일정한 단지 안에 설치된 통로 등은 제외한다. 가. 일반 공중(公衆)의 교통 운수를 위하여 보행이나 차량운행에 필요한 일정한 설비 또는 형태를 갖추어 이용되는 토지 나. 「도로법」 등 관계 법령에 따라 도로로 개설된 토지 다. 고속도로의 휴게소 부지 라. 2필지 이상에 진입하는 통로로 이용되는 토지
철도용지	교통 운수를 위하여 일정한 궤도 등의 설비와 형태를 갖추어 이용되는 토지와 이에 접속된 역사(驛舍)·차고·발전시설 및 공작창(工作廠) 등 부속시설물의 부지
제방	조수·자연유수(自然流水)·모래·바람 등을 막기 위하여 설치된 방조제·방수제·방사제·방파제 등의 부지
하천	자연의 유수(流水)가 있거나 있을 것으로 예상되는 토지
구거	용수(用水) 또는 배수(排水)를 위하여 일정한 형태를 갖춘 인공적인 수로·둑 및 그 부속시설물의 부지와 자연의 유수(流水)가 있거나 있을 것으로 예상되는 소규모 수로부지

유지(溜池)	물이 고이거나 상시적으로 물을 저장하고 있는 댐·저수지·소류지(沼溜地)·호수·연못 등의 토지와 연·왕골 등이 자생하는 배수가 잘 되지 아니하는 토지
양어장	육상에 인공으로 조성된 수산생물의 번식 또는 양식을 위한 시설을 갖춘 부지와 이에 접속된 부속시설물의 부지
수도용지	물을 정수하여 공급하기 위한 취수(取水 : 강이나 저수지에서 필요한 물을 끌어옴)·저수(貯水 : 물을 인공적으로 모음)·도수(導水 : 정수장을 연결하는 물길이 새롭게 뚫림. 도수터널)·정수·송수(정수된 물을 배수지로 보내는 시설) 및 배수 시설(정수장에서 정화처리된 청정수를 소요 수압으로 소요 수량을 배수관을 통하여 급수지역에 보내는 것)의 부지 및 이에 접속된 부속시설물의 부지
공원	일반 공중의 보건·휴양 및 정서생활에 이용하기 위한 시설을 갖춘 토지로서「국토의 계획 및 이용에 관한 법률」에 따라 공원 또는 녹지로 결정·고시된 토지
체육용지	국민의 건강증진 등을 위한 체육활동에 적합한 시설과 형태를 갖춘 종합운동장·실내체육관·야구장·골프장·스키장·승마장·경륜장 등 체육시설의 토지와 이에 접속된 부속시설물의 부지. 다만, 체육시설로서의 영속성과 독립성이 미흡한 정구장·골프연습장·실내수영장 및 체육도장, 유수(流水)를 이용한 요트장 및 카누장 등의 토지는 제외한다.
유원지	일반 공중의 위락·휴양 등에 적합한 시설물을 종합적으로 갖춘 수영장·유선장(遊船場)·낚시터·어린이놀이터·동물원·식물원·민속촌·경마장·야영장 등의 토지와 이에 접속된 부속시설물의 부지. 다만, 이들 시설과의 거리 등으로 보아 독립적인 것으로 인정되는 숙식시설 및 유기장(遊技場)의 부지와 하천·구거 또는 유지[공유(公有)인 것으로 한정한다]로 분류되는 것은 제외한다.
종교용지	일반 공중의 종교의식을 위하여 예배·법요·설교·제사 등을 하기 위한 교회·사찰·향교 등 건축물의 부지와 이에 접속된 부속시설물의 부지
사적지	문화재로 지정된 역사적인 유적·고적·기념물 등을 보존하기 위하여 구획된 토지. 다만, 학교용지·공원·종교용지 등 다른 지목으로 된 토지에 있는 유적·고적·기념물 등을 보호하기 위하여 구획된 토지는 제외한다.
묘지	사람의 시체나 유골이 매장된 토지,「도시공원 및 녹지 등에 관한 법률」에 따른 묘지공원으로 결정·고시된 토지 및「장사 등에 관한 법률」제2조제9호에 따른 봉안시설과 이에 접속된 부속시설물의 부지. 다만, 묘지의 관리를 위한 건축물의 부지는 "대"로 한다.
잡종지	다음 각 목의 토지. 다만, 원상회복을 조건으로 돌을 캐내는 곳 또는 흙을 파내는 곳으로 허가된 토지는 제외한다. 가. 갈대밭, 실외에 물건을 쌓아두는 곳, 돌을 캐내는 곳, 흙을 파내는 곳, 야외시장 및 공동우물 나. 변전소, 송신소, 수신소 및 송유시설 등의 부지 다. 여객자동차터미널, 자동차운전학원 및 폐차장 등 자동차와 관련된 독립적인 시설물을 갖춘 부지 라. 공항시설 및 항만시설 부지 마. 도축장, 쓰레기처리장 및 오물처리장 등의 부지 바. 그 밖에 다른 지목에 속하지 않는 토지

지목에서 제외되는 부분	
과수원	사과·배·밤·호두·귤나무 등 과수류를 집단적으로 재배하는 토지와 이에 접속된 저장고 등 부속시설물의 부지. 다만, 주거용 건축물의 부지는 "대"로 한다.
목장용지	다음 각 목의 토지. 다만, 주거용 건축물의 부지는 "대"로 한다. 가. 축산업 및 낙농업을 하기 위하여 초지를 조성한 토지 나. 「축산법」 제2조제1호에 따른 가축을 사육하는 축사 등의 부지 다. 가목 및 나목의 토지와 접속된 부속시설물의 부지
광천지	지하에서 온수·약수·석유류 등이 용출되는 용출구(湧出口)와 그 유지(維持)에 사용되는 부지. 다만, 온수·약수·석유류 등을 일정한 장소로 운송하는 송수관·송유관 및 저장시설의 부지는 제외한다.
염전	바닷물을 끌어들여 소금을 채취하기 위하여 조성된 토지와 이에 접속된 제염장(製鹽場) 등 부속시설물의 부지. 다만, 천일제염 방식으로 하지 아니하고 동력으로 바닷물을 끌어들여 소금을 제조하는 공장시설물의 부지는 제외한다.
주차장	자동차 등의 주차에 필요한 독립적인 시설을 갖춘 부지와 주차전용 건축물 및 이에 접속된 부속시설물의 부지. 다만, 다음 각 목의 어느 하나에 해당하는 시설의 부지는 제외한다. 가. 「주차장법」 제2조제1호가목 및 다목에 따른 노상주차장 및 부설주차장(「주차장법」 제19조제4항에 따라 시설물의 부지 인근에 설치된 부설주차장은 제외한다) 나. 자동차 등의 판매 목적으로 설치된 물류장 및 야외전시장
주유소용지	다음 각 목의 토지. 다만, 자동차·선박·기차 등의 제작 또는 정비공장 안에 설치된 급유·송유시설 등의 부지는 제외한다. 가. 석유·석유제품 또는 액화석유가스·전기 또는 수수 등의 판매를 위하여 일정한 설비를 갖춘 시설물의 부지 나. 저유소(貯油所) 및 원유저장소의 부지와 이에 접속된 부속시설물의 부지
도로	다음 각 목의 토지. 다만, 아파트·공장 등 단일 용도의 일정한 단지 안에 설치된 통로 등은 제외한다. 가. 일반 공중(公衆)의 교통 운수를 위하여 보행이나 차량운행에 필요한 일정한 설비 또는 형태를 갖추어 이용되는 토지 나. 「도로법」 등 관계 법령에 따라 도로로 개설된 토지 다. 고속도로의 휴게소 부지 라. 2필지 이상에 진입하는 통로로 이용되는 토지
체육용지	국민의 건강증진 등을 위한 체육활동에 적합한 시설과 형태를 갖춘 종합운동장·실내체육관·야구장·골프장·스키장·승마장·경륜장 등 체육시설의 토지와 이에 접속된 부속시설물의 부지. 다만, 체육시설로서의 영속성과 독립성이 미흡한 정구장·골프연습장·실내수영장 및 체육도장, 유수(流水)를 이용한 요트장 및 카누장 등의 토지는 제외한다.
유원지	일반 공중의 위락·휴양 등에 적합한 시설물을 종합적으로 갖춘 수영장·유선장(遊船場)·낚시터·어린이놀이터·동물원·식물원·민속촌·경마장·야영장 등의 토지와 이에 접속된 부속시설물의 부지. 다만, 이들 시설과의 거리 등으로 보아 독립적인 것으로 인정되는 숙식시설 및 유기장(遊技場)의 부지와 하천·구거 또는 유지[공유(公有)인 것으로 한정한다]로 분류되는 것은 제외한다.
사적지	문화재로 지정된 역사적인 유적·고적·기념물 등을 보존하기 위하여 구획된 토지. 다만, 학교용지·공원·종교용지 등 다른 지목으로 된 토지에 있는 유적·고적·기념물 등을 보호하기 위하여 구획된 토지는 제외한다.

등록사항	지적공부	대장				도면		경계점 좌표 등록부
		토지 대장	임야 대장	공유지 연명부	대지권 등록부	지적도	임야도	
토지표시사항	토지소재	O	O	O	O	O	O	O
	지번	O	O	O	O	O	O	O
	지목	O	O	×	×	O	O	×
	면적	O	O	×	×	×	×	×
	토지이동사유	O	O	×	×	×	×	×
	경계	×	×	×	×	O	O	×
	좌표	×	×	×	×	×	×	O
	경계점 간 거리	×	×	×	×	O(좌표)	×	×
소유권표시사항	소유자가 변경된날과 그 원인	O	O	O	O	×	×	×
	성명	O	O	O	O	×	×	×
	주소	O	O	O	O	×	×	×
	주민등록번호	O	O	O	O	×	×	×
	소유권지분	×	×	O	O	×	×	×
	대지권비율	×	×	×	O	×	×	×
	건물의 명칭	×	×	×	O	×	×	×
	전유부분의 건물표시	×	×	×	O	×	×	×
기타표시사항	토지등급사항	O	O	×	×	×	×	×
	개별공시지가와 그 기준일	O	O	×	×	×	×	×
	고유번호	O	O	O	O	×	×	O
	필지별 대장의 장번호	O	O	O	O	×	×	×
	도면의 제명	×	×	×	×	O	O	×
	도면번호	O	O	×	×	O	O	O
	도면의 색인도	×	×	×	×	O	O	×
	필비별 장번호	O	O	×	×	×	×	O
	축척	O	O	×	×	O	O	×
	도곽선 및 수치	×	×	×	×	O	O	×
	부호도	×	×	×	×	×	×	O
	삼각점 및 지적측량기준점 위치	×	×	×	×	O	O	×
	건축물 및 구조물의 위치	×	×	×	×	O	O	×
	직인	O	O	×	×	O	O	O
	직인날인번호	O	O	×	×	×	×	O

구분	토지표시사항	소유권에 관한 사항	기타
土地臺帳 (Land Books) 林野臺帳 (Forest Books)	㉠ 토지소재 ㉡ 지번 ㉢ 지목 ㉣ 면적 ㉤ 토지의 이동 사유	㉠ 토지소유자 변동일자 ㉡ 변동원인 ㉢ 주민등록번호 ㉣ 성명 또는 명칭 ㉤ 주소	㉠ 토지의 고유번호(각 필지를 서로 구별하기 위하여 필지마다 붙이는 고유한 번호를 말한다.) ㉡ 지적도 또는 임야도 번호 ㉢ 필지별 토지대장 또는 임야대장의 장번호 ㉣ 축척 ㉤ 토지등급 또는 기준수확량 등급과 그 설정·수정 연월일 ㉥ 개별공시지가와 그 기준일
共有地連名簿 (Common Land Books)	㉠ 토지소재 ㉡ 지번	㉠ 토지소유자 변동일자 ㉡ 변동원인 ㉢ 주민등록번호 ㉣ 성명, 주소 ㉤ 소유권 지분	㉠ 토지의 고유번호 ㉡ 필지별공유지 연명부의 장번호
垈地權登錄簿 (Building Site Rights Books)	㉠ 토지 소재 ㉡ 지번	㉠ 토지소유자가 변동일자 및 변동원인 ㉡ 주민등록번호 ㉢ 성명 또는 명칭, 주소 ㉣ 대지권 비율 ㉤ 소유권지분	㉠ 토지의 고유번호 ㉡ 집합건물별 대지권등록부의 장번호 ㉢ 건물의 명칭 ㉣ 전유부분의 건물의 표시
境界點座標登錄簿 (Boundary Point Coordinate Books)	㉠ 토지 소재 ㉡ 지번 ㉢ 좌표		㉠ 토지의 고유번호 ㉡ 필지별 경계점좌표등록부의 장번호 ㉢ 부호 및 부호도 ㉣ 지적도면의 번호
地籍圖 (Land Books) 林野圖 (Forest Books)	㉠ 토지 소재 ㉡ 지번 ㉢ 지목 ㉣ 경계 ㉤ 좌표에 의하여 계산된 경계점 간의 거리(경계점좌표등록부를 갖춰두는 지역으로 한정한다)		㉠ 도면의 색인도 ㉡ 도면의 제명 및 축척 ㉢ 도곽선과 그 수치 ㉣ 삼각점 및 지적기준점의 위치 ㉤ 건축물 및 구조물 등의 위치

일람도	㉠ 지번부여지역의 경계 및 인접지역의 행정구역 명칭
	㉡ 도면의 제명 및 축척
	㉢ 도곽선과 그 수치
	㉣ 도면번호
	㉤ 도로, 철도, 하천, 구거, 유지, 취락 등 주요 지형, 지물의 표시
지번색인표	㉠ 제명
	㉡ 지번, 도면번호 및 결번

구분		소재	지번	지목=축척	면적	경계	좌표	소유자	도면번호	고유번호	소유권(지분)	대지권(비율)	기타 등록사항
대장	토지·임야대장	●	●	장 ●	장 ●			장 ●	장 ●	장 ●			토지이동사유 개별공시지가 기준수확량등급
	공유지연명부	●	●					공 ●		공 ●	공 ●		필지별 토지·임야대장의 장번호
	대지권등록부	●	●					대 ●	대	대 ●	대 ●	대 ●	건물의 명칭 전유건물표시
경계점좌표등록부		●	●				경 ●		경 ●	경 ●			부호 부호도
도면	지적·임야도	●	●	도 ●		도 ●			도 ●				색인도 지적기준점 위치 도곽선과 수치 건축물의 위치 좌표에 의한 계산거리

암기 소, 지는 공통이고, 목장도=축장도, 면장, 경도는 좌경이요,
소경도, 도공대의 고도가 없고,
소대장, 지분은 공, 대에만 있다.

	암기 토지몸성도 경번지 세관위 기경 소직명 확직명	
지상경계점등록부 (지적재조사에 관한 특별법 시행규칙 제10조)	1. 토지의 소재 2. 지번 3. 지목 4. 작성일 5. 위치도 6. 경계점 번호 및 표지종류	7. 경계점 세부설명 및 관련자료 8. 경계위치 9. 경계설정기준 및 경계형태 10. 작성자의 소속·직급(직위)·성명 11. 확인자의 직급·성명
지상경계점등록부 (공간정보의 구축 및 관리 등에 관한 법률 제65조)	1. 토지의 소재 2. 지번 3. 경계점 좌표(경계점좌표등록부 시행지역 에 한정한다) 4. 경계점 위치 설명도 5. 공부상 지목과 실제 토지이용 지목 6. 경계점의 사진 파일 7. 경계점 표지의 종류 및 경계점 위치	
새로운 지적공부의 작성 (지적재조사에 관한 특별법 제24조)	지적소관청은 경계확정에 따른 사업완료 공고가 있었을 때 기존의 지적공부를 폐쇄하고 새로운 지적공부를 작성해야 한다.(토지는 사업완료 공고일에 토지의 이동이 있는 것으 로 본다)	

	• 토지의 소재
	• 지번
	• 지목
	• 면적
	• 경계점좌표
	• 소유자의 성명 또는 명칭, 주소 및 주민
	  등록번호(국가, 지자체, 법인, 법인 아닌
	  사단 재단 및 외국인의 경우에는 부동산
	  등기법의 등록번호를 말한다)
	• 소유권지분
	• 대지권비율
	• 지상건축물 및 지하건축물의 위치
	• 국교부령으로 정하는 사항
		국교부령으로 정하는 사항
		• 토지의 고유번호
		• 토지의 이동사유
		• 토지소유자가 변경된 날과 그 원인
		• 개별공시지가, 개별주택가격, 공동주택
		  가격 및 부동산실거래 가격과 그 기준일
		• 필지별 공유지 연명부의 장번호
		• 전유 부분의 건물표시
		• 건물의 명칭
		• 집합건물별 대지권등록부의 장번호
		• 좌표에 의하여 계산된 경계점 사이의 거리
		• 지적기준점의 위치
		• 필지별 경계점좌표의 부호 및 부호도
		• 토지이용규제 기본법에 따른 토지이용과
		  관련된 지역, 지구등의 지정에 관한 사항
		• 건축물의 표시와 건축물 현황도에 관한
		  사항
		• 구분지상권에 관한 사항
		• 도로명 주소

확정측량결과도 작성 (지적확정측량규정 제23조)	1) 측[량]결과도의 [제]명 · 축[척] 및 색인[도] 2) 확정된 필지의 [경]계(경계점좌표를 전개하여 연결한 선) · [지]번 및 지[목] 3) 경[계]점 간 계산거리 및 실[측]거리. 다만, 경지정리지역에서는 실측거리 기재를 생략할 수 있다. $\frac{(\text{계산거리})}{\text{실측거리}}$ 4) 지적[기]준점 및 그 번호와 지적기[준]점 간 방[위]각 및 [거]리 5) 행정구역 [선]과 그 명칭 6) [도]곽선과 그 수치	7) 확[정] 경계선에 지상구조물 등이 걸리는 경우에는 그 위치 현황 8) 측[량] 및 검사연월일, 측량자 및 검사자의 성명 · 소속 · 자격 등[급] 2. 제1항에 따라 확정측량결과도를 작성하는 때에는 제1항제1호 · 제2호, 제4호 중 지적기준점 및 그 번호 · 제5호와 제8호는 검은색으로, 제1항제4호 중 지적기준점 간 방위각 및 거리와 제6호는 붉은색으로, 그 밖의 사항은 검은색으로 표시한다.
지적재조사측량 성과 검사항목	1. 상[공]장애도 조사의 적정성 2. 측량[방]법의 적정성 3. 지적[기]준점설치망 구성의 적정성 4. 지적기[준]점 선점 및 표지설치의 적정성	5. 사업지구의 [내] · 외 경계의 적정성 6. [임]시경계점표지 및 [경]계점표지 설치의 적정성 7. 측량[성]과 계산 및 점[검]의 적정성 8. 측량성과 [작]성의 적정성 9. 면적산정의 적[정]성

지적공부	토지대장, 임야대장, 공유지연명부, 대지권등록부, 지적도, 임야도 및 경계점좌표등록부 등 지적측량 등을 통하여 조사된 토지의 표시와 해당 토지의 소유자 등을 기록한 대장 및 도면(정보처리시스템을 통하여 기록·저장된 것을 포함한다)을 말한다.
연속지적도	지적측량을 하지 아니하고 전산화된 지적도 및 임야도 파일을 이용하여, 도면상 경계점들을 연결하여 작성한 도면으로서 측량에 활용할 수 없는 도면을 말한다.
부동산종합공부	토지의 표시와 소유자에 관한 사항, 건축물의 표시와 소유자에 관한 사항, 토지의 이용 및 규제에 관한 사항, 부동산의 가격에 관한 사항 등 부동산에 관한 종합정보를 정보관리체계를 통하여 기록·저장한 것을 말한다.
정보관리체계	지적공부 및 부동산종합공부의 관리업무를 전자적으로 처리할 수 있도록 설치된 정보시스템으로서, 국토교통부가 운영하는 "국토정보시스템"과 지방자치단체가 운영하는 "부동산종합공부시스템"으로 구성된다.
국토정보시스템	국토교통부장관이 지적공부 및 부동산종합공부 정보를 전국 단위로 통합하여 관리·운영하는 시스템을 말한다.
부동산종합공부 시스템	지방자치단체가 지적공부 및 부동산종합공부 정보를 전자적으로 관리·운영하는 시스템을 말한다.
운영기관	부동산종합공부시스템이 설치되어 이를 운영하고 유지관리의 책임을 지는 지방자치단체를 말한다.
토지의 표시	지적공부에 토지의 소재·지번(地番)·지목(地目)·면적·경계 또는 좌표를 등록한 것을 말한다.
지번	필지에 부여하여 지적공부에 등록한 번호를 말한다.
지목	토지의 주된 용도에 따라 토지의 종류를 구분하여 지적공부에 등록한 것을 말한다.
면적	지적공부에 등록한 필지의 수평면상 넓이를 말한다.
경계	필지별로 경계점들을 직선으로 연결하여 지적공부에 등록한 선을 말한다.
좌표	지적측량기준점 또는 경계점의 위치를 평면직각종횡선수치로 표시한 것을 말한다.
필지	대통령령으로 정하는 바에 따라 구획되는 토지의 등록 단위를 말한다.
지번 부여 지역	지번을 부여하는 단위 지역으로서 동·리 또는 이에 준하는 지역을 말한다.

경계점	필지를 구획하는 선의 굴곡점으로서 지적도나 임야도에 도해(圖解) 형태로 등록하거나 경계점좌표등록부에 좌표 형태로 등록하는 점을 말한다.
토지의 이동	토지의 표시를 새로 정하거나 변경 또는 말소하는 것을 말한다.
신규 등록	새로 조성된 토지와 지적공부에 등록되어 있지 아니한 토지를 지적공부에 등록하는 것을 말한다.
등록 전환	임야대장 및 임야도에 등록된 토지를 토지대장 및 지적도에 옮겨 등록하는 것을 말한다.
분할	지적공부에 등록된 1필지를 2필지 이상으로 나누어 등록하는 것을 말한다.
합병	지적공부에 등록된 2필지 이상을 1필지로 합하여 등록하는 것을 말한다.
지목 변경	지적공부에 등록된 지목을 다른 지목으로 바꾸어 등록하는 것을 말한다.
축척 변경	지적도에 등록된 경계점의 정밀도를 높이기 위하여 작은 축척을 큰 축척으로 변경하여 등록하는 것을 말한다.
지적측량	토지를 지적공부에 등록하거나 지적공부에 등록된 경계점을 지상에 복원하기 위하여 제21호("필지"란 대통령령으로 정하는 바에 따라 구획되는 토지의 등록 단위를 말한다)에 따른 필지의 경계 또는 좌표와 면적을 정하는 측량을 말하며, 지적확정측량 및 지적재조사측량을 포함한다.
지적확정측량	「공간정보의 구축 및 관리 등에 관한 법률」 제86조제1항(「도시개발법」에 따른 도시개발사업, 「농어촌정비법」에 따른 농어촌정비사업, 그 밖에 대통령령으로 정하는 토지개발사업)에 따른 사업이 끝나 토지의 표시를 새로 정하기 위하여 실시하는 지적측량을 말한다.
지적재조사측량	「지적재조사에 관한 특별법」에 따른 지적재조사사업에 따라 토지의 표시를 새로 정하기 위하여 실시하는 지적측량을 말한다.
측량기준점	측량의 정확도를 확보하고 효율성을 높이기 위하여 특정 지점을 측량기준에 따라 측정하고 좌표 등으로 표시하여 측량 시에 기준으로 사용되는 점을 말한다.
국가기준점	측량의 정확도를 확보하고 효율성을 높이기 위하여 국토교통부장관이 전 국토를 대상으로 주요 지점마다 정한 측량의 기본이 되는 측량기준점
우주측지기준점	국가측지기준계를 정립하기 위하여 전 세계 초장거리간섭계와 연결하여 정한 기준점
위성기준점	지리학적 경위도, 직각좌표 및 지구 중심 직교좌표의 측정 기준으로 사용하기 위하여 대한민국 경위도원점을 기초로 정한 기준점
통합기준점	지리학적 경위도, 직각좌표, 지구 중심 직교좌표, 높이 및 중력 측정의 기준으로 사용하기 위하여 위성기준점, 수준점 및 중력점을 기초로 정한 기준점
중력점	중력 측정의 기준으로 사용하기 위하여 정한 기준점
지자기점 (地磁氣點)	지구자기 측정의 기준으로 사용하기 위하여 정한 기준점
수준점	높이 측정의 기준으로 사용하기 위하여 대한민국 수준원점을 기초로 정한 기준점
영해기준점	우리나라의 영해를 획정(劃定)하기 위하여 정한 기준점 〈삭제 2021.2.9.〉
수로기준점	수로조사 시 해양에서의 수평 위치와 높이, 수심 측정 및 해안선 결정 기준으로 사용하기 위하여 위성기준점과 기본수준면을 기초로 정한 기준점으로서 수로측량기준점, 기본수준점, 해안선기준점으로 구분한다. 〈삭제 2021.2.9.〉
삼각점	지리학적 경위도, 직각좌표 및 지구중심 직교좌표 측정의 기준으로 사용하기 위하여 위성기준점 및 통합기준점을 기초로 정한 기준점

공공기준점	「공간정보의 구축 및 관리 등에 관한 법률」 제17조제2항에 따른 공공측량 시행자가 공공측량을 정확하고 효율적으로 시행하기 위하여 국가기준점을 기준으로 하여 따로 정하는 측량기준점
공공삼각점	공공측량 시 수평 위치의 기준으로 사용하기 위하여 국가기준점을 기초로 하여 정한 기준점
공공수준점	공공측량 시 높이의 기준으로 사용하기 위하여 국가기준점을 기초로 하여 정한 기준점
지적기준점	특별시장·광역시장·특별자치시장·도지사 또는 특별자치도지사(이하 "시·도지사"라 한다)나 지적소관청이 지적측량을 정확하고 효율적으로 시행하기 위하여 국가기준점을 기준으로 하여 따로 정하는 측량기준점
지적삼각점 (地籍三角點)	지적측량 시 수평 위치 측량의 기준으로 사용하기 위하여 국가기준점을 기준으로 하여 정한 기준점
지적삼각 보조점	지적측량 시 수평 위치 측량의 기준으로 사용하기 위하여 국가기준점과 지적삼각점을 기준으로 하여 정한 기준점
지적도근점 (地籍圖根點)	지적측량 시 필지에 대한 수평 위치 측량 기준으로 사용하기 위하여 국가기준점, 지적삼각점, 지적삼각보조점 및 다른 지적도근점을 기초로 하여 정한 기준점

공간정보의 구축 및 관리 등에 관한 법률	
목적	이 법은 측량의 기준 및 절차와 지적공부(地籍公簿)·부동산종합공부(不動産綜合公簿)의 작성 및 관리 등에 관한 사항을 규정함으로써 국토의 효율적 관리 및 국민의 소유권 보호에 기여함을 목적으로 한다.
측량학	지구 및 우주공간에 존재하는 재점 간의 상호 위치관계와 그 특성을 해석하는 것으로서 위치 결정, 도면화와 도형해석, 생활공간의 개발과 유지관리에 필요한 자료제공, 정보체계의 정량화, 자연환경 친화를 위한 경관의 관측 및 평가 등을 통하여 쾌적한 생활환경의 창출에 기여하는 학문
측지학 (Geodesy)	지구 내부의 특성, 지구의 형상 및 운동을 결정하는 측량과 지구 표면상에 있는 모든 점들 간의 상호 위치관계를 산정하는 측량의 가장 기본적인 학문이다. 측지학은 측지학적 3차원 위치 결정, 길이 및 시간의 결정, 수평위치 결정, 높이의 결정, 지도 제작, 면적 및 체적측량, 천문, 위성·해양·사진측량 등을 수행하는 기하학적 측지학, 지구의 형상해석, 지구의 극운동 및 자전운동, 지각변동 및 균형, 지구의 열측정, 대륙의 부동, 해양의 조류, 지구조석·중력, 지자기·탄성파측량 등의 측량을 수행하는 물리학적 측지학으로 대별된다. Geodesy의 geo는 지구 또는 대지, desy는 분할을 의미한다.
측량	공간상에 존재하는 일정한 점들의 위치를 측정하고 그 특성을 조사하여 도면 및 수치로 표현하거나 도면상의 위치를 현지(現地)에 재현하는 것을 말하며, 측량용 사진의 촬영, 지도의 제작 및 각종 건설사업에서 요구하는 도면 작성 등을 포함한다.
기본측량	모든 측량의 기초가 되는 공간정보를 제공하기 위하여 국토교통부장관이 실시하는 측량을 말한다.
공공측량	다음 각 목의 측량을 말한다. 가. 국가, 지방자치단체, 그 밖에 대통령령으로 정하는 기관이 관계 법령에 따른 사업 등을 시행하기 위하여 기본측량을 기초로 실시하는 측량 나. 가목 외의 자가 시행하는 측량 중 공공의 이해 또는 안전과 밀접한 관련이 있는 측량으로서 대통령령으로 정하는 측량

지적측량	토지를 지적공부에 등록하거나 지적공부에 등록된 경계점을 지상에 복원하기 위하여 제21 호("필지"란 대통령령으로 정하는 바에 따라 구획되는 토지의 등록단위를 말한다)에 따른 필지의 경계 또는 좌표와 면적을 정하는 측량을 말하며, 지적확정측량 및 지적재조사측량을 포함한다.
지적확정측량	제86조제1항(「도시개발법」에 따른 도시개발사업, 「농어촌정비법」에 따른 농어촌정비사업, 그 밖에 대통령령으로 정하는 토지개발사업)에 따른 사업이 끝나 토지의 표시를 새로 정하기 위하여 실시하는 지적측량을 말한다.
지적재조사 측량	「지적재조사에 관한 특별법」에 따른 지적재조사사업에 따라 토지의 표시를 새로 정하기 위하여 실시하는 지적측량을 말한다.
수로측량	해양의 수심 · 지구자기(地球磁氣) · 중력 · 지형 · 지질의 측량과 해안선 및 이에 딸린 토지의 측량을 말한다. 〈삭제 2020.2.18.〉
일반측량	기본측량, 공공측량, 지적측량 외의 측량을 말한다.
측량기준점	측량의 정확도를 확보하고 효율성을 높이기 위하여 특정 지점을 측량기준에 따라 측정하고 좌표 등으로 표시하여 측량 시에 기준으로 사용되는 점을 말한다.
측량기준 (법 제6조)	① 측량의 기준은 다음 각 호와 같다. 1. 위치는 세계측지계(世界測地系)에 따라 측정한 지리학적 경위도와 높이(평균해수면으로부터의 높이를 말한다. 이하 이 항에서 같다)로 표시한다. 다만, 지도 제작 등을 위하여 필요한 경우에는 직각좌표와 높이, 극좌표와 높이, 지구 중심 직교좌표 및 그 밖의 다른 좌표로 표시할 수 있다. 2. 측량의 원점은 대한민국 경위도원점(經緯度原點) 및 수준원점(水準原點)으로 한다. 다만, 섬 등 대통령령으로 정하는 지역에 대하여는 국토교통부장관이 따로 정하여 고시하는 원점을 사용할 수 있다. 3. 수로조사에서 간출지(干出地)의 높이와 수심은 기본수준면(일정 기간 조석을 관측하여 분석한 결과 가장 낮은 해수면)을 기준으로 측량한다. 〈삭제 2020.2.18.〉 4. 해안선은 해수면이 약최고고조면(일정 기간 조석을 관측하여 분석한 결과 가장 높은 해수면)에 이르렀을 때의 육지와 해수면과의 경계로 표시한다. 〈삭제 2020.2.18.〉 ② 해양수산부장관은 수로조사와 관련된 평균해수면, 기본수준면 및 약최고고조면에 관한 사항을 정하여 고시하여야 한다. 〈삭제 2020.2.18.〉 ③ 제1항에 따른 세계측지계, 측량의 원점 값의 결정 및 직각좌표의 기준 등에 필요한 사항은 대통령령으로 정한다.
세계측지계 등 (영 제7조)	① 법 제6조제1항에 따른 세계측지계(世界測地系)는 지구를 편평한 회전타원체로 상정하여 실시하는 위치측정의 기준으로서 다음 각 호의 요건을 갖춘 것을 말한다. 1. 회전타원체의 긴반지름 및 편평률(扁平率)은 다음 각 목과 같을 것 　가. 긴반지름 : 6,378,137미터 　나. 편평률 : 298.257222101분의 1 2. 회전타원체의 중심이 지구의 질량 중심과 일치할 것 3. 회전타원체의 단축(短軸)이 지구의 자전축과 일치할 것 **암기** 장거리 육상선수가 칠판에 "일상생활은 치욕스럽다"라고 썼다. 장반경 6 3　　7 8　1 3　　7 편평한 머리에 이구 빨리 오치동으로 둘둘 걸어갔는데 101등 했다. 편평률　　2 9 8 2 . 5 7　　222　　101

경위도원점 (經緯度原點)	② 법 제6조제1항에 따른 대한민국 경위도원점(經緯度原點) 및 수준원점(水準原點)의 지점과 그 수치는 다음 각 호와 같다. 　1. 대한민국 경위도원점 　　가. 지점 : 경기도 수원시 영통구 월드컵로 92(국토지리정보원에 있는 대한민국 경위도원점 금속표의 십자선 교점) 　　나. 수치 　　　1) 경도 : 동경 127도 03분 14.8913초 　　　2) 위도 : 북위 37도 16분 33.3659초 　　　3) 원방위각 : 165도 03분 44.538초(원점으로부터 진북을 기준으로 오른쪽 방향으로 측정한 우주측지관측센터에 있는 위성기준점 안테나 참조점 중앙) **암기** 한번 미친 영삼이가 분배할때 하나사고 팔고하니 결국은 하나 마날세 1　2 7 0 3　분　　1 4　8 9　　　1　3 삼치도 하나유 3도 3개유　돈 벌러 오구질이나 하러 가자. 3 7 도 1 6　　3 3 3 6　　　5 9 한번에 65도로 3번 도는 데 44.538초 걸린다. 165도 03분 44.538초(원점으로부터 진북을 기준으로 오른쪽 방향으로 측정한 우주측지관측센터에 있는 위성기준점 안테나 참조점 중앙)
수준원점 (水準原點)	2. 대한민국 수준원점 　가. 지점 : 인천광역시 남구 인하로 100(인하공업전문대학에 있는 원점표석 수정판의 영 눈금선 중앙점 　나. 수치 : 인천만 평균해수면상의 높이로부터 26.6871m 높이 ③ 법 제6조제1항에 따른 직각좌표의 기준은 별표 2와 같다.
측량성과	측량을 통하여 얻은 최종 결과를 말한다.
측량기록	측량성과를 얻을 때까지의 측량에 관한 작업의 기록을 말한다.
지도	측량 결과에 따라 공간상의 위치와 지형 및 지명 등 여러 공간정보를 일정한 축척에 따라 기호나 문자 등으로 표시한 것을 말하며, 정보처리시스템을 이용하여 분석, 편집 및 입력·출력할 수 있도록 제작된 수치지형도[항공기나 인공위성 등을 통하여 얻은 영상정보를 이용하여 제작하는 정사영상지도(正射映像地圖)를 포함한다]와 이를 이용하여 특정한 주제에 관하여 제작된 지하시설물도·토지이용현황도 등 대통령령으로 정하는 수치주제도(數値主題圖)를 포함한다.
수치주제도	1. ㉤지이용현황도　　　2. ㉣하시설물도　　　3. ㉤시계획도 4. ㉥토이용계획도　　　5. ㉤지적성도　　　6. ㉤로망도 7. ㉣하수맥도　　　8. ㉬천현황도　　　9. ㉗계도 10. ㉛림이용기본도　　11. ㉚연공원현황도　　12. ㉻태·자연도 13. ㉠질도　　　14. ㉤양도　　　15. ㉖상도 16. ㉤지피복지도　　　17. ㉛생도　　　18. ㉞광지도 19. ㉟수해보험관리지도　　20. ㉭해지도　　　21. ㉧정구역도 22. 제1호부터 제21호까지에 규정된 것과 유사한 수치주제도 중 관련 법령상 정보유통 및 활용을 위하여 정확도의 확보가 필수적이거나 공공목적상 정확도의 확보가 필수적인 것으로서 국토교통부장관이 정하여 고시하는 수치주제도

지적소관청	지적공부를 관리하는 특별자치시장, 시장(「제주특별자치도 설치 및 국제자유도시 조성을 위한 특별법」 제15조제2항에 따른 행정시의 시장을 포함하며, 「지방자치법」 제3조제3항에 따라 자치구가 아닌 구를 두는 시의 시장은 제외한다) · 군수 또는 구청장(자치구가 아닌 구의 구청장을 포함한다)을 말한다.
시 · 도지사	특별시장 · 광역시장 · 특별자치시장 · 도지사 · 특별자치도지사(이하 "시 · 도지사"라 한다)
지적공부	토지대장, 임야대장, 공유지연명부, 대지권등록부, 지적도, 임야도 및 경계점좌표등록부 등 지적측량 등을 통하여 조사된 토지의 표시와 해당 토지의 소유자 등을 기록한 대장 및 도면(정보처리시스템을 통하여 기록 · 저장된 것을 포함한다)을 말한다.
연속지적도	지적측량을 하지 아니하고 전산화된 지적도 및 임야도 파일을 이용하여, 도면상 경계점들을 연결하여 작성한 도면으로서 측량에 활용할 수 없는 도면을 말한다.
부동산종합공부	토지의 표시와 소유자에 관한 사항, 건축물의 표시와 소유자에 관한 사항, 토지의 이용 및 규제에 관한 사항, 부동산의 가격에 관한 사항 등 부동산에 관한 종합정보를 정보관리체계를 통하여 기록 · 저장한 것을 말한다.
토지의 표시	지적공부에 토지의 소재 · 지번(地番) · 지목(地目) · 면적 · 경계 또는 좌표를 등록한 것을 말한다.
지번	필지에 부여하여 지적공부에 등록한 번호를 말한다.
지목	토지의 주된 용도에 따라 토지의 종류를 구분하여 지적공부에 등록한 것을 말한다.
면적	지적공부에 등록한 필지의 수평면상 넓이를 말한다.
경계	필지별로 경계점들을 직선으로 연결하여 지적공부에 등록한 선을 말한다.
좌표	지적측량기준점 또는 경계점의 위치를 평면직각종횡선수치로 표시한 것을 말한다.
필지	대통령령으로 정하는 바에 따라 구획되는 토지의 등록 단위를 말한다.
지번 부여 지역	지번을 부여하는 단위 지역으로서 동 · 리 또는 이에 준하는 지역을 말한다.
경계점	필지를 구획하는 선의 굴곡점으로서 지적도나 임야도에 도해(圖解) 형태로 등록하거나 경계점좌표등록부에 좌표 형태로 등록하는 점을 말한다.
토지의 이동	토지의 표시를 새로 정하거나 변경 또는 말소하는 것을 말한다.
신규 등록	새로 조성된 토지와 지적공부에 등록되어 있지 아니한 토지를 지적공부에 등록하는 것을 말한다.
등록 전환	임야대장 및 임야도에 등록된 토지를 토지대장 및 지적도에 옮겨 등록하는 것을 말한다.
분할	지적공부에 등록된 1필지를 2필지 이상으로 나누어 등록하는 것을 말한다.
합병	지적공부에 등록된 2필지 이상을 1필지로 합하여 등록하는 것을 말한다.
지목 변경	지적공부에 등록된 지목을 다른 지목으로 바꾸어 등록하는 것을 말한다.
축척 변경	지적도에 등록된 경계점의 정밀도를 높이기 위하여 작은 축척을 큰 축척으로 변경하여 등록하는 것을 말한다.

국가공간정보 기본법	
목적	이 법은 국가공간정보체계의 효율적인 구축과 종합적 활용 및 관리에 관한 사항을 규정함으로써 국토 및 자원을 합리적으로 이용하여 국민경제의 발전에 이바지함을 목적으로 한다.
공간정보	지상·지하·수상·수중 등 공간상에 존재하는 자연적 또는 인공적인 객체에 대한 위치정보 및 이와 관련된 공간적 인지 및 의사결정에 필요한 정보를 말한다.
기본공간정보 **암기** 경지해지건 기지사수입상	국토교통부장관은 행정 **경**계·도로 또는 철도의 **경**계·하천**경**계·**지**형·**해**안선·**지**적, **건**물 등 인공구조물의 공간정보, 그 밖에 대통령령으로 정하는 주요 공간정보를 기본공간정보로 선정하여 관계 중앙행정기관의 장과 협의한 후 이를 관보에 고시하여야 한다. 1. **기**준점(「공간정보의 구축 및 관리 등에 관한 법률」 제8조제1항에 따른 측량기준점표지를 말한다) 2. **지**명 3. 정**사**영상[항공사진 또는 인공위성의 영상을 지도와 같은 정사투영법(正射投影法)으로 제작한 영상을 말한다] 4. **수**치표고 모형[지표면의 표고(標高)를 일정간격 격자마다 수치로 기록한 표고모형을 말한다] 5. 공간정보 **입**체모형(지상에 존재하는 인공적인 객체의 외형에 관한 위치정보를 현실과 유사하게 입체적으로 표현한 정보를 말한다) 6. **실**내공간정보(지상 또는 지하에 존재하는 건물 등 인공구조물의 내부에 관한 공간정보를 말한다) 7. 그 밖에 위원회의 심의를 거쳐 국토교통부장관이 정하는 공간정보
기본지리정보 **암기** 정통물지형 해수준공	GIS 체계는 다양한 분야에서 다양한 형태로 활용되지만 공통적인 기본 자료로 이용되는 지리정보는 거의 비슷하다. 이처럼 다양한 분야에서 공통적으로 사용하는 지리정보를 기본지리정보라고 한다. 그 범위 및 대상은 「국가지리정보체계의 구축 및 활용 등에 관한 법률 시행령」에서 행**정**구역, 교**통**, 시설**물**, **지**적, 지**형**, **해**양 및 **수**자원, 측량기**준**점, 위성영상 및 항**공**사진으로 정하고 있다. 2차 국가 GIS 계획에서 기본지리정보 구축을 위한 중점 추진 과제는 국가기준점 체계 정비, 기본지리정보 구축 시범사업, 기본지리정보 데이터베이스 구축이다. 1. 행**정**구역 : 행정구역 경계 2. 교**통** : 철도중심선, 철도경계, 도로중심선, 도로경계 3. 시설**물** : 건물, 문화재 4. **지**적 : 지적 5. 지**형** : 등고선 또는 DEM/TIN 6. **해**양 및 **수**자원 : 하천경계, 하천중심선, 유역경계, 호수/저수지, 해안선 7. 측량기**준**점 : 측량기준점 8. 위성영상 및 항**공**사진 : Raster, 기준점
공간정보 데이터베이스	공간정보를 체계적으로 정리하여 사용자가 검색하고 활용할 수 있도록 가공한 정보의 집합체를 말한다.
공간정보체계	공간정보를 효과적으로 수집·저장·가공·분석·표현할 수 있도록 서로 유기적으로 연계된 컴퓨터의 하드웨어, 소프트웨어, 데이터베이스 및 인적자원의 결합체를 말한다.

관리기관	공간정보를 생산하거나 관리하는 중앙행정기관, 지방자치단체, 「공공기관의 운영에 관한 법률」 제4조에 따른 공공기관(이하 "공공기관"이라 한다), 그 밖에 대통령령으로 정하는 민간기관을 말한다.
민간기관의 범위	「국가공간정보 기본법」(이하 "법"이라 한다) 제2조제4호에서 "대통령령으로 정하는 민간기관"이란 다음 각 호의 자 중에서 국토교통부장관이 관계 중앙행정기관의 장과 특별시장·광역시장·특별자치시장·도지사 및 특별자치도지사(이하 "시·도지사"라 한다)와 협의하여 고시하는 자를 말한다. 1. 「전기통신사업법」 제2조제8호에 따른 전기통신사업자로서 같은 법 제6조에 따라 허가를 받은 기간통신사업자 2. 「도시가스사업법」 제2조제2호에 따른 도시가스사업자로서 같은 법 제3조에 따라 허가를 받은 일반도시가스사업자 3. 「송유관 안전관리법」 제2조제3호에 따른 송유관설치자 및 같은 조 제4호에 따른 송유관관리자
국가공간정보 체계	관리기관이 구축 및 관리하는 공간정보체계를 말한다.
국가공간정보 통합체계	제19조제3항의 기본공간정보데이터베이스를 기반으로 국가공간정보체계를 통합 또는 연계하여 국토교통부장관이 구축·운용하는 공간정보체계를 말한다.
기본공간정보의 취득 및 관리 (법 제19조)	① 국토교통부장관은 지형·해안선·행정경계·도로 또는 철도의 경계·하천경계·지적, 건물 등 인공구조물의 공간정보, 그 밖에 대통령령으로 정하는 주요 공간정보를 기본공간정보로 선정하여 관계 중앙행정기관의 장과 협의한 후 이를 관보에 고시하여야 한다. 〈개정 2013.3.23.〉 ② 관계 중앙행정기관의 장은 제1항에 따라 선정·고시된 기본공간정보(이하 "기본공간정보"라 한다)를 대통령령으로 정하는 바에 따라 데이터베이스로 구축하여 관리하여야 한다. ③ 국토교통부장관은 관리기관이 제2항에 따라 구축·관리하는 데이터베이스(이하 "기본공간정보데이터베이스"라 한다)를 통합하여 하나의 데이터베이스로 관리하여야 한다. 〈개정 2013.3.23.〉 ④ 기본공간정보 선정의 기준 및 절차, 기본공간정보데이터베이스의 구축과 관리, 기본공간정보데이터베이스의 통합 관리, 그 밖에 필요한 사항은 대통령령으로 정한다.
공간객체등록번호	공간정보를 효율적으로 관리 및 활용하기 위하여 자연적 또는 인공적 객체에 부여하는 공간정보의 유일식별번호를 말한다.

공간정보산업 진흥법	
목적	이 법은 공간정보산업의 경쟁력을 강화하고 그 진흥을 도모하여 국민경제의 발전과 국민의 삶의 질 향상에 이바지함을 목적으로 한다.
공간정보	지상·지하·수상·수중 등 공간상에 존재하는 자연 또는 인공적인 객체에 대한 위치정보 및 이와 관련된 공간적 인지와 의사결정에 필요한 정보를 말한다.
공간정보산업	공간정보를 생산·관리·가공·유통하거나 다른 산업과 융·복합하여 시스템을 구축하거나 서비스 등을 제공하는 산업을 말한다.

공간정보사업	공간정보산업에 속하는 다음 각 목의 사업을 말한다. 가. 「공간정보의 구축 및 관리 등에 관한 법률」 제44조에 따른 측량업 및 같은 법 제54조에 따른 수로사업 나. 위성영상을 공간정보로 활용하는 사업 다. 위성측위 등 위치결정 관련 장비산업 및 위치기반 서비스업 라. 공간정보의 생산ㆍ관리ㆍ가공ㆍ유통을 위한 소프트웨어의 개발ㆍ유지관리 및 용역업 마. 공간정보시스템의 설치 및 활용업 바. 공간정보 관련 교육 및 상담업 사. 그 밖에 공간정보를 활용한 사업
측량업 **암기** ㋷㋨㋩㋑㋞㋩ ㋞㋝㋗㋨㋨	1. ㋷지측량업 2. ㋨적측량업 3. 그 밖에 항공촬영, 지도 제작 등 대통령령으로 정하는 업종
	"항공촬영, 지도 제작 등 대통령령으로 정하는 업종"이란 다음 각 호와 같다. 1. ㋞공측량업 2. ㋑반측량업 3. ㋞안조사측량업 4. ㋩공촬영업 5. ㋞간영상도화업 6. ㋞상처리업 7. ㋗치지도제작업 8. ㋨도제작업 9. ㋨하시설물측량업
공간정보사업자	공간정보사업을 영위하는 자를 말한다.
공간정보기술자	「국가기술자격법」 등 관계 법률에 따라 공간정보사업에 관련된 분야의 자격ㆍ학력 또는 경력을 취득한 사람으로서 대통령령으로 정하는 사람을 말한다.
공간정보기술자의 범위	위에서 "대통령령으로 정하는 사람"이란 「공간정보의 구축 및 관리 등에 관한 법률」 제39조 및 제43조에 따른 측량기술자 및 수로기술자(같은 법 제40조 및 제43조에 따라 신고한 측량기술자 및 수로기술자만으로 한정한다)를 말한다.<hr>**제39조(측량기술자)** ① 이 법에서 정하는 측량은 측량기술자가 아니면 할 수 없다. ② 측량기술자는 다음 각 호의 어느 하나에 해당하는 자로서 대통령령으로 정하는 자격기준에 해당하는 자이어야 하며, 대통령령으로 정하는 바에 따라 그 등급을 나눌 수 있다. 　1. 「국가기술자격법」에 따른 측량 및 지형공간정보, 지적, 측량, 지도 제작, 도화(圖畵) 또는 항공사진 분야의 기술자격 취득자 　2. 측량, 지형공간정보, 지적, 지도 제작, 도화 또는 항공사진 분야의 일정한 학력 또는 경력을 가진 자 ③ 측량기술자는 전문분야를 측량분야와 지적분야로 구분한다.
가공공간정보	공간정보를 가공하거나 이에 다른 정보를 추가하는 등의 방법으로 생산된 공간정보를 말한다.
공간정보 등	공간정보 및 이를 기반으로 하는 가공공간정보, 소프트웨어, 기기, 서비스 등을 말한다.

융·복합 공간정보산업		공간정보와 다른 정보·기술 등이 결합하여 새로운 자료·기기·소프트웨어·서비스 등 을 생산하는 산업을 말한다.
공간정보오픈 플랫폼		국가에서 보유하고 있는 공개 가능한 공간정보를 국민이 자유롭게 활용할 수 있도록 다양 한 방법을 제공하는 공간정보체계를 말한다.

지적업무처리규정		
목적		이 규정은 「공간정보의 구축 및 관리 등에 관한 법률」, 같은 법 시행령 및 같은 법 시 행규칙, 「지적측량 시행규칙」에서 위임된 사항과 지적업무의 처리에 관하여 필요한 사항을 규정함을 목적으로 한다.
기지점(既知點)		기초 측량에서는 국가기준점 또는 지적기준점을 말하고, 세부 측량에서는 지적기준점 또는 지적도면상 필지를 구획하는 선의 경계점과 상호 부합되는 지상의 경계점을 말한다.
국가기준점		측량의 정확도를 확보하고 효율성을 높이기 위하여 국토교통부장관이 전 국토를 대상 으로 주요 지점마다 정한 측량의 기본이 되는 측량기준점
암기 ⓤ리가 ⓦ통이 심하면 ⓩ지를 모아 ⓢ영을 ⓢ삼 번 하라.	ⓤ주측지 기준점	국가측지기준계를 정립하기 위하여 전 세계 초장거리간섭계와 연결하여 정한 기준점
	ⓦ성 기준점	지리학적 경위도, 직각좌표 및 지구중심 직교좌표의 측정 기준으로 사용하기 위하여 대한민국 경위도원점을 기준으로 정한 기준점
	ⓣ합 기준점	지리학적 경위도, 직각좌표, 지구중심 직교좌표, 높이 및 중력 측정의 기준으로 사용 하기 위하여 위성기준점, 수준점 및 중력점을 기준으로 정한 기준점
	ⓜ력점	중력 측정의 기준으로 사용하기 위하여 정한 기준점
	ⓩ자기점 (地磁氣點)	지구자기 측정의 기준으로 사용하기 위하여 정한 기준점
	ⓢ준점	높이 측정의 기준으로 사용하기 위하여 대한민국 수준원점을 기준으로 정한 기준점
	ⓔ해 기준점	우리나라의 영해를 획정(劃定)하기 위하여 정한 기준점 〈삭제 2021.2.9.〉
	ⓢ로 기준점	수로 조사 시 해양에서의 수평위치와 높이, 수심 측정 및 해안선 결정 기준으로 사용하기 위하여 위성기준점과 법 제6조제1항제3호의 기본수준면을 기준으로 정한 기준점으로서 ⓢ로측량기준점, ⓖ본수준점, ⓗ안선기준점으로 구분한다. 〈삭제 2021.2.9.〉
	ⓢ각점	지리학적 경위도, 직각좌표 및 지구중심 직교좌표 측정의 기준으로 사용하기 위하여 위성기준점 및 통합기준점을 기준으로 정한 기준점

공공기준점		제17조제2항에 따른 공공측량 시행자가 공공측량을 정확하고 효율적으로 시행하기 위하여 국가기준점을 기준으로 하여 따로 정하는 측량기준점
	공공삼각점	공공측량 시 수평 위치의 기준으로 사용하기 위하여 국가기준점을 기초로 하여 정한 기준점
	공공수준점	공공측량 시 높이의 기준으로 사용하기 위하여 국가기준점을 기초로 하여 정한 기준점
지적기준점		특별시장·광역시장·특별자치시장·도지사 또는 특별자치도지사(이하 "시·도지사"라 한다)나 지적소관청이 지적측량을 정확하고 효율적으로 시행하기 위하여 국가기준점을 기준으로 하여 따로 정하는 측량기준점
	지적삼각점 (地籍三角點)	지적측량 시 수평 위치 측량의 기준으로 사용하기 위하여 국가기준점을 기준으로 하여 정한 기준점
	지적삼각보조점	지적측량 시 수평 위치 측량의 기준으로 사용하기 위하여 국가기준점과 지적삼각점을 기준으로 하여 정한 기준점
	지적도근점 (地籍圖根點)	지적측량 시 필지에 대한 수평 위치 측량 기준으로 사용하기 위하여 국가기준점, 지적삼각점, 지적삼각보조점 및 다른 지적도근점을 기초로 하여 정한 기준점
기지경계선 (既知境界線)		세부 측량 성과를 결정하는 기준이 되는 기지점을 필지별로 직선으로 연결한 선을 말한다.
전자평판측량		토털스테이션과 지적측량 운영 프로그램 등이 설치된 컴퓨터를 연결하여 세부 측량을 수행하는 측량을 말한다.
토털스테이션		경위의 측량 방법에 따른 기초 측량 및 세부 측량에 사용되는 장비를 말한다.
지적측량파일		측량준비파일, 측량현형파일 및 측량성과파일을 말한다.
	측량준비파일	부동산종합공부시스템에서 지적측량 업무를 수행하기 위하여 도면 및 대장속성 정보를 추출한 파일을 말한다.
	측량현형(現形) 파일	전자평판측량 및 위성측량방법으로 관측한 데이터 및 지적측량에 필요한 각종 정보가 들어있는 파일을 말한다.
	측량성과파일	전자평판측량 및 위성측량방법으로 관측 후 지적측량정보를 처리할 수 있는 시스템에 따라 작성된 측량결과도파일과 토지이동정리를 위한 지번, 지목 및 경계점의 좌표가 포함된 파일을 말한다.
측량부		기초측량 또는 세부측량성과를 결정하기 위하여 사용한 관측부, 계산부 등 이에 수반되는 기록을 말한다.

지적업무처리규정					
	지적삼각점측량부		지적삼각보조점측량부		지적도근점측량부	경계점좌표측량부
	기지점방위각 및 거리계산부		기지점방위각 및 거리계산부		기지점방위각 및 거리계산부	기지점방위각 및 거리계산부
측량부의 작성 및 보관 (제8조)	수평각	관측부	수평각	관측부		
		개정계산부		개정계산부		
		측점귀심 계산부		측점귀심 계산부		
		점표귀심 계산부		점표귀심 계산부		
	거리측정부		거리측정부			
	평면거리계산부		평면거리계산부			
	삼각형내각계산부		삼각형내각계산부			
	연직각관측부		연직각관측부			
	표고계산부		표고계산부			
	유심 다각망	조정계산부				
	삽입망					
	사각망					
	삼각쇄					
	삼각망					
	변장계산부					
	종횡선계산부					
	좌표전환계산부 및 지형도에 작성한 지적삼각점망도					
			지적삼각보조점방위각 계산부			
			교회점계산부		교회점계산부	교회점계산부
			교점다각망계산부 (X·Y·H·A형 포함)		교점다각망계산부 (X·Y·H·A형 포함)	교점다각망계산부 (X·Y·H·A형 포함)
			다각점좌표계산부 및 지형도에 작성한 지적삼각보조점망도			
					방위각관측 및 거리측정부	방위각관측 및 거리측정부

측량부의 작성 및 보관 (제8조			지적도근측량계산부 및 그 지역의 일람도 축척으로 작성된 지적도근점망도	지적도근측량계산부 및 그 지역의 일람도 축척으로 작성된 지적도근점망도
				경계점관측부
				좌표면적계산부
				경계점 간 거리계산부
				교차점계산부

① 시·도지사 및 지적소관청은 별지 제1호 서식의 기준점측량부보관대장을 작성·비치하고, 측량부에 관한 사항을 기재하여야 한다.

② 시·도지사 및 지적소관청은 측량성과를 검사한 후 지적삼각점측량부·지적삼각보조점측량부·지적도근 점측량부 및 경계점좌표측량부(지적확정측량만 해당한다) 왼쪽 윗부분 여백에 연도별 일련번호를 아라비 아숫자로 부여하여 그 측량성과검사부와 함께 편철하여 보관하여야 한다. 이 경우 연도별 일련번호는 지적 삼각점측량부는 시·도지사가, 그 밖의 측량부는 지적소관청이 부여한다.

지적재조사측량규정	
지적재조사에 관한 특별법의 목적	「지적재조사에 관한 특별법」은 토지의 실제 현황과 일치하지 아니하는 지적공부(地籍公簿)의 등록사항을 바로잡고 종이에 구현된 지적(地籍)을 디지털 지적으로 전환함으로써 국토를 효율적으로 관리함과 아울러 국민의 재산권 보호에 기여함을 목적으로 한다.
지적재조사 측량규정의 목적	이 규정은 「지적재조사에 관한 특별법」 제11조 및 같은 법 시행규칙 제5조에서 국토교통부장관에게 위임한 사항과 그 시행에 필요한 세부적인 절차를 정함을 목적으로 한다.
지적재조사측량 (법 제11조)	① 지적재조사측량은 「공간정보의 구축 및 관리 등에 관한 법률」 제2조제4호의 지적측량으로 한다. 이 경우 성과의 검사와 관련된 사항은 「공간정보의 구축 및 관리 등에 관한 법률」 제25조를 준용한다. **법률 제25조(지적측량성과의 검사)** ① 지적측량수행자가 제23조에 따라 지적측량을 하였으면 시·도지사, 대도시 시장 (「지방자치법」 제175조에 따라 서울특별시·광역시 및 특별자치시를 제외한 인구 50만 이상의 시의 시장을 말한다. 이하 같다) 또는 지적소관청으로부터 측량성과에 대한 검사를 받아야 한다. 다만, 지적공부를 정리하지 아니하는 측량으로서 국토교통부령으로 정하는 측량의 경우에는 그러하지 아니하다. ② 제1항에 따른 지적측량성과의 검사방법 및 검사절차 등에 필요한 사항은 국토교통부령으로 정한다. **법률 제23조(지적측량의 실시 등)** ① 다음 각 호의 어느 하나에 해당하는 경우에는 지적측량을 하여야 한다. 　1. 제7조제1항제3호에 따른 지적기준점을 정하는 경우 　2. 제25조에 따라 지적측량성과를 검사하는 경우 　3. 다음 각 목의 어느 하나에 해당하는 경우로서 측량을 할 필요가 있는 경우 　　가. 제74조에 따라 지적공부를 복구하는 경우 　　나. 제77조에 따라 토지를 신규등록하는 경우 　　다. 제78조에 따라 토지를 등록전환하는 경우 　　라. 제79조에 따라 토지를 분할하는 경우 　　마. 제82조에 따라 바다가 된 토지의 등록을 말소하는 경우 　　바. 제83조에 따라 축척을 변경하는 경우 　　사. 제84조에 따라 지적공부의 등록사항을 정정하는 경우 　　아. 제86조에 따른 도시개발사업 등의 시행지역에서 토지의 이동이 있는 경우 　　자. 「지적재조사에 관한 특별법」에 따른 지적재조사사업에 따라 토지의 이동이 있는 경우 　4. 경계점을 지상에 복원하는 경우 　5. 그 밖에 대통령령으로 정하는 경우 ② 지적측량의 방법 및 절차 등에 필요한 사항은 국토교통부령으로 정한다. ② 지적재조사측량은 「공간정보의 구축 및 관리 등에 관한 법률」 제6조제1항제1호의 측량기준으로 한다. **법률 제6조(측량기준)** ① 측량의 기준은 다음 각 호와 같다. 　1. 위치는 세계측지계(世界測地系)에 따라 측정한 지리학적 경위도와 높이(평균해수면으로부터의 높이를 말한다. 이하 이 항에서 같다)로 표시한다. 다만, 지도제작 등을 위하여 필요한 경우에는 직각좌표와 높이, 극좌표와 높이, 지구중심 직교좌표 및 그 밖의 다른 좌표로 표시할 수 있다. ③ 제1항과 제2항 외에 지적재조사측량의 방법과 절차 등은 국토교통부령으로 정한다.

지적측량	토지를 지적공부에 등록하거나 지적공부에 등록된 경계점을 지상에 복원하기 위하여 제21호("필지"란 대통령령으로 정하는 바에 따라 구획되는 토지의 등록단위를 말한다)에 따른 필지의 경계 또는 좌표와 면적을 정하는 측량을 말하며, 지적확정측량 및 지적재조사측량을 포함한다.
지적확정측량	「공간정보의 구축 및 관리 등에 관한 법률」 제86조제1항(「도시개발법」에 따른 도시개발사업, 「농어촌정비법」에 따른 농어촌정비사업, 그 밖에 대통령령으로 정하는 토지개발사업)에 따른 사업이 끝나 토지의 표시를 새로 정하기 위하여 실시하는 지적측량을 말한다.
지적재조사측량	「지적재조사에 관한 특별법」에 따른 지적재조사사업에 따라 토지의 표시를 새로 정하기 위하여 실시하는 지적측량을 말한다.
지적재조사측량 (규칙 제5조)	① 지적재조사측량은 지적기준점을 정하기 위한 기초측량과 일필지의 경계와 면적을 정하는 세부측량으로 구분한다. ② 기초측량과 세부측량은 「공간정보의 구축 및 관리 등에 관한 법률 시행령」 제8조제1항에 따른 국가기준점 및 지적기준점을 기준으로 측정하여야 한다. ③ 기초측량은 위성측량 및 토털스테이션측량의 방법으로 한다. ④ 세부측량은 위성측량, 토털스테이션측량 및 항공사진측량 등의 방법으로 한다. ⑤ 제1항부터 제4항까지에서 규정한 사항 외에 지적재조사측량의 기준, 방법 및 절차 등에 관하여 필요한 사항은 국토교통부장관이 정하여 고시한다.
측량기준점 (법 제7조)	① 측량기준점은 다음 각 호의 구분에 따른다. 　1. 국가기준점 : 측량의 정확도를 확보하고 효율성을 높이기 위하여 국토교통부장관 및 해양수산부장관이 전 국토를 대상으로 주요 지점마다 정한 측량의 기본이 되는 측량기준점 　2. 공공기준점 : 제17조제2항에 따른 공공측량시행자가 공공측량을 정확하고 효율적으로 시행하기 위하여 국가기준점을 기준으로 하여 따로 정하는 측량기준점 　3. 지적기준점 : 특별시장·광역시장·특별자치시장·도지사 또는 특별자치도지사(이하 "시·도지사"라 한다)나 지적소관청이 지적측량을 정확하고 효율적으로 시행하기 위하여 국가기준점을 기준으로 하여 따로 정하는 측량기준점
국가기준점	측량의 정확도를 확보하고 효율성을 높이기 위하여 국토교통부장관 및 해양수산부장관이 전 국토를 대상으로 주요 지점마다 정한 측량의 기본이 되는 측량기준점
㉱측지기준점	국가측지기준계를 정립하기 위하여 전 세계 초장거리간섭계와 연결하여 정한 기준점
㉞성기준점	지리학적 경위도, 직각좌표 및 지구 중심 직교좌표의 측정 기준으로 사용하기 위하여 대한민국 경위도원점을 기초로 정한 기준점
㉫합기준점	지리학적 경위도, 직각좌표, 지구 중심 직교좌표, 높이 및 중력 측정의 기준으로 사용하기 위하여 위성기준점, 수준점 및 중력점을 기초로 정한 기준점
㉣력점	중력 측정의 기준으로 사용하기 위하여 정한 기준점
㉩자기점 (地磁氣點)	지구자기 측정의 기준으로 사용하기 위하여 정한 기준점
㉢준점	높이 측정의 기준으로 사용하기 위하여 대한민국 수준원점을 기초로 정한 기준점
㉨해기준점	우리나라의 영해를 획정(劃定)하기 위하여 정한 기준점 〈삭제 2021.2.9.〉
㉢로기준점	수로조사 시 해양에서의 수평 위치와 높이, 수심 측정 및 해안선 결정 기준으로 사용하기 위하여 위성기준점과 법 제6조 제1항 제3호의 기본수준면을 기초로 정한 기준점으로서 ㉢로측량기준점, ㉭본수준점, ㉭안선기준점으로 구분한다. 〈삭제 2021.2.9.〉
㉤각점	지리학적 경위도, 직각좌표 및 지구중심 직교좌표 측정의 기준으로 사용하기 위하여 위성기준점 및 통합기준점을 기초로 정한 기준점

공공기준점	제17조제2항에 따른 공공측량 시행자가 공공측량을 정확하고 효율적으로 시행하기 위하여 국가기준점을 기준으로 하여 따로 정하는 측량기준점
공공삼각점	공공측량 시 수평 위치의 기준으로 사용하기 위하여 국가기준점을 기초로 하여 정한 기준점
공공수준점	공공측량 시 높이의 기준으로 사용하기 위하여 국가기준점을 기초로 하여 정한 기준점
지적기준점	특별시장·광역시장·특별자치시장·도지사 또는 특별자치도지사(이하 "시·도지사"라 한다)나 지적소관청이 지적측량을 정확하고 효율적으로 시행하기 위하여 국가기준점을 기준으로 하여 따로 정하는 측량기준점
지적삼각점 (地籍三角點)	지적측량 시 수평 위치 측량의 기준으로 사용하기 위하여 국가기준점을 기준으로 하여 정한 기준점
지적삼각 보조점	지적측량 시 수평 위치 측량의 기준으로 사용하기 위하여 국가기준점과 지적삼각점을 기준으로 하여 정한 기준점
지적도근점 (地籍圖根點)	지적측량 시 필지에 대한 수평 위치 측량 기준으로 사용하기 위하여 국가기준점, 지적삼각점, 지적삼각보조점 및 다른 지적도근점을 기초로 하여 정한 기준점
지적재조사사업	「지적재조사에 관한 특별법」(이하 "법"이라 한다) 제2조제2호에 따른 국가사업을 말한다. **법률 제2조제2호** "지적재조사사업"이란 「공간정보의 구축 및 관리 등에 관한 법률」 제71조(토지대장 등의 등록사항), 제72조(지적도 등의 등록사항), 제73조(경계점좌표등록부의 등록사항)의 규정에 따른 지적공부의 등록사항을 조사·측량하여 기존의 지적공부를 디지털에 의한 새로운 지적공부로 대체함과 동시에 지적공부의 등록사항이 토지의 실제 현황과 일치하지 아니하는 경우 이를 바로 잡기 위하여 실시하는 국가사업을 말한다.
지적재조사측량	지적재조사사업을 시행하기 위하여 법 제7조 및 제8조에 따라 지정·고시된 지적재조사지구에서 실시하는 측량을 말한다.

지적재조사지구
의 지정
(법 제7조)
	① 지적소관청은 실시계획을 수립하여 시·도지사에게 지적재조사지구 지정 신청을 하여야 한다.
	② 지적소관청이 시·도지사에게 지적재조사지구 지정을 신청하고자 할 때에는 다음 각 호의 사항을 고려하여 지적재조사지구 토지소유자 총수의 3분의 2 이상과 토지면적 3분의 2 이상에 해당하는 토지소유자의 동의를 받아야 한다.
	
	  1. 지적공부의 등록사항과 토지의 실제 현황이 다른 정도가 심하여 주민의 불편이 많은 지역인지 여부
	  2. 사업시행이 용이한지 여부
	  3. 사업시행의 효과 여부
	
	③ 제2항에도 불구하고 지적소관청은 지적재조사지구에 제13조에 따른 토지소유자협의회(이하 "토지소유자협의회"라 한다)가 구성되어 있고 토지소유자 총수의 4분의 3 이상의 동의가 있는 지구에 대하여는 우선하여 지적재조사지구로 지정을 신청할 수 있다.
	④ 지적소관청은 지적재조사지구 지정을 신청하고자 할 때에는 실시계획 수립 내용을 주민에게 서면으로 통보한 후 주민설명회를 개최하고 실시계획을 30일 이상 주민에게 공람하여야 한다. 〈삭제 2020.12.22.〉
	⑤ 지적재조사지구에 있는 토지소유자와 이해관계인은 제4항에 따른 공람기간 안에 지적소관청에 의견을 제출할 수 있으며, 지적소관청은 제출된 의견이 타당하다고 인정할 때에는 이를 반영하여야 한다. 〈삭제 2020.12.22.〉
	⑥ 시·도지사는 지적재조사지구를 지정할 때에는 대통령령으로 정하는 바에 따라 제29조에 따른 시·도 지적재조사위원회의 심의를 거쳐야 한다.
	⑦ 제1항부터 제3항까지, 제6항 및 제6조제2항부터 제4항까지의 규정은 지적재조사지구를 변경할 때에도 적용한다. 다만, 대통령령으로 정하는 경미한 사항을 변경할 때에는 제외한다.
	⑧ 제2항에 따른 동의자 수의 산정방법, 동의절차, 그 밖에 필요한 사항은 대통령령으로 정한다.

지적재조사지구 지정고시 (법 제8조)	① 시·도지사는 지적재조사지구를 지정하거나 변경한 경우에 시·도 공보에 고시하고 그 지정내용 또는 변경내용을 국토교통부장관에게 보고하여야 하며, 관계 서류를 일반인이 열람할 수 있도록 하여야 한다. ② 지적재조사지구의 지정 또는 변경에 대한 고시가 있을 때에는 지적공부에 지적재조사지구로 지정된 사실을 기재하여야 한다.
지적소관청 (제2조제18호)	「공간정보의 구축 및 관리 등에 관한 법률」(이하 "지적에 관한 법률"이라 한다) 제2조제18호에 따른 지적소관청을 말한다. 법률 제2조제18호 지적공부를 관리하는 특별자치시장, 시장(「제주특별자치도 설치 및 국제자유도시 조성을 위한 특별법」 제15조제2항에 따른 행정시의 시장을 포함하며, 「지방자치법」 제3조제3항에 따라 자치구가 아닌 구를 두는 시의 시장은 제외한다)·군수 또는 구청장(자치구가 아닌 구의 구청장을 포함한다)을 말한다.
지적측량대행자	법 제5조제2항에 따른 지적재조사사업의 측량·조사 등을 대행하는 자를 말한다.
지적재조사사업의 시행자 (법 제5조)	① 지적재조사사업은 지적소관청이 시행한다. ② 지적소관청은 지적재조사사업의 측량·조사 등을 「공간정보 기본법」 제12조에 따라 설립된 한국국토정보공사와 공간정보의 구축 및 관리 등에 관한 법률 제44조에 따라 지적측량업의 등록을 한 자(이하 "지적측량수행자"라 한다)에게 대행하게 할 수 있다. ③ 지적소관청이 지적재조사사업의 측량·조사 등을 지적측량수행자에게 대행하게 할 때에는 대통령령으로 정하는 바에 따라 이를 고시하여야 한다.
지적위성측량	GNSS(Global Navigation Satellite System : 위성항법시스템)측량기를 사용하여 실시하는 지적측량을 말한다.
다중기준국실시간 이동측량 (Network-RTK)	3점 이상의 위성기준점을 이용하여 산출한 보정정보와 이동국이 수신한 GNSS 반송파 위상 신호를 실시간 기선해석을 통해 이동국의 위치를 결정하는 측량을 말한다.
단일기준국실시간 이동측량 (Single-RTK)	기지점(통합기준점 및 지적기준점)에 설치한 GNSS측량기로부터 수신된 보정정보와 이동국이 수신한 GNSS 반송파 위상 신호를 실시간 기선해석을 통해 이동국의 위치를 결정하는 측량을 말한다.
정지측량(Static)	위성수신기를 관측지점에 일정시간 동안 고정하여 연속적으로 위성데이터를 취득한 후 기선해석 및 조정계산을 수행하는 측량방법을 말한다.
토털스테이션 측량	기지점(통합기준점 및 지적기준점)에 설치한 토털스테이션에 의하여 기지점과 경계점 간의 수평각, 연직각 및 거리를 측정하여 소구점의 위치를 결정하는 측량을 말한다.
세션	당해 측량을 위하여 일정한 관측간격을 두고 GNSS측량기를 동시에 설치하여 지적위성측량을 실시하는 작업 단위를 말한다.
기선해석	2대 이상의 고정된 측량기 사이의 3차원 기선벡터(Δx, Δy, Δz)를 결정하는 것을 말한다.
라이넥스 (RINEX)	GNSS 관측데이터의 저장과 교환에 사용되는 세계 표준의 GNSS 데이터 자료형식을 말한다.

지적재조사에 관한 특별법	
지적공부	토지대장, 임야대장, 공유지연명부, 대지권등록부, 지적도, 임야도 및 경계점좌표등록부 등 지적측량 등을 통하여 조사된 토지의 표시와 해당 토지의 소유자 등을 기록한 대장 및 도면 (정보처리시스템을 통하여 기록 · 저장된 것을 포함한다)을 말한다.
연속지적도	지적측량을 하지 아니하고 전산화된 지적도 및 임야도 파일을 이용하여, 도면상 경계점들을 연결하여 작성한 도면으로서 측량에 활용할 수 없는 도면을 말한다.
부동산종합 공부	토지의 표시와 소유자에 관한 사항, 건축물의 표시와 소유자에 관한 사항, 토지의 이용 및 규제에 관한 사항, 부동산의 가격에 관한 사항 등 부동산에 관한 종합정보를 정보관리체계 를 통하여 기록 · 저장한 것을 말한다.

부동산종합공부 (18종)	분야	부동산공부	관련법
	지적공부(7종)	① 토지대장 ② 임야대장 ③ 공유지연명부 ④ 대지권등록부 ⑤ 지적도 ⑥ 임야도 ⑦ 경계점좌표등록부	공간정보의 구축 및 관리 등에 관한 법률
	건축물대장(4종)	① 건축물대장(총괄표제부) ② 건축물대장(일반건축물) ③ 건축물대장(집합표제부) ④ 건축물대장(집합전유부)	건축법
	토지이용계획확인원(1종)	① 토지이용계획확인서	토지이용규제 기본법
	공시지가 · 주택가격(3종)	① 개별공시지가확인서 ② 개별주택가격확인서 ③ 공동주택가격확인서	부동산가격공시 및 감정평가 에 관한 법률
	부동산등기시스템(3종)	① 토지등기부 ② 건물등기부 ③ 집합건물등기부	부동산등기법

지적재조사사업	「공간정보의 구축 및 관리 등에 관한 법률」 제71조(토지대장 등의 등록사항), 제72조(지적 도 등의 등록사항), 제73조(경계점좌표등록부의 등록사항)의 규정에 따른 지적공부의 등록 사항을 조사 · 측량하여 기존의 지적공부를 디지털에 의한 새로운 지적공부로 대체함과 동 시에 지적공부의 등록사항이 토지의 실제 현황과 일치하지 아니하는 경우 이를 바로 잡기 위하여 실시하는 국가사업을 말한다.
지적재조사지구	지적재조사사업을 시행하기 위하여 제7조(지적재조사지구의 지정) 및 제8조(지적재조사지 구 지정고시)에 따라 지정 · 고시된 지구를 말한다.
지적재조사지구 의 지정 (법 제7조)	① 지적소관청은 실시 계획을 수립하여 시 · 도지사에게 지적재조사지구 지정 신청을 하여 야 한다. ② 지적소관청이 시 · 도지사에게 지적재조사지구 지정을 신청하고자 할 때에는 다음 각 호의 사항을 고려하여 지적재조사지구 토지 소유자 총수의 3분의 2 이상과 토지 면적 3분의 2 이상 에 해당하는 토지 소유자의 동의를 받아야 한다.

지적재조사지구의 지정 (법 제7조)	1. 지적공부의 등록사항과 토지의 실제 현황이 다른 정도가 심하여 주민의 불편이 많은 지역인지 여부 2. 사업 시행이 용이한지 여부 3. 사업 시행의 효과 여부 ③ 제2항에도 불구하고 지적소관청은 지적재조사지구에 제13조에 따른 토지소유자협의회(이하 "토지소유자협의회"라 한다)가 구성되어 있고 토지 소유자 총수의 4분의 3 이상의 동의가 있는 지구에 대하여는 우선하여 지적재조사지구로 지정을 신청할 수 있다. ④ 지적소관청은 지적재조사지구 지정을 신청하고자 할 때에는 실시 계획 수립 내용을 주민에게 서면으로 통보한 후 주민설명회를 개최하고 실시 계획을 30일 이상 주민에게 공람하여야 한다. 〈삭제 2020.12.22.〉 ⑤ 지적재조사지구에 있는 토지 소유자와 이해관계인은 제4항에 따른 공람 기간 안에 지적소관청에 의견을 제출할 수 있으며, 지적소관청은 제출된 의견이 타당하다고 인정할 때에는 이를 반영하여야 한다. 〈삭제 2020.12.22.〉 ⑥ 시·도지사는 지적재조사지구를 지정할 때에는 대통령령으로 정하는 바에 따라 제29조에 따른 시·도 지적재조사위원회의 심의를 거쳐야 한다. ⑦ 제1항부터 제3항까지, 제6항 및 제6조제2항부터 제4항까지의 규정은 지적재조사지구를 변경할 때에도 적용한다. 다만, 대통령령으로 정하는 경미한 사항을 변경할 때에는 제외한다. ⑧ 제2항에 따른 동의자 수의 산정 방법, 동의 절차, 그 밖에 필요한 사항은 대통령령으로 정한다.
지적재조사지구 지정고시 (법 제8조)	① 시·도지사는 지적재조사지구를 지정하거나 변경한 경우에 시·도 공보에 고시하고 그 지정 내용 또는 변경 내용을 국토해양부장관에게 보고하여야 하며, 관계 서류를 일반인이 열람할 수 있도록 하여야 한다. ② 지적재조사지구의 지정 또는 변경에 대한 고시가 있을 때에는 지적공부에 지적재조사지구로 지정된 사실을 기재하여야 한다.
토지현황조사	지적재조사사업을 시행하기 위하여 필지별로 소유자, 지번, 지목, 면적, 경계 또는 좌표, 지상 건축물 및 지하건축물의 위치, 개별공시지가 등을 조사하는 것을 말한다.
지적소관청	지적공부를 관리하는 특별자치시장, 시장(「제주특별자치도 설치 및 국제자유도시 조성을 위한 특별법」 제15조제2항에 따른 행정시의 시장을 포함하며, 「지방자치법」 제3조제3항에 따라 자치구가 아닌 구를 두는 시의 시장은 제외한다)·군수 또는 구청장(자치구가 아닌 구의 구청장을 포함한다)을 말한다.
시·도지사	특별시장·광역시장·특별자치시장·도지사·특별자치도지사

지적재조사행정시스템 운영규정	
시스템	지적재조사사업 수행에 필요한 각종 속성정보 및 공간정보를 전산화하여 통합적으로 관리하는 시스템을 말한다.
기획단	같은 법 제32조제1항에 따른 국토교통부 지적재조사기획단을 말한다.
지원단	같은 법 제32조제2항에 따른 지적재조사지원단을 말한다.
추진단	같은 법 제32조제2항에 따른 지적재조사추진단을 말한다.
대행자	같은 법 제5조제2항에 따른 지적재조사사업의 측량·조사 등을 대행하는 자를 말한다.
권한관리자	기획단, 지원단, 추진단별 각 소속 기관에서 시스템을 이용하여 사용자권한 업무를 수행하는 자를 말한다.
자료	시스템에서 전산등록·관리하는 지적재조사사업 전반 업무와 관련한 공간 및 속성정보를 통칭한다.

지적확정측량규정	
지구계점	사업계획에서 정한 사업지구를 구획하는 외곽 경계점을 말한다.
가로중심점	공사가 완료된 현황을 측정하고 사업계획선과 대조하여 중심선을 구하고 상호 교차하여 구하는 점을 말한다.
가구점	사업계획 및 현황측량성과에 의하여 결정된 가로의 각 조건에 따라 도로모퉁이 등 가구 변장 및 가구의 면적을 확정한 경계점을 말한다.
가구계산	가로 교차부에 있어서 교차로 유통의 원활함을 위해서는 시야확보가 필요하므로 가구정점 부분을 잘라 도로로 편입하며, 여기서 가구정점, 교각, 우절장, 전제장을 이용하여 가구점을 계산한다. 가로중심점 : C_1, C_2, C_3, C_4 가로의 반폭 : W_1, W_2, W_3, W_4 가구정점 : P_1, P_2, P_3, P_4 교각(협각) : θ_1, θ_2, θ_3, θ_4 전제장 : PA, PB 가구점 : A, B 우절장 : $\overline{A_2 B_2}$ 가구정점간 거리 : $\overline{P_1 P_2}$ 중심점간 거리 : $\overline{C_1 C_2}$
필계점	일필지를 구획하는 경계점을 말한다.

세계측지계	「공간정보의 구축 및 관리 등에 관한 법률」 시행령 제7조제1항에 따른 위치측정의 기준을 말한다.
	
	① 법 제6조제1항에 따른 세계측지계(世界測地系)는 지구를 편평한 회전타원체로 상정하여 실시하는 위치측정의 기준으로서 다음 각 호의 요건을 갖춘 것을 말한다.
	 1. 회전타원체의 긴반지름 및 편평률(扁平率)은 다음 각 목과 같을 것
	  가. 긴반지름 : 6,378,137m
	  나. 편평률 : 298.257222101분의 1
	 2. 회전타원체의 중심이 지구의 질량중심과 일치할 것
	 3. 회전타원체의 단축(短軸)이 지구의 자전축과 일치할 것

평면직각좌표	기준 타원체상의 경위도 좌표를 T.M(Transverse Mercator)투영법에 의해 계산된 좌표를 말하며 투영원점의 가산수치는 종선(N)에 60만 미터, 횡선(E)에 20만 미터로 하여 사용한다.
예정지적 좌표	「공간정보의 구축 및 관리 등에 관한 법률」 제86조에 따른 도시개발사업 등의 사업시행 초기에 실시하여 확정될 지구계점, 가로중심점, 가구점 등을 수치화하여 산출한 좌표를 말한다.

도시개발사업 등 시행지역의 토지이동 신청에 관한 특례	「공간정보의 구축 및 관리 등에 관한 법률」 제86조에 따른 특혜를 말한다.
	① 「도시개발법」에 따른 도시개발사업, 「농어촌정비법」에 따른 농어촌정비사업, 그 밖에 대통령령으로 정하는 토지개발사업의 시행자는 대통령령으로 정하는 바에 따라 그 사업의 착수·변경 및 완료 사실을 지적소관청에 신고하여야 한다. ② 제1항에 따른 사업과 관련하여 토지의 이동이 필요한 경우에는 해당 사업의 시행자가 지적소관청에 토지의 이동을 신청하여야 한다. ③ 제2항에 따른 토지의 이동은 토지의 형질변경 등의 공사가 준공된 때에 이루어진 것으로 본다. ④ 제1항에 따라 사업의 착수 또는 변경의 신고가 된 토지의 소유자가 해당 토지의 이동을 원하는 경우에는 해당 사업의 시행자에게 그 토지의 이동을 신청하도록 요청하여야 하며, 요청을 받은 시행자는 해당 사업에 지장이 없다고 판단되면 지적소관청에 그 이동을 신청하여야 한다.

GNSS에 의한 지적측량규정	
지적위성측량	GNSS측량기를 사용하여 실시하는 지적측량을 말한다.
세계좌표	세계측지계를 기준으로 한 경도, 위도, 높이 또는 T.M 투영법에 의한 평면직각좌표를 말한다.
지역좌표	베셀타원체를 기준으로 한 경도, 위도, 높이 또는 가우스상사이중투영에 의한 평면직각좌표와 구소삼각원점 등을 기준으로 한 평면좌표를 말한다.
고정점	조정계산 시 이용하는 경위도와 높이 또는 평면직각종횡선좌표와 높이의 성과가 고시된 기지점을 말한다.
표고점	수준점으로부터 직접 또는 간접수준측량에 의하여 표고를 결정하여 지적위성측량 시 표고의 기지점으로 사용할 수 있는 점을 말한다.
정지측량 (Static Survey)	GNSS측량기를 관측지점에 일정시간 동안 고정하여 연속적으로 위성데이터를 취득한 후 기선해석 및 조정계산을 수행하는 측량방법을 말한다.
Single-RTK 측량	"단일기준국 실시간 이동측량(Single-RTK 측량, Real Time Kinematic Survey)"이란 기지점(통합기준점 및 지적기준점)에 설치한 GNSS측량기로부터 수신된 보정정보와 이동국이 수신한 GNSS 반송파 위상 신호를 실시간 기선해석을 통해 이동국의 위치를 결정하는 측량을 말한다.
Network-RTK 측량	"다중기준국 실시간 이동측량(Network-RTK 측량)"이란 3점 이상의 위성기준점을 이용하여 산출한 보정정보와 이동국이 수신한 GNSS 반송파 위상 신호를 실시간 기선해석을 통해 이동국의 위치를 결정하는 측량을 말한다.
세션 (Session)	당해 측량을 위하여 일정한 관측간격을 두고 GNSS측량기를 동시에 설치하여 지적위성측량을 실시하는 작업 단위를 말한다.
기선해석	2대 이상의 고정된 GNSS측량기 사이의 3차원 기선벡터($\triangle x$, $\triangle y$, $\triangle z$)를 결정하는 것을 말한다.
망조정	기선해석이 완료된 GNSS 관측데이터의 최종 성과를 산정하기 위하여 기지점을 고정하여 통합 조정하는 것을 말한다.
RINEX	"라이넥스(RINEX : Receiver Independent Exchange Format)"란 GNSS 관측데이터의 저장과 교환에 사용되는 세계 표준의 GNSS 데이터 자료형식을 말한다.
고정밀 자료처리 소프트웨어	GNSS 기반 고정밀 위치 결정, 위성 궤도 추정, 시간측정 등의 목적으로 개발된 과학기술용 자료처리 소프트웨어를 말한다.
궤도력	GNSS 위성의 위치 계산에 사용되는 정밀력, 신속력, 초신속력, 방송력, 개략력을 말한다.

지적측량수수료 산정기준	
경계점좌표 등록부	필지 단위로 경계점의 위치를 좌표로 등록 공시하는 지적공부로서 토지의 소재, 지번, 좌표 (평면직각종횡선수치), 고유번호, 부호도 등을 기재한 장부를 말한다.
수치	경계점좌표등록부가 비치된 지역 등에서 경위의측량방법으로 지적측량을 실시하는 경우 에 적용하는 수수료 적용구분을 말한다.
도해	토지경계가 지적도·임야도에 등록된 지역 등에서 평판 및 전자평판측량에 의한 도해측량 방법으로 지적측량을 실시하는 경우에 적용하는 수수료 적용구분을 말한다.
지가계수	접수일 기준으로 공시된 개별공시지가를 기준으로 토지가격대별로 수수료를 적용하기 위한 계수를 말한다.
등록계수	토지, 임야 등 지적공부 등록지를 구분 및 차등화한 계수를 말한다.
지역구분계수	행정구역(시·군·구)을 구분하여 차등화한 계수를 말한다.
연속지·집단지 체감계수	51개 이상의 측량필지가 연속되거나 집단지의 형태를 이루고 있어 동일한 작업과정으로 계속하여 측량 업무를 수행할 수 있는 경우, 수수료를 체감하기 위한 계수를 말한다.
필지체감계수	50개 이하의 측량필지가 연속되거나 집단지의 형태를 이루고 있어 동일한 작업과정으로 계속하여 측량업무를 수행할 수 있는 경우, 수수료를 체감하기 위한 계수를 말한다.
면적계수	1필지당 측량 기준면적을 초과할 때 수수료를 가산하기 위한 계수를 말한다.
기준면적	업무종목별, 등록지별로 단가산출의 기준이 되는 최소면적을 말한다.
기본단가	지가적용계수가 기본구간(15,001~30,000원)에 해당하는 기준면적의 고시단가를 말하며, 공시지가 적용대상 종목이 아닌 경우 지역구분계수별 기준면적의 고시단가를 말한다.

지적측량수수료 산정기준 등에 관한 규정 제23조(재해지역 등 수수료 감면)	
100분의 30	국민의 재산권행사에 대한 불편을 해소하고 편익을 도모하기 위하여 다음 각 호의 어느 하 나에 해당하는 사업에는 국토교통부장관의 승인을 받아 해당 연도 수수료의 100분의 30을 감면하여 적용한다. 1. 기준점정비, 지적불부합정리 등 국가·지방자치단체에서 시행하는 국가시책사업 2. 농업기반시설 정부보조사업 및 저소득층 지원사업 등 특수시책사업
100분의 50	지적측량수행자가 산불·폭설·태풍 등 천재지변으로 인한 피해정보를 국민안전처로부 터 제공받은 경우와 의뢰인이 「자연재해대책법」 제74조의 피해사실확인서를 제출한 경우 재해지역복구를 위한 측량 수수료는 해당 연도 수수료의 100분의 50을 감면하여 적용한 다. 다만, 재난 발생일로부터 2년이 경과하였거나 국가·지방자치단체 또는 「공공기관의 운영에 관한 법률」 제4조에 따른 공공기관이 의뢰하는 경우에는 그러지 아니한다.
100분의 50 이내	국토교통부장관은 지적재조사 사업의 원활한 추진을 위해 필요한 경우와 국가안보와 관련 된 돌발사태로 상당한 피해를 받아 피해복구가 필요한 경우, 해당 연도 수수료의 100분의 50 이내에서 감면 조정하여 적용할 수 있다.
지적측량수수료 한도 내	사회공헌활동 등 특별한 사유로 인하여 추진되는 사업은 한국국토정보공사장이 정부에서 고시한 지적측량수수료 한도 내에서 국토교통부장관의 승인을 받아 감면 적용할 수 있다.
100분의 30	「감정인 등 선정과 감정료 산정기준 등에 관한 예규」 제29조에 따라 이동정리를 수반하지 않는 측량감정의 경우에는 해당 연도 수수료의 100분의 30을 감면한다.
중복되는 경우	수수료 감면요건이 둘 이상 중복되는 경우에는 감면율이 높은 한 가지만 적용한다.
동일지번 두 종목 이상 지적측량신청 감면(제24조)	① 소유자가 같은 동일 지번 또는 연접된 필지를 두 종목 이상의 지적측량을 신청하여 1회 　측량으로 완료될 경우 추가종목당 기본단가의 100분의 30을 감면 적용한다. ② 제1항에 따른 감면은 경계복원측량, 도시계획선명시측량, 지적현황측량, 분할측량, 등 　록전환측량을 순차적으로 적용하며, 연속지·집단지일 경우 적용하지 아니한다.

지적측량수수료 산정기준 등에 관한 규정 제25조(수수료의 반환)		
의뢰인 취소 (제1호)	측량의뢰 후 의뢰인이 취소하는 경우에는 다음 각 목의 기준에 따라 취소한 시점까지 수행된 작업공정을 감안하여 수수료를 반환한다.	
	전액	현지에 출장가기 전에 취소한 경우에는 수수료 전액
	100분의 30	현지에 출장하여 측량착수 전에 취소하는 경우에는 기본 1필지에 대한 수수료의 100분의 30을 차감한 잔액
기초측량 취소 (제1호)	전액	선점을 하지 아니한 경우에는 수수료의 전액
	100분의 10	선점을 완료한 경우에는 선점한 점수에 대하여 기본단가의 100분의 10을 차감한 잔액
	100분의 30	관측을 완료한 경우에는 관측한 점수에 대하여 기본단가의 100분의 30을 차감한 잔액
전액 및 차감 (제2~3호)	현지측량을 완료하였으나 지적측량수행자의 사정에 의하여 측량성과를 제시하지 못하는 경우에는 수수료 전액을 반환한다.	
	의뢰인이 같은 필지에 대하여 2종목 이상의 지적측량을 의뢰하여 전체 종목을 동시에 취소하면 의뢰받은 종목 중 수수료가 저렴한 종목의 기본 1필지에 대하여 제1호(현지에 출장가기 전에 취소한 경우에는 수수료 전액. 현지에 출장하여 측량착수 전에 취소하는 경우에는 기본 1필지에 대한 수수료의 100분의 30을 차감한 잔액)에 따라 반환하고 나머지 종목은 전액을 반환한다.	
차액 및 전액 (제4호)	지적공부의 정리를 목적으로 실시한 측량을 완료하였으나 관계법규에 저촉되어 지적공부를 정리할 수 없는 경우에는 측량의뢰인과 협의하여 업무를 종결하거나 지적현황측량으로 종목을 변경하고 그 차액을 반환한다. 다만, 측량 접수 시에 관계법규에 저촉되는 사항을 알 수 있었음에도 불구하고 착오로 접수하였을 때에는 수수료 전액을 반환한다.	
보류	현장 여건상 수목, 장애물 등 현장사정으로 인하여 측량수행이 불가능하거나 의뢰인의 사정으로 지적측량이 측량일 또는 계약만료일로부터 3개월 이상 보류된 경우에는 3개월이 지난 날부터 10일 이내에 제1호부터 제4호까지의 기준에 따라 수수료를 반환한다.	
연기	의뢰인이 서면으로 측량연기를 요청한 경우에는 요청일부터 1년의 범위에서 연기할 수 있고, 연기 만료일로부터 10일 이내에 제1호부터 제4호까지의 기준에 따라 수수료를 반환한다.	
감소	측량결과 의뢰수량보다 완료수량이 감소된 경우에는 감소된 수량에 대한 수수료 금액을 반환한다.	
초과금액	수수료 기준을 잘못 적용하여 기준보다 초과하여 받은 경우에는 초과 금액에 대하여 즉시 반환한다.	
반환금액	반환금액은 1천 원 단위(1,000원 미만은 절상)로 한다.	

SECTION 10 재조사측량 외

<table>
<tr><th colspan="3">지적재조사측량</th></tr>
<tr><td rowspan="2">실시계획수립</td><td colspan="2">지적소관청은 시·도종합계획을 통지받았을 때에는 다음 각 호의 사항이 포함된 지적재조사사업에 관한 실시계획(이하 "실시계획"이라 한다)을 수립하여야 한다.</td></tr>
<tr><td>1. 지적재조사사업의 시행[자]
2. 지적재조사지구의 명[칭]
3. 지적재조사지구의 [위]치 및 면적
4. 지적재조사사업의 시행시기 및 [기]간
5. 지적재조사사업비의 [추]산액
6. 토지 [현]황조사에 관한 사항
7. 그 밖에 지적재조사사업의 시행을 위하여 필요한 사항으로서 대통령령으로 정하는 사항</td><td>1. 지적재조사지구의 [현]황
2. 지적재조사사업의 시행에 관한 [세]부계획
3. 지적재조사측량에 관한 시[행]계획
4. 지적재조사사업의 시행에 따른 홍[보]
5. 그 밖에 지적소관청이 법 제6조 제1항에 따른 지적재조사사업에 관한 실시계획(이하 "실시계획"이라 한다)의 수립에 필요하다고 인정하는 사항</td></tr>
<tr><td>성과검사기준</td><td colspan="2">① 측량성과 검사대상 : 지적기준점, 지적재조사지구의 내·외 경계점, 경계점
② 지적재조사측량 성과검사는 측량에 사용한 기지점과 신설점, 신설점 상호 간의 실측거리에 의하여 비교한다. 이 경우 검사성과와의 연결오차 허용 기준은 다음과 같다.
<table>
<tr><th>지적기준점</th><td>±0.03미터</td></tr>
<tr><th>경계점</th><td>±0.07미터</td></tr>
</table>
③ 지적기준점측량 성과검사는 시·도지사가 하며 경계점측량 성과검사는 지적소관청이 지적재조사지구 특성에 맞는 표본을 추출하여 검사한다.
④ 지적재조사측량을 지적소관청이 시행한 경우의 측량성과 검사는 시·도지사가 하여야 한다.</td></tr>
<tr><td>검사방법</td><td colspan="2">① 현지측량 검사 원칙
<table>
<tr><th>구분</th><th>데이터 수신간격</th><th>측정시간</th></tr>
<tr><td>정지측량</td><td>30초 이하</td><td>10분 이상</td></tr>
<tr><td>이동측량</td><td>1초</td><td>고정해를 유지한 상태로 10초 이상</td></tr>
<tr><td colspan="3">※ 토털스테이션측량을 하는 경우 수평각은 방향관측법으로 하며 수평거리는 1회 이상</td></tr>
</table>
② 측량성과 검사자는 관측데이터 파일(RINEX 포함)과 측량장비의 원시데이터 파일을 비교하여 다음 각 호의 사항을 분석하여야 한다.
1. 위성의 배치 및 동시 수신 위성수의 적정성
2. 위성수신기 제원과 안테나 높이 입력의 적정성
3. PDOP 및 수평·수직정밀도 허용범위 초과 여부
4. 측량장비별 관측환경 설정 및 측정시간의 적정성</td></tr>
<tr><td>측량성과
검사항목</td><td>① 상[공]장애도 조사의 적정성
② 측량[방]법의 적정성
③ 측량성과 [계]산 및 점검의 적정성
④ [면]적산정의 적정성
⑤ 측량[성]과 작성의 적정성</td><td>⑥ 지적기준점 [선]점 및 표지설치의 적정성
⑦ 지적기준점설치[망] 구성의 적정성
⑧ [임]시경계점표지 및 경계점표지설치의 적정성
⑨ 사업지구의 내·외 [경]계의 적정성</td></tr>
<tr><td>검사기간</td><td colspan="2">시·도지사 또는 지적소관청은 지적재조사측량성과의 검사에 필요한 자료를 제출받은 때에는 제출받은 날로부터 20일 이내에 성과검사를 하여야 한다.</td></tr>
</table>

지적확정측량		
성과검사	① 지적측량수행자는 지적기준점측량을 완료하면 지적기준점성과, 기지경계선의 부합 여부 등을 확인한 측량결과도, 지적삼각점측량부 등 관련서류를 첨부하여 지적측량시행규칙 제3조에 따른 지적기준점 성과 관리기관에 측량성과검사를 요청한다. 다만, 사전 협의가 있는 경우에는 기준점성과와 세부측량성과를 동시에 검사요청 할 수 있다.	

② 확정측량 성과검사 기관은 지역 및 확정측량 사업지구 면적에 따라 아래 표와 같이 구분하며, 확정측량 성과검사 요청 시 지적측량수행자가 제출할 서류는 다음 각 호와 같다.

검사기관

지역 구분	검사기관 구분	
	지적소관청	시·도지사, 대도시시장
시·군 지역	10,000m² 이하	10,000m² 초과
군 지역	30,000m² 이하	30,000m² 초과

제출서류

1. ㉚업계획서 및 사㉛인가서
2. 토지이동 ㉜리파일
3. 별지 제5호의 지적㉝정측량부 등
4. ㉞지처분과 같은 효력이 있는 고시된 환지계획서. 다만, 환지를 수반하지 아니하는 사업인 경우에는 사업의 완료를 증명하는 서류

③ 검사요청을 받은 검사기관은 지적측량성과검사정리부에 그 내용을 기재한 후 확정측량 성과검사를 실시한다.

검사방법

④ 확정측량 성과의 검사 방법 및 절차는 「지적측량시행규칙」 제28조, 「지적업무처리규정」 제30조 및 제31조에 따르며, 다음 각 호의 사항을 확인하여야 한다.
1. ㉮구계점 및 각 ㉯계점 계산의 적정 여부
2. 좌표㉰적 계산의 적정 여부
3. 지㉱ 및 지㉲설정의 적정 여부

검사기간

⑤ 지적확정측량 기간이 1년 이상일 경우에는 규칙 제25조제4항에도 불구하고 측량검사 기간을 60일 이내로 한다.

검사기준

① 측량성과 검사대상은 **지적기준점, 지구계점 및 필계점**으로 한다.

연결교차 허용기준

② 확정측량 성과검사는 측량에 사용한 기지점과 신설점, 신설점 상호 간의 실측거리에 의하여 비교하여야 하며 검사성과의 연결교차 허용기준은 다음 각 호와 같다.

1. 지적삼각점 : ±20cm 이내
2. 지적삼각보조점 : ±25cm 이내
2. 지적도근점(도선을 달리하여 검사) : ±15cm 이내
3. 경계점 : ±10cm 이내

현지측량성과 검사방법

① 확정측량에 의한 세계좌표의 성과검사는 현지측량 검사를 원칙으로 하며, 검사방법은 경위의측량방법 또는 위성측량방법으로 한다.

② 검사기관은 현지측량 검사 시 다음 각 호의 사항을 확인하여야 한다.

1. 영 제55조에 따른 지상경㉰결정 기준과의 부합 여부
2. 건축물 등 구조물의 ㉮구계 저촉 여부
3. ㉯계점의 각, 거리, 좌표 등 측정의 적정성 여부
4. 지상경계의 ㉰치표시 등에 관하여 법 제65조제1항의 기준과의 부합 여부
5. 확정측량 ㉱과도의 지구계선과 지상 경계의 부합 여부

확정측량 성과도 발급	① 시·도지사 및 대도시시장이 확정측량 성과검사를 완료하였을 때에는 그 결과를 지적 소관청에게 통지하여야 하며, 확정측량 성과도 발급은 지적측량시행규칙 제28조제2항 에 따른다. 다만 확정측량 성과도를 발급함에 있어 성과검사결과 보완사항이 있는 때에 는 보완조치 후 확정측량 성과도를 발급하여야 한다. ② 지적소관청으로부터 확정측량 성과도를 발급받은 지적측량수행자는 확정측량 성과도 를 측량의뢰인에게 교부한다.

GNSS에 의한 지적측량 성과검사	
지적위성측량의 성과검사	1. 지적위성측량관측표, 지적위성측량관측망도 등에 근거하여 관측환경, 세션 및 관측망 구성 등이 적합한지를 검사할 것 2. 지적위성측량관측기록부 등에 근거하여 위성측량기의 설치 및 입력 요소 등의 설정이 적합한지를 검사할 것 3. 기선해석계산부, 기선벡터점검계산부, 기선벡터점검계산망도 등에 근거하여 제10조 및 제11조의 기준에 따라 기선해석이 되었는지 검사할 것 4. 좌표변환계산부, 점간거리계산부 등에 의해 기지점 좌표의 부합 등을 확인하고 제14조 에 의한 지역좌표의 산출이 이루어졌는지 검사할 것 5. 지적위성측량성과표의 기재사항과 관측데이터의 관리 상태를 점검할 것 6. 지적위성측량성과의 결정은 「지적측량시행규칙」 제27조의 규정에 의할 것 1. 지적삼각점 : ±20cm 이내 2. 지적삼각보조점 : ±25cm 이내 3. 지적도근점(도선을 달리하여 검사) : ±15cm 이내 4. 경계점 : ±10cm 이내

지적측량성과의 결정			
지적측량 성과결정	지적삼각점	0.20m	
	지적삼각보조점	0.25m	
	지적도근점	경계점좌표등록부 시행지역	0.15m
		그 밖의 지역	0.25m
	경계점	경계점좌표등록부 시행지역	0.10m
		그 밖의 지역	10분의 3Mmm(M은 축척분모)
지적확정측량 성과검사기준	지적삼각점	±20cm	
	지적삼각보조점	±25cm	
	지적도근점	±15cm(도선을 달리하여 검사)	
	경계점	±10cm	
지적재조사측량 성과결정	지적기준점	±0.03m	
	경계점	±0.07m	
지적공부세계측 지계변환규정 (변환성과 검증)	경계점좌표 등록부 시행지역	5cm	
	그 밖의 지역	10cm	
지적공부세계측 지계변환규정 (공통점 결정)	경계점좌표 등록부 시행지역	7.5cm	
	그 밖의 지역	12.5cm	

지적기준점 제도(위성기준점은 제외)						
명칭	제도	직경 크기(mm)			비고	
		바깥쪽	중간	안쪽	십자가	내부채색
위성기준점	⊕	3	2	–	십자가	–
1등삼각점	◉	3	2	1	–	채색
2등삼각점	◎	3	2	1	–	
3등삼각점	⊙	–	2	1	–	채색
4등삼각점	◎	–	2	1	–	
지적삼각점	⊕	3	–	–	십자가	–
지적삼각보조점	●	3	–	–		채색
지적도근점	○	–	2			

행정구역선의 제도		
구분	제도	설명
국계	⊢4⊣⊢3⊣ ┈ 0.3 ┈ 1	#4·3·사선·점2 국계는 실선 4밀리미터와 허선 3밀리미터로 연결하고 실선 중앙에 1밀리미터로 교차하며, 허선에 직경 0.3밀리미터의 점 2개를 제도한다.
시·도계	⊢4⊣⊢2⊣ ┈ 0.3 ┈ 1	#4·2·사선·점1 시·도계는 실선 4밀리미터와 허선 2밀리미터로 연결하고 실선 중앙에 1밀리미터로 교차하며, 허선에 직경 0.3밀리미터의 점 1개를 제도한다.
시·군계	⊢3⊣⊢3⊣ ┈ 0.3	#3·3·점2 시·군계는 실선과 허선을 각각 3밀리미터로 연결하고, 허선에 0.3밀리미터의 점 2개를 제도한다.
읍·면·구계	⊢3⊣⊢2⊣ ┈ 0.3	#3·2·점1 읍·면·구계는 실선 3밀리미터와 허선 2밀리미터로 연결하고, 허선에 0.3밀리미터의 점 1개를 제도한다.

행정구역선의 제도

구분	제도	설명
동·리계	⊢3⊣⊢1⊣ _____	# 3 · 1 동·리계는 실선 3밀리미터와 허선 1밀리미터로 연결하여 제도한다.
기타	1. 행정구역선이 2종류 이상 겹치는 경우에는 최상급 행정구역선만 제도한다. 2. 행정구역선은 경계에서 약간 띄어서 그 외부에 제도한다. 3. 행정구역선의 제도(행정구역선은 0.4mm의 폭으로 제도, 다만 동·리의 행정구역선은 0.2mm의 폭으로 제도) – 행정구역의 명칭은 같은 간격으로 띄어서 제도 4. 행정구역의 명칭은 도면여백의 넓이에 따라 4밀리미터 이상 6밀리미터 이하의 크기로 경계 및 지적기준점 등을 피하여 같은 간격으로 띄어서 제도한다. 5. 도로·철도·하천·유지 등의 고유명칭은 3밀리미터 이상 4밀리미터 이하의 크기로 같은 간격으로 띄어서 제도한다.	

지적업무처리규정 제도

일람도의 제도	축척 : 도면축척의 1/10(도면의 장수가 많을 시 줄여서 작성 가능) 제명 옆에 20mm 간격, 글자크기 9mm, 글자간격은 글자크기의 1/2
	도면번호 : 지번부여지역·축척·지적도·임야도·경계점좌표등록지별로 일련번호 부여
	신규·등록전환일 경우 마지막 번호 다음 도면번호부터 새로이 부여, 단 도개 시 종전 도면번호에 -1과 같이 부여
	도면번호 3mm, 인접동리명칭 4mm, 그 밖의 행정구역명칭 5mm
	지방도로 이상 0.2mm 폭 2선, 그 밖의 도로 0.1mm 폭 – 검은색
	철도 0.2mm 폭 2선 – 붉은색, 수도용지 0.1mm 폭 2선 – 남색
	0.1mm 폭 1선 – 하천·구거·유지(내부 남색선만으로도 가능), 취락지 건물 등(내부 검은색), 도개·축척(내부 붉은색, 사업명, 완료 연도)
지번색인표	제명 9mm
도곽선의 제도	0.1mm – 도곽선의 폭, 경계의 폭(경계가 넘어갈 시 다른 도면에 제도하는 지번 지목은 붉은색으로)
	1.5mm 경계점 간 거리(짧거나 원을 이루면 생략 가능), 2mm 도곽선 수치
	지적측량기준점 등이 토지를 분할하는 경우 여백에 그 축척의 10배로 확대하여 제도 가능
지번지목의 정리	2~3mm 명조체(글자 사이 간격은 글자크기의 1/4, 지번과 지목의 간격은 1/2. 단, 전산정보처리조직이나 레터링 고딕체 가능)
지적측량기준점	0.2mm 폭 제도 명칭과 번호 2~3mm 명조체(단, 전산정보처리조직이나 레터링 고딕체 가능)
행정구역선의 명칭	도면여백의 대소에 따라 4~6mm 크기로 경계 및 지적측량기준점 등을 피해서 등간격으로 제도
	도로·철도·하천·유지 등 고유명칭 3~4mm, 등간격으로 제도

도면의 제도	색인도 : 도곽선 왼쪽 윗부분 여백 중앙에 가로 7mm, 세로 6mm, 도면번호 3mm
	제명 · 축척 : 글자크기 5mm, 글자간격은 글자크기의 1/2, 축척은 제명 끝에서 10mm 간격
토지이동에 따른 제도	가로쓰기, 경계말소는 붉은색 짧은 교차선 3cm 간격(좁히기 가능), 재등록 시에는 직경 2~3mm 붉은색 원으로 제도(칼 가능)
	신규, 등록사항 정정, 등록전환(경계, 지번, 지목) : 이미 비치된 도면에 제도(새로이 도면작성 가능)
	등록전환된 곳 : 지번 · 지목말소 내부는 붉은색으로 채색
	분할 · 합병 : 지번지목 말소, 단 중앙에 있는 경우 예외
	지번지목 변경 시 윗부분에 제도, 곤란할 시 오른쪽과 아래쪽에 제도 가능
	도시개발사업, 축척변경 : 축척이 같고 일부가 편입된 경우 이미 비치된 도면에 제도. 단, 확정측량결과도의 도곽선 차이가 0.5mm 이상 나는 경우 확정측량결과도에 의하여 새로이 도면 작성, 종전도면은 붉은색으로 채색(사업명, 사업완료연도)
도면의 재작성	자사법의 작성 및 재작성 : 경계 연필 후 검은색 제도 도면의 제명, 축척, 지번, 지목은 레터링으로 제도
	전자자동제도법 : 격자점(1변 3mm 붉은색), 종횡선교차도곽선 기준으로 가로 · 세로 10cm 간격으로 제도
	작성연월일 : 오른쪽 아래 끝 여백에 3mm 크기, 측량할 수 없음도 3mm
	검사 : 소관청검사, 시 · 도지사, 재검사(전자제도법 – 종전도면 누락 여부 검사, 자사법 – 등사도에 의한 누락 여부 검사)
측량준비도 작성	세부측량 : 등사도에 의해 작성
	측판측량 자사법 : 지적측량기준점, 그 번호, 기준점간거리, 좌표는 검은색, 도곽선 관련 붉은색, 나머지는 연필로
	측판측량 전자자동제도법 : 모두 검은색으로 가능
	경위측량 : 지적측량기준점간거리, 방위각은 붉은색
	등록전환하는 필지의 경계가 행정구역선에 접하게 되는 경우 벌어지거나 겹치지 않도록 측량준비도 작성
측량기하학 측판측량	연필로 작성, 측판점, 측정점, 방위표정에 사용한 기지점 등에는 방향선을 긋고 실측거리 기재, 방향선 길이는 측점기준 약 1cm
	측정점 표시 : 측량자는 직경 1.5~3mm 원, 검사자는 한 변 2~4mm 삼각형, 측판이동순서 는 부1부2 …
	기지점 측량자는 직경 1~2mm 2중원, 검사자는 한 변 2~3mm 2중삼각형
	측량대상토지에 지상구조물, 경계에 걸리는 경우 위치현황을 표시해야 하지만 도시관리계획선의 분할일 경우 예외
	측판측량 측량대상, 측량결과도, 점유현황선 : 연필 점선. 다만, 경계복원측량결과도에는 붉은색 점선
측량기하학 경위측량	경위측량 측량대상, 측량결과도, 점유현황선 : 연필 점선. 다만, 경계복원측량결과도에는 붉은색 점선
	측량대상토지에 지상구조물, 경계에 걸리는 경우 위치현황을 표시해야 하지만 도시관리계획선의 분할일 경우 예외

측량결과도	측량결과도, 지적확정측량결과도의 문자, 숫자는 레터링 또는 전산정보처리조직에 의해 작성, 면적측정부의 기재사항은 예외
지적확정측량 결과도	검은색 : 제명, 축척, 색인도, 경계, 지번, 지목, 지적측량기준점, 그 번호, 행정구역선 명칭, 측량검사연월일, 성명, 소속, 자격등급
	붉은색 : 지적측량기준점 간 방위각 및 거리
	연필 : 경계점 간 계산거리 및 실측거리(농지에서는 실측거리를 기재하지 않을 수 있음), 경계에 지상건축물이 걸리는 경우 그 위치현황
측량성과도	분할측량성과도 : 분할선은 붉은색 실선, 점유현황선은 붉은색 점선(경계와 현황이 같을 시 예외)
	경계복원 측량성과도 : 복원된 경계점, 점유현황선은 붉은색, 복원된 경계점은 직경 2~3mm 원, 점유현황선은 붉은색 점선

SECTION 12 각종 요소

측량의 3요소	① [거]리 ② [방]향 ③ 높[이]
측량의 4요소	① [거]리 ② [방]향 ③ 높[이] ④ [시]간
측지학적 3차원 위치 결정요소	① [경]도 ② [위]도 ③ [높]이(평균해수면)
측지원점요소(측지원자)	① [경]도 ② [위]도 ③ [방]위각 ④ [지]오이드 높이 ⑤ [기]준타원체 요소
타원체의 요소	① [편]평률 ② 이[심]률 ③ [자]오선 곡률반경 ④ 횡(묘유선)곡[률]반경 ⑤ 중등[곡]률반경 ⑥ 평균곡[률]반경 ⑦ 타원방정[식]의 표준형

[지]자기의 3요소	① [편]각 ② [복]각 ③ [수]평분력
[지]평좌표계 위치요소	① [방]위각 ② [고]저각
적도좌표계 위치요소	① 적경 ② 적위 ③ 시간각
황도좌표계 위치요소	① 황경 ② 황위
은하좌표계 위치요소	① 은경 ② 은위
평판측량의 3요소	① [정]준 ② [구]심 ③ [표]정
트랜싯축의 3요소	① [연]직축 ② 수[평]축 ③ 시준[축]
[오]차타원의 요소	① 타원의 [장]축 ② 타원의 [단]축 ③ 타원의 회[전]각
다목적 지적의 5대 구성요소	① [측]지기본망(Geodetic Reference Network) ② [기]본도(Base Map) ③ [지]적중첩도(Cadastral Overlay) ④ [필]지식별번호(Unique Parcel Identification Number) ⑤ [토]지자료파일(Land Data File)
LIS의 구성요소	① D/B ② S/W ③ H/W ④ 인적자원 ⑤ 방법
편심요소	① 편심(귀심)거리 ② 편심(귀심)각
메타데이터의 기본요소	① [개][요] 및 자료 소개 ② [자][료]품질 ③ 자료의 [구][성] ④ [공][간]참조를 위한 정보 ⑤ [형][상] 및 속성 정보 ⑥ [정][보]를 얻는 방법 ⑦ [참][조]정보

메타데이터의 기본요소 **암기** ⟨식⟩⟨자⟩⟨공⟩⟨좌⟩⟨상⟩ ⟨배⟩⟨메⟩⟨인⟩⟨제⟩⟨연⟩	① ⟨식⟩별정보(Identification Information) ② ⟨자⟩료의 질 정보(Data Quality Information) ③ ⟨공⟩간자료 구성정보(Spatial Data Organization Information) ④ 공간⟨좌⟩표정보(Spatial Reference Information) ⑤ 사⟨상⟩과 속성정보(Entity & Attribute Information) ⑥ ⟨배⟩포정보(Distribution Information) ⑦ 메⟨타⟩데이터 참조정보(Metadata Reference Information) ⑧ ⟨인⟩용정보(Citation) ⑨ ⟨제⟩작시기(Time Period) ⑩ ⟨연⟩락처(Contact)
ISO19113 (지리정보–품질원칙)의 품질 개요 요소	① ⟨목⟩적 ② ⟨용⟩⟨도⟩ ③ ⟨연⟩⟨혁⟩
품질요소 및 세부요소	① ⟨완⟩⟨전⟩성 ② ⟨논⟩⟨리⟩적 일관성 ③ ⟨위⟩⟨치⟩정확성 ④ ⟨시⟩⟨간⟩정확성 ⑤ ⟨주⟩⟨제⟩정확성
GIS 데이터 표준화 요소 **암기** 모내타 수질외교	① Data **Model**의 표준화 ② Data **Content**의 표준화 ③ **Metadata**의 표준화 ④ Data **Collection**의 표준화 ⑤ Data **Quality**의 표준화 ⑥ **Location Reference**의 표준화 ⑦ Data **Exchange**의 표준화
SDTS의 구성요소	① ⟨논⟩⟨리⟩적 규정(Logical Specification) ② ⟨공⟩⟨간⟩적 객체들(Spatial Features) ③ ISO8211 코딩화(ISO8211 Encoding) ④ ⟨위⟩⟨상⟩벡터 프로파일(Topological Vector Profile, TVP) ⑤ ⟨래⟩⟨스⟩⟨터⟩ 프로파일 및 추가 형식(Raster Profile & Extensions, RP) ⑥ ⟨점⟩ 프로파일(Point Profile, PP) ⑦ CAD 및 드래프트 프로파일(CAD and Draft Profiles)
ISO Technical Committee 211의 구성요소	① WG1(Framework and Reference Model) : 업무 구조 및 참조 모델을 담당하는 작업반 ② WG2(Geospatial Data Models and Operators) : 지리공간데이터 모델과 운영자를 담당 ③ WG3(Geospatial Data Administration) : 지리공간데이터를 담당 ④ WG4(Geospatial Services) : 지리공간서비스를 담당 ⑤ WG5(Profiles and Functional Standards) : 프로파일 및 기능에 관한 제반 표준을 담당

벡터 자료구조의 기본요소	① 점(Point)
	② 선(Line)
	③ 면(Area)
Data Mining의 기본요소	① 예측
	② 묘사
	③ 검증
	④ 발견
Big Data의 5요소	① 빠른 생성 ⑩⑩(Velocity)
	② 초 대⑧⑧(Volume)
	③ 다양한 ⑩⑩(Variety)
	④ 무한한 ⑦⑦(Value)
	⑤ 데이터의 ⑩⑩성(Veracity)
Database의 개념적 구성요소 (E-R model의 구성요소)	① 개체(Entity)
	② 속성(Attribute)
	③ 관계(Relationship)
Geocoding (위치정보지정) 요소	① ⑩⑩자료(Input Dataset)
	② ⑩⑩자료(Output Dataset)
	③ ⑩⑩알고리즘(Processing Algorithm)
	④ ⑩⑩자료(Reference Dataset)
DEM(Digital Elevation Model) 요소	① 블록
	② 단면(Propile)
	③ 표고점
GIS자료검수항목요소	① 자료 ⑩⑩과정 및 생성연혁 관리
	② 자료 ⑩⑩
	③ ⑩⑩ 최신성
	④ ⑩⑩의 정확성
	⑤ ⑩⑩의 정확성
	⑥ ⑩⑩ 정확성
	⑦ ⑩⑩구조의 적합성
	⑧ ⑩⑩정합
	⑨ ⑩⑩적 일관성
	⑩ ⑩⑩성
지리데이터의 품질구성요소	① 지리데이터의 ⑩⑩정확도
	② 지리데이터의 ⑩⑩정확도
	③ ⑩⑩정확도
	④ ⑩⑩정확도
	⑤ 지리데이터의 ⑩⑩적 일관성
	⑥ 지리적 데이터의 ⑩⑩성
	⑦ 지리데이터의 ⑩⑩성

파일처리방식의 구성요소	① 레코드(Record)
	② 필드(Field)
	③ 키(Key)
DBMS의 기능적 구성요소	① 질의어 처리기(Query Processor)
	② DML 예비 컴파일러(DML Preprocessor)
	③ DDL 컴파일러(DDL Compiler) 또는 DDL 처리기(DDL Processor)
	④ DML 컴파일러(DML Compiler) 또는 DML 처리기(DML Processer)
	⑤ 런타임 데이터베이스 처리기(Runtime Database Processor)
	⑥ 트랜잭션 관리자(Transaction Manager)
	⑦ 저장 데이터 관리자(Stored Data Manager)
DDL (Data Definition Language)	① ⒸREATE
	② ⒶLTER
	③ ⒹROP
	④ ⓇⒺNAME
	⑤ ⓉⓊⓇⓃCATE
DML (Data Manipulation Language)	① ⓈⒺLECT
	② ⒤ⓃSERT
	③ ⓊⓅDATE
	④ ⒹⒺLETE
DCL (Data Control Language)	① ⒼⓇANT
	② ⓇⒺVOKE
	③ ⒸⓄMMIT
	④ ⓇⓄLLBACK
DBMS의 필수 기능	① Definition 기능
	② Manipulation 기능
	③ Control 기능
객체지향의 구성요소 암기 ⒸⓄⓂⒶⓂ	① Ⓒlass
	② Ⓞbject
	③ Ⓜethod
	④ Ⓐttribute
	⑤ Ⓜessage
객체구조 요소 암기 ⒹⓂⓄ	① Ⓓata
	② Ⓜethod
	③ Ⓞid
Geodatabase의 구성요소	① 객체 클래스들
	② 피처 클래스들
	③ 관계 클래스들
	④ 다양한 데이터 세트의 집합
도형정보의 도형요소	① 점(Point)
	② 선(Line)
	③ 면(Area)
	④ 영상소(Pixel)

도형정보의 도형요소	⑤ 격자셀(Grid Cell)
	⑥ 기호 및 주석(Symbol & Annotation)
DEM의 요소	① 블록
	② 단면(Propile)
	③ 표고점
TIN 구성요소	① 경계(Edges)
	② 절점(Vertices)
	③ 평면삼각면(Faces)
지적 불부합지의 유형	① 중
	② 공
	③ 편
	④ 불
	⑤ 위
	⑥ 기
	⑦ 경
LMIS 소프트웨어 구성	① ORACLE
	② GIS 서버
	③ AutoCAD
	④ ARS/INFO
	⑤ Spatial Middleware
LMIS 컴포넌트	① Data Provider
	② Edit Agent
	③ Map Agent
	④ MAP OCX
	⑤ Web Service
GPS 구성요소	① Space Segment
	② Control Segment
	③ User Segment
인공위성의 궤도요소	① 궤도장반경
	② 궤도이심률
	③ 궤도경사각
	④ 승교점적경
	⑤ 근지점인수
	⑥ 근점이각
사진판독요소 암기 색모질형크음 상과	① Tone Color
	② Pattern
	③ Texture
	④ Shape
	⑤ Size
	⑥ Shadow
	⑦ Location
	⑧ Vertical Exaggeration

기본지리정보 기본요소 [암기] [정][통][물] [지][형][해][수] [준][공]	행[정]구역, 교[통], 시설[물], [지]적, 지[형], [해]양 및 [수]자원, 측량기[준]점, 위성영상 및 항[공]사진
기본공간정보 기본요소 [암기] [경][지][해] [지][건] [기][지][사][수][입][실]	행정[경]계 · 도로 또는 철도의 [경]계 · 하천[경]계 · [지]형 · [해]안선 · [지]적, [건]물 등 인공구조물의 공간정보, 그 밖에 대통령령으로 정하는 주요 공간정보 1. [기]준점 2. [지]명 3. 정[사]영상 4. [수]치표고 모형 5. 공간정보 [입]체 모형 6. [실]내공간정보
전자파 (Electromagnetic) 의 4요소	① 주파수(파장) : 가시영역, 마이크로 영역 ② 전파방향 ③ 진폭 ④ 편파면(편광면)
지적의 외부구성요소	① 지리적 요소 ② 법률적 요소 ③ 사회적 요소
협의의 지적구성요소	① 토지(지적의 대상(객체)) ② 등록(지적의 주된 행위) ③ 지적공부(지적행위의 결과물)
광의의 지적구성요소	① 소유자(권리주체) ② 권리(주된 등록사항) ③ 필지(권리객체)
토지 · 임야대장	[토][지][지][적][이] [변][동][주][명][소] [유][도][장][축][도][공]
공유지연명부	[토][지][변][동][주][명][소] [지][고][장]
대지권등록부	[토][지][변][동][주][명][소] [지][권][고][장] [건][전]
경계점좌표등록부	[토][지][표] [고][장] [부][도]
지적 · 임야도	[토][지][지][계][점] [도][면][선][점][물]
지상경계점등록부 (지적재조사에 관한 특별법 시행규칙 제10조)	[토][지][적][도][지][가][일][자][도] [경][계][점]
지상경계점등록부 (공간정보의 구축 및 관리 등에 관한 법률 제65조)	[토][지][경][계] [공][계][점]
토지조사사업 당시 지목(18개) (토지조사령 제3조)	[과]세지 : [전], [답], [대](垈), [지]소(池沼), [임]야(林野), [잡]종지(雜種地)(6개) [비]과세지 : [도]로, 하[천], 구[거], [제]방, [성]첩, [철]도선로, [수]도선로(7개) [면]세지 : [사]사지, [분]묘지, 공[원]지, [철]도용지, [수]도용지(5개)

<table>
<tr><td>1918년 지세령 개정 당시 지목(19개)</td><td colspan="2">지소(池沼) : 지소(池沼), 유지로 세분</td></tr>
<tr><td>1950년 구 지적법상 지목(21개)</td><td colspan="2">잡종지(雜種地) : 잡종지, 염전, 광천지로 세분</td></tr>
<tr><td rowspan="3">1975년 지적법 2차 개정 당시 지목(24개)</td><td>통합</td><td>철도용지 + 철도선로 = 철도용지
수도용지 + 수도선로 = 수도용지
유지 + 지소 = 유지</td></tr>
<tr><td>신설(6개)</td><td>과수원, 목장용지, 공장용지, 학교용지, 유원지, 운동장</td></tr>
<tr><td>명칭 변경</td><td>공원지 → 공원
사사지 → 종교용지
성첩 → 사적지
분묘지 → 묘지
운동장 → 체육용지</td></tr>
<tr><td>2001년 지적법 10차 개정 당시 지목(28개)</td><td colspan="2">신설(4개) : 주차장, 주유소용지, 창고용지, 양어장</td></tr>
<tr><td>현행 법령상 지목(28개)</td><td colspan="2">
<table>
<tr><th>지목</th><th>부호</th><th>지목</th><th>부호</th><th>지목</th><th>부호</th><th>지목</th><th>부호</th></tr>
<tr><td>전</td><td>전</td><td>대</td><td>대</td><td>철도용지</td><td>철</td><td>공원</td><td>공</td></tr>
<tr><td>답</td><td>답</td><td>공장용지</td><td>장</td><td>제방</td><td>제</td><td>체육용지</td><td>체</td></tr>
<tr><td>과수원</td><td>과</td><td>학교용지</td><td>학</td><td>하천</td><td>천</td><td>유원지</td><td>원</td></tr>
<tr><td>목장용지</td><td>목</td><td>주차장</td><td>차</td><td>구거</td><td>구</td><td>종교용지</td><td>종</td></tr>
<tr><td>임야</td><td>임</td><td>주유소용지</td><td>주</td><td>유지</td><td>유</td><td>사적지</td><td>사</td></tr>
<tr><td>광천지</td><td>광</td><td>창고용지</td><td>창</td><td>양어장</td><td>양</td><td>묘지</td><td>묘</td></tr>
<tr><td>염전</td><td>염</td><td>도로</td><td>도</td><td>수도용지</td><td>수</td><td>잡종지</td><td>잡</td></tr>
</table>
</td></tr>
<tr><td>GIS 소프트웨어의 주요 구성요소</td><td colspan="2">① [자][료] 입출력 및 검색
② 자료[저][장] 및 데이터베이스 관리
③ 자료의 [출][력]과 도식
④ 자료의 [변][환]
⑤ [사][용]자와의 연계</td></tr>
<tr><td>국가공간정보인프라 (NSDI : National Spacial Data Infrastructure) 구성요소</td><td colspan="2">① 클리어링 하우스
② 메타데이터
③ 프레임워크데이트
④ 표준
⑤ 파트너십</td></tr>
<tr><td rowspan="2">Data Warehouse (DW)의 요소</td><td>ETT/ETL</td><td>① Extract/Transformation/Transportation(추출/가공/전송)
② Extract/Transformation/Load(추출/가공/로딩)
③ 데이터를 소스시스템에서 추출하여 DW에 Load시키는 과정</td></tr>
<tr><td>ODS</td><td>① Operational Data Store(운영계 정보 저장소)
② 비즈니스프로세스 / AP중심적 데이터
③ 기업의 실시간성 데이터를 추출/가공/전송을 거치지 않고 DW에 저장</td></tr>
</table>

Data Warehouse (DW)의 요소	DW DB		어플리케이션 중립적, 주제지향적/불변적/통합적/시계열적 공유 데이터 저장소
	Metadata		① DW에 저장되는 데이터에 대한 정보를 저장하는 데이터 ② 데이터의 사용성과 관리 효율성을 위한 데이터에 대한 데이터
	Data Mart		① 특화된 소규모의 DW(부서별, 분야별) ② 특정 비즈니스 프로세스, 부서, AP중심적인 데이터 저장소
	OLAP		최종 사용자의 대화식 정보분석도구, 다차원정보 직접 접근
	Data Mining		① 대량의 데이터에서 규칙, 패턴을 찾는 지식 발견과정 ② 미래 예측을 위한 의미 있는 정보 추출
Data Warehouse (DW)의 특징	Subject Oriented		업무 중심이 아닌 특정 주제 지향적
	Non-volatile		갱신이 발생하지 않는 조회 전용
	Integrated		필요한 데이터를 원하는 형태로 통합
	Time-variant		시점별 분석이 가능

각종 요소			
측량의 3요소	㉮리		평면거리 : 수평거리, 평면거리, 수직거리 곡면거리 : 측지선, 자오선, 항정선, 묘유선, 평행권 공간거리 : 공간상의 두 점을 잇는 선형을 경로로 하여 측량한 거리
	㉯향		공간상에서 한 점의 위치는 원점(Origin)과 기준점(Reference Surface), 기준선(Reference Line)이 정해졌다면 원점에서 그 점을 향하는 직선의 방향과 길이로 결정된다. 두 방향선의 방향의 차이는 각(Angle)으로 표시한다.
	높㉮		수평면으로부터 어떤 점까지의 연직거리로 고저각이라고도 한다. 평균해수면으로부터의 어느 지점까지의 높이로 표고라고도 한다.
측량의 4요소	㉮리		평면거리 : 수평거리, 평면거리, 수직거리 곡면거리 : 측지선, 자오선, 항정선, 묘유선, 평행권 공간거리 : 공간상의 두 점을 잇는 선형을 경로로 하여 측량한 거리
	㉯향		공간상에서 한 점의 위치는 원점(Origin)과 기준점(Reference Surface), 기준선(Reference Line)이 정해졌다면 원점에서 그 점을 향하는 직선의 방향과 길이로 결정된다. 두 방향선의 방향의 차이는 각(Angle)으로 표시한다.
	높㉮	표고(標高, Elevation)	지오이드면, 즉 정지된 평균해수면과 물리적 지표면 사이의 고저차
		정표고(正標高, Orthometric Height)	물리적 지표면에서 지오이드까지의 고저차
		지오이드고 (Geoidal Height)	타원체와 지오이드와 사이의 고저차
		타원체고 (楕圓體高, Ellipsoidal Height)	준거 타원체상에서 물리적 지표면까지의 고저차를 말한다. 지구를 이상적인 타원체로 가정한 타원체면으로부터 관측지점까지의 거리이며 실제 지구표면은 울퉁불퉁한 기복을 가지므로 실제높이(표고)는 타원체고가 아닌 평균해수면(지오이드)으로부터 연직선 거리이다.

측량의 4요소	[시]간		시는 지구의 자전 및 공전 때문에 관측자의 지구상 절대적 위치가 주기적으로 변화함을 표시하는 것이다. 원래 하루의 길이는 지구의 자전, 1년은 지구의 공전, 주나 한 달은 달의 공전으로부터 정의된다. 시와 경도 사이에는 1hr＝15°의 관계가 있다.
측지학적 3차원 위치 결정요소	경도	[측]지경도	본초자오선과 타원체상의 임의 자오선이 이루는 적도상 각거리
		[천]문경도	본초자오선과 지오이드상의 임의 자오선이 이루는 적도상 각거리
	위도	[측]지위도	지구상 한 점에서 회전타원체의 법선이 적도면과 이루는 각으로 측지분야에서 많이 사용한다.
		[천]문위도	지구상 한 점에서 지오이드의 연직선(중력방향선)이 적도면과 이루는 각
		[지]심위도	지구상 한 점과 지구중심을 맺는 직선이 적도면과 이루는 각
		[화]성위도	지구중심으로부터 장반경(a)을 반경으로 하는 원과 지구상 한 점을 지나는 종선의 연장선과 지구중심을 연결한 직선이 적도면과 이루는 각
	높이(평균해수면)		수평면으로부터 어떤 점까지의 연직거리로 고저각이라고도 한다. 평균해수면으로부터의 어느지점까지의 높이로 표고라고도 한다.
측지원점요소(測地原点要素) 측지원자(測地原子)	[경]도		경도는 본초자오선으로부터 적도를 따라 그 지점의 자오선까지 잰 최소 각거리로 본초자오선과 적도의 교점을 원점(0, 0)으로 동서쪽으로 0～180°까지 나타내며, 측지경도와 천문경도로 구분한다.
	[위]도		위도(φ)는 지표면상의 한 점에서 세운 법선이 적도면을 0°로 하여 이루는 각으로서 남북위 0～90°로 표시한다. 경도 1°에 대한 적도상 거리, 즉 위도 0°의 거리는 약 111km, 1′은 1.85km, 1″는 30.88m이다.
	[방]위각 (Azimuth)		자오선을 기준으로 어느 측선까지 시계방향으로 잰 수평각으로 진북방위각, 도북방위각(도북기준), 자북방위각(자북기준) 등이 있다.
	[지]오이드고		타원체와 지오이드 사이의 고저차를 말한다.
	[기]준타원체 요소		－
타원체의 요소	편평률		$P=\dfrac{a-b}{a}=1-\sqrt{1-e^2}$
	이심률		$e_1=\sqrt{\dfrac{a^2-b^2}{a^2}}$
	자오선곡률 반경		$R=\dfrac{a(1-e^2)}{W^3}$ $W=\sqrt{1-e^2\sin^2\phi}$ (ϕ는 측지위도)
	묘유선곡률 반경		$N=\dfrac{a}{W}=\dfrac{a}{\sqrt{1-e^2\sin^2\phi}}$
	중등곡률반경		$r=\sqrt{M\cdot N}$
	평균곡률반경		$R=\dfrac{2a+b}{3}$

타원체의 요소	타원방정식 표현	$\dfrac{X^2}{a^2} + \dfrac{Y^2}{b^2} = 1$
지자기의 3요소	편각	수평분력 H가 진북과 이루는 각. 지자기의 방향과 자오선이 이루는 각
	복각	전자장 F와 수평분력 H가 이루는 각. 지자기의 방향과 수평면과 이루는 각
	수평분력	전자장 F의 수평성분. 수평면 내에서의 지자기장의 크기(지자기의 강도)를 말하며, 지자기의 강도를 나타내는 전자력의 수평방향의 성분을 수평분력, 연직방향의 성분을 연직분력이라 한다.
지평좌표계 위치요소	방위각	방위각은 자오선의 북점으로부터 지평선을 따라 천체를 지나 수직권의 발 X'까지 잰 각거리
	고저각	지평선으로부터 천체까지 수직권을 따라 잰 각거리
적도좌표계 위치요소	적경	본초시간권(춘분점을 지나는 시간권)에서 적도면을 따라 동쪽으로 잰 각거리($0 \sim 24^h$)
	적위	적도상 $0°$에서 적도 남북으로 $0 \sim \pm 90°$로 표시하며, 적도면에서 천체까지 시간권을 따라 잰 각거리
	시간각	관측자의 자오선에서 천체의 시간권까지 적도를 따라 서쪽으로 잰 각거리
황도좌표계 위치요소	황경	춘분점을 원점으로 하여 황도를 따라 동쪽으로 잰 각거리($0 \sim 360°$)
	황위	황도면에서 떨어진 각거리($0 \sim \pm 90°$)
은하좌표계 위치요소	은경	은하중심방향으로부터 은하적도를 따라 동쪽으로 잰 각거리($0 \sim 360°$)
	은위	은하적도로부터 잰 각거리($0 \sim \pm 90°$)
트랜싯축의 3요소	시준축	망원경 대물렌즈의 광심과 십자선 교점을 잇는 선
	수평축	트랜싯, 토털스테이션 등의 망원경을 지지하는 수평한 축을 말한다. 망원경은 이 축에 고정되어 있으며 축받이 위에서 회전한다. 시준축과 연직축은 서로 직교하고 있어야 한다.
	연직축	트랜싯 등에서 회전의 중심축으로 관측할 때 이것이 연직이 되도록 조정한다. 이것은 수준기에 따라서 하게 되는 것이므로 조정을 충분히 할 필요가 있다.
오차타원의 요소	타원의 장축	—
	타원의 단축	—
	타원의 회전각	—
편심요소	편심각	관측의 기본방향에서 편심점 방향까지의 협각을 말한다. 각 방향의 편심방향각은 $360°$에서 편심각을 뺀 것에 관측방향각을 가해서 산출한다.
	편심거리	3각점의 중심에서 시준점 또는 관측점의 중심까지의 거리
다목적 지적의 5대 구성요소	Geodetic Reference Network	토지의 경계선과 측지측량이나 그 밖의 토지 및 토지관련 자료와 지형 간의 상관관계 형성, 지상에 영구적으로 표시되어 지적도상에 등록된 경계선을 현지에 복원할 수 있는 정확도를 유지할 수 있는 기준점 표지의 연결망을 말하는데 서로 관련 있는 모든 지역의 기준점이 단일의 통합된 네트워크여야 한다.
	Base Map	측지기본망을 기초로 하여 작성된 도면으로서 지도 작성에 기본적으로 필요한 정보를 일정한 축척의 도면 위에 등록한 것으로 변동사항과 자료를 수시로 정비하여 최신화시켜 사용될 수 있어야 한다.

다목적 지적의 5대 구성요소	Cadastral Overlay		측지기본망과 기본도와 연계하여 활용할 수 있고 토지소유권에 관한 현재 상태의 경계를 식별할 수 있도록 일필지 단위로 등록한 지적도, 시설물, 토지이용, 지역구도 등을 결합한 상태의 도면을 말한다.
	Unique Parcel Identification Number		각 필지별 등록사항의 조직적인 저장과 수정을 용이하게 각 정보를 인식·선정·식별·조정하는 가변성(variability : 일정한 조건에서 변할 수 있는 성질)이 없는 토지의 고유번호를 말하는데, 지적도의 등록 사항과 도면의 등록 사항을 연결시켜 자료파일의 검색 등 색인번호의 역할을 한다. 이러한 필지식별번호는 토지평가, 토지의 과세, 토지의 거래, 토지이용계획 등에서 활용되고 있다.
	Land Data File		토지에 대한 정보검색이나 다른 자료철에 있는 정보를 연결시키기 위한 목적으로 만들어진 각 필지의 식별번호를 포함한 일련의 공부 또는 토지자료철을 말하는데, 과세대장, 건축물대장, 천연자원기록, 토지이용, 도로, 시설물대장 등 토지관련자료를 등록한 대장을 뜻한다.
LIS의 구성요소	Hardware		지형공간정보체계를 운용하는 데 필요한 컴퓨터와 각종 입/출력장치 및 자료관리 장치를 말하며 하드웨어의 범주에는 데스크탑 PC, 워크스테이션뿐만 아니라 스캐너, 프린터, 플로터, 디지타이저를 비롯한 각종 주변 장치들을 포함한다.
	Software		지리정보체계의 자료를 입력, 출력, 관리하기 위해 프로그램인 소프트웨어가 반드시 필요하며 크게 세 종류로 구분하면 먼저 하드웨어를 구동시키고 각종 주변 장치를 제어할 수 있는 운영체계(OS : Operating system), 지리정보체계의 자료구축과 자료 입력 및 검색을 위한 입력 소프트웨어, 지리정보체계의 엔진을 탑재하고 있는 자료처리 및 분석 소프트웨어로 구성된다. 소프트웨어는 각종 정보를 저장/분석/출력할 수 있는 기능을 지원하는 도구로서 정보의 입력 및 중첩기능, 데이터 베이스 관리기능, 질의 분석, 시각화 기능 등의 주요 기능을 갖는다.
	Database		지리정보체계는 많은 자료를 입력하거나 관리하는 것으로 이루어지고 입력된 자료를 활용하여 토지정보체계의 응용시스템을 구축할 수 있으며 이러한 자료들은 속성정보(각종 공부와 대장)와 도형정보(지적도, 임야도, 지하시설물도, 도시계획도 등)로 분류된다.
	Man Power	GIS 일반 사용자	단순히 정보를 찾아보는 일반 사용자 ① 교통정보나 기상정보 참조 ② 부동산 가격에 대한 정보 참조 ③ 기업이나 서비스업체 찾기 ④ 여행계획 수립 ⑤ 위락시설 정보 찾기 ⑥ 교육
		GIS 활용가	기업활동, 전문서비스 공급, 의사 결정을 위한 목적으로 GIS를 사용한다. ① 엔지니어/계획가 ② 시설물 관리자 ③ 자원 계획가 ④ 토지 행정가 ⑤ 법률가 ⑥ 과학자

LIS의 구성요소	Man Power	GIS 전문가	실제로 GIS가 구현되도록 일하는 사람 ① 데이터베이스 관리 ② 응용 프로그램 ③ 프로젝트 관리 ④ 시스템 분석 ⑤ 프로그래머
	Application		특정한 사용자 요구를 지원하기 위해 자료를 처리하고 조작하는 활동, 즉 응용 프로그램들을 총칭하는 것으로 특정 작업을 처리하기 위해 만든 컴퓨터 프로그램 을 의미한다. 하나의 공간문제를 해결하고 지역 및 공간관련 계획 수립에 대한 솔루션을 제공하기 위한 GIS시스템은 그 목표 및 구체적인 목적에 따라 적용되는 방법론이나 절차, 구성, 내용 등이 달라지게 된다.
메타데이터 의 기본요소 암기 ⓐⓔⓤⓨ ⓢ ⓑⓨ	개요 및 ⓐ료 소개		수록된 데이터의 명칭, 개발자, 데이터의 지리적 영역 및 내용, 다른 이용자의 이용가능성, 가능한 데이터의 획득방법 등을 위한 규칙이 포함된다.
	자ⓔ품질		자료가 가진 위치 및 속성의 정확도, 완전성, 일관성, 정보의 출처, 자료의 생성방법 등을 나타낸다.
	자료의 ⓤ성		자료의 코드화(Encoding)에 이용된 데이터 모형(벡터나 격자 모형 등), 공간상의 위치 표시방법(위도나 경도를 이용하는 직접적인 방법이나 거리의 주소나 우편번호 등을 이용하는 간접적인 방법 등)에 관한 정보가 서술된다.
	공간참ⓨ를 위한 정보		사용된 지도 투영법, 변수 좌표계에 관련된 제반 정보를 포함한다.
	형ⓨ 및 속성 정보		수록된 공간 객체와 관련된 지리정보와 수록방식에 관하여 설명한다.
	정ⓑ를 얻는 방법		정보의 획득과 관련된 기관, 획득 형태, 정보의 가격에 대한 사항을 설명한다
	참ⓨ정보		메타데이터의 작성자 및 일시 등을 포함한다.
메타데이터 의 기본요소 암기 ⓢⓐⓖⓨ ⓢⓑⓣⓘ ⓙⓔ	Identification Information		인용, 자료에 대한 묘사, 제작시기, 공간영역, 키워드, 접근 제한, 사용 제한, 연락처 등
	개요 및 자료소개		수록된 데이터의 명칭, 개발자, 데이터의 지리적 영역 및 내용, 다른 이용자의 이용가능성, 가능한 데이터의 획득방법 등을 위한 규칙이 포함된다.
	Data Quality Information		속성정보의 정확도, 논리적 일관성, 완결성, 위치정보 정확도, 계통(lineage) 정보 등
	자료 품질 (Quality)		자료가 가진 위치 및 속성의 정확도, 완전성, 일관성, 정보의 출처, 자료의 생성방법 등을 나타낸다.
	Spatial Data Organization Information		간접 공간참조자료(주소체계), 직접 공간참조자료, 점과 벡터객체 정보, 위상관계, 래스터 객체 정보 등
	자료의 구성 (Organization)		자료의 코드화(Encoding)에 이용된 데이터 모형(벡터나 격자 모형 등), 공간상의 위치 표시방법(위도나 경도를 이용하는 직접적인 방법이나 거리의 주소나 우편번호 등을 이용하는 간접적인 방법 등)에 관한 정보가 서술된다.

메타데이터의 기본요소 [암기] 식자공좌 상배티인 제연	Spatial Reference Information	평면 및 수직 좌표계
	공간참조를 위한 정보 (Spatial Reference)	사용된 지도 투영법, 변수 좌표계에 관련된 제반 정보를 포함한다.
	Entity & Attribute Information	사상타입, 속성 등
	형상 및 속성 정보 (Entity & Attribute Informatioin)	수록된 공간 객체와 관련된 지리정보와 수록방식에 관하여 설명한다.
	Distribution Information	배포자, 주문방법, 법적 의무, 디지털 자료형태 등
	정보 획득 방법	정보의 획득과 관련된 기관, 획득 형태, 정보의 가격에 대한 사항을 설명한다.
	Metadata Reference Information	메타데이타 작성 시기, 버전, 메타데이터 표준이름, 사용제한, 접근 제한 등
	참조정보 (Metadata Reference)	메타데이터의 작성자 및 일시 등을 포함한다.
	Citation	출판일, 출판시기, 원 제작자, 제목, 시리즈 정보 등
	Time Period	일정시점, 다중시점, 일정 시기 등
	Contact	연락자, 연락기관, 주소 등
ISO19113 (지리정보-품질원칙) 의 품질 개요 요소	목적	데이터셋을 생성하는 근본적인 이유를 설명하고 본래 의도한 용도에 관한 정보를 제공하여야 한다.
	용도	데이터셋이 사용되는 어플리케이션을 설명하여야 한다. 용도는 데이터 생산자나 다른 개별 데이터 사용자가 데이터셋을 사용하는 예를 설명하여야 한다.
	연혁	데이터셋의 이력을 설명하여야 하고 수집, 획득에서부터 편집이나 파생을 통해 현재 형태에 도달하게 된 데이터셋의 생명주기를 알려주어야 한다. 연혁에는 데이터셋의 부모들을 설명하여야 하는 출력정보와 데이터셋 주기상의 사건 또는 변환기록을 설명하는 프로세스 단계 또는 이력정보의 두 가지 구성 요소가 있다.

품질요소 및 세부요소	완전성	초과, 누락
	논리적 일관성	개념일관성, 영역일관성, 포맷일관성, 위상일관성
	위치정확성	절대적 · 외적 정확성, 상대적 · 내적 정확성, 그리드데이터 위치정확성
	시간정확성	시간측정정확성, 시간일관성, 시간타당성
	주제정확성	분류 정확성, 비정량적 속성 정확성, 정량적 속성 정확성
GIS 데이터 표준화 요소 암기 모나타 품위수교	Data Model	공간데이터의 개념적이고 논리적인 틀이 정의된다.
	Data Content	다양한 공간 현상에 대하여 데이터 교환에 대해 필요한 데이터를 얻기 위한 공간 현상과 관련 속성 자료들이 정의된다.
	Metadata	사용되는 공간 데이터의 의미, 맥락, 내외부적 관계 등에 대한 정보로 정의된다.
	Data Collection	공간데이터를 수집하기 위한 방법을 정의한다.
	Location Reference	공간데이터의 정확성, 의미, 공간적 관계 등이 객관적인 기준(좌표 체계, 투영법, 기준점 등)에 의해 정의된다.
	Data Quality	만들어진 공간데이터가 얼마나 유용하고 정확한지, 의미가 있는지에 대한 검증 과정으로 정의된다.
	Data Exchange	만들어진 공간데이터가 Exchange 또는 Transfer 되기 위한 데이터 모델구조, 전환방식 등으로 정의된다.
SDTS의 구성요소	Logical Specification	세 개의 주요 장(Section)으로 구성되어 있으며 SDTS의 개념적 모델과 SDTS 공간객체 타입, 자료의 질에 관한 보고서에서 담아야 할 구성요소, SDTS 전체 모듈에 대한 설계(Layout)를 담고 있다.
	Spatial Features	공간객체들에 관한 카달로그와 관련된 속성에 관한 내용을 담고 있다. 범용 공간객체에 관한 용어정의를 포함하는데, 이는 자료의 교환 시 적합성(Compatibility)을 향상시키기 위한 것이다. 내용은 주로 중/소 축척의 지형도 및 수자원도에서 통상 이용되는 공간객체에 국한되어 있다.
	ISO8211 Encoding	일반 목적의 파일 교환표준(ISO8211) 이용에 대한 설명을 하고 있다. 이는 교환을 위한 SDTS 파일세트(Filesets)의 생성에 이용된다.
	Topological Vector Profile (TVP)	TVP는 SDTS 프로파일 중에서 가장 처음 고안된 것으로서 기본규정이 어떻게 특정 타입의 데이터에 적용되는지를 정하고 있다. 위상학적 구조를 갖는 선형(Linear)/면형(Area) 자료의 이용에 국한되어 있다.
	Raster Profile & Extensions(RP)	RP는 2차원의 래스터 형식 영상과 그리드 자료에 이용된다. ISO의 BIIF(Basic Image Interchange Format), GeoTIFF(Georeferenced Tagged Information File Format) 형식과 같은 또 다른 이미지 파일 포맷도 수용한다.
	Point Profile (PP)	PP는 지리학적 점 자료에 관한 규정을 제공한다. 이는 제4부문 TVP를 일부 수정하여 적용한 것으로서 TVP의 규정과 유사하다.
	CAD and Draft Profiles	CAD는 벡터 기반의 지리자료가 CAD 소프트웨어에서 표현될 때 사용하는 규정이다. CAD와 GIS 간의 자료의 호환 시 자료의 손실을 막기 위하여 고안된 규정이다. 가장 최근에 추가된 프로파일이다.

ISO Technical Committee 211의 구성요소	WG1	WG1(Framework and Reference Model) : 업무 구조 및 참조 모델을 담당하는 작업반
	WG2	WG2(Geospatial Data Models and Operators) : 지리공간데이터 모델과 운영자를 담당
	WG3	WG3(Geospatial Data Administration) : 지리공간데이터를 담당
	WG4	WG4(Geospatial Services) : 지리공간서비스를 담당
	WG5	WG5(Profiles and Functional Standards) : 프로파일 및 기능에 관한 제반 표준을 담당
벡터 자료구조의 기본요소	Point	• 기하학적 위치를 나타내는 0차원 또는 무차원 정보 • 절점(Node)은 점의 특수한 형태로 0차원이고 위상적 연결이나 끝점을 나타낸다. • 최근린방법 : 점 사이의 물리적 거리를 관측 • 사지수(Quadrat)방법 : 대상영역의 하부면적에 존재하는 점의 변이를 분석
	Line	• 1차원 표현으로 두 점 사이 최단거리를 의미 • 형태 : 문자열(String), 호(Arc), 사슬(Chain) 등 • 문자열(String) : 연속적인 Line Segment(두 점을 연결한 선)를 의미하며 1차원적 요소 • 호(Arc) : 수학적 함수로 정의 되는 곡선을 형성하는 점의 궤적 • 사슬(Chain) : 각 끝점이나 호가 상관성이 없을 경우 직접적인 연결, 즉 체인은 시작노드와 끝노드에 대한 위상정보를 가지며 자치꼬임이 허용되지 않은 위상기본요소를 의미
	Area	• 면(面, Area) 또는 면적(面積)은 한정되고 연속적인 2차원적 표현 • 모든 면적은 다각형으로 표현
Data Mining의 기본요소	예측	특정 개체의 미래 동작을 예측(Predictive Model)
	묘사	사용자가 이용 가능한 형태로 표현(Descriptive Model)
	검증	사용자 시스템의 가설 검증
	발견	자율적, 자동적으로 새로운 패턴 발견
Big Data의 5요소	Velocity	대용량 데이터를 빠르게 처리, 분석할 수 있는 속성
	Volume	비즈니스 및 IT 환경에 따른 대용량 데이터의 크기가 서로 상이한 속성
	Variety	빅데이터는 정형화되어 데이터베이스에 관리되는 데이터뿐 아니라 다양한 형태의 데이터의 모든 유형을 관리하고 분석한다.
	Value	단순히 데이터를 수집하고 쌓는 게 목적이 아니라 사람을 이해하고 사람에게 필요한 가치를 창출하면서 개인의 권리를 침해하지 않고 신뢰 가능한 진실성을 가질 때, 진정한 데이터 자원으로 기능할 수 있다.
	Veracity	개인의 권리를 침해하지 않고 신뢰 가능한 진실성을 가질 때, 진정한 데이터 자원으로 기능할 수 있다.

Database의 개념적 구성요소 (E-R Model의 구성요소)	Entity	① 데이터베이스에 표현하려고 하는 유형, 무형의 객체(Object)로서 서로 구별되는 것으로 현실세계에 대해 사람이 생각하는 개념이나 의미를 가지는 정보의 단위이다. ② 단독으로 존재할 수 있으며, 정보로서의 역할을 한다. ③ 컴퓨터가 취급하는 파일의 레코드(Record)에 해당하며, 하나 이상의 속성(Attribute)으로 구성된다.
	Attribute	① 개체가 가지고 있는 특성을 나타내고 데이터의 가장 작은 논리적 단위이다. ② 파일구조에서는 데이터 항목(Data Item) 또는 필드(Field)라고도 한다. ③ 정보 측면에서는 그 자체만으로는 중요한 의미를 표현하지 못해 단독으로 존재하지 못한다.
	Relationship	개체 집합과 개체 집합 간에는 여러 가지 유형의 관계가 존재하므로 데이터베이스에 저장할 대상이 된다. ① 속성 관계(Attribute Relationship) 한 개체를 기술하는 속성관계는 한 개체 내에서만 존재하기 때문에 개체 내 관계(Intra-entity Relationship)라 한다. ② 개체 관계(Entity Relationship) 개체 집합과 개체 집합 사이의 관계를 나타내는 개체 관계는 개체 외부에 존재하기 때문에 개체 간 관계(Inter-entity Relationship)라 한다.
Geocoding (위치정보 지정) 요소	Input Dataset	지오코딩을 위해 입력하는 자료를 의미한다. 입력자료는 대체로 주소가 된다.
	Output Dataset	입력자료에 대한 지리참조코드를 포함한다. 출력자료의 정확도는 입력자료의 정확성에 좌우되므로 입력자료는 가능한 정확해야 한다.
	Processing Algorithm	공간 속성을 참조자료를 통하여 입력자료의 공간적 위치를 결정한다.
	Reference Dataset	정확한 위치를 결정하는 지리정보를 담고 있다. 참조자료는 대체로 지오코딩 참조 데이터베이스(Geocoding Reference Dataset)가 사용된다.
DEM (Digital Elevation Model) 요소	블록 또는 타일	블록 또는 타일은 DEM의 지리적 범위를 나타내는 것으로 일반적으로 지형도와 연계되어 있다.
	단면 (Profile)	일반적으로 단면은 표본으로 추출된 표고점들의 선형 배열을, 단면 사이의 공간은 DEM의 공간적 해상도를 1차원으로 나타낸다. 또 다른 차원은 표고점 간의 공간을 나타낸다.
	표고점	일반적으로 세 가지 유형의 표고점이 있다. ① 규칙적인 점들 ② 단면을 따르는 첫 번째 점들 ③ 네 코너의 점들(좌표로 기록되어 저장)

GIS자료검수항목요소 **암기** 자료정확 적합경계 논리완전	자료 입력과정 및 생성연혁 관리	① 구축된 자료에 대한 정확한 원시자료의 추출과정 및 추출방법에 관한 설명을 통하여 적합한 검수방법을 선택할 수 있다. ② 기록된 원시자료에 관한 사항과 원시자료의 추출, 입력방법, 추출·입력에 사용된 장비의 정확도 및 기타요소와 함께 투영방법의 변환 내용을 포함한다. ③ 독취성과의 해상도를 검수하며 독취성과의 잡음(noise)과 좌표값의 단위는 미터로서 소숫점 2자리까지의 표현 여부, 도곽좌표값의 정확성 유무 등을 검수한다. ④ 그래픽소프트웨어를 이용한 화면 프로그램 검수를 주로 한다.
	자료 포맷	① 구축된 수치자료의 포맷에 대한 형식 검증 및 검수를 위한 자료의 전달이 제대로 되었는지 여부를 검수한다. ② 그래픽소프트웨어를 이용한 화면검사가 주를 이룬다. 검수를 위해서 구축 대상 자료목록이 사전에 테이블로 작성되어야 하며, 준비된 목록과 공급된 자료를 비교하여 오류가 발견된 경우에는 모두 수정되어야 한다.
	자료 최신성	자료의 변화 내용이 반영되었는가를 검수하는 것으로 최신 위성영상이나 다양한 방식의 자료 갱신을 통한 대상지역의 자료 최신성의 유지 여부를 검수하며, 필요에 따라 현지조사를 통한 갱신이 이루어지기도 한다.
	위치의 정확성	① 수치자료가 현실세계의 위치와 일치하는가를 파악하는 것으로 모든 요소들의 위치가 허용오차를 벗어나는지 여부를 검수한다. ② 격자자료와 벡터자료의 입력오차를 검수하고 확인용 출력도면과 지도원판을 비교하여 검수한다. ③ 출력중첩 검수를 통해 오류를 검사하고, 화면프로그램검수나 자동프로그램검수를 통해 오류의 정밀도를 검수한다.
	속성의 정확성	① 데이터베이스 내의 속성자료의 정확성을 검수하는 것으로 원시대장과 속성자료로 등록된 각 레코드값을 비교하여 속성자료의 누락 여부와 범위값, 형식코드의 정확성 등을 주요 대상으로 한다. ② 전수검사 또는 통계적 표본검수를 원칙으로 하고, 출력중첩검수와 화면검수를 겸해야 한다.
	문자 정확성	수치지도에 있어서 문자표기와 문자크기, 문자위치의 정확도와 폰트의 적정 여부를 검수한다.
	기하구조의 적합성	각 객체들의 특성에 따른 연결 상태를 검수하는 것으로 현실세계의 배열상태 또는 형태가 수치자료로 정확히 반영되어야 하며, 폴리곤의 폐합 여부와 선의 계획된 지점에서 교차 여부, 선의 중복이나 언더슈트, 오브슈트 문제를 포함한다.
	경계정합	인접도엽 간 도형의 연결과 연결된 도형의 유연성 및 속성값의 일치 여부를 검수한다.
	논리적 일관성	자료의 신뢰성을 검수하는 것으로 입력된 객체 및 속성자료의 관계를 조사하여 논리적으로 일치하는가를 파악한다.
	완전성	데이터베이스 전반에 대한 품질을 점검하는 것으로 자료가 현실세계를 얼마나 충실히 표현하고 있는가를 검수한다.

지리데이터의 품질 구성요소	지리데이터의 계통성 (Lineage)		계통성은 특정 지리데이터가 추출된 자료원에 관한 문서로서 최종 데이터 파일 들이 만들어지기까지의 관련된 모든 변환 방법 및 추출방법을 기술한다.
	지리데이터의 위치정확도 (Positional Accuracy)		위치정확도는 지리데이터가 표현하는 실세계의 실제위치에 대한 지리데이 터베이스 내의 좌표의 근접함(Closeness)으로서 전통적으로 지도는 대략 한 선의 폭 혹은 0.5mm의 정확도이다.
	지리데이터의 속성정확도 (Attribute Accuracy)		속성정확도는 데이터가 표현하는 실세계 사상에 대한 참값 또는 추정값과 지리 데이터베이스 내의 기술 데이터 사이의 근접함(Closeness)으로서 데 이터의 성질에 따라 다른 방법으로 결정된다.
	지리데이터의 논리적 일관성 (Logical Consistency)		논리적 일관성은 실세계와 기호화된 지리데이터 간의 관계충실도에 대한 설명으로서 본질적으로 지리데이터의 논리적 일관성은 다음 요소들을 포함 한다. ① 실세계에 대한 데이터 모델의 일관성 ② 실세계에 대한 속성과 위치데이터의 일관성 ③ 데이터 모델 내의 일관성 ④ 시스템 내부 일관성 ⑤ 한 데이터 집합의 각기 다른 부분 간의 일관성 ⑥ 데이터 파일 간의 일관성
	지리데이터의 완전성 (Completeness)		지리데이터의 완전성은 데이터가 실세계의 모든 가능한 항목을 철저히 규 명하는 정도를 표시한다.
	시간정확도 (Temporal Accuracy)		시간정확도는 지리 데이터베이스에서 시간표현에 관련된 자료의 품질척도 이다.
	의미정확도 (semantic accuracy)		의미정확도는 공간 대상물이 얼마만큼 정확하게 표시되었거나 명명되었는 지를 나타내는 것이다.
파일처리방식 의 구성요소	Record		하나의 주제에 관한 자료를 저장한다.
	Field		레코드를 구성하는 각각의 항목에 관한 것을 의미한다.
	Key		파일에서 정보를 추출할 때 쓰이는 필드로서 키로써 사용되는 필드를 키필 드라 한다.
DBMS의 기능적 구성요소	Query Processor		터미널을 통해 사용자가 제출한 고급 질의문을 처리하고 질의문을 파싱 (Parsing)하고 분석해서 컴파일한다.
	DML Preprocessor		호스트 프로그래밍 언어로 작성된 응용프로그램 속에 삽입되어 있는 DML명 령문들을 추출하고 그 자리에는 함수 호출문(Call Statement)을 삽입한다.
	DDL Compiler 또는 DDL Processor		DDL로 명세된 스키마 정의를 내부 형태로 변환하여 시스템 카탈로그에 저장한다.

DBMS의 기능적 구성요소	DML Compiler 또는 DML Processer	DML 예비 컴파일러가 넘겨준 DML명령문을 파싱하고 컴파일하여 효율적인 목적코드를 생성한다.
	Runtime Database Processor	실행시간에 데이터베이스 접근을 관리한다. 즉 검색이나 갱신과 같은 데이터베이스 연산에 대해 저장데이터 관리자를 통해 디스크에 저장된 데이터베이스를 실행시킨다.
	Transaction Manager	데이터베이스에 접근하는 과정에서 무결성 제약조건을 만족하는지, 사용자가 데이터를 접근할 수 있는 권한을 가지고 있는지 권한 검사를 한다.
	Stored Data Manager	디스크에 저장되어 있는 사용자 데이터베이스나 시스템 카탈로그 접근을 책임진다.
DDL (Data Definition Language)	⒞REATE	새로운 테이블을 생성한다.
	⒜LTER	기존의 테이블을 변경(수정)한다.
	⒟ROP	기존의 테이블을 삭제한다.
	⒭⒠NAME	테이블의 이름을 변경한다.
	ⓣⓤⓡⓝCATE	테이블을 잘라낸다.
DML (Data Manipulation Language)	⒮⒠LECT	기존의 데이터를 검색한다.
	⒤ⓝSERT	새로운 데이터를 삽입한다.
	ⓤⓟDATE	기존의 데이터를 변경(갱신)한다.
	⒟⒠LETE	기존의 데이터를 삭제한다.
DCL (Data Control Language)	⒢ⓡANT	권한을 준다.(권한 부여)
	⒭⒠VOKE	권한을 제거한다.(권한 해제)
	⒞ⓞMMIT	데이터 변경 완료
	ⓡⓞⓛⓛBACK	데이터 변경 취소
DBMS의 필수 기능	DDL (Data Definiton Language)	데이터베이스를 생성하거나 데이터베이스의 구조형태를 수정하기 위해 사용하는 언어로 데이터베이스의 논리적 구조(Logical Structure)와 물리적 구조(Physical Structure) 및 데이터베이스 보안과 무결성 규정을 정의할 수 있는 기능을 제공한다. 이것은 데이터베이스 관리자에 의해 사용하는 언어로서 DDD 컴파일러에 의해 컴파일되어 데이터 사전에 수록된다.
	DML (Data Manipulation Language)	데이터베이스에 저장되어 있는 정보를 처리하고 조작하기 위해 사용자와 DBMS 간에 인터페이스(Interface) 역할을 수행한다. 삽입, 검색, 갱신, 삭제 등의 데이터 조작을 제공하는 언어로서 절차식(사용자가 요구하는 데이터가 무엇이며 요구하는 데이터를 어떻게 구하는지를 나타내는 언어이다)과 비절차식(사용자가 요구하는 데이터가 무엇인지 나타내줄 뿐이며 어떻게 구하는지는 나타내지 않는 언어이다)의 형태가 있다.
	DCL (Data Control Language)	외부의 사용자로부터 데이터를 안전하게 보호하기 위해 데이터 복구, 보안, 무결성과 병행 제어에 관련된 사항을 기술하는 언어이다.

객체지향의 구성요소 **암기** ⒸⓄⓂⒶⓂ	Ⓒlass		동일한 유형의 객체들의 집합을 클래스라 한다. 공통의 특성을 갖는 객체의 틀을 의미하며 한 클래스의 모든 객체는 같은 구조와 메시지에 응답한다.
	Ⓞbject		객체는 데이터와 그 데이터를 작동시키는 메소드가 결합하여 캡슐화된 것이다. 현실세계의 개체(Entity)를 유일하게 식별할 수 있으며 추상화 된 형태이다. 객체는 메시지를 주고받아 데이터를 처리할 수 있다. 객체는 속성(Attribute)과 메소드(Method)를 하나로 묶어 보관하는 캡슐화 구조를 갖는다.
			Ⓞbject=Data+Method
	Ⓜethod		메소드는 객체를 형성할 수 있는 방법이나 조작들로서 객체의 상태를 나타내는 데이터의 항목을 읽고 쓰는 것은 Method에 의해 이루어진다. 객체의 상태를 변경하고자 할 경우 메소드를 통해서 Message를 보낸다.
	Ⓐttribute		객체의 환경과 특성에 대해 기술한 요소들로 인스턴스 변수라고 한다.
	Ⓜessage		객체와 객체 간의 연계를 위하여 의미를 Message에 담아서 보낸다.
객체지향 프로그래밍 언어의 특징 **암기** ⒶⓑⒺⓃ ⒤Ⓝ ⓅⓄⓁⓎ	추상화 (Ⓐⓑstraction)		현실세계 데이터에서 불필요한 부분은 제거하고 핵심요소 데이터를 자료구조로 표현한 것을 추상화라고 한다. (객체 표현 간소화) 이때 자료구조를 클래스, 객체, 메소드, 메시지 등으로 표현한다. 또한 객체는 캡슐화(Encapsulation)하여 객체의 내부구조를 알 필요 없이 사용 메소드를 통해서 필요에 따라 사용하게 된다. 실세계에 존재하고 있는 개체(Feature)를 지리정보시스템(GIS)에서 활용 가능한 객체(Object)로 변환하는 과정을 추상화라 한다.
	캡슐화 (Ⓔⓝcapsulation) (정보 은닉)		객체 간의 상세 내용을 외부에 숨기고 메시지를 통해 객체 상호작용을 하는 의미로서 독립성, 이식성, 재사용성 등 향상이 가능하다.
	상속성 (Ⓘⓝheritance)		하나의 클래스는 다른 클래스의 인스턴스(Instance : 클래스를 직접 구현하는 것)로 정의될 수 있는데 이때 상속의 개념을 이용한다. 하위 클래스(Sub Class)는 상위 클래스(Super Class)의 속성을 상속받아 상위 클래스의 자료와 연산을 이용할 수 있다. (하위 클래스에게 자신의 속성, 메소드를 사용하게 하여 확장성을 향상)
	다형성 (ⓅⓄⓁⓎmorph –ism)		여러 개의 형태를 가진다는 의미의 그리스어에서 유래되었다. 여러 개의 서로 다른 클래스가 동일한 이름의 인터페이스를 지원하는 것도 다형성이다. 동일한 메시지에 대해 객체들이 각각 다르게 정의한 방식으로 응답하는 특성을 의미한다. (하나의 객체를 여러 형태로 재정의할 수 있는 성질) 객체지향의 다형성에는 오버로딩(Overloading)과 오버라이딩(Overriding)이 존재한다. 오버라이딩은 상속받은 클래스(자식 클래스 : Sub Class)가 부모 클래스(Super Class)의 메소드를 재정의하여 사용하는 것을 의미하며, 오버로딩은 동일한 클래스 내에서 동일한 메소드를 파라미터의 개수나 타입으로 다르게 정의하여 동일한 모습을 갖지만 상황에 따라 다른 방식으로 작동하게 하는 것을 의미한다.
객체구조 요소 **암기** ⒹⓂⓄ	데이터 (Ⓓata)		① 객체의 상태를 말하며 흔히 객체의 속성을 가리킨다. ② 관계형 데이터모델의 속성과 같다. ③ 관계형 데이터모델에 비해 보다 다양한 데이터 유형을 지원한다. ④ 집합체, 복합객체, 멀티미디어 등의 자료도 데이터로 구축된다.

객체구조 요소 **암기** ⓂⓄ	메소드 (Ⓜethod)	① 객체의 상태를 나타내는 데이터 항목을 읽고 쓰는 것은 메소드에 의해 이루어진다. ② 메소드는 객체를 형성할 수 있는 방법이나 조작들이라고 할 수 있다. ③ 메소드는 객체의 속성데이터를 처리하는 프로그램으로 고급언어로 정의된다.
	객체식별자 (Ⓞid)	① 객체를 식별하는 ID로 사용자에게는 보이지 않는다. ② 관계형 데이터모델의 Key에 해당한다. ③ 두 개의 객체의 동일성을 조사하는 데 이용된다. ④ 접근하고자 하는 데이터가 기억되어 있는 위치 참조를 위한 포인터로도 이용된다.
외부요소	지리적 요소	지적측량에 있어서 지형, 식생, 토지이용 등 형태 결정에 영향을 미친다.
	법률적 요소	효율적인 토지관리와 소유권 보호를 목적으로 공시하기 위한 제도로서 등록이 강제되고 있다.
	사회적 요소	토지소유권 제도는 사회적 요소들이 신중하게 평가되어야 하며 사회적으로 그 제도가 받아들여져야 한다.
협의	토지	지적제도는 토지를 대상으로 성립하며 토지 없이는 등록행위가 이루어질 수 없어 지적제도 성립이 될 수 없다. 지적에서 말하는 토지란 행정적 또는 사법적 목적에 의해 인위적으로 구획된 토지의 단위구역으로서 법적으로는 **등록의 객체**가 되는 일필지를 의미한다.
	등록	국가통치권이 미치는 모든 영토를 필지단위로 구획하여 시장, 군수, 구청이 강제적으로 등록을 하여야 한다는 이념
	지적공부	토지를 구획하여 일정한 사항을 기록한 장부
광의	소유자	토지를 소유할 수 있는 **권리의 주체**
	권리	토지를 소유할 수 있는 법적 권리
	필지	법적으로 물권이 미치는 **권리의 객체**
Geodata base의 구성요소	다양한 데이터 세트의 집합	벡터 데이터, 래스터 데이터, 표면모델링 데이터 등
	객체 클래스들	현실세계 형상들과 관련된 객체에 대한 기술적 속성
	피처 클래스들	점, 선, 면적 등의 기하학적 형태로 묘사된 객체들
	관계 클래스들	서로 다른 피처 클래스를 가진 객체들 간의 관계
도형정보의 도형요소	점(Point)	① 기하학적 위치를 나타내는 0차원 또는 무차원 정보 ② 절점(Node)은 점의 특수한 형태로 0차원이고 위상적 연결이나 끝점을 나타낸다. ③ 최근린방법 : 점 사이의 물리적 거리를 관측 ④ 사지수(Quadrat)방법 : 대상영역의 하부면적에 존재하는 점의 변이를 분석
	선(Line)	① 1차원 표현으로 두 점 사이 최단거리를 의미 ② 형태 : 문자열(String), 호(Arc), 사슬(Chain) 등 ③ 호(Arc) : 수학적 함수로 정의되는 곡선을 형성하는 점의 궤적 ④ 사슬(Chain) : 각 끝점이나 호가 상관성이 없을 경우 직접적인 연결

도형정보의 도형요소	면(Area)	① 면(面, Area) 또는 면적(面積)은 한정되고 연속적인 2차원적 표현 ② 모든 면적은 다각형으로 표현
	영상소 (Pixel)	① 영상을 구성하는 가장 기본적인 구조단위 ② 해상도가 높을수록 대상물을 정교히 표현
	격자셀 (Grid Cell)	연속적인 면의 단위 셀을 나타내는 2차원적 표현
	Symbol & Annotation	① 기호(Symbol) : 지도 위에 점의 특성을 나타내는 도형요소 ② 주석(Annotation) : 지도상 도형적으로 나타난 이름으로 도로명, 지명, 고유번호, 차원 등을 기록
지적 불부합지의 유형 암기 [중][공][편] [불][위][경]	[중]복형	① 원점지역의 접촉지역에서 많이 발생한다. ② 기존 등록된 경계선의 충분한 확인 없이 측량했을 때 발생한다. ③ 발견이 쉽지 않다. ④ 도상경계에는 이상이 없으나 현장에서 지상경계가 중복되는 형상이다.
	[공]백형	① 도상경계는 인접해 있으나 현장에서는 공간의 형상이 생기는 유형이다. ② 도선의 배열이 상이한 경우에 많이 발생한다. ③ 리, 동 등 행정구역의 경계가 인접하는 지역에서 많이 발생한다. ④ 측량상의 오류로 인해서도 발생한다.
	[편]위형	① 현형법을 이용하여 이동측량을 했을 때 많이 발생한다. ② 국지적인 현형을 이용하여 결정하는 과정에서 측판점의 위치오류로 인해 발생한 것이 많다. ③ 정정을 위한 행정처리가 복잡하다.
	[불]규칙형	① 불부합의 형태가 일정하지 않고 산발적으로 발생한 형태이다. ② 경계의 위치파악과 원인분석이 어려운 경우가 많다. ③ 토지조사 사업 당시 발생한 오차가 누적된 것이 많다.
	[위]치오류형	① 등록된 토지의 형상과 면적은 현지와 일치하나 지상의 위치가 전혀 다른 위치에 있는 유형을 말한다. ② 산림 속의 경작지에서 많이 발생한다. ③ 위치정정만 하면 되고 정정과정이 쉽다.
	[경]계 이외의 불부합	① 지적공부의 표시사항 오류 ② 대장과 등기부 간의 오류 ③ 지적공부의 정리 시에 발생하는 오류 ④ 불부합의 원인 중 가장 미비한 부분을 차지한다.
필지중심토지정보시스템(PBLIS) 구성	지적공부 관리시스템	① [사]용자권한관리 ② [지]적측량검사업무 ③ [토]지이동관리 ④ [지]적일반업무관리 ⑤ 창[구]민원업무 ⑥ 토[지]기록자료조회 및 출력 등
	지적측량 시스템	① [지]적삼각측량 ② 지[적]삼각보조측량 ③ 도근[측]량 ④ 세부측[량] 등

필지중심토지정보시스템(PBLIS) 구성	지적측량성과작성시스템	① [토]지이동지 조서작성 ② 측[량]준비도 ③ 측량[결]과도 ④ 측량성[과]도 등
토지관리정보시스템(LMIS)의 구성	토지[정]책 지원시스템	① 토지자료 통계분석 ② 토지정책 수립 지원
	토지관[리] 지원시스템	토지행정 관리
	토지정[보]지원 시스템	① 토지 민원 발급 ② 법률 정보 서비스 ③ 토지정보 검색 ④ 토지 메타데이터
	토지[행]정지원 시스템	① 토지 거래 ② 외국인 토지 취득 ③ 부동산중개업 ④ 공시지가
	토지[행]정지원 시스템	① 공간자료 조회 ② 시스템 관리
	공간자[료]관리 시스템	① 지적파일검사 ② 변동자료 정리 ③ 수치지적 구축 ④ 수치지적 관리 ⑤ 개별지적도 관리 ⑥ 연속편집지적 관리 ⑦ 용도 지역 · 지구 관리
한국토지정보시스템(KLIS)의 구성	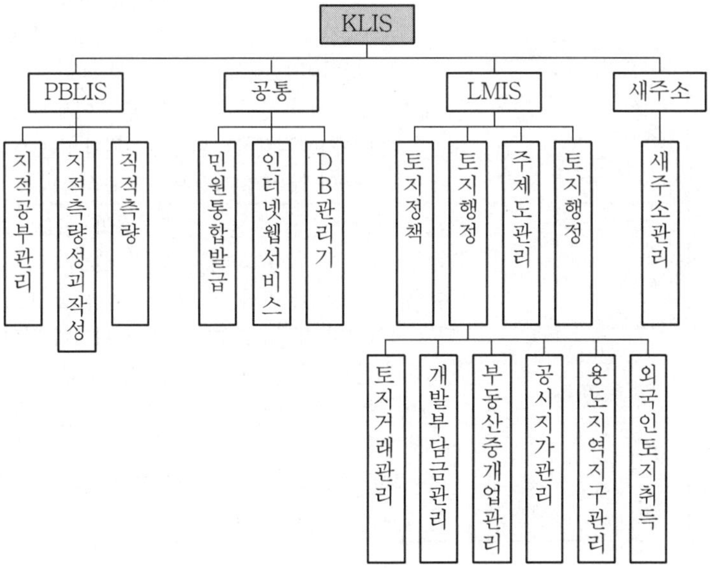	

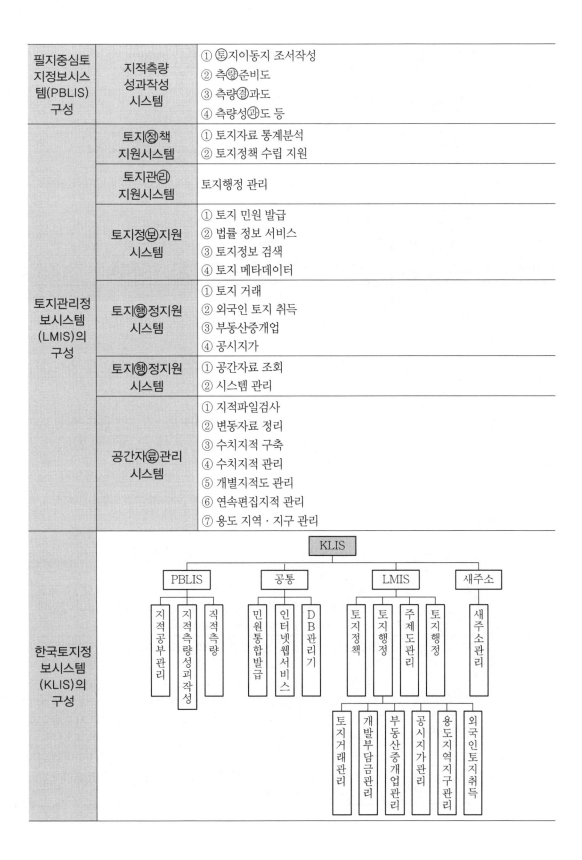

LMIS 소프트웨어 구성	ORACLE	데이터베이스 구축/유지관리/업무처리를 하는 DBMS인 ORACLE
	GIS 서버	GIS데이터의 유지관리/업무처리 등의 기능을 수행하는 GIS Server
	AutoCAD	GIS데이터 구축 및 편집을 위한 AutoCAD
	ARS/INFO	토지이용계획확인원을 위한 ARC/INFO
	Spatial Middleware	응용시스템 개발을 위한 Spatial Middleware와 관련 소프트웨어
LMIS 컴포넌트 (Compo-nent)	Data Provider	DB 서버인 SDE나 ZEUS 등에 접근하여 공간/속성 질의를 수행하는 자료 제공자
	Edit Agent	공간자료의 편집을 수행하는 자료편집자(Edit Agent)
	Map Agent	클라이언트가 요구한 도면자료를 생성하는 도면 생성자
	MAP OCX	클라이언트의 인터페이스 역할을 하며 다양한 공간정보를 제공하는 MAP OCX
	Web Service	민원발급시스템의 Web Service 부분
GPS 구성요소	Space Segment	① 궤도형상 : 원궤도 ② 궤도면수 : 6개면 ③ 위성수 : 1궤도면에 4개 위성(24개+보조위성 7개=31개) ④ 궤도경사각 : 55° ⑤ 궤도고도 : 20,183km ⑥ 사용좌표계 : WGS84(지구중심좌표계) ⑦ 회전주기 : 11시간 58분(0.5항성일)(1항성일은 23시간 56분 4초) ⑧ 궤도 간 이격 : 60도 ⑨ 기준발진기 : 10.23MHz : 세슘원자시계 2대, 루비듐원자시계 2대
	Control Segment	① 주제어국 : 콜로라도 스프링스(Colorad Springs) – 미국 콜로라도주 ② 추적국 : 어세션섬 (Ascension Island) – 남대서양 　　　　　 : 디에고 가르시아섬(Diego Garcia) – 인도양 　　　　　 : 콰잘렌 환초(Kwajalein Island) – 북태평양 　　　　　 : 하와이(Hawaii) – 서대서양 ③ 3개의 지상안테나(전송국 or 관제국) : 어세션섬, 디에고 가르시아섬, 콰잘렌 환초에 위치한 감시국과 함께 배치되어 있는 지상관제국은 주로 지상 안테나로 구성되어 있으며, 갱신자료를 송신한다.
	User Segment	위성으로부터 전파를 수신하여 수신점의 좌표나 수신점 간의 상대적인 위치관계를 구한다. 사용자부문은 위성으로부터 전송되는 신호정보를 수신할 수 있는 GPS 수신기와 자료처리를 위한 소프트웨어로 위성으로부터 전송되는 시간과 위치정보를 처리하여 정확한 위치와 속도를 구한다. ① GPS 수신기 : 위성으로부터 수신한 항법데이터를 사용하여 사용자 위치/속도를 계산한다. ② 수신기에 연결되는 GPS 안테나 : GPS 위성신호를 추적하며 하나의 위성신호만 추적하고 그 위성으로부터 다른 위성들의 상대적인 위치에 관한 정보를 얻을 수 있다.

인공위성의 궤도요소	궤도장반경	궤도타원의 장반경
	궤도이심률	궤도타원의 이심률(장반경과 단반경의 비율)
	궤도경사각	궤도면과 적도면의 교각
	승교점적경	궤도가 남에서 북으로 지나는 점의 적경 ※ 승교점(昇交點) : 위성이 남에서 북으로 갈 때의 천구 적도와 천구상 인공위성 궤도의 교점
	근지점인수	승교점에서 근지점까지 궤도면을 따라 천구 북극에서 볼 때 반시계 방향으로 잰 각거리
	근점이각	근지점에서 위성까지의 각거리
편위수정을 하기 위한 조건	편위수정기	편위수정기는 매우 정확한 대형기계로서 배율(축척)을 변화시킬 수 있을 뿐만 아니라 원판과 투영판의 경사도 자유로이 변화시킬 수 있도록 되어 있으며 보통 4개의 표정점이 필요하다. 편위수정기의 원리는 **렌즈, 투영면, 화면(필름면)**의 3가지 요소에서 항상 선명한 상을 갖도록 하는 조건을 만족시키는 방법이다.
	기하학적 조건 (소실점 조건)	필름을 경사지게 하면 필름의 중심과 편위수정기의 렌즈 중심은 달라지므로 이것을 바로잡기 위하여 필름을 움직여 주지 않으면 안 된다. 이것을 소실점 조건이라 한다.
	광학적 조건 (Newton의 조건)	광학적 경사 보정은 경사편위수정기(Rectifier)라는 특수한 장비를 사용하여 확대배율을 변경하여도 항상 예민한 영상을 얻을 수 있도록 $\frac{1}{a}+\frac{1}{b}=\frac{1}{f}$ 의 관계를 가지도록 하는 조건을 말하며 Newton의 조건이라고도 한다.
	샤임플러그 조건 (Scheimpflug)	편위수정기는 사진면과 투영면이 나란하지 않으면 선명한 상을 맺지 못하는 것으로 이것을 수정하여 화면과 렌즈 주점과 투영면의 연장이 항상 한 선에서 일치하도록 하면 투영면상의 상은 선명하게 상을 맺는다. 이것을 샤임플러그 조건이라 한다.
특수3점	주점 (Principal Point)	주점은 사진의 중심점이라고도 한다. 주점은 렌즈 중심으로부터 화면(사진면)에 내린 수선의 발을 말하며 렌즈의 광축과 화면이 교차하는 점이다.
	연직점 (Nadir Point)	① 렌즈 중심으로부터 지표면에 내린 수선의 발을 말하고 N을 지상연직점(피사체연직점), 그 선을 연장하여 화면(사진면)과 만나는 점을 화면연직점(n)이라 한다. ② 주점에서 연직점까지의 거리(mn) $= f\tan i$
	등각점 (Isocenter)	① 주점과 연직점이 이루는 각을 2등분한 점으로 또한 사진면과 지표면에서 교차되는 점을 말한다. ② 주점에서 등각점까지의 거리(mn) $= f\tan\frac{i}{2}$
표정	내부표정	내부표정이란 도화기의 투영기에 촬영 당시와 똑같은 상태로 양화건판을 정착시키는 작업이다. ① 주점의 위치 결정 ② 화면거리(f)의 조정 ③ 건판의 신축측정, 대기굴절, 지구곡률 보정, 렌즈수차 보정

표정	상호표정	① 지상과의 관계는 고려하지 않고 좌우사진의 양투영기에서 나오는 광속이 촬영 당시 촬영면에 이루어지는 종시차(y–parallax : P_y)를 소거하여 목표 지형물의 상대위치를 맞추는 작업 회전인자 : κ, ϕ, ω ② 평행인자 : b_y, b_z ③ 비행기의 수평회전을 재현해 주는 인자 : κ, b_y ④ 비행기의 전후 기울기를 재현해 주는 인자 : ϕ, b_z ⑤ 비행기의 좌우 기울기를 재현해 주는 인자 : ω ⑥ 과잉수정계수$(o, c, f) = \dfrac{1}{2}\left(\dfrac{h^2}{d^2} - 1\right)$ ⑦ 상호표정인자 : κ, ϕ, ω, b_y, b_z
	절대표정	상호표정이 끝난 입체모델을 지상 기준점(피사체 기준점)을 이용하여 지상좌표(피사체좌표계)와 일치하도록 하는 작업으로 입체모형(Model) 2점의 X, Y좌표와 3점의 높이(Z)좌표가 필요하므로 최소한 3점의 표정점이 필요하다. ① 축척의 결정 ② 수준면(표고, 경사)의 결정 ③ 위치(방위)의 결정 ④ 절대표정인자 : λ, ϕ, ω, κ, b_x, b_y, b_z(7개의 인자로 구성)
	접합표정	한 쌍의 입체사진 내에서 한쪽의 표정인자는 전혀 움직이지 않고 다른 쪽만을 움직여 그 다른 쪽에 접합시키는 표정법을 말하며, 삼각측정에 사용한다. ① 7개의 표정인자 결정(λ, κ, ω, ϕ, c_x, c_y, c_z) ② 모델 간, 스트립 간의 접합요소 결정(축척, 미소변위, 위치 및 방위)
사진판독 요소	Tone Color	피사체(대상물)가 갖는 빛의 반사에 의한 것으로 수목의 종류를 판독하는 것을 말한다.
	Pattern	피사체(대상물)의 배열상황에 의하여 판별하는 것으로 사진상에서 볼 수 있는 식생, 지형 또는 지표상의 색조 등을 말한다.
	Texture	색조, 형상, 크기, 음영 등의 여러 요소의 조합으로 구성된 조밀, 거칠음, 세밀함 등으로 표현하며 초목 및 식물의 구분을 나타낸다.
	Shape	개체나 목표물의 구성, 배치 및 일반적인 형태를 나타낸다.
	Size	어느 피사체(대상물)가 갖는 입체적, 평면적인 넓이와 길이를 나타낸다.
	Shadow	판독 시 빛의 방향과 촬영 시의 빛의 방향을 일치시키는 것이 입체감을 얻는 데 용이하다.
	Location	어떤 사진상이 주위의 사진상과 어떠한 관계가 있는가 파악하는 것으로 주위의 사진상과 연관되어 성립되는 것이 일반적인 경우이다.
	Vertical Exaggeration	과고감은 지표면의 기복을 과장하여 나타낸 것으로 낮고 평평한 지역에서의 지형판독에 도움이 되는 반면 경사면의 경사는 실제보다 급하게 보이므로 오판에 주의해야 한다.

등치선도를 구축하기 위한 3가지 기본적인 요소	조정점	조정점(Control Point)이란 가상된 통계표면상에 Z의 값을 가지고 있는 지점을 말한다.
	보간법	보간법(Interpolation)이란 각 조정점의 Z_i 값을 토대로 하여 등치선을 정확히 배치하는 것이다.
	등치선의 간격	등치선의 간격이란 등치선 간의 수평적인 간격이 표면의 상대적인 경사도를 나타내는 것이다.
GIS 소프트웨어의 주요 구성요소		① 자료 입출력 및 검색 ② 자료저장 및 데이터베이스 관리 ③ 자료의 출력과 도식 ④ 자료의 변환 ⑤ 사용자와의 연계
국가공간정보인프라 (NSDI ; National Spacial Data Infrastructure) 구성요소		① 클리어링 하우스 ② 메타데이터 ③ 프레임워크데이트 ④ 표준 ⑤ 파트너십
Data Warehouse (DW)의 요소	ETT/ETL	① Extract/Transformation/Transportation(추출/가공/전송) ② Extract/Transformation/Load(추출/가공/로딩) ③ 데이터를 소스시스템에서 추출하여 DW에 Load시키는 과정
	ODS	① Operational Data Store(운영계 정보 저장소) ② 비즈니스 프로세스/AP중심적 데이터 ③ 기업의 실시간성 데이터를 추출/가공/전송을 거치지 않고 DW에 저장
	DW DB	① 어플리케이션 중립적 ② 주제지향적/불변적/통합적/시계열적 공유 데이터 저장소
	Metadata	① DW에 저장되는 데이터에 대한 정보를 저장하는 데이터 ② 데이터의 사용성과 관리 효율성을 위한 데이터에 대한 데이터
	Data Mart	① 특화된 소규모의 DW(부서별, 분야별) ② 특정 비즈니스 프로세스, 부서, AP중심적인 데이터 저장소
	OLAP	① 최종 사용자의 대화식 정보분석도구 ② 다차원정보에 직접 접근
	Data Mining	① 대량의 데이터에서 규칙, 패턴을 찾는 지식 발견과정 ② 미래 예측을 위한 의미 있는 정보 추출
Data Warehouse (DW)의 특징	Subject Oriented	업무중심이 아닌 특정 주제 지향적
	Non-volatile	갱신이 발생하지 않는 조회 전용
	Integrated	필요한 데이터를 원하는 형태로 통합
	Time-variant	시점별 분석이 가능

SECTION 13 위원회

위원회	중앙지적재조사위원회	시·도 지적재조사위원회	시·군·구 지적재조사위원회	경계결정위원회
소속	국토교통부장관	시·도지사	지적소관청	지적소관청
심의 의결 사항	• [기]본계획의 수립 및 변경 • [관]계 법령의 제정, 개정, 제도 개선에 관한 사항 • 지적재조사사업에 필요하여 중앙위원회 위원[장]이 회의에 부치는 사항	• 지적소관청이 수립한 [실]시계획 • 시·도[종]합계획의 수립 및 변경 • 지적재조사지구의 지정 및 변경 • 시·군·구별 지적재조사사업의 [우]선순위 조정 • 그 밖에 지적재조사사업에 필요하여 시·도 위원회의 [위]원장이 회의에 부치는 사항	• 경계[복]원측량 또는 지적공[부]정리 등의 허용여부 • [지]목의 변경 • 조[정]금의 산정 • 조정금 이[의]신청에 관한 결정 • 지적재조사사업에 필요하여 시·군·구 위원회의 위원[장]이 회의에 부치는 사항	• [경]계설정에 관한 결정 • 경계설정에 따른 이의[신]청에 관한 결정
계획	기본계획	시·도종합계획	실시계획	경계결정위원회
	1. 지적재조사사업의 시행기간 및 [규]모 2. 지적재조사사업비의 [연]도별 집행계획 3. 지적재조사사업에 필요한 [인]력의 확보에 관한 계획 4. 지적재조사사업에 관한 기본[방]향 5. 지적재조사사업비의 특별시·광역시·도·특별자치도·특별자치시 및 「지방자치법」 제175조에 따른 대도시로서 구(區)를 둔 시(이하 "[시]·[도]"라 한다)별 배분 계획 1. 디지털 지적(地籍)의 운영·관리에 필요한 [표][준]의 제정 및 그 활용 2. 지적재조사사업의 효율적 추진을 위하여 필요한 [교][육] 및 [연][구]·[개][발]	1. 지적재조사사업비의 연도별 [추]산액 2. 지적재조사사업비의 지적[소]관청별 배분 계획 3. 지적재조사지구 지정의 [세]부기준 4. 지적재조사사업의 [교]육과 홍보에 관한 사항 5. 그 밖에 시·도의 지적재조사[사]업을 위하여 필요한 사항 6. 지적재조사사업의 [연]도별·지적소관청별 사업량 7. 지적재조사사업에 필요한 [인]력의 확보에 관한 계획	1. 지적재조사사업의 시행에 따른 [홍]보 2. 지적재조사지구의 [명]칭 3. 지적재조사지구의 [위]치 및 면적 4. 지적재조사지구의 [현]황 5. 지적재조사사업비의 [추]산액 6. 지적재조사사업의 [시]행자 1. 토지현황조[사]에 관한 사항 2. 지적재조사사업의 시행시기 및 [기]간 3. 그 밖에 지적소관청이 법 제6조제1항에 따른 지적재조사[사]업에 관한 실시계획(이하 "실시계획"이라 한다)의 수립에 필요하다고 인정하는 사항 4. 지적재조사사업의 [시]행에 관한 세부계획 5. 지적재조사[측]량에 관한 시행계획	–

위원회	중앙지적재조사위원회	시·도 지적재조사위원회	시·군·구 지적재조사위원회	경계결정위원회
계획	3. 그 밖에 국토교통부장관이 법 제4조제1항에 따른 지적재조사사업에 관한 기본계획(이하 "기본계획"이라 한다)의 수립에 필요하다고 인정하는 사항			
위원의 구성	위원장 및 부위원장 1명을 포함한 15~20명 이하	위원장 및 부위원장 1명을 포함한 10명 이내	위원장 및 부위원장 1명을 포함한 10명 이내	위원장 및 부위원장 1명을 포함한 11명 이내
위원장	국토교통부장관	시·도지사	시장, 군수, 구청장	위원인 판사
부위원장	위원장이 지명	위원장이 지명	위원장이 지명	지적소관청이 지명
위원	• 기획재정부, 법무부, 행정안전부, 국토교통부의 1급부터 3급까지 상당의 공무원 또는 고위공무원단에 속하는 공무원 • 판사, 검사, 변호사 • 법학이나 지적 또는 측량 분야의 교수로 재직하고 있거나 있었던 사람 • 그 밖에 지적재조사사업에 관하여 전문성을 갖춘 사람	• 해당 시·도의 3급 이상 공무원 • 판사, 검사, 변호사 • 법학이나 지적 또는 측량 분야의 교수로 재직하고 있거나 있었던 사람 • 그 밖에 지적재조사사업에 관하여 전문성을 갖춘 사람	• 해당 시·군·구의 5급 이상 공무원 • 해당 사업지구의 읍장, 면장, 동장 • 판사, 검사, 변호사 • 법학이나 지적 또는 측량 분야의 교수로 재직하고 있거나 있었던 사람 • 그 밖에 지적재조사사업에 관하여 전문성을 갖춘 사람	• 관할지방법원장이 지명하는 판사 • 지적소관청이 임명하는 자 －지적소관청 소속 5급 이상 공무원 －변호사, 법학교수 －지적측량기술자, 감정평가사 • (반드시 포함) 각 사업지구의 토지소유자 • 각 사업지구의 읍장, 면장, 동장(해당 사업지구에 관한 안건)
임기	공무원이 아닌 자는 2년	공무원이 아닌 자는 2년	공무원이 아닌 자는 2년	공무원이 아닌 자는 2년
의결	과반수 출석, 출석위원 과반수 찬성	과반수 출석, 출석위원 과반수 찬성	과반수 출석, 출석위원 과반수 찬성	결정 또는 의결은 문서, 재적위원 과반수 찬성(문서)
운영	대통령령	시·도의 조례	시·군·구의 조례	시·군·구의 조례
회의	위원장 → 부위원장 → 미리 지명한 자	－	－	－
회의 개최	• 5일 전까지 통보(긴급시 개최 전까지) • 분기별로 개최(필요시 임시회 소집)	－	－	－

구분	지적재조사기획단	지적재조사지원단	지적재조사추진단	경계결정위원회
소속	국토교통부	시 · 도	지적소관청	–
내용	• 기본계획의 입안 • 지적재조사사업의 지도, 감독 • 기술, 인력 및 예산 등의 지원 • 중앙위원회의 심의, 의결 사항에 대한 보좌	• 지적재조사사업의 지도, 감독 • 기술, 인력 및 예산 등의 지원	• 실시계획의 입안 • 지적재조사사업의 시행 • 사업대행자에 대한 지도, 감독	–
조직과 운영	대통령령	지방자치단체의 조례	지방자치단체의 조례	–
구성	• 단장 1명(국토교통부의 고위공무원단에 속하는 일반직공무원 중에서 국토교통부장관이 지명하는 자가 겸직) • 소속직원	–	–	–

토지소유자협의회(지적재조사에 관한 특별법 제13조)	
구성 (제13조)	① 지적재조사지구의 토지소유자는 토지소유자 총수의 2분의 1 이상과 토지면적 2분의 1 이상에 해당하는 토지소유자의 동의를 받아 토지소유자협의회를 구성할 수 있다. 〈개정 2017.4.18.〉
위원 (제13조)	② 토지소유자협의회는 위원장을 포함한 5명 이상 20명 이하의 위원으로 구성한다. 토지소유자협의회의 위원은 그 사업지구에 있는 토지의 소유자이어야 하며, 위원장은 위원 중에서 호선한다.
회의 (영 제10조)	④ 협의회의 회의는 재적위원 과반수의 출석으로 개의(開議)하고, 출석위원 과반수의 찬성으로 의결한다.
기능 (제13조)	③ 토지소유자협의회의 기능은 다음과 같다. 1. 지적소관청에 대한 제7조제3항에 따른 [지]적재조사지구 신청 2. 임시 경계점 [표]지 및 경계점 표지의 설치에 대한 입회 3. 토지[현]황조사에 대한 입회 4. 〈삭제 2017.4.18.〉 5. 조정[금] 산정에 대한 의견제출 6. 경계결[정]위원회 위원의 추천
기타	동의자 수의 산정방법 및 동의절차, 토지소유자협의회의 구성 및 운영, 그 밖에 필요한 사항은 대통령령으로 정한다.

축척변경위원회(공간정보의 구축 및 관리 등에 관한 법률 시행령 제79조)	
구성 (영 제79조)	① 축척변경위원회는 5명 이상 10명 이하의 위원으로 구성하되, 위원의 2분의 1 이상을 토지소유자로 하여야 한다. 이 경우 그 축척변경 시행지역의 토지소유자가 5명 이하일 때에는 토지소유자 전원을 위원으로 위촉하여야 한다. ② 위원장은 위원 중에서 지적소관청이 지명한다. ③ 위원은 다음 각 호의 사람 중에서 지적소관청이 위촉한다. 1. 해당 축척변경 시행지역의 토지소유자로서 지역 사정에 정통한 사람 2. 지적에 관하여 전문지식을 가진 사람 ④ 축척변경위원회의 위원에게는 예산의 범위에서 출석수당과 여비, 그 밖의 실비를 지급할 수 있다. 다만, 공무원인 위원이 그 소관 업무와 직접적으로 관련되어 출석하는 경우에는 그러하지 아니하다.
기능 (영 제80조)	① [축]척변경 시행계획에 관한 사항 ② 지번별 [제]곱미터당 금액의 결정과 청산금의 산정에 관한 사항 ③ [청]산금의 이의신청에 관한 사항 ④ 그 밖에 축척변경과 관련하여 지적[소]관청이 회의에 부치는 사항
회의 (영 제81조)	① 축척변경위원회의 회의는 지적소관청이 제80조 각 호의 어느 하나에 해당하는 사항을 축척변경위원회에 회부하거나 위원장이 필요하다고 인정할 때에 위원장이 소집한다. ② 축척변경위원회의 회의는 위원장을 포함한 재적위원 과반수의 출석으로 개의(開議)하고, 출석위원 과반수의 찬성으로 의결한다. ③ 위원장은 축척변경위원회의 회의를 소집할 때에는 회의일시 · 장소 및 심의안건을 회의 개최 5일 전까지 각 위원에게 서면으로 통지하여야 한다.

지적위원회					
구분	위원수	위원장	부위원장	위원임기	위원임명
중앙지적 위원회	5명 이상 10명 이하(위원장, 부위원장 포함)	국토교통부의 지적 업무 담당국장	국토교통부의 지적 업무 담당과장	2년(위원장, 부위원장 제외)	국토교통부 장관
지방지적 위원회	5인 이상 10인 이내(위원장, 부위원장 포함)	시 · 도의 지적업무 담당국장	시 · 도의 지적업무 담당과장	2년(위원장, 부위원장 제외)	시 · 도지사

중앙지적위원회(공간정보의 구축 및 관리 등에 관한 법률 제28조)	
심의 · 의결 (제28조)	① 다음 각 호의 사항을 심의 · 의결하기 위하여 국토교통부에 중앙지적위원회를 둔다. 1. 지적 관련 [정]책 개발 및 업[무] 개선 등에 관한 사항 2. 지적측량기술의 [연]구 · [개]발 및 보급에 관한 사항 3. 제29조제6항에 따른 지적측량 적부심[사](適否審査)에 대한 재심사(再審査) 4. 제39조에 따른 측량기술자 중 지적분야 측량기술자(이하 "지적기술자"라 한다)의 [양]성에 관한 사항 5. 제42조에 따른 지적기술자의 업[무]정지 처분 및 징계[요]구에 관한 사항

회의 (영 제21조)	① 중앙지적위원회 위원장은 회의를 소집하고 그 의장이 된다. ② 위원장이 부득이한 사유로 직무를 수행할 수 없을 때에는 부위원장이 그 직무를 대행하고, 위원장 및 부위원장이 모두 부득이한 사유로 직무를 수행할 수 없을 때에는 위원장이 미리 지명한 위원이 그 직무를 대행한다. ③ 중앙지적위원회의 회의는 재적위원 과반수의 출석으로 개의(開議)하고, 출석위원 과반수의 찬성으로 의결한다. ④ 중앙지적위원회는 관계인을 출석하게 하여 의견을 들을 수 있으며, 필요하면 현지조사를 할 수 있다. ⑤ 위원장이 중앙지적위원회의 회의를 소집할 때에는 회의 일시 · 장소 및 심의 안건을 회의 5일 전까지 각 위원에게 서면으로 통지하여야 한다. ⑥ 위원이 법 제29조제6항에 따른 재심사 시 그 측량 사안에 관하여 관련이 있는 경우에는 그 안건의 심의 또는 의결에 참석할 수 없다.
지방지적위원회(공간정보의 구축 및 관리 등에 관한 법률 제28조)	
적부심사 청구 (영 제24조)	① 법 제29조제1항에 따라 지적측량 적부심사(適否審査)를 청구하려는 자는 심사청구서에 다음 각 호의 구분에 따른 서류를 첨부하여 특별시장 · 광역시장 · 특별자치시장 · 도지사 또는 특별자치도지사(이하 "시 · 도지사"라 한다)를 거쳐 지방지적위원회에 제출하여야 한다. 〈개정 2014.1.17.〉 1. 토지소유자 또는 이해관계인 : 지적측량을 의뢰하여 발급받은 지적측량성과 2. 지적측량수행자(지적측량수행자 소속 지적기술자가 청구하는 경우만 해당한다) : 직접 실시한 지적측량성과
지방 지적위원회 회부 (제29조)	② 제1항에 따른 지적측량 적부심사청구를 받은 시 · 도지사는 ㉚일 이내에 다음 각 호의 사항을 조사하여 지방지적위원회에 회부하여야 한다. [암기] [위][성][이] [연][기]하면 [계][측]하라 1. 다툼이 되는 지적측량의 경[위] 및 그 [성]과 2. 해당 토지에 대한 토지[이]동 및 소유권 변동 [연]혁 3. 해당 토지 주변의 측량[기]준점, 경[계], 주요 구조물 등 현황 실[측]도
현지조사자 지정 (영 제24조)	② 시 · 도지사는 법 제29조제2항제3호에 따른 현황 실측도를 작성하기 위하여 필요한 경우에는 관계 공무원을 지정하여 지적측량을 하게 할 수 있으며, 필요하면 지적측량수행자에게 그 소속 지적기술자를 참여시키도록 요청할 수 있다.
심의 및 의결 (영 제29조)	③ 제2항에 따라 지적측량 적부심사청구를 회부받은 지방지적위원회는 그 심사청구를 회부받은 날부터 (60)일 이내에 심의 · 의결하여야 한다. 다만, 부득이한 경우에는 그 심의기간을 해당 지적위원회의 의결을 거쳐 ㉚일 이내에서 한 번만 연장할 수 있다. ④ 지방지적위원회는 지적측량 적부심사를 의결하였으면 대통령령으로 정하는 바에 따라 의결서를 작성하여 시 · 도지사에게 송부하여야 한다.
통지 (제29조)	⑤ 시 · 도지사는 제4항에 따라 의결서를 받은 날부터 ⑦일 이내에 지적측량 적부심사 청구인 및 이해관계인에게 그 의결서를 통지하여야 한다. ⑥ 제5항에 따라 의결서를 받은 자가 지방지적위원회의 의결에 불복하는 경우에는 그 의결서를 받은 날부터 (90)일 이내에 국토교통부장관을 거쳐 중앙지적위원회에 재심사를 청구할 수 있다.

송부 (제29조)	⑨ 시·도지사는 제4항에 따라 지방지적위원회의 의결서를 받은 후 해당 지적측량 적부심사 청구인 및 이해관계인이 ⑨0일 이내에 재심사를 청구하지 아니하면 그 의결서 사본을 지적 소관청에 보내야 하며, 중앙지적위원회의 의결서를 받은 경우에는 그 의결서 사본에 제4항 에 따라 받은 지방지적위원회의 의결서 사본을 첨부하여 지적소관청에 보내야 한다.
수정 (제29조)	⑩ 제9항에 따라 지방지적위원회 또는 중앙지적위원회의 의결서 사본을 받은 지적소관청은 그 내용에 따라 지적공부의 등록사항을 정정하거나 측량성과를 수정하여야 한다.

국가공간정보위원회 (국가공간정보 기본법 제5조)

심의사항 (제5조)	② 위원회는 다음 각 호의 사항을 심의한다. 　1. 제6조에 따른 국가공간정보정책 기본㉑획의 수립·변경 및 집행실적의 평가 　2. 제7조에 따른 국가공간정보정책 ㉦행계획(제7조에 따른 기관별 국가공간정보정책 시 행계획을 포함한다)의 ㉦립·㉫경 및 집행실적의 평㉮ 　3. 공간정보의 ㉯통과 ㉰호에 관한 사항 　4. 국가공간정보체계의 중복투자 ㉱지 등 투자 효율㉲에 관한 사항 　5. 국가공간정보체계의 구축·관리 및 활용에 관한 주요 ㉳책의 조정에 관한 사항 　6. 그 밖에 국가공간정보정책 및 국가공간정보체계와 관련된 사항으로서 ㉴원장이 부의하 는 사항
위원회 (제5조)	③ 위원회는 위원장을 포함하여 30인 이내의 위원으로 구성한다. ④ 위원장은 국토교통부장관이 되고, 위원은 다음 각 호의 자가 된다. 　1. 국가공간정보체계를 관리하는 중앙행정기관의 차관급 공무원으로서 대통령령으로 정 하는 자 　2. 지방자치단체의 장(특별시·광역시·특별자치시·도·특별자치도의 경우에는 부시장 또는 부지사)으로서 위원장이 위촉하는 자 7인 이상 　3. 공간정보체계에 관한 전문지식과 경험이 풍부한 민간전문가로서 위원장이 위촉하는 자 7인 이상 ⑤ 제4항제2호 및 제3호에 해당하는 위원의 임기는 2년으로 한다. 다만, 위원의 사임 등으로 새로 위촉된 위원의 임기는 전임 위원의 남은 임기로 한다. ⑥ 위원회는 제2항에 따른 심의 사항을 전문적으로 검토하기 위하여 전문위원회를 둘 수 있다. ⑦ 그 밖에 위원회 및 전문위원회의 구성·운영 등에 관하여 필요한 사항은 대통령령으로 정 한다.
위원 (영 제3조)	① 법 제5조제4항제1호에 따른 위원은 다음 각 호의 사람으로 한다. 〈개정 2013.3.23., 2013. 11.22., 2014.11.19., 2017.7.26.〉 　1. 기획재정부 제1차관, 교육부차관, 과학기술정보통신부 제2차관, 국방부차관, 행정안전 부차관, 농림축산식품부차관, 산업통상자원부 제1차관, 환경부차관 및 해양수산부차관 　2. 통계청장, 소방청장, 문화재청장, 농촌진흥청장 및 산림청장 ② 법 제5조에 따른 국가공간정보위원회(이하 "위원회"라 한다)의 위원장은 법 제5조제4항제 3호에 따라 민간전문가를 위원으로 위촉하는 경우 관계 중앙행정기관의 장의 의견을 들을 수 있다.

운영 (영 제4조)	① 위원회의 위원장(이하 "위원장"이라 한다)은 위원회를 대표하고, 위원회의 업무를 총괄한다. ② 위원장이 부득이한 사유로 직무를 수행할 수 없을 때에는 위원장이 지명하는 위원의 순으로 그 직무를 대행한다. ③ 위원장은 회의 개최 5일 전까지 회의 일시·장소 및 심의안건을 각 위원에게 통보하여야 한다. 다만, 긴급한 경우에는 회의 개최 전까지 통보할 수 있다. ④ 회의는 재적위원 과반수의 출석으로 개의(開議)하고, 출석위원 과반수의 찬성으로 의결한다.
간사 (영 제5조)	위원회에 간사 2명을 두되, 간사는 국토교통부와 행정안전부 소속 3급 또는 고위공무원단에 속하는 일반직공무원 중에서 국토교통부장관과 행정안전부장관이 각각 지명한다.
전문위원회(국가공간정보 기본법 시행령 제7조)	
구성 및 운영 (영 제7조)	① 법 제5조제6항에 따른 전문위원회(이하 "전문위원회"라 한다)는 위원장 1명을 포함하여 30명 이내의 위원으로 구성한다. ② 전문위원회 위원은 공간정보와 관련한 4급 이상 공무원과 민간전문가 중에서 국토교통부장관이 임명 또는 위촉하되, 성별을 고려하여야 한다. ③ 전문위원회 위원장은 전문위원회 위원 중에서 국토교통부장관이 지명하는 자가 된다. ④ 전문위원회 위촉위원의 임기는 2년으로 한다. ⑤ 전문위원회에 간사 1명을 두며, 간사는 국토교통부 소속 공무원 중에서 국토교통부장관이 지명하는 자가 된다. ⑥ 전문위원회의 운영에 관하여는 제4조를 준용한다.
의견청취 및 현지조사 (영 제8조)	위원회와 전문위원회는 안건심의와 업무수행에 필요하다고 인정하는 경우에는 관계기관에 자료의 제출을 요청하거나 관계인 또는 전문가를 출석하게 하여 그 의견을 들을 수 있으며 현지조사를 할 수 있다.
회의록 (영 제9조)	위원회와 전문위원회는 각각 회의록을 작성하여 갖춰 두어야 한다.
수당 (영 제10조)	위원회 또는 전문위원회에 출석한 위원·관계인 및 전문가에게는 예산의 범위에서 수당과 여비를 지급할 수 있다. 다만, 공무원인 위원이 그 소관 업무와 직접 관련하여 회의에 출석한 경우에는 그러하지 아니하다.
운영세칙 (영 제11조)	이 영에서 규정한 사항 외에 위원회 및 전문위원회의 운영에 필요한 사항은 위원회 및 전문위원회의 의결을 거쳐 위원장 및 전문위원회의 위원장이 정할 수 있다.
공간정보산업진흥원(공간정보산업 진흥법 제23조)	
설립 (제23조)	① 국토교통부장관은 공간정보산업을 효율적으로 지원하기 위하여 공간정보산업진흥원(이하 "진흥원"이라 한다)을 설립한다. ② 진흥원은 법인으로 한다. ③ 진흥원은 그 주된 사무소의 소재지에서 설립등기를 함으로써 성립한다.

업무
(제23조)
	④ 진흥원은 다음 각 호의 사업 중 국토교통부장관으로부터 위탁을 받은 업무를 수행할 수 있다.
	  1. 제5조에 따른 공공수요 및 공간정보산업정보의 조사
	  1의2. 제5조의2에 따른 공간정보산업과 관련된 통계의 작성
	  2. 제8조에 따른 유통현황의 조사 · 분석
	  3. 제9조에 따른 융 · 복합 공간정보산업 지원을 위한 정보수집 및 분석
	  3의2. 제9조제3항에 따른 공간정보오픈플랫폼 등 시스템의 운영
	  4. 제10조에 따른 지식재산권 보호를 위한 시책추진
	  5. 공간정보산업의 산학 연계 프로그램 지원
	  6. 제12조에 따른 공간정보 관련 제품 및 서비스의 품질인증
	  7. 제13조에 따른 공간정보기술의 개발 촉진
	  8. 제14조에 따른 공간정보산업의 표준화 지원
	  9. 제15조에 따른 공간정보산업과 관련된 전문인력 양성 및 지원
	  9의2. 제16조에 따른 공간정보사업자 등의 국외 진출 지원 및 공간정보산업과 관련된 국
	     제교류 · 협력
	  9의3. 「국가공간정보 기본법」 제9조제1항제1호에 따른 공간정보체계의 구축 · 관리 · 활
	     용 및 공간정보의 유통 등에 관한 기술의 연구 · 개발, 평가 및 이전과 보급
	  9의4. 제16조의2에 따른 창업지원을 위한 사업의 추진
	  10. 제18조에 따른 공간정보산업진흥시설의 지원
	  11. 그 밖에 국토교통부장관으로부터 위탁을 받은 사항
	⑤ 진흥원은 공간정보산업을 효율적으로 지원하고 제4항에 따른 업무를 수행하는 데에 필요
	한 경비를 조달하기 위하여 대통령령으로 정하는 바에 따라 수익사업을 할 수 있다.
	⑥ 국토교통부장관은 진흥원에 대하여 제4항에 따라 위탁을 받은 업무를 수행하는 데 필요한
	경비를 예산의 범위 안에서 지원할 수 있다.
	⑦ 개인 · 법인 또는 단체는 진흥원의 사업을 지원하기 위하여 진흥원에 금전이나 현물, 그 밖
	의 재산을 출연 또는 기부할 수 있다.
	⑧ 진흥원에 관하여 이 법에서 규정한 것 외에는 「민법」 중 재단법인에 관한 규정을 준용한다.
	⑨ 그 밖에 진흥원의 운영 등에 필요한 사항은 대통령령으로 정한다.

수익사업
(영 제16조)
	① 법 제23조제1항에 따른 공간정보산업진흥원(이하 "진흥원"이라 한다)이 같은 조 제5항에
	따라 할 수 있는 수익사업은 다음 각 호와 같다.
	  1. 공간정보산업 진흥을 위한 각종 교육 및 홍보
	  2. 공간정보 기술자문 사업
	  3. 공간정보의 가공 및 유통과 관련된 사업
	② 진흥원의 장은 제1항에 따른 수익사업에 대하여 수수료의 요율 또는 금액을 결정하였을
	때에는 그 결정된 내용과 금액산정의 명세를 공개하여야 한다.

운영 (영 제16조의2)	진흥원의 정관에는 다음 각 호의 사항을 기재하여야 한다. 1. 설립목적 2. 명칭 3. 주된 사무소의 소재지 4. 사업의 내용 및 집행에 관한 사항 5. 임원의 정원 · 임기 · 선출방법 및 해임 등에 관한 사항 6. 이사회에 관한 사항 7. 재정 및 회계에 관한 사항 8. 조직 및 운영에 관한 사항 9. 수익사업에 관한 사항

도로명주소법 제29조(주소정보위원회)		
위원회	중앙주소정보위원회	시·도주소정보위원회	시·군·구주소정보위원회
소속	행정안전부	시·도	시·군·자치구
심의사항	1. 법 제5조에 따른 기본계획의 수립에 관한 사항 2. 법 제7조 및 제8조에 따른 둘 이상의 시·도에 걸쳐 있는 도로의 도로명(도로구간과 기초번호를 포함한다. 이하 이 조에서 같다) 부여·변경에 관한 사항 3. 제54조제1항에 따른 운영계획의 수립에 관한 사항 4. 그 밖에 주소정보 활용에 관한 사항으로서 행정안전부장관이 심의에 부치는 사항	1. 법 제7조 및 제8조에 따른 둘 이상의 시·군·구에 걸쳐 있는 도로의 도로명 부여·변경에 관한 사항 2. 법 제16조제1항제2호에 따른 행정구역이 결정되지 않은 지역의 사업지역 명칭 및 도로명의 부여에 관한 사항 3. 그 밖에 주소정보 활용에 관한 사항으로서 시·도지사가 심의에 부치는 사항	1. 법 제7조 및 제8조에 따른 도로명의 부여·변경에 관한 사항 2. 법 제10조에 따른 명예도로명의 부여에 관한 사항 3. 법 제14조제3항에 따라 직권으로 부여·변경하려는 상세주소의 이의신청에 관한 사항 4. 제50조제3항에 따른 주소정보시설 설치의 이의신청에 관한 사항 5. 그 밖에 주소정보 활용에 관한 사항으로서 특별자치시장, 특별자치도지사 및 시장·군수·구청장이 심의에 부치는 사항
구성	위원장 1명과 부위원장 1명을 포함하여 10명 이상 20명 이하의 위원		
임기	위원장과 부위원장은 위원 중에서 호선(互選)하며, 그 임기는 2년		
위원	1. 행정안전부에서 주소정보 관련 업무를 관장하는 고위공무원단에 속하는 공무원 중에서 행정안전부장관이 임명하는 공무원 2. 주소정보에 관한 학식과 경험이 풍부한 사람 중에서 성별을 고려하여 행정안전부장관이 위촉하는 사람 3. 다음 각 목의 중앙행정기관의 고위공무원단에 속하는 공무원 중에서 소속 기관의 장이 지명하는 사람 　가. 기획재정부 　나. 과학기술정보통신부 　다. 문화체육관광부 　라. 국토교통부 　마. 경찰청 　바. 소방청 　사. 그 밖에 주소정보 업무와 관련하여 행정안전부장관이 정하는 중앙행정기관		
제58조 (위원의 임기)	제57조제3항제2호에 따른 위원(이하 "위촉위원"이라 한다)의 임기는 2년으로 한다.		

제59조 (위원의 해촉)	행정안전부장관은 위촉위원이 다음 각 호의 어느 하나에 해당하는 경우에는 해당 위원을 해촉(解囑)할 수 있다 1. 심신장애로 직무를 수행할 수 없게 된 경우 2. 직무와 관련된 비위사실이 있는 경우 3. 직무태만, 품위손상이나 그 밖의 사유로 위원으로 적합하지 않다고 인정되는 경우 4. 위원 스스로 직무를 수행하는 것이 곤란하다고 의사를 밝히는 경우
제60조 (위원장의직무)	① 위원장은 위원회를 대표하고, 위원회의 업무를 총괄한다. ② 위원장이 부득이한 사유로 직무를 수행할 수 없을 때에는 부위원장이 그 직무를 대행한다. 이 경우 부위원장이 부득이한 사유로 그 직무를 대행할 수 없을 때에는 위원장이 미리 지명한 위원이 그 직무를 대행한다.
제61조(회의)	① 위원장은 위원회의 회의를 소집하고, 그 의장이 된다. ② 위원회의 회의는 재적위원 과반수의 출석으로 개의(開議)하고, 출석위원 과반수의 찬성으로 의결한다. ③ 위원장은 상정된 안건을 논의하기 위하여 필요한 경우에는 안건과 관련된 관계 행정기관 · 공공단체나 그 밖의 기관 · 단체의 장 또는 민간 전문가를 회의에 출석시켜 의견을 들을 수 있다.
제62조 (운영세칙)	이 영에서 규정한 사항 외에 위원회의 구성 · 운영 등에 필요한 사항은 위원회의 의결을 거쳐 위원장이 정한다.
공간정보산업협회(공간정보산업 진흥법 제24조)	
설립 (제24조)	① 공간정보사업자와 공간정보기술자는 공간정보산업의 건전한 발전과 구성원의 공동이익을 도모하기 위하여 공간정보산업협회(이하 "협회"라 한다)를 설립할 수 있다. 〈개정 2014.6.3.〉 ② 협회는 법인으로 한다. ③ 협회는 주된 사무소의 소재지에서 설립등기를 함으로써 성립한다. 〈신설 2014.6.3.〉 ④ 협회를 설립하려는 자는 공간정보기술자 300명 이상 또는 공간정보사업자 10분의 1 이상을 발기인으로 하여 정관을 작성한 후 창립총회의 의결을 거쳐 국토교통부장관의 인가를 받아야 한다. 〈신설 2014.6.3.〉
업무 (제24조)	⑤ 협회는 다음 각 호의 업무를 행한다. 〈개정 2014.6.3., 2016.3.22.〉 1. 공간정보산업에 관한 연구 및 제도 개선의 건의 2. 공간정보사업자의 저작권 · 상표권 등의 보호활동 지원에 관한 사항 3. 공간정보 등 관련 기술에 관한 각종 자문 4. 공간정보기술자의 교육 등 전문인력의 양성 5. 다음 각 목의 사업 　가. 회원의 업무수행에 따른 입찰, 계약, 손해배상, 선급금 지급, 하자보수 등에 대한 보증사업 　나. 회원에 대한 자금의 융자 　다. 회원의 업무수행에 따른 손해배상책임에 관한 공제사업 및 회원에 고용된 사람의 복지향상과 업무상 재해로 인한 손실을 보상하는 공제사업 6. 이 법 또는 다른 법률의 규정에 따라 협회가 위탁받아 수행할 수 있는 사업 7. 그 밖에 협회의 설립목적을 달성하는 데 필요한 사업으로서 정관으로 정하는 사업

업무
(제24조)
	⑥ 협회에서 제5항제5호가목에 따른 보증사업 및 같은 호 다목에 따른 공제사업을 하려면 보증규정 및 공제규정을 제정하여 미리 국토교통부장관의 승인을 받아야 한다. 보증규정 및 공제규정을 변경하려는 경우에도 또한 같다. 〈신설 2016.3.22.〉
	⑦ 제6항에 따른 보증규정 및 공제규정에는 다음 각 호의 사항을 포함하여야 한다. 〈신설 2016.3.22.〉
	
	  1. 보증규정 : 보증사업의 범위, 보증계약의 내용, 보증수수료, 보증에 충당하기 위한 책임준비금 등 보증사업의 운영에 필요한 사항
	  2. 공제규정 : 공제사업의 범위, 공제계약의 내용, 공제료, 공제금, 공제금에 충당하기 위한 책임준비금 등 공제사업의 운영에 필요한 사항
	
	⑧ 국토교통부장관은 제5항제5호가목에 따른 보증사업 및 같은 호 다목에 따른 공제사업의 건전한 육성과 가입자의 보호를 위하여 보증사업 및 공제사업의 감독에 관한 기준을 정하여 고시하여야 한다. 〈신설 2016.3.22.〉
	⑨ 국토교통부장관은 제6항에 따라 보증규정 및 공제규정을 승인하거나 제8항에 따라 보증사업 및 공제사업의 감독에 관한 기준을 정하는 경우에는 미리 금융위원회와 협의하여야 한다. 〈신설 2016.3.22.〉
	⑩ 국토교통부장관은 제5항제5호가목에 따른 보증사업 및 같은 호 다목에 따른 공제사업에 대하여 「금융위원회의 설치 등에 관한 법률」에 따른 금융감독원의 원장에게 검사를 요청할 수 있다. 〈신설 2016.3.22.〉
	⑪ 협회에 관하여 이 법에서 규정되어 있는 것을 제외하고는 민법 중 사단법인에 관한 규정을 준용한다. 〈개정 2014.6.3., 2016.3.22.〉
	⑫ 제1항부터 제11항까지에서 정한 것 외에 협회의 정관, 설립 인가 및 감독 등에 필요한 사항은 대통령령으로 정한다. 〈신설 2014.6.3., 2016.3.22.〉

정관 기재사항
(영 제16조의3)
	법 제24조제1항에 따른 공간정보산업협회(이하 "협회"라 한다)가 같은 조 제12항에 따라 정관에 기재하여야 하는 사항은 다음 각 호와 같다. 〈개정 2018.2.13.〉
	
	  1. 설립⑭적
	  2. ⑲칭
	  3. ㉜된 사무소의 소재지
	  4. ㉛업의 내용 및 그 집행에 관한 사항
	  5. ㉙원의 자격, 가입과 탈퇴 및 권리 · 의무에 관한 사항
	  6. ㉖원의 정원 · 임기 및 선출방법에 관한 사항
	  7. ㉣회의 구성 및 의결사항
	  8. ㉚사회, 분회 및 지회에 관한 사항
	  9. ㉘정 및 회계에 관한 사항

설립인가 공고 (영 제16조의4)	국토교통부장관은 법 제24조제4항에 따라 협회의 설립을 인가하였을 때에는 그 주요 내용을 국토교통부의 인터넷 홈페이지에 공고하여야 한다.
지도 · 감독 (영 제16조의5)	국토교통부장관은 협회의 지도 · 감독을 위하여 필요한 경우 협회에 자료제출을 요구할 수 있다.

공간정보집합투자기구(공간정보산업 진흥법 제25조)	
설립 (제25조)	① 「자본시장과 금융투자업에 관한 법률」에 따라 공간정보산업에 자산을 투자하여 그 수익을 주주에게 배분하는 것을 목적으로 하는 집합투자기구(이하 "공간정보집합투자기구"라 한다)를 설립할 수 있다. ② 금융위원회는 「자본시장과 금융투자업에 관한 법률」 제182조에 따라 공간정보집합투자기구의 등록신청을 받은 경우 대통령령으로 정하는 바에 따라 미리 국토교통부장관과 협의하여야 한다. 〈개정 2013.3.23.〉 ③ 공간정보집합투자기구는 이 법으로 특별히 정하는 경우를 제외하고는 「자본시장과 금융투자업에 관한 법률」의 적용을 받는다.
협의 (영 제17조)	금융위원회는 법 제25조제2항에 따라 공간정보집합투자기구의 등록신청을 받은 날부터 7일 이내에 국토교통부장관에게 등록 여부에 대한 협의를 요청하여야 한다. 〈개정 2013.3.23.〉
자산운용방법 (제26조)	공간정보집합투자기구는 자본금의 100분의 50 이상에 해당하는 금액을 다음 각 호의 어느 하나에 사용하여야 한다. 〈개정 2013.3.23.〉 1. 대통령령으로 정하는 공간정보사업자에 대한 출자 또는 이들 사업자가 발행하는 주식ㆍ지분ㆍ수익권ㆍ대출채권의 취득 2. 그 밖에 국토교통부장관이 사업을 위하여 필요한 것으로 승인한 투자

한국국토정보공사(국가공간정보 기본법 제12조)	
설립 (제12조)	① 공간정보체계의 구축 지원, 공간정보와 지적제도에 관한 연구, 기술 개발 및 지적측량 등을 수행하기 위하여 한국국토정보공사(이하 이 장에서 "공사"라 한다)를 설립한다. ② 공사는 법인으로 한다. ③ 공사는 그 주된 사무소의 소재지에서 설립등기를 함으로써 성립한다. ④ 공사의 설립등기에 필요한 사항은 대통령령으로 정한다. [본조신설 2014.6.3.]
설립등기 사항 (영 제14조의2)	법 제12조제1항에 따른 한국국토정보공사(이하 "공사"라 한다)의 같은 조 제4항에 따른 설립등기 사항은 다음 각 호와 같다. 1. ㉫적 2. ㉱칭 3. ㉰된 사무소의 소재지 4. ㉨사 및 감사의 성명과 주소 5. ㉯산에 관한 사항 6. ㉬고의 방법
공사의 정관 등 (제13조)	① 공사의 정관에는 다음 각 호의 사항이 포함되어야 한다. 1. ㉫적　　　　　　　　　　　　　2. ㉱칭 3. ㉰된 사무소의 소재지　　　　　4. ㉪직 및 기구에 관한 사항 5. ㉯무 및 그 집행에 관한 사항　　6. ㉨사회에 관한 사항 7. ㉰직원에 관한 사항　　　　　　8. ㉯산 및 회계에 관한 사항 9. ㉭관의 변경에 관한 사항　　　　10. ㉬고의 방법에 관한 사항 11. ㉮정의 제정, 개정 및 폐지에 관한 사항　　12. ㉩산에 관한 사항 ② 공사는 정관을 변경하려면 미리 국토교통부장관의 ㉠가를 받아야 한다.

공사의 사업 (제14조)	공사는 다음 각 호의 사업을 한다. 1. 다음 각 목을 제외한 공간정보체계 구축 지원에 관한 사업으로서 대통령령으로 정하는 사업 　가. 「공간정보의 구축 및 관리 등에 관한 법률」에 따른 측량업(지적측량업은 제외한다)의 　　　범위에 해당하는 사업 　나. 「중소기업제품 구매촉진 및 판로지원에 관한 법률」에 따른 중소기업자 간 경쟁 제품에 　　　해당하는 사업 　　영 제14조의3(공사의 사업) 법 제14조제1호 각 목 외의 부분에서 "대통령령으로 정하 　　는 사업"이란 다음 각 호의 사업을 말한다. 　　1. 국가공간정보체계 구축 및 활용 관련 계획수립에 관한 지원 　　2. 국가공간정보체계 구축 및 활용에 관한 지원 　　3. 공간정보체계 구축과 관련한 출자(出資) 및 출연(出捐) 2. 공간정보 · 지적제도에 관한 연구, 기술 개발, 표준화 및 교육사업 3. 공간정보 · 지적제도에 관한 외국 기술의 도입, 국제 교류 · 협력 및 국외 진출 사업 4. 「공간정보의 구축 및 관리 등에 관한 법률」 제23조제1항제1호 및 제3호부터 제5호까지의 　어느 하나에 해당하는 사유로 실시하는 지적측량 5. 「지적재조사에 관한 특별법」에 따른 지적재조사사업 6. 다른 법률에 따라 공사가 수행할 수 있는 사업 7. 그 밖에 공사의 설립 목적을 달성하기 위하여 필요한 사업으로서 정관으로 정하는 사업
공사의 임원 (제15조)	① 공사에는 임원으로 사장 1명과 부사장 1명을 포함한 11명 이내의 이사와 감사 1명을 두며, 　이사는 정관으로 정하는 바에 따라 상임이사와 비상임이사로 구분한다. ② 사장은 공사를 대표하고 공사의 사무를 총괄한다. ③ 감사는 공사의 회계와 업무를 감사한다.
공사에 대한 감독 (제16조)	① 국토교통부장관은 공사의 사업 중 다음 각 호의 사항에 대하여 지도 · 감독한다. 　1. 사업실적 및 결산에 관한 사항 　2. 제14조에 따른 사업의 적절한 수행에 관한 사항 　3. 그 밖에 관계 법령에서 정하는 사항 ② 국토교통부장관은 제1항에 따른 감독 결과 위법 또는 부당한 사항이 발견된 경우 공사에 　그 시정을 명하거나 필요한 조치를 취할 수 있다.

SECTION 14 벌칙

공간정보의 구축 및 관리에 관한 법률	
3년 이하의 징역 또는 3천만 원 이하의 벌금 **암기** ⑨⑭㉟	측량업자로서 속⑨수, 위⑭력(威力), 그 밖의 방법으로 측량업과 관련된 입찰의 ㉟정성을 해친 자는 3년 이하의 징역 또는 3천만 원 이하의 벌금에 처한다.
2년 이하의 징역 또는 2천만 원 이하의 벌금 **암기** ㉮㉵⑤ ㉦㉧ⓢⓖ	• 측량업의 등록을 하지 아니하거나 ㉮짓이나 그 밖의 ㉵정한 방법으로 측량업의 ⑤록을 하고 측량업을 한 자 • 성능검사대행자의 등록을 하지 아니하거나 ㉮짓이나 그 밖의 ㉵정한 방법으로 성능검사대행자의 ⑤록을 하고 성능검사업무를 한 자 • 측량성과를 국㉦로 반출한 자 • 측량기준점㉧지를 이전 또는 파손하거나 그 효용을 해치는 행위를 한 자 • 고의로 측량ⓢ과를 사실과 다르게 한 자 • 성능㉦사를 부정하게 한 성능검사대행자
1년 이하의 징역 또는 1천만 원 이하의 벌금 **암기** ⑤ⓑⓗⓟ ㉹ⓟ㉹ⓜ	• ⑤ 이상의 측량업자에게 소속된 측량기술자 • 업무상 알게 된 ⓑ밀을 누설한 측량기술자 • 거짓(ⓗ위)으로 다음 각 목의 신청을 한 자 <table><tr><td>가. 신규등록 신청</td><td>나. 등록전환 신청</td></tr><tr><td>다. 분할 신청</td><td>라. 합병 신청</td></tr><tr><td>마. 지목변경 신청</td><td>바. 바다로 된 토지의 등록말소 신청</td></tr><tr><td>사. 축척변경 신청</td><td>아. 등록사항의 정정 신청</td></tr><tr><td colspan="2">자. 도시개발사업 등 시행지역의 토지이동 신청</td></tr></table> • 측량기술자가 아님에도 ⓟ구하고 측량을 한 자 • 지적측량수수료 외의 ㉹가를 받은 지적측량기술자 • 심사를 받지 아니하고 지도 등을 간행하여 ㉹매하거나 배포한 자 • 다른 사람에게 측량업등록증 또는 측량업등록수첩을 ⓜ려주거나 자기의 성명 또는 상호를 사용하여 측량업무를 하게 한 자 • 다른 사람의 측량업등록증 또는 측량업등록수첩을 ⓜ려서 사용하거나 다른 사람의 성명 또는 상호를 사용하여 측량업무를 한 자
1년 이하의 징역 또는 1천만 원 이하의 벌금 **암기** ⑤ⓑⓗⓟ ㉹ⓟ㉹ⓜ	• 다른 사람에게 자기의 성능검사대행자 등록증을 ⓑ려 주거나 자기의 성명 또는 상호를 사용하여 성능검사대행업무를 수행하게 한 자 • 다른 사람의 성능검사대행자 등록증을 ⓑ려서 사용하거나 다른 사람의 성명 또는 상호를 사용하여 성능검사대행업무를 수행한 자 • 무단으로 측량성과 또는 측량기록을 ⓑ제한 자

양벌규정	법인의 대표자나 법인 또는 개인의 대리인, 사용인, 그 밖의 종업원이 그 법인 또는 개인의 업무에 관하여 제107조부터 제109조까지의 어느 하나에 해당하는 위반행위를 하면 그 행위자를 벌하는 외에 그 법인 또는 개인에게도 해당 조문의 벌금형을 과(科)한다. 다만, 법인 또는 개인이 그 위반행위를 방지하기 위하여 해당 업무에 관하여 상당한 주의와 감독을 게을리하지 아니한 경우에는 그러하지 아니하다.
300만 원 이하의 과태료 [암기] [정][업][검] [성][직][거] [정] : [측][출][보][조] [업] : [등][폐][승] [검] : [등][폐][검]	• [정]당한 사유 없이 [측]량을 방해한 자 • 정당한 사유 없이 제101조제7항을 위반하여 토지 등에의 [출]입 등을 방해하거나 거부한 자 • 정당한 사유 없이 제99조제1항에 따른 [보]고를 하지 아니하거나 거짓으로 보고를 한 자 • 정당한 사유 없이 제99조제1항에 따른 [조]사를 거부 · 방해 또는 기피한 자 • 제44조제4항을 위반하여 측량[업] [등]록사항의 변경신고를 하지 아니한 자 • 제48조(제54조제6항에 따라 준용되는 경우를 포함한다)를 위반하여 측량업의 휴업 · [폐]업 등의 신고를 하지 아니하거나 거짓으로 신고한 자 • 제46조제2항(제54조제6항에 따라 준용되는 경우를 포함한다)을 위반하여 측량업자 의 지위 [승]계 신고를 하지 아니한 자 • 제93조제1항을 위반하여 성능[검]사대행자의 [등]록사항 변경을 신고하지 아니한 자 • 제93조제3항을 위반하여 성능검사대행업무의 [폐]업신고를 하지 아니한 자 • 제92조제1항을 위반하여 측량기기에 대한 성능[검]사를 받지 아니하거나 부정한 방법으로 성능검사를 받은 자 • 제13조제4항을 위반하여 고시된 측량[성]과에 어긋나는 측량성과를 사용한 자 • 제50조제2항을 위반하여 본인, 배우자 또는 [직]계 존속 · 비속이 소유한 토지에 대한 지적측량을 한 자 • 제40조제1항(제43조제3항에 따라 준용되는 경우를 포함한다)을 위반하여 [거]짓으로 측량기술자의 신고를 한 자 • 과태료는 대통령령으로 정하는 바에 따라 국토교통부장관, 시 · 도지사 또는 지적소관청이 부과 · 징수한다.

과태료의 부과기준(제105조 관련)

1. 일반기준

   가. 위반행위의 횟수에 따른 과태료의 부과기준은 최근 5년간 같은 위반행위로 과태료를 부과받은 경우에 적용한다. 이 경우 위반횟수는 같은 위반행위에 대하여 과태료를 부과받은 날과 다시 같은 위반행위로 적발된 날을 기준으로 하여 계산한다.

   나. 하나의 위반행위가 둘 이상의 과태료 부과기준에 해당하는 경우에는 그중 금액이 큰 과태료 부과기준을 적용한다.

   다. 부과권자는 다음의 어느 하나에 해당하는 경우에는 위반행위의 정도, 위반행위의 동기와 그 결과 등을 고려하여 제2호에 따른 과태료 금액의 2분의 1의 범위에서 그 금액을 줄일 수 있다. 다만, 과태료를 체납하고 있는 위반행위자에 대해서는 그러하지 아니하다.

   1) 위반행위자가 「질서위반행위규제법 시행령」 제2조의2제1항 각 호의 어느 하나에 해당하는 경우

   2) 위반행위가 사소한 부주의나 오류로 인한 것으로 인정되는 경우

   3) 위반행위자가 법 위반상태를 시정하거나 해소하기 위하여 노력한 것이 인정되는 경우

   4) 그 밖에 위반행위의 정도, 위반행위의 동기와 그 결과 등을 고려하여 그 금액을 줄일 필요가 있다고 인정되는 경우

   라. 부과권자는 다음의 어느 하나에 해당하는 경우에는 제2호에 따른 과태료 금액의 2분의 1 범위에서 그 금액을 늘릴 수 있다. 다만, 늘리는 경우에도 과태료의 총액은 법 제111조제1항에 따른 과태료 금액의 상한을 넘을 수 없다.

   1) 위반의 내용·정도가 중대하여 이해관계인 등에게 미치는 피해가 크다고 인정되는 경우

   2) 법 위반상태의 기간이 6개월 이상인 경우

2. 개별기준 **암기** (㉰㉑㉠ ㉮㉢㉯) ㉰ : ㉣㉥㉫㉬, ㉑ : ㉦㉤㉥, ㉠ : ㉦㉤㉠

(단위 : 만 원)

위반행위	근거 법조문	과태료 금액		
		1차	2차	3차 이상
가. ㉰당한 사유 없이 ㉥량을 방해한 경우	법 제111조 제1항 제1호	25	50	100
러. 정당한 사유 없이 법 제101조제7항을 위반하여 토지 등에의 ㉦입 등을 방해하거나 거부한 경우	법 제111조 제1항 제18호	25	50	100
너. 정당한 사유 없이 법 제99조제1항에 따른 ㉦고를 하지 않거나 거짓으로 보고를 한 경우	법 제111조 제1항 제16호	25	50	100
더. 정당한 사유 없이 법 제99조제1항에 따른 ㉰사를 거부·방해 또는 기피한 경우	법 제111조 제1항 제17호	25	50	100
아. 법 제44조제4항을 위반하여 측량㉑ ㉥록사항의 변경신고를 하지 않은 경우	법 제111조 제1항 제8호	7	15	30
차. 법 제48조(법 제54조제6항에 따라 준용되는 경우를 포함한다)를 위반하여 측량업의 휴업·㉫업 등의 신고를 하지 않거나 거짓으로 신고한 경우	법 제111조 제1항 제10호	30		

(단위 : 만 원)

위반행위	근거 법조문	과태료 금액		
		1차	2차	3차 이상
자. 법 제46조제2항(법 제54조제6항에 따라 준용되는 경우를 포함한다)을 위반하여 측량업의 지위 ㉝계신고를 하지 않은 경우	법 제111조 제1항 제9호	50		
하. 법 제93조제1항을 위반하여 성능㉠사대행자의 ㉭록사항 변경을 신고하지 않은 경우	법 제111조 제1항 제14호	6	12	25
거. 법 제93조제3항을 위반하여 성능검사대행업무의 ㉣업신고를 하지 않은 경우	법 제111조 제1항 제15호	25		
파. 법 제92조제1항을 위반하여 측량기기에 대한 성능 ㉠사를 받지 않거나 부정한 방법으로 성능검사를 받은 경우	법 제111조 제1항 제13호	25	50	100
나. 법 제13조제4항을 위반하여 고시된 측량㉞과에 어긋나는 측량성과를 사용한 경우	법 제111조 제1항 제2호	37	75	150
카. 법 제50조제2항을 위반하여 본인, 배우자 또는 ㉠계 존속·비속이 소유한 토지에 대한 지적측량을 한 경우	법 제111조 제1항 제11호	10	20	40
사. 법 제40조제1항(법 제43조제3항에 따라 준용되는 경우를 포함한다)을 위반하여 ㉠짓으로 측량기술자의 신고를 한 경우	법 제111조 제1항 제7호	6	12	25

■ **공간정보의 구축 및 관리 등에 관한 법률 시행규칙 [별표 3의2] 〈개정 2017.1.31.〉**

지적기술자의 업무정지 기준(제44조제3항 관련)

1. 일반기준

국토교통부장관은 다음 각 목의 구분에 따라 업무정지의 기간을 줄일 수 있다.

가. 위반행위가 있은 날 이전 최근 2년 이내에 업무정지 처분을 받은 사실이 없는 경우 : 4분의 1 경감

나. 해당 위반행위가 과실 또는 상당한 이유에 의한 것으로서 보완이 가능한 경우 : 4분의 1 경감

다. 가목과 나목 모두에 해당하는 경우 : 2분의 1 경감

2. 개별기준 [암기] [거][대] [신][정][범] [과][금][벌][손][거]

위반사항	해당 법조문	행정처분기준
가. 법 제40조제1항에 따른 근무처 및 경력 등의 신고 또는 변경신고를 [거]짓으로 한 경우	법 제42조 제1항 제1호	1년
나. 법 제41조제4항을 위반하여 다른 사람에게 측량기술경력증을 [빌]려 주거나 자기의 성명을 사용하여 측량업무를 수행하게 한 경우	법 제42조 제1항 제2호	1년
다. 법 제50조제1항을 위반하여 [신]의와 성실로써 공정하게 지적측량을 하지 아니한 경우	법 제42조 제1항 제3호	
1) 지적측량수행자 소속 지적기술자가 영업[정]지기간 중에 이를 알고도 지적측량업무를 행한 경우		2년
2) 지적측량수행자 소속 지적기술자가 법 제45조에 따른 업무[범]위를 위반하여 지적측량을 한 경우		2년
라. 고의 또는 중[과]실로 지적측량을 잘못하여 다른 사람에게 손해를 입힌 경우	법 제42조 제1항 제3호	
1) 다른 사람에게 손해를 입혀 [금]고 이상의 형을 선고받고 그 형이 확정된 경우		2년
2) 다른 사람에게 손해를 입혀 [벌]금 이하의 형을 선고받고 그 형이 확정된 경우		1년 6개월
3) 그 밖에 고의 또는 중대한 과실로 지적측량을 잘못하여 다른 사람에게 [손]해를 입힌 경우		1년
마. 지적기술자가 법 제50조제1항을 위반하여 정당한 사유 없이 지적측량 신청을 [거]부한 경우	법 제42조 제1항 제4호	3개월

■ 공간정보의 구축 및 관리 등에 관한 법률 시행규칙 [별표 4] 〈개정 2010.6.17.〉

측량업의 등록취소 또는 영업정지 처분의 기준(제53조 관련)

1. 일반기준

가. 위반행위의 횟수에 따른 행정처분의 기준은 최근 3년간 같은 위반행위로 행정처분을 받은 경우에 적용한다. 이 경우 행정처분의 기준 적용은 같은 위반행위에 대한 행정처분일과 그 처분 후의 재적발일을 기준으로 한다.

나. 위반행위가 둘 이상인 경우로서 그에 해당하는 각각의 처분기준이 다른 경우에는 그중 무거운 처분기준에 따른다. 다만, 둘 이상의 처분기준이 모두 영업정지인 경우에는 각 처분기준을 합산한 기간을 넘지 아니하는 범위에서 무거운 처분기준의 2분의 1의 범위까지 가중하되, 그 가중한 기간을 합산한 기간은 6개월을 초과할 수 없다.

다. 가목 및 나목에 따른 행정처분이 영업정지인 경우에는 고의나 중대한 과실 여부 또는 공중에 미치는 피해의 규모 등 위반행위의 동기·내용 및 위반의 정도 등을 고려하여 그 처분기준의 2분의 1의 범위에서 가중하거나 감경할 수 있다. 이 경우 그 가중한 기간을 합산한 기간은 6개월을 초과할 수 없다.

2. 개별기준 [암기] ⓖⓟ ⓢⓨⓤ ⓜⓢⓖⓑⓒ

위반행위	해당 법조문	행정처분기준		
		1차 위반	2차 위반	3차 위반
가. ⓖ의로 측량을 부정확하게 한 경우	법 제52조제1항제1호	등록취소	–	–
나. ⓟ실로 측량을 부정확하게 한 경우	법 제52조제1항제1호	영업정지 4개월	등록취소	–
아. 지적측량업자가 법 제106조제2항에 따른 지적측량ⓢ수료를 같은 조 제3항에 따라 고시한 금액보다 과다 또는 과소하게 받은 경우	법 제52조제1항제12호	영업정지 3개월	영업정지 6개월	등록취소
자. 다른 행정기관이 관계 법령에 따라 영업정지를 ⓨ구한 경우	법 제52조제1항제13호	영업정지 3개월	영업정지 6개월	등록취소
사. 지적측량업자가 법 제45조의 ⓤ무범위를 위반하여 지적측량을 한 경우	법 제52조제1항제6호	영업정지 3개월	영업정지 6개월	등록취소
바. 법 제51조를 위반해서 ⓜ험가입 등 필요한 조치를 하지 않은 경우	법 제52조제1항제10호	영업정지 2개월	영업정지 6개월	등록취소
마. 지적측량업자가 법 제50조에 따른 ⓢ실의무를 위반한 경우	법 제52조제1항제9호	영업정지 1개월	영업정지 3개월	영업정지 6개월 또는 등록취소
라. 정당한 사유 없이 측량업의 등록을 한 날부터 1년 이내에 영업을 시작하지 아니하거나 계속하여 1년 이상 ⓖ업한 경우	법 제52조제1항제3호	경고	영업정지 6개월	등록취소
다. 법 제44조제4항을 위반해서 측량업 등록사항의 ⓑ경신고를 하지 아니한 경우	법 제52조제1항제5호	경고	영업정지 3개월	등록취소
차. 다른 행정기관이 관계 법령에 따라 등록ⓒ소를 요구한 경우	법 제52조제1항제13호	등록취소	–	–

측량업의 등록취소(법률 제52조)

① 국토교통부장관, 해양수산부장관 또는 시 · 도지사는 측량업자가 다음 각 호의 어느 하나에 해당하는 경우에는 측량업의 등록을 취소하거나 1년 이내의 기간을 정하여 영업의 정지를 명할 수 있다. 다만, 제2호 · 제4호 · 제7호 · 제8호 · 제11호 또는 제15호에 해당하는 경우에는 측량업의 등록을 취소하여야 한다. 〈개정 2013.3.23., 2014.6.3., 2018.4.17.〉

측량업 영업의 정지 암기 ㉠㉤㉤㉦㉪㉧ 모성유번

 1. ㉠의 또는 ㉤실로 측량을 부정확하게 한 경우
13. 지적측량업자가 제106조제2항에 따른 지적측량㉦수료를 같은 조 제3항에 따라 고시한 금액보다 과다 또는 과소하게 받은 경우
14. 다른 행정기관이 관계 법령에 따라 영업정지를 ㉧구한 경우
 6. 지적측량업자가 제45조에 따른 ㉪무 범위를 위반하여 지적측량을 한 경우
10. 제51조를 위반하여 ㉨험가입 등 필요한 조치를 하지 아니한 경우
 9. 지적측량업자가 제50조(㉦실의무)를 위반한 경우
 3. 정당한 사유 없이 측량업의 등록을 한 날부터 1년 이내에 영업을 시작하지 아니하거나 계속하여 1년 이상 ㉧업한 경우
 5. 제44조제4항을 위반하여 측량업 등록사항의 ㉤경신고를 하지 아니한 경우
12. 제52조제3항에 따른 임원의 직무정지 명령을 이행하지 아니한 경우

측량업 등록취소 암기 ㉭㉤㉤㉤ ㉢㉤㉤

11. ㉭업정지기간 중에 계속하여 영업을 한 경우
 4. 제44조제2항에 따른 등록기준에 ㉤달하게 된 경우. 다만, 일시적으로 등록기준에 미달되는 등 대통령령으로 정하는 경우는 제외한다.
15. 「국가기술자격법」 제15조제2항을 위반하여 측량업자가 측량기술자의 국가기술자격증을 ㉤여 받은 사실이 확인된 경우
 8. 제49조제1항을 위반하여 다른 사람에게 자기의 측량업등록증 또는 측량업등록수첩을 ㉤려 주거나 자기의 성명 또는 상호를 사용하여 측량업무를 하게 한 경우
 7. 제47조(측량업등록의 ㉢격사유) 각 호의 어느 하나에 해당하게 된 경우. 다만, 측량업자가 같은 조 제5호에 해당하게 된 경우로서 그 사유가 발생한 날부터 3개월 이내에 그 사유를 해소한 경우는 제외한다.

> 제47조(측량업등록의 결격사유) 다음 각 호의 어느 하나에 해당하는 자는 측량업의 등록을 할 수 없다. 〈개정 2013.7.17., 2015.12.29.〉
>
> 1. 피성년후견인 또는 피한정후견인
> 2. 이 법이나 「국가보안법」 또는 「형법」 제87조부터 제104조까지의 규정을 위반하여 금고 이상의 실형을 선고받고 그 집행이 끝나거나(집행이 끝난 것으로 보는 경우를 포함한다) 집행이 면제된 날부터 2년이 지나지 아니한 자
> 3. 이 법이나 「국가보안법」 또는 「형법」 제87조부터 제104조까지의 규정을 위반하여 금고 이상의 형의 집행유예를 선고받고 그 집행유예기간 중에 있는 자
> 4. 제52조에 따라 측량업의 등록이 취소(제47조제1호에 해당하여 등록이 취소된 경우는 제외한다)된 후 2년이 지나지 아니한 자
> 5. 임원 중에 제1호부터 제4호까지의 어느 하나에 해당하는 자가 있는 법인

2. [거]짓이나 그 밖의 [부]정한 방법으로 측량업의 등록을 한 경우

14. 다른 행정기관이 관계 법령에 따라 등록[취]소를 요구한 경우

② 측량업자의 지위를 승계한 상속인이 제47조에 따른 측량업등록의 결격사유에 해당하는 경우에는 그 결격사유에 해당하게 된 날부터 6개월이 지난 날까지는 제1항제7호를 적용하지 아니한다.

③ 국토교통부장관, 시 · 도지사 또는 대도시장은 측량업자가 제47조제5호에 해당하게 된 경우에는 같은 조 제1호부터 제4호까지의 어느 하나에 해당하는 임원의 직무를 정지하도록 해당 측량업자에게 명할 수 있다. 〈신설 2018.4.17.〉

④ 국토교통부장관, 시 · 도지사 또는 대도시장은 제1항에 따라 측량업등록을 취소하거나 영업정지의 처분을 하였으면 그 사실을 공고하여야 한다. 〈개정 2013.3.23., 2018.4.17.〉

⑤ 측량업등록의 취소 및 영업정지 처분에 관한 세부 기준은 국토교통부령으로 정한다. 〈개정 2013.3.23., 2018.4.17.〉

성능검사대행자의 등록취소(법률 제96조)

① 시 · 도지사는 성능검사대행자가 다음 각 호의 어느 하나에 해당하는 경우에는 성능검사대행자의 등록을 취소하거나 1년 이내의 기간을 정하여 업무정지 처분을 할 수 있다. 다만, 제1호 · 제4호 · 제6호 또는 제7호에 해당하는 경우에는 성능검사대행자의 등록을 취소하여야 한다.

업무정지 [암기] [미][변][검][요]

2. 제93조제1항의 등록기준에 [미]달하게 된 경우. 다만, 일시적으로 등록기준에 미달하는 등 대통령령으로 정하는 경우는 제외한다.
3. 제93조제1항에 따른 등록사항 [변]경신고를 하지 아니한 경우
5. 정당한 사유 없이 성능[검]사를 거부하거나 기피한 경우
8. 다른 행정기관이 관계 법령에 따라 등록취소 또는 업무정지를 [요]구한 경우

등록취소 [암기] [거][부][등] [검][대][정]

1. [거]짓이나 그 밖의 [부]정한 방법으로 [등]록을 한 경우
6. 거짓이나 부정한 방법으로 성능[검]사를 한 경우
4. 제95조를 위반하여 다른 사람에게 자기의 성능검사대행자 등록증을 [빌]려 주거나 자기의 성명 또는 상호를 사용하여 성능검사대행업무를 수행하게 한 경우
7. 업무[정]지기간 중에 계속하여 성능검사대행업무를 한 경우

② 시 · 도지사는 제1항에 따라 성능검사대행자의 등록을 취소하였으면 취소 사실을 공고한 후 국토교통부장관에게 통지하여야 한다. 〈개정 2013.3.23.〉

③ 성능검사대행자의 등록취소 및 업무정지 처분에 관한 기준은 국토교통부령으로 정한다. 〈개정 2013.3.23.〉

■ **공간정보의 구축 및 관리 등에 관한 법률 시행규칙 [별표 11] 〈개정 2010.6.17.〉**

측량기기 성능검사대행자의 등록취소 또는 업무정지의 처분기준(제108조 관련)

1. 일반 기준
   가. 위반행위의 횟수에 따른 행정처분의 기준은 최근 3년간 같은 위반행위로 행정처분을 받은 경우에 적용한다. 이 경우 행정처분 기준의 적용은 같은 위반행위에 대한 행정처분일과 그 처분 후의 재적발일을 기준으로 한다.
   나. 위반행위가 둘 이상인 경우로서 그에 해당하는 각각의 처분기준이 다른 경우에는 그중 무거운 처분기준에 따른다. 다만, 둘 이상의 처분기준이 모두 업무정지인 경우에는 각 처분기준을 합산한 기간을 넘지 아니하는 범위에서 무거운 처분기준의 2분의 1의 범위까지 가중할 수 있되, 그 가중한 기간을 합산한 기간은 6개월을 초과할 수 없다.
   다. 가목 및 나목에 따른 행정처분이 업무정지인 경우에는 고의나 중대한 과실 여부 또는 공중에 미치는 피해의 규모 등 위반행위의 동기 · 내용 및 위반의 정도 등을 고려하여 그 처분기준의 2분의 1의 범위에서 가중하거나 감경할 수 있다. 이 경우 그 가중한 기간을 합산한 기간은 6개월을 초과할 수 없다.

2. 개별 기준 [암기] [미][변][검][요][취]

위반행위	해당 법조문	행정처분기준		
		1차위반	2차위반	3차위반
가. 법 제93조제1항에 따른 등록기준에 [미]달하게 된 경우	법 제96조제1항제2호	업무정지 2개월	등록취소	–
나. 법 제93조제1항에 따른 성능검사대행자 등록사항의 [변]경신고를 하지 아니한 경우	법 제96조제1항제3호	경고	업무정지 2개월	업무정지 2개월
다. 정당한 사유 없이 성능[검]사를 거부하거나 또는 기피한 경우	법 제96조제1항제5호	업무정지 6개월	–	–
라. 다른 행정기관이 관계 법령에 따라 업무정지를 [요]구한 경우	법 제96조제1항제8호	업무정지 3개월	업무정지 6개월	등록취소
마. 다른 행정기관이 관계 법령에 따라 등록[취]소를 요구한 경우	법 제96조제1항제8호	등록취소	–	–

지적재조사에 관한 특별법 [암기] [반][성]하고 [비][누]하라.	
벌칙 (제43조)	① 지적재조사사업을 위한 지적측량을 고의로 진실에 [반]하게 측량하거나 지적재조사사업 [성]과를 거짓으로 등록을 한 자는 2년 이하의 징역 또는 2천만 원 이하의 벌금에 처한다. ② 제41조를 위반하여 지적재조사사업 중에 알게 된 타인의 [비]밀을 [누]설하거나 사용한 자는 1년 이하의 징역 또는 1천만 원 이하의 벌금에 처한다.
양벌 규정 (제44조)	법인의 대표자나 법인 또는 개인의 대리인, 사용인, 그 밖의 종업원이 그 법인 또는 개인의 업무에 관하여 제43조의 위반행위를 하면 그 행위자를 벌하는 외에 그 법인 또는 개인에게도 해당 조문의 벌금형을 과(科)한다. 다만, 법인 또는 개인이 그 위반행위를 방지하기 위하여 해당 업무에 관하여 상당한 주의와 감독을 게을리하지 아니한 경우에는 그러하지 아니하다.

과태료 (제45조)	① 다음 각 호의 어느 하나에 해당하는 자에게는 300만 원 이하의 과태료를 부과한다.
	1. 제15조제4항 또는 제18조제3항을 위반하여 임시경계점표지 또는 경계점표지를 이전 또는 파손하거나 그 효용을 해치는 행위를 한 자 2. 지적재조사사업을 정당한 이유 없이 방해한 자
	② 제1항에 따른 과태료는 대통령령으로 정하는 바에 따라 국토교통부장관, 시 · 도지사 또는 지적소관청이 부과 · 징수한다. 〈개정 2013.3.23.〉

■ [별표] 〈개정 2020.6.23.〉

과태료의 부과기준(시행령 제29조 관련)

1. 일반기준

가. 위반행위의 횟수에 따른 행정처분의 기준은 최근 3년간 같은 위반행위로 과태료를 부과받은 경우에 적용한다. 이 경우 위반횟수는 같은 위반행위에 대하여 과태료를 부과받은 날과 다시 같은 위반행위로 적발된 날을 기준으로 한다.

나. 부과권자는 다음의 어느 하나에 해당하는 경우에는 제2호의 개별기준에 따른 과태료 금액의 2분의 1의 범위에서 그 금액을 줄일 수 있다. 다만, 과태료를 체납하고 있는 위반행위자의 경우에는 그러하지 아니하다.

   1) 위반행위자가 「질서위반행위규제법 시행령」 제2조의2제1항 각 호의 어느 하나에 해당하는 경우

   2) 위반행위가 사소한 부주의나 오류로 인한 것으로 인정되는 경우

   3) 위반행위자가 위반행위를 바로 정정하거나 시정하여 법 위반상태를 해소한 경우

   4) 그 밖에 위반행위의 정도, 위반행위의 동기와 그 결과 등을 고려하여 과태료 금액을 줄일 필요가 있다고 인정되는 경우

다. 부과권자는 다음의 어느 하나에 해당하는 경우에는 제2호의 개별기준에 따른 과태료 금액의 2분의 1의 범위에서 그 금액을 늘릴 수 있다. 다만, 법 제45조제1항에 따른 과태료 금액의 상한을 넘을 수 없다.

   1) 위반의 내용 · 정도가 중대하여 이해관계인 등에게 미치는 피해가 크다고 인정되는 경우

   2) 법 위반상태의 기간이 6개월 이상인 경우

   3) 그 밖에 위반행위의 정도, 위반행위의 동기와 그 결과 등을 고려하여 과태료 금액을 늘릴 필요가 있다고 인정되는 경우

2. 개별기준 [암기] ⑩⑳⑭

(단위 : 만 원)

위반행위	근거 법조문	과태료 금액		
		1차 위반	2차 위반	3차 이상 위반
가. 법 제15조제4항 또는 제18조제3항을 위반하여 ⑩ 시경계점표지를 이전 또는 파손하거나 그 효용을 해치는 행위를 한 경우	법 제45조 제1항제1호	100	150	200
나. 법 제15조제4항 또는 제18조제3항을 위반하여 ⑳ 계점표지를 이전 또는 파손하거나 그 효용을 해치는 행위를 한 경우	법 제45조 제1항제1호	150	200	300
다. 지적재조사사업을 정당한 이유 없이 ⑭해한 경우	법 제45조 제1항제2호	50	75	100

국가공간정보 기본법	
벌칙 (제39조)	제37조제1항(누구든지 관리기관이 생산 또는 관리하는 공간정보 또는 공간정보데이터베이스를 침해 또는 훼손하거나 법령에 따라 공개가 제한되는 공간정보를 관리기관의 승인 없이 무단으로 열람·복제·유출하여서는 아니 된다)을 위반하여 공간정보 또는 공간정보데이터베이스를 무단으로 침해하거나 훼손한 자는 2년 이하의 징역 또는 2천만 원 이하의 벌금에 처한다.
벌칙 (제40조)	다음 각 호의 어느 하나에 해당하는 자는 1년 이하의 징역 또는 1천만 원 이하의 벌금에 처한다. 1. 제37조제1항(누구든지 관리기관이 생산 또는 관리하는 공간정보 또는 공간정보데이터베이스를 침해 또는 훼손하거나 법령에 따라 공개가 제한되는 공간정보를 관리기관의 승인 없이 무단으로 열람·복제·유출하여서는 아니 된다)을 위반하여 공간정보 또는 공간정보데이터베이스를 관리기관의 승인 없이 무단으로 열람·복제·유출한 자 2. 제38조(관리기관 또는 이 법이나 다른 법령에 따라 위탁을 받은 국가공간정보체계 관련 업무를 수행하는 기관, 법인, 단체에 소속되거나 소속되었던 자(용역계약 등에 따라 해당 업무를 수임한 자 또는 그 사용인을 포함한다)는 국가공간정보체계의 구축·관리 및 활용과 관련한 직무를 수행함에 있어서 알게 된 비밀을 누설하거나 도용하여서는 아니 된다.)를 위반하여 직무상 알게 된 비밀을 누설하거나 도용한 자 3. 제34조제3항을 위반하여 보안관리규정을 준수하지 아니한 자 4. 거짓이나 그 밖의 부정한 방법으로 전문기관으로 지정받은 자
양벌규정 (제41조)	법인의 대표자나 법인 또는 개인의 대리인, 사용인, 그 밖의 종업원이 그 법인 또는 개인의 업무에 관하여 제39조 또는 제40조의 위반행위를 하면 그 행위자를 벌하는 외에 그 법인 또는 개인에게도 해당 조문의 벌금형을 과(科)한다. 다만, 법인 또는 개인이 그 위반 행위를 방지하기 위하여 해당 업무에 관하여 상당한 주의와 감독을 게을리하지 아니한 경우에는 그러하지 아니하다.
과태료 (제42조)	① 제17조(공사가 아닌 자는 한국국토정보공사 또는 이와 유사한 명칭을 사용하지 못한다)를 위반한 자에게는 500만 원 이하의 과태료를 부과한다. ② 제1항에 따른 과태료는 대통령령으로 정하는 바에 따라 국토교통부장관이 부과·징수한다.
과태료 부과기준 (영 제26조)	법 제42조제1항에 따른 과태료의 부과기준은 다음 각 호와 같다. 1. 공사가 아닌 자가 한국국토정보공사의 명칭을 사용한 경우 : 400만 원 2. 공사가 아닌 자가 한국국토정보공사와 유사한 명칭을 사용한 경우 : 300만 원
공간정보산업 진흥법	
벌칙 (제29조)	허위 그 밖에 부정한 방법으로 제12조에 따른 품질인증을 받은 자는 2년 이하의 징역 또는 2천만 원 이하의 벌금에 처한다.
양벌규정 (제30조)	법인의 대표자나 법인 또는 개인의 대리인, 사용인, 그 밖의 종업원이 그 법인 또는 개인의 업무에 관하여 제29조의 위반행위를 하면 그 행위자를 벌하는 외에 그 법인 또는 개인에게도 해당 조문의 벌금형을 과(科)한다. 다만, 법인 또는 개인이 그 위반행위를 방지하기 위하여 해당 업무에 관하여 상당한 주의와 감독을 게을리하지 아니한 경우에는 그러하지 아니하다.
과태료 (제31조)	① 다음 각 호의 어느 하나에 해당하는 자에게는 500만 원 이하의 과태료를 부과한다. 〈개정 2014. 6.3.〉 1. 정당한 사유 없이 제8조제3항에 따른 요청에 불응한 유통사업자 2. 제22조의2제1항을 위반하여 그 신고 또는 변경신고를 하지 아니하거나 거짓으로 신고 또는 변경신고를 한 자 3. 제22조의3제1항을 위반하여 그 신고 또는 변경신고를 하지 아니하거나 거짓으로 신고 또는 변경신고를 한 자 ② 제1항에 따른 과태료는 대통령령으로 정하는 바에 따라 국토교통부장관이 부과·징수한다.

도로명주소법 [암기] [자][정][누] [국][반]	
벌칙 (법 제34조)	① 제30조제2항(② 행정안전부, 시 · 도 및 시 · 군 · 자치구의 소속 공무원 또는 공무원이었던 자는 제1항에 따라 제공받은 자료 또는 그에 따른 정보를 이 법에서 정한 목적 외의 다른 용도로 사용하거나 다른 사람 또는 기관에 제공하거나 누설해서는 아니 된다)을 위반하여 [자]료 또는 [정]보를 사용 · 제공 또는 [누]설한 자는 5년 이하의 징역 또는 5천만 원 이하의 벌금에 처한다. ② 제25조제10항(⑩ 누구든지 행정안전부장관의 허가 없이 「국가공간정보 기본법」에 따라 공개가 제한되는 정보가 포함된 주소정보기본도 및 주소정보안내도를 국외로 반출해서는 아니 된다. 다만, 외국 정부와 주소정보안내도를 서로 교환하는 등 대통령령으로 정하는 경우에는 그러하지 아니하다) 본문을 위반하여 공개가 제한되는 정보가 포함된 주소정보기본도 및 주소정보안내도를 [국]외로 [반]출한 자는 2년 이하의 징역 또는 2천만 원 이하의 벌금에 처한다.
과태료 (법 제35조)	① 제26조제2항(② 건물 등 · 시설물 또는 토지의 소유자 · 점유자 및 임차인은 그 건물 등 · 시설물 또는 토지의 사용에 지장을 주는 경우가 아니면 정당한 사유 없이 주소정보시설의 조사, 설치, 교체 또는 철거 업무의 집행을 거부하거나 방해해서는 아니 된다)을 위반하여 정당한 사유 없이 주소정보시설의 조사, 설치, 교체 또는 철거 업무의 집행을 거부하거나 방해한 자에게는 100만원 이하의 과태료를 부과한다. ② 제13조제2항(② 건물 등의 소유자 또는 점유자는 제1항에 따라 설치된 건물번호판을 관리하여야 하며, 건물번호판이 훼손되거나 없어졌을 때에는 해당 특별자치시장, 특별자치도지사 또는 시장 · 군수 · 구청장으로부터 재교부받거나 직접 제작하여 다시 설치하여야 한다. 이 경우 비용은 해당 건물등의 소유자 또는 점유자가 부담한다)을 위반하여 훼손되거나 없어진 건물번호판을 재교부받거나 직접 제작하여 다시 설치하지 아니한 자에게는 50만 원 이하의 과태료를 부과한다. ③ 제1항 및 제2항에 따른 과태료는 대통령령으로 정하는 바에 따라 특별자치시장, 특별자치도지사 및 시장 · 군수 · 구청장이 부과 · 징수한다.

■ **도로명주소법 시행령 [별표 3]**

과태료의 부과기준(제65조 관련)

1. 일반기준

가. 위반행위의 횟수에 따른 과태료의 부과기준은 최근 1년간 같은 위반행위로 과태료를 부과 받은 경우에 적용한다. 이 경우 위반횟수는 같은 위반행위에 대하여 과태료를 부과 받은 날과 다시 같은 위반행위로 적발된 날을 기준으로 하여 계산한다.

나. 하나의 위반행위가 둘 이상의 과태료 부과기준에 해당하는 경우에는 그중 금액이 큰 과태료 부과기준을 적용한다.

다. 부과권자는 다음의 어느 하나에 해당하는 경우에는 위반행위의 정도, 위반행위의 동기와 그 결과 등을 고려하여 제2호에 따른 과태료 금액의 2분의 1 범위에서 그 금액을 줄일 수 있다. 다만, 과태료를 체납하고 있는 위반행위자에 대해서는 그렇지 않다.

1) 위반행위가 사소한 부주의나 오류로 인한 것으로 인정되는 경우

2) 위반행위자가 법 위반상태를 시정하거나 해소하기 위하여 노력한 것이 인정되는 경우

3) 제2호가목 또는 나목의 위반행위자가 「중소기업기본법」 제2조에 따른 중소기업자인 경우

4) 그 밖에 위반행위의 정도, 위반행위의 동기와 그 결과 등을 고려하여 그 금액을 줄일 필요가 있다고 인정되는 경우

2. 개별기준

(단위 : 만 원)

위반행위	근거 법조문	과태료 금액			
가. 법 제13조제2항을 위반하여 훼손되거나 없어진 건물번호판을 재교부 받아 설치하지 않거나 직접 제작하여 설치하지 않은 경우	법 제35조 제2항	설치하지 않은 기간이 1개월 이하인 경우	설치하지 않은 기간이 3개월 이하인 경우	설치하지 않은 기간이 6개월 이하인 경우	설치하지 않은 기간이 6개월 초과인 경우
		15	25	35	50
나. 법 제26조제2항을 위반하여 정당한 사유 없이 주소정보시설의 조사, 설치, 교체 또는 철거 업무의 집행을 거부하거나 방해한 경우	법 제35조 제1항	1회 위반	2회 위반	3회 이상 위반	
		30	50	100	

기간	내용
3일	**법률 제99조(보고 및 조사)** 조사를 하는 경우에는 조사 3일 전까지 조사 일시·목적·내용 등에 관한 계획을 조사 대상자에게 알려야 한다. 다만, 긴급한 경우나 사전에 조사계획이 알려지면 조사 목적을 달성할 수 없다고 인정하는 경우에는 그러하지 아니하다.
3일	**법률 제101조(토지 등에의 출입 등)** 타인의 토지 등에 출입하려는 자는 관할 특별자치도지사, 시장·군수 또는 구청장의 허가를 받아야 하며, 출입하려는 날의 3일 전까지 해당 토지 등의 소유자·점유자 또는 관리인에게 그 일시와 장소를 통지하여야 한다. 다만, 행정청인 자는 허가를 받지 아니하고 타인의 토지 등에 출입할 수 있다.
3일	**법률 제101조(토지 등에의 출입 등)** 토지 등을 일시 사용하거나 장애물을 변경 또는 제거하려는 자는 토지 등을 사용하려는 날이나 장애물을 변경 또는 제거하려는 날의 3일 전까지 그 소유자·점유자 또는 관리인에게 통지하여야 한다. 다만, 토지 등의 소유자·점유자 또는 관리인이 현장에 없거나 주소 또는 거소가 분명하지 아니할 때에는 관할 특별자치도지사, 시장·군수 또는 구청장에게 통지하여야 한다.
3일	**시행규칙 제21조(공공측량 작업계획서의 제출)** 공공측량시행자는 공공측량을 하기 3일 전에 국토지리정보원장이 정한 기준에 따라 공공측량 작업계획서를 작성하여 국토지리정보원장에게 제출하여야 한다. 공공측량 작업계획서를 변경한 경우에도 또한 같다.
5일	**시행령 제21조(중앙지적위원회의 회의 등)** 위원장이 중앙지적위원회의 회의를 소집할 때에는 회의 일시·장소 및 심의 안건을 회의 5일 전까지 각 위원에게 서면으로 통지하여야 한다.
5일	**시행규칙 제25조(지적측량 의뢰 등)** ③ 지적측량의 측량기간은 5일로 하며, 측량검사기간은 4일로 한다. 다만, 지적기준점을 설치하여 측량 또는 측량검사를 하는 경우 지적기준점이 15점 이하인 경우에는 4일을, 15점을 초과하는 경우에는 4일에 15점을 초과하는 4점마다 1일을 가산한다. ④ 제3항에도 불구하고 지적측량 의뢰인과 지적측량수행자가 서로 합의하여 따로 기간을 정하는 경우에는 그 기간에 따르되, 전체 기간의 4분의 3은 측량기간으로, 전체 기간의 4분의 1은 측량검사기간으로 본다.
5일	**시행령 제81조(축척변경위원회의 회의)** 위원장은 축척변경위원회의 회의를 소집할 때에는 회의일시·장소 및 심의안건을 회의 개최 5일 전까지 각 위원에게 서면으로 통지하여야 한다.

5일	**시행규칙 제7조(지형 · 지물의 변동에 관한 통보 등)** 공공측량시행자는 건설공사를 착공한 때에는 5일 이내에, 완공한 때(준공을 의미하며, 도로 · 철도 · 도시철도 및 고속철도 건설공사의 경우에는 부분완공한 때를 포함한다)에는 지체 없이 다음 각 호의 내용을 국토지리정보원장에게 통보하여야 한다. <table><tr><td>착공한 때</td><td>공사의 개요, 착공도면(실시설계 평면도를 포함한다), 건설공사 위치도(축척이 2만 5천 분의 1 이상인 지도에 표시하여야 한다)</td></tr><tr><td>완공한 때</td><td>공사의 내용, 준공측량도면, 현지 지형 · 지물 조사자료</td></tr></table>
7일	**시행규칙 제6조(측량기준점표지의 이전 신청 절차)** 측량기준점표지의 이전경비 납부통지서를 받은 신청인은 이전을 원하는 날의 7일 전까지 측량기준점 표지를 설치한 자에게 이전경비를 내야 한다. 이전 신청을 받은 자는 신청받은 날부터 10일 이내에 이전경비 납부통지서를 신청인에게 통지 이전 신청 시 : 이전을 원하는 날의 30일 전까지
7일	**시행령 제12조(측량의 실시공고)** 기본측량의 실시공고와 공공측량의 실시공고는 전국을 보급지역으로 하는 일간신문에 1회 이상 게재하거나 해당 특별시 · 광역시 · 도 또는 특별자치도의 게시판 및 인터넷 홈페이지에 7일 이상 게시하는 방법으로 하여야 한다.
7일	**시행규칙 제23조(공공측량성과 심사 수수료의 납부 등)** 공공측량성과 심사신청인은 수수료의 통지를 받은 때에는 통지받은 날부터 7일 이내에 측량성과심사 수탁기관에게 해당 수수료를 내야 한다.
7일	**법률 제29조(지적측량의 적부심사 등)** 시 · 도지사는 지방지적위원회로부터 의결서를 받은 날부터 7일 이내에 지적측량 적부심사 청구인 및 이해관계인에게 그 의결서를 통지하여야 한다.
7일	**시행령 제85조(지적정리 등의 통지)** 토지의 표시에 관한 변경등기가 필요하지 아니한 경우 : 지적공부에 등록한 날부터 7일 이내 <table><tr><td>비교</td><td>토지의 표시에 관한 변경등기가 필요한 경우 : 그 등기완료의 통지서를 접수한 날부터 15일 이내</td></tr></table>
10일	**시행규칙 제6조(측량기준점표지의 이전 신청 절차)** 측량기준점표지의 이전 신청을 받은 자는 신청 받은 날부터 10일 이내에 이전경비 납부통지서를 신청 인에게 통지하여야 한다. 측량기준점표지의 이전을 신청하려는 자는 현장사진을 첨부하여 이전을 원하는 날의 30일 전까지 측량기준점표지를 설치한 자에게 제출하여야 한다.
10일	**시행령 제35조(측량업의 등록)** 측량업의 등록신청을 받은 국토교통부장관 또는 시 · 도지사는 신청받은 날부터 10일 이내에 법 제44 조에 따른 등록기준에 적합한지와 법 제47조 각 호의 결격사유가 없는지를 심사한 후 적합하다고 인정할 때에는 측량업등록부에 기록하고, 측량업등록증과 측량업등록수첩을 발급하여야 한다.
10일	**시행령 제35조(측량업의 등록)** 국토교통부장관 또는 시 · 도지사는 법 제44조제2항에 따라 등록을 하였을 때에는 이를 해당 기관의 게시판이나 인터넷 홈페이지에 10일 이상 공고하여야 한다.

10일	**시행령 제41조(손해배상책임의 보장)** 지적측량업자는 지적측량업 등록증을 발급받은 날부터 10일 이내에 보증설정을 하여야 하며, 보증설정을 하였을 때에는 이를 증명하는 서류를 등록한 시·도지사에게 제출하여야 한다.
	보험금액 1. 지적측량업자 : 1억 원 2. 한국국토정보공사 : 20억 원
14일	**지적업무처리규정 제85조(지적정리 등의 통지)** 미등기토지의 소유자정정 등에 관한 신청이 있을 때에는 14일 이내에 신청사항을 확인하여 처리한다.

	확인사항 1. 적용대상토지 여부
	           2. 대장상 소유자와 호적부·제적부에 등재된 자와의 동일인 여부
	           3. 적용대상토지에 대한 확정판결이나 소송의 진행 여부
	           4. 첨부서류의 적합여부
	           5. 기타 지적소관청이 필요하다고 인정되는 사항

15일	**시행규칙 제24조(공공측량성과 등의 간행)** 공공측량성과를 사용하여 지도 등을 간행하여 판매하려는 공공측량시행자는 해당 지도 등의 크기 및 매수, 판매가격 산정서류를 첨부하여 해당 지도 등의 발매일 15일 전까지 국토지리정보원장에게 통보하여야 한다.
15일	**시행규칙 제73조(지적공부의 복구절차 등)** 지적소관청은 복구 자료의 조사 또는 복구측량 등이 완료되어 지적공부를 복구하려는 경우에는 복구하려는 토지의 표시 등을 시·군·구 게시판 및 인터넷 홈페이지에 15일 이상 게시하여야 한다.
15일	**시행령 제75조(청산금의 산정-축척변경)** 지적소관청은 청산금을 산정하였을 때에는 청산금 조서를 작성하고, 청산금이 결정되었다는 뜻을 15일 이상 공고하여 일반인이 열람할 수 있게 하여야 한다.
	비교 청산금의 결정을 공고한 날부터 20일 이내에 토지소유자에게 청산금의 납부고지 또는 수령통지를 하여야 한다.
15일	**시행령 제83조(도시개발사업 등의 범위 및 신고)** 도시개발사업 등의 착수·변경 또는 완료 사실의 신고는 그 사유가 발생한 날부터 15일 이내에 하여야 한다.
15일	**시행령 제85조(지적정리 등의 통지)** 토지의 표시에 관한 변경등기가 필요한 경우 : 그 등기완료의 통지서를 접수한 날부터 15일 이내
	비교 토지의 표시에 관한 변경등기가 필요하지 아니한 경우 : 지적공부에 등록한 날부터 7일 이내
15일	**시행령 제95조(보고)** 관할 시·군·구 지명위원회가 심의·의결 → 관할 시·도 지명위원회에 심의·결정한 날부터 15일 이내 보고 관할 시·도 지명위원회는 보고사항을 심의·의결 → 국가지명위원회에 심의·결정한 날부터 15일 이내 보고

20일	시행규칙 제22조(공공측량성과의 심사) 측량성과 심사수탁기관은 성과심사의 신청을 받은 때에는 접수일부터 20일 이내에 심사를 하고 공공측량성과 심사결과서를 작성하여 국토지리정보원장 및 심사신청인에 통지하여야 한다. 다만, 다음 각 호의 어느 하나에 해당하는 경우에는 심사결과의 통지기간을 10일의 범위에서 연장할 수 있다.	
	예외	1. 성과심사 대상지역의 기상악화, 천재지변 등으로 심사 곤란 2. 지하시설물도 및 수심측량 심사량이 200km 이상일 때 3. 지상현황측량, 수치지도, 수치표고자료 등의 성과심사량이 면적 10km² 이상, 노선길이 600km 이상일 때
20일	시행령 제71조(축척변경 시행공고 등) 지적소관청은 시·도지사 또는 대도시 시장으로부터 축척변경 승인을 받았을 때에는 지체 없이 20일 이상 공고하여야 한다.	
20일	시행령 제76조(청산금의 납부고지 등−축척변경) 지적소관청은 청산금의 결정을 공고한 날부터 20일 이내에 토지소유자에게 청산금의 납부고지 또는 수령통지를 하여야 한다.	
	청산금 납부 시	납부고지를 받은 자는 그 고지를 받은 날부터 6개월 이내에 청산금을 지적소관청에 내야 한다. 〈개정 2017.1.10.〉
	청산금 수령 시	지적소관청은 수령통지를 한 날부터 6개월 이내에 청산금을 지급하여야 한다.
	이의신청	납부고지 되거나 수령통지된 청산금에 관하여 이의가 있는 자는 납부고지 또는 수령통지를 받은 날부터 1개월 이내에 지적소관청에 이의신청을 할 수 있다.
30일	시행규칙 제6조(측량기준점표지의 이전 신청 절차) 측량기준점표지의 이전을 신청하려는 자는 현장사진을 첨부하여 이전을 원하는 날의 30일 전까지 측량기준점표지를 설치한 자에게 제출하여야 한다.	
	측량기준점표지의 이전 신청을 받은 자는 신청 받은 날부터 10일 이내에 이전경비 납부통지서를 신청인에게 통지하여야 한다.	
30일	시행령 제13조(측량성과의 고시) 공공측량성과의 고시는 최종성과를 얻은 날부터 30일 이내에 하여야 한다. 다만, 기본측량성과의 고시에 포함된 국가기준점 성과가 다른 국가기준점 성과와 연결하여 계산될 필요가 있는 경우에는 그 계산이 완료된 날부터 30일 이내에 기본측량성과를 고시할 수 있다.	
30일	시행규칙 제11조(기본측량성과의 검증) 기본측량성과의 검증을 의뢰받은 기본측량성과 검증기관은 30일 이내에 검증 결과를 국토지리정보원장에게 제출하여야 한다.	
30일	법률 제29조(지적측량의 적부심사 등) 지적측량 적부심사청구를 받은 시·도지사는 30일 이내에 지방지적위원회에 회부하여야 한다. (지적측량 적부재심청구를 받은 국토교통부장관은 30일 이내에 중앙지적위원회에 회부)	
	조사사항	1. 다툼이 되는 지적측량의 경위 및 그 성과 2. 해당 토지에 대한 토지이동 및 소유권 변동 연혁 3. 해당 토지 주변의 측량기준점, 경계, 주요 구조물 등 현황 실측도

30일	**시행령 제37조(등록사항의 변경)** 측량업의 등록을 한 자는 등록사항이 변경된 날부터 30일 이내에 변경신고를 하여야 한다. 다만, 기술 인력 및 장비에 해당하는 사항을 변경한 때에는 그 변경이 있는 날부터 90일 이내에 변경신고를 하여야 한다.

	해당사항	1. 주된 영업소 또는 지점의 소재지 2. 상호 3. 대표자 및 임원 4. 기술능력 및 장비

30일	**법률 제46조(측량업자의 지위 승계)** 측량업자의 지위를 승계한 자는 그 승계 사유가 발생한 날부터 30일 이내에 대통령령으로 정하는 바에 따라 국토교통부장관, 해양수산부장관 또는 시·도지사에게 신고하여야 한다.

30일	**법률 제48조(측량업의 휴업·폐업 등 신고)** 측량업의 등록을 한 자는 국토교통부장관 또는 시·도지사에게 휴업·폐업 발생한 날부터 30일 이내에 그 사실을 신고하여야 한다.(수로사업 동일)

	해당사항	1. 측량업자인 법인이 파산 또는 합병 외의 사유로 해산한 경우 : 해당 법인의 청산인 2. 측량업자가 폐업한 경우 : 폐업한 측량업자 3. 측량업자가 30일을 넘는 기간 동안 휴업하거나, 휴업 후 업무를 재개한 경우 : 해당 측량업자

30일	**법률 제53조(등록취소 등의 처분 후 측량업자의 업무 수행 등)** 측량의 발주자는 측량업자로부터 등록취소 또는 영업정지 통지를 받거나 등록취소 또는 영업정지의 처분이 있은 사실을 안 날부터 30일 이내에만 그 측량에 관한 계약을 해지할 수 있다.(특별한 사유가 있는 경우를 제외)

30일	**시행령 제71조(축척변경 시행공고 등)** 축척변경 시행지역의 토지소유자 또는 점유자는 시행공고가 된 날부터 30일 이내에 시행공고일 현재 점유하고 있는 경계에 국토교통부령으로 정하는 경계점표지를 설치하여야 한다.

30일	**법률 제93조(성능검사대행자의 등록)** 측량기기의 성능검사업무를 대행하는 자로 등록한 자가 폐업을 한 경우에는 30일 이내에 시·도지사에게 폐업사실을 신고하여야 한다.

30일	**시행령 제102조(손실보상)** 손실보상 재결에 불복하는 자는 재결서 정본을 송달받은 날부터 30일 이내에 중앙토지수용위원회에 이의를 신청할 수 있다.
	중앙토지수용위원회 이의신청 전에 먼저 해당 지방토지수용위원회를 거쳐야 한다.

30일	**시행규칙 제117조(수수료 납부기간)** 법 제106조제4항(직권으로 조사·측량하여 지적공부를 정리한 경우에는 그 조사·측량에 들어간 비용을 제2항에 준하여 토지소유자로부터 징수한다)에 따른 수수료는 토지소유자는 지적공부를 정리한 날부터 30일 내에 내야 한다.
	직권으로 토지를 조사하고 측량한 후 소유자에게 그 수수료를 징수하는 경우이다.

60일	**법률 제29조(지적측량의 적부심사 등)** 지적측량 적부심사청구를 회부 받은 지방(중앙)지적위원회는 그 심사청구를 회부 받은 날부터 60일 이내에 심의·의결하여야 한다.
	부득이한 경우 지적위원회의 의결을 거쳐 심의기간을 30일 이내에서 한 번 연장 가능
60일	**법률 제77조(신규등록 신청)** 토지소유자는 신규등록 할 토지가 있으면 그 사유가 발생한 날부터 60일 이내에 지적소관청에 신규등록을 신청하여야 한다.
60일	**법률 제78조(등록전환 신청)** 토지소유자는 등록전환 할 토지가 있으면 그 사유가 발생한 날부터 60일 이내에 지적소관청에 등록전환을 신청하여야 한다.
60일	**법률 제79조(분할 신청)** 토지소유자는 지적공부에 등록된 1필지의 일부가 형질변경 등으로 용도가 변경된 경우에는 대통령령으로 정하는 바에 따라 용도가 변경된 날부터 60일 이내에 지적소관청에 토지의 분할을 신청하여야 한다. 토지소유자는 토지를 분할하려면 대통령령으로 정하는 바에 따라 지적소관청에 분할을 신청하여야 한다.(지적측량 토지소유자 개인이 아무 때나 신청 가능함)
60일	**법률 제80조(합병 신청)** 토지소유자는 「주택법」에 따른 공동주택의 부지, 도로, 제방, 하천, 구거, 유지, 그 밖에 대통령령으로 정하는 토지로서 합병하여야 할 토지가 있으면 그 사유가 발생한 날부터 60일 이내에 지적소관청에 합병을 신청하여야 한다.
60일	**법률 제81조(지목변경 신청)** 토지소유자는 지목변경을 할 토지가 있으면 그 사유가 발생한 날부터 60일 이내에 지적소관청에 지목변경을 신청하여야 한다.
60일	**시행규칙 제105조(성능검사대행자의 등록사항의 변경)** 성능검사대행자가 등록사항을 변경하려는 경우에는 그 변경된 날부터 60일 이내에 시·도지사에게 변경신고를 하여야 한다.
90일	**법률 제29조(지적측량의 적부심사 등)** 의결서를 받은 자가 지방지적위원회의 의결에 불복하는 경우에는 그 의결서를 받은 날부터 90일 이내에 국토교통부장관을 거쳐 중앙지적위원회에 재심사를 청구할 수 있다.
90일	**법률 제82조(바다로 된 토지의 등록말소 신청)** 지적소관청은 토지소유자가 통지를 받은 날부터 90일 이내에 등록말소 신청을 하지 아니하면 직권으로 등록을 말소한다.
90일	**시행령 제37조(등록사항의 변경)** 측량업의 등록을 한 자는 기술인력 및 장비에 해당하는 사항을 변경한 때에는 그 변경이 있은 날부터 90일 이내에 변경신고를 하여야 한다. 다만, 등록사항이 변경된 날부터 30일 이내에 변경신고를 하여야 한다.
90일	**시행규칙 제99조(일시적인 등록기준 미달)** 법 제96조제1항제2호 단서에서 "일시적으로 등록기준에 미달하는 등 대통령령으로 정하는 경우"란 별표 11에 따른 기술인력에 해당하는 사람의 사망·실종 또는 퇴직으로 인하여 등록기준에 미달하는 기간이 90일 이내인 경우를 말한다.

1개월	**시행령 77조(청산금에 관한 의의신청)** ① 제76조제1항에 따라 납부고지되거나 수령통지된 청산금에 관하여 이의가 있는 자는 납부고지 또 　는 수령통지를 받은 날부터 1개월 이내에 지적소관청에 이의신청을 할 수 있다. ② 제1항에 따른 이의신청을 받은 지적소관청은 1개월 이내에 축척변경위원회의 심의·의결을 거쳐 　그 인용(認容) 여부를 결정한 후 지체 없이 그 내용을 이의신청인에게 통지하여야 한다.
2개월	**시행령 제97조(성능검사의 대상 및 주기 등)** 측량기기성능검사(신규 성능검사는 제외한다)는 성능검사 유효기간 만료일 2개월 전부터 유효기간 만료일까지의 기간에 받아야 한다.
6개월	**시행령 제76조(청산금의 납부 고지 등)** 축척변경 청산금 납부고지를 받은 자는 그 고지를 받은 날부터 6개월 이내에 청산금을 지적소관청에 내야 한다. 지적소관청은 청산금 수령통지를 한 날부터 6개월 이내에 청산금을 지급하여야 한다.
매월 말	**시행령 제11조(지형·지물의 변동사항 통보 등)** 지형·지물의 변동사항 통보는 국토교통부령 또는 해양수산부령으로 정하는 바에 따라 매월 말일까 지 하여야 한다.
10월 말	**시행규칙 제5조(측량기준점표지의 현황조사 결과 보고)** 특별자치도지사, 시장·군수 또는 구청장은 측량기준점표지의 현황에 대한 조사결과를 매년 10월 말 까지 국토지리정보원장이 정하여 고시한 기준에 따라 보고하여야 한다.
12월 말	**법률 제106조(수수료 등)** 지적측량수수료는 국토교통부장관이 매년 12월 말일까지 고시하여야 한다.

SECTION 16 지적재조사에 관한 특별법 일자 정리

기간	내용
10일	**법률 제21조(조정금의 지급·징수 또는 공탁)** ③ 지적소관청은 제2항에 따라 조정금액을 통지한 날부터 10일 이내에 토지소유자에게 조정금의 수 　령통지 또는 납부고지를 하여야 한다.
14일	**법률 제4조의2(시·도종합계획의 수립)** ③ 지적소관청은 제2항에 따라 시·도종합계획안을 송부받았을 때에는 송부받은 날부터 14일 이내에 　의견을 제출하여야 한다. 이 경우 기간 내에 의견을 제출하지 아니하면 의견이 없는 것으로 본다.
15일	**시행령 제13조(분할납부)** ① 지적소관청은 법 제21조제5항 단서에 따라 조정금이 1천만 원을 초과하는 경우에는 그 조정금을 　부과한 날부터 1년 이내의 기간을 정하여 4회 이내에서 나누어 내게 할 수 있다. ③ 지적소관청은 제2항에 따라 분할납부신청서를 받은 날부터 15일 이내에 신청인에게 분할납부 여 　부를 서면으로 알려야 한다.

20일 30일	**법률 제4조(기본계획의 수립)** ④ 지적소관청은 제3항에 따라 기본계획안을 송부받은 날부터 20일 이내에 시·도지사에게 의견을 제출하여야 하며, 시·도지사는 제2항에 따라 기본계획안을 송부받은 날부터 30일 이내에 지적소관청의 의견에 자신의 의견을 첨부하여 국토교통부장관에게 제출하여야 한다. 이 경우 기간 내에 의견을 제출하지 아니하면 의견이 없는 것으로 본다.
30일	**법률 제16조(경계의 결정)** ③ 제2항에 따른 신청을 받은 경계결정위원회는 지적확정예정조서를 제출받은 날부터 30일 이내에 경계에 관한 결정을 하고 이를 지적소관청에 통지하여야 한다. 이 기간 안에 경계에 관한 결정을 할 수 없는 부득이한 사유가 있을 때에는 경계결정위원회는 의결을 거쳐 30일의 범위에서 그 기간을 연장할 수 있다.
30일	**법률 제6조(실시계획의 수립)** ② 지적소관청은 실시계획 수립내용을 30일 이상 주민에게 공람하여야 한다. 이 경우 지적소관청은 공람기간 내에 지적재조사지구 토지소유자와 이해관계인에게 실시계획 수립내용을 서면으로 통보한 후 주민설명회를 개최하여야 한다. 〈신설 2020.12.22.〉
30일	**시행령 제6조(사업지구의 지정 등)** ① 법 제7조제1항에 따른 지적재조사지구 지정 신청을 받은 특별시장·광역시장·도지사·특별자치도지사·특별자치시장 및 「지방자치법」 제175조에 따른 대도시로서 구를 둔 시의 시장(이하 "시·도지사"라 한다)은 15일 이내에 그 신청을 법 제29조제1항에 따른 시·도 지적재조사위원회(이하 "시·도 위원회"라 한다)에 회부하여야 한다. ② 제1항에 따라 지적재조사지구 지정 신청을 회부받은 시·도 위원회는 그 신청을 회부받은 날부터 30일 이내에 지적재조사지구의 지정 여부에 대하여 심의·의결하여야 한다. 다만, 사실 확인이 필요한 경우 등 불가피한 사유가 있을 때에는 그 심의기간을 해당 시·도 위원회의 의결을 거쳐 15일의 범위에서 그 기간을 한 차례만 연장할 수 있다. ③ 시·도 위원회는 지적재조사지구 지정 신청에 대하여 의결을 하였을 때에는 의결서를 작성하여 지체 없이 시·도지사에게 송부하여야 한다. ④ 시·도지사는 제3항에 따라 의결서를 받은 날부터 7일 이내에 법 제8조에 따라 지적재조사지구를 지정·고시하거나, 지적재조사지구를 지정하지 아니한다는 결정을 하고, 그 사실을 지적소관청에 통지하여야 한다.
30일 60일	**법률 제21조의2(조정금에 관한 이의신청)** ① 제21조제3항에 따라 수령통지 또는 납부고지된 조정금에 이의가 있는 토지소유자는 수령통지 또는 납부고지를 받은 날부터 60일 이내에 지적소관청에 이의신청을 할 수 있다. ② 지적소관청은 제1항에 따른 이의신청을 받은 날부터 30일 이내에 제30조에 따른 시·군·구 지적재조사위원회의 심의·의결을 거쳐 이의신청에 대한 결과를 신청인에게 서면으로 알려야 한다. [본조신설 2017.4.18.]
60일	**법률 제17조(경계결정에 대한 이의신청)** ① 제16조제6항에 따라 경계에 관한 결정을 통지받은 토지소유자나 이해관계인이 이에 대하여 불복하는 경우에는 통지를 받은 날부터 60일 이내에 지적소관청에 이의신청을 할 수 있다. ③ 지적소관청은 제2항에 따라 이의신청서가 접수된 날부터 14일 이내에 이의신청서에 의견서를 첨부하여 경계결정위원회에 송부하여야 한다. ④ 제3항에 따라 이의신청서를 송부받은 경계결정위원회는 이의신청서를 송부받은 날부터 30일 이내에 이의신청에 대한 결정을 하여야 한다. 다만, 부득이한 경우에는 30일의 범위에서 처리기간을 연장할 수 있다.

60일	⑤ 경계결정위원회는 이의신청에 대한 결정을 하였을 때에는 그 내용을 지적소관청에 통지하여야 하며, 지적소관청은 결정내용을 통지받은 날부터 7일 이내에 결정서를 작성하여 이의신청인에게는 그 정본을, 그 밖의 토지소유자나 이해관계인에게는 그 부본을 송달하여야 한다. 이 경우 토지소유자는 결정서를 송부받은 날부터 60일 이내에 경계결정위원회의 결정에 대하여 행정심판이나 행정소송을 통하여 불복할 지 여부를 지적소관청에 알려야 한다.
60일	**법률 제18조(경계의 확정)** ① 지적재조사사업에 따른 경계는 다음 각 호의 시기에 확정된다. 2. 이의신청에 대한 결정에 대하여 60일 이내에 불복의사를 표명하지 아니하였을 때
2개월	**법률 제35조(청구 등의 제한)** 사업완료 공고가 있었던 날부터 2개월이 경과하였을 때에는 제33조에 따른 임대료 · 지료, 그 밖의 사용료 등의 증감청구나 제34조에 따른 권리의 포기 또는 계약의 해지를 할 수 없다.
6개월 1년	**법률 제21조(조정금의 지급 · 징수 또는 공탁)** ③ 지적소관청은 제2항에 따라 조정금액을 통지한 날부터 10일 이내에 토지소유자에게 조정금의 수령통지 또는 납부고지를 하여야 한다. ④ 지적소관청은 제3항에 따라 수령통지를 한 날부터 6개월 이내에 조정금을 지급하여야 한다. ⑤ 제3항에 따라 납부고지를 받은 자는 그 부과일부터 6개월 이내에 조정금을 납부하여야 한다. 다만, 지적소관청은 1년의 범위에서 대통령령으로 정하는 바에 따라 조정금을 분할납부하게 할 수 있다.
2년	**법률 제9조(지적재조사지구 지정의 효력상실 등)** ① 지적소관청은 지적재조사지구 지정고시를 한 날부터 2년 내에 토지현황조사 및 지적재조사를 위한 지적측량(이하 "지적재조사측량"이라 한다)을 시행하여야 한다. ② 제1항의 기간 내에 토지현황조사 및 지적재조사측량을 시행하지 아니할 때에는 그 기간의 만료로 사업지구의 지정은 효력이 상실된다.
5년	**법률 제4조(기본계획의 수립)** ⑦ 국토교통부장관은 기본계획이 수립된 날부터 5년이 지나면 그 타당성을 다시 검토하고 필요하면 이를 변경하여야 한다.
5년	**법률 제4조의2(시 · 도종합계획의 수립)** ⑥ 시 · 도지사는 시 · 도종합계획이 수립된 날부터 5년이 지나면 그 타당성을 다시 검토하고 필요하면 변경하여야 한다.

MEMO

寅山 이 영 수

■ 약력
- 측량 및 지형공간정보 기술사
- 지적 기술사
- 명지대학교 산업대학원 지적GIS학과 졸업(공학석사)
- (전)대구과학대학교 측지정보과 교수
- (전)신한대학 겸임교수
- (전)한국국토정보공사 20년 근무
- (현)공단기 지적직공무원 지적측량 · 지적전산학 · 지적법 · 지적학 강의
- (현)주경야독 인터넷 동영상 강사
- (현)지적기술사 동영상 강의
- (현)측량및지형공간정보 기술사 동영상 강의
- (현)지적기사(산업)기사 이론 및 실기 동영상 강의
- (현)측량및지형공간정보기사(산업)기사이론 및 실기 동영상 강의
- (현)(지적직공무원)지적전산학 · 지적측량 동영상 강의
- (현)(한국국토정보공사)지적법해설 · 지적학해설 · 지적측량 동영상 강의
- (현)(특성화고 토목직공무원)측량학 동영상 강의
- (현)측량학 · 응용측량 · 측량기능사 · 지적기능사 동영상 강의
- (현)군무원 지도직 측지학.지리정보학 강의

■ 저서
[공무원 · 한국국토정보공사 분야]
- 지적직공무원 지적측량 기초입문
- 지적직공무원 지적측량 기본서
- 지적직공무원 지적측량 단원별 기출
- 지적직공무원 지적측량 합격모의고사
- 지적직공무원 지적측량 1200제
- 지적직공무원 지적전산학 기초입문
- 지적직공무원 지적전산학 기본서
- 지적직공무원 지적전산학 단원별기출
- 지적직공무원 지적전산학 합격모의고사

- 지적직공무원 지적전산학 1200제
- 지적직공무원 지적법 해설
- 지적직공무원 지적법 합격모의고사
- 지적직공무원 지적법 800제
- 지적직공무원 지적학 해설
- 지적직공무원 지적학 합격모의고사
- 지적직공무원 지적학 800제
- 군무원 지도직 측지학
- 군무원 지도직 지리정보학

[지적/측량 및 지형공간정보 분야]
- 지적기술사해설
- 지적기술사과년도 기출문제 해설
- 지적기사 이론 및 문제해설
- 지적산업기사 이론 및 문제해설
- 지적기사 과년도 문제해설
- 지적산업기사 과년도 문제해설
- 지적기사/산업기사 실기 문제해설
- 지적측량실무
- 지적기능사 해설
- 측량 및 지형공간정보기술사
- 측량 및 지형공간정보기술사 기출문제 해설
- 측량 및 지형공간정보기사 이론 및 문제해설

- 측량 및 지형공간정보산업기사 이론 및 문제해설
- 측량 및 지형공간정보기사 과년도 문제해설
- 측량 및 지형공간정보산업기사 과년도 문제해설
- 측량 및 지형공간정보 실무
- 공간정보 및 지적관련 법령집
- 측량학
- 응용측량
- 사진측량 해설
- 측량기능사

안 병 구

■약력
- 공학박사
- (현) 공무원 임용시험 출제 및 검토위원
- (현) 군무원 임용시험 출제 및 검토위원
- (현) 조달청 공간정보분야 기술평가위원
- (현) 한국산업인력공단 측량, 지적분야
  국가자격검정 감독위원
- (현) 한국지적학회 이사

■저서
- 측량 및 지형공간정보 기술사
- 지적기술사 해설
- 사진측량학
- 지적측량 기본서
- 지적전산학 기본서
- 지적기사 · 산업업기사 실기
- 공간정보 및 지적관련 법령집

이 민 석

■약력
- (전)한국국토정보공사 부사장
- 지적기술사
- 숭실대학교 정보과학대학원
  소프트웨어공학과 졸업(공학석사)
- 인하대학교 대학원 공간정보공학과
  졸업(공학박사)
- (현)인하대학교 공간정보공학과
  초빙교수
- (현)한성대학교 강사
- (현)명지대학교 강사
- (전)신라대학교 지리학과 부교수

■저서
- 지적직공무원 지적측량(세진사)
- 지적직공무원 지적전산학(세진사)
- 지적직공무원 지적법 해설(예문사)
- 지적학 해설(예문사)

최 병 윤

■약력
- 영남대학교 환경대학원 환경계획학과 졸업(도시계획학석사)
- (전)대구광역시 수성구청 지적직공무원
- (전)경상북도 구미시청 지적직공무원
- (현)국가기술자격검정(측량 · 지적분야) 감독위원
- (현)측량 및 지형공간정보 분야 평가위원
- (현)경북산업직업전문학교 측량토목설계과정 외래교수
- (현)대구과학대학교 측지정보과 교수

■자격
- 토목특급기술자
- 측량 및 지형공간정보특급기술자
- 지적기사
- 측량 및 지형공간정보기사
- 측량 · 지리정보개발1급 직업능력개발훈련교사
- 토목설계감리1급 직업능력개발훈련교사
- 토목시공1급 직업능력개발훈련교사

■저서
- 지적측량(세진사)
- 측량기능사(예문사)
- 지적법 해설(예문사)
- 사진측량 해설(예문사)
- 지적전산학(세진사)
- 지적기능사(세진사)
- 지적학 해설(예문사)
- 측량및지형공간정보기사 · 산업기사 실기(구민사)

지적법 해설

발행일 | 2013. 7. 20 초판발행
2016. 1. 15 개정 1판1쇄
2017. 3. 5 개정 2판1쇄
2018. 4. 20 개정 3판1쇄
2019. 10. 20 개정 4판1쇄
2020. 9. 30 개정 5판1쇄
2021. 6. 10 개정 6판1쇄
2022. 6. 30 개정 7판1쇄

저 자 | 이영수 · 안병구 · 이민석 · 최병윤
발행인 | 정용수
발행처 | 예문사

주 소 | 경기도 파주시 직지길 460(출판도시) 도서출판 예문사
T E L | 031) 955 – 0550
F A X | 031) 955 – 0660
등록번호 | 11 – 76호

정가 : 37,000원

ISBN 978-89-274-4750-4 13360

CADASTRAL LAW EXPLANATION

2023
완벽한 시험대비
개·정·판

지적직 공무원
한국국토정보공사
공인중개사(2차)
감정평가사(1차)

지적법 해설

이영수 · 안병구 · 이민석 · 최병윤 저

이론편

- 지적법에 대한 전반적인 총론
- 지적 관련 법령

예문사

>> 지적법해설
머리말

    지적은 국가의 구성 요소 중 하나로 전 국토에 대한 물리적 현황 및 법적 관리 등을 공시하고 이를 이용 · 관리 · 활용하는 제도로서 토지, 세금 등과 함께 국가 기초 학문으로 최근 개개인의 재산권 보호뿐만 아니라 지리정보시스템, GPS 등 다양한 분야에서 기초자료로 활용되고 있습니다. 이러한 지적 고유의 업무와 기능들을 수행하기 위한 법적 기준인 지적법은 지적을 공부하는 학생과 관련 분야에 종사하는 전문가 및 일반인들에게도 필요한 법률이라고 할 수 있습니다.

    지적법(地籍法)은 지적에 관하여 필요한 사항을 규정하기 위한 법률로 1910년 토지조사법을 시작으로 1950년 12월 1일부터 지적법이란 명칭으로 유지 · 발전되어 왔습니다. 이후 지적과 측량 분야의 융합이 중요한 화두로 대두되면서 「공간정보의 구축 및 관리 등에 관한 법률」로 통합되었습니다. 새로운 통합법인 「공간정보의 구축 및 관리 등에 관한 법률」은 측량의 기준 및 절차와 지적공부(地籍公簿) · 부동산종합공부(不動産綜合公簿)의 작성 및 관리 등에 관한 사항을 규정함으로써 국토의 효율적 관리와 국민의 소유권 보호에 기여함을 목적으로 하고 있습니다.

    이 책은 「공간정보의 구축 및 관리 등에 관한 법률」 중에서 지적과 관련된 부분을 발췌하여 기초적인 부분부터 세부적인 내용까지 자세한 설명과 함께 다양한 문제들을 담았습니다. 지적법을 처음 접하는 학생은 물론 국가자격시험 및 기술직 공무원과 한국국토정보공사 직원 등의 공개채용시험을 준비하는 수험생들에게 필요한 교재로서 쉽게 이해할 수 있도록 내용을 구성하였습니다.

이 책은 총 2권으로 구성되어 있습니다. 제1권 제1편에서는 지적법에 대한 전반적인 총론을, 제2편에서는 지적 관련 법령을 기술하였습니다.(측량에 관한 일반적인 사항과 지적측량, 토지의 등록, 지적공부, 토지이동 및 지적정리, 보칙, 벌칙, 관계법규 등) 제2권 부록에서 제1편은 기출문제(지적직 공무원, 공인중개사), 제2편은 용어해설을 수록하였습니다. 법령의 조항을 기준으로 독자들이 공부하기 편하도록 내용을 재구성하였으며 필요한 부분은 부연설명과 함께 세부내용을 추가하여 독자들의 이해도를 높이는 데 많은 부분을 할애하였습니다.

다소 딱딱하고 지루할 수 있는 법률을 쉽게 집필하는 데 중점을 두었으며 기출문제를 함께 수록하여 학습의 능률을 높이려고 하였습니다. 독자들에게 필요한 교재를 만들고자 노력하였으나 미흡한 부분이 있으리라 사료되며, 추후 보다 더 알찬 내용의 교재로 다듬어질 수 있도록 많은 충고와 조언을 부탁드립니다. 이 책을 통하여 많은 독자들이 뜻한 바를 이루시길 진심으로 기원합니다.

끝으로 이 책을 집필함에 있어 도움을 주신 많은 분들에게 감사의 뜻을 전하며 이 책의 출판을 맡아주신 도서출판 예문사 정용수 대표와 임직원들에게도 감사의 마음을 전합니다.

저 자 일동

Believe We Can : 할 수 있다고 믿어라.

횟수	1	2	3	4	5	6	7	8	9	10
START										
END										
확인										

Passion(열정) : "믿자, 우리를 믿자"

Practice(연습) : 공포의 체력훈련으로 열세극복

Perseverance(인내) : "당신은 국가대표" 정신력 무장

1권 목차 »

제2편

지적 관련 법령

1장 지적총론

SECTION 01 지적제도(地籍制度)

1 지적의 정의(地籍의 定義)

국가가 전 국토에 대하여 필지 단위로 구획하고 이에 대한 물리적 현황과 법적 권리관계 등을 공적장부에 등록·관리하고 이를 이용·활용하는 행정행위(行政行爲)를 말한다.

2 지적의 구성요소(地籍의 構成要素)

협의의 지적 (俠義의 地籍)		지적제도와 등기제도가 분리되어 있는 제도를 협의의 지적제도라 하며, 협의의 지적제도에서의 3요소는 토지·등록·공부이다.
토지 (土地)	지적의 대상 (객체)	토지는 국가의 통치권이 미치는 범위 내에 있는 모든 토지(한반도와 그 부속도서)를 의미하며 이를 구분·등록하기 위하여 토지를 인위적으로 구획한 "필지" 단위로 관리한다. 해안선 내의 최고만조위선 이상의 모든 토지, 즉 유(무)인도, (비)과세지, 국(민)유지 관계없이 모두 등록한다.
등록 (登錄)	지적의 주된 행위	인위적으로 구획한 토지의 등록단위를 필지라 하고, 필지마다 토지소재, 지번, 지목, 경계(또는 좌표), 면적, 소유자 등 일정한 사항을 지적공부에 기록하는 행위를 등록이라 한다. ① 등록주체 : 국토교통부장관 ② 등록객체 : 토지(국가 통치권이 미치는 모든 토지) ③ 등록방법 : 실질적 심사주의
공부 (公簿)	지적행위의 결과물	토지를 구획하여 일정한 사항(물리적 현황, 법적권리관계)을 조사·측량한 후 그 내용을 기록한 공적장부를 지적공부라고 한다.
광의의 지적 (廣義의 地籍)		지적제도와 등기제도가 통합하여 운영하는 것을 광의의 지적제도라 하며, 광의의 지적제도에서의 3요소는 소유자·권리·필지이다.
소유자 (所有者)	권리주체	소유자라 함은 토지를 소유할 수 있는 권리의 주체로서 법적으로 토지를 자유로이 사용·수익·처분할 수 있는 소유권을 갖거나 소유권 이외의 기타 권리를 갖는 자를 말한다.
권리 (權利)	주된 등록사항	권리라 함은 토지에 대하여 주장하거나 누릴 수 있는 법적 능력으로, 협의의 의미로서는 토지를 소유할 수 있는 법적 권리를 말하며 광의의 의미로는 토지의 취득과 관리에 관련된 소유자들 사이에 특별하게 인식된 법적 관계를 포함한다.

필지 (筆地)	권리객체	필지라 함은 법적으로 물권이 미치는 권리의 객체를 말하는데, 소유자가 동일하고 지반이 연속된 동일 성질의 토지로서 지적공부에 등록하는 토지의 등록단위를 말한다.

3 지적의 발생설(地籍의 發生說) [암기] ㈜㈜㈜⑭이 필요

지적발생설은 지적이 토지를 전제로 한 토지의 기록이라는 사실에 입각하여 과세설(Taxation Theory), 치수설(Flood Control Theory), 지배설(Rule Theory) 등으로 구분하고 있다.

발생설	내용
과㈜설 (課稅說)	국가가 과세를 목적으로 토지에 대한 각종 현상을 기록·관리하는 수단으로부터 출발했다고 보는 학설이며, 대표적인 증거물로 영국의 둠즈데이북(Domesday Book)과 신라의 장적문서(新羅帳籍文書)가 있다.
㈜수설 (治水說)	국가가 토지를 농업생산수단으로 이용하기 위하여 관개시설 등을 측량하고 기록·유지·관리하는 데서 비롯되었다고 보는 학설이다.
㈜배설 (支配說)	국가가 토지를 다스리기 위한 통치수단으로 토지에 대한 각종 현황을 관리하는 데서 출발하였다고 보는 학설이다.
침⑭설 (侵略說)	국가가 영토확장 또는 침략상 우위를 확보하기 위해 상대국의 토지현황을 미리 조사·분석·영구하는 데서 비롯되었다는 학설이다.

둠즈데이북(Domesday Book)

① 영국에서 사용되었던 과세용의 지세 장부, 즉 토지조사부(土地調査簿)이다. 1086년 영국의 왕 윌리엄 1세가 덴마크 침략자들의 약탈을 피하기 위해 지불되는 보호금인 데인겔트(Dangeld)를 모아 기록하였다.
② Geld Book이라고도 하며 토지와 가축의 숫자까지 기록되었다.
③ 1066년 헤이스팅스 전투에서 덴마크 노르만족이 영국의 색슨족을 격퇴 후 20년이 지난 1086년 윌리엄 1세가 자기가 정복한 전 영국의 자원 목록을 국토에 기반해 조직적으로 작성한 토지기록이며 토지대장이다.
④ 영국의 런던 공문서보관소(Public Record Office)에 두 권의 책으로 보관되어 있다.

신라장적(新羅帳籍)

일본 정창원에서 발견된 것으로 통일신라 시대 서원경 지방의 네 마을에 있었던 토지 등 재산목록을 3년마다 일정한 방식으로 기록한 문서이며, 그 내용은 촌명(村名), 마을의 둘레, 호수의 넓이, 인구수, 논과 밭의 넓이, 과실나무의 수, 마전, 소와 말의 수 등으로 이루어져 있는 과세를 위한 기초문서이다. 신라민정문서라고도 한다.

1. 시대별 토지도면 및 대장

고구려	봉역도(封域圖), 요동성 총도(遼東城塚圖)
백제	도적(圖籍)
신라	신라장적(新羅帳籍)
고려	도행(導行), 전적(田籍)
조선	양안(量案) ① 구양안(舊量案) : 1720년부터 광무양안(光武量案) 이전 ② 신양안(新量案) : 광무양안으로 측량하여 작성한 토지대장 ③ 야초책·중초책·정서책 등 3단계를 걸쳐 양안이 완성된다.
일제	토지대장, 임야대장

2. 신라장적의 특징 및 내용

특징	① 지금의 청주지방인 신라 서원경 부근 4개 촌락에 해당되는 문서이다. ② 일본의 동대사 정창원에서 발견되었다. ③ 3년간의 사망·이동 등 변동내용을 3년마다 기록한 것으로 추정된다. ④ 현존하는 가장 오래된 지적공부 ⑤ 국가의 각종 수확의 기초가 되는 장부
기록내용	① 촌명(村名), 마을의 둘레, 호수의 넓이 등 ② 인구수, 논과 밭의 넓이, 과실나무의 수, 뽕나무의 수, 마전, 소와 말의 수

지적의 기원
① 고대의 지적은 기원전 3400년경에 이미 토지 과세를 목적으로 하는 측량이 시작되었고, 기원전 3000년경에는 토지 기록이 존재하고 있었다는 이집트 역사학자들의 주장이 입증되고 있으며, 유프라테스·티그리스 강 하류의 수메르(Sumer)지방에서 발굴된 점토판에는 토지 과세 기록과 마을 지도 및 넓은 면적의 토지 도면과 같은 토지 기록들이 나타나고 있다. ② 중세의 지적은 노르만 영국의 윌리엄(William) 1세가 1085년과 1086년 사이에 전 영토를 대상으로 하여 작성한 둠즈데이북에서 기원한다. 이 토지기록은 국토자원에 관한 최초의 목록으로 평가된다. ③ 근대의 지적은 1720년에서 1723년 동안에 있었던 이탈리아 밀라노의 축척 2,000분의 1 지적도 제작 사업에서 기원한다. 프랑스의 나폴레옹(Napoleon) Ⅰ세가 1808년부터 1850년까지 전 국토를 대상으로 작성한 지적은 근대 지적의 기원으로 평가된다.

4 지적제도의 유형(地籍制度의 類型)

지적제도는 인류문명의 발생과 더불어 발생한 것으로 추정될 정도로 오랜 역사성을 지니고 있다. 지적은 각 국가의 역사와 문화에 따라 각기 독자적으로 고안·실시된 것으로, 국가와 시대마다 지적의 목적과 역할이 항상 같지는 않았다. 그러므로 지적의 개념을 간단히 정의하는 것은 어렵지만 발전과 정 또는 설치목적에 따라 세지적, 법지적, 다목적지적으로 구분하고 있다.

유형	내용
세지적 (稅地籍)	토지에 대한 조세부과를 주된 목적으로 하는 제도로, 과세지적이라고도 한다. 국가의 재정 수입을 토지세에 의존하던 농경사회에서 개발된 제도로 과세의 표준이 되는 농경지는 기준수확량 일반토지는 토지등급을 중시하고 지적공부의 등록사항으로는 면적단위를 중시한 지적제도이다.(토지의 면적) 목적 : 토지 조세부과 중점 : 토지의 면적
법지적 (法地籍)	• 세지적이 발전된 형태로서 토지에 대한 사유재산권이 인정되면서 생성된 유형이며 소유지 적, 경계지적이라고도 한다. 토지소유권 보호를 주된 목적으로 하는 제도로 토지거래의 안전 과 토지소유권의 보호를 위한 토지경계를 중시한 지적제도이다.(토지의 위치 및 소유 관계) • 법지적은 토지의 일필지 경계점에 대한 측지학적 위치를 정확하게 측량하여 지적도 및 임야도에 등록, 공시함으로써 토지에 대한 소유권이 미치는 범위를 확인·보증함이 중요한 목적이다. 목적 : 토지소유권 보호 중점 : 토지의 위치 및 소유 관계

유형	내용
다목적지적 (多目的地籍)	• 현대사회에서 추구하고 있는 지적제도로 종합지적, 통합지적, 유사지적, 경제지적, 정보지적이라고도 한다. 토지와 관련한 다양한 **정보**를 종합적으로 등록 · 관리하고 이를 이용 또는 **활용(토지정보의 활용)**하고 필요한 자에게 제공해 주는 것을 목적으로 하는 지적제도이다(**자료의 종합화 및 자동화**) • 정보지적은 필지를 중심으로 당해토지의 물리적현황(토지소재, 지번, 지목, 면적, 경계, 좌표)은 물론 법적 · 경제적 · 사회적 측면에서의 모든 정보를 수집하여 집중 관리하거나 상호 연계하여 토지 관련 정보를 신속 정확하게 공유할 수 있는 시스템으로서 가장 이상적인 지적의 형태라 할 수 있다. 목적 : 토지정보의 활용 중점 : 자료의 종합화 및 자동화 다목적 지적제도에서의 토지등록 사항 ① 토지의 위치 ② 지상 건축물 ③ 지하시설물

5 지적제도의 특징(地籍制度의 特徵) 암기 통영이내전기준기통일

전**통**성(傳統性)과 **영**속성(永續性)	인류문명의 시작에서부터 오늘날까지 관리주체가 다양한 목적에 의거하여 토지에 관한 일정한 사항을 등록 · 공시하고 지속적으로 유지 · 관리하고 있다.
이면성(裏面性)과 **내**재성(內在性)	토지에 대한 등록 · 공시는, 국가에 있어서는 토지관련 업무의 기초정보이며 토지소유자에게 있어서는 재산권을 공시하고 보호하는 중요한 사항이다. 이는 이용자가 국가나 토지소유자와 이해 관계인에 국한되어 있어 일반인에게는 잘 드러나지 않고 내부적으로 행위가 이루어진다.
전문성(傳門性)과 **기**술성(技術性)	토지에 관한 물리적 현황과 법적인 권리관계 등을 조사 · 측량하여 지적공부에 등록하고 관리하기 위해서 법률적인 전문성과 전문기술을 습득하여야 한다.
준사법성 (準司法性)과 **기**속성(羈束性)	토지에 대한 물권이 미치는 범위와 면적을 국가가 실질적인 심사방법에 의하여 결정하고 등록 · 공시하면 법률적으로 확정하는 것과 같은 준사법적인 성격을 지니며, 이에 관한 모든 결정과 절차에 관한 사항을 법률로 규정하여 이에 따르도록 함으로써 기속적인 특성을 갖는다.
통일성(統一性)과 획**일**성(劃一性)	토지에 관한 일정한 사항을 등록함에 있어 전 국토에 동일한 기준을 적용함으로써 통일성을 지녀야 한다. 이를 위해서 등록기준과 업무처리절차 등을 동일하게 정하는 획일성의 특성을 지닌다.

6 지적제도의 특성(地籍制度의 特性) [암기] ⓣⓔⓘⓝⓣⓖⓖⓖⓖⓖⓖⓣⓘ해라.

전⑧성과 영속성	지적사무는 근대적인 지적제도가 창설된 1910년대 이후 오늘날까지 관리주체가 다양한 목적에 의거해 토지에 관한 일정한 사항을 등록·공시하고 계속하여 유지 관리되고 있는 영속성(永續性)과 전통성(傳統性)을 가지고 있는 국가사무
내면성과 이재성	지적사무는 지적공부에 등록된 토지에 관한 기본정보·소유정보·이용정보·가격정보 등의 변경사항을 대장과 도면에 정리하는 내재성(內在性)과 이면성(裏面性)을 가지고 있는 국가사무
전문성과 기술성	지적사무는 토지에 관한 정보를 조사·측량하여 그 결과를 국가의 공적장부인 지적공부에 등록·공시하는 제도로서 특수한 지식과 기술을 검증받은 자만이 종사할 수 있는 기술성(技術性)과 전문성(專門性)을 가지고 있는 국가사무
기속성과 공개성	• 지적사무는 토지소유자 또는 이해관계인 등에게 무제한으로 지적공부의 열람·등본교부를 허용하고 토지의 경계분쟁이 발생하면 지적공부의 등록사항을 토대로 이를 해결할 수 있는 기속성(覊屬性)과 공개성(公開性)을 가지고 있는 준 사법적인 국가사무 • 지적공부에 등록·공시된 사항은 언제나 일반 국민에게 열람·등본을 허용하여 정당하게 이용할 수 있도록 공개주의를 채택
국가성과 공공성	지적사무는 국가(토지를 조사·측량하여 공적장부에 등록하고 관리하는 주체 : 지적의 주체)에서 토지에 대한 세금을 징수하기 위한 기초자료를 만들기 위하여 창설된 제도로서 국가성(國家性)과 강한 공공성(公共性)을 가지고 있는 국가사무
통일성과 획일성	지적사무는 전국적(국가의 통치권이 미치는 범위 내에 있는 토지 : 지적의 대상 객체)으로 측량방법·토지의 이동정리·지적공부의 관리 등이 동일한 통일성(統一性)과 획일성(劃一性)을 가지고 있는 국가사무

7 지적제도의 기능(地籍制度의 機能) [암기] ⓓⓟⓖⓖⓘ용하라.

토지등기의 기초 (선등록 후등기)	지적공부에 토지표시사항인 토지소재, 지번, 지목, 면적, 경계와 소유자가 등록되면 이를 기초로 토지소유자가 등기소에 소유권보존등기를 신청함으로써 토지등기부가 생긴다. 즉, 토지표시사항은 토지등기부의 표제부에, 소유자는 갑구에 등록한다.
토지평가의 기초 (선등록 후평가)	토지평가는 지적공부에 등록한 토지에 한하여 이루어지며 평가는 지적공부에 등록된 토지표시사항을 기초자료로 이용하고 있다.
토지과세의 기초 (선등록 후과세)	토지에 대한 각종 국세와 지방세는 지적공부에 등록된 필지를 단위로 면적과 지목 등 기초자료를 결정한 개별공시지가(부동산 가격공시에 관한 법률)를 과세의 기초자료로 하고 있다.
토지거래의 기초 (선등록 후거래)	토지거래는 지적공부에 등록된 필지 단위로 이루어지며, 지적공부에 등록된 토지표시사항(소재, 지번, 지목, 면적, 경계 등)과 등기부에 등재된 소유권 및 기타권리 관계를 기초로 하여 거래가 이루어지고 있다.
토지이용계획의 기초 (선등록 후계획)	각종 토지이용계획(국토건설종합계획, 국토이용계획, 도시계획, 도시개발, 도시재개발 등)은 지적공부에 등록된 토지표시사항을 기초자료로 활용하고 있다.

⑧ 지적제도(地籍制度)의 일반적 기능(一般的 機能)

사회적 기능	국가가 전국의 모든 토지를 필지별로 지적공부에 정확하게 등록하여 완전한 공시기능을 확립하여 공정한 토지거래를 위하여 실지의 토지와 지적공부가 일치하여야 할 때 사회적 기능을 발휘하여 지적은 사회적인 토지문제를 해결하는 데 중요한 사회적 문제해결 기능을 수행한다.
법률적 기능	**① 사법적 기능**
	토지에 관한 권리를 명확히 기록하기 위해서는 먼저 명확한 토지표시를 전제로 함으로써 거래당사자가 손해를 입지 않도록 거래의 안전과 신속성을 보장하기 위한 중요한 기능을 한다.
	② 공법적 기능
	국가는 지적법을 근거로 지적공부에 등록함으로써 법적 효력을 갖게 되고 공적인 자료가 되는 것으로 적극적 등록주의에 의하여 모든 토지는 지적공부에 강제등록하도록 규정하고 있다. 공권력에 의해 결정함으로써 토지표시의 공신력과 국민의 재산권 보호 및 정확한 정보로서의 기능을 갖는다. 토지등록사항의 신뢰성은 거래자를 보호하고 등록사항을 공개함으로써 공적 기능의 역할을 한다.
행정적 기능	지적제도의 역사는 과세를 목적으로 시작되는 행정의 기본이 되었으며 토지와 관련된 과세를 위한 평가와 부과징수를 용이하게 하는 수단으로 이용된다. 지적은 공공기관 및 지방자치단체의 행정자료로서 공공계획 수립을 위한 기술적자료로 활용된다. 최근에는 토지의 정책자료로서 다양한 정보를 제공할 수 있도록 토지정보시스템을 구성하고 있다.

⑨ 지적(地籍)에 관한 법률(法律)의 성격(性格) 〔암기〕 ㉮㉤㉩㉧

토지의 등록공시에 관한 ㉮본법	지적에 관한 법률에 의하여 지적공부에 토지표시사항이 등록·공시되어야 등기부가 창설되므로 토지의 등록공시에 관한 기본법이라 할 수 있다. → 토지공시법은 공간정보의 구축 및 관리 등에 관한 법률과 부동산등기법이 있다.
사법적 성격을 지닌 ㉤지공법	지적에 관한 법률은 효율적인 토지관리와 소유권 보호에 기여함을 목적으로 하고 있으므로 토지소유권 보호라는 사법적 성격과 효율적인 토지관리를 위한 공법적 성격을 함께 나타내고 있다.
실체법적 성격을 지닌 ㉩차법	지적에 관한 법률은 토지와 관련된 정보를 조사·측량하여 지적공부에 등록·관리하고, 등록된 정보를 제공하는 데 있어 필요한 절차와 방법을 규정하고 있으므로 절차법적 성격을 지니고 있으며, 국가기관의 장인 시장·군수·구청장 및 토지소유자가 하여야 할 행위와 의무 등에 관한 사항도 규정하고 있으므로 실체법적 성격을 지니고 있다.
임의법적 성격을 지닌 ㉧행법	지적에 관한 법률은 토지소유자의 의사에 따라 토지등록 및 토지이동을 신청할 수 있는 임의법적 성격과, 일정한 기한 내 신청이 없는 경우 국가가 강제적으로 지적공부에 등록·공시하는 강행법적 성격을 지니고 있다.

10 지적(地籍)에 관한 법률(法律)의 기본이념(基本理念) 암기 국형공실직

공간정보의 구축 및 관리 등에 관한 법률 중 지적에 관한 법률은 지적사무의 기본법으로서 지적국정주의, 지적형식주의, 지적공개주의, 실질적 심사주의, 직권등록주의를 기본이념으로 채택하고 있다. 이 중 지적국정주의, 지적형식주의, 지적공개주의를 공간정보의 구축 및 관리 등에 관한 법률의 3대 기본이념이라고도 한다.

기본이념	내용
지적국정주의 地籍國定主義	지적공부의 등록사항인 토지표시사항을 국가만이 결정할 권한을 가진다는 이념이다. • 지적법정주의를 채택하는 이유 　−모든 토지를 지적공부에 등록해야 하는 적극적 등록주의 　−등록사항의 결정방법이나 운용의 통일성 유지 　−통일된 법률에 의한 통제의 필요성 　−등록사항은 공신력이 있어야 하기 때문이다 (국가 : 등록주체)
지적형식주의 地籍形式主義	국가가 결정한 토지에 대한 물리적 현황과 법적 권리관계 등을 외부에서 인식할 수 있도록 일정한 법정의 형식을 갖추어 지적공부에 등록하여야만 효력이 발생한다는 이념으로 「지적등록주의」라고도 한다. (등록 : 등록사항)
지적공개주의 地籍公開主義	지적공부에 등록된 사항을 토지소유자나 이해관계인은 물론 일반인에게도 공개한다는 이념이다. • 공시원칙에 의한 지적공부의 3가지 형식 　− 지적공부를 직접 열람 및 등본으로 알 수 있다. 　− 현장에 경계복원함으로써 알 수 있다. 　− 등록된 사항과 현장상황이 다른 경우 변경등록 한다. (지적공부 : 등록공부)
실질적 심사주의 實質的審査主義	토지에 대한 사실관계를 정확하게 지적공부에 등록·공시하기 위하여 토지를 새로이 지적공부에 등록하거나 등록된 사항을 변경·등록하고자 할 경우 소관청은 실질적인 심사를 실시하여야 한다는 이념으로서 「사실심사주의」라고도 한다. (조사 및 측량 : 등록방법)
직권등록주의 職權登錄主義	국가는 의무적으로 통치권이 미치는 모든 토지에 대한 일정한 사항을 직권으로 조사·측량하여 지적공부에 등록·공시하여야 한다는 이념으로서 「적극적 등록주의」 또는 「등록강제주의」라고도 한다. (토지 : 등록객체)

⑪ 지적(地籍)의 특징(요건)[特徵(要件)] 암기 안간정신저적등

안전성 (security)	안전성(安全性)은 소유권 등록체계의 근본이며 토지의 소유자, 그로부터 토지를 사거나 임대받은 자, 토지를 담보로 그에게 돈을 빌려준 자, 주위 토지통행권 또는 전기수도 등의 시설권을 가진 인접 토지소유자, 토지를 통과하거나 그것에 배수로를 뚫을 권리를 지닌 이웃하는 토지소유자 등 모두가 안전하다. 그들의 권리는 일단 등록되면 불가침의 영역이다.
간편성 (simplicity)	간편성(簡便性)은 그 본질의 효율적 작용을 위해서만이 아니라 초기적 수용을 위해서 효과적이다. 소유권 등록은 단순한 형태로 사용되어야 하며 절차는 명확하고 확실해야 한다.
정확성 (accuracy)	정확성(正確性)은 어떤 체계가 효과적이기 위해서 필요하다. 정확성에 대해서는 논할 필요가 없다. 왜냐하면 부정확한 등록은 유용하지 않은 것을 넘어 해로울 것이기 때문이다.
신속성 (expedition)	신속성(迅速性)은 신속함 또는 역으로 지연됨은 그 자체가 중요한 것으로 인식되지는 않는다. 다만, 등록이 너무 오래 걸린다는 불평이 정당화되고 그 체계에 대해 평판이 나빠지게 되면 그때 중요하게 인식된다.
저렴성 (cheapness)	저렴성(低廉性)은 상대적인 것이고 다른 대안으로서 비교되어야만 평가할 수 있는 것이지만 효율적인 소유권 등록에 의해서 소유권을 입증하는 것보다 더 저렴한 방법은 없다. 왜냐하면 이것은 소급해서 권원(title)을 조사할 필요가 없기 때문이다.
적합성 (suitability)	적합성(適合性)은 지금 존재하는 것과 미래에 발생할 것에 기초를 둔다. 그러나 상황이 어떻든 간에 결정적인 요소는 적당해야 할 것이며 이것은 비용, 인력, 전문적인 기술에 유용해야 한다.
등록의 완전성 (completeness of the record)	등록의 완전성(完全性)은 두 가지 방식으로 해석된다. 우선적으로 등록이란 모든 토지의 대하여 완전해야 된다. 그 이유는 등록이 완전해질 때까지 등록되지 않은 구획토지는 등록된 토지와 중복되고 또 각각 적용되는 법률도 다르므로 소유권 행사에 여러 가지 제약을 받기 때문이다. 그다음은 각각의 개별적인 구획토지의 등록은 실질적인 최근의 상황을 반영할 수 있도록 그 자체가 완전해야 한다.

⑫ 지적(地籍)의 원리(原理)

공기능성의 원리 (Publicness)	지적은 국가가 국토에 대한 상황을 다수의 이익을 추구하기 위하여 기록·공시하는 국가의 공공업무이며, 국가고유의 사무이다. 현대지적은 일방적인 관리층의 필요에 의해서 만들어져서는 안 되고, 제도권 내의 사람에게 수평성의 원리에서 공공관계가 이루어져야 한다. 따라서 모든 지적사항은 필요에 의해 공개되어야 한다.
민주성의 원리 (Democracy)	현대지적에서 민주성이란, 제도의 운영주체와 객체가 내적인 면에서 행정의 인간화가 이루어지고, 외적인 면에서 주민의 뜻이 반영되는 지적행정이라 할 수 있다. 아울러 지적의 책임성은 지적법의 규정에 따라 공익을 증진하고 주민의 기대에 부응하도록 하는 데 있다.
능률성의 원리 (Efficency)	실무활동의 능률성은 토지현상을 조사하여 지적공부를 만드는 과정에서의 능률을 의미하고, 이론개발 및 전달과정의 능률성은 주어진 여건과 실행과정의 개선을 의미한다. 지적활동을 능률화한다는 것은 지적문제의 해소를 뜻하며, 나아가서 지적활동의 과학화, 기술화 내지는 합리화, 근대화를 지칭하는 것이다.

정확성의 원리 (Accuracy)	지적활동의 정확도는 크게 토지현황조사, 기록과 도면, 관리와 운영의 정확도를 말한다. 토지현황조사의 정확성은 일필지조사, 기록과 도면의 정확성은 측량의 정확도, 그리고 지적공부를 중심으로 한 관리·운영의 정확성은 지적조직의 업무분화와 정확도에 관련됨이 크다. 결국 지적의 정확성은 지적불부합의 반대개념이다.

⑬ 토지공시제도(土地公示制度)와 토지공시법(土地公示法)

우리나라의 토지공시제도는 지적제도와 등기제도로 구분되어 있으며 지적제도는 토지에 대한 물리적인 현황을, 등기제도는 부동산(토지와 그 정착물)에 대한 소유권 및 기타권리관계를 등록·공시하고 있다.

▼ 지적과 등기의 비교

지적(地籍)	구분	등기(登記)
토지표시사항(물리적 현황)을 등록공시	기능	부동산에 대한 소유권 및 기타 권리 관계를 등록공시
공간정보의 구축 및 관리 등에 관한 법	근거법령	부동산등기법
토지	등록대상	토지와 건물
토지소재, 지번, 지목, 면적, 경계 또는 좌표 등	등록사항	소유권, 지상권, 지역권, 전세권, 저당권, 권리질권, 임차권 등
• 국정주의 • 형식주의 • 공개주의 • 직권등록주의	기본이념	• 사적 자치의 원칙 • 성립요건주의 • 공개주의 • 당사자신청주의
실질적 심사주의	등록심사	형식적 심사주의
국가(국정주의)	등록주체	당사자(등기권리자 및 의무자)
단독(소유자) 신청주의	신청방법	공동(등기권리자 및 의무자) 신청주의
행정부(국토교통부, 시·도, 시·군·구)	담당기관	사법부(법원행정처, 지방법원, 등기소·지방법원지원)

1 지적에 관한 법률의 연혁

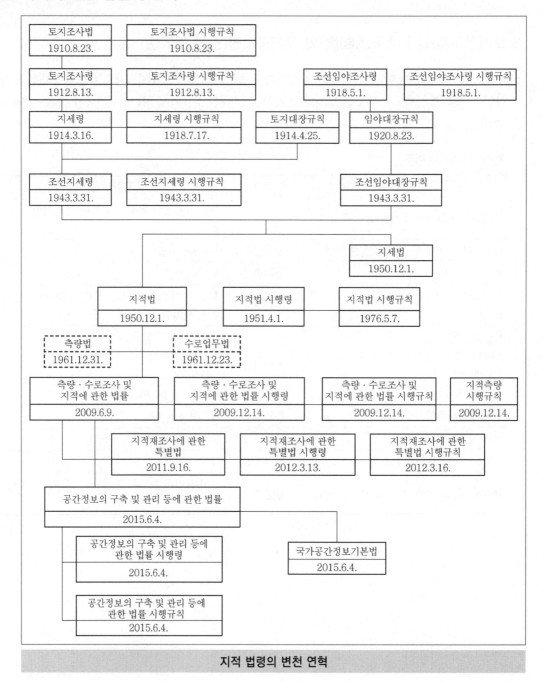

지적 법령의 변천 연혁

토지조사	• 대구시가지 토지측량규정(1907.5.16.) • 대구시가지 토지측량에 관한 타합사항(1907.5.16.) • 대구시가지 토지측량에 대한 군수로부터의 통달(1907.5.16.)
토지조사법 (土地調査法)	현행과 같은 근대적 지적에 관한 법률의 체제는 1910년 8월 23일(대한제국시대) 법률 제7호로 제정 공포된 토지조사법에서 그 기원을 찾아 볼 수 있으나, 1910년 8월 29일 국권피탈로 대한제국이 멸망한 이후 실질적인 효력이 상실되었다.
토지조사령 (土地調査令)	대한제국을 강점한 일본은 토지소유권 제도의 확립이라는 명분하에 토지 찬탈과 토지과세를 위하여 토지조사사업을 실시하였으며 이를 위하여 토지조사령(1912.8.13. 제령 제2호)을 공포하고 시행하였다.
지세령(地稅令)	1914년에 지세령(1914.3.6. 제령 제1호)과 토지대장규칙(1914.4.25. 조선총독부령 제45호) 및 토지측량표규칙(1915.1.15. 조선총독부령 제1호)을 제정하여 토지조사사업의 성과를 담은 토지대장과 지적도의 등록사항과 변경·정리방법 등을 규정하였다.
토지대장규칙 (土地臺帳規則)	1914년 4월 25일 조선총독부령 제45호로 전문 8조로 구성되어 있으며 이는 1914년 3월 6일 제령 제1호로 공포된 지세령 제5항에 규정된 토지대장에 관한 사항을 규정하는 데 그 목적이 있었다.
조선임야조사령 (朝鮮林野調査令)	1918년 5월 조선임야조사령(1918.5.1. 제령 제5호)을 제정 공포하여 임야조사사업을 전국적으로 확대 실시하게 되었으며, 1920년 8월 임야대장규칙(1920.8.23. 조선총독부령 제113호)을 제정 공포하고 이 규칙에 의하여 임야조사사업의 성과를 담은 임야대장과 임야도의 등록사항과 변경정리방법 등을 규정하였다.
임야대장규칙 (林野臺帳規則)	1920년 8월 23일 조선총독부령 제113호로 전문 6조의 임야대장규칙을 제정하여 임야관계 지적공부를 부(府), 군(郡), 도(島)에 비치하는 근거를 마련하였으며 임야대장 등록지의 면적은 무(畝)를 단위로 하였다.
토지측량규정 (土地測量規程)	1921년 3월 18일 조선총독부훈령 제10호로 전문 62조의 토지측량규정을 제정하였다. 이 규정에는 새로이 토지대장에 등록할 토지 또는 토지대장에 등록한 토지의 측량, 면적산정 및 지적도 정리에 관한 사항을 규정하였다.
임야측량규정 (林野測量規程)	1935년 6월 12일 조선총독부훈령 제27호로 전문 26조의 임야측량규정을 제정하였다. 이 규정에는 새로이 임야대장에 등록할 토지 및 등록한 토지의 측량, 면적산정, 임야도 정리에 관한 사항을 규정하였으며 1954년 11월 12일 지적측량규정을 제정·시행함과 동시에 본규정은 폐지되었다.
조선지세령 (朝鮮地稅令)	1943년 3월 조선총독부는 지적에 관한 사항과 지세에 관한 사항을 동시에 규정한 조선지세령(1943.3.31. 제령 제6호)을 공포하였다. 조선지세령은 지적사무와 지세사무에 관한 사항에 서로 다른 규정을 두어 이질적인 내용이 혼합되어 당시의 지적행정수행에 지장이 많아 독자적인 지적법을 제정하기에 이르렀다.
조선임야대장규칙 (朝鮮林野臺帳規則)	1943년 3월 31일 조선총독부령 제69호로 전문 22조의 조선임야대장규칙을 제정하였다. 이로써 1920년 8월 23일 제정되어 사용되어 온 임야대장규칙은 폐지되었다.
구 지적법 (舊 地籍法)	구 지적법은 대한제국에서 근대적인 지적제도를 창설하기 위하여 1910년 8월에 토지조사법을 제정한 후 약 40년 후인 1950년 12월 1일 법률 제165호로 41개 조문으로 제정된 최초의 지적에 관한 독립법령이다. 구 지적법은 이전까지 시행해 오던 조선지세령, 동법시행규칙, 조선임야대장규칙 중에서 지적에 관한 사항을 분리하여 제정하였으며, 지세에 관한 사항은 지세법(1950.12.1.)을 제정하였다. 이

| 구 지적법
(舊 地籍法) | 어서 1951년 4월 1일 지적법 시행령을 제정 · 시행하였으며, 지적측량에 관한 사항은 토지측량규정(1921.3.18.)과 임야측량규정(1935.6.12.)을 통합하여 1954년 11월 12일 지적측량규정을 제정하고 1960년 12월 31일 지적측량을 할 수 있는 자격과 지적측량사시험 등을 규정한 지적측량사 규정을 제정하여 법률적인 정비를 완료하였다. 그 이후 지금까지 20여 차에 거친 법 개정을 통하여 법 · 령 · 규칙으로 체계화하였다. |

예제 01

지적법규의 변천과정을 순서대로 바르게 나열한 것은?

(20년서울시9)

① 토지조사법 – 토지조사령 – 지세령 – 조선임야조사령 – 조선지세령 – 지적법 – 측량 · 수로조사 및 지적에 관한 법률 – 공간정보의 구축 및 관리 등에 관한 법률

② 토지조사법 – 조선임야조사령 – 토지조사령 – 조선지세령 – 지세령 – 지적법 – 측량 · 수로조사 및 지적에 관한 법률 – 공간정보의 구축 및 관리 등에 관한 법률

③ 토지조사령 – 조선지세령 – 토지조사법 – 지세령 – 조선임야조사령 – 지적법 – 측량 · 수로조사 및 지적에 관한 법률 – 공간정보의 구축 및 관리 등에 관한 법률

④ 토지조사법 – 토지조사령 – 조선지세령 – 조선임야조사령 – 지세령 – 지적법 – 측량 · 수로조사 및 지적에 관한 법률 – 공간정보의 구축 및 관리 등에 관한 법률

정답 ①

② 지적에 관한 법률의 주요 제정 및 개정내용

1) 지적법 제정(1950.12.1. 법률 제165호)

| 규정 | ① 토지대장, 지적도, 임야대장 및 임야도를 지적공부로 규정
② 지목을 21개 종목으로 규정(토지 · 임야조사사업 당시 지목 18개)
③ 세무서에 토지대장을 비치하고 토지의 소재, 지번, 지목, 지적(地積), 소유자의 주소 및 명칭, 질권 또는 지상권의 목적인 토지에 대하여는 그 질권 또는 지상권자의 주소 및 성명 또는 명칭사항을 등록하도록 규정
④ 정부는 지적도를 비치하고 토지대장에 등록된 토지에 대하여 토지의 소재, 지번, 지목, 경계를 등록하도록 규정
⑤ 洞(동) · 里(리) · 路(로) · 街(가) 또는 이에 준할 만한 지역을 지번지역으로 규정
⑥ 地積(지적)은 坪(평)을 단위로, 임야대장등록 토지의 지적은 무(畝)를 단위로 하여 등록하도록 규정
⑦ 토지의 이동이 있을 경우에는 지번, 지목, 경계 및 지적은 신고에 의하여, 신고가 없거나 신고가 부적당하다고 인정되는 때 또는 신고를 필하지 아니할 때에는 정부의 조사에 의하여 정하도록 규정
⑧ 새로이 토지대장에 등록할 토지가 발생하였을 경우 토지소유자는 30일 이내에 이를 정부에 신고하도록 규정 |

규정	⑨ 질권자 또는 지상권자·철도용지·수도용지·도로 등이 된 토지는 공사시행관청 또는 기업자, 토지개량시행지 또는 시가지계획시행지는 시행자, 국유가 될 토지에 대하여 분할 신고를 할 때에는 그 토지를 보관한 관청이 토지소유자를 대신하여 신고 또는 신청할 수 있도록 규정
환지교부	토지개량시행 또는 시가지계획시행지로서 환지를 교부하는 토지는 1구역마다 지번, 지목, 경계 및 지적을 정함
이동정리	본법 시행으로 인하여 새로이 지적공부에 등록하여야 할 토지의 이동정리는 본법 시행일로부터 3년 이내에 하여야 한다.
시행기일	지적법의 시행기일은 단기 4283년(1950) 12월 1일로 한다.(지적법 시행 기일에 관한 건 1950.12.1. 대통령령 제419호)

2) 지적법 제1차 개정(1961.12.8. 법률 제829호)

개정	① 지적공부 비치기관을 「세무서」에서 「서울특별시 또는 시·군」으로 개정 ② 「토지에 대한 지세」를 「재산세, 농지세」로 개정
규정삭제	토지대장의 등록사항 중 「질권자의 주소·성명·명칭 등」의 등록규정을 삭제
시행	이 법은 1962년 1월 1일부터 시행한다.

3) 지적법 제2차 개정(전부개정, 1975.12.31. 법률 제2801호)

규정	① 지적법의 입법목적을 규정 ② 지적공부·소관청·필지·지번·지번지역·지목 등 지적에 관한 용어의 정의를 규정 ③ 시·군·구에 토지대장, 지적도, 임야대장, 임야도 및 수치지적도를 비치 관리하도록 하고 그 등록사항을 규정 ④ 시의 동과 군의 읍·면에 토지대장 부본 및 지적약도와 임야대장 부본 및 임야약도를 작성·비치하도록 규정 ⑤ 토지(임야)대장에 토지소유자의 등록번호를 등록하도록 규정 ⑥ 경계복원측량·현황측량 등을 지적측량으로 규정 ⑦ 지적측량업무의 일부를 지적측량을 주된 업무로 하여 설립된 비영리법인에게 대행시킬 수 있도록 규정
규정삭제	토지대장의 등록사항 중 지상권자의 주소·성명·명칭 등의 등록규정을 삭제
개정	① 면적단위를 척관법의 「坪」과 「畝」에서 미터법의 「평방미터」로 개정 ② 지적측량기술자격을 기술계와 기능계로 구분하도록 개정 ③ 토지(임야)대장 서식을 「한지부책식(韓紙簿冊式)」에서 「카드식」으로 개정
제도신설	① 소관청은 연 1회 이상 등기부를 열람하여 지적공부와 부합되지 아니할 때에는 부합에 필요한 조치를 할 수 있도록 제도 신설 ② 소관청이 직권으로 조사 또는 측량하여 지적공부를 정리한 경우와 지번경정·축척변경·행정구역변경·등록사항정정 등을 한 경우에는 관할 등기소에 토지표시변경등기를 촉탁하도록 제도 신설 ③ 지적위원회를 설치하여 지적측량적부심사청구사안 등을 심의·의결하도록 제도 신설 ④ 지적도의 축척을 변경할 수 있도록 제도 신설 ⑤ 지적측량을 사진측량과 수치측량방법으로 실시할 수 있도록 제도 신설 ⑥ 지목을 21개 종목에서 24개 종목으로 통·폐합 및 신설
시행	이 법은 공포 후 3월이 경과한 날부터 시행한다.

4) 지적법 제3차 개정(1986.5.8. 법률 제3810호)

면적단위	면적단위를 「평방미터」에서 「제곱미터」로 개정
규정삭제	시의 동에 지적공부 부본 및 약도의 비치규정을 삭제
제도신설	① 지적(임야)도를 각 2부씩 작성하여 1부는 재조제를 위한 경우를 제외하고는 열람 등을 하지 못하도록 제도 신설 ② 토지대장 및 임야대장에 국가 · 지방자치단체, 법인 또는 법인 아닌 사단이나 재단 및 외국인 등의 등록번호를 등록하도록 제도 신설 ③ 아파트 · 연립주택 등의 공동주택부지와 도로 · 하천 · 구거 등의 합병을 촉진하기 위하여 집합건물의 관리인 또는 사업시행자에게 합병신청에 관한 대위권을 인정하도록 제도 신설 ④ 신규등록, 분할, 합병을 제외한 토지의 이동에 따른 지적공부를 정리한 때에는 소관청이 관할등기소에 토지표시변경등기를 촉탁하도록 제도 신설 ⑤ 소관청의 등기부열람 횟수를 「연 1회 이상」에서 「필요하다고 인정할 때는」으로 개정하고, 소관청 소속공무원의 등기부열람 수수료를 무료로 하도록 제도 신설
시행	이 법은 공포 후 6월이 경과한 날로부터 시행한다.

5) 지적법 제4차 개정(1990.12.31. 법률 제4273호)

규정	지적공부의 등록사항을 전산정보처리조직에 의하여 처리할 경우 전산등록 파일을 지적공부로 보도록 규정
제도신설	① 전산정보처리조직에 의하여 입력된 지적공부는 시 · 도의 지역전산본부에 보관 · 관리토록 하고 복구 등을 위한 경우 이외에는 등록파일의 형태로 복제할 수 없도록 제도 신설 ② 지적공부의 열람 및 등본의 교부를 전국 어느 소관청에서도 신청할 수 있도록 제도 신설
시행	이 법은 1991년 1월 1일부터 시행한다.

6) 지적법 제5차 개정(1991.11.30. 법률 제4405호)

개정	① 지목 중 「운동장」을 「체육용지」로 명칭을 변경하도록 개정 ② 지적공부의 등록사항을 전산정보처리조직에 의하여 처리하는 경우에는 카드식대장에 등록 · 정리하지 아니할 수 있도록 개정
시행	이 법은 1992년 1월 1일부터 시행한다.

7) 지적법 제6차 개정(1991.12.14. 법률 제4422호)

개정	① 합병하고자 하는 토지에 관하여 소유권, 지상권, 전세권, 임차권 및 승역지에 관하여 하는 지역권의 등기 이외의 등기가 있는 경우 합병할 수 없도록 개정 ② 합병하고자 하는 토지 전부에 관하여 등기원인 및 그 연월일과 접수번호가 동일한 저당권에 관한 등기가 있는 경우 합병 가능토록 개정
시행	이 법은 1992년 2월 1일부터 시행한다.

8) 지적법 제7차 개정(1995.1.5. 법률 제4869호)

개정	① 지적파일을 지적공부로 개정 ② "토지의 표시"라는 용어를 신설하고, 토지의 이동에서 신규등록을 제외토록 개정 ③ 「기초점」을 「지적측량기준점」으로 용어를 바꾸고 지적측량기준점에 지적삼각보조점을 추가하도록 개정 ④ 국가는 지적법에서 정하는 바에 따라 토지의 표시사항을 지적공부에 등록하도록 개정 ⑤ 위성측량방법에 의하여 지적측량을 할 수 있도록 개정 ⑥ 소관청 소속공무원이 지적공부와 부동산등기부의 부합여부를 확인하기 위하여 등기부의 열람, 등본, 초본교부를 신청하는 경우 그 수수료를 무료로 하도록 개정 ⑦ 분할·합병이 된 경우 소관청이 토지의 표시변경등기를 촉탁할 수 있도록 개정
제도신설	① 내무부장관은 지적(임야)도를 복제한 지적약도 등을 간행하여 이를 판매 또는 배포할 수 있도록 하되, 이를 대행할 대행업자를 지정할 수 있도록 제도신설 ② 지적전산정보자료를 이용 또는 활용하고자 하는 자는 관계중앙행정기관장의 심사를 거쳐 내무부장관의 승인을 얻도록 제도신설 ③ 지적측량기준점 성과의 열람 또는 등본을 교부받고자 하는 자는 도지사 또는 소관청에 신청할 수 있도록 제도신설 ④ 지적공부에 소유자가 등록되지 아니한 토지를 국유재산법의 규정에 의하여 국유재산으로 취득하기 위하여 소유자 등록신청이 있는 경우 소관청이 이를 등록할 수 있도록 제도신설 ⑤ 시·도지사 소속하에 지방지적위원회를 설치하여 지적측량에 관한 민원을 신속·공정하게 처리하도록 하고, 지방지적위원회의 의결에 불복하는 경우에는 내무부장관 소속하의 중앙지적위원회에 재심사를 청구할 수 있도록 제도신설 ⑥ 벌칙규정을 현실에 적합하도록 상향 조정하고, 대행업자의 지정을 받지 아니하고 지적약도 등을 간행·판매 또는 배포한 자의 벌칙규정 신설
축척변경	축척변경위원회의 의결 없이 축척변경할 수 있는 범위 확대
용어변경	어려운 용어의 변경 및 현실에 적합하도록 용어 변경 • 지번지역 → 지번설정지역 • 경정 → 변경 • 재조제 → 재작성 • 조제 → 작성 • 오손 또는 마멸 → 더럽혀지거나 헐어져서 • 측량소도 → 측량준비도 • 측량원도 → 측량결과도 • 기초점 → 지적측량기준점
시행	이 법은 1995년 4월 1일부터 시행한다.

9) 지적법 제8차 개정(1997.12.13. 법률 제5454호)

변경	정부조직법의 개정으로 부처명칭이 변경된 후에도 종전의 부처명을 계속 사용하고 있는 규정을 정비
개정	서울특별시는 특별시로, 종전의 직할시는 광역시로 규정을 정비

10) 지적법 제9차 개정(1999.1.18. 법률 제5630호)

개정	① 지번변경, 지적공부반출, 지적공부의 재작성 및 축척변경에 대한 행정자치부장관의 승인권을 도지사에게 이양하도록 개정(법 제4조제2항·제8조제3항·제14조 및 제27조제1항) ② 지적도 또는 임야도를 복제한 지적약도 등을 간행하여 판매업을 영위하고자 하는 자는 행정자치부장관에게 등록을 하도록 개정(법 제12조의2)
변경	토지분할·합병·지목변경 등 토지이동 사유가 발생한 경우 토지소유자가 소관청에 토지이동을 신청하는 기간을 30일 이내에서 60일 이내로 연장(법 제1조 내지 제18조, 제20조 및 제22조)

11) 지적법 제10차 개정(전부개정, 2001.1.26. 법률 제6389호)

신설	① 도시화 및 산업화 등으로 급속히 증가하고 있는 창고용지·주차장 및 주유소용지, 양어장 등을 별도의 지목으로 신설(법 제5조) ② 지적관련 전문용어의 신설 및 변경(법 제2조 및 제22조) • 신설 : 경계점 • 변경 : 해면성말소 → 바다로 된 토지의 등록말소
보완	지적법의 목적을 정보화 시대에 맞도록 보완(법 제1조)
변경	공유지연명부와 대지권등록부를 지적공부로 규정하고 수치지적부를 경계점좌표등록부로 명칭을 변경(법 제2조)
추가	지적위성기준점(GPS 상시관측소)을 지적측량기준점으로 추가
개정	① 현재 시·도지사가 지역전산본부에 보관·운영하고 있는 전산처리된 지적공부를 지적관련민원업무를 직접 담당하고 있는 시장·군수·구청장도 보관·운영하도록 개정(법 제2조제20호 및 제8조제3항) ② 토지의 지번으로 위치를 찾기 어려운 지역의 도로와 건물에 도로명과 건물번호를 부여하여 관리할 수 있도록 개정(법 제16조) ③ 지적공부에 등록된 토지가 지형의 변화 등으로 바다로 되어 원상으로 회복할 수 없거나 다른 지목의 토지로 될 가능성이 없는 경우 토지소유자가 일정기간 내에 지적공부의 등록말소신청을 하지 아니하면 소관청이 직권으로 말소할 수 있도록 개정(법 제22조) ④ 아파트 등 공동주택의 부지를 분할하거나 지목변경 등을 하는 경우 사업시행자가 토지이동신청을 대위할 수 있게 하여 국민의 불편을 해소할 수 있도록 개정(법 제28조제3호) ⑤ 행정자치부장관은 전국의 지적·주민등록·공시지가 등 토지관련자료의 효율적인 관리와 공동활용을 위하여 지적정보센터를 설치·운영할 수 있도록 개정(법 제42조) ⑥ 시·도지사는 지적측량적부심사 의결서를 청구인뿐만 아니라 이해관계인에게도 통지하여 지적측량적부심사 의결내용에 불복이 있는 경우에는 이해관계인도 재심사청구를 할 수 있도록 개정(법률 제45조제5항 내지 제7항)
폐지	도면의 전산화사업에 따라 지적공부부본 작성제도과 도면의 2부 작성 제도를 폐지하고 활용도가 저조한 도근보조점 성치제도와 삼사법, 플래니미터에 의한 면적측정방법 폐지

12) 지적법 제11차 개정(2002.2.4. 법률 제6656호)

개정	지적법 내용 중 「토지수용법」을 「공익사업을 위한 토지 등의 취득 및 보상에 관한 법률」로 개정(법 제34조)

13) 지적법 제12차 개정(2003.5.29. 법률 제6916호)

개정	지적법 내용 중 「주택건설촉진법」을 「주택법」으로 개정(법 제20조 및 제28조)

14) 지적법 제13차 개정(2003.12.31. 법률 제7036호)

규정	지적측량수행자는 신의와 성실로써 공정하게 지적측량을 하도록 하고, 자기·배우자 등의 토지는 지적측량을 하지 못하게 하며, 지적측량수수료 외의 대가를 받지 못하게 하는 등 지적측량수행자의 의무를 규정함(법 제45조의2 신설)
개정	지적측량업무를 대행하던 기존의 재단법인 대한지적공사를 이 법에 의한 특수법인으로 전환하여 제반 지적측량을 수행하도록 개정(법 제41조의9 및 제41조의11 신설 및 부칙 제2조)
신설 및 개정	① 지적측량업을 영위하고자 하는 자는 행정자치부장관에게 등록하도록 하고, 지적측량업의 등록을 한 자는 경계점좌표등록부가 비치된 지역의 지적측량과 도시개발사업 등이 완료됨에 따라 실시하는 지적확정측량을 수행할 수 있도록 개정(법 제41조의2 및 제41조의3 신설) ② 부실한 지적측량에 의한 손해배상책임을 보장하기 위하여 지적측량수행자로 하여금 보험가입 등 필요한 조치를 하도록 개정(법 제45조의3 신설) ③ 지적측량업의 등록을 하지 아니하고 지적측량업을 영위하거나 지적측량업 등록증을 다른 사람에게 빌려준 때에는 5년 이하의 징역 또는 5천만 원 이하의 벌금에 처하도록 개정(법 제50조의2 신설)

15) 지적법 제14차 개정(2005.3.31. 법률 제7428호)

개정	지적법 내용 중 "파산자"를 각각 "파산선고를 받은 자"로 개정(법 제41조의4 및 제41조의13)

16) 지적법 제15차 개정(2006.9.22. 법률 제7987호)

개정이유 및 주요내용	지적측량업의 등록결격사유에서 '파산자로서 복권되지 아니한 자'를 제외함으로써 파산자의 경우에도 지적측량업의 등록을 할 수 있도록 개정

17) 지적법 제16차 개정(2006.10.4. 법률 제8027호)

변경	기존 주소체계를 도로와 건축물 등에 도로명 및 건물번호를 부여하고 이 도로명 및 건축번호를 기준으로 주소체계를 구성하는 새로운 주소체계로 변경하고 이를 전국에 통일적으로 적용

18) 지적법 제17차 개정(2007.5.17. 법률 제8435호)

개정	"호적 · 제적"을 "가족관계기록사항에 관한 증명서"로 개정

19) 지적법 제18차 개정(2008.2.29. 법률 제8853호)

정비	정부조직법의 개정으로 지적업무의 소관이 행정자치부에서 국토해양부로 이관됨에 따라 행정자치부장관, 행정자치부령 및 행정자치부를 각각 국토해양부장관, 국토해양부령 및 국토해양부로 변경하는 등 관련 규정을 정비

20) 지적법 폐지(2009.6.9. 법률 제9774호)

폐지	측량, 지적 및 수로업무 분야에서 서로 다른 기준과 절차에 따라 측량 및 지도 제작 등이 이루어져 우리나라 지도의 근간을 이루는 지형도 · 지적도 및 해도가 서로 불일치하는 등 국가지리정보산업의 발전에 지장을 초래하는 문제를 해소하기 위하여 「측량법」, 「지적법」 및 「수로업무법」을 통합하여 측량의 기준과 절차를 일원화함으로써 측량성과의 신뢰도 및 정확도를 높여 국토의 효율적 관리, 항해의 안전 및 국민의 소유권 보호에 기여하고 국가지리정보산업의 발전을 도모하기 위하여 「측량 · 수로조사 및 지적에 관한 법률」로 통합됨

21) 측량 · 수로조사 및 지적에 관한 법률 제정(2009.6.9. 법률 제9774호)

① 제정이유

제정이유	측량, 지적 및 수로업무 분야에서 서로 다른 기준과 절차에 따라 측량 및 지도 제작 등이 이루어져 우리나라 지도의 근간을 이루는 지형도 · 지적도 및 해도가 서로 불일치하는 등 국가지리정보산업의 발전에 지장을 초래하는 문제를 해소하기 위하여 「측량법」, 「지적법」 및 「수로업무법」을 통합하여 측량의 기준과 절차를 일원화함으로써 측량성과의 신뢰도 및 정확도를 높여 국토의 효율적 관리, 항해의 안전 및 국민의 소유권 보호에 기여하고 국가지리정보산업의 발전을 도모하려는 것임

② 주요내용

측량기준 일원화 (법 제6조 및 제7조)	위치는 세계측지계(世界測地系)에 따라 측정한 지리학적 경위도와 높이로 표시하고, 측량의 원점은 대한민국 경위도원점 및 수준원점으로 하는 등 각 개별법에서 서로 다르게 운영되고 있는 측량기준을 통합하고, 측량기준점은 국가기준점, 공공기준점 및 지적기준점으로 구분하여 정함
측량기준점표지의 설치 · 관리 (법 제8조)	측량기준점표지는 그 측량기준점을 정한 자가 설치 · 관리하고, 측량기준점표지를 설치한 자는 그 종류와 설치 장소를 국토해양부장관 및 관계 시 · 도지사와 측량기준점표지를 설치한 부지의 소유자 등에게 통지하도록 함
지형 · 지물의 변동사항 통보 (법 제11조)	특별자치도지사, 시장 · 군수 또는 구청장은 그 관할구역에서 지형 · 지물의 변동이 발생한 경우에는 그 변동사항을 국토해양부장관에게 통보하도록 하고, 공공측량수행자는 지형 · 지물의 변동을 유발하는 공사를 착공하거나 완공하면 그 사실과 변동사항을 국토해양부장관에게 통보하도록 함

기본측량성과 등을 사용한 지도 등의 간행 (법 제15조)	국토해양부장관은 기본측량성과 및 기본측량기록을 사용하여 지도나 그 밖에 필요한 간행물을 간행하여 판매하거나 배포할 수 있도록 하고, 기본측량성과, 기본측량기록 또는 국토해양부장관이 간행한 지도 등을 활용한 지도 등을 간행하여 판매하거나 배포하려는 자는 국토해양부장관의 심사를 받도록 함
지적측량의 적부심사 (법 제29조)	토지소유자, 이해관계인 또는 지적측량수행자는 지적측량성과에 다툼이 있는 경우에는 관할 시·도지사에게 지적측량 적부심사를 청구할 수 있고, 지적측량 적부심사청구를 받은 시·도지사는 소관 지방지적위원회에 회부하여 심의·의결을 거친 후 그 결과를 청구인에게 통지하도록 하며, 지방지적위원회의 의결에 불복하는 경우에는 국토해양부장관에게 재심사를 청구할 수 있도록 함
수로도서지의 간행 등 (법 제35조 및 제36조)	국토해양부장관은 수로조사 성과를 수록한 수로 도서지를 간행하여 판매하거나 배포하도록 하고, 수로도서지의 판매를 대행하는 자를 지정할 수 있도록 하며, 국토해양부장관이 간행한 수로 도서지를 복제하거나 변형하여 수로 도서지와 비슷한 제작물로 발행하려는 자는 국토해양부장관의 승인을 받도록 함
지적측량업자 업무범위 확대 (법 제45조)	지적측량업자의 업무범위로 경제점좌표등록부가 있는 지역에서의 지적측량, 지적재조사사업에 따라 실시하는 지적확정측량, 도시개발사업 등이 끝남에 따라 하는 지적확정측량 외에 지적전산자료를 활용한 정보화사업을 규정함
측량협회의 설립 (법 제56조)	측량에 관한 기술의 향상과 측량제도의 건전한 발전을 위하여 측량협회를 설립할 수 있도록 하고, 설립요건으로 측량기술자 300명 이상 또는 측량업자 10분의 1 이상을 발기인으로 하여 정관을 작성한 후 창립총회의 의결을 거쳐 국토해양부장관의 인가를 받도록 함
토지의 조사·등록 (법 제64조)	국가는 모든 토지를 필지마다 토지의 소재·지번·지목·면적·경계 또는 좌표 등을 조사·측량하여 지적공부에 등록하도록 하고, 지적공부에 등록하는 지번·지목·면적·경계 또는 좌표는 토지의 이동이 있을 때 지적소관청이 토지소유자의 신청이나 직권으로 결정하도록 함

22) 공간정보의 구축 및 관리 등에 관한 법률(약칭 : 공간정보관리법)

[시행 2018.12.13.] [법률 제15719호, 2018.8.14., 타법개정]

① 체계와 구성

목적	이 법은 측량 기준 및 절차와 지적공부(地籍公簿)·부동산종합공부(不動産綜合公簿)의 작성 및 관리 등에 관한 사항을 규정함으로써 국토의 효율적 관리와 국민의 소유권 보호에 기여함을 목적으로 한다.
체계	공간정보의 구축 및 관리 등에 관한 법률은 법률, 법률 시행령, 법률 시행규칙, 지적측량 시행규칙의 체계로 이루어져 있다.
구성	공간정보의 구축 및 관리 등에 관한 법률은 5개의 장과 부칙으로 구성되고 총 111개 조문으로 이루어져 있다.

② 공간정보의 구축 및 관리 등에 관한 법률의 구성 및 주요내용

구분	제목	주요내용
제1장	총칙	법의 목적, 용어의 정의, 다른 법률과의 관계, 적용범위
제2장	측량 및 수로조사	측량기본계획, 측량기준, 측량기준점, 기본측량, 공공측량, 지적측량, 수로조사, 측량기술자 및 수로기술자, 측량업 및 수로사업, 협회, 대한지적공사
제3장	지적	토지의 등록, 지적공부, 토지의 이동신청 및 지적정리 등
제4장	보칙	지명의 결정, 측량기기의 검사, 성능검사대행자, 토지 등에의 출입, 권한의 위임 · 위탁, 수수료
제5장	벌칙	벌칙, 양벌규정, 과태료
부칙		법 시행일, 다른 법률의 폐지, 측량기준에 관한 경과조치

2장 지적측량

지적측량 개요

1 지적측량

"지적측량"이란 토지를 지적공부에 등록하거나 지적공부에 등록된 경계점을 지상에 복원하기 위하여 제21호에 따른 필지(대통령령으로 정하는 바에 따라 구획되는 토지의 등록단위)의 경계 또는 좌표와 면적을 정하는 측량을 말하며, 지적확정측량 및 지적재조사측량을 포함한다.

> "지적확정측량"이란 「도시개발법」에 따른 도시개발사업, 「농어촌정비법」에 따른 농어촌정비사업, 그 밖에 대통령령으로 정하는 토지개발사업이 끝나 토지의 표시를 새로 정하기 위하여 실시하는 지적측량을 말한다.
> "지적재조사측량"이란 「지적재조사에 관한 특별법」에 따른 지적재조사사업에 따라 토지의 표시를 새로 정하기 위하여 실시하는 지적측량을 말한다.

2 지적측량의 법률적 효력 암기 구공확강

구속력 (拘束力)	소관청, 소유자 및 이해관계인을 기속하는 효력으로 ① 모든 지적측량은 완료와 동시에 구속력이 발생 ② 지적측량결과가 유효하게 존재하는 한 그 내용에 대해 존중하고 복종하여야 함 ③ 정당한 절차 없이 그 존재를 부정하거나 그 효력을 기피할 수 없음
공정력 (公正力)	권한 있는 기관에 의하여 쟁송 또는 직권에 의하여 그 내용이 취소되기까지는 적법성을 추정받고 그 누구도 부인하지 못하는 효력으로 ① 공정력은 당사자, 소관청, 국가기관, 제3자에 대해서도 발생 ② 지적측량에 하자가 있더라도 인정 ③ 예외의 경우로서 지적측량의 효력이 절대 무효인 경우가 있음
확정력 (確定力)	일단 유효하게 성립된 지적측량은 상대방과 이해관계인이 그 효력을 다툴 수 없고, 소관청 자신도 특별한 사유가 없는 한 그 성과를 변경할 수 없어 효력으로 불가쟁력(형식적 확정력)과 불가변력(관습적 확정력)이 발생
강제력 (强制力)	행정청 자체의 자격으로 집행할 수 있는 강력한 효력으로 ① 사법권의 힘을 빌릴 것 없이 행정행위를 실현할 수 있는 자력집행력 ② 경계복원측량 이외는 소원법의 적용이 배제되고 지적위원회가 적부심사를 맡아 처리함

③ 지적측량의 특성

기속측량 (羈屬測量)	지적측량은 토지표시사항 중 경계와 면적을 평면적으로 측정하는 측량으로 측량방법은 법률로서 정하고 법률로 정하여진 규정 속에서 국가가 시행하는 행정행위(行政行爲)에 속한다.
준사법측량 (準司法測量)	국가가 토지에 대한 물권이 미치는 범위와 면적 등을 지적측량에 의하여 결정하고 지적공부에 등록·공시하면 법률적으로 확정된 것과 같은 효력을 지닌다.
측량성과 (測量成果)의 영속성(永續性)	지적측량의 성과는 토지에 대한 물권이 미치는 범위와 면적 등을 결정하여 지적공부에 등록하고 필요시 언제라도 이를 공개 또는 확인할 수 있도록 영구적으로 보존하여야 하는 특성을 지니고 있다.
평면측량 (平面測量)	측량은 대상지역의 넓이 또는 면적과 지구곡률의 고려 여부에 따라 평면측량과 측지측량으로 구분하고 있다. 따라서 지적측량은 지구곡률을 고려하지 않고 측량대상지역이 반경 11km 이내이므로 평면측량으로 구분하고 있다.

④ 지적측량의 실시

다음의 어느 하나에 해당하는 경우에는 지적측량을 하여야 한다.

지적측량 대상
① 지적기준점을 정하는 경우
② 지적측량성과를 검사하는 경우
③ 다음의 어느 하나에 해당하는 경우로서 측량을 할 필요가 있는 경우 　가. 지적공부를 복구하는 경우 　나. 토지를 신규등록하는 경우 　다. 토지를 등록전환하는 경우 　라. 토지를 분할하는 경우 　마. 바다가 된 토지의 등록을 말소하는 경우 　바. 축척을 변경하는 경우 　사. 지적공부의 등록사항을 정정하는 경우 　아. 도시개발사업 등의 시행지역에서 토지의 이동이 있는 경우
④ 경계점을 지상에 복원하는 경우
⑤ 지적현황측량 　지상건축물 등의 현황을 지적도 및 임야도에 등록된 경계와 대비하여 표시

5 지적측량의 실시기준

지적삼각점측량 · 지적삼각 보조점측량	① 측량지역의 지형상 지적삼각점이나 지적삼각보조점의 설치 또는 재설치가 필요한 경우 ② 지적도근점의 설치 또는 재설치를 위하여 지적삼각점이나 지적삼각보조점의 설치가 필요한 경우 ③ 세부측량을 하기 위하여 지적삼각점 또는 지적삼각보조점의 설치가 필요한 경우
지적도근점측량	① 축척변경을 위한 측량을 하는 경우 ② 도시개발사업 등으로 인하여 지적확정측량을 하는 경우 ③ 「국토의 계획 및 이용에 관한 법률」 제7조제1호의 도시지역에서 세부측량을 하는 경우 ④ 측량지역의 면적이 해당 지적도 1장에 해당하는 면적 이상인 경우 ⑤ 세부측량을 하기 위하여 특히 필요한 경우
세부측량	① 지적기준점을 정하는 경우 ② 토지이동을 위한 지적측량 　가. 지적공부를 복구하는 경우 　나. 토지를 신규등록하는 경우 　다. 토지를 등록전환하는 경우 　라. 토지를 분할하는 경우 　마. 바다가 된 토지의 등록을 말소하는 경우 　바. 축척을 변경하는 경우 　사. 지적공부의 등록사항을 정정하는 경우 　아. 도시개발사업 등의 시행지역에서 토지의 이동이 있는 경우 ③ 경계점을 지상에 복원하는 경우 ④ 지적현황측량

SECTION 02 지적측량 방법

1 지적측량의 방법

▼ 지적측량의 구분 및 측량방법과 계산방법

구분	종류	기초	측량방법	계산방법
기초측량	지적삼각점측량	• 위성기준점 • 통합기준점 • 삼각점 • 지적삼각점	• 경위의측량 • 전파기 또는 광파기 측량 • 위성측량방법 • 국토교통부장관이 승인한 측량방법	• 평균계산법 • 망평균계산법
	지적삼각보조점측량	• 위성기준점 • 통합기준점 • 삼각점 • 지적삼각점 • 지적삼각보조점		• 교회법 • 다각망도선법
	지적도근점측량	• 위성기준점 • 통합기준점 • 삼각점 • 지적삼각점 • 지적삼각보조점 • 지적도근점		• 도선법 • 교회법 • 다각망도선법

세부측량	• 복구측량
	• 신규등록측량
	• 등록전환측량
	• 분할측량
	• 등록말소측량
	• 축척변경측량
	• 등록사항정정측량
	• 지적확정측량
	• 경계복원측량
	• 지적현황측량
		• 위성기준점
		• 통합기준점
		• 지적기준점
		  − 지적삼각점
		  − 지적삼각보조점
		  − 지적도근점
		• 경계점
			• 경위의측량
			• 평판측량
			• 위성측량방법
			• 전자평판측량 방법
				• 교회법
				• 도선법
				• 방사법

② 측량기준점

1) 기준점 구분 [암기] ㉤리가 ㉠㉧이 심하면 ㉣㉨를 모아 ㉦㉞을 ㉤㉝ 번 하라.

측량 기준점	측량의 정확도를 확보하고 효율성을 높이기 위하여 특정지점을 제6조에 따른 측량기준에 따라 측정하고 좌표 등으로 측량 시에 기준으로 사용되는 점을 말한다.	
국가 기준점	측량의 정확도를 확보하고 효율성을 높이기 위하여 국토교통부장관이 전 국토를 대상으로 주요 지점마다 정한 측량의 기본이 되는 측량기준점	
	㉤주측지 기준점	국가측지기준계를 정립하기 위하여 전 세계 초장거리간섭계와 연결하 여 정한 기준점
	㉠성 기준점	지리학적 경위도, 직각좌표 및 지구중심 직교좌표의 측정 기준으로 사 용하기 위하여 대한민국 경위도원점을 기초로 정한 기준점
	㉧합 기준점	지리학적 경위도, 직각좌표, 지구중심 직교좌표, 높이 및 중력 측정의 기준 으로 사용하기 위하여 위성기준점, 수준점 및 중력점을 기초로 정한 기준점
	㉣력점	중력 측정의 기준으로 사용하기 위하여 정한 기준점
	㉨자기점 (地磁氣點)	지구자기 측정의 기준으로 사용하기 위하여 정한 기준점
	㉦준점	높이 측정의 기준으로 사용하기 위하여 대한민국 수준원점을 기초로 정 한 기준점
	㉤해 기준점	우리나라의 영해를 획정(劃定)하기 위하여 정한 기준점 〈삭제 2021.2.9.〉
	㉤로 기준점	수로조사 시 해양에서의 수평위치와 높이, 수심 측정 및 해안선 결정 기 준으로 사용하기 위하여 위성기준점과 법 제6조제1항제3호의 기본수준 면을 기초로 정한 기준점으로서 수로측량기준점, 기본수준점, 해안선기 준점으로 구분한다. 〈삭제 2021.2.9.〉
	㉝각점	지리학적 경위도, 직각좌표 및 지구중심 직교좌표 측정의 기준으로 사 용하기 위하여 위성기준점 및 통합기준점을 기초로 정한 기준점
공공 기준점	제17조제2항에 따른 공공측량시행자가 공공측량을 정확하고 효율적으로 시행하기 위하여 국가기준점을 기준으로 하여 따로 정하는 측량기준점	
	공공 삼각점	공공측량 시 수평위치의 기준으로 사용하기 위하여 국가기준점을 기초 로 하여 정한 기준점
	공공 수준점	공공측량 시 높이의 기준으로 사용하기 위하여 국가기준점을 기초로 하 여 정한 기준점
지적 기준점	특별시장·광역시장·특별자치시장·도지사 또는 특별자치도지사(이하 "시·도지사"라 한 다)나 지적소관청이 지적측량을 정확하고 효율적으로 시행하기 위하여 국가기준점을 기준으 로 하여 따로 정하는 측량기준점	
	지적삼각점 (地籍三角點)	지적측량 시 수평위치 측량의 기준으로 사용하기 위하여 국가기준점을 기준으로 하여 정한 기준점
	지적삼각보조점 (地籍三角補助點)	지적측량 시 수평위치 측량의 기준으로 사용하기 위하여 국가기준점과 지적삼각점을 기준으로 하여 정한 기준점
	지적도근점 (地籍圖根點)	지적측량 시 필지에 대한 수평위치 측량 기준으로 사용하기 위하여 국 가기준점, 지적삼각점, 지적삼각보조점 및 다른 지적도근점을 기초로 하여 정한 기준점

2) 지적기준점의 확인 및 선점 등(지적업무처리규정 제10조)

① 지적삼각점측량 및 지적삼각보조점측량을 할 때에는 미리 사용하고자 하는 삼각점·지적삼각점 및 지적삼각보조점의 변동유무를 확인하여야 한다. 이 경우 확인결과 기지각과의 오차가 ±40초 이내인 경우에는 그 삼각점·지적삼각점 및 지적삼각보조점에 변동이 없는 것으로 본다.

② 지적기준점을 선점할 때에는 다음 각 호에 따른다.

> 1. 후속측량에 편리하고 영구적으로 보존할 수 있는 위치이어야 한다.
> 2. 지적도근점을 선점할 때에는 되도록이면 지적도근점 간의 거리를 동일하게 하되 측량대상지역의 후속측량에 지장이 없도록 하여야 한다.
> 3. 「지적측량 시행규칙」 제11조제3항 및 제12조제6항에 따라 다각망도선법으로 지적삼각보조점측량 및 지적도근점측량을 할 경우에 기지점 간 직선상의 외부에 두는 지적삼각보조점 및 지적도근점과 기지점 직선과의 사이각은 30도 이내로 한다.

③ 암석·석재구조물·콘크리트구조물·맨홀 및 건축물 등 견고한 고정물에 지적기준점을 설치할 필요가 있는 경우에는 그 고정물에 각인하거나, 그 구조물에 고정하여 설치할 수 있다.

④ 지적삼각보조점의 규격과 재질은 규칙 제3조제1항에 따른 지적기준점표지의 규격과 재질을 준용한다.

⑤ 지적삼각점 및 지적삼각보조점의 매설방법은 별표 1과 같다.

3) 삼각점의 명칭

지적삼각점의 명칭은 측량지역이 소재하고 있는 특별시·광역시·도 또는 특별자치도(이하 "시·도"라 한다)의 명칭 중 두 글자를 선택하고 시·도 단위로 일련번호를 붙여서 정한다.

기관명	종류	기관명	종류	기관명	종류
서울특별시	서울	울산광역시	울산	전라북도	전북
부산광역시	부산	경기도	경기	전라남도	전남
대구광역시	대구	강원도	강원	경상북도	경북
인천광역시	인천	충청북도	충북	경상남도	경남
광주광역시	광주	충청남도	충남	제주특별자치도	제주
대전광역시	대전	세종특별자치시	세종		

③ 지적기준점 설치 및 관리

1) 지적기준점 설치(지적측량시행규칙 제2조)

① 「공간정보의 구축 및 관리 등에 관한 법률」(이하 "법"이라 한다) 제8조제1항에 따른 지적기준점표지의 설치는 다음 각 호의 기준에 따른다.

1. 지적삼각점표지의 점간거리는 평균 2킬로미터 이상 5킬로미터 이하로 할 것
2. 지적삼각보조점표지의 점간거리는 평균 1킬로미터 이상 3킬로미터 이하로 할 것. 다만, 다각망도선법(多角網道線法)에 따르는 경우에는 평균 0.5킬로미터 이상 1킬로미터 이하로 한다.
3. 지적도근점표지의 점간거리는 평균 50미터 이상 300미터 이하로 할 것. 다만, 다각망도선법에 따르는 경우에는 평균 500미터 이하로 한다.

② 지적소관청은 연 1회 이상 지적기준점표지의 이상 유무를 조사하여야 한다. 이 경우 멸실되거나 훼손된 지적기준점표지를 계속 보존할 필요가 없을 때에는 폐기할 수 있다.

③ 지적소관청이 관리하는 지적기준점표지가 멸실되거나 훼손되었을 때에는 지적소관청은 다시 설치하거나 보수하여야 한다.

법률 제8조(측량기준점표지의 설치 및 관리)

① 측량기준점을 정한 자는 측량기준점표지를 설치하고 관리하여야 한다.

② 제1항에 따라 측량기준점표지를 설치한 자는 대통령령으로 정하는 바에 따라 그 종류와 설치 장소를 국토교통부장관, 관계 시·도지사, 시장·군수 또는 구청장(자치구의 구청장을 말한다. 이하 같다) 및 측량기준점표지를 설치한 부지의 소유자 또는 점유자에게 통지하여야 한다. 설치한 측량기준점표지를 이전·철거하거나 폐기한 경우에도 같다.

③ 해양수산부장관은 수로기준점표지를 설치한 경우에는 그 사실을 고시하여야 한다. 〈삭제 2020. 2.18.〉

④ 시·도지사 또는 지적소관청은 지적기준점표지를 설치·이전·복구·철거하거나 폐기한 경우에는 그 사실을 고시하여야 한다.

⑤ 특별자치시장, 특별자치도지사, 시장·군수 또는 구청장은 국토교통부령으로 정하는 바에 따라 매년 관할 구역에 있는 측량기준점표지의 현황을 조사하고 그 결과를 시·도지사를 거쳐(특별자치시장 및 특별자치도지사의 경우는 제외한다) 국토교통부장관에게 보고하여야 한다. 측량기준점표지가 멸실·파손되거나 그 밖에 이상이 있음을 발견한 경우에도 같다.

⑥ 제5항에도 불구하고 국토교통부장관은 필요하다고 인정하는 경우에는 직접 측량기준점표지의 현황을 조사할 수 있다.

⑦ 측량기준점표지의 형상, 규격, 관리방법 등에 필요한 사항은 국토교통부령으로 정한다.

시행규칙 제6조(측량기준점표지의 이전 신청 절차)

① 법 제9조제2항에 따라 측량기준점표지의 이전을 신청하려는 자는 별지 제3호서식의 신청서를 이전을 원하는 날의 ㉚일 전까지 측량기준점표지를 설치한 자에게 제출하여야 한다.

② 제1항에 따른 이전 신청을 받은 자는 신청받은 날부터 ⑩일 이내에 별지 제4호서식의 이전경비 납부통지서를 신청인에게 통지하여야 한다.

③ 제2항에 따라 이전경비 납부통지서를 받은 신청인은 이전을 원하는 날의 ⑦일 전까지 측량기준점표지를 설치한 자에게 이전경비를 내야 한다.

2) 지적측량수행자가 설치한 지적기준점표지의 관리 등(지적업무처리규정 제4조)

① 지적측량수행자가 「지적측량 시행규칙」 제2조제1항에 따라 설치한 지적기준점표지의 작성 등에 관하여는 이 규정이 정하는 바에 따른다.

② 지적측량수행자가 지적기준점표지를 설치한 때에는 「지적측량 시행규칙」 제28조제2항에 따라 측량성과에 대한 검사를 받아야 하며, 지적기준점성과의 고시는 영 제10조를, 지적기준점성과 또는 그 측량부의 보관과 열람 및 등본발급은 법 제27조 및 규칙 제26조를 따른다.

3) 지적기준점성과의 관리(지적측량 시행규칙 제3조)

법 제27조제1항에 따른 지적기준점성과의 관리는 다음 각 호에 따른다.

1. 지적삼각점성과는 특별시장 · 광역시장 · 도지사 또는 특별자치도지사(이하 "시 · 도지사"라 한다)가 관리하고, 지적삼각보조점성과 및 지적도근점성과는 지적소관청이 관리할 것
2. 지적소관청이 지적삼각점을 설치하거나 변경하였을 때에는 그 측량성과를 시 · 도지사에게 통보할 것
3. 지적소관청은 지형 · 지물 등의 변동으로 인하여 지적삼각점성과가 다르게 된 때에는 지체 없이 그 측량성과를 수정하고 그 내용을 시 · 도지사에게 통보할 것

4 지적기준점 성과고시(시행령 제10조)

1) 성과고시 [암기] [기][준][좌][표][경][위][도][설][치][보][관]하라.

법 제8조제4항에 따른 지적기준점표지의 설치(이전 · 복구 · 철거 또는 폐기를 포함한다. 이하 이 조에서 같다)에 대한 고시는 다음 각 호의 사항을 공보 또는 인터넷 홈페이지에 게재하는 방법으로 한다.

1. [기][준]점의 명칭 및 번호
2. 직각[좌]표계의 원점명(지적기준점에 한정한다)
3. 좌[표] 및 표고
4. [경]도와 [위][도]
5. [설][치]일, 소재지 및 표지의 재질
6. 측량성과 [보][관] 장소

2) 기록 · 관리 [암기] [지][좌][경][자][명][소]요, [위][표][도][표][지][도][지][도][관][사]

지적측량 시행규칙 제4조(지적기준점성과표의 기록 · 관리 등)

① 제3조에 따라 시 · 도지사가 지적삼각점성과를 관리할 때에는 다음 표의 왼쪽 사항을 지적삼각점성과표에 기록 · 관리하여야 한다.

② 제3조에 따라 지적소관청이 지적삼각보조점성과 및 지적도근점성과를 관리할 때에는 다음 표의 오른쪽 사항을 지적삼각보조점성과표 및 지적도근점성과표에 기록 · 관리하여야 한다.

③ 조사 내용은 지적삼각보조점 및 지적도근점표지의 멸실 유무, 사고 원인, 경계의 부합 여부 등을 적는다. 이 경우 경계와 부합되지 아니할 때에는 그 사유를 적는다.

지적삼각점성과표	지적삼각보조점성과표 및 지적도근점성과표
1. ㉯적삼각점의 명칭과 기준 원점명	1. 번호 및 ㉮치의 약도
2. ㉴표 및 표고	2. 좌㉲와 직각좌표계 원점명
3. ㉰도 및 위도(필요한 경우로 한정한다)	3. 경㉵와 위도(필요한 경우로 한정한다)
4. ㉯오선수차(子午線收差)	4. ㉲고(필요한 경우로 한정한다)
5. 시준점(視準點)의 ㉮칭, 방위각 및 거리	5. 소재㉯와 측량연월일
6. ㉱재지와 측량연월일	6. ㉵선등급 및 도선명
7. 그 밖의 참고사항	7. 표㉯의 재질
	8. ㉵면번호
	9. 설치기㉰
	10. 조㉳연월일, 조사자의 직위 · 성명 및 조사 내용

3) 지적기준점성과의 보관 및 열람 등(법률 제27조)

① 시 · 도지사나 지적소관청은 지적기준점성과(지적기준점에 의한 측량성과를 말한다. 이하 같다)와 그 측량기록을 보관하고 일반인이 열람할 수 있도록 하여야 한다.

② 지적기준점성과의 등본이나 그 측량기록의 사본을 발급받으려는 자는 국토교통부령으로 정하는 바에 따라 시 · 도지사나 지적소관청에 그 발급을 신청하여야 한다.

4) 지적기준점성과의 열람 및 등본 발급(지적업무처리규정 제11조)

① 규칙 제26조에 따른 지적기준점성과 또는 그 측량부의 열람신청이 있는 때에는 신청종류와 수수료금액을 확인하여 신청서에 첨부된 수입증지를 소인한 후 담당공무원이 열람시킨다.

② 지적기준점성과 또는 그 측량부의 등본은 복사하거나 부동산종합공부시스템으로 작성하여 발급한다.

③ 지적기준점성과 또는 그 측량부의 등본을 복사할 때에는 기재사항 끝부분에 다음과 같이 날인한다.

(지적기준점성과 등 등본 날인문안 및 규격)

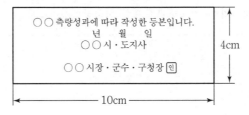

시행규칙 제26조(지적기준점성과의 열람 및 등본발급)

① 법 제27조에 따라 지적측량기준점성과 또는 그 측량부를 열람하거나 등본을 발급받으려는 자는 지적삼각점성과에 대해서는 특별시장·광역시장·특별자치시장·도지사·특별자치도지사 (이하 "시·도지사"라 한다) 또는 지적소관청에 신청하고, 지적삼각보조점성과 및 지적도근점 성과에 대해서는 지적소관청에 신청하여야 한다.

② 제1항에 따른 지적측량기준점성과 또는 그 측량부의 열람 및 등본발급 신청서는 별지 제17호서 식과 같다.

③ 지적측량기준점성과 또는 그 측량부의 열람이나 등본 발급 신청을 받은 해당 기관은 이를 열람 하게 하거나 별지 제18호서식의 지적측량기준점성과 등본을 발급하여야 한다.

예제 01

지적기준점성과와 그 측량기록의 보관 및 열람 등에 관한 설명으로 틀린 것은?

(12년23회공인)

① 시·도지사나 지적소관청은 지적기준점성과와 그 측량 기록을 보관하여야 한다.

② 지적삼각점성과를 열람하거나 등본을 발급받으려는 자는 시·도지사에게 신청하여야 한다.

③ 지적삼각보조점성과를 열람하거나 등본을 발급받으려는 자는 지적소관청에 신청하여야 한다.

④ 지적도근점성과를 열람하거나 등본을 발급받으려는 자는 지적소관청에 신청하여야 한다.

⑤ 지적기준점성과의 열람 및 등본 발급신청을 받은 해당기관은 이를 열람하게 하거나 등본을 발급하여야 한다.

 정답 ⑤

예제 02

공간정보의 구축 및 관리 등에 관한 법령상 지적기준점성과와 지적기준점성과의 열람 및 등본 발급 신청기관의 연결이 옳은 것은?

(20년31회공인)

① 지적삼각점성과 − 시·도지사 또는 지적소관청

② 지적삼각보조점성과 − 시·도지사 또는 지적소관청

③ 지적삼각보조점성과 − 지적소관청 또는 한국국토정보공사

④ 지적도근점성과 − 시·도지사 또는 한국국토정보공사

⑤ 지적도근점성과 − 지적소관청 또는 한국국토정보공사

 정답 ①

5) 수수료

■ 공간정보의 구축 및 관리 등에 관한 법률 시행규칙 [별표 12] 〈개정 2019.2.25.〉

업무 종류에 따른 수수료의 금액(제115조제1항 관련)

해당 업무	단위	수수료	해당 법조문
5. 지적기준점성과의 열람 신청			
가. 지적삼각점	1점당	300원	법 제106조
나. 지적삼각보조점	1점당	300원	제1항제6호
다. 지적도근점	1점당	200원	
6. 지적기준점성과의 등본 발급 신청			
가. 지적삼각점	1점당	500원	법 제106조
나. 지적삼각보조점	1점당	500원	제1항제6호
다. 지적도근점	1점당	400원	

SECTION 03 지적측량 의뢰

1 지적측량 의뢰 등

1) 지적측량 의뢰 등(법률 제24조)

① 토지소유자 등 이해관계인은 제23조제1항제1호 및 제3호(자목은 제외한다)부터 제5호까지의 사유로 지적측량을 할 필요가 있는 경우에는 다음 각 호의 어느 하나에 해당하는 자(이하 "지적측량수행자"라 한다)에게 지적측량을 의뢰하여야 한다.

> 1. 제44조제1항제2호의 지적측량업의 등록을 한 자
> 2. 「국가공간정보 기본법」 제12조에 따라 설립된 한국국토정보공사(이하 "한국국토정보공사"라 한다)

② 지적측량수행자는 제1항에 따른 지적측량 의뢰를 받으면 지적측량을 하여 그 측량성과를 결정하여야 한다.

③ 제1항 및 제2항에 따른 지적측량 의뢰 및 측량성과 결정 등에 필요한 사항은 국토교통부령으로 정한다.

2) 지적측량수행계획서 제출(시행규칙 제25조)

① 법 제24조제1항에 따라 지적측량을 의뢰하려는 자는 별지 제15호서식의 지적측량 의뢰서(전자문서로 된 의뢰서를 포함한다)에 의뢰 사유를 증명하는 서류(전자문서를 포함한다)를 첨부하여 지적측량수행자에게 제출하여야 한다.

② 지적측량수행자는 제1항에 따른 지적측량 의뢰를 받은 때에는 측량기간, 측량일자 및 측량 수수료 등을 적은 별지 제16호서식의 지적측량 수행계획서를 그다음 날까지 지적소관청에 제출하여야 한다. 제출한 지적측량 수행계획서를 변경한 경우에도 같다.

예제 03

지적측량수행자가 지적측량 의뢰를 받은 때에는 그다음 날까지 지적소관청에 지적측량 수행계획서를 제출해야 한다. 지적측량수행계획서에 기재해야 할 내용이 아닌 것은?

(15년서울시7)

① 측량수수료
② 측량기간
③ 측량일자
④ 측량의뢰인

정답 ④

3) 측량기간

① 지적측량의 측량기간은 5일로 하며, 측량검사기간은 4일로 한다. 다만, 지적기준점을 설치하여 측량 또는 측량검사를 하는 경우 지적기준점이 15점 이하인 경우에는 4일을, 15점을 초과하는 경우에는 4일에 15점을 초과하는 4점마다 1일을 가산한다.

② 제1항에도 불구하고 지적측량 의뢰인과 지적측량수행자가 서로 합의하여 따로 기간을 정하는 경우에는 그 기간에 따르되, 전체 기간의 4분의 3은 측량기간으로, 전체 기간의 4분의 1은 측량검사기간으로 본다.

4) 지적측량의뢰 등 수수료 징수(지적업무처리규정 제16조)

① 지적측량수행자가 법 제24조제1항에 따라 토지소유자 등 이해관계인으로부터 지적측량의뢰를 받은 때에는 법 제106조제2항에 따른 지적측량수수료를 수납하고, 측량예정일자가 기재된 입금표를 측량의뢰인에게 발급하여야 한다. 이 경우 소유자로부터 위임을 받은 자가 의뢰를 할 때에는 소유자의 서명 또는 날인이 첨부된 별지 제3호 서식에 따른 위임장을 지적측량수행자에게 제출하여야 한다. 다만, 해당 토지가 국유지나 공유지일 경우는 그러하지 아니하다.

② 지적측량수행자는 지적공부정리를 하여야 하는 지적측량의뢰를 받은 때에는 의뢰인에게 지적공부정리 및 지적공부등본발급신청을 지적소관청에 직접 신청하거나 지적측량수행자에게 위임할 수 있다는 설명을 하고, 의뢰인으로부터 위임을 받은 때에는 의뢰인이 하는 신청절차를 대행할 수 있다. 이 경우 의뢰서 여백에 "신청위임"이라고 흑백의 반전으로 표시하거나 붉은색으로 기재하고, 소유자의 서명 또는 날인을 받아야 한다.

③ 측량의뢰인은 전화 또는 인터넷 등 정보통신망을 사용하여 측량을 의뢰할 수 있으며, 이 경우 지적측량수행자는 규칙 별지 제15호 서식에 의뢰내용을 기록하여 저장할 수 있다.

④ 제3항의 기록내용은 측량의뢰서로 갈음한다.

2 지적측량수수료(법률 제106조)

1) 수수료 지급

① 다음 각 호(법률 제106조제1항)의 어느 하나에 해당하는 신청 등을 하는 자는 국토교통부령으로 정하는 바에 따라 수수료를 내야 한다.

② 제24조제1항에 따라 지적측량을 의뢰하는 자는 국토교통부령으로 정하는 바에 따라 지적측량수행자에게 지적측량수수료를 내야 한다.

③ 제2항에 따른 지적측량수수료는 국토교통부장관이 매년 12월 말일까지 고시하여야 한다.

④ 지적소관청이 제64조제2항 단서에 따라 직권으로 조사·측량하여 지적공부를 정리한 경우에는 그 조사·측량에 들어간 비용을 제2항에 준하여 토지소유자로부터 징수한다. 다만, 제82조에 따라 지적공부를 등록말소한 경우에는 그러하지 아니하다.

> 수수료 납부기간(규칙 제117조) 법 제106조제4항에 따른 수수료는 지적공부를 정리한 날부터 30일 내에 내야 한다.

예제 04

지적소관청이 직권으로 조사·측량하여 지적공부를 정리하는 경우 이에 소요된 비용을 토지소유자에게 징수한다. 이때 징수하는 수수료 납부기한은 지적공부를 정리한 날로부터 며칠 이내인가? (15년서울시7)

① 7일 이내 　　　　　　　　　② 15일 이내
③ 30일 이내 　　　　　　　　　④ 60일 이내

 정답 ③

⑤ 제1항에도 불구하고 다음 각 호의 경우에는 수수료를 면제할 수 있다. 다만, 제3호의 경우에는 협정에서 정하는 바에 따라 면제 또는 경감한다.

> 1. 제1항제1호 또는 제2호의 신청자가 공공측량시행자인 경우
> 2. 제1항제8호의 신청자가 국가, 지방자치단체, 「초·중등교육법」 및 「고등교육법」에 따른 학교 등에서 비영리적 목적으로 유사한 제작물을 발행하는 경우
> 3. 제1항제8호의 신청자가 우리나라 정부와 협정을 체결한 외국정부인 경우
> 4. 제1항제13호의 신청자가 국가, 지방자치단체 또는 지적측량수행자인 경우
> 5. 제1항제14호의2 및 제15호의 신청자가 국가 또는 지방자치단체인 경우

2) 수수료의 산정(지적측량수수료 산정기준 등에 관한 규정 제4조)

① 수수료는 측량업무 종목별로 개별 산출하고 선납하는 것을 원칙으로 하며, 지적측량 접수 후 변동사항 등에 대해서는 따로 정산처리 한다.

② 수수료는 국토교통부장관이 고시하는 표준 품셈(이하 "품셈"이라 한다)의 지적측량종목에 따

라 면적, 지역구분, 지적공부등록지별(수치·토지·임야) 계수를 적용하여 산정하며, 기준면적 초과분은 품셈에서 정한 가산계수를 적용하고, 개별공시지가에 의한 지가계수의 경우 체감또는 가산계수를, 연속지·집단지는 체감계수를 적용하여 산정한다.

③ 수수료는 원 단위까지 산정한 후 1천 원 단위(500원 초과는 절상)로 결정한다. 다만, 지적확정측량 수수료단가는 10전 단위(5전 초과는 절상)로 산정하되, 수수료 총액은 1천 원 단위(1,000원미만은 절사)로 결정한다.

3) 재해지역 등 수수료 감면(지적측량수수료 산정기준 등에 관한 규정 제23조)

구분	내용
100분의 30	국민의 재산권행사에 대한 불편을 해소하고 편익을 도모하기 위하여 다음 각 호의 어느 하나에 해당하는 사업에는 국토교통부장관의 승인을 받아 해당 연도 수수료의 100분의 30을 감면하여 적용한다. • 기준점정비, 지적불부합정리 등 국가·지방자치단체에서 시행하는 국가시책사업 • 농업기반시설 정부보조사업 및 저소득층 지원사업 등 특수시책사업
100분의 50	지적측량수행자가 산불·폭설·태풍 등 천재지변으로 인한 피해정보를 행정안전부로부터 제공받은 경우와 의뢰인이 「자연재해대책법」 제74조의 피해사실확인서를 제출한 경우 재해지역 복구를 위한 측량수수료는 해당 연도 수수료의 100분의 50을 감면하여 적용한다. 재난 발생일로부터 2년이 경과하였거나 국가·지방자치단체 또는 「공공기관의 운영에 관한 법률」 제4조에 따른 공공기관이 의뢰하는 경우에는 그러지 아니한다.
100분의 50 이내	국토교통부장관은 지적재조사 사업의 원활한 추진을 위해 필요한 경우와 국가안보와 관련된 돌발 사태로 상당한 피해를 받아 피해복구가 필요한 경우, 해당 연도 수수료의 100분의 50 이내에서 감면 조정하여 적용할 수 있다.
지적측량수수료 한도 내	사회공헌활동 등 특별한 사유로 인하여 추진되는 사업은 한국국토정보공사장이 정부에서 고시한 지적측량수수료 한도 내에서 국토교통부장관의 승인을 받아 감면 적용할 수 있다.
100분의 30	「감정인 등 선정과 감정료 산정기준 등에 관한 예규」 제29조에 따라 이동정리를 수반하지 않는 측량감정의 경우에는 해당 연도 수수료의 100분의 30을 감면한다.
중복되는 경우	수수료 감면요건이 둘 이상 중복되는 경우에는 감면율이 높은 한 가지만 적용한다.

4) 동일 지번 두 종목이상 지적측량신청 감면(지적측량수수료 산정기준 등에 관한 규정 제24조)

구분	내용
100분의 30	소유자가 같은 동일 지번 또는 연접된 필지를 두 종목 이상의 지적측량을 신청하여 1회 측량으로 완료될 경우 추가종목당 기본단가의 100분의 30을 감면 적용한다.
감면조건	경계복원측량, 도시계획선명시측량, 지적현황측량, 분할측량, 등록전환측량을 순차적으로 적용하며, 연속지·집단지일 경우 적용하지 아니한다.

5) 수수료의 반환(지적측량수수료 산정기준 등에 관한 규정 제25조)

구분	내용		
의뢰인 취소 (제1호)	측량의뢰 후 의뢰인이 취소하는 경우에는 다음 기준에 따라 취소한 시점까지 수행된 작업공정을 감안하여 수수료를 반환한다.		
	전액	현지에 출장가기 전에 취소한 경우에는 수수료 전액	
	100분의 30	현지에 출장하여 측량착수 전에 취소하는 경우에는 기본 1필지에 대한 수수료의 100분의 30을 차감한 잔액	
기초측량 취소 (제1호)	전액	선점을 하지 아니한 경우에는 수수료의 전액	
	100분의 10	선점을 완료한 경우에는 선점한 점수에 대하여 기본단가의 100분의 10을 차감한 잔액	
	100분의 30	관측을 완료한 경우에는 관측한 점수에 대하여 기본단가의 100분의 30을 차감한 잔액	
전액 및 차감 (제2~3호)	현지측량을 완료하였으나 지적측량수행자의 사정에 의하여 측량성과를 제시하지 못하는 경우에는 수수료 전액을 반환한다. 의뢰인이 같은 필지에 대하여 2종목 이상의 지적측량을 의뢰하여 전체 종목을 동시에 취소하면 의뢰받은 종목 중 수수료가 저렴한 종목의 기본 1필지에 대하여 제1호(현지에 출장가기 전에 취소한 경우에는 수수료 전액·현지에 출장하여 측량착수 전에 취소하는 경우에는 기본 1필지에 대한 수수료의 100분의 30을 차감한 잔액)에 따라 반환하고 나머지 종목은 전액을 반환한다.		
차액 및 전액 (제4호)	지적공부의 정리를 목적으로 실시한 측량을 완료하였으나 관계법규에 저촉되어 지적공부를 정리할 수 없는 경우에는 측량의뢰인과 협의하여 업무를 종결하거나 지적현황측량으로 종목을 변경하고 그 차액을 반환한다. 다만, 측량 접수 시에 관계법규에 저촉되는 사항을 알 수 있었음에도 불구하고 착오로 접수하였을 때에는 수수료 전액을 반환한다.		
보류	현장 여건상 수목, 장애물 등 현장사정으로 인하여 측량수행이 불가능하거나 의뢰인의 사정으로 지적측량이 측량일 또는 계약만료일로부터 3개월 이상 보류된 경우에는 3개월이 지난 날부터 10일 이내에 제1호부터 제4호까지의 기준에 따라 수수료를 반환한다.		
연기	의뢰인이 서면으로 측량연기를 요청한 경우에는 요청일부터 1년의 범위에서 연기할 수 있고, 연기 만료일로부터 10일 이내에 제1호부터 제4호까지의 기준에 따라 수수료를 반환한다.		
감소	측량결과 의뢰수량보다 완료수량이 감소된 경우에는 감소된 수량에 대한 수수료 금액을 반환한다.		
초과금액	수수료 기준을 잘못 적용하여 기준보다 초과하여 받은 경우에는 초과금액에 대하여 즉시 반환한다.		
반환금액	1천 원 단위(1,000원 미만은 절상)로 한다.		

3 측량기간 및 검사기간

1) 지적측량성과의 검사(법률 제25조)

① 지적측량수행자가 제23조에 따라 지적측량을 하였으면 시·도지사, 대도시 시장(「지방자치법」 제175조에 따라 서울특별시·광역시 및 특별자치시를 제외한 인구 50만 이상의 시의 시장을 말한다. 이하 같다) 또는 지적소관청으로부터 측량성과에 대한 검사를 받아야 한다. 다만, 지적공부를 정리하지 아니하는 측량으로서 국토교통부령으로 정하는 측량의 경우에는 그러하지 아니하다.

② 제1항에 따른 지적측량성과의 검사방법 및 검사절차 등에 필요한 사항은 국토교통부령으로 정한다.

2) 지적측량성과의 검사방법 등(지적측량 시행규칙 제28조)

① 법 제25조제1항 단서에서 "국토교통부령으로 정하는 측량의 경우"란 경계복원측량 및 지적현황측량을 하는 경우를 말한다.

② 법 제25조제2항에 따른 지적측량성과의 검사방법과 검사절차는 다음 각 호와 같다.

1. 지적측량수행자는 측량부·측량결과도·면적측정부, 측량성과 파일 등 측량성과에 관한 자료(전자파일 형태로 저장한 매체 또는 인터넷 등 정보통신망을 이용하여 제출하는 자료를 포함한다)를 지적소관청에 제출하여 그 성과의 정확성에 관한 검사를 받아야 한다. 다만, 지적삼각점측량성과 및 경위의측량방법으로 실시한 지적확정측량성과인 경우에는 다음 각 목의 구분에 따라 검사를 받아야 한다.

> 가. 국토교통부장관이 정하여 고시하는 면적 규모 이상의 지적확정측량성과 : 시·도지사 또는 대도시 시장(「지방자치법」 제175조에 따라 서울특별시·광역시 및 특별시를 제외한 인구 50만 이상 대도시의 시장을 말한다. 이하 같다)
>
> 나. 국토교통부장관이 정하여 고시하는 면적 규모 미만의 지적확정측량성과 : 지적소관청

지역 구분	검사 기관 구분	
	지적소관청	시·도지사, 대도시 시장
시·구 지역	10,000m² 이하	10,000m² 초과
군 지역	30,000m² 이하	30,000m² 초과

2. 시·도지사 또는 대도시 시장은 제1호가목에 따른 검사를 하였을 때에는 그 결과를 지적소관청에 통지하여야 한다.

3. 지적소관청은 「건축법」 등 관계 법령에 따른 분할제한 저촉 여부 등을 판단하여 측량성과가 정확하다고 인정하면 지적측량성과도를 지적측량수행자에게 발급하여야 하며, 지적측량수행자는 측량의뢰인에게 그 지적측량성과도를 포함한 지적측량 결과부를 지체 없이 발급하여야 한다. 이 경우 검사를 받지 아니한 지적측량성과도는 측량의뢰인에게 발급할 수 없다.

③ 제2항에 따른 측량성과에 관한 자료의 제출방법 및 절차, 지적측량성과도의 작성방법 등에 관하여 필요한 사항은 국토교통부장관이 정한다.

3) 지적측량 의뢰 등 검사기간(시행규칙 제25조)

① 법 제24조제1항에 따라 지적측량을 의뢰하려는 자는 별지 제15호서식의 지적측량 의뢰서(전자문서로 된 의뢰서를 포함한다)에 의뢰 사유를 증명하는 서류(전자문서를 포함한다)를 첨부하여 지적측량수행자에게 제출하여야 한다.

② 지적측량수행자는 제1항에 따른 지적측량 의뢰를 받은 때에는 측량기간, 측량일자 및 측량 수수료 등을 적은 별지 제16호서식의 지적측량수행계획서를 그다음 날까지 지적소관청에 제출하여야 한다. 제출한 지적측량수행계획서를 변경한 경우에도 같다.

③ 지적측량의 측량기간은 5일로 하며, 측량검사기간은 4일로 한다. 다만, 지적기준점을 설치하여 측량 또는 측량검사를 하는 경우 지적기준점이 15점 이하인 경우에는 4일을, 15점을 초과하는 경우에는 4일에 15점을 초과하는 4점마다 1일을 가산한다.

④ 제3항에도 불구하고 지적측량 의뢰인과 지적측량수행자가 서로 합의하여 따로 기간을 정하는 경우에는 그 기간에 따르되, 전체 기간의 4분의 3은 측량기간으로, 전체 기간의 4분의 1은 측량검사기간으로 본다.

▼ 지적기준점을 설치한 경우 지적측량 측량기간

구분	지적측량	기준점 설치	합의
측량기간	5일	• 15점 : 4일	3/4
검사기간	4일	• 15점 초과 : 4일 + 초과하는 4점마다 1일을 가산	1/4

4) 지적측량 성과검사 정리부 등(지적업무처리규정 제17조)

① 시·도지사, 대도시 시장 또는 지적소관청은 별지 제4호 서식의 지적측량 성과검사 정리부를 작성·비치하고, 지적측량수행계획서를 받은 때와 지적측량성과검사 요청이 있는 때에는 그 처리내용을 기재하여야 한다.

② 지적측량수행자가 지적도근점측량을 한 때에는 제13조제1항에 따라 지적도근점측량성과와 경계가 부합하는지를 확인한 측량결과도를 지적도근점측량성과와 함께 지적소관청에 제출하여야 한다.

③ 시·도지사, 대도시 시장 또는 지적소관청은 지적측량수행계획서에 기재된 측량기간·측량일자 등을 확인하여 측량이 지연되는 일이 없도록 조치하여야 한다.

④ 지적측량수행자는 지적측량성과검사를 위하여 측량결과도의 작성에 관한 제 규정 이행여부를 확인하여 검사를 의뢰하여야 한다.

5) 지적측량성과의 검사항목(지적업무처리규정 제26조)

「지적측량 시행규칙」 제28조제2항에 따른 지적측량성과검사를 할 때에는 다음 사항을 검사하여야 한다. 암기 ㉠㉢㉣㉥㉲㉠㉲ㆍ㉠㉳㉦㉣㉥㉲

기초측량	세부측량
1. ㉠지점사용의 적정여부	1. ㉠지점사용의 적정여부
2. ㉢적기준점설치망 구성의 적정여부	2. 측량㉳비도 및 측량결과도 작성의 적정여부
3. 관측㉣ 및 거리측정의 정확여부	3. 기지㉦과 지상경계와의 부합여부
4. 계산의 ㉲확여부	4. 경계점 간 ㉣산거리(도상거리)와 실측거리의 부합여부
5. 지적기㉲점 선점 및 표지설치의 정확여부	5. 면적측정의 ㉲확여부
6. 지적기준점성과와 기지경계선과의 부합㉲부	6. 관계법령의 분할제한 등의 저촉 ㉲부. 다만, 제20조제3항(각종 인ㆍ허가 등의 내용과 다르게 토지의 형질이 변경되었을 경우)은 제외한다.

6) 지적측량성과의 검사방법 등(지적업무처리규정 제27조)

① 지적측량수행자가 지적측량성과검사를 요청하는 경우와 지적소관청이 지적측량성과검사 결과를 통보하는 경우에는 정보시스템을 이용하여 처리할 수 있다.

② 세부측량(지적공부를 정리하지 아니하는 세부측량을 포함한다)을 하기 전에 기초측량을 한 경우에는 미리 지적기준점성과에 대한 검사를 받은 후에 세부측량을 하여야 한다. 다만, 지적소관청과 사전 협의를 한 경우에는 지적기준점성과와 세부측량성과(지적공부를 정리하지 아니하는 세부측량은 제외한다)를 동시에 검사할 수 있다.

③ 전자평판측량에 따른 측량성과 파일은 도형자료와 속성자료 간의 일치성과 유효성을 검증하기 위하여 다음 각 호의 사항을 실시하고 최종적으로 종번(終番) 검사를 실시하여야 한다.

1. 면적공차 초과 검증
2. 누락필지 및 원필지 중복객체 검증
3. 지번중복 검증 및 도곽의 적정성 여부 검사
4. 법정 리ㆍ동계 및 축척 간 접합 중복 검사
5. 폐쇄도면 중첩검사
6. 성과레이어 중첩검사
7. 이격거리 측정 및 필계점 좌표 확인
8. 측정점위치설명도 작성의 적정 여부
9. 주위필지와의 부합여부
10. 그 밖에 필요한 사항

④ 지적소관청은 지적측량검사가 완료된 때에는 해당 측량성과 파일을 부동산종합공부시스템에 등록하여야 한다.

⑤「지적측량 시행규칙」제28조에 따른 측량성과의 검사방법은 다음 각 호와 같다.

> 1. 측량성과를 검사하는 때에는 측량자가 실시한 측량방법과 다른 방법으로 한다. 다만, 부득이한 경우에는 그러하지 아니한다.
> 2. 지적삼각점측량 및 지적삼각보조점측량은 신설된 점을, 지적도근점측량은 주요도선별로 지적도근점을 검사한다. 이 경우 후방교회법으로 검사할 수 있다. 다만, 구하고자 하는 지적기준점이 기지점과 같은 원주상에 있는 경우에는 그러하지 아니하다.
> 3. 세부측량결과를 검사할 때에는 새로 결정된 경계를 검사한다. 이 경우 측량성과 검사 시에 확인된 지역으로서 측량결과도만으로 그 측량성과가 정확하다고 인정되는 경우에는 현지측량검사를 하지 아니할 수 있다.
> 4. 면적측정검사는 필지별로 한다.
> 5. 측량성과 파일의 검사는 부동산종합공부시스템으로 한다.
> 6. 지적측량수행자와 동일한 전자측량시스템을 이용하여 세부측량 시 측량성과의 정확성을 검사할 수 있다.

⑥ 시·도지사, 대도시 시장 또는 지적소관청은 측량성과를 검사하여 그 측량성과가 정확하다고 인정되는 경우에는 측량부·측량결과도·면적측정부 및 측량성과도에 별표 4의 측량성과검사 필인을 각각 날인하여야 한다.

⑦ 시·도지사, 대도시 시장 또는 지적소관청은 측량성과 검사결과 측량성과가 부정확하다고 판단되는 경우에는 제17조에 따라 지적측량수행자가 제출한 측량성과를 보완하도록 조치하고, 측량성과검사정리부에 그 사유를 기재한다. 이 경우 측량성과 검사결과 제26조제2호바목 본문에 해당되는 경우에는 지적측량수행자에게 측량성과에 관한 자료를 되돌려 주고 그 사유를 지적측량성과검사 정리부 비고란에 붉은색으로 기재한다.

예제 05

지적측량성과검사에 대한 설명으로 옳지 않은 것은?   (12년서울시9)

① 지적현황측량 및 경계복원측량을 실시한 때에는 시·도지사에게 측량성과에 대한 검사를 받아야 한다.

② 지적측량수행자는 측량부·측량결과도·면적측정부, 측량성과 파일 등 측량성과에 관한 자료를 지적소관청에 제출하여 그 성과의 정확성에 관한 검사를 받아야 한다.

③ 지적소관청은 측량성과가 정확하다고 인정하면 지적측량성과도를 지적측량수행자에게 발급하여야 한다.

④ 경위의측량방법으로 실시한 지적확정측량성과인 경우에는 시·도지사, 대도시 시장 또는 지적소관청에 검사를 받아야 한다.

⑤ 세부측량을 하기 전에 기초측량을 한 경우에는 미리 지적기준점성과에 대한 검사를 받은 후에 세부측량을 하여야 한다.

정답 ①

예제 06

공간정보의 구축 및 관리 등에 관한 법령상 지적측량에 대한 설명으로 가장 옳지 않은 것은?

(21년서울시7)

① 지적측량수행자에는 「공간정보의 구축 및 관리 등에 관한 법률」에 의해 지적측량업의 등록을 한 자와 「국가공간정보 기본법」 제12조에 따라 설립된 한국국토정보공사가 있다.

② 지적측량을 의뢰하는 자는 국토교통부령으로 정하는 바에 따라 지적측량수행자에게 지적측량수수료를 내야 한다.

③ 지적측량수행자가 지적공부를 정리하지 아니하는 경계복원측량 및 지적현황측량을 한 경우 시·도지사, 대도시 시장 또는 지적소관청으로부터 측량성과에 대한 검사를 받아야 한다.

④ 지적삼각점성과를 열람하거나 등본을 발급받으려는 자는 특별시장·광역시장·특별자치시장·도지사·특별 자치도지사 또는 지적소관청에 신청하여야 한다. 정답 ③

7) 지적측량성과의 결정(지적측량 시행규칙 제27조)

① 지적측량성과와 검사성과의 연결교차가 다음 표의 허용범위 이내일 때에는 그 지적측량성과에 관하여 다른 입증을 할 수 있는 경우를 제외하고는 그 측량성과로 결정하여야 한다.

② 지적측량성과를 전자계산기기로 계산하였을 때에는 그 계산성과자료를 측량부 및 면적측정부로 본다.

지적측량 성과결정	지적삼각점	0.20m	
	지적삼각보조점	0.25m	
	지적도근점	경계점좌표등록부 시행지역	0.15m
		그 밖의 지역	0.25m
	경계점	경계점좌표등록부 시행지역	0.10m
		그 밖의 지역	10분의 3Mmm(M은 축척분모)
지적확정측량 성과검사기준	지적삼각점	±20cm	
	지적삼각보조점	±25cm	
	지적도근점	±15cm(도선을 달리하여 검사)	
	경계점	±10cm	
지적재조사측량 성과결정	지적기준점	±0.03m	
	경계점	±0.07m	
지적공부세계측 지계변환규정 (변환성과 검증)	경계점좌표 등록부 시행지역	5cm	
	그 밖의 지역	10cm	
지적공부세계측 지계변환규정 (공통점 결정)	경계점좌표 등록부 시행지역	7.5cm	
	그 밖의 지역	12.5cm	

예제 07

> 지적측량성과의 결정 중 허용범위가 옳은 것은? (14년서울시9)
>
> ① 지적삼각보조점 : 0.15m
> ② 지적도근점 : 경계점좌표등록부 미시행지역 0.25m
> ③ 경계점 : 경계점좌표등록부 시행지역 0.15m
> ④ 경계점 : 경계점좌표등록부 미시행지역 0.25m
> ⑤ 지적삼각점 : 0.15m
>
> 정답 ②

예제 08

> 다음 중 지적측량성과 결정을 위한 지적측량성과와 검사성과의 연결교차 허용범위 기준으로 옳은 것은? (16년서울시7)
>
> ① 경계점좌표등록부 시행지역의 지적도근점 : 0.15미터 이내
> ② 지적삼각보조점 : 0.20미터 이내
> ③ 지적삼각점 : 0.25미터 이내
> ④ 경계점좌표등록부 시행지역의 경계점 : 0.20미터 이내
>
> 정답 ①

8) 지적측량 표본검사 등(지적업무처리규정 제27조의2)

국토교통부장관은 법 제99조제1항제1호에 따라 지적측량수행자의 고의 또는 과실로 인한 지적측량 민원발생을 사전에 예방하고, 지적측량성과의 정확성을 확보하기 위하여 시·도지사에게는 표본검사를, 한국국토정보공사(이하 "공사"라 한다) 사장에게는 기술검사를 실시하게 할 수 있다.

(1) 표본검사

① 시·도지사는 지적공부를 정리한 측량성과에 대하여 연 1회 이상 표본검사를 실시하여야 하며, 그 결과 지적소관청의 검사사항이 법령 등에 위배된다고 판단되는 경우에는 국토교통부장관에게 보고하여야 한다.

② 시·도지사는 지적측량업자가 법 제45조에서 정한 지적측량업무를 수행한 측량성과에 대하여는 정기적으로 표본검사를 시행하여야 하며, 그 결과 법령 등에 위배된다고 판단되는 경우에는 필요한 조치를 하여야 한다.

(2) 기술검사

공사 사장은 「지적측량 시행규칙」 제28조제1항에 따른 경계복원측량 및 지적현황측량성과에 대하여 지역본부별로 연 1회 이상 기술검사를 실시하여야 하며, 그 결과 법령 등에 위배된다고 판단되는 경우에는 필요한 조치를 취하고 그 내용을 국토교통부장관에게 보고하여야 한다.

4 측량성과도 작성 및 발급

1) 측량성과도의 작성방법(지적업무처리규정 제28조)

① 「지적측량 시행규칙」 제28조제2항제3호에 따른 측량성과도(측량결과도에 따라 작성한 측량 성과도면을 말한다)의 문자와 숫자는 레터링 또는 전자측량시스템에 따라 작성하여야 한다.

② 측량성과도의 명칭은 신규 등록, 등록전환, 분할, 지적확정, 경계복원, 지적현황, 지적복구 또는 등록사항정정측량성과도로 한다. 이 경우 경계점좌표로 등록된 지역인 경우에는 명칭 앞에 "(좌표)"라 기재한다.

③ 경계점좌표로 등록된 지역의 측량성과도에는 경계점 간 계산거리를 기재하여야 한다.

④ 분할측량성과도를 작성하는 때에는 측량대상토지의 분할선은 붉은색 실선으로, 점유현황선 은 붉은색 점선으로 표시하여야 한다. 다만, 경계와 점유현황선이 같을 경우에는 그러하지 아니하다.

⑤ 제20조제3항에 따라 분할측량성과 등을 결정하였을 때에는 "인 · 허가 내용을 변경하여야 지 적공부정리가 가능함"이라고 붉은색으로 표시하여야 한다.

⑥ 경계복원측량성과도를 작성하는 때에는 복원된 경계점은 직경 2밀리미터 이상 3밀리미터 이하의 붉은색 원으로 표시하고, 측량대상토지의 점유현황선은 붉은색 점선으로 표시하여야 한다. 다만, 필지가 작아 식별하기 곤란한 경우에는 복원된 경계점을 직경 1밀리미터 이상 1.5밀리미터 이하의 붉은색 원으로 표시할 수 있다.

⑦ 복원된 경계점과 측량 대상토지의 점유현황선이 일치할 경우에는 제6항에 따른 점유현황선의 표시를 생략하고, 경계복원측량성과도를 현장에서 작성하여 지적측량 의뢰인에게 발급할 수 있다.

⑧ 지적현황측량성과도를 작성하는 때에는 별표 5의 도시방법에 따라 현황구조물의 위치 등을 판별할 수 있도록 표시하여야 한다.

2) 측량성과도의 발급 등(지적업무처리규정 제29조)

① 「지적측량 시행규칙」 제28조제2항제2호에 따라 시 · 도지사 및 대도시 시장으로부터 지적측량 성과 검사결과 측량성과가 정확하다고 통지를 받은 지적소관청은 「지적측량 시행규칙」 제28조 제2항제3호에 따라 측량성과 및 지적측량성과도를 지적측량수행자에게 발급하여야 한다.

② 「지적측량 시행규칙」 제28조제1항의 경계복원측량과 지적현황측량을 완료하고 발급한 측량 성과도와 「지적측량 시행규칙」 제28조제2항제3호 전단에 따른 측량성과도를 지적측량수행자 가 지적측량의뢰인에게 송부하고자 하는 때에는 지체 없이 인터넷 등 정보통신망 또는 등기우 편으로 송달하거나 직접 발급하여야 한다.

③ 측량성과도를 정보시스템으로 작성한 경우 측량의뢰인이 파일로 제공할 것을 요구하면 편집 이 불가능한 파일형식으로 변환하여 측량성과를 파일로 제공할 수 있다.

④ 지적소관청은 제20조제3항에 따라 측량성과를 결정한 경우에는 그 측량성과에 따라 각종 인 가 · 허가 등이 변경되어야 지적공부정리신청을 할 수 있다는 뜻을 지적측량성과도에 표시하

고, 지적측량의뢰인에게 알려야 한다.

⑤ 지적소관청은 지적측량성과도를 발급한 토지에는 지적공부정리 신청여부를 조사하여 필요한 조치를 하여야 한다.

SECTION 04 지적위원회

1 지적위원회(법률 제28조)

지적측량에 대한 적부심사 청구사항을 심의 · 의결하기 위하여 국토교통부에 중앙지적위원회를 두고, 특별시 · 광역시 · 특별자치시 · 도 또는 특별자치도(이하 "시 · 도"라 한다)에 지방지적위원회를 둔다.

1) 중앙지적위원회의 구성 등(시행령 제20조)

① 법 제28조제1항에 따른 중앙지적위원회(이하 "중앙지적위원회"라 한다)는 위원장 1명과 부위원장 1명을 포함하여 5명 이상 10명 이하의 위원으로 구성한다.

② 위원장은 국토교통부의 지적업무 담당 국장이, 부위원장은 국토교통부의 지적업무 담당 과장이 된다.

③ 위원은 지적에 관한 학식과 경험이 풍부한 사람 중에서 국토교통부장관이 임명하거나 위촉한다.

④ 위원장 및 부위원장을 제외한 위원의 임기는 2년으로 한다.

지적위원회					
구분	위원수	위원장	부위원장	위원임기	위원임명
중앙지적위원회	5명 이상 10명 이하(위원장, 부위원장 포함)	국토교통부의 지적업무 담당 국장	국토교통부의 지적업무 담당 과장	2년(위원장, 부위원장 제외)	국토교통부장관
지방지적위원회	5명 이상 10명 이하(위원장, 부위원장 포함)	시 · 도의 지적업무 담당국장	시 · 도의 지적업무 담당과장	2년(위원장, 부위원장 제외)	시 · 도지사

2) 위원 및 간사

① 중앙지적위원회의 간사는 국토교통부의 지적업무 담당 공무원 중에서 국토교통부장관이 임명하며, 회의 준비, 회의록 작성 및 회의 결과에 따른 업무 등 중앙지적위원회의 서무를 담당한다.

② 중앙지적위원회의 위원에게는 예산의 범위에서 출석수당과 여비, 그 밖의 실비를 지급할 수 있다. 다만, 공무원인 위원이 그 소관 업무와 직접적으로 관련되어 출석하는 경우에는 그러하지 아니하다.

예제 09

다음은 중앙지적위원회의 구성에 대한 설명이다. (가)~(다)에 각각 들어갈 내용으로 옳은 것은? (16년서울시9)

- 위원장 1명과 부위원장 1명을 포함하여 (가) 이상 (나) 이하의 위원으로 구성한다.
- 위원은 지적에 관한 학식과 경험이 풍부한 사람 중에서 (다)이 임명하거나 위촉한다.

	(가)	(나)	(다)
①	5명	10명	위원장
②	5명	10명	국토교통부장관
③	7명	15명	위원장
④	7명	15명	국토교통부장관

[정답] ②

예제 10

「공간정보의 구축 및 관리 등에 관한 법률 시행령」 상 중앙지적위원회의 구성 및 회의에 대한 설명으로 가장 옳은 것은? (21년서울시7)

① 회의는 재적위원 3분의 1 이상의 출석으로 개의(開議)하고, 출석위원 과반수의 찬성으로 의결한다.

② 위원장은 국토교통부장관이, 부위원장은 국토교통부의 지적업무 담당 국장이 된다.

③ 위원장 1명과 부위원장 1명을 포함하여 15명 이상 20명 이하의 위원으로 구성한다.

④ 위원장이 중앙지적위원회의 회의를 소집할 때에는 회의 일시 · 장소 및 심의 안건을 회의 5일 전까지 각 위원에게 서면으로 통지하여야 한다.

[정답] ④

3) 심의 · 의결사항 [암기] [정][무][연][개][사][양][무][요]

① 다음 각 호의 사항을 심의 · 의결하기 위하여 국토교통부에 중앙지적위원회를 둔다.

1. 지적 관련 [정]책 개발 및 업[무] 개선 등에 관한 사항
2. 지적측량기술의 [연]구 · [개]발 및 보급에 관한 사항
3. 제29조제6항에 따른 지적측량 적부심[사](適否審査)에 대한 재심사(再審査)
4. 제39조에 따른 측량기술자 중 지적분야 측량기술자(이하 "지적기술자"라 한다)의 [양]성에 관한 사항
5. 제42조에 따른 지적기술자의 업[무]정지 처분 및 징계[요]구에 관한 사항

② 제29조에 따른 지적측량에 대한 적부심사 청구사항을 심의 · 의결하기 위하여 특별시 · 광역시 · 특별자치시 · 도 또는 특별자치도(이하 "시 · 도"라 한다)에 지방지적위원회를 둔다.

③ 중앙지적위원회와 지방지적위원회의 위원 구성 및 운영에 필요한 사항은 대통령령으로 정한다.

④ 중앙지적위원회와 지방지적위원회의 위원 중 공무원이 아닌 사람은 「형법」 제127조 및 제129조부터 제132조까지의 규정을 적용할 때에는 공무원으로 본다.

> **제127조(공무상 비밀의 누설)** 공무원 또는 공무원이었던 자가 법령에 의한 직무상 비밀을 누설한 때에는 2년 이하의 징역이나 금고 또는 5년 이하의 자격정지에 처한다.
>
> **제129조(수뢰, 사전수뢰)** ① 공무원 또는 중재인이 그 직무에 관하여 뇌물을 수수, 요구 또는 약속한 때에는 5년 이하의 징역 또는 10년 이하의 자격정지에 처한다.
> ② 공무원 또는 중재인이 될 자가 그 담당할 직무에 관하여 청탁을 받고 뇌물을 수수, 요구 또는 약속한 후 공무원 또는 중재인이 된 때에는 3년 이하의 징역 또는 7년 이하의 자격정지에 처한다.
>
> **제130조(제삼자뇌물제공)** 공무원 또는 중재인이 그 직무에 관하여 부정한 청탁을 받고 제3자에게 뇌물을 공여하게 하거나 공여를 요구 또는 약속한 때에는 5년 이하의 징역 또는 10년 이하의 자격정지에 처한다.
>
> **제131조(수뢰후부정처사, 사후수뢰)** ① 공무원 또는 중재인이 전2조의 죄를 범하여 부정한 행위를 한 때에는 1년 이상의 유기징역에 처한다.
> ② 공무원 또는 중재인이 그 직무상 부정한 행위를 한 후 뇌물을 수수, 요구 또는 약속하거나 제삼자에게 이를 공여하게 하거나 공여를 요구 또는 약속한 때에도 전항의 형과 같다.
> ③ 공무원 또는 중재인이었던 자가 그 재직 중에 청탁을 받고 직무상 부정한 행위를 한 후 뇌물을 수수, 요구 또는 약속한 때에는 5년 이하의 징역 또는 10년 이하의 자격정지에 처한다.
> ④ 전3항의 경우에는 10년 이하의 자격정지를 병과할 수 있다.
>
> **제132조(알선수뢰)** 공무원이 그 지위를 이용하여 다른 공무원의 직무에 속한 사항의 알선에 관하여 뇌물을 수수, 요구 또는 약속한 때에는 3년 이하의 징역 또는 7년 이하의 자격정지에 처한다.
>
> **제133조(뇌물공여 등)** ① 제129조부터 제132조까지에 기재한 뇌물을 약속, 공여 또는 공여의 의사를 표시한 자는 5년 이하의 징역 또는 2천만 원 이하의 벌금에 처한다. 〈개정 2020.12.8〉
> ② 제1항의 행위에 제공할 목적으로 제삼자에게 금품을 교부하거나 그 사정을 알면서 금품을 교부를 받은 제3자도 제1항의 형에 처한다. 〈개정 2020.12.8〉

4) 중앙지적위원회의 회의 등(시행령 제21조)

① 중앙지적위원회 위원장은 회의를 소집하고 그 의장이 된다.

② 위원장이 부득이한 사유로 직무를 수행할 수 없을 때에는 부위원장이 그 직무를 대행하고, 위원장 및 부위원장이 모두 부득이한 사유로 직무를 수행할 수 없을 때에는 위원장이 미리 지명한 위원이 그 직무를 대행한다.

③ 중앙지적위원회의 회의는 재적위원 과반수의 출석으로 개의(開議)하고, 출석위원 과반수의 찬성으로 의결한다.

④ 중앙지적위원회는 관계인을 출석하게 하여 의견을 들을 수 있으며, 필요하면 현지조사를 할 수 있다.

⑤ 위원장이 중앙지적위원회의 회의를 소집할 때에는 회의 일시·장소 및 심의 안건을 회의 5일 전까지 각 위원에게 서면으로 통지하여야 한다.

⑥ 위원이 법 제29조제6항에 따른 재심사 시 그 측량 사안에 관하여 관련이 있는 경우에는 그 안건의 심의 또는 의결에 참석할 수 없다.

예제 11

중앙지적위원회에 대한 설명이다. 이 중 틀린 것은?　　　　　　　　(12년서울시9)

① 중앙지적위원회 위원장은 회의를 소집하고 그 의장이 된다.

② 위원장이 부득이한 사유로 직무를 수행할 수 없을 때에는 부위원장이 그 직무를 대행하고, 위원장 및 부위원장이 모두 부득이한 사유로 직무를 수행할 수 없을 때에는 가장 연장자가 그 직무를 대행한다.

③ 회의는 재적위원 과반수의 출석으로 개의하고 출석위원 과반수의 찬성으로 의결한다.

④ 위원회는 관계인을 출석하게 해서 의견을 들을 수 있으며, 필요한 경우에는 현지조사를 할 수 있다.

⑤ 위원장이 위원회의 회의를 소집하는 때에는 회의일시·장소 및 심의안건을 회의 5일 전까지 각 위원에게 서면으로 통지하여야 한다.

정답 ②

예제 12

「공간정보의 구축 및 관리 등에 관한 법률」상 중앙지적위원회에서 심의·의결하는 사항으로 가장 옳지 않은 것은?　　　　　　　　(20년서울시9)

① 지적측량업자의 업무정지 처분 및 징계요구에 관한 사항

② 지적기술자의 업무정지 처분 및 징계요구에 관한 사항

③ 지적 관련 정책 개발 및 업무 개선 등에 관한 사항

④ 지적측량기술의 연구·개발 및 보급에 관한 사항

정답 ①

예제 **13**

공간정보의 구축 및 관리 등에 관한 법령상 중앙지적위원회의 심의 · 의결사항으로 틀린 것은? (20년31회공인)

① 측량기술자 중 지적기술자의 양성에 관한 사항
② 지적측량기술의 연구 · 개발 및 보급에 관한 사항
③ 지적재조사 기본계획의 수립 및 변경에 관한 사항
④ 지적 관련 정책 개발 및 업무 개선 등에 관한 사항
⑤ 지적기술자의 업무정지 처분 및 징계요구에 관한 사항

정답 ③

5) 위원의 제척 · 기피 · 회피(시행령 제20조의2)

① 중앙지적위원회의 위원이 다음 각 호의 어느 하나에 해당하는 경우에는 중앙지적위원회의 심의 · 의결에서 제척(除斥)된다.

> 1. 위원 또는 그 배우자나 배우자이었던 사람이 해당 안건의 당사자가 되거나 그 안건의 당사자와 공동권리자 또는 공동의무자인 경우
> 2. 위원이 해당 안건의 당사자와 친족이거나 친족이었던 경우
> 3. 위원이 해당 안건에 대하여 증언, 진술 또는 감정을 한 경우
> 4. 위원이나 위원이 속한 법인 · 단체 등이 해당 안건의 당사자의 대리인이거나 대리인이었던 경우
> 5. 위원이 해당 안건의 원인이 된 처분 또는 부작위에 관여한 경우

② 해당 안건의 당사자는 위원에게 공정한 심의 · 의결을 기대하기 어려운 사정이 있는 경우에는 중앙지적위원회에 기피 신청을 할 수 있고, 중앙지적위원회는 의결로 이를 결정한다. 이 경우 기피 신청의 대상인 위원은 그 의결에 참여하지 못한다.

③ 위원이 제1항 각 호에 따른 제척 사유에 해당하는 경우에는 스스로 해당 안건의 심의 · 의결에서 회피(回避)하여야 한다.

6) 위원의 해임 · 해촉(시행령 제20조의3)

국토교통부장관은 중앙지적위원회의 위원이 다음 각 호의 어느 하나에 해당하는 경우에는 해당 위원을 해임하거나 해촉(解囑)할 수 있다.

> 1. 심신장애로 인하여 직무를 수행할 수 없게 된 경우
> 2. 직무태만, 품위손상이나 그 밖의 사유로 인하여 위원으로 적합하지 아니하다고 인정되는 경우
> 3. 제20조의2제1항 각 호의 어느 하나에 해당하는 데에도 불구하고 회피하지 아니한 경우

[2] 지방지적위원회

지적측량에 대한 적부심사 청구사항을 심의 · 의결하기 위하여 특별시 · 광역시 · 특별자치시 · 도 또는 특별자치도(이하 "시 · 도"라 한다)에 지방지적위원회를 둔다.

■ 지방지적위원회의 구성 등(시행령 제23조)

법 제28조제2항에 따른 지방지적위원회의 구성 및 회의 등에 관하여는 제20조, 제20조의2, 제20조의3, 제21조 및 제22조를 준용한다. 이 경우 제20조, 제20조의2, 제20조의3, 제21조 및 제22조 중 "중앙지적위원회"는 "지방지적위원회"로, "국토교통부"는 "시 · 도"로, "국토교통부장관"은 "특별시장 · 광역시장 · 특별자치시장 · 도지사 또는 특별자치도지사"로, "법 제29조제6항에 따른 재심사"는 "법 제29조제1항에 따른 지적측량 적부심사"로 본다.

지적위원회					
구분	위원수	위원장	부위원장	위원임기	위원임명
중앙지적위원회	5명 이상 10명 이하(위원장, 부위원장 포함)	국토교통부의 지적업무 담당국장	국토교통부의 지적업무 담당과장	2년(위원장, 부위원장 제외)	국토교통부장관
지방지적위원회	5명 이상 10명 이하(위원장, 부위원장 포함)	시 · 도의 지적업무 담당국장	시 · 도의 지적업무 담당과장	2년(위원장, 부위원장 제외)	시 · 도지사

중앙지적위원회 [암기] [정][무][연][개][사][양][무][요]		지방지적위원회	
심의 · 의결 사항	1. 지적 관련 [정]책 개발 및 업[무] 개선 등에 관한 사항 2. 지적측량기술의 [연]구 · [개]발 및 보급에 관한 사항 3. 제29조제6항에 따른 지적측량 적부심[사](適否審査)에 대한 재심사(再審査) 4. 제39조에 따른 측량기술자 중 지적분야 측량기술자(이하 "지적기술자"라 한다)의 [양]성에 관한 사항 5. 제42조에 따른 지적기술자의 업[무]정지 처분 및 징계[요]구에 관한 사항	적부 심사 청구	법 제29조제1항에 따라 지적측량 적부심사(適否審査)를 청구하려는 자는 심사청구서에 다음 각 호의 구분에 따른 서류를 첨부하여 특별시장 · 광역시장 · 특별자치시장 · 도지사 또는 특별자치도지사(이하 "시 · 도지사"라 한다)를 거쳐 지방지적위원회에 제출하여야 한다. 1. 토지소유자 또는 이해관계인 : 지적측량을 의뢰하여 발급받은 지적측량성과 2. 지적측량수행자(지적측량수행자 소속 지적기술자가 청구하는 경우만 해당한다) : 직접 실시한 지적측량성과

SECTION 05 지적측량 적부심사

1 지적측량 적부심사 [암기] [30][60][30][7][90]

지적측량 적부심사 청구 (법 제29조, 시행령 제24조)	① 토지소유자, 이해관계인 또는 지적측량수행자는 지적측량성과에 대하여 다툼이 있는 경우에는 대통령령으로 정하는 바에 따라 관할 시 · 도지사를 거쳐 지방지적위원회에 지적측량 적부심사를 청구할 수 있다. ② 법 제29조제1항에 따라 지적측량 적부심사(適否審査)를 청구하려는 자는 심사청구서에 다음 각 호의 구분에 따른 서류를 첨부하여 특별시장 · 광역시장 · 특별자치시장 · 도지사 또는 특별자치도지사(이하 "시 · 도지사"라 한다)를 거쳐 지방지적위원회에 제출하여야 한다. 1. 토지소유자 또는 이해관계인 : 지적측량을 의뢰하여 발급받은 지적측량성과 2. 지적측량수행자(지적측량수행자 소속 지적기술자가 청구하는 경우만 해당한다) : 직접 실시한 지적측량성과
지방지적위원회에 회부 [암기] [위][성][이] [연][기]하면 [계][측]하라.	지적측량 적부심사청구를 받은 시 · 도지사는 [30]일 이내에 다음 각 호의 사항을 조사하여 지방지적위원회에 회부하여야 한다. 1. 다툼이 되는 지적측량의 경[위] 및 그 [성]과 2. 해당 토지에 대한 토지[이]동 및 소유권 변동 [연]혁 3. 해당 토지 주변의 측량[기]준점, 경[계], 주요 구조물 등 현황 실[측]도
현지 조사자의 지정	시 · 도지사는 법 제29조제2항제3호에 따른 현황 실측도를 작성하기 위하여 필요한 경우에는 관계 공무원을 지정하여 지적측량을 하게 할 수 있으며, 필요하면 지적측량수행자에게 그 소속 지적기술자를 참여시키도록 요청할 수 있다.
심의 및 의결 (법 제29조)	지적측량 적부심사청구를 회부받은 지방지적위원회는 그 심사청구를 회부받은 날부터 [60]일 이내에 심의 · 의결하여야 한다. 다만, 부득이한 경우에는 그 심의기간을 해당 지적위원회의 의결을 거쳐 [30]일 이내에서 한 번만 연장할 수 있다.
시 · 도지사에게 송부	① 지방지적위원회는 지적측량 적부심사를 의결하였으면 대통령령으로 정하는 바에 따라 의결서를 작성하여 시 · 도지사에게 송부하여야 한다. ② 지방지적위원회는 법 제29조제4항에 따라 지적측량 적부심사를 의결하였으면 위원장과 참석위원 전원이 서명 및 날인한 지적측량 적부심사 의결서를 지체 없이 시 · 도지사에게 송부하여야 한다.
청구인 및 이해관계인에게 통지	① 시 · 도지사는 의결서를 받은 날부터 [7]일 이내에 지적측량 적부심사 청구인 및 이해관계인에게 그 의결서를 통지하여야 한다. ② 시 · 도지사가 법 제29조제5항에 따라 지적측량 적부심사 의결서를 지적측량 적부심사 청구인 및 이해관계인에게 통지할 때에는 법 제29조제6항에 따른 재심사를 청구할 수 있음을 서면으로 알려야 한다. ③ 의결서를 받은 자가 지방지적위원회의 의결에 불복하는 경우에는 그 의결서를 받은 날부터 [90]일 이내에 국토교통부장관을 거쳐 중앙지적위원회에 재심사를 청구할 수 있다.

지적소관청에 송부	시·도지사는 지방지적위원회의 의결서를 받은 후 해당 지적측량 적부심사 청구인 및 이해관계인이 법 제29조제6항에 따른 기간에 재심사를 청구하지 아니하면 그 의결서 사본을 지적소관청에 보내야 하며, 중앙지적위원회의 의결서를 받은 경우에는 그 의결서 사본에 지방지적위원회의 의결서 사본을 첨부하여 지적소관청에 보내야 한다.
지적공부의 등록사항 정정, 측량성과 수정	① 지방지적위원회 또는 중앙지적위원회의 의결서 사본을 받은 지적소관청은 그 내용에 따라 지적공부의 등록사항을 정정하거나 측량성과를 수정하여야 한다. ② 특별자치시장은 지방지적위원회의 의결서를 받은 후 해당 지적측량 적부심사 청구인 및 이해관계인이 기간에 재심사를 청구하지 아니하거나 중앙지적위원회의 의결서를 받은 경우에는 직접 그 내용에 따라 지적공부의 등록사항을 정정하거나 측량성과를 수정하여야 한다.

예제 14

지적측량의 적부심사에 대한 내용으로 옳지 않은 것은? (16년서울시9)

① 토지소유자, 이해관계인 또는 지적측량수행자는 지적측량 성과에 대하여 다툼이 있는 경우 관할 시·도지사를 거쳐 지방지적위원회에 지적측량 적부심사를 청구할 수 있다.

② 지적측량 적부심사청구를 회부받은 지방지적위원회는 그 심사청구를 회부받은 날부터 60일 이내에 심의·의결하여야 한다.

③ 시·도지사는 지방지적위원회가 작성한 의결서를 받은 날로부터 14일 이내에 지적측량 적부심사 청구인 및 이해 관계인에게 그 의결서를 통지하여야 한다.

④ 의결서를 받은 자가 지방지적위원회의 의결에 불복하는 경우에는 그 의결서를 받은 날로부터 90일 이내에 국토교통부장관을 거쳐 중앙지적위원회에 재심사를 청구할 수 있다.

정답 ③

예제 15

「공간정보의 구축 및 관리 등에 관한 법률」상 지적측량적부심사에 대한 설명으로 가장 옳은 것은? (22년2월서울시9)

① 지적측량 적부심사청구를 받은 시·도지사는 30일 이내에 지방지적위원회에 회부하여야 한다.

② 지적측량 적부심사 의결서를 받은 자가 지방지적위원회의 의결에 불복하는 경우에는 그 의결서를 받은 다음 날부터 90일 이내에 국토교통부장관을 거쳐 중앙지적위원회에 재심사를 청구할 수 있다.

③ 지적측량 적부심사청구를 회부받은 지방지적위원회는 그 심사청구를 회부받은 다음 날부터 60일 이내에 심의·의결하여야 하며, 부득이한 경우 30일 이내에서 그 심의기간을 한번만 연장할 수 있다.

④ 시·도지사는 지방지적위원회의 의결서를 받은 날부터 15일 이내에 지적측량 적부심사 청구인 및 이해관계인에게 그 의결서를 통지하여야 한다.

정답 ①

② 지적측량 적부심사의 재심사 절차

재심사 청구 (법 제29조, 시행령 제26조)	① 의결서를 받은 자가 지방지적위원회의 의결에 불복하는 경우에는 그 의결서를 받은 날부터 ⑨⓪일 이내에 국토교통부장관을 거쳐 중앙지적위원회에 재심사를 청구할 수 있다. ② 법 제29조제6항에 따른 지적측량 적부심사의 재심사 청구를 하려는 자는 재심사 청구서에 지방지적위원회의 지적측량 적부심사 의결서 사본을 첨부하여 국토교통부장관을 거쳐 중앙지적위원회에 제출하여야 한다.
중앙지적위원회에 회부 암기 위성이 연기하면 계측하라.	지적측량 적부심사의 재심사청구를 받은 국토교통부장관은 ③⓪일 이내에 다음 각 호의 사항을 조사하여 중앙지적위원회에 회부하여야 한다. 1. 다툼이 되는 지적측량의 경⑭ 및 그 ⑳과 2. 해당 토지에 대한 토지⑩동 및 소유권 변동 ⑭혁 3. 해당 토지 주변의 측량⑦준점, 경⑳, 주요 구조물 등 현황 실⑳도
심의 및 의결	지적측량 적부심사의 재심사 청구를 회부받은 중앙지적위원회는 그 심사청구를 회부받은 날부터 ⑥⓪일 이내에 심의·의결하여야 한다. 다만, 부득이한 경우에는 그 심의기간을 해당 지적위원회의 의결을 거쳐 ③⓪일 이내에서 한 번만 연장할 수 있다.
국토교통부장관 에게 송부	① 중앙지적위원회는 지적측량 적부심사를 의결하였으면 대통령령으로 정하는 바에 따라 의결서를 작성하여 국토교통부장관에게 송부하여야 한다. ② 법 제29조제7항에 따라 중앙지적위원회가 재심사를 의결하였을 때에는 위원장과 참석위원 전원이 서명 및 날인한 의결서를 지체 없이 국토교통부장관에게 송부하여야 한다.
청구인·이해관계 인에게 통지	국토교통부장관은 의결서를 받은 날부터 ⑦일 이내에 지적측량 적부심사 청구인 및 이해관계인에게 그 의결서를 통지하여야 한다.
시·도지사에게 송부	중앙지적위원회로부터 의결서를 받은 국토교통부장관은 그 의결서를 관할 시·도지사에게 송부하여야 한다.
지적소관청에 송부	중앙지적위원회의 의결서를 받은 경우에는 그 의결서 사본에 제4항에 따라 받은 지방지적위원회의 의결서 사본을 첨부하여 지적소관청에 보내야 한다.
지적공부등록 사항 정정, 측량성과 수정	지방지적위원회 또는 중앙지적위원회의 의결서 사본을 받은 지적소관청은 그 내용에 따라 지적공부의 등록사항을 정정하거나 측량성과를 수정하여야 한다.

지적측량 적부심사에 대한 설명으로 옳지 못한 것은? (13년서울시9)

① 토지소유자, 이해관계인 또는 지적측량수행자는 지적측량성과에 대하여 다툼이 있는 경우에는 관할 소관청을 거쳐 지방지적위원회에 지적측량 적부심사를 청구할 수 있다.

② 지적측량 적부심사청구를 받은 시·도지사는 30일 이내에 다툼이 되는 지적측량의 경위 및 그 성과 등을 조사하여 지방지적위원회에 회부하여야 한다.

③ 지적측량 적부심사청구를 회부받은 지방지적위원회는 그 심사청구를 회부받은 날부터 60일 이내에 심의·의결하여야 한다.

④ 지방지적위원회는 지적측량 적부심사를 의결하였으면 위원장과 참석위원 전원이 서명 및 날인한 지적측량 적부심사 의결서를 지체 없이 시·도지사에게 송부하여야 하며, 지적소관청은 의결서를 받은 날부터 7일 이내에 지적측량 적부심사 청구인 및 이해관계인에게 그 의결서를 통지하여야 한다.

⑤ 지방지적위원회 의결서 사본을 받은 지적소관청은 그 내용에 따라 지적공부의 등록사항을 정정하거나 측량 성과를 수정하여야 한다.

정답 ①

❸ 청구금지 `암기` ㉚㉚㉚⑦⑨⓪

지방지적위원회의 의결이 있은 후 법 제29조제6항(90일)에 따른 기간에 재심사를 청구하지 아니하거나 중앙지적위원회의 의결이 있는 경우에는 해당 지적측량성과에 대하여 다시 지적측량 적부심사 청구를 할 수 없다.

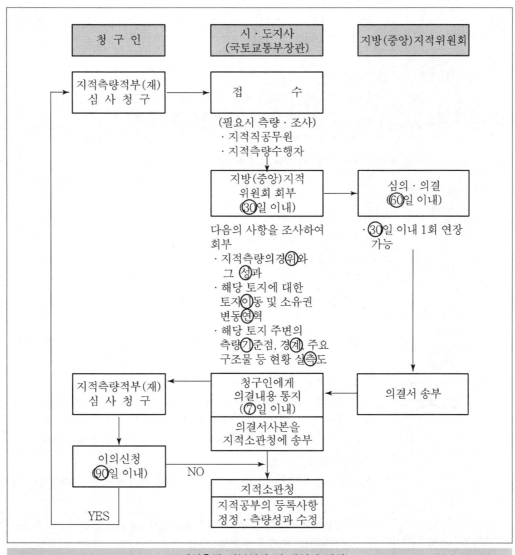

지적측량 적부심사 및 재심사 절차

SECTION 06 지적측량수행자

1 한국국토정보공사

▼ 「국가공간정보 기본법」 제3장

설립 (법 제12조)	① 공간정보체계의 구축 지원, 공간정보와 지적제도에 관한 연구, 기술 개발 및 지적측량 등을 수행하기 위하여 한국국토정보공사(이하 이 장에서 "공사"라 한다)를 설립한다. ② 공사는 법인으로 한다. ③ 공사는 그 주된 사무소의 소재지에서 설립등기를 함으로써 성립한다. ④ 공사의 설립등기에 필요한 사항은 대통령령으로 정한다.
설립등기 사항 암기 목명주이자공	법 제12조제1항에 따른 한국국토정보공사(이하 "공사"라 한다)의 같은 조 제4항에 따른 설립등기 사항은 다음 각 호와 같다. 1. 목적 2. 명칭 3. 주된 사무소의 소재지 4. 이사 및 감사의 성명과 주소 5. 자산에 관한 사항 6. 공고의 방법
정관 (법 제13조) 암기 목명주조업이임 재정공규해인	① 공사의 정관에는 다음 각 호의 사항이 포함되어야 한다. 　1. 목적　　　　　　　　　　　　2. 명칭 　3. 주주된 사무소의 소재지　　　　4. 조직 및 기구에 관한 사항 　5. 업무 및 그 집행에 관한 사항　6. 이사회에 관한 사항 　7. 임직원에 관한 사항　　　　　8. 재산 및 회계에 관한 사항 　9. 정관의 변경에 관한 사항　　　10. 공고의 방법에 관한 사항 　11. 규정의 제정, 개정 및 폐지에 관한 사항　12. 해산에 관한 사항 ② 공사는 정관을 변경하려면 미리 국토교통부장관의 인가를 받아야 한다.
사업 (법 제14조)	공사는 다음 각 호의 사업을 한다. 1. 다음 각 목을 제외한 공간정보체계 구축 지원에 관한 사업으로서 대통령령으로 정하는 사업 　가. 「공간정보의 구축 및 관리 등에 관한 법률」에 따른 측량업(지적측량업은 제외한다)의 범위에 해당하는 사업 　나. 「중소기업제품 구매촉진 및 판로지원에 관한 법률」에 따른 중소기업자 간 경쟁 제품에 해당하는 사업 　다. 국가공간정보체계 구축 및 활용 관련 계획수립에 관한 지원 　라. 국가공간정보체계 구축 및 활용에 관한 지원 　마. 공간정보체계 구축과 관련한 출자(出資) 및 출연(出捐) 2. 공간정보ㆍ지적제도에 관한 연구, 기술 개발, 표준화 및 교육사업 3. 공간정보ㆍ지적제도에 관한 외국 기술의 도입, 국제 교류ㆍ협력 및 국외 진출 사업

사업 (법 제14조)	4. 「공간정보의 구축 및 관리 등에 관한 법률」제23조제1항제1호 및 제3호부터 제5호 까지의 어느 하나에 해당하는 사유로 실시하는 지적측량 5. 「지적재조사에 관한 특별법」에 따른 지적재조사사업 6. 다른 법률에 따라 공사가 수행할 수 있는 사업 7. 그 밖에 공사의 설립 목적을 달성하기 위하여 필요한 사업으로서 정관으로 정하는 사업
임원 (법 제15조)	① 공사에는 임원으로 사장 1명과 부사장 1명을 포함한 11명 이내의 이사와 감사 1명 을 두며, 이사는 정관으로 정하는 바에 따라 상임이사와 비상임이사로 구분한다. ② 사장은 공사를 대표하고 공사의 사무를 총괄한다. ③ 감사는 공사의 회계와 업무를 감사한다.
감독 (법 제16조)	① 국토교통부장관은 공사의 사업 중 다음 각 호의 사항에 대하여 지도·감독한다. 　　1. 사업실적 및 결산에 관한 사항 　　2. 제14조에 따른 사업의 적절한 수행에 관한 사항 　　3. 그 밖에 관계 법령에서 정하는 사항 ② 국토교통부장관은 제1항에 따른 감독 결과 위법 또는 부당한 사항이 발견된 경우 공사에 그 시정을 명하거나 필요한 조치를 취할 수 있다.
유사 명칭 사용 금지 (법 제17조)	공사가 아닌 자는 한국국토정보공사 또는 이와 유사한 명칭을 사용하지 못한다.
과태료 (법 제42조)	① 제17조[유사 명칭의 사용 금지) 공사가 아닌 자는 한국국토정보공사 또는 이와 유사한 명칭을 사용하지 못한다)]를 위반한 자에게는 500만 원 이하의 과태료를 부과한다. ② 제1항에 따른 과태료는 대통령령으로 정하는 바에 따라 국토교통부장관이 부과· 징수한다.
과태료 부과기준 (시행령 제26조)	법 제42조제1항에 따른 과태료의 부과기준은 다음 각 호와 같다. 1. 공사가 아닌 자가 한국국토정보공사의 명칭을 사용한 경우 : 400만 원 2. 공사가 아닌 자가 한국국토정보공사와 유사한 명칭을 사용한 경우 : 300만 원
다른 법률의 준용 (법 제18조)	공사에 관하여는 이 법 및 「공공기관의 운영에 관한 법률」에서 규정한 사항을 제외하 고는 「민법」 중 재단법인에 관한 규정을 준용한다.

② 지적측량업자(「공간정보의 구축 및 관리 등에 관한 법률」 제7절)

등록 (법 제44조)	측량업을 하려는 자는 업종별로 대통령령으로 정하는 기술인력·장비 등의 등록기준을 갖추어 국토교통부장관 또는 시·도지사에게 등록하여야 한다. 다만, 한국국토정보공사 는 측량업의 등록을 하지 아니하고 지적측량업을 할 수 있다.
업무범위 (법 제45조)	제44조제1항제2호에 따른 지적측량업의 등록을 한 자(이하 "지적측량업자"라 한다)는 제 23조제1항제1호 및 제3호부터 제5호까지의 규정에 해당하는 사유로 하는 지적측량 중 다음 각 호의 지적측량과 지적전산자료를 활용한 정보화사업을 할 수 있다. 1. 제73조에 따른 경계점좌표등록부가 있는 지역에서의 지적측량 2. 「지적재조사에 관한 특별법」에 따른 지적재조사지구에서 실시하는 지적재조사측량 3. 제86조에 따른 도시개발사업 등이 끝남에 따라 하는 지적확정측량

업무범위 (법 제45조)	4. 지적전산자료를 활용한 정보화사업에는 다음 각 호의 사업을 포함한다. 1. 지적도 · 임야도, 연속지적도, 도시개발사업 등의 계획을 위한 지적도 등의 정보처리시스템을 통한 기록 · 저장 업무 2. 토지대장, 임야대장의 전산화 업무

등록기준	지적 측량업	구분	기술인력	장비
			1. 특급기술인 1명 또는 고급기술인 2명 이상 2. 중급기술인 2명 이상 3. 초급기술인 1명 이상 4. 지적 분야의 초급기능사 1명 이상	1. 토털 스테이션 1대 이상 2. 출력장치 1대 이상 • 해상도 : 2400×1200DPI • 출력범위 : 600×1060밀리미터 이상

결격사유 (법 제47조)	1. 피성년후견인 또는 피한정후견인 2. 이 법이나 「국가보안법」 또는 「형법」 제87조부터 제104조까지의 규정을 위반하여 금고 이상의 실형을 선고받고 그 집행이 끝나거나(집행이 끝난 것으로 보는 경우를 포함한다) 집행이 면제된 날부터 2년이 지나지 아니한 자 3. 이 법이나 「국가보안법」 또는 「형법」 제87조부터 제104조까지의 규정을 위반하여 금고 이상의 형의 집행유예를 선고받고 그 집행유예기간 중에 있는 자 4. 제52조에 따라 측량업의 등록이 취소(제47조제1호에 해당하여 등록이 취소된 경우는 제외한다)된 후 2년이 지나지 아니한 자 5. 임원 중에 제1호부터 제4호까지의 어느 하나에 해당하는 자가 있는 법인

예제 17

지적전산자료를 활용한 정보화사업에 포함되지 않는 것은? (11년서울시9)

① 지적도 · 임야도의 정보처리시스템을 통한 기록 · 저장업무
② 토지대장, 임야대장 전산화 업무
③ 연속지적도의 정보처리시스템을 통한 기록저장 업무
④ 도시개발사업 등의 계획을 위한 지적도 등의 정보처리시스템을 통한 기록 · 저장 업무
⑤ 경계점좌표등록부의 정보처리시스템을 통한 기록 · 저장 업무

정답 ⑤

예제 18

공간정보의 구축 및 관리 등에 관한 법령상 등록된 지적측량업자가 지적전산자료를 활용하여 할 수 있는 업무에 해당하지 않는 것은? (14년지방직9)

① 토지대장의 전산화 업무
② 토지규제의 정보처리시스템을 통한 기록 업무
③ 지적도의 정보처리시스템을 통한 기록 및 저장 업무
④ 임야대장의 전산화 업무

정답 ②

❸ 지적측량수행자의 성실의무(법 제50조)

① 지적측량수행자(소속 지적기술자를 포함한다. 이하 이 조에서 같다)는 신의와 성실로써 공정하게 지적측량을 하여야 하며, 정당한 사유 없이 지적측량 신청을 거부하여서는 아니 된다.

② 지적측량수행자는 본인, 배우자 또는 직계 존속·비속이 소유한 토지에 대한 지적측량을 하여서는 아니 된다.

③ 지적측량수행자는 제106조제2항에 따른 지적측량수수료 외에는 어떠한 명목으로도 그 업무와 관련된 대가를 받으면 아니 된다.

예제 19

지적측량수행자의 성실의무에 해당하지 않는 것은?   (13년서울시9)

① 지적측량수행자는 손해배상책임을 보장하기 위하여 대통령령으로 정하는 바에 따라 보험가입 등 필요한 조치를 하여야 한다.

② 지적측량수행자는 신의와 성실로써 공정하게 지적측량을 하여야 한다.

③ 정당한 사유 없이 지적측량 신청을 거부하여서는 아니 된다.

④ 지적측량수행자는 본인, 배우자 또는 직계 존속·비속이 소유한 토지에 대한 지적측량을 하여서는 아니 된다.

⑤ 지적측량수행자는 지적측량수수료 외에는 어떠한 명목으로도 그 업무와 관련된 대가를 받으면 아니 된다.

정답 ①

❹ 손해배상

1) 손해배상책임의 보장(법 제51조)

① 지적측량수행자가 타인의 의뢰에 의하여 지적측량을 함에 있어서 고의 또는 과실로 지적측량을 부실하게 함으로써 지적측량의뢰인이나 제3자에게 재산상의 손해를 발생하게 한 때에는 지적측량수행자는 그 손해를 배상할 책임이 있다.

② 지적측량수행자는 제1항에 따른 손해배상책임을 보장하기 위하여 대통령령으로 정하는 바에 따라 보험가입 등 필요한 조치를 하여야 한다.

2) 손해배상책임의 보장(시행령 제41조)

① 지적측량수행자는 법 제51조제2항에 따라 손해배상책임을 보장하기 위하여 다음 각 호의 구분에 따라 보증보험에 가입하거나 공간정보산업협회가 운영하는 보증 또는 공제에 가입하는 방법으로 보증설정(이하 "보증설정"이라 한다)을 하여야 한다.

1. 지적측량업자 : 보장기간 10년 이상 및 보증금액 1억 원 이상
2. 「국가공간정보 기본법」 제12조에 따라 설립된 한국국토정보공사(이하 "한국국토정보공사"라 한다) : 보증금액 20억 원 이상

② 지적측량업자는 지적측량업 등록증을 발급받은 날부터 10일 이내에 제1항제1호의 기준에 따라 보증설정을 하여야 하며, 보증설정을 하였을 때에는 이를 증명하는 서류를 제35조제1항에 따라 등록한 시·도지사에게 제출하여야 한다.

3) 보증설정의 변경(시행령 제42조)

① 법 제51조에 따라 보증설정을 한 지적측량수행자는 그 보증설정을 다른 보증설정으로 변경하려는 경우에는 해당 보증설정의 효력이 있는 기간 중에 다른 보증설정을 하고 그 사실을 증명하는 서류를 제35조제1항에 따라 등록한 시·도지사에게 제출하여야 한다.
② 보증설정을 한 지적측량수행자는 보증기간의 만료로 인하여 다시 보증설정을 하려는 경우에는 그 보증기간 만료일까지 다시 보증설정을 하고 그 사실을 증명하는 서류를 제35조제1항에 따라 등록한 시·도지사에게 제출하여야 한다.

4) 보험금 등의 지급 등(시행령 제43조)

① 지적측량의뢰인은 법 제51조제1항에 따른 손해배상으로 보험금·보증금 또는 공제금을 지급받으려면 다음 각 호의 어느 하나에 해당하는 서류를 첨부하여 보험회사 또는 공간정보산업협회에 손해배상금 지급을 청구하여야 한다.

> 1. 지적측량의뢰인과 지적측량수행자 간의 손해배상합의서 또는 화해조서
> 2. 확정된 법원의 판결문 사본
> 3. 제1호 또는 제2호에 준하는 효력이 있는 서류

② 지적측량수행자는 보험금·보증금 또는 공제금으로 손해배상을 하였을 때에는 지체 없이 다시 보증설정을 하고 그 사실을 증명하는 서류를 제35조제1항에 따라 등록한 시·도지사에게 제출하여야 한다.
③ 지적소관청은 제1항에 따라 지적측량수행자가 지급하는 손해배상금의 일부를 지적소관청의 지적측량성과 검사 과실로 인하여 지급하여야 하는 경우에 대비하여 공제에 가입할 수 있다.

예제 **20**

지적측량수행자의 손해배상책임 보장에 대한 설명으로 옳은 것은? (16년서울시9)

① 지적측량업자는 손해배상책임을 보장하기 위하여 보장 기간이 5년 이상이고 보증금액이 3억 원 이상인 보증보험에 가입하여야 한다.
② 한국국토정보공사는 손해배상책임을 보장하기 위하여 보증금액이 10억 원 이상인 보증보험에 가입하여야 한다.
③ 지적측량업자는 손해배상책임을 보장하기 위하여 지적측량업 등록증을 발급받은 날부터 10일 이내에 보증보험에 가입하여야 한다.
④ 지적측량업자는 보증보험에 가입하였을 때에는 이를 증명하는 서류를 사무소가 소재한 해당 지역의 지적소관청에 제출하여야 한다.
정답 ③

3장 토지의 등록

토지의 등록

1 등록주최 및 등록사항

국토교통부장관(국가)은 모든 토지에 대하여 필지별로 소재·지번·지목·면적·경계 또는 좌표 등을 조사·측량하여 지적공부에 등록하여야 한다.

1) 토지등록의 원칙 [암기] 등신특정공신

등록의 원칙 (登錄의 原則)	① 토지에 관한 모든 표시사항을 지적공부에 반드시 등록하여야 하며 토지의 이동이 이루어지려면 지적공부에 그 변동사항을 등록하여야 한다는 토지등록의 원칙으로 토지표시의 등록주의(登錄主義, Booking Principle)라고 할 수 있다. ② 적극적 등록제도(Positive System)와 법지적(Legal Cadastre)을 채택하고 있는 나라에서 적용하고 있는 원리이며 토지대장 또는 토지등록부에 등록하지 않으면 토지의 모든 권리의 행사는 법률상의 효력을 전혀 갖지 못한다는 원칙으로 형식주의(Principle of Formality) 규정이라고 할 수 있다.
신청의 원칙 (申請의 原則)	토지의 등록은 토지소유자의 신청을 전제로 하되 신청이 없을 때는 직권으로 직접 조사하거나 측량하여 처리하도록 규정하고 있다.
특정화의 원칙 (特定化의 原則)	토지등록제도에 있어서 특정화의 원칙(Principle of Speciality)은 권리의 객체(權利의 客體 : 권리의 실질적인 내용인 이익을 권리의 내용 또는 목적이라고 하는데 이것이 성립하기 위한 대상을 권리의 객체라 한다. 즉, 이익발생의 대상이 권리의 객체이다)로서 모든 토지는 반드시 특정적이면서도 단순하며 명확한 방법에 의하여 인식될 수 있도록 개별화함을 의미하며 이 원칙은 실제적으로 지적과 등기와의 관련성을 성취시켜 주는 열쇠가 된다.
국**정**주의 및 직권주의 (國定主義 및 職權主義)	① 국정주의(Principle of National Decision)는 지적공부의 등록사항인 토지의 지번, 지목, 경계, 좌표, 면적의 결정은 국가의 공권력에 의하여 국가만이 결정할 수 있다는 원칙이다. ② 직권주의는 모든 필지는 필지단위로 구획하여 국가기관인 소관청이 직권으로 조사·정리하여 지적공부에 등록·공시하여야 한다는 원칙이다.

[공]시의 원칙, 공개주의 (公示의 原則, 公開主義)	① 토지등록의 법적 지위에 있어서 토지이동이나 물권의 변동은 반드시 외부에 알려야 한다는 원칙을 공시의 원칙(Principle of Public Notification) 또는 공개주의(Principle of Publicity)라고 한다. ② 토지에 관한 등록사항을 지적공부에 등록하여 일반인에게 공시함으로써 토지 소유자는 물론 이해관계자 및 기타 누구나 이용할 수 있도록 하는 것이다.
공[신]의 원칙 (公信의 原則)	① 공신의 원칙(Principle of Public Confidence)은 물권의 존재를 추측케 하는 표상, 즉 공시방법을 신뢰하여 거래한 자는 비록 그 공시방법이 진실한 권리관계에 일치하고 있지 않더라도 그 공시된 대로의 권리를 인정하여 이를 보호하여야 한다는 원칙이다. ② 선의의 거래자를 보호하여 진실로 그러한 등기 내용과 같은 권리관계가 존재한 것처럼 법률효과를 인정하려는 법률법칙을 말한다.

2) 지적공부의 편성 방법

물적 편성주의 (物的 編成主義)	물적 편성주의(System des Realfoliums)란 개개의 토지를 중심으로 등록부를 편성하는 것으로서 1토지에 1용지를 두는 경우이다. 등록객체인 토지를 필지로 구획하고 이를 등록단위로 삼으므로 토지의 이용, 관리, 개발 측면에서는 편리하나 권리주체인 소유자별 파악이 곤란하다.
인적 편성주의 (人的 編成主義)	인적 편성주의(System des Personalfoliums)란 개개의 토지 소유자를 중심으로 등록부를 편성하는 것으로 토지대장이나 등기부를 소유자별로 작성하여 동일 소유자에 속하는 모든 토지를 당해 소유자의 대장에 기록하는 방식이다.
연대적 편성주의 (年代的 編成主義)	연대적 편성주의(Chronologisches System)란 당사자 신청의 순서에 따라 순차로 등록부에 기록하는 것으로 프랑스의 등기부와 미국에서 일부 사용되는 리코딩 시스템(recoding system)이 이에 속한다. 등기부의 편성방법으로서는 유효하나 공시의 작용을 하지 못하는 단점이 있다.
물적·인적 편성주의 (物的·人的 編成主義)	물적·인적 편성주의(System der Real Personalfolien)란 물적 편성주의를 기본으로 등록부를 편성하되 인적 편성주의의 요소를 가미한 것이다. 즉, 소유자별 토지등록부를 동시에 설치함으로써 효과적인 토지행정을 수행하는 방법이다.

3) 토지등록제도의 유형 [암기] [날][권][소][적][토]

[날]인증서 등록제도 (捺印證書 登錄制度)	① 토지의 이익에 영향을 미치는 문서의 공적 등기를 보전하는 것을 날인증서 등록제도(Registration of Deed)라고 한다. ② 기본적인 원칙은 등록된 문서가 등록되지 않은 문서 또는 뒤늦게 등록된 서류보다 우선권을 갖는다. ③ 즉 특정한 거래가 발생했다는 것은 나타나지만 그 관계자들이 법적으로 그 거래를 수행할 권리가 주어졌다는 사실은 입증하지 못하므로 거래의 유효성을 증명하지 못한다. ④ 그러므로 토지거래를 하려는 자는 매도인 등의 토지에 대한 권원(Title) 조사가 필요하다.

㉠원등록제도 (權原登錄制度)	① 권원등록(Registration of Title)제도는 공적 기관에서 보존되는 특정한 사람에게 귀속된 명확히 한정된 단위의 토지에 대한 권리와 그러한 권리들이 존속되는 한계에 대한 권위 있는 등록이다. ② 소유권 등록은 언제나 최후의 권리이며 정부는 등록한 이후에 이루어지는 거래의 유효성에 대해 책임을 진다.
㉣극적 등록제도 (消極的 登錄制度)	① 소극적 등록제도(Negative System)는 기본적으로 거래와 그에 관한 거래증서의 변경기록을 수행하는 것이며, 일필지의 소유권이 거래되면서 발생되는 거래증서를 변경 등록하는 것이다. ② 네덜란드, 영국, 프랑스, 이탈리아, 미국의 일부 주 및 캐나다 등에서 시행되고 있다.
㉢극적 등록제도 (積極的 登錄制度)	① 적극적 등록제도(Positive System)하에서의 토지등록은 일필지의 개념으로 법적인 권리보장이 인증되고 정부에 의해서 그러한 합법성과 효력이 발생한다. ② 이 제도의 기본원칙은 지적공부에 등록되지 아니한 토지는 그 토지에 대한 어떠한 권리도 인정될 수 없고 등록은 강제되고 의무적이며 공적인 지적측량이 시행되지 않는 한 토지등기도 허가되지 않는다는 이론이 지배적이다. ③ 적극적 등록제도의 발달된 형태는 토렌스 시스템이다.

㉤렌스 시스템 (Torrens System)		① 오스트레일리아 Robert Torrens 경에 의해 창안된 토렌스 시스템은 토지의 권원(Title)을 명확히 하고 토지거래에 따른 변동사항 정리를 용이하게 하여 권리증서의 발행을 편리하게 하는 것이 목적이다. ② 이 제도의 기본원리는 법률적으로 토지의 권리를 확인하는 대신에 토지의 권원을 등록하는 행위이다.
	거울이론 (Mirror Principle)	① 토지권리증서의 등록은 토지의 거래사실을 완벽하게 반영하는 거울과 같다는 입장의 이론이다. ② 소유권에 관한 현재의 법적 상태는 오직 등기부에 의해서만 이론의 여지 없이 완벽하게 보여진다는 원리이며 주 정부에 의하여 적법성을 보장받는다.
	커튼이론 (Curtain Principle)	① 토지등록 업무가 커튼 뒤에 놓인 공정성과 신빙성에 대하여 관여할 필요도 없고 관여해서도 안 되는 매입신청자를 위한 유일한 정보라는 이론이다. ② 토렌스 제도에 의해 한 번 권리증명서가 발급되면 당해 토지의 과거 이해관계는 모두 무효화되고 현재의 소유권을 되돌아볼 필요가 없다는 것이다.
	보험이론 (Insurance Principle)	토지등록에 인간의 과실로 인하여 착오가 발생한 경우 피해를 입은 사람은 피해보상에 대하여 법률적으로 선의의 제3자와 동등한 입장이 되어야 한다는 이론으로 권원증명서에 등기된 모든 정보는 정부에 의하여 보장된다.

4) 토지등록에 따른 효력 [암기] ㉤㉢㉢㉢

행정처분의 ㉤속력 (拘束力)	행정처분의 구속력은 행정행위가 법정요건을 갖추어 행하여진 경우에는 그 내용에 따라 상대방과 행정청을 구속하는 효력, 즉 토지등록의 행정처분이 유효한 한 정당한 절차 없이 그 존재를 부정하거나 효력을 기피할 수 없다는 효력을 말한다.

토지등록의 **공**정력 (公正力)	공정력은 토지등록에 있어서의 행정처분이 유효하게 성립하기 위한 요건을 완전히 갖추지 못하여 하자가 있다고 인정될 때라도 절대 무효인 경우를 제외하고는 그 효력을 부인할 수 없는 것으로서 무하자 추정 또는 적법성이 추정되는 것으로 일단 권한 있는 기관에 의하여 취소되기 전에는 상대방 또는 제3자도 이에 구속되고 그 효력을 부정하지 못함을 의미한다.
토지등록의 **확**정력 (確定力)	확정력이란 행정행위의 불가쟁력(不可爭力)이라고도 하는데 확정력은 일단 유효하게 등록된 사항은 일정한 기간이 경과한 뒤에는 그 상대방이나 이해관계인이 그 효력을 다툴 수 없을 뿐만 아니라 소관청 자신도 특별한 사유가 없는 한 그 처분행위를 다툴 수 없는 것이다.
토지등록의 **강**제력 (强制力)	강제력은 지적 측량이나 토지등록사항에 대하여 사법권의 힘을 빌릴 것이 없이 행정청 자체의 명의로써 자력으로 집행할 수 있는 강력한 효력으로 강제집행력(强制執行力)이라고도 한다.

② 토지의 조사 · 등록 등(법률 제64조)

국토교통부장관(국가)은 모든 토지에 대하여 필지별로 소재 · 지번 · 지목 · 면적 · 경계 또는 좌표 등을 조사 · 측량하여 지적공부에 등록하여야 한다.

1) 등록신청 및 등록사항의 결정

신청에 의한 경우	지적공부에 등록하는 지번 · 지목 · 면적 · 경계 또는 좌표는 토지의 이동이 있을 때 토지소유자(법인이 아닌 사단이나 재단의 경우에는 그 대표자나 관리인을 말한다. 이하 같다)의 신청을 받아 지적소관청이 결정한다.
직권에 의한 경우	신청이 없으면 지적소관청이 직권으로 조사 · 측량하여 결정할 수 있다.

2) 직권에 의한 등록사항의 정리(시행규칙 제59조)

토지이동현황 조사계획 수립	① 지적소관청은 법 제64조제2항 단서에 따라 토지의 이동현황을 **직권**으로 조사 · 측량하여 토지의 지번 · 지목 · 면적 · 경계 또는 좌표를 결정하려는 때에는 **토지이동현황 조사계획**을 수립하여야 한다. ② 이 경우 토지이동현황 조사계획은 시 · 군 · 구별로 수립하되, 부득이한 사유가 있는 때에는 읍 · 면 · 동별로 수립할 수 있다.
토지이동조사부 작성	지적소관청은 토지이동현황 조사계획에 따라 토지의 이동현황을 조사한 때에는 별지 제55호서식의 **토지이동 조사부**에 토지의 이동현황을 적어야 한다.
토지이동정리 결의서 작성	지적소관청은 지적공부를 정리하려는 때에는 토지이동 조사부를 근거로 별지 제56호서식의 **토지이동 조서**를 작성하여 별지 제57호서식의 토지이동정리 결의서에 첨부하여야 하며, 토지이동조서의 아래 부분 여백에 "「공간정보의 구축 및 관리 등에 관한 법률」 제64조제2항 단서에 따른 **직권정리**"라고 적어야 한다.
지적공부 정리	지적소관청은 토지이동현황 조사 결과에 따라 토지의 지번 · 지목 · 면적 · 경계 또는 좌표를 결정한 때에는 이에 따라 **지적공부를 정리**하여야 한다.

다음 중 토지이동현황 조사에 대한 설명으로 옳지 않은 것은? (16년서울시9)

① 지적소관청이 토지의 이동현황을 직권으로 조사·측량하여 토지의 지번·지목·면적·경계 또는 좌표를 결정하려는 때에는 토지이동현황 조사계획을 수립하여야 한다.

② 토지이동현황 조사계획은 시·도별로 수립하되, 부득이한 사유가 있는 때에는 시·군·구별로 수립할 수 있다.

③ 지적소관청은 토지이동현황 조사계획에 따라 토지의 이동 현황을 조사한 때에는 토지이동 조사부에 토지의 이동현황을 적어야 한다.

④ 지적소관청은 토지이동현황 조사 결과에 따라 토지의 지번·지목·면적·경계 또는 좌표를 결정한 때에는 이에 따라 지적공부를 정리하여야 한다.

정답 ②

토지소유자 등이 토지의 이동에 따른 신청이 없는 경우 지적소관청이 직권으로 토지의 이동현황을 조사·측량하기 위하여 수립하는 계획의 명칭으로 옳은 것은?(15년서울시7)

① 토지이동현황 조사계획

② 토지이동현황 조사·측량계획

③ 토지이동현황 현지 조사계획

④ 토지이동현황 현지 조사·측량계획

정답 ①

공간정보의 구축 및 관리 등에 관한 법령상 토지의 이동 현황을 직권으로 조사·등록하는 내용에 대한 설명으로 가장 옳은 것은? (21년서울시)

① 지적소관청은 토지의 이동현황을 직권으로 조사·측량하여 토지의 지번·지목·면적·경계 또는 좌표를 결정하려는 때에는 토지이동현황 조사계획을 수립하여야 한다. 이 경우 토지이동현황 조사계획은 읍·면·동별로 수립하되, 부득이한 사유가 있는 때에는 시·군·구별로 수립할 수 있다.

② 지적소관청은 토지이동현황 조사계획에 따라 토지의 이동현황을 조사한 때에는 토지이동 조사부에 토지의 이동현황을 적어야 한다.

③ 지적소관청은 토지이동현황 조사계획에 따라 토지의 소유자·지번·지목·면적·경계 또는 좌표를 결정한 때에는 이에 따라 지적공부를 정리하여야 한다.

④ 지적소관청은 지적공부를 정리하려는 때에는 토지이동 조사부를 근거로 토지이동조서를 작성하여 토지이동정리 결의서에 첨부하여야 하며, 토지이동조서의 윗부분 여백에 "「공간정보의 구축 및 관리 등에 관한 법률」 제64조제2항 단서에 따른 직권정리"라고 적어야 한다.

정답 ①

예제 04

> 공간정보의 구축 및 관리 등에 관한 법령상 토지의 조사·등록에 대한 설명으로 가장 옳지 않은 것은?
>
> (21년서울시7)
>
> ① 지적소관청이 토지이동현황 조사계획을 수립하는 경우 토지이동현황 조사계획은 시·군·구별로 수립하되, 부득이한 사유가 있는 때에는 읍·면·동별로 수립할 수 있다.
>
> ② 토지소유자의 신청이 없을 경우 지적소관청이 직권으로 하는 조사·측량의 절차 등에 필요한 사항은 대통령령으로 정한다.
>
> ③ 지적공부에 등록하는 지번·지목·면적·경계 또는 좌표는 토지의 이동이 있을 때 토지소유자의 신청이 없으면 지적소관청이 직권으로 조사·측량하여 결정할 수 있다.
>
> ④ 국토교통부장관은 모든 토지에 대하여 필지별로 소재·지번·지목·면적·경계 또는 좌표 등을 조사·측량하여 지적공부에 등록하여야 한다.
>
> **정답** ②

SECTION 02 필지(筆地)

1 개요

필지란 지번부여지역 안의 토지로서 소유자와 용도가 동일하고 지반이 연속된 토지를 기준으로 구획되는 토지의 등록단위를 말한다. 즉, "필지"란 대통령령으로 정하는 바에 따라 구획되는 토지의 등록단위를 말한다.

2 필지의 특성

① 토지의 소유권이 미치는 범위와 한계를 나타낸다.

② 지형·지물에 의한 경계가 아니고 토지소유권의 구분에 의하여 인위적으로 구획된 것이다.

③ 도면(지적도·임야도)에서는 경계점을 직선으로 연결한 선, 경계점좌표등록부에서는 경계점(평면직각종횡선수치)의 연결로 표시되며 폐합된 다각형으로 구획된다.

④ 대장(토지대장·임야대장)에서는 하나의 지번에 의거 작성된 1장의 대장에 의거 필지를 구분한다.

3 1필지로 정할 수 있는 기준

토지의 등록단위인 1필지를 정하기 위하여는 다음의 기준에 적합하여야 한다.

지번부여지역이 동일	① 1필지로 획정하고자 하는 토지는 지번부여지역(행정구역인 법정 동·리 또는 이에 준하는 지역)이 같아야 한다. ② 따라서 1필지의 토지에 동·리 및 이에 준하는 지역이 다른 경우 1필지로 획정할 수 없다.
소유자가 동일	① 1필지로 획정하고자 하는 토지는 소유자가 동일하여야 한다. ② 따라서 1필지로 획정하고자 하는 토지의 소유자가 각각 다른 경우에는 1필지로 획정할 수 없다. ③ 또한 소유권 이외의 권리관계까지도 동일하여야 한다.
용도가 동일	① 1필지로 획정하고자 하는 토지는 지목이 동일하여야 한다. ② 따라서 1필지 내 토지의 일부가 주된 용도의 사용목적 또는 용도가 다른 경우에는 1필지로 획정할 수 없다. ③ 다만, 주된 토지에 편입할 수 있는 토지의 경우에는 필지 내 토지의 일부가 지목이 다른 경우라도 주지목추정의 원칙에 의하여 1필지로 획정할 수 있다.
지반이 연속	① 1필지로 획정하고자 하는 토지는 지형·지물(도로, 구거, 하천, 계곡, 능선) 등에 의하여 지반이 끊기지 않고 지반이 연속되어야 한다. ② 만일 1필지로 하고자 하는 토지에 지반이 연속되지 않은 토지가 있을 경우 별필지로 획정하여야 한다.

❹ 주된 용도의 토지에 편입할 수 있는 토지(양입지)

지번부여지역 및 소유자·용도가 동일하고 지반이 연속된 경우 등 1필지로 정할 수 있는 기준에 적합하나 토지의 일부분의 용도가 다른 경우 주지목추종의 원칙에 의하여 주된 용도의 토지에 편입하여 1필지로 정할 수 있다.

대상토지	① 주된 용도의 토지 편의를 위하여 설치된 도로·구거(溝渠 : 도랑) 등의 부지 ② 주된 용도의 토지에 접속하거나 주된 용도의 토지로 둘러싸인 토지로서 다른 용도로 사용되고 있는 토지
주된 용도의 토지에 편입할 수 없는 토지	① 종된 토지의 지목이 대(垈)인 경우 ② 종된 용도의 토지 면적이 주된 용도의 토지면적의 10%를 초과하는 경우 ③ 종된 용도의 토지 면적이 330제곱미터를 초과하는 경우

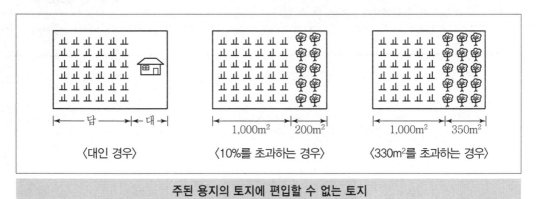

주된 용지의 토지에 편입할 수 없는 토지

예제 05

다음 중 주된 용도의 토지에 편입하여 1필지로 할 수 있는 경우는? (15년서울시9)

① 종된 용도의 토지의 지목이 '대'인 경우
② 종된 용도의 토지 면적이 주된 용도의 토지 면적의 10%를 초과하는 경우
③ 주된 용도의 토지의 편의를 위하여 설치된 도로 · 구거 등의 부지
④ 종된 용도의 토지 면적이 330m²를 초과하는 경우

정답 ③

예제 06

다음 중 양입지(量入地)의 요건을 갖춘 토지는? (16년서울시7)

① 과수원(4,500m²) 안의 대(垈, 300m²)
② 학교용지(20,000m²)에 접속된 원예실습장의 밭(田, 400m²)
③ 답(畓, 2,000m²) 안의 유지(220m²)
④ 양어장(3,000m²)의 편의를 위해 접속된 구거(250m²)

정답 ④

예제 07

「공간정보의 구축 및 관리등에 관한 법률 시행령」상 1필지로 정할 수 있는 기준으로 가장 옳은 것은? (22년2월서울시9)

① 주된 용도의 토지의 편의를 위하여 설치된 도로 · 구거 등의 부지는 주된 용도의 토지에 편입하여 1필지로 할 수 없다.
② 종된 용도의 토지면적이 주된 용도의 토지면적의 300제곱미터를 초과하는 경우에는 주된 용도의 토지에 편입하여 1필지로 할 수 없다.
③ 주된 용도의 토지에 접속되거나 주된 용도의 토지로 둘러싸인 토지로서 다른 용도로 사용되고 있는 토지는 주된 용도의 토지에 편입하여 1필지로 할 수 없다.
④ 종된 용도의 토지 면적이 주된 용도의 토지면적의 10퍼센트를 초과하는 경우에는 주된 용도의 토지에 편입하여 1필지로 할 수 없다.

정답 ④

1 개요

지번이란 필지에 부여하여 지적공부에 등록한 번호로서 국가(지적소관청)가 인위적으로 구획된 1필
지별로 1지번을 부여하여 지적공부에 등록하는 것으로 토지의 고정성(固定性)과 개별성(個別性)을
확보하기 위하여 지적소관청이 지번부여지역인 법정 동·리 단위로 기번하여 필지마다 아라비아 숫
자로 순차적으로 연속하여 부여한 번호를 말한다.

지번의 기능	① 필지를 구별하는 개별성(個別性)과 특정성(特定性)의 기능을 갖는다. ② 거주지 또는 주소표기의 기준으로 이용된다. ③ 위치파악의 기준으로 이용된다. ④ 각종 토지관련 정보시스템에서 검색키(식별자·색인키)로서의 기능을 갖는다.
지번의 구성	① 지번(地番)은 아라비아숫자로 표기하되, 임야대장 및 임야도에 등록하는 토지의 지번은 숫자 앞에 "산"자를 붙인다. ② 지번은 본번(本番)과 부번(副番)으로 구성하되, 본번과 부번 사이에 "-" 표시로 연결한다. 이 경우 "-" 표시는 "의"라고 읽는다.

▼ 지번의 구성

구분	본번으로 구성	본번과 부번으로 구성
토지대장(지적도)	1, 2, 3, 4, · · · 9, 10	1-1, 1-2, 1-3 · · 1-10
임야대장(임야도)	산1, 산2, 산3 · · · 산10	산1-1, 산1-2 · · 산1-10

2 지번부여기준

① 지번은 지적소관청이 지번부여지역별로 차례대로 부여한다.
② 지번은 북서에서 남동으로 순차적으로 부여할 것(북서기번법)

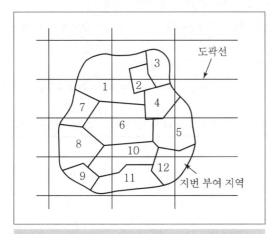

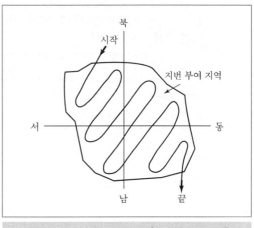

지번부여지역에 의한 지번부여(지역단위법)	**기번위치에 따른 지번부여(북서남동기번법)**

3 지번부여방법

1) 진행방향에 따른 방법 [암기] (사)(기)(단) (지)(도)(단) (동)(서) (분)(기)(차)

(사)행식	① 필지의 배열이 불규칙한 지역에서 진행순서에 따라 지번을 부여하는 방법 ② 진행방향에 따라 지번이 순차적으로 연속된다. ③ 농촌지역에 적합하나, 상하좌우로 볼 때 어느 방향에서는 지번이 뛰어넘는 단점이 있다.	〈사행식 지번부여방법〉
(기)우식 (교호식)	① 도로를 중심으로 하여 한쪽은 홀수인 기수로, 그 반대쪽은 짝수인 우수로 지번을 부여하는 방법으로서 교호식이라고도 한다. ② 시가지 지역의 지번설정에 적합하다.	〈기우식 지번부여방법〉
(단)지식 (Block식)	① 1단지마다 하나의 지번을 부여하고 단지 내 필지들은 부번을 부여하는 방법으로서 블록식이라고도 한다. ② 토지구획정리사업 및 농지개량사업시 행지역에 적합하다.	〈단지식 지번부여방법〉

2) 설정단위에 따른 방법

(지)역단위법	① 1개의 지번부여지역 전체를 대상으로 하여 순차적으로 지번을 부여하는 방법 ② 지번부여지역이 넓지 않거나 도면의 매수가 적은 지역에 적합하다.
(도)엽단위법	① 1개의 지번부여지역을 지적(임야)도의 도엽단위로 세분하여 도엽 순서에 따라 지번을 부여한다. ② 지번부여지역이 넓거나 도면의 매수가 많은 지역에 적합하다.
(단)지단위법	① 1개의 지번부여지역을 단지단위로 세분하여 단지의 순서에 따라 순차적으로 지번을 부여하는 방법 ② 다수의 소규모단지로 구성된 토지구획정리 및 농지개량사업의 시행지역에 적합하다.

3) 기번위치에 따른 방법

북(동)기번법	① 북동쪽에서 기번하여 남서쪽으로 순차적으로 지번을 부여하는 방법 ② 한자로 지번을 부여하는 지역에서 적합하다.
북(서)기번법	① 북서에서 기번하여 남동쪽으로 순차적으로 지번을 부여하는 방법 ② 아라비아숫자로 지번을 부여하는 지역에 적합하다.

4) 외국의 지번설정 방법

(분)수식 (分數式)	① 원지번을 분자, 부번을 분모로 한 분수형태의 지번설정방식으로 독일, 오스트리아 등에서 사용하고 있다. ② 독일 : 6−2는 6/2로 표현하며 분할 시 최종지번이 6/3이면 부번은 6/4, 6/5로 표시 ③ 오스트리아, 핀란드, 불가리아 : 567번이 분할 시 최종지번이 123이면 부번은 124/567로 표시한다.
(기)번식 (岐番式)	① 인접지번 또는 지번의 자리수와 함께 원지번의 번호로 구성되어 지번상의 근거를 알 수 있는 방법으로 사정 지번이 모번지로 보존된다. ② 989번이 분할 시 989^{a}와 989^b, 989^{b}번이 분할 시 989^{b_1}와 989^{b_2}로 표시된다. ③ 벨기에에서 사용하고 있다.
(자)유식 (自由式)	① 종전의 지번은 소멸시키고 새로운 본번으로 나타내는 방식으로 100번지가 2필지로 분할될 경우에는 최종지번이 369라면 100번지는 사라지고 370과 371로 표기된다. ② 스위스, 호주, 네덜란드, 뉴질랜드, 이란 등에서 사용하고 있다.

4 토지이동에 따른 지번의 부여방법

1) 신규등록 · 등록전환(新規登錄 · 登錄轉煥)

① 원칙 : 지번부여지역에서 인접토지의 본번에 부번을 붙여서 지번을 부여하여야 한다.

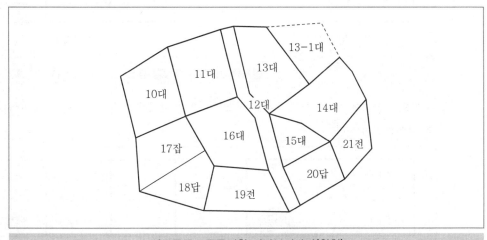

신규등록 · 등록전환 지번부여방법(원칙)

② 다만, 다음의 어느 하나에 해당하는 경우에는 그 지번부여지역의 최종 본번의 다음 순번부터 본번으로 하여 순차적으로 지번을 부여할 수 있다.

가. 대상 토지가 그 지번부여지역의 최종 지번의 토지에 인접하여 있는 경우

나. 대상 토지가 이미 등록된 토지와 멀리 떨어져 있어서 등록된 토지의 본번에 부번을 부여하는
것이 불합리한 경우

다. 대상 토지가 여러 필지로 되어 있는 경우

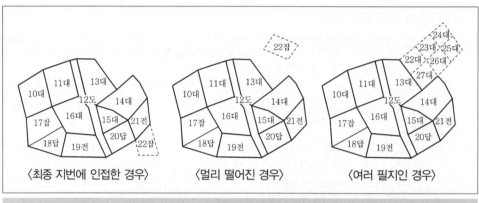

신규등록 · 등록전환 지번부여방법(예외)

2) 분할(分割)

① 분할 후의 필지 중 1필지의 지번은 분할 전의 지번으로 하고, 나머지 필지의 지번은 본번의 최
종 부번 다음 순번으로 부번을 부여한다.

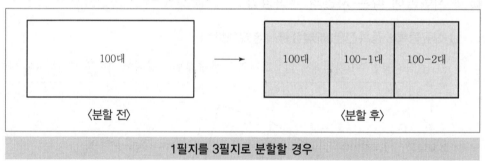

1필지를 3필지로 분할할 경우

② 분할되는 필지에 주거 · 사무실 등의 건축물이 있는 필지에 대해서는 분할 전의 지번을 우선하
여 부여하여야 한다.

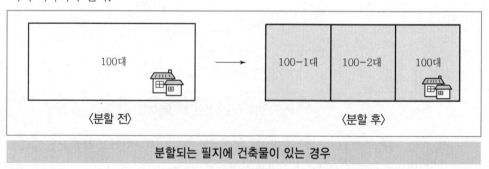

분할되는 필지에 건축물이 있는 경우

3) 합병(合併)

① 합병 대상 지번 중 선순위의 지번을 그 지번으로 하되, 본번으로 된 지번이 있을 때에는 본번 중 선순위의 지번을 합병 후의 지번으로 한다.

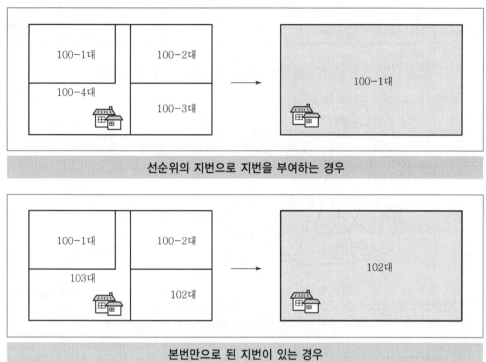

선순위의 지번으로 지번을 부여하는 경우

본번만으로 된 지번이 있는 경우

② 토지소유자가 합병 전의 필지에 주거·사무실 등의 건축물이 있어서 그 건축물이 위치한 지번을 합병 후의 지번으로 신청할 때에는 그 지번을 합병 후의 지번으로 부여하여야 한다.

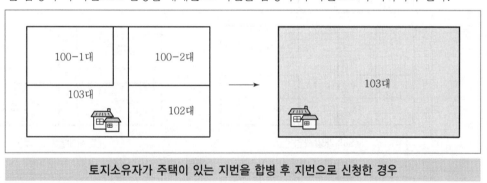

토지소유자가 주택이 있는 지번을 합병 후 지번으로 신청한 경우

4) 지적확정측량을 실시한 지역의 각 필지에 지번을 새로 부여하는 경우

① 다음의 지번을 제외한 본번으로 부여한다.

- 지적확정측량을 실시한 지역 안의 종전의 지번과 지적확정측량을 실시한 지역 밖에 있는 본번이 같은 지번이 있을 때 그 지번
- 지적확정측량을 실시한 지역의 경계에 걸쳐 있는 지번

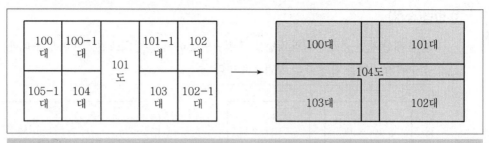

도시개발사업 등에 따른 지번부여방법(원칙)

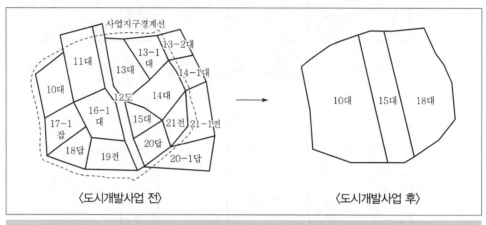

본번이 제외되는 경우의 지번부여방법

② 부여할 수 있는 종전 지번의 수가 새로 부여할 지번의 수보다 적을 때에는 블록단위로 하나의 본번을 부여한 후 필지별로 부번을 부여하거나, 그 지번부여지역의 최종 본번 다음 순번부터 본번으로 하여 차례로 지번을 부여할 수 있다.

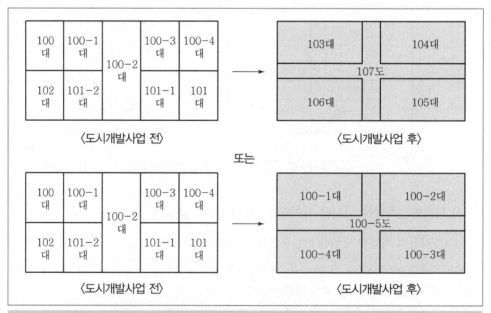

종전의 지번 중 본번만으로 된 지번의 수가 새로 부여할 지번의 수보다 적은 경우

5) 지적확정측량을 실시한 지역의 지번부여방법을 준용하는 경우

① 지번부여지역 안의 지번변경
② 행정구역 개편
③ 축척변경 시행지역

6) 도시개발사업 준공 전 지번부여

도시개발사업 등이 준공되기 전에 사업시행자가 지번부여 신청을 하면 국토교통부령으로 정하는 바에 따라 지번을 부여할 수 있다.

> **시행규칙 제61조(도시개발사업 등 준공 전 지번부여)**
> 지적소관청은 도시개발사업 등이 준공되기 전에 지번을 부여하는 때에는 사업계획도에 따르되, 지적확정측량을 실시한 지역의 각 필지에 지번을 새로 부여하는 경우의 지번부여방식에 따라 지번을 부여하여야 한다.

7) 결번

① 결번대장의 비치(시행규칙 제63조)

지적소관청은 행정구역의 변경, 도시개발사업의 시행, 지번변경, 축척변경, 지번정정 등의 사유로 지번에 결번이 생긴 때에는 지체 없이 그 사유를 별지 제61호서식의 결번대장에 적어 영구히 보존하여야 한다.

> **지적업무처리규정 제63조(지적공부 등의 정리)**
> ① 지적공부 등의 정리에 사용하는 문자·기호 및 경계는 따로 규정을 둔 사항을 제외하고 정리사항은 검은색, 도곽선과 그 수치 및 말소는 붉은색으로 한다.
> ② **지적확정측량·축척변경 및 지번변경**에 따른 토지이동의 경우를 제외하고는 폐쇄 또는 말소된 지번을 다시 사용할 수 없다.
> ③ 토지의 이동에 따른 도면정리는 예시 2의 도면정리 예시에 따른다. 이 경우 법 제2조제19호의 지적공부를 이용하여 지적측량을 한 때에는 측량성과파일에 따라 지적공부를 정리할 수 있다.

■ 공간정보의 구축 및 관리 등에 관한 법률 시행규칙 [별지 제61호서식]

결 번 대 장

구   읍   면

결 재			동·리	지 번	결 번		비 고
					연월일	사 유	
							(결번사유)
							1. 행정구역변경
							2. 도시개발사업
							3. 지번변경
							4. 축척변경
							5. 지번정정 등

210mm×297mm(보존용지(2종) 70g/m²)

② 결번사유코드(부동산종합공부시스템운영 및 관리규정) 암기 행토경지축토지기

13) 결번사유 구분

코드체계	＊	⇐	숫자 1자리		

코드	내용	코드	내용
1	행정구역변경	5	축척변경
2	토지구획정리사업	6	토지개발사업
3	경지정리사업	7	지적재조사사업
4	지번변경	9	기타

예제 08

「부동산종합공부시스템 운영 및 관리규정」상 지적재조사사업으로 인한 결번이 발생한 경우에 알맞은 결번사유코드는?   (16년서울시7)

① 1   ② 3
③ 5   ④ 7   정답 ④

▼ 토지이동에 따른 지번의 부여방법

구분	지번의 부여방법
부여방법	① 지번(地番)은 아라비아숫자로 표기하되, 임야대장 및 임야도에 등록하는 토지의 지번은 숫자 앞에 "산"자를 붙인다. ② 지번은 본번(本番)과 부번(副番)으로 구성하되, 본번과 부번 사이에 "−" 표시로 연결한다. 이 경우 "−" 표시는 "의"라고 읽는다. ③ 법 제66조에 따른 지번의 부여방법은 다음 각 호와 같다. 　1. 지번은 북서에서 남동으로 순차적으로 부여할 것(북서기번법)

구분		지번의 부여방법
신규등록 · 등록전환	원칙	지번부여지역에서 인접토지의 본번에 부번을 붙여서 지번을 부여한다.
	예외	다음의 경우에는 그 지번부여지역의 최종 본번의 다음 순번부터 본번으로 하여 순차적으로 지번을 부여할 수 있다. ① 대상 토지가 그 지번부여지역의 최종 지번의 토지에 인접하여 있는 경우 ② 대상 토지가 이미 등록된 토지와 멀리 떨어져 있어서 등록된 토지의 본번에 부번을 부여하는 것이 불합리한 경우 ③ 대상 토지가 여러 필지로 되어 있는 경우
분할	원칙	분할 후의 필지 중 1필지의 지번은 분할 전의 지번으로 하고, 나머지 필지의 지번은 본번의 최종 부번 다음 순번으로 부번을 부여한다.
	예외	주거·사무실 등의 건축물이 있는 필지에 대해서는 분할 전의 지번을 우선하여 부여하여야 한다.
합병	원칙	합병 대상 지번 중 선순위의 지번을 그 지번으로 하되, 본번으로 된 지번이 있을 때에는 본번 중 선순위의 지번을 합병 후의 지번으로 한다.
	예외	토지소유자가 합병 전의 필지에 주거·사무실 등의 건축물이 있어서 그 건축물이 위치한 지번을 합병 후의 지번으로 신청할 때에는 그 지번을 합병 후의 지번으로 부여하여야 한다.
지적확정측량을 실시한 지역의 각 필지에 지번을 새로 부여하는 경우	원칙	다음 지번을 제외한 본번으로 부여한다. ① 지적확정측량을 실시한 지역 안의 종전의 지번과 지적확정측량을 실시한 지역 밖에 있는 본번이 같은 지번이 있을 때 그 지번 ② 지적확정측량을 실시한 지역의 경계에 걸쳐 있는 지번
	예외	부여할 수 있는 종전 지번의 수가 새로 부여할 지번의 수보다 적을 때에는 블록단위로 하나의 본번을 부여한 후 필지별로 부번을 부여하거나, 그 지번부여지역의 최종 본번 다음 순번부터 본번으로 하여 차례로 지번을 부여할 수 있다.
지적확정측량 에 준용		① 법 제66조제2항(지적소관청은 지적공부에 등록된 지번을 변경할 필요가 있다고 인정하면 시·도지사나 대도시 시장의 승인을 받아 지번부여지역의 전부 또는 일부에 대하여 지번을 새로 부여할 수 있다)에 따라 지번부여지역의 지번을 변경할 때 ② 법 제85조제2항(지번부여지역의 일부가 행정구역의 개편으로 다른 지번부여지역에 속하게 되었으면 지적소관청은 새로 속하게 된 지번부여지역의 지번을 부여하여야 한다)에 따른 행정구역 개편에 따라 새로 지번을 부여할 때 ③ 제72조제1항(지적소관청은 축척변경 시행지역의 각 필지별 지번·지목·면적·경계 또는 좌표를 새로 정하여야 한다)에 따라 축척변경 시행지역의 필지에 지번을 부여할 때
도시개발사업 등의 준공 전		도시개발사업 등이 준공되기 전에 사업시행자가 지번부여를 신청하는 경우에는 국토교통부령으로 정하는 바에 따라 지번을 부여할 수 있다. 지적소관청은 도시개발사업 등이 준공되기 전에 지번을 부여하는 때에는 사업계획도에 따르되, 지적확정측량을 실시한 지역의 각 필지에 지번을 새로 부여하는 경우의 지번부여방식에 따라 지번을 부여하여야 한다.

다음 중 지번부여방법으로 옳지 않은 것은? (16년서울시7)

① 지적소관청은 지적공부에 등록된 지번을 변경할 필요가 있다고 인정하면 시·도지사나 대도시 시장의 승인을 받아 지번부여지역의 전부 또는 일부에 대하여 지번을 새로 부여할 수 있다.

② 등록전환의 경우에는 그 지번부여지역에서 최종 본번의 다음 순번부터 본번으로 부여하여야 한다.

③ 합병의 경우에는 합병 대상 지번 중 선순위의 지번을 그 지번으로 하되, 본번으로 된 지번이 있을 때에는 본번 중 선순위의 지번을 합병 후의 지번으로 한다.

④ 분할의 경우에는 분할 후의 필지 중 1필지의 지번은 분할 전의 지번으로 하고, 나머지 필지의 지번은 본번의 최종 부번 다음 순번으로 부번을 부여한다.

정답 ②

다음은 지번부여방법을 설명한 것이다. 옳지 않은 것은? (15년서울시9)

① 신규등록의 경우 대상토지가 그 지번부여지역의 최종 지번의 토지에 인접한 경우 그 지번부여지역의 최종 본번의 다음 순번부터 본번으로 하여 순차적으로 지번을 부여할 수 있다.

② 지번은 지적소관청이 지번부여지역별로 차례대로 부여한다.

③ 등록전환 대상토지가 여러 필지로 되어 있는 경우에는 북서방향에 인접한 토지의 본번에 부번을 붙여서 부여한다.

④ 지번은 북서에서 남동으로 순차적으로 부여한다.

정답 ③

지번을 부여할 때 지적확정측량을 실시한 지역과 동일한 지번부여방법을 준용하지 않는 대상지역은? (15년서울시7)

① 지번부여지역의 전부 또는 일부에 대하여 지번을 변경하는 경우

② 대규모의 등록전환으로 지번을 변경하는 경우

③ 행정구역 개편에 따라 새로 지번을 부여하는 경우

④ 축척변경 시행지역의 필지에 지번을 부여하는 경우

정답 ②

5 지번변경(법률 제66조)

지적소관청은 지적공부에 등록된 지번을 변경할 필요가 있다고 인정하면 시·도지사나 대도시 시장의 승인을 받아 지번부여지역의 전부 또는 일부에 대하여 지번을 새로 부여할 수 있다. 지번은 지적소관청이 지번부여지역별로 차례대로 부여하며 지번의 부여방법 및 부여절차 등에 필요한 사항은 대통령령으로 정한다.

1) 지번변경

지번부여지역 안에 있는 지번의 전부 또는 일부가 순차적으로 부여되어 있지 아니하여 지번을 새로이 부여하는 것이 타당할 때

2) 지번변경 절차(시행령 제57조)

승인신청서 제출	① 지적소관청은 법 제66조제2항에 따라 지번을 변경하려면 지번변경 사유를 적은 승인신청서에 지번변경 대상지역의 지번·지목·면적·소유자에 대한 상세한 내용(이하 "지번등 명세"라 한다)을 기재하여 시·도지사 또는 대도시 시장(법 제25조제1항의 대도시 시장을 말한다. 이하 같다)에게 제출하여야 한다. ② 이 경우 시·도지사 또는 대도시 시장은 「전자정부법」 제36조제1항에 따른 행정정보의 공동이용을 통하여 지번변경 대상지역의 지적도 및 임야도를 확인하여야 한다.
심사 및 결과 통지	신청을 받은 시·도지사 또는 대도시 시장은 지번변경 사유 등을 심사한 후 그 결과를 지적소관청에 통지하여야 한다.
지번변경	지적소관청이 지번변경을 실시한다.
등기촉탁	지번변경을 한 경우 관할 등기소에 지체 없이 토지표시변경 등기촉탁을 한다.
통지	소유자 및 관련기관에 통지한다.

예제 12

다음 지번변경에 대한 설명 중 틀린 것은? (13년서울시9)

① 지적소관청은 지적공부에 등록된 지번을 변경할 필요가 있다고 인정하면 시·도지사나 대도시 시장의 승인을 받아 지번부여지역의 전부 또는 일부에 대하여 지번을 새로 부여할 수 있다.

② 지적소관청은 지번을 변경하고자 하는 때에는 지번변경사유를 적은 승인신청서에 지번변경 대상지역의 지번, 지목, 면적, 소유자에 대한 상세한 내용을 기재하여 시·도지사 또는 대도시 시장에게 제출하여야 한다.

③ 신청을 받은 시·도지사 또는 대도시 시장은 지번변경 사유 등을 심사한 후 그 결과를 지적소관청에 통지하여야 한다.

④ 지번변경의 경우 지번부여는 도시개발사업시행에 따른 지적확정측량의 지번부여방식을 준용한다.

⑤ 지적소관청은 전자정부법에 따른 행정정보의 공동이용을 통하여 지번변경 대상지역의 지적도 및 임야도를 확인하여야 한다.

정답 ④

SECTION 04 지목(地目)

1 개요

지목이란 토지의 주된 용도에 따라 토지의 종류를 구분하여 지적공부에 등록한 것을 말한다.

2 지목의 종류 [암기] 과전답대지임잡 비도천구제성철수 면사분공철수

토지조사사업 당시 지목 (18개)	• 과세지 : 전, 답, 대(垈), 지소(池沼), 임야(林野), 잡종지(雜種地)(6개) • 비과세지 : 도로, 하천, 구거, 제방, 성첩, 철도선로, 수도선로(7개) • 면세지 : 사사지, 분묘지, 공원지, 철도용지, 수도용지(5개)						
1918년 지세령 개정 (19개)	지소(池沼) : 지소(池沼), 유지로 세분						
1950년 구 지적법 (21개)	잡종지(雜種地) : 잡종지, 염전, 광천지로 세분						

1975년 지적법 2차 개정 (24개)	통합	철도용지＋철도선로＝철도용지 수도용지＋수도선로＝수도용지 유지＋지소＝유지					
	신설	과수원, 목장용지, 공장용지, 학교용지, 유원지, 운동장(6개)					
	명칭 변경	공원지 ⇒ 공원 사사지 ⇒ 종교용지 성첩 ⇒ 사적지 분묘지 ⇒ 묘지 운동장 ⇒ 체육용지					

2001년 지적법 10차 개정 (28개)	주차장, 주유소용지, 창고용지, 양어장(4개 신설)						

현행(28개)	지목	부호	지목	부호	지목	부호	지목	부호
	전	전	대(垈)	대	철도용지	철	공원	공
	답	답	공장용지	장	제방	제	체육용지	체
	과수원	과	학교용지	학	하천	천	유원지	원
	목장용지	목	주차장	차	구거 (溝渠)	구	종교용지	종
	임야	임	주유소 용지	주	유지 (溜地)	유	사적지	사
	광천지	광	창고용지	창	양어장	양	묘지	묘
	염전	염	도로	도	수도용지	수	잡종지	잡

예제 13

다음 중 가장 최근에 신설된 지목은 무엇인가? (15년서울시9)

① 창고용지　　　　　② 철도용지
③ 광천지　　　　　　④ 공원

정답 ①

예제 14

「공간정보의 구축 및 관리 등에 관한 법률」상 지목의 종류가 아닌 것은? (21년서울시7)

① 주차장　　　　　　② 철도용지
③ 비행장　　　　　　④ 주유소용지

정답 ③

③ 지목의 분류

구분		특징
토지현황별	지형지목	토지에 대한 지표면의 형태, 토지의 고저 등 토지의 생긴 모양에 따라 지목을 결정하는 것을 의미한다.
	토성지목	토지의 성질에 따라 결정하는 지목
	용도지목	토지의 용도에 따라 결정하는 지목으로 우리나라에서 채택하고 있다.
소재지역별	농촌형 지목	전, 답, 임야, 과수원, 목장용지, 염전, 광천지, 제방, 유지, 잡종지 등이 속함
	도시형 지목	대, 공장용지, 수도용지, 학교용지, 도로, 공원, 체육용지 등
산업별	1차산업형 지목	일필지의 토지이용도가 농업과 어업 위주의 용도로 이용
	2차산업형 지목	일필지의 토지이용도가 제조업 중심으로 이용
	3차산업형 지목	일필지의 토지이용도가 서비스산업 중심으로 이용
국가발전별	선진국형 지목	3차산업, 즉 서비스업에 주로 이용
	후진국형 지목	1차산업용의 핵심인 농업, 어업에 주로 이용
구성내용별	단식지목	1개 필지에 대하여 그 용도에 따라 지목을 분류
	복식지목	둘 이상의 기준에 따라 일필지의 토지에 지목 부여

④ 지목의 설정방법 [암기] 일주등용일사국법

① 필지마다 하나의 지목을 설정한다.
② 1필지가 둘 이상의 용도로 활용되는 경우에는 주된 용도에 따라 지목을 설정한다.
③ 토지가 일시적 또는 임시적인 용도로 사용될 때에는 지목을 변경하지 아니한다.

구분	내용
지목ⓖ정주의 원칙	토지의 주된 용도를 조사하여 지목을 결정하는 것은 국가라는 원칙, 즉 국가만이 지목을 정할 수 있다는 원칙
지목ⓑ정주의 원칙	지목의 종류 및 명칭을 법률로 규정한다는 원칙
①필지 1지목 원칙	1필지에는 하나의 지목을 설정한다는 원칙
㉜지목 추종의 원칙	주된 토지의 편익을 위해 설치된 소면적의 도로, 구거 등의 지목은 이를 따로 정하지 않고 주된 토지의 사용목적, 용도에 따라 지목을 설정한다는 원칙
㉝록선후의 원칙	도로, 철도용지, 하천, 제방, 구거, 수도용지 등의 지목이 중복되는 경우에는 먼저 등록된 토지의 사용목적, 용도에 따라 지번을 설정한다는 원칙
㉧도경중의 원칙	1필지의 일부가 용도가 다른 용도로 사용되는 경우로서 주된 용도의 토지에 편입할 수 있는 토지는 주된 토지의 용도에 따라 지목을 설정한다는 원칙
㉕시변경불변의 원칙	토지의 주된 용도의 변경이 아닌, 임시적이고 일시적인 변경은 지목변경을 할 수 없다는 원칙
㉛용목적추종의 원칙	도시계획사업, 토지구획정리사업, 농지개량사업 등의 완료에 따라 조성된 토지는 사용 목적에 따라 지목을 설정하여야 한다는 원칙

5 지목의 기능

① 토지의 주된 용도 표시의 기능을 갖는다.
② 토지의 과세기준에 참고자료로 활용된다.
③ 국토계획 및 토지이용계획의 기초자료로 활용된다.
④ 토지의 용도별 통계자료 및 정책 자료로 활용된다.

6 지목의 구분

1) 전(田)

물을 상시적으로 이용하지 않고 곡물·원예작물(과수류는 제외한다)·약초·뽕나무·닥나무·묘목·관상수 등의 식물을 주로 재배하는 토지와 식용(食用)으로 죽순을 재배하는 토지

> • 농작물을 재배하기 위하여 설치한 유리온실·고정식 비닐하우스·고정식 온상·버섯재배사·망실 등의 시설물의 부지 → 전 또는 답
> • 수산자원보존지역 내의 농지(전·답)에 「농지의보전및이용에관한법률」에 의한 다년성식물 재배허가를 받아 목초를 재배한 경우 → 목장용지

2) 답(畓)

물을 상시적으로 직접 이용하여 벼 · 연(蓮) · 미나리 · 왕골 등의 식물을 주로 재배하는 토지

- 전과 답의 구분 : 전(田)과 답(畓)의 구분은 일반적으로 물을 이용하는 것과 이용하지 않는 것에 대한 경작방식의 차이점에 의하여 구분한다.
- 연 · 왕골 등이 자생하는 배수가 잘되지 아니하는 토지 → 유지
- "답"인 토지에 양송이 재배사를 신축하여 사용하고 있는 토지 → 답(양송이재배사 등의 재배시설은 농지의 일부로 본다는 농림부장관의 의견에 따라 답으로 지목을 존치)
- 「농지의보존및이용에관한법률」의 공포 시행('73. 1. 1) 이전에 이미 적법하게 형질이 변경되어 건축물이 건축되었음을 증명할 수 있는 경우에는 농지의 지목변경 금지사항에 해당되지 않으며, 개발제한구역 내의 토지로서 개발제한구역지정 이전에 적법하게 이미 토지형질변경이 이루어진 경우에는 사실상태에 부합하도록 지목변경을 할 수 있음

3) 과수원(果樹園)

사과·배·밤·호두·귤나무 등 과수류를 집단적으로 재배하는 토지와 이에 접속된 저장고 등 부속시설물의 부지. 다만, 주거용 건축물의 부지는 "대"로 한다.

- 과수원 내 과수류 저온저장 창고 → 과수원
- 준농림지역의 전 또는 답에 키위 및 포도나무를 식재하여 이용 중인 경우 → 과수원

4) 목장용지(牧場用地)

다음의 토지. 다만, 주거용 건축물의 부지는 "대"로 한다.
① 축산업 및 낙농업을 하기 위하여 초지를 조성한 토지
②「축산법」제2조제1호에 따른 가축을 사육하는 축사 등의 부지
③ ① 및 ②의 토지와 접속된 부속시설물의 부지

5) 임야(林野)

산림 및 원야(原野)를 이루고 있는 수림지(樹林地)·죽림지·암석지·자갈땅·모래땅·습지·황무지 등의 토지. 임야라는 지목은 일본에서는 산림원야(山林原野)라고 부르던 것인데, 당초 우리나라에는 이를 삼림산야(森林山野)라고 고치고 다시 그를 약칭(略稱)하여 임야라고 하였다. 임야에 해당하는 토지는 매우 많은데 그 현저한 것을 들어 보면 다음과 같다.

① 수림지(樹林地) : 침엽수(針葉樹), 활엽수(闊葉樹) 등이 일단(一團)을 이루는 지역

② 죽림지(竹林地) : 대나무 숲

③ 암석지(岩石地) : 돌로 이루어진 지역

④ 사력지(砂礫地) : 자갈 밭

⑤ 사지(砂地) : 모래 땅

⑥ 초생지(草生地) : 초본 식물이 성장하는 땅. 초원

⑦ 황무지(荒蕪地) : 가꾸지 아니한 거친 땅[일본에서 원야(原野)라고 하는 지목]

⑧ 습지(濕地) : 지하수가 수면으로 표출되는 축축한 땅

⑨ 간석지(干潟地) : 조수(조수)가 나드는 개펄

> 1908년 삼림법을 공포하여 법 시행일로부터 3년 이내 삼림산야(森林山野)를 농상공부대신에게 신고하게 하고 기간 내에 신고하지 않는 것은 모두 국유로 간주한다고 규정하였다.

지목 "임야"의 명칭이 변천된 과정으로 옳은 것은?

① 산림산야 → 삼림임야 → 임야

② 산림원야 → 삼림산야 → 임야

③ 산림임야 → 산림산야 → 임야

④ 삼림산야 → 산림원야 → 임야

정답 ②

6) 광천지(鑛泉地)

지하에서 온수 · 약수 · 석유류 등이 용출되는 용출구(湧出口)와 그 유지(維持)에 사용되는 부지. 다만, 온수 · 약수 · 석유류 등을 일정한 장소로 운송하는 송수관 · 송유관 및 저장시설의 부지는 제외한다.

온수 · 약수 · 석유류 등을 일정한 장소로 운송하는 송수관 · 송유관 및 저장시설의 부지 → 잡종지

7) 염전(鹽田)

바닷물을 끌어들여 소금을 채취하기 위하여 조성된 토지와 이에 접속된 제염장(製鹽場) 등 부속시설물의 부지. 다만, 천일제염 방식으로 하지 아니하고 동력으로 바닷물을 끌어들여 소금을 제조하는 공장시설물의 부지는 제외한다.

천일제염 방식으로 하지 아니하고 동력으로 바닷물을 끌어들여 소금을 제조하는 공장시설물의 부지 → 공장용지

8) 대(垈)

다음의 토지는 "대"로 한다.

① 영구적 건축물 중 주거·사무실·점포와 박물관·극장·미술관 등 문화시설과 이에 접속된 정원 및 부속시설물의 부지

② 「국토의 계획 및 이용에 관한 법률」 등 관계 법령에 따른 택지조성공사가 준공된 토지

9) 공장용지(工場用地)

다음의 토지는 "공장용지"로 한다.

① 제조업을 하고 있는 공장시설물의 부지

② 「산업집적활성화 및 공장설립에 관한 법률」 등 관계 법령에 따른 공장부지 조성공사가 준공된 토지

③ ① 및 ②의 토지와 같은 구역에 있는 의료시설 등 부속시설물의 부지

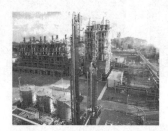

10) 학교용지(學校用地)

학교의 교사(校舍)와 이에 접속된 체육장 등 부속시설물의 부지

> • 학교시설구역으로부터 떨어진 기숙사·사택 등의 부지 → 대
> • 학교시설구역으로부터 떨어져 교육용에 직접 이용되지 않는 임야 → 임야
> • 실습지는 토지의 용도에 따라 결정

11) 주차장(駐車場)

자동차 등의 주차에 필요한 독립적인 시설을 갖춘 부지와 주차전용 건축물 및 이에 접속된 부속시설물의 부지. 다만, 다음의 어느 하나에 해당하는 시설의 부지는 제외한다.

① 「주차장법」 제2조제1호가목 및 다목에 따른 노상주차장 및 부설주차장(「주차장법」 제19조제4항에 따라 시설물의 부지 인근에 설치된 부설주차장은 제외한다)

② 자동차 등의 판매 목적으로 설치된 물류장 및 야외전시장

12) 주유소용지(注油所用地)

다음의 토지는 "주유소용지"로 한다. 다만, 자동차·선박·기차 등의 제작 또는 정비공장 안에 설치된 급유·송유시설 등의 부지는 제외한다.

① 석유·석유제품 또는 액화석유가스 전기 또는 수소 등의 판매를 위하여 일정한 설비를 갖춘 시설물의 부지

② 저유소(貯油所) 및 원유저장소의 부지와 이에 접속된 부속시설물의 부지

> **석유 및 석유대체연료 사업법 제2조(정의)**
>
> 1. "석유"란 원유, 천연가스[액화(液化)한 것을 포함한다. 이하 같다] 및 석유제품을 말한다.
> 2. "석유제품"이란 휘발유, 등유, 경유, 중유, 윤활유와 이에 준하는 탄화수소유 및 석유가스(액화한 것을 포함한다. 이하 같다)로서 다음 각 목의 것을 말한다.
>   가. 탄화수소유 : 항공유, 용제(溶劑), 아스팔트, 나프타, 윤활기유[조유(粗油)를 포함한다. 이하 같다], 석유중간제품[유분(溜分)을 말한다] 및 부생연료유(부생연료유 : 등유나 중유를 대체하여 연료유로 사용되는 부산물인 석유제품을 말한다)
>   나. 석유가스 : 프로판 · 부탄 및 이를 혼합한 연료용 가스

13) 창고용지(倉庫用地)

물건 등을 보관하거나 저장하기 위하여 독립적으로 설치된 보관시설물의 부지와 이에 접속된 부속시설물의 부지

14) 도로(道路)

다음의 토지는 "도로"로 한다. 다만, 아파트 · 공장 등 단일 용도의 일정한 단지 안에 설치된 통로 등은 제외한다.

① 일반 공중(公衆)의 교통 운수를 위하여 보행이나 차량운행에 필요한 일정한 설비 또는 형태를 갖추어 이용되는 토지
② 「도로법」 등 관계 법령에 따라 도로로 개설된 토지
③ 고속도로의 휴게소 부지
④ 2필지 이상에 진입하는 통로로 이용되는 토지

- 국도 및 지방도로의 휴게소 → 대
- 도로터널 또는 지하철구간이 분할된 경우 → 지표상의 토지지목
- 준공절차가 완료되지 않고 사실상 도로의 형상을 갖춘 성토·절토된 부분에 대한 토지 → 도로

예제 16

공간정보의 구축 및 관리 등에 관한 법령상 지목을 도로로 정할 수 없는 것은?(단, 아파트·공장 등 단일용도의 일정한 단지 안에 설치된 통로 등은 제외함)　(20년31회공인)

① 일반 공중(公衆)의 교통 운수를 위하여 보행이나 차량운행에 필요한 일정한 설비 또는 형태를 갖추어 이용되는 토지
② 「도로법」 등 관계 법령에 따라 도로로 개설된 토지
③ 고속도로의 휴게소 부지
④ 2필지 이상에 진입하는 통로로 이용되는 토지
⑤ 교통 운수를 위하여 일정한 궤도 등의 설비와 형태를 갖추어 이용되는 토지

정답 ⑤

15) 철도용지(鐵道用地)

교통 운수를 위하여 일정한 궤도 등의 설비와 형태를 갖추어 이용되는 토지와 이에 접속된 역사(驛舍)·차고·발전시설 및 공작창(工作廠) 등 부속시설물의 부지

> • 철도선로 → 철도용지
> • 간선철도와 연결하여 부설한 사설철도부지 → 철도용지

16) 제방(堤防)

조수 · 자연유수(自然流水) · 모래 · 바람 등을 막기 위하여 설치된 방조제 · 방수제 · 방사제 · 방파제 등의 부지

① 방조제(防潮堤, tide embankment)

　• 조수의 해를 막기 위한 제방

　• 해안에 밀려드는 조수를 막아 간석지를 이용하거나 하구나 만 부근의 용수 공급을 위하여 인공으로 만든 제방

② 방수제(防水劑)

　종이, 헝겊, 가죽 따위에 발라서 물이 스며들지 못하게 하는 약제. 고무, 지방질, 수지, 아세트산 알루미늄, 파라핀, 밀랍 따위가 있다.

③ 방사제(防砂堤, groyne)

　• 해안 부근의 물속에 있는 모래의 이동을 방지하기 위해 만든 둑

　• 해안선으로부터 먼바다 쪽으로 돌출하여 해안선의 흐름을 약화시켜 표사를 저지함으로써 해안의 침식이나 항만이 표사에 의해 얕아지는 것을 방지하기 위해 설치된 구조물

④ 방파제(防波堤, breakwater)

　• 외해로부터의 파랑을 막아서 내항을 보호하는 구조물

　• 바다에서 밀려오는 파도를 막기 위하여 바다에 쌓은 둑 등의 구조물

17) 하천(河川)

자연의 유수(流水)가 있거나 있을 것으로 예상되는 토지

예제 17

공간정보의 구축 및 관리 등에 관한 법령상 지목의 구분에 따라 한강을 이용한 경정장의 지목으로 옳은 것은?

① 하천
② 유원지
③ 잡종지
④ 체육용지

정답 ①

18) 구거(溝渠)

용수(用水) 또는 배수(排水)를 위하여 일정한 형태를 갖춘 인공적인 수로 · 둑 및 그 부속시설물의 부지와 자연의 유수(流水)가 있거나 있을 것으로 예상되는 소규모 수로부지

19) 유지(溜地)

물이 고이거나 상시적으로 물을 저장하고 있는 댐 · 저수지 · 소류지 · 호수 · 연못 등의 토지와 연 · 왕골 등이 자생하는 배수가 잘 되지 아니하는 토지는 "유지"로 한다.

20) 양어장(養魚場)

육상에 인공으로 조성된 수산생물의 번식 또는 양식을 위한 시설을 갖춘 부지와 이에 접속된 부속 시설물의 부지

> - 소류지 : 천연의 지형을 이용하여 주로 산골짜기를 가로질러 제언(堤堰)을 설치한 것으로 농업 생산을 위한 관개(灌漑)시설
> - 치어부화장(축양장) → 양어장

21) 수도용지(水道用地)

물을 정수하여 공급하기 위한 취수 · 저수 · 도수 · 정수 · 송수 및 배수 시설의 부지 및 이에 접속 된 부속시설물의 부지

① 취수(取水) : 수돗물의 용수를 위해 강이나 저수지 등에서 원수를 끌어들여 정수장으로 보내는 시설
② 저수(貯水) : 수돗물을 다량으로 비축해두는 탱크
③ 도수(導水) : 개거(도랑과 같이 뚜껑이 없는 수로)와 암거(뚜껑이 있는 수로)를 사용
④ 정수(淨水) : 수원에서 송수되어 온 원수를 급배수지역의 근교에서 사용목적의 수질로 정화하는 시설
⑤ 송수(送水) : 정수처리시설(수원지)로부터 정수된 물을 배수시설(배수지)까지 보내는 것

⑥ 배수(配水) : 정수장에서 정화처리된 청정수를 소요수압으로 소요수량을 배수관을 통하여 급수지역에 보내는 것

22) 공원(公園)

일반 공중의 보건 · 휴양 및 정서생활에 이용하기 위한 시설을 갖춘 토지로서 「국토의 계획 및 이용에 관한 법률」에 따라 공원 또는 녹지로 결정 · 고시된 토지

> **「자연공원법에 의한 공원」**
> 「자연공원법에 의한 공원」인 국립공원 · 도립공원 · 군립공원은 지목을 임야로 설정한다.

23) 체육용지(體育用地)

국민의 건강증진 등을 위한 체육활동에 적합한 시설과 형태를 갖춘 종합운동장 · 실내체육관 · 야구장 · 골프장 · 스키장 · 승마장 · 경륜장 등 체육시설의 토지와 이에 접속된 부속시설물의 부지. 다만, 체육시설로서의 영속성과 독립성이 미흡한 정구장 · 골프연습장 · 실내수영장 및 체육도장, 유수(流水)를 이용한 요트장 및 카누장 등의 토지는 제외한다.

눈썰매장으로 농지전용협의 및 토지형질변경허가를 받아 준공된 토지 → 체육용지

24) 유원지(遊園地)

일반 공중의 위락·휴양 등에 적합한 시설물을 종합적으로 갖춘 수영장·유선장(遊船場)·낚시터·어린이놀이터·동물원·식물원·민속촌·경마장·야영장 등의 토지와 이에 접속된 부속시설물의 부지. 다만, 이들 시설과의 거리 등으로 보아 독립적인 것으로 인정되는 숙식시설 및 유기장(遊技場)의 부지와 하천·구거 또는 유지[공유(公有)인 것으로 한정한다]로 분류되는 것은 제외한다.

25) 종교용지(宗敎用地)

일반 공중의 종교의식을 위하여 예배·법요·설교·제사 등을 하기 위한 교회·사찰·향교 등 건축물의 부지와 이에 접속된 부속시설물의 부지

> • 종교용지와 접속된 목회자 주택 → 종교용지
> • 제례를 올리는 사당 → 종교용지
> • 상업용 건축물의 일부를 임대하여 예배, 설교, 법회 등을 행하는 교회, 사찰 → 대

26) 사적지(史蹟地)

문화재로 지정된 역사적인 유적 · 고적 · 기념물 등을 보존하기 위하여 구획된 토지. 다만, 학교용지 · 공원 · 종교용지 등 다른 지목으로 된 토지에 있는 유적 · 고적 · 기념물 등을 보호하기 위하여 구획된 토지는 제외한다.

27) 묘지(墓地)

사람의 시체나 유골이 매장된 토지, 「도시공원 및 녹지 등에 관한 법률」에 따른 묘지공원으로 결정 · 고시된 토지 및 「장사 등에 관한 법률」 제2조제9호에 따른 봉안시설과 이에 접속된 부속시설물의 부지. 다만, 묘지의 관리를 위한 건축물의 부지는 "대"로 한다.

> • 묘지의 관리를 위한 건축물의 부지 → 대
> • 납골시설과 이에 접속된 부속시설물의 부지 → 묘지
> • 관련법령의 규제를 받지 않는 토지의 지목변경은 그 원인을 증명하는 서류가 없더라도 실지상태
>   와 부합되도록 지목변경을 할 수 있음

28) 잡종지(雜種地)

다음 각 목의 토지. 다만, 원상회복을 조건으로 돌을 캐내는 곳 또는 흙을 파내는 곳으로 허가된 토
지는 제외한다.

① 갈대밭, 실외에 물건을 쌓아두는 곳, 돌을 캐내는 곳, 흙을 파내는 곳, 야외시장 및 공동우물

② 변전소, 송신소, 수신소 및 송유시설 등의 부지

③ 여객자동차터미널, 자동차운전학원 및 폐차장 등 자동차와 관련된 독립적인 시설물을 갖춘
   부지

④ 공항시설 및 항만시설 부지

⑤ 도축장, 쓰레기처리장 및 오물처리장 등의 부지

⑥ 그 밖에 다른 지목에 속하지 않는 토지

- 「오물청소법」에 의하여 설치된 분뇨종말처리시설부지 "잡종지"(지적1269.1 – 19406, 81.12.28)
- 「소방관계법규」에 의하여 설치된 위험물 이동탱크 저장시설부지 "잡종지"(지적01254 – 246, 92.8.10)
- 「농어촌발전특별조치법」에 의한 농어촌 휴양지 내에 농지전용허가를 받아 조성한 야영장 "잡종지"(지적13570 – 782, 93.12.4)
- 콩나물 재배를 목적으로 농지전용허가를 받아 설치한 시설물부지(재배장 및 창고) → 잡종지

예제 18

공간정보의 구축 및 관리 등에 관한 법령상 지목을 잡종지로 정할 수 있는 것으로만 나열한 것은?(단, 원상회복을 조건으로 돌을 캐내는 곳 또는 흙을 파내는 곳으로 허가된 토지는 제외함)   (20년31회공인)

① 변전소, 송신소, 수신소 및 지하에서 석유류 등이 용출되는 용출구(湧出口)와 그 유지(維持)에 사용되는 부지

② 여객자동차터미널, 자동차운전학원 및 폐차장 등 자동차와 관련된 독립적인 시설들을 갖춘 부지

③ 갈대밭, 실외에 물건을 쌓아두는 곳, 산림 및 원야(原野)를 이루고 있는 암석지 · 자갈땅 · 모래땅 · 황무지 등의 토지

④ 공항 · 항만시설 부지 및 물건 등을 보관하거나 저장하기 위하여 독립적으로 설치된 보관시설물의 부지

⑤ 도축장, 쓰레기처리장, 오물처리장 및 일반 공중의 위락 · 휴양 등에 적합한 시설물을 종합적으로 갖춘 야영장 · 식물원 등의 토지

정답 ②

지목	
㉠	물을 상시적으로 이용하지 않고 곡물·원예작물(과수류는 제외한다)·약초·뽕나무·닥나무·묘목·관상수 등의 식물을 주로 재배하는 토지와 식용(食用)으로 죽순을 재배하는 토지
㉯	물을 상시적으로 직접 이용하여 벼·연(蓮)·미나리·왕골 등의 식물을 주로 재배하는 토지
㉄수원	사과·배·밤·호두·귤나무 등 과수류를 집단적으로 재배하는 토지와 이에 접속된 저장고 등 부속시설물의 부지. 다만, 주거용 건축물의 부지는 "대"로 한다.
㉱장용지	다음 각 목의 토지. 다만, 주거용 건축물의 부지는 "대"로 한다. 가. 축산업 및 낙농업을 하기 위하여 초지를 조성한 토지 나. 「축산법」 제2조제1호에 따른 가축을 사육하는 축사 등의 부지 다. 가목 및 나목의 토지와 접속된 부속시설물의 부지
㉤야	산림 및 원야(原野)를 이루고 있는 수림지(樹林地)·죽림지·암석지·자갈땅·모래땅·습지·황무지 등의 토지
㉴천지	지하에서 온수·약수·석유류 등이 용출되는 용출구(湧出口)와 그 유지(維持)에 사용되는 부지. 다만, 온수·약수·석유류 등을 일정한 장소로 운송하는 송수관·송유관 및 저장시설의 부지는 제외한다.
㉻전	바닷물을 끌어들여 소금을 채취하기 위하여 조성된 토지와 이에 접속된 제염장(製鹽場) 등 부속시설물의 부지. 다만, 천일제염 방식으로 하지 아니하고 동력으로 바닷물을 끌어들여 소금을 제조하는 공장시설물의 부지는 제외한다.
㉧	가. 영구적 건축물 중 주거·사무실·점포와 박물관·극장·미술관 등 문화시설과 이에 접속된 정원 및 부속시설물의 부지 나. 「국토의 계획 및 이용에 관한 법률」 등 관계 법령에 따른 택지조성공사가 준공된 토지
공㉳용지	가. 제조업을 하고 있는 공장시설물의 부지 나. 「산업집적활성화 및 공장설립에 관한 법률」 등 관계 법령에 따른 공장부지 조성공사가 준공된 토지 다. 가목 및 나목의 토지와 같은 구역에 있는 의료시설 등 부속시설물의 부지
㉠교용지	학교의 교사(校舍)와 이에 접속된 체육장 등 부속시설물의 부지
주㉴장	자동차 등의 주차에 필요한 독립적인 시설을 갖춘 부지와 주차전용 건축물 및 이에 접속된 부속시설물의 부지. 다만, 다음 각 목의 어느 하나에 해당하는 시설의 부지는 제외한다. 가. 「주차장법」 제2조제1호가목 및 다목에 따른 노상주차장 및 부설주차장(「주차장법」 제19조제4항에 따라 시설물의 부지 인근에 설치된 부설주차장은 제외한다) 나. 자동차 등의 판매 목적으로 설치된 물류장 및 야외전시장
㉰유소용지	다음 각 목의 토지. 다만, 자동차·선박·기차 등의 제작 또는 정비공장 안에 설치된 급유·송유시설 등의 부지는 제외한다. 가. 석유·석유제품 또는 액화석유가스 전기 또는 수소 등의 판매를 위하여 일정한 설비를 갖춘 시설물의 부지 나. 저유소(貯油所) 및 원유저장소의 부지와 이에 접속된 부속시설물의 부지

지목	
㉚고 용지	물건 등을 보관하거나 저장하기 위하여 독립적으로 설치된 보관시설물의 부지와 이에 접속된 부속시설물의 부지
ㄷ로	다음 각 목의 토지. 다만, 아파트 · 공장 등 단일 용도의 일정한 단지 안에 설치된 통로 등은 제외한다. 가. 일반 공중(公衆)의 교통 운수를 위하여 보행이나 차량운행에 필요한 일정한 설비 또는 형태를 갖추어 이용되는 토지 나. 「도로법」 등 관계 법령에 따라 도로로 개설된 토지 다. 고속도로의 휴게소 부지 라. 2필지 이상에 진입하는 통로로 이용되는 토지
㉠도 용지	교통 운수를 위하여 일정한 궤도 등의 설비와 형태를 갖추어 이용되는 토지와 이에 접속된 역사(驛舍) · 차고 · 발전시설 및 공작창(工作廠) 등 부속시설물의 부지
㉮방	조수 · 자연유수(自然流水) · 모래 · 바람 등을 막기 위하여 설치된 방조제 · 방수제 · 방사제 · 방파제 등의 부지
하ㅊ	자연의 유수(流水)가 있거나 있을 것으로 예상되는 토지
㉠거	용수(用水) 또는 배수(排水)를 위하여 일정한 형태를 갖춘 인공적인 수로 · 둑 및 그 부속시설물의 부지와 자연의 유수(流水)가 있거나 있을 것으로 예상되는 소규모 수로부지
㉮지 (溜池)	물이 고이거나 상시적으로 물을 저장하고 있는 댐 · 저수지 · 소류지(沼溜地) · 호수 · 연못 등의 토지와 연 · 왕골 등이 자생하는 배수가 잘 되지 아니하는 토지
㉭어장	육상에 인공으로 조성된 수산생물의 번식 또는 양식을 위한 시설을 갖춘 부지와 이에 접속된 부속시설물의 부지
㉠도 용지	물을 정수하여 공급하기 위한 취수(取水 : 강이나 저수지에서 필요한 물을 끌어옴) · 저수(貯水 : 물을 인공적으로 모음) · 도수(導水 : 정수장을 연결하는 물길이 새롭게 뚫림. 도수터널) · 정수 · 송수(정수된 물을 배수지로 보내는 시설) 및 배수 시설(정수장에서 정화처리된 청정수를 소요 수압으로 소요 수량을 배수관을 통하여 급수지역에 보내는 것)의 부지 및 이에 접속된 부속시설물의 부지
㉮원	일반 공중의 보건 · 휴양 및 정서생활에 이용하기 위한 시설을 갖춘 토지로서 「국토의 계획 및 이용에 관한 법률」에 따라 공원 또는 녹지로 결정 · 고시된 토지
㉭육 용지	국민의 건강증진 등을 위한 체육활동에 적합한 시설과 형태를 갖춘 종합운동장 · 실내체육관 · 야구장 · 골프장 · 스키장 · 승마장 · 경륜장 등 체육시설의 토지와 이에 접속된 부속시설물의 부지. 다만, 체육시설로서의 영속성과 독립성이 미흡한 정구장 · 골프연습장 · 실내수영장 및 체육도장, 유수(流水)를 이용한 요트장 및 카누장 등의 토지는 제외한다.
유ㅇ지	일반 공중의 위락 · 휴양 등에 적합한 시설물을 종합적으로 갖춘 수영장 · 유선장(遊船場) · 낚시터 · 어린이놀이터 · 동물원 · 식물원 · 민속촌 · 경마장 · 야영장 등의 토지와 이에 접속된 부속시설물의 부지. 다만, 이들 시설과의 거리 등으로 보아 독립적인 것으로 인정되는 숙식시설 및 유기장(遊技場)의 부지와 하천 · 구거 또는 유지[공유(公有)인 것으로 한정한다]로 분류되는 것은 제외한다.

지목	
㉚교 용지	일반 공중의 종교의식을 위하여 예배 · 법요 · 설교 · 제사 등을 하기 위한 교회 · 사찰 · 향교 등 건축물의 부지와 이에 접속된 부속시설물의 부지
㉘적지	문화재로 지정된 역사적인 유적 · 고적 · 기념물 등을 보존하기 위하여 구획된 토지. 다만, 학교용지 · 공원 · 종교용지 등 다른 지목으로 된 토지에 있는 유적 · 고적 · 기념물 등을 보호하기 위하여 구획된 토지는 제외한다.
㉖지	사람의 시체나 유골이 매장된 토지, 「도시공원 및 녹지 등에 관한 법률」에 따른 묘지공원으로 결정 · 고시된 토지 및 「장사 등에 관한 법률」 제2조제9호에 따른 봉안시설과 이에 접속된 부속시설물의 부지. 다만, 묘지의 관리를 위한 건축물의 부지는 "대"로 한다.
㉘종지	다음 각 목의 토지. 다만, 원상회복을 조건으로 돌을 캐내는 곳 또는 흙을 파내는 곳으로 허가된 토지는 제외한다. 가. 갈대밭, 실외에 물건을 쌓아두는 곳, 돌을 캐내는 곳, 흙을 파내는 곳, 야외시장 및 공동우물 나. 변전소, 송신소, 수신소 및 송유시설 등의 부지 다. 여객자동차터미널, 자동차운전학원 및 폐차장 등 자동차와 관련된 독립적인 시설물을 갖춘 부지 라. 공항시설 및 항만시설 부지 마. 도축장, 쓰레기처리장 및 오물처리장 등의 부지 바. 그 밖에 다른 지목에 속하지 않는 토지
지목에서 제외되는 부분	
과수원	사과 · 배 · 밤 · 호두 · 귤나무 등 과수류를 집단적으로 재배하는 토지와 이에 접속된 저장고 등 부속시설물의 부지. 다만, 주거용 건축물의 부지는 "대"로 한다.
목장 용지	다음 각 목의 토지. 다만, 주거용 건축물의 부지는 "대"로 한다. 가. 축산업 및 낙농업을 하기 위하여 초지를 조성한 토지 나. 「축산법」 제2조제1호에 따른 가축을 사육하는 축사 등의 부지 다. 가목 및 나목의 토지와 접속된 부속시설물의 부지
광천지	지하에서 온수 · 약수 · 석유류 등이 용출되는 용출구(湧出口)와 그 유지(維持)에 사용되는 부지. 다만, 온수 · 약수 · 석유류 등을 일정한 장소로 운송하는 송수관 · 송유관 및 저장시설의 부지는 제외한다.
염전	바닷물을 끌어들여 소금을 채취하기 위하여 조성된 토지와 이에 접속된 제염장(製鹽場) 등 부속시설물의 부지. 다만, 천일제염 방식으로 하지 아니하고 동력으로 바닷물을 끌어들여 소금을 제조하는 공장시설물의 부지는 제외한다.
주차장	자동차 등의 주차에 필요한 독립적인 시설을 갖춘 부지와 주차전용 건축물 및 이에 접속된 부속시설물의 부지. 다만, 다음 각 목의 어느 하나에 해당하는 시설의 부지는 제외한다. 가. 「주차장법」 제2조제1호가목 및 다목에 따른 노상주차장 및 부설주차장(「주차장법」 제19조 제4항에 따라 시설물의 부지 인근에 설치된 부설주차장은 제외한다) 나. 자동차 등의 판매 목적으로 설치된 물류장 및 야외전시장

지목에서 제외되는 부분	
주유소 용지	다음 각 목의 토지. 다만, 자동차·선박·기차 등의 제작 또는 정비공장 안에 설치된 급유·송유시설 등의 부지는 제외한다. 가. 석유·석유제품 또는 액화석유가스 전기 또는 수소 등의 판매를 위하여 일정한 설비를 갖춘 시설물의 부지 나. 저유소(貯油所) 및 원유저장소의 부지와 이에 접속된 부속시설물의 부지
도로	다음 각 목의 토지. 다만, 아파트·공장 등 단일 용도의 일정한 단지 안에 설치된 통로 등은 제외한다. 가. 일반 공중(公衆)의 교통 운수를 위하여 보행이나 차량운행에 필요한 일정한 설비 또는 형태를 갖추어 이용되는 토지 나. 「도로법」 등 관계 법령에 따라 도로로 개설된 토지 다. 고속도로의 휴게소 부지 라. 2필지 이상에 진입하는 통로로 이용되는 토지
체육 용지	국민의 건강증진 등을 위한 체육활동에 적합한 시설과 형태를 갖춘 종합운동장·실내체육관·야구장·골프장·스키장·승마장·경륜장 등 체육시설의 토지와 이에 접속된 부속시설물의 부지. 다만, 체육시설로서의 영속성과 독립성이 미흡한 정구장·골프연습장·실내수영장 및 체육도장, 유수(流水)를 이용한 요트장 및 카누장 등의 토지는 제외한다.
유원지	일반 공중의 위락·휴양 등에 적합한 시설물을 종합적으로 갖춘 수영장·유선장(遊船場)·낚시터·어린이놀이터·동물원·식물원·민속촌·경마장·야영장 등의 토지와 이에 접속된 부속시설물의 부지. 다만, 이들 시설과의 거리 등으로 보아 독립적인 것으로 인정되는 숙식시설 및 유기장(遊技場)의 부지와 하천·구거 또는 유지[공유(公有)인 것으로 한정한다]로 분류되는 것은 제외한다.
사적지	문화재로 지정된 역사적인 유적·고적·기념물 등을 보존하기 위하여 구획된 토지. 다만, 학교용지·공원·종교용지 등 다른 지목으로 된 토지에 있는 유적·고적·기념물 등을 보호하기 위하여 구획된 토지는 제외한다.

예제 19

「공간정보의 구축 및 관리 등에 관한 법률 시행령」상 지목의 구분에 대한 설명으로 가장 옳지 않은 것은? (21년서울시)

① 임야 : 산림 및 원야(原野)를 이루고 있는 수림지(樹林地)·죽림지·암석지·갈땅·모래땅·습지·갈대밭·황무지 등의 토지

② 체육용지 : 체육시설로서의 영속성과 독립성이 미흡한 정구장·골프연습장·실내수영장 및 체육도장과 유수(流水)를 이용한 요트장 및 카누장 등의 토지는 제외

③ 주유소용지 : 자동차·선박·기차 등의 제작 또는 정비 공장 안에 설치된 급유·송유시설 등의 부지는 제외

④ 공원 : 일반 공중의 보건·휴양 및 정서생활에 이용하기 위한 시설을 갖춘 토지로서 「국토의 계획 및 이용에 관한 법률」에 따라 공원 또는 녹지로 결정·고시된 토지

정답 ①

🛛 지목의 부호 표기

지목을 지적도 또는 임야도에 등록하는 때에는 다음의 부호로 표기하여야 한다.

▼ **지목의 부호표기**

지목	부호	지목	부호	지목	부호	지목	부호
전	전	대	대	철도용지	철	공원	공
답	답	공장용지	장	제방	제	체육용지	체
과수원	과	학교용지	학	하천	천	유원지	원
목장용지	목	주차장	차	구거	구	종교용지	종
임야	임	주유소용지	주	유지	유	사적지	사
광천지	광	창고용지	창	양어장	양	묘지	묘
염전	염	도로	도	수도용지	수	잡종지	잡

※ 공장용지 (장), 주차장 (차), 하천 (천), 유원지 (원)

※ 토지대장 또는 임야대장에 표기하는 지목은 부호를 사용하지 않고 지목의 명칭을 그대로 표기하여 사용한다.

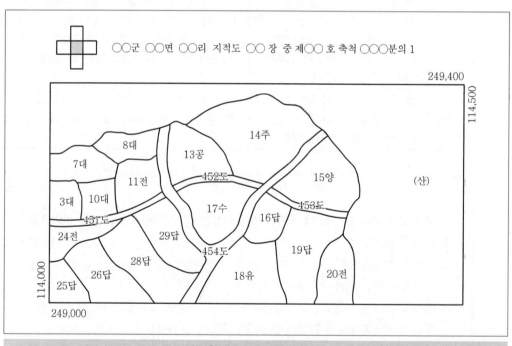

지목을 부호로 표기한 지적도

지목의 구분과 표기방법에 대한 설명으로 옳은 것은? (16년서울시9)

① 자동차 등의 판매 목적으로 설치된 물류장 및 야외전시장 부지의 지목은 주차장이며, 지적도 및 임야도에 등록할 때에는 '주'라는 부호로 표기한다.

② 일반 공중의 보건·휴양 및 정서생활에 이용하기 위한 시설을 갖춘 토지로서 「국토의 계획 및 이용에 관한 법률」에 따라 공원 또는 녹지로 결정·고시된 토지의 지목은 공원이며, 지적도 및 임야도에 등록할 때에는 '원'이라는 부호로 표기한다.

③ 온수·약수·석유류 등을 일정한 장소로 운송하는 송수관·송유관 및 저장시설 부지의 지목은 광천지이며, 지적도 및 임야도에 등록할 때에는 '광'이라는 부호로 표기한다.

④ 육상에 인공으로 조성된 수산생물의 번식 또는 양식을 위한 시설을 갖춘 부지와 이에 접속된 부속시설물 부지의 지목은 양어장이며, 지적도 및 임야도에 등록할 때에는 '양'이라는 부호로 표기한다.

정답 ④

다음 중 지목구분의 기준으로 옳은 것은? (16년서울시7)

① 구거는 지하에서 온수·약수·석유류 등이 용출되는 용출구와 그 유지에 사용되는 부지. 다만, 온수·약수·석유류 등을 일정한 장소로 운송하는 송수관·송유관 및 저장시설의 부지는 제외한다.

② 수도용지는 용수 또는 배수를 위하여 일정한 형태를 갖춘 인공적인 수로·둑 및 그 부속시설물의 부지와 자연의 유수가 있거나 있을 것으로 예상되는 소규모 수로부지

③ 유지는 물이 고이거나 상시적으로 물을 저장하고 있는 댐·저수지·소류지·호수·연못 등의 토지와 연·왕골 등이 자생하는 배수가 잘 되지 아니하는 토지

④ 광천지는 물을 정수하여 공급하기 위한 취수·저수·도수·정수·송수 및 배수시설의 부지 및 이에 접속된 부속시설물의 부지

정답 ③

다음 중 지목을 도로로 설정할 수 없는 경우는? (15년서울시9)

① 2필지 이상에 진입하는 통로로 이용되는 토지

② 아파트·공장 등 단일 용도의 일정한 단지 안에 설치된 통로

③ 일반 공중의 교통 운수를 위하여 보행이나 차량운행에 필요한 일정한 설비 또는 형태를 갖추어 이용되는 토지

④ 고속도로의 휴게소 부지

정답 ②

지목의 종류 및 구분 등에 대한 설명으로 옳지 않은 것은? (15년서울시7)

① '답'은 물을 상시적으로 직접 이용하여 벼 · 연(蓮) · 미나리 · 왕골 등의 식물을 주로 재배하는 토지를 말한다.

② '과수원'은 사과 · 배 · 밤 · 호두 · 귤나무 등 과수류를 집단적으로 재배하는 토지와 이에 접속된 저장고 등 부속시설물의 부지를 말한다. 다만, 주거용 건축물의 부지는 '대'로 한다.

③ '광천지'는 온수 · 약수 · 석유류 등을 일정한 장소로 운송하는 송수관 · 송유관 및 저장시설의 부지를 말한다.

④ '유지(溜池)'는 물이 고이거나 상시적으로 물을 저장하고 있는 댐 · 저수지 · 소류지(沼溜地) · 호수 · 연못 등의 토지와 연 · 왕골 등이 자생하는 배수가 잘 되지 아니하는 토지를 말한다.

정답 ③

다음 중 지목분류에 대한 설명으로 옳지 않은 것은? (14년서울시9)

① 사과, 배, 밤, 호두, 귤나무 등 과수류를 집단 재배하는 토지는 과수원이다.

② 유선장, 낚시터, 경마장 등의 부지는 유원지이다.

③ 방조제, 방수제, 방사제, 방파제 등의 부지는 제방이다.

④ 1필지 이상에 진입하는 통로나 고속도로 휴게소 부지는 도로이다.

⑤ 갈대밭, 야외시장, 공동우물, 오물처리장 등의 부지는 잡종지이다.

정답 ④

다음 중 지목을 주차장으로 설정할 수 있는 것은? (11년서울시9)

① 도로 노면의 일정한 구역에 설치된 주차장으로서 일반의 이용에 제공되는 것

② 교통광장의 일정한 구역에 설치된 주차장으로 일반의 이용에 제공되는 것

③ 골프연습장 등 주차수요를 유발하는 시설에 부대하여 설치된 주차장으로서 해당 건축물 · 시설의 이용자 또는 일반의 이용에 제공되는 것

④ 자동차 등의 판매 목적으로 설치된 물류장 및 야외전시장

⑤ 도로의 노면 및 교통광장 외의 장소에 설치된 주차장으로서 일반의 이용에 제공되는 것

정답 ⑤

예제 26

「공간정보의 구축 및 관리 등에 관한 법률」및 하위 법령상 연·왕골 등이 자생하는 배수가
잘 되지 않는 토지의 지목 부호는?   (20년서울시9)

① 답   ② 광
③ 유   ④ 구

정답 ③

SECTION 05 면적(面積)

1 개요

면적이란 지적공부에 등록한 필지의 수평면상의 넓이를 말한다.

2 면적결정기준 및 측정대상(지적측량 시행규칙 제19조)

면적결정 기준	① 면적결정은 지적측량에 의하여 결정한다. ② 다만, 합병에 따른 면적은 지적측량을 실시하지 않고 합병 전의 각 필지의 면적을 합산하여 결정한다.
면적측정 대상	① 지적공부를 복구하는 경우 ② 신규등록을 하는 경우 ③ 등록전환을 하는 경우 ④ 분할을 하는 경우 ⑤ 도시개발사업 등으로 새로 경계를 확정하는 경우 ⑥ 축척변경을 하는 경우 ⑦ 등록사항(면적 또는 경계) 정정을 하는 경우 ⑧ 경계복원측량 및 지적현황측량 등에 의하여 면적측정을 필요로 하는 경우
면적측정 대상 제외	① 법 제23조제1항제4호의 경계복원측량과 영 제18조의 지적현황측량을 하는 경우에는 필지마다 면적을 측정하지 아니한다. ② 합병, 지목변경, 지번변경 ③ 도면의 재작성 ④ 위치정정

예제 27

「지적측량 시행규칙」상 세부측량을 하는 때에 필지마다 면적을 측정해야 하는 경우로 가장 옳지 않은 것은?

(20년서울시9)

① 「공간정보의 구축 및 관리 등에 관한 법률」상 등록사항 정정에 따라 지적공부의 경계를 정정하는 경우

② 지상건축물 등의 현황을 지적도 및 임야도에 등록된 경계와 대비하여 표시하는 데에 필요한 경우

③ 도시개발사업 등으로 인한 토지의 이동에 따라 토지의 표시를 새로 결정하는 경우

④ 지적공부를 복구하는 경우

정답 ②

③ 면적의 단위와 결정방법(시행령 제60조)

면적의 단위		면적의 단위는 제곱미터로 한다.
면적의 결정	제곱미터	지적도 또는 임야도의 축척이 1/1,000, 1/1,200, 1/2,400, 1/3,000, 1/6,000인 지역에 한하여 면적의 단위는 제곱미터(㎡)로 한다.
	제곱미터 이하 1자리	지적도의 축척이 600분의 1인 지역과 경계점좌표등록부에 등록하는 지역의 토지 면적은 제곱미터 이하 한 자리 단위(0.1㎡)로 한다.

① 제곱미터 단위로 면적을 결정할 때

토지의 면적에 1제곱미터 미만의 끝수가 있는 경우 0.5제곱미터 미만일 때에는 버리고, 0.5제곱미터를 초과하는 때에는 올리며, 0.5제곱미터일 때에는 구하려는 끝자리의 숫자가 0 또는 짝수이면 버리고 홀수이면 올린다. 다만, 1필지의 면적이 1제곱미터 미만일 때에는 1제곱미터로 한다.

② 제곱미터 이하 1자리 단위로 면적을 결정할 때

지적도의 축척이 600분의 1인 지역과 경계점좌표등록부에 등록하는 지역의 토지 면적은 ①에도 불구하고 제곱미터 이하 한 자리 단위로 하되, 0.1제곱미터 미만의 끝수가 있는 경우 0.05제곱미터 미만일 때에는 버리고, 0.05제곱미터를 초과할 때에는 올리며, 0.05제곱미터일 때에는 구하려는 끝자리의 숫자가 0 또는 짝수이면 버리고 홀수이면 올린다. 다만, 1필지의 면적이 0.1제곱미터 미만일 때에는 0.1제곱미터로 한다.

▼ 면적의 단위와 끝수처리

축척	경계점좌표등록부 시행지역, 1/600	그 이외의 지역
등록단위	0.1㎡	1㎡
최소등록단위	0.1㎡	1㎡
끝수처리	반올림하되 등록하고자 하는 자릿수의 다음 수가 5인 경우에 한하여 5사5입(五捨五入)법을 적용한다.	

③ 측량계산의 끝수처리

대상	① 방위각의 각치(角値) ② 종횡선의 수치 ③ 거리 계산
끝수처리 방법	구하려는 끝자리의 다음 숫자가 ① 5 미만일 때 : 버린다. ② 5를 초과할 때 : 올린다. ③ 5일 때 : 구하려는 끝자리의 숫자가 0 또는 짝수이면 버리고 홀수이면 올린다.
예외규정	전자계산조직을 이용하여 연산할 때에는 최종수치에만 끝수처리 방법을 적용한다.

▼ 면적의 끝수처리(예)

경계점좌표등록부 시행지역, 1/600		기타 축척	
산출면적(m²)	결정면적(m²)	산출면적(m²)	결정면적(m²)
123.44	123.4	123.4	123
123.46	123.5	123.6	124
123.45	123.4	123.5	124
123.55	123.6	124.5	124
123.451	123.5	124.51	125

예제 28

측량계산의 끝수처리에 대하여 (가)~(라)에 각각 들어갈 내용으로 옳은 것은?(단, 지적도의 축척이 600분의 1인 지역과 경계점좌표등록부에 등록하는 지역의 토지는 제외한다.)

(16년서울시9)

토지의 면적에 1제곱미터 미만의 끝수가 있는 경우 0.5제곱미터 (가)일 때에는 버리고 0.5제곱미터(를) (나)일(하는) 때에는 올리며, 0.5제곱미터일 때에는 구하려는 끝자리의 숫자가 0 또는 짝수이면 (다) 홀수이면 (라). 다만, 1필지의 면적이 1제곱미터 미만일 때에는 1제곱미터로 한다.

	(가)	(나)	(다)	(라)
①	이하	이상	올리고	버린다
②	미만	초과	올리고	버린다
③	이하	이상	버리고	올린다
④	미만	초과	버리고	올린다

정답 ④

예제 29

면적의 결정 및 측량계산의 끝수처리에 대한 설명으로 옳지 않은 것은? (16년서울시7)

① 토지의 면적에 1제곱미터 미만의 끝수가 있는 경우 0.5제곱미터 미만일 때에는 버리고 0.5제곱미터를 초과하는 때에는 올린다.

② 토지의 면적의 끝수가 0.5제곱미터일 때에는 구하려는 끝자리의 숫자가 0 또는 짝수이면 버리고 홀수이면 올린다.

③ 지적도의 축척이 600분의 1인 지역과 경제점좌표등록부에 등록하는 지역의 토지 면적에서 끝수가 0.5제곱미터 미만일 때에는 버리고 0.5제곱미터를 초과할 때에는 올린다.

④ 방위각의 각치(角値), 종횡선의 수치 또는 거리를 계산하는 경우 구하려는 끝자리의 다음 숫자가 5 미만일 때에는 버리고 5를 초과할 때에는 올린다.

정답 ③

4 면적측정방법(지적측량 시행규칙 제20조)

1) 좌표면적계산법

① 경위의측량방법으로 세부측량을 한 지역의 필지별 면적측정은 경계점 좌표에 따를 것. 면적은 좌표에 의하여 수학적 계산에 의하여 산출한다.

② 산출면적은 1천분의 1제곱미터까지 계산하여 10분의 1제곱미터 단위로 정할 것

2) 전자면적측정기

① 측판측량방법으로 세부측량을 실시하여 필지의 경계를 지적도 또는 임야도의 등록하는 지역에 사용되며, 면적은 전자식 면적측정기에 의하여 산출한다.

② 도상에서 2회 측정하여 그 교차가 다음 계산식에 따른 허용면적 이하일 때에는 그 평균치를 측정면적으로 할 것

$$A = 0.023^2 M \sqrt{F}$$

여기서, A : 허용면적
M : 축척분모
F : 2회 측정한 면적의 합계를 2로 나눈 수

③ 측정면적은 1천분의 1제곱미터까지 계산하여 10분의 1제곱미터 단위로 정할 것

※ 지적법시행령 개정(2002.1.26.)에 따라 삼사법과 플래니미터법에 의한 면적측정방법이 제외되었다.

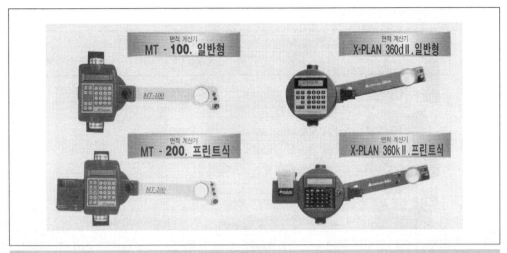

전자면적기

면적측정방법

종전의 지적법에 의한 필지별 면적측정방법은 좌표면적계산법·삼사법·플래니미터법 또는 전자면적 측정기 등에 의하도록 규정되었으나, 지적법 시행규칙 전문개정(행정자치부령 제162호, 2002.2.26.)으로 인하여 좌표면적계산법과 전자면적측정기에 의하도록 하였으며, 현행 공간정보의 구축 및 관리 등에 관한 법률에서도 좌표면적계산법과 전자면적측정기에 의하도록 하고 있다.

3) 면적보정

면적을 측정하는 경우 도곽선의 길이에 0.5밀리미터 이상의 신축이 있을 때에는 이를 보정하여야 한다. 이 경우 도곽선의 신축량 및 보정계수의 계산은 다음 계산식에 따른다.

① 도곽선의 신축량계산

$$S = \frac{\Delta X_1 + \Delta X_2 + \Delta Y_1 + \Delta Y_2}{4}$$

여기서, S : 신축량

ΔX_1 : 왼쪽 종선의 신축된 차

ΔX_2 : 오른쪽 종선의 신축된 차

ΔY_1 : 위쪽 횡선의 신축된 차

ΔY_2 : 아래쪽 횡선의 신축된 차

이 경우

$$신축된\ 차(밀리미터) = \frac{1,000(L - L_0)}{M}$$

여기서, L : 신축된 도곽선지상길이, L_0 : 도곽선지상길이, M : 축척분모

② 도곽선의 보정계수계산

$$Z = \frac{X \cdot Y}{\Delta X \cdot \Delta Y}$$

여기서, Z : 보정계수

X : 도곽선종선길이

Y : 도곽선횡선길이

ΔX : 신축된 도곽선종선길이의 합/2

ΔY : 신축된 도곽선횡선길이의 합/2

③ 차인

면적이 5천 제곱미터 이상인 필지를 분할하는 경우 분할 후의 면적이 분할 전 면적의 80퍼센트 이상이 되는 필지의 면적을 측정할 때에는 분할 전 면적의 20퍼센트 미만이 되는 필지의 면적을 먼저 측정한 후, 분할 전 면적에서 그 측정된 면적을 빼는 방법으로 할 수 있다. 다만, 동일한 측량결과도에서 측정할 수 있는 경우와 좌표면적계산법에 따라 면적을 측정하는 경우에는 그러하지 아니하다.

5 면적의 단위

면적의 단위는 제곱미터(m^2)이다. 면적의 단위는 토지조사사업 당시에는 토지대장 등록지에는 평(坪), 임야대장 등록지는 정, 단, 무, 보를 사용하였다. 그러나 1975년 12월 31일 지적법 전면개정시 제곱미터(m^2) 사용하도록 규정하였으며 현재에 이르고 있다.

▼ 면적의 단위

구분	1910~1975.12.30	1975.12.31~현재
토지대장	평(坪)	제곱미터(m^2)
임야대장	정, 단, 무(묘), 보	

※ 1정은 3,000평, 1단은 300평, 1무는 30평, 1보는 1평

6 면적환산

평 또는 보 → 제곱미터(m^2)	평(坪)또는 보(步)$\times \dfrac{400}{121} =$ 제곱미터(m^2)
제곱미터(m^2) → 평	제곱미터(m^2)$\times \dfrac{121}{400} =$ 평(坪)또는 보(步)
면적환산의 근거(평 → m^2)	지적법시행규칙(1976년 5월 7일, 내무부령 제208호) 부칙 제3항에 "영 부칙 제4조의 규정에 의하여 면적단위를 환산 등록하는 경우의 환산기준은 다음에 의한다"라고 규정되어 있다.

이 공식의 산출근거는 다음과 같다.

- 1m＝0.55간
- 2m＝1.1간
- 20m＝11간

(∵ 수를 배가시켜 정수를 산출한 것은 계산의 편익을 위함)

$400 : m^2 = 121 : 평$

$m^2 = \dfrac{400}{121} \times 평(坪)$

$평(坪) = \dfrac{121}{400} \times m^2$

면적단위

기본단위 : 1평(坪)＝6척×6척＝1간×1간

- 1홉＝1/10평
- 1보＝1평＝10홉
- 1무＝30평
- 1단＝300평＝10무
- 1정＝3,000평＝10단

---

7 토지이동에 따른 면적결정

1) 토지의 이동에 따른 면적 등의 결정방법(법률 제26조)

① 합병에 따른 경계·좌표 또는 면적은 따로 지적측량을 하지 아니하고 다음 각 호의 구분에 따라 결정한다.

> 1. 합병 후 필지의 경계 또는 좌표 : 합병 전 각 필지의 경계 또는 좌표 중 합병으로 필요 없게 된 부분을 말소하여 결정
> 2. 합병 후 필지의 면적 : 합병 전 각 필지의 면적을 합산하여 결정

② 등록전환이나 분할에 따른 면적을 정할 때 오차가 발생하는 경우 그 오차의 허용 범위 및 처리방법 등에 필요한 사항은 대통령령으로 정한다.

2) 등록전환이나 분할에 따른 면적 오차의 허용범위 및 배분 등(시행령 제19조)

법 제26조제2항에 따른 등록전환이나 분할을 위하여 면적을 정할 때에 발생하는 오차의 허용범위 및 처리방법은 다음과 같다.

(1) 등록전환을 하는 경우

가. 임야대장의 면적과 등록전환될 면적의 오차 허용범위는 다음의 계산식에 따른다. 이 경우 오차의 허용범위를 계산할 때 축척이 3천분의 1인 지역의 축척분모는 6천으로 한다.

$$A = 0.026^2 M \sqrt{F}$$

(여기서, A는 오차 허용면적, M은 임야도 축척분모, F는 등록전환될 면적)

나. 임야대장의 면적과 등록전환될 면적의 차이가 가목의 계산식에 따른 허용범위 이내인 경우에는 등록전환될 면적을 등록전환 면적으로 결정하고, 허용범위를 초과하는 경우에는 임야대장의 면적 또는 임야도의 경계를 지적소관청이 직권으로 정정하여야 한다.

(2) 토지를 분할하는 경우

가. 분할 후의 각 필지의 면적의 합계와 분할 전 면적과의 오차의 허용범위는 제1호가목의 계산식에 따른다. 이 경우 A는 오차 허용면적, M은 축척분모, F는 원면적으로 하되, 축척이 3천분의 1인 지역의 축척분모는 6천으로 한다.

나. 분할 전후 면적의 차이가 가목의 계산식에 따른 허용범위 이내인 경우에는 그 오차를 분할 후의 각 필지의 면적에 따라 나누고, 허용범위를 초과하는 경우에는 지적공부(地籍公簿) 상의 면적 또는 경계를 정정하여야 한다.

다. 분할 전후 면적의 차이를 배분한 산출면적은 다음의 계산식에 따라 필요한 자리까지 계산하고, 결정면적은 원면적과 일치하도록 산출면적의 구하려는 끝자리의 다음 숫자가 큰 것부터 순차로 올려서 정하되, 구하려는 끝자리의 다음 숫자가 서로 같을 때에는 산출면적이 큰 것을 올려서 정한다.

$$r = \frac{F}{A} \times a$$

(여기서, r은 각 필지의 산출면적, F는 원면적, A는 측정면적 합계 또는 보정면적 합계, a는 각 필지의 측정면적 또는 보정면적)

(3) 경계점좌표등록부가 있는 지역의 면적 결정

경계점좌표등록부가 있는 지역의 토지분할을 위하여 면적을 정할 때에는 제1항제2호나목에도 불구하고 다음 각 호의 기준에 따른다.

1. 분할 후 각 필지의 면적합계가 분할 전 면적보다 많은 경우에는 구하려는 끝자리의 다음 숫자가 작은 것부터 순차적으로 버려서 정하되, 분할 전 면적에 증감이 없도록 할 것
2. 분할 후 각 필지의 면적합계가 분할 전 면적보다 적은 경우에는 구하려는 끝자리의 다음 숫자가 큰 것부터 순차적으로 올려서 정하되, 분할 전 면적에 증감이 없도록 할 것

「공간정보의 구축 및 관리 등에 관한 법률 시행령」상 경계점좌표등록부가 있는 지역의 토지분할을 위한 면적을 결정할 때, 분할 후 각 필지의 면적합계가 분할 전 면적보다 많은 경우에 대한 설명으로 가장 옳은 것은? (22년2월서울시9)

① 구하려는 끝자리 숫자가 큰 것부터 순차적으로 버려서 정하되, 분할 전 면적에 증감이 없도록 한다.

② 구하려는 끝자리 숫자가 작은 것부터 순차적으로 버려서 정하되, 분할 전 면적에 증감이 없도록 한다.

③ 구하려는 끝자리 다음 숫자가 큰 것부터 순차적으로 버려서 정하되, 분할 전 면적에 증감이 없도록 한다.

④ 구하려는 끝자리 다음 숫자가 작은 것부터 순차적으로 버려서 정하되, 분할 전 면적에 증감이 없도록 한다.

정답 ④

(4) 축척변경 절차 및 면적 결정방법 등(시행규칙 제87조)

① 영 제72조제3항에 따라 면적을 새로 정하는 때에는 축척변경 측량결과도에 따라야 한다.

② 축척변경 측량 결과도에 따라 면적을 측정한 결과 축척변경 전의 면적과 축척변경 후의 면적의 오차가 영 제19조제1항제2호 가목의 계산식에 따른 허용범위 이내인 경우에는 축척변경 전의 면적을 결정면적으로 하고, 허용면적을 초과하는 경우에는 축척변경 후의 면적을 결정면적으로 한다.

$$A = 0.026^2 M \sqrt{F}$$

(여기서, A는 오차 허용면적, M은 축척이 변경될 지적도의 축척분모, F는 축척변경 전의 면적)

③ 경계점좌표등록부를 갖춰 두지 아니하는 지역을 경계점좌표등록부를 갖춰 두는 지역으로 축척변경을 하는 경우에는 그 필지의 경계점을 평판(平板) 측량방법이나 전자평판(電子平板) 측량방법으로 지상에 복원시킨 후 경위의(經緯儀) 측량방법 등으로 경계점좌표를 구하여야 한다. 이 경우 면적은 제2항에도 불구하고 경계점좌표에 따라 결정하여야 한다.

예제 31

토지의 이동(합병, 분할)에 따른 경계 · 좌표 또는 면적의 결정 방법에 대한 설명으로 옳지 않은 것은?

(15년서울시7)

① 합병에 따른 경계는 따로 지적측량을 하지 아니하고 합병 전 각 필지의 경계 중에서 합병으로 필요 없게 된 부분을 말소하여 결정한다.

② 합병에 따른 면적은 따로 지적측량을 하지 아니하고 합병 전 각 필지의 면적을 합산하여 결정한다.

③ 합병에 따른 좌표는 따로 지적측량을 하지 아니하고 합병 전 각 필지의 좌표 중에서 합병으로 필요 없게 된 부분을 말소하여 결정한다.

④ 분할에 따른 면적을 정할 때 분할 전후 면적의 차이가 허용범위 이내인 경우에는 지적공부상의 면적 또는 경계를 정정하여야 한다.

정답 ④

(5) 지적공부의 복구절차 등(시행규칙 제73조)

① 지적소관청은 법 제74조 및 영 제61조제1항에 따라 지적공부를 복구하려는 경우에는 제72조 각 호의 복구자료를 조사하여야 한다.

② 지적소관청은 제1항에 따라 조사된 복구자료 중 토지대장 · 임야대장 및 공유지연명부의 등록 내용을 증명하는 서류 등에 따라 별지 제70호서식의 지적복구자료 조사서를 작성하고, 지적도면의 등록 내용을 증명하는 서류 등에 따라 복구자료도를 작성하여야 한다.

③ 제2항에 따라 작성된 복구자료도에 따라 측정한 면적과 지적복구자료 조사서의 조사된 면적의 증감이 영 제19조제1항제2호 가목의 계산식에 따른 허용범위를 초과하거나 복구자료도를 작성할 복구자료가 없는 경우에는 복구측량을 하여야 한다.

$$A = 0.026^2 M \sqrt{F}$$
(여기서, A는 오차허용면적, M은 축척분모, F는 조사된 면적)

④ 제2항에 따라 작성된 지적복구자료 조사서의 조사된 면적이 영 제19조제1항제2호 가목의 계산식에 따른 허용범위 이내인 경우에는 그 면적을 복구면적으로 결정하여야 한다.

⑤ 제3항에 따라 복구측량을 한 결과가 복구자료와 부합하지 아니하는 때에는 토지소유자 및 이해관계인의 동의를 받아 경계 또는 면적 등을 조정할 수 있다. 이 경우 경계를 조정한 때에는 제60조제2항에 따른 경계점표지를 설치하여야 한다.

⑥ 지적소관청은 제1항부터 제5항까지의 규정에 따른 복구자료의 조사 또는 복구측량 등이 완료되어 지적공부를 복구하려는 경우에는 복구하려는 토지의 표시 등을 시 · 군 · 구 게시판 및 인터넷 홈페이지에 15일 이상 게시하여야 한다.

⑦ 복구하려는 토지의 표시 등에 이의가 있는 자는 제6항의 게시기간 내에 지적소관청에 이의신청을 할 수 있다. 이 경우 이의신청을 받은 지적소관청은 이의사유를 검토하여 이유 있다고 인정되는 때에는 그 시정에 필요한 조치를 하여야 한다.

⑧ 지적소관청은 제6항 및 제7항에 따른 절차를 이행한 때에는 지적복구자료 조사서, 복구자료도 또는 복구측량 결과도 등에 따라 토지대장·임야대장·공유지연명부 또는 지적도면을 복구하여야 한다.

⑨ 토지대장·임야대장 또는 공유지연명부는 복구되고 지적도면이 복구되지 아니한 토지가 법 제83조에 따른 축척변경 시행지역이나 법 제86조에 따른 도시개발사업 등의 시행지역에 편입된 때에는 지적도면을 복구하지 아니할 수 있다.

▼ 복구절차(시행규칙 제73조)

복구관련자료 조사	지적소관청은 지적공부를 복구하려는 경우에는 복구 자료를 조사하여야 한다.
지적복구자료 조사서 및 복구자료도 작성	지적소관청은 조사된 복구자료 중 토지대장·임야대장 및 공유지연명부의 등록 내용을 증명하는 서류 등에 따라 지적복구자료 조사서를 작성하고, 지적도면의 등록 내용을 증명하는 서류 등에 따라 복구자료도를 작성하여야 한다.
복구측량	작성된 복구자료도에 따라 측정한 면적과 지적복구자료 조사서의 조사된 면적의 증감이 $A=0.026^2 M\sqrt{F}$ 에 따른 허용범위를 초과하거나 복구자료도를 작성할 복구자료가 없는 경우에는 복구측량을 하여야 한다.(이 경우 A는 오차허용면적, M은 축척분모, F는 조사된 면적을 말한다)
복구면적 결정	지적복구자료 조사서의 조사된 면적이 $0.026^2 M\sqrt{F}$ 에 따른 허용범위 이내인 경우에는 그 면적을 복구면적으로 결정하여야 한다.
경계·면적의 조정	복구측량을 한 결과가 복구자료와 부합하지 아니하는 때에는 토지소유자 및 이해관계인의 동의를 받아 경계 또는 면적 등을 조정할 수 있다. 이 경우 경계를 조정한 때에는 경계점표지를 설치하여야 한다.
토지표시의 게시	지적소관청은 복구자료의 조사 또는 복구측량 등이 완료되어 지적공부를 복구하려는 경우에는 복구하려는 토지의 표시 등을 시·군·구 게시판 및 인터넷 홈페이지에 15일 이상 게시하여야 한다.
이의신청	복구하려는 토지의 표시 등에 이의가 있는 자는 위(토지표시의 게시)의 게시기간 내에 지적소관청에 이의신청을 할 수 있다. 이 경우 이의신청을 받은 지적소관청은 이의사유를 검토하여 이유 있다고 인정되는 때에는 그 시정에 필요한 조치를 하여야 한다.
대장과 도면의 복구	① 지적소관청은 토지표시의 게시 및 이의신청에 따른 절차를 이행한 때에는 지적복구자료 조사서, 복구자료도 또는 복구측량 결과도 등에 따라 토지대장·임야대장·공유지연명부 또는 지적도면을 복구하여야 한다. ② 토지대장·임야대장 또는 공유지연명부는 복구되고 지적도면이 복구되지 아니한 토지가 축척변경 시행지역이나 도시개발사업 등의 시행지역에 편입된 때에는 지적도면을 복구하지 아니할 수 있다.

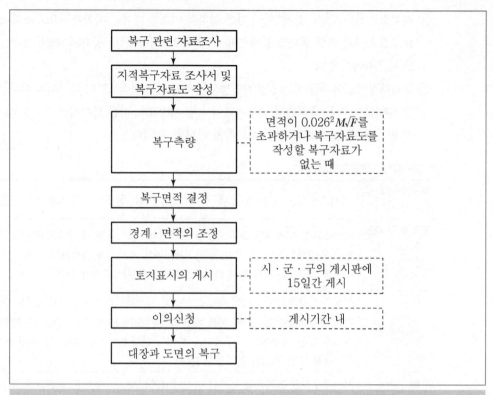

지적 복구 업무처리 절차

1 개요

경계란 필지별로 경계점 간을 직선으로 연결하여 지적공부에 등록한 선을 말하며, 경계점 및 좌표는 지적측량에 의하여 결정한다. 다만 합병을 위한 경계점 및 좌표는 그러하지 아니한다.

지적공부에 등록된 토지의 경계확정방법(2000.5.26. 대법원 판결)

지적법에 의하여 어떤 토지가 지적공부에 1필지의 토지로 등록되면 그 토지의 경계는 다른 특별한 사정이 없는 한 이 등록으로서 특정되고, 지적공부를 작성함에 있어 기점을 잘못 선택하는 등의 기술적인 착오로 말미암아 지적공부상의 경계가 진실한 경계선과 다르게 잘못 작성되었다는 등의 특별한 사정이 있는 경우에는 그 토지의 경계는 지적공부에 의하지 않고 실제의 경계에 의하여 확정하여야 한다.

예제 32

지적도를 작성함에 있어 기점을 잘못 선택하는 등 기술적인 착오로 인해 지적도상의 경계가 진실한 경계선과 다르게 잘못 작성된 경우, 판례상 토지경계의 확정 방법으로 옳은 것은?

(15년서울시7)

① 지적도상의 경계에 의해 확정한다.　② 지적공부를 참조하여 경계를 확정한다.
③ 실제의 경계에 의해 확정한다.　④ 확정판결을 거쳐 경계를 확정한다.

정답 ③

2 경계의 표현

도해지적	지적도 또는 임야도에 필지를 구획하는 선의 굴곡점을 직선으로 연결하여 지적공부에 등록된 선을 의미한다.
수치지적	경계점좌표등록부에 등록된 평면직각종횡선수치의 교차점을 연결하여 지적공부에 등록된 경계점의 연결을 의미한다.

3 경계의 기능

① 토지에 대한 소유권이 미치는 범위를 나타낸다.
② 면적측정의 기준이 된다.
③ 경계복원측량의 기준이 된다.
④ 지적공부에 등록되는 토지의 경계는 인위적으로 구획된다.
⑤ 토지표시사항에 대한 공시 내용 중 공시효력이 가장 크게 나타난다.

4 경계결정 원칙

경계의 결정 시에는 다음 원칙을 적용한다.

▼ 경계결정 원칙

구분	내용
경계국정주의 원칙	지적공부에 등록하는 경계는 국가가 조사·측량하여 결정한다는 원칙
경계불가분의 원칙	경계는 유일무이한 것으로 이를 분리할 수 없다는 원칙
등록선후의 원칙	동일한 경계가 축척이 서로 다른 도면에 각각 등록되어 있는 경우로서 경계가 상호 일치하지 않는 경우에는 경계에 잘못이 있는 경우를 제외하고 등록시기가 빠른 토지의 경계를 따른다는 원칙
축척종대의 원칙	동일한 경계가 축척이 서로 다른 도면에 각각 등록되어 있는 경우로서 경계가 상호 일치하지 않는 경우에는 경계에 잘못이 있는 경우를 제외하고 축척이 큰 것에 등록된 경계를 따른다는 원칙
경계직선주의	지적공부에 등록하는 경계는 직선으로 한다는 원칙

5 경계의 분류

1) 법률적 효력에 따른 경계

지적법상 경계	① 지적도나 임야도 위에 지적측량에 의하여 지번별로 확정하여 등록한 선 또는 경계점좌표등록부에 등록된 좌표의 연결 ② 도상경계이며 합병을 제외하고는 반드시 지적측량에 의해 경계가 결정된다. ③ 지적공부에 등록된 경계를 의미하는 것으로 지적도·임야도 또는 경계점좌표등록부상에 등록된 경계점의 연결을 말한다.(공간정보의 구축 및 관리 등에 관한 법 제2조)
민법상의 경계	① 토지에 대한 소유권이 미치는 범위를 경계로 본다. ② 민법 제237조는 "인접토지소유자는 공동비용으로 경계표나 담을 설치"(1항)하고, "비용은 쌍방이 절반하여 부담하고 측량비용은 면적에 비례하여 부담한다"고 규정하고 있다. ③ 실제 설치되어 있는 울타리, 담장, 둑, 구거 등의 현지경계로서 지상경계를 인정함
형법상의 경계	형법상 경계라 함은 소유권 등 권리의 장소적 한계를 드러내는 지표를 말하므로 비록 지적공부상의 경계선과 부합하지 않더라고 그것이 종전부터 일반적으로 승인되어 왔다거나 이해관계인들의 명시적·묵시적 합의에 의하여 정해진 것이라면 일필지 상호 간의 계표에 해당하고 이 계표에 형법상 법률관계가 존재하므로 이를 인식불능의 상태로까지 훼손할 경우는 형법의 경계표훼손죄가 성립한다.(형법 제366조 및 제370조)

예제 33

「공간정보의 구축 및 관리 등에 관한 법률」상 경계에 대한 개념으로 옳은 것은?

(15년서울시9)

① 도상경계선을 의미한다.   ② 지상경계선을 의미한다.

③ 점유경계선을 의미한다.   ④ 현실경계선을 의미한다.

정답 ①

2) 경계의 특성에 따른 분류

일반경계	① 1875년 영국의 토지등록제도에서 규정됨 ② 토지의 경계가 도로, 하천, 해안선, 담, 울타리, 도랑 등의 자연적인 지형지물로 이루어진 경우이다. ③ 지가가 저렴한 농촌지역 등에서 토지등록방법으로 이용된다.
고정경계	① 특별히 정밀지적측량에 의하여 결정된 경계이다. ② 법률적 효력은 일반경계와 유사하나 그 정확도가 높다. ③ 경계선에 대한 정부의 보증이 인정되지는 않는다.
보증경계	토지측량사에 의하여 정밀지적측량이 시행되고 토지소관청의 사정이 완료되어 확정된 경계를 말한다.

3) 물리적 경계에 따른 분류

자연적 경계	① 토지의 경계가 산등선, 계곡, 하천, 호수, 해안, 구거 등의 자연적 지형지물로 이루어진다. ② 지상에서 지형, 지물 등에 의하여 경계로 인식될 수 있는 경계이다. ③ 지상경계이며 관습법상 인정되는 경계이다.
인공적 경계	① 토지의 경계가 담장, 울타리, 철조망, 운하, 철도선로, 경계석, 경계표지 등을 이용하여 인위적으로 설정된다. ② 지상경계이며 사람에 의하여 설정된 경계이다.

4) 일반적 분류

지상경계	도상경계를 지표상에 복원하여 표시한 경계
도상경계	지적도나 임야도의 도면상에 표시된 경계이며 "공부상 경계"라고도 함
법정경계	지적법상 도상경계와 법원이 인정하는 경계확정의 판결에 의한 경계
사실경계	사실상 · 현실상의 경계이며, 인접한 필지의 소유자 간에 존재하는 경계

6 경계설정 기준 등

1) 지상경계의 위치표시

토지의 지상 경계는 둑, 담장이나 그 밖에 구획의 목표가 될 만한 구조물 및 경계점표지 등으로 표시한다.

2) 지상경계점 등록부(법률 제65조) 암기 토지경계공계점

① 토지의 지상경계는 둑, 담장이나 그 밖에 구획의 목표가 될 만한 구조물 및 경계점표지 등으로 구분한다.

② 지적소관청은 토지의 이동에 따라 지상경계를 새로 정한 경우에는 다음 표의 사항을 등록한 지상경계점등록부를 작성 · 관리하여야 한다.

③ 지상경계의 결정 기준 등 지상경계의 결정에 필요한 사항은 대통령령으로 정하고, 경계점표지의 규격과 재질 등에 필요한 사항은 국토교통부령으로 정한다.

지상경계점 등록부 등록사항	지적소관청이 지상경계점을 등록하려는 때에는 지상경계점 등록부에 다음의 사항을 등록하여야 한다. ① [토]지의 소재 ② [지]번 ③ [경]계점 좌표(경계점좌표등록부 시행지역에 한정한다) ④ 경[계]점 위치 설명도 ⑤ [공]부상 지목과 실제 토지이용 지목 ⑥ 경[계]점의 사진 파일 ⑦ 경계[점]표지의 종류 및 경계점 위치
경계점표지의 규격과 재질 (시행규칙 제60조)	① 목제는 비포장지역에 설치한다. ② 철못1호는 아스팔트 포장지역에 설치한다. ③ 철못2호는 콘크리트 포장지역에 설치한다. ④ 철못3호는 콘크리트 구조물 · 담장 · 벽에 설치한다. ⑤ 표석은 소유자의 요구가 있는 경우 설치한다.

예제 34

지적소관청은 토지의 이동에 따라 지상경계를 새로 정한 경우에는 지상경계점등록부를 작성 · 관리해야 한다. 다음 중 지상경계점등록부에 작성해야 하는 사항이 아닌 것은?

(15년서울시9)

① 경계점의 사진 파일　② 경계점 위치 설명도
③ 공부상 지목과 실제 토지이용 지목　④ 토지의 소유자

[정답] ④

예제 35

지상경계점등록부를 작성하는 경우에 등록하는 사항이 아닌 것은? (15년서울시7)

① 지적공부상 면적과 실제 토지이용 면적
② 경계점좌표등록부 시행지역의 경계점 좌표
③ 경계점의 사진 파일 및 경계점 위치 설명도
④ 토지의 소재 및 경계점 표지의 종류

[정답] ①

예제 36

「공간정보의 구축 및 관리 등에 관한 법률 시행규칙」상 경계점표지의 규격과 재질 등 설치에 대한 설명으로 가장 옳지 않은 것은? (21년서울시)

① 목제는 비포장지역에 설치한다.
② 철못1호는 아스팔트 포장지역에 설치한다.
③ 철못3호는 콘크리트 포장지역에 설치한다.
④ 표석은 소유자의 요구가 있는 경우 설치한다.

[정답] ③

■ 공간정보의 구축 및 관리 등에 관한 법률 시행규칙 [별표 6] 〈개정 2014.1.17.〉

경계점표지의 규격과 재질(제60조제2항 관련)

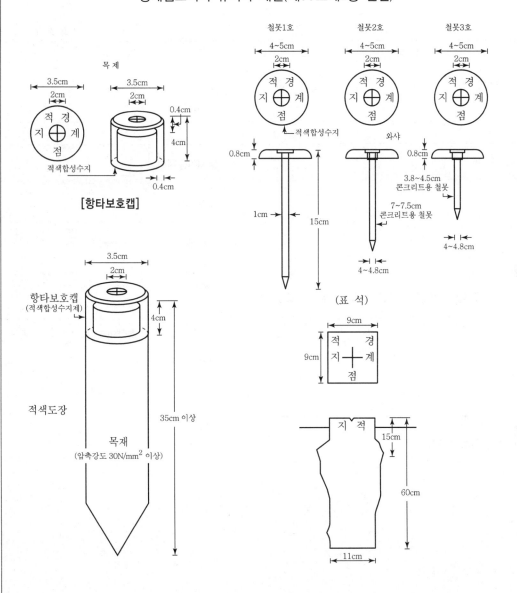

비고

1. 목제는 비포장지역에 설치한다.
2. 철못1호는 아스팔트 포장지역에 설치한다.
3. 철못2호는 콘크리트 포장지역에 설치한다.
4. 철못3호는 콘크리트 구조물·담장·벽에 설치한다.
5. 표석은 소유자의 요구가 있는 경우 설치한다.

지상경계점등록부

(3쪽 중 제1쪽)

토지의 소재	시 · 도	시 · 군 · 구	읍 · 면	동 · 리	
	지번	공부상 지목	실제 토지 이용 지목	면적(m²)	

위치도	토지이용계획	
	개별공시지가	
	측 량 자	년 월 일
(토지의 위치를 나타낼 수 있는 개략적 도면)	검 사 자	년 월 일
	입 회 인	측량의뢰인 :
		이해관계인 :

경계점 위치 설명도

210mm×297mm[백상지(150g/m²)]

경계점좌표(경계점좌표 등록부 시행지역만 해당함)

부호	좌표		부호	좌표	
	X	Y		X	Y
1		m		m		m		m
2					

경계점 위치 사진

번호		표지의 종류		번호		표지의 종류	
		위치				위치	

번호		표지의 종류		번호		표지의 종류	
		위치				위치	

3) 지상경계의 결정

① 지상경계를 새로 결정하려는 경우

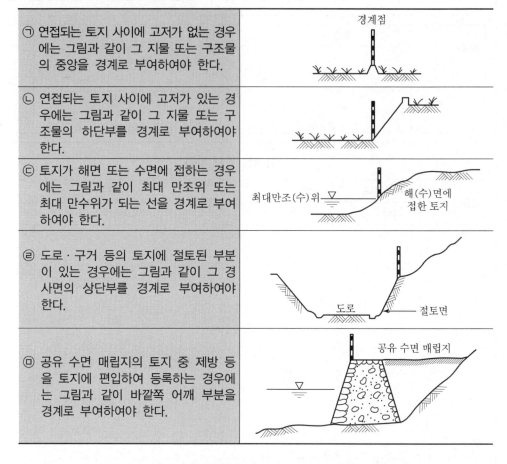

⊙ 연접되는 토지 사이에 고저가 없는 경우에는 그림과 같이 그 지물 또는 구조물의 중앙을 경계로 부여하여야 한다.	경계점
ⓒ 연접되는 토지 사이에 고저가 있는 경우에는 그림과 같이 그 지물 또는 구조물의 하단부를 경계로 부여하여야 한다.	
ⓒ 토지가 해면 또는 수면에 접하는 경우에는 그림과 같이 최대 만조위 또는 최대 만수위가 되는 선을 경계로 부여하여야 한다.	최대만조(수)위 / 해(수)면에 접한 토지
② 도로·구거 등의 토지에 절토된 부분이 있는 경우에는 그림과 같이 그 경사면의 상단부를 경계로 부여하여야 한다.	도로 / 절토면
ⓜ 공유 수면 매립지의 토지 중 제방 등을 토지에 편입하여 등록하는 경우에는 그림과 같이 바깥쪽 어깨 부분을 경계로 부여하여야 한다.	공유 수면 매립지

예제 37

지상경계의 구분 및 결정기준에 대한 설명으로 가장 옳지 않은 것은? (16년서울시9)

① 지적확정측량의 경계는 공사가 완료된 현황대로 결정하되, 공사가 완료된 현황이 사업계획도와 다를 때에는 미리 사업 시행자에게 그 사실을 통지하여야 한다.

② 토지의 지상경계는 둑·담장이나 그 밖에 구획의 목표가 될 만한 구조물 및 경계점표지 등으로 구분한다.

③ 지적소관청은 토지의 이동에 따라 지상경계를 새로 정한 경우에는 토지의 소재, 지번, 경계점좌표(경계점좌표등록부 시행지역에 한함), 경계점위치 설명도 등을 등록한 지상경계점등록부를 작성·관리하여야 한다.

④ 지상경계의 구획을 형성하는 구조물 등의 소유자가 다른 경우에는 그 구조물 등의 중앙을 지상경계로 결정한다.

정답 ④

> 공간정보의 구축 및 관리 등에 관한 법령상 지상경계의 구분 등에 대한 설명으로 가장 옳지 않은 것은? (21년서울시7)
>
> ① 연접되는 토지 간에 높낮이 차이가 있는 경우 그 구조물 등의 상단부가 지상경계의 결정 기준이 된다.
> ② 지상경계의 구획을 형성하는 구조물 등의 소유자가 다른 경우에는 그 소유권에 따라 지상경계를 결정한다.
> ③ 지적확정측량의 경계는 공사가 완료된 현황대로 결정하되, 공사가 완료된 현황이 사업계획도와 다를 때에는 미리 사업시행자에게 그 사실을 통지하여야 한다.
> ④ 지적소관청은 토지의 이동에 따라 지상경계를 새로 정한 경우에는 지상경계점 등록부를 작성·관리하여야 한다.
>
> 정답 ①

② 지상경계의 구획을 형성하는 구조물 등의 소유자가 다른 경우

지상경계의 구획을 형성하는 구조물 등의 소유자가 다른 경우에는 ①의 ㉠부터 ㉢까지의 규정에도 불구하고 그 소유권에 따라 지상경계를 결정한다.

4) 지상경계점에 경계점표지를 설치한 후 측량할 수 있는 경우 등

지상경계점에 경계점표지를 설치한 후 측량할 수 있는 경우	① 도시개발사업 등의 사업시행자가 사업지구의 경계를 결정하기 위하여 토지를 분할하려는 경우 ② 공공사업 등에 따라 학교용지·도로·철도용지·제방·하천·구거·유지·수도용지 등의 지목으로 되는 토지의 경우에는 그 사업시행자, 국가 또는 지방자치단체가 취득하는 토지의 경우에는 그 토지를 관리하는 국가기관 또는 지방자치단체의 장이 토지를 취득하기 위하여 분할하려는 경우 ③ 국토의 계획 및 이용에 관한 법률에 따른 도시관리계획 결정고시와 지형도면 고시가 된 지역의 도시관리계획선에 따라 토지를 분할하려는 경우 ④ 소유권이전, 매매 등을 위하여 필요한 경우와 토지이용상 불합리한 지상경계를 시정하기 위한 경우에 분할하려는 경우 ⑤ 관계법령에 따라 인가·허가 등을 받아 토지를 분할하려는 경우
분할에 따른 지상경계의 결정	분할에 따른 지상경계는 지상건축물을 걸리게 결정해서는 아니 된다.
지상경계가 지상건축물에 걸려도 분할 할 수 있는 경우	① 법원의 확정판결이 있는 경우 ② 공공사업 등에 따라 학교용지·도로·철도용지·제방·하천·구거·유지·수도용지 등의 지목으로 되는 토지를 분할하는 경우 ③ 도시개발사업 등의 사업시행자가 사업지구의 경계를 결정하기 위하여 토지를 분할하려는 경우 ④ 국토의 계획 및 이용에 관한 법률에 따른 도시관리계획 결정고시와 지형도면 고시가 된 지역의 도시관리계획선에 따라 토지를 분할하려는 경우

지적확정측량 시 경계결정	도시개발사업 등이 완료되어 실시하는 지적확정측량의 경계는 공사가 완료된 현황대로 결정하되, 공사가 완료된 현황이 사업계획도와 다를 때에는 미리 사업시행자에게 그 사실을 통지하여야 한다.
경계점 및 좌표의 결정	경계점 및 좌표는 지적측량에 의하여 결정한다. 다만, 합병을 위한 경계점 및 좌표는 그러하지 아니한다.
구조물 및 경계점표지의 경계결정	① 토지의 지상경계는 둑, 담장이나 그 밖에 구획의 목표가 될 만한 구조물 및 경계점표지 등으로 표시한다. ② 지적소관청은 토지의 이동에 따라 지상경계를 새로 정한 경우에는 다음 각 호의 사항을 등록한 지상경계점등록부를 작성·관리하여야 한다. 1. 토지의 소재 2. 지번 3. 경계점 좌표(경계점좌표등록부 시행지역에 한정한다) 4. 경계점 위치 설명도 5. 그 밖에 국토교통부령으로 정하는 사항 ③ 지상경계의 결정 기준 등 지상경계의 결정에 필요한 사항은 대통령령으로 정하고, 경계점표지의 규격과 재질 등에 필요한 사항은 국토교통부령으로 정한다.

예제 39

공간정보의 구축 및 관리 등에 관한 법령상 지상 경계의 결정 등에 대한 설명으로 가장 옳지 않은 것은?

(21년서울시)

① 토지의 지상 경계는 둑, 담장이나 그 밖의 구획의 목표가 될 만한 구조물 및 경계점표지 등으로 구분한다.

② 연접되는 토지 간에 높낮이 차이가 있는 경우, 그 구조물의 하단부를 지상 경계로 결정하지만, 지상 경계의 구획을 형성하는 구조물 등의 소유자가 다른 경우에는 그 소유권에 따라 지상 경계를 결정한다.

③ 「국토의 계획 및 이용에 관한 법률」 제30조 제6항에 따른 도시·군관리계획 결정고시가 된 지역의 도시·군관리계획선에 따라 토지를 분할하려는 경우 경계점표지를 설치하여 측량할 수 있다.

④ 공공사업 등에 따라 학교용지·도로·철도용지·수도용지 등의 지목으로 되는 토지를 분할하는 경우, 분할에 따른 지상 경계는 지상건축물을 걸리게 결정해서는 아니된다.

정답 ④

4장 지적공부

SECTION 01 지적공부의 개요

1 지적공부

1) 개요

지적공부란 토지에 대한 물리적 현황과 소유자 등을 조사 · 측량하여 결정한 성과를 최종적으로 등록하여 토지에 대한 물권이 미치는 한계와 그 내용을 공시하는 국가의 공적장부이다.

2) 지적공부의 종류

① 토지대장 · 임야대장   ② 공유지연명부 · 대지권등록부
③ 지적도 · 임야도   ④ 경계점좌표등록부
⑤ 지적파일

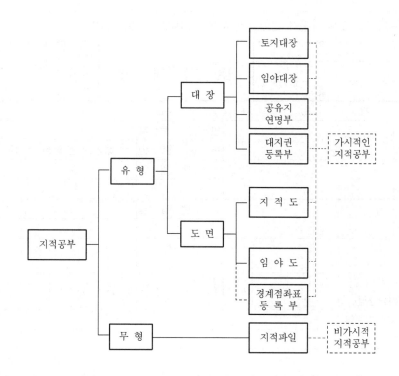

▼ 지적공부의 변천내용과 형식

구분	1910~1924	1925~1975	1976~1990	1991~2001	2002~현재
지적 공부의 변천	• 토지대장 • 임야대장 • 지적도 • 임야도	• 토지대장 • 임야대장 • 지적도 • 임야도	• 토지대장 • 임야대장 • 지적도 • 임야도 • 수치지적부	• 토지대장 • 임야대장 • 지적도 • 임야도 • 수치지적부 • 지적파일	• 토지대장 • 임야대장 • 공유지연명부 • 대지권등록부 • 지적도 • 임야도 • 경계점좌표등록부 • 지적파일
대장형식	부책식대장	부책식대장	카드식대장	카드식대장 전산파일	지적파일
도면형식	종이도면	종이도면	종이도면	전산파일	지적파일

SECTION 02 지적공부의 등록사항

1 토지 · 임야대장

토지조사사업과 임야조사사업의 결과에 의하여 토지 및 임야에 대한 소재, 지번, 지목, 면적, 소유자, 등록번호 등의 내용을 대장에 기록한 지적공부이다.

■ **공간정보의 구축 및 관리 등에 관한 법률 시행규칙 [별지 제63호서식]**

고유번호					도면번호				발급번호		
토지소재				**토 지 대 장**	장 번 호				처리시각		
지 번		축척			비 고				발 급 자		

토 지 표 시				소 유 자			
지 목	면 적(m²)	사 유	변 동 일 자 변 동 원 인	주 소 성명 또는 명칭	등 록 번 호

(표 본문)

지 목	면 적(m²)	사	유	변 동 일 자	주	소
				변 동 원 인	성명 또는 명칭	등 록 번 호
				년 월 일		
				년 월 일		

등 급 수 정 연 월 일											
토 지 등 급 (기준수확량등급)	( )	( )	( )	( )	( )	( )	( )	( )	( )	( )	( )	( )	( )	( )
개별공시지가 기준일						용도지역 등	
개별공시지가(원/m²)					

270mm×190mm[백상지(150g/m²)]

② 토지대장 등의 등록사항(법률 제71조)

토지대장과 임야대장에는 다음 각 호의 사항을 등록하여야 한다.

---

1. 토지의 소재
2. 지번
3. 지목
4. 면적
5. 소유자의 성명 또는 명칭, 주소 및 주민등록번호(국가, 지방자치단체, 법인, 법인 아닌 사단이나 재단 및 외국인의 경우에는 「부동산등기법」 제49조에 따라 부여된 등록번호를 말한다. 이하 같다)
6. 그 밖에 국토교통부령으로 정하는 사항

> **국토교통부령으로 정하는 사항**
> 1. 토지의 고유번호(각 필지를 서로 구별하기 위하여 필지마다 붙이는 고유한 번호를 말한다. 이하 같다)
> 2. 지적도 또는 임야도의 번호와 필지별 토지대장 또는 임야대장의 장번호 및 축척
> 3. 토지의 이동사유
> 4. 토지소유자가 변경된 날과 그 원인
> 5. 토지등급 또는 기준수확량등급과 그 설정 · 수정 연월일
> 6. 개별공시지가와 그 기준일
> 7. 그 밖에 국토교통부장관이 정하는 사항

---

1) 토지의 소재

지번부여지역인 법정 동 · 리 단위까지 기재한다.
예 서울특별시 종로구 청진동, 경기도 양평군 양평읍 양근리

2) 지번

지번은 본번 또는 본번과 부번으로 구성하고 아라비아 숫자로 표기한다. 임야대장의 지번은 지번 앞에 "산"자를 붙여 표기한다.
예 토지대장 등록지 : 1, 2, 3, 4, 5, ... 11, 12, 13, 14, 15
  임야대장 등록지 : 산1, 산2, 산3, 산4, 산5,......산11, 산12, 산13, 산14, 산15

3) 지목

지목의 코드번호와 지목의 정식명칭을 기재한다.

예 지목이 "전", "도로", "잡종지"인 경우

지 목		지 목		지 목
(01)		(11)		(28)
전		도로		잡종지

4) 면적

미터법에 의한 제곱미터(m²)를 단위로 등록하되, 지적도의 축척이 1/600인 지역과 경계점좌표등록부에 등록하는 지역의 토지는 0.1제곱미터(m²)를 단위로 등록한다.

예 경계점좌표등록부 등록지, 도면축척 1/600인 경우

				면	적			
							m²	
					☆	1	2	3	4

기타 도면축척인 경우

				면	적			
							m²	
					☆	1	2	3	☆

5) 소유자의 성명 또는 명칭, 주소 및 주민등록번호

등기부상의 소유자 및 주소·주민등록번호(국가·지방자치단체·법인·법인 아닌 사단이나 재단 및 외국인은 그 등록번호)를 등록한다.

※ 소유자가 2인 이상인 토지에 대하여 공유지연명부를 별도 작성한다.
※ 신규등록에 따른 최초의 소유자는 지적소관청이 조사하여 지적공부에 등록한 후 등기관서에 보존등기를 하여야 한다.

예 2010년 7월 7일 나지적이 소유권 이전한 경우의 정리(예)

소 유 자		
변 동 일 자	주 소	등 록 번 호
변 동 원 인		성명 또는 명칭
2010년 7월 7일	종로구	****** — *******
(03)소유권이전	청진동 100	나 지 적

6) 토지의 고유번호

각 필지를 서로 구별하기 위하여 필지마다 붙이는 고유한 번호를 말하는 것으로 토지소재 및 지번을 코드화한 번호를 나타내며 19자리로 구성한다. 대장의 구분은 "1", "2"로 표기하되 "1"은 토지대장, "2"는 임야대장을 의미한다. 또한 지적공부 중 대장이 전산화됨에 따라 폐쇄된 토지대장은 "8", 폐쇄된 임야대장은 "9"로 표기한다.

구분	시·도	시·군·구	읍·면·동	리	대장구분	본번	부번
자리수	2자리	3자리	3자리	2자리	1자리	4자리	4자리

예 서울특별시 도봉구 도봉동 30 → 1132010800 − 10030 − 0000

경기도 용인시 기흥구 하갈동 산3 → 4146310400 − 20003 − 0000

강원도 양양군 강현면 회룡리 100 → 4283035030 − 10100 − 0000

▼ 대장 구분

코드체계		*	⇐ 숫자 1자리		
코드		내용		코드	내용
1		토지대장		8	토지대장(폐쇄)
2		임야대장		9	임야대장(폐쇄)

7) 도면번호

당해 토지가 등록되어 있는 지적도 또는 임야도의 도호를 등록한다.

예 당해 토지가 등록된 도면번호가 10호인 경우

도면번호	10

8) 필지별 대장의 장번호

대장전체장수 − 전체중대장 순번을 순차적으로 아라비아 숫자로 등록한다.

예 당해 토지에 대한 대장이 모두 2장이고 각각 첫 번째 장인 경우와 두 번째 장인 경우

장번호	2 − 1

장번호	2 − 2

9) 축척

당해 토지가 등록된 지적도 · 임야도의 축척을 등록한다.

예 당해 토지가 등록된 도면의 축척이 1/600인 경우와 1/1,200인 경우

축척	1 : 600

축척	1 : 1,200

10) 토지의 이동사유

토지이동이 이루어질 경우 토지이동사유코드 및 이동연월일 및 그 사유를 등록한다.

▼ 토지이동 사유

코드체계	*	*	⇐ 숫자 2자리		

코드	내용	코드	내용
01	신규 등록	57	지적재조사 경계미확정 토지
02	신규 등록(매립준공)	58	지적재조사 경계확정 토지
10	산 ○○번에서 등록전환	60	구획정리 시행신고
11	○○번으로 등록전환되어 말소	61	구획정리 시행신고폐지
20	분할되어 본번에 ○○을 부함	62	구획정리완료
21	○○번에서 분할	63	구획정리 되어 폐쇄
22	분할개시 결정	65	경지정리 시행신고
23	분할개시 결정 취소	66	경지정리 시행신고폐지
30	○○번과 합병	67	경지정리 완료
31	○○번과 합병되어 말소	68	경지정리 되어 폐쇄
40	지목변경	70	축척변경 시행
41	지목변경(매립준공)	71	축척변경 시행폐지
42	해면성말소	72	축척변경 완료
43	○○에서 지번변경	73	축척변경 되어 폐쇄
44	면적정정	74	토지개발사업 시행신고
45	경계정정	75	토지개발사업 시행신고폐지
46	위치정정	76	토지개발사업 완료
47	지적복구	77	토지개발사업으로 폐쇄
48	해면성복구	80	등록사항 정정 ( ) 대상 토지
50	○○에서 행정구역명칭변경	81	등록사항 정정 ( )
51	○○에서 행정관할구역변경	82	도면등록사항정정 ( )
52	○○번에서 행정관할구역변경	83	공유지연명부 등록사항정정 ( )
53	지적재조사 지구지정	84	공유지(집합건물) 등록사항정정 ( )
54	지적재조사 지구지정폐지	85	경계점좌표등록부 등록사항정정 ( )
55	지적재조사 완료	90	등록사항 말소 ( )
56	지적재조사로 폐쇄	91	등록사항 회복 ( )

예제 01

다음 중 토지대장의 사유란에 기록되는 사항으로 옳은 것은? (15년서울시7)

① 지리정보구축 완료신고　　② 용도구역변경 시행폐지

③ 등록사항정정 대상토지　　④ 집합건물대지 사용승인

정답 ③

예 신규등록, 분할, 등록전환 토지이동사유 정리

가. 신규등록

사   유
(01) 1961년 9월 1일 신규등록

나. 분할

① 분할되는 토지(100)

사   유
(20) 2010년 7월 1일 분할되어 본번에 −1을 부함

② 100에서 분할되어 새로 생성되는 토지 (100 − 1)

사   유
(21) 2010년 7월 1일 100번에서 분할

다. 등록전환

① 등록전환되는 토지(임야대장 산10)

사   유
(11) 2011년 7월 1일 100번으로 등록전환되어 말소

② 등록전환되어 새로 토지대장에 등록되는 토지(토지대장 100)

사   유
(10) 2011년 7월 1일 산10번에서 등록전환

11) 토지소유자가 변동된 날과 그 원인

> **지적업무처리규정 제60조(소유자정리)**
> ① 대장의 소유자변동일자는 등기필통지서, 등기필증, 등기부 등본·초본 또는 등기관서에서 제공한 등기전산정보자료의 경우에는 등기접수일자로, 법 제84조제4항 단서의 미등기토지 소유자에 관한 정정신청의 경우와 법 제88조제2항에 따른 소유자등록신청의 경우에는 소유자정리 결의일자로, 공유수면 매립준공에 따른 신규 등록의 경우에는 매립준공일자로 정리한다.
> ② 주소·성명·명칭의 변경 또는 경정 및 소유권이전 등이 같은 날짜에 등기가 된 경우의 지적공부정리는 등기접수 순서에 따라 모두 정리하여야 한다.
> ③ 소유자의 주소가 토지소재지와 같은 경우에도 등기부와 일치하게 정리한다. 다만, 등기관서에서 제공한 등기전산정보자료에 따라 정리하는 경우에는 등기전산정보자료에 따른다.
> ④ 법 제88조제4항에 따라 지적소관청이 소유자에 관한 사항이 대장과 부합되지 아니하는 토지소유자를 정리할 때에는 제1항부터 제3항까지와 제65조제2항을 준용하며, 토지소유자 등 이해관계인이 등기부 등본·초본 등에 따라 소유자정정을 신청하는 경우에는 별지 제9호 서식의 소유자정정 신청서를 제출하여야 한다.

⑤ 국토교통부장관은 등기관서로부터 법인 또는 재외국민의 부동산등기용등록번호 정정통보가 있는 때에는 정정 전 등록번호에 따라 토지소재를 조사하여 시·도지사에게 그 내용을 통지하여야 한다. 이 경우 시·도지사는 지체 없이 그 내용을 해당 지적소관청에 통지하여야 한다.

⑥ 소유자등록사항 중 토지이동과 함께 소유자가 결정되는 신규 등록, 도시개발사업 등의 환지 등록시에는 토지이동업무 처리와 동시에 소유자를 정리하여야 한다.

예 2011년 9월 1일 매매에 의하여 소유권을 이전한 경우

변 동 일 자
변 동 원 인
2011년 9월 1일
(03) 소유권이전

12) 토지등급 또는 기준수확량 등급과 그 설정·수정 연월일

토지 또는 농지에 대한 과세기준으로 적용하기 위하여 대장에 내역(설정 또는 수정)과 설정·수정 연월일 및 토지등급·기준수확량 등급을 등록한다.

※ 1996년 1월 1일부터 토지등급을 등록하지 않음

13) 개별공시지가와 그 기준일

개별공시지가는 토지관할 시장, 군수, 구청장이 부동산 가격공시에 관한 법률에 의하여 국토교통부장관이 결정 고시한 표준지 공시지가를 기준으로 하여 산정한 개별 필지에 대한 제곱미터당 지가를 말한다. 매년 2월 말경에 공시된 표준지 공시지가를 기준으로 6월 30일까지 국·공유지 중 도로 등 공공용 토지 등을 제외한 필지의 개별공시지가를 산정해 공시하고 있으므로 이에 의하여 대장에 토지개별공시지가와 그 기준일을 등록한다.

예제 02

공간정보의 구축 및 관리 등에 관한 법령상 지적공부와 등록사항의 연결이 옳은 것은?

(20년31회공인)

① 토지대장 − 경계와 면적
② 임야대장 − 건축물 및 구조물 등의 위치
③ 공유지연명부 − 소유권 지분과 토지의 이동사유
④ 대지권등록부 − 대지권 비율과 지목
⑤ 토지대장·임야대장·공유지연명부·대지권등록부−토지소유자가 변경된 날과 그 원인

정답 ⑤

14) 용도지역

도시계획 구역 내 있는 토지에 대하여 국토의 계획 및 이용에 관한 법률에 의하여 결정·고시된 용도지역을 참고사항으로 연필로 기재한다.

※ 전산정보처리조직에 의한 지적공부는 제외한다.

③ 공유지연명부

1) 개요

1필지의 토지소유자가 2인 이상인 때에는 소유자에 관한 사항을 별도로 등록하기 위하여 작성하는 지적공부를 말한다.

■ 공간정보의 구축 및 관리 등에 관한 법률 시행규칙 [별지 제65호서식] 〈개정 2017.1.31.〉

고유번호			공 유 지 연 명 부		장 번 호	
토지소재			지 번		비 고	
순번	변 동 일 자	소유권지분	소 유 자			
	변 동 원 인		주 소			등록번호
						성명 또는 명칭
	년 월 일					
	년 월 일					
	년 월 일					
	년 월 일					
	년 월 일					
	년 월 일					
	년 월 일					
	년 월 일					

270mm×190mm [백상지(150g/m²)]

2) 등록사항

공유지연명부에 다음 사항을 등록하여야 한다.

① 토지의 소재　　　　　　　　　② 지번

③ 소유권 지분　　　　　　　　　④ 소유자의 성명 또는 명칭, 주소 및 주민등록번호

⑤ 토지의 고유번호　　　　　　　⑥ 필지별 공유지연명부의 장번호

⑦ 토지소유자가 변경된 날과 그 원인

3) 정리방법

① 토지소유자가 2인 이상이거나, 소유권 변경 등으로 인하여 2인 이상이 되는 경우 공유지연명부를 작성한다.

② 토지의 소유자가 2인 이상이 되는 경우 토지대장의 소유권란에 "○ ○ ○ 외 ○ 명"이라고 정리하고 공유지연명부에는 공유자의 성명 · 주소 · 주민등록번호와 지분 등을 등록한다.

③ 공유자의 일부 소유권이 변경 될 경우에도 공유지연명부를 정리한다.

4 대지권등록부

1) 개요

토지대장 또는 임야대장에 등록하는 토지가 부동산등기법에 따라 대지권등기가 되어 있는 경우에 작성하는 지적공부를 말한다.

■ 공간정보의 구축 및 관리 등에 관한 법률 시행규칙 [별지 제66호서식] 〈개정 2017.1.31.〉

고유번호			대지권등록부			전유부분 건물표시		장번호	
토지소재			지번	대지권 비율		건물 명칭			
지　　번									
대지권 비율									
변 동 일 자	소유권 지분			소　　유　　자					
변 동 원 인				주　　　　소			등 록 번 호		
							성명 또는 명칭		
년　　월　　일									
년　　월　　일									
년　　월　　일									
년　　월　　일									

270mm×190mm [백상지(150g/m²)]

2) 등록사항

대지권등기가 되어 있는 경우에 작성하는 대지권등록부에는 다음사항을 등록하여야 한다.

① 토지의 소재

② 지번

③ 대지권 비율

④ 소유자의 성명 또는 명칭, 주소 및 주민등록번호

⑤ 토지의 고유번호

⑥ 전유부분의 건물표시

⑦ 건물의 명칭

⑧ 집합건물별 대지권등록부의 장번호

⑨ 토지소유자가 변경된 날과 그 원인

⑩ 소유권 지분

3) 정리방법

① 대지권 등기를 한 경우에는 토지대장·임야대장의 소유권란에 "○○년 ○○월 ○○일 대지권 설정"이라고 정리한다.

② 대지권등록부에는 대지권이 설정된 건물의 명칭, 전유부분의 건물표시, 소유자의 성명, 주소, 주민등록번호 등을 등록한다.

예제 03

다음 중 공유지연명부와 대지권등록부의 등록사항으로 공통되는 것만을 나열한 것은?

(16년서울시9)

① 토지의 고유번호, 전유부분(專有部分)의 건물표시

② 토지의 고유번호, 대지권 비율

③ 소유권 지분, 토지소유자가 변경된 날과 그 원인

④ 소유권 지분, 건물의 명칭

정답 ③

예제 04

다음 중 대지권등록부의 등록사항을 나열한 것으로 옳지 않은 것은? (16년서울시7)

① 토지의 고유번호, 전유부분의 건물표시

② 토지의 소재, 면적, 대지권 비율

③ 소유자가 변경된 날과 그 원인, 건물의 명칭

④ 소유권 지분, 소유자 주민등록번호

정답 ②

「공간정보의 구축 및 관리 등에 관한 법률」및 동법 시행규칙상 지적도면 등의 등록사항
에 해당하지 않는 것은?
(20년서울시9)

① 건축물 및 구조물 등의 위치

② 경계점좌표등록부를 갖춰 두는 지역의 경우 경계점 좌표

③ 도곽선(圖廓線)과 그 수치

④ 삼각점 및 지적기준점의 위치

정답 ②

⑤ 지적도 · 임야도

1) 개요

토지조사사업과 임야조사사업의 결과로 1필지의 경계를 획정하여 도면에 등록한 지적공부를 말
한다.

2) 도면의 등록사항

지적도 · 임야도에는 다음 사항을 등록하여야 한다.

등록 사항	내용
토지의 소재	지번부여지역인 법정 동 · 리 단위까지 기재한다.
지번	지번은 본번 또는 본번과 부번으로 구성하고 아라비아 숫자로 표기하고 임야도에 등록하는 지번은 본번 앞에 "산"자를 붙여 표기한다.
지목	지목을 도면에 표기할 때에는 부호로 표기한다.
경계	지적도 · 임야도(도해지역)에서는 경계점을 직선으로 연결한 선으로, 경계점좌표등록부(수치지역)에서는 좌표의 연결로 경계를 등록한다.
도면의 색인도	인접도면의 연결순서를 표시하기 위하여 기재한 도표와 번호를 말하는 것으로 도곽선 왼쪽 윗부분 여백중앙에 가로 7mm, 세로 6mm 크기의 직사각형을 중앙에 두고 그의 4변에 접하여 동일규격의 직사각형 4개를 그려 표기한다.
도면의 제명 및 축척	제명이란 도곽선 윗부분 여백의 중앙에 "시군구 · 읍면 · 리동 지적(임야)도 ○○장 중 제○○호 축척 ○○분의 1"이라 횡서로 표기하는 것을 말하며 수치측량시행지역의 도면은 제명의 "지적도" 다음에 "(좌표)"라 표기한다.

등록 사항	내용
도곽선 및 그 수치	① 도곽선은 지적기준점의 전개, 방위, 인접도면과의 접합, 도곽의 신축보정 등에 따른 기준선으로의 역할을 하기 때문에 모든 지적도와 임야도에 도곽선을 등록하여야 한다. ② 도곽선의 수치는 해당 지적도에 등록된 토지가 위치하는 좌표, 즉 당해 지적도에 표시된 토지와 원점까지의 거리를 말한다. 도곽선의 수치는 일반원점으로부터 계산하여 종선수치에 600,000미터, 횡선수치에 200,000미터를 각각 가산하여 언제나 정수가 되도록 하여 도면별 도곽의 북동쪽과 남서쪽의 모서리에 등록하여야 한다. ※ 세계측지계에 따르지 아니하는 지적측량의 경우에는 가우스상사이중투영법으로 표시하되, 직각좌표계 투영원점의 가산(加算)수치를 각각 X(N) 500,000미터(제주도지역 550,000미터), Y(E) 200,000m로 하여 사용할 수 있다.
좌표에 의하여 계산된 경계점 간 거리 (경계점좌표등록부 시행지역)	수치측량시행지역의 지적도에는 각 필지별 경계점의 거리를 1cm 단위까지 등록할 수 있으나 경계점 간의 거리가 짧아 거리의 등록이 불가능할 경우에는 생략할 수 있다.
삼각점 및 지적측량기준점의 위치	지적도와 임야도 시행지역에 영구적인 지적기준점이 설치된 지적삼각점 · 지적삼각보조점 · 지적도근점 및 삼각점의 위치를 도면상에 등록한다.
건축물 및 구조물 등의 위치	건축법 등에 의한 적법한 건축물 및 구조물의 위치를 도면상에 등록한다.
지적소관청의 직인	도면이 원본임을 확인하고 위조와 변조를 방지하기 위하여 도면의 오른쪽 아래 끝부분에 "작성 또는 재작성 연월일"과 "사유"를 기재하고 지적소관청의 직인을 날인한다. 다만, 정보처리시스템을 이용하여 관리하는 지적도면의 경우에는 그러하지 아니한다.
경계점좌표등록부를 갖춰두는 지역	경계점좌표등록부를 갖춰두는 지역의 지적도에는 해당 도면의 제명 끝에 "(좌표)"라고 표시하고, 도곽선(圖廓線)의 오른쪽 아래 끝에 "이 도면에 의하여 측량을 할 수 없음"이라고 기재하여야 한다.

예제 06

「공간정보의 구축 및 관리 등에 관한 법령」 및 동법 시행규칙상 지적도면 등의 등록사항에 해당하지 않는 것은? (20년서울시9)

① 건축물 및 구조물 등의 위치
② 경계점좌표등록부를 갖춰 두는 지역의 경우 경계점 좌표
③ 도곽선(圖廓線)과 그 수치
④ 삼각점 및 지적기준점의 위치

정답 ②

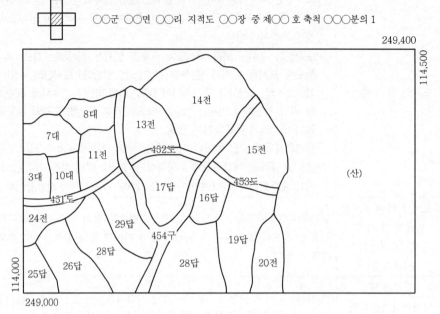

540mm×440mm (폴리에스터켄트지 220g/m² 또는 알루미늄켄트지 700g/m²)

년   월   일   작   성   ㉿
재작성

〈지적도〉

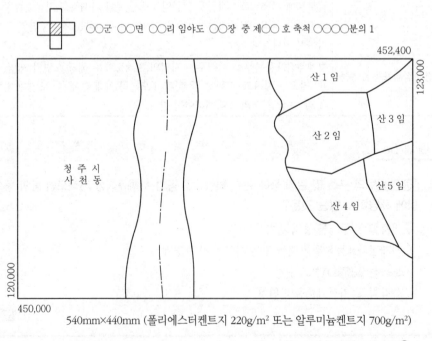

540mm×440mm (폴리에스터켄트지 220g/m² 또는 알루미늄켄트지 700g/m²)

년   월   일   작   성   ㉿
재작성

〈임야도〉

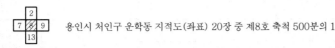

용인시 처인구 운학동 지적도(좌표) 20장 중 제8호 축척 500분의 1

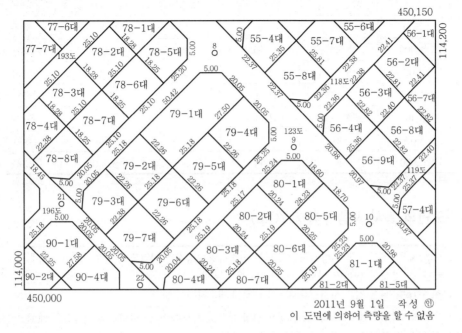

2011년 9월 1일 작성 ㉑
이 도면에 의하여 측량을 할 수 없음

〈경계점좌표등록부를 갖춰 두는 지역의 지적도〉

3) 도면의 축척

지적도의 축척은 다음 구분에 따른다.

▼ 도면의 축척

구분	축척
지적도의 축척	1/500, 1/600, 1/1,000, 1/1,200, 1/2,400, 1/3,000, 1/6,000(7종)
임야도의 축척	1/3,000, 1/6,000(2종)

4) 도면의 도곽크기 및 면적

토지조사사업 당시 지적도의 크기는 세로 1.1척(尺), 가로 1.375척(尺)으로 작성되었으며 이를 미터법으로 환산하면 세로 33.3333m, 가로 41.6667m이다. 또한 임야도의 크기는 세로 1.32척(尺), 가로 1.65척(尺)으로 작성되었으며 이를 미터법으로 환산하면 세로 40m, 가로 50m이다. 이 당시 지적도의 축척은 1/600, 1/1,200, 1/2,400이었으며 임야도의 축척은 1/3,000, 1/6,000이었다. 그후 1975년 12월 31일 지적법 전면 개정을 통해 미터법이 도입됨에 따라 지적도의 축척이 1/500, 1/6,000이 새로 추가되었으며 이 경우 도곽의 크기는 세로 30m와 가로 40m로 하였다.

▼ 지적도 · 임야도의 도곽 크기 및 도곽 면적

축척	도상		지상		도곽 내의 전체면적(m²)
	세로(cm)	가로(cm)	세로(m)	가로(m)	
1/500	30	40	150	200	30,000
1/1,000	30	40	300	400	120,000
1/600	33.3333	41.6667	200	250	50,000
1/1,200	33.3333	41.6667	400	500	200,000
1/2,400	33.3333	41.6667	800	1,000	800,000
1/3,000	40	50	1,200	1,500	1,800,000
1/6,000	40	50	2,400	3,000	7,200,000

6 지적도면의 복사(시행규칙 제70조)

지적도면 복사 신청서 제출	국가기관, 지방자치단체 또는 지적측량수행자가 지적도면(정보처리시스템에 구축된 지적도면 데이터 파일을 포함한다)을 복사하려는 경우에는 지적도면 복사의 목적, 사업계획 등을 적은 신청서를 지적소관청에 제출하여야 한다.
심사 및 복사	신청을 받은 지적소관청은 신청 내용을 심사한 후 그 타당성을 인정하는 때에 지적도면을 복사할 수 있게 하여야 한다. 이 경우 복사 과정에서 지적도면을 손상시킬 염려가 있으면 지적도면의 복사를 정지시킬 수 있다.
목적 외 사용금지	복사한 지적도면은 신청 당시의 목적 외의 용도로는 사용할 수 없다.

예제 07

다음 중 지적도면에 대한 설명으로 틀린 것은? (13년서울시9)

① 경계점좌표등록부를 갖춰 두는 지역의 지적도에는 해당 도면의 제명 끝에 "(좌표)"라고 표시하고 도곽선의 오른쪽 아래 끝에 "이 도면에 의하여 측량을 할 수 없음"이라고 기재하여야 한다.

② 지적도면에는 지적소관청의 직인을 날인하여야 한다. 다만, 정보처리시스템을 이용하여 관리하는 지적도면의 경우에는 그러하지 아니하다.

③ 지적소관청은 지적도면의 관리에 필요한 경우에는 지번부여지역마다 일람도와 지번색인표를 작성하여 갖춰둘 수 있다.

④ 지적도 시행지역에서의 거리측정은 5cm, 임야도 시행지역에서의 거리측정은 50cm 단위로 측정한다.

⑤ 지적도는 1/500, 1/600, 1/1,000, 1/1,200, 1/2,400으로 5종이며, 임야도는 1/3,000, 1/6,000 2종이다.

정답 ⑤

<보기>의 ㉠과 ㉡에 해당하는 사항을 옳게 짝지은 것은?　　　　(22년2월서울시9)

<보기>

「공간정보의 구축 및 관리 등에 관한 법률 시행규칙」상 경계점좌표등록부를 갖춰 두는 지역의 지적도에는 해당 도면의 제명 끝에 "(㉠)"라고 표시하고, 도곽선의 ㉡ 에 "이 도면에 의하여 측량을 할 수 없음"이라고 적어야 한다.

	㉠	㉡
①	좌표	오른쪽 아래 끝
②	좌표	왼쪽 아래 끝
③	수치	오른쪽 아래 끝
④	수치	왼쪽 아래 끝

정답 ①

⑦ 경계점좌표등록부

1) 개요

도시개발사업 등으로 인하여 필요하다고 인정되는 지역 안의 토지에 대하여 경계점좌표등록부를 작성하여 갖춰둔다. 경계점좌표등록부는 토지의 경계점 위치를 평면직각종횡선 수치인 좌표로 등록하는 지적공부를 말하며 1975년부터 작성하기 시작하였다. 이 당시는 "수치지적부"라고 하였으나 2001.1.26. 지적법 개정으로 현재는 "경계점좌표등록부"라고 한다.

■ 공간정보의 구축 및 관리 등에 관한 법률 시행규칙 [별지 제69호서식] <개정 2017.1.31.>

토지소재		경 계 점 좌 표 등 록 부		발급번호	
지번				처리시각	
출력축척				발 급 자	

	부 호	좌　　　　표		부 호	좌　　　　표	
		X	Y		X	Y

270mm×190mm (백상지(150g/m²))

2) 등록사항 및 특징 [암기] 토지표고상부도

등록사항	① 토지의 소재	② 지번
	③ 좌표	④ 토지의 고유번호
	⑤ 필지별 경계점좌표등록부의 장번호	⑥ 부호 및 부호도
	⑦ 지적도면의 번호	
경계점좌표 등록부를 갖춰두는 토지	① 지적확정측량을 실시하여 경계점을 좌표로 등록한 지역 ② 축척변경을 위한 측량을 실시하여 경계점을 좌표로 등록한 지역	
경계점좌표 등록부의 특징	① 형태는 대장을, 내용은 도면의 성격을 지닌 대장형태의 도면이다. ② 각 필지의 경계를 평면직각종횡선수치(X · Y)로 표시한다. ③ 경계점좌표등록부는 토지의 형상을 나타낼 수 없으므로 지적도(좌표)를 함께 비치한다. ④ 측량결과도는 도시개발사업 등의 시행지역(농지의 구획정리지역은 제외)과 축척변경시 행지역의 축척은 500분의 1로 한다. 다만, 농지구획정리시행지역은 1,000분의 1로 하되, 필요한 경우에는 미리 시 · 도지사의 승인을 얻어 6,000분의 1까지 작성할 수 있다.	

3) 경계점좌표등록부의 정리(규정 제47조)

부호도의 각 필지의 경계점부호		① 왼쪽 위에서부터 오른쪽으로 경계를 따라 아라비아숫자로 연속하여 부 여한다. ② 토지의 빈번한 이동정리로 부호도가 복잡한 경우에는 아래 여백에 새로 이 정리할 수 있다.
분할	분할 시 부호도 및 부호	새로 결정된 경계점의 부호를 그 필지의 마지막 부호 다음 번호부터 부여 하고, 다른 필지로 된 경계점의 부호도 · 부호 및 좌표는 말소하여야 하며, 새로 결정된 경계점의 좌표를 다음 난에 정리한다.
	분할 후 필지의 부호도 및 부호	왼쪽 위에서부터 오른쪽으로 경계를 따라 아라비아숫자로 연속하여 부여 한다.
합병	합병 시 부호도 및 부호	① 합병으로 존치되는 필지의 경계점좌표등록부에 합병되는 필지의 좌표 를 정리하고 부호도 및 부호를 새로 정리한다. ② 부호는 마지막 부호 다음 부호부터 부여하고, 합병으로 인하여 필요 없는 경계점(일직선상에 있는 경계점)의 부호도 · 부호 및 좌표를 말소한다.
	합병으로 인하여 말소된 필지의 경계점좌표 등록부 정리	부호도 · 부호 및 좌표를 말소한다. 이 경우 말소된 경계점좌표등록부도 지 번순으로 함께 보관한다.
등록사항정정		등록사항정정으로 경계점좌표등록부를 정리하는 때에는 위의 내용을 준용 한다.
부동산종합공부시스템에 따라 경계점좌표등록부를 정리할 때는 위의 내용을 적용하지 아니할 수 있다.		

▼ 지적공부의 등록사항

등록사항 / 지적공부		대장				도면		경계점 좌표 등록부
		토지 대장	임야 대장	공유지 연명부	대지권 등록부	지적도	임야도	
토지표시사항	토지의 소재	O	O	O	O	O	O	O
	지번	O	O	O	O	O	O	O
	지목	O	O	×	×	O	O	×
	면적	O	O	×	×	×	×	×
	토지의 이동 사유	O	O	×	×	×	×	×
	경계	×	×	×	×	O	O	×
	좌표	×	×	×	×	×	×	O
	경계점 간 거리	×	×	×	×	O(좌표)	×	×
소유권표시사항	소유자가 변경된 날과 그 원인	O	O	O	O	×	×	×
	성명	O	O	O	O	×	×	×
	주소	O	O	O	O	×	×	×
	주민등록번호	O	O	O	O	×	×	×
	소유권 지분	×	×	O	O	×	×	×
	대지권 비율	×	×	×	O	×	×	×
	건물의 명칭	×	×	×	O	×	×	×
	전유구분의 건물 표시	×	×	×	O	×	×	×
기타표시사항	토지등급사항	O	O	×	×	×	×	×
	개별공시지가와 그 기준일	O	O	×	×	×	×	×
	고유번호	O	O	O	O	×	×	O
	필지별 대장의 장번호	O	O	O	O	×	×	×
	도면의 제명	×	×	×	×	O	O	×
	도면번호	O	O	×	×	O	O	O
	도면의 색인도	×	×	×	×	O	O	×
	필지별 장번호	O	O	×	×	×	×	O
	축척	O	O	×	×	O	O	×
	도곽선 및 수치	×	×	×	×	×	×	×
	부호도	×	×	×	×	×	×	O
	삼각점 및 지적 측량 기준점의 위치	×	×	×	×	O	O	×
	건축물 및 구조물의 위치	×	×	×	×	O	O	×
	직인	O	O	×	×	O	O	O
	직인날인번호	O	O	×	×	×	×	O

구분		[소] 재	[지] 번	지[목]= [축]척	[면] 적	[경] 계	[좌] 표	[소] 유자	[도]면 번호	[고] 유번호	소유권 ([지][분])	대지권 ([비][율])	기타 등록사항
대장	토지, 임야 대[장]	●	●	장 ●	장 ●			장 ●	장 ●	장 ●			토지 [이][동] 사유 [개]별공시지가 [기]준수확량 등급
	[공]유지 연명부	●	●					공 ●		공 ●	공 ●		필지별 토지·임야대장의 장번호
	[대]지권 등록부	●	●					대 ●		대 ●	대 ●	대 ●	[건]물의 명칭 [전]유건물표시
[경]계점좌표 등록표		●	●				경 ●		경 ●	경 ●			[부]호, 부호[도]
도면	지적·임야[도]	●	●	도 ●		도 ●			도 ●				색[인]도 [지]적기준점 위치 [도]곽선과 수치 [건]축물의 위치 [좌]표에 의한 계산거리

[암기] [소][지]는 공통이고 [목][장][도]=[축]장도, [면][장], [경][도]는 [좌][경]이요,
[소][경][도], [도][공][대]의 [고][도]가 없고,
[소]대장, [지][분]은 공, 대에만 있다.
[이][동][개][기]가 [건][전]하면 [부][도]는 없이
[인][지][도][건][좌]하다.

예제 09

공간정보의 구축 및 관리 등에 관한 법령상 지적공부의 등록사항을 짝지은 것으로 옳지 않은 것은? (21년서울시)

① 토지대장과 임야대장 – 지적도 또는 임야도의 번호와 필지별 토지대장 또는 임야대장의 장번호 및 축척
② 공유지연명부 – 전유부분(專有部分)의 건물표시
③ 대지권등록부 – 대지권 비율
④ 경계점좌표등록부 – 지적도면의 번호

[정답] ②

8 일람도와 지번색인표

지적소관청은 지적도면의 관리에 필요한 경우에는 지번부여지역마다 일람도와 지번색인표를 작성하여 갖춰둘 수 있다.

1) 일람도

일람도란 지적도나 임야도의 배치와 관리 및 토지가 등록된 도호를 쉽게 알 수 있도록 하기 위하여 작성한 도면을 말한다.

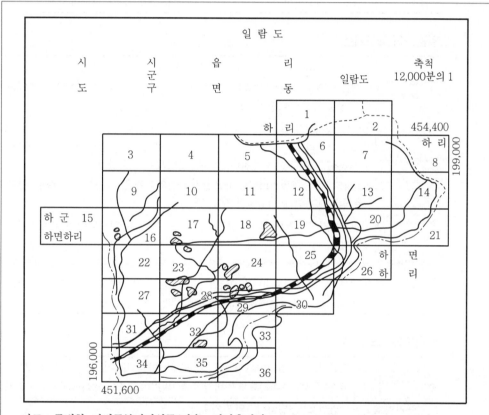

자료 : 류병찬, 지적공부정리실무(서울 : 남광출판사, 1996), p. 225.

일람도

① 일람도의 작성 · 비치 및 등재사항

일람도의 작성 · 비치	① 일람도는 도면축척의 10분의 1로 작성하는 것이 원칙이며 도면의 수가 4장 미만인 경우에는 작성을 생략할 수 있다. ② 일람도와 지번색인표는 지번부여지역별로 도면순으로 보관하되, 각 장별로 보호대 에 넣어야 한다.
일람도의 등재사항	① 지번부여지역의 경계 및 인접지역의 행정구역 명칭 ② 도면의 제명 및 축척 ③ 도곽선 및 도곽선수치 ④ 도면번호 ⑤ 도로 · 철도 · 하천 · 구거 · 유지 · 취락 등 주요 지형 · 지물의 표시

② 일람도의 제도기준

일람도의 축척	그 도면축척의 10분의 1로 한다. 다만, 도면의 장수가 많아서 1장에 작성할 수 없는 경 우에는 축척을 줄여서 작성할 수 있으며, 도면의 장수가 4장 미만인 경우에는 일람도 의 작성을 하지 아니할 수 있다.
제명 및 축척	일람도 윗부분에 "○○시 · 도 ○○시 · 군 · 구 ○○읍 · 면 ○○동 · 리 일람도 축척 ○○○○분의 1"이라 제도한다. 이 경우 경계점좌표등록부시행지역은 제명 중 일람 도 다음에 "(좌표)"라 기재하며, 그 제도방법은 다음과 같다. • 글자의 크기는 9밀리미터로 하고 글자 사이의 간격은 글자크기의 2분의 1 정도 띄운다. • 축척은 제명 끝에 20밀리미터를 띄운다.
도면번호	지번부여지역 · 축척 및 지적도 · 임야도 · 경계점좌표등록부시행지별로 일련번호를 부여하고, 이 경우 신규등록 및 등록전환으로 새로 도면을 작성하는 경우의 도면번호 는 그 지역 마지막 도면번호의 다음 번호로 부여한다. 다만, 도면과 확정측량결과도의 도곽선 차이가 0.5밀리미터 이상인 경우에는 확정측량결과도에 의하여 새로이 도면 을 작성하는 경우에는 종전 도면번호에 "1"과 같이 부호를 부여한다.

③ 일람도의 제도방법

도곽선	도곽선은 0.1밀리미터의 폭으로, 도곽선의 수치는 도곽선 왼쪽 아랫부분과 오른 쪽 윗부분의 종횡선교차점 바깥쪽에 2밀리미터 크기의 아라비아숫자로 제도한다.
도면번호	도면번호는 3밀리미터의 크기로 한다.
동 · 리명칭	인접 동 · 리 명칭은 4밀리미터, 그 밖의 행정구역 명칭은 5밀리미터의 크기로 한다.
지방도로	지방도로 이상은 검은색 0.2밀리미터 폭의 2선으로, 그 밖의 도로는 0.1밀리미터 의 폭으로 제도한다.
철도용지	철도용지는 붉은색 0.2밀리미터 폭의 2선으로 제도한다.
수도용지	수도용지 중 선로는 남색 0.1밀리미터 폭의 2선으로 제도한다.
하천 · 구거 · 유지	하천 · 구거 · 유지는 남색 0.1밀리미터의 폭으로 제도하고 그 내부를 남색으로 엷 게 채색한다. 다만, 적은 양의 물이 흐르는 하천 및 구거는 남색 선으로 제도한다.
취락지 · 건물	취락지 · 건물 등은 0.1밀리미터의 폭으로 제도하고 그 내부를 검은색으로 엷게 채색한다.

삼각점 및 지적기준점	삼각점 및 지적기준점의 제도는 지적도면에서의 삼각점 및 지적기준점의 제도에 관한 방법에 의한다.
도시개발사업 · 축척변경	도시개발사업 · 축척변경 등이 완료된 때에는 지구경계를 붉은색 0.1밀리미터의 폭으로 제도한 후 지구 안을 붉은색으로 엷게 채색하고 그 중앙에 사업명 및 사업 완료 연도를 기재한다.

2) 지번색인표

지번색인표란 필지별 당해 토지가 등록된 도면을 용이하게 알 수 있도록 작성해 놓은 도표를 말한다.

▼ **지번색인표의 등재사항 및 제도**

등재사항	① 제명 ② 지번 ③ 도면번호 ④ 결번
제도	① 제명은 지번색인표 윗부분에 9밀리미터의 크기로 "○○시 · 도 ○○시 · 군 · 구 ○○읍 · 면 ○○동 · 리 지번색인표"라 제도한다. ② 지번색인표에는 도면번호별로 그 도면에 등록된 지번을, 토지의 이동으로 결번이 생긴 때에는 결번란에 그 지번을 제도한다.

⑨ 기타 관련 공부

1) 결번대장

개요	지번부여지역인 리 · 동 단위별로 순차적으로 설정된 지번에 토지이동 등으로 인하여 결번이 생긴 경우 결번과 발생사유를 기재하여 등록 · 관리하는 장부를 말한다.
등록사항	① 결번된 지번 ② 결번 연월일 ③ 결번 사유 등
대장정리 및 관리	① 토지대장과 임야대장 등록지 및 지번부여지역별로 구분하여 작성 비치한다. ② 지적서고에 지적공부와 함께 영구히 보존 관리한다.

예제 10

> **다음 중 결번대장의 등재사항이 아닌 것은?** (17년2회산업)
>
> ① 결번 사유 ② 결번 연월일
> ③ 결번 해지일 ④ 결번된 지번
>
> 정답 ③

결 번 대 장

구 읍 면

결	재		동 · 리	지 번	결 번		비 고
					연월일	사 유	
							(결번사유)
							1. 행정구역변경
							2. 도시개발사업
							3. 지번변경
							4. 축척변경
							5. 지번정정 등
							지적확정측량, 축척변경,
							지번변경, 폐쇄 말소 시,
							지번을 다시 사용할 수 있다.

210mm×297mm (보존용지(2종) 70g/m²)

1 지적공부의 보존 및 관리 등

1) 지적공부의 보존 등(법률 제69조)

① 지적소관청은 해당 청사에 지적서고를 설치하고 그곳에 지적공부(정보처리시스템을 통하여 기록 · 저장한 경우는 제외한다. 이하 이 항에서 같다)를 영구히 보존하여야 하며, 다음 각 호의 어느 하나에 해당하는 경우 외에는 해당 청사 밖으로 지적공부를 반출할 수 없다.

> 1. 천재지변이나 그 밖에 이에 준하는 재난을 피하기 위하여 필요한 경우
> 2. 관할 시 · 도지사 또는 대도시 시장의 승인을 받은 경우

② 지적공부를 정보처리시스템을 통하여 기록 · 저장한 경우 관할 시 · 도지사, 시장 · 군수 또는 구청장은 그 지적공부를 지적정보관리체계에 영구히 보존하여야 한다.

③ 국토교통부장관은 제2항에 따라 보존하여야 하는 지적공부가 멸실되거나 훼손될 경우를 대비하여 지적공부를 복제하여 관리하는 정보관리체계를 구축하여야 한다.

> **지적업무처리규정 제34조(지적공부의 복제 등)**
> ① 시장 · 군수 · 구청장은 법 제69조제3항에 따라 지적공부를 복제할 때에는 2부를 복제하여야 한다.
> ② 제1항에 따라 복제된 지적공부 1부는 법 제69조제2항(지적공부를 정보처리시스템을 통하여 기록 · 저장한 경우 관할 시 · 도지사, 시장 · 군수 또는 구청장은 그 지적공부를 지적정보관리체계에 영구히 보존하여야 한다)에 따라 보관하고, 나머지 1부는 시 · 도지사가 지정하는 안전한 장소에 이중문이 설치된 내화금고 등에 6개월 이상 보관하여야 한다.
>
> **지적업무처리규정 제36조(지적공부등록현황의 비치 · 관리)**
> 지적소관청은 부동산종합공부시스템에 의해 매월 말일 현재로 작성 · 관리되는 지적공부등록현황과 지적업무정리상황등의 이상 유무를 점검 · 확인하여야 한다.

④ 지적서고의 설치기준, 지적공부의 보관방법 및 반출승인 절차 등에 필요한 사항은 국토교통부령으로 정한다.

지적공부의 보관에 대한 설명 중 틀린 것은?　　　　　　　　　　　　(13년서울시9)

① 지적소관청은 해당 청사에 지적서고를 설치하고 그곳에 지적공부를 영구히 보존하여야 한다.

② 지적소관청은 지적전산정보시스템에 영구히 보존하여야 하는 지적공부가 멸실되거나 훼손될 경우를 대비하여 지적공부를 복제하여 관리하는 시스템을 구축하여야 한다.

③ 지적공부를 정보처리 시스템을 통하여 기록ㆍ저장한 경우 관할 시ㆍ도지사, 시장ㆍ군수 또는 구청장은 그 지적공부를 지적정보관리체계에 영구히 보존하여야 한다.

④ 천재지변이나 그 밖에 이에 준하는 재난을 피하기 위하여 필요한 경우 지적서고 밖으로 지적공부를 반출할 수 있다.

⑤ 지적소관청은 지적행정시스템에 의해 매월 말일 현재로 작성ㆍ관리되는 지적공부등록현황과 지적업무처리상황 등의 이상 유무를 점검ㆍ확인하여야 한다.

정답 ②

지적공부 보존에 대한 설명으로 옳지 못한 것은?　　　　　　　　　　　(12년서울시9)

① 관할 시ㆍ도지사 또는 대도시 시장의 승인을 받은 경우 지적공부를 청사 밖으로 반출할 수 있다.

② 지적서고의 설치기준, 지적공부의 보관방법 및 반출승인 절차 등에 필요한 사항은 국토교통부령으로 정한다.

③ 지적공부를 정보처리시스템을 통하여 기록ㆍ저장한 경우 관할 시ㆍ도지사, 시장ㆍ군수 또는 구청장은 그 지적공부를 지적정보관리체계에 영구히 보존하여야 한다.

④ 천재지변이나 그 밖에 이에 준하는 재난을 피하기 위하여 필요한 경우 지적공부를 반출할 수 있다.

⑤ 지적소관청은 해당 청사에 지적서고를 설치하고 그곳에 지적공부(정보처리시스템을 통하여 기록ㆍ저장한 경우를 포함한다)를 영구히 보존하여야 한다.

정답 ⑤

2) 지적공부의 관리(지적업무처리규정 제33조)

지적공부 관리방법(법 제2조제19호)은 부동산종합공부시스템에 따른 방법을 제외하고는 다음 각 호와 같다.

1. 지적공부는 지적업무담당공무원 외에는 취급하지 못한다.

2. 지적공부 사용을 완료한 때에는 즉시 보관 상자에 넣어야 한다. 다만, 간이보관 상자를 비치한 경우에는 그러하지 아니하다.

3. 지적공부를 지적서고 밖으로 반출하고자 할 때에는 훼손이 되지 않도록 보관 · 운반함 등을 사용한다.

4. 도면은 항상 보호대에 넣어 취급하되, 말거나 접지 못하며 직사광선을 받게 하거나 건습이 심한 장소에서 취급하지 못한다.

예제 13

현행 「공간정보의 구축 및 관리 등에 관한 법률」상 지적공부와 관련하여 설명한 것으로 적합하지 않은 것은? (14년서울시9)

① 관할 시 · 도지사의 승인이 있는 경우 지적공부를 해당 청사 밖으로 반출 가능하다.

② 지적서고에 지적공부를 보관하는 경우 보관상자는 벽으로부터 15cm 이상 띄워서 보관한다.

③ 일람도, 지번색인표, 지적도면은 지번부여지역별로 도면번호 순서에 따라 각 장별로 보관한다.

④ 지적공부의 멸실 등에 대비하여 복제하는 경우 2부를 복사하여 1부는 지적정보관리체계에 보관하고 나머지 1부는 시장 · 군수 · 구청장이 지정한 별도의 장소에 보관한다.

⑤ 지적공부를 복구하는 경우 소유자에 관한 사항은 부동산등기부나 법원의 확정판결에 따라 복구한다.

정답 ④

3) 지적공부의 보관방법 등(시행규칙 제66조)

① 부책(簿冊)으로 된 토지대장 · 임야대장 및 공유지연명부는 지적공부 보관상자에 넣어 보관하고, 카드로 된 토지대장 · 임야대장 · 공유지연명부 · 대지권등록부 및 경계점좌표등록부는 100장 단위로 바인더(binder)에 넣어 보관하여야 한다.

② 일람도 · 지번색인표 및 지적도면은 지번부여지역별로 도면번호순으로 보관하되, 각 장별로 보호대에 넣어야 한다.

③ 법 제69조제2항에 따라 지적공부를 정보처리시스템을 통하여 기록 · 보존하는 때에는 그 지적공부를 「공공기관의 기록물 관리에 관한 법률」 제19조제2항에 따라 기록물관리기관에 이관할 수 있다.

「공간정보의 구축 및 관리 등에 관한 법률 시행규칙」상 지적공부의 보관 등에 대한 설명으로 가장 옳지 않은 것은? (21년서울시)

① 부책(簿册)으로 된 토지대장·임야대장 및 공유지 연명부는 지적공부 보관상자에 넣어 보관한다.

② 지적공부 보관상자는 벽으로부터 15센티미터 이상 띄워야 하며, 높이 10센티미터 이상의 깔판 위에 올려놓아야 한다.

③ 지적서고에는 인화물질의 반입을 금지하며 지적공부, 지적 관계 서류 및 지적측량장비만 보관하여야 한다.

④ 일람도·지번색인표 및 지적도면은 도면번호순으로 지번부여지역별로 보관하되, 100장 단위로 바인더(binder)에 넣어 보관하여야 한다.

정답 ④

4) 지적공부의 반출승인 절차(시행규칙 제67조)

① 지적소관청이 법 제69조제1항에 따라 지적공부를 그 시·군·구의 청사 밖으로 반출하려는 경우에는 시·도지사 또는 대도시 시장(법 제25조제1항의 대도시 시장을 말한다. 이하 같다)에게 지적공부 반출사유를 적은 별지 제62호서식의 승인신청서를 제출하여야 한다.

② 제1항에 따른 신청을 받은 시·도지사 또는 대도시 시장은 지적공부 반출사유 등을 심사한 후 그 승인 여부를 지적소관청에 통지하여야 한다.

공간정보의 구축 및 관리 등에 관한 법령상 지적공부의 보존 및 보관방법 등에 관한 설명으로 틀린 것은?(단, 정보처리시스템을 통하여 기록·저장한 지적공부는 제외함) (20년31회공인)

① 지적소관청은 해당 청사에 지적서고를 설치하고 그곳에 지적공부를 영구히 보존하여야 한다.

② 국토교통부장관의 승인을 받은 경우 지적공부를 해당 청사 밖으로 반출할 수 있다.

③ 지적서고는 지적사무를 처리하는 사무실과 연접(連接)하여 설치하여야 한다.

④ 지적도면은 지번부여지역별로 도면번호 순으로 보관하되, 각 장별로 보호대에 넣어야 한다.

⑤ 카드로 된 토지대장·임야대장·공유지연명부·대지권 등록부 및 경계점좌표등록부는 100장 단위로 바인더(binder)에 넣어 보관하여야 한다.

정답 ②

5) 지적공부의 열람 및 등본 발급(법률 제75조)

① 지적공부를 열람하거나 그 등본을 발급받으려는 자는 해당 지적소관청에 그 열람 또는 발급을 신청하여야 한다. 다만, 정보처리시스템을 통하여 기록 · 저장된 지적공부(지적도 및 임야도는 제외한다)를 열람하거나 그 등본을 발급받으려는 경우에는 특별자치시장, 시장 · 군수 또는 구청장이나 읍 · 면 · 동의 장에게 신청할 수 있다.

② 제1항에 따른 지적공부의 열람 및 등본 발급의 절차 등에 필요한 사항은 국토교통부령으로 정한다.

6) 지적공부 및 부동산종합공부의 열람 · 발급 등(시행규칙 제74조)

① 법 제75조에 따라 지적공부를 열람하거나 그 등본을 발급받으려는 자는 별지 제71호서식의 지적공부 · 부동산종합공부 열람 · 발급 신청서(전자문서로 된 신청서를 포함한다)를 지적소관청 또는 읍 · 면 · 동장에게 제출하여야 한다.

② 법 제76조의4에 따라 부동산종합공부를 열람하거나 부동산종합공부 기록사항의 전부 또는 일부에 관한 증명서(이하 "부동산종합증명서"라 한다)를 발급받으려는 자는 별지 제71호서식의 지적공부 · 부동산종합공부 열람 · 발급 신청서(전자문서로 된 신청서를 포함한다)를 지적소관청 또는 읍 · 면 · 동장에게 제출하여야 한다.

③ 부동산종합증명서의 건축물현황도 중 평면도 및 단위세대별 평면도의 열람 · 발급의 방법과 절차에 관하여는 「건축물대장의 기재 및 관리 등에 관한 규칙」 제11조제3항에 따른다.

④ 부동산종합증명서는 별지 제71호의2서식부터 별지 제71호의4서식까지와 같다.

7) 지적공부의 열람 및 등본작성 방법 등(지적업무처리규정 제48조)

① 지적공부의 열람 및 등본발급 신청은 신청자가 대상토지의 지번을 제시한 경우에만 할 수 있다.

② 지적소관청은 지적공부의 열람신청이 있는 때에는 신청필지수와 수수료금액을 확인하여 신청서에 첨부된 수입증지를 소인한 후 컴퓨터 화면 등에 따라 담당공무원의 참여하에 지적공부를 열람시킨다.

③ 열람자가 보기 쉬운 장소에 다음 각 호와 같이 열람 시의 유의사항을 게시하고 알려주어야 한다.

> 1. 지정한 장소에서 열람하여 주십시오.
> 2. 화재의 위험이 있거나 지적공부를 훼손할 수 있는 물건을 휴대해서는 안 됩니다.
> 3. 열람 시 개인정보 등이 포함된 사항은 기록, 촬영하여서는 안 됩니다.

④ 지적공부의 등본은 지적공부를 복사 · 제도하여 작성하거나 부동산종합공부시스템으로 작성한다. 이 경우 대장등본은 작성일 현재의 최종사유를 기준으로 작성한다. 다만, 신청인의 요구가 있는 때에는 그러하지 아니하다.

⑤ 도면등본을 복사에 따라 작성 발급하는 때에는 윗부분과 아랫부분에 다음과 같이 날인하고, 축척은 규칙 제69조제6항에 따른다. 다만, 부동산종합공부시스템으로 발급하는 경우에는 신청인이 원하는 축척과 범위를 지정하여 발급할 수 있다.

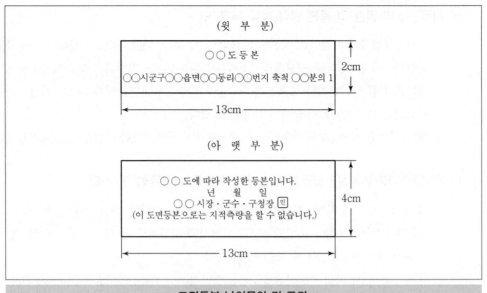

도면등본 날인문안 및 규격

⑥ 제4항에 따라 작성한 등본에는 수입증지를 첨부하여 소인한 후 지적소관청의 직인을 날인하여야 한다. 이 경우 등본이 1장을 초과할 경우에는 첫 장에만 직인을 날인하고 다음 장부터는 천공 또는 간인하여 발급한다.

⑦ 대장등본을 복사하여 작성 발급하는 때에는 대장의 앞면과 뒷면을 각각 복사하여 기재사항 끝부분에 다음과 같이 날인한다.

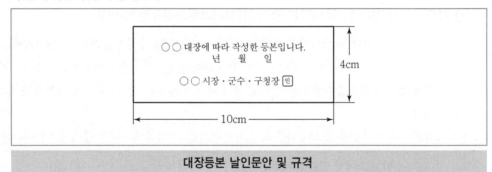

대장등본 날인문안 및 규격

⑧ 법 제106조에 따라 등본 발급의 수수료는 유료와 무료로 구분하여 처리하되, 무료로 발급할 경우에는 등본 앞면 여백에 붉은색으로 "무료"라 기재한다.

⑨ 폐쇄 또는 말소된 지적공부의 등본을 작성할 때에는 "폐쇄 또는 말소된 ○○○○에 따라 작성한 등본입니다"라고 붉은색으로 기재한다.

⑩ 부동산종합공부시스템으로 지적공부를 열람하는 경우 열람용 등본을 발급할 수 있으며, 이때에는 아랫부분에 "본 토지(임야)대장은 열람용이므로 출력하신 토지(임야)대장은 법적인 효력이 없습니다."라고 기재한다.

⑪ 등본은 공용으로 발급할 수 있으며, 이때 등본의 아랫부분에 "본 토지(임야)대장은 공용이므로 출력하신 토지(임야)대장은 민원용으로 사용할 수 없습니다."라고 기재한다.

8) 지적공부의 복구(법 제74조)

지적소관청(제69조제2항에 따른 지적공부의 경우에는 시·도지사, 시장·군수 또는 구청장)은 지적공부의 전부 또는 일부가 멸실되거나 훼손된 경우에는 대통령령으로 정하는 바에 따라 지체 없이 이를 복구하여야 한다.

9) 지적공부의 복구(시행령 제61조)

① 지적소관청이 법 제74조에 따라 지적공부를 복구할 때에는 멸실·훼손 당시의 지적공부와 가장 부합된다고 인정되는 관계 자료에 따라 토지의 표시에 관한 사항을 복구하여야 한다. 다만, 소유자에 관한 사항은 부동산등기부나 법원의 확정판결에 따라 복구하여야 한다.
② 제1항에 따른 지적공부의 복구에 관한 관계 자료 및 복구절차 등에 관하여 필요한 사항은 국토교통부령으로 정한다.

예제 16

공간정보의 구축 및 관리 등에 관한 법령상 지적공부의 관리 등에 관한 설명으로 틀린 것은?

(15년26회공인)

① 지적공부를 정보처리시스템을 통하여 기록·저장한 경우 관할 시·도지사, 시장·군수 또는 구청장은 그 지적공부를 지적정보관리체계에 영구히 보존하여야 한다.
② 지적소관청은 해당 청사에 지적서고를 설치하고 그곳에 지적공부(정보처리시스템을 통하여 기록·저장한 경우는 제외한다)를 영구히 보존하여야 한다.
③ 국토교통부장관은 지적공부를 과세나 부동산정책자료 등으로 활용하기 위하여 주민등록전산자료, 가족관계등록전산자료, 부동산등기전산자료 또는 공시지가전산자료 등을 관리하는 기관에 그 자료를 요청할 수 있다.
④ 토지소유자가 자기 토지에 대한 지적전산자료를 신청하거나, 토지소유자가 사망하여 그 상속인이 피상속인의 토지에 대한 지적전산자료를 신청하는 경우에는 승인을 받지 아니할 수 있다.
⑤ 지적소관청은 지적공부의 전부 또는 일부가 멸실되거나 훼손되어 이를 복구하고자 하는 경우에는 국토교토부장관의 승인을 받아야 한다.

정답 ⑤

10) 수수료

■ 공간정보의 구축 및 관리 등에 관한 법률 시행규칙 [별표 12] 〈개정 2021.8.27.〉

업무 종류에 따른 수수료의 금액(제115조제1항 관련)

해당 업무	단위	수수료	해당 법조문
11. 지적공부의 열람 신청			
가. 방문 열람			
1) 토지대장	1필지당	300원	
2) 임야대장	1필지당	300원	
3) 지적도	1장당	400원	
4) 임야도	1장당	400원	
5) 경계점좌표등록부	1필지당	300원	법 제106조 제1항제13호
나. 인터넷 열람			
1) 토지대장	1필지당	무료	
2) 임야대장	1필지당	무료	
3) 지적도	1장당	무료	
4) 임야도	1장당	무료	
5) 경계점좌표등록부	1필지당	무료	
12. 지적공부의 등본 발급 신청			
가. 방문 발급			
1) 토지대장	1필지당	500원	
2) 임야대장	1필지당	500원	
3) 지적도	가로 21cm, 세로 30cm	700원	
4) 임야도	가로 21cm, 세로 30cm	700원	
5) 경계점좌표등록부	1필지당	500원	법 제106조 제1항제13호
나. 인터넷 발급			
1) 토지대장	1필지당	무료	
2) 임야대장	1필지당	무료	
3) 지적도	가로 21cm, 세로 30cm	무료	
4) 임야도	가로 21cm, 세로 30cm	무료	
5) 경계점좌표등록부	1필지당	무료	

비고
가) 국가 또는 지방자치단체의 지적공부정리 신청 수수료는 면제한다.
나) 부동산종합증명서 방문 발급 시 1통에 대한 발급수수료는 20장까지는 기본수수료를 적용하고, 1통이 20장을 초과하는 때에는 초과 1장마다 50원의 수수료를 추가 적용한다.
다) 토지(임야)대장 및 경계점좌표등록부의 열람 및 등본발급 수수료는 1필지를 기준으로 하되, 1필지당 20장을 초과하는 경우에는 초과하는 매 1장당 100원을 가산하며, 지적(임야)도면 등본의 크기가 기본단위(가로 21cm, 세로 30cm)의 4배를 초과하는 경우에는 기본단위당 700원을 가산한다.
라) 다)에도 불구하고 지적(임야)도면 등본을 제도방법(연필로 하는 제도방법은 제외한다)으로 작성·발급하는 경우 그 등본 발급 수수료는 기본단위당 5필지를 기준하여 2,400원으로 하되, 5필지를 초과하는 경우에는 초과하는 매 1필지당 150원을 가산하며, 도면 등본의 크기가 기본단위를 초과하는 경우에는 기본단위당 500원을 가산한다.
마) 지적측량업무에 종사하는 측량기술자가 그 업무와 관련하여 지적측량기준점성과 또는 그 측량부의 열람 및 등본 발급을 신청하는 경우에는 수수료를 면제한다.
바) 국가 또는 지방자치단체가 업무수행에 필요하여 지적공부의 열람 및 등본 발급을 신청하는 경우에는 수수료를 면제한다.
사) 지적측량업무에 종사하는 측량기술자가 그 업무와 관련하여 지적공부를 열람(복사하기 위하여 열람하는 것을 포함한다)하는 경우에는 수수료를 면제한다.

■ 공간정보의 구축 및 관리 등에 관한 법률 시행규칙 [별지 제71호서식] 〈개정 2021.8.5.〉

지적공부 · 부동산종합공부 열람 · 발급 신청서

접수번호		접수일	발급일		처리기간	즉시

신청인		성명		생년월일	

신청물건		시 · 도		시 · 군 · 구		읍 · 면
		리 · 동		번지		
	집합건물		APT · 연립 · B/D	동	층	호

신청구분	[ ] 열람 [ ] 등본 발급 [ ] 증명서 발급 ※ 발급 시 부수를 [ ] 안에 숫자로 표시

지적공부	[ ] 토지대장 [ ] 임야대장 [ ] 지적도 [ ] 임야도 [ ] 경계점좌표등록부

부동산종합공부 (※ 종합형은 연혁을 포함한 모든 정보, 맞춤형은 ✓로 표시한 정보만 발급)

종합형		[ ] 토지	[ ] 토지, 건축물	[ ] 토지, 집합건물
맞춤형	• 토지(지목, 면적, 현 소유자 등) 기본사항	[ ]		
	• 토지(지목, 면적 등) · 건물(주용도, 층수 등) 기본사항		[ ]	[ ]
	• 토지이용확인도 및 토지이용계획	[ ]	[ ]	[ ]
	• 토지 · 건축물 소유자 현황		[ ]	[ ]
	• 토지 · 건축물 소유자 공유현황	[ ]	[ ]	[ ]
	• 토지 · 건축물 표시 변동 연혁	[ ]	[ ]	[ ]
	• 토지 · 건축물 소유자 변동 연혁	[ ]	[ ]	[ ]
	• 가격 연혁	[ ]	[ ]	[ ]
	• 지적(임야)도	[ ]	[ ]	[ ]
	• 경계점좌표 등록사항	[ ]	[ ]	[ ]
	• 건축물 층별 현황		[ ]	[ ]
	• 건축물 현황도면		[ ]	[ ]

「공간정보의 구축 및 관리 등에 관한 법률」 제75조 · 제76조의4 및 같은 법 시행규칙 제74조에 따라 지적공부 · 부동산종합공부의 열람 · 증명서 발급을 신청합니다.

년 월 일

신청인 (서명 또는 인)

특별자치시장
시장 · 군수 · 구청장 귀하
읍 · 면 · 동장

첨부서류	없 음

수수료	구분		신청 종목	방문 신청	인터넷 신청
	지적공부	열람	토지(임야)대장, 경계점좌표등록부(1필지)	300원	무료
			지적(임야)도(1장)	400원	무료
		발급	토지(임야)대장, 경계점좌표등록부(1필지)	500원	무료
			지적(임야)도 (가로 21cm×30cm)	700원	무료
	부동산 종합공부	열람	부동산종합증명서 종합형	없음	무료
			부동산종합증명서 맞춤형	없음	무료
		발급	부동산종합증명서 종합형	1,500원	1,000원
			부동산종합증명서 맞춤형	1,000원	800원
		※ 방문 발급시 1통에 대한 발급수수료는 20장까지는 기본 수수료를 적용하고, 1통이 20장을 초과하는 때에는 초과 1장마다 50원의 수수료 추가 적용(인터넷 발급은 적용하지 않음)			

210mm×297mm[백상지(80g/m²) 또는 중질지(80g/m²)]

11) 지적정보 전담 관리기구의 설치(법률 제70조)

① 국토교통부장관은 지적공부의 효율적인 관리 및 활용을 위하여 지적정보 전담 관리기구를 설치·운영한다.

② 국토교통부장관은 지적공부를 과세나 부동산정책자료 등으로 활용하기 위하여 주민등록전산자료, 가족관계등록전산자료, 부동산등기전산자료 또는 공시지가전산자료 등을 관리하는 기관에 그 자료를 요청할 수 있으며 요청을 받은 관리기관의 장은 특별한 사정이 없으면 그 요청을 따라야 한다.

③ 제1항에 따른 지적정보 전담 관리기구의 설치·운영에 관한 세부사항은 대통령령으로 정한다.

예제 17

다음 중 지적공부의 효율적인 관리 및 활용을 위하여 지적 정보 전담 관리기구를 설치·운영해야 하는 자는?

(15년서울시9)

① 지방자치단체의 장 ② 지적소관청
③ 국토교통부장관 ④ 국토정보센터장

정답 ③

2 지적서고

1) 지적서고 설치기준(시행규칙 제65조)

① 법 제69조제1항에 따른 지적서고는 지적사무를 처리하는 사무실과 연접(連接)하여 설치하여야 한다.

② 제1항에 따른 지적서고의 구조는 다음 각 호의 기준에 따라야 한다.

> 1. 골조는 철근콘크리트 이상의 강질로 할 것
> 2. 지적서고의 면적은 별표 7의 기준면적에 따를 것
> 3. 바닥과 벽은 2중으로 하고 영구적인 방수설비를 할 것
> 4. 창문과 출입문은 2중으로 하되, 바깥쪽 문은 반드시 철제로 하고 안쪽 문은 곤충·쥐 등의 침입을 막을 수 있도록 철망 등을 설치할 것
> 5. 온도 및 습도 자동조절장치를 설치하고, 연중 평균온도는 섭씨 20±5도를, 연중평균습도는 65±5퍼센트를 유지할 것
> 6. 전기시설을 설치하는 때에는 단독퓨즈를 설치하고 소화장비를 갖춰 둘 것
> 7. 열과 습도의 영향을 받지 아니하도록 내부공간을 넓게 하고 천장을 높게 설치할 것

■ 공간정보의 구축 및 관리 등에 관한 법률 시행규칙 [별표 7]

지적서고의 기준면적(제65조제2항제2호 관련)

지적공부 등록 필지 수	지적서고의 기준면적
10만필지 이하	80제곱미터
10만필지 초과 20만필지 이하	110제곱미터
20만필지 초과 30만필지 이하	130제곱미터
30만필지 초과 40만필지 이하	150제곱미터
40만필지 초과 50만필지 이하	165제곱미터
50만필지 초과	180제곱미터에 60만필지를 초과하는 10만필지마다 10제곱미터를 가산한 면적

2) 지적서고의 관리(지적업무처리규정 제35조)

① 지적소관청은 지적부서 실·과장을 지적공부 보관 정책임자로, 지적업무담당을 부책임자로 지정하여 관리한다.

② 지적서고의 자물쇠는 바깥쪽 문과 안쪽 문에 각각 설치하고 열쇠는 2조를 마련하되, 1조는 지적소관청이 봉인하여 관리하고, 다른 1조는 지적부서 실·과장이 관리한다.

③ 지적서고의 출입문이 자동으로 개폐되는 경우에는 보안 관리의 책임자는 지적부서 실·과장이 되고 담당자는 보안관리 책임자가 별도로 지정한다.

④ 지적공부 보관상자는 벽으로부터 15센티미터 이상 띄워야 하며, 높이 10센티미터 이상의 깔판 위에 올려놓아야 한다.

⑤ 지적서고는 제한구역으로 지정하고, 출입자를 지적사무담당공무원으로 한정할 것

⑥ 지적서고에는 인화물질의 반입을 금지하며, 지적공부, 지적 관계 서류 및 지적측량장비만 보관할 것

예제 18

지적서고의 설치기준에 관한 설명 중 옳은 것은? (14년서울시9)

① 지적서고는 지적사무를 처리하는 사무실과 연접(連接)하여 설치할 것

② 골조는 철골조 이상의 강질로 할 것

③ 바닥과 벽은 2중으로 하고 영구적인 방음설비를 할 것

④ 전기시설을 설치하는 때에는 공동퓨즈를 설치하고 소화장비를 갖춰 둘 것

⑤ 온도 및 습도 자동조절장치를 설치하고, 연중 평균온도는 섭씨 18±5도를, 연중 평균습도는 60±5퍼센트를 유지할 것

정답 ①

❸ 지적전산자료의 이용(법률 제76조)

1) 지적전산자료의 신청 등

① 지적공부에 관한 전산자료(연속지적도를 포함하며, 이하 "지적전산자료"라 한다)를 이용하거나 활용하려는 자는 다음 각 호의 구분에 따라 국토교통부장관, 시·도지사 또는 지적소관청에 지적전산자료를 신청하여야 한다.

> 1. 전국 단위의 지적전산자료 : 국토교통부장관, 시·도지사 또는 지적소관청
> 2. 시·도 단위의 지적전산자료 : 시·도지사 또는 지적소관청
> 3. 시·군·구(자치구가 아닌 구를 포함한다) 단위의 지적전산자료 : 지적소관청

② 제1항에 따라 지적전산자료를 신청하려는 자는 대통령령으로 정하는 바에 따라 지적전산자료의 이용 또는 활용 목적 등에 관하여 미리 관계 중앙행정기관의 심사를 받아야 한다. 다만, 중앙행정기관의 장, 그 소속 기관의 장 또는 지방자치단체의 장이 신청하는 경우에는 그러하지 아니하다.

③ 제2항에도 불구하고 다음 각 호의 어느 하나에 해당하는 경우에는 관계 중앙행정기관의 심사를 받지 아니할 수 있다.

> 1. 토지소유자가 자기 토지에 대한 지적전산자료를 신청하는 경우
> 2. 토지소유자가 사망하여 그 상속인이 피상속인의 토지에 대한 지적전산자료를 신청하는 경우
> 3. 「개인정보 보호법」 제2조제1호에 따른 개인정보를 제외한 지적전산자료를 신청하는 경우

④ 제1항 및 제3항에 따른 지적전산자료의 이용 또는 활용에 필요한 사항은 대통령령으로 정한다.

예제 19

> **지적공부와 관련된 전산자료의 활용에 대한 신청권자가 아닌 것은?** (11년지방직9)
> ① 서울특별시장　　　　　　　② 국토교통부장관
> ③ 경기도지사　　　　　　　　④ 행정안전부장관
>
> **정답** ④

---

2) 지적전산자료의 심사신청(시행령 제62조)

① 법 제76조제1항에 따라 지적공부에 관한 전산자료(이하 "지적전산자료"라 한다)를 이용하거나 활용하려는 자는 같은 조 제2항에 따라 다음 각 호의 사항을 적은 신청서를 관계 중앙행정기관의 장에게 제출하여 심사를 신청하여야 한다. **암기** ⑩⑱⑰ ⑲⑭는 ⑳⑭⑳하라.

> 1. 자료의 ⑩용 또는 활용 ⑱적 및 ⑰거
> 2. 자료의 ⑲위 및 ⑭용
> 3. 자료의 ⑳공 방식, ⑭관 기관 및 안⑳관리대책 등

② 제1항에 따른 심사 신청을 받은 관계 **중앙행정기관의** 장은 다음 각 호의 사항을 심사한 후 그 결과를 신청인에게 통지하여야 한다. 암기 타적공은 사적 외 방안 마련하라.

> 1. 신청 내용의 타당성, 적합성 및 공익성
> 2. 개인의 사생활 침해 여부
> 3. 자료의 목적 외 사용 방지 및 안전관리대책

③ 법 제76조제1항에 따라 지적전산자료의 이용 또는 활용에 관한 승인을 받으려는 자는 승인신청을 할 때에 제2항에 따른 심사 결과를 제출하여야 한다. 다만, 중앙행정기관의 장이 승인을 신청하는 경우에는 제2항에 따른 심사 결과를 제출하지 아니할 수 있다.

④ 제3항에 따른 승인신청을 받은 **국토교통부장관, 시 · 도지사 또는 지적소관청**은 다음 각 호의 사항을 심사하여야 한다. 암기 타적공은 사적 외 방안을 마련하라. 전지연부를

> 1. 신청 내용의 타당성, 적합성 및 공익성
> 2. 개인의 사생활 침해 여부
> 3. 자료의 목적 외 사용 방지 및 안전관리대책
> 4. 신청한 사항의 처리가 전산정보처리조직으로 가능한지 여부
> 5. 신청한 사항의 처리가 지적업무수행에 지장을 주지 않는지 여부

3) 지적전산자료 제공

국토교통부장관, 시 · 도지사 또는 지적소관청은 심사를 거쳐 지적전산자료의 이용 또는 활용을 승인하였을 때에는 지적전산자료 이용 · 활용 승인대장에 그 내용을 기록 · 관리하고 승인한 자료를 제공하여야 한다.

4) 지적전산자료 수수료

지적전산자료의 이용 또는 활용에 관한 승인을 받은 자는 국토교통부령으로 정하는 사용료를 내야 한다. 다만, 국가나 지방자치단체에 대해서는 사용료를 면제한다.

공간정보의 구축 및 관리 등에 관한 법률 시행규칙 제115조(수수료)

① 법 제106조제1항제1호부터 제4호까지, 제6호, 제9호부터 제14호까지, 제14호의2, 제15호, 제17호 및 제18호에 따른 수수료는 별표 12와 같다. 〈개정 2014.1.17.〉

② 법 제106조제1항제5호에 따른 공공측량성과의 심사 수수료 산정방법은 별표 13과 같다. 〈개정 2017.1.31.〉

③ 법 제106조제1항제7호에 따른 수로조사성과의 심사 수수료 산정방법은 별표 14와 같다. 〈삭제 2021.2.19.〉

④ 법 제106조제1항제8호에 따른 수로도서지의 복제 등의 승인 신청 수수료 산정기준은 별표 15와 같다. 〈삭제 2021.2.19.〉

⑤ 법 제106조제1항제16호에 따른 측량기기 성능검사 신청 수수료는 별표 16과 같다.

⑥ 제1항부터 제5항까지의 수수료는 수입인지, 수입증지 또는 현금으로 내야 한다. 다만, 법 제93조 제1항에 따라 등록한 성능검사대행자가 하는 성능검사 수수료와 법 제105조제2항에 따라 공간 정보산업협회 등에 위탁된 업무의 수수료는 현금으로 내야 한다. 〈개정 2015.6.4.〉

⑦ 국토교통부장관, 국토지리정보원장, 시·도지사 및 지적소관청은 제6항에도 불구하고 정보통신망 을 이용하여 전자화폐·전자결제 등의 방법으로 수수료를 내게 할 수 있다. 〈개정 2013.3.23.〉

■ 공간정보의 구축 및 관리 등에 관한 법률 시행규칙 [별표 12] 〈개정 2019.2.25.〉

업무 종류에 따른 수수료의 금액(제115조제1항 관련)

해당 업무	단위	수수료	해당 법조문
13. 지적전산자료의 이용 또는 활용 신청 　가. 자료를 인쇄물로 제공하는 경우 　나. 자료를 자기디스크 등 전산매체로 제공하는 경우	1필지당 1필지당	30원 20원	법 제106조제1항 제14호
14. 부동산종합공부의 인터넷 열람 신청	1필지당	무료	법 제106조제1항 제14호의2

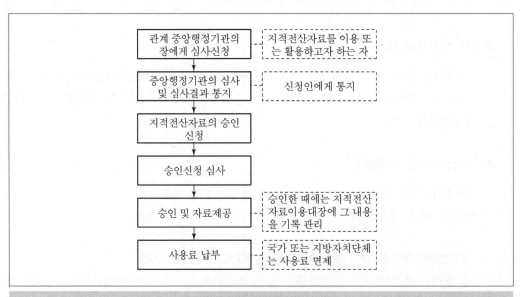

지적전산자료의 이용절차

예제 20

지적전산자료의 이용에 관하여 잘못 설명한 것은?

① 이용하고자 하는 자는 자료의 범위 및 내용을 포함하는 신청서를 작성하여 지적소관청에 심사 신청하여야 한다.

② 심사 신청을 받은 자는 개인의 사생활 침해 등을 심사하여 신청인에게 결과를 통지한다.

③ 중앙행정기관의 장 외의 이용하고자 하는 자는 심사 결과를 첨부하여 승인 신청을 하여야 한다.

④ 승인 신청을 받은 국토교통부장관 등은 승인 심사하여야 한다.

⑤ 승인권자는 신청한 사항의 처리가 지적업무수행에 지장이 없는지 등을 심사한다.

 정답 ①

예제 21

지적공부에 관한 전산자료를 이용하거나 활용하려는 자가 신청서를 제출한 경우, 관계 중앙행정기관의 장이 심사해야 하는 항목이 아닌 것은? (10년지방직9)

① 자료의 목적 외 사용방지 및 안전관리 대책

② 신청절차 및 자료처리 방법의 용이성

③ 개인의 사생활 침해 여부

④ 신청 내용의 타당성, 적합성 및 공익성

 정답 ②

예제 22

지적전산자료의 이용 또는 활용 신청에 대한 심사신청을 받은 관계 중앙행정기관의 장이 심사하여야 할 사항으로 거리가 먼 것은? (13년서울시9)

① 신청내용의 타당성

② 자료의 목적 외 사용 방지 및 안전관리 대책

③ 토지정보의 공신력 확보를 위한 정보제공 제한의 적정성

④ 개인의 사생활 침해 여부

⑤ 신청내용의 적합성 및 공익성

 정답 ③

「공간정보의 구축 및 관리 등에 관한 법률」상 지적전산자료의 이용 또는 활용 목적 등에 관하여 미리 관계 중앙행정기관의 심사를 받지 않을 수 있는 경우가 아닌 것은?

(20년서울시9)

① 토지소유자가 자기 토지에 대한 지적전산자료를 신청하는 경우
② 토지소유자가 사망하여 그 상속인이 피상속인의 토지에 대한 지적전산자료를 신청하는 경우
③ 전국 단위의 지적전산자료 및 시 · 도 단위의 지적전산자료를 신청하는 경우
④ 「개인정보 보호법」에 따른 개인정보를 제외한 지적전산자료를 신청하는 경우

정답 ③

■ 공간정보의 구축 및 관리 등에 관한 법률 시행규칙 [별지 제72호서식] 〈개정 2017.1.31.〉

지적전산자료 이용 · 활용 [　]심사 [　]승인 신청서

※ [　]에는 해당되는 곳에 ✓ 표시를 합니다.

접수번호		접수일	발급일	처리기간	즉시
신청인	성명			생년월일	
	주소				

신청사항	신청내용
	활용목적
	제출처
	법적 근거

자료제공 방법	[　] 인쇄물　　[　] 전산매체

자료요구 범위	[　] 기개발　　[　] 자료제공　　[　] 전국　　[　] 시 · 도　　[　] 시 · 군 · 구

「공간정보의 구축 및 관리 등에 관한 법률 시행령」제62조제1항 및 같은 법 시행규칙 제75조에 따라 위와 같이 신청합니다.

년　　　월　　　일

신청인　　　　　　　　　　　(서명 또는 인)

시장 · 군수 · 구청장 귀하

첨부서류	관계 중앙행정기관의 장의 심사 결과 1부(지적전산정보자료 이용 · 활용 승인을 신청하는 경우에만 제출합니다)	수수료 1필지당 각 인쇄물 : 30원 전산매체 : 20원

210mm×297mm[백상지(80g/m²) 또는 중질지(80g/m²)]

■ 공간정보의 구축 및 관리 등에 관한 법률 시행규칙 [별지 제73호서식]

지적 전산 정보 자료 이용 · 활용 승인 대장

결 재		접수 번호	접수 일	신청인		활용 목적	신청건수 (필지 수)	전산본부 작업의뢰일	처리결과 통 보 일	처리건수 (필지 수)	사용료	비고
				성명	주 소							

297mm×210mm (보존용지(2종) 70g/m²)

SECTION 04 부동산종합공부와 부동산종합공부시스템 운영 및 관리규정

1 부동산종합공부

1) 부동산종합공부의 관리 및 운영(법률 제76조의2)

① 지적소관청은 부동산의 효율적 이용과 부동산과 관련된 정보의 종합적 관리 · 운영을 위하여 부동산종합공부를 관리 · 운영한다.

② 지적소관청은 부동산종합공부를 영구히 보존하여야 하며, 부동산종합공부의 멸실 또는 훼손에 대비하여 이를 별도로 복제하여 관리하는 정보관리체계를 구축하여야 한다.

③ 제76조의3 각 호의 등록사항을 관리하는 기관의 장은 지적소관청에 상시적으로 관련 정보를 제공하여야 한다.

④ 지적소관청은 부동산종합공부의 정확한 등록 및 관리를 위하여 필요한 경우에는 제76조의3 각 호의 등록사항을 관리하는 기관의 장에게 관련 자료의 제출을 요구할 수 있다. 이 경우 자료의 출을 요구받은 기관의 장은 특별한 사유가 없으면 자료를 제공하여야 한다.

2) 부동산종합공부의 등록사항 등(법률 제76조의3)

지적소관청은 부동산종합공부에 다음 각 호의 사항을 등록하여야 한다.

1. 토지의 표시와 소유자에 관한 사항 : 이 법에 따른 지적공부의 내용
2. 건축물의 표시와 소유자에 관한 사항(토지에 건축물이 있는 경우만 해당한다) : 「건축법」 제38조에 따른 건축물대장의 내용
3. 토지의 이용 및 규제에 관한 사항 : 「토지이용규제 기본법」 제10조에 따른 토지이용계획확인서의 내용
4. 부동산의 가격에 관한 사항 : 「부동산 가격공시에 관한 법률」 제10조에 따른 개별공시지가, 같은 법 제16조, 제17조 및 제18조에 따른 개별주택가격 및 공동주택가격 공시내용
5. 그 밖에 부동산의 효율적 이용과 부동산과 관련된 정보의 종합적 관리 · 운영을 위하여 필요한 사항으로서 대통령령으로 정하는 사항

> **시행령 제62조의2(부동산종합공부의 등록사항)**
> 법 제76조의3제5호에서 "대통령령으로 정하는 사항"이란 「부동산등기법」 제48조에 따른 부동산의 권리에 관한 사항을 말한다.

예제 24

부동산종합공부에 등록해야 하는 내용으로 옳지 않은 것은? (15년서울시7)

① 건축물의 표시와 소유자에 관한 사항(토지에 건축물이 있는 경우만 해당한다) : 「건축법」 제38조에 따른 건축물 대장의 내용
② 토지의 이용 및 규제에 관한 사항 : 「국토의 계획 및 이용에 관한 법률」 제10조에 따른 토지이용계획확인서의 내용
③ 부동산의 가격에 관한 사항 : 「부동산 가격공시에 관한 법률」 제10조에 따른 개별공시지가, 같은 법 제16조, 제17조 및 제18조에 따른 개별주택가격 및 공동주택가격 공시내용
④ 토지의 표시와 소유자에 관한 사항 : 「공간정보의 구축 및 관리 등에 관한 법률」에 따른 지적공부의 내용

정답 ②

예제 25

「공간정보의 구축 및 관리 등에 관한 법률」상 부동산종합공부에 관한 설명으로 가장 옳은 것은? (20년서울시9)

① 지적소관청은 부동산종합공부를 영구히 보존하여야 하지만 부동산종합공부의 멸실 또는 훼손에 대비하여 이를 별도로 복제하여 관리하는 정보관리체계를 구축할 필요가 없다.
② 부동산종합공부를 열람하려는 자는 지적소관청만을 대상으로 신청할 수 있다.
③ 부동산종합공부 등록사항 중 토지의 이용 및 규제에 관한 사항은 「토지이용규제 기본법」에 따른 토지이용 계획확인서의 내용과 도시계획확인서의 내용이다.
④ 부동산종합공부의 등록사항 중 토지의 표시와 소유자에 관한 사항은 「공간정보의 구축 및 관리 등에 관한 법률」에 따른 지적공부의 내용이다.

정답 ④

공간정보의 구축 및 관리 등에 관한 법령상 지적공부 및 부동산종합공부에 대한 설명으로 가장 옳지 않은 것은? (21년서울시7)

① 정보처리시스템을 통하여 기록·저장되지 않은 지적 공부를 열람하거나 그 등본을 발급받으려는 자는 특별자치시장, 시장·군수 또는 구청장이나 읍·면·동의 장에게 신청하여야 한다.

② 부동산종합공부를 열람하거나 부동산종합공부 기록 사항의 전부 또는 일부에 관한 증명서를 발급받으려는 자는 지적소관청이나 읍·면·동의 장에게 신청할 수 있다.

③ 지적소관청은 부동산종합공부에 토지의 표시와 소유자에 관한 사항 중 이 법에 따른 지적공부의 내용을 등록하여야 한다.

④ 지적소관청은 부동산의 효율적 이용과 부동산과 관련된 정보의 종합적 관리·운영을 위하여 부동산종합공부를 관리·운영한다.

정답 ①

3) 부동산종합공부의 열람 및 증명서 발급(법률 제76조의4)

① 부동산종합공부를 열람하거나 부동산종합공부 기록사항의 전부 또는 일부에 관한 증명서(이하 "부동산종합증명서"라 한다)를 발급받으려는 자는 지적소관청이나 읍·면·동의 장에게 신청할 수 있다.

② 제1항에 따른 부동산종합공부의 열람 및 부동산종합증명서 발급의 절차 등에 관하여 필요한 사항은 국토교통부령으로 정한다.

4) 지적공부 및 부동산종합공부의 열람·발급 등(시행규칙 제74조)

① 법 제75조에 따라 지적공부를 열람하거나 그 등본을 발급받으려는 자는 별지 제71호서식의 지적공부·부동산종합공부 열람·발급 신청서(전자문서로 된 신청서를 포함한다)를 지적소관청 또는 읍·면·동장에게 제출하여야 한다.

② 법 제76조의4에 따라 부동산종합공부를 열람하거나 부동산종합공부 기록사항의 전부 또는 일부에 관한 증명서(이하 "부동산종합증명서"라 한다)를 발급받으려는 자는 별지 제71호서식의 지적공부·부동산종합공부 열람·발급 신청서(전자문서로 된 신청서를 포함한다)를 지적소관청 또는 읍·면·동장에게 제출하여야 한다.

③ 부동산종합증명서의 건축물현황도 중 평면도 및 단위세대별 평면도의 열람·발급의 방법과 절차에 관하여는 「건축물대장의 기재 및 관리 등에 관한 규칙」 제11조제3항에 따른다.

④ 부동산종합증명서는 별지 제71호의2서식부터 별지 제71호의4서식까지와 같다.

■ 공간정보의 구축 및 관리 등에 관한 법률 시행규칙 [별표 12] 〈개정 2021.8.27.〉

업무 종류에 따른 수수료의 금액(제115조제1항 관련)

해당 업무	단위	수수료	해당 법조문
14. 부동산종합공부의 인터넷 열람 신청	1필지당	무료	법 제106조제1항 제14호의2

15. 부동산종합증명서 발급 신청
 가. 방문 발급
  1) 종합형
  2) 맞춤형
 나. 인터넷 발급
  1) 종합형
  2) 맞춤형
	
	1필지당
	1필지당
	
	1필지당
	1필지당
		
		1,500원
		1,000원
		
		1,000원
		800원
			법 제106조제1항 제14호의2

※ 부동산종합증명서 방문 발급 시 1통에 대한 발급수수료는 20장까지는 기본수수료를 적용하고, 1통이 20장을 초과하는 때에는 초과 1장마다 50원의 수수료를 추가 적용한다.

5) 부동산종합공부의 등록사항 정정 등(시행령 제62조의3)

① 지적소관청은 법 제76조의5에 따라 준용되는 법 제84조에 따른 부동산종합공부의 등록사항 정정을 위하여 법 제76조의3 각 호의 등록사항 상호 간에 일치하지 아니하는 사항(이하 이 조에서 "불일치 등록사항"이라 한다)을 확인 및 관리하여야 한다.

② 지적소관청은 제1항에 따른 불일치 등록사항에 대해서는 법 제76조의3 각 호의 등록사항을 관리하는 기관의 장에게 그 내용을 통지하여 등록사항 정정을 요청할 수 있다.

③ 제1항 및 제2항에 따른 부동산종합공부의 등록사항 정정 절차 등에 관하여 필요한 사항은 국토교통부장관이 따로 정한다.

> **법률 제76조의5(준용)**
> 부동산종합공부의 등록사항 정정에 관하여는 제84조를 준용한다.

② 부동산종합공부시스템 운영 및 관리규정

[시행 2021.2.16.] [국토교통부훈령 제1368호, 2021.2.16. 타법개정]

1) 목적(제1조)

이 규정은 「공간정보의 구축 및 관리 등에 관한 법률」, 같은 법 시행령, 같은 법 시행규칙, 「지적측량 시행규칙」과 「국가공간정보센터 운영세부규정」에 따라 지적공부 및 부동산종합공부를 정보관리체계에 따라 처리하는 방법과 절차 등에 관하여 필요한 사항을 규정함을 목적으로 한다.

2) 정의(제2조)

이 규정에서 사용하는 용어의 정의는 다음과 같다.

정보관리체계	"정보관리체계"란 지적공부 및 부동산종합공부의 관리업무를 전자적으로 처리할 수 있도록 설치된 정보시스템으로서, 국토교통부가 운영하는 "국토정보시스템"과 지방자치단체가 운영하는 "부동산종합공부시스템"으로 구성된다.
국토정보시스템	"국토정보시스템"이란 국토교통부장관이 지적공부 및 부동산종합공부 정보를 전국 단위로 통합하여 관리 · 운영하는 시스템을 말한다.
부동산종합공부 시스템	"부동산종합공부시스템"이란 지방자치단체가 지적공부 및 부동산종합공부 정보를 전자적으로 관리 · 운영하는 시스템을 말한다.
운영기관	"운영기관"이란 부동산종합공부시스템이 설치되어 이를 운영하고 유지관리의 책임을 지는 지방자치단체를 말하며, 영문표기는 "Korea Real estate Administration intelligence System"으로 약칭은 "KRAS"이다.
사용자	"사용자"란 부동산종합공부시스템을 이용하여 업무를 처리하는 업무담당자로서 부동산종합공부시스템에 사용자로 등록된 자를 말한다.
운영지침서	"운영지침서"란 국토교통부장관이 부동산종합공부시스템을 통한 업무처리의 절차 및 방법에 대하여 체계적으로 정한 지침으로서 '운영자 전산처리지침서'와 '사용자 업무처리지침서'를 말한다.

예제 27

「부동산종합공부시스템 운영 및 관리규정」상 용어의 정의로 옳지 않은 것은?

(15년지방직)

① 정보관리체계 : 지적공부 및 부동산종합공부의 관리업무를 전자적으로 처리할 수 있도록 설치된 정보시스템
② 부동산종합공부시스템 : 지방자치단체가 지적공부 및 부동산종합공부 정보를 전자적으로 관리 · 운영하는 시스템
③ 운영기관 : 부동산종합공부시스템이 설치되어 이를 운영하고 유지관리의 책임을 지는 지방자치단체
④ 국토정보시스템 : 국토교통부장관이 지적공부 및 부동산종합공부 정보를 소관청 단위로 분할하여 관리 · 운영하는 시스템

정답 ④

「부동산종합공부시스템 운영 및 관리규정」상 용어의 정의에 대한 설명으로 가장 옳지 않은 것은? (21년서울시)

① "정보관리체계"란 지적공부 및 부동산종합공부의 관리업무를 전자적으로 처리할 수 있도록 설치된 정보시스템을 말한다.

② "부동산종합공부시스템"이란 국토교통부장관이 지적 공부 및 부동산종합공부 정보를 전자적으로 관리·운영하는 시스템을 말한다.

③ "국토정보시스템"이란 국토교통부장관이 지적공부 및 부동산종합공부 정보를 전국 단위로 통합하여 관리·운영하는 시스템을 말한다.

④ "사용자"란 부동산종합공부시스템을 이용하여 업무를 처리하는 업무담당자로서 부동산종합공부시스템에 사용자로 등록된 자를 말한다.

정답 ②

3) 역할분담(제4조)

① 국토교통부장관은 정보관리체계의 총괄 책임자로서 부동산종합공부시스템의 원활한 운영·관리를 위하여 다음 각 호의 역할을 수행하여야 한다.

② 운영기관의 장은 부동산종합공부시스템의 원활한 운영·관리를 위하여 다음 각 호의 역할을 수행하여야 한다.

국토교통부 장관	1. 부동산종합공부시스템의 응용프로그램 관리 2. 부동산종합공부시스템의 운영·관리에 관한 교육 및 지도·감독 3. 그 밖에 정보관리체계 운영·관리의 개선을 위하여 필요한 조치
운영기관의 장	1. 부동산종합공부시스템 전산자료의 입력·수정·갱신 및 백업 2. 부동산종합공부시스템 전산장비의 증설·교체 3. 부동산종합공부시스템의 지속적인 유지·보수 4. 부동산종합공부시스템의 장애사항에 대한 조치 및 보고

부동산종합공부시스템 운영 및 관리규정상 부동산종합공부 시스템의 원활한 운영·관리를 위하여 운영기관의 장이 수행하여야 할 역할이 아닌 것은? (17년지방직9)

① 부동산종합공부시스템의 응용프로그램 관리
② 부동산종합공부시스템 전산장비의 증설·교체
③ 부동산종합공부시스템의 지속적인 유지·보수
④ 부동산종합공부시스템의 장애사항에 대한 조치 및 보고

정답 ①

4) 사용자권한 부여(제5조)

① 사용자의 권한에 관한 부여기준은 별표 1과 같다. 이 경우 사용자권한을 부여받은 자는 개인별로 부여된 업무분장표에 따른 지정업무만을 처리할 수 있다.

② 국토교통부장관 및 운영기관의 장은 사용자의 권한을 부여하거나 변경·해제하고자 하는 때에는 별지 제1호 서식의 사용자권한등록부를 작성하여야 한다.

③ 사용자의 권한관리에 대해서는 「행정기관 정보시스템 접근권한 관리 규정」(국무총리훈령 제601호)을 준용한다.

5) 사용자권한 신청(제5조의2)

① 지적공부 관리 및 부동산종합증명서의 발급에 관한 권한을 부여받고자 할 경우에는 「공간정보의 구축 및 관리 등에 관한 법률 시행규칙」(이하 "규칙"이라 한다) 제76조제2항의 사용자권한 등록신청서를 제출하여야 한다.

② 부동산종합공부시스템의 용도지역·지구등의 관리, 개별공시지가관리, 개별주택가격관리에 관련된 권한 및 부동산정보열람시스템의 권한을 등록 또는 삭제하고자 하는 때에는 별지 제1호의2서식의 사용자권한 등록·삭제 신청서를 작성하여 운영기관의 장에게 신청하여야 한다.

예제 30

부동산종합공부시스템 운영 및 관리규정에서 사용자의 권한에 대한 부여 대상이 나머지 셋과 다른 것은?

(16년지방직)

① 지적전산코드의 입력 ② 지적전산코드의 조회
③ 지적전산자료의 추출 ④ 지적통계의 관리

정답 ①

■ 부동산종합공부시스템 운영 및 관리규정 [별표 제1호]

사용자 권한부여 기준

순번	권한구분	권한부여대상	세부업무 내용
4	지적전산코드의 입력·수정 및 삭제	국토교통부 지적업무담당자	각종 코드의 신규입력, 변경, 삭제
1	사용자의 권한관리	시·도, 시·군·구 업무담당 과장	사용자별 부동산종합공부시스템 권한 부여 및 말소 관리
9	토지관련 정책정보의 관리	시·도, 시·군·구 7급 이상 지적업무담당자 또는 담당부서장이 지정한 지적업무 담당자	국유재산 현황 등 타부서와 관련된 각종 정책정보 처리

순번	권한구분	권한부여대상	세부업무 내용
14	토지등급 및 기준수 확량등급 관리	시·군·구 7급 이상 지적업무담당자 또는 담당부서장이 지정한 지적업무 담당자	토지등급, 기준수확량 등급 등에 관한 정정
18	지적전산자료의 정비		오기정정, 지적전산자료정비, 변동자료정비, 지적도 객체편집, 지적도 객체속성편집
5	지적전산코드의 조회	시·도, 시·군·구 지적업무 담당자	각종 코드의 자료조회
6	지적전산자료의 조회·추출		지적공부 등 각종 자료 조회·추출
8	지적통계의 관리		지적공부등록현황 등 각종 지적통계의 처리
7	지적 기본사항의 조회	시·도, 시·군·구 업무 담당자	토지(임야)대장 등 지적공부 등재사항 조회
21	부동산 종합공부 조회·추출		부동산 종합공부 전산자료 조회·추출
24	용도지역지구 기본사항의 조회		토지이용계획확인서 등재사항 조회
25	용도지역지구 통계 조회		용도지역지구 관련 통계 조회
27	부동산 가격 기본사항의 조회		부동산 공시가격 및 주택가격 확인서 등재사항 조회
28	부동산 가격 전산자료의 조회·추출		부동산 공시가격 및 주택가격 자료 조회·추출
29	부동산 가격 통계 조회		부동산 공시가격 및 주택가격 관련 통계 조회
30	건축물 기본사항의 조회		건축물대장 등재사항 조회
2	법인 아닌 사단·재단 등록번호의 업무관리	시·군·구 지적업무담당자	비법인 등록번호 조회, 부여 변동사항 정리, 증명서발급, 일일처리현황, 직권수정 등의 처리
10	토지이동신청의 접수		신규 등록, 분할, 합병등의 토지이동 등에 관한 업무의 접수
11	토지이동의 정리		토지이동의 기접수 사항의 정리
12	토지소유자 변경의 관리		소유권이전, 보존 등 소유자 변경에 관한 사항
13	측량업무 관리		측량준비도 추출 및 토지이동 성과 관리
16	일반 지적업무의 관리		지적정리결과 통보서, 결재선관리, 섬관리 등의 일반적인 업무사항 처리
17	일일마감관리		일일업무처리에 관한 결과의 정리 및 출력

순번	권한구분	권한부여대상	세부업무 내용
3	부동산등기용등록번호 등록증명서 발급	시 · 군 · 구 업무담당자	부동산등기용 등록번호 등록증명서 발급
15	지적공부의 열람 및 등본발급의 관리		등본, 열람, 민원처리 현황 등 창구 민원처리
19	비밀번호의 변경		개인비밀번호 수정
20	부동산종합증명서 열람 및 발급		증명서 열람 및 발급, 부동산종합공부 정보관리 등
22	연속지적도 관리		토지이동업무 발생시 정보 관리, 지적도 등 변동사항 발생 시 정보관리
23	용도지역지구도 관리		토지이용계획에 관한 신규 및 변동 사항에 대한 정보관리
26	개별공시지가 및 주택가격정보 관리		부동산 공시가격 및 주택가격 변동 사항 관리
31	GIS 건물통합정보 관리		건축인허가 및 사용승인 시 건물 배 치도를 기준으로 건물형상정보 갱신

6) 전산자료의 관리책임(제6조)

부동산종합공부시스템의 전산자료는 다음 각 호의 자(이하 "부서장"이라 한다)가 구축 · 관리한다.

1. 지적공부 및 부동산종합공부는 지적업무를 처리하는 부서장
2. 연속지적도는 지적도면의 변동사항을 정리하는 부서장
3. 용도지역 · 지구도 등은 해당 용도지역 · 지구 등을 입안 · 결정 및 관리하는 부서장(다만, 관리 부서가 없는 경우에는 도시계획을 입안 · 결정 및 관리하는 부서장)
4. 개별공시지가 및 개별주택가격정보 등의 자료는 해당업무를 수행하는 부서장
5. 그 밖의 건물통합정보 및 통계는 그 자료를 관리하는 부서장

7) 부동산 공시가격 관리(제6조의2)

① 운영기관의 장은 당해년도 "개별공시지가 조사 · 산정지침"에 따라 조사 · 산정 · 검증 · 결정 및 공시가 이루어질 수 있도록 필요한 조치를 하여야 한다.

② 운영기관의 장은 당해년도 "개별주택가격 조사 · 산정지침"에 따라 조사 · 산정 · 검증 · 결정 및 공시가 이루어질 수 있도록 필요한 조치를 하여야 한다.

8) 전산자료의 유지 · 관리(제7조)

① 운영기관의 장은 전산자료가 멸실 또는 훼손되지 않도록 관계법령의 규정에 따라 전산자료를 유지 · 관리하여야 한다.

② 운영기관의 장은 제1항에 따른 전산자료의 유지 · 관리 업무를 원활히 수행하기 위하여 지적업무 담당부서의 장을 전산자료관리 책임관으로 지정한다.

9) 전산자료 장애 · 오류의 정비(제8조)

① 운영기관의 장은 전산자료의 구축이나 관리과정에서 장애 또는 오류가 발생한 때에는 지체 없이 이를 정비하여야 한다.

② 운영기관의 장은 제1항에 따른 장애 또는 오류가 발생한 경우에는 이를 국토교통부장관에게 보고하고, 그에 따른 필요한 조치를 요청할 수 있다.

③ 제2항에 따라 보고를 받은 국토교통부장관은 장애 또는 오류가 정비될 수 있도록 필요한 조치를 하여야 한다.

④ 운영기관의 장은 제1항에 따라 전산자료를 정비한 때에는 그 정비내역을 3년간 보존하여야 한다.

10) 전산자료의 일치성 확보(제9조)

국토교통부장관 및 운영기관의 장은 국토정보시스템과 부동산종합공부시스템의 전산자료가 일치하도록 시스템 간 연계체계를 항상 유지 · 관리하여야 한다.

예제 31

지적전산자료의 관리에 대한 설명으로 옳은 것은? (11년지방직9)

① 지적전산자료를 일치시키기 위해 시 · 도지사는 매분기 말을 기준으로 시 · 군의 지적전산자료를 시 · 도의 지적전산정보처리조직에 재구축하여야 한다.

② 지적전산자료의 정비내역은 2년간 보존하여야 한다.

③ 지적공부의 멸실 및 훼손에 대비하여 복구자료로 활용할 수 있도록 2부를 복제하고, 6개월 이상 보관해야 한다.

④ 사용기관의 장은 지적전산자료가 멸실 · 훼손된 때에는 행정안전부장관에게 지체 없이 보고하여야 한다.

 정답 ③

---

11) 전산자료의 제공(제10조)

① 부동산종합공부 전산자료를 제공받으려는 자는 별지 제2호 서식의 제공요청서를 작성하여 다음 각 호에 따라 해당하는 운영기관의 장에게 제출하여야 한다.

> 1. 기초자치단체(시 · 군 · 구)의 범위에 속하는 자료 : 시 · 군 · 구(자치구가 아닌 구를 포함)의 장
> 2. 시 · 도 단위의 자료 또는 2개 이상의 기초자치단체에 걸친 범위에 속하는 자료 : 시 · 도지사
> 3. 전국 단위의 자료 또는 2개 이상의 시 · 도에 걸친 범위에 속하는 자료 : 국토교통부장관

② 제1항에 따른 요청을 받은 운영기관의 장은 요청내역, 요청목적, 근거법령 등을 검토하여 전산자료의 제공이 가능한 때에는 별지 제3호 서식의 전산자료 제공대장을 작성하여야 한다.

③ 제2항에 따라 전산자료를 제공받는 자는 별지 제4호 서식의 보안각서 및 별지 제5호 서식의 전산자료 수령증을 작성하여 운영기관의 장에게 제출하여야 한다.

④ 제2항에 따라 부동산종합정보시스템에서 제공할 수 있는 자료의 종류는 다음 각 호와 같다.

> 1. 지적전산자료
> 2. 용도지역 · 지구도, 건물통합정보 연속지적도 등의 공간자료
> 3. 개별공시지가, 개별주택가격 등의 속성자료

⑤ 제4항제1호의 지적전산자료를 포함하여 신청한 경우에는 「공간정보의 구축 및 관리 등에 관한 법률」(이하, "법"이라 한다)에 따른 지적전산자료를 신청한 것으로 본다.

예제 32

「부동산종합공부시스템 운영 및 관리규정」상 부동산종합정보 시스템에서 제공할 수 있는 공간 및 속성자료의 종류에 해당하지 않는 것은?　(17년지방직)

① 개발이익추정금　　　　　　② 개별주택가격
③ 건물통합정보 연속지적도　④ 용도지역, 지구도

정답 ①

12) 전산자료 수신자의 의무(제11조)

① 전산자료를 제공받은 자는 제공된 자료의 불법 복제 · 유출 방지를 위하여 관련 보안관리규정에 따라 보안 대책을 수립 · 시행하여야 한다.

② 전산자료를 제공받은 자는 해당 자료를 제공한 운영기관의 장과 사전 협의 없이 사용 목적 이외의 다른 용도로는 사용할 수 없다.

13) 전산자료의 연계(제12조)

① 부동산종합공부시스템과 외부 시스템 간 연계를 하려고 하는 자는 별지 제7호서식의 부동산종합공부 전산자료 이용신청서를 국토교통부장관에게 제출하여야 하며, 세부항목 및 방식 등은 "부동산종합공부시스템 연계 지침서"에 따른다.

② 제1항에 따른 "부동산종합공부시스템 연계 지침서"에서 정하는 방식 이외의 연계가 필요한 자는 그 사항을 구체적으로 명시하여 국토교통부장관에게 요청하여야 한다.

14) 정보시스템 관리(제13조)

① 국토교통부장관은 부동산종합공부시스템에 사용되는 프로그램의 목록을 작성하여 관리하고, 프로그램의 추가 · 변경 또는 폐기 등의 변동사항이 발생한 때에는 그에 관한 세부내역을 작성 · 관리하여야 한다.

② 국토교통부장관은 부동산종합공부시스템이 단일한 버전의 프로그램으로 설치 및 운영되도록 총괄적으로 조정하여 이를 운영기관의 장에 배포하여야 한다.
③ 부동산종합공부시스템에는 국토교통부장관의 승인을 받지 아니한 어떠한 형태의 원시프로그램과 이를 조작할 수 있는 도구 등을 개발 · 제작 · 저장 · 설치할 수 없다.
④ 운영기관에서 부동산종합공부시스템을 사용 또는 유지관리하던 중 발견된 프로그램의 문제점이나 개선사항에 대한 프로그램 개발 · 개선 · 변경요청은 별지 제6호 서식에 따라 국토교통부장관에게 요청하여야 한다.

15) 단위업무(제13조의2) [암기] [측][공][연][공][주][구]가 [통][지]할 때 [도][민]한테 [섭][사]하게 하라.

부동산종합공부시스템은 다음 각 호의 단위 업무를 포함한다.

1. 지적[측]량성과관리
2. 지적[공]부관리
3. [연]속지적도 관리
4. 개별[공]시지가관리
5. 개별[주]택가격관리
6. 용도지역지[구]관리
7. [통]합정보열람관리
8. [G]IS건물통합정보관리
9. 시 · [도] 통합정보열람관리
10. 통합[민]원발급관리
11. [섭]관리
12. 일[사]편리포털 관리

16) 백업 및 복구(제14조)

① 운영기관의 장은 프로그램 및 전산자료의 멸실 · 훼손에 대비하여 정기적으로 관련 자료를 백업하여야 한다. 이 경우 백업 주기 · 방법 및 범위는 '운영자 지침서'에 따르며, 백업 주기 및 백업 방법을 따를 수 없는 경우에는 운영기관의 내부 규정 또는 방침에 따라 변경할 수 있다.
② 운영기관의 장은 프로그램 및 전산자료가 멸실 · 훼손된 경우에는 국토교통부장관에게 그 사유를 통보한 후 지체 없이 복구하여야 한다.
③ 운영기관의 장은 백업자료를 전산매체에 기록하여 매년 2회 이상 다른 운영기관에 소산하여야 한다.

17) 전산장비의 설치 및 관리(제15조)

① 국토교통부장관은 부동산종합공부시스템을 운영하기 위하여 설치하는 전산장비의 표준을 정할 수 있다.
② 운영기관의 장은 부동산종합공부시스템의 전산장비를 수시로 점검 · 관리하되, 월 1회 이상 정기점검을 하여야 한다.

18) 일일마감 확인 등(제16조)

① 규칙 제76조제1항에 따른 사용자는 당일 업무가 끝났을 때에는 전산처리결과를 확인하고, 수작업으로 도면 열람 및 발급 등의 업무를 수행한 경우에는 이를 전산 입력하여야 한다.

② 제1항에 따른 사용자는 전산처리결과의 확인과 수작업처리현황의 전산입력이 완료된 때에는 지적업무정리 상황자료를 처리하고, 다음 각 호의 전산처리결과를 부동산종합공부시스템을 통하여 전산자료관리책임관에게 확인을 받아야 한다.

1. 토지이동 일일처리현황(미정리내역 포함)
2. 토지이동 일일정리 결과
3. 소유권변동 일일처리현황
4. 도면처리 일일처리내역
5. 토지·임야대장의 소유권변동 정리결과
6. 공유지연명부의 소유권변동 정리결과
7. 대지권등록부의 소유권변동 정리결과
8. 대지권등록부의 지분비율 정리결과
9. 오기정정처리 결과
10. 개인정보조회현황
11. 창구민원 처리현황
12. 지적민원수수료 수입현황
13. 등본교부 발급현황
14. 정보이용승인요청서 처리현황
15. 측량성과검사 현황

③ 일일마감 정리결과 잘못이 있는 경우에 다음 날 업무시작과 동시에 등록사항정정의 방법으로 정정하여야 한다.

예제 33

「부동산종합공부시스템 운영 및 관리규정」상 전산처리결과를 부동산종합공부시스템을 통하여 전산자료관리책임관에게 확인을 받아야 할 사항이 아닌 것은? (17년지방직)

① 개인정보조회현황
② 대지권등록부의 지분비율 정리결과
③ 오기정정처리 결과
④ 개별공시지가 정정현황

 정답 ④

19) 연도마감 등

연도마감 (제17조)	지적소관청에서는 매년 말 최종일일마감이 끝남과 동시에 모든 업무처리를 마감하고, 다음 연도 업무가 개시되는 데 지장이 없도록 하여야 한다.
지적통계 작성 (제18조)	① 지적소관청에서는 지적통계를 작성하기 위한 일일마감, 월마감, 연마감을 하여야 한다. ② 국토교통부장관은 매년 시·군·구 자료를 취합하여 지적통계를 작성한다. ③ 부동산종합공부시스템에서 출력할 수 있는 통계의 종류는 **별표 2**와 같다.

코드의 구성 (제19조)	① 규칙 제68조제5항에 따른 고유번호는 행정구역코드 10자리(시·도 2, 시·군·구 3, 읍·면·동 3, 리 2), 대장구분 1자리, 본번 4자리, 부번 4자리를 합한 19자리로 구성한다. ② 제1항에 따른 고유번호 이외에 사용하는 코드는 **별표 3**과 같다. ③ 제1항에 따른 행정구역코드 부여기준은 **별표 4**와 같다.
행정구역코드의 변경 (제20조)	① 행정구역의 명칭이 변경된 때에는 지적소관청은 시·도지사를 경유하여 국토교통부장관에게 행정구역변경일 10일 전까지 행정구역의 코드변경을 요청하여야 한다. ② 제1항에 따른 행정구역의 코드변경 요청을 받은 국토교통부장관은 지체 없이 행정구역코드를 변경하고, 그 변경 내용을 행정안전부, 국세청 등 관련기관에 통지하여야 한다.
용도지역·지구 등의 코드 변경 (제20조의2)	① 운영기관의 장은 관련 법령등의 신설·폐지·변경에 의하여 용도지역·지구 등의 레이어 변경이 필요한 경우에는 국토교통부장관(도시계획부서)에게 변경을 요청하여야 한다. ② 용도지역·지구 등의 등재와 관련하여 지정권자의 추가·변경이 필요한 경우에는 운영기관의 장은 국토교통부장관(도시계획부서)에게 변경을 요청하여야 한다. ③ 제1항 및 제2항에 따른 요청을 받은 국토교통부장관(도시계획부서)은 관련내용을 검토한 후 추가·변경이 필요한 경우에는 시스템 운영부서로 해당 내용을 통보하여야 한다.
개인정보의 안전성 확보조치 (제21조)	① 국토교통부장관은 「개인정보보호법」 제33조에 따른 부동산종합공부시스템의 개인정보 영향평가 및 위험도 분석을 실시하여 필요시 고유식별정보, 비밀번호, 바이오정보에 대한 암호화 기술 적용 또는 이에 상응하는 조치 등의 방안을 운영기관의 장에게 통보하여야 한다. ② 운영기관의 장은 「개인정보보호법」 제29조, 같은 법 시행령 제30조 및 개인정보의 안전성 확보조치 기준 고시(행정안전부 고시)에 따라 개인정보의 안전성 확보에 필요한 관리적·기술적 조치를 취하여야 한다. ③ 부동산종합공부시스템을 운영하거나 이를 이용하는 자는 부동산종합공부시스템으로 인하여 국민의 사생활에 대한 권익이 침해받지 않도록 하여야 한다.
보안 관리 (제22조)	① 국토교통부장관 및 운영기관의 장은 보안업무규정 등 관련 법령에 따라 관리적·기술적 대책을 강구하고 보안 관리를 철저히 하여야 한다. ② 국토교통부장관 및 운영기관의 장은 부동산종합공부시스템의 유지보수를 용역사업으로 추진하는 경우에는 보안관리규정을 준용하여야 한다.
운영지침서 등 (제23조)	① 이 규정에서 정하지 아니한 사항은 운영자 지침서 및 사용자 지침서에 따른다. ② 국토교통부장관은 부동산종합공부시스템을 개선한 때에는 지체 없이 운영자 지침서 및 사용자 지침서를 보완하여 시행하여야 한다. ③ 제1항에 따른 운영자 지침서 및 사용자 지침서는 부동산종합공부시스템의 도움말 기능으로 배포할 수 있다.
교육실시 (제24조)	① 국토교통부장관은 사용자가 정보관리체계를 이용하고 관리할 수 있도록 교육을 실시하여야 한다. ② 운영기관의 장은 국토교통부장관이 제공하는 교육을 사용자가 받을 수 있도록 제반조치를 취하여야 한다. ③ 국토교통부장관은 사용자 교육을 관련기관에 위탁하여 실시할 수 있다.

재검토 기한 (제25조)	국토교통부장관은 「훈령·예규 등의 발령 및 관리에 관한 규정」(대통령 훈령 334호)에 따라 이 훈령에 대하여 2021년 1월 1일 기준으로 매 3년이 되는 시점(매 3년째의 12월 31일까지를 말한다)마다 그 타당성을 검토하여 개선 등의 조치를 하여야 한다.

예제 34

「부동산종합공부시스템 운영 및 관리규정」상 코드체계에 대한 설명으로 옳지 않은 것은?

(17년지방직)

① 행정구역은 숫자 19자리이다.　　② 대장 구분은 숫자 1자리이다.

③ 지목 구분은 숫자 2자리이다.　　④ 축척 구분은 축척 수치의 앞 2자리이다.

정답 ①

예제 35

행정구역의 명칭이 변경된 때에 소관청이 시·도지사를 경유하여 국토교통부장관에게 행정구역의 코드변경을 요청해야 하는 시기는?

(10년지방직)

① 행정구역변경일 7일 전까지　　② 행정구역변경일 10일 전까지

③ 행정구역변경일 14일 전까지　　④ 행정구역변경일 30일 전까지

정답 ②

예제 36

지적행정시스템의 코드에 대한 설명으로 옳지 않은 것은?

(11년지방직)

① 고유번호의 구성을 행정구역코드 10자리(시·도 3, 시·군·구 2, 읍·면·동 3, 리 2), 대장구분 1자리, 본번 4자리, 부번 4자리 합계 19자리로 구성한다.

② 행정구역의 명칭이 변경된 때에는 소관청은 행정구역 변경일 10일 전까지 행정구역의 코드변경을 요청하여야 한다.

③ 행정구역의 코드변경 요청을 받은 국토교통부장관은 지체 없이 행정구역코드를 변경하고, 그 변경 내용을 관련기관에 통지하여야 한다.

④ 행정구역의 명칭이 변경된 경우 소관청은 시·도지사를 경유하여 국토교통부장관에게 행정구역의 코드 변경을 요청하여야 한다.

정답 ①

■ 부동산종합공부시스템 운영 및 관리규정 [별표 제2호]

지적공부등록현황

1	지적공부등록지 현황
2	토지대장등록지 총괄(수치시행지역 포함)
3	토지대장등록지 총괄(수치시행지역 제외)
4	토지대장등록지(국유지, 수치시행지역 포함)
5	토지대장등록지(국유지, 수치시행지역 제외)
6	토지대장등록지(민유지, 수치시행지역 포함)
7	토지대장등록지(민유지, 수치시행지역 제외)
8	행정구역별 지목별 총괄
9	지목별 현황
10	임야대장등록지 총괄
11	임야대장등록지(국유지)
12	임야대장등록지(민유지)
13	경계점좌표등록부시행지 총괄
14	경계점좌표등록부시행지(국유지)
15	경계점좌표등록부시행지(민유지)
16	지적공부 미복구지 현황
17	등록지 미복구지 총괄
18	지적공부등록 축척별 현황
19	지적공부등록 소유구분별 총괄
20	토지대장등록지 소유구분별 총괄
21	토지대장등록지 소유구분별(수치시행지역 포함)
22	토지대장등록지 소유구분별(수치시행지역 제외)
23	임야대장등록지 소유구분별 총괄
24	지적공부관리 현황(대장)
25	지적공부관리 현황(도면)

코드일람표

1	행정구역
2	대장 구분
3	축척 구분
4	지목 구분
5	토지이동 사유
6	등급 구분
7	등급변동 구분
8	지적공부 구분
9	토지이동종목 구분
10	신청 구분
11	수수료 구분
12	토지이동정리 구분
13	결번사유 구분
14	시행신고 구분
15	토지등급 구분
16	기준 수확량등급 구분
17	소유 구분
18	소유권 변동원인 구분
19	소유권 변경정리 구분
20	소유권 변동형태(공유지연명부)
21	변경종류(사용자권한등록)
22	부동산표시 구분(등록번호)
23	등록대장 변동사유 구분(등록번호)
24	등록사항 처리 구분(등록번호)
25	집합건물의 전유부분 폐쇄 구분
26	원점 구분
27	지적측량 종목
28	도면 구분
29	기준점 설치 코드
30	삼각보조점 표지재질 코드
31	조사내용 구분
32	개별공시지가 : 토지(임야)대장번호
33	개별공시지가 : 지목
34	개별공시지가 : 용도지역

35	개별공시지가 : 용도지구
36	개별공시지가 : 기타제한(구역) 기타
37	개별공시지가 : 기타제한(구역) 제주특별자치도 지역
38	개별공시지가 : 도시 · 군계획시설
39	개별공시지가 : 농지(구분)
40	개별공시지가 : 농지(비옥도)
41	개별공시지가 : 농지구분(경지정리)
42	개별공시지가 : 임야
43	개별공시지가 : 토지이용상황
44	개별공시지가 : 고저
45	개별공시지가 : 형상
46	개별공시지가 : 방위
47	개별공시지가 : 도로접면
48	개별공시지가 : 도로거리
49	개별공시지가 : 유해시설접근성(철도 · 고속국도 등)
50	개별공시지가 : 유해시설접근성(폐기물 · 수질오염)
51	개별공시지가 : 대규모개발사업(사업방식)
52	개별공시지가 : 대규모개발사업(사업단계)
53	개별주택가격 : 토지(임야)대장번호
54	개별주택가격 : 일단지 및 특수유형주택
55	개별주택가격 : 토지 · 건물유형 구분
56	개별주택가격 : 지목
57	개별주택가격 : 산정대지면적구분
58	개별주택가격 : 용도지역
59	개별주택가격 : 용도지구
60	개별주택가격 : 기타제한(구역) 기타
61	개별주택가격 : 기타제한(구역) 제주특별자치도 지역
62	개별주택가격 : 도시 · 군계획시설
63	개별주택가격 : 대규모 사업지역구분
64	개별주택가격 : 토지용도구분
65	개별주택가격 : 고저
66	개별주택가격 : 형상
67	개별주택가격 : 방위
68	개별주택가격 : 도로접면
69	개별주택가격 : 유해시설접근성(철도 · 고속국도 등)
70	개별주택가격 : 유해시설접근성(폐기물 · 수질오염)

71	개별주택가격 : 토지이용상황
72	개별주택가격 : 건축물대장구분
73	개별주택가격 : 건축물대장고유번호
74	개별주택가격 : 동번호
75	개별주택가격 : 건물구조
76	개별주택가격 : 건물지붕
77	개별주택가격 : 건물용도
78	개별주택가격 : 증·개축
79	개별주택가격 : 리모델링
80	개별주택가격 : 특수부대설비
81	개별주택가격 : 주택유형구분
82	개별주택가격 : 공가주택구분
83	개별주택가격 : 공시구분
84	개별주택가격 : 주택변동내역
85	개별주택가격 : 층별구조
86	개별주택가격 : 층별용도
87	개별주택가격 : 부속용도
88	개별주택가격 : 필로티
89	개별주택가격 : 무허가

코드 상세내역

1) 행정구역

코드체계	*	*	*	*	*	*	*	*	*	*
	시·도		시·군·구			읍·면·동			리	
	숫자 2자리		숫자 3자리			숫자 3자리			숫자 2자리	
코드	행정구역코드집(별책부록 1 참조)									

2) 대장 구분

코드체계	* ⇐ 숫자 1자리		
코드	내용	코드	내용
1	토지대장	8	토지대장(폐쇄)
2	임야대장	9	임야대장(폐쇄)

3) 축척 구분

| 코드체계 | ★ | ★ | ⇐ | 축척 수치의 앞 2자리 |

코드	내용	코드	내용
00	수치	12	1 : 1200
05	1 : 500	24	1 : 2400
06	1 : 600	30	1 : 3000
10	1 : 1000	60	1 : 6000

4) 지목 구분

| 코드체계 | ★ | ★ | ⇐ | 숫자 2자리 |

코드	내용	코드	내용
01	전	15	철도용지
02	답	16	제방
03	과수원	17	하천
04	목장용지	18	구거
05	임야	19	유지
06	광천지	20	양어장
07	염전	21	수도용지
08	대	22	공원
09	공장용지	23	체육용지
10	학교용지	24	유원지
11	주차장	25	종교용지
12	주유소용지	26	사적지
13	창고용지	27	묘지
14	도로	28	잡종지

5) 토지이동 사유

| 코드체계 | ★ | ★ | ⇐ | 숫자 2자리 |

코드	내용	코드	내용
01	신규 등록	57	지적재조사 경계미확정 토지
02	신규 등록(매립준공)	58	지적재조사 경계확정 토지
10	산 번에서 등록전환	60	구획정리 시행신고
11	번으로 등록전환되어 말소	61	구획정리 시행신고폐지
20	분할되어 본번에 을 부함	62	구획정리완료

코드	내용	코드	내용
21	번에서 분할	56	지적재조사로 폐쇄
22	분할개시 결정	63	구획정리 되어 폐쇄
23	분할개시 결정 취소	65	경지정리 시행신고
30	번과 합병	66	경지정리 시행신고폐지
31	번과 합병되어 말소	67	경지정리 완료
33	년 월 일 지적재조사 예정지구	68	경지정리 되어 폐쇄
34	년 월 일 지적재조사 예정지구 폐지	70	축척변경 시행
40	지목변경	71	축척변경 시행폐지
41	지목변경(매립준공)	72	축척변경 완료
42	해면성말소	73	축척변경 되어 폐쇄
43	에서 지번변경	74	토지개발사업 시행신고
44	면적정정	75	토지개발사업 시행신고폐지
45	경계정정	76	토지개발사업 완료
46	위치정정	77	토지개발사업으로 폐쇄
47	지적복구	80	등록사항 정정( )대상 토지
48	해면성복구	81	등록사항 정정 ( )
50	에서 행정구역명칭변경	82	도면등록사항정정 ( )
51	에서 행정관할구역변경	83	공유지연명부 등록사항정정 ( )
52	번에서 행정관할구역변경	84	공유지(집합건물) 등록사항정정 ( )
53	지적재조사 지구지정	85	경계점좌표등록부 등록사항정정 ( )
54	지적재조사 지구지정폐지	90	등록사항 말소 ( )
55	지적재조사 완료	91	등록사항 회복 ( )

6) 등급 구분

코드체계	[*] ⇐ 숫자 1자리		
코드	**내용**	**코드**	**내용**
1	토지등급	2	기준수확량 등급

7) 등급변동 구분

코드체계	[*] ⇐ 숫자 1자리		
코드	**내용**	**코드**	**내용**
1	설정	3	경정
2	수정		

8) 지적공부 구분

코드체계	★	⇐ 숫자 1자리		

코드	내용	코드	내용
1	토지대장	A	토지대장카드
2	임야대장	B	임야대장카드
3	토지공유지	C	집합건물전유부분카드
4	임야공유지	D	토지대장 부책
5	집합건물전유부분수	E	임야대장 부책
		F	지적도
		G	수치지적도
		H	임야도
		I	경계점좌표등록부

※ 1~5 : 자동계산, A~ I : 입력사항

9) 토지이동종목 구분

코드체계	★	⇐ 숫자 1자리		

코드	내용	코드	내용
00	신규등록(토지)	61	축척변경(임야)
01	신규등록(임야)	62	토지개발사업(토지)
10	등록전환	63	토지개발사업(임야)
20	분할(토지)	64	지적재조사사업(토지대장)
21	분할(임야)	65	지적재조사사업(임야대장)
30	합병(토지)	70	등록사항정정(토지)
31	합병(임야)	71	등록사항정정(임야)
40	지목변경(토지)	75	지번변경(토지)
41	지목변경(임야)	76	지번변경(임야)
45	지적공부복구(토지)	77	행정구역변경(토지)
46	지적공부복구(임야)	78	행정구역변경(임야)
50	구획정리(토지)	80	등기촉탁(토지)
51	구획정리(임야)	81	등기촉탁(임야)
52	경지정리(토지)	85	등급(토지)
53	경지정리(임야)	86	등급(임야)
55	해면성말소(토지)	90	기타(토지)
56	해면성말소(임야)	91	기타(임야)

코드	내용	코드	내용
57	해면성복구(토지대장)	92	분할개시결정/취소(토지)
58	해면성복구(임야대장)	93	분할개시결정/취소(임야)
60	축척변경(토지)		

10) 신청 구분

코드체계	* ⇐ 숫자 1자리		
코드	내용	코드	내용
0	본인신청	2	대위신청
1	직권		

11) 수수료 구분

코드체계	* ⇐ 숫자 1자리		
코드	내용	코드	내용
0	유료(수수료 전액)	2	법 제86조 수수료
1	무료	3	수수료 해당 무

12) 토지이동정리 구분

코드체계	* ⇐ 숫자 1자리		
코드	내용	코드	내용
0	미정리	3	반려
1	정리	4	지연처리
2	보완		

13) 결번사유 구분

코드체계	* ⇐ 숫자 1자리		
코드	내용	코드	내용
1	행정구역변경	5	축척변경
2	토지구획정리사업	6	토지개발사업
3	경지정리사업	7	지적재조사사업
4	지번변경	9	기타

14) 시행신고 구분

코드체계	★ ⟸ 숫자 1자리		
코드	내용	코드	내용
0	해당 없음	3	축척변경시행
1	말소지번	4	지적재조사사업시행
2	구획(경지)정리사업시행		

15) 토지등급 구분

코드체계	★ ★ ★ ⟸ 숫자 3자리
코드	토지등급표 참조

16) 기준 수확량등급 구분

코드체계	★ ★ ★ ⟸ 숫자 3자리
코드	기준 수확량 등급표 참조(지방세법 시행규칙 제84조)

17) 소유 구분

코드체계	★ ★ ⟸ 숫자 2자리		
코드	내용	코드	내용
00	일본인, 창씨명 등	05	군유지
01	개인	06	법인
02	국유지	07	종중
03	외국인, 외국공공기관	08	종교단체
04	시, 도유지	09	기타단체

18) 소유권 변동원인 구분

코드체계	★ ★ ⟸ 숫자 2자리		
코드	내용	코드	내용
01	사정	17	입목등록말소
02	소유권보존	18	등록번호경정
03	소유권이전	19	공유분할
04	주소변경	20	지분경정
05	성명(명칭)변경	21	대지권설정
06	주소경정	22	주소등록
07	성명(명칭)경정	23	일부대지권설정

코드	내용	코드	내용
08	환지	24	일부대지권말소
09	촉탁등기	25	대지권말소
10	소유자복구	26	등록번호추가
11	회복등기	27	지적확정
12	소유권회복	28	소유권변경
13	소유자등록	29	소유권경정
14	소유자말소	98	미등기
15	법률제호명의변경	99	미복구
16	입목등록		

※ 코드번호 26 "등록번호 추가"는 미사용 코드임

19) 소유권 변경정리 구분

코드체계	＊ ⇐ 숫자 1자리		
코드	내용	코드	내용
0	정리	2	소유권표시사항 불부합
1	토지표시사항 불부합	3	소유권표시사항불부합정리

20) 소유권 변동형태(공유지연명부)

코드체계	＊ ⇐ 숫자 1자리		
코드	내용	코드	내용
1	공유지내처리	3	공유지 → 단독
2	단독 → 공유지		

21) 변경종류(사용자권한등록)

코드체계	＊ ⇐ 숫자 1자리		
코드	내용	코드	내용
0	최초등록	5	타시도 전출
1	근무지 변경	6	재전입
2	권한 변경	7	퇴직
3	파견	8	재임용
4	복직		

22) 부동산표시 구분(등록번호)

코드체계	*	⇐ 숫자 1자리		
코드	내용		코드	내용
0	없음		2	건물
1	토지 · 임야			

23) 등록대장 변동사유 구분(등록번호)

코드체계	*	⇐ 숫자 1자리		
코드	내용		코드	내용
0	신규 등록		4	대표자 성명 변경
1	등록명칭 변경		5	등록명칭 및 주사무소 위치 동시변경
2	주사무소 위치변경		6	대표자 주소 및 성명 동시변경
3	대표자 주소 변경		7	직권정정

24) 등록사항 처리 구분(등록번호)

코드체계	*	⇐ 숫자 1자리		
코드	내용		코드	내용
1	등록		2	반려

25) 집합건물의 전유부분 폐쇄 구분

코드체계	*	⇐ 숫자 1자리		
코드	내용		코드	내용
0	현재사항		9	폐쇄
1	폐쇄(분할)			

26) 원점 구분

코드체계	*	*	⇐ 숫자 2자리	
코드	내용		코드	내용
01	동부원/지점		15	특별소삼각측량지역
02	중부원/지점		16	특별도근측량지역
03	서부원/지점		17	특별세부축도지역
04	망산원/지점		18	제주원점

코드	내용	코드	내용
05	계양원점	19	특별소삼각측량지역(군산)
06	조본원점	20	특별소삼각측량지역(마산)
07	가리원점	21	특별소삼각측량지역(목포)
08	등경원점	22	특별소삼각측량지역(전주)
09	고초원점	23	특별소삼각측량지역(울릉)
10	율곡원점	31	세계측지계 동부원점
11	현창원점	32	세계측지계 중부원점
12	구암원점	33	세계측지계 서부원점
13	금산원점	34	세계측지계 동해원점
14	소라원점		

27) 지적측량 종목

코드체계	*	*	*	⇐ 숫자 3자리

코드	내용	코드	내용
101	신규등록측량	211	공유수면매립지현황
102	등록전환측량	212	기초측량(삼각)
103	분할측량	213	기초측량(도근)
104	경계복원측량	214	확정측량(구획정리)
105	지적현황측량	215	확정측량(축척변경)
106	기초측량(삼각)	216	확정측량(야산개발)
107	기초측량(도근)	217	확정측량(경지정리)
108	도면작성	218	지적공부
109	공유지등록전환	220	도면작성
110	공유지분할	221	기본파일작성
111	면적측정	222	수치파일작성
201	(특수)신규등록측량	301	부대업무
202	(특수)등록전환측량	302	등록사항정정
203	(특수)분할측량	401	신규등록측량(직권)
204	(특수)경계복원측량	402	등록전환측량(직권)
205	(특수)지적현황측량	403	분할측량(직권)
206	집단지분할측량	404	경계복원측량(직권)
207	연속지분할측량	405	지적현황측량(직권)
208	농로분할측량	406	기초측량(삼각)
209	무신청이동지측량	407	기초측량(도근)
210	복구측량	501	지적재조사

28) 도면 구분

코드체계	★	⟸	숫자 1자리	
코드	**내용**		**코드**	**내용**
1	도해		2	수치

29) 기준점 설치 코드

코드체계	★	⟸	숫자 1자리	
코드	**내용**		**코드**	**내용**
1	설치		4	폐기
2	재설치		5	기타
3	복구			

30) 삼각보조점 표지재질 코드

코드체계	★	⟸	숫자 1자리	
코드	**내용**		**코드**	**내용**
1	표석		4	목재
2	철재		5	맨홀식
3	플라스틱		6	기타

31) 조사내용 구분

코드체계	★	⟸	숫자 1자리	
코드	**내용**		**코드**	**내용**
1	완전		3	기타
2	망실			

32) 개별공시지가 : 토지(임야)대장번호

코드체계	시·도	시·군·구	읍·면·동	리	대장구분	본번	부번
	★ ★	★ ★ ★	★ ★ ★	★ ★	★	★ ★ ★ ★	★ ★ ★ ★
	숫자 2자리	숫자 3자리	숫자 3자리	숫자 2자리	대장구분	숫자 4자리	숫자 4자리
코드	개별공시지가 조사·산정지침 참조						

33) 개별공시지가 : 지목

코드체계	*	*	⇐ 숫자 2자리
코드	개별공시지가 조사 · 산정지침 참조		

34) 개별공시지가 : 용도지역

코드체계	*	*	⇐ 숫자 2자리
코드	개별공시지가 조사 · 산정지침 참조		

35) 개별공시지가 : 용도지구

코드체계	*	*	⇐ 숫자 2자리
코드	개별공시지가 조사 · 산정지침 참조		

36) 개별공시지가 : 기타제한(구역) 기타

코드체계	*	*	*	⇐ 숫자 3자리
코드	개별공시지가 조사 · 산정지침 참조			

37) 개별공시지가 : 기타제한(구역) 제주특별자치도 지역

코드체계	*	*	⇐ 숫자 2자리
코드	개별공시지가 조사 · 산정지침 참조		

38) 개별공시지가 : 도시 · 군계획시설

코드체계	*	*	⇐ 숫자 2자리
코드	개별공시지가 조사 · 산정지침 참조		

39) 개별공시지가 : 농지(구분)

코드체계	*	*	⇐ 숫자 2자리
코드	개별공시지가 조사 · 산정지침 참조		

40) 개별공시지가 : 농지(비옥도)

코드체계	*	*	⇐ 숫자 2자리
코드	개별공시지가 조사 · 산정지침 참조		

41) 개별공시지가 : 농지(경지정리)

코드체계	*	*	⇐ 숫자 2자리
코드	개별공시지가 조사 · 산정지침 참조		

42) 개별공시지가 : 임야

코드체계	*	*	⇐ 숫자 2자리
코드	개별공시지가 조사 · 산정지침 참조		

43) 개별공시지가 : 토지이용상황

코드체계	*	*	*	⇐ 숫자 3자리
코드	개별공시지가 조사 · 산정지침 참조			

44) 개별공시지가 : 고저

코드체계	*	*	⇐ 숫자 2자리
코드	개별공시지가 조사 · 산정지침 참조		

45) 개별공시지가 : 형상

코드체계	*	*	⇐ 숫자 2자리
코드	개별공시지가 조사 · 산정지침 참조		

46) 개별공시지가 : 방위

코드체계	*	*	⇐ 숫자 2자리
코드	개별공시지가 조사 · 산정지침 참조		

47) 개별공시지가 : 도로접면

코드체계	*	*	⇐ 숫자 2자리
코드	개별공시지가 조사 · 산정지침 참조		

48) 개별공시지가 : 도로거리

코드체계	*	*	⇐ 숫자 2자리
코드	개별공시지가 조사 · 산정지침 참조		

49) 개별공시지가 : 유해시설접근성(철도 · 고속국도 등)

코드체계	*	*	⇐ 숫자 2자리
코드	개별공시지가 조사 · 산정지침 참조		

50) 개별공시지가 : 유해시설접근성(폐기물 · 수질오염)

코드체계	*	*	⇐ 숫자 2자리
코드	개별공시지가 조사 · 산정지침 참조		

51) 개별공시지가 : 대규모개발사업(사업방식)

코드체계	*	*	⇐ 숫자 2자리
코드	개별공시지가 조사 · 산정지침 참조		

52) 개별공시지가 : 대규모개발사업(사업단계)

코드체계	*	*	⇐ 숫자 2자리
코드	개별공시지가 조사 · 산정지침 참조		

53) 개별주택가격 : 토지(임야)대장번호

코드체계	* * 시 · 도 숫자 2자리	* * * 시 · 군 · 구 숫자 3자리	* * * 읍 · 면 · 동 숫자 3자리	* * 리 숫자 2자리	* 대장구분	* * * * 본번 숫자 4자리	* * * * 부번 숫자 4자리
코드	개별주택가격 조사 · 산정지침 참조						

54) 개별주택가격 : 일단지 및 특수유형주택

코드체계	*	⇐ 숫자 1자리
코드	개별주택가격 조사 · 산정지침 참조	

55) 개별주택가격 : 토지 · 건물유형 구분

코드체계	* 유형구분 숫자 1자리	* * * 필지수 숫자 3자리	* * * 건물수 숫자 3자리
코드	개별주택가격 조사 · 산정지침 참조		

56) 개별주택가격 : 지목

코드체계	*	*	⇐ 숫자 2자리
코드	개별주택가격 조사·산정지침 참조		

57) 개별주택가격 : 산정대지면적 구분

코드체계	*	*	⇐ 숫자 2자리
코드	개별주택가격 조사·산정지침 참조		

58) 개별주택가격 : 용도지역

코드체계	*	*	⇐ 숫자 2자리
코드	개별주택가격 조사·산정지침 참조		

59) 개별주택가격 : 용도지구

코드체계	*	*	⇐ 숫자 2자리
코드	개별주택가격 조사·산정지침 참조		

60) 개별주택가격 : 기타제한(구역) 기타

코드체계	*	*	*	⇐ 숫자 3자리
코드	개별주택가격 조사·산정지침 참조			

61) 개별주택가격 : 기타제한(구역) 제주특별자치도 지역

코드체계	*	*	⇐ 숫자 2자리
코드	개별주택가격 조사·산정지침 참조		

62) 개별주택가격 : 도시·군계획시설

코드체계	*	*	⇐ 숫자 2자리
코드	개별주택가격 조사·산정지침 참조		

63) 개별주택가격 : 대규모 사업지역구분

코드체계	*	*	⇐ 숫자 2자리
코드	개별주택가격 조사·산정지침 참조		

64) 개별주택가격 : 토지용도구분

코드체계	*	*	⇐ 숫자 2자리	
코드	개별주택가격 조사 · 산정지침 참조			

65) 개별주택가격 : 고저

코드체계	*	*	⇐ 숫자 2자리	
코드	개별주택가격 조사 · 산정지침 참조			

66) 개별주택가격 : 형상

코드체계	*	*	⇐ 숫자 2자리	
코드	개별주택가격 조사 · 산정지침 참조			

67) 개별주택가격 : 방위

코드체계	*	*	⇐ 숫자 2자리	
코드	개별주택가격 조사 · 산정지침 참조			

68) 개별주택가격 : 도로접면

코드체계	*	*	⇐ 숫자 2자리	
코드	개별주택가격 조사 · 산정지침 참조			

69) 개별주택가격 : 유해시설접근성(철도 · 고속국도 등)

코드체계	*	*	⇐ 숫자 2자리	
코드	개별주택가격 조사 · 산정지침 참조			

70) 개별주택가격 : 유해시설접근성(폐기물 · 수질오염)

코드체계	*	*	⇐ 숫자 2자리	
코드	개별주택가격 조사 · 산정지침 참조			

71) 개별주택가격 : 토지이용상황

코드체계	*	*	⇐ 숫자 2자리	
코드	개별주택가격 조사 · 산정지침 참조			

72) 개별주택가격 : 건축물대장구분

코드체계	*	*	⇐ 숫자 2자리
코드	개별주택가격 조사 · 산정지침 참조		

73) 개별주택가격 : 건축물대장고유번호

코드체계	* *	* * *	* * *	* *	*	* * * *	* * * *
	시·도	시·군·구	읍·면·동	리	대장구분	본번	부번
	숫자 2자리	숫자 3자리	숫자 3자리	숫자 2자리		숫자 4자리	숫자 4자리
코드	개별주택가격 조사 · 산정지침 참조						

74) 개별주택가격 : 동번호

코드체계	*	*	*	⇐ 숫자 3자리
코드	개별주택가격 조사 · 산정지침 참조			

75) 개별주택가격 : 건물구조

코드체계	*	*	⇐ 숫자 2자리
코드	개별주택가격 조사 · 산정지침 참조		

76) 개별주택가격 : 건물지붕

코드체계	*	*	⇐ 숫자 2자리
코드	개별주택가격 조사 · 산정지침 참조		

77) 개별주택가격 : 건물용도

코드체계	*	*	⇐ 숫자 2자리
코드	개별주택가격 조사 · 산정지침 참조		

78) 개별주택가격 : 증 · 개축

코드체계	*	*	⇐ 숫자 2자리
코드	개별주택가격 조사 · 산정지침 참조		

79) 개별주택가격 : 리모델링

코드체계	*	*	⇐ 숫자 2자리
코드	개별주택가격 조사 · 산정지침 참조		

80) 개별주택가격 : 특수부대설비

코드체계	*	*	⇐ 숫자 2자리
코드	개별주택가격 조사 · 산정지침 참조		

81) 개별주택가격 : 주택유형구분

코드체계	*	*	⇐ 숫자 2자리
코드	개별주택가격 조사 · 산정지침 참조		

82) 개별주택가격 : 공가주택구분

코드체계	*	⇐ 숫자 1자리
코드	개별주택가격 조사 · 산정지침 참조	

83) 개별주택가격 : 공사구분

코드체계	*	⇐ 숫자 1자리
코드	개별주택가격 조사 · 산정지침 참조	

84) 개별주택가격 : 주택변동내역

코드체계	*	*	⇐ 숫자 2자리
코드	개별주택가격 조사 · 산정지침 참조		

85) 개별주택가격 : 층별구조

코드체계	*	*	⇐ 숫자 2자리
코드	개별주택가격 조사 · 산정지침 참조		

86) 개별주택가격 : 층별용도

코드체계	*	*	⇐ 숫자 2자리
코드	개별주택가격 조사 · 산정지침 참조		

87) 개별주택가격 : 부속용도

코드체계	*	*	⇐ 숫자 2자리
코드	개별주택가격 조사 · 산정지침 참조		

88) 개별주택가격 : 필로티

코드체계	*	*	⇐ 숫자 2자리
코드	개별주택가격 조사 · 산정지침 참조		

89) 개별주택가격 : 무허가

코드체계	*	*	⇐ 숫자 2자리
코드	개별주택가격 조사 · 산정지침 참조		

■ 부동산종합공부시스템 운영 및 관리규정 [별표 제4호]

행정구역코드(법정동) 부여 기준표

구분	기본구성	신규부여
시 · 도	• 특별시 : 11 • 광역시 : 21부터 1단위 • 도 : 41부터 1단위	• 광역시 및 도에 대한 신규 부여 시에는 마지막 값에 1이 증가된 값을 부여
시 · 군 · 구	• 구(특별시 및 광역시) 110부터 30단위로 부여	• 구(특별시 및 광역시) : ㈜ 참고
시 · 군 · 구	• 구(일반시) : 해당 시의 코드값에서 1 · 3 · 5 단위로 부여 (140이 시의 코드값인 경우 서열순으로 141, 143, 145, … 부여)	• 구(일반시) : 서열에 의거 2 · 4 · 6의 코드값 부여
시 · 군 · 구	• 시 : 110부터 20단위로 부여 • 군 : 710부터 10단위로 부여	• 시/군 : 서열은 행정의 건제 순에 따라 부여 1. 해당 위치가 마지막인 경우에는 마지막 값에 기본구성의 방법 적용 2. 해당 위치가 중간인 경우에는 앞 · 뒤 코드 평균값이 어떤 값이든 계산(소숫점 이하는 절삭)되어 나온대로 사용
읍 · 면 · 동	• 동 : 101부터 1단위로 부여 • 읍 : 250부터 3단위로 부여 • 면 : 310부터 10단위로 부여	• 동 : 마지막 값에 1이 증가된 값을 부여 • 읍/면 : 서열은 행정의 건제 순에 따라 부여 1. 해당 위치가 마지막인 경우에는 마지막 값에 기본구성의 방법 적용 2. 해당 위치가 중간인 경우에는 앞 · 뒤 코드 평균값이 어떤 값이든 계산(소숫점 이하는 절삭)되어 나온대로 사용
리	• 리 : 21부터 1단위로 부여	• 리 : 마지막값에 1이 증가된 값 부여

1 지적정보관리체계 담당자의 등록 등(시행규칙 제76조)

① 국토교통부장관, 시·도지사 및 지적소관청(이하 이 조 및 제77조에서 "사용자권한 등록관리청"이라 한다)은 지적공부정리 등을 지적정보관리체계로 처리하는 담당자(이하 이 조와 제77조 및 제78조에서 "사용자"라 한다)를 사용자권한 등록파일에 등록하여 관리하여야 한다.

② 지적정보관리시스템을 설치한 기관의 장은 그 소속공무원을 제1항에 따라 사용자로 등록하려는 때에는 별지 제74호서식의 지적정보관리시스템 사용자권한 등록신청서를 해당 사용자권한 등록관리청에 제출하여야 한다.

③ 제2항에 따른 신청을 받은 사용자권한 등록관리청은 신청 내용을 심사하여 사용자권한 등록파일에 사용자의 이름 및 권한과 사용자번호 및 비밀번호를 등록하여야 한다.

④ 사용자권한 등록관리청은 사용자의 근무지 또는 직급이 변경되거나 사용자가 퇴직 등을 한 경우에는 사용자권한 등록내용을 변경하여야 한다. 이 경우 사용자권한 등록변경절차에 관하여는 제2항 및 제3항을 준용한다.

2 사용자번호 및 비밀번호 등(시행규칙 제77조)

① 사용자권한 등록파일에 등록하는 사용자번호는 사용자권한 등록관리청별로 일련번호로 부여하여야 하며, 한번 부여된 사용자번호는 변경할 수 없다.

② 사용자권한 등록관리청은 사용자가 다른 사용자권한 등록관리청으로 소속이 변경되거나 퇴직 등을 한 경우에는 사용자번호를 따로 관리하여 사용자의 책임을 명백히 할 수 있도록 하여야 한다.

③ 사용자의 비밀번호는 6자리부터 16자리까지의 범위에서 사용자가 정하여 사용한다.

④ 제3항에 따른 사용자의 비밀번호는 다른 사람에게 누설하여서는 아니 되며, 사용자는 비밀번호가 누설되거나 누설될 우려가 있는 때에는 즉시 이를 변경하여야 한다.

다음 중 지적정보관리체계 담당자 등록절차에 관한 설명으로 옳지 않은 것은? (10년지방직)

① 국토교통부장관, 시 · 도지사 및 소관청(사용자권한등록관리청)은 지적공부정리 등을 전산 정보처리조직에 의하여 처리하는 담당자(사용자)를 사용자권한등록 파일에 등록하여 관리 하여야 한다.

② 지적전산처리용 단말기를 설치한 기관의 장은 그 소속공무원을 사용자로 등록하고자 할 때 사용자권한등록신청서를 행정안전부장관에게 제출하여야 한다.

③ 신청을 받은 사용자권한등록관리청은 신청내용을 심사하여 사용자권한등록 파일에 사용 자의 이름 및 권한과 사용자번호 및 비밀번호를 등록하여야 한다.

④ 사용자권한등록관리청은 사용자의 근무지 또는 직급이 변경되거나 사용자가 퇴직 등을 한 때에는 사용자권한등록내용을 변경하여야 한다.

정답 ②

③ 사용자의 권한구분 등(시행규칙 제78조)

제76조제1항에 따라 사용자권한 등록파일에 등록하는 사용자의 권한은 다음 각 호의 사항에 관한 권한으로 구분한다. **암기** ⓢⓥⓑⓘ ⓖⓩ되면 ⓣⓢⓣⓩ하고 ⓣⓩⓢⓩ하면 ⓩⓩⓘⓩⓘⓑ로 하라.

1. 사용자의 ⓢ규등록
2. 사용자 등록의 ⓥ경 및 삭제
3. ⓑ인이 아닌 사단 · 재단 등록번호의 업무관리
4. 법인ⓘ 아닌 사단 · 재단 등록번호의 직권수정
5. ⓖ별공시지가 변동의 관리
6. 지적전산코드의 입력 · 수ⓩ 및 삭제
7. 지적ⓩ산코드의 조회
8. 지적전ⓢ자료의 조회
9. 지적ⓣ계의 관리
10. 토ⓩ 관련 정책정보의 관리
11. ⓣ지이동 신청의 접수
12. 토ⓩ이동의 정리
13. 토지ⓢ유자 변경의 관리
14. 토ⓩ등급 및 기준수확량등급 변동의 관리
15. ⓩ적공부의 열람 및 등본 발급의 관리
15의2. 부동산종합공부의 열람 및 부동산종합증명서 발급의 관리
16. 일반 지ⓩ업무의 관리
17. ⓘ일마감 관리
18. ⓩ적전산자료의 정비
19. 개ⓘ별 토지소유현황의 조회
20. ⓑ밀번호의 변경

■ 공간정보의 구축 및 관리 등에 관한 법률 시행규칙 [별지 제74호서식] 〈개정 2017.1.31.〉

지적정보관리체계 사용자권한 등록신청서

접수번호	접수일		처리기간	즉시

신청 내용	1. 성 명	
	2. 생 년 월 일	
	3. 사 용 자 번 호	
	4. 소 속	
	5. 발 령 일	
	6. 퇴 직 및 전 출 일	
	7. 권 한 구 분 등 록	1 2 3 4 5 6 7 8 9 10 11 12 13 14 15 15의2 16 17 18 19 20
	8. 비 밀 번 호	
	9. 직 급 구 분	
	10. 자격구분	
	11. 직렬구분	
	12. 변경종류	
	13. 처 리 담 당 자	
	14. 최종이력 순 번	
	15. 최초임용일	

「공간정보의 구축 및 관리 등에 관한 법률 시행규칙」 제76조에 따라 사용자권한 등록을 신청합니다.

년   월   일

신청인   (서명 또는 인)

국토교통부장관
시 · 도지사   귀하
시장 · 군수 · 구청장

※ 작성방법
  신청내용란 중 제7호 권한구분 등록란은 「공간정보의 구축 및 관리 등에 관한 법률 시행규칙」 제78조 각 호에 따라
  구분하여 표시합니다.

처리절차

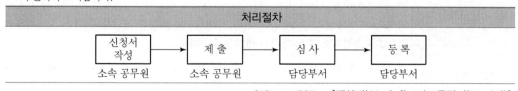

신청서 작성	→	제 출	→	심 사	→	등 록
소속 공무원		소속 공무원		담당부서		담당부서

210mm×297mm[백상지(80g/㎡) 또는 중질지(80g/㎡)]

1 개요

지적공부의 복구란 지적공부의 전부 또는 일부가 천재ㆍ지변이나 그 밖의 재난으로 인하여 멸실ㆍ훼손된 때에 자료조사를 토대로 하여 멸실 당시의 지적공부를 다시 복원하는 것을 말한다.

2 복구방법 및 복구자료(시행령 제61조) 암기 무등지등복명은 양지원에서

지적소관청(정보처리시스템에 따른 지적공부의 경우에는 시ㆍ도지사, 시장ㆍ군수 또는 구청장)은 지적공부의 전부 또는 일부가 멸실되거나 훼손된 경우에는 지체 없이 이를 복구하여야 한다.

토지의 표시에 관한 사항	지적소관청이 지적공부를 복구할 때에는 멸실ㆍ훼손 당시의 지적공부와 가장 부합된다고 인정되는 관계 자료에 따라 토지의 표시에 관한 사항을 복구하여야 한다.
소유자에 관한 사항	부동산등기부나 법원의 확정판결에 따라 복구하여야 한다.
지적공부의 복구자료 (시행규칙 제72조)	지적공부의 복구에 관한 관계 자료(이하 "복구자료"라 한다)는 다음과 같다. ① 부동산등기부등본 등 등기사실을 증명하는 서류 ② 지적공부의 등본 ③ 지적공부를 복제하여 관리하는 시스템에서 복제된 지적공부 ④ 지적소관청이 작성하거나 발행한 지적공부의 등록내용을 증명하는 서류 ⑤ 측량결과도 ⑥ 토지이동정리 결의서 ⑦ 법원의 확정판결서 정본 또는 사본

3 복구절차(시행규칙 제73조)

복구관련자료 조사	지적소관청은 지적공부를 복구하려는 경우에는 복구자료를 조사하여야 한다.
지적복구자료 조사서 및 복구 자료도 작성	지적소관청은 조사된 복구자료 중 토지대장ㆍ임야대장 및 공유지연명부의 등록 내용을 증명하는 서류 등에 따라 **지적복구자료 조사서**를 작성하고, 지적도면의 등록 내용을 증명하는 서류 등에 따라 **복구자료도**를 작성하여야 한다.
복구측량	작성된 복구자료도에 따라 측정한 면적과 지적복구자료 조사서의 조사된 면적의 증감이 $A=0.026^2M\sqrt{F}$ 에 따른 허용범위를 초과하거나 복구자료도를 작성할 복구 자료가 없는 경우에는 복구측량을 하여야 한다.(이 경우 같은 계산식 중 A 는 오차허용면적, M은 축척분모, F는 조사된 면적을 말한다)
복구면적 결정	지적복구자료 조사서의 조사된 면적이 $0.026^2M\sqrt{F}$에 따른 허용범위 이내인 경우에는 그 면적을 복구면적으로 결정하여야 한다.

경계 · 면적의 조정	복구측량을 한 결과가 복구 자료와 부합하지 아니하는 때에는 토지소유자 및 이해관계인의 동의를 받아 경계 또는 면적 등을 조정할 수 있다. 이 경우 경계를 조정한 때에는 경계점표지를 설치하여야 한다.
토지표시의 게시	지적소관청은 복구 자료의 조사 또는 복구측량 등이 완료되어 지적공부를 복구하려는 경우에는 복구하려는 토지의 표시 등을 시 · 군 · 구 게시판 및 인터넷 홈페이지에 15일 이상 게시하여야 한다.
이의신청	복구하려는 토지의 표시 등에 이의가 있는 자는 위 게시기간 내에 지적소관청에 이의신청을 할 수 있다. 이 경우 이의신청을 받은 지적소관청은 이의사유를 검토하여 이유 있다고 인정되는 때에는 그 시정에 필요한 조치를 하여야 한다.
대장과 도면의 복구	① 지적소관청은 토지표시의 게시 및 이의신청에 따른 절차를 이행한 때에는 지적복구 자료 조사서, 복구자료도 또는 복구측량 결과도 등에 따라 토지대장 · 임야대장 · 공유지연명부 또는 지적도면을 복구하여야 한다. ② 토지대장 · 임야대장 또는 공유지연명부는 복구되고 지적도면이 복구되지 아니한 토지가 축척변경 시행지역이나 도시개발사업 등의 시행지역에 편입된 때에는 지적 도면을 복구하지 아니할 수 있다.

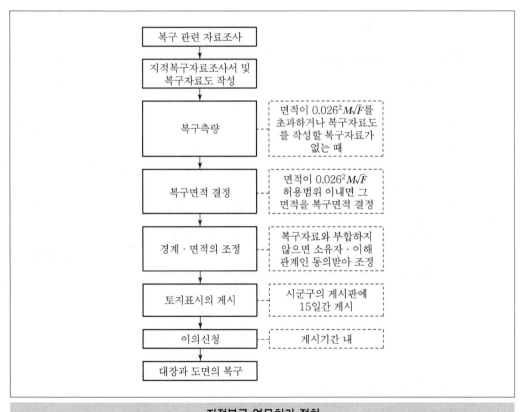

지적복구 업무처리 절차

지적공부 복구 절차로 올바른 것은? (12년서울시9)

① 복구자료조사 → 복구자료도 → 면적 및 경계 조정 → 복구측량 → 면적결정 → 복구사항게시 → 이의신청 → 지적공부 복구

② 복구자료조사 → 복구자료도 → 복구측량 → 복구사항게시 → 면적결정 → 면적 및 경계 조정 → 이의신청 → 지적공부 복구

③ 복구자료조사 → 복구자료도 → 복구측량 → 면적 및 경계 조정 → 면적결정 → 복구사항게시 → 이의신청 → 지적공부 복구

④ 복구측량 → 복구자료도 → 복구자료조사 → 면적결정 → 면적 및 경계 조정 → 복구사항게시 → 이의신청 → 지적공부 복구

⑤ 복구측량 → 면적 및 경계 조정 → 복구자료조사 → 복구자료도 → 면적결정 → 복구사항게시 → 이의신청 → 지적공부 복구

정답 ③

지적공부의 복구에 대한 설명으로 가장 옳은 것은? (16년서울시9)

① 지적소관청은 복구측량 등이 완료되어 지적공부를 복구하려는 경우에는 복구하려는 토지의 표시 등을 시 · 군 · 구 게시판에 30일 이상 게시하여야 한다.

② 복구측량을 한 결과가 복구자료와 부합하지 아니하는 때에는 복구측량 결과를 토대로 경계점표지를 설치하고 경계 또는 면적 등을 조정하여야 한다.

③ 측량결과도, 토지이동조서, 법원의 확정판결서 정본 또는 사본은 지적공부의 복구자료로 활용할 수 있다.

④ 토지대장 · 임야대장 또는 공유지연명부는 복구되고 지적도면이 복구되지 아니한 토지가 축척변경 시행지역에 편입된 때에는 지적도면을 복구하지 아니할 수 있다.

정답 ④

예제 40

공간정보의 구축 및 관리 등에 관한 법령상 지적공부의 복구 및 복구절차 등에 관한 설명으로 틀린 것은? (20년31회공인)

① 지적소관청(정보처리시스템을 통하여 기록·저장한 지적공부의 경우에는 시·도지사, 시장·군수 또는 구청장)은 지적공부의 전부 또는 일부가 멸실되거나 훼손된 경우에는 지체 없이 이를 복구하여야 한다.

② 지적공부를 복구할 때에는 멸실·훼손 당시의 지적공부와 가장 부합된다고 인정되는 관계 자료에 따라 토지의 표시에 관한 사항을 복구하여야 한다. 다만, 소유자에 관한 사항은 부동산등기부나 법원의 확정판결에 따라 복구하여야 한다.

③ 지적공부의 등본, 개별공시지가 자료, 측량신청서 및 측량준비도, 법원의 확정판결서 정본 또는 사본은 지적공부의 복구자료이다.

④ 지적소관청은 조사된 복구자료 중 토지대장·임야대장 및 공유지연명부의 등록 내용을 증명하는 서류 등에 따라 지적복구자료 조사서를 작성하고, 지적도면의 등록 내용을 증명하는 서류 등에 따라 복구자료도를 작성하여야 한다.

⑤ 복구자료도에 따라 측정한 면적과 지적복구자료 조사서의 조사된 면적의 증감이 오차의 허용 범위를 초과하거나 복구자료도를 작성할 복구자료가 없는 경우에는 복구측량을 하여야 한다.

정답 ③

예제 41

공간정보의 구축 및 관리 등에 관한 법령상 지적공부의 전부 또는 일부가 멸실·훼손된 경우에 대한 설명으로 가장 옳지 않은 것은? (21년서울시7)

① 지적소관청은 대통령령으로 정하는 바에 따라 지체 없이 이를 복구하여야 한다.

② 지적소관청이 지적공부를 복구할 때에는 멸실·훼손 당시의 지적공부의 등록내용을 증명하는 서류에 따라 토지의 표시 및 소유자에 관한 사항을 복구하여야 한다.

③ 복구자료도에 따라 측정한 면적과 지적복구자료 조사서의 조사된 면적의 증감이 허용범위를 초과한 경우, 복구측량을 한 결과가 복구자료와 부합하지 아니하는 때에는 토지소유자 및 이해관계인의 동의를 받아 경계 또는 면적 등을 조정할 수 있다.

④ 토지대장·임야대장 또는 공유지연명부는 복구되고 지적도면이 복구되지 아니한 토지가 축척변경 시행 지역이나 도시개발사업 등의 시행지역에 편입된 때에는 지적도면을 복구하지 아니할 수 있다.

정답 ②

공간정보의 구축 및 관리 등에 관한 법령상 지적공부의 복구절차로 가장 옳은 것은?

(22년2월서울시9)

① 복구측량을 한 결과가 복구자료와 부합하지 아니하는 때에는 지적소관청이 직권으로 경계 또는 면적 등을 조정할 수 있다.

② 복구자료의 조사 또는 복구측량 등이 완료되어 지적공부를 복구하려는 경우에는 복구하려는 토지의 표시 등을 시 · 군 · 구 게시판 및 인터넷 홈페이지에 10일 이상 게시하여야 한다.

③ 지적공부 복구 시 소유자에 관한 사항은 토지대장 · 임야대장 및 공유지연명부의 등록 내용에 따라 복구하여야 한다.

④ 지적복구자료 조사서의 조사된 면적이 $A = 0.026^2 M\sqrt{F}$ 계산식에 따른 허용범위 이내인 경우에는 그 조사된 면적을 복구면적으로 결정하여야 한다.

정답 ④

SECTION 07 지적전산자료의 이용

1 신청(법률 제76조)

① 지적공부에 관한 전산자료(연속지적도를 포함하며, 이하 "지적전산자료"라 한다)를 이용하거나 활용하려는 자는 다음의 구분에 따라 국토교통부장관, 시·도지사 또는 지적소관청에 지적전산자료를 신청하여야 한다.

전국 단위의 지적전산자료	국토교통부장관, 시·도지사 또는 지적소관청
시·도 단위의 지적전산자료	시·도지사 또는 지적소관청
시·군·구(자치구가 아닌 구를 포함한다) 단위의 지적전산자료	지적소관청

② 제1항에 따라 지적전산자료를 신청하려는 자는 대통령령으로 정하는 바에 따라 지적전산자료의 이용 또는 활용 목적 등에 관하여 미리 관계 중앙행정기관의 심사를 받아야 한다. 다만, 중앙행정기관의 장, 그 소속 기관의 장 또는 지방자치단체의 장이 신청하는 경우에는 그러하지 아니하다. 〈개정 2017.10.24.〉

③ 제2항에도 불구하고 다음 각 호의 어느 하나에 해당하는 경우에는 관계 중앙행정기관의 심사를 받지 아니할 수 있다. 〈개정 2017.10.24.〉

> 1. 토지소유자가 자기 토지에 대한 지적전산자료를 신청하는 경우
> 2. 토지소유자가 사망하여 그 상속인이 피상속인의 토지에 대한 지적전산자료를 신청하는 경우
> 3. 「개인정보 보호법」 제2조제1호에 따른 개인정보를 제외한 지적전산자료를 신청하는 경우

④ 제1항 및 제3항에 따른 지적전산자료의 이용 또는 활용에 필요한 사항은 대통령령으로 정한다.

예제 43

공간정보의 구축 및 관리 등에 관한 법령상 지적전산자료의 이용 또는 활용 목적 등에 관하여 미리 관계 중앙행정기관의 심사를 받지 않을 수 있는 경우가 아닌 것은?

(20년서울시9)

① 토지소유자가 자기 토지에 대한 지적전산자료를 신청하는 경우
② 토지소유자가 사망하여 그 상속인이 피상속인의 토지에 대한 지적전산자료를 신청하는 경우
③ 전국 단위의 지적전산자료 및 시·도 단위의 지적전산자료를 신청하는 경우
④ 「개인정보 보호법」에 따른 개인정보를 제외한 지적전산자료를 신청하는 경우

정답 ③

② 심사신청 및 심사(시행령 제62조)

① 법 제76조제1항에 따라 지적공부에 관한 전산자료(이하 "지적전산자료"라 한다)를 이용하거나 활용하려는 자는 같은 조 제2항에 따라 다음 각 호의 사항을 적은 신청서를 관계 중앙행정기관의 장에게 제출하여 심사를 신청하여야 한다. **암기** ⓘ묑른 방냬는 제뫂젱하라.

> 1. 자료의 ⓘ용 또는 활용 묑적 및 근거
> 2. 자료의 범위 및 내용
> 3. 자료의 제공 방식, 뫂관 기관 및 안젱관리대책 등

② 제1항에 따른 심사 신청을 받은 관계 중앙행정기관의 장은 다음 각 호의 사항을 심사한 후 그 결과를 신청인에게 통지하여야 한다. **암기** 타젱공은 사젱 외 방읜을 마련하라.

> 1. 신청 내용의 타당성, 젝합성 및 공익성
> 2. 개인의 사생활 침해 여부
> 3. 자료의 목젝 외 사용 방지 및 안젝전관리대책

③ 법 제76조제1항에 따라 지적전산자료의 이용 또는 활용에 관한 승인을 받으려는 자는 승인신청을 할 때에 제2항에 따른 심사 결과를 제출하여야 한다. 다만, 중앙행정기관의 장이 승인을 신청하는 경우에는 제2항에 따른 심사 결과를 제출하지 아니할 수 있다.

④ 제3항에 따른 승인신청을 받은 국토교통부장관, 시·도지사 또는 지적소관청은 다음 각 호의 사항을 심사하여야 한다. 〈개정 2013.3.23.〉 **암기** 타젱공은 사젱 외 방읜을 마련하라. 젝지 여부를

> 1. 신청 내용의 타당성, 젝합성 및 공익성
> 2. 개인의 사생활 침해 여부
> 3. 자료의 목젝 외 사용 방지 및 안젝전관리대책
> 4. 신청한 사항의 처리가 젝산정보처리조직으로 가능한지 여부
> 5. 신청한 사항의 처리가 젝적업무수행에 지장을 주지 않는지 여부

③ 자료제공 및 사용료

⑤ 국토교통부장관, 시·도지사 또는 지적소관청은 제4항에 따른 심사를 거쳐 지적전산자료의 이용 또는 활용을 승인하였을 때에는 지적전산자료 이용·활용 승인대장에 그 내용을 기록·관리하고 승인한 자료를 제공하여야 한다. 〈개정 2013.3.23.〉

⑥ 제5항에 따라 지적전산자료의 이용 또는 활용에 관한 승인을 받은 자는 국토교통부령으로 정하는 사용료를 내야 한다. 다만, 국가나 지방자치단체에 대해서는 사용료를 면제한다.

공간정보의 구축 및 관리 등에 관한 법률 시행규칙 제115조(수수료)

① 법 제106조제1항제1호부터 제4호까지, 제6호, 제9호부터 제14호까지, 제14호의2, 제15호, 제17호 및 제18호에 따른 수수료는 별표 12와 같다. 〈개정 2014.1.17.〉

② 법 제106조제1항제5호에 따른 공공측량성과의 심사 수수료 산정방법은 별표 13과 같다. 〈개정 2017.1.31.〉

③ 법 제106조제1항제7호에 따른 수로조사성과의 심사 수수료 산정방법은 별표 14와 같다. 〈삭제 2021.2.19.〉

④ 법 제106조제1항제8호에 따른 수로도서지의 복제 등의 승인 신청 수수료 산정기준은 별표 15와 같다. 〈삭제 2021.2.19.〉

⑤ 법 제106조제1항제16호에 따른 측량기기 성능검사 신청 수수료는 별표 16과 같다.

⑥ 제1항부터 제5항까지의 수수료는 수입인지, 수입증지 또는 현금으로 내야 한다. 다만, 법 제93조제1항에 따라 등록한 성능검사대행자가 하는 성능검사 수수료와 법 제105조제2항에 따라 공간정보산업협회 등에 위탁된 업무의 수수료는 현금으로 내야 한다. 〈개정 2015.6.4.〉

⑦ 국토교통부장관, 국토지리정보원장, 시·도지사 및 지적소관청은 제6항에도 불구하고 정보통신망을 이용하여 전자화폐·전자결제 등의 방법으로 수수료를 내게 할 수 있다. 〈개정 2013.3.23.〉

■ 공간정보의 구축 및 관리 등에 관한 법률 시행규칙 [별표 12] 〈개정 2019.2.25.〉

업무 종류에 따른 수수료의 금액(제115조제1항 관련)

해당 업무	단위	수수료	해당 법조문
13. 지적전산자료의 이용 또는 활용 신청 　가. 자료를 인쇄물로 제공하는 경우 　나. 자료를 자기디스크 등 전산매체로 제공하는 경우	1필지당 1필지당	30원 20원	법 제106조제1항 제14호
14. 부동산종합공부의 인터넷 열람 신청	1필지당	무료	법 제106조제1항 제14호의2

예제 44

지적전산자료의 수수료에 대한 설명으로 옳지 않은 것은?(단, 정보통신망을 이용하여 전자화폐·전자결제 등의 방법으로 납부하게 하는 경우는 고려하지 않는다.)

(20년1·2회통합지산)

① 지적전산자료를 인쇄물로 제공하는 경우의 수수료는 1필지당 30원이다.

② 공간정보산업협회 등에 위탁된 업무의 수수료는 현금으로 내야 한다.

③ 지적전산자료를 시·도지사 또는 지적소관청이 제공하는 경우에는 현금으로만 납부해야 한다.

④ 지적전산자료를 자기디스크 등 전산매체로 제공하는 경우의 수수료는 1필지당 20원이다.

정답 ③

5장 토지의 이동

토지의 이동

1 개요

토지의 이동이란 토지의 표시를 새로이 정하거나 변경 또는 말소하는 것을 말한다.

2 토지이동의 종류

신규등록, 등록전환, 분할, 합병, 지목변경, 축척변경, 도시개발사업 등의 신고 등

지적측량을 요하는 경우	신규등록, 등록전환, 분할, 축척변경, 도시개발사업 등의 신고
지적측량을 요하지 않는 경우	합병, 지목변경

3 토지이동의 신청 및 토지표시사항 결정권자

신청권자	토지소유자, 사업시행자, 대위 신청자
결정권자	국가(지적소관청)가 토지이동에 따른 토지표시사항을 결정한다.

4 토지이동 처리절차

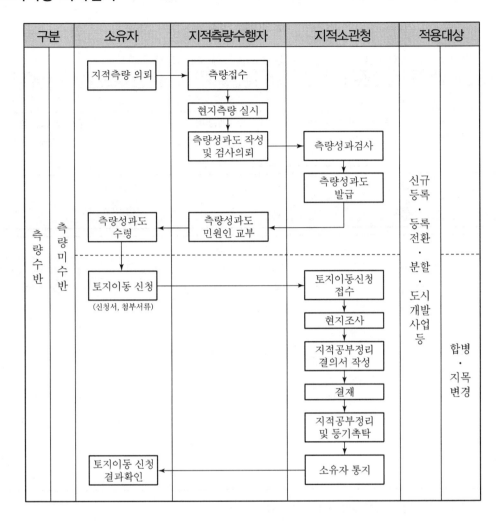

구분	소유자	지적측량수행자	지적소관청	적용대상

측량수반 / 측량미수반

- 지적측량 의뢰 → 측량접수
- 현지측량 실시
- 측량성과도 작성 및 검사의뢰 → 측량성과검사
- 측량성과도 발급
- 측량성과도 수령 ← 측량성과도 민원인 교부

신규등록 · 등록전환 · 분할 · 도시개발사업 등

- 토지이동 신청 (신청서, 첨부서류) → 토지이동신청 접수
- 현지조사
- 지적공부정리 결의서 작성
- 결재
- 지적공부정리 및 등기촉탁
- 토지이동 신청 결과확인 ← 소유자 통지

합병 · 지목변경

■ 공간정보의 구축 및 관리 등에 관한 법률 시행규칙 [별지 제75호서식] 〈개정 2022.4.6.〉

토지이동 신청서

※ 뒤쪽의 수수료와 처리기간을 확인하시고, [ ]에는 해당되는 곳에 ✓ 표시를 합니다.　　　　　(앞 쪽)

접수번호	접수일	발급일	처리기간	뒤쪽 참조

신청구분	[ ]토지(임야)신규등록　　[ ]토지(임야)분할　　[ ]토지(임야)지목변경 [ ]등록전환　　　　　　[ ]토지(임야)합병　　[ ]토지(임야)등록사항정정 [ ]기타

신청인	성명		생년월일	
	주소		전화번호	

신 청 내 용

토지소재			이동 전			이동 후			토지이동 결의일 및 이동사유
시·군·구	읍·면	동·리	지번	지목	면적(m^2)	지번	지목	면적(m^2)	

위와 같이 관계 증명 서류를 첨부하여 신청합니다.

　　　　　　　　　　　　　　　　　　　　　　　　　　년　　　　월　　　　일

　　　　　　　　　　　　　　　　　신청인　　　　　　　　　　(서명 또는 인)

시장 · 군수 · 구청장 귀하

신청인 제출서류	없음	수입증지 첨부란
담당 공무원 확인 사항	토지(임야)합병 신청의 경우 다음 각 호의 사항 1. 토지등기사항증명서 2. 법인등기사항증명서(신청인이 법인인 경우에만 확인합니다) 3. 주민등록표 초본(신청인이 개인인 경우에만 확인합니다)	「공간정보의 구축 및 관리 등에 관한 법률」 시행규칙 제115조제1항에 따른 수수료(뒷쪽 참조)

행정정보 공동이용 동의서

본인은 이 건 업무처리와 관련하여 담당 공무원이 「전자정부법」 제36조제1항에 따른 행정정보의 공동이용을 통하여 위의 담당 공무원.확인 사항의 서류를 확인하는 것에 동의합니다. ＊동의하지 않는 경우에는 신청인이 직접 관련 서류를 제출해야 합니다.

　　　　　　　　　　　　　　　　　신청인　　　　　　　　　　(서명 또는 인)

210mm×297mm[일반용지 60g/m^2]

(뒤쪽)

처리기간			
1. 신규등록 : 3일	2. 토지(임야)분할 : 3일	3. 토지(임야) 지목변경 : 5일	4. 등록전환 : 3일
5. 토지(임야) 합병 : 5일	6. 등록사항 정정 : 3일	7. 바다로 된 토지의 등록말소 : 3일	8. 축척변경 : 3일

수수료	
1. 토지(임야) 신규등록 : 1,400원(1필지)	6. 등록사항 정정 : 무료
2. 토지(임야) 분할 : 1,400원(분할 후 1필지)	7. 바다로 된 토지의 등록말소 : 무료
3. 토지(임야) 지목변경 : 1,000원(1필지)	8. 축 척 변 경 : 1,400원(1필지)
4. 등 록 전 환 : 1,400원(1필지)	9. 「공간정보의 구축 및 관리 등에 관한 법률」 제86조에 따른 토지이동 신청 : 1,400원(1필지)
5. 토지(임야) 합병 : 1,000원(합병 전1필지)	

처리절차

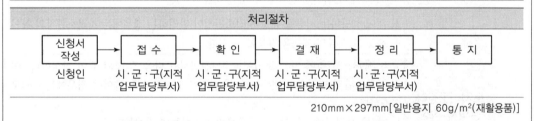

210mm×297mm[일반용지 60g/m²(재활용품)]

예제 01

다음 중 토지이동 신청서상의 신청구분에 해당되지 않는 것은?　　　　(16년서울시9)

① 토지(임야)지목변경　　　　② 토지(임야)경계확정

③ 등록전환　　　　④ 토지(임야)등록사항정정

정답 ②

1 신규등록

1) 개요

개요	새로 조성된 토지 및 등록이 누락되어 있는 토지를 지적공부에 등록하는 것을 말한다.
신규등록측량 (지적업무처리 규정 제21조)	1950.12.1. 법률 제165호로 제정된 「지적법」 제37조에 따른 신규 등록 시 누락된 도로·하천 및 구거 등의 토지를 등록하는 경우의 경계는 도면에 등록된 인접토지의 경계를 기준으로 하여 결정한다. 이 경우 토지의 경계와 이용현황 등을 조사하기 위한 측량을 하여야 한다.
대상토지	① 공유수면매립준공 토지 ② 미등록 공공용 토지(도로·구거·하천 등) ③ 기타 미등록 토지
신청기한 (법률 제77조)	토지소유자는 신규등록할 토지가 있으면 대통령령으로 정하는 바에 따라 그 사유가 발생한 날부터 60일 이내에 지적소관청에 신규등록을 신청하여야 한다.
신청 및 첨부서류 (시행규칙 제81조)	신규등록을 신청하고자 하는 때에는 신규등록사유를 기재한 신청서에 다음의 서류를 첨부하여 지적소관청에 제출하여야 한다. 소유권에 관한 서류 암기 ㉢㉰㉫㉦㉯ • 법원의 확정판결서 ㉢본 또는 ㉯본 • 「공유수면 관리 및 매립에 관한 법률」에 따른 ㉰공검사확인증 ㉯본 • 법률 제6389호 지적법개정법률 부칙 제5조에 따라 도시계획구역의 토지를 그 지방자치단체의 명의로 등록하는 때에는 ㉫획재정부장관과 협의한 문서의 ㉯본 • 그 밖에 ㉦유권을 증명할 수 있는 서류의 ㉯본 ※ 위에 해당하는 서류를 해당 지적소관청이 관리하는 경우에는 지적소관청의 확인으로 그 서류의 제출을 갈음할 수 있다.
토지이동정리 결의서 작성 (지적업무처리 규정 제65조)	규칙 제98조제2항에 따른 토지이동정리결의서는 다음 각 호와 같이 작성한다. 이 경우 증감란의 면적과 지번수는 늘어난 경우에는 (+)로, 줄어든 경우에는 (−)로 기재한다. 1. 지적공부정리종목은 토지이동종목별로 구분하여 기재한다. 2. 토지소재·이동 전·이동 후 및 증감란은 읍·면·동 단위로 지목별로 작성한다. 3. 신규등록은 이동후란에 지목·면적 및 지번수를, 증감란에는 면적 및 지번수를 기재한다.

토지이동정리 결의서

번 호	제 - 호	토 지 이 동 정 리 종 목	결 재			
결 의 일	년 월 일	신규등록(공유수면매립)				
보 존 기 간	영 구					

관계공부정리		토지 소재	이 동 전			이 동 후			증 감		비고
확 인			지목	면적(m²)	지번수	지목	면적(m²)	지번수	면적(m²)	지번수	
토 지 대 장 정 리		명일동				전	100	1	100	+1	
임 야 대 장 정 리											
경계점좌표등록부정리											
지 적 도 정 리											
임 야 도 정 리											
등 기 촉 탁 대 장 정 리											
소 유 자 통 지											

297mm×210mm (보존용지(1종) 70g/m²)

예제 02

다음 중 신규등록 신청 시 제출서류에 해당하지 않는 것은? (13년서울시9)

① 법원의 확정판결서 정본 또는 사본

② 측량결과도 및 측량성과도

③ 「공유수면 관리 및 매립에 관한 법률」에 따른 준공검사확인증 사본

④ 도시계획구역의 토지를 그 지방자치단체의 명의로 등록하는 때에는 기획재정부장관과 협의한 문서의 사본

⑤ 그 밖에 소유권을 증명할 수 있는 서류의 사본

정답 ②

예제 03

도시계획구역 안의 미등록 토지를 지방자치단체 명의로 신규등록하기 위해 누구와 협의해야 하는가? (15년서울시7)

① 시 · 도지사 또는 대도시 시장   ② 국토교통부장관

③ 기획재정부장관   ④ 행정안전부장관

정답 ③

2) 지적공부정리

지번 (시행령 제56조)	① 지번은 북서에서 남동으로 순차적으로 부여할 것 ② 신규등록 및 등록전환의 경우에는 그 지번부여지역에서 인접토지의 본번에 부번을 붙여서 지번을 부여할 것. 다만, 다음의 어느 하나에 해당하는 경우에는 그 지번부여지역의 최종 본번의 다음 순번부터 본번으로 하여 순차적으로 지번을 부여할 수 있다. 1. 대상토지가 그 지번부여지역의 최종 지번의 토지에 인접하여 있는 경우 2. 대상토지가 이미 등록된 토지와 멀리 떨어져 있어서 등록된 토지의 본번에 부번을 부여하는 것이 불합리한 경우 3. 대상토지가 여러 필지로 되어 있는 경우
좌표와 면적	① 신규등록 시 누락된 도로 · 하천 및 구거 등의 토지를 등록하는 경우의 경계는 도면에 등록된 인접토지의 경계를 기준으로 하여 결정한다. 이 경우 토지의 경계와 이용현황 등을 조사하기 위한 측량을 하여야 한다. ② 토지표시사항(소재 · 지번 · 지목 · 면적 · 경계 또는 좌표) 및 소유자는 지적소관청이 조사 · 측량하여 지적공부에 등록한다. ③ 도면의 축척은 신규등록대상토지의 인접토지와 동일한 축척으로 한다.
소유자정리	① 소유자는 법원의 확정판결 또는 관계법령에 의하여 소유권을 취득한 자로 등록한다. ② 소유권에 관한 증빙 서류가 없는 무주(無主)의 부동산은 "국"으로 소유자를 등록한다. ③ 공유수면매립에 의한 신규등록의 경우 소유권변동일자는 **공유수면매립준공일자**로 한다. ④ 신규등록은 **등기촉탁대상**에서 제외된다.
토지이동으로 인한 도면제도 (지적업무처리 규정 제46조)	① 토지의 이동으로 지번 및 지목을 제도하는 경우에는 이동전 지번 및 지목을 말소하고, 새로 설정된 지번 및 지목을 가로쓰기로 제도한다. ② 경계를 말소할 때에는 해당 경계선을 말소한다. ③ 말소된 경계를 다시 등록할 때에는 말소정리 이전의 자료로 원상회복 정리한다. ④ 신규등록 · 등록전환 및 등록사항정정으로 도면에 경계, 지번 및 지목을 새로 등록할 때에는 이미 비치된 도면에 제도한다. 다만, 이미 비치된 도면에 정리할 수 없는 때에는 새로 도면을 작성한다.

예제 04

등기촉탁 대상에 해당하지 않는 것은?　　　　　　　　　　　　　　　(12년서울시9)

① 지번변경　　　　　　　　　② 바다로 된 토지의 등록 말소
③ 신규등록　　　　　　　　　④ 소재 및 지목의 변경
⑤ 축척변경

정답 ③

2 등록전환

1) 개요

개요	임야대장 및 임야도에 등록된 토지를 토지대장 및 지적도에 옮겨 등록하는 것을 말한다.
목적	등록전환은 도면의 정밀도를 높이는 데 목적이 있다.
등록전환 측량 (지적업무처리 규정 제22조)	① 1필지 전체를 등록전환 할 경우에는 임야대장등록사항과 토지대장등록사항의 부합 여부 등을 확인하고 토지의 경계와 이용현황 등을 조사하기 위한 측량을 하여야 한다. ② 등록전환 할 일단의 토지가 2필지 이상으로 분할되어야 할 토지의 경우에는 1필지로 등록전환 후 지목별로 분할하여야 한다. 이 경우 등록 전환할 토지의 지목은 임야대장에 등록된 지목으로 설정하되, 분할 및 지목변경은 등록전환과 동시에 정리한다. ③ 경계점좌표등록부를 비치하는 지역과 연접되어 있는 토지를 등록전환하려면 경계점좌표등록부에 등록하여야 한다. ④ 토지대장에 등록하는 면적은 등록전환측량의 결과에 따라야 하며, 임야대장의 면적을 그대로 정리할 수 없다. ⑤ 1필지의 일부를 등록전환 하려면 등록전환으로 인하여 말소하여야 할 필지의 면적은 반드시 임야분할측량결과도에서 측정하여야 한다. ⑥ 임야도에 도곽선 또는 도곽선수치가 없거나, 1필지 전체를 등록전환 할 경우에만 등록전환으로 인하여 말소해야 할 필지의 임야측량결과도를 등록전환측량결과도에 함께 작성할 수 있다. ⑦ 토지의 형질변경이 수반되는 등록전환측량은 토목공사 등이 완료된 후에 실시하여야 하며, 제20조제3항에 따라 측량성과를 결정하여야 한다.
신청기한 (법률 제78조)	토지소유자는 등록전환할 토지가 있으면 대통령령으로 정하는 바에 따라 그 사유가 발생한 날부터 60일 이내에 지적소관청에 등록전환을 신청하여야 한다.
등록전환신청 (시행령 제64조)	① 법 제78조에 따라 등록전환을 신청할 수 있는 경우는 다음 각 호와 같다. 〈개정 2020. 6.9.〉 　1. 「산지관리법」에 따른 산지전용허가·신고, 산지일시사용허가·신고, 「건축법」에 따른 건축허가·신고 또는 그 밖의 관계 법령에 따른 개발행위 허가 등을 받은 경우 　2. 대부분의 토지가 등록전환되어 나머지 토지를 임야도에 계속 존치하는 것이 불합리한 경우 　3. 임야도에 등록된 토지가 사실상 형질변경되었으나 지목변경을 할 수 없는 경우 　4. 도시·군관리계획선에 따라 토지를 분할하는 경우 ② 〈삭제 2020.6.9.〉 ③ 토지소유자는 법 제78조에 따라 등록전환을 신청할 때에는 등록전환 사유를 적은 신청서에 국토교통부령으로 정하는 서류를 첨부하여 지적소관청에 제출하여야 한다.
지목변경 (지적업무처리 규정 제53조)	영 제64조제1항에 따라 등록전환을 하여야 할 토지 중 목장용지·과수원 등 일단의 면적이 크거나 토지대장등록지로부터 거리가 멀어서 등록 전환하는 것이 부적당하다고 인정되는 경우에는 임야대장등록지에서 지목변경을 할 수 있다.
신청 및 첨부서류 (시행규칙 제82조)	등록전환을 신청하고자 하는 때에는 등록전환 사유를 기재한 신청서에 다음의 서류를 첨부하여 지적소관청에 제출하여야 한다. －관계 법령에 따라 토지의 형질변경 등의 공사가 준공되었음을 증명하는 서류의 사본 ※ 위의 서류를 그 지적소관청이 관리하는 경우에는 지적소관청의 확인으로 그 서류의 제출을 갈음할 수 있다.

공간정보의 구축 및 관리 등에 관한 법령상 「산지관리법」에 따른 산지전용허가를 받아 임야대장에 등록된 토지를 토지대장에 옮겨 등록하려는 경우, 이에 대한 설명으로 가장 옳지 않은 것은? (21년서울시7)

① 토지소유자는 대통령령으로 정하는 바에 따라 그 사유가 발생한 날부터 60일 이내에 지적소관청에 등록전환을 신청하여야 한다.

② 토지소유자는 등록전환 사유를 적은 신청서에 관계 법령에 따른 개발행위 허가 등을 증명하는 서류의 사본을 첨부하여 지적소관청에 제출하여야 한다.

③ 임야대장의 면적과 등록전환될 면적의 차이가 허용 범위를 초과하는 경우에는 토지소유자의 신청에 의해 임야대장의 면적을 정정한 후에 등록전환을 하여야 한다.

④ 임야대장의 면적과 등록전환될 면적의 오차 허용 범위를 계산할 때 축척이 3천분의 1인 지역의 축척 분모는 6천으로 한다. 정답 ③

공간정보의 구축 및 관리 등에 관한 법령상 등록전환을 신청할 수 있는 경우로 가장 옳지 않은 것은? (22년2월서울시9)

① 임야도에 등록된 토지가 사실상 형질변경되었으나 지목변경을 할 수 없는 경우

② 잦은 토지의 이동으로 1필지의 규모가 작아서 소축척으로는 지적측량성과의 결정이 곤란한 경우

③ 도시 · 군관리계획선에 따라 토지를 분할하는 경우

④ 「산지관리법」에 따른 산지전용허가 · 신고 등 관계 법령에 따른 개발행위 허가 등을 받은 경우 정답 ②

2) 토지이동정리결의서 작성(지적업무처리규정 제65조)

규칙 제98조제2항에 따른 토지이동정리결의서는 다음 각 호와 같이 작성한다. 이 경우 증감란의 면적과 지번수는 늘어난 경우에는 (+)로, 줄어든 경우에는 (−)로 기재한다.

1. 지적공부정리종목은 토지이동종목별로 구분하여 기재한다.
2. 토지소재 · 이동 전 · 이동 후 및 증감란은 읍 · 면 · 동 단위로 지목별로 작성한다.
3. 신규등록은 이동후란에 지목 · 면적 및 지번수를, 증감란에는 면적 및 지번수를 기재한다.
4. 등록전환은 이동전란에 임야대장에 등록된 지목 · 면적 및 지번수를, 이동후란에 토지대장에 등록될 지목 · 면적 및 지번수를, 증감란에는 면적을 기재한다. 이 경우 등록전환에 따른 임야대장 및 임야도의 말소정리는 등록전환결의서에 따른다.

■ 공간정보의 구축 및 관리 등에 관한 법률 시행규칙 [별지 제57호서식]

토지이동정리 결의서

번 호	제 – 호	토 지 이 동 정 리 종 목			결 재			
결 의 일	년 월 일	등록전환						
보 존 기 간	영 구							

관계공부정리		토지 소재	이 동 전			이 동 후			증 감		비고
확 인			지목	면적 (m²)	지번수	지목	면적 (m²)	지번수	면적 (m²)	지번수	
토 지 대 장 정 리		명일동	임야	300	1	대	305	1	+5		
임 야 대 장 정 리											
경계점좌표등록부정리											
지 적 도 정 리											
임 야 도 정 리											
등 기 촉 탁 대 장 정 리											
소 유 자 통 지											

297mm×210mm (보존용지(1종) 70g/m²)

3) 지적공부정리

지번 (시행령 제56조)	① 지번은 북서에서 남동으로 순차적으로 부여할 것 ② 신규등록 및 등록전환의 경우에는 그 지번부여지역에서 인접토지의 본번에 부번을 붙여서 지번을 부여할 것. 다만, 다음의 어느 하나에 해당하는 경우에는 그 지번부여지역의 최종 본번의 다음 순번부터 본번으로 하여 순차적으로 지번을 부여할 수 있다. 1. 대상토지가 그 지번부여지역의 최종 지번의 토지에 인접하여 있는 경우 2. 대상토지가 이미 등록된 토지와 멀리 떨어져 있어서 등록된 토지의 본번에 부번을 부여하는 것이 불합리한 경우 3. 대상토지가 여러 필지로 되어 있는 경우
면적 (지적업무처리 규정 제22조)	① 지적측량에 의하여 경계와 면적을 결정한다. ② 토지대장에 등록하는 면적은 등록전환측량의 결과에 따라야 하며, 임야대장의 면적을 그대로 정리할 수 없다. ③ 1필지의 일부를 등록전환 하려면 등록전환으로 인하여 말소하여야 할 필지의 면적은 반드시 임야분할측량결과도에서 측정하여야 한다.
등록전환이나 분할에 따른 면적 오차의 허용범위 및 배분(시행령 제19조)	① 법 제26조제2항에 따른 등록전환이나 분할을 위하여 면적을 정할 때에 발생하는 오차의 허용범위 및 처리방법은 다음과 같다. **등록전환을 하는 경우** 1. 임야대장의 면적과 등록전환될 면적의 오차 허용범위는 다음의 계산식에 따른다. 이 경우 오차의 허용범위를 계산할 때 축척이 3천분의 1인 지역의 축척분모는 6천으로 한다. $$A = 0.026^2 M\sqrt{F}$$ (A는 오차 허용면적, M은 임야도 축척분모, F는 등록전환될 면적) 2. 임야대장의 면적과 등록전환될 면적의 차이가 가목의 계산식에 따른 허용범위 이내인 경우에는 등록전환될 면적을 등록전환 면적으로 결정하고, 허용범위를 초과하는 경우에는 임야대장의 면적 또는 임야도의 경계를 지적소관청이 직권으로 정정하여야 한다.
축척 등	① 도면의 축척은 등록전환 될 지역의 인접토지와 동일한 축척으로 등록한다. ② 임야대장과 임야도의 등록사항은 말소하되, 소유권에 관한 사항은 토지대장에 옮겨 등록한다. ③ 등기촉탁 수반
도면제도 (지적업무처리 규정 제46조)	① 토지의 이동으로 지번 및 지목을 제도하는 경우에는 이동 전 지번 및 지목을 말소하고, 새로 설정된 지번 및 지목을 가로쓰기로 제도한다. ② 경계를 말소할 때에는 해당 경계선을 말소한다. ③ 말소된 경계를 다시 등록할 때에는 말소정리 이전의 자료로 원상회복 정리한다. ④ 신규등록·등록전환 및 등록사항정정으로 도면에 경계, 지번 및 지목을 새로 등록할 때에는 이미 비치된 도면에 제도한다. 다만, 이미 비치된 도면에 정리할 수 없는 때에는 새로 도면을 작성한다. ⑤ 등록전환 할 때에는 임야도의 그 지번 및 지목을 말소한다.

다음 중 등록전환을 신청할 수 있는 경우가 아닌 것은?　(16년서울시9)

① 토지이용상 불합리한 지상경계를 시정하기 위한 경우
② 대부분의 토지가 등록전환되어 나머지 토지를 임야도에 계속 존치하는 것이 불합리한 경우
③ 임야도에 등록된 토지가 사실상 형질변경되었으나 지목변경을 할 수 없는 경우
④ 도시 · 군관리계획선에 따라 토지를 분할하는 경우

정답 ①

다음 중 등록전환을 신청할 수 있는 사항으로 옳지 않은 것은?

(15년서울시9)

① 대부분의 토지가 등록전환되어 나머지 토지를 임야도에 계속 존치하는 것이 불합리한 경우
② 임야도에 등록된 토지가 사실상 형질변경되었으나 지목변경을 할 수 없는 경우
③ 도시 · 군관리계획선에 따라 토지를 분할하는 경우
④ 잦은 토지의 이동으로 1필지의 규모가 작아서 소축척으로는 지적측량성과의 결정이나 토지의 이동에 따른 정리를 하기가 곤란한 경우

정답 ④

공간정보의 구축 및 관리 등에 관한 법령상 등록전환을 할 때 임야대장의 면적과 등록전환된 면적의 차이가 오차의 허용범위를 초과하는 경우 처리 방법으로 옳은 것은?

(20년31회공인)

① 지적소관청이 임야대장의 면적 또는 임야도의 경계를 직권으로 정정하여야 한다.
② 지적소관청이 시 · 도지사의 승인을 받아 허용범위를 초과하는 면적을 등록전환 면적으로 결정하여야 한다.
③ 지적측량수행자가 지적소관청의 승인을 받아 허용범위를 초과하는 면적을 등록전환 면적으로 결정하여야 한다.
④ 지적측량수행자가 토지소유자와 합의한 면적을 등록전환 면적으로 결정하여야 한다.
⑤ 지적측량수행자가 임야대장의 면적 또는 임야도의 경계를 직권으로 정정하여야 한다.

정답 ①

「공간정보의 구축 및 관리 등에 관한 법률 시행령」상 임야대장의 면적과 등록전환될 면적의 오차 허용범위는?(단, A는 오차 허용면적, M은 임야도 축척분모, F는 등록전환될 면적이다.)

(21년서울시7)

① $A = 0.023^2 M \sqrt{F}$　　　　② $A = 0.026^2 M \sqrt{F}$

③ $A = 0.023^2 F \sqrt{M}$　　　　④ $A = 0.026^2 F \sqrt{M}$

정답 ②

3 분할

1) 개요

개요	분할이란 지적공부에 등록된 1필지를 2필지 이상으로 나누어 등록하는 것을 말한다.
분할측량 (지적업무처리 규정 제23조)	① 측량대상토지의 점유현황이 도면에 등록된 경계와 일치하지 않으면 분할 측량 시에 그 분할 등록될 경계점을 지상에 복원하여야 한다. ② 합병된 토지를 합병전의 경계대로 분할하려면 합병 전 각 필지의 면적을 분할 후 각 필지의 면적으로 한다. 이 경우 분할되는 토지 중 일부가 등록사항정정대상토지이면 분할정리 후 그 토지에만 등록사항정정대상토지임을 등록하여야 한다.
신청기한 (법률 제79조)	① 토지소유자는 토지를 분할하려면 대통령령으로 정하는 바에 따라 지적소관청에 분할을 신청하여야 한다. ② 토지소유자는 지적공부에 등록된 1필지의 일부가 형질변경 등으로 용도가 변경된 경우에는 대통령령으로 정하는 바에 따라 용도가 변경된 날부터 60일 이내에 지적소관청에 토지의 분할을 신청하여야 한다.
분할신청 (시행령 제65조)	① 법 제79조제1항에 따라 분할을 신청할 수 있는 경우는 다음 각 호와 같다. 다만, 관계 법령에 따라 해당 토지에 대한 분할이 개발행위 허가 등의 대상인 경우에는 개발행위 허가 등을 받은 이후에 분할을 신청할 수 있다. 〈개정 2014.1.17., 2020.6.9.〉 1. 소유권이전, 매매 등을 위하여 필요한 경우 2. 토지이용상 불합리한 지상 경계를 시정하기 위한 경우
신청 및 첨부서류 (시행규칙 제83조)	토지의 분할을 신청하고자 하는 때에는 분할사유를 기재한 신청서에 다음의 서류를 첨부하여 지적소관청에 제출하여야 한다. 분할사유에 관한 서류 • 분할 허가 대상인 토지의 경우에는 그 허가서 사본 • 법원의 확정판결에 따라 토지를 분할하는 경우에는 확정판결서 정본 또는 사본 ※ 1필지의 일부가 형질변경 등으로 용도가 변경되어 분할을 신청할 때에는 지목변경 신청서를 함께 제출하여야 한다. ※ 위에 해당하는 서류를 해당 지적소관청이 관리하는 경우에는 지적소관청의 확인으로 그 서류의 제출을 갈음할 수 있다.

2) 토지이동정리결의서작성(업무처리규정 제65조)

규칙 제98조제2항에 따른 토지이동정리결의서는 다음 각 호와 같이 작성한다. 이 경우 증감란의 면적과 지번수는 늘어난 경우에는 (+)로, 줄어든 경우에는 (−)로 기재한다.

1. 지적공부정리종목은 토지이동종목별로 구분하여 기재한다.
2. 토지소재ㆍ이동전ㆍ이동후 및 증감란은 읍ㆍ면ㆍ동 단위로 지목별로 작성한다.
3. 신규등록은 이동후란에 지목ㆍ면적 및 지번수를, 증감란에는 면적 및 지번수를 기재한다.
4. 등록전환은 이동전란에 임야대장에 등록된 지목ㆍ면적 및 지번수를, 이동후란에 토지대장에 등록될 지목ㆍ면적 및 지번수를, 증감란에는 면적을 기재한다. 이 경우 등록전환에 따른 임야대장 및 임야도의 말소정리는 등록전환결의서에 따른다.
5. 분할 및 합병은 이동전ㆍ후란에 지목 및 지번수를, 증감란에 지번수를 기재한다.

■ 공간정보의 구축 및 관리 등에 관한 법률 시행규칙 [별지 제57호서식]

토지이동정리 결의서

번 호	제 - 호	토 지 이 동 정 리 종 목			결 재		
결 의 일	년 월 일	분 할					
보 존 기 간	영 구						

관계공부정리		토지 소재	이 동 전			이 동 후			증 감		비고
확 인			지목	면적 (m²)	지번수	지목	면적 (m²)	지번수	면적 (m²)	지번수	
토 지 대 장 정 리		명일동	대		1	대		2		+1	
임 야 대 장 정 리											
경계점좌표등록부정리											
지 적 도 정 리											
임 야 도 정 리											
등 기 촉 탁 대 장 정 리											
소 유 자 통 지											

297mm×210mm (보존용지(1종) 70g/m²)

3) 지적공부정리

지번 (시행령 제56조)	① 지번은 북서에서 남동으로 순차적으로 부여할 것 ② 분할의 경우에는 분할 후의 필지 중 1필지의 지번은 분할 전의 지번으로 하고, 나머지 필지의 지번은 본번의 최종 부번 다음 순번으로 부번을 부여할 것. 이 경우 주거·사무실 등의 건축물이 있는 필지에 대해서는 분할 전의 지번을 우선하여 부여하여야 한다.
지목 (시행령 제65조)	토지소유자는 법 제79조에 따라 토지의 분할을 신청할 때에는 분할 사유를 적은 신청서에 국토교통부령으로 정하는 서류(영 제65조제2항에서 "국토교통부령으로 정하는 서류"란 분할 허가 대상인 토지의 경우 그 허가서 사본을 말한다)를 첨부하여 지적소관청에 제출하여야 한다. 이 경우 법 제79조제2항에 따라 1필지의 일부가 형질변경 등으로 용도가 변경되어 분할을 신청할 때에는 제67조제2항에 따른 지목변경 신청서를 함께 제출하여야 한다.
등록전환이나 분할에 따른 면적 오차의 허용범위 및 배분(시행령 제19조)	① 법 제26조제2항에 따른 등록전환이나 분할을 위하여 면적을 정할 때에 발생하는 오차의 허용범위 및 처리방법은 다음과 같다. **토지를 분할하는 경우** 1. 분할 후의 각 필지의 면적의 합계와 분할 전 면적과의 오차의 허용범위는 제1호 가목의 계산식에 따른다. $$A = 0.026^2 M\sqrt{F}$$ (여기서, A는 오차 허용면적, M은 축척분모, F는 원면적으로 하되, 축척이 3천분의 1인 지역의 축척분모는 6천으로 한다) 2. 분할 전후 면적의 차이가 가목의 계산식에 따른 허용범위 이내인 경우에는 그 오차를 분할 후의 각 필지의 면적에 따라 나누고, 허용범위를 초과하는 경우에는 지적공부(地籍公簿)상의 면적 또는 경계를 정정하여야 한다. 3. 분할 전후 면적의 차이를 배분한 산출면적은 다음의 계산식에 따라 필요한 자리까지 계산하고, 결정면적은 원면적과 일치하도록 산출면적의 구하려는 끝자리의 다음 숫자가 큰 것부터 순차로 올려서 정하되, 구하려는 끝자리의 다음 숫자가 서로 같을 때에는 산출면적이 큰 것을 올려서 정한다. $$r = \frac{F}{A} \times a$$ (여기서, r은 각 필지의 산출면적, F는 원면적, A는 측정면적 합계 또는 보정면적 합계, a는 각 필지의 측정면적 또는 보정면적) ② 경계점좌표등록부가 있는 지역의 토지분할을 위하여 면적을 정할 때에는 제1항 제2호나목에도 불구하고 다음 각 호의 기준에 따른다. 1. 분할 후 각 필지의 면적합계가 분할 전 면적보다 많은 경우에는 구하려는 끝자리의 다음 숫자가 작은 것부터 순차적으로 버려서 정하되, 분할 전 면적에 증감이 없도록 할 것 2. 분할 후 각 필지의 면적합계가 분할 전 면적보다 적은 경우에는 구하려는 끝자리의 다음 숫자가 큰 것부터 순차적으로 올려서 정하되, 분할 전 면적에 증감이 없도록 할 것

도면제도 (지적업무처리 규정 제46조)	① 토지의 이동으로 지번 및 지목을 제도하는 경우에는 이동 전 지번 및 지목을 말소하고, 새로 설정된 지번 및 지목을 가로쓰기로 제도한다. ② 경계를 말소할 때에는 해당 경계선을 말소한다. ③ 말소된 경계를 다시 등록할 때에는 말소정리 이전의 자료로 원상회복 정리한다. ④ 신규등록 · 등록전환 및 등록사항정정으로 도면에 경계, 지번 및 지목을 새로 등록할 때에는 이미 비치된 도면에 제도한다. 다만, 이미 비치된 도면에 정리할 수 없는 때에는 새로 도면을 작성한다. ⑤ 등록전환할 때에는 임야도의 그 지번 및 지목을 말소한다. ⑥ 필지를 분할할 경우에는 분할 전 지번 및 지목을 말소하고, 분할경계를 제도한 후 필지마다 지번 및 지목을 새로 제도한다.
분할을 제한하는 법령	국토의 계획 및 이용에 관한 법률, 건축법, 개발제한구역의 지정 및 관리에 관한 특별조치법, 도시개발법, 농지법, 민법, 집합건물의 소유 및 관리에 관한 법률, 신행정수도의 건설을 위한 특별조치법(헌법재판소 위헌 결정으로 실효) 등에 의하여 토지분할의 제한을 받는다.

예제 11

건축법에 따른 분할제한 면적으로 틀린 것은? (12년서울시9)

① 녹지지역 : 200m² 이상 ② 공업지역 : 100m² 이상

③ 상업지역 : 150m² 이상 ④ 주거지역 : 60m² 이상

⑤ 그 외의 지역 : 60m² 이상

해설 건축법 시행령 제80조(건축물이 있는 대지의 분할제한)

법 제57조제1항에서 "대통령령으로 정하는 범위"란 다음 각 호의 어느 하나에 해당하는 규모 이상을 말한다.

1. 주거지역 : 60제곱미터 2. 상업지역 : 150제곱미터

3. 공업지역 : 150제곱미터 4. 녹지지역 : 200제곱미터

5. 제1호부터 제4호까지의 규정에 해당하지 아니하는 지역 : 60제곱미터 **정답** ②

예제 12

토지의 이동(합병, 분할)에 따른 경계 · 좌표 또는 면적의 결정 방법에 대한 설명으로 옳지 않은 것은? (16년서울시7)

① 합병에 따른 경계는 따로 지적측량을 하지 아니하고 합병 전 각 필지의 경계 중에서 합병으로 필요 없게 된 부분을 말소하여 결정한다.

② 합병에 따른 면적은 따로 지적측량을 하지 아니하고 합병 전 각 필지의 면적을 합산하여 결정한다.

③ 합병에 따른 좌표는 따로 지적측량을 하지 아니하고 합병 전 각 필지의 좌표 중에서 합병으로 필요 없게 된 부분을 말소하여 결정한다.

④ 분할에 따른 면적을 정할 때 분할 전후 면적의 차이가 허용범위 이내인 경우에는 지적공부상의 면적 또는 경계를 정정하여야 한다. **정답** ④

4 합병

1) 개요 [암기] 도제천거유는 장학철수공체

개요	지적공부에 등록된 2필지 이상을 1필지로 합하여 등록하는 것을 말한다.
대상토지	① 「주택법」에 따른 공동주택의 부지 ② 도로, 제방, 하천, 구거, 유지, 공장용지, 학교용지, 철도용지, 수도용지, 공원, 체육용지 등 다른 지목의 토지로서 연접하여 있으나 구획 내에 2필지 이상으로 등록된 토지
합병신청을 할 수 없는 경우	① 합병하려는 토지의 지번부여지역, 지목 또는 소유자가 서로 다른 경우 ② 합병하려는 토지에 다음 등기 외의 등기가 있는 경우 1. 소유권·지상권·전세권 또는 임차권의 등기 2. 승역지(承役地)에 대한 지역권의 등기 3. 합병하려는 토지 전부에 대한 등기원인(登記原因) 및 그 연월일과 접수번호가 같은 저당권의 등기 4. 합병하려는 토지 전부에 대한 「부동산등기법」 제81조제1항 각 호의 등기사항이 동일한 신탁등기 ③ 그 밖에 합병하려는 토지의 지적도 및 임야도의 축척이 서로 다른 경우 등 1. 합병하려는 토지의 지적도 및 임야도의 축척이 서로 다른 경우 2. 합병하려는 각 필지가 서로 연접하지 않은 경우 3. 합병하려는 토지가 등기된 토지와 등기되지 아니한 토지인 경우 4. 합병하려는 각 필지의 지목은 같으나 일부 토지의 용도가 다르게 되어 분할대상 토지인 경우. 다만, 합병 신청과 동시에 토지의 용도에 따라 분할 신청을 하는 경우는 제외한다. 5. 합병하려는 토지의 소유자별 공유지분이 다르거나 소유자의 주소가 서로 다른 경우 6. 합병하려는 토지가 구획정리, 경지정리 또는 축척변경을 시행하고 있는 지역의 토지와 그 지역 밖의 토지인 경우
신청기한	① 토지소유자가 필요로 하는 합병신청은 신청기한이 없다. ② 토지소유자는 「주택법」에 따른 공동주택의 부지, 도로, 제방, 하천, 구거, 유지, 공장용지, 학교용지, 철도용지, 수도용지, 공원, 체육용지 등 다른 지목의 토지로서 합병하여야 할 토지가 있으면 그 사유가 발생한 날부터 60일 이내에 지적소관청에 합병을 신청하여야 한다.
신청 및 첨부서류	① 토지소유자는 토지의 합병을 신청할 때에는 합병 사유를 적은 신청서를 지적소관청에 제출하여야 한다. ② 합병은 첨부서류가 없다. ※ 토지등기부등본 또는 토지등기권리증 등이 필요하나 지적소관청에서 토지등기부를 열람하고 합병여부를 판단한다.

예제 13

합병신청의 의무가 있는 지목에 해당하지 않는 것은? (13년서울시9)

① 철도용지
② 학교용지
③ 제방
④ 도로용지
⑤ 수도용지

정답 ④

토지를 합병하는 경우 토지소유자가 60일 이내에 지적소관청에 합병 신청을 해야 하는 대상에 해당하지 않는 것은? (14년서울시9)

① 「주택법」에 따른 공동주택부지, 도로, 제방

② 하천, 구거, 유지

③ 공장용지, 학교용지, 철도용지

④ 수도용지, 공원, 체육용지

⑤ 유원지, 창고용지, 목장용지

정답 ⑤

합병에 대한 설명으로 가장 옳지 않은 것은? (16년서울시9)

① 지적공부에 등록된 2필지 이상을 1필지로 합하여 등록하는 것을 말한다.

② 합병 후 필지의 면적은 1필지로 합병된 토지에 대하여 지적측량을 실시하고 새로이 산출된 면적으로 결정한다.

③ 합병 후 필지의 경계 또는 좌표에 대해서는 합병 전 각 필지의 경계 또는 좌표 중 합병으로 필요 없게 된 부분을 말소하여 결정한다.

④ 합병하려는 토지의 지번부여지역, 지목 또는 소유자가 서로 다른 경우에는 합병 신청을 할 수 없다.

정답 ②

다음 중 〈보기〉에서 합병신청을 할 수 없는 경우만을 모두 고른 것은? (16년서울시7)

〈보기〉
㉠ 합병하려는 각 필지의 지반이 연속되어 있는 경우
㉡ 합병하려는 토지가 등기된 토지와 등기되지 아니한 토지인 경우
㉢ 합병하려는 토지에 소유권·지상권·전세권 또는 임차권의 등기 외의 등기가 있는 경우
㉣ 합병하려는 토지에 승역지(承役地)에 대한 지역권의 등기가 있는 경우
㉤ 합병하려는 토지가 구획정리, 경지정리 또는 축척변경을 시행하고 있는 지역의 토지와 그 지역 밖의 토지인 경우

① ㉠, ㉣

② ㉡, ㉢, ㉣

③ ㉡, ㉢, ㉤

④ ㉡, ㉣, ㉤

정답 ③

2) 토지이동정리결의서 작성(업무처리규정 제65조)

규칙 제98조제2항에 따른 토지이동정리결의서는 다음 각 호와 같이 작성한다. 이 경우 증감란의 면적과 지번수는 늘어난 경우에는 (＋)로, 줄어든 경우에는 (－)로 기재한다.

> 1. 지적공부정리종목은 토지이동종목별로 구분하여 기재한다.
> 2. 토지소재·이동전·이동후 및 증감란은 읍·면·동 단위로 지목별로 작성한다.
> 3. 신규등록은 이동후란에 지목·면적 및 지번수를, 증감란에는 면적 및 지번수를 기재한다.
> 4. 등록전환은 이동전란에 임야대장에 등록된 지목·면적 및 지번수를, 이동후란에 토지대장에 등록될 지목·면적 및 지번수를, 증감란에는 면적을 기재한다. 이 경우 등록전환에 따른 임야대장 및 임야도의 말소정리는 등록전환결의서에 따른다.
> 5. 분할 및 합병은 이동전·후란에 지목 및 지번수를, 증감란에 지번수를 기재한다.

■ 공간정보의 구축 및 관리 등에 관한 법률 시행규칙 [별지 제57호서식]

토지이동정리 결의서

번 호	제 － 호	토 지 이 동 정 리 종 목							결 재		
결 의 일	년 월 일	합병									
보 존 기 간	영 구										
관계공부정리		토지 소재	이 동 전			이 동 후			증 감		비 고
확 인			지목	면적 (m²)	지번 수	지목	면적 (m²)	지번 수	면적 (m²)	지번 수	
토 지 대 장 정 리		명일동	대		2	대		1		－1	
임 야 대 장 정 리											
경계점좌표등록부정리											
지 적 도 정 리											
임 야 도 정 리											
등 기 촉 탁 대 장 정 리											
소 유 자 통 지											

297mm×210mm (보존용지(1종) 70g/m²)

3) 지적공부정리

지번	① 지번은 북서에서 남동으로 순차적으로 부여할 것 ② 지번은 합병대상 지번 중 선순위의 지번을 그 지번으로 하되 본번으로 된 지번이 있는 때에는 본번 중 선순위의 지번을 합병 후의 지번으로 하는 것을 원칙으로 한다. ③ 이 경우 토지소유자가 합병 전의 필지에 주거 · 사무실 등의 건축물이 있어서 그 건축물이 위치한 지번을 합병 후의 지번으로 신청할 때에는 그 지번을 합병 후의 지번으로 부여하여야 한다.
토지의 이동에 따른 면적 등의 결정방법 (법률 제26조)	① 합병신청 한 신청서의 서류가 합병요건을 충족시키는지 여부를 확인하고 현지 출장하여 토지이동에 따른 조사를 실시한다. ② 합병요건이 적합할 경우 토지이동정리결의서를 작성하고, 이를 근거로 지적공부를 정리한다. ③ 합병에 따른 경계 · 좌표 또는 면적은 따로 지적측량을 하지 아니하고 다음 각 호의 구분에 따라 결정한다. 1. 합병 후 필지의 경계 또는 좌표 : 합병 전 각 필지의 경계 또는 좌표 중 합병으로 필요 없게 된 부분을 말소하여 결정 2. 합병 후 필지의 면적 : 합병 전 각 필지의 면적을 합산하여 결정
토지의 이동에 따른 도면의 제도 (업무처리규정 제46조)	① 토지의 이동으로 지번 및 지목을 제도하는 경우에는 이동 전 지번 및 지목을 말소하고, 새로 설정된 지번 및 지목을 가로쓰기로 제도한다. ② 경계를 말소할 때에는 해당 경계선을 말소한다. ③ 말소된 경계를 다시 등록할 때에는 말소정리 이전의 자료로 원상회복 정리한다. ④ 신규등록 · 등록전환 및 등록사항정정으로 도면에 경계, 지번 및 지목을 새로 등록할 때에는 이미 비치된 도면에 제도한다. 다만, 이미 비치된 도면에 정리할 수 없는 때에는 새로 도면을 작성한다. ⑤ 등록전환 할 때에는 임야도의 그 지번 및 지목을 말소한다. ⑥ 필지를 분할할 경우에는 분할 전 지번 및 지목을 말소하고, 분할경계를 제도한 후 필지마다 지번 및 지목을 새로 제도한다. ⑦ 도곽선에 걸쳐 있는 필지가 분할되어 도곽선 밖에 분할경계가 제도된 때에는 도곽선 밖에 제도된 필지의 경계를 말소하고, 그 도곽선 안에 필지의 경계, 지번 및 지목을 제도한다. ⑧ 합병할 때에는 합병되는 필지 사이의 경계 · 지번 및 지목을 말소한 후 새로 부여하는 지번과 지목을 제도한다.

5 지목변경

1) 개요

개요	지적공부에 등록된 지목을 다른 지목으로 바꾸어 등록하는 것을 말한다.
지목변경 대상 (영 제67조)	① 「국토의 계획 및 이용에 관한 법률」 등 관계 법령에 따른 토지의 형질변경 등의 공사가 준공된 경우 ② 토지나 건축물의 용도가 변경된 경우 ③ 도시개발사업 등의 원활한 추진을 위하여 사업시행자가 공사 준공 전에 토지의 합병을 신청하는 경우
신청기한 (법률 제81조)	토지소유자는 지목변경을 할 토지가 있으면 대통령령으로 정하는 바에 따라 그 사유가 발생한 날부터 60일 이내에 지적소관청에 지목변경을 신청하여야 한다.
신청 및 첨부서류 (규칙 제84조)	토지소유자는 지목변경을 신청할 때에는 지목변경 사유를 적은 신청서에 다음의 서류를 첨부하여 지적소관청에 제출하여야 한다. ① 관계법령에 따라 토지의 형질변경 등의 공사가 준공되었음을 증명하는 서류의 사본 ② 국유지·공유지의 경우에는 용도폐지되었거나 사실상 공공용으로 사용되고 있지 아니함을 증명하는 서류의 사본 ③ 토지 또는 건축물의 용도가 변경되었음을 증명하는 서류의 사본 ※ 개발행위허가·농지전용허가·보전산지전용허가 등 지목변경과 관련된 규제를 받지 아니하는 토지의 지목변경이나 전·답·과수원 상호 간의 지목변경인 경우에는 서류의 첨부를 생략할 수 있다. ※ 위에 해당하는 서류를 해당 지적소관청이 관리하는 경우에는 지적소관청의 확인으로 그 서류의 제출을 갈음할 수 있다.

예제 17

지목변경 시 제출서류에 해당하지 않는 것은? (13년서울시9)

① 관계법령에 따라 토지의 형질변경 등의 공사가 준공되었음을 증명하는 서류의 사본
② 토지소유자 2/3 동의서
③ 국유지·공유지의 경우에는 용도폐지 되었거나 사실상 공공용지로 사용되고 있지 아니함을 증명하는 서류의 사본
④ 토지 또는 건축물의 용도가 변경되었음을 증명하는 서류의 사본
⑤ 지적소관청이 관할하는 경우에는 지적소관청의 확인으로 그 서류의 제출을 갈음할 수 있다.

정답 ②

2) 토지이동정리결의서 작성(업무처리규정 제65조)

규칙 제98조제2항에 따른 토지이동정리결의서는 다음 각 호와 같이 작성한다. 이 경우 증감란의 면적과 지번수는 늘어난 경우에는 (+)로, 줄어든 경우에는 (−)로 기재한다.

1. 지적공부정리종목은 토지이동종목별로 구분하여 기재한다.
2. 토지소재 · 이동전 · 이동후 및 증감란은 읍 · 면 · 동 단위로 지목별로 작성한다.
3. 신규 등록은 이동후란에 지목 · 면적 및 지번수를, 증감란에는 면적 및 지번수를 기재한다.
4. 등록전환은 이동전란에 임야대장에 등록된 지목 · 면적 및 지번수를, 이동후란에 토지대장에 등록될 지목 · 면적 및 지번수를, 증감란에는 면적을 기재한다. 이 경우 등록전환에 따른 임야대장 및 임야도의 말소정리는 등록전환결의서에 따른다.
5. 분할 및 합병은 이동전 · 후란에 지목 및 지번수를, 증감란에 지번수를 기재한다.
6. 지목변경은 이동전란에 변경 전의 지목 · 면적 및 지번수를, 이동후란에 변경 후의 지목 · 면적 및 지번수를 기재한다.

■ 공간정보의 구축 및 관리 등에 관한 법률 시행규칙 [별지 제57호서식]

토지이동정리 결의서

번 호	제 − 호	토 지 이 동 정 리 종 목				결 재					
결 의 일	년 월 일	지목변경									
보 존 기 간	영 구										
관계공부정리		토지 소재	이 동 전			이 동 후			증 감		비고
확 인			지목	면적(m²)	지번수	지목	면적(m²)	지번수	면적(m²)	지번수	
토 지 대 장 정 리		명일동	전	315	1	대	315	1			
임 야 대 장 정 리											
경계점좌표등록부정리											
지 적 도 정 리											
임 야 도 정 리											
등 기 촉 탁 대 장 정 리											
소 유 자 통 지											

297mm×210mm (보존용지(1종) 70g/m²)

3) 지적공부정리

등록 및 정리방법	① 지목변경을 하기 위해서는 지적측량이 필요 없다.
	② 지목변경에 대한 사실을 확인하기 위하여 토지이동조사를 실시하여야 한다. 다만, 서류상으로 명백한 경우에는 실지이동조사를 생략할 수 있다.
	③ 일시적이고 임시적인 사용목적의 변경은 토지이동으로 볼 수 없기 때문에 지목변경이 불가능하다.
	④ 지목변경 시 지번 · 면적 · 경계 및 소유권의 변경사항은 없다.
	⑤ 등록전환을 하여야 할 토지 중 목장용지 · 과수원 등 일단의 면적이 크거나 토지대장등록지로부터 거리가 멀어서 등록전환하는 것이 부적당하다고 인정되는 경우에는 임야대장등록지에 지목변경을 할 수 있다.
	⑥ 관계 법령 시행 이전에 건축 · 개간 및 형질변경 등이 된 경우에는 담당공무원의 조사 복명에 의하여 토지의 용도에 부합되도록 지목변경을 할 수 있다.
토지의 이동에 따른 도면의 제도 (업무처리규정 제46조)	① 토지의 이동으로 지번 및 지목을 제도하는 경우에는 이동전 지번 및 지목을 말소하고, 새로 설정된 지번 및 지목을 가로쓰기로 제도한다.
	② 경계를 말소할 때에는 해당 경계선을 말소한다.
	③ 말소된 경계를 다시 등록할 때에는 말소정리 이전의 자료로 원상회복 정리한다.
	④ 신규등록 · 등록전환 및 등록사항정정으로 도면에 경계, 지번 및 지목을 새로 등록할 때에는 이미 비치된 도면에 제도한다. 다만, 이미 비치된 도면에 정리할 수 없는 때에는 새로 도면을 작성한다.
	⑤ 등록전환 할 때에는 임야도의 그 지번 및 지목을 말소한다.
	⑥ 필지를 분할할 경우에는 분할 전 지번 및 지목을 말소하고, 분할경계를 제도한 후 필지마다 지번 및 지목을 새로 제도한다.
	⑦ 도곽선에 걸쳐 있는 필지가 분할되어 도곽선 밖에 분할경계가 제도된 때에는 도곽선 밖에 제도된 필지의 경계를 말소하고, 그 도곽선 안에 필지의 경계, 지번 및 지목을 제도한다.
	⑧ 합병할 때에는 합병되는 필지 사이의 경계 · 지번 및 지목을 말소한 후 새로 부여하는 지번과 지목을 제도한다.
	⑨ 지번 또는 지목을 변경할 때에는 지번 또는 지목만 말소하고, 새로 설정된 지번 또는 지목을 제도한다.

예제 18

토지소유자가 지목변경을 신청하고자 하는 때에 지목변경사유가 기재된 신청서에 첨부해야 할 서류가 아닌 것은?

(16년1회산업)

① 건축물의 용도가 변경되었음을 증명하는 서류의 사본
② 토지의 용도가 변경되었음을 증명하는 서류의 사본
③ 토지의 형질변경 등의 개발행위허가를 증명하는 서류의 사본
④ 국유지 · 공유지의 경우에는 용도폐지 되었거나 사실상 공공용으로 사용되고 있지 아니함을 증명하는 서류의 사본

정답 ③

예제 19

행정구역의 변경, 도시개발사업의 시행, 지번변경, 축척변경, 지번정정 등의 사유로 지번에 결번이 생긴 때의 지적소관청의 결번 처리 방법으로 옳은 것은? (16년1회산업)

① 결번된 지번은 새로이 토지이동이 발생하면 지번을 부여한다.

② 지체 없이 그 사유를 결번대장에 적어 영구히 보존한다.

③ 결번된 지번은 토지대장에서 말소하고 토지대장을 폐기한다.

④ 행정구역의 변경으로 결번된 지번은 새로이 지번을 부여할 경우에 지번을 부여한다.

정답 ②

6 바다로 된 토지의 등록말소 및 회복

1) 개요

개요	등록말소	바다로 된 토지의 등록말소는 지적공부에 등록된 토지가 지형의 변화 등으로 바다로 된 경우로서 원상으로 회복할 수 없거나 다른 지목의 토지로 될 가능성이 없는 토지를 말소하는 것을 말한다.
	회복	등록말소된 토지가 다시 토지로 회복된 경우 지적공부를 회복하는 것을 말한다.
신청기한 (법률 제82조)		① 지적소관청은 지적공부에 등록된 토지가 지형의 변화 등으로 바다로 된 경우로서 원상(原狀)으로 회복될 수 없거나 다른 지목의 토지로 될 가능성이 없는 경우에는 지적공부에 등록된 토지소유자에게 지적공부의 등록말소 신청을 하도록 통지하여야 한다. ② 지적소관청은 토지소유자가 통지를 받은 날부터 90일 이내에 등록말소 신청을 하지 아니하면 등록을 말소한다. ③ 지적소관청은 말소한 토지가 지형의 변화 등으로 다시 토지가 된 경우에는 회복등록을 할 수 있다.

예제 20

다음 중 토지소유자의 토지이동 신청기한이 나머지 셋과 다른 것은? (16년서울시9)

① 바다로 된 토지의 등록말소　　　② 등록전환

③ 지목변경　　　④ 신규등록

정답 ①

2) 토지이동정리결의서 작성(업무처리규정 제65조)

규칙 제98조제2항에 따른 토지이동정리결의서는 다음 각 호와 같이 작성한다. 이 경우 증감란의 면적과 지번수는 늘어난 경우에는 (+)로, 줄어든 경우에는 (−)로 기재한다.

> 1. 지적공부정리종목은 토지이동종목별로 구분하여 기재한다.
> 2. 토지소재 · 이동전 · 이동후 및 증감란은 읍 · 면 · 동 단위로 지목별로 작성한다.
> 3. 신규 등록은 이동후란에 지목 · 면적 및 지번수를, 증감란에는 면적 및 지번수를 기재한다.
> 4. 등록전환은 이동전란에 임야대장에 등록된 지목 · 면적 및 지번수를, 이동후란에 토지대장에 등록될 지목 · 면적 및 지번수를, 증감란에는 면적을 기재한다. 이 경우 등록전환에 따른 임야대장 및 임야도의 말소정리는 등록전환결의서에 따른다.
> 5. 분할 및 합병은 이동전 · 후란에 지목 및 지번수를, 증감란에 지번수를 기재한다.
> 6. 지목변경은 이동전란에 변경전의 지목 · 면적 및 지번수를, 이동후란에 변경후의 지목 · 면적 및 지번수를 기재한다.
> 7. 지적공부등록말소는 이동전 · 증감란에 지목 · 면적 및 지번수를 기재한다.

■ 공간정보의 구축 및 관리 등에 관한 법률 시행규칙 [별지 제57호서식]

토지이동정리 결의서

번 호	제 − 호	토 지 이 동 정 리 종 목	결재				
결 의 일	년 월 일	지적공부등록말소					
보 존 기 간	영 구						

관계공부정리		토지 소재	이 동 전			이 동 후			증 감		비고
확 인			지목	면적 (m²)	지번수	지목	면적 (m²)	지번수	면적 (m²)	지번수	
토 지 대 장 정 리		명일동	전	315	1					−1	
임 야 대 장 정 리											
경계점좌표등록부정리											
지 적 도 정 리											
임 야 도 정 리											
등 기 촉 탁 대 장 정 리											
소 유 자 통 지											

297mm×210mm (보존용지(1종) 70g/m²)

3) 지적공부정리

등록 및 정리방법 (영 제68조)	① 토지소유자가 등록말소 신청을 하지 아니하면 지적소관청이 직권으로 그 지적공부의 등록사항을 말소하여야 한다. ② 지적소관청은 회복등록을 하려면 그 지적측량성과 및 등록말소 당시의 지적공부 등 관계 자료에 따라야 한다. ③ 지적공부의 등록사항을 말소하거나 회복 등록하였을 때에는 그 정리 결과를 토지소유자 및 해당 공유수면의 관리청에 통지하여야 한다.
토지의 이동에 따른 도면의 제도 (업무처리규정 제46조)	① 토지의 이동으로 지번 및 지목을 제도하는 경우에는 이동 전 지번 및 지목을 말소하고, 새로 설정된 지번 및 지목을 가로쓰기로 제도한다. ② 경계를 말소할 때에는 해당 경계선을 말소한다. ③ 말소된 경계를 다시 등록할 때에는 말소정리 이전의 자료로 원상회복 정리한다. ④ 신규 등록·등록전환 및 등록사항정정으로 도면에 경계, 지번 및 지목을 새로 등록할 때에는 이미 비치된 도면에 제도한다. 다만, 이미 비치된 도면에 정리할 수 없는 때에는 새로 도면을 작성한다. ⑤ 등록전환할 때에는 임야도의 그 지번 및 지목을 말소한다. ⑥ 필지를 분할할 경우에는 분할 전 지번 및 지목을 말소하고, 분할경계를 제도한 후 필지마다 지번 및 지목을 새로 제도한다. ⑦ 도곽선에 걸쳐 있는 필지가 분할되어 도곽선 밖에 분할경계가 제도된 때에는 도곽선 밖에 제도된 필지의 경계를 말소하고, 그 도곽선 안에 필지의 경계, 지번 및 지목을 제도한다. ⑧ 합병할 때에는 합병되는 필지 사이의 경계·지번 및 지목을 말소한 후 새로 부여하는 지번과 지목을 제도한다. ⑨ 지번 또는 지목을 변경할 때에는 지번 또는 지목만 말소하고, 새로 설정된 지번 또는 지목을 제도한다. ⑩ 지적공부에 등록된 토지가 바다가 된 때에는 경계·지번 및 지목을 말소한다.

예제 21

바다로 된 토지의 등록말소 및 회복에 대한 설명으로 가장 옳지 않은 것은?

① 지적소관청은 지적공부에 등록된 토지가 지형의 변화 등으로 바다로 된 경우로서 원상으로 회복될 수 없는 경우에는 공유수면의 관리청에 지적공부의 등록말소 신청을 하도록 통지하여야 한다.

② 지적공부에 등록된 토지소유자가 등록말소 신청을 하지 아니하면 지적소관청이 직권으로 그 지적공부의 등록사항을 말소하여야 한다.

③ 지적소관청은 말소된 토지가 지형의 변화 등으로 다시 토지가 된 경우에는 지적측량성과 및 등록말소 당시의 지적공부 등 관계 자료에 따라 토지로 회복등록을 할 수 있다.

④ 지적공부의 등록사항을 말소하거나 회복등록하였을 때에는 그 정리결과를 토지소유자 및 해당 공유수면의 관리청에 통지하여야 한다.

정답 ①

7 축척변경

1) 개요

지적도에 등록된 경계점의 정밀도를 높이기 위하여 작은 축척을 큰 축척으로 변경하여 등록하는 것을 말한다.

2) 축척변경의 시행

축척변경 시행자	지적소관청이 시행한다.
축척변경 위원회	축척변경에 관한 사항을 심의·의결하기 위하여 지적소관청에 축척변경위원회를 둔다.
축척변경 대상(사유) (법률 제83조)	지적소관청은 지적도가 다음의 어느 하나에 해당하는 경우에는 토지소유자의 신청 또는 지적소관청의 직권으로 일정한 지역을 정하여 그 지역의 축척을 변경할 수 있다. ① 잦은 토지의 이동으로 1필지의 규모가 작아서 소축척으로는 지적측량성과의 결정이나 토지의 이동에 따른 정리를 하기가 곤란한 경우 ② 하나의 지번부여지역에 서로 다른 축척의 지적도가 있는 경우 ③ 그 밖에 지적공부를 관리하기 위하여 필요하다고 인정되는 경우
축척변경 승인	지적소관청은 축척변경을 하려면 축척변경 시행지역의 토지소유자 3분의 2 이상의 동의를 받아 축척변경위원회의 의결을 거친 후 시·도지사 또는 대도시 시장의 승인을 받아야 한다.
축척변경위원회의 의결 및 시·도지사의 승인을 거치지 않는 경우	다음의 어느 하나에 해당하는 경우에는 축척변경위원회의 의결 및 시·도지사 또는 대도시 시장의 승인 없이 축척변경을 할 수 있다. ① 합병하려는 토지가 축척이 다른 지적도에 각각 등록되어 있어 축척변경을 하는 경우 ② 도시개발사업 등의 시행지역에 있는 토지로서 그 사업 시행에서 제외된 토지의 축척변경을 하는 경우
구성·운영	축척변경의 절차, 축척변경으로 인한 면적 증감의 처리, 축척변경 결과에 대한 이의신청 및 축척변경위원회의 구성·운영 등에 필요한 사항은 대통령령으로 정한다.

예제 22

공간정보의 구축 및 관리 등에 관한 법령상 축척변경 시 시·도지사 또는 대도시 시장의 승인을 받지 않아도 되는 경우로 가장 옳은 것은? (20년서울시9)

① 잦은 토지의 이동으로 1필지의 규모가 작아서 소축척으로는 토지의 이동에 따른 정리를 하기 곤란한 경우
② 합병하려는 토지가 축척이 다른 지적도에 각각 등록되어 있어 축척변경을 하는 경우
③ 하나의 지번부여지역에 서로 다른 축척의 지적도가 있는 경우
④ 잦은 토지의 이동으로 1필지의 규모가 작아서 소축척으로는 지적측량성과의 결정이 곤란한 경우

정답 ②

3) 축척변경 시행절차

① 토지소유자의 신청 등

토지소유자의 신청	축척변경을 신청하는 토지소유자는 다음의 서류를 첨부하여 지적소관청에 제출하여야 한다. ① 축척변경 사유를 적은 신청서 ② 토지소유자 3분의 2 이상의 동의서
토지소유자의 동의	지적소관청이 축척변경을 하고자 하는 때에는 축척변경시행지역 안의 토지소유자 3분의 2 이상의 동의를 얻어야 한다.
축척변경위원회 의결	5인 이상 10인 이내로 구성된 축척변경위원회의 의결을 거쳐야 한다.
축척변경 승인신청 (영 제70조) **암기** 변명은 동의가 필요	지적소관청이 축척변경을 할 때에는 축척변경사유를 적은 승인신청서에 다음의 서류를 첨부하여 시·도지사 또는 대도시 시장에게 제출하여야 한다. ① 축척변경의 사유 ② 지적도 사본 〈삭제 2010.11.2.〉 ③ 지번등 명세 ④ 토지소유자의 동의서(축척변경시행지역 안의 토지소유자 3분의 2 이상) ⑤ 축척변경위원회의 의결서 사본 ⑥ 축척변경 승인을 위하여 시·도지사 또는 대도시 시장이 필요하다고 인정하는 서류

■ 공간정보의 구축 및 관리 등에 관한 법률 시행규칙 [별지 제76호서식] 〈개정 2019.2.25.〉

축척변경 승인신청서

1. 사 업 지 구 명　：

2. 시 행 면 적　：

3. 필 지 수　：

4. 소 유 자 수　：

5. 시 행 기 간　：

「공간정보의 구축 및 관리 등에 관한 법률 시행령」 제71조제1항 및 같은 법 시행규칙 제86조에 따라 위와 같이 신청합니다.

년　　　월　　　일

시장 · 군수 · 구청장
시 · 도지사 귀하　　[직인]

※ 구비서류

　1. 축척변경 사유

　2. 지번등 명세

　3. 토지소유자의 동의서

　4. 축척변경위원회의 의결서 사본

　5. 축척변경승인을 위해 시·도지사 또는 대도시 시장이 필요하다고 인정하는 사항

210mm×297mm(일반용지 60g/m²(재활용품))

지적소관청 통지	신청을 받은 시·도지사 또는 대도시 시장은 축척변경 사유 등을 심사한 후 그 승인여부를 지적소관청에 통지하여야 한다. 이 경우 시·도지사 또는 대도시 시장은 「전자정부법」 제36조제1항에 따른 행정정보의 공동이용을 통하여 축척변경 대상지역의 지적도를 확인하여야 한다.
축척변경시행 공고 (영 제71조)	1) 시행공고 ① 지적소관청은 시·도지사 또는 대도시 시장으로부터 축척변경 승인을 받았을 때에는 지체 없이 다음의 공고내용을 20일 이상 공고하여야 한다. ② 시행공고는 시·군·구(자치구가 아닌 구를 포함한다) 및 축척변경 시행지역 동·리의 게시판에 주민이 볼 수 있도록 게시하여야 한다. 2) 공고내용 **암기** ㉤㉣㉦㉧㉠㉭ ① 축척변경의 ㉤적, 시행㉣역 및 시행㉦간 ② 축척변경의 시행에 따른 ㉧산방법 ③ 축척변경의 시행에 따른 토지㉠유자 등의 협조에 관한 사항 ④ 축척변경의 시행에 관한 ㉭부계획
경계점표지 설치	축척변경 시행지역의 토지소유자 또는 점유자는 시행공고가 된 날(이하 "시행공고일"이라 한다)부터 30일 이내에 시행공고일 현재 점유하고 있는 경계에 경계점표지를 설치하여야 한다.
토지의 표시사항 결정 (영 제72조)	① 지적소관청은 축척변경 시행지역의 각 필지별 지번·지목·면적·경계 또는 는 좌표를 새로 정하여야 한다. ② 지적소관청이 축척변경을 위한 측량을 할 때에는 토지소유자 또는 점유자가 설치한 경계점표지를 기준으로 새로운 축척에 따라 면적·경계 또는 좌표를 정하여야 한다. ③ 축척변경위원회의 의결 및 시·도지사의 승인절차를 거치지 아니하고 축척을 변경할 때에는 각 필지별 지번·지목 및 경계는 종전의 지적공부에 따르고 면적만 새로 정하여야 한다. ④ 면적을 새로 정하는 때에는 축척변경 측량결과도에 따라야 한다. ⑤ 축척변경 측량 결과도에 따라 면적을 측정한 결과 축척변경 전의 면적과 축척변경 후의 면적의 오차가 $0.026^2M\sqrt{F}$에 따른 허용범위 이내인 경우에는 축척변경 전의 면적을 결정 면적으로 하고, 허용면적을 초과하는 경우에는 축척변경 후의 면적을 결정 면적으로 한다.(여기서, A는 오차 허용면적, M은 축척이 변경될 지적도의 축척분모, F는 축척변경 전의 면적) ⑥ 경계점좌표등록부를 갖춰 두지 아니하는 지역을 경계점좌표등록부를 갖춰 두는 지역으로 축척변경을 하는 경우에는 그 필지의 경계점을 평판(平板) 측량방법이나 전자평판(電子平板) 측량방법으로 지상에 복원시킨 후 경위의(經緯儀) 측량방법 등으로 경계점좌표를 구하여야 한다. 이 경우 면적은 경계점좌표에 따라 결정하여야 한다.
지번별조서의 작성	지적소관청은 축척변경에 관한 측량을 완료하였을 때에는 시행공고일 현재의 지적공부상의 면적과 측량 후의 면적을 비교하여 그 변동사항을 표시한 축척변경 지번별 조서를 작성하여야 한다.

축척변경 지번별 조서

토지소재		축척변경 전				축척변경 후				청산내용				제곱미터 당 가격	소유자		비 고
										증		감					
읍·면	동·리	지번	지목	면적	등급	지번	지목	면적	등급	면적	금액	면적	금액		성명	주소	

297mm×210mm (보존용지(2종) 70g/㎡)

예제 23

지적소관청이 시·도지사 또는 대도시 시장으로부터 축척변경 승인을 받았을 때 공고 사항으로 옳지 않은 것은? (15년서울시7)

① 축척변경 사유 등의 시·도지사 심사내용
② 축척변경 목적, 시행지역 및 시행기간
③ 축척변경의 시행에 따른 청산방법
④ 축척변경의 시행에 따른 토지소유자 등의 협조에 관한 사항

정답 ①

예제 24

다음 중 지적소관청이 축척변경 승인신청서에 첨부하여야 하는 서류로 옳지 않은 것은? (11년서울시9)

① 축척변경의 사유
② 지적도 사본
③ 지번등 명세
④ 토지소유자의 동의서
⑤ 축척변경위원회의 의결서 사본

정답 ②

예제 25

「공간정보의 구축 및 관리 등에 관한 법률」상 축척변경 시 시·도지사 또는 대도시 시장의 승인을 받지 않아도 되는 경우로 가장 옳은 것은? (20년서울시9)

① 잦은 토지의 이동으로 1필지의 규모가 작아서 소축척으로는 토지의 이동에 따른 정리를 하기가 곤란한 경우

② 합병하려는 토지가 축척이 다른 지적도에 각각 등록되어 있어 축척변경을 하는 경우

③ 하나의 지번부여지역에 서로 다른 축척의 지적도가 있는 경우

④ 잦은 토지의 이동으로 1필지의 규모가 작아서 소축척으로는 지적측량성과의 결정이 곤란한 경우

정답 ②

예제 26

「공간정보의 구축 및 관리 등에 관한 법률」상 지적소관청이 축척변경 시행공고를 할 때 공고하여야 할 사항으로 틀린 것은? (20년31회공인)

① 축척변경의 목적, 시행지역 및 시행기간

② 축척변경의 시행에 관한 세부계획

③ 축척변경의 시행자 선정 및 평가방법

④ 축척변경의 시행에 따른 청산방법

⑤ 축척변경의 시행에 따른 토지소유자 등의 협조에 관한 사항

정답 ③

예제 27

공간정보의 구축 및 관리 등에 관한 법령상 토지이동에 대한 설명으로 가장 옳지 않은 것은? (21년 서울시)

① 「도시개발법」에 따른 도시개발사업의 시행자가 지적소관청에 토지의 이동을 신청하고 토지의 형질변경 등의 공사가 준공된 때에 토지이동이 이루어진 것으로 본다.

② 도시·군관리계획선에 따라 토지를 분할하는 경우 등록전환을 신청할 수 있다.

③ 합병하려는 토지 중, 승역지에 대한 지역권의 등기만 있는 경우에는 합병 신청을 할 수 있다.

④ 합병하려는 토지가 축척이 다른 지적도에 각각 등록되어 있어 축척변경을 하는 경우, 토지소유자 또는 점유자가 설치한 경계점표지를 기준으로 새로운 축척에 따라 면적·경계 또는 좌표를 정하여야 한다.

정답 ④

예제 28

축척 1/1,200 지적도에 등록되어 있는 원면적 361㎡의 필지를 축척 1/600로 축척변경하고자 한다. 측정 면적이 356㎡일 경우 오차 허용면적 산식으로 가장 옳은 것은?

(22년2월서울시9)

① $A = 0.026^2 \times 600 \times \sqrt{356}$

② $A = 0.026^2 \times 1,200 \times \sqrt{356}$

③ $A = 0.026^2 \times 600 \times \sqrt{361}$

④ $A = 0.026^2 \times 1,200 \times \sqrt{361}$

정답 ③

② 청산

지적소관청은 축척변경에 관한 측량을 한 결과 측량 전에 비하여 면적의 증감이 있는 경우에는 그 증감면적에 대하여 청산을 하여야 한다.

청산금 산정 (시행령 제75조)	지적소관청은 축척변경에 관한 측량을 한 결과 측량 전에 비하여 면적의 증감이 있는 경우에는 그 증감면적에 대하여 청산을 하여야 한다. 다만, 다음 각 호의 어느 하나에 해당하는 경우에는 그러하지 아니하다. 1. 필지별 증감면적이 허용범위 이내인 경우. 다만, 축척변경위원회의 의결이 있는 경우는 제외한다. 2. 토지소유자 전원이 청산하지 아니하기로 합의하여 서면으로 제출한 경우
청산금의 산정 및 공고	① 증감면적에 대한 청산을 할 때에는 축척변경위원회의 의결을 거쳐 지번별로 제곱미터당 금액(이하 "지번별 제곱미터당 금액"이라 한다)을 정하여야 한다. 이 경우 지적소관청은 시행공고일 현재를 기준으로 그 축척변경 시행지역의 토지에 대하여 지번별 제곱미터당 금액을 미리 조사하여 축척변경위원회에 제출하여야 한다.
청산금의 산정 및 공고	② 청산금은 축척변경 지번별 조서의 필지별 증감면적에 지번별 제곱미터당 금액을 곱하여 산정한다. ③ 지적소관청은 청산금을 산정하였을 때에는 청산금 조서(축척변경 지번별 조서에 필지별 청산금 명세를 적은 것을 말한다)를 작성하고, 청산금이 결정되었다는 뜻을 ⑮일 이상 공고하여 일반인이 열람할 수 있게 하여야 한다.
청산금의 초과액과 부족액의 부담	청산금을 산정한 결과 증가된 면적에 대한 청산금의 합계와 감소된 면적에 대한 청산금의 합계에 차액이 생긴 경우 ① 초과액은 그 지방자치단체의 수입으로 한다. ② 부족액은 그 지방자치단체가 부담한다.
청산금의 산정제외	① 필지별 증감면적이 $0.026^2 M\sqrt{F}$에 따른 허용범위 이내인 경우. 다만, 축척변경위원회의 의결이 있는 경우는 청산금을 산정한다. ② 토지소유자 전원이 청산하지 아니하기로 합의하여 서면으로 제출한 경우

청산금의 납부고지 및 수령통지 (영 제76조)	① 지적소관청은 청산금의 결정을 공고한 날부터 ⑳일 이내에 토지소유자에게 청산금의 납부고지 또는 수령통지를 하여야 한다. ② 납부고지를 받은 자는 그 고지를 받은 날부터 ⑥개월 이내에 청산금을 지적소관청에 내야 한다. ③ 지적소관청은 수령통지를 한 날부터 ⑥개월 이내에 청산금을 지급하여야 한다. ④ 지적소관청은 청산금을 지급받을 자가 행방불명 등으로 받을 수 없거나 받기를 거부할 때에는 그 청산금을 공탁할 수 있다.
이의신청 (시행령 77조)	납부 고지되거나 수령 통지된 청산금에 관하여 이의가 있는 자는 납부고지 또는 수령통지를 받은 날부터 ①개월 이내에 지적소관청에 이의신청을 할 수 있다.
이의신청 심의 · 의결	이의신청을 받은 지적소관청은 ①개월 이내에 축척변경위원회의 심의 · 의결을 거쳐 그 인용(認否) 여부를 결정한 후 지체 없이 그 내용을 이의신청인에게 통지하여야 한다.
청산금 미납부 시 조치	지적소관청은 청산금을 내야 하는 자가 1개월 이내에 청산금에 관한 이의신청을 하지 아니하고, ⑥개월 이내에 청산금을 내지 아니하면 지방세 체납처분의 예에 따라 징수할 수 있다.

예제 29

〈보기〉의 ㉠과 ㉡에 해당하는 사항을 옳게 짝지은 것은?

(22년2월서울시9)

「공간정보의 구축 및 관리 등에 관한 법률 시행령」상 지적소관청은 청산금의 결정을 공고한 날부터 ㉠이내에 토지소유자에게 청산금의 납부고지 또는수령통지를 하여야 하고, 납부고지되거나 수령통지된 청산금에 관하여 이의가 있는 자는 납부고지 또는 수령통지를 받은 날부터 ㉡이내에 지적소관청에 이의신청을 할 수 있다.

	㉠	㉡
①	10일	20일
②	15일	20일
③	20일	1개월
④	30일	1개월

정답 ③

③ 축척변경의 확정공고

청산금의 납부 및 지급이 완료되었을 때에는 지적소관청은 지체 없이 축척변경의 확정공고를 하여야 한다. 지적소관청은 확정공고를 하였을 때에는 지체 없이 축척변경에 따라 확정된 사항을 지적공부에 등록하여야 한다.

확정공고 내용 (시행규칙 제92조) 암기 ⓈⓏⓍ은 ⓒⒹ에서	축척변경의 확정공고에는 다음의 사항이 포함되어야 한다. ① 토지의 Ⓢ재 및 Ⓩ역명 ② 축Ⓧ변경 전·후의 면적을 대비한 축척변경 지번별 조서 ③ Ⓒ산금 조서 ④ 지적Ⓓ의 축척
지적공부정리 및 등기촉탁	① 지적소관청은 확정공고를 하였을 때에는 지체 없이 축척변경에 따라 확정된 사항을 지적공부에 등록하여야 하며, 관할등기소에 토지표시변경 등기촉탁을 하여야 한다. ② 지적공부에 등록하는 때에는 다음의 기준에 따라야 한다. 　1. 토지대장은 확정 공고된 축척변경 지번별 조서에 따를 것 　2. 지적도는 확정측량 결과도 또는 경계점좌표에 따를 것
토지의 이동	축척변경 시행지역의 토지는 확정공고일에 토지의 이동이 있는 것으로 본다.

예제 30

축척변경의 확정공고에 대한 설명으로 가장 옳지 않은 것은? (16년서울시9)

① 청산금의 납부 및 지급이 완료되었을 때에는 지적소관청은 지체 없이 축척변경의 확정공고를 하여야 한다.
② 축척변경 시행지역의 토지는 확정공고일에 토지의 이동이 있는 것으로 본다.
③ 지적소관청은 확정공고를 하였을 때에는 지체 없이 축척변경에 따라 확정된 사항을 지적공부에 등록하여야 한다.
④ 지적공부에 등록하는 때에 지적도는 확정공고된 축척변경 지번별 조서에 따라야 한다.

정답 ④

예제 31

공간정보의 구축 및 관리 등에 관한 법령상 지적소관청이 지체 없이 축척변경의 확정공고를 하여야 하는 때로 옳은 것은? (20년31회공인)

① 청산금의 납부 및 지급이 완료되었을 때
② 축척변경을 위한 수량이 완료되었을 때
③ 축척 변경에 관한 측량에 따라 필지별 증감 면적의 산정이 완료되었을 때
④ 축척변경에 관한 측량에 따라 변동사항을 표시한 축척변경 지번 조서 작성이 완료되었을 때
⑤ 축척변경에 따라 확정된 사항이 지적공부에 등록되었을 때

정답 ①

4) 토지이동정리결의서 작성(업무처리규정 제65조)

규칙 제98조제2항에 따른 토지이동정리결의서는 다음 각 호와 같이 작성한다. 이 경우 증감란의 면적과 지번수는 늘어난 경우에는 (+)로, 줄어든 경우에는 (−)로 기재한다.

1. 지적공부정리종목은 토지이동종목별로 구분하여 기재한다.
2. 토지소재 · 이동전 · 이동후 및 증감란은 읍 · 면 · 동 단위로 지목별로 작성한다.
3. 신규 등록은 이동후란에 지목 · 면적 및 지번수를, 증감란에는 면적 및 지번수를 기재한다.
4. 등록전환은 이동전란에 임야대장에 등록된 지목 · 면적 및 지번수를, 이동후란에 토지대장에 등록될 지목 · 면적 및 지번수를, 증감란에는 면적을 기재한다. 이 경우 등록전환에 따른 임야대장 및 임야도의 말소정리는 등록전환결의서에 따른다.
5. 분할 및 합병은 이동전 · 후란에 지목 및 지번수를, 증감란에 지번수를 기재한다.
6. 지목변경은 이동전란에 변경 전의 지목 · 면적 및 지번수를, 이동후란에 변경 후의 지목 · 면적 및 지번수를 기재한다.
7. 지적공부등록말소는 이동전 · 증감란에 지목 · 면적 및 지번수를 기재한다.
8. 축척변경은 이동전란에 축척변경 시행 전 토지의 지목 · 면적 및 지번수를, 이동후란에 축척이 변경된 토지의 지목 · 면적 및 지번수를 기재한다. 이 경우 축척변경완료에 따른 종전 지적공부의 폐쇄정리는 축척변경결의서에 따른다.

■ 공간정보의 구축 및 관리 등에 관한 법률 시행규칙 [별지 제57호서식]

토지이동정리 결의서

번 호	제 − 호	토 지 이 동 정 리 종 목			결 재			
결 의 일	년 월 일	축척변경						
보 존 기 간	영 구							

관계공부정리		토지 소재	이 동 전			이 동 후			증 감		비고
확 인			지목	면적 (m²)	지번수	지목	면적 (m²)	지번수	면적 (m²)	지번수	
토 지 대 장 정 리		명일동	전	315	1	전	315	1			
임 야 대 장 정 리											
경계점좌표등록부정리											
지 적 도 정 리											
임 야 도 정 리											
등 기 촉 탁 대 장 정 리											
소 유 자 통 지											

297mm×210mm (보존용지(1종) 70g/㎡)

5) 지적공부정리 등의 정지

지적소관청은 축척변경 시행기간 중에는 축척변경 시행지역의 지적공부정리와 경계복원측량(경계점표지의 설치를 위한 경계복원측량은 제외한다)을 축척변경 확정공고일까지 정지하여야 한다. 다만, 축척변경위원회의 의결이 있는 경우에는 그러하지 아니하다.

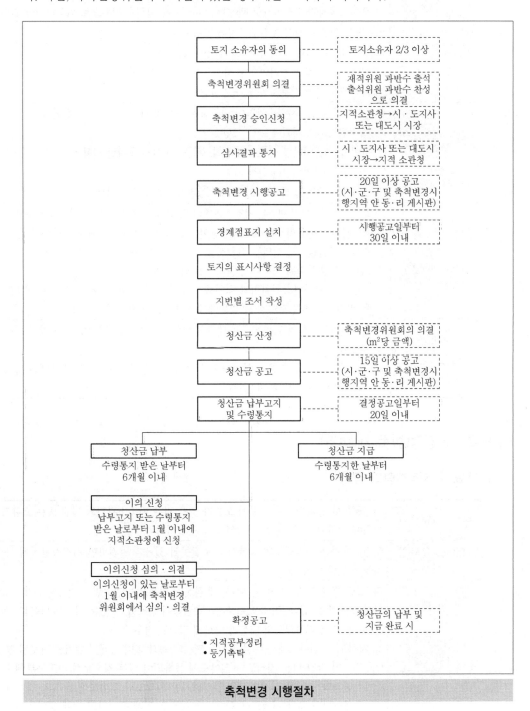

축척변경 시행절차

6) 축척변경위원회

개요		축척변경에 관한 사항을 심의 · 의결하는 위원회이다.
구성 (영 제79조)	인원	① 5명 이상 10명 이하의 위원으로 구성한다. ② 위원의 2분의 1 이상을 토지소유자로 하여야 한다. 이 경우 그 축척변경 시행지역의 토지소유자가 5명 이하일 때에는 토지소유자 전원을 위원으로 위촉하여야 한다.
	위원장	위원장은 위원 중에서 지적소관청이 지명한다.
	위원	위원은 다음의 사람 중에서 지적소관청이 위촉한다. ① 해당 축척변경 시행지역의 토지소유자로서 지역 사정에 정통한 사람 ② 지적에 관하여 전문지식을 가진 사람
기능 (영 제80조) [암기] [축][제]하고 [청][소]해라		축척변경위원회는 지적소관청이 회부하는 다음의 사항을 심의 · 의결한다. ① [축]척변경 시행계획에 관한 사항 ② 지번별 [제]곱미터당 금액의 결정과 청산금의 산정에 관한 사항 ③ [청]산금의 이의신청에 관한 사항 ④ 그 밖에 축척변경과 관련하여 지적[소]관청이 회의에 부치는 사항
회의 (영 제81조)		① 축척변경위원회의 회의는 지적소관청이 위 "기능"의 어느 하나에 해당하는 사항을 축척변경위원회에 회부하거나 위원장이 필요하다고 인정할 때에 위원장이 소집한다. ② 축척변경위원회의 회의는 위원장을 포함한 재적위원 과반수의 출석으로 개의(開議)하고, 출석위원 과반수의 찬성으로 의결한다. ③ 위원장은 축척변경위원회의 회의를 소집할 때에는 회의일시 · 장소 및 심의안건을 회의 개최 5일 전까지 각 위원에게 서면으로 통지하여야 한다.
위원의 출석수당과 여비 등		① 축척변경위원회의 위원에게는 예산의 범위에서 출석수당과 여비, 그 밖의 실비를 지급할 수 있다. ② 공무원인 위원이 그 소관 업무와 직접적으로 관련되어 출석하는 경우에는 출석수당과 여비 등을 지급하지 않는다.

8 등록사항정정(법률 제84조)

1) 개요 및 지적측량의 금지

개요	지적공부에 등록된 등록사항에 오류가 있을 경우 지적소관청의 직권 또는 소유자의 신청에 의하여 등록사항을 정정하는 것을 말한다.
토지소유자의 신청	토지소유자는 지적공부의 등록사항에 잘못이 있음을 발견하면 지적소관청에 그 정정을 신청할 수 있다.
지적소관청의 직권 정정 (영 제82조)	지적소관청은 지적공부의 등록사항에 잘못이 있음을 발견하면 직권으로 조사 · 측량하여 정정할 수 있다. 직권으로 조사 · 측량하여 정정할 수 있는 경우는 다음과 같다. ① 토지이동정리결의서의 내용과 다르게 정리된 경우 ② 지적도 및 임야도에 등록된 필지가 면적의 증감 없이 경계의 위치만 잘못된 경우 ③ 1필지가 각각 다른 지적도나 임야도에 등록되어 있는 경우로서 지적공부에 등록된 면적과 측량한 실제면적은 일치하지만 지적도나 임야도에 등록된 경계가 서로 접합되지 않아 지적도나 임야도에 등록된 경계를 지상의 경계에 맞추어 정정하여야 하는 토지가 발견된 경우

지적소관청의 직권 정정 (영 제82조)	④ 지적공부의 작성 또는 재작성 당시 잘못 정리된 경우 ⑤ 지적측량성과와 다르게 정리된 경우 ⑥ 지적위원회의 의결에 의하여 지적공부의 등록사항을 정정하여야 하는 경우 ⑦ 지적공부의 등록사항이 잘못 입력된 경우 ⑧ 「부동산등기법」에 따른 통지가 있는 경우(지적소관청의 착오로 잘못 합병한 경우만 해당) ⑨ 법률 제2801호 지적법개정법률 부칙 제3조에 따른 면적 환산이 잘못된 경우 지적소관청은 위의 어느 하나에 해당하는 토지가 있을 때에는 지체 없이 관계 서류에 따라 지적공부의 등록사항을 정정하여야 한다.
신청 및 첨부서류 (규칙 제93조)	토지소유자는 지적공부의 등록사항에 대한 정정을 신청할 때에는 정정사유를 적은 신청서에 다음의 구분에 따른 서류를 첨부하여 지적소관청에 제출하여야 한다. 경계 또는 면적의 변경을 가져오는 경우 · 등록사항 정정 측량성과도 그 밖의 등록사항을 정정하는 경우 · 변경사항을 확인할 수 있는 서류
토지의 경계 변경 시	토지소유자의 신청에 의한 등록사항의 정정으로 인접 토지의 경계가 변경되는 경우에는 다음의 어느 하나에 해당하는 서류를 지적소관청에 제출하여야 한다. ① 인접 토지소유자의 승낙서 ② 인접 토지소유자가 승낙하지 아니하는 경우에는 이에 대항할 수 있는 확정판결서 정본(正本)
등록사항정정 대상토지의 관리 등 (규칙 제94조)	① 지적소관청은 토지의 표시가 잘못되었음을 발견하였을 때에는 지체 없이 등록사항 정정에 필요한 서류와 등록사항 정정 측량성과도를 작성하고, 토지이동정리 결의서를 작성한 후 대장의 사유란에 "등록사항정정 대상토지"라고 적고, 토지소유자에게 등록사항 정정 신청을 할 수 있도록 그 사유를 통지하여야 한다. 다만, 지적소관청이 직권으로 정정할 수 있는 경우에는 토지소유자에게 통지를 하지 아니할 수 있다. ② 등록사항 정정 대상토지에 대한 대장을 열람하게 하거나 등본을 발급하는 때에는 "등록사항 정정 대상토지"라고 적은 부분을 흑백의 반전(反轉)으로 표시하거나 붉은색으로 적어야 한다.
지적측량 금지	지적공부의 등록사항 중 경계나 면적 등 측량을 수반하는 토지의 표시가 잘못된 경우에는 지적소관청은 그 정정이 완료될 때까지 지적측량을 정지시킬 수 있다. 다만, 잘못 표시된 사항의 정정을 위한 지적측량은 그러하지 아니하다.

예제 **32**

다음 중 직권으로 등록사항을 정정할 수 있는 경우에 해당하지 않는 것은? (13년서울시9)

① 지적도 및 임야도에 등록된 필지가 위치 및 면적을 정정하는 경우
② 토지이동정리결의서의 내용과 다르게 정리된 경우
③ 지적공부의 작성 또는 재작성 당시 잘못 정리된 경우
④ 지적측량성과와 다르게 정리된 경우
⑤ 지적공부의 등록사항이 잘못 입력된 경우

정답 ①

「공간정보의 구축 및 관리 등에 관한 법률」상 지적소관청이 지적공부의 등록사항에 잘못이 있는지를 직권으로 조사 · 측량하여 정정할 수 있는 경우로 가장 옳지 않은 것은?

(20년서울시9)

① 지적도 및 임야도에 등록된 필지가 면적의 증감 없이 경계의 위치만 잘못된 경우
② 1필지가 각각 다른 지적도나 임야도에 등록되어 있는 경우로서 지적공부에 등록된 면적과 측량한 실제면적은 일치하지만 지적도나 임야도에 등록된 경계가 서로 접합되지 않아 지적도나 임야도에 등록된 경계를 지상의 경계에 맞추어 정정하여야 하는 토지가 발견된 경우
③ 「부동산등기법」상 합필제한에 따른 통지가 있는 경우로 등기관의 착오에 의해 잘못 합병한 경우
④ 지적공부의 등록사항이 잘못 입력된 경우

정답 ③

다음은 공간정보의 구축 및 관리 등에 관한 법령상 등록사항 정정 대상토지에 대한 대장의 열람 또는 등본의 발급에 관한 설명이다. ( )에 들어갈 내용으로 옳은 것은?

(20년31회공인)

> 지적소관청은 등록사항 정정 대상토지에 대한 대장을 열람하게 하거나 등본을 발급하는 때에는 (ㄱ)라고 적은 부분을 흑백의 반전(反轉)으로 표시하거나 (ㄴ)(으)로 적어야 한다.

① ㄱ : 지적불부합지   ㄴ : 붉은색
② ㄱ : 지적불부합지   ㄴ : 굵은 고딕체
③ ㄱ : 지적불부합지   ㄴ : 담당자의 자필
④ ㄱ : 등록사항 정정 대상토지   ㄴ : 붉은색
⑤ ㄱ : 등록사항 정정 대상토지   ㄴ : 굵은 고딕체

정답 ④

2) 토지소유자에 관한 등록사항정정(법률 제84조)

① 지적소관청이 등록사항을 정정할 때 그 정정사항이 토지소유자에 관한 사항인 경우에는 등기필 증, 등기부 등본·초본 또는 등기관서에서 제공한 등기전산정보자료에 따라 정정하여야 한다.

② 다만, 미등기토지에 대하여 토지소유자의 성명 또는 명칭, 주민등록번호, 주소 등에 관한 사항 의 정정을 신청한 경우로서 그 등록사항이 명백히 잘못된 경우에는 가족관계 기록사항에 관한 증명서에 따라 정정하여야 한다.

미등기토지의 소유자 정정 적용 대상토지	① 미등기토지로서 소유자의 정정에 관한 사항과 토지조사 당시에 사정 또는 재결 등에 의하여 대장에 소유자는 등록하였으나, 소유자의 주소가 등록되어 있지 아니한 토지 ② 종전 지적법시행령(대통령령 제497호 1951년 4월 1일 제정) 제3조제4호의 규정에 의하여 국유지를 매각·교환 또는 양여에 의하여 취득한 토지(이하 "국유지의 취득"이라 한다)의 소유자주소가 대장에 등록되어 있지 아니한 미등기 토지로 한다. ③ 소유권확인청구의 소에 의한 확정판결이 있었거나, 이에 관한 소송이 법원에 진행 중인 토지를 제외한다.
조사·등록	미등기토지의 소유자주소를 대장에 등록하고자 하는 때에는 사정·재결 또는 국유지의 취득 당시 최초 주소를 조사하여 등록한다.
확인 조사처리	미등기토지의 소유자정정 등에 관한 신청이 있는 때에는 14일 이내에 다음 사항을 확인하여 처리한다. ① 적용대상토지 여부 ② 대장상 소유자와 가족관계기록사항에 관한 증명서에 등재된 자와의 동일인 여부 ③ 적용대상토지에 대한 확정판결이나 소송의 진행여부 ④ 첨부서류의 적합여부 ⑤ 그 밖에 지적소관청이 필요하다고 인정되는 사항
자료의 제출 또는 보완	지적소관청은 미등기토지의 소유자정정을 위한 조사를 하는 때에는 기간을 정하여 신청인에게 필요한 자료의 제출 또는 보완을 요구할 수 있다.
결과 통지	지적소관청은 대장에 소유자의 주소 등을 등록한 때에는 지체 없이 신청인에게 그 내용을 통지하여야 한다.

미등기토지 소유자주소정정 등에 관한 조사서

소유자 주소등록 신청인	성명			생년월일	
	주소				

토지소재		지번	지목	면 적 (m²)	토 지 소 유 자		
읍·면	동·리				성 명	대장상 주소	신청 주소

1. 조사내용

○ 적용대상토지 여부
○ 대장상 소유자의 호적부 또는 제적부에 등재된 자와의 동일인 여부
○ 적용대상토지에 대한 확정판결이나, 소송의 진행 여부
○ 첨부서류의 적합여부
○ 그 밖에 소관청이 필요하다고 인정되는 사항

2. 조사자 의견

년 월 일

조사자　　　　　　　　　직　　성 명　　　(서명 또는 인)

○○시장 · 군수 · 구청장 귀하

210mm×297mm[백상지(80g/m²) 또는 중질지(80g/m²)]

3) 토지이동정리결의서 작성(업무처리규정 제65조)

규칙 제98조제2항에 따른 토지이동정리결의서는 다음 각 호와 같이 작성한다. 이 경우 증감란의 면적과 지번수는 늘어난 경우에는 (+)로, 줄어든 경우에는 (−)로 기재한다.

> 1. 지적공부정리종목은 토지이동종목별로 구분하여 기재한다.
> 2. 토지소재 · 이동전 · 이동후 및 증감란은 읍 · 면 · 동 단위로 지목별로 작성한다.
> 3. 신규 등록은 이동후란에 지목 · 면적 및 지번수를, 증감란에는 면적 및 지번수를 기재한다.
> 4. 등록전환은 이동전란에 임야대장에 등록된 지목 · 면적 및 지번수를, 이동후란에 토지대장에 등록될 지목 · 면적 및 지번수를, 증감란에는 면적을 기재한다. 이 경우 등록전환에 따른 임야대장 및 임야도의 말소정리는 등록전환결의서에 따른다.
> 5. 분할 및 합병은 이동전 · 후란에 지목 및 지번수를, 증감란에 지번수를 기재한다.
> 6. 지목변경은 이동전란에 변경 전의 지목 · 면적 및 지번수를, 이동후란에 변경 후의 지목 · 면적 및 지번수를 기재한다.
> 7. 지적공부등록말소는 이동전 · 증감란에 지목 · 면적 및 지번수를 기재한다.
> 8. 축척변경은 이동전란에 축척변경 시행 전 토지의 지목 · 면적 및 지번수를, 이동후란에 축척이 변경된 토지의 지목 · 면적 및 지번수를 기재한다. 이 경우 축척변경완료에 따른 종전 지적공부의 폐쇄정리는 축척변경결의서에 따른다.
> 9. 등록사항정정은 이동전란에 정정 전의 지목 · 면적 및 지번수를, 이동후란에 정정 후의 지목 · 면적 및 지번수를, 증감란에는 면적 및 지번수를 기재한다.

■ 공간정보의 구축 및 관리 등에 관한 법률 시행규칙 [별지 제57호서식]

토지이동정리 결의서

번 호	제 − 호	토 지 이 동 정 리 종 목			결 재						
결 의 일	년 월 일	등록사항정정									
보 존 기 간	영 구										
관계공부정리		토지 소재	이 동 전			이 동 후			증 감		비고
확 인			지목	면적 (m²)	지번수	지목	면적 (m²)	지번수	면적 (m²)	지번수	
토 지 대 장 정 리		명일동	전	315	1	전	310	1	−5		
임 야 대 장 정 리											
경계점좌표등록부정리											
지 적 도 정 리											
임 야 도 정 리											
등 기 촉 탁 대 장 정 리											
소 유 자 통 지											

297mm×210mm (보존용지(1종) 70g/m²)

4) 등록사항정정에 따른 도면정리

토지의 이동에 따른 도면의 제도 (업무처리규정 제46조)	① 토지의 이동으로 지번 및 지목을 제도하는 경우에는 이동 전 지번 및 지목을 말소하고, 새로 설정된 지번 및 지목을 가로쓰기로 제도한다. ② 경계를 말소할 때에는 해당 경계선을 말소한다. ③ 말소된 경계를 다시 등록할 때에는 말소정리 이전의 자료로 원상회복 정리한다. ④ 신규등록 · 등록전환 및 등록사항정정으로 도면에 경계, 지번 및 지목을 새로 등록할 때에는 이미 비치된 도면에 제도한다. 다만, 이미 비치된 도면에 정리할 수 없는 때에는 새로 도면을 작성한다.

⑨ 행정구역의 명칭변경(법률 제85조)

1) 개요

개요	행정구역의 명칭이 변경되었으면 지적공부에 등록된 토지의 소재는 새로운 행정구역의 명칭으로 변경된 것으로 본다.
일부 변경	지번부여지역의 일부가 행정구역의 개편으로 다른 지번부여지역에 속하게 되었으면 지적소관청은 새로 속하게 된 지번부여지역의 지번을 부여하여야 한다.
행정구역경계의 설정 (업무처리규정 제56조)	① 행정관할구역이 변경되거나 새로운 행정구역이 설치되는 경우의 행정관할구역 경계선은 다음 각 호에 따라 등록한다. 1. 도로, 구거, 하천은 그 중앙 2. 산악은 분수선(分水線) 3. 해안은 만조 시에 있어서 해면과 육지의 분계선 ② 행정관할구역 경계를 결정할 때 공공시설의 관리 등의 이유로 제1항 각 호를 경계선으로 등록하는 것이 불합리한 경우에는 해당 시 · 군 · 구와 합의하여 행정구역경계를 설정할 수 있다. ③ 행정구역경계를 등록하여야 하는 경우에는 직접측량방법에 따라 등록하여야 한다. 다만 하천의 중앙 등 직접측량이 곤란한 경우에는 항공정사영상 또는 1/1,000 수치지형도 등을 이용한 간접측량방법에 따라 등록할 수 있다.
행정구역변경 (업무처리규정 제57조)	① 행정구역 변경은 다음 각 호의 어느 하나에 해당하는 경우에 할 수 있다. 1. 행정구역명칭변경 2. 행정관할구역변경 3. 지번변경을 수반한 행정관할구역변경 ② 지적소관청은 제1항제3호에 따른 지번변경을 수반한 행정관할구역변경은 시행일 이전에 행정구역변경 임시자료를 생성하여 시행일 전일에 일일마감을 완료한 후 처리한다.

토지의 이동에 따른 도면의 제도 (업무처리규정 제46조)	① 토지의 이동으로 지번 및 지목을 제도하는 경우에는 이동 전 지번 및 지목을 말소하고, 새로 설정된 지번 및 지목을 가로쓰기로 제도한다. ② 경계를 말소할 때에는 해당 경계선을 말소한다. ③ 말소된 경계를 다시 등록할 때에는 말소정리 이전의 자료로 원상회복 정리한다. ④ 신규등록 · 등록전환 및 등록사항정정으로 도면에 경계, 지번 및 지목을 새로 등록할 때에는 이미 비치된 도면에 제도한다. 다만, 이미 비치된 도면에 정리할 수 없는 때에는 새로 도면을 작성한다. ⑤ 등록전환할 때에는 임야도의 그 지번 및 지목을 말소한다. ⑥ 필지를 분할할 경우에는 분할 전 지번 및 지목을 말소하고, 분할경계를 제도한 후 필지마다 지번 및 지목을 새로 제도한다. ⑦ 도곽선에 걸쳐 있는 필지가 분할되어 도곽선 밖에 분할경계가 제도된 때에는 도곽선 밖에 제도된 필지의 경계를 말소하고, 그 도곽선 안에 필지의 경계, 지번 및 지목을 제도한다. ⑧ 합병할 때에는 합병되는 필지 사이의 경계 · 지번 및 지목을 말소한 후 새로 부여하는 지번과 지목을 제도한다. ⑨ 지번 또는 지목을 변경할 때에는 지번 또는 지목만 말소하고, 새로 설정된 지번 또는 지목을 제도한다. ⑩ 지적공부에 등록된 토지가 바다가 된 때에는 경계 · 지번 및 지목을 말소한다. ⑪ 행정구역이 변경된 때에는 변경 전 행정구역선과 그 명칭 및 지번을 말소하고, 변경 후의 행정구역선과 그 명칭 및 지번을 제도한다.

예제 35

간접측량방법을 적용하여 행정구역경계를 등록하는 경우에 사용하는 참조자료는?

(15년지방직)

① 항공정사영상 또는 축척 1/1,000 수치지형도
② 항공정사영상 또는 축척 1/5,000 수치지형도
③ 인공위성영상 또는 축척 1/1,000 수치지형도
④ 인공위성영상 또는 축척 1/5,000 수치지형도

정답 ①

🔟 도시개발사업 등 시행지역의 토지이동신청에 관한 특례

1) 개요 및 신고기한

개요 및 신청 (법률 제86조)	① 「도시개발법」에 따른 도시개발사업, 「농어촌정비법」에 따른 농어촌정비사업, 그 밖에 대통령령으로 정하는 토지개발사업의 시행자는 그 사업의 착수·변경 및 완료 사실을 지적소관청에 신고하여야 한다. ② 도시개발사업 등과 관련하여 토지의 이동이 필요한 경우에는 해당 사업의 시행자가 지적소관청에 토지의 이동을 신청하여야 한다. ③ 도시개발사업 등에 따른 토지의 이동은 토지의 형질변경 등의 공사가 준공된 때에 이루어진 것으로 본다. ④ 도시개발사업 등에 따라 사업의 착수 또는 변경의 신고가 된 토지의 소유자가 해당 토지의 이동을 원하는 경우에는 해당 사업의 시행자에게 그 토지의 이동을 신청하도록 요청하여야 하며, 요청을 받은 시행자는 해당 사업에 지장이 없다고 판단되면 지적소관청에 그 이동을 신청하여야 한다.
대상토지	① 「도시개발법」에 따른 도시개발사업 ② 「농어촌정비법」에 따른 농어촌정비사업 ③ 「주택법」에 따른 주택건설사업 ④ 「택지개발촉진법」에 따른 택지개발사업 ⑤ 「산업입지 및 개발에 관한 법률」에 따른 산업단지개발사업 ⑥ 「도시 및 주거환경정비법」에 따른 정비사업 ⑦ 「지역 개발 및 지원에 관한 법률」에 따른 지역개발사업 ⑧ 「체육시설의 설치·이용에 관한 법률」에 따른 체육시설 설치를 위한 토지개발사업 ⑨ 「관광진흥법」에 따른 관광단지 개발사업 ⑩ 「공유수면 관리 및 매립에 관한 법률」에 따른 매립사업 ⑪ 「항만법」 및 「신항만건설촉진법」에 따른 항만개발사업 ⑫ 「공공주택 특별법」에 따른 공공주택지구조성사업 ⑬ 「물류시설의 개발 및 운영에 관한 법률」 및 「경제자유구역의 지정 및 운영에 관한 특별법」에 따른 개발사업 ⑭ 「철도의 건설 및 철도시설 유지관리에 관한 법률」에 따른 고속철도, 일반철도 및 광역철도 건설사업 ⑮ 「도로법」에 따른 고속도로 및 일반국도 건설사업 ⑯ 그 밖에 위의 사업과 유사한 경우로서 국토교통부장관이 고시하는 요건에 해당하는 토지개발사업
신청자	① 사업과 관련하여 토지의 이동이 필요한 경우에는 해당 사업의 시행자가 지적소관청에 토지의 이동을 신청하여야 한다. ② 「주택법」에 따른 주택건설사업의 시행자가 파산 등의 이유로 토지의 이동 신청을 할 수 없을 때에는 그 주택의 시공을 보증한 자 또는 입주예정자 등이 신청할 수 있다.
신고기한	도시개발사업 등의 착수·변경 또는 완료 사실의 신고는 그 사유가 발생한 날부터 15일 이내에 하여야 한다.
토지이동신청	토지의 이동 신청은 그 신청대상지역이 환지(換地)를 수반하는 경우에는 사업완료 신고로써 이를 갈음할 수 있다. 이 경우 사업완료 신고서에 토지의 이동 신청을 갈음한다는 뜻을 적어야 한다.

예제 36

다음 중 토지이동 신청에 관한 특례를 적용할 수 없는 사업은? (11년서울시9)

① 「공공주택 특별법」에 따른 공공주택지구 조성사업
② 「도시 및 주거환경정비법」에 따른 정비사업
③ 「지역개발 및 지원에 관한 법률」에 따른 지역개발 사업
④ 「택지개발촉진법」에 따른 주택건설사업
⑤ 「관광진흥법」에 따른 관광단지 개발사업

정답 ④

예제 37

도시개발사업 시행지구 내에서 환지를 수반하여 발생한 토지이동의 신청서로 갈음할 수 있는 서류는? (15년서울시7)

① 토지의 이동 신청을 갈음한다는 뜻이 기재된 환지처분 신고서
② 토지의 이동 신청을 할 사유가 발생하였다는 사업계획 신고서
③ 토지의 이동 신청을 갈음한다는 뜻이 기재된 사업변경 신고서
④ 토지의 이동 신청을 갈음한다는 뜻이 기재된 사업완료 신고서

정답 ④

예제 38

다음은 공간정보의 구축 및 관리 등에 관한 법령상 도시개발사업 등 시행지역의 토지이동 신청 특례에 관한 설명이다. ( )에 들어갈 내용으로 옳은 것은? (20년31회공인)

- 「도시개발법」에 따른 도시개발사업, 「농어촌정비법」에 따른 농어촌정비사업 등의 사업시행자는 그 사업의 착수·변경 및 완료 사실을 (ㄱ)에(게) 신고하여야 한다.
- 도시개발사업 등의 착수·변경 또는 완료 사실의 신고는 그 사유가 발생한 날부터 (ㄴ) 이내에 하여야 한다.

① ㄱ : 시·도지사   ㄴ : 15일
② ㄱ : 시·도지사   ㄴ : 30일
③ ㄱ : 시·도지사   ㄴ : 60일
④ ㄱ : 지적소관청   ㄴ : 15일
⑤ ㄱ : 지적소관청   ㄴ : 30일

정답 ④

토지이동시기에 대한 설명으로 가장 옳지 않은 것은? (21년서울시7급)

① 「도시개발법」에 따른 도시개발사업 시행지역의 토지는 사업완료 신고일에 토지의 이동이 있는 것으로 본다.

② 「농어촌정비법」에 따른 농어촌정비사업 시행지역의 토지는 토지의 형질변경 등의 공사가 준공된 때에 토지의 이동이 있는 것으로 본다.

③ 축척변경 시행지역의 토지는 축척변경 확정공고일에 토지의 이동이 있는 것으로 본다.

④ 지적재조사지구의 토지는 사업완료 공고일에 토지의 이동이 있는 것으로 본다.

정답 ①

해설

공간정보의 구축 및 관리 등에 관한 법률 제86조(도시개발사업 등 시행지역의 토지이동 신청에 관한 특례)

① 「도시개발법」에 따른 도시개발사업, 「농어촌정비법」에 따른 농어촌정비사업, 그 밖에 대통령령으로 정하는 토지개발사업의 시행자는 대통령령으로 정하는 바에 따라 그 사업의 착수·변경 및 완료 사실을 지적소관청에 신고하여야 한다.

② 제1항에 따른 사업과 관련하여 토지의 이동이 필요한 경우에는 해당 사업의 시행자가 지적소관청에 토지의 이동을 신청하여야 한다.

③ 제2항에 따른 토지의 이동은 토지의 형질변경 등의 공사가 준공된 때에 이루어진 것으로 본다.

④ 제1항에 따라 사업의 착수 또는 변경의 신고가 된 토지의 소유자가 해당 토지의 이동을 원하는 경우에는 해당 사업의 시행자에게 그 토지의 이동을 신청하도록 요청하여야 하며, 요청을 받은 시행자는 해당 사업에 지장이 없다고 판단되면 지적소관청에 그 이동을 신청하여야 한다.

> • 「농어촌정비법」에 따른 농어촌정비사업 시행지역의 토지는 토지의 이동은 토지의 형질변경 등의 공사가 준공된 때에 이루어진 것으로 본다.
> • 「도시개발법」에 따른 도시개발사업 시행지역의 토지는 토지의 이동은 토지의 형질변경 등의 공사가 준공된 때에 이루어진 것으로 본다.

공간정보의 구축 및 관리 등에 관한 법률 시행령 제78조(축척변경의 확정공고)

① 청산금의 납부 및 지급이 완료되었을 때에는 지적소관청은 지체 없이 축척변경의 확정공고를 하여야 한다.

② 지적소관청은 제1항에 따른 확정공고를 하였을 때에는 지체 없이 축척변경에 따라 확정된 사항을 지적공부에 등록하여야 한다.

③ 축척변경 시행지역의 토지는 제1항에 따른 확정공고일에 토지의 이동이 있는 것으로 본다.

지적재조사에 관한 특별법 제24조(새로운 지적공부의 작성)

① 지적소관청은 제23조에 따른 사업완료 공고가 있었을 때에는 기존의 지적공부를 폐쇄하고 새로운 지적공부를 작성하여야 한다. 이 경우 그 토지는 제23조제1항에 따른 사업완료 공고일에 토지의 이동이 있은 것으로 본다.

2) 신고 및 첨부서류(규칙 제95조)

도시개발사업의 착수 · 변경신고 암기 인지도	도시개발사업 등의 착수 또는 변경의 신고를 하려는 도시개발사업 등의 착수(시행) · 변경 · 완료 신고서에 다음의 서류를 첨부하여야 한다. 1. 사업인가서 2. 지번별조서 3. 사업계획도 ※ 변경신고의 경우에는 변경된 부분으로 한정한다.
도시개발사업의 완료신고 암기 확종지환	도시개발사업 등의 완료 신고를 하려는 자는 신청서에 다음의 서류를 첨부하여야 한다. 이 경우 지적측량수행자가 지적소관청에 측량검사를 의뢰하면서 미리 제출한 서류는 첨부하지 아니할 수 있다. 1. 확정될 토지의 지번별 조서 및 종전 토지의 지번별 조서 2. 환지처분과 같은 효력이 있는 고시된 환지계획서. 다만, 환지를 수반하지 아니하는 사업인 경우에는 사업의 완료를 증명하는 서류
착수 · 변경 신고처리 (업무처리규정 제58조) 암기 지공부 지도부 수집부	지적소관청은 규칙 제95조제1항에 따른 도시개발사업 등의 착수(시행) 또는 변경신고가 있는 때에는 다음 각 호에 따라 처리한다. 1. 다음 각 목의 사항을 확인한다. 가. 지번별조서와 지적공부등록사항과의 부합여부 나. 지번별조서 · 지적(임야)도와 사업계획도와의 부합여부 다. 착수 전 각종 집계의 정확여부 2. 제1호에 따라 서류의 확인이 완료된 때에는 지체 없이 지적공부에 그 사유를 정리하여야 한다.
완료신고처리 (업무처리규정 제58조) 암기 지부환부 지공환부 측경지부 종소부	지적소관청은 규칙 제95조제2항에 따라 도시개발사업 등의 완료신고가 있는 때에는 다음에 따라 처리한다. 1. 다음 각 목의 사항을 확인한다. 가. 확정될 토지의 지번별조서와 면적측정부 및 환지계획서의 부합여부 나. 종전토지의 지번별조서와 지적공부등록사항 및 환지계획서의 부합여부 다. 측량결과도 또는 경계점좌표와 새로이 작성된 지적도와의 부합여부 라. 종전토지 소유명의인 동일여부 및 종전토지 등기부에 소유권등기 이외의 다른 등기사항이 없는지 여부 마. 그 밖에 필요한 사항
지적공부정리	서류의 확인이 완료된 때에는 확정될 토지의 지번별조서에 따라 토지대장을, 측량성과에 따라 경계점좌표등록부 등을 작성한다. 이 경우 토지대장에 등록하는 소유자의 성명 또는 명칭과 등록번호 및 주소는 환지계획서에 따르되, 소유자의 변동일자와 변동원인은 다음에 따라 정리한다. <table><tr><td>**소유자 변동일자**</td><td>환지처분 또는 사업준공 인가일자(환지처분을 아니할 경우에만 해당한다)</td></tr><tr><td>**소유자 변동원인**</td><td>환지 또는 지적확정(환지처분을 아니하는 경우에만 해당한다)</td></tr></table>
확정시행게시	지적공부의 작성이 완료된 때에는 새로 지적공부가 확정 시행됨을 7일 이상 시 · 군 · 구 게시판 또는 홈페이지 등에 게시한다.
폐쇄지적공부 보관	도시개발사업 등의 완료로 인하여 폐쇄되는 지적공부는 폐쇄사유를 그 지적공부에 정리하고 별도로 영구 보관한다.

예제 40

도시시개발사업 완료신고 시 제출하지 않는 것은? (13년서울시9)

① 확정될 토지의 지번별조서와 면적측정부 및 환지계획서의 부합여부
② 지번별조서, 지적(임야)도와 사업계획도와의 부합여부
③ 종전 토지의 지번별조서와 지적공부등록사항 및 환지계획서의 부합여부
④ 측량결과도 또는 경계점좌표와 새로이 작성된 지적도와의 부합여부
⑤ 종전 토지 소유명의인 동일여부 및 종전 토지 등기부에 소유권 등기 이외의 다른 등기사항이 없는지 여부

정답 ②

3) 토지이동정리결의서 작성(업무처리규정 제65조)

① 규칙 제98조제2항에 따른 토지이동정리결의서는 다음 각 호와 같이 작성한다. 이 경우 증감란의 면적과 지번수는 늘어난 경우에는 (+)로, 줄어든 경우에는 (−)로 기재한다.

1. 지적공부정리종목은 토지이동종목별로 구분하여 기재한다.
2. 토지소재 · 이동전 · 이동후 및 증감란은 읍 · 면 · 동 단위로 지목별로 작성한다.

구분	이동 전	이동 후	증감란
신규등록		지목 · 면적 및 지번수	면적 및 지번수
등록전환	임야대장에 등록된 지목 · 면적 및 지번수	토지대장에 등록될 지목 · 면적 및 지번수	면적
	이 경우 등록전환에 따른 임야대장 및 임야도의 말소정리는 등록전환결의서에 따른다.		
분할 및 합병	지목 및 지번수	지목 및 지번수	지번수
지목변경	변경 전의 지목 · 면적 및 지번수	변경 후의 지목 · 면적 및 지번수	−
지적공부 등록말소	지목 · 면적 및 지번수	−	지목 · 면적 및 지번수
축척변경	축척변경 시행 전 토지의 지목 · 면적 및 지번수	축척이 변경된 토지의 지목 · 면적 및 지번수	−
	이 경우 축척변경완료에 따른 종전 지적공부의 폐쇄정리는 축척변경결의서에 따른다.		
등록사항 정정	정정 전의 지목 · 면적 및 지번수	정정 후의 지목 · 면적 및 지번수	면적 및 지번수
도시개발 사업	사업 시행 전 토지의 지목 · 면적 및 지번수	확정된 토지의 지목 · 면적 및 지번수	−
	이 경우 도시개발사업 등의 완료에 따른 종전 지적공부의 폐쇄정리는 도시개발사업 등 결의서에 따른다.		

② 규칙 제98조제2항에 따른 소유자정리결의서는 다음 각 호와 같이 작성한다. 다만, 등기전산정보자료에 따라 소유자를 정리하는 경우에는 생략할 수 있다.

1. 토지소재 · 소유권보존 · 소유권이전 및 기타란은 읍 · 면 · 동별로 기재한다.
2. 정리일자는 소유자정리결의일부터 정리완료일까지 기재한다.
3. 정리자는 업무담당자로 하고 확인자는 지적업무 담당으로 한다.
4. 소유자정리결과에 따라 접수 · 정리 · 기정리 및 불부합통지로 구분 기재한다.

■ 공간정보의 구축 및 관리 등에 관한 법률 시행규칙 [별지 제57호서식]

토지이동정리 결의서

번 호	제 – 호	토 지 이 동 정 리 종 목		결 재							
결 의 일	년 월 일	도시개발사업									
보 존 기 간	영 구										
관계공부정리		토지 소재	이 동 전			이 동 후			증 감		비고
확 인			지목	면적 (m²)	지번 수	지목	면적 (m²)	지번 수	면적 (m²)	지번 수	
토 지 대 장 정 리		명일동	전	315	1	전	310	1			
임 야 대 장 정 리											
경계점좌표등록부정리											
지 적 도 정 리											
임 야 도 정 리											
등 기 촉 탁 대 장 정 리											
소 유 자 통 지											

297mm×210mm (보존용지(1종) 70g/m²)

4) 지적공부정리

등록 및 정리방법	① 지적소관청은 규칙 제95조제1항에 따른 도시개발사업 등의 착수(시행) 또는 변경신고서를 접수할 때에는 사업시행지별로 등록하고, 접수순으로 사업시행지 번호를 부여받아야 한다. ② 제1항에 따라 사업시행지 번호를 부여받은 때에는 지체 없이 사업시행지 번호별로 도시개발사업 등의 임시파일을 생성한 후 지번별조서를 출력하여 임시파일이 정확하게 생성되었는지 여부를 확인하여야 한다. ③ 지구계분할을 하고자 하는 경우에는 부동산종합공부시스템에 시행지 번호와 지구계 구분코드(지구 내 0, 지구 외 1)를 입력하여야 한다. ④ 완료신고가 접수되면 종전 토지의 지번별조서에 의하여 임시자료의 정확여부를 완료신고서의 지번별조서 의하여 확인하고 시행 전 토지를 폐쇄정리한 후 접수정리하여야 한다.
토지의 이동에 따른 도면의 제도 (업무처리 규정 제46조)	① 토지의 이동으로 지번 및 지목을 제도하는 경우에는 이동전 지번 및 지목을 말소하고, 새로 설정된 지번 및 지목을 가로쓰기로 제도한다. ② 경계를 말소할 때에는 해당 경계선을 말소한다. ③ 말소된 경계를 다시 등록할 때에는 말소정리 이전의 자료로 원상회복 정리한다. ④ 신규 등록·등록전환 및 등록사항정정으로 도면에 경계, 지번 및 지목을 새로 등록할 때에는 이미 비치된 도면에 제도한다. 다만, 이미 비치된 도면에 정리할 수 없는 때에는 새로 도면을 작성한다. ⑤ 등록전환할 때에는 임야도의 그 지번 및 지목을 말소한다. ⑥ 필지를 분할할 경우에는 분할 전 지번 및 지목을 말소하고, 분할경계를 제도한 후 필지마다 지번 및 지목을 새로 제도한다. ⑦ 도곽선에 걸쳐 있는 필지가 분할되어 도곽선 밖에 분할경계가 제도된 때에는 도곽선 밖에 제도된 필지의 경계를 말소하고, 그 도곽선 안에 필지의 경계, 지번 및 지목을 제도한다. ⑧ 합병할 때에는 합병되는 필지 사이의 경계·지번 및 지목을 말소한 후 새로 부여하는 지번과 지목을 제도한다. ⑨ 지번 또는 지목을 변경할 때에는 지번 또는 지목만 말소하고, 새로 설정된 지번 또는 지목을 제도한다. ⑩ 지적공부에 등록된 토지가 바다가 된 때에는 경계·지번 및 지목을 말소한다. ⑫ 도시개발사업·축척변경 등의 시행지역으로서 시행 전과 시행 후의 도면축척이 같고 시행 전 도면에 등록된 필지의 일부가 사업지구 안에 편입된 때에는 이미 비치된 도면에 경계·지번 및 지목을 제도하거나, 남아 있는 일부 필지를 포함하여 도면을 작성한다. 다만, 도면과 확정측량결과도의 도곽선 차이가 0.5밀리미터 이상인 경우에는 확정측량결과도에 따라 새로이 도면을 작성한다. ⑬ 도시개발사업·축척변경 등의 완료로 새로 도면을 작성한 지역의 종전도면의 지구 안의 지번 및 지목을 말소한다.

5) 지적공부정리 신청제한 및 토지이동시기

지적공부정리 신청제한	사업의 착수 또는 변경의 신고가 된 토지의 소유자가 해당 토지의 이동을 원하는 경우에는 해당 사업의 시행자에게 그 토지의 이동을 신청하도록 요청하여야 하며, 요청을 받은 시행자는 해당 사업에 지장이 없다고 판단되면 지적소관청에 그 이동을 신청하여야 한다.
토지이동시기	도시개발사업 등으로 인한 토지의 이동은 토지의 형질변경 등의 공사가 준공된 때에 이루어진 것으로 본다.

🔟 토지이동 신청의 대위신청 등(법률 제87조)

토지이동의 신청특례	다음의 어느 하나에 해당하는 자는 이 법에 따라 토지소유자가 하여야 하는 신청을 대신할 수 있다. ① 공공사업 등에 따라 학교용지 · 도로 · 철도용지 · 제방 · 하천 · 구거 · 유지 · 수도용지 등의 지목으로 되는 토지인 경우 　해당 사업의 시행자 ② 국가나 지방자치단체가 취득하는 토지인 경우 　해당 토지를 관리하는 행정기관의 장 또는 지방자치단체의 장 ③ 「주택법」에 따른 공동주택의 부지인 경우 　「집합건물의 소유 및 관리에 관한 법률」에 따른 관리인(관리인이 없는 경우에는 공유자가 선임한 대표자) 또는 해당 사업의 시행자 ④ 「민법」 제404조에 따른 채권자(채권자는 자신의 채권을 보전하기 위하여 채무자의 권리를 행사할 수 있다)
상속 등의 토지에 대한 지적공부정리 신청	상속, 공용징수, 판결, 경매 등 민법 제187조에 따라 등기를 요하지 아니하는 토지를 취득한 자는 지적공부정리신청을 할 수 있다. 이 경우 토지소유자를 증명하는 서류를 첨부하여야 한다.

예제 41

토지이동에 따른 신청의 대위자로 가장 옳지 않은 것은?　　　　　　(16년서울시9)

① 공공사업으로 인한 도로, 제방, 하천 등의 지목으로 되는 토지인 경우 해당 지역의 지방자치단체

② 「주택법」에 따른 공동주택의 부지인 경우 그 집합건물의 관리인 또는 해당사업의 시행자

③ 국가나 지방자치단체가 취득하는 토지인 경우 해당 토지를 관리하는 행정기관의 장 또는 지방자치단체의 장

④ 공공사업으로 인한 학교용지, 철도용지, 수도용지의 지목으로 되는 토지인 경우 해당 사업의 시행자

정답 ①

SECTION 03 지적공부 정리 및 정리시기

1 지적공부 정리

지적공부의 정리대상 (시행령 제84조)	지적소관청은 지적공부가 다음의 어느 하나에 해당하는 경우에는 지적공부를 정리하여야 한다. 이 경우 이미 작성된 지적공부에 정리할 수 없을 때에는 새로 작성하여야 한다. 1. 지번을 변경하는 경우 2. 지적공부를 복구하는 경우 3. 신규등록·등록전환·분할·합병·지목변경 등 토지의 이동이 있는 경우
상속 등의 토지에 대한 지적공부정리 신청 (업무처리규정 제49조)	① 상속, 공용징수, 판결, 경매 등 「민법」 제187조에 따라 등기를 요하지 아니하는 토지를 취득한 자는 지적공부정리신청을 할 수 있다. 이 경우 토지소유를 증명하는 서류를 첨부하여야 하고, 상속의 경우에는 상속인 전원이 신청하여야 한다. ② 제1항에 따른 토지소유를 증명하는 서류는 다음 각 호를 말한다. 1. 상속재산 분할 협의서 2. 공용징수증 3. 법원의 확정판결서 정본 또는 사본 4. 경매 낙찰증서 5. 그 밖에 소유권을 확인할 수 있는 서류
지적공부정리 신청의 조사 (업무처리규정 제50조)	① 지적소관청은 신규등록·등록전환·분할·합병·바다로 된 토지의 등록말소·등록사항정정·도시개발사업 등에 따른 지적공부정리신청이 있는 때에는 다음 각 호의 사항을 확인·조사하여 처리한다. 1. 신청서의 기재사항과 지적공부등록사항과의 부합여부 2. 관계법령의 저촉여부 3. 대위신청에 관하여는 그 권한대위의 적법여부 4. 구비서류 및 수입증지의 첨부여부 5. 신청인의 신청권한 적법여부 6. 토지의 이동사유 7. 그 밖에 필요하다고 인정되는 사항 ② 접수된 서류를 보완 또는 반려한 때에는 지적업무정리부의 비고란에 그 사유를 붉은색으로 기재한다. ③ 지목변경 및 합병을 하여야 하는 토지가 있을 때와 등록전환에 따라 지목이 바뀔 때에는 다음 각 호의 사항을 확인·조사하여 별지 제6호 서식에 따른 현지조사서를 작성하여야 한다. 1. 토지의 이용현황 2. 관계법령의 저촉여부 3. 조사자의 의견, 조사연월일 및 조사자 직·성명 ④ 분할 및 등록전환 측량성과도가 발급된 지 1년이 경과한 후 지적공부정리 신청이 있는 때에는 지적소관청은 다음 각 호의 사항을 확인·조사하여야 한다. 1. 측량성과와 현지경계의 부합여부 2. 관계법령의 저촉여부

■ 지적업무처리규정 [별지 제6호서식] 〈개정 2014.12.31.〉

지목변경(합병) 현지조사서

토 지 소 재		이 동 전			이 동 후		
읍·면	동·리	지번	지목	면적	지번	지목	면적

1. 조사내용
   ○ 토지의 이용현황
   ○ 관계법령 저촉여부

2. 조사자 의견

년   월   일

조사자 직   성명   (서명 또는 인)

○ ○ 시장 · 군수 · 구청장 귀하

210mm×297mm(보존용지(1종) 70g/m²)

② 지적공부정리 접수 및 임시파일 생성

지적공부정리 접수(업무처리 규정 제51조)	① 지적소관청은 신규등록·등록전환·분할·합병·바다로 된 토지의 등록말소·등록사항정정·도시개발사업 등에 의한 지적공부정리신청이 있는 때에는 지적업무정리부에 토지이동 종목별로 접수하여야 한다. 이 경우 부동산종합공부시스템에서 부여된 접수번호를 토지의 이동신청서에 기재하여야 한다. ② 제1항에 따라 접수된 신청서는 다음 각 호 사항을 검토하여 정리하여야 한다. 1. 신청사항과 지적전산자료의 일치여부 2. 첨부된 서류의 적정여부 3. 지적측량성과자료의 적정여부 4. 그 밖에 지적공부정리를 하기 위하여 필요한 사항 ③ 제1항에 따라 접수된 지적공부정리신청서를 보완 또는 반려(취하 포함)할 때에는 종목별로 그 처리내용을 정리하여야 한다. 이 경우 반려 또는 취하된 지적공부정리신청서가 다시 접수되었을 때에는 새로 접수하여야 한다. ④ 제1항의 신청에 따라 지적공부가 정리 완료한 때에는 별지 제7호 서식에 따라 지적정리결과를 신청인에게 통지하여야 한다. 다만, 법 제87조에 따라 대위신청에 대한 지적정리결과통지는 달리할 수 있다. ⑤ 법 제87조에 따라 지적공부정리가 완료된 때에는 사업시행자는 분할 목적 및 분할결과를 토지소유자 등 이해관계인에게 통지하여야 한다.

■ 지적업무처리규정 [별지 제7호서식] 〈개정 2014.12.31.〉

지적정리결과 통보

귀하께서 소유하고 있는 000도 0000시·군·구 00리·동 ○○번지가 토지소유자신청(또는 대위신청)에 의해 　년　월　일자로 다음과 같이 지적정리 되었음을 통보하오니 재산권행사에 참고하시기 바랍니다.

종 목	지 적 정 리 전			지 적 정 리 후		
	지 번	지 목	면 적(m²)	지 번	지 목	면 적(m²)

　년　월　일

시　장
군　수
구청장

210mm×297mm(보존용지(1종) 70g/m²)

임시파일 생성 (업무처리규정 제52조)	① 지적소관청이 지번변경, 행정구역변경, 구획정리, 경지정리, 축척변경, 토지개발사업을 하고자 하는 때에는 임시파일을 생성하여야 한다. ② 제1항에 따라 임시파일이 생성되면 지번별조서를 출력하여 임시파일이 정확하게 생성되었는지 여부를 확인하여야 한다.
지적공부 등의 정리 (업무처리규정 제63조)	① 지적공부 등의 정리에 사용하는 문자·기호 및 경계는 따로 규정을 둔 사항을 제외하고 정리사항은 검은색, 도곽선과 그 수치 및 말소는 붉은색으로 한다. ② 지적확정측량·축척변경 및 지번변경에 따른 토지이동의 경우를 제외하고는 폐쇄 또는 말소된 지번을 다시 사용할 수 없다. ③ 토지의 이동에 따른 도면정리는 예시 2의 도면정리 예시에 따른다. 이 경우 법 제2조제19호의 지적공부를 이용하여 지적측량을 한 때에는 측량성과파일에 따라 지적공부를 정리할 수 있다.

예제 42

지적소관청이 축척변경 등의 사업을 시행하고자 하는 때에는 임시파일을 생성하여야 한다. 이때 생성된 임시파일의 정확성을 확인하기 위해 활용하는 자료로 옳은 것은?

(16년서울시9)

① 지번별조서　　　　　　　　　② 지번등 명세
③ 토지이동조서　　　　　　　　④ 토지이동조사부　　　정답 ①

예제 43

지적업무처리규정상 다음 내용의 ( ) 안에 들어갈 말로 알맞은 것은? (20년4회지기)

> 지적소관청이 지번변경, 행정구역변경, 구획정리, 경지정리, 축척변경, 토지개발사업을 하고자 하는 때에는 ( )을 생성하여야 한다.

① 도곽파일　　　　　　　　　　② 복제파일
③ 임시파일　　　　　　　　　　④ 토지이동파일

 정답 ③

③ 토지이동정리결의서 및 소유자이동정리결의서 작성

토지이동정리 결의서 작성	① 지적소관청은 토지의 이동이 있는 경우에는 토지이동정리결의서를 작성하여야 한다. ② 토지이동정리결의서의 작성은 토지대장 · 임야대장 또는 경계점좌표등록부별로 구분하여 작성한다. ③ 토지이동정리결의서에는 토지이동신청서 또는 도시개발사업 등의 완료신고서 등을 첨부하여야 한다.
토지이동정리 결의서 작성 방법 (업무처리규정 제65조)	토지이동정리결의서는 다음과 같이 작성한다. 이 경우 증감란의 면적과 지번수는 늘어난 경우에는 (+)로, 줄어든 경우에는 (−)로 기재한다. ① 지적공부정리종목은 토지이동종목별로 구분하여 기재한다. ② 토지소재 · 이동전 · 이동후 및 증감 란은 읍 · 면 · 동 단위로 지목별로 작성한다. ③ 신규등록은 이동후란에 지목 · 면적 및 지번수를, 증감란에는 면적 및 지번수를 기재한다. ④ 등록전환은 이동전란에 임야대장에 등록된 지목 · 면적 및 지번수를, 이동후란에 토지대장에 등록될 지목 · 면적 및 지번수를, 증감란에는 면적을 기재한다. 이 경우 등록전환에 따른 임야대장 및 임야도의 말소정리는 등록전환결의서에 의한다. ⑤ 분할 및 합병은 이동전 · 후란에 지목 및 지번수를, 증감란에 지번수를 기재한다. ⑥ 지목변경은 이동전란에 변경 전의 지목 · 면적 및 지번수를, 이동후란에 변경 후의 지목 · 면적 및 지번수를 기재한다. ⑦ 지적공부등록말소는 이동전 · 증감란에 지목 · 면적 및 지번수를 기재한다. ⑧ 축척변경은 이동전란에 축척변경 시행 전 토지의 지목 · 면적 및 지번수를, 이동후란에 축척이 변경된 토지의 지목 · 면적 및 지번수를 기재한다. 이 경우 축척변경완료에 따른 종전 지적공부의 폐쇄정리는 축척변경결의서에 의한다. ⑨ 등록사항정정은 이동전란에 정정 전의 지목 · 면적 및 지번수를, 이동후란에 정정 후의 지목 · 면적 및 지번수를, 증감란에는 면적 및 지번수를 기재한다. ⑩ 도시개발사업 등은 이동전란에 사업 시행 전 토지의 지목 · 면적 및 지번수를, 이동후란에 확정된 토지의 지목 · 면적 및 지번수를 기재한다. 이 경우 도시개발사업 등의 완료에 따른 종전 지적공부의 폐쇄정리는 도시개발사업 등 결의서에 의한다.

	구분	이동 전	이동 후	증감란
토지이동정리결의서 작성 방법 (업무처리규정 제65조)	신규등록	–	지목 · 면적 및 지번수	면적 및 지번수
	등록전환	임야대장에 등록된 지목 · 면적 및 지번수	토지대장에 등록될 지목 · 면적 및 지번수	면적
		이 경우 등록전환에 따른 임야대장 및 임야도의 말소정리는 등록전환결의서에 따른다.		
	분할 및 합병	지목 및 지번수	지목 및 지번수	지번수
	지목변경	변경 전의 지목 · 면적 및 지번수	변경 후의 지목 · 면적 및 지번수	–
	지적공부 등록말소	지목 · 면적 및 지번수	–	지목 · 면적 및 지번수
	축척변경	축척변경 시행 전 토지의 지목 · 면적 및 지번수	축척이 변경된 토지의 지목 · 면적 및 지번수	–
		이 경우 축척변경완료에 따른 종전 지적공부의 폐쇄정리는 축척변경결의서에 따른다.		
	등록사항 정정	정정 전의 지목 · 면적 및 지번수	정정 후의 지목 · 면적 및 지번수	면적 및 지번수
	도시개발 사업	사업 시행 전 토지의 지목 · 면적 및 지번수	확정된 토지의 지목 · 면적 및 지번수	–
		이 경우 도시개발사업 등의 완료에 따른 종전 지적공부의 폐쇄정리는 도시개발사업 등 결의서에 따른다.		

소유자정리 결의서 작성	① 토지소유자의 변동 등에 따라 지적공부를 정리하려는 경우에는 소유자정리결의서를 작성하여야 한다. ② 소유자정리결의서의 작성은 등기필증, 등기부 등본 또는 그 밖에 토지소유자가 변경되었음을 증명하는 서류를 첨부하여야 한다. 다만, 「전자정부법」 제21조제1항에 따른 행정정보의 공동이용을 통하여 첨부서류에 대한 정보를 확인할 수 있는 경우에는 그 확인으로 첨부서류를 갈음할 수 있다.
소유자정리 결의서 작성 방법	① 토지소재 · 소유권보존 · 소유권이전 및 기타란은 읍 · 면 · 동별로 기재한다. ② 정리일자는 소유자정리결의일부터 정리완료일까지 기재한다. ③ 정리자는 업무담당자로 하고 확인자는 지적업무 담당으로 한다. ④ 소유자정리결과에 따라 접수 · 정리 · 기정리 및 불부합통지로 구분 기재한다.

■ 공간정보의 구축 및 관리 등에 관한 법률 시행규칙 [별지 제57호서식]

토지이동정리 결의서

번 호	제 - 호	토 지 이 동 정 리 종 목	결 재			
결 의 일	년 월 일					
보 존 기 간	영 구					

관계공부정리		토지 소재	이 동 전			이 동 후			증 감		비고
확 인			지목	면적 (m²)	지번 수	지목	면적 (m²)	지번 수	면적 (m²)	지번 수	
토 지 대 장 정 리											
임 야 대 장 정 리											
경계점좌표등록부정리											
지 적 도 정 리											
임 야 도 정 리											
등 기 촉 탁 대 장 정 리											
소 유 자 통 지											

297mm×210mm (보존용지(1종) 70g/m²)

■ 공간정보의 구축 및 관리 등에 관한 법률 시행규칙 [별지 제85호서식]

소유자정리 결의서

번 호	제 호	결 재			
결의일	년 월 일				
보존기간	5년				

접 수		정 리		기 정 리		불일치 통지		비 고	
건수	지번 수	건수	지번 수	건수	지번 수	건수	지번 수		

토지 소재	계		소유권 보존		소유권 이전		기 타	
	건수	지번 수	건수	지번 수	건수	지번 수	건수	지번 수

정 리 일	
정 리 자	
확 인 자	

210mm×297mm(보존용지(2종) 70g/m²)

4 지적공부의 정리시기 및 절차

지적공부의 정리시기	① 토지의 이동에 따른 지적공부정리는 이동사유가 완성되기 이전에는 할 수 없다. ② 이동사유가 토지의 형질변경을 수반하는 경우에는 형질변경의 원인이 되는 공사 등이 준공된 때에 그 사유가 완성된 것으로 본다.
지적공부의 정리절차	① 지적소관청은 토지의 이동 또는 소유자의 변경 등으로 지적공부를 정리하고자 하는 때에는 지적사무정리부와 소유자정리부에 그 처리내용을 기재하여야 한다. ② 지적사무정리부는 토지의 이동 종목별로, 소유자정리부는 소유권보존 · 이전 및 기타로 구분하여 기재한다.
지적공부 등의 정리	① 지적공부 등의 정리에 사용하는 문자, 기호 및 경계는 따로 규정을 둔 사항을 제외하고 정리사항은 검은색, 도곽선과 그 수치 및 말소는 붉은색으로 한다. ② 지적확정측량 · 축척변경 및 지번변경에 따른 토지이동의 경우를 제외하고는 폐쇄 또는 말소된 지번은 다시 사용할 수 없다. ③ 지적공부에 등록된 사항은 칼로 긁거나 덮어서 고쳐 정리하여서는 아니 된다. ④ 지적공부 등을 전산정보처리조직에 의하여 정리하는 경우의 프로그램작성은 정리방법과 서식을 준용한다. ⑤ 토지의 이동에 따른 도면정리는 도면정리 예시에 의한다. 이 경우 정보처리시스템을 이용하여 저장된 도면을 이용하여 지적측량을 한 때에는 지적측량성과를 저장한 파일(이하 "지적측량성과파일"이라 한다)에 의하여 지적공부를 정리할 수 있다.

5 토지소유자의 정리(법률 제88조)

1) 지적공부에 등록된 토지소유자의 변경사항 등

지적공부에 등록된 토지소유자의 변경사항	① 지적공부에 등록된 토지소유자의 변경사항은 등기관서에서 등기한 것을 증명하는 등기필증, 등기완료통지서, 등기사항증명서 또는 등기관서에서 제공한 등기전산정보자료에 따라 정리한다. ② 신규등록하는 토지의 소유자는 지적소관청이 직접 조사하여 등록한다.
지적공부에 소유자가 등록되지 아니한 토지	「국유재산법」 제2조제10호에 따른 총괄청이나 같은 조 제11호에 따른 중앙관서의 장이 같은 법 제12조제3항에 따라 소유자 없는 부동산에 대한 소유자 등록을 신청하는 경우 지적소관청은 지적공부에 해당 토지의 소유자가 등록되지 아니한 경우에만 등록할 수 있다.
등기부에 기재된 토지의 표시가 지적공부와 부합하지 아니하는 때	등기부에 적혀 있는 토지의 표시가 지적공부와 일치하지 아니하면 위 변경사항에 따라 토지소유자를 정리할 수 없다. 이 경우 토지의 표시와 지적공부가 일치하지 아니하다는 사실을 관할 등기관서에 통지하여야 한다.
지적공부와 부동산등기부의 부합여부 조사 · 확인	지적소관청은 필요하다고 인정하는 경우에는 관할 등기관서의 등기부를 열람하여 지적공부와 부동산등기부가 일치하는지 여부를 조사 · 확인하여야 하며, 일치하지 아니하는 사항을 발견하면 등기사항증명서 또는 등기관서에서 제공한 등기전산정보자료에 따라 지적공부를 직권으로 정리하거나, 토지소유자나 그 밖의 이해관계인에게 그 지적공부와 부동산등기부가 일치하게 하는 데에 필요한 신청 등을 하도록 요구할 수 있다.

등기부 열람 및 등·초본의 교부 신청 시 수수료	지적소관청 소속 공무원이 지적공부와 부동산등기부의 부합 여부를 확인하기 위하여 등기부를 열람하거나, 등기사항증명서의 발급을 신청하거나, 등기전산정보자료의 제공을 요청하는 경우 그 수수료는 무료로 한다.

예제 44

지적소관청이 지적공부에 등록된 토지소유자의 변경사항을 정리하고자 한다. 등기관서에서 등기한 것을 증명하는 서류 또는 제공한 자료에 해당하지 않는 것은?

(15년서울시7)

① 등기완료통지서　　　　　　② 등기필증
③ 등기사항신청서　　　　　　④ 등기전산정보자료

정답 ③

예제 45

공간정보의 구축 및 관리 등에 관한 법령상 토지소유자의 정리에 관한 설명으로 가장 옳지 않은 것은?

(20년서울시9)

① 지적공부에 등록된 토지소유자의 변경사항은 등기관서에서 등기한 것을 증명하는 등기필증, 등기완료 통지서, 등기사항증명서 또는 등기관서에서 제공한 등기전산정보자료에 따라 정리한다.
② 소유자 없는 부동산에 대한 소유자 등록을 신청하는 경우 지적소관청은 지적공부에 해당 토지의 소유자가 등록되지 아니한 경우에는 등록할 수 없다.
③ 등기부에 적혀 있는 토지의 표시가 지적공부와 일치하지 아니하면 토지소유자를 정리할 수 없다. 이 경우 토지의 표시와 지적공부가 일치하지 아니하다는 사실을 관할 등기관서에 통지하여야 한다.
④ 지적소관청은 필요하다고 인정하는 경우에는 관할 등기관서의 등기부를 열람하여 지적공부와 부동산 등기부가 일치하는지 여부를 조사·확인하여야 한다.

정답 ②

2) 대장의 소유자 정리(규정 제60조)

소유자변동일자	① 등기필증 · 등기완료통지서 · 등기사항증명서 또는 등기관서에서 제공한 등기전산정보자료의 경우 : 등기접수일자 ② 미등기토지 소유자에 관한 정정신청의 경우와 지적공부에 소유자가 등록되어 있지 않은 토지를 국유재산법에 의한 총괄청 또는 중앙관서의 장이 소유자등록을 신청하는 경우 : 소유자정리결의일자 ③ 공유수면 매립준공에 의한 신규등록의 경우 : 매립준공일자
소유권이전 등이 같은 날짜에 등기가 된 경우	주소 · 성명 · 명칭의 변경 또는 경정 및 소유권이전 등이 같은 날짜에 등기가 된 경우의 지적공부정리는 등기접수 순서에 따라 모두 정리하여야 한다.
소유자의 주소가 토지소재지와 같은 경우	등기부와 일치하게 정리한다.
지적소관청의 등기부 열람에 의한 경우	지적소관청이 등기부를 열람하여 소유자에 관한 사항이 대장과 부합되지 아니하는 토지의 소유자정리에 관하여는 소유자정리결의서 작성 후 위 세 가지 규정을 준용한다.
등기전산정보자료에 의하여 정리하는 경우	등기관서에서 제공한 등기전산정보자료에 의하여 정리하는 경우에는 등기전산정보자료에 의한다.
법인 또는 재외국민의 부동산등기용등록번호 정정통보가 있는 때	① 국토교통부장관은 등기관서로부터 법인 또는 재외국민의 부동산등기용등록번호 정정통보가 있는 때에는 정정 전 등록번호에 따라 토지소재를 조사하여 시 · 도지사에게 그 내용을 통지하여야 한다. ② 시 · 도지사는 지체 없이 그 내용을 해당 지적소관청에 통지하여야 한다.

예제 46

다음 중 토지소유자의 정리에 대한 설명으로 가장 옳지 않은 것은? (16년서울시9)

① 지적공부에 등록된 토지소유자의 변경사항은 등기관서에서 등기한 것을 증명하는 등기필증, 등기완료통지서, 등기사항증명서 또는 등기관서에서 제공한 등기전산정보자료에 따라 정리한다.

② 신규등록하는 토지의 소유자는 지적소관청이 직접 조사하여 등록한다.

③ 등기부에 적혀 있는 토지의 표시가 지적공부와 일치하지 아니하면 등기관서에서 등기한 것을 증명하는 자료에 의해 토지소유자를 정리할 수 있다.

④ 「국유재산법」에 따른 총괄청이나 중앙관서의 장이 소유자 없는 부동산에 대한 소유자등록을 신청하는 경우 지적소관청은 지적공부에 해당 토지의 소유자가 등록되지 아니한 경우에만 등록할 수 있다.

정답 ③

「공간정보의 구축 및 관리 등에 관한 법률」상 토지소유자의 정리에 관한 설명으로 가장 옳지 않은 것은? (20년서울시9)

① 지적공부에 등록된 토지소유자의 변경사항은 등기관서에서 등기한 것을 증명하는 등기 필증, 등기완료 통지서, 등기사항증명서 또는 등기관서에서 제공한 등기전산정보자료에 따라 정리한다.

② 소유자 없는 부동산에 대한 소유자 등록을 신청하는 경우 지적소관청은 지적공부에 해당 토지의 소유자가 등록되지 아니한 경우에는 등록할 수 없다.

③ 등기부에 적혀 있는 토지의 표시가 지적공부와 일치하지 아니하면 토지소유자를 정리할 수 없다. 이 경우 토지의 표시와 지적공부가 일치하지 아니하다는 사실을 관할 등기관서에 통지하여야 한다.

④ 지적소관청은 필요하다고 인정하는 경우에는 관할 등기관서의 등기부를 열람하여 지적공부와 부동산 등기부가 일치하는지 여부를 조사·확인하여야 한다.

정답 ②

지적공부의 소유자정리에 관한 설명으로 옳지 않은 것은? (14년서울시9)

① 주소·성명·명칭의 변경 또는 경정 및 소유권 이전 등이 같은 날짜에 등기가 된 경우의 지적공부정리는 등기접수 순서에 따라 모두 정리하여야 한다.

② 소유자의 주소가 토지소재지와 같은 경우에도 등기부와 일치하게 정리한다.

③ 국토교통부장관은 등기관서로부터 법인 또는 재외국민의 부동산등기용등록번호 정정 통보가 있는 때에는 정정 전 등록번호에 따라 토지소재를 조사하여 시·도지사에게 그 내용을 통지하여야 한다.

④ 소유자등록사항 중 토지이동과 함께 소유자가 결정되는 신규등록, 도시개발사업 등의 환지 등록 시에는 토지이동업무 처리와 동시에 소유자를 정리하여야 한다.

⑤ 대장의 소유자변동일자는 등기필통지서, 등기필증, 등기부등본·초본 또는 등기관서에서 제공한 등기전산정보자료의 경우에는 등기확정일자로 정리한다.

정답 ⑤

3) 미등기토지의 소유자정정 등(규정 제61조)

미등기토지	① 법 제84조제4항 단서에 따른 적용대상 토지는 미등기토지로서 소유자의 정정에 관한 사항과 토지조사 당시에 사정 또는 재결 등에 따라 대장에 소유자는 등록하였으나, 소유자의 주소가 등록되어 있지 아니한 토지와 종전 「지적법시행령」(대통령령 제497호 1951년4월1일 제정) 제3조제4호에 따라 국유지를 매각·교환 또는 양여하여 취득한 토지(이하 "국유지의 취득"이라 한다)의 소유자주소가 대장에 등록되어 있지 아니한 미등기토지로 한다. ② 다만, 1950.12.1. 법률 제165호로 제정된 「지적법」(1975.12.31. 법률 제2801호로 전문 개정되기 이전의 법률을 말한다)이 시행된 시기에 복구, 소유권확인청구의 소에 따른 확정판결이 있었거나, 이에 관한 소송이 법원에 진행 중인 토지는 제외한다.
미등기토지의 소유자주소를 대장에 등록하고자 하는 때	미등기토지의 소유자주소를 대장에 등록하고자 하는 때에는 사정·재결 또는 국유지의 취득 당시 최초 주소를 등록한다.
미등기토지의 소유자정정 등에 관한 신청이 있는 때	법 제84조제4항 단서의 미등기토지 소유자에 관한 정정신청은 별지 제10호 서식에 따르며, 지적소관청은 미등기토지의 소유자정정 등에 관한 신청이 있는 때에는 14일 이내에 다음 각 호의 사항을 확인하여 처리하여야 하며, 별지 제11호의 조사서를 작성하여야 한다. 1. 적용대상토지 여부 2. 대장상 소유자와 가족관계등록부·제적부에 등재된 자와의 동일인 여부 3. 적용대상토지에 대한 확정판결이나 소송의 진행여부 4. 첨부서류의 적합여부 5. 그 밖에 지적소관청이 필요하다고 인정되는 사항
자료의 제출 또는 보완을 요구	지적소관청은 위의 사항에 따른 조사를 할 때에는 기간을 정하여 신청인에게 필요한 자료의 제출 또는 보완을 요구할 수 있다.
대장에 소유자의 주소 등을 등록한 때	지적소관청은 대장에 소유자의 주소 등을 등록한 때에는 지체 없이 신청인에게 그 내용을 통지하여야 한다.
토지표시변경 등기촉탁 (규정 제62조)	다른 법령에서 토지표시변경 등기촉탁에 관한 규정이 있는 경우에는 법 제89조제1항에 따른 등기촉탁을 하지 아니할 수 있다.

▼ 토지이동 대상토지 및 첨부서류 등

구분	대상토지	신청기한	첨부서류

신규등록	① 공유수면매립준공 토지
	② 미등록 공공용 토지(도로·구거·하천 등)
	③ 기타 미등록 토지
		60일	① 신규등록측량성과도
			② 소유권에 관한 서류
			  • 법원의 확정판결서 정본 또는 사본
			  • 「공유수면 관리 및 매립에 관한 법률」에 따른 준공검사확인증 사본
			  • 도시계획구역의 토지를 지방자치단체의 명의로 등록하는 때에는 기획재정부장관과 협의한 문서의 사본
			  • 그 밖에 소유권을 증명할 수 있는 서류의 사본

등록전환	① 「산지관리법」에 따른 산지전용허가·신고, 산지일시사용허가·신고, 「건축법」에 따른 건축허가·신고 또는 그 밖의 관계법령에 따른 개발행위허가 등을 받은 경우 ② 대부분의 토지가 등록전환되어 나머지 토지를 계속 임야도에 존치하는 것이 불합리한 경우 ③ 임야도에 등록된 토지가 사실상 형질변경되었으나 지목변경을 할 수 없는 경우 ④ 도시·군관리계획선에 따라 토지를 분할하는 경우	60일	① 등록전환측량성과도 ② 관계법령에 따른 개발행위허가 등을 증명하는 서류의 사본

분할	① 1필지의 일부가 형질변경 등으로 용도가 변경된 경우
	② 소유권이전, 매매 등을 위하여 필요한 경우
	③ 토지이용상 불합리한 지상경계를 시정하기 위한 경우
		60일	① 분할측량성과도
			② 분할사유에 관한 서류
			  • 분할허가대상인 토지의 경우에는 그 허가서 사본
			  • 법원의 확정판결에 따라 분할하는 경우에는 확정판결서 정본 또는 사본

합병	① 「주택법」에 따른 공동주택의 부지 ② 도로·하천·제방·구거·유지·공장용지·학교용지·철도용지·수도용지·공원·체육용지 등 다른 지목의 토지	60일	첨부서류 없음

구분	대상토지	신청기한	첨부서류
지목변경	① 「국토의 계획 및 이용에 관한 법률」 등 관계법령에 따른 토지의 형질변경 등의 공사가 준공된 경우 ② 토지나 건축물의 용도가 변경된 경우 ③ 도시개발사업 등의 원활한 추진을 위하여 사업시행자가 공사 준공 전에 토지의 합병을 신청하는 경우	60일	① 관계법령에 따라 토지의 형질변경 등의 공사가 준공되었음을 증명하는 서류의 사본 ② 국유지·공유지의 경우에는 용도폐지 되었거나 사실상 공공용으로 사용되고 있지 아니함을 증명하는 서류의 사본 ③ 토지 또는 건축물의 용도가 변경되었음을 증명하는 서류의 사본
등록사항 정정	1) 지적공부의 등록사항에 잘못이 있는 토지 2) 지적소관청이 직권으로 정정 　① 토지이동정리결의서의 내용과 다르게 정리된 경우 　② 지적도 및 임야도에 등록된 필지가 면적의 증감 없이 경계의 위치만 잘못된 경우 　③ 1필지가 각각 다른 지적도 나 임야도에 등록되어 있는 경우로서 지적공부에 등록된 면적과 측량한 실제면적은 일치하지만 지적도 나 임야도에 등록된 경계가 서로 접합되지 않아 지적도 나 임야도에 등록된 경계를 지상의 경계에 맞추어 정정하여야 하는 토지가 발견된 경우 　④ 지적공부의 작성 또는 재작성 당시 잘못 정리된 경우 　⑤ 지적측량성과와 다르게 정리된 경우 　⑥ 지적위원회의 의결에 의하여 지적공부의 등록사항을 정정하여야 하는 경우 　⑦ 지적공부의 등록사항이 잘못 입력된 경우 　⑧ 부동산등기법에 따른 통지가 있는 경우(지적소관청의 착오로 잘못 합병한 경우만 해당한다.) 　⑨ 면적환산 시 잘못된 경우	신청기한 없음	① 경계 또는 면적의 변경을 가져오는 경우 등록사항정정측량성과도 ② 그 밖의 등록사항을 정정하는 경우 변경사항을 확인할 수 있는 서류

구분	대상토지	신청기한	첨부서류
도시개발 사업 등	① 「도시개발법」에 따른 도시개발사업 ② 「농어촌정비법」에 따른 농어촌정비 사업 ③ 「주택법」에 따른 주택건설사업 ④ 「택지개발촉진법」에 따른 택지개발 사업 ⑤ 「산업입지 및 개발에 관한 법률」에 따른 산업단지개발사업 ⑥ 「도시 및 주거환경정비법」에 따른 정비사업 ⑦ 「지역 개발 및 지원에 관한 법률」에 따른 지역개발사업 ⑧ 「체육시설의 설치·이용에 관한 법률」에 따른 체육시설 설치를 위한 토지개 발사업 ⑨ 「관광진흥법」에 따른 관광단지 개발 사업 ⑩ 「공유수면 관리 및 매립에 관한 법률」에 따른 매립사업 ⑪ 「항만법」 및 「신항만건설촉진법」에 따른 항만개발사업 ⑫ 「공공주택 특별법」에 따른 공공주택 지구조성사업 ⑬ 「물류시설의 개발 및 운영에 관한 법률」 및 「경제자유구역의 지정 및 운영에 관한 특별법」에 따른 개발사업 ⑭ 「철도의 건설 및 철도시설 유지관리에 관한 법률」에 따른 고속철도, 일반철도 및 광역철도 건설사업 ⑮ 「도로법」에 따른 고속도로 및 일반 국도 건설사업 ⑯ 그 밖에 위의 사업과 유사한 경우로서 국토교통부장관이 고시하는 요건에 해당하는 토지개발사업	15일	① 사업의 착수·변경신고 • 사업인가서 • 지번별조서 • 사업계획도 ② 사업의 완료신고 • 확정될 토지의 지번별조서 및 종전토 지의 지번별조서 • 환지처분과 같은 효력이 있는 고시된 환지계획서. 다만, 환지를 수반하지 아니하는 사업인 경우에는 사업의 완료를 증명하는 서류 • 측량부, 측량결과도, 면적측정부 등 측량성과 • 기타 부대서류

▼ 토지이동 등에 따른 경계 · 면적 · 소유자 등의 결정방법

구분	결정사항	소유자	측량여부
신규등록	지번 · 지목 · 면적 · 경계 또는 좌표	지적소관청이 조사결정	측량 수반
등록전환	지번 · 지목 · 면적 · 경계 또는 좌표	변동 없음	측량 수반
분할	지번(분할 후 필지) · 지목 · 면적 · 경계 또는 좌표	변동 없음	측량 수반
합병	지번(종전토지지번 중 선 지번) · 지목 · 면적 · 경계 또는 좌표	변동 없음	측량 미수반
지목변경	지목	변동 없음	측량 미수반
토지구획정리	지번 · 지목 · 면적 · 경계 또는 좌표	변동 있음 (환지수반)	측량 수반
축척변경	지번 · 지목 · 면적 · 경계 또는 좌표	변동 없음	측량 수반

SECTION 04 등기촉탁 및 지적정리 등의 통지

1 등기촉탁(법률 제89조)

개요	등기촉탁이란 지적공부의 토지의 표시사항(토지의 소재 · 지번 · 지목 · 면적 · 경계 등)을 변경 정리한 경우 토지소유자를 대신하여 지적소관청이 관할등기소에 등기 신청하는 것을 말한다. ※ 등기촉탁은 국가가 자기를 위하여 하는 등기로 본다.
등기촉탁 대상	① 지적공부의 등록된 토지의 표시사항(토지의 소재 · 지번 · 지목 · 면적 · 경계 등)을 변경 정리한 경우 ② 지번을 변경한 때 ③ 바다로 된 토지를 등록말소 한 때 ④ 축척변경을 한 때 ⑤ 행정구역의 개편으로 새로이 지번을 정할 때 ⑥ 직권으로 등록사항을 정정한 때
	등기촉탁대상 제외
	신규등록은 토지소유자가 보존등기를 하여야 하므로 등기촉탁의 대상에서 제외된다.
등기촉탁	① 지적소관청은 토지의 표시 변경에 관한 등기를 할 필요가 있는 경우에는 지체 없이 관할 등기관서에 그 등기를 촉탁하여야 한다. 이 경우 등기촉탁은 국가가 국가를 위하여 하는 등기로 본다. ② 지적소관청은 등기관서에 토지표시의 변경에 관한 등기를 촉탁하려는 때에는 토지표시변 경등기 촉탁서에 그 취지를 적어야 한다. ③ 토지표시의 변경에 관한 등기를 촉탁한 때에는 토지표시변경등기 촉탁대장에 그 내용을 적어야 한다.

예제 49

다음 중 등기촉탁 대상에 해당하지 않는 것은? (13년서울시9)

① 축척변경을 한 때
② 바다로 된 토지를 등록말소한 때
③ 토지이동을 대위신청을 했을 때
④ 지번을 변경하였을 때
⑤ 행정구역 개편으로 새로이 지번을 정할 때

정답 ③

예제 50

등기촉탁 대상에 해당하지 않는 것은? (12년서울시9)

① 지번변경
② 바다로 된 토지의 등록 말소
③ 신규등록
④ 소재 및 지목의 변경
⑤ 축척변경

정답 ③

예제 51

공간정보의 구축 및 관리 등에 관한 법령상 등기촉탁에 대한 설명으로 가장 옳은 것은?

(21년서울시7)

① 등기촉탁이란 토지의 소재·지번·지목·면적·소유자 등을 변경·정리할 필요가 있는 경우에 토지소유자를 대신하여 지적소관청이 관할 등기관서에 등기를 신청하는 것을 말한다.
② 지적소관청은 신규등록을 포함하여 합병·분할·축척 변경·지번변경과 지적재조사에 의한 토지이동이 있는 때에도 등기를 촉탁하여야 한다.
③ 지적소관청의 등기촉탁은 국가가 지방자치단체를 위하여 하는 등기로 본다.
④ 지적소관청은 토지표시의 변경에 관한 등기를 촉탁한 때에는 토지표시변경등기 촉탁대장에 그 내용을 적어야 한다.

정답 ②

② 지적정리 등의 통지(법률 제90조)

통지대상	지적소관청이 지적공부에 등록하거나 지적공부를 복구 또는 말소하거나 등기촉탁을 하였으면 해당 토지소유자에게 통지하여야 한다. ① 지적소관청이 직권으로 조사·측량하여 등록하는 경우 ② 지번 변경 시 ③ 지적공부의 복구 시 ④ 바다로 된 토지를 등록 말소하는 경우 ⑤ 지적소관청의 직권으로 등록사항을 정정하는 경우 ⑥ 행정구역개편으로 지적소관청이 새로이 지번을 부여한 경우 ⑦ 도시개발사업 등의 신고가 있는 경우 ⑧ 토지소유자가 하여야 하는 신청을 대위한 경우 ⑨ 등기촉탁을 한 때	
통지받을 자의 주소나 거소를 알 수 없는 경우	일간신문, 해당 시·군·구의 공보 또는 인터넷홈페이지에 공고하여야 한다.	
토지소유자에게 지적정리 등을 통지하여야 하는 시기	토지의 표시에 관한 변경등기가 필요한 경우	그 등기완료의 통지서를 접수한 날부터 15일 이내
	토지의 표시에 관한 변경등기가 필요하지 아니한 경우	지적공부에 등록한 날부터 7일 이내

예제 52

지적소관청이 지적공부에 등록하거나 지적공부를 복구 또는 말소하거나 등기촉탁을 하였으면 대통령령으로 정하는 바에 따라 해당 토지소유자에게 통지하여야 한다. 지적소관청이 토지소유자에게 지적정리 등을 통지하여야 하는 시기로 옳은 것은? (14년서울시9)

① 토지의 표시에 관한 변경등기가 필요한 경우 : 그 등기완료의 통지서를 접수한 날부터 7일 이내
② 토지의 표시에 관한 변경등기가 필요한 경우 : 그 등기완료의 통지서를 접수한 날부터 15일 이내
③ 토지의 표시에 관한 변경등기가 필요한 경우 : 그 등기완료의 통지서를 접수한 날부터 30일 이내
④ 토지의 표시에 관한 변경등기가 필요하지 아니한 경우 : 지적공부에 등록한 날부터 15일 이내
⑤ 토지의 표시에 관한 변경등기가 필요하지 아니한 경우 : 지적공부에 등록한 날부터 30일 이내

정답 ②

6장 보칙

SECTION 01 연구 · 개발의 추진

1 제도 발전을 위한 시책(시행령 제100조)

국토교통부장관은 법 제97조제1항에 따라 다음 각 호의 시책을 추진하여야 한다.

> 1. 수치지형, 지적에 관한 정보화와 표준화
> 2. 정밀측량기기와 조사장비의 개발 또는 검사 · 교정
> 3. 지도제작기술의 개발 및 자동화
> 4. 우주 측지(測地) 기술의 도입 및 활용
> 5. 해양환경과 해저지형의 변화에 관한 조사 및 연구 〈삭제 2021.2.9.〉
> 6. 그 밖에 측량 및 지적제도의 발전을 위하여 필요한 사항으로서 국토교통부장관이 정하여 고시하는 사항

2 연구기관(시행령 제101조)

법 제97조제2항에서 "대통령령으로 정하는 관련 전문기관"이란 다음 각 호의 기관 등을 말한다.

> 1. 「정부출연연구기관 등의 설립 · 운영 및 육성에 관한 법률」 제8조에 따른 정부출연연구기관 및 「과학기술분야 정부출연연구기관 등의 설립 · 운영 및 육성에 관한 법률」 제8조에 따른 과학기술분야 정부출연연구기관
> 2. 「고등교육법」에 따라 설립된 대학의 부설연구소
> 3. 공간정보산업협회
> 4. 법 제57조에 따라 설립된 해양조사협회 〈삭제 2021.2.9.〉
> 5. 한국국토정보공사

③ 연구 · 개발의 추진(법률 제97조)

① 국토교통부장관은 측량 및 지적제도의 발전을 위한 시책을 추진하여야 한다.

② 국토교통부장관은 제1항에 따른 시책에 관한 연구 · 기술개발 및 교육 등의 업무를 수행하는 연구기관을 설립하거나 대통령령으로 정하는 관련 전문기관에 해당 업무를 수행하게 할 수 있다.

③ 국토교통부장관은 제2항에 따른 연구기관 또는 관련 전문기관에 예산의 범위에서 제2항에 따른 업무를 수행하는 데에 필요한 비용의 전부 또는 일부를 지원할 수 있다.

④ 국토교통부장관은 측량 및 지적제도에 관한 정보 생산과 서비스 기술을 향상시키기 위하여 관련 국제기구 및 국가 간 협력 활동을 추진하여야 한다.

④ 측량 분야 종사자의 교육훈련(법률 제98조)

국토교통부장관은 측량업무 수행능력의 향상을 위하여 측량기술자와 그 밖에 측량 분야와 관련된 업무에 종사하는 자에 대하여 교육훈련을 실시할 수 있다.

⑤ 보고 및 조사(법률 제99조)

① 국토교통부장관, 시 · 도지사 또는 지적소관청은 다음 각 호의 어느 하나에 해당하는 경우에는 그 사유를 명시하여 해당 각 호의 자에게 필요한 보고를 하게 하거나 소속 공무원으로 하여금 조사를 하게 할 수 있다.

> 1. 측량업자, 지적측량수행자가 고의나 중대한 과실로 측량을 부실하게 하여 민원을 발생하게 한 경우
> 2. 판매대행업자가 제35조제2항에 따른 지정요건을 갖추지 못하였다고 인정되거나 같은 조 제5항을 위반한 경우
> 3. 측량업자가 제44조제2항에 따른 측량업의 등록기준에 미달된다고 인정되는 경우
> 4. 성능검사대행업자가 성능검사를 부실하게 하거나 등록기준에 미달된다고 인정되는 경우

② 제1항에 따라 조사를 하는 경우에는 조사 3일 전까지 조사 일시 · 목적 · 내용 등에 관한 계획을 조사 대상자에게 알려야 한다. 다만, 긴급한 경우나 사전에 조사계획이 알려지면 조사 목적을 달성할 수 없다고 인정하는 경우에는 그러하지 아니하다.

③ 제1항에 따라 조사를 하는 공무원은 그 권한을 표시하는 증표를 지니고 관계인에게 이를 내보여야 한다.

④ 제3항의 증표에 관한 사항은 국토교통부령으로 정한다.

6 과태료 `암기` 정측출보조

다음의 어느 하나에 해당하는 자에게는 300만 원 이하의 과태료를 부과한다.

1. 정당한 사유 없이 측량을 방해한 자
2. 정당한 사유 없이 제101조제7항을 위반하여 토지등에의 출입 등을 방해하거나 거부한 자
3. 정당한 사유 없이 제99조제1항에 따른 보고를 하지 아니하거나 거짓으로 보고를 한 자
4. 정당한 사유 없이 제99조제1항에 따른 조사를 거부 · 방해 또는 기피한 자

(단위 : 만 원)

위반행위	근거 법조문	과태료 금액		
		1차	2차	3차 이상
가. 정당한 사유 없이 측량을 방해한 경우	법 제111조 제1항제1호	25	50	100
나. 정당한 사유 없이 법 제101조제7항을 위반하여 토지등에의 출입 등을 방해하거나 거부한 경우	법 제111조 제1항제18호	25	50	100
다. 정당한 사유 없이 법 제99조제1항에 따른 보고를 하지 않거나 거짓으로 보고를 한 경우	법 제111조 제1항제16호	25	50	100
라. 정당한 사유 없이 법 제99조제1항에 따른 조사를 거부 · 방해 또는 기피한 경우	법 제111조 제1항제17호	25	50	100

7 청문(법률 제100조)

국토교통부장관 또는 시 · 도지사는 다음 각 호의 어느 하나에 해당하는 처분을 하려는 경우에는 청문을 하여야 한다.

> 1. 제35조제6항에 따른 판매대행업자의 지정취소
> 2. 제52조제1항에 따른 측량업의 등록취소
> 3. 제96조제1항에 따른 성능검사대행자의 등록취소

① 토지 등에의 출입 등(법률 제101조)

토지 등에의 출입 등	이 법에 따라 측량을 하거나, 측량기준점을 설치하거나, 토지의 이동을 조사하는 자는 그 측량 또는 조사 등에 필요한 경우에는 타인의 토지·건물·공유수면 등(이하 "토지 등"이라 한다)에 출입하거나 일시 사용할 수 있으며, 특히 필요한 경우에는 나무, 흙, 돌, 그 밖의 장애물(이하 "장애물"이라 한다)을 변경하거나 제거할 수 있다. 〈개정 2020.2.18.〉
타인 토지의 출입조건	타인의 토지 등에 출입하려는 자는 관할 특별자치시장, 특별자치도지사, 시장·군수 또는 구청장의 허가를 받아야 하며, 출입하려는 날의 ③일 전까지 해당 토지 등의 소유자·점유자 또는 관리인에게 그 일시와 장소를 통지하여야 한다. 다만, 행정청인 자는 허가를 받지 아니하고 타인의 토지 등에 출입할 수 있다.
타인 토지의 일시적 사용 및 장애물의 제거 등	타인의 토지 등을 일시 사용하거나 장애물을 변경 또는 제거하려는 자는 그 소유자·점유자 또는 관리인의 동의를 받아야 한다. 다만, 소유자·점유자 또는 관리인의 동의를 받을 수 없는 경우 행정청인 자는 관할 특별자치시장, 특별자치도지사, 시장·군수 또는 구청장에게 그 사실을 통지하여야 하며, 행정청이 아닌 자는 미리 관할 특별자치시장, 특별자치도지사, 시장·군수 또는 구청장의 허가를 받아야 한다.
타인 토지의 출입허가	특별자치시장, 특별자치도지사, 시장·군수 또는 구청장은 허가를 하려면 미리 그 소유자·점유자 또는 관리인의 의견을 들어야 한다.
타인 토지의 출입통지	토지 등을 일시 사용하거나 장애물을 변경 또는 제거하려는 자는 토지 등을 사용하려는 날이나 장애물을 변경 또는 제거하려는 날의 ③일 전까지 그 소유자·점유자 또는 관리인에게 통지하여야 한다. 다만, 토지 등 소유자·점유자 또는 관리인이 현장에 없거나 주소 또는 거소가 분명하지 아니할 때에는 관할 특별자치시장, 특별자치도지사, 시장·군수 또는 구청장에게 통지하여야 한다.
타인 토지의 출입제한	해 뜨기 전이나 해가 진후에는 그 토지 등의 점유자의 승낙 없이 택지나 담장 또는 울타리로 둘러싸인 타인의 토지에 출입할 수 없다.
토지소유자의 수인의무	토지 등의 점유자는 정당한 사유 없이 토지출입에 따른 행위를 방해하거나 거부하지 못한다.
증표제시	토지출입에 따른 행위를 하려는 자는 그 권한을 표시하는 증표(측량 신분증표)와 허가증(측량 허가증)을 지니고 관계인에게 이를 내보여야 한다.
	증표와 허가증의 발급
	증표와 허가증은 각각 관할 특별자치시장, 특별자치도지사, 시장·군수 또는 구청장이 발급한다.

예제 01

타인 토지 출입 등에 관한 설명으로 옳은 것은? (15년서울시7)

① 해가 뜨기 전이라도 담장으로 둘러싸인 토지의 출입인 경우에는 소유자의 승낙이 없이도 가능하다.
② 타인의 토지에 출입하려는 자가 허가를 받아야 할 자로는 토지관리인도 포함된다.
③ 토지 출입에 따른 손실보상 협의가 성립되지 아니한 경우 관할 중앙토지수용위원회에 재결을 신청할 수 있다.
④ 측량 또는 토지의 이동을 조사하기 위해 필요한 경우 타인의 토지 등에 출입하거나 장애물을 제거할 수 있다.

정답 ④

예제 02

타인의 토지 등의 출입에 대한 설명 중 틀린 것은? (12년서울시9)

① 측량를 하거나, 측량기준점을 설치하거나, 토지의 이동을 조사하는 자는 그 측량 또는 조사 등에 필요한 경우에는 타인의 토지·건물·공유수면 등에 출입하거나 일시 사용할 수 있다.
② 타인의 토지 등에 출입하려는 자는 관할 특별자치도지사, 시장·군수 또는 구청장의 허가를 받아야 하며, 출입하려는 날의 3일 전까지 해당 토지등의 소유자·점유자 또는 관리인에게 그 일시와 장소를 통지하여야 한다.
③ 타인의 토지 등을 일시 사용하거나 장애물을 변경 또는 제거하려는 자는 그 소유자·점유자 또는 관리인의 동의를 받아야 한다.
④ 해 뜨기 전이나 해가 진 후에는 그 토지 등의 점유자의 승낙 없이 택지나 담장 또는 울타리로 둘러싸인 타인의 토지에 출입할 수 없다.
⑤ 증표와 허가증은 관할 시·도지사가 발급한다.

정답 ⑤

2 손실보상 대상 및 범위(법률 제102조)

	다음 행위로 손실을 받은 자가 있으면 그 행위를 한 자는 그 손실을 보상하여야 한다.
손실보상 대상	① 타인의 토지·건축물 또는 구조물 등에 측량기준점 표지를 설치한 경우 ② 측량을 하거나, 측량기준점을 설치하거나, 토지의 이동을 조사하는 자가 그 측량 또는 조사 등에 필요한 경우에는 타인의 토지 등에 출입·일시적인 사용·필요한 경우로서 나무, 흙, 돌, 그 밖의 장애물(이하 "장애물"이라 한다)을 변경하거나 제거한 경우
손실보상자	손실을 받은 자가 있으면 그 행위를 한 자는 그 손실을 보상해야 한다.
손실보상 범위	손실보상은 토지, 건물, 나무, 그 밖의 공작물 등의 임대료·거래가격·수익성 등을 고려한 적정가격으로 하여야 한다.

③ 손실보상액 결정 및 이의신청 등

보상액 결정	손실보상에 관하여는 손실을 보상할 자와 손실을 받은 자가 협의하여야 한다.
협의가 성립되지 않은 경우	손실을 보상할 자 또는 손실을 받은 자는 협의가 성립되지 아니하거나 협의를 할 수 없는 경우에는 관할 토지수용위원회에 재결(裁決)을 신청할 수 있다.
재결신청	재결을 신청하려는 자는 다음의 사항을 적은 재결신청서를 관할 토지수용위원회에 제출하여야 한다. ① 재결의 신청자와 상대방의 성명 및 주소 ② 측량의 종류 ③ 손실 발생 사실 ④ 보상받으려는 손실액과 그 명세 ⑤ 협의의 내용
재결에 관한 사항	관할 토지수용위원회의 재결에 관하여는 「공익사업을 위한 토지 등의 취득 및 보상에 관한 법률」 제84조부터 제88조까지의 규정을 준용한다.
재결의 불복	재결에 불복하는 자는 재결서 정본(正本)을 송달받은 날부터 30일 이내에 중앙토지수용위원회에 이의를 신청할 수 있다. 이 경우 그 이의신청은 해당 지방토지수용위원회를 거쳐야 한다.

「공익사업을 위한 토지 등의 취득 및 보상에 관한 법률」 제84조부터 제88조

제84조(이의신청에 대한 재결)

① 중앙토지수용위원회는 제83조에 따른 이의신청을 받은 경우 제34조에 따른 재결이 위법하거나 부당하다고 인정할 때에는 그 재결의 전부 또는 일부를 취소하거나 보상액을 변경할 수 있다.

② 제1항에 따라 보상금이 늘어난 경우 사업시행자는 재결의 취소 또는 변경의 재결서 정본을 받은 날부터 30일 이내에 보상금을 받을 자에게 그 늘어난 보상금을 지급하여야 한다. 다만, 제40조제2항제1호ㆍ제2호 또는 제4호에 해당할 때에는 그 금액을 공탁할 수 있다.

제85조(행정소송의 제기)

① 사업시행자, 토지소유자 또는 관계인은 제34조에 따른 재결에 불복할 때에는 재결서를 받은 날부터 90일 이내에, 이의신청을 거쳤을 때에는 이의신청에 대한 재결서를 받은 날부터 60일 이내에 각각 행정소송을 제기할 수 있다. 이 경우 사업시행자는 행정소송을 제기하기 전에 제84조에 따라 늘어난 보상금을 공탁하여야 하며, 보상금을 받을 자는 공탁된 보상금을 소송이 종결될 때까지 수령할 수 없다.

② 제1항에 따라 제기하려는 행정소송이 보상금의 증감(增減)에 관한 소송인 경우 그 소송을 제기하는 자가 토지소유자 또는 관계인일 때에는 사업시행자를, 사업시행자일 때에는 토지소유자 또는 관계인을 각각 피고로 한다.

제86조(이의신청에 대한 재결의 효력)

① 제85조제1항에 따른 기간 이내에 소송이 제기되지 아니하거나 그 밖의 사유로 이의신청에 대한 재결이 확정된 때에는 「민사소송법」상의 확정판결이 있은 것으로 보며, 재결서 정본은 집행력 있는 판결의 정본과 동일한 효력을 가진다.

② 사업시행자, 토지소유자 또는 관계인은 이의신청에 대한 재결이 확정되었을 때에는 관할 토지수용위원회에 대통령령으로 정하는 바에 따라 재결확정증명서의 발급을 청구할 수 있다.

제87조(법정이율에 따른 가산지급)

사업시행자는 제85조제1항에 따라 사업시행자가 제기한 행정소송이 각하·기각 또는 취하된 경우 다음 각 호의 어느 하나에 해당하는 날부터 판결일 또는 취하일까지의 기간에 대하여 「소송촉진 등에 관한 특례법」 제3조에 따른 법정이율을 적용하여 산정한 금액을 보상금에 가산하여 지급하여야 한다.

1. 재결이 있은 후 소송을 제기하였을 때에는 재결서 정본을 받은 날
2. 이의신청에 대한 재결이 있은 후 소송을 제기하였을 때에는 그 재결서 정본을 받은 날

제88조(처분효력의 부정지)

제83조에 따른 이의의 신청이나 제85조에 따른 행정소송의 제기는 사업의 진행 및 토지의 수용 또는 사용을 정지시키지 아니한다.

4 토지의 수용 또는 사용(법률 제103조)

① 국토교통부장관은 기본측량을 실시하기 위하여 필요하다고 인정하는 경우에는 토지, 건물, 나무, 그 밖의 공작물을 수용하거나 사용할 수 있다.

② 제1항에 따른 수용 또는 사용 및 이에 따른 손실보상에 관하여는 「공익사업을 위한 토지 등의 취득 및 보상에 관한 법률」을 적용한다.

예제 03

> **토지 등의 출입에 따른 손실보상에 관한 사항 중 옳지 않은 것은?** (11년서울시9)
>
> ① 타인 토지에 업무로 출입하는 행위로 손실을 받은 자가 있으면 그 행위를 한 자는 그 손실을 보상하여야 한다.
> ② 손실보상에 관하여는 손실을 보상할 자와 손실을 받은 자가 협의하여야 한다.
> ③ 협의가 성립되지 아니하거나 협의를 할 수 없는 경우에는 관할 토지수용위원회에 재결을 신청할 수 있다.
> ④ 손실보상은 토지, 건물, 나무, 그 밖의 공작물 등 임대료·거래가격·수익성 등을 고려한 시중가격으로 하여야 한다.
> ⑤ 재결에 불복하는 자는 재결서 정본을 송달받은 날부터 30일 이내에 중앙토지수용위원회에 이의를 신청할 수 있다.
>
> **정답** ④

예제 04

토지 등의 출입 등에 따른 손실보상에 관한 설명으로 옳지 않은 것은? (14년서울시9)

① 손실보상에 관하여는 손실을 보상할 자와 손실을 받은 자가 협의하여야 한다.

② 손실을 보상할 자 또는 손실을 받은 자는 협의가 성립되지 아니하거나 협의를 할 수 없는 경우에는 지적소관청에 중재를 신청할 수 있다.

③ 손실보상은 토지, 건물, 나무, 그 밖의 공작물 등의 임대료 · 거래가격 · 수익성 등을 고려한 적정가격으로 하여야 한다.

④ 손실을 보상할 자 또는 손실을 받은 자는 협의가 성립되지 아니하거나 협의를 할 수 없는 경우에는 관할 토지수용위원회에 재결(裁決)을 신청할 수 있다.

⑤ 토지 등의 출입 등에 따른 행위로 손실을 받은 자가 있으면 그 행위를 한 자는 그 손실을 보상하여야 한다.

정답 ②

5 수수료

다음의 어느 하나에 해당하는 신청 등을 하는 자는 국토교통부령으로 정하는 바에 따라 수수료를 내야 한다.

1) 업무종류에 따른 수수료의 금액

■ 공간정보의 구축 및 관리 등에 관한 법률 시행규칙 [별표 12] 〈개정 2019.2.25.〉

업무 종류에 따른 수수료의 금액(제115조제1항 관련)

해당 업무	단위	수수료	해당 법조문
5. 지적기준점성과의 열람 신청			
가. 지적삼각점	1점당	300원	법 제106조
나. 지적삼각보조점	1점당	300원	제1항제6호
다. 지적도근점	1점당	200원	
6. 지적기준점성과의 등본 발급 신청			
가. 지적삼각점	1점당	500원	법 제106조
나. 지적삼각보조점	1점당	500원	제1항제6호
다. 지적도근점	1점당	400원	

해당 업무	단위	수수료	해당 법조문
11. 지적공부의 열람 신청			
가. 방문 열람			
1) 토지대장	1필지당	300원	
2) 임야대장	1필지당	300원	
3) 지적도	1장당	400원	
4) 임야도	1장당	400원	법 제106조
5) 경계점좌표등록부	1필지당	300원	제1항제13호
나. 인터넷 열람			
1) 토지대장	1필지당	무료	
2) 임야대장	1필지당	무료	
3) 지적도	1장당	무료	
4) 임야도	1장당	무료	
5) 경계점좌표등록부	1필지당	무료	
12. 지적공부의 등본 발급 신청			
가. 방문 발급			
1) 토지대장	1필지당	500원	
2) 임야대장	1필지당	500원	
3) 지적도	가로 21cm, 세로 30cm	700원	
4) 임야도	가로 21cm, 세로 30cm	700원	
5) 경계점좌표등록부	1필지당	500원	법 제106조
나. 인터넷 발급			제1항제13호
1) 토지대장	1필지당	무료	
2) 임야대장	1필지당	무료	
3) 지적도	가로 21cm, 세로 30cm	무료	
4) 임야도	가로 21cm, 세로 30cm	무료	
5) 경계점좌표등록부	1필지당	무료	
13. 지적전산자료의 이용 또는 활용 신청			
가. 자료를 인쇄물로 제공하는 경우	1필지당	30원	법 제106조
나. 자료를 자기디스크 등 전산매체로 제공하는 경우	1필지당	20원	제1항제14호
16. 지적공부정리 신청			
가. 신규등록 신청	1필지당	1,400원	
나. 등록전환 신청	1필지당	1,400원	
다. 분할 신청	분할 후 1필지당	1,400원	
라. 합병 신청	합병 전 1필지당	1,000원	
마. 지목변경 신청	1필지당	1,000원	법 제106조
바. 바다로 된 토지의 등록말소 신청	1필지당	무료	제1항제15호
사. 축척변경 신청	1필지당	1,400원	
아. 등록사항의 정정 신청	1필지당	무료	
자. 법 제86조에 따른 토지이동 신청	확정 후 1필지당	1,400원	

비고

가) 국가 또는 지방자치단체의 지적공부정리 신청 수수료는 면제한다.

나) 부동산종합증명서 방문 발급 시 1통에 대한 발급수수료는 20장까지는 기본수수료를 적용하고, 1통이 20장을 초과하는 때에는 초과 1장마다 50원의 수수료를 추가 적용한다.

다) 토지(임야)대장 및 경계점좌표등록부의 열람 및 등본발급 수수료는 1필지를 기준으로 하되, 1필지당 20장을 초과하는 경우에는 초과하는 매 1장당 100원을 가산하며, 지적(임야)도면 등본의 크기가 기본단위(가로 21cm, 세로 30cm)의 4배를 초과하는 경우에는 기본단위당 700원을 가산한다.

라) 다)에도 불구하고 지적(임야)도면 등본을 제도방법(연필로 하는 제도방법은 제외한다)으로 작성·발급하는 경우 그 등본 발급 수수료는 기본단위당 5필지를 기준하여 2,400원으로 하되, 5필지를 초과하는 경우에는 초과하는 매 1필지당 150원을 가산하며, 도면 등본의 크기가 기본단위를 초과하는 경우에는 기본단위당 500원을 가산한다.

마) 지적측량업무에 종사하는 측량기술자가 그 업무와 관련하여 지적측량기준점성과 또는 그 측량부의 열람 및 등본 발급을 신청하는 경우에는 수수료를 면제한다.

바) 국가 또는 지방자치단체가 업무수행에 필요하여 지적공부의 열람 및 등본 발급을 신청하는 경우에는 수수료를 면제한다.

사) 지적측량업무에 종사하는 측량기술자가 그 업무와 관련하여 지적공부를 열람(복사하기 위하여 열람하는 것을 포함한다)하는 경우에는 수수료를 면제한다.

2) 수수료 면제

다음의 경우에는 수수료를 면제할 수 있다.

① 다음의 신청자가 국가, 지방자치단체 또는 지적측량수행자인 경우

　가. 지적공부의 열람 및 등본 발급 신청

② 다음의 신청자가 국가 또는 지방자치단체인 경우

　가. 신규등록 신청, 등록전환 신청, 분할 신청, 합병 신청, 지목변경 신청, 바다로 된 토지의 등록말소 신청, 축척변경 신청, 등록사항의 정정 신청 또는 도시개발사업 등 시행지역의 토지이동 신청

3) 수수료 납부방법(시행규칙 제115조)

① 수수료는 수입인지, 수입증지 또는 현금으로 내야 한다. 다만, 법 제93조제1항에 따라 등록한 성능검사대행자가 하는 성능검사 수수료와 법 제105조제2항에 따라 공간정보산업협회 등에 위탁된 업무의 수수료는 현금으로 내야 한다.

② 국토교통부장관, 국토지리정보원장, 시·도지사 및 지적소관청은 정보통신망을 이용하여 전자화폐·전자결제 등의 방법으로 수수료를 내게 할 수 있다.

1 성능검사 대행자

1) 성능검사대행자의 등록 등(법률 제93조)

① 제92조제1항에 따른 측량기기의 성능검사업무를 대행하려는 자는 측량기기별로 대통령령으로 정하는 기술능력과 시설 등의 등록기준을 갖추어 시·도지사에게 등록하여야 하며, 등록사항을 변경하려는 경우에는 시·도지사에게 신고하여야 한다.

② 시·도지사는 제1항에 따라 등록신청을 받은 경우 등록기준에 적합하다고 인정되면 신청인에게 측량기기 성능검사대행자 등록증을 발급한 후 그 발급사실을 공고하고 국토교통부장관에게 통지하여야 한다. 〈개정 2013.3.23.〉

③ 시·도지사는 제1항에 따른 신고를 받은 날부터 20일 이내에 신고수리 여부를 신고인에게 통지하여야 한다. 〈신설 2021.8.10.〉

④ 시·도지사가 제3항에 따른 기간 내에 신고수리 여부 또는 민원 처리 관련 법령에 따른 처리기간의 연장을 신고인에게 통지하지 아니하면 그 기간(민원 처리 관련 법령에 따라 처리기간이 연장 또는 재연장된 경우에는 해당 처리기간을 말한다)이 끝난 날의 다음 날에 신고를 수리한 것으로 본다. 〈신설 2021.8.10.〉

⑤ 성능검사대행자가 폐업을 한 경우에는 30일 이내에 국토교통부령으로 정하는 바에 따라 시·도지사에게 폐업사실을 신고하여야 한다. 〈개정 2013.3.23., 2020.4.7., 2021.8.10.〉

⑥ 성능검사대행자와 그 검사업무를 담당하는 임직원은 「형법」 제129조부터 제132조까지의 규정을 적용할 때에는 공무원으로 본다. 〈개정 2020.4.7., 2021.8.10.〉

⑦ 성능검사대행자의 등록, 등록사항의 변경신고, 측량기기 성능검사대행자 등록증의 발급, 검사수수료 등에 필요한 사항은 국토교통부령으로 정한다. 〈개정 2013.3.23., 2021.8.10.〉

■ 공간정보의 구축 및 관리 등에 관한 법률 시행령 [별표 11] 〈개정 2020.12.29.〉

성능검사대행자의 등록기준(제98조 관련)

구분	시설 및 장비	기술인력
일반성능 검사대행자	콜리미터 시설 1조 이상	1. 측량 및 지형공간정보 분야 고급기술인 또는 정밀측정 산업기사로서 실무경력 10년 이상인 사람 1명 이상 2. 측량 분야의 중급기능사 또는 계량 및 측정 분야의 실무경력이 3년 이상인 사람 1명 이상
관로 탐지기 성능검사대행자	1. 금속 관로탐지기 검사 시설 1식 이상 2. 비금속 관로 탐지기 검사시설 1식 이상	1. 측량 및 지형공간정보 분야 고급기술인 또는 정밀측정 산업기사로서 실무경력 10년 이상인 사람 1명 이상 2. 측량 분야의 중급기능사 또는 계량 및 측정 분야의 실무경력이 3년 이상인 사람 1명 이상

비고
1. 콜리미터 시설의 설치 장소는 진동 등의 영향으로부터 성능 측정에 지장이 없는 장소여야 한다.
2. 기술인력 중 1명은 측량기술자(별표 5의 비고 라목에 따른 측량 분야 기능사 또는 「건설기술 진흥법 시행령」 별표 1의 토목 분야의 측량 및 지형공간정보 기술인을 말한다)이어야 한다.
3. 기술인력에 해당하는 사람은 상시 근무하는 사람이어야 하며, 「국가기술자격법」에 따라 그 자격이 정지된 사람과 이 법 및 「건설기술 진흥법」에 따라 업무정지처분 중인 사람은 제외한다.
4. 상위 등급의 기술인력으로 하위 등급의 기술인력을 대체할 수 있다. 다만, 기술인력 중 기술인과 기능사는 상호 대체할 수 없다.
5. 일반성능검사대행자와 관로 탐지기 성능검사대행자를 중복해서 신청하는 경우에는 기술인력을 50퍼센트 감면할 수 있다.
6. 외국인이 측량기기성능검사대행자 등록을 신청하는 경우에는 「상법」 제614조에 따라 영업소를 설치하고 등기하여야 한다.
7. 기술인력에 해당하는 사람 또는 임원이 외국인인 경우에는 「출입국관리법 시행령」 별표 1에 따른 주재·기업투자 또는 무역경영의 체류자격을 갖춘 사람이어야 한다.

2) 성능검사대행자의 등록 서류(시행규칙 제104조)

① 법 제93조제1항에 따라 성능검사대행자로 등록하려는 자는 별지 제90호서식의 측량기기 성능검사대행자 등록신청서(전자문서로 된 신청서를 포함한다)에 다음 각 호의 서류(전자문서를 포함한다)를 첨부하여 관할 시·도지사에게 제출하여야 한다.

1. 성능검사용 시설 및 장비의 명세서
2. 보유 검사기술인력 명단 및 그 자격(국가기술자격의 경우는 제외한다)을 증명하는 서류
3. 사업계획서

② 제1항에 따른 측량기기 성능검사대행자 등록신청서를 제출받은 시·도지사는 「전자정부법」 제36조제1항에 따라 행정정보의 공동이용을 통하여 다음 각 호의 정보를 확인하여야 한다. 이 경우 제1호 및 제3호의 서류에 대하여는 신청인으로부터 확인에 대한 동의를 받고, 신청인이 확인에 동의하지 아니하는 경우에는 해당 서류의 사본을 첨부하게 하여야 한다.

1. 사업자등록증(개인사업자인 경우만 해당한다)
2. 법인 등기사항증명서(법인인 경우만 해당한다)
3. 보유 검사기술인력의 국가기술자격증

③ 법 제93조제2항에 따른 측량기기 성능검사대행자 등록증은 별지 제91호서식에 따른다.

■ **공간정보의 구축 및 관리 등에 관한 법률 시행규칙 [별표 12] 〈개정 2021.8.27.〉**

업무 종류에 따른 수수료의 금액(제115조제1항 관련)

해당 업무	단위	수수료	해당 법조문
17. 성능검사대행자의 등록 신청	1건당	20,000원	법 제106조제1항제17호
18. 성능검사대행자 등록증의 재발급 신청	1건당	2,000원	법 제106조제1항제18호

3) 성능검사대행자 등록의 결격사유(법률 제94조)

다음 각 호의 어느 하나에 해당하는 자는 성능검사대행자의 등록을 할 수 없다.

1. 피성년후견인 또는 피한정후견인
2. 이 법을 위반하여 징역의 실형을 선고받고 그 집행이 종료(집행이 종료된 것으로 보는 경우를 포함한다)되거나 집행이 면제된 날부터 2년이 경과되지 아니한 자
3. 이 법을 위반하여 징역형의 집행유예를 선고받고 그 유예기간 중에 있는 자
4. 제96조제1항에 따라 등록이 취소된 후 2년이 경과되지 아니한 자
5. 임원 중에 제1호부터 제4호까지의 어느 하나에 해당하는 자가 있는 법인

4) 성능검사대행자 등록증의 대여 금지 등(법률 제95조)

① 성능검사대행자는 다른 사람에게 자기의 성능검사대행자 등록증을 빌려 주거나 자기의 성명 또는 상호를 사용하여 성능검사대행업무를 수행하게 하여서는 아니 된다.

② 누구든지 다른 사람의 성능검사대행자 등록증을 빌려서 사용하거나 다른 사람의 성명 또는 상호를 사용하여 성능검사대행업무를 수행하여서는 아니 된다.

5) 성능검사대행자의 등록사항의 변경(시행규칙 제105조)

① 법 제93조제2항에 따라 등록한 성능검사대행자가 같은 조 제1항에 따라 등록사항을 변경하려는 경우에는 별지 제92호서식의 측량기기 성능검사대행자 변경신고서(전자문서로 된 신청서를 포함한다)에 다음 표에 따른 서류(전자문서를 포함한다)를 첨부하여 그 변경된 날부터 60일 이내에 시 · 도지사에게 변경신고를 하여야 한다.

검사시설 또는 검사장비 변경의 경우	기술인력 변경의 경우
1. 변경된 시설 또는 장비의 명세서 및 성능검사서 사본 2. 소유권 또는 사용권을 보유한 사실을 증명할 수 있는 서류	1. 입사 또는 퇴사한 검사기술인력의 명단 2. 검사기술인력의 측량기술경력증 또는 입사한 경력증명서(실무경력 인정이 필요한 자의 경우만을 말한다)

② 제1항에 따른 측량기기성능 검사대행자 변경신고서를 제출받은 시 · 도지사는 「전자정부법」 제36조제1항에 따라 행정정보의 공동이용을 통하여 다음 각 호의 정보를 확인하여야 한다. 이 경우 사업자등록증 및 국가기술자격증에 대하여는 신청인으로부터 확인에 대한 동의를 받고, 신청인이 확인에 동의하지 아니하는 경우에는 해당 서류의 사본을 첨부하도록 하여야 한다.

1. 법인의 대표자 또는 임원이 변경된 경우에는 법인 등기사항증명서
2. 상호 또는 주된 영업소 소재지가 변경된 경우에는 변경된 사항이 기재된 사업자등록증 도는 법인 등기사항증명서(법인인 경우만 해당한다)
3. 보유 검사기술인력의 국가기술자격증

6) 성능검사대행자의 폐업신고(법률 제93조, 시행규칙 제106조)

측량기기의 성능검사업무를 대행하는 자로 등록한 자(이하 "성능검사대행자"라 한다)가 폐업을 한 경우에는 30일 이내에 국토교통부령으로 정하는 바에 따라 시·도지사에게 폐업사실을 신고하여야 한다.

■ 공간정보의 구축 및 관리 등에 관한 법률 시행령 [별표 13] 〈개정 2021.4.6.〉

과태료의 부가 기준(제105조 관련)

(단위 : 만 원)

위반행위 암기 검등폐	근거 법조문	과태료 금액		
		1차	2차	3차 이상
거. 법 제93조제1항을 위반하여 성능검사대행자의 등록사항 변경을 신고하지 않은 경우	법 제111조 제1항제14호	6	12	25
너. 법 제93조제3항을 위반하여 성능검사대행업무의 폐업신고를 하지 않은 경우	법 제111조 제1항제15호	25		

---

7) 성능검사대행자의 등록취소 및 영업정지(법률 제96조)

① 시·도지사는 성능검사대행자가 다음 각 호의 어느 하나에 해당하는 경우에는 성능검사대행자의 등록을 취소하거나 1년 이내의 기간을 정하여 업무정지 처분을 할 수 있다. 다만, 제1호·제4호·제6호 또는 제7호에 해당하는 경우에는 성능검사대행자의 등록을 취소하여야 한다.

업무정지 암기 시미변검요	1의2. 제92조제5항에 따른 시정명령을 따르지 아니한 경우 2. 제93조제1항의 등록기준에 미달하게 된 경우. 다만, 일시적으로 등록기준에 미달하는 등 대통령령으로 정하는 경우는 제외한다. 3. 제93조제1항에 따른 등록사항 변경신고를 하지 아니한 경우 5. 정당한 사유 없이 성능검사를 거부하거나 기피한 경우 8. 다른 행정기관이 관계 법령에 따라 업무정지를 요구한 경우
등록취소 암기 거부등 검대정취	1. 거짓이나 그 밖의 부정한 방법으로 등록을 한 경우 6. 거짓이나 부정한 방법으로 성능검사를 한 경우 4. 제95조를 위반하여 다른 사람에게 자기의 성능검사대행자 등록증을 빌려 주거나 자기의 성명 또는 상호를 사용하여 성능검사대행업무를 수행하게 한 경우 7. 업무정지기간 중에 계속하여 성능검사대행업무를 한 경우 8. 다른 행정기관이 관계 법령에 따라 등록취소를 요구한 경우

② 시·도지사는 제1항에 따라 성능검사대행자의 등록을 취소하였으면 취소 사실을 공고한 후 국토교통부장관에게 통지하여야 한다.

③ 성능검사대행자의 등록취소 및 업무정지 처분에 관한 기준은 국토교통부령으로 정한다.

■ 공간정보의 구축 및 관리 등에 관한 법률 시행규칙 [별표 11] 〈개정 2021.4.8.〉

측량기기 성능검사대행자의 등록취소 또는 업무정지의 처분기준(제108조 관련)

1. 일반 기준

　가. 위반행위의 횟수에 따른 행정처분의 기준은 최근 3년간 같은 위반행위로 행정처분을 받은 경우에 적용한다. 이 경우 행정처분 기준의 적용은 같은 위반행위에 대한 행정처분일과 그 처분 후의 재적발일을 기준으로 한다.

　나. 위반행위가 둘 이상인 경우로서 그에 해당하는 각각의 처분기준이 다른 경우에는 그중 무거운 처분기준에 따른다. 다만, 둘 이상의 처분기준이 모두 업무정지인 경우에는 각 처분기준을 합산한 기간을 넘지 아니하는 범위에서 무거운 처분기준의 2분의 1의 범위까지 가중할 수 있되, 그 가중한 기간을 합산한 기간은 6개월을 초과할 수 없다.

　다. 가목 및 나목에 따른 행정처분이 업무정지인 경우에는 고의나 중대한 과실 여부 또는 공중에 미치는 피해의 규모 등 위반행위의 동기 · 내용 및 위반의 정도 등을 고려하여 그 처분기준의 2분의 1의 범위에서 가중하거나 감경할 수 있다. 이 경우 그 가중한 기간을 합산한 기간은 6개월을 초과할 수 없다.

2. 개별 기준 　암기 　ⓢ ⓜⓥⓖⓨⓣ

위반행위	해당 법조문	행정처분기준		
		1차 위반	2차 위반	3차 위반
가. 법 제92조제5항에 따른 ⓢ정명령을 따르지 않은 경우	법 제96조제1항 제1호의2	경고	업무정지 1개월	업무정지 2개월
나. 법 제93조제1항에 따른 등록기준에 ⓜ달하게 된 경우	법 제96조제1항제2호	업무정지 2개월	등록취소	–
다. 법 제93조제1항에 따른 성능검사대행자 등록사항의 ⓥ경신고를 하지 아니한 경우	법 제96조제1항제3호	경고	업무정지 2개월	업무정지 2개월
라. 정당한 사유 없이 성능ⓖ사를 거부하거나 또는 기피한 경우	법 제96조제1항제5호	업무정지 6개월	–	–
마. 다른 행정기관이 관계 법령에 따라 업무정지를 ⓨ구한 경우	법 제96조제1항제8호	업무정지 3개월	업무정지 6개월	등록취소
바. 다른 행정기관이 관계 법령에 따라 등록ⓣ소를 요구한 경우	법 제96조제1항제8호	등록취소	–	–

② 측량기기성능검사

1) 측량기기의 검사(법률 제92조)

① 측량업자는 트랜싯, 레벨, 그 밖에 대통령령으로 정하는 측량기기에 대하여 5년의 범위에서 대통령령으로 정하는 기간마다 국토교통부장관이 실시하는 성능검사를 받아야 한다. 다만, 「국가표준기본법」 제14조에 따라 국가교정업무 전담기관의 교정검사를 받은 측량기기로서 국토교통부장관이 제6항에 따른 성능검사 기준에 적합하다고 인정한 경우에는 성능검사를 받은 것으로 본다. 〈개정 2013.3.23., 2020.4.7.〉

② 한국국토정보공사는 성능검사를 위한 적합한 시설과 장비를 갖추고 자체적으로 검사를 실시하여야 한다. 〈개정 2014.6.3.〉

③ 제93조제1항에 따라 측량기기의 성능검사업무를 대행하는 자로 등록한 자(이하 "성능검사대행자"라 한다)는 제1항에 따른 국토교통부장관의 성능검사업무를 대행할 수 있다. 〈개정 2013.3.23., 2020.4.7.〉

④ 한국국토정보공사와 성능검사대행자는 제6항에 따른 성능검사의 기준, 방법 및 절차와 다르게 성능검사를 하여서는 아니 된다. 〈신설 2020.4.7.〉

⑤ 국토교통부장관은 한국국토정보공사와 성능검사대행자가 제6항에 따른 기준, 방법 및 절차에 따라 성능검사를 정확하게 하는지 실태를 점검하고, 필요한 경우에는 시정을 명할 수 있다. 〈신설 2020.4.7.〉

⑥ 제1항 및 제2항에 따른 성능검사의 기준, 방법 및 절차와 제5항에 따른 실태점검 및 시정명령 등에 필요한 사항은 국토교통부령으로 정한다. 〈개정 2013.3.23., 2020.4.7.〉

2) 성능검사의 대상 및 주기 등(시행령 제97조)

법 제92조제1항에 따라 성능검사를 받아야 하는 측량기기와 검사주기는 다음과 같다. 〈개정 2021.1.5.〉

검사대상	검사주기
트랜싯(데오드라이트)	3년
레벨	3년
거리측정기	3년
토털 스테이션(Total Station : 각도·거리 통합측량기)	3년
지피에스(GPS) 수신기	3년
금속 또는 비금속관로 탐지기	3년

① 법 제92조제1항에 따른 성능검사(신규 성능검사는 제외한다)는 위 표에 따른 성능검사 유효기간 만료일 2개월 전부터 유효기간 만료일까지의 기간에 받아야 한다.

② 법 제92조제1항에 따른 성능검사의 유효기간은 종전 유효기간 만료일의 다음 날부터 기산(起算)한다. 다만, 제1항에 따른 기간 외의 기간에 성능검사를 받은 경우에는 그 검사를 받은 날의 다음 날부터 기산한다.

3) 성능검사의 신청(시행규칙 제100조)

법 제92조제1항에 따라 측량기기의 성능검사를 받으려는 자는 별지 제87호서식의 측량기기 성능검사 신청서에 해당 측량기기의 설명서를 첨부하여 국토지리정보원장(법 제92조제3항에 따라 성능검사대행자가 성능검사를 대행하는 경우에는 그 성능검사대행자를 말한다)에게 제출하여야 한다. 이 경우 신청인은 성능검사를 받아야 하는 해당 측량기기를 제시하여야 한다.

4) 성능검사의 방법 등(시행규칙 제101조)

① 성능검사는 외관검사, 구조 · 기능검사 및 측정검사로 구분하며, 그 검사항목은 별표 8과 같다.

② 성능검사의 방법 · 절차와 그 밖에 성능검사에 필요한 세부 사항은 국토지리정보원장이 정하여 고시한다.

■ **공간정보의 구축 및 관리 등에 관한 법률 시행규칙 [별표 8]**

측량기기 성능검사 항목(제101조제1항 관련)

1. 외관검사 : 다음 각 목의 항목

   가. 깨짐, 흠집, 부식, 구부러짐, 도금 및 도장 부문의 손상

   나. 형식 및 제조번호의 이상 유무

   다. 눈금선 및 디지털표시부의 손상

2. 구조 · 기능검사 및 측정검사의 경우 : 측량기기별로 다음 표의 항목

측량기기	구조 · 기능검사	측정검사	비고
트랜싯 (데오드라이트)	• 연직축 및 수평축의 회전상태 • 기포관의 부착 상태 및 기포의 정상적인 움직임 • 광학구심장치 점검 • 최소눈금	• 수평각의 정확도 • 연직각의 정확도	
레벨	• 연직축 회전상태 • 기포관의 부착 상태 및 기포의 정상적인 움직임 • 보상판(자동, 전자) • 최소눈금	• 기포관의 감도 • 보상판의 기능범위 • 1킬로미터 거리를 측정한 경우의 정확도	
거리측정기	• 연직축 및 수평축의 회전상태 • 기포관의 부착 상태 및 기포의 정상적인 움직임 • 광학구심장치 점검	• 기선장에서의 거리 비교 측정 • 변조주파수 검사	
토털 스테이션	• 연직축 및 수평축의 회전상태 • 기포관의 부착 상태 및 기포의 정상적인 움직임 • 광학구심장치 점검	• 각도측정 : 트랜싯 검사항목을 적용 • 거리측정 : 거리측정기검사항목을 적용	
GPS 수신기	수신기 및 안테나, 케이블 이상 유무	• 기선 측정 비교 • 1 · 2주파 확인	
금속관로탐지기	• 탐지기 · 케이블 등의 이상 유무 • 송수신장치 이상 유무 • 액정표시부 이상 유무 • 전원부 이상 유무	• 평면위치의 정확도 • 탐사깊이의 정확도	

다음 중 측량기기의 성능검사에 관한 설명으로 옳지 않은 것은? (11년서울시9)

① 한국국토정보공사는 성능검사를 위한 적합한 시설과 장비를 갖추고 자체적으로 검사를 실시하여야 한다.

② 토털 스테이션, GPS 수신기 등의 성능검사 주기는 3년이다.

③ 성능검사 주기는 최초의 성능검사를 받아야 하는 날의 다음날부터 기산하고, 이후에는 검사유효기간 만료일 30일 이내에 성능검사를 받아야 한다.

④ 성능검사 대행자가 성능검사를 완료한 때에는 측량기기 성능검사 기록부에 성능검사의 결과를 기록하고 이를 5년간 보존하여야 한다.

⑤ 성능검사의 방법·절차와 그 밖에 성능검사 필요한 사항은 국토지리정보원장이 정하여 고시한다.

정답 ③

「공간정보의 구축 및 관리 등에 관한 법률 시행령」상 성능검사를 받아야 하는 측량기기와 검사주기를 옳게 짝지은 것은? (21년서울시7)

① 트랜싯(데오드라이트) : 2년

② 레벨 : 2년

③ 토털 스테이션(Total Station) : 3년

④ 지피에스(GPS) 수신기 : 5년

정답 ③

5) 성능검사서의 발급 등(시행규칙 제103조)

성능검사서 발급	성능검사대행자는 성능검사를 완료한 때에는 별지 제88호서식의 측량기기 성능검사서에 그 적합 여부의 표시를 하여 신청인에게 발급하여야 한다.
검사필증	성능검사대행자는 성능검사 결과 제102조에 따른 성능기준에 적합하다고 인정하는 때에는 별표 10의 검사필증을 해당 측량기기에 붙여야 한다.
보존	성능검사대행자는 성능검사를 완료한 때에는 별지 제89호서식의 측량기기 성능검사 기록부에 성능검사의 결과를 기록하고 이를 5년간 보존하여야 한다.

■ 공간정보의 구축 및 관리 등에 관한 법률 시행규칙 [별표 10]

측량기기 검사필증(제103조제2항 관련)

① : 검사필증 일련번호
② : 측량기기명 및 측량기기번호
③ : 검사유효기간
④ : 측량기기성능
⑤ : 성능검사대행자명

〈도안요령〉

1. 마크 : 바깥 원의 지름은 5센티미터로 하고, 반호의 지름은 4센티미터로 하며, 안쪽 원의 지름은 3센티미터로 할 것
2. 글자체 : 고딕체
3. 글자크기 : 12포인트
4. 글자색 : 검은색
5. 바탕색 : 노란색

예제 07

「공간정보의 구축 및 관리 등에 관한 법률 시행령」상 GPS 수신기의 성능 검사주기는?

(17년지방직)

① 4년　　　　　　　② 3년
③ 2년　　　　　　　④ 1년

정답 ②

6) 측량기기별 성능기준(시행규칙 제102조)

■ 공간정보의 구축 및 관리 등에 관한 법률 시행규칙 [별표 9]

측량기기별 성능기준(제102조 관련)

측량기기		성능기준				비고
트랜싯 (데오드라이트)		등급	눈금판		정밀도	정밀도 : 수평각의 표준편차
			수평	연직		
		특급	0.2초 이하	0.2초 이하	±1.0초 이하	
		1급	1.0초 이하	1.0초 이하	±2.0초 이하	
		2급	10초 이하	10초 이하	±10초 이하	
		3급	20초 이하	20초 이하	±20초 이하	
레벨	기포관	등급	기포관감도		최소눈금	정밀도	정밀도 : 1킬로미터 왕복수준측량의 표준편차
			주	원형			
		1급	10초	5분	0.1밀리미터	±0.6밀리미터	
		2급	20초	10분	1.0밀리미터	±1.0밀리미터	
		3급	40초	10분	–	±3.0밀리미터	
	자동	등급	기포관감도 (원형)	Compensator 정도	최소눈금	정밀도	정밀도 : 1킬로미터 왕복수준측량의 표준편차
		1급	8분	0.4초	0.1밀리미터	±0.6밀리미터	
		2급	10분	0.8초	1.0밀리미터	±1.0밀리미터	
		3급	10분	1.6초	–	±3.0밀리미터	
	전자	등급	기포관감도 (원형)	Compensator 정도	최소눈금	정밀도	정밀도 : 1킬로미터 왕복수준측량의 표준편차
		1급	8분	0.4초	0.1밀리미터	±0.6밀리미터	
		2급	10분	0.8초	1.0밀리미터	±1.0밀리미터	
거리측정기 (광파)		등급	측정거리		정밀도		정밀도 : 측정거리의 표준편차
		1급	10킬로미터		5밀리미터±1ppm · D		
		2급	6킬로미터		5밀리미터±2ppm · D		
		3급	2킬로미터		5밀리미터±5ppm · D		
토털 스테이션		등급	각도측정부		거리측정부		정밀도 : 트랜싯 및 거리측정기 정밀도 적용
			눈금판	정밀도	측정거리	정밀도	
		1급	1급 트랜싯 적용		2급 거리측정기 적용		
		2급	2급 트랜싯 적용				
		3급	3급 트랜싯 적용		3급 거리측정기 적용		

측량기기		성능기준			비고
GPS 수신기	등급	항목			정밀도 : 기선의 표준편차
		수신대역수	측정거리	정밀도	
	1급	2주파	10킬로미터 이상	5밀리미터±1ppm · D	
	2급	1주파	10킬로미터 이하	5밀리미터±2ppm · D	
금속관로 탐지기	등급	항목			정밀도 : 관측값의 표준편차
		측정깊이	정밀도		
		3미터	• 평면위치 : ±20센티미터 이하 • 탐사깊이 : ±30센티미터 이하		

※ 성능기준란의 각 측량기기별 등급은 출고된 당시의 성능을 변경하여 성능검사를 할 수 없다.

SECTION 04 지명위원회

1 지명의 결정(법률 제91조)

지명위원회 설치	지명의 제정, 변경과 그 밖에 지명에 관한 중요 사항을 심의·의결하기 위하여 국토교통부에 국가지명위원회를 두고, 시·도에 시·도 지명위원회를 두며, 시·군 또는 구(자치구를 말한다. 이하 같다)에 시·군·구 지명위원회를 둔다.
지명고시	지명은 「지방자치법」이나 그 밖의 다른 법령에서 정한 것 외에는 국가지명위원회의 심의·의결로 결정하고 국토교통부장관이 그 결정 내용을 고시하여야 한다.
시·군·구의 지명결정	① 시·군·구의 지명에 관한 사항은 관할 시·군·구 지명위원회가 심의·의결하여 관할 시·도 지명위원회에 보고하고, 관할 시·도 지명위원회는 관할 시·군·구 지명위원회의 보고사항을 심의·의결하여 국가지명위원회에 보고하며, 국가지명위원회는 관할 시·도 지명위원회의 보고사항을 심의·의결하여 결정한다. ② 제3항에도 불구하고 둘 이상의 시·군·구에 걸치는 지명에 관한 사항은 관할 시·도 지명위원회가 해당 시장·군수 또는 구청장의 의견을 들은 후 심의·의결하여 국가지명위원회에 보고하고, 국가지명위원회는 관할 시·도 지명위원회의 보고사항을 심의·의결하여 결정하여야 하며, 둘 이상의 시·도에 걸치는 지명에 관한 사항은 국가지명위원회가 해당 시·도지사의 의견을 들은 후 심의·의결하여 결정하여야 한다.
공무원	국가지명위원회, 시·도 지명위원회 및 시·군·구 지명위원회의 위원 중 공무원이 아닌 위원은 「형법」 제127조 및 제129조부터 제132조까지의 규정을 적용할 때에는 공무원으로 본다. 〈신설 2019.12.10.〉
기타	국가지명위원회의 구성 및 운영 등에 필요한 사항은 대통령령으로 정하고, 시·도 지명위원회와 시·군·구 지명위원회의 구성 및 운영 등에 필요한 사항은 대통령령으로 정하는 기준에 따라 해당 지방자치단체의 조례로 정한다.

2 국가지명위원회(시행령 제87조)

국가지명위원회의 구성 및 운영 등에 필요한 사항은 대통령령으로 정하고, 시·도 지명위원회와 시·군·구 지명위원회의 구성 및 운영 등에 필요한 사항은 대통령령으로 정하는 기준에 따라 해당 지방자치단체의 조례로 정한다.

1) 국가지명위원회의 구성(제87조)

① 법 제91조에 따른 국가지명위원회는 위원장 1명과 부위원장 1명을 포함한 30명 이내의 위원으로 구성한다. 〈개정 2021.2.9.〉

② 국가지명위원회의 위원장은 제3항에 따라 위촉된 위원 중 공무원이 아닌 위원 중에서 호선(互選)하고, 부위원장은 국토지리정보원장이 된다. 〈개정 2021.2.9.〉

③ 부위원장을 제외한 위원은 다음 각 호의 어느 하나에 해당하는 사람으로서 국토교통부장관이 위촉하는 사람이 된다. 〈개정 2013.3.23., 2014.11.19., 2018.4.24., 2021.2.9.〉

> 1. 국토교통부의 4급 이상 공무원으로서 측량·지적에 관한 사무를 담당하는 사람 3명
> 2. 외교부, 국방부 및 행정자치부의 4급 이상 공무원으로서 소속 장관이 추천하는 사람 각 1명
> 3. 교육부의 교과용 도서 편찬에 관한 사무를 담당하는 4급 이상 공무원 또는 장학관으로서 교육부장관이 추천하는 사람 1명
> 4. 문화체육관광부의 문화재 관리 또는 국어정책에 관한 사무를 담당하는 4급 이상 공무원으로서 문화체육관광부장관이 추천하는 사람 1명
> 5. 국사편찬위원회의 교육연구관 중 국사편찬위원회 위원장이 추천하는 사람 1명
> 6. 지명에 관한 학식과 경험이 풍부한 사람 중에서 국토교통부장관이 임명하거나 위촉하는 다음 각 목의 어느 하나에 해당하는 사람 19명 이내
>
> > 가. 5년 이상 지리, 해양, 국문학 등 지명 관련 분야에 근무한 경력이 있는 사람으로서 「고등교육법」 제2조에 따른 학교의 부교수 이상인 사람
> > 나. 지리, 해양, 국문학 등 지명 관련 연구기관에서 5년 이상 근무한 경력이 있는 연구원
> > 다. 그 밖에 지리, 해양, 국문학 등 지명 관련 분야에 관한 연구 실적 또는 경력 등이 가목 및 나목의 기준에 상당하다고 인정되는 사람으로서 「비영리민간단체 지원법」 제2조의 비영리민간단체로부터 추천을 받은 사람

④ 제3항제6호의 위원의 임기는 3년으로 하며, 보궐위원의 임기는 전임자 임기의 남은 기간으로 한다.

⑤ 위원장은 국가지명위원회의 원활한 운영을 위하여 필요한 경우 소위원회를 구성·운영할 수 있다.

2) 위원의 해촉(시행령 제87조의2)

국토교통부장관은 제87조제3항제6호에 따른 위원이 다음 각 호의 어느 하나에 해당하는 경우에는 해당 위원을 해촉(解囑)할 수 있다.

1. 심신장애로 인하여 직무를 수행할 수 없게 된 경우
2. 직무와 관련된 비위사실이 있는 경우
3. 직무태만, 품위손상이나 그 밖의 사유로 인하여 위원으로 적합하지 아니하다고 인정되는 경우
4. 위원 스스로 직무를 수행하는 것이 곤란하다고 의사를 밝히는 경우

③ 지방지명위원회(시행령 제88조)

① 법 제91조제1항에 따른 시·도 지명위원회는 위원장 1명과 부위원장 1명을 포함한 10명 이내의 위원으로 구성하고, 시·군·구 지명위원회는 위원장 1명과 부위원장 1명을 포함한 7명 이내의 위원으로 구성한다.

② 시·도 지명위원회의 위원장은 부지사(특별시, 광역시 및 특별자치시의 경우에는 부시장을 말한다) 중 지명업무를 담당하는 사람이 되고, 위원은 관계 공무원 및 지명에 관한 학식과 경험이 풍부한 사람 중에서 시·도지사가 임명하거나 위촉한다.

③ 시·군·구 지명위원회의 위원장은 시장·군수 또는 구청장이 되고, 위원은 관계 공무원 및 지명에 관한 학식과 경험이 풍부한 사람 중에서 시장·군수 또는 구청장이 임명하거나 위촉한다.

④ 공무원이 아닌 위원의 수는 시·도 지명위원회에서는 5명 이상으로 하고, 시·군·구 지명위원회에서는 3명 이상으로 한다.

⑤ 시·도 지명위원회의 위원 또는 시·군·구 지명위원회의 위원이 제87조의2 각 호의 어느 하나에 해당하는 경우에는 시·도 지명위원회의 위원은 시·도지사가, 시·군·구 지명위원회의 위원은 시장·군수 또는 구청장이 각각 해당 위원을 해임하거나 해촉할 수 있다.

4 회의 등

위원장의 직무 등 (시행령 제89조)	① 국가지명위원회, 시·도 지명위원회 및 시·군·구 지명위원회(이하 "지명위원회"라 한다)의 위원장은 해당 지명위원회를 대표하며, 그 업무를 총괄한다. ② 부위원장은 위원장을 보좌하며, 위원장이 부득이한 사유로 직무를 수행할 수 없을 때에는 그 직무를 대행한다. ③ 지명위원회의 위원장 및 부위원장이 모두 부득이한 사유로 직무를 수행할 수 없을 때에는 위원장이 미리 지명한 위원이 그 직무를 대행한다.
회의 (시행령 제90조)	① 위원장은 지명위원회의 회의를 소집하며, 그 의장이 된다. ② 지명위원회의 회의는 재적위원 과반수의 출석과 출석위원 과반수의 찬성으로 의결한다.
간사 (시행령 제91조)	① 지명위원회의 서무를 처리하게 하기 위하여 국가지명위원회에는 간사 1명을 두고, 시·도 지명위원회 및 시·군·구 지명위원회에는 각각 간사 1명을 둔다. ② 국가지명위원회의 간사는 국토지리정보원의 지명업무를 담당하는 과장이 되며, 시·도 지명위원회 및 시·군·구 지명위원회의 간사는 해당 시·도 또는 시·군·자치구 소속 공무원 중에서 위원장이 각각 위촉한다.
수당 (시행령 제92조)	① 국가지명위원회에 출석한 위원이나 제93조에 따라 출석한 전문가에게는 예산의 범위에서 수당과 여비를 지급할 수 있다. 다만, 공무원인 위원이 소관 업무와 직접 관련되어 출석한 경우에는 그러하지 아니하다. ② 시·도 지명위원회 및 시·군·구 지명위원회의 위원에게는 예산의 범위에서 그 시·도 또는 시·군·자치구의 조례로 정하는 바에 따라 수당과 여비를 지급할 수 있다.
현장조사 등 (시행령 제93조)	지명위원회의 위원장은 지명의 제정, 변경 또는 그 밖의 중요 사항을 심의·결정하기 위하여 필요하면 관련 기관 또는 지방자치단체의 장에게 자료나 정보를 요청할 수 있으며, 현장조사를 하거나 관계 공무원 또는 전문가를 회의에 출석하게 하여 그 의견을 들을 수 있다.
회의록 (시행령 제94조)	지명위원회의 간사는 회의록을 작성·보관하여야 한다.
보고 (시행령 제95조)	법 제91조제3항에 따른 보고는 국토교통부령으로 정하는 바에 따라 심의·결정한 날부터 15일 이내에 하여야 한다.
운영세칙 (시행령 제96조)	지명위원회의 운영에 관하여 이 영에서 정한 사항을 제외하고는 지명위원회의 의결을 거쳐 위원장이 정한다.
지명위원회의 보고 (시행규칙 제99조)	① 영 제95조에 따른 보고는 별지 제86호서식에 따른다. ② 제1항에 따른 보고서에는 다음 각 호의 서류를 첨부하여야 한다. 1. 관련지역 표기지도 1부 2. 회의록 사본 1부

7장 벌칙

SECTION 01 행정형벌

1 벌칙

1) 3년 이하의 징역 또는 3천만 원 이하의 벌금 [암기] 임위공

측량업자로서 속임수, 위력(威力), 그 밖의 방법으로 측량업과 관련된 입찰의 공정성을 해친 자는 3년 이하의 징역 또는 3천만 원 이하의 벌금에 처한다.

2) 2년 이하의 징역 또는 2천만 원 이하의 벌금 [암기] 거부등 외표성검

1. 측량업의 등록을 하지 아니하거나 거짓이나 그 밖의 부정한 방법으로 측량업의 등록을 하고 측량업을 한 자
2. 성능검사대행자의 등록을 하지 아니하거나 거짓이나 그 밖의 부정한 방법으로 성능검사대행자의 등록을 하고 성능검사업무를 한 자
3. 측량성과를 국외로 반출한 자
4. 측량기준점표지를 이전 또는 파손하거나 그 효용을 해치는 행위를 한 자
5. 고의로 측량성과를 사실과 다르게 한 자
6. 성능검사를 부정하게 한 성능검사대행자

3) 1년 이하의 징역 또는 1천만 원 이하의 벌금 [암기] 둘비허물 대관대목

1. 둘 이상의 측량업자에게 소속된 측량기술자
2. 업무상 알게 된 비밀을 누설한 측량기술자
3. 거짓(허위)으로 다음 각 목의 신청을 한 자

가. 신규등록 신청

나. 등록전환 신청

다. 분할 신청

라. 합병 신청

마. 지목변경 신청

바. 바다로 된 토지의 등록말소 신청

사. 축척변경 신청

아. 등록사항의 정정 신청

자. 도시개발사업 등 시행지역의 토지이동 신청

4. 측량기술자가 아님에도 ㉫구하고 측량을 한 자

5. 지적측량수수료 외의 ㉹가를 받은 지적측량기술자

6. 심사를 받지 아니하고 지도등을 간행하여 ㉵매하거나 배포한 자

7. 다른 사람에게 측량업등록증 또는 측량업등록수첩을 ㉲려주거나 자기의 성명 또는 상호를 사용하여 측량업무를 하게 한 자

8. 다른 사람의 측량업등록증 또는 측량업등록수첩을 ㉲려서 사용하거나 다른 사람의 성명 또는 상호를 사용하여 측량업무를 한 자

9. 다른 사람에게 자기의 성능검사대행자 등록증을 ㉲려 주거나 자기의 성명 또는 상호를 사용하여 성능검사대행업무를 수행하게 한 자

10. 다른 사람의 성능검사대행자 등록증을 ㉲려서 사용하거나 다른 사람의 성명 또는 상호를 사용하여 성능검사대행업무를 수행한 자

11. 무단으로 측량성과 또는 측량기록을 ㉱제한 자

4) 양벌규정

법인의 대표자나 법인 또는 개인의 대리인, 사용인, 그 밖의 종업원이 그 법인 또는 개인의 업무에 관하여 법 제107조부터 제109조까지의 어느 하나에 해당하는 위반행위를 하면 그 행위자를 벌하는 외에 그 법인 또는 개인에게도 해당 조문의 벌금형을 과(科)한다. 다만, 법인 또는 개인이 그 위반행위를 방지하기 위하여 해당 업무에 관하여 상당한 주의와 감독을 게을리하지 아니한 경우에는 그러하지 아니하다.

예제 01

「공간정보의 구축 및 관리 등에 관한 법률」상 도시개발사업 등 시행지역의 토지이동을 거짓으로 신청한 자에 대한 벌칙은? (16년서울시9)

① 3년 이하의 징역 또는 3천만 원 이하의 벌금

② 2년 이하의 징역 또는 2천만 원 이하의 벌금

③ 1년 이하의 징역 또는 1천만 원 이하의 벌금

④ 300만 원 이하의 과태료

정답 ③

예제 02

「공간정보의 구축 및 관리 등에 관한 법률」상 벌칙 기준이 나머지 셋과 다른 것은? (16년서울시7)

① 측량기준점표지를 이전 또는 파손한 자

② 성능검사를 부정하게 한 성능검사대행자

③ 측량업의 등록을 하지 아니하고 측량업을 한 자

④ 무단으로 기본측량성과를 복제한 자

정답 ④

예제 03

현행 법률에서 규정하고 있는 벌칙 구분 중 1년 이하의 징역 또는 1천만 원 이하의 벌금형에 해당되지 않는 것은? (14년서울시9)

① 둘 이상의 측량업자에게 소속된 측량기술자

② 무단으로 측량성과 또는 측량기록을 복제한 자

③ 측량기술자가 아님에도 불구하고 측량을 한 자

④ 지적측량수수료 외의 대가를 받은 지적측량기술자

⑤ 측량기준점표지를 이전 또는 파손하거나 그 효용을 해치는 행위를 한 자

정답 ⑤

예제 04

「공간정보의 구축 및 관리 등에 관한 법률」상의 벌칙에 의해 2년 이하의 징역 또는 2천만 원 이하의 벌금에 처해 지게 되는 사람은? (21년서울시)

① 다른 사람의 성능검사대행자 등록증을 빌려서 사용한 자
② 고의로 측량성과를 사실과 다르게 한 자
③ 거짓으로 지목변경 신청을 한 자
④ 정당한 사유 없이 측량을 방해한 자

정답 ②

예제 05

「공간정보의 구축 및 관리 등에 관한 법률」상 벌칙규정에 대한 설명으로 가장 옳지 않은 것은? (21년서울시7)

① 지적측량수수료 외의 대가를 받은 지적측량기술자는 1년 이하의 징역 또는 1천만 원 이하의 벌금에 처한다.
② 고의로 측량성과를 사실과 다르게 한 자는 2년 이하의 징역 또는 2천만 원 이하의 벌금에 처한다.
③ 측량업자로서 속임수, 위력, 그 밖의 방법으로 측량업과 관련된 입찰의 공정성을 해친 자는 3년 이하의 징역 또는 3천만 원 이하의 벌금에 처한다.
④ 측량기술자가 아님에도 불구하고 측량을 한 자는 2년 이하의 징역 또는 2천만 원 이하의 벌금에 처한다.

정답 ④

1 과태료

① 다음 각 호의 어느 하나에 해당하는 자에게는 300만 원 이하의 과태료를 부과한다. 〈개정 2020.2.18.〉

> **300만 원 이하의 과태료**
> **암기** ㉝㉕㉢ ㉥㉕㉠
> ㉝ : ㉰㉱㉲㉳
> ㉕ : ㉣㉤㉥
> ㉢ : ㉣㉤㉢

1. ㉝당한 사유 없이 ㉰량을 방해한 자
2. 정당한 사유 없이 제101조제7항을 위반하여 토지등에의 ㉱입 등을 방해하거나 거부한 자
3. 정당한 사유 없이 제99조제1항에 따른 ㉲고를 하지 아니하거나 거짓으로 보고를 한 자
4. 정당한 사유 없이 제99조제1항에 따른 ㉳사를 거부 · 방해 또는 기피한 자
5. 제44조제4항을 위반하여 측량㉕ ㉣록사항의 변경신고를 하지 아니한 자
6. 제48조(제54조제6항에 따라 준용되는 경우를 포함한다)를 위반하여 측량업의 휴업 · ㉤업 등의 신고를 하지 아니하거나 거짓으로 신고한 자
7. 제46조제2항(제54조제6항에 따라 준용되는 경우를 포함한다)을 위반하여 측량업자의 지위 ㉥계 신고를 하지 아니한 자
8. 제93조제1항을 위반하여 성능㉥사대행자의 ㉣록사항 변경을 신고하지 아니한 자
9. 제93조제3항을 위반하여 성능검사대행업무의 ㉤업신고를 하지 아니한 자
10. 제92조제1항을 위반하여 측량기기에 대한 성능㉥사를 받지 아니하거나 부정한 방법으로 성능검사를 받은 자
11. 제13조제4항을 위반하여 고시된 측량㉥과에 어긋나는 측량성과를 사용한 자
12. 제50조제2항을 위반하여 본인, 배우자 또는 ㉰계 존속 · 비속이 소유한 토지에 대한 지적측량을 한 자
13. 제40조제1항(제43조제3항에 따라 준용되는 경우를 포함한다)을 위반하여 ㉠짓으로 측량기술자의 신고를 한 자

② 정당한 사유 없이 제98조제2항에 따른 교육을 받지 아니한 자에게는 100만 원 이하의 과태료를 부과한다. 〈신설 2020.4.7.〉

과태료 부과권자	과태료는 대통령령으로 정하는 바에 따라 국토교통부장관, 시 · 도지사 또는 지적소관청이 부과 · 징수한다.

② 과태료 부과기준

■ 공간정보의 구축 및 관리 등에 관한 법률 시행령 [별표 13] 〈개정 2021.2.9.〉

과태료의 부과기준(제105조 관련)

1. 일반기준

　가. 위반행위의 횟수에 따른 과태료의 부과기준은 최근 5년간 같은 위반행위로 과태료를 부과받은 경우에 적용한다. 이 경우 위반횟수는 같은 위반행위에 대하여 과태료를 부과받은 날과 다시 같은 위반행위로 적발된 날을 기준으로 하여 계산한다.

　나. 하나의 위반행위가 둘 이상의 과태료 부과기준에 해당하는 경우에는 그중 금액이 큰 과태료 부과기준을 적용한다.

　다. 부과권자는 다음의 어느 하나에 해당하는 경우에는 위반행위의 정도, 위반행위의 동기와 그 결과 등을 고려하여 제2호에 따른 과태료 금액의 2분의 1의 범위에서 그 금액을 줄일 수 있다. 다만, 과태료를 체납하고 있는 위반행위자에 대해서는 그러하지 아니하다.

　　1) 위반행위자가 「질서위반행위규제법 시행령」 제2조의2제1항 각 호의 어느 하나에 해당하는 경우

　　2) 위반행위가 사소한 부주의나 오류로 인한 것으로 인정되는 경우

　　3) 위반행위자가 법 위반상태를 시정하거나 해소하기 위하여 노력한 것이 인정되는 경우

　　4) 그 밖에 위반행위의 정도, 위반행위의 동기와 그 결과 등을 고려하여 그 금액을 줄일 필요가 있다고 인정되는 경우

　라. 부과권자는 다음의 어느 하나에 해당하는 경우에는 제2호에 따른 과태료 금액의 2분의 1 범위에서 그 금액을 늘릴 수 있다. 다만, 늘리는 경우에도 과태의 총액은 법 제111조제1항에 따른 과태료 금액의 상한을 넘을 수 없다.

　　1) 위반의 내용·정도가 중대하여 이해관계인 등에게 미치는 피해가 크다고 인정되는 경우

　　2) 법 위반상태의 기간이 6개월 이상인 경우

2. 개별기준

(단위 : 만 원)

위반행위	근거 법조문	과태료 금액		
		1차	2차	3차 이상
1. ㉟당한 사유 없이 ㊵량을 방해한 경우	법 제111조 제1항제1호	25	50	100
2. 정당한 사유 없이 법 제101조제7항을 위반하여 토지등에의 ㊵입 등을 방해하거나 거부한 경우	법 제111조 제1항제18호	25	50	100
3. 정당한 사유 없이 법 제99조제1항에 따른 ㊲고를 하지 않거나 거짓으로 보고를 한 경우	법 제111조 제1항제16호	25	50	100
4. 정당한 사유 없이 법 제99조제1항에 따른 ㉱사를 거부·방해 또는 기피한 경우	법 제111조 제1항제17호	25	50	100
5. 법 제44조제4항을 위반하여 측량㊲ ㊵록사항의 변경신고를 하지 않은 경우	법 제111조 제1항제8호	7	15	30

위반행위	근거 법조문	과태료 금액		
		1차	2차	3차 이상
6. 법 제48조(법 제54조제6항에 따라 준용되는 경우를 포함한다)를 위반하여 측량업의 휴업 · 폐업 등의 신고를 하지 않거나 거짓으로 신고한 경우	법 제111조 제1항제10호	30		
7. 법 제46조제2항(법 제54조제6항에 따라 준용되는 경우를 포함한다)을 위반하여 측량업의 지위 승계 신고를 하지 않은 경우	법 제111조 제1항제9호	50		
8. 법 제93조제1항을 위반하여 성능검사대행자의 등록사항 변경을 신고하지 않은 경우	법 제111조 제1항제14호	6	12	25
9. 법 제93조제3항을 위반하여 성능검사대행업무의 폐업신고를 하지 않은 경우	법 제111조 제1항제15호	25		
10. 법 제92조제1항을 위반하여 측량기기에 대한 성능검사를 받지 않거나 부정한 방법으로 성능검사를 받은 경우	법 제111조 제1항제13호	25	50	100
11. 법 제13조제4항을 위반하여 고시된 측량성과에 어긋나는 측량성과를 사용한 경우	법 제111조 제1항제2호	37	75	150
12. 법 제50조제2항을 위반하여 본인, 배우자 또는 직계 존속 · 비속이 소유한 토지에 대한 지적측량을 한 경우	법 제111조 제1항제11호	10	20	40
13. 법 제40조제1항(법 제43조제3항에 따라 준용되는 경우를 포함한다)을 위반하여 거짓으로 측량기술자의 신고를 한 경우	법 제111조 제1항제7호	6	12	25

제 **2** 편

지적 관련 법령

1장 공간정보의 구축 및 관리 등에 관한 법률

(약칭 : 공간정보관리법)

[시행 2021.4.8.] [법률 제17224호, 2020.4.7., 일부개정]

SECTION 01 총칙

1-1 목적 및 정의

1. 목적(제1조)

이 법은 측량의 기준 및 절차와 지적공부(地籍公簿)·부동산종합공부(不動産綜合公簿)의 작성 및 관리 등에 관한 사항을 규정함으로써 국토의 효율적 관리 및 국민의 소유권 보호에 기여함을 목적으로 한다.

2. 용어 정의(제2조)

1. "측량"이란 공간상에 존재하는 일정한 점들의 위치를 측정하고 그 특성을 조사하여 도면 및 수치로 표현하거나 도면상의 위치를 현지(現地)에 재현하는 것을 말하며, 측량용 사진의 촬영, 지도의 제작 및 각종 건설사업에서 요구하는 도면작성 등을 포함한다.
2. "기본측량"이란 모든 측량의 기초가 되는 공간정보를 제공하기 위하여 국토교통부장관이 실시하는 측량을 말한다.
3. "공공측량"이란 다음 각 목의 측량을 말한다.
   가. 국가, 지방자치단체, 그 밖에 대통령령으로 정하는 기관이 관계 법령에 따른 사업 등을 시행하기 위하여 기본측량을 기초로 실시하는 측량
   나. 가목 외의 자가 시행하는 측량 중 공공의 이해 또는 안전과 밀접한 관련이 있는 측량으로서 대통령령으로 정하는 측량

시행령 제2조(공공측량시행자)

「공간정보의 구축 및 관리 등에 관한 법률」(이하 "법"이라 한다) 제2조제3호가목에서 "대통령령으로 정하는 기관"이란 다음 각 호의 기관을 말한다.

1. 「정부출연연구기관 등의 설립·운영 및 육성에 관한 법률」 제8조에 따른 정부출연연구기관 및 「과학기술분야 정부출연연구기관 등의 설립·운영 및 육성에 관한 법률」에 따른 과학기술분야 정부출연연구기관
2. 「공공기관의 운영에 관한 법률」에 따른 공공기관
3. 「지방공기업법」에 따른 지방직영기업, 지방공사 및 지방공단
4. 「지방자치단체 출자·출연 기관의 운영에 관한 법률」 제2조제1항에 따른 출자기관
5. 「사회기반시설에 대한 민간투자법」 제2조제7호의 사업시행자
6. 지하시설물 측량을 수행하는 「도시가스사업법」 제2조제2호의 도시가스사업자와 「전기통신사업법」 제6조의 기간통신사업자

시행령 제3조(공공측량)

법 제2조제3호나목에서 "대통령령으로 정하는 측량"이란 다음 각 호의 측량 중 국토교통부장관이 지정하여 고시하는 측량을 말한다.

1. 측량실시지역의 면적이 1제곱킬로미터 이상인 기준점측량, 지형측량 및 평면측량
2. 측량노선의 길이가 10킬로미터 이상인 기준점측량
3. 국토교통부장관이 발행하는 지도의 축척과 같은 축척의 지도 제작
4. 촬영지역의 면적이 1제곱킬로미터 이상인 측량용 사진의 촬영
5. 지하시설물 측량
6. 인공위성 등에서 취득한 영상정보에 좌표를 부여하기 위한 2차원 또는 3차원의 좌표측량
7. 그 밖에 공공의 이해에 특히 관계가 있다고 인정되는 사설철도 부설, 간척 및 매립사업 등에 수반되는 측량

---

4. "지적측량"이란 토지를 지적공부에 등록하거나 지적공부에 등록된 경계점을 지상에 복원하기 위하여 제21호("필지"란 대통령령으로 정하는 바에 따라 구획되는 토지의 등록단위를 말한다)에 따른 필지의 경계 또는 좌표와 면적을 정하는 측량을 말하며, 지적확정측량 및 지적재조사측량을 포함한다.

4의2. "지적확정측량"이란 제86조제1항에 따른 사업이 끝나 토지의 표시를 새로 정하기 위하여 실시하는 지적측량을 말한다.

제86조(도시개발사업 등 시행지역의 토지이동 신청에 관한 특례)

① 「도시개발법」에 따른 도시개발사업, 「농어촌정비법」에 따른 농어촌정비사업, 그 밖에 대통령령으로 정하는 토지개발사업의 시행자는 대통령령으로 정하는 바에 따라 그 사업의 착수·변경 및 완료 사실을 지적소관청에 신고하여야 한다.

4의3. "지적재조사측량"이란 「지적재조사에 관한 특별법」에 따른 지적재조사사업에 따라 토지의 표시를 새로 정하기 위하여 실시하는 지적측량을 말한다.

5. 〈삭제 2020.2.18.〉

6. "일반측량"이란 기본측량, 공공측량, 지적측량 외의 측량을 말한다.

7. "측량기준점"이란 측량의 정확도를 확보하고 효율성을 높이기 위하여 특정 지점을 제6조에 따른 측량기준에 따라 측정하고 좌표 등으로 표시하여 측량 시에 기준으로 사용되는 점을 말한다.

8. "측량성과"란 측량을 통하여 얻은 최종 결과를 말한다.

9. "측량기록"이란 측량성과를 얻을 때까지의 측량에 관한 작업의 기록을 말한다.

10. "지도"란 측량 결과에 따라 공간상의 위치와 지형 및 지명 등 여러 공간정보를 일정한 축척에 따라 기호나 문자 등으로 표시한 것을 말하며, 정보처리시스템을 이용하여 분석, 편집 및 입력·출력할 수 있도록 제작된 수치지형도[항공기나 인공위성 등을 통하여 얻은 영상정보를 이용하여 제작하는 정사영상지도(正射映像地圖)를 포함한다]와 이를 이용하여 특정한 주제에 관하여 제작된 지하시설물도·토지이용현황도 등 대통령령으로 정하는 수치주제도(數値主題圖)를 포함한다.

▼ **시행령 [별표 1] 수치주제도의 종류(제4조 관련)**

암기 토지도국토도지하수산수생지토임토시관공재행

1. ㉗지이용현황도	8. ㉻천현황도	15. ㉛상도
2. ㉙하시설물도	9. ㉘계도	16. ㉗지피복지도
3. ㉘시계획도	10. ㉚림이용기본도	17. ㉙생도
4. ㉤토이용계획도	11. ㉚연공원현황도	18. ㉙광지도
5. ㉗지적성도	12. ㉛태·자연도	19. ㉛수해보험관리지도
6. ㉗로망도	13. ㉙질도	20. ㉚해지도
7. ㉙하수맥도	14. ㉘양도	21. ㉚정구역도
22. 제1호부터 제21호까지에 규정된 것과 유사한 수치주제도 중 관련 법령상 정보유통 및 활용을 위하여 정확도의 확보가 필수적이거나 공공목적상 정확도의 확보가 필수적인 것으로서 국토교통부장관이 정하여 고시하는 수치주제도		

11. "수로조사"란 해상교통안전, 해양의 보전·이용·개발, 해양관할권의 확보 및 해양재해 예방을 목적으로 하는 수로측량·해양관측·항로조사 및 해양지명조사를 말한다. 〈삭제 2020.2.18.〉

12.~17. 〈삭제 2020.2.18.〉

18. "지적소관청"이란 지적공부를 관리하는 특별자치시장, 시장(「제주특별자치도 설치 및 국제자유도시 조성을 위한 특별법」 제10조제2항에 따른 행정시의 시장을 포함하며, 「지방자치법」 제3조제3항에 따라 자치구가 아닌 구를 두는 시의 시장은 제외한다)·군수 또는 구청장(자치구가 아닌 구의 구청장을 포함한다)을 말한다.

19. "지적공부"란 토지대장, 임야대장, 공유지연명부, 대지권등록부, 지적도, 임야도 및 경계점좌표등록부 등 지적측량 등을 통하여 조사된 토지의 표시와 해당 토지의 소유자 등을 기록한 대장 및 도면(정보처리시스템을 통하여 기록·저장된 것을 포함한다)을 말한다.

19의2. "연속지적도"란 지적측량을 하지 아니하고 전산화된 지적도 및 임야도 파일을 이용하여, 도면상 경계점들을 연결하여 작성한 도면으로서 측량에 활용할 수 없는 도면을 말한다.

19의3. "부동산종합공부"란 토지의 표시와 소유자에 관한 사항, 건축물의 표시와 소유자에 관한 사항,

토지의 이용 및 규제에 관한 사항, 부동산의 가격에 관한 사항 등 부동산에 관한 종합정보를 정보관리체계를 통하여 기록 · 저장한 것을 말한다.

20. "토지의 표시"란 지적공부에 토지의 소재 · 지번(地番) · 지목(地目) · 면적 · 경계 또는 좌표를 등록한 것을 말한다.

21. "필지"란 대통령령으로 정하는 바에 따라 구획되는 토지의 등록단위를 말한다.

22. "지번"이란 필지에 부여하여 지적공부에 등록한 번호를 말한다.

23. "지번부여지역"이란 지번을 부여하는 단위지역으로서 동 · 리 또는 이에 준하는 지역을 말한다.

24. "지목"이란 토지의 주된 용도에 따라 토지의 종류를 구분하여 지적공부에 등록한 것을 말한다.

25. "경계점"이란 필지를 구획하는 선의 굴곡점으로서 지적도나 임야도에 도해(圖解) 형태로 등록하거나 경계점좌표등록부에 좌표 형태로 등록하는 점을 말한다.

26. "경계"란 필지별로 경계점들을 직선으로 연결하여 지적공부에 등록한 선을 말한다.

27. "면적"이란 지적공부에 등록한 필지의 수평면상 넓이를 말한다.

28. "토지의 이동(異動)"이란 토지의 표시를 새로 정하거나 변경 또는 말소하는 것을 말한다.

29. "신규등록"이란 새로 조성된 토지와 지적공부에 등록되어 있지 아니한 토지를 지적공부에 등록하는 것을 말한다.

30. "등록전환"이란 임야대장 및 임야도에 등록된 토지를 토지대장 및 지적도에 옮겨 등록하는 것을 말한다.

31. "분할"이란 지적공부에 등록된 1필지를 2필지 이상으로 나누어 등록하는 것을 말한다.

32. "합병"이란 지적공부에 등록된 2필지 이상을 1필지로 합하여 등록하는 것을 말한다.

33. "지목변경"이란 지적공부에 등록된 지목을 다른 지목으로 바꾸어 등록하는 것을 말한다.

34. "축척변경"이란 지적도에 등록된 경계점의 정밀도를 높이기 위하여 작은 축척을 큰 축척으로 변경하여 등록하는 것을 말한다.

예제 01

「공간정보의 구축 및 관리 등에 관한 법률」상 용어의 정의로 옳은 것은?   (16년서울시7)

① "토지의 이동"이란 지적공부에 토지의 소재 · 지번(地番) · 지목(地目) · 면적 · 경계 또는 좌표를 등록한 것을 말한다.

② "지번부여지역"이란 대통령령으로 정하는 바에 따라 구획되는 토지의 등록단위를 말한다.

③ "토지의 표시"란 토지의 주된 용도에 따라 토지의 종류를 구분하여 지적공부에 등록한 것을 말한다.

④ "경계점"이란 필지를 구획하는 선의 굴곡점으로서 지적도나 임야도에 도해(圖解) 형태로 등록하거나 경계점좌표 등록부에 좌표 형태로 등록하는 점을 말한다.

정답 ④

예제 02

「공간정보의 구축 및 관리 등에 관한 법률」에서 정의하는 용어에 대한 설명으로 가장 옳지 않은 것은? (20년서울시9)

① "토지의 이동(異動)"이란 토지의 표시를 새로 정하거나 변경 또는 말소하는 것을 말한다.
② "지적재조사측량"이란 「지적재조사에 관한 특별법」에 따른 지적재조사사업에 따라 토지의 표시를 새로 정하기 위하여 실시하는 지적측량을 말한다.
③ "경계점"이란 필지를 구획하는 선의 굴곡점으로서 지적도나 임야도에 도해(圖解) 형태로 등록하거나 경계점좌표등록부에 좌표 형태로 등록하는 점을 말한다.
④ "지적측량"이란 토지를 지적공부에 등록하거나 지적공부에 등록된 경계점을 지상에 복원하기 위하여 국토교통부령으로 정한 필지의 경계 또는 좌표와 면적을 정하는 측량을 말하며, 지적확정측량 및 지적재조사측량을 포함한다. **정답** ④

예제 03

「공간정보의 구축 및 관리 등에 관한 법률」상 부동산종합공부에 관한 설명으로 가장 옳은 것은? (20년서울시9)

① 지적소관청은 부동산종합공부를 영구히 보존하여야 하지만 부동산종합공부의 멸실 또는 훼손에 대비하여 이를 별도로 복제하여 관리하는 정보관리체계를 구축할 필요가 없다.
② 부동산종합공부를 열람하려는 자는 지적소관청만을 대상으로 신청할 수 있다.
③ 부동산종합공부 등록사항 중 토지의 이용 및 규제에 관한 사항은 「토지이용규제 기본법」에 따른 토지이용 계획확인서의 내용과 도시계획확인서의 내용이다.
④ 부동산종합공부의 등록사항 중 토지의 표시와 소유자에 관한 사항은 「공간정보의 구축 및 관리 등에 관한 법률」에 따른 지적공부의 내용이다. **정답** ④

예제 04

「공간정보의 구축 및 관리 등에 관한 법률」상 일반 측량에 관한 설명으로 가장 옳지 않은 것은? (21년서울시)

① 기본측량, 공공측량 및 지적측량을 포함하는 일반측량은 기본측량성과 및 그 측량기록, 공공측량성과 및 그 측량기록을 기초로 실시하여야 한다.
② 국토교통부장관은 측량의 정확도 확보를 위하여 필요하다고 인정되는 경우에는 일반측량을 한 자에게 그 측량성과 및 측량기록의 사본을 제출하게 할 수 있다.
③ 국토교통부장관은 측량의 중복 배제를 위하여 필요하다고 인정되는 경우에는 일반측량을 한 자에게 그 측량성과 및 측량기록의 사본을 제출하게 할 수 있다.
④ 국토교통부장관은 측량에 관한 자료의 수집·분석을 위하여 필요하다고 인정되는 경우에는 일반측량을 한 자에게 그 측량성과 및 측량기록의 사본을 제출하게 할 수 있다. **정답** ①

예제 05

〈보기〉는 「공간정보의 구축 및 관리 등에 관한 법률」상 지적의 용어에 대한 설명이다. 옳은 것을 모두 고른 것은?

(21년서울시)

〈보기〉

ㄱ. "토지의 표시"란 지적공부에 토지의 소재·지번(地番)·지목(地目)·소유자(所有者)·면적·경계 또는 좌표를 등록한 것을 말한다.

ㄴ. "지번부여지역"이란 지번을 부여하는 단위지역으로서 동·리 또는 이에 준하는 지역을 말한다.

ㄷ. "경계"란 필지별로 경계점들을 곡선으로 연결하여 지적공부에 등록한 선을 말한다.

ㄹ. "등록전환"이란 임야대장 및 임야도에 등록된 토지를 토지대장 및 지적도에 옮겨 등록하는 것을 말한다

ㅁ. "축척변경"이란 지적도에 등록된 경계점의 정확도를 높이기 위하여 작은 축척을 큰 축척으로 변경하여 등록하는 것을 말한다.

① ㄱ, ㅁ   ② ㄴ, ㄹ

③ ㄱ, ㄴ, ㄷ   ④ ㄷ, ㄹ, ㅁ

정답 ②

예제 06

「공간정보의 구축 및 관리 등에 관한 법률」상 용어의 정의로 가장 옳지 않은 것은?

(22년2월서울시9)

① 측량성과란 측량을 통하여 얻은 최종 결과를 말한다.

② 면적이란 지적공부에 등록한 필지의 수평면상 넓이를 말한다.

③ 경계란 현장에서 토지를 구분하기 위해 설치하는 담장이나 구조물 등을 말한다.

④ 토지의 이동(異動)이란 토지의 표시를 새로 정하거나 변경 또는 말소하는 것을 말한다.

정답 ③

1-2 측량의 기준 및 기준점

1 측량기준(제6조)

① 측량의 기준은 다음 각 호와 같다.

1. 위치는 세계측지계(世界測地系)에 따라 측정한 지리학적 경위도와 높이(평균해수면으로부터의 높이를 말한다. 이하 이 항에서 같다)로 표시한다. 다만, 지도 제작 등을 위하여 필요한 경우에는 직각좌표와 높이, 극좌표와 높이, 지구중심 직교좌표 및 그 밖의 다른 좌표로 표시할 수 있다.

2. 측량의 원점은 대한민국 경위도원점(經緯度原點) 및 수준원점(水準原點)으로 한다. 다만, 섬 등 대통령령으로 정하는 지역에 대하여는 국토교통부장관이 따로 정하여 고시하는 원점을 사용할 수 있다.

> **시행령 제6조(원점의 특례)**
> 법 제6조제1항제2호 단서에서 "섬 등 대통령령으로 정하는 지역"이란 다음 각 호의 지역을 말한다.
> 1. 제주도
> 2. 울릉도
> 3. 독도
> 4. 그 밖에 대한민국 경위도원점 및 수준원점으로부터 원거리에 위치하여 대한민국 경위도원점 및 수준원점을 적용하여 측량하기 곤란하다고 인정되어 국토교통부장관이 고시한 지역

3. 수로조사에서 간출지(干出地)의 높이와 수심은 기본수준면(일정 기간 조석을 관측하여 분석한 결과 가장 낮은 해수면)을 기준으로 측량한다. 〈삭제 2020.2.18.〉
4. 해안선은 해수면이 약최고고조면(略最高高潮面 : 일정 기간 조석을 관측하여 분석한 결과 가장 높은 해수면)에 이르렀을 때의 육지와 해수면과의 경계로 표시한다. 〈삭제 2020.2.18.〉

② 해양수산부장관은 수로조사와 관련된 평균해수면, 기본수준면 및 약최고고조면에 관한 사항을 정하여 고시하여야 한다. 〈삭제 2020.2.18.〉

③ 제1항에 따른 세계측지계, 측량의 원점 값의 결정 및 직각좌표의 기준 등에 필요한 사항은 대통령령으로 정한다.

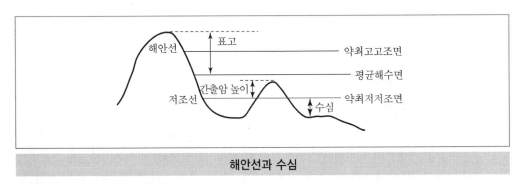

해안선과 수심

② 세계측지계(시행령 제7조)

법 제6조제1항에 따른 세계측지계(世界測地系)는 지구를 편평한 회전타원체로 상정하여 실시하는 위치측정의 기준으로서 다음 각 호의 요건을 갖춘 것을 말한다.
1. 회전타원체의 긴반지름 및 편평률(扁平率)은 다음 각 목과 같을 것
   가. 긴반지름 : 6,378,137미터
   나. 편평률 : 298.257222101분의 1
2. 회전타원체의 중심이 지구의 질량중심과 일치할 것
3. 회전타원체의 단축(短軸)이 지구의 자전축과 일치할 것

③ 측량기준점(제7조)

① 측량기준점은 다음 각 호의 구분에 따른다.

1. 국가기준점 : 측량의 정확도를 확보하고 효율성을 높이기 위하여 국토교통부장관이 전 국토를 대상으로 주요 지점마다 정한 측량의 기본이 되는 측량기준점

2. 공공기준점 : 제17조제2항에 따른 공공측량시행자가 공공측량을 정확하고 효율적으로 시행하기 위하여 국가기준점을 기준으로 하여 따로 정하는 측량기준점

3. 지적기준점 : 특별시장·광역시장·특별자치시장·도지사 또는 특별자치도지사(이하 "시·도지사"라 한다)나 지적소관청이 지적측량을 정확하고 효율적으로 시행하기 위하여 국가기준점을 기준으로 하여 따로 정하는 측량기준점

② 제1항에 따른 측량기준점의 구분에 관한 세부 사항은 대통령령으로 정한다.

④ 측량기준점의 구분(시행령 제8조)

① 법 제7조제1항에 따른 측량기준점은 다음 각 호의 구분에 따른다.

1. 국가기준점 **암기** ㉿리가 ㉿통이 심하면 ㉿㉿를 모아 ㉿㉿을 ㉿㉿ 번 하라.

   가. ㉿주측지기준점 : 국가측지기준계를 정립하기 위하여 전 세계 초장거리간섭계와 연결하여 정한 기준점

   나. ㉿성기준점 : 지리학적 경위도, 직각좌표 및 지구중심 직교좌표의 측정 기준으로 사용하기 위하여 대한민국 경위도원점을 기초로 정한 기준점

   다. ㉿합기준점 : 지리학적 경위도, 직각좌표, 지구중심 직교좌표, 높이 및 중력 측정의 기준으로 사용하기 위하여 위성기준점, 수준점 및 중력점을 기초로 정한 기준점

   라. ㉿력점 : 중력 측정의 기준으로 사용하기 위하여 정한 기준점

   마. ㉿자기점(地磁氣點) : 지구자기 측정의 기준으로 사용하기 위하여 정한 기준점

   바. ㉿로기준점 : 수로조사 시 해양에서의 수평위치와 높이, 수심 측정 및 해안선 결정 기준으로 사용하기 위하여 위성기준점과 법 제6조제1항제3호의 기본수준면을 기초로 정한 기준점으로서 수로측량기준점, 기본수준점, 해안선기준점으로 구분한다. 〈삭제 2021.2.9.〉

   사. ㉿해기준점 : 우리나라의 영해를 획정(劃定)하기 위하여 정한 기준점 〈삭제 2021.2.9.〉

   아. ㉿준점 : 높이 측정의 기준으로 사용하기 위하여 대한민국 수준원점을 기초로 정한 기준점

   자. ㉿각점 : 지리학적 경위도, 직각좌표 및 지구중심 직교좌표 측정의 기준으로 사용하기 위하여 위성기준점 및 통합기준점을 기초로 정한 기준점

2. 공공기준점

   가. 공공삼각점 : 공공측량 시 수평위치의 기준으로 사용하기 위하여 국가기준점을 기초로 하여 정한 기준점

   나. 공공수준점 : 공공측량 시 높이의 기준으로 사용하기 위하여 국가기준점을 기초로 하여 정한 기준점

3. 지적기준점
   가. 지적삼각점(地籍三角點) : 지적측량 시 수평위치 측량의 기준으로 사용하기 위하여 국가기준점을 기준으로 하여 정한 기준점
   나. 지적삼각보조점 : 지적측량 시 수평위치 측량의 기준으로 사용하기 위하여 국가기준점과 지적삼각점을 기준으로 하여 정한 기준점
   다. 지적도근점(地籍圖根點) : 지적측량 시 필지에 대한 수평위치 측량 기준으로 사용하기 위하여 국가기준점, 지적삼각점, 지적삼각보조점 및 다른 지적도근점을 기초로 하여 정한 기준점
② 제1항에 따른 각 기준점은 필요에 따라 등급을 구분할 수 있다.

예제 07

지적기준점에 대한 용어 설명으로 옳지 않은 것은? (11년지방직9)

① 지적기준점은 국토교통부장관이 지적측량을 정확하고 효율적으로 시행하기 위하여 국가기준점을 기준으로 하여 따로 정하는 측량기준점이다.

② 지적삼각점은 지적측량 시 수평위치 측량의 기준으로 사용하기 위하여 국가기준점을 기준으로 하여 정한 기준점이다.

③ 지적삼각보조점은 지적측량 시 수평위치 측량의 기준으로 사용하기 위하여 국가기준점과 지적삼각점을 기준으로 정한 기준점이다.

④ 지적도근점은 지적측량 시 필지에 대한 수평위치 측량 기준으로 사용하기 위하여 국가기준점, 지적삼각점, 지적삼각보조점 및 다른 지적도근점을 기초로 하여 정한 기준점이다.

정답 ①

예제 08

「공간정보의 구축 및 관리 등에 관한 법률 시행령」상 측량기준점의 국가기준점에 대한 설명으로 옳은 것은? (18년1회기사)

① 수준점 : 수로조사 시 해양에서의 수평위치와 높이, 수심 측정 및 해안선 결정 기준으로 사용하기 위한 기준점

② 중력점 : 지구자기 측정의 기준으로 사용하기 위하여 정한 기준점

③ 통합기준점 : 지리학적 경위도, 직각좌표 및 지구중심 직교좌표의 측정 기준으로 사용하기 위하여 대한민국 경위도원점을 기초로 정한 기준점

④ 삼각점 : 지리학적 경위도, 직각좌표 및 지구중심 직교좌표 측정의 기준으로 사용하기 위하여 위성기준점 및 통합기준점을 기초로 정한 기준점

정답 ④

가. 지적삼각점표지

(주 석)

24cm

24cm

(반 석)

9cm

9cm

지 적

15cm

60cm

8cm

(반석측면)

11cm

나. 지적삼각보조점표지

(표 석)

9cm

9cm

지 적

15cm

60cm

11cm 이상

(철제 또는 플라스틱제)

4~6cm

삼 각 보
적 　 조
지 점

1~2cm

1cm — 15cm 이상

(맨홀식)

27cm

삼 각 보
적 　 조
지 점

주물

25cm

22cm

30cm

9cm

10cm

35cm

68cm
이상

60cm

콘크리트

45cm

13cm

11cm 이상

40cm

50cm

다. 지적도근점표지

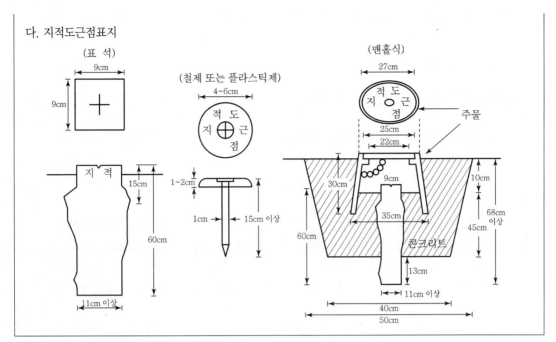

비고
1. 표석은 아스팔트, 콘크리트 등 외의 지역에 설치한다.
2. 철제 또는 플라스틱제 표지는 아스팔트, 콘크리트 등에 설치한다.
3. 표석은 지면에서 1~2센티미터 돌출되도록 설치한다.

5 측량기준점표지

1. 측량기준점표지의 설치 및 관리(제8조)

① 측량기준점을 정한 자는 측량기준점표지를 설치하고 관리하여야 한다.

② 제1항에 따라 측량기준점표지를 설치한 자는 대통령령으로 정하는 바에 따라 그 종류와 설치 장소를 국토교통부장관, 관계 시·도지사, 시장·군수 또는 구청장(자치구의 구청장을 말한다. 이하 같다) 및 측량기준점표지를 설치한 부지의 소유자 또는 점유자에게 통지하여야 한다. 설치한 측량기준점표지를 이전·철거하거나 폐기한 경우에도 같다.

③ 해양수산부장관은 수로기준점표지를 설치한 경우에는 그 사실을 고시하여야 한다. 〈삭제 2020. 2.18.〉

④ 시·도지사 또는 지적소관청은 지적기준점표지를 설치·이전·복구·철거하거나 폐기한 경우에는 그 사실을 고시하여야 한다.

⑤ 특별자치시장, 특별자치도지사, 시장·군수 또는 구청장은 국토교통부령으로 정하는 바에 따라 매년 관할 구역에 있는 측량기준점표지의 현황을 조사하고 그 결과를 시·도지사를 거쳐(특별자치시장 및 특별자치도지사의 경우는 제외한다) 국토교통부장관에게 보고하여야 한다. 측량기준점표지가 멸실·파손되거나 그 밖에 이상이 있음을 발견한 경우에도 같다.

⑥ 제5항에도 불구하고 국토교통부장관은 필요하다고 인정하는 경우에는 직접 측량기준점표지의 현황을 조사할 수 있다.

⑦ 측량기준점표지의 형상, 규격, 관리방법 등에 필요한 사항은 국토교통부령으로 정한다.

예제 09

공간정보의 구축 및 관리 등에 관한 법령상 측량기준점표지의 설치 및 관리에 관한 설명으로 가장 옳은 것은? (21년서울시)

① 국토교통부장관은 필요하다고 인정하는 경우에는 직접 측량기준점표지의 현황을 조사할 수 있다.

② 특별자치시장, 특별자치도지사, 시장·군수 또는 구청장은 측량기준점표지의 현황에 대한 조사결과를 매년 12월 말까지 국토지리정보원장이 정하여 고시한 기준에 따라 보고하여야 한다.

③ 측량기준점표지의 설치자가 측량기준점표지의 설치 사실을 통지할 때에는 그 측량성과(평면직각좌표 및 표고(標高)의 성과가 있는 경우 그 좌표 및 표고를 제외한다)를 함께 통지하여야 한다.

④ 공공측량시행자는 측량기준점표지를 설치할 지역의 지형이 일정한 형상 및 규격으로 설치하기가 곤란할 경우에는 국토교통부장관의 승인을 받아 별도의 형상 및 규격으로 설치할 수 있다.

정답 ①

2. 측량기준점표지 설치의 통지(시행령 제9조)

① 법 제8조제2항에 따라 측량기준점표지의 설치자가 측량기준점표지의 설치 사실을 통지할 때에는 그 측량성과[평면직각좌표 및 표고(標高)의 성과가 있는 경우 그 좌표 및 표고를 포함한다]를 함께 통지하여야 한다.

② 제1항에 따른 측량기준점표지 설치의 통지를 위하여 필요한 사항은 국토교통부령으로 정한다.

3. 측량기준점표지의 보호(제9조)

① 누구든지 측량기준점표지를 이전·파손하거나 그 효용을 해치는 행위를 하여서는 아니 된다.

② 측량기준점표지를 파손하거나 그 효용을 해칠 우려가 있는 행위를 하려는 자는 그 측량기준점표지를 설치한 자에게 이전을 신청하여야 한다.

③ 제2항에 따른 신청을 받은 측량기준점표지의 설치자는 측량기준점표지를 이전하지 아니하고 제2항에 따른 신청인의 목적을 달성할 수 있는 경우를 제외하고는 그 측량기준점표지를 이전하여야 하며, 그 측량기준점표지를 이전하지 아니하는 경우에는 그 사유를 제2항에 따른 신청인에게 알려야 한다.

④ 제3항에 따른 측량기준점표지의 이전에 드는 비용은 제2항에 따른 신청인이 부담한다. 다만, 측량기준점표지 중 국가기준점표지의 이전에 드는 비용은 설치자가 부담한다.

4. 측량기준점표지의 이전 신청 절차(시행규칙 제6조)

① 법 제9조제2항에 따라 측량기준점표지의 이전을 신청하려는 자는 별지 제3호서식의 신청서를 이전을 원하는 날의 ㉚일 전까지 측량기준점표지를 설치한 자에게 제출하여야 한다.

② 제1항에 따른 이전 신청을 받은 자는 신청받은 날부터 ⑩일 이내에 별지 제4호서식의 이전경비 납부통지서를 신청인에게 통지하여야 한다.

③ 제2항에 따라 이전경비 납부통지서를 받은 신청인은 이전을 원하는 날의 ⑦일 전까지 측량기준점표지를 설치한 자에게 이전경비를 내야 한다.

5. 측량기준점표지 설치 등의 고시(시행령 제10조) 암기 ㉠㉣㉤㉥㉰㉮㉧㉢㉩㉯

법 제8조제4항에 따른 지적기준점표지의 설치(이전·복구·철거 또는 폐기를 포함한다. 이하 이 조에서 같다)에 대한 고시는 다음 각 호의 사항을 공보 또는 인터넷 홈페이지에 게재하는 방법으로 한다.

1. ㉠㉳점의 명칭 및 번호
2. 직각㉥표계의 원점명(지적기준점에 한정한다)
3. 좌㉤ 및 표고
4. ㉰도와 ㉮도
5. ㉧㉧일, 소재지 및 표지의 재질
6. 측량성과 ㉢㉯ 장소

예제 10

다음 중 지적기준점표지의 설치 시 고시할 내용으로 옳지 않은 것은? (11년서울시9)

① 기준점의 명칭 및 번호
② 경위도좌표계의 원점명
③ 좌표 및 표고, 경도와 위도
④ 설치일, 소재지 및 표지의 재질
⑤ 측량성과 보관 장소

정답 ②

6 측량기준점표지의 형상(시행규칙 제3조)

1. 측량기준점표지의 형상

① 법 제8조제1항에 따른 측량기준점표지의 형상 및 규격은 별표 1과 같다.

② 측량기준점을 정한 자는 측량기준점표지를 설치할 지역의 지형이 별표 1의 형상 및 규격으로 설치하기가 곤란할 경우에는 제1항에도 불구하고 별도의 형상 및 규격으로 설치할 수 있다. 이 경우 측량기준점을 정한 자가 공공측량의 시행을 하는 자(이하 "공공측량시행자"라 한다)일 때에는 국토지리정보원장의 승인을 받아야 한다.

③ 측량기준점을 정한 자가 제2항에 따라 별도의 형상 및 규격을 정한 때에는 이를 고시하여야한다.

2. 측량기준점표지 설치의 통지(시행규칙 제4조)

「공간정보의 구축 및 관리 등에 관한 법률 시행령」(이하 "영"이라 한다) 제9조에 따른 측량기준점표지 설치의 통지는 별지 제2호서식에 따른다.

3. 측량기준점표지의 현황조사 결과 보고(시행규칙 제5조)

① 특별자치시장, 특별자치도지사, 시장 · 군수 또는 구청장은 법 제8조제5항에 따른 측량기준점표지의 현황에 대한 조사결과를 매년 10월 말까지 국토지리정보원장이 정하여 고시한 기준에 따라 보고하여야 한다.

② 국토지리정보원장은 제1항에 따른 측량기준점표지의 현황조사 결과 보고에 대한 기준을 정한 경우에는 이를 고시하여야 한다.

1-3 측량원점

1. 측량의 원점(시행령 제7조)

① 법 제6조제1항에 따른 대한민국 경위도원점(經緯度原點) 및 수준원점(水準原點)의 지점과 그 수치는 다음 각 호와 같다.

  1. 대한민국 경위도원점

    가. 지점 : 경기도 수원시 영통구 월드컵로 92(국토지리정보원에 있는 대한민국 경위도원점 금속표의 십자선 교점)

    나. 수치

      1) 경도 : 동경 127도 03분 14.8913초

      2) 위도 : 북위 37도 16분 33.3659초

      3) 원방위각 : 165도 03분 44.538초(원점으로부터 진북을 기준으로 오른쪽 방향으로 측정한 우주측지관측센터에 있는 위성기준점 안테나 참조점 중앙)

  2. 대한민국 수준원점

    가. 지점 : 인천광역시 남구 인하로 100(인하공업전문대학에 있는 원점표석 수정판의 영 눈금선 중앙점

    나. 수치 : 인천만 평균해수면상의 높이로부터 26.6871미터 높이

② 법 제6조제1항에 따른 직각좌표의 기준은 별표 2와 같다.

직각좌표의 기준(제7조제3항 관련)

1. 직각좌표계 원점 암기 ㉛㉝㉟㉟

명칭	원점의 경위도	투영원점의 가산(加算)수치	원점축척계수	적용 구역
㉛부좌표계	• 경도 : 동경 125°00′ • 위도 : 북위 38°00′	• X(N) 600,000m • Y(E) 200,000m	1.0000	동경 124~126°
㉞부좌표계	• 경도 : 동경 127°00′ • 위도 : 북위 38°00′	• X(N) 600,000m • Y(E) 200,000m	1.0000	동경 126~128°
㉠부좌표계	• 경도 : 동경 129°00′ • 위도 : 북위 38°00′	• X(N) 600,000m • Y(E) 200,000m	1.0000	동경 128~130°
㉤해좌표계	• 경도 : 동경 131°00′ • 위도 : 북위 38°00′	• X(N) 600,000m • Y(E) 200,000m	1.0000	동경 130~132°

비고

가. 각 좌표계에서의 직각좌표는 다음의 조건에 따라 T · M(Transverse Mercator, 횡단 머케이터) 방법으로 표시하고, 원점의 좌표는 (X=0, Y=0)으로 한다.

　　1) X축은 좌표계 원점의 자오선에 일치하여야 하고, 진북방향을 정(＋)으로 표시하며, Y축은 X축에 직교하는 축으로서 진동방향을 정(＋)으로 한다.

　　2) 세계측지계에 따르지 아니하는 지적측량의 경우에는 가우스상사이중투영법으로 표시하되, 직각좌표계 투영원점의 가산(加算)수치를 각각 X(N) 500,000미터(제주도지역 550,000미터), Y(E) 200,000m로 하여 사용할 수 있다.

나. 국토교통부장관은 지리정보의 위치측정을 위하여 필요하다고 인정할 때에는 직각좌표의 기준을 따로 정할 수 있다. 이 경우 국토교통부장관은 그 내용을 고시하여야 한다.

2. 지적측량에 사용되는 구소삼각지역의 직각좌표계 원점 암기 ㉱㉞㉰㉦㉧㉠ ㉜㉺㉩㉦㉟

명칭	원점의 경위도	명칭	원점의 경위도
㉱산원점	• 경도 : 동경 126°22′24″. 596 • 위도 : 북위 37°43′07″. 060	㉜곡원점	• 경도 : 동경 128°57′30″. 916 • 위도 : 북위 35°57′21″. 322
㉞양원점	• 경도 : 동경 126°42′49″. 685 • 위도 : 북위 37°33′01″. 124	㉺창원점	• 경도 : 동경 128°46′03″. 947 • 위도 : 북위 35°51′46″. 967
㉰본원점	• 경도 : 동경 127°14′07″. 397 • 위도 : 북위 37°26′35″. 262	㉬암원점	• 경도 : 동경 128°35′46″. 186 • 위도 : 북위 35°51′30″. 878
㉦리원점	• 경도 : 동경 126°51′59″. 430 • 위도 : 북위 37°25′30″. 532	㉧산원점	• 경도 : 동경 128°17′26″. 070 • 위도 : 북위 35°43′46″. 532
㉥경원점	• 경도 : 동경 126°51′32″. 845 • 위도 : 북위 37°11′52″. 885	㉟라원점	• 경도 : 동경 128°43′36″. 841 • 위도 : 북위 35°39′58″. 199
㉠초원점	• 경도 : 동경 127°14′41″. 585 • 위도 : 북위 37°09′03″. 530		

비고 [암기] [조][고][율][현][소]는 [m], [망][계][가][등][구][금]은 [간]이다.

가. [조]본원점 · [고]초원점 · [율]곡원점 · [현]창원점 및 [소]라원점의 평면직각종횡선수치의 단위는 [미][터]로 하고, [망]산원점 · [계]양원점 · [가]리원점 · [등]경원점 · [구]암원점 및 [금]산원점의 평면직각종횡선수치의 단위는 [간](間)으로 한다. 이 경우 각각의 원점에 대한 평면직각종횡선수치는 [0]으로 한다.

나. 특별소삼각측량지역[전주, 강경, 마산, 진주, 광주(光州), 나주(羅州), 목포, 군산, 울릉도 등]에 분포된 소삼각측량지역은 별도의 원점을 사용할 수 있다.

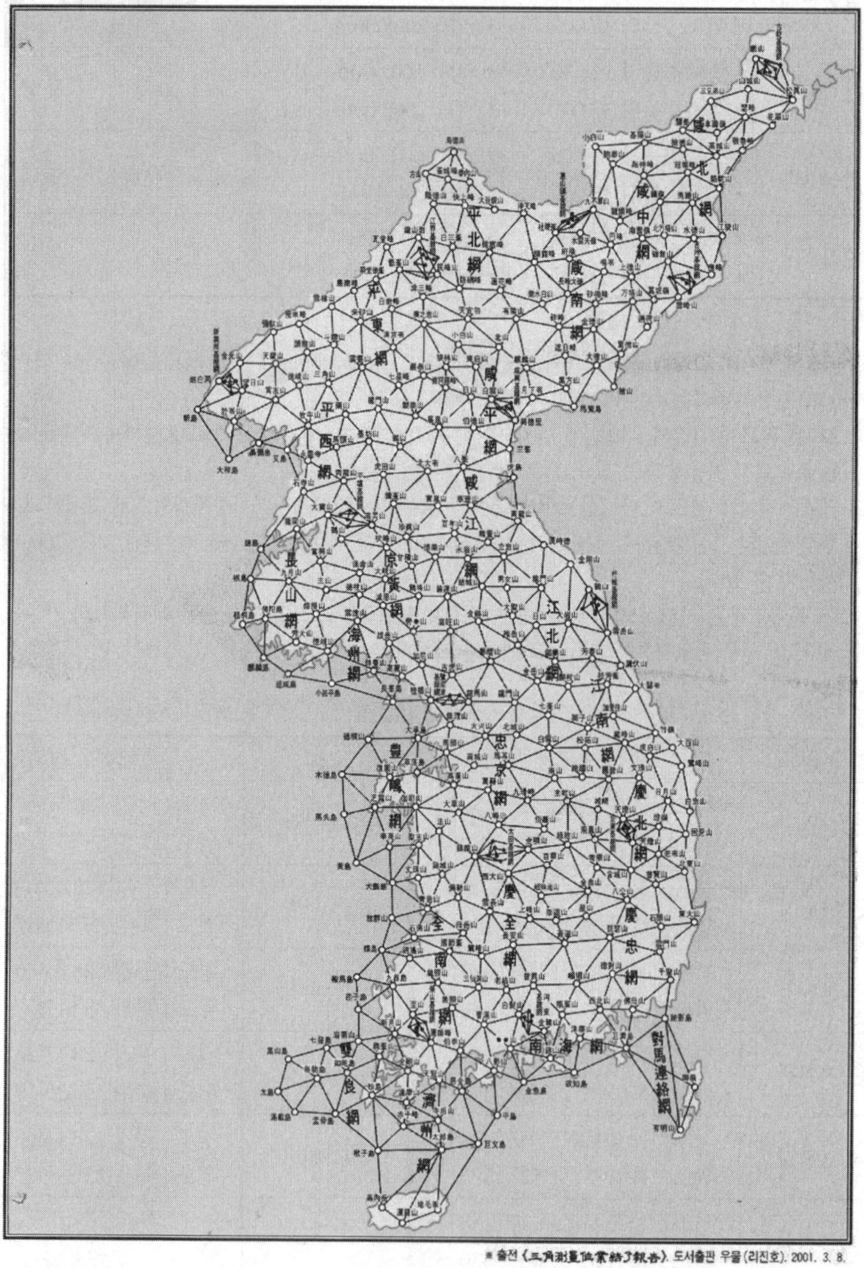

※ 출전 《三角測量作業結了報告》. 도서출판 우물(리진호). 2001. 3. 8.

대삼각본점망도(大三角本占網圖)

2-1 측량기술자

1. 자격기준(제39조)

① 이 법에서 정하는 측량은 측량기술자가 아니면 할 수 없다.

② 측량기술자는 다음 각 호의 어느 하나에 해당하는 자로서 대통령령으로 정하는 자격기준에 해당하는 자이어야 하며, 대통령령으로 정하는 바에 따라 그 등급을 나눌 수 있다.

> 1. 「국가기술자격법」에 따른 측량 및 지형공간정보, 지적, 측량, 지도 제작, 도화(圖畵) 또는 항공사진 분야의 기술자격 취득자
> 2. 측량, 지형공간정보, 지적, 지도 제작, 도화 또는 항공사진 분야의 일정한 학력 또는 경력을 가진 자

③ 측량기술자는 전문분야를 측량분야와 지적분야로 구분한다.

2. 서명날인 시 기재사항(시행규칙 제42조)

측량기술자가 영 제31조에 따라 측량도서에 서명 및 날인을 할 때에는 소속 기관 또는 소속 업체명, 업체등록번호 및 국가기술자격번호 또는 학력·경력자 관리번호를 함께 적어야 한다.

■ **공간정보의 구축 및 관리 등에 관한 법률 시행령 [별표 5] 〈개정 2018.12.11.〉**

측량기술자의 자격기준 등(제32조 관련)

1. 기술자

「건설기술 진흥법」 제2조제8호에 따른 건설기술인인 측량기술자의 자격기준과 등급에 관하여는 「건설기술 진흥법 시행령」 별표 1에서 정하는 바에 따른다.

2. 기능사

「국가기술자격법」 제9조제1항제1호에 따른 기능사인 측량기술자의 자격기준과 등급은 아래의 표와 같다.

등급	기술자격자	학력·경력자
고급기능사	기능사 자격을 취득한 사람으로서 7년 이상 해당 분야의 측량업무를 수행한 사람	–
중급기능사	기능사 자격을 취득한 사람으로서 3년 이상 해당 분야의 측량업무를 수행한 사람	–
초급기능사	기능사 자격을 가진 사람	가. 전문대학 졸업 이상의 학력을 가진 사람으로서 1년 이상 측량업무를 수행한 사람 나. 고등학교를 졸업한 사람으로서 3년 이상 측량업무를 수행한 사람 다. 국토교통부장관이 고시하는 교육기관에서 1년 이상 측량 관련 교육과정을 이수한 사람으로서 5년 이상 측량업무를 수행한 사람

비고

가. "기술자격자"는 「국가기술자격법」의 기술자격종목 중 측량 · 지도제작 · 도화(圖化) · 지적 또는 항공사진의 기술자격을 취득한 사람을 말한다.

나. "학력 · 경력자"는 다음의 어느 하나에 해당하는 사람을 말한다. 이 경우 측량 및 지적 관련 학과의 범위, 경력 인정방법 및 절차 등은 국토교통부장관이 정하여 고시하는 바에 따른다.

  1) 「초 · 중등교육법」 또는 「고등교육법」에 따른 학과의 과정으로서 국토교통부장관이 고시하는 측량 및 지적 관련 학과의 과정을 이수하고 졸업한 사람

  2) 관계 법령에 따라 국내 또는 외국에서 1)과 같은 수준 이상의 학력이 있다고 인정되는 사람

  3) 국토교통부장관이 고시하는 교육기관에서 측량 및 지적 관련 교육과정을 1년 이상 이수한 사람

다. "측량업무를 수행한 사람"은 측량 분야에서 계획 · 설계 · 실시 · 지도 · 감독 · 심사 · 감리 · 측량기기성능검사 · 조사 · 연구 또는 교육업무를 수행한 사람과 측량 분야 병과(兵科)에서 복무한 사람을 말한다.

라. 전문분야는 아래와 같이 구분한다.

구분	전문분야
측량	측량
	지도제작
	도화
	항공사진
지적	지적

마. 외국인의 기술자격 또는 학력 · 경력에 관하여는 해당 외국인의 국가와 우리나라 간 상호인정 협정 등에서 정하는 바에 따라 인정하되, 그 인정방법 및 등급에 관하여는 위 표의 기준을 준용한다.

3. 측량기술자의 신고 등(제40조)

1) 신고

① 측량업무에 종사하는 측량기술자(「건설기술 진흥법」 제2조제8호에 따른 건설기술인인 측량기술자와 「기술사법」 제2조에 따른 기술사는 제외한다. 이하 이 조에서 같다)는 국토교통부령으로 정하는 바에 따라 근무처 · 경력 · 학력 및 자격 등(이하 "근무처 및 경력 등"이라 한다)을 관리하는 데에 필요한 사항을 국토교통부장관에게 신고할 수 있다. 신고사항의 변경이 있는 경우에도 같다.

② 제1항에 따른 신고가 신고서의 기재사항 및 구비서류에 흠이 없고, 관계 법령 등에 규정된 형식상의 요건을 충족하는 경우에는 신고서가 접수기관에 도달된 때에 신고된 것으로 본다.

2) 서류

① 법 제40조제1항에 따라 신고 또는 변경신고를 하려는 측량기술자는 별지 제29호서식의 측량기술자 경력신고서 또는 별지 제30호서식의 측량기술자 경력변경신고서에 다음 각 호의 서류(전자문서를 포함한다)를 첨부하여 공간정보산업협회에 제출하여야 한다. 다만, 근무처의 퇴직 사실만을 신고하는 경우에는 제1호에 따른 서류는 생략할 수 있다.

1. 별지 제31호서식의 측량기술자 경력확인서[사용자(대표자) 또는 발주자의 확인을 받은 것만 해당한다]
2. 국가기술자격증 사본(해당자만 첨부한다)
3. 졸업증명서(해당자만 첨부한다)
4. 사진(3×4센티미터) 1장(경력신고의 경우만 해당한다)
5. 경력 또는 경력변경사항을 증명할 수 있는 서류

3) 유지·관리

국토교통부장관은 신고를 받았으면 측량기술자의 근무처 및 경력 등에 관한 기록을 유지·관리하여야 한다.

4) 증명서 발급

① 국토교통부장관은 측량기술자가 신청하면 근무처 및 경력등에 관한 증명서(이하 "측량기술경력증"이라 한다)를 발급할 수 있다.

② 공간정보산업협회는 측량기술경력증을 발급한 때에는 별지 제33호서식의 측량기술경력증 발급대장에 기록하고 관리하여야 한다.

③ 측량기술자가 법 제40조제3항에 따른 측량기술경력증을 발급, 갱신 또는 재발급받으려는 경우에는 별지 제34호서식의 측량기술경력증 발급(신규·갱신·재발급) 신청서를 공간정보산업협회에 제출하여야 한다.

④ 공간정보산업협회는 측량기술경력증을 발급, 갱신 또는 재발급하거나 측량기술자 경력증명서 및 측량기술자 보유증명서를 발급하는 때에는 그 신청인으로부터 실비의 범위에서 수수료를 받을 수 있다.

⑤ 공간정보산업협회는 신고 또는 변경신고를 받은 경우에는 관련 기관에 그 신고내용을 확인하여야 한다.

5) 자료요청

국토교통부장관은 신고를 받은 내용을 확인하기 위하여 필요한 경우에는 중앙행정기관, 지방자치단체, 「초·중등교육법」 제2조 및 「고등교육법」 제2조의 학교, 신고를 한 측량기술자가 소속된 측량 관련 업체 등 관련 기관의 장에게 관련 자료를 제출하도록 요청할 수 있다. 이 경우 그 요청을 받은 기관의 장은 특별한 사유가 없으면 요청에 따라야 한다.

6) 확인

이 법이나 그 밖의 관계 법률에 따른 인가·허가·등록·면허 등을 하려는 행정기관의 장은 측량기술자의 근무처 및 경력 등을 확인할 필요가 있는 경우에는 국토교통부장관의 확인을 받아야 한다.

7) 기타사항

① 앞에서 규정한 사항 외에 측량기술자의 신고, 기록의 유지·관리, 측량기술경력증의 발급 등에 필요한 사항은 국토교통부령으로 정한다.

② 법 제40조제5항에 따른 측량기술자의 근무처 및 경력등의 확인은 별지 제35호서식의 측량기술자 경력증명서 및 별지 제36호서식의 측량기술자 보유증명서에 따른다.

③ 영 별표 5에 따라 국토교통부장관이 측량기술자의 경력인정방법 및 절차 등을 정한 때에는 이를 고시하여야 한다.

4. 측량기술자의 의무(제41조)

① 측량기술자는 신의와 성실로써 공정하게 측량을 하여야 하며, 정당한 사유 없이 측량을 거부하여서는 아니 된다.

② 측량기술자는 정당한 사유 없이 그 업무상 알게 된 비밀을 누설하여서는 아니 된다.

③ 측량기술자는 둘 이상의 측량업자에게 소속될 수 없다.

④ 측량기술자는 다른 사람에게 측량기술경력증을 빌려주거나 자기의 성명을 사용하여 측량업무를 수행하게 하여서는 아니 된다.

> **제50조(지적측량수행자의 성실의무 등)**
> ① 지적측량수행자(소속 지적기술자를 포함한다. 이하 이 조에서 같다)는 신의와 성실로써 공정하게 지적측량을 하여야 하며, 정당한 사유 없이 지적측량 신청을 거부하여서는 아니 된다.
> ② 지적측량수행자는 본인, 배우자 또는 직계 존속·비속이 소유한 토지에 대한 지적측량을 하여서는 아니 된다.
> ③ 지적측량수행자는 제106조제2항에 따른 지적측량수수료 외에는 어떠한 명목으로도 그 업무와 관련된 대가를 받으면 아니 된다.

5. 측량기술자의 업무정지(제42조)

① 국토교통부장관은 측량기술자(「건설기술 진흥법」 제2조제8호에 따른 건설기술인인 측량기술자는 제외한다)가 다음 각 호의 어느 하나에 해당하는 경우에는 1년(지적기술자의 경우에는 2년) 이내의 기간을 정하여 측량업무의 수행을 정지시킬 수 있다. 이 경우 지적기술자에 대하여는 대통령령으로 정하는 바에 따라 중앙지적위원회의 심의·의결을 거쳐야 한다.

> 1. 제40조제1항에 따른 근무처 및 경력 등의 신고 또는 변경신고를 거짓으로 한 경우
> 2. 제41조제4항을 위반하여 다른 사람에게 측량기술경력증을 빌려주거나 자기의 성명을 사용하여 측량업무를 수행하게 한 경우
> 3. 지적기술자가 제50조제1항을 위반하여 신의와 성실로써 공정하게 지적측량을 하지 아니하거나 고의 또는 중대한 과실로 지적측량을 잘못하여 다른 사람에게 손해를 입힌 경우
> 4. 지적기술자가 제50조제1항을 위반하여 정당한 사유 없이 지적측량 신청을 거부한 경우

② 국토교통부장관은 지적기술자가 제1항 각 호의 어느 하나에 해당하는 경우 위반행위의 횟수, 정도, 동기 및 결과 등을 고려하여 지적기술자가 소속된 한국국토정보공사 또는 지적측량업자에게 해임 등 적절한 징계를 할 것을 요청할 수 있다.

③ 제1항에 따른 업무정지의 기준과 그 밖에 필요한 사항은 국토교통부령으로 정한다.

지적기술자의 업무정지 등에 관한 사항으로 옳지 않은 것은? (15년서울시7)

① 근무처 및 경력 등의 신고 또는 변경신고를 거짓으로 한 경우

② 다른 사람에게 지적측량업 등록증을 빌려주거나 자기의 성명을 사용하여 측량업무를 수행하게 한 경우

③ 신의와 성실로써 공정하게 지적측량을 하지 아니하거나 고의 또는 중대한 과실로 지적측량을 잘못하여 다른 사람에게 손해를 입힌 경우

④ 지적기술자가 정당한 사유 없이 지적측량 신청을 거부한 경우

정답 ②

6. 측량기술자에 대한 업무정지 기준(시행규칙 제44조)

① 법 제42조제1항에 따른 측량기술자(지적기술자는 제외한다)의 업무정지의 기준은 다음 각 호의 구분과 같다.

> 1. 법 제40조제1항에 따른 근무처 및 경력등의 신고 또는 변경신고를 거짓으로 한 경우 : 1년
> 2. 법 제41조제4항을 위반하여 다른 사람에게 측량기술경력증을 빌려주거나 자기의 성명을 사용하여 측량업무를 수행하게 한 경우 : 1년

② 국토지리정보원장은 위반행위의 동기 및 횟수 등을 고려하여 다음 각 호의 구분에 따라 제1항에 따른 업무정지의 기간을 줄일 수 있다.

> 1. 위반행위가 있은 날 이전 최근 2년 이내에 업무정지처분을 받은 사실이 없는 경우 : 4분의 1 경감
> 2. 해당 위반행위가 과실 또는 상당한 이유에 의한 것으로서 보완이 가능한 경우 : 4분의 1 경감
> 3. 제1호와 제2호 모두에 해당할 경우 : 2분의 1 경감

③ 법 제42조제1항에 따른 지적기술자의 업무정지의 기준은 **별표 3의2**와 같다.

④ 영 제32조의2제1항에 따른 지적기술자 업무정지 심의요청서는 별지 제36호의2서식과 같고, 같은 조 제2항에 따른 지적기술자 업무정지 의결서는 별지 제36호의3서식과 같으며, 같은 조 제3항에 따른 지적기술자 업무정지 처분서는 별지 제36호의4서식과 같다.

7. 지적기술자의 업무정지 절차(시행령 제32조의2)

① 국토교통부장관은 다음 각 호의 어느 하나에 해당하는 경우 법 제42조제1항 각 호 외의 부분 후단에 따라 중앙지적위원회에 지적기술자의 업무정지 처분에 관한 심의를 요청하여야 한다.

> 1. 국토교통부장관이 법 제42조제1항 각 호의 어느 하나에 해당하는 사항을 발견(지적소관청으로부터 통보받은 경우를 포함한다)한 경우
> 2. 시·도지사가 법 제42조제1항 각 호의 위반 사실을 발견(지적소관청으로부터 통보받은 경우를 포함한다)하여 국토교통부장관에게 통보한 경우
> 가. 삭제 〈2015.6.1.〉
> 나. 삭제 〈2015.6.1.〉

② 중앙지적위원회는 제1항에 따른 심의 요청이 있는 경우 지적기술자의 업무정지에 관하여 심의 · 의결하고, 그 결과를 지체 없이 국토교통부장관에게 보내야 한다.

③ 국토교통부장관은 제2항에 따른 심의 · 의결 결과를 받은 경우 지체 없이 처분하고, 그 사실을 시 · 도지사에게 통지하여야 한다.

■ 공간정보의 구축 및 관리 등에 관한 법률 시행규칙 [별표 3의2] 〈개정 2017.1.31.〉

지적기술자의 업무정지 기준(제44조제3항 관련)

1. 일반기준

국토교통부장관은 다음 각 목의 구분에 따라 업무정지의 기간을 줄일 수 있다.

가. 위반행위가 있은 날 이전 최근 2년 이내에 업무정지 처분을 받은 사실이 없는 경우 : 4분의 1 경감

나. 해당 위반행위가 과실 또는 상당한 이유에 의한 것으로서 보완이 가능한 경우 : 4분의 1 경감

다. 가목과 나목 모두에 해당하는 경우 : 2분의 1 경감

2. 개별기준 [암기] [거][대] [신][정][법] [과][금][벌][손][거]

위반사항	해당 법조문	행정처분기준
가. 법 제40조제1항에 따른 근무처 및 경력등의 신고 또는 변경신고를 [거]짓으로 한 경우	법 제42조 제1항제1호	1년
나. 법 제41조제4항을 위반하여 다른 사람에게 측량기술경력증을 [빌]려 주거나 자기의 성명을 사용하여 측량업무를 수행하게 한 경우	법 제42조 제1항제2호	1년
다. 법 제50조제1항을 위반하여 [신]의와 성실로써 공정하게 지적측량을 하지 아니한 경우	법 제42조 제1항제3호	
1) 지적측량수행자 소속 지적기술자가 영업[정]지기간 중에 이를 알고도 지적측량업무를 행한 경우		2년
2) 지적측량수행자 소속 지적기술자가 법 제45조에 따른 업무[범]위를 위반하여 지적측량을 한 경우		2년
라. 고의 또는 중[과]실로 지적측량을 잘못하여 다른 사람에게 손해를 입힌 경우	법 제42조 제1항제3호	
1) 다른 사람에게 손해를 입혀 [금]고 이상의 형을 선고받고 그 형이 확정된 경우		2년
2) 다른 사람에게 손해를 입혀 [벌]금 이하의 형을 선고받고 그 형이 확정된 경우		1년 6개월
3) 그 밖에 고의 또는 중대한 과실로 지적측량을 잘못하여 다른 사람에게 [손]해를 입힌 경우		1년
마. 지적기술자가 법 제50조제1항을 위반하여 정당한 사유 없이 지적측량 신청을 [거]부한 경우	법 제42조 제1항제4호	3개월

예 제 **12**

「공간정보의 구축 및 관리 등에 관한 법률」상 〈보기〉에서 지적기술자의 측량업무 수행을 정지시킬 수 있는 경우를 모두 고른 것은?   (20년서울시9)

〈보기〉
㉠ 고의 또는 중대한 과실로 지적측량을 잘못하여 다른 사람에게 손해를 입힌 경우
㉡ 다른 사람에게 측량기술경력증을 빌려주거나 자기의 성명을 사용하여 측량업무를 수행하게 한 경우
㉢ 정당한 사유 없이 지적측량 신청을 거부한 경우
㉣ 직계 비속이 소유한 토지에 대한 지적측량을 한 경우

① ㉠   ② ㉡, ㉢
③ ㉠, ㉡, ㉢   ④ ㉠, ㉢, ㉣

정답 ③

3-1 측량업의 등록 및 종류

1 측량업 등록(제44조)

1. 등록

① 측량업은 다음 각 호의 업종으로 구분한다.

> 1. 측지측량업
> 2. 지적측량업
> 3. 그 밖에 항공촬영, 지도제작 등 대통령령으로 정하는 업종

② 측량업을 하려는 자는 업종별로 대통령령으로 정하는 기술인력·장비 등의 등록기준을 갖추어 국토교통부장관, 시·도지사 또는 대도시장에게 등록하여야 한다. 다만, 한국국토정보공사는 측량업의 등록을 하지 아니하고 제1항제2호의 지적측량업을 할 수 있다.

③ 국토교통부장관, 시·도지사 또는 대도시장은 제2항에 따른 측량업의 등록을 한 자(이하 "측량업자"라 한다)에게 측량업등록증 및 측량업등록수첩을 발급하여야 한다.

④ 측량업자는 등록사항이 변경된 경우에는 국토교통부장관, 시·도지사 또는 대도시장에게 신고하여야 한다.

⑤ 측량업의 등록, 등록사항의 변경신고, 측량업등록증 및 측량업등록수첩의 발급절차 등에 필요한 사항은 대통령령으로 정한다.

시행령 제35조(측량업의 등록 등)

① 법 제44조제1항제1호의 측지측량업과 이 영 제34조제1항제3호부터 제9호까지의 측량업은 국토교통부장관에게 등록하고, 법 제44조제1항제2호의 지적측량업과 이 영 제34조제1항제1호 및 제2호의 측량업은 특별시장·광역시장·특별자치시장 또는 도지사에게 등록하여야 한다. 다만, 특별자치도의 경우에는 법 제44조제1항제1호 및 제2호와 이 영 제34조제1항 각 호의 측량업을 특별자치도지사에게 등록하여야 한다.

예제 13

「공간정보의 구축 및 관리 등에 관한 법률」상 측량업에 관한 설명으로 가장 옳지 않은 것은?

(21년서울시)

① 측량업을 하려는 자는 업종별로 대통령령으로 정하는 기술인력·장비 등의 등록기준을 갖추어 국토교통부 장관, 시·도지사 또는 대도시 시장에게 등록하여야 한다.

② 한국국토정보공사도 측량업의 등록을 하지 아니하고는 지적측량업을 할 수 없다.

③ 측량업자는 등록사항이 변경된 경우에는 국토교통부 장관, 시·도지사 또는 대도시 시장에게 신고하여야 한다.

④ 국토교통부장관, 시·도지사 또는 대도시 시장은 측량업의 등록신청이 등록기준에 적합하지 않다고 인정할 때에는 신청인에게 그 뜻을 통지해야 한다.

정답 ②

2. 측량업 등록 서류(시행령 제35조)

측량업의 등록을 하려는 자는 국토교통부령으로 정하는 신청서(전자문서로 된 신청서를 포함한다)에 다음 각 호의 서류(전자문서를 포함한다)를 첨부하여 국토교통부장관 또는 시·도지사에게 제출하여야 한다.

1. 별표 8에 따른 기술인력을 갖춘 사실을 증명하기 위한 다음 각 목의 서류
   가. 보유하고 있는 측량기술자의 명단
   나. 가목의 인력에 대한 측량기술 경력증명서
2. 별표 8에 따른 장비를 갖춘 사실을 증명하기 위한 다음 각 목의 서류
   가. 보유하고 있는 장비의 명세서
   나. 가목의 장비의 성능검사서 사본
   다. 소유권 또는 사용권을 보유한 사실을 증명할 수 있는 서류

> **지적측량업자에 대한 설명으로 적합하지 않은 것은?** (14년서울시9)
>
> ① 경계점좌표등록부가 있는 지역에서의 지적측량은 업무 범위에 포함된다.
> ② 지적측량업자는 지적측량업 등록증을 발급받은 날로부터 10일 이내에 보증보험에 가입해야 한다.
> ③ 지적측량업의 등록 신청을 하는 경우 적합 여부는 관할 지적소관청에서 심사한다.
> ④ 지적측량업을 등록한 자는 등록사항을 변경한 경우 변경된 날로부터 30일 이내에 변경사항을 신고해야 한다.
> ⑤ 지적측량업자가 영업정지기간 중에 계속 영업을 한 경우 지적측량업의 등록취소 대상이다.
>
> 정답 ③

3. 확인(시행령 제35조)

등록신청을 받은 국토교통부장관 또는 시·도지사는 「전자정부법」 제36조제1항에 따른 행정정보의 공동이용을 통하여 다음 각 호의 행정정보를 확인하여야 한다. 다만, 사업자등록증 및 제2호의 서류에 대해서는 신청인으로부터 확인에 대한 동의를 받고, 신청인이 확인에 동의하지 아니하는 경우에는 해당 서류의 사본을 첨부하도록 하여야 한다.

> 1. 사업자등록증 또는 법인등기부 등본(법인인 경우만 해당한다)
> 2. 「국가기술자격법」에 따른 국가기술자격(정보처리기사의 경우만 해당한다)

4. 교부(시행령 제35조)

① 측량업의 등록신청을 받은 국토교통부장관 또는 시·도지사는 신청받은 날부터 10일 이내에 법 제44조에 따른 등록기준에 적합한지와 법 제47조 각 호의 결격사유가 없는지를 심사한 후 적합하다고 인정할 때에는 측량업등록부에 기록하고, 측량업등록증과 측량업등록수첩을 발급하여야 한다.

② 국토교통부장관 또는 시·도지사는 측량업의 등록신청이 등록기준에 적합하지 아니하다고 인정할 때에는 신청인에게 그 뜻을 통지하여야 한다.

③ 국토교통부장관 또는 시·도지사는 법 제44조제2항에 따라 등록을 하였을 때에는 이를 해당 기관의 게시판이나 인터넷 홈페이지에 10일 이상 공고하여야 한다.

■ **공간정보의 구축 및 관리 등에 관한 법률 시행규칙 [별표 12] 〈개정 2019.2.25.〉**

업무 종류에 따른 수수료의 금액(제115조제1항 관련)

해당 업무	단위	수수료	해당 법조문
7. 측량업의 등록 신청	1건당	20,000원	법 제106조제1항제9호
8. 측량업등록증 및 측량업등록수첩의 재발급 신청	1건당	2,000원	법 제106조제1항제10호

② 측량업의 종류

1. 측량업의 종류 [암기] ㉤㉤㉥㉦㉧ ㉤㉤㉤㉤㉤㉤

■ 공간정보의 구축 및 관리 등에 관한 법률 시행령 [별표 7] 〈개정 2014.1.17.〉

측량업의 종류별 업무 내용(제34조제2항 관련)

종류	업무내용
㉤지측량업	• 기본측량으로서 국가기준점의 측량 및 지형 · 지물에 대한 측량 • 공공측량업 및 일반측량업 업무 범위에 해당하는 사항
㉤공측량업	• 공공측량으로서 토지 및 지형 · 지물에 대한 측량 • 일반측량업 업무 범위에 해당하는 사항
㉥반측량업	• 공공측량(설계금액이 3천만 원 이하인 경우로 한정한다)으로서 토지 및 지형 · 지물에 대한 측량 • 일반측량으로서 토지 및 지형 · 지물에 대한 측량 • 설계에 수반되는 조사측량과 측량 관련 도면의 작성 • 각종 인허가 관련 측량도면 및 설계도서의 작성
㉦안조사측량업	• 하천, 내수면, 연안지역 및 댐에 대한 측량과 이에 수반되는 토지에 대한 측량 및 데이터베이스 구축 • 기본측량의 성과로서의 기본도의 연장을 위한 연안조사측량과 이에 수반되는 토지에 대한 측량
㉧공촬영업	• 항공기를 이용한 측량용 공간영상정보 등의 촬영 · 제작과 데이터베이스 구축
㉤간영상도화업	• 측량용 사진과 위성영상을 이용한 도화기상에서의 지형 · 지물의 측정 및 묘사와 그에 관련된 좌표측량, 영상판독 및 현지조사
㉤상처리업	• 측량용 공간영상정보를 이용한 데이터베이스 구축, 정사사진지도제작 및 입체영상지도의 제작과 그에 관련된 좌표측량, 영상분석 · 지리조사 및 제작, 데이터의 입력 · 출력 및 편집
㉤치지도제작업	• 지도(수치지도 포함) 제작을 위한 지리조사, 영상판독, 데이터의 입력 · 출력 및 편집, 지형공간정보체계의 구축
㉤도제작업	• 지도책자 등을 간행하거나 인터넷 등 통신매체를 통하여 지도를 제공하기 위한 지리조사, 데이터의 입력 · 출력 및 편집 · 제도(스크라이브 포함) • 지적편집도 제작
㉤하시설물측량업	• 지하시설물에 대한 측량과 데이터베이스 구축
㉤적측량업	• 법 제73조에 따른 경계점좌표등록부가 있는 지역에서의 지적측량 • 「지적재조사에 관한 특별법」에 따른 지적재조사지구에서 실시하는 지적재조사측량 • 법 제86조에 따른 도시개발사업 등이 끝남에 따라 하는 지적확정측량 • 지적전산자료를 활용한 정보화사업

2. 측량업의 등록기준(시행령 제36조)

① 측량업의 등록기준은 별표 8과 같다.

② 항공촬영업의 등록을 하려는 자는 별표 8의 등록기준을 갖추는 외에 「항공사업법」에 따른 항공기사용사업의 등록을 하여야 한다.

■ 공간정보의 구축 및 관리 등에 관한 법률 시행령 [별표 8] 〈개정 2018.12.11.〉

측량업의 등록기준(제36조제1항 관련)

구분	기술인력	장비
측지측량업	1. 특급기술인 1명 이상 2. 고급기술인 1명 이상 3. 중급기술인 2명 이상 4. 초급기술인 2명 이상 5. 측량 분야의 초급기능사 2명 이상	1. 데오드라이트(1급 이상) 2조 이상 2. 레벨(1급, 인바제표척 포함) 1조 이상 3. 거리측정기(2급 이상) 1조 이상 또는 GPS 수신기(1급) 2조 이상
공측량업	1. 고급기술인 1명 이상 2. 중급기술인 2명 이상 3. 초급기술인 2명 이상 4. 측량 분야의 초급기능사 1명 이상	1. 데오드라이트(1급 이상) 1조 이상 2. 레벨(2급) 1조 이상 3. 거리측정기(3급 이상) 1조 이상 또는 GPS 수신기(2급) 2조 이상
일반측량업	1. 고급기술인 1명 이상 2. 측량 분야의 초급기능사 1명 이상	1. 트랜싯(3급 이상) 또는 데오드라이트(3급 이상) 1조 이상 또는 GPS 수신기(2급 이상) 2조 이상 2. 레벨(3급 이상) 1조 이상
연안조사측량업	1. 고급기술인 1명 이상 2. 중급기술인 1명 이상 3. 초급기술인 2명 이상 4. 측량 분야의 초급기능사 2명 이상	1. 음향측심기 1조 이상 2. 지층탐사기 1조 이상 3. GPS 수신기(2급 이상) 2조 이상 4. 데오드라이트(1급 이상) 1조 이상 5. 레벨(2급 이상) 1조 이상 6. 검조의 1조 이상
항공촬영업	1. 특급기술인 1명 이상 2. 고급기술인 1명 이상 3. 항공사진 분야의 초급기능사 1명 이상	1. 촬영용 카메라 1대 이상 2. 촬영용 비행기 1대 이상 3. 〈삭제 2014.1.17.〉
공간영상도화업	1. 고급기술인 1명 이상 2. 중급기술인 1명 이상 3. 초급기술인 1명 이상 4. 도화 분야의 초급기능사 2명 이상	1. 도화기(1급) 또는 수치사진측량장비 2조 이상 2. 데오드라이트(1급 이상) 1조 이상 또는 GPS 수신기(2급 이상) 2조 이상 3. 레벨(2급 이상) 1조 이상
영상처리업	1. 고급기술인 1명 이상 2. 중급기술인 1명 이상 3. 초급기술인 1명 이상 4. 정보처리산업기사 1명 이상 5. 도화 또는 지도제작 분야의 초급기능사 1명 이상	1. 영상처리 소프트웨어 1식 이상 2. 출력장치 1대 이상 　• 해상도 : 600DPI 이상 　• 출력범위 : 600×900밀리미터 이상 3. 데오드라이트(1급) 1조 이상 또는 GPS 수신기(2급 이상) 2조 이상 또는 토털 스테이션(각도측정부 1급 및 거리측정부 2급 이상) 1조 이상 4. 레벨(2급 이상) 1조 이상

구분	기술인력	장비
㉚치지도제작업	1. 고급기술인 1명 이상 2. 도화 분야 또는 지도제작 분야의 초급기능사 1명 이상 3. 정보처리기사 1명 이상	1. 자동독취기(스캐너) 1대 이상 • 해상도 : 800DPI • 독취범위 : 1,000×600밀리미터 이상 2. 출력장치 1대 이상 • 해상도 : 600DPI • 출력범위 : 600×900밀리미터 이상 3. 입력 · 출력 소프트웨어
㉛도제작업	지도제작 분야의 초급기능사 1명 이상	지도제작 입력 · 출력 소프트웨어 1식 이상
㉜하시설물측량업	1. 고급기술인 1명 이상 2. 중급기술인 1명 이상 3. 초급기술인 1명 이상 4. 측량 분야의 초급기능사 1명 이상	1. 금속관로탐지기(탐사깊이 3미터 기준) • 탐사위치의 정확도 : ±20센티미터 이내 • 탐사깊이의 정확도 : ±30센티미터 이내 2. 맨홀탐지기 1대 이상 3. 트랜싯(3급 이상) 1조 이상 또는 데오드라이트 (3급 이상) 1조 이상 또는 GPS 수신기(2급 이상) 2조 이상
㉝적측량업	1. 특급기술인 1명 또는 고급기술인 2명 이상 2. 중급기술인 2명 이상 3. 초급기술인 1명 이상 4. 지적 분야의 초급기능사 1명 이상	1. 토털 스테이션 1대 이상 2. 출력장치 1대 이상 • 해상도 : 2,400×1,200DPI • 출력범위 : 600×1,060밀리미터 이상

비고
1. 기술인력 중 측지측량업 · 공공측량업 · 일반측량업 · 연안조사측량업 · 항공촬영업 · 공간영상도화업 · 영상처리업 · 지하시설물측량업 및 수치지도제작업의 기술인은 「건설기술 진흥법 시행령」 별표 1의 토목 분야의 측량 및 지형공간정보 기술인으로 하고, 지적측량업의 기술인은 「건설기술 진흥법 시행령」 별표 1의 토목 분야의 지적 기술자로 한다.
2. 기술인력에 해당하는 사람은 상시 근무하는 사람이어야 하며, 「국가기술자격법」에 따라 그 자격이 정지된 사람과 이 법 또는 「건설기술 진흥법」에 따라 업무정지처분 중인 사람은 제외한다.
3. 상위등급의 기술인력으로 하위등급의 기술인력을 대체할 수 있다. 다만, 기술인력 중 기술인과 기능사는 상호 대체할 수 없다.
4. 장비기준 중 촬영용 카메라, 촬영용 비행기 및 도화기 외에는 자기 소유이어야 한다.
5. 지점을 두는 경우에는 지점마다 위 표에 따른 등록기준의 2분의 1에 해당하는 기술인력과 장비기준을 갖추어야 하며, 지점운영은 직영 형태로 하여야 한다.
6. 측지측량업 · 공공측량업 · 일반측량업 · 연안조사측량업 및 지하시설물측량업을 중복하여 신청하거나 항공촬영업 · 공간영상도화업 · 영상처리업 및 수치지도제작업을 중복하여 신청하는 경우에는 가장 높은 수준의 등록기준을 요구하는 업종은 100퍼센트 이상의 기준을 갖추고, 낮은 수준의 업종은 50퍼센트 이상의 기준을 갖추어야 한다.
7. 외국인이 측량업등록을 신청하는 경우에는 「상법」 제614조에 따라 영업소를 설치하고 등기하여야 한다.
8. 기술인력에 해당하는 사람 또는 임원이 외국인인 경우에는 「출입국관리법 시행령」 별표 1에 따른 주재 · 기업투자 또는 무역경영의 체류자격을 갖춘 사람이어야 한다.

9. 장비의 등급별 성능기준은 법 제92조제4항에 따른 성능기준에 따르며 장비의 성능은 검사유효기간 이내의 것을 인정한다.
10. 측지측량업의 장비기준 중 데오드라이트(1급 이상) 1조와 거리측정기(2급 이상) 1조는 토털 스테이션(각도측정부 1급 이상, 거리측정부 2급 이상) 1조로, 공공측량업의 장비기준 중 데오드라이트(1급이상) 1조와 거리측정기(3급 이상) 1조는 토털 스테이션(각도측정부 1급 이상, 거리측정부 3급 이상) 1조로, 일반측량업 및 지하시설물측량업의 장비기준 중 트랜싯(3급 이상) 1조와 데오드라이트(3급 이상) 1조를 토털 스테이션(각도측정부 3급 이상, 거리측정부 3급 이상) 1조로, 연안조사측량업 및 공간영상도화업의 장비기준 중 데오드라이트(1급 이상) 1조를 토털 스테이션(각도측정부 1급 이상, 거리측정부 3급 이상) 1조로 대체할 수 있다.
11. 수치사진측량용 장비는 도화기(1급) 수준의 정확도를 갖춘 장비를 말한다.
12. 「엔지니어링산업 진흥법」에 따른 엔지니어링사업자 중 측량·지적 전문분야로 신고한 자 또는 「기술사법」에 따라 측량·지적 전문분야로 기술사사무소를 등록한 자가 측량업 등록을 하는 경우 이미 보유하고 있는 기술인력은 위 기준에 포함한다.

3. 측량업등록의 결격사유(제47조)

다음 각 호의 어느 하나에 해당하는 자는 측량업의 등록을 할 수 없다.

① 피성년후견인 또는 피한정후견인

② 이 법이나 「국가보안법」 또는 「형법」 제87조부터 제104조까지의 규정을 위반하여 금고 이상의 실형을 선고받고 그 집행이 끝나거나(집행이 끝난 것으로 보는 경우를 포함한다) 집행이 면제된 날부터 2년이 지나지 아니한 자

③ 이 법이나 「국가보안법」 또는 「형법」 제87조부터 제104조까지의 규정을 위반하여 금고 이상의 형의 집행유예를 선고받고 그 집행유예기간 중에 있는 자

④ 제52조에 따라 측량업의 등록이 취소(제47조제1호에 해당하여 등록이 취소된 경우는 제외한다)된 후 2년이 지나지 아니한 자

⑤ 임원 중에 제1호부터 제4호까지의 어느 하나에 해당하는 자가 있는 법인

4. 측량업등록증의 대여 금지(제49조)

① 측량업자는 다른 사람에게 자기의 측량업등록증 또는 측량업등록수첩을 빌려주거나 자기의 성명 또는 상호를 사용하여 측량업무를 하게 하여서는 아니 된다.

② 누구든지 다른 사람의 등록증 또는 등록수첩을 빌려서 사용하거나 다른 사람의 성명 또는 상호를 사용하여 측량업무를 하여서는 아니 된다.

5. 등록증 등의 재발급(시행령 제38조)

측량업자는 측량업등록증 또는 측량업등록수첩을 잃어버리거나 헐어서 못 쓰게 되었을 때에는 국토교통부장관 또는 시·도지사에게 재발급을 신청할 수 있다.

6. 등록증 등의 재발급 신청(시행규칙 제49조)

영 제38조에 따른 측량업등록증 또는 측량업등록수첩을 재발급받으려는 자는 별지 제42호서식을 작성하여 영 제35조제1항에 따라 등록한 기관에 제출하여야 한다.

7. 공간정보산업협회에 대한 통보(시행규칙 제50조)

국토지리정보원장 또는 시ㆍ도지사는 법 제44조제2항에 따른 측량업의 등록, 법 제44조제4항에 따른 변경신고, 법 제48조에 따른 측량업의 휴업ㆍ폐업 등 신고 또는 법 제52조에 따른 측량업의 등록취소가 있는 경우에는 이를 공간정보산업협회에 통보하여야 한다.

8. 측량업자의 지위 승계(제46조)

① 측량업자가 그 사업을 양도하거나 사망한 경우 또는 법인인 측량업자의 합병이 있는 경우에는 그 사업의 양수인ㆍ상속인 또는 합병 후 존속하는 법인이나 합병에 따라 설립된 법인은 종전의 측량업자의 지위를 승계한다.

② 제1항에 따라 측량업자의 지위를 승계한 자는 그 승계 사유가 발생한 날부터 30일 이내에 대통령령으로 정하는 바에 따라 국토교통부장관, 시ㆍ도지사 또는 대도시장에게 신고하여야 한다.

> **시행령 제40조(측량업자의 지위승계)**
> ① 법 제46조제2항에 따른 측량업자의 지위승계 신고는 제35조제1항에 따라 등록한 기관에 하여야 한다.
> ② 제1항에 따른 신고 절차는 국토교통부령으로 정한다.

9. 측량업자의 지위승계 신고서(시행규칙 제51조)

① 법 제46조에 따라 측량업자의 지위를 승계한 자가 영 제40조제1항에 따라 측량업자 지위승계의 신고를 하려는 경우에는 다음 각 호의 구분에 따라 신고서에 해당 서류(전자문서로 된 신고서와 서류를 포함한다)를 첨부하여 영 제35조제1항에 따라 등록한 기관에 제출하여야 한다.

> 1. 측량업 양도ㆍ양수 신고의 경우 : 별지 제43호서식
>   가. 양도ㆍ양수 계약서 사본
>   나. 영 제35조제2항제1호 및 제2호의 서류
> 2. 측량업 상속 신고의 경우 : 별지 제44호서식
>   가. 상속인임을 증명할 수 있는 서류
>   나. 영 제35조제2항제1호 및 제2호의 서류
> 3. 측량업 법인 합병 신고의 경우 : 별지 제45호서식
>   가. 합병계약서 사본
>   나. 합병공고문
>   다. 합병에 관한 사항을 의결한 총회 또는 창립총회의 결의서 사본
>   라. 영 제35조제2항제1호 및 제2호의 서류

② 제1항에 따른 신고서(상속신고서는 제외한다)를 제출받은 기관은 「전자정부법」 제36조제1항에 따른 행정정보의 공동이용을 통하여 사업자등록증 또는 법인 등기사항증명서(신고인이 법인인 경우만 해당한다)를 확인하여야 한다. 이 경우 사업자등록증에 대해서는 신청인으로부터 확인에 대한 동의를 받고, 신청인이 확인에 동의하지 아니하는 경우에는 그 서류의 사본을 첨부하도록 하여야 한다.

10. 등록사항의 변경(시행령 제37조)

① 측량업의 등록을 한 자는 등록사항 중 다음 각 호의 어느 하나에 해당하는 사항을 변경하였을 때에는 법 제44조제4항에 따라 변경된 날부터 30일 이내에 국토교통부령으로 정하는 바에 따라 변경신고를 하여야 한다. 다만, 제4호에 해당하는 사항을 변경한 때에는 그 변경이 있은 날부터 90일 이내에 변경신고를 하여야 한다.

> 1. 주된 영업소 또는 지점의 소재지
> 2. 상호
> 3. 대표자
> 4. 기술인력 및 장비

② 둘 이상의 측량업에 등록한 자가 제1항제1호부터 제3호까지의 등록사항을 변경한 경우로서 제35조제1항에 따라 등록한 기관이 같은 경우에는 이를 한꺼번에 신고할 수 있다.

11. 측량업 등록사항의 변경신고(시행규칙 제48조)

① 영 제37조에 따라 등록사항을 변경하려는 측량업자는 별지 제41호서식의 신고서(전자문서로 된 신고서를 포함한다)에 다음 각 호의 구분에 따른 서류(전자문서를 포함한다)를 첨부하여 국토지리정보원장 또는 시·도지사에게 제출하여야 한다.

> 1. 측량업용 장비 변경의 경우
>   가. 변경된 장비의 명세서 및 그 장비의 성능검사서 사본
>   나. 소유권 또는 사용권을 보유한 사실을 증명할 수 있는 서류
> 2. 보유하고 있는 측량기술인력 변경의 경우
>   가. 입사하거나 퇴사한 기술인력의 명단
>   나. 입사한 기술인력의 측량기술 경력증명서
>   다. 입사·퇴사한 기술인력의 재직·퇴직증명서

② 제1항에 따른 신고서를 제출받은 국토지리정보원장 또는 시·도지사는 「전자정부법」 제36조제1항에 따른 행정정보의 공동이용을 통하여 다음 각 호의 정보를 확인하여야 한다. 이 경우 제1호(사업자등록증만 해당한다) 및 제3호의 서류에 대해서는 신청인으로부터 확인에 대한 동의를 받고, 신청인이 확인에 동의하지 아니하는 경우에는 해당 서류의 사본을 첨부하도록 하여야 한다.

1. 주된 영업소 또는 지점의 소재지 변경 및 상호 변경의 경우 : 변경사항이 기재된 사업자등록증 또는 법인 등기사항증명서(법인인 경우만 해당한다)
2. 법인 대표자 변경의 경우 : 법인 등기사항증명서
3. 「국가기술자격법」에 따른 국가기술자격증(정보처리기사만 해당한다)

③ 측량업의 휴업 · 폐업 등 신고

1. 측량업의 휴업 · 폐업 등 신고(제48조)

다음 각 호의 어느 하나에 해당하는 자는 국토교통부령으로 정하는 바에 따라 국토교통부장관, 시 · 도지사 또는 대도시장에게 해당 각 호의 사실이 발생한 날부터 30일 이내에 그 사실을 신고하여야 한다.

1. 측량업자인 법인이 파산 또는 합병 외의 사유로 해산한 경우 : 해당 법인의 청산인
2. 측량업자가 폐업한 경우 : 폐업한 측량업자
3. 측량업자가 30일을 넘는 기간 동안 휴업하거나, 휴업 후 업무를 재개한 경우 : 해당 측량업자

2. 측량업의 휴업 · 폐업 등 신고서류(시행규칙 제52조)

① 법 제48조에 따라 측량업의 휴업 또는 폐업을 하려는 자는 다음 각 호의 구분에 따라 신고서(전자문서로 된 신고서를 포함한다)에 해당 서류를 첨부하여 영 제35조제1항에 따라 등록한 기관에 제출하여야 한다.

1. 법 제48조제1호에 따라 해산한 측량업자인 법인 및 같은 조 제2호에 따라 측량업을 폐업하려는 자 : 별지 제46호서식의 측량업 폐업신고서, 측량업등록증 및 측량업등록수첩
2. 법 제48조제3호에 따라 측량업을 휴업하려는 자 : 별지 제47호서식의 측량업 휴업신고서, 측량업 등록증 및 측량업등록수첩
3. 법 제48조제3호에 따라 휴업 후 업무를 재개하려는 자 : 별지 제48호서식의 측량업 재개신고서

② 제1항에 따른 신고를 받은 기관은 「전자정부법」 제36조제1항에 따른 행정정보의 공동이용을 통하여 법인 등기사항증명서(신고인이 법인인 경우만 해당한다)를 확인하여야 한다.

3. 측량업자의 행정처분 효과의 승계 등(제52조의2)

① 제48조에 따라 폐업신고한 측량업자가 폐업신고 당시와 동일한 측량업을 다시 등록한 때에는 폐업신고 전의 측량업자의 지위를 승계한다.

② 제1항의 경우 폐업신고 전의 측량업자에 대하여 제52조제1항 및 제111조제1항 각 호의 위반행위로 인한 행정처분의 효과는 그 폐업일부터 6개월 이내에 다시 측량업의 등록을 한 자(이하 이 조에서 "재등록 측량업자"라 한다)에게 승계된다.

③ 제1항의 경우 재등록 측량업자에 대하여 폐업신고 전의 제52조제1항 각 호의 위반행위에 대한 행정처분을 할 수 있다. 다만, 다음 각 호의 어느 하나에 해당하는 경우는 제외한다.

1. 폐업신고를 한 날부터 다시 측량업의 등록을 한 날까지의 기간(이하 이 조에서 "폐업기간"이라 한다)이 2년을 초과한 경우
2. 폐업신고 전의 위반행위에 대한 행정처분이 영업정지에 해당하는 경우로서 폐업기간이 1년을 초과한 경우

④ 제3항에 따라 행정처분을 할 때에는 폐업기간과 폐업의 사유를 고려하여야 한다.

4 측량업정보의 종합관리

1. 측량업정보의 종합관리(제10조의2)

① 국토교통부장관은 측량업자의 자본금, 경영실태, 측량용역 수행실적, 측량기술자 및 장비 보유현황 등 측량업정보를 종합적으로 관리하고, 국토교통부령으로 정하는 바에 따라 그 측량업 정보가 필요한 측량용역의 발주자, 행정기관 및 관련 단체 등의 장에게 제공할 수 있다.

② 국토교통부장관은 제1항에 따른 측량업정보를 체계적으로 관리하기 위하여 대통령령으로 정하는 바에 따라 측량업정보 종합관리체계를 구축·운영하여야 한다.

③ 국토교통부장관은 제1항의 업무를 수행하기 위하여 측량업자, 행정기관 등의 장에게 관련 자료의 제출을 요청할 수 있다. 이 경우 요청을 받은 자는 특별한 사유가 없으면 이에 따라야 한다.

④ 제3항에 따른 자료 제출의 요청 절차 등에 필요한 사항은 대통령령으로 정한다.

2. 측량업정보의 종합관리를 위한 자료제출의 요청절차(시행령 제10조의3)

국토교통부장관은 법 제10조의2제3항에 따라 자료의 제출을 요청하는 경우에는 제출기한 15일 전까지 다음 각 호의 사항을 서면으로 통보하여야 한다.

1. 제출요청 사유
2. 제출기한
3. 제출자료의 구체적인 사항
4. 자료제출의 방식 및 형태
5. 제출자료의 활용방법

3. 측량용역사업에 대한 사업수행능력의 평가 및 공시(제10조의3)

① 국토교통부장관은 발주자가 적정한 측량업자를 선정할 수 있도록 하기 위하여 측량업자의 신청이 있는 경우 그 측량업자의 측량용역 수행실적, 자본금, 기술인력·장비 보유현황 수준 등에 따라 사업수행능력을 평가하여 공시하여야 한다.

② 제1항에 따른 사업수행능력의 평가 및 공시를 받으려는 측량업자는 전년도 측량용역 수행실적, 기술자 보유현황, 재무상태, 그 밖에 국토교통부령으로 정하는 사항을 국토교통부장관에게 제출하여야 한다.

③ 제1항 및 제2항에 따른 측량업자의 사업수행능력 공시, 사업수행능력 평가 기준 및 실적 등의 신고에 필요한 사항은 대통령령으로 정한다.

4. 사업수행능력의 공시(시행령 제10조의6)

① 국토교통부장관은 법 제10조의3에 따라 사업수행능력평가를 한 경우에는 다음 각 호의 사항을 공시하여야 한다.

> 1. 상호 및 성명(법인인 경우에는 대표자의 성명)
> 2. 주된 영업소의 소재지 및 연락처
> 3. 측량용역 수행실적
> 4. 기술인력 및 장비 보유현황
> 5. 측량업 등록현황
> 6. 자본금 및 매출액순이익률 등 재무상태 현황
> 7. 신용정보회사가 실시한 신용평가를 받은 경우에는 그 신용평가 내용
> 8. 사업수행능력평가 항목별 점수 및 종합평가점수

② 제1항에 따른 공시는 국토교통부령으로 정하는 공시방법에 따라 매년 8월 31일까지 하여야 한다.

■ 공간정보의 구축 및 관리 등에 관한 법률 시행령 [별표 2의2] 〈신설 2015.6.1.〉

측량용역 사업수행능력의 평가 기준(제10조의5 관련)

평가항목	배점범위	평가방법
1. 기술자 능력	50	가. 보유기술자의 등급별로 평가 나. 보유기술자의 1인당 평균생산액을 평가
2. 측량용역 수행실적	30	측량업자의 연간 측량용역 수행실적(금액 및 건수)을 평가
3. 신인도	10	가. 측량업자의 측량업 영위기간을 평가 나. 측량업자의 고용유지율을 평가
4. 신용도	8	측량업자의 신용상태와 재무상태를 평가
5. 교육이행실적	2	보유기술자의 교육이행실적을 평가
6. 감점 평가기준	−10	측량용역 사업수행능력평가와 관련하여 허위서류를 제출한 경우

비고
1. 평가항목별 세부 평가기준은 국토교통부장관이 정하여 고시한다.
2. 공동도급으로 측량용역을 수행한 경우 측량용역 수행실적 중 금액은 공동수급체 구성원별로 측량용역 금액에 용역참여지분율을 곱하여 산정한 후 이를 합산한다.

5. 측량업정보 종합관리체계의 구축 · 운영(시행령 제10조의2)

① 법 제10조의2제2항에 따른 측량업정보 종합관리체계(이하 "측량업정보 종합관리체계"라 한다)를 통하여 관리하여야 하는 측량업정보는 다음 각 호와 같다.

1. 측량업자의 자본금, 경영실태, 측량용역 수행실적, 측량기술자 및 장비 보유현황
2. 법 제10조의3에 따른 측량용역사업에 대한 사업수행능력의 평가 및 공시에 관한 사항
3. 법 제40조에 따른 측량기술자의 신고 등에 관한 사항
4. 법 제42조에 따른 측량기술자의 업무정지 등에 관한 사항
5. 법 제44조에 따른 측량업의 업종별 등록(변경신고를 포함한다)에 관한 사항
6. 법 제46조에 따른 측량업자의 지위 승계에 관한 사항
7. 법 제48조에 따른 측량업의 휴업 · 폐업 등 신고에 관한 사항
8. 법 제52조에 따른 측량업의 등록취소 등에 관한 사항
9. 그 밖에 측량업정보 관리에 필요한 사항

② 국토교통부장관은 측량업정보 종합관리체계의 구축 · 운영을 위하여 다음 각 호의 업무를 수행할 수 있다.

1. 측량업정보 종합관리체계의 구축 · 운영에 관한 각종 연구개발 및 기술지원
2. 측량업정보 종합관리체계의 표준화
3. 측량업정보 종합관리체계를 이용한 정보의 공동 활용 촉진
4. 그 밖에 측량업정보 종합관리체계의 구축 · 운영을 위하여 필요한 사항

③ 국토교통부장관은 측량업정보 종합관리체계의 효율적인 구축 · 운영을 위하여 「공간정보산업진흥법」 제24조에 따른 공간정보산업협회(이하 "공간정보산업협회"라 한다) 등과 협의체를 구성 · 운영할 수 있다.

④ 제1항부터 제3항까지에서 규정한 사항 외에 측량업정보의 입력기준, 보관방법 등 측량업정보 종합관리체계의 구축 · 운영에 필요한 사항은 국토교통부장관이 정하여 고시한다.

6. 측량업정보의 제공(시행규칙 제6조의2)

법 제10조의2제1항에 따른 측량업정보는 측량용역의 발주자, 행정기관 및 관련 단체 등의 장의 요청이 있는 경우에 제공하되, 서면 또는 전자적 방법으로 제공할 수 있다.

7. 측량업정보관리대장(시행규칙 제6조의3)

법 제10조의2제2항에 따른 측량업정보 종합관리체계(이하 "측량업정보 종합관리체계"라 한다)는 별지 제4호의2서식에 따른 측량업정보관리대장에 입력하는 방식으로 관리한다.

5 측량업등록 취소 및 영업정지(제52조)

국토교통부장관, 시 · 도지사 또는 대도시장은 측량업자가 다음 각 호의 어느 하나에 해당하는 경우에는 측량업의 등록을 취소하거나 1년 이내의 기간을 정하여 영업의 정지를 명할 수 있다. 다만, 제2호 · 제4호 · 제7호 · 제8호 · 제11호 또는 제15호에 해당하는 경우에는 측량업의 등록을 취소하여야 한다.

1. 측량업 영업 정지 [암기] ㉒㉖㉚⑧⑨ ㉪㉚㉙㉗

1. ㉒의 또는 ㉪실로 측량을 부정확하게 한 경우

13. 지적측량업자가 제106조제2항에 따른 지적측량㉚수료를 같은 조 제3항에 따라 고시한 금액보다 과다 또는 과소하게 받은 경우

14. 다른 행정기관이 관계 법령에 따라 영업정지를 ⑧구한 경우

6. 지적측량업자가 제45조에 따른 ⑨무 범위를 위반하여 지적측량을 한 경우

10. 제51조를 위반하여 ㉪험가입 등 필요한 조치를 하지 아니한 경우

9. 지적측량업자가 제50조(㉚실의무)를 위반한 경우

제50조(지적측량수행자의 성실의무 등)

① 지적측량수행자(소속 지적기술자를 포함한다. 이하 이 조에서 같다)는 신의와 성실로써 공정하게 지적측량을 하여야 하며, 정당한 사유 없이 지적측량 신청을 거부하여서는 아니 된다.

② 지적측량수행자는 본인, 배우자 또는 직계 존속·비속이 소유한 토지에 대한 지적측량을 하여서는 아니 된다.

③ 지적측량수행자는 제106조제2항에 따른 지적측량수수료 외에는 어떠한 명목으로도 그 업무와 관련된 대가를 받으면 아니 된다.

---

3. 정당한 사유 없이 측량업의 등록을 한 날부터 1년 이내에 영업을 시작하지 아니하거나 계속하여 1년 이상 ㉚업한 경우

5. 제44조제4항을 위반하여 측량업 등록사항의 ㉪경신고를 하지 아니한 경우

12. 제52조제3항에 따른 임원의 직무정지 명령을 이행하지 아니한 경우

2. 측량업 등록 취소 [암기] ㉚㉙㉚㉚ ㉗㉙㉗

11. ㉚업정지기간 중에 계속하여 영업을 한 경우

4. 제44조제2항에 따른 등록기준에 ㉙달하게 된 경우. 다만, 일시적으로 등록기준에 미달되는 등 대통령령으로 정하는 경우는 제외한다.

15. 「국가기술자격법」 제15조제2항을 위반하여 측량업자가 측량기술자의 국가기술자격증을 ㉘여 받은 사실이 확인된 경우

8. 제49조제1항을 위반하여 다른 사람에게 자기의 측량업등록증 또는 측량업등록수첩을 빌려주거나 자기의 성명 또는 상호를 사용하여 측량업무를 하게 한 경우

7. 제47조(측량업등록의 ㉙격사유) 각 호의 어느 하나에 해당하게 된 경우. 다만, 측량업자가 같은 조 제5호에 해당하게 된 경우로서 그 사유가 발생한 날부터 3개월 이내에 그 사유를 해소한 경우는 제외한다.

> **제47조(측량업등록의 결격사유)** 다음 각 호의 어느 하나에 해당하는 자는 측량업의 등록을 할 수 없다.
> 1. 피성년후견인 또는 피한정후견인
> 2. 이 법이나 「국가보안법」 또는 「형법」 제87조부터 제104조까지의 규정을 위반하여 금고 이상의 실형을 선고받고 그 집행이 끝나거나(집행이 끝난 것으로 보는 경우를 포함한다) 집행이 면제된 날부터 2년이 지나지 아니한 자
> 3. 이 법이나 「국가보안법」 또는 「형법」 제87조부터 제104조까지의 규정을 위반하여 금고 이상의 형의 집행유예를 선고받고 그 집행유예기간 중에 있는 자
> 4. 제52조에 따라 측량업의 등록이 취소(제47조제1호에 해당하여 등록이 취소된 경우는 제외한다)된 후 2년이 지나지 아니한 자
> 5. 임원 중에 제1호부터 제4호까지의 어느 하나에 해당하는 자가 있는 법인

2. ㉠짓이나 그 밖의 ㉫정한 방법으로 측량업의 등록을 한 경우

14. 다른 행정기관이 관계 법령에 따라 등록㉣소를 요구한 경우

② 측량업자의 지위를 승계한 상속인이 제47조에 따른 측량업등록의 결격사유에 해당하는 경우에는 그 결격사유에 해당하게 된 날부터 6개월이 지난 날까지는 제1항제7호를 적용하지 아니한다.

③ 국토교통부장관, 시·도지사 또는 대도시장은 측량업자가 제47조제5호에 해당하게 된 경우에는 같은 조 제1호부터 제4호까지의 어느 하나에 해당하는 임원의 직무를 정지하도록 해당 측량업자에게 명할 수 있다.

④ 국토교통부장관, 시·도지사 또는 대도시장은 제1항에 따라 측량업등록을 취소하거나 영업정지의 처분을 하였으면 그 사실을 공고하여야 한다.

⑤ 측량업등록의 취소 및 영업정지 처분에 관한 세부 기준은 국토교통부령으로 정한다.

3. 등록취소 등의 처분 후 측량업자의 업무 수행 등(제53조)

① 등록취소 또는 영업정지 처분을 받거나 제48조에 따라 폐업신고를 한 측량업자 및 그 포괄승계인은 그 처분 및 폐업신고 전에 체결한 계약에 따른 측량업무를 계속 수행할 수 있다. 다만, 등록취소 또는 영업정지 처분을 받은 지적측량업자나 그 포괄승계인의 경우에는 그러하지 아니하다.

② 제1항에 따른 측량업자 또는 포괄승계인은 등록취소 또는 영업정지 처분을 받은 사실을 지체 없이 해당 측량의 발주자에게 알려야 한다.

③ 제1항에 따라 측량업무를 계속하는 자는 그 측량이 끝날 때까지 측량업자로 본다.

④ 측량의 발주자는 특별한 사유가 있는 경우를 제외하고는 그 측량업자로부터 제2항에 따른 통지를 받거나 등록취소 또는 영업정지의 처분이 있은 사실을 안 날부터 30일 이내에만 그 측량에 관한 계약을 해지할 수 있다.

■ 공간정보의 구축 및 관리 등에 관한 법률 시행규칙 [별표 4] 〈개정 2010.6.17.〉

측량업의 등록취소 또는 영업정지 처분의 기준(제53조 관련)

1. 일반 기준
   가. 위반행위의 횟수에 따른 행정처분의 기준은 최근 3년간 같은 위반행위로 행정처분을 받은 경우에 적용한다. 이 경우 행정처분의 기준 적용은 같은 위반행위에 대한 행정처분일과 그 처분 후의 재적발일을 기준으로 한다.
   나. 위반행위가 둘 이상인 경우로서 그에 해당하는 각각의 처분기준이 다른 경우에는 그중 무거운 처분기준에 따른다. 다만, 둘 이상의 처분기준이 모두 영업정지인 경우에는 각 처분기준을 합산한 기간을 넘지 아니하는 범위에서 무거운 처분기준의 2분의 1의 범위까지 가중하되, 그 가중한 기간을 합산한 기간은 6개월을 초과할 수 없다.
   다. 가목 및 나목에 따른 행정처분이 영업정지인 경우에는 고의나 중대한 과실 여부 또는 공중에 미치는 피해의 규모 등 위반행위의 동기 · 내용 및 위반의 정도 등을 고려하여 그 처분기준의 2분의 1의 범위에서 가중하거나 감경할 수 있다. 이 경우 그 가중한 기간을 합산한 기간은 6개월을 초과할 수 없다.

2. 개별 기준 `암기` ⓒ과 ⓢⓐⓟ ⓑⓢⓞⓥ취

위반행위	해당 법조문	행정처분기준		
		1차 위반	2차 위반	3차 위반
가. ⓒ의로 측량을 부정확하게 한 경우	법 제52조제1항제1호	등록취소	–	–
나. ⓟ실로 측량을 부정확하게 한 경우	법 제52조제1항제1호	영업정지 4개월	등록취소	–
아. 지적측량업자가 법 제106조제2항에 따른 지적측량ⓢ수료를 같은 조 제3항에 따라 고시한 금액보다 과다 또는 과소하게 받은 경우	법 제52조제1항제12호	영업정지 3개월	영업정지 6개월	등록취소
자. 다른 행정기관이 관계 법령에 따라 영업정지를 ⓐ구한 경우	법 제52조제1항제13호	영업정지 3개월	영업정지 6개월	등록취소
마. 지적측량업자가 법 제45조의 ⓟ무범위를 위반하여 지적측량을 한 경우	법 제52조제1항제6호	영업정지 3개월	영업정지 6개월	등록취소
사. 법 제51조를 위반해서 ⓑ험가입 등 필요한 조치를 하지 않은 경우	법 제52조제1항제10호	영업정지 2개월	영업정지 6개월	등록취소
바. 지적측량업자가 법 제50조에 따른 ⓢ실의무를 위반한 경우	법 제52조제1항제9호	영업정지 1개월	영업정지 3개월	영업정지 6개월 또는 등록취소
다. 정당한 사유 없이 측량업의 등록을 한 날부터 1년 이내에 영업을 시작하지 아니하거나 계속하여 1년 이상 ⓗ업한 경우	법 제52조제1항제3호	경고	영업정지 6개월	등록취소

위반행위	해당 법조문	행정처분기준		
		1차 위반	2차 위반	3차 위반
라. 법 제44조제4항을 위반해서 측량업 등록사항의 ⓗ경신고를 하지 아니한 경우	법 제52조제1항제5호	경고	영업정지 3개월	등록취소
차. 다른 행정기관이 관계 법령에 따라 등록ⓐ소를 요구한 경우	법 제52조제1항제13호	등록취소	–	–

예제 15

다음 중 측량업자의 위반행위에 따른 행정처분에 기준에 대한 설명으로 옳지 않은 것은?

(11년서울시9)

① 지적측량업자가 업무범위를 위반하여 지적측량을 한 경우 1차 위반 시 영업정지 3개월, 2차 위반 시 영업정지 6개월, 3차 위반 시 등록취소

② 지적측량업자가 성실의무를 위반한 경우 1차 위반 시 영업정지 1개월, 2차 위반 시 영업정지 3개월, 3차 위반 시 영업정지 6개월 또는 등록취소

③ 보험가입 등 필요한 조치를 하지 않은 경우 1차 위반 시 영업정지 2개월, 2차 위반 시 영업정지 6개월, 3차 위반 시 등록취소

④ 지적측량업자가 지적측량수수료를 고시한 금액보다 과다 또는 과소하게 받은 경우 1차 위반 시 영업정지 3개월, 2차 위반 시 영업정지 6개월, 3차 위반 시 등록취소

⑤ 측량업 등록사항의 변경신고를 하지 아니한 경우 1차 위반 시 영업정지 3개월, 2차 위반 시 영업정지 6개월, 3차 위반 시 등록취소

 ⑤

2장 지적재조사에 관한 특별법

(약칭 : 지적재조사법)
[시행 2022.1.13.] [법률 제17893호, 2021.1.12., 타법개정]

SECTION 01 **총칙**

1. 목적(제1조)

이 법은 토지의 실제 현황과 일치하지 아니하는 지적공부(地籍公簿)의 등록사항을 바로 잡고 종이에 구현된 지적(地籍)을 디지털 지적으로 전환함으로써 국토를 효율적으로 관리함과 아울러 국민의 재산권 보호에 기여함을 목적으로 한다.

2. 정의(제2조)

지적공부	"지적공부"란 「공간정보의 구축 및 관리 등에 관한 법률」 제2조제19호["지적공부"란 토지대장, 임야대장, 공유지연명부, 대지권등록부, 지적도, 임야도 및 경계점좌표등록부 등 지적측량 등을 통하여 조사된 토지의 표시와 해당 토지의 소유자 등을 기록한 대장 및 도면(정보처리시스템을 통하여 기록·저장된 것을 포함한다)을 말한다]에 따른 지적공부를 말한다.
지적재조사사업	"지적재조사사업"이란 「공간정보의 구축 및 관리 등에 관한 법률」 제71조(토지대장 등의 등록사항)부터 제72조(지적도 등의 등록사항), 제73조(경계점좌표등록부의 등록사항)까지의 규정에 따른 지적공부의 등록사항을 조사·측량하여 기존의 지적공부를 디지털에 의한 새로운 지적공부로 대체함과 동시에 지적공부의 등록사항이 토지의 실제 현황과 일치하지 아니하는 경우 이를 바로 잡기 위하여 실시하는 국가사업을 말한다.
지적재조사지구	"지적재조사지구"란 지적재조사사업을 시행하기 위하여 제7조(지적재조사지구의 지정) 및 제8조(지적재조사지구 지정고시)에 따라 지정·고시된 지구를 말한다.
토지현황조사 암기 소지목적 계표는 지하공간에서	"토지현황조사"란 지적재조사사업을 시행하기 위하여 필지별로 ㋛유자, ㋨번, 지㋱, 면㋨, 경㋞ 또는 좌㋞, ㋨상건축물 및 지㋩건축물의 위치, 개별㋟시지가 등을 조사하는 것을 말한다. 1. ㋠㋢에 관한 사항　　　　2. ㋐㋦물에 관한 사항 3. 토지㋑㋧계획에 관한 사항　　4. 토지이용 ㋩㋧ 및 건축물 현황 5. 지하㋝㋤물(지하구조물) 등에 관한 사항 6. 그 밖에 국토교통부장관이 토지현황조사와 관련하여 필요하다고 인정하는 사항

지적소관청	"지적소관청"이란 「공간정보의 구축 및 관리 등에 관한 법률」 제2조제18호[지적공부를 관리하는 특별자치시장, 시장(「제주특별자치도 설치 및 국제자유도시 조성을 위한 특별법」 제10조제2항에 따른 행정시의 시장을 포함하며, 「지방자치법」 제3조제3항에 따라 자치구가 아닌 구를 두는 시의 시장은 제외한다)·군수 또는 구청장(자치구가 아닌 구의 구청장을 포함한다)을 말한다]에 따른 지적소관청을 말한다.

예제 01

지적재조사사업에 관련된 설명으로 옳지 않은 것은?   (15년서울시9)

① 지적공부의 등록사항과 일치하지 않는 토지의 실제 현황을 바로 잡기 위한 사업이다.

② 종이에 구현된 지적을 디지털 지적으로 전환하기 위한 사업이다.

③ 국토를 효율적으로 관리하기 위해 추진되는 사업이다.

④ 국민의 재산권을 보호해주기 위해 추진되는 국가사업이다.

정답 ①

예제 02

지적재조사사업에 대한 설명으로 옳지 않은 것은?   (17년지방직9)

① 토지의 실제 현황과 일치하지 아니하는 지적공부의 등록사항을 바로 잡는다.

② 도로와 건물 등에 도로명 및 건물번호를 부여한다.

③ 종이에 구현된 지적을 디지털 지적으로 전환한다.

④ 국토를 효율적으로 관리함과 아울러 국민의 재산권 보호에 기여함을 목적으로 한다.

정답 ②

SECTION 02 지적재조사사업의 시행

1 기본계획의 수립 등

1. 기본계획의 수립(제4조) [암기] [규][연][인][방]기 [시][도]해라 [표][준][교][육][연][구][개][발]

국토교통부장관은 지적재조사사업을 효율적으로 시행하기 위하여 다음 각 호의 사항이 포함된 지적재조사사업에 관한 기본계획(이하 "기본계획"이라 한다)을 수립하여야 한다. 〈개정 2021.1.12.〉

수립	1. 지적재조사사업의 시행기간 및 [규]모 2. 지적재조사사업비의 [연]도별 집행계획 3. 지적재조사사업에 필요한 [인]력의 확보에 관한 계획 4. 지적재조사사업에 관한 기본[방]향 5. 지적재조사사업비의 특별시 · 광역시 · 도 · 특별자치도 · 특별자치시 및 「지방자치법」 제198조에 따른 대도시로서 구(區)를 둔 시(이하 "[시] · [도]"라 한다)별 배분 계획 〈개정 2021.1.12.〉 6. 그 밖에 지적재조사사업의 효율적 시행을 위하여 필요한 사항으로서 **대통령령으로 정하는 사항** 시행령 제2조(기본계획의 수립 등) 1. 디지털 지적(地籍)의 운영 · 관리에 필요한 [표][준]의 제정 및 그 활용 2. 지적재조사사업의 효율적 추진을 위하여 필요한 [교][육] 및 [연][구] · [개][발] 3. 그 밖에 국토교통부장관이 법 제4조제1항에 따른 지적재조사사업에 관한 기본계획(이하 "기본계획"이라 한다)의 수립에 필요하다고 인정하는 사항
수립절차	① 국토교통부장관은 기본계획을 수립할 때에는 미리 공청회를 개최하여 관계 전문가 등의 의견을 들어 기본계획안을 작성하고, 특별시장 · 광역시장 · 도지사 · 특별자치도지사 · 특별자치시장 및 「지방자치법」 제198조에 따른 대도시로서 구를 둔 시의 시장(이하 "시 · 도지사"라 한다)에게 그 안을 송부하여 의견을 들은 후 제28조에 따른 중앙지적재조사위원회의 심의를 거쳐야 한다. 〈개정 2021.1.12.〉 ② 시 · 도지사는 제1항에 따라 기본계획안을 송부받았을 때에는 이를 지체 없이 지적소관청에 송부하여 그 의견을 들어야 한다. ③ 지적소관청은 제2항에 따라 기본계획안을 송부받은 날부터 20일 이내에 시 · 도지사에게 의견을 제출하여야 하며, 시 · 도지사는 제1항에 따라 기본계획안을 송부받은 날부터 30일 이내에 지적소관청의 의견에 자신의 의견을 첨부하여 국토교통부장관에게 제출하여야 한다. 이 경우 기간 내에 의견을 제출하지 아니하면 의견이 없는 것으로 본다. ④ 제1항부터 제3항까지의 규정은 기본계획을 변경할 때에도 적용한다. 다만, 대통령령으로 정하는 경미한 사항을 변경할 때에는 제외한다. 1. 다음 각 목의 요건을 모두 충족하는 토지로서 기본계획에 반영된 전체 지적재조사사업 대상 토지의 증감 가. 필지의 100분의 20 이내의 증감 나. 면적의 100분의 20 이내의 증감 2. 지적재조사사업 총사업비의 처음 계획 대비 100분의 20 이내의 증감 ⑤ 국토교통부장관은 기본계획을 수립하거나 변경하였을 때에는 이를 관보에 고시하고 시 · 도지사에게 통지하여야 하며, 시 · 도지사는 이를 지체 없이 지적소관청에 통지하여야 한다. ⑥ 국토교통부장관은 기본계획이 수립된 날부터 5년이 지나면 그 타당성을 다시 검토하고 필요하면 이를 변경하여야 한다.

예제 03

지적재조사사업의 시행에 있어 기본계획 수립 내용으로 가장 옳지 않은 것은? (18년서울시9)

① 지적재조사사업에 관한 기본방향

② 지적재조사사업비의 지적소관청별 배분 계획

③ 지적재조사사업비의 연도별 집행계획

④ 지적재조사사업에 필요한 인력의 확보에 관한 계획

[정답] ②

예제 04

「지적재조사에 관한 특별법」 상 지적재조사사업에 관한 기본계획의 수립과 관련한 사항으로 가장 옳지 않은 것은? (22년2월서울시9)

① 지적재조사사업에 필요한 인력의 확보에 관한 계획

② 국토교통부장관은 기본계획이 수립된 날부터 3년이 지나면 그 타당성을 다시 검토하고 필요하면 이를 변경해야 함

③ 지적재조사사업비의 연도별 집행계획

④ 지적재조사사업의 시행기간 및 규모

[정답] ②

2. 시 · 도종합계획의 수립(제4조의2) [암기] [추][소][세][교][사][연][인]

시 · 도지사는 기본계획을 토대로 다음 각 호의 사항이 포함된 지적재조사사업에 관한 종합계획(이하 "시 · 도종합계획"이라 한다)을 수립하여야 한다.

수립	1. 지적재조사사업비의 연도별 [추]산액 2. 지적재조사사업비의 지적[소]관청별 배분 계획 3. 지적재조사사업 지정의 [세]부기준 4. 지적재조사사업의 [교]육과 홍보에 관한 사항 5. 그 밖에 시 · 도의 지적재조[사]사업을 위하여 필요한 사항 6. 지적재조사사업의 [연]도별 · 지적소관청별 사업량 7. 지적재조사사업에 필요한 [인]력의 확보에 관한 계획
수립절차	① 시 · 도지사는 시 · 도종합계획을 수립할 때에는 시 · 도종합계획안을 지적소관청에 송부하여 의견을 들은 후 제29조에 따른 시 · 도 지적재조사위원회의 심의를 거쳐야 한다. ② 지적소관청은 제1항에 따라 시 · 도종합계획안을 송부받았을 때에는 송부받은 날부터 14일 이내에 의견을 제출하여야 한다. 이 경우 기간 내에 의견을 제출하지 아니하면 의견이 없는 것으로 본다. ③ 시 · 도지사는 시 · 도종합계획을 확정한 때에는 지체 없이 국토교통부장관에게 제출하여야 한다. ④ 국토교통부장관은 제3항에 따라 제출된 시 · 도종합계획이 기본계획과 부합되지 아니할 때에는 그 사유를 명시하여 시 · 도지사에게 시 · 도종합계획의 변경을 요구할 수 있다. 이 경우 시 · 도지사는 정당한 사유가 없으면 그 요구에 따라야 한다.

수립절차	⑤ 시 · 도지사는 시 · 도종합계획이 수립된 날부터 5년이 지나면 그 타당성을 다시 검토하고 필요하면 변경하여야 한다. ⑥ 제1항부터 제4항까지의 규정은 제5항에 따라 시 · 도종합계획을 변경할 때에도 적용한다. 다만, 대통령령으로 정하는 **경미한 사항을 변경**할 때에는 그러하지 아니하다. 시행령 제3조의2(시 · 도종합계획의 경미한 변경) 1. 다음 각 목의 요건을 모두 충족하는 토지로서 법 제4조의2제1항에 따른 시 · 도종합계획(이하 "시 · 도종합계획"이라 한다)에 반영된 전체 지적재조사사업 대상 토지의 증감 가. 필지의 100분의 20 이내의 증감 나. 면적의 100분의 20 이내의 증감 2. 시 · 도종합계획에 반영된 지적재조사사업 총사업비의 처음 계획 대비 100분의 20 이내의 증감 ⑦ 시 · 도지사는 시 · 도종합계획을 수립하거나 변경하였을 때에는 시 · 도의 공보에 고시하고 지적소관청에 통지하여야 한다. ⑧ 시 · 도종합계획의 작성 기준, 작성 방법, 그 밖에 시 · 도종합계획의 수립에 관한 세부적인 사항은 국토교통부장관이 정한다.

예제 05

「지적재조사에 관한 특별법」상 지적재조사사업 시행을 위해 수립하는 시 · 도종합계획에 대한 설명으로 가장 옳지 않은 것은? (21년서울7)

① 시 · 도지사는 기본계획을 토대로 시 · 도종합계획을 수립하여야 하며, 시 · 도종합계획의 작성 기준, 작성 방법, 그 밖에 시 · 도종합계획의 수립에 관한 세부적인 사항은 시 · 도지사가 정한다.

② 시 · 도지사는 시 · 도종합계획을 수립할 때에는 시 · 도 종합계획안을 지적소관청에 송부하여 의견을 들은 후 시 · 도지적재조사위원회의 심의를 거쳐야 한다.

③ 시 · 도지사로부터 시 · 도종합계획안을 송부받은 지적 소관청은 송부받은 날부터 14일 이내에 의견을 제출하여야 한다.

④ 시 · 도지사는 시 · 도종합계획이 수립된 날부터 5년이 지나면 그 타당성을 검토하여야 한다.

[정답] ①

3. 실시계획의 수립(제6조) [암기] [홍][명][위][현][추][시][사][기][사][시][측][시]

수립	① 지적소관청은 시 · 도종합계획을 통지받았을 때에는 다음 각 호의 사항이 포함된 지적재조사사업에 관한 실시계획(이하 "실시계획"이라 한다)을 수립하여야 한다. 1. 지적재조사사업의 시행에 따른 [홍]보 2. 지적재조사지구의 [명]칭 3. 지적재조사지구의 [위]치 및 면적 4. 지적재조사지구의 [현]황 5. 지적재조사사업비의 [추]산액 6. 지적재조사사업의 [시]행자 7. 토지현황조[사]에 관한 사항

수립	8. 지적재조사사업의 시행시기 및 ㉠간 9. 그 밖에 지적소관청이 법 제6조제1항에 따른 지적재조사㉚업에 관한 실시계획(이하 "실시계획"이라 한다)의 수립에 필요하다고 인정하는 사항 10. 지적재조사사업의 ㉛행에 관한 세부계획 11. 지적재조사㉤량에 관한 시행계획 12. 지적소관청은 실시계획을 수립할 때에는 ㉚ · 도종합계획과 연계되도록 하여야 한다.
공람	② 지적소관청은 실시계획 수립내용을 30일 이상 주민에게 공람하여야 한다. 이 경우 지적소관청은 공람기간 내에 지적재조사지구 토지소유자와 이해관계인에게 실시계획 수립내용을 서면으로 통보한 후 주민설명회를 개최하여야 한다. 〈신설 2020.12.22.〉 ③ 지적재조사지구에 있는 토지소유자와 이해관계인은 주민 공람기간에 지적소관청에 의견을 제출할 수 있으며, 지적소관청은 제출된 의견이 타당하다고 인정할 때에는 이를 반영하여야 한다. 〈신설 2020.12.22.〉 ④ 지적소관청은 실시계획에 포함된 필지는 지적재조사예정지구임을 지적공부에 등록하여야 한다. 〈신설 2020.12.22.〉 ⑤ 실시계획의 작성 기준 및 방법은 국토교통부장관이 정한다. 〈개정 2013.3.23., 2020.12.22.〉
수립절차 (지적재조사업무규정 제5조)	① 지적소관청은 실시계획 수립을 위하여 당해 지적재조사지구의 토지소유 현황 · 주택의 현황, 토지의 이용 상황 등을 조사하여야 한다. ② 지적재조사지구에 대한 기초조사는 공간정보 및 국토정보화사업의 추진에 따라 토지이용 · 건축물 등에 대하여 전산화된 자료와 각종 문헌이나 통계자료를 충분히 활용하도록 하며, 기초조사 항목과 조사내용은 다음과 같다. | 조사항목	조사내용	비고
---	---	---
위치와 면적	지적재조사지구의 위치와 면적	지적도 및 지형도
건축물	유형별 건축물(단독, 공동 등)	건축물대장
용도별 분포	용도지역 · 지구 · 구역별 면적	토지이용계획자료
토지 소유현황	국유지, 공유지, 사유지 구분	토지(임야)대장
개별공시지가현황	지목별 평균지가	지가자료
토지의 이용상황	지목별 면적과 분포	토지대장	 ③ 지적재조사지구의 토지면적은 토지대장 및 임야대장에 의한 면적으로 한다. 다만, 지적재조사지구를 지나는 도로 · 구거 · 하천 등 국 · 공유지는 실시계획 수립을 위한 지적도면에서 지적재조사지구로 포함되는 부분을 산정한 면적으로 한다. ④ 지적소관청이 지적재조사 사업을 시행하기 위하여 수립한 실시계획이 법 제7조제7항에 따라 시 · 도지사의 지적재조사지구 변경고시가 있는 때에는 고시된 날로부터 10일 이내에 실시계획을 변경하고, 30일 이상 주민에게 공람공고를 하는 등 후속조치를 하여야 한다. 다만, 법 제7조제7항 단서에 따라 시행령에서 정하는 경미한 사항을 변경할 때에는 제외한다.
주민설명회 (지적재조사업무규정 제6조)	① 지적소관청은 작성된 실시계획에 대하여 해당 토지소유자와 이해관계인 및 지역 주민들이 참석하는 주민설명회를 개최하고, 실시계획을 별지 제1호서식에 따라 30일 이상 공람공고를 하여 의견을 청취하여야 하며, 주민설명회를 개최할 때에는 실시계획 수립 내용을 해당 지적재조사지구 토지소유자와 이해관계인에게 서면으로 통보한 후 설명회 개최예정일 14일 전까지 다음 각 호의 사항을 게시판에 게시하여야 한다.

주민설명회 (지적재조사 업무규정 제6조) [암기] [목][장]은 [개]가[필]요[사][적] [추][진][협][성][의] [제][조][정]이 [필]	1. 주민설명회 개최[목]적 2. 주민설명회 개최 일시 및 [장]소 3. 실시계획의 [개]요 4. 그 밖에 [필]요한 사항 ② 주민설명회에는 다음 각 호의 사항을 설명 내용에 포함시켜야 한다. 1. 지적재조사[사]업의 목[적] 및 지구 선정배경 2. 사업[추][진]절차 3. 토지소유자[협]의회의 구[성] 및 역할 4. 지적재조사지구지정신청동[의]서 [제]출 방법 5. 토지현황[조]사 및 경계설[정]에 따른 주민 협조사항 6. 그 밖에 주민설명회에 [필]요한 사항 등 ③ 주민설명회는 주민의 편의를 고려하여 지적재조사지구를 둘 이상으로 나누어 실시할 수 있다. ④ 지적재조사지구에 있는 토지소유자와 이해관계인이 실시계획 수립에 따른 의견서를 제출하는 때에는 별지 제2호서식에 따른다. ⑤ 지적소관청은 주민설명회 개최 등을 통하여 제출된 의견은 면밀히 검토하여 제출된 의견이 타당하다고 인정될 때에는 이를 실시계획에 반영하여야 하며, 제출된 의견은 조치결과, 미조치사유 등 의견청취결과 요지를 지적재조사지구 지정을 신청할 때에 첨부하여야 한다.

예제 06

「지적재조사업무규정」상 지적재조사지구에 대한 기초조사 항목과 조사내용을 옳지 않게 짝지은 것은? (22년2월서울시9)

	조사항목	조사내용
①	건축물	유형별 건축물(단독, 공동 등)
②	용도별 분포	국유지, 공유지, 사유지 구분
③	위치와 면적	사업지구의 위치와 면적
④	토지의 이용상황	지목별 면적과 분포

[정답] ②

4. 지적재조사사업의 시행자(제5조) [암기] [사][수][명] [위][면] [측][조]

시행	① 지적재조사사업은 지적소관청이 시행한다. ② 지적소관청은 지적재조사사업의 측량 · 조사 등을 제5조의2에 따른 책임수행기관에 위탁할 수 있다. 〈개정 2020.12.22.〉 ③ 지적소관청이 지적재조사사업의 측량 · 조사 등을 책임수행기관에 위탁한 때에는 대통령령으로 정하는 바에 따라 이를 고시하여야 한다. 〈개정 2020.12.22.〉

책임수행 기관의 지정 등 (법 제5조의2)	① 국토교통부장관은 지적재조사사업의 측량·조사 등의 업무를 전문적으로 수행하는 책임 수행기관을 지정할 수 있다. ② 국토교통부장관은 제1항에 따라 지정된 책임수행기관이 거짓 또는 부정한 방법으로 지 정을 받거나 업무를 게을리하는 등 대통령령으로 정하는 사유가 있는 때에는 그 지정을 취소할 수 있다. ③ 국토교통부장관은 제1항에 따른 책임수행기관을 지정·지정취소할 때에는 대통령령으 로 정하는 바에 따라 이를 고시하여야 한다. ④ 그 밖에 책임수행기관의 지정·지정취소 및 운영 등에 필요한 사항은 대통령령으로 정한다. [본조신설 2020.12.22.]
책임수행 기관지정 (규칙 제2조)	① 「지적재조사에 관한 특별법 시행령」(이하 "영"이라 한다) 제4조의3제1항에 따른 지정신 청서는 별지 제1호서식의 지적재조사사업 책임수행기관 지정신청서에 따른다. ② 국토교통부장관은 제1항에 따른 지정신청서를 받은 때에는 「전자정부법」 제36조제1항 에 따른 행정정보의 공동이용을 통하여 법인 등기사항증명서를 확인해야 한다. 다만, 신 청인이 해당 서류의 확인에 동의하지 않은 경우에는 해당 서류를 첨부하도록 해야 한다. ③ 국토교통부장관은 「지적재조사에 관한 특별법」(이하 "법"이라 한다) 제5조의2제1항에 따라 책임수행기관을 지정한 때에는 별지 제1호의2서식의 지적재조사사업 책임수행기 관 지정서를 발급해야 한다
책임수행 기관의 지정 요건 등 (영 제4조의2)	① 국토교통부장관은 법 제5조의2제1항에 따라 사업범위를 전국으로 하는 책임수행기관을 지정하거나 인접한 2개 이상의 특별시·광역시·도·특별자치도·특별자치시를 묶은 권역별로 책임수행기관을 지정할 수 있다. ② 법 제5조의2제1항에 따른 책임수행기관의 지정대상은 다음 각 호에 해당하는 자로 한다. 　1. 「국가공간정보 기본법」 제12조에 따른 한국국토정보공사(이하 "한국국토정보공 　　사"라 한다) 　2. 다음 각 목의 기준을 모두 충족하는 자 　　가. 「민법」 또는 「상법」에 따라 설립된 법인일 것 　　나. 지적재조사사업을 전담하기 위한 조직과 측량장비를 갖추고 있을 것 　　다. 「공간정보의 구축 및 관리 등에 관한 법률」 제39조에 따른 측량기술자(지적분 　　　야로 한정한다) 1,000명(제1항에 따라 권역별로 책임수행기관을 지정하는 경 　　　우에는 권역별로 200명) 이상이 상시 근무할 것 ③ 책임수행기관의 지정기간은 5년으로 한다.
책임수행 기관의 지정절차 (영 제4조의3)	① 법 제5조의2제1항에 따른 지정을 받으려는 자는 국토교통부령으로 정하는 지정신청서에 다음 각 호의 서류를 첨부하여 국토교통부장관에게 제출해야 한다. 　1. 사업계획서 　2. 제4조의2제2항에 따른 지정 기준을 충족했음을 증명하는 서류 ② 제1항에 따른 지정신청을 받은 국토교통부장관은 다음 각 호의 사항을 고려하여 지정 여 부를 결정한다. 　1. 사업계획의 충실성 및 실행가능성 　2. 지적재조사사업을 전담하기 위한 조직과 측량장비의 적정성 　3. 기술인력의 확보 수준 　4. 지적재조사사업의 조속한 이행 필요성

책임수행 기관의 지정절차 (영 제4조의3)	③ 국토교통부장관은 제1항에 따른 지정신청이 없거나 제4조의2제2항제2호에 해당하는 자의 지정신청을 검토한 결과 적합한 자가 없는 경우에는 한국국토정보공사를 책임수행기관으로 지정할 수 있다. ④ 국토교통부장관은 책임수행기관을 지정한 경우에는 이를 관보 및 인터넷 홈페이지에 공고하고 시·도지사 및 신청자에게 통지해야 한다. 이 경우 시·도지사는 이를 지체 없이 지적소관청에 통보해야 한다. [본조신설 2021.6.8.]
책임수행 기관의 지정취소 (영 제4조의4)	① 국토교통부장관은 법 제5조의2제2항에 따라 책임수행기관이 다음 각 호의 어느 하나에 해당하는 경우 그 지정을 취소할 수 있다. 다만, 제1호 또는 제2호에 해당하는 경우에는 지정을 취소해야 한다. 1. 거짓이나 부정한 방법으로 지정을 받은 경우 2. 거짓이나 부정한 방법으로 지적재조사·측량업무를 수행한 경우 3. 90일 이상 계속하여 제4조의2제2항제2호에 따른 지정기준에 미달되는 경우 4. 정당한 사유 없이 지적소관청으로부터 위탁받은 업무를 위탁받은 날부터 1개월 이내에 시작하지 않거나 3개월 이상 계속하여 중단한 경우 ② 국토교통부장관은 제1항에 따라 지정을 취소하려는 경우에는 청문을 실시해야 한다. ③ 책임수행기관 지정취소의 공고 및 통지에 관하여는 제4조의3제4항을 준용한다. [본조신설 2021.6.8.]

예제 07

「지적재조사에 관한 특별법 시행령」상 지적재조사 책임 수행기관의 지정요건 및 지정취소에 대한 설명으로 가장 옳은 것은? (22년2월서울시9)

① 책임수행기관의 지정기간은 1년으로 한다.
② 권역별로 책임수행기관을 지정하는 경우에는 권역별로 지적분야 측량기술자 100명 이상이 상시 근무해야 한다.
③ 국토교통부장관은 거짓이나 부정한 방법으로 지적재조사·측량업무를 수행한 경우 책임수행기관 지정을 취소해야 한다.
④ 사업범위를 전국으로 하는 책임수행기관을 지정하는 경우에는 지적분야 측량기술자 500명 이상이 상시 근무해야 한다. 정답 ③

예제 08

「지적재조사에 관한 특별법 시행령」상 책임수행기관의 지정취소 사유 중 의무적 취소사유에 해당하는 것은? (21년서울시7)

① 거짓이나 부정한 방법으로 지적재조사·측량업무를 수행한 경우
② 90일 이상 계속하여 책임수행기관의 지정기준에 미달되는 경우
③ 정당한 사유 없이 지적소관청으로부터 위탁받은 업무를 3개월 이상 계속하여 중단한 경우
④ 정당한 사유 없이 지적소관청으로부터 위탁받은 업무를 위탁받은 날부터 1개월 이내에 시작하지 않는 경우 정답 ①

책임수행 기관의 운영 등 (영 제4조의5)	① 책임수행기관은 법 제5조의2제4항에 따라 매년 다음 연도의 지적재조사사업에 관한 운영계획을 수립하여 11월 30일까지 국토교통부장관에게 제출해야 한다. ② 책임수행기관은 지적재조사사업의 효율적 수행을 위하여 다음 각 호의 업무를 수행해야 한다. 1. 제4조제3항에 따라 지적재조사사업의 일부를 대행하게 한 경우 지적재조사대행자에 대한 다음 각 목의 업무 지원 가. 지적재조사사업을 수행하기 위한 행정지원반 설치 · 운영 나. 경계설정 및 현지조사 등 업무 자문 다. 측량소프트웨어 지원 라. 지적재조사사업 수행에 필요한 기술 지원 2. 지적재조사사업에 관한 연구개발 3. 지적재조사사업 홍보 ③ 국토교통부장관은 책임수행기관에 지적재조사사업 추진실적을 보고하게 할 수 있다. ④ 제1항부터 제3항까지에서 규정한 사항 외에 책임수행기관의 지적재조사사업 수행에 관한 구체적 내용 및 절차 등에 관하여 필요한 사항은 국토교통부장관이 정하여 고시한다. [본조신설 2021.6.8.]
측량 · 조사 위탁에 관한 고시 등 (영 제4조) **암기** ⓐⓢⓜ ⓦⓜⓢⓙ	① 지적소관청은 법 제5조제2항에 따라 법 제5조의2에 따른 책임수행기관(이하 "책임수행기관"이라 한다)에 지적재조사사업의 측량 · 조사 등을 위탁한 때에는 법 제5조제3항에 따라 다음 각 호의 사항을 공보에 고시해야 한다. 〈개정 2020.6.23., 2021.6.8.〉 1. 지적재조ⓐ지구의 명칭 2. 지적측량ⓢ행자의 ⓜ칭 3. 지적재조사지구의 ⓦ치 및 ⓜ적 4. 지적측량수행자가 대행할 ⓢ량 · ⓙ사에 관한 사항 ② 지적소관청은 토지소유자와 책임수행기관에 제1항 각 호의 사항을 통지해야 한다. 〈개정 2021.6.8.〉 ③ 책임수행기관은 제1항에 따라 위탁받은 지적재조사사업의 측량 · 조사 등의 업무 중 다음 각 호의 업무를 「공간정보의 구축 및 관리 등에 관한 법률」 제44조에 따라 지적측량업의 등록을 한 자에게 대행하게 할 수 있다. 〈신설 2021.6.8.〉 1. 법 제10조제1항 및 제2항에 따른 토지현황조사 및 토지현황조사서 작성 2. 법 제11조제1항에 따른 지적재조사측량 중 경계점 측량 및 필지별 면적산정 3. 법 제15조제1항에 따른 임시경계점표지 설치 4. 법 제18조제2항에 따른 경계점표지 설치 ④ 책임수행기관은 제3항 각 호의 업무를 대행하게 한 경우에는 지적소관청에 대행업무를 수행하는 자(이하 "지적재조사대행자"라 한다)의 성명(법인인 경우에는 명칭 및 대표자의 성명을 말한다)과 소재지를 알려야 한다. 〈신설 2021.6.8.〉 ⑤ 제3항에 따른 대행을 위한 계약의 체결방법 · 절차 등에 관하여 필요한 사항은 국토교통부장관이 정하여 고시한다. 〈신설 2021.6.8.〉

책임수행기관 위탁 등 (지적재조사 업무규정 제10조)	① 지적소관청이 법 제5조제3항에 따라 지적재조사사업의 측량·조사 등을 책임수행기관에게 위탁할 경우 별지 제8호서식에 따라 지적소관청 공보에 고시하여야 한다. ② 지적재조사사업의 측량·조사 수수료에 관한 사항은 「지적측량수수료 산정기준 등에 관한 규정」을 따른다. ③ 지적재조사사업의 측량·조사 수수료 산정 필지수는 지적재조사지구 지정 고시일을 기준으로 한다.

예제 09

「지적재조사에 관한 특별법 시행령」상 책임수행기관이 「공간정보의 구축 및 관리 등에 관한 법률」 제44조에 따라 지적측량업의 등록을 한 자에게 대행하게 할 수 있는 업무가 아닌 것은?

(21년서울시7)

① 토지현황조사 및 토지현황조사서 작성
② 지적재조사측량 중 경계점 측량 및 필지별 면적산정
③ 경계점표지 설치
④ 지상경계점등록부 작성

 ④

지적재조사 책임수행기관 운영규정

[시행 2021.6.23.] [국토교통부고시 제2021-879호, 2021.6.18., 제정]

제1장 총 칙

제1조(목적) 이 고시는 「지적재조사에 관한 특별법」 제5조의2, 같은 법 시행령 제4조제5항 및 제4조의5제4항에 따른 지적재조사 책임수행기관의 운영 등에 관한 세부적인 절차를 정함을 목적으로 한다

제2조(적용범위) 이 고시는 「지적재조사에 관한 특별법」(이하 "법"이라 한다), 같은 법 시행령(이하 "영"이라 한다) 및 같은 법 시행규칙(이하 "규칙"이라 한다)에 따라 시행하는 지적재조사사업에 적용한다.

제3조(정의) 이 고시에서 사용하는 용어의 정의는 다음과 같다.

  1. "책임수행기관"이란 영 제4조의2제1항에 따라 국토교통부장관이 지정한 기관 또는 단체를 말한다.

  2. "지적재조사대행자(이하 "대행자"라 한다)"란 영 제4조제3항에 따라 책임수행기관이 위탁받은 지적재조사사업의 측량·조사 등의 업무 중 일부를 대행하여 수행하는 자를 말한다.

제2장 책임수행기관의 지정

제4조(책임수행기관 지정) ① 국토교통부장관은 법 제5조의2제1항에 따른 책임수행기관을 지정하려면 지정신청에 관한 사항을 2주 이상 인터넷 홈페이지 등에 공고하여야 한다.

  ② 국토교통부장관은 영 제4조의3제1항에 따라 책임수행기관 지정 신청이 있는 경우 다음 각 호의 사항을 심사하여 책임수행기관으로 지정할 수 있다.

> 1. 지적재조사 업무를 전문적으로 수행할 수 있는지 여부
> 2. 영 제4조의2제2항제2호에 따른 요건을 충족하는지 여부
> 3. 그 밖에 책임수행기관으로서 적합한지 여부

③ 국토교통부장관은 권역별로 책임수행기관을 지정하려면 이미 지정한 책임수행기관의 권역과 중복되지 않도록 사전에 조정하여야 하며, 권역별로 책임수행기관을 지정한 경우에는 이미 지정하였던 책임수행기관의 권역은 조정에 의해 변경된 것으로 본다.

④ 책임수행기관의 지정 효력은 제5조에 따라 책임수행기관 지정이 취소되거나 새로운 책임수행기관이 지정되기 전까지 지속되는 것으로 본다.

제5조(책임수행기관 지정취소) 국토교통부장관은 영 제4조의4제1항에 따라 다음 각 호의 사항을 심사하여 책임수행기관 지정을 취소할 수 있다.

> 1. 영 제4조의4제1항제3호 또는 제4호의 어느 하나에 해당되는지 여부
> 2. 그 밖에 책임수행기관으로서 원활한 업무수행이 불가능하다고 판단되는 경우

제6조(중앙지적재조사위원회 심의) 제4조 및 제5조에 따라 책임수행기관을 지정하거나 지정취소하려는 경우에는 법 제28조제2항에 따른 중앙지적재조사위원회의 심의·의결을 거쳐야 한다.

제7조(업무 위탁) 지적소관청(「공간정보의 구축 및 관리 등에 관한 법률」 제2조제18호에 따른 지적소관청을 말한다. 이하 같다)은 다음 각 호의 업무를 책임수행기관에게 위탁할 수 있다.

> 1. 법 제10조제1항 및 제2항에 따른 토지현황조사 및 토지현황조사서 작성
> 2. 법 제11조제1항에 따른 지적재조사측량 중 경계점 측량 및 필지별 면적산정
> 3. 법 제14조에 따른 경계설정
> 4. 법 제15조제1항에 따른 임시경계점표지 설치, 같은 조 제2항에 따른 지적확정예정조서 작성, 같은 조 제3항에 따른 경계재설정 및 임시경계점표지 재설치
> 5. 법 제18조제2항에 따른 경계점표지 설치, 경계확정측량 및 지상경계점등록부 작성
> 6. 「지적재조사 측량규정」(이하 "측량규정"이라 한다) 제9조에 따른 지적재조사지구의 내·외 경계 확정
> 7. 측량규정 제14조에 따른 측량성과물 작성

제8조(업무 위탁계약) ① 지적소관청은 제7조에 따라 업무를 책임수행기관에게 위탁하는 경우에는 위탁계약을 체결하여야 한다.

② 제1항에 따른 업무 위탁계약에는 다음 각 호의 사항이 포함되어야 한다.

> 1. 업무 위탁의 목적과 업무 범위
> 2. 사업 주요내용과 위탁수행기간
> 3. 업무 위탁 측량수수료
> 4. 책임수행기관의 의무
> 5. 계약 위반 시의 책임과 조치사항
> 6. 그 밖에 책임수행기관의 운영에 필요한 사항

「지적재조사 책임수행기관 운영규정」[국토교통부고시 제2021-879호, 2021.6.18., 제정]
상 지적재조사 책임수행기관에 대한 사항으로 옳지 않은 것은?

① 책임수행기관은 대행자를 선정하려면 국토교통부장관과 협의하여 국가종합전자조달시스템, 지적재조사행정시스템, 책임수행기관 홈페이지 등에 사업의 개요 등의 사항을 1주 이상 공고하여야 한다.

② 국토교통부장관은 책임수행기관을 지정하려면 지정신청에 관한 사항을 2주 이상 인터넷 홈페이지 등에 공고하여야 한다.

③ 지적소관청은 업무 위탁계약 체결 시 책임수행기관에게 업무 위탁 측량수수료를 지급하여야 한다.

④ 책임수행기관을 지정하거나 지정취소하려는 경우에는 중앙지적재조사위원회의 심의 · 의결을 거쳐야 한다.

정답 ①

제9조(업무 위탁 측량수수료) ① 지적소관청은 업무 위탁계약 체결 시 책임수행기관에게 업무 위탁 측량수수료를 지급하여야 한다.

② 업무 위탁 측량수수료는 실시계획에 포함된 필지 수를 기준으로 산정하며, 규칙 제6조에 따라 지적재조사측량성과 검사가 완료된 때에 지적재조사지구 지정 필지 수를 기준으로 정산한다.

③ 책임수행기관은 제2항에 따른 정산결과 업무 위탁 측량수수료가 남는 경우에는 지적소관청에 반납하여야 하며, 업무 위탁 측량수수료가 부족한 경우에는 지적소관청에 추가 지급을 요청하여야 한다. 다만, 정산결과 필지수의 증감이 100분의 5 이내인 경우에는 그러하지 아니하다.

④ 지적소관청은 제3항에 따른 업무 위탁 측량수수료 정산금액을 국토교통부에 반환하거나 다음 연도의 보조금을 교부받아 지급하여야 한다.

⑤ 제2항부터 제4항까지에서 정한 업무 위탁 측량수수료의 정산금액은 계약체결 당시의 「지적측량수수료 단가산출기준」에 따르며, 업무 위탁 측량수수료의 관리에 관하여는 「보조금 관리에 관한 법률」을 따른다.

제3장 지적재조사대행자의 선정

제10조(대행자 선정 공고) ① 책임수행기관은 대행자를 선정하려면 국토교통부장관과 협의하여 국가종합전자조달시스템, 지적재조사행정시스템, 책임수행기관 홈페이지 등에 다음 각 호의 사항을 2주 이상 공고하여야 한다.

1. 사업의 개요
2. 공모에 따른 신청자격 및 참여조건
3. 공모일정 및 절차
4. 대행자 평가항목 및 배점기준
5. 그 밖에 공모 시행에 필요한 사항 등

② 책임수행기관은 지적소관청별로 대행자를 선정할 수 있으며, 지적소관청이 요청한 경우 구역을 분리하여 공고할 수 있다.

제11조(대행자 참여 신청) ① 대행자로 선정받으려는 자는 별지 제1호서식의 신청서에 다음 각 호의 서류를 첨부하여 지적재조사행정시스템에 참여를 신청하여야 한다.

> 1. 참여업체 일반현황을 증명하는 다음 각 목의 서류
>
>> 가. 지적측량업(변경)등록부
>> 나. 사업자등록증
>> 다. 인ㆍ허가 보증보험증권 사본
>
> 2. 기술인력 및 장비의 보유를 증명하는 다음 각 목의 서류
>
>> 가. 국민건강보험공단 사업장 가입자
>> 나. 지적재조사 교육실적 증명서
>> 다. 시ㆍ도에서 발급하는 측량장비 보유현황
>
> 3. 지적재조사 업무수행 능력을 증명하는 다음 각 목의 서류
>
>> 가. 최근 3년 이내 업무수행 실적
>> 나. 업체 신용도 평가
>> 다. 업무수행계획서 등 그 밖에 업무수행 능력을 증명할 수 있는 자료

② 대행자로 선정받으려는 자는 기술인력이 중복되지 않도록 팀을 구성하여 1개 이상의 지적소관청에 참여 신청을 할 수 있다.

③ 대행자로 선정받으려는 자는 참여를 희망하는 순서대로 지적소관청을 선택할 수 있으며, 그 횟수에는 제한이 없다.

제12조(대행자 평가 및 선정) ① 대행자 평가 및 선정은 책임기술자와 참여기술자로 구성된 각 팀별로 실시한다.

② 대행자 평가는 정량평가 및 정성평가로 구분하며 평가항목별 배점은 별표 1과 같다.

③ 정량평가는 책임수행기관이 평가하며, 정성평가는 지적소관청과 책임수행기관이 별표 2의 기준에 따라 평가한다.

④ 지적소관청은 정성평가 결과를 정해진 기간 내에 책임수행기관에게 통보하여야 하며, 이 경우 지적재조사행정시스템에 그 결과를 입력함으로써 통보에 갈음할 수 있다.

⑤ 대행자 선정에 따른 기간 계산의 기준일은 해당 연도 사업에 대한 대행자 선정 공고일로 한다.

⑥ 대행자 선정방법은 다음 각 호와 같다.

> 1. 지적소관청별로 평가점수가 최고점인 1개의 대행자(팀) 선정
> 2. 최고점인 대행자(팀)가 우선 희망한 지적소관청에서 선정된 경우 차순위 고득점자를 대행자(팀)로 선정
> 3. 동점이 발생한 경우 최근 3년 이내 지적재조사측량 수행실적, 지적측량기술자, 측량장비, 업무수행평가 항목의 고득점 순으로 결정
> 4. 평가점수가 70점 이상이고 부정당업자 및 결격사유가 없을 때에 대행자로 선정

⑦ 제출서류가 불명확하거나 근거자료를 미제출한 경우에는 해당사항이 없는 것으로 간주하여 실격처리할 수 있다.

제13조(평가위원회 구성 · 운영 등) ① 책임수행기관은 제12조에 따라 대행자를 평가하는 경우 대행자 선정 평가위원회(이하 "평가위원회"라 한다)를 구성하여 운영하여야 한다.

② 평가위원회는 광역시 · 도 단위로 위원장 1인과 해당 광역시 · 도 공무원 1인 이상을 포함한 5인 이상 10인 이하의 위원으로 구성하되, 위원장은 제32조제2항제2호에 따른 광역시 · 도 단위조직의 장이 되고, 위원은 학식과 경험이 풍부한 자 중에서 위원장이 지명 또는 위촉한다.

③ 평가위원회는 심사위원 3분의 2 이상 출석으로 개의한다.

④ 평가위원회 위원은 평가 과정에서 알게 된 주요 정보를 누설할 수 없으며, 평가 전에 별지 제2호서식에 따른 청렴서약서를 제출하여야 한다.

⑤ 지적소관청은 제12조제2항의 정성평가를 위해 별도의 평가위원회를 구성하여 운영할 수 있다.

제14조(대행자의 업무 대행) ① 책임수행기관은 대행자가 선정된 경우 영 제4조제3항제1호부터 제4호까지의 업무를 대행하게 할 수 있다. 다만, 제4호에 해당하는 경우 해당 지적소관청 및 대행자와 사전에 협의하여야 한다.

② 다음 각 호의 경우에는 책임수행기관이 지적재조사측량 · 조사를 직접 수행한다.

1. 제19조제1항 및 제2항에 따라 대행계약이 해지된 경우
2. 제30조에 따라 대행자가 완료계를 제출한 이후에 대상토지의 일부가 달라진 경우
3. 대행자가 선정되지 않는 경우

제15조(업무 대행계약) ① 책임수행기관은 선정된 대행자와 업무 대행계약을 체결하여야 한다.

② 제1항에 따른 업무 대행계약에는 다음 각 호의 사항이 포함되어야 한다.

1. 업무 대행의 목적과 업무 범위
2. 사업 주요내용과 업무 대행계약 기간
3. 업무 대행 측량수수료
4. 대행자의 의무
5. 계약 위반 시의 책임과 조치사항
6. 그 밖에 책임수행기관과 대행자가 협의하여 정하는 사항

제16조(업무 대행 측량수수료) ① 책임수행기관은 제30조에 따른 완료계를 제출받은 경우 2주 이내에 대행자에게 업무 대행 측량수수료를 지급하여야 한다.

② 업무 대행 측량수수료의 산정은 제17조에서 정한 업무공정 비율에 따르며, 실시계획에 포함된 필지수를 기준으로 지급한다.

③ 실시계획 변경, 지적재조사지구 미지정 등으로 인하여 사업추진이 중단된 경우 책임수행기관은 대행자가 수행한 기성 부분에 대한 업무 대행 측량수수료를 지급하여야 한다.

제17조(업무공정 비율) 지적재조사 측량 · 조사의 업무공정 비율은 다음 각 호와 같다.

1. 측량규정 제9조에 따른 지적재조사지구의 내·외 경계 확정 : 100분의 8
2. 법 제15조제1항 및 제2항에 따른 임시경계점표지 설치 및 법 제11조제1항에 따른 지적재조사측량 중 경계점 측량 : 100분의 23
3. 법 제11조제1항에 따른 지적재조사측량 중 필지별 면적산정 : 100분의 6
4. 법 제10조제1항 및 제2항에 따른 토지현황조사 및 토지현황조사서 작성 : 100분의 6
5. 법 제14조제1항 및 제2항에 따른 경계설정 : 100분의 21
6. 법 제18조제2항에 따른 경계점표지 설치 : 100분의 5
7. 법 제18조제2항에 따른 경계확정 측량 : 100분의 5
8. 법 제15조제2항에 따른 지적확정예정조서 작성 : 100분의 3
9. 법 제18조제2항에 따른 지상경계점등록부 작성 : 100분의 9
10. 측량규정 제14조에 따른 측량성과물 작성(법 제17조에 따른 이의신청 처리 지원을 포함한다) : 100분의 14

제18조(대행자 관리 등) ① 지적소관청은 대행자 성명(법인인 경우에는 명칭 및 대표자의 성명을 말한다) 및 기술자를 지적재조사행정시스템에 등록하여 관리하여야 한다.

② 대행자는 기술자를 변경하여 업무를 수행하고자 하는 경우 책임수행기관에게 사전에 통보하여야 한다. 이 경우 당초 기술자와 동일 등급 이상의 기술자로 대체하여야 하며, 업무 중첩도가 수행자 선정평가 당시보다 높아지게 할 수 없다.

③ 책임수행기관은 제2항에 따른 기술자 변동 사항을 지체 없이 지적소관청에 알려야 하며, 필요한 경우에는 대행자의 수행인력 및 장비 등을 점검할 수 있다.

④ 책임수행기관은 제3항에 따라 대행자의 수행인력 및 장비 등을 점검한 경우에는 그 결과를 지적소관청 및 대행자에게 통지하여야 한다.

⑤ 지적소관청은 제4항에 따라 통지받은 사항에 대해 필요하다고 인정되는 경우 대행자에게 시정조치를 요구할 수 있다.

⑥ 대행자는 제5항에 따른 시정요구가 있는 경우 지체 없이 시정조치를 하여야 하며, 그 결과를 지적소관청에게 알려야 한다.

제19조(업무 대행계약의 해지) ① 책임수행기관은 대행자의 파산, 해산, 부도, 법정관리, 워크아웃(기업구조조정촉진법에 따라 채권단이 구조조정 대상으로 결정하여 구조조정중인 업체) 등의 사유로 인하여 수행계획 또는 계약의 내용대로 이행이 곤란한 경우에는 업무 대행계약을 해지할 수 있다.

② 책임수행기관은 대행자가 다음 각 호의 어느 하나에 해당하는 경우에는 업무 대행계약을 해지할 수 있다.

1. 제18조제6항에 따른 시정조치에 따르지 않는 경우
2. 정당한 사유 없이 계약을 이행하지 아니하거나 지체하여 이행하는 경우
3. 책임수행기관의 계획·관리 및 조정 등에 협조하지 않아 계약이행이 곤란한 경우

③ 제1항 및 제2항에 따른 해지는 책임수행기관이 14일 이상의 기간을 정하여 대행자에게 업무 대행계약을 해지한다는 내용의 통보를 함으로써 효력이 발생한다.

④ 제3항에 따라 해지의 효력이 발생한 경우 책임수행기관은 대행자가 수행한 기성 부분에 대한 업무 대행 측량수수료를 지급하여야 한다. 다만, 제2항의 경우에는 그러하지 아니하다.

제4장 지적재조사 측량 · 조사 등의 수행

제20조(수행계획 제출) 책임수행기관은 제8조에 따른 위탁계약이 체결되면 해당 지적재조사지구의 토지에 대하여 토지소재, 면적, 측량방법, 작업여건, 측량기간, 인원, 장비 등을 조사 · 검토하여 측량규정 제5조 제1항에 따라 지적재조사측량 수행계획서를 지적소관청에 지체 없이 제출하여야 한다.

제21조(측량 · 조사 등의 착수) 책임수행기관은 제8조에 따른 위탁계약 전이라도 지적소관청이 법 제6조에 따른 실시계획을 수립하면 지체 없이 측량규정 제7조에 따른 지적기준점측량 및 측량규정 제9조에 따른 지적재조사지구의 내 · 외 경계 확정 업무를 착수할 수 있다.

제22조(성과제공) 책임수행기관은 대행자와 업무 대행계약을 체결하면 지체 없이 제21조에 따른 지적기준점측량 및 지적재조사지구의 내 · 외 경계확정 성과를 대행자에게 제공하여야 한다.

제23조(경계조정) 지적소관청과 책임수행기관은 법 제14조에 따라 경계를 설정하고, 토지소유자 및 이해관계인의 합의를 통해 경계를 조정할 수 있다.

제24조(경계점표지 설치) ① 책임수행기관은 제23조에 따른 경계 설정 및 조정을 완료하면 경계점표지를 설치하여야 한다. 이 경우 경계점표지 설치는 제14조제1항 후단에 따라 해당 지적소관청 및 대행자와 사전에 협의하여 대행자에게 대행하게 할 수 있다

제25조(수행기간) ① 책임수행기관은 지적소관청과 위탁계약을 체결한 날부터 해당 연도 12월 31일까지 제7조에 따라 위탁받은 업무를 완료하여야 한다. 다만, 지적소관청과 협의한 경우에는 1년 이내의 범위에서 기간을 연장할 수 있다.

② 대행자는 책임수행기관과 업무 대행계약을 체결한 날부터 별표 3에서 정한 수행기간 내에 제14조에 따라 대행 받은 업무를 완료하여야 한다. 다만, 책임수행기관과 협의한 경우에는 3개월 이내의 범위에서 기간을 연장할 수 있다.

제26조(경계점 측량성과 제출) ① 대행자는 제15조에 따라 대행계약된 업무가 완료되면 지체 없이 측량 · 조사 성과물을 책임수행기관에게 문서와 함께 제출하여야 한다.

② 대행자는 제1항에 따른 측량성과를 책임수행기관과 협의하여 사업지구 또는 지구 내 권역을 구분하여 제출할 수 있다.

제27조(측량성과 검증) ① 책임수행기관은 제26조에 따른 측량성과를 제출 받은 날부터 10일 이내에 성과를 검증하여야 하며, 지적소관청과 협의한 경우에는 10일 이내의 범위에서 기간을 연장할 수 있다.

② 측량성과에 대한 검증은 사업지구 내 관측파일, 현실경계 성과, 임시경계점표지 설치 또는 표식, 토지현황조사서를 대상으로 한다.

③ 제2항에 따른 측량성과 검증방법은 「지적재조사 업무규정」 및 측량규정에 따른다.

제28조(측량성과 검증결과 조치) ① 책임수행기관은 제27조에 따른 측량성과 검증결과 오류를 발견하였을 경우 지적소관청에 문서로 통보하여야 한다.

② 지적소관청은 책임수행기관으로부터 측량성과 오류사항을 통보받으면 현장 확인 등을 통하여 오류 여부를 검사하여야 한다.

③ 지적소관청은 사실관계 확인을 위하여 대행자에게 소명자료 제출을 요청할 수 있다.

④ 지적소관청은 검사결과를 책임수행기관 및 대행자에게 통보하고, 그 결과를 지적재조사행정시스템에 입력하여야 한다.

제29조(업무 대행 완료계 제출) 제27조 및 제28조에 따른 측량성과 검증 및 검증결과 조치가 완료되면 대행자는 별지 제3호서식에 따른 완료계를 책임수행기관에게 제출하여야 한다.

제30조(최종 성과물 납품) 책임수행기관은 모든 지적재조사 측량 · 조사 위탁업무를 완료하였을 때에는 측량규정 제14조에 따라 최종 성과물을 지적소관청에 납품하여야 한다.

제5장 책임수행기관의 운영

제31조(운영계획 수립) ① 책임수행기관은 영 제4조의5제1항에 따른 운영계획을 수립할 경우 지적재조사 측량 · 조사 등의 수행계획, 조직구성, 지원 등의 사항을 포함하여야 한다.

② 국토교통부장관은 책임수행기관이 제출한 운영계획을 검토하여 책임수행기관에게 보완하게 할 수 있다.

제32조(전담조직 운영) ① 책임수행기관은 지적재조사사업을 총괄하는 전담조직과 광역시 · 도 단위조직 및 전담 측량팀을 운영하여야 한다.

② 제1항에 따른 전담조직 등의 역할은 다음 각 호와 같다.

> 1. 총괄 전담조직 : 지적재조사 운영계획 수립, 홍보 등에 관한 사항
> 2. 광역시 · 도 단위조직 : 전담팀 운영, 대행자 관리 등에 관한 사항
> 3. 전담 측량팀 : 지적재조사 수행 등에 관한 사항

제33조(행정 지원) ① 책임수행기관은 원활한 지적재조사 업무 수행을 위해 총괄전담 조직 및 광역시 · 도 단위의 관리 조직에 행정지원반을 설치하여 다음 각 호의 사항을 지원하여야 한다.

> 1. 책임수행기관 및 대행자의 역할에 관한 사항
> 2. 측량성과 작성 등 대행자의 업무수행
> 3. 법령해석에 관한 사항
> 4. 대행자의 애로사항 및 갈등관리 등

② 책임수행기관은 지적재조사 측량 · 조사와 관련되어 지적소관청 또는 대행자에게 제기된 소송 및 민원 대응을 지원하여야 한다.

③ 책임수행기관은 지적소관청과 사전 협의를 통해 지적재조사지구에 대한 무인항공 촬영을 실시하고 정사영상 등을 지적재조사행정시스템에 등록하여 공동 활용하여야 한다. 다만, 「항공안전법」제79조에 따라 항공기의 비행이 제한되는 경우에는 그러하지 아니하다.

제34조(현장 지원) ① 책임수행기관은 대행자의 효율적인 업무 수행을 위하여 경계설정기준 및 현지조사 방법 등을 자문하여야 한다.

② 책임수행기관은 각 지적재조사지구별로 다음 각 호의 역할을 수행하는 지역전문가를 둘 수 있다.

> 1. 토지소유자 간 경계 합의 등 갈등해소 및 중재
> 2. 지적재조사지구 지정 동의서 및 경계설정합의서 징구 지원
> 3. 주민설명회 의견 청취 및 사업 홍보
> 4. 경계결정에 관한 소유자 의견 취합 및 관련 정보 공유

제35조(기술 지원) ① 책임수행기관은 업무 대행계약 기간 동안 대행자에게 측량소프트웨어를 지원하여야 한다.

② 책임수행기관은 대행자의 측량장비, 측량소프트웨어 등의 운용에 관한 기술 지원을 실시하여야 한다.

제36조(교육 지원) ① 책임수행기관은 대행자의 전문성과 역량 강화를 위하여 전문 교육과정을 설치하여 교육 훈련 등을 실시하여야 한다.

② 책임수행기관은 원활한 사업수행을 위하여 필요한 경우에는 측량장비 및 시스템 운용 교육을 실시하여야 한다.

제37조(연구 개발) ① 책임수행기관은 지적재조사사업의 촉진을 위하여 별도 연구조직을 구성하여 지적재조사 활성화에 필요한 연구개발을 추진하여야 한다.

② 제1항에 따른 연구개발은 다음 각 호와 관련된 사항을 포함한다.

> 1. 지적재조사 촉진 및 활성화를 위한 중장기 계획
> 2. 지적재조사 정책 및 법령 · 제도 개선
> 3. 지적재조사 전문인력 양성 및 관련 산업 연계
> 4. 지적재조사 국내 · 외 기술현황의 조사 · 분석
> 5. 지적재조사 관련 각종 국제회의 및 해외 진출 등의 지원
> 6. 그 밖에 국토교통부장관이 필요로 하는 사항

제38조(홍보) 책임수행기관은 국토교통부장관과 협의하여 지적재조사사업 인지도 향상 및 활성화를 위한 홍보계획을 수립하고, 대국민 홍보를 실시하여야 한다.

제39조(예산) 책임수행기관은 본 장의 규정에 따라 소요되는 비용에 대해서는 자체예산을 확보하여 집행하여야 한다.

제6장 보칙

제40조(재검토기한) 국토교통부장관은 이 고시에 대하여 「훈령 · 예규 등의 발령 및 관리에 관한 규정」에 따라 2021년 7월 1일 기준으로 매 3년이 되는 시점(매 3년째의 6월 30일까지를 말한다)마다 그 타당성을 검토하여 개선 등의 조치를 하여야 한다.

5. 지적재조사지구의 지정(제7조)

신청	① 지적소관청은 실시계획을 수립하여 시 · 도지사에게 지적재조사지구 지정 신청을 하여야 한다. ② 지적소관청이 시 · 도지사에게 지적재조사지구 지정을 신청하고자 할 때에는 다음 각 호의 사항을 고려하여 지적재조사지구 토지소유자(국유지 · 공유지의 경우에는 그 재산관리청을 말한다. 이하 같다) 총수의 3분의 2 이상과 토지면적 3분의 2 이상에 해당하는 토지소유자의 동의를 받아야 한다. 1. 지적공부의 등록사항과 토지의 실제 현황이 다른 정도가 심하여 주민의 불편이 많은 지역인지 여부 2. 사업시행이 용이한지 여부 3. 사업시행의 효과 여부

신청	③ 제2항에도 불구하고 지적소관청은 지적재조사지구에 제13조에 따른 토지소유자협의회(이하 "토지소유자협의회"라 한다)가 구성되어 있고 토지소유자 총수의 4분의 3 이상의 동의가 있는 지구에 대하여는 우선하여 지적재조사지구로 지정을 신청할 수 있다. ④ 지적소관청은 지적재조사지구 지정을 신청하고자 할 때에는 실시계획 수립 내용을 주민에게 서면으로 통보한 후 주민설명회를 개최하고 실시계획을 30일 이상 주민에게 공람하여야 한다. 〈삭제 2020.12.22.〉 ⑤ 지적재조사지구에 있는 토지소유자와 이해관계인은 제4항에 따른 공람기간 안에 지적소관청에 의견을 제출할 수 있으며, 지적소관청은 제출된 의견이 타당하다고 인정할 때에는 이를 반영하여야 한다. 〈삭제 2020.12.22.〉 ⑥ 시·도지사는 지적재조사지구를 지정할 때에는 대통령령으로 정하는 바에 따라 제29조에 따른 시·도 지적재조사위원회의 심의를 거쳐야 한다. ⑦ 제1항부터 제3항까지, 제6항 및 제6조제2항부터 제4항까지의 규정은 지적재조사지구를 변경할 때에도 적용한다. 다만, 대통령령으로 정하는 경미한 사항을 변경할 때에는 제외한다. 시행령 제8조(지적재조사지구의 경미한 변경) 1. 지적재조사지구 명칭의 변경 2. 1년 이내의 범위에서의 지적재조사사업기간의 조정 3. 다음 각 목의 요건을 모두 충족하는 지적재조사사업 대상 토지의 증감 　　가. 필지의 100분의 20 이내의 증감 　　나. 면적의 100분의 20 이내의 증감 ⑧ 제2항에 따른 동의자 수의 산정방법, 동의절차, 그 밖에 필요한 사항은 대통령령으로 정한다.

예제 11

「지적재조사에 관한 특별법」상 지적소관청이 지적재조사사업지구의 지정을 신청하고자 할 때, 그에 대한 설명으로 옳지 않은 것은? (19년지방직)

① 시·도지사는 지적재조사지구를 지정할 때에는 시·도 지적재조사위원회의 심의를 거쳐야 한다.

② 지적재조사지구 토지소유자 총수의 3/5 이상의 동의가 있는 지구에 대하여는 우선하여 사업지구로의 지정을 신청할 수 있다.

③ 지적재조사지구 토지소유자 총수의 2/3 이상과 토지면적 2/3 이상에 해당하는 토지소유자의 동의를 받아야 한다.

④ 지적소관청은 실시계획을 수립하여 시·도지사에게 지적재조사지구 지정 신청을 하여야 한다.

정답 ②

서류 (지적 재조사 업무규정 제9조)	① 지적소관청이 법 제7조제1항의 규정에 따라 시·도지사에게 지적재조사지구 지정을 신청할 때에는 별지 제4호서식의 지적재조사지구 지정 신청서에 다음 각 호의 서류를 첨부하여야 한다. 1. 지적재조사사업 실시계획 내용 2. 주민 서면통보, 주민설명회 및 주민공람 개요 등 현황 3. 주민 의견청취 내용과 반영 여부 4. 토지소유자 동의서 5. 토지소유자협의회 구성 현황 6. 별지 제5호서식에 의한 토지의 지번별조서 ② 지적재조사지구 지정 신청서를 받은 시·도지사는 다음 각 호의 사항을 검토한 후 시·도 지적재조사위원회 심의안건을 별지 제6호서식에 따라 작성하여 시·도 지적재조사위원회에 회부하여야 한다. 1. 지적소관청의 실시계획 수립내용이 기본계획 및 종합계획과 연계성 여부 2. 주민 의견청취에 대한 적정성 여부 3. 토지소유자 동의요건 충족 여부 4. 그 밖에 시·도 지적재조사위원회 심의에 필요한 사항 등 ③ 시·도지사는 지적재조사지구를 지정하거나 변경한 경우에 별지 제7호서식에 따라 시·도 공보에 고시하여야 한다. ④ 시·도지사로부터 지적재조사지구 지정 또는 변경을 통보받은 지적소관청은 관계서류를 해당 지적재조사지구 토지소유자와 주민들에게 열람시켜야하며, 지적공부에 지적재조사지구로 지정된 사실을 기재하여야 한다.
고시 (제8조)	① 시·도지사는 지적재조사지구를 지정하거나 변경한 경우에 시·도 공보에 고시하고 그 지정내용 또는 변경내용을 국토교통부장관에게 보고하여야 하며, 관계 서류를 일반인이 열람할 수 있도록 하여야 한다. ② 지적재조사지구의 지정 또는 변경에 대한 고시가 있을 때에는 지적공부에 지적재조사지구로 지정된 사실을 기재하여야 한다.
경계복원 측량 및 지적공부 정리 정지 (제12조)	① 제8조에 따른 지적재조사지구 지정고시가 있으면 해당 지적재조사지구 내의 토지에 대해서는 제23조에 따른 사업완료 공고 전까지 다음 각 호의 행위를 할 수 없다. 1. 「공간정보의 구축 및 관리 등에 관한 법률」 제23조제1항제4호에 따라 경계점을 지상에 복원하기 위하여 하는 지적측량(이하 "경계복원측량"이라 한다) 2. 「공간정보의 구축 및 관리 등에 관한 법률」 제77조부터 제84조까지에 따른 지적공부의 정리(이하 "지적공부정리"라 한다) ② 제1항에도 불구하고 다음 각 호의 어느 하나에 해당하는 경우에는 경계복원측량 또는 지적공부정리를 할 수 있다. 1. 지적재조사사업의 시행을 위하여 경계복원측량을 하는 경우 2. 법원의 판결 또는 결정에 따라 경계복원측량 또는 지적공부정리를 하는 경우 3. 토지소유자의 신청에 따라 제30조에 따른 시·군·구 지적재조사위원회가 경계복원측량 또는 지적공부정리가 필요하다고 결정하는 경우

회부 (시행령 제6조) ⑮ ㉚ ⑮ ⑦	① 법 제7조제1항에 따른 지적재조사지구 지정 신청을 받은 특별시장·광역시장·도지사·특별자치도지사·특별자치시장 및 「지방자치법」 제175조에 따른 대도시로서 구를 둔 시의 시장(이하 "시·도지사"라 한다)은 ⑮일 이내에 그 신청을 법 제29조제1항에 따른 시·도 지적재조사위원회(이하 "시·도 위원회"라 한다)에 회부하여야 한다. 〈개정 2020.6.23.〉 ② 제1항에 따라 지적재조사지구 지정 신청을 회부받은 시·도 위원회는 그 신청을 회부받은 날부터 ㉚일 이내에 지적재조사지구의 지정 여부에 대하여 심의·의결하여야 한다. 다만, 사실 확인이 필요한 경우 등 불가피한 사유가 있을 때에는 그 심의기간을 해당 시·도 위원회의 의결을 거쳐 ⑮일의 범위에서 그 기간을 한 차례만 연장할 수 있다. 〈개정 2020.6.23.〉 ③ 시·도 위원회는 지적재조사지구 지정 신청에 대하여 의결을 하였을 때에는 의결서를 작성하여 지체 없이 시·도지사에게 송부하여야 한다. 〈개정 2020.6.23.〉 ④ 시·도지사는 제3항에 따라 의결서를 받은 날부터 ⑦일 이내에 법 제8조에 따라 지적재조사지구를 지정·고시하거나, 지적재조사지구를 지정하지 아니한다는 결정을 하고, 그 사실을 지적소관청에 통지하여야 한다. 〈개정 2020.6.23.〉 ⑤ 제1항부터 제4항까지의 규정은 지적재조사지구를 변경할 때에도 적용한다.
효력상실 (제9조)	① 지적소관청은 지적재조사지구 지정고시를 한 날부터 2년 내에 토지현황조사 및 지적재조사를 위한 지적측량(이하 "지적재조사측량"이라 한다)을 시행하여야 한다. ② 제1항의 기간 내에 토지현황조사 및 지적재조사측량을 시행하지 아니할 때에는 그 기간의 만료로 지적재조사지구의 지정은 효력이 상실된다. ③ 시·도지사는 제2항에 따라 지적재조사지구 지정의 효력이 상실되었을 때에는 이를 시·도 공보에 고시하고 국토교통부장관에게 보고하여야 한다.

예제 12

지적소관청의 지적재조사지구 지정에 대한 설명 중 옳지 않은 것은? (14년서울시9)

① 지적소관청은 지적재조사지구에 토지소유자협의회가 구성되어 있고 토지소유자 총수의 2/3 이상 동의가 있는 경우 우선지적재조사지구로 지정할 수 있다.

② 지적재조사지구로 신청하고자 할 때 실시계획 수립 내용을 주민에게 서면으로 통보하고 주민설명회를 개최하여야 한다. 〈삭제 2020.12.22.〉

③ 시·도지사는 지적재조사지구를 지정할 때 시·도 지적재조사위원회의 심의를 거쳐야 한다.

④ 지적재조사지구 지정 신청을 회부받은 시·도위원회는 회부받은 날로부터 30일 이내에 지적재조사지구의 지정 여부에 대하여 심의·의결하여야 한다.

⑤ 시·도 위원회는 지적재조사지구 지정 신청에 대하여 의결하였을 때에는 의결서를 작성하여 지체 없이 시·도지사에게 송부하여야 한다.

정답 ①

예제 13

지적재조사지구 지정고시 및 효력 상실에 대한 설명으로 가장 옳지 않은 것은? (16년서울시9)

① 지적재조사지구의 지정 또는 변경에 대한 고시가 있을 때에는 지적공부에 지적재조사지구로 지정된 사실을 기재하여야 한다.

② 지적소관청은 지적재조사지구 지정고시를 한 날부터 2년 내에 지적재조사사업에 관한 실시계획을 수립하여야 한다.

③ 지적소관청이 토지현황조사 및 지적재조사측량 기간 내에 조사 및 측량을 시행하지 아니할 때에는 그 기간의 만료로 지적재조사지구의 지정은 효력이 상실된다.

④ 시·도지사는 지적재조사지구 지정의 효력이 상실되었을 때에는 이를 시·도 공보에 고시하고 국토교통부장관에게 보고하여야 한다. **정답 ②**

예제 14

「지적재조사에 관한 특별법」상 지적재조사지구에서 사업완료 공고 전에도 경계복원측량 및 지적공부정리가 가능한 경우로 가장 옳지 않은 것은? (22년2월서울시9)

① 법원의 판결에 따라 경계복원측량을 하는 경우

② 지적재조사사업의 시행을 위하여 경계복원측량을 하는 경우

③ 법원의 결정에 따라 지적공부정리를 하는 경우

④ 토지소유자의 신청에 따라 시·군·구 경계결정위원회가 경계복원측량이 필요하다고 결정하는 경우 **정답 ④**

② 지적측량 등

1. 토지현황조사(제10조) 암기 ⓢⓩⓜⓩ곗ⓥ는 ⓩ하ⓖ간에서 ⓣⓩⓖ축ⓘ용ⓗ황ⓢ설을

현황조사	① 지적소관청은 제6조에 따른 실시계획을 수립한 때에는 지적재조사예정지구임이 지적공부에 등록된 토지를 대상으로 토지현황조사를 하여야 하며, 토지현황조사는 지적재조사측량과 병행하여 실시할 수 있다. 〈개정 2017.4.18., 2019.12.10., 2020.12.22.〉 ② 토지현황조사를 할 때에는 ⓢ유자, ⓩ번, 지ⓜ, 면ⓩ, 경ⓖ 또는 좌ⓥ, ⓩ상건축물 및 지ⓗ건축물의 위치, 개별ⓖ시지가 등을 기재한 토지현황조사서를 작성하여야 한다. ③ 토지현황조사에 따른 조사 범위·대상·항목과 토지현황조사서 기재·작성 방법에 관련된 사항은 국토교통부령으로 정한다.
세부사항 (규칙 제4조)	① 법 제10조제1항에 따른 토지현황조사(이하 "토지현황조사"라 한다)는 지적재조사사업지구의 필지별로 다음 각 호의 사항에 대하여 조사한다. 　1. ⓣⓩ에 관한 사항　　　　　　 2. ⓖ축물에 관한 사항 　3. 토지ⓘ용계획에 관한 사항　　 4. 토지이용ⓗ황 및 건축물 현황 　5. 지하ⓢ설물(지하구조물) 등에 관한 사항 　6. 그 밖에 국토교통부장관이 토지현황조사와 관련하여 필요하다고 인정하는 사항 ② 토지현황조사는 사전조사와 현지조사로 구분하여 실시하며, 현지조사는 법 제9조제1항에 따른 지적재조사를 위한 지적측량(이하 "지적재조사측량"이라 한다)과 함께 할 수 있다. ③ 법 제10조제2항에 따른 토지현황조사서는 별지 제3호서식에 따른다. ④ 제1항부터 제3항까지에서 규정한 사항 외에 토지현황조사서 작성에 필요한 사항은 국토교통부장관이 정하여 고시한다.

사전조사 (지적재조사 업무규정 제11조)	토지에 관한 사항 : 지적공부 및 토지등기부	1. 소유자 : 등기사항증명서 2. 이해관계인 : 등기사항증명서 3. 지번 : 토지(임야)대장 또는 지적(임야)도 4. 지목 : 토지(임야)대장 5. 토지면적 : 토지(임야)대장
	건축물에 관한 사항 : 건축물대장 및 건물등기부	1. 소유자 : 등기사항증명서 2. 이해관계인 : 등기사항증명서 3. 건물면적 : 건축물대장 4. 구조물 및 용도 : 건축물대장
	토지이용계획에 관한 사항	토지이용계획확인서(토지이용규제기본법령에 따라 구축·운영하고 있는 국토이용정보체계의 지역·지구 등의 정보)
	토지이용 현황 및 건축물 현황	개별공시지가 토지특성조사표, 국·공유지 실태조사표, 건축물대장 현황 및 배치도
	지하시설(구조)물 등 현황	도시철도 및 지하상가 등 지하시설물을 관리하는 관리기관·관리부서의 자료와 구분지상권 등기사항
현지조사 (지적재조사 업무규정 제12조)	토지현황 현지조사는 지적재조사측량과 병행하여 다음 각 호의 방법으로 한다. 1. 토지의 이용현황과 담장, 옹벽, 전주, 통신주 및 도로시설물 등 구조물의 위치를 조사하여 측량도면에 표시하여야 한다. 2. 지상 건축물 및 지하 건축물의 위치를 조사하여 측량도면에 표시하여야 한다. 이 경우 측량할 수 없는 지하 건축물은 제외하며, 건축물대장에 기재되어 있지 않은 건축물이 있는 경우 또는 면적과 위치가 다른 경우 관련부서로 통보하여야 한다. 3. 경계 등 조사내용은 점유경계 현황, 임대차 현황 등 특이사항이 있는 경우 조사자 의견란에 구체적으로 작성하여야 한다.	
조사서작성 (지적재조사 업무규정 제13조)	1. 조사항목별 내용을 기록할 때는 별표의 토지현황조사표 항목코드에 따라 속성 및 코드로 항목속성에 부합되게 작성한다. 다만, 코드화하지 못한 사항은 수기로 작성하여야 한다. 2. 새로 조사한 사항 또는 변경사항이 발생하여 미리 조사한 조사서 내용과 부합되지 않는 경우 현장사실조사를 실시하고 조사서를 작성 또는 수정한다. 3. 조사서에 사용하였던 관련서류는 디지털화하고, 디지털화하기 어려운 비규격 용지의 경우 별도의 장소에 보관한다. 4. 면적, 지번 등의 사항은 지적재조사측량 결과를 기준으로 다시 작성하여야 한다. 5. 경계 미확정 사유는 경계를 확정하지 못한 사유를 구체적으로 작성하여야 한다. 6. 토지현황조사와 지적재조사측량 과정에서 나타나는 문제점 등 특이사항 등은 측량자 의견란에 구체적으로 작성하여야 한다. 7. 토지 및 건물 소유자가 다수인 경우 등기부상 권리관계나 이해관계인 유무, 기타구조(시설)물 현황, 조사자의견, 경계미확정 사유, 측량자 의견 등을 작성하여야 할 내용이 많은 경우 별지로 작성할 수 있다.	
입회 (지적재조사 업무규정 제14조)	지적소관청은 토지현황 현지조사를 위하여 토지소유자, 그 밖에 이해관계인 또는 그 대리인을 입회하게 할 수 있다.	

예제 15

지적재조사사업을 시행하기 위한 토지현황조사의 내용으로 옳지 않은 것은? (15년서울시7)

① 소유자 조사

② 표준지가 조사

③ 지상건축물 및 지하건축물의 위치 조사

④ 좌표 조사

정답 ②

예제 16

「지적재조사에 관한 특별법」상 토지현황조사에 대한 설명 중 가장 옳지 않은 것은?

(20년서울시9)

① 지적재조사지구 지정고시가 있으면 그 지적재조사지구의 토지를 대상으로 토지현황조사를 하여야 한다.

② 토지현황조사는 지적재조사측량과 병행하여 실시할 수 있다.

③ 토지현황조사를 할 때에는 소유자, 지번, 지목, 경계 또는 좌표, 지상건축물 및 지하건축물의 위치, 개별공시지가 등을 기재한 토지현황조사서를 작성하여야 한다.

④ 토지현황조사에 따른 조사 범위·대상·항목과 토지현황조사서 기재·작성 방법에 관련된 사항은 지적소관청에서 정한다.

정답 ④

2. 지적재조사측량(제11조)

기준	① 지적재조사측량은 「공간정보의 구축 및 관리 등에 관한 법률」 제2조제4호에 따른 지적측량(이하 "지적측량"이라 한다)으로 한다. 이 경우 성과의 검사에 관련된 사항은 「공간정보의 구축 및 관리 등에 관한 법률」 제25조를 준용한다. ② 지적재조사측량은 「공간정보의 구축 및 관리 등에 관한 법률」 제6조제1항제1호의 측량기준으로 한다. ③ 제1항과 제2항 외에 지적재조사측량의 방법과 절차 등은 국토교통부령으로 정한다.
구분 및 방법 (시행규칙 제5조)	① 지적재조사측량은 지적기준점을 정하기 위한 기초측량과 일필지의 경계와 면적을 정하는 세부측량으로 구분한다. ② 기초측량과 세부측량은 「공간정보의 구축 및 관리에 관한 법률 시행령」 제8조제1항에 따른 국가기준점 및 지적기준점을 기준으로 측정하여야 한다. ③ 기초측량은 위성측량 및 토털 스테이션측량(Total Station 測量 : 각 표·거리 통합측량기를 이용한 측량을 말한다)의 방법으로 한다. 〈개정 2021.8.27.〉 ④ 세부측량은 위성측량, 토털 스테이션측량 및 항공사진측량 등의 방법으로 한다. ⑤ 제1항부터 제4항까지에서 규정한 사항 외에 지적재조사측량의 기준, 방법 및 절차 등에 관하여 필요한 사항은 국토교통부장관이 정하여 고시한다.

성과검사 방법 (시행규칙 제6조)	① 지적측량수행자는 지적재조사측량성과의 검사에 필요한 자료를 지적소관청에 제출하여야 한다. ② 지적소관청은 위성측량, 토털 스테이션측량 및 항공사진측량 방법 등으로 지적재조사측량성과(지적기준점측량성과는 제외한다)의 정확성을 검사하여야 한다. ③ 제2항에도 불구하고 지적소관청은 인력 및 장비 부족 등의 부득이한 사유로 지적재조사측량성과의 정확성에 대한 검사를 할 수 없는 경우에는 특별시장·광역시장·도지사·특별자치도지사·특별자치시장 및 「지방자치법」 제175조에 따른 대도시로서 구를 둔 시의 시장(이하 "시·도지사"라 한다)에게 그 검사를 요청할 수 있다. 이 경우 시·도지사는 검사를 하였을 때에는 그 결과를 지적소관청에 통지하여야 한다. ④ 지적소관청은 지적기준점측량성과의 검사에 필요한 자료를 시·도지사에게 송부하고, 그 정확성에 대한 검사를 요청하여야 한다. 이 경우 시·도지사는 검사를 하였을 때에는 그 결과를 지적소관청에 통지하여야 한다
성과 결정 (시행규칙 제7조)	지적재조사측량성과와 지적재조사측량성과에 대한 검사의 연결교차가 다음 각 호의 범위 이내일 때에는 해당 지적재조사측량성과를 최종 측량성과로 결정한다. 1. 지적기준점 : ±0.03미터 2. 경계점 : ±0.07미터

예제 17

지적재조사측량성과의 결정 기준으로 옳은 것은? (14년서울시9)

① 지적기준점 : ±0.01m, 경계점 : ±0.02m
② 지적기준점 : ±0.02m, 경계점 : ±0.03m
③ 지적기준점 : ±0.03m, 경계점 : ±0.07m
④ 지적기준점 : ±0.02m, 경계점 : ±0.07m
⑤ 지적기준점 : ±0.03m, 경계점 : ±0.03m

정답 ③

예제 18

「지적재조사에 관한 특별법 시행규칙」상 지적재조사측량에서 지적기준점을 정하기 위한 기초측량 방법은? (20년서울시7)

① 위성측량 및 항공사진측량
② 위성측량 및 토털 스테이션측량
③ 토털 스테이션측량 및 항공사진측량
④ 위성측량, 토털 스테이션측량 및 항공사진측량

정답 ②

3. 토지소유자협의회(제13조) [암기] [지][표]는 [현][금]으로 [정]하라.

구성	① 지적재조사지구의 토지소유자는 토지소유자 총수의 2분의 1 이상과 토지면적 2분의 1 이상에 해당하는 토지소유자의 동의를 받아 토지소유자협의회를 구성할 수 있다. ② 토지소유자협의회는 위원장을 포함한 5명 이상 20명 이하의 위원으로 구성한다. 토지소유자협의회의 위원은 그 지적재조사지구에 있는 토지의 소유자이어야 하며, 위원장은 위원 중에서 호선한다. **시행령 제10조(토지소유자협의회의 구성 등)** ① 법 제13조제1항에 따른 토지소유자협의회(이하 이 조에서 "협의회"라 한다)를 구성할 때 토지소유자 수 및 동의자 수 산정은 제7조제1항의 기준에 따른다. ② 토지소유자가 협의회 구성에 동의하거나 그 동의를 철회하려는 경우에는 국토교통부령으로 정하는 협의회구성동의서 또는 동의철회서에 본인임을 확인한 후 서명 또는 날인하여 지적소관청에 제출하여야 한다. ③ 협의회의 위원장은 협의회를 대표하고, 협의회의 업무를 총괄한다. ④ 협의회의 회의는 재적위원 과반수의 출석으로 개의(開議)하고, 출석위원 과반수의 찬성으로 의결한다. ⑤ 제1항부터 제4항까지에서 규정한 사항 외에 협의회의 운영 등에 필요한 사항은 협의회의 의결을 거쳐 위원장이 정한다.
기능	③ 토지소유자협의회의 기능은 다음 각 호와 같다. 〈개정 2021.7.27.〉 1. 지적소관청에 대한 제7조제3항[지적소관청은 지적재조사지구에 제13조에 따른 토지소유자협의회(이하 "토지소유자협의회"라 한다)가 구성되어 있고 토지소유자 총수의 4분의 3 이상의 동의가 있는 지구에 대하여는 우선하여 지적재조사지구로 지정을 신청할 수 있다]에 따른 [지]적재조사지구의 신청 〈개정 2021.7.27.〉 2. 임시경계점[표]지 및 경계점표지의 설치에 대한 참관 3. 토지[현]황조사에 대한 참관 4. 지적공부정리 정지기간에 대한 의견 제출 〈삭제 2017.4.18.〉 5. 제20조제3항에 따른 조정[금] 산정기준에 대한 의견 제출 6. 제31조에 따른 경계결[정]위원회(이하 "경계결정위원회"라 한다) 위원의 추천 ④ 제1항에 따른 동의자 수의 산정방법 및 동의절차, 토지소유자협의회의 구성 및 운영, 그 밖에 필요한 사항은 대통령령으로 정한다
토지소유자 수 및 동의자 수 산정방법 (시행령 제7조)	① 법 제7조제2항에 따른 토지소유자 수 및 동의자 수는 다음 각 호의 기준에 따라 산정한다. 1. 1필지의 토지가 수인의 공유에 속할 때에는 그 수인을 대표하는 1인을 토지소유자로 산정할 것 2. 1인이 다수 필지의 토지를 소유하고 있는 경우에는 필지 수에 관계없이 토지소유자를 1인으로 산정할 것 3. 토지등기부 및 토지대장 · 임야대장에 소유자로 등재될 당시 주민등록번호의 기재가 없거나 기재된 주소가 현재 주소와 다른 경우 또는 소재가 확인되지 아니한 자는 토지소유자의 수에서 제외할 것 4. 〈삭제 2017.10.17.〉

토지소유자 수 및 동의자 수 산정방법 (시행령 제7조)	② 토지소유자가 법 제7조제2항 또는 제3항에 따라 동의하거나 그 동의를 철회할 경우에는 국토교통부령으로 정하는 지적재조사지구지정신청동의서 또는 동의철회서를 지적소관청에 제출하여야 한다. ③ 제1항제1호에 해당하는 공유토지의 대표 소유자는 국토교통부령으로 정하는 대표자 지정 동의서를 첨부하여 제2항에 따른 동의서 또는 동의철회서와 함께 지적소관청에 제출하여야 한다. ④ 토지소유자가 외국인인 경우에는 지적소관청은「전자정부법」제36조제1항에 따른 행정정보의 공동이용을 통하여「출입국관리법」제88조에 따른 외국인등록 사실증명을 확인하여야 하되, 토지소유자가 행정정보의 공동이용을 통한 외국인등록 사실증명의 확인에 동의하지 아니하는 경우에는 해당 서류를 첨부하게 하여야 한다. ⑤ 지적소관청은 지적재조사지구 지정 신청에 관한 업무를 위하여 필요한 때에는 관계 기관에 주민등록 및 가족관계 등록사항에 관한 자료 제공을 요청할 수 있다. 이 경우 요청을 받은 관계 기관은 정당한 사유가 없는 한 이에 따라야 한다.

토지소유자
동의서 산정
(지적재조사
업무규정
제8조)
	① 영 제7조제1항의 토지소유자 수 및 동의자 수를 산정하는 세부기준은 다음 각 호와 같다.
	
	  1. 토지소유자의 수를 산정할 때는 등기사항전부증명서에 따른다.
	  2. 토지소유자에게 동의서 제출을 우편으로 안내하는 경우에는 토지소유자의 주민등록주소지 또는 토지소유자가 송달 받을 곳을 지정한 경우 그 주소지로 등기우편으로 발송하여야 하고, 주소불명 등으로 송달이 불가능하여 반송된 때에는 행정절차법 제14조제4항 및 제15조제3항에 따른 공고일로부터 ⑭일이 지난 경우 법 제7조제2항 및 제13조제1항의 토지소유자 총수 및 전체 토지면적에서 제외할 수 있다.
	  3. 동의자 수 기준 시점은 지적재조사지구 지정 신청일로 한다.
	
	② 동의서는 방문, 우편, 이메일, 팩스, 전산매체 등 다양한 방법으로 받을 수 있다.
	③ 토지소유자가 본인의 사정상 동의서를 제출할 수 없을 경우 다른 사람에게 그 행위를 위임할 수 있다. 이 경우 동의서에 위임사실을 기재한 위임장과 신분증 사본을 첨부하여야 하며, 위임장은 별지 제3호서식에 따른다.
	④ 토지소유자가 미성년자이거나 심신 미약, 사망 등으로 권리행사 능력이 없는 경우에는 민법의 규정을 따른다. 이 경우 동의서에 친권자, 후견인 또는 상속인임임을 증명하는 서면을 첨부하여야 한다.
	⑤ 토지소유자가 종중, 마을회 등 기타단체인 경우에는 동의서에 대표자임을 확인할 수 있는 서면을 첨부하여야 한다.

예제 19

지적재조사지구 지정에 따른 토지소유자 수 및 동의자 수의 산정기준에 대한 설명으로 옳지 않은 것은?

(15년서울시9)

① 1필지의 토지가 수인의 공유에 속할 때에는 그 수인을 대표하는 1인을 토지소유자로 산정한다.
② 1인이 다수 필지의 토지를 소유하고 있는 경우에는 필지 수에 관계없이 토지소유자를 1인으로 산정한다.
③ 토지등기부 및 토지대장에 소유자로 등재될 당시 주민등록번호의 기재가 없거나, 기재된 주소가 현재 주소와 다른 경우 또는 소재가 확인되지 아니한 자는 토지소유자의 수에서 제외한다.
④ 국유지에 대해서는 그 재산관리청을 토지소유자로 산정한다.

정답 ④

예제 20

「지적재조사에 관한 특별법」상 토지소유자협의회의 기능에 해당하지 않는 것은?

(18년서울시9)

① 토지현황조사에 대한 입회
② 조정금 산정기준에 대한 의견 제출
③ 경계결정위원회 위원의 추천
④ 지적재조사사업의 측량 · 조사 대행자 선정

정답 ④

예제 21

〈보기〉의 (가)와 (나)에 해당하는 사항을 옳게 짝지은 것은?

(21년서울시7)

〈보기〉
「지적재조사에 관한 특별법」상 지적재조사지구의 토지 소유자는 토지소유자 총수의 (가) 이상과 토지면적 (나) 이상에 해당하는 토지소유자의 동의를 받아 토지소유자협의회를 구성할 수 있다.

	(가)	(나)		(가)	(나)
①	2분의 1	2분의 1	②	2분의 1	3분의 1
③	3분의 1	2분의 1	④	3분의 1	3분의 1

정답 ①

3 경계의 확정 등

1. 경계설정의 기준(제14조)

기준	① 지적소관청은 다음 각 호의 순위로 지적재조사를 위한 경계를 설정하여야 한다. 　1. 지상경계에 대하여 다툼이 없는 경우 토지소유자가 점유하는 토지의 현실경계 　2. 지상경계에 대하여 다툼이 있는 경우 등록할 때의 측량기록을 조사한 경계 　3. 지방관습에 의한 경계 ② 지적소관청은 제1항 각 호의 방법에 따라 지적재조사를 위한 경계설정을 하는 것이 불합리하다고 인정하는 경우에는 토지소유자들이 합의한 경계를 기준으로 지적재조사를 위한 경계를 설정할 수 있다. ③ 지적소관청은 제1항과 제2항에 따라 지적재조사를 위한 경계를 설정할 때에는 「도로법」, 「하천법」 등 관계 법령에 따라 고시되어 설치된 공공용지의 경계가 변경되지 아니하도록 하여야 한다. 다만, 해당 토지소유자들 간에 합의한 경우에는 그러하지 아니하다.
합의서 (시행령 제10조의2)	법 제14조제2항에 따라 토지소유자들이 합의하여 경계를 설정하려는 경우에는 국토교통부령으로 정하는 경계설정합의서를 법 제15조제1항에 따른 임시경계점표지 설치 전까지 지적소관청에 제출하여야 한다.

예제 22

다음 「지적재조사에 관한 특별법」에서 규정하는 내용 중 옳지 않은 것은?　　(15년서울시9)

① 지적재조사사업은 지적소관청이 시행한다.
② 지적재조사를 위한 경계설정의 기준은 지상경계에 대하여 다툼이 없는 경우에는 등록할 때의 측량기록을 조사한 경계를 기준으로 한다.
③ 지적재조사에 따른 경계결정은 경계결정위원회의 의결을 거쳐 결정한다.
④ 중앙지적재조사위원회는 기본계획의 수립 및 변경, 관계 법령의 제정 · 개정 및 제도의 개선에 관한 사항 등을 심의 · 의결한다.

정답 ②

2. 경계점표지 설치 및 지적확정예정조서 작성 등(제15조)

암기 종지목적산지목적은 성명주소

표지설치	① 지적소관청은 제14조에 따라 경계를 설정하면 지체 없이 임시경계점표지를 설치하고 지적재조사측량을 실시하여야 한다. ② 지적소관청은 지적재조사측량을 완료하였을 때에는 대통령령으로 정하는 바에 따라 기존 지적공부상의 종전 토지면적과 지적재조사를 통하여 산정된 토지면적에 대한 지번별 내역 등을 표시한 지적확정예정조서를 작성하여야 한다. 다만, 제8조제1항에 따라 지적재조사지구로 지정되지 아니한 경우에는 그러하지 아니하다. 〈개정 2017.4.18., 2020.12.22.〉 ③ 지적소관청은 제2항에 따른 지적확정예정조서를 작성하였을 때에는 토지소유자나 이해관계인에게 그 내용을 통보하여야 하며, 통보를 받은 토지소유자나 이해관계인은 지적소관청에 의견을 제출할 수 있다. 이 경우 지적소관청은 제출된 의견이 타당하다고 인정할 때는 경계를 다시 설정하고, 임시경계점표지를 다시 설치하는 등의 조치를 하여야 한다.

표지설치	④ 누구든지 제1항 및 제3항에 따른 임시경계점표지를 이전 또는 파손하거나 그 효용을 해치는 행위를 하여서는 아니 된다. ⑤ 그 밖에 지적확정예정조서의 작성에 필요한 사항은 국토교통부령으로 정한다
입회 (지적재조사 업무규정 제15조)	토지의 경계에 임시 경계점표지 또는 경계점표지를 설치하는 경우 토지소유자협의회 위원, 토지소유자 등을 입회시켜야 한다. 다만, 토지소유자 등이 입회를 거부하거나 입회를 할 수 없는 부득이한 경우에는 그러하지 아니하다.
지적확정예정 조서작성 (시행령 제11조)	지적소관청은 법 제15조제2항에 따른 지적확정예정조서에 다음 각 호의 사항을 포함하여야 한다. 1. ㉶전 토지의 ㉙번, 지㉱ 및 면㉤ 2. ㉘정된 토지의 ㉙번, 지㉱ 및 면㉤ 3. 토지소유자의 ㉥명 또는 ㉱칭 및 ㉴소 4. 토지의 ㉗재지 5. 그 밖에 국토교통부장관이 지적확정예정조서 작성에 필요하다고 인정하여 고시하는 사항
의견제출 (지적재조사 업무규정 제20조)	법 제15조제3항에 따른 지적확정예정통지서는 별지 제9호의2서식에 의하며, 통지 받은 토지소유자나 이해관계인이 의견을 제출하는 경우에는 지적확정예정통지서를 수령한 날부터 20일 이내에 별지 제10호서식에 따라 지적소관청에 제출하여야 한다.

예제 23

지적재조사에 관한 특별법령상 지적확정예정조서의 등록사항에 해당하지 않는 것은?

(21년서울시7)

① 토지의 소재지
② 토지소유자가 변경된 날과 그 원인
③ 종전 토지의 지번, 지목 및 면적
④ 토지소유자의 성명 또는 명칭 및 주소

 정답 ②

경계결정 (제16조)	① 지적재조사에 따른 경계결정은 경계결정위원회의 의결을 거쳐 결정한다. ② 지적소관청은 제1항에 따른 경계에 관한 결정을 신청하고자 할 때에는 제15조제2항에 따른 지적확정예정조서에 토지소유자나 이해관계인의 의견을 첨부하여 경계결정위원회에 제출하여야 한다. ③ 제2항에 따른 신청을 받은 경계결정위원회는 지적확정예정조서를 제출받은 날부터 30일 이내에 경계에 관한 결정을 하고 이를 지적소관청에 통지하여야 한다. 이 기간 안에 경계에 관한 결정을 할 수 없는 부득이한 사유가 있을 때에는 경계결정위원회는 의결을 거쳐 30일의 범위에서 그 기간을 연장할 수 있다. ④ 토지소유자나 이해관계인은 경계결정위원회에 참석하여 의견을 진술할 수 있다. 경계결정위원회는 토지소유자나 이해관계인이 의견진술을 신청하는 경우에는 특별한 사정이 없는 한 이에 따라야 한다. ⑤ 경계결정위원회는 제3항에 따라 경계에 관한 결정을 하기에 앞서 토지소유자들로 하여금 경계에 관한 합의를 하도록 권고할 수 있다.

경계결정 (제16조)	⑥ 지적소관청은 제3항에 따라 경계결정위원회로부터 경계에 관한 결정을 통지받았을 때에는 지체 없이 이를 토지소유자나 이해관계인에게 통지하여야 한다. 이 경우 제17조 제1항에 따른 기간 안에 이의신청이 없으면 경계결정위원회의 결정대로 경계가 확정된다는 취지를 명시하여야 한다.
이의신청 (제17조)	① 제16조제6항에 따라 경계에 관한 결정을 통지받은 토지소유자나 이해관계인이 이에 대하여 불복하는 경우에는 통지를 받은 날부터 60일 이내에 지적소관청에 이의신청을 할 수 있다. ② 제1항에 따라 이의신청을 하고자 하는 토지소유자나 이해관계인은 지적소관청에 이의 신청서를 제출하여야 한다. 이 경우 이의신청서에는 증빙서류를 첨부하여야 한다. ③ 지적소관청은 제2항에 따라 이의신청서가 접수된 날부터 14일 이내에 이의신청서에 의견서를 첨부하여 경계결정위원회에 송부하여야 한다. ④ 제3항에 따라 이의신청서를 송부받은 경계결정위원회는 이의신청서를 송부받은 날부터 30일 이내에 이의신청에 대한 결정을 하여야 한다. 다만, 부득이한 경우에는 30일의 범위에서 처리기간을 연장할 수 있다. ⑤ 경계결정위원회는 이의신청에 대한 결정을 하였을 때에는 그 내용을 지적소관청에 통지하여야 하며, 지적소관청은 결정내용을 통지받은 날부터 7일 이내에 결정서를 작성하여 이의신청인에게는 그 정본을, 그 밖의 토지소유자나 이해관계인에게는 그 부본을 송달하여야 한다. 이 경우 토지소유자는 결정서를 송부받은 날부터 60일 이내에 경계결정위원회의 결정에 대하여 행정심판이나 행정소송을 통하여 불복할지 여부를 지적소관청에 알려야 한다.

예제 **24**

「지적재조사에 관한 특별법」상 지적재조사사업에 따른 경계의 확정시기로 가장 옳지 않은 것은? (20년서울시9)

① 이의신청 기간에 이의를 신청하지 아니하였을 때
② 이의신청에 대한 결정에 대하여 60일 이내에 불복의사를 표명하지 아니하였을 때
③ 경계에 관한 결정에 불복하여 행정소송을 제기한 경우 그 판결이 확정되었을 때
④ 지적확정예정조서를 제출하였을 때 정답 ④

예제 **25**

「지적재조사에 관한 특별법」에서 규정하고 있는 경계의 결정에 대한 설명으로 가장 옳지 않은 것은? (18년서울시9)

① 지적재조사에 따른 경계결정은 경계결정위원회의 의결을 거쳐 결정한다.
② 지적소관청은 경계결정위원회에 경계에 관한 결정을 신청할 때에는 지적확정예정조서에 토지소유자나 이해관계인의 의견을 첨부하여 경계결정위원회에 제출하여야 한다.
③ 지적확정예정조서를 제출받은 경계결정위원회는 경계에 관한 결정을 할 수 없는 부득이한 사유가 없는 경우에는 제출받은 날부터 30일 이내에 경계에 관한 결정을 하고 이를 지적소관청에 통지하여야 한다.
④ 경계결정위원회는 경계에 관한 결정을 하기에 앞서 토지소유자들로 하여금 경계에 관한 합의를 하도록 반드시 권고하여야 한다. 정답 ④

「지적재조사에 관한 특별법」상 지적재조사사업과 관련하여 경계결정에 대한 이의신청에 대한 설명으로 가장 옳은 것은?   (22년2월서울시9)

① 경계에 관한 결정을 통지받은 토지소유자나 이해관계인이 이에 대하여 불복하는 경우에는 통지를 받은 날부터 90일 이내에 지적소관청에 이의신청을 할 수 있다.

② 지적소관청은 이의신청서가 접수된 날부터 7일 이내에 이의신청서에 의견서를 첨부하여 경계결정위원회에 송부하여야 한다.

③ 이의신청서를 송부받은 경계결정위원회는 이의신청서를 송부받은 날부터 30일 이내에 이의신청에 대한 결정을 하여야 한다. 다만, 부득이한 경우에는 30일의 범위에서 처리기간을 연장할 수 있다.

④ 경계결정위원회는 이의신청에 대한 결정을 하였을 때에는그 내용을 소관청에 통지하여야 하며, 지적소관청은 결정내용을 통지받은 날부터 14일 이내에 결정서를 작성하여 이의신청인에게는 그 정본을, 그 밖의 토지소유자나 이해관계인에게는 그 부본을 송달하여야 한다.

정답 ③

「지적재조사에 관한 특별법」상 지적재조사사업의 경계 결정에 대한 설명으로 가장 옳지 않은 것은?   (20년서울7)

① 지적소관청은 경계에 관한 결정을 신청하고자 할 때에는 지적확정예정조서에 토지소유자나 이해관계인의 의견을 첨부하여 경계결정위원회에 제출하여야 한다.

② 경계 결정 신청을 받은 경계결정위원회는 부득이한 사유가 없는 경우 지적확정예정조서를 제출받은 날부터 30일 이내에 경계에 관한 결정을 하고 지적소관청에 통지하여야 한다.

③ 경계결정위원회는 경계에 관한 결정을 하기에 앞서 토지소유자들로 하여금 경계에 관한 진술을 하도록 권고할 수 있다.

④ 지적소관청은 경계결정위원회로부터 경계에 관한 결정을 통지받았을 때에는 지체 없이 이를 토지소유자나 이해관계인에게 통지하여야 한다.

정답 ③

경계확정
(제18조)
	① 지적재조사사업에 따른 경계는 다음 각 호의 시기에 확정된다.
	
	  1. 제17조제1항에 따른 이의신청 기간에 이의를 신청하지 아니하였을 때
	  2. 제17조제4항에 따른 이의신청에 대한 결정에 대하여 60일 이내에 불복의사를
	     표명하지 아니하였을 때
	  3. 제16조제3항에 따른 경계에 관한 결정이나 제17조제4항에 따른 이의신청에 대
	     한 결정에 불복하여 행정소송을 제기한 경우에는 그 판결이 확정되었을 때
	
	② 제1항에 따라 경계가 확정되었을 때에는 지적소관청은 지체 없이 경계점표지를 설치하여야
	하며, 국토교통부령으로 정하는 바에 따라 지상경계점등록부를 작성하고 관리하여야 한다.
	이 경우 제1항에 따라 확정된 경계가 제15조제1항 및 제3항에 따라 설정된 경계와 동일할
	때에는 같은 조 제1항 및 제3항에 따른 임시경계점표지를 경계점표지로 본다.
	③ 누구든지 제2항에 따른 경계점표지를 이전 또는 파손하거나 그 효용을 해치는 행위를
	하여서는 아니 된다.

지목의 변경 (제19조)	지적재조사측량 결과 기존의 지적공부상 지목이 실제의 이용현황과 다른 경우 지적소관 청은 제30조에 따른 시·군·구 지적재조사위원회의 심의를 거쳐 기존의 지적공부상의 지목을 변경할 수 있다. 이 경우 지목을 변경하기 위하여 다른 법령에 따른 인허가 등을 받아야 할 때에는 그 인허가 등을 받거나 관계 기관과 협의한 경우에만 실제의 지목으로 변경할 수 있다.〈개정 2017.4.18., 2020.6.9.〉

예제 28

지적재조사사업에 따른 경계 확정 시기로 옳지 않은 것은? (20년2회지기)

① 이의신청 기간에 이의를 신청하지 아니하였을 때
② 경계결정위원회의 의결을 거쳐 결정되었을 때
③ 이의신청에 대한 결정에 대하여 30일 이내에 불복의사를 표명하지 아니하였을 때
④ 이의신청에 대한 결정에 불복하여 행정소송을 제기한 경우 그 판결이 확정되었을 때

정답 ③

3. 지상경계점등록부

지상경계점 등록부	① 시행규칙 제10조〈개정 2020.10.15.〉 암기 1. ⓣ지의 소재 2. ⓙ번 3. 지ⓜ 4. 작ⓢ일 5. 위치ⓓ 6. ⓖ계점 ⓗ호 및 표ⓙ종류 7. 경계점 ⓢ부설명 및 ⓡ련자료 8. 경계ⓦ치 9. 경계설정ⓖ준 및 ⓖ계형태 10. 작성자의 ⓢ속·ⓙ급(직위)·성ⓜ 11. ⓗ인자의 ⓙ급·성ⓜ

지상경계점 등록부	② 공간정보의 구축 및 관리 등에 관한 법률 제65조 **암기** ㉤㉠㉢㉥ ㉢㉥㉤ 1. ㉤지의 소재 2. ㉠번 3. ㉠계점 좌표(경계점좌표등록부 시행지역에 한정한다) 4. 경㉢점 위치 설명도 5. ㉥부상 지목과 실제 토지이용 지목 6. 경㉢점의 사진 파일 7. 경계㉥표지의 종류 및 경계점 위치
작성 (지적재조사 업무규정 제22조)	① 규칙 제10조에 따른 지상경계점등록부는 다음 각 호에 따라 예시 3과 같이 작성한다. 1. 토지소재의 지번, 지목 및 면적은 새로이 확정한 지번, 지목 및 면적으로 기재한다. 2. 위치도는 해당 토지 위주로 작성하여야 하며, 드론 또는 항공사진측량 등으로 촬영한 정사영상자료에 확정된 경계를 붉은색으로 표시하고 경계점번호는 경계점좌표등록부의 부호 순서대로 일련번호(1, 2, 3, 4, 5 ⋯ 순)를 부여한다. 다만, 비행금지구역 또는 보안규정 등으로 인하여 정사영상자료가 없는 경우에는 정사영상자료를 생략하고 확정된 경계에 의하여 작성할 수 있다. 3. 지목은 법 제19조에 따라 변경된 지목을 기재한다. 4. 〈삭제〉 5. 작성자는 지적재조사측량수행자의 기술자격과 성명을 기재하고, 확인자는 지적소관청의 검사자 성명을 기재한다. 6. 경계점 위치 상세설명 　　가. 경계점번호는 위치도에 표시한 경계점좌표등록부의 부호를 기재한다. 　　나. 표지의 종류는 「지적재조사측량규정」 별표 3에 따른 경계점표지의 규격 코드로 등록한다. 　　다. 경계설정기준은 법 제14조에 따라 확정된 경계의 기준을 등록한다. 　　라. 경계형태는 경계선에 설치된 구조물(담장, 울타리, 축대, 논ㆍ밭의 두렁 등)과 경계점표지로 작성한다. 　　마. 경계위치는 확정된 경계점의 구조물의 위치를 중앙, 상단, 하단, 안ㆍ바깥 등 구체적으로 구분하여 등록한다. 　　바. 세부설명과 관련자료는 경계를 확정하게 된 특별한 사유를 상세하게 작성하고, 연접토지와 합의한 경우 합의서를 별첨으로 등록하여야 한다. 7. 〈삭제〉 8. 지상경계점등록부는 파일형태로 전자적 매체에 저장하여 관리하여야 한다. 9.~13. 〈삭제〉 ② 제1항에 불구하고 도로, 구거, 하천, 제방 등 공공용지와 그 밖에 지적소관청이 인정하는 경우에는 지상경계점등록부의 작성을 생략할 수 있다. 이 경우 별지 제15호 서식의 지상경계점등록부 미작성조서를 지적소관청에 제출하여야 한다.

「지적재조사업무규정」에서 경계가 확정되었을 때 지상 경계점등록부 작성할 경우로 가장 옳지 않은 것은? (19년서울시9편)

① 토지소재의 지번, 지목 및 면적은 새로이 확정한 지번, 지목 및 면적으로 기재한다.

② 도로, 구거, 하천, 제방 등 공공용지와 그 밖에 지적소관청이 인정하는 경우에는 지상경계점등록부의 작성을 생략할 수 있다. 이 경우 지상경계점등록부 작성조서를 지적소관청에 제출하여야 한다.

③ 경계점번호는 위치도에 표시한 경계점좌표등록부의 부호를 기재한다.

④ 작성자는 지적재조사측량수행자의 기술자격과 성명을 기재하고, 확인자는 지적소관청의 검사자 성명을 기재한다.

정답 ②

4. 조정금의 산정(제20조)

산정	① 지적소관청은 제18조에 따른 경계 확정으로 지적공부상의 면적이 증감된 경우에는 필지별 면적 증감내역을 기준으로 조정금을 산정하여 징수하거나 지급한다. ② 제1항에도 불구하고 국가 또는 지방자치단체 소유의 국유지·공유지 행정재산의 조정금은 징수하거나 지급하지 아니한다. ③ 조정금은 제18조에 따라 경계가 확정된 시점을 기준으로 「감정평가 및 감정평가사에 관한 법률」에 따른 감정평가법인 등이 평가한 감정평가액으로 산정한다. 다만, 토지소유자협의회가 요청하는 경우에는 제30조에 따른 시·군·구 지적재조사위원회의 심의를 거쳐 「부동산 가격공시에 관한 법률」에 따른 개별공시지가로 산정할 수 있다. 〈개정 2020.4.7.〉 ④ 지적소관청은 제3항에 따라 조정금을 산정하고자 할 때에는 제30조에 따른 시·군·구 지적재조사위원회의 심의를 거쳐야 한다. ⑤ 제2항부터 제4항까지에 규정된 것 외에 조정금의 산정에 필요한 사항은 대통령령으로 정한다.
기준 (시행령 제12조)	법 제20조제3항 단서에 따라 조정금을 「부동산 가격공시에 관한 법률」 제10조에 따른 개별공시지가(이하 "개별공시지가"라 한다)로 산정하는 경우에는 법 제18조에 따라 경계가 확정된 시점을 기준으로 필지별 증감면적에 개별공시지가를 곱하여 산정한다.
방법 (지적재조사 업무규정 제25조)	① 조정금 산정기준은 법 제15조에 따른 지적확정예정조서가 작성되기 전에 결정하여야 한다. ② 조정금을 산정하고자 할 때에는 별지 제16호서식의 조정금 조서를 작성하여야 한다. ③ 조정금은 지적확정예정조서의 지번별 증감면적에 법 제20조제3항에 따른 감정평가액의 제곱미터당 금액 또는 개별공시지가를 곱하여 산정한다. 단, 개별공시지가가 없는 경우와 개별공시지가 산정에 오류가 있는 경우에는 개별공시지가 담당부서에 의뢰하여야 한다. ④ 지적소관청은 조정금의 납부와 지급을 처리하기 위해 「지방재정법」 제36조에 따라 세입·세출예산으로 편성하여 운영해야 한다. ⑤ 지적소관청은 조정금 산정을 위한 감정평가수수료를 예산에 반영할 수 있으며, 감정평가를 하고자 할 경우에는 해당토지의 증감된 면적에 대하여만 의뢰하여야 한다.

지급 · 징수 (제21조)	① 조정금은 현금으로 지급하거나 납부하여야 한다. ② 지적소관청은 제20조제1항에 따라 조정금을 산정하였을 때에는 지체 없이 조정금조서를 작성하고, 토지소유자에게 개별적으로 조정금액을 통보하여야 한다. ③ 지적소관청은 제2항에 따라 조정금액을 통지한 날부터 10일 이내에 토지소유자에게 조정금의 수령통지 또는 납부고지를 하여야 한다. ④ 지적소관청은 제3항에 따라 수령통지를 한 날부터 6개월 이내에 조정금을 지급하여야 한다. ⑤ 제3항에 따라 납부고지를 받은 자는 그 부과일부터 6개월 이내에 조정금을 납부하여야 한다. 다만, 지적소관청은 1년의 범위에서 대통령령으로 정하는 바에 따라 조정금을 분할납부하게 할 수 있다. ⑥ 지적소관청은 조정금을 납부하여야 할 자가 기한 내에 납부하지 아니할 때에는 「지방행정제재 · 부과금의 징수 등에 관한 법률」에 따라 징수할 수 있다.

공탁
(제21조)
	⑦ 지적소관청은 조정금을 지급하여야 하는 경우로서 다음 각 호의 어느 하나에 해당하는 때에는 조정금을 지급받을 자의 토지 소재지 공탁소에 그 조정금을 공탁할 수 있다.
	
	  1. 조정금을 받을 자가 그 수령을 거부하거나 주소 불분명 등의 이유로 조정금을 수령할 수 없을 때
	  2. 지적소관청이 과실 없이 조정금을 받을 자를 알 수 없을 때
	  3. 압류 또는 가압류에 따라 조정금의 지급이 금지되었을 때
	
	⑧ 지적재조사지구 지정이 있은 후 권리의 변동이 있을 때에는 그 권리를 승계한 자가 제1항에 따른 조정금 또는 제7항에 따른 공탁금을 수령하거나 납부한다.

공탁공고 (지적재조사 업무규정 제29조)	법 제21조제6항에 따라 조정금을 공탁한 때에는 그 사실을 해당 시 · 군 · 구의 홈페이지 및 게시판에 14일 이상 공고하여야 한다.
분할납부 (시행령 제13조)	① 지적소관청은 법 제21조제5항 단서에 따라 조정금이 1천만 원을 초과하는 경우에는 그 조정금을 부과한 날부터 1년 이내의 기간을 정하여 4회 이내에서 나누어 내게 할 수 있다. ② 제1항에 따라 분할납부를 신청하려는 자는 국토교통부령으로 정하는 조정금 분할납부 신청서에 분할납부 사유 등을 적고, 분할납부 사유를 증명할 수 있는 자료 등을 첨부하여 지적소관청에 제출하여야 한다. ③ 지적소관청은 제2항에 따라 분할납부신청서를 받은 날부터 15일 이내에 신청인에게 분할납부 여부를 서면으로 알려야 한다.
이의신청 (제21조의2)	① 제21조제3항에 따라 수령통지 또는 납부고지된 조정금에 이의가 있는 토지소유자는 수령통지 또는 납부고지를 받은 날부터 60일 이내에 지적소관청에 이의신청을 할 수 있다. ② 지적소관청은 제1항에 따른 이의신청을 받은 날부터 30일 이내에 제30조에 따른 시 · 군 · 구 지적재조사위원회의 심의 · 의결을 거쳐 이의신청에 대한 결과를 신청인에게 서면으로 알려야 한다.
소멸시효 (제22조)	조정금을 받을 권리나 징수할 권리는 5년간 행사하지 아니하면 시효의 완성으로 소멸한다.

다음 「지적재조사에 관한 특별법」에 의한 조정금의 산정 및 조정금 등에 관한 설명 중 옳은 것은? (15년서울시9)

① 조정금에 관하여 이의가 있는 자는 납부고지를 받은 날부터 30일 이내에 지적소관청에 이의신청을 할 수 있다.

② 지방자치단체 소유의 공유지 행정재산의 조정금은 징수하지 않는다.

③ 조정금은 사업이 완료한 이후에 감정평가법인에 의뢰하여 평가한 감정평가액으로 산정한다.

④ 조정금에 대한 이의신청을 받은 지적소관청은 60일 이내에 시 · 군 · 구 지적재조사위원회의 심의 · 의결을 거쳐 그 인용 여부를 결정한다.

정답 ②

축척변경의 청산금과 지적재조사사업의 조정금에 관한 사항으로 가장 옳지 않은 것은?

① ㄱ. 축척변경의 청산금 이의신청 : 납부고지 또는 수령 통지를 받은 날부터 1개월 이내
　 ㄴ. 지적재조사사업의 조정금 이의신청 : 납부고지 또는 수령통지를 받은 날부터 60일 이내

② ㄱ. 축척변경의 청산금 지급 : 수령통지를 한 날부터 6개월 이내
　 ㄴ. 지적재조사사업의 조정금 지급 : 수령통지를 한 날부터 6개월 이내

③ ㄱ. 축척변경의 납부고지 또는 수령통지 : 청산금의 결정을 공고한 날부터 20일 이내
　 ㄴ. 지적재조사사업의 납부고지 또는 수령통지 : 조정 금액을 통지한 날부터 10일 이내

④ ㄱ. 축척변경의 청산금을 납부할 자가 기간 내에 납부하지 아니할 때 : 지방세 체납처분의 예에 따라 징수
　 ㄴ. 지적재조사사업의 조정금을 납부할 자가 기간 내에 납부하지 아니할 때 : 지방세 체납처분의 예에 따라 징수

정답 ④

「지적재조사에 관한 특별법」상 조정금을 받을 권리나 징수할 권리를 행사해야 하는 소멸시효는? (21년서울시)

① 1년　　　　　　　　② 3년

③ 5년　　　　　　　　④ 10년

정답 ③

예제 33

지적재조사에 관한 특별법령상 조정금 산정 등에 관한 설명으로 가장 옳은 것은? (21년서울시)

① 지적소관청은 경계 확정으로 지적공부상의 면적이 증감된 경우에는 필지별 면적 증감 내역을 기준으로 조정금을 산정하여 징수하거나 지급한다. 또한 국가 또는 지방자치단체 소유의 국유지 · 공유지 행정재산의 조정금도 징수하거나 지급하여야 한다.

② 조정금은 경계가 확정된 시점을 기준으로 「감정평가 및 감정평가사에 관한 법률」에 따른 감정평가법인 등이 평가한 감정평가액으로 산정한다. 다만, 토지 소유자협의회가 요청하는 경우에는 시 · 도 지적재조사 위원회의 심의를 거쳐 「부동산 가격공시에 관한 법률」에 따른 개별공시지가로 산정하여야 한다.

③ 지적소관청은 조정금액을 통지한 날부터 10일 이내에 토지소유자에게 조정금의 수령통지 또는 납부고지를 하여야 한다. 또한 지적소관청은 수령통지를 한 날부터 6개월 이내에 조정금을 지급하여야 한다.

④ 지적소관청은 조정금의 분할납부 단서에 따라 조정금이 1천만원을 초과하는 경우에는 그 조정금을 부과한 날부터 2년 이내의 기간을 정하여 4회 이내에서 나누어 내게 할 수 있다.

정답 ③

---

④ 새로운 지적공부의 작성 등

1. 사업완료 공고 및 공람 등(제23조) 암기 ⓈⓈⓈⓈⓈ ⓈⓈⓈⓈ은 ⓈⓈⓈⓈⓈ

공람 공고 고시	① 지적소관청은 지적재조사지구에 있는 모든 토지에 대하여 제18조에 따른 경계 확정이 있었을 때에는 지체 없이 대통령령으로 정하는 바에 따라 사업완료 공고를 하고 관계 서류를 일반인이 공람하게 하여야 한다. **시행령 제15조(사업완료의 공고)** ① 지적소관청은 법 제23조제1항에 따라 사업완료 공고를 하려는 때에는 다음 각 호의 사항을 공보에 고시하여야 한다. 1. 지적재조Ⓢ지구의 명칭 2. 제11조 각 호의 사항 제11조(지적확정예정조서의 작성) 지적소관청은 법 제15조제2항에 따른 지적확정예정조서에 다음 각 호의 사항을 포함하여야 한다. 〈개정 2017.10.17.〉 1. Ⓢ전의 토지의 Ⓙ번, 지Ⓜ 및 면Ⓢ 2. Ⓢ정된 토지의 Ⓙ번, 지Ⓜ 및 면Ⓢ 3. 토지소유자의 Ⓢ명 또는 Ⓜ칭 및 Ⓢ소 4. 토지의 Ⓢ재지 5. 그 밖에 국토교통부장관이 지적확정예Ⓢ조서 작성에 필요하다고 인정하여 고시하는 사항 3. 〈삭제 2017.10.17.〉

공람 공고 고시	② 지적소관청은 제1항에 따른 공고를 한 때에는 다음 각 호의 서류를 14일 이상 일반 인이 공람할 수 있도록 하여야 한다. 1. 새로 작성한 지적공부 2. 지상경계점등록부 3. 측량성과 결정을 위하여 취득한 측량기록물 ② 제16조제3항 또는 제17조제4항에 따른 경계결정위원회의 결정에 불복하여 경계가 확정되 지 아니한 토지가 있는 경우 그 면적이 지적재조사지구 전체 토지면적의 10분의 1 이하이거나, 토지소유자의 수가 지적재조사지구 전체 토지소유자 수의 10분의 1 이하인 경우에는 제1항에 도 불구하고 사업완료 공고를 할 수 있다. 〈개정 2019.12.10.〉

2. 새로운 지적공부의 작성(제24조)

암기 토지지적좌유권비상 유사자가지분건물표지별 지표지명

작성 · 이동	지적소관청은 제23조에 따른 사업완료 공고가 있었을 때에는 기존의 지적공부를 폐쇄하 고 새로운 지적공부를 작성하여야 한다. 이 경우 그 토지는 제23조제1항에 따른 **사업완 료 공고일에 토지의 이동**이 있은 것으로 본다.

등록사항	1. 토지의 소재 2. 지번
	3. 지목 4. 면적
	5. 경계점좌표
	6. 소유자의 성명 또는 명칭, 주소 및 주민등록번호(국가, 지방자치단체, 법인, 법인 아닌
	    사단이나 재단 및 외국인의 경우에는 「부동산등기법」 제49조에 따라 부여된 등록번호
	    를 말한다. 이하 같다)
	7. 소유권지분
	8. 대지권비율
	9. 지상건축물 및 지하건축물의 위치
	10. 그 밖에 국토교통부령으로 정하는 사항

국토교통부령으 로 정하는 사항 (시행규칙 제13조)	1. 토지의 고유번호 2. 토지의 이동 사유 3. 토지소유자가 변경된 날과 그 원인 4. 개별공시지가, 개별주택가격, 공동주택가격 및 부동산 실거래가격과 그 기준일 5. 필지별 공유지 연명부의 장 번호 6. 전유(專有) 부분의 건물 표시 7. 건물의 명칭 8. 집합건물별 대지권등록부의 장 번호 9. 좌표에 의하여 계산된 경계점 사이의 거리 10. 지적기준점의 위치 11. 필지별 경계점좌표의 부호 및 부호도 12. 「토지이용규제 기본법」에 따른 토지이용과 관련된 지역 · 지구등의 지정에 관한 사항 13. 건축물의 표시와 건축물 현황도에 관한 사항 14. 구분지상권에 관한 사항

국토교통부령으로 정하는 사항 (시행규칙 제13조)	15. 도로(명)주소 16. 그 밖에 새로운 지적공부의 등록과 관련하여 국토교통부장관이 필요하다고 인정하는 사항
지적공부작성 (시행규칙 제13조)	법 제24조제1항에 따라 새로 작성하는 지적공부는 토지, 토지ㆍ건물 및 집합건물로 각각 구분하여 작성하며, 해당 지적공부는 각각 별지 제9호서식의 부동산 종합공부(토지), 별지 제10호서식의 부동산 종합공부(토지, 건물) 및 별지 제11호서식의 부동산 종합공부(집합건물)에 따른다.
정지 (제24조)	제23조제2항에 따라 경계가 확정되지 아니하고 사업완료 공고가 된 토지에 대하여는 대통령령으로 정하는 바에 따라 "경계미확정 토지"라고 기재하고 지적공부를 정리할 수 있으며, 경계가 확정될 때까지 지적측량을 정지시킬 수 있다.
등기촉탁 (제25조)	① 지적소관청은 제24조에 따라 새로이 지적공부를 작성하였을 때에는 지체 없이 관할등기소에 그 등기를 촉탁하여야 한다. 이 경우 그 등기촉탁은 국가가 자기를 위하여 하는 등기로 본다. ② 토지소유자나 이해관계인은 지적소관청이 제1항에 따른 등기촉탁을 지연하고 있는 경우에는 대통령령으로 정하는 바에 따라 직접 제1항에 따른 등기를 신청할 수 있다. ③ 제1항 및 제2항에 따른 등기에 관하여 필요한 사항은 대법원규칙으로 정한다. 시행규칙 제14조(등기촉탁) ① 지적소관청은 법 제25조제1항에 따라 관할등기소에 지적재조사 완료에 따른 등기를 촉탁할 때에는 별지 제12호서식의 지적재조사 완료 등기촉탁서에 그 취지를 적고 등기촉탁서 부본(副本)과 토지(임야)대장을 첨부하여야 한다. ② 지적소관청은 제1항에 따라 등기를 촉탁하였을 때에는 별지 제13호서식의 등기촉탁 대장에 그 내용을 적어야 한다.
폐쇄된 지적공부의 관리(제26조)	① 제24조제1항에 따라 폐쇄된 지적공부는 영구히 보존하여야 한다. ② 제24조제1항에 따라 폐쇄된 지적공부의 열람이나 그 등본의 발급에 관하여는 「공간정보의 구축 및 관리 등에 관한 법률」 제75조를 준용한다.
건축물현황에 관한 사항의 통보 (제27조)	제23조제1항에 따른 사업완료 공고가 있었던 지역을 관할하는 특별자치도지사 또는 시장ㆍ군수ㆍ자치구청장은 「건축법」 제38조에 따라 건축물대장을 새로이 작성하거나, 건축물대장의 기재사항 중 지상건축물 또는 지하건축물의 위치에 관한 사항을 변경할 때에는 그 내용을 지적소관청에 통보하여야 한다.

예제 **34**

지적재조사사업에 따른 새로운 지적공부의 등록사항 중 국토교통부령으로 정하는 사항으로 가장 옳은 것은?

(19년서울시9)

① 토지의 이동사유ㆍ지적기준점의 위치ㆍ도로명주소ㆍ구분지상권에 관한 사항
② 토지등급 또는 기준수확량과 그 설정ㆍ수정 연월일ㆍ토지의 이동사유ㆍ지적기준점의 위치ㆍ건물의 명칭
③ 도로명주소ㆍ구분지상권에 관한 사항ㆍ소유권 지분ㆍ필지별 공유지연명부의 장 번호ㆍ전유부분의 건물 표시
④ 구분지상권에 관한 사항ㆍ전유 부분의 건물표시ㆍ건물의 명칭ㆍ집합건물별 대지권등록부의 장 번호ㆍ대지권 비율

정답 ①

SECTION 03 지적재조사위원회 등

1. 중앙지적재조사위원회(제28조) 암기 [기][관][장]

소속	지적재조사사업에 관한 주요 정책을 심의 · 의결하기 위하여 국토교통부장관 소속으로 중앙지적재조사위원회(이하 "중앙위원회"라 한다)를 둔다.
심의 · 의결 사항	1. [기]본계획의 수립 및 변경 2. [관]계 법령의 제정 · 개정 및 제도의 개선에 관한 사항 3. 그 밖에 지적재조사사업에 필요하여 중앙위원회의 위원[장]이 회의에 부치는 사항
구성	① 중앙위원회는 위원장 및 부위원장 각 1명을 포함한 15명 이상 20명 이하의 위원으로 구성한다. ② 중앙위원회의 위원장은 국토교통부장관이 되며, 부위원장은 위원 중에서 위원장이 지명한다. ③ 중앙위원회의 **위원**은 다음 각 호의 어느 하나에 해당하는 사람 중에서 위원장이 임명 또는 위촉한다. 1. 기획재정부 · 법무부 · 행정안전부 또는 국토교통부의 1급부터 3급까지 상당의 공무원 또는 고위공무원단에 속하는 공무원 2. 판사 · 검사 또는 변호사 3. 법학이나 지적 또는 측량 분야의 교수로 재직하고 있거나 있었던 사람 4. 그 밖에 지적재조사사업에 관하여 전문성을 갖춘 사람 ④ 중앙위원회의 위원 중 공무원이 아닌 위원의 임기는 2년으로 한다. ⑤ 중앙위원회는 재적위원 과반수의 출석과 출석위원 과반수의 찬성으로 의결한다. ⑥ 그 밖에 중앙위원회의 조직 및 운영 등에 관하여 필요한 사항은 대통령령으로 정한다.
운영 (시행령 제18조)	① 법 제28조제1항에 따른 중앙지적재조사위원회(이하 "중앙위원회"라 한다)의 위원장(이하 "위원장"이라 한다)은 중앙위원회를 대표하고, 중앙위원회의 업무를 총괄한다. ② 위원장이 부득이한 사유로 직무를 수행할 수 없을 때에는 부위원장이 그 직무를 대행하고, 위원장과 부위원장이 모두 부득이한 사유로 그 직무를 수행할 수 없을 때에는 위원장이 미리 지명한 위원이 그 직무를 대행한다. ③ 위원장은 회의 개최 5일 전까지 회의 일시 · 장소 및 심의안건을 각 위원에게 통보하여야 한다. 다만, 긴급한 경우에는 회의 개최 전까지 통보할 수 있다. ④ 회의는 분기별로 개최한다. 다만, 위원장이 필요하다고 인정하는 때에는 임시회를 소집할 수 있다.
간사 (시행령 제19조)	중앙위원회의 사무를 처리하기 위하여 간사 1명을 두며, 간사는 국토교통부 소속 3급 공무원 또는 고위공무원단에 속하는 일반직공무원 중에서 국토교통부장관이 지명한다.

제척·기피 ·회피 (시행령 제20조)	① 중앙위원회의 위원은 다음 각 호의 어느 하나에 해당하는 경우에는 그 안건의 심의·의결에서 제척(除斥)된다. 1. 위원이 해당 심의·의결 안건에 관하여 연구·용역 또는 그 밖의 방법으로 직접 관여한 경우 2. 위원이 최근 3년 이내에 심의·의결 안건과 관련된 업체의 임원 또는 직원으로 재직한 경우 3. 그 밖에 심의·의결 안건과 직접적인 이해관계가 있다고 인정되는 경우 ② 중앙위원회가 심의·의결하는 사항과 직접적인 이해관계가 있는 자는 제1항에 따른 제척 사유가 있거나 공정한 심의·의결을 기대하기 어려운 사유가 있는 중앙위원회의 위원에 대해서는 그 사유를 밝혀 중앙위원회에 그 위원에 대한 기피신청을 할 수 있다. 이 경우 중앙위원회는 의결로 해당 위원의 기피 여부를 결정하여야 한다. ③ 중앙위원회의 위원은 제1항 또는 제2항에 해당하는 경우에는 스스로 심의·의결을 회피할 수 있다.
해촉 (시행령 제21조)	위원장은 중앙위원회의 위원 중 위원장이 위촉한 위원이 다음 각 호의 어느 하나에 해당하는 경우에는 해당 위원을 해촉할 수 있다. 1. 심신장애로 인하여 직무를 수행할 수 없게 된 경우 2. 직무와 관련된 비위사실이 있는 경우 3. 직무태만, 품위손상, 그 밖의 사유로 인하여 위원으로 적합하지 아니하다고 인정된 경우 4. 위원이 제20조제1항 각 호의 제척 사유에 해당함에도 불구하고 회피하지 아니한 경우 5. 위원 스스로 직무를 수행하는 것이 곤란하다고 의사를 밝히는 경우
의견청취 (시행령 제22조)	중앙위원회는 안건심의와 업무수행에 필요하다고 인정하는 경우에는 관계 기관에 자료제출을 요청하거나 이해관계인 또는 전문가를 출석하게 하여 그 의견을 들을 수 있다.

예제 35

「지적재조사에 관한 특별법」에서 규정하고 있는 중앙지적재조사위원회에 대한 설명으로 가장 옳은 것은?

(18년서울시9)

① 지적재조사사업에 관한 주요 정책을 심의·의결하기 위하여 국토교통부장관 소속으로 중앙지적재조사위원회를 둘 수 있다.

② 중앙지적재조사위원회는 위원장 및 부위원장 각 1명을 제외하고 15명 이상 20명 이하의 위원으로 구성한다.

③ 중앙지적재조사위원회의 위원장은 위원 중에서 호선하며, 부위원장은 위원 중에서 위원장이 지명한다.

④ 중앙지적재조사위원회는 지적재조사사업에 필요하여 중앙지적재조사위원회의 위원장이 회의에 부치는 사항을 심의·의결한다.

정답 ④

예제 36

「지적재조사에 관한 특별법」상 중앙지적재조사위원회의 위원이 심의·의결에서 제척되는 사유로 가장 옳지 않은 것은? (20년서울시9)

① 위원이 해당 심의·의결 안건에 관하여 연구·용역의 방법으로 직접 관여한 경우
② 위원이 최근 3년 이내에 심의·의결 안건과 관련된 업체에 임원 또는 직원으로 재직한 경우
③ 심의·의결하는 사항과 직접적인 이해관계가 있다고 인정되는 경우
④ 직무태만 또는 품위손상의 사유로 인하여 위원으로 적합하지 아니하다고 인정된 경우

정답 ④

2. 시·도 지적재조사위원회(제29조) 암기 ⓢⓒⓢⓤⓦ

소속	시·도의 지적재조사사업에 관한 주요 정책을 심의·의결하기 위하여 시·도지사 소속으로 시·도 지적재조사위원회(이하 "시·도 위원회"라 한다)를 둘 수 있다.
심의·의결 사항	1. 지적소관청이 수립한 ⓢ시계획 1의2. 시·도ⓒ합계획의 수립 및 변경 2. 지적재조ⓢ지구의 지정 및 변경 3. 시·군·구별 지적재조사사업의 ⓤ선순위 조정 4. 그 밖에 지적재조사사업에 필요하여 시·도 ⓦ원회의 위원장이 회의에 부치는 사항

구성	① 시·도 위원회는 위원장 및 부위원장 각 1명을 포함한 10명 이내의 위원으로 구성한다.
	② 시·도 위원회의 위원장은 시·도지사가 되며, 부위원장은 위원 중에서 위원장이 지명한다.
	③ 시·도 위원회의 위원은 다음 각 호의 어느 하나에 해당하는 사람 중에서 위원장이 임명 또는 위촉한다.
	
	    1. 해당 시·도의 3급 이상 공무원
	    2. 판사·검사 또는 변호사
	    3. 법학이나 지적 또는 측량 분야의 교수로 재직하고 있거나 있었던 사람
	    4. 그 밖에 지적재조사사업에 관하여 전문성을 갖춘 사람
	
	④ 시·도 위원회의 위원 중 공무원이 아닌 위원의 임기는 2년으로 한다.
	⑤ 시·도 위원회는 재적위원 과반수의 출석과 출석위원 과반수의 찬성으로 의결한다.
	⑥ 그 밖에 시·도 위원회의 조직 및 운영 등에 관하여 필요한 사항은 해당 시·도의 조례로 정한다.

예제 37

시·도의 지적재조사사업에 관한 사항을 심의·의결하기 위하여 운영하는 시·도 지적재조사위원회에 대한 설명으로 옳지 않은 것은? (15년서울시7)

① 시·군·구별 지적재조사사업의 우선순위를 조정한다.

② 위원회는 10명 이내의 위원으로 구성한다.

③ 지적재조사지구의 지정 및 변경을 심의한다.

④ 시·도 위원회는 재적위원 과반수의 출석과 출석위원 2/3 이상 찬성으로 의결한다.

정답 ④

예제 38

지적재조사사업에 있어서 시·도 지적재조사위원회의 심의·의결사항이 아닌 것은? (16년서울시7)

① 지적재조사지구의 지정 및 변경

② 시·군·구별 지적재조사사업의 우선순위 조정

③ 시·군·구 지적재조사위원회의 위원장이 회의에 부치는 사항

④ 지적소관청이 수립한 실시계획

정답 ③

예제 39

지적재조사에 관한 특별법상 시·도 지적재조사위원회에서 심의 및 의결할 수 있는 사항이 아닌 것은? (18년지방직9)

① 지적재조사지구의 지정 및 변경

② 시·군·구별 지적재조사사업의 우선순위 조정

③ 경계설정에 따른 이의신청에 관한 결정

④ 지적소관청이 수립한 실시계획

정답 ③

3. 시 · 군 · 구 지적재조사위원회(제30조) 암기 ⓑⓑⓩⓩ은 ⓘⓩ이

소속	시 · 군 · 구의 지적재조사사업에 관한 주요 정책을 심의 · 의결하기 위하여 지적소관청 소속으로 시 · 군 · 구 지적재조사위원회(이하 "시 · 군 · 구 위원회"라 한다)를 둘 수 있다.
심의 · 의결 사항	1. 제12조제2항제3호에 따른 경계ⓑ원측량 또는 지적공ⓑ정리의 허용 여부 2. 제19조에 따른 ⓩ목의 변경 3. 제20조에 따른 조ⓩ금의 산정 3의2. 제21조의2제2항에 따른 조정금 이ⓘ신청에 관한 결정 4. 그 밖에 지적재조사사업에 필요하여 시 · 군 · 구 위원회의 위원ⓩ이 회의에 부치는 사항
구성	① 시 · 군 · 구 위원회는 위원장 및 부위원장 각 1명을 포함한 10명 이내의 위원으로 구성한다. ② 시 · 군 · 구 위원회의 위원장은 시장 · 군수 또는 구청장이 되며, 부위원장은 위원 중에서 위원장이 지명한다. ③ 시 · 군 · 구 위원회의 위원은 다음 각 호의 어느 하나에 해당하는 사람 중에서 위원장이 임명 또는 위촉한다. 　1. 해당 시 · 군 · 구의 5급 이상 공무원 　2. 해당 지적재조사지구의 읍장 · 면장 · 동장 　3. 판사 · 검사 또는 변호사 　4. 법학이나 지적 또는 측량 분야의 교수로 재직하고 있거나 있었던 사람 　5. 그 밖에 지적재조사사업에 관하여 전문성을 갖춘 사람 ④ 시 · 군 · 구 위원회의 위원 중 공무원이 아닌 위원의 임기는 2년으로 한다. ⑤ 시 · 군 · 구 위원회는 재적위원 과반수의 출석과 출석위원 과반수의 찬성으로 의결한다. ⑥ 그 밖에 시 · 군 · 구 위원회의 조직 및 운영 등에 관하여 필요한 사항은 해당 시 · 군 · 구의 조례로 정한다.

예제 40

시 · 군 · 구의 지적재조사사업에 관한 주요 정책을 심의 · 의결하기 위하여 지적소관청 소속으로 시 · 군 · 구 지적재조사위원회(이하 "시 · 군 · 구 위원회"라 한다)를 둘 수 있다. 시 · 군 · 구의 지적재조사위원회에 관한 설명으로 옳지 않은 것은?

① 경계확정으로 지적공부상의 면적이 증감된 경우에는 필지별 면적 증감내역을 기준으로 조정금을 산정할 수 있다.

② 수령통지 또는 납부고지된 조정금에 이의가 있는 토지소유자는 지적소관청에 이의신청을 할수 있다. 조정금 이의신청에 관한 결정은 시 · 도 지적재조사위원회 결정 사항이다.

③ 지적재조사측량 결과 기존의 지적공부상 지목이 실제의 이용현황과 다른 경우 기존의 지적공부상의 지목 변경여부를 심의 · 의결할 수 있다.

④ 토지소유자의 신청에 따라 시 · 군 · 구 지적재조사위원회가 경계복원측량 또는 지적공부정리가 필요하다고 결정하는 경우 허용여부를 심의 · 의결한다.

정답 ②

4. 경계결정위원회(제31조) 암기 경심

소속	다음 각 호의 사항을 의결하기 위하여 지적소관청 소속으로 경계결정위원회를 둔다.
의결사항	1. 경계설정에 관한 결정 2. 경계설정에 따른 이의신청에 관한 결정
구성	① 경계결정위원회는 위원장 및 부위원장 각 1명을 포함한 11명 이내의 위원으로 구성한다. ② 경계결정위원회의 위원장은 위원인 판사가 되며, 부위원장은 위원 중에서 지적소관청이 지정한다. ③ 경계결정위원회의 위원은 다음 각 호에서 정하는 사람이 된다. 다만, 제3호 및 제4호의 위원은 해당 지적재조사지구에 관한 안건인 경우에 위원으로 참석할 수 있다. 1. 관할 지방법원장이 지명하는 판사 2. 다음 각 목의 어느 하나에 해당하는 사람으로서 지적소관청이 임명 또는 위촉하는 사람 　가. 지적소관청 소속 5급 이상 공무원 　나. 변호사, 법학교수, 그 밖에 법률지식이 풍부한 사람 　다. 지적측량기술자, 감정평가사, 그 밖에 지적재조사사업에 관한 전문성을 갖춘 사람 3. 각 지적재조사지구의 토지소유자(토지소유자협의회가 구성된 경우에는 토지소유자협의회가 추천하는 사람을 말한다) 4. 각 지적재조사지구의 읍장·면장·동장 ④ 경계결정위원회의 위원에는 제3항제3호에 해당하는 위원이 반드시 포함되어야 한다. ⑤ 경계결정위원회의 위원 중 공무원이 아닌 위원의 임기는 2년으로 한다. ⑥ 경계결정위원회는 직권 또는 토지소유자나 이해관계인의 신청에 따라 사실조사를 하거나 신청인 또는 토지소유자나 이해관계인에게 필요한 서류의 제출을 요청할 수 있으며, 지적소관청의 소속 공무원으로 하여금 사실조사를 하게 할 수 있다. ⑦ 토지소유자나 이해관계인은 경계결정위원회에 출석하여 의견을 진술하거나 필요한 증빙서류를 제출할 수 있다. ⑧ 경계결정위원회의 결정 또는 의결은 문서로써 재적위원 과반수의 찬성이 있어야 한다. ⑨ 제8항에 따른 결정서 또는 의결서에는 주문, 결정 또는 의결 이유, 결정 또는 의결 일자 및 결정 또는 의결에 참여한 위원의 성명을 기재하고, 결정 또는 의결에 참여한 위원 전원이 서명날인하여야 한다. 다만, 서명날인을 거부하거나 서명날인을 할 수 없는 부득이한 사유가 있는 위원의 경우 해당 위원의 서명날인을 생략하고 그 사유만을 기재할 수 있다. ⑩ 경계결정위원회의 조직 및 운영 등에 관하여 필요한 사항은 해당 시·군·구의 조례로 정한다.

예제 41

「지적재조사에 관한 특별법」상 경계결정위원회에 관한 설명으로 가장 옳지 않은 것은?

(21년서울시)

① 경계설정에 관한 결정과 경계설정에 따른 이의신청에 관한 결정을 의결하기 위하여 지적소관청 소속으로 경계결정위원회를 둔다.
② 경계결정위원회는 위원장 및 부위원장 각 1명을 포함한 11명 이내의 위원으로 구성한다.
③ 경계결정위원회의 결정 또는 의결은 문서로써 출석 위원 과반수의 찬성이 있어야 한다.
④ 경계결정위원회의 위원장은 위원인 판사가 되며, 부위원장은 위원 중에서 지적소관청이 지정한다.

정답 ③

예제 42

「지적재조사에 관한 특별법」에서 규정하고 있는 경계의 결정에 대한 설명으로 가장 옳지 않은 것은?

(18년서울시)

① 지적재조사에 따른 경계결정은 경계결정위원회의 의결을 거쳐 결정한다.
② 지적소관청은 경계결정위원회에 경계에 관한 결정을 신청할 때에는 지적확정예정조서에 토지소유자나 이해관계인의 의견을 첨부하여 경계결정위원회에 제출하여야 한다.
③ 지적확정예정조서를 제출받은 경계결정위원회는 경계에 관한 결정을 할 수 없는 부득이한 사유가 없는 경우에는 제출받은 날부터 30일 이내에 경계에 관한 결정을 하고 이를 지적소관청에 통지하여야 한다.
④ 경계결정위원회는 경계에 관한 결정을 하기에 앞서 토지소유자들로 하여금 경계에 관한 합의를 하도록 반드시 권고하여야 한다.

정답 ④

예제 43

「지적재조사에 관한 특별법」에서 지적소관청 소속으로 두는 경계결정위원회에 대한 설명으로 옳은 것은?

(16년서울시7)

① 경계결정위원회는 경계설정에 관한 결정과 경계설정에 따른 이의신청에 관한 결정 등 두 가지 사항을 의결한다.
② 경계결정위원회는 위원장 및 부위원장 각 1명을 포함한 9명 이상 11명 이내의 위원으로 구성한다.
③ 경계결정위원회의 위원장은 관할 지방법원장이 되며, 부위원장은 위원장이 위원 중에서 지명한다.
④ 경계결정위원회의 위원에는 각 지적재조사지구의 읍장·면장·동장에 해당하는 위원이 반드시 포함되어야 한다.

정답 ①

5. 지적재조사기획단 등(제32조)

소속	① 기본계획의 입안, 지적재조사사업의 지도·감독, 기술·인력 및 예산 등의 지원, 중앙위원회 심의·의결사항에 대한 보좌를 위하여 국토교통부에 지적재조사기획단을 둔다. ② 지적재조사사업의 지도·감독, 기술·인력 및 예산 등의 지원을 위하여 시·도에 지적재조사 지원단을, 실시계획의 입안, 지적재조사사업의 시행, 책임수행기관에 대한 지도·감독 등을 위하여 지적소관청에 지적재조사추진단을 둘 수 있다. 〈개정 2020.12.22.〉
규정	③ 제1항에 따른 지적재조사기획단의 조직과 운영에 관하여 필요한 사항은 대통령령으로, 제2항에 따른 지적재조사지원단과 지적재조사추진단의 조직과 운영에 관하여 필요한 사항은 해당 지방자치단체의 조례로 정한다.
구성 (시행령 제26조)	① 법 제32조제1항에 따른 지적재조사기획단(이하 "기획단"이라 한다)은 단장 1명과 소속 직원으로 구성하며, 단장은 국토교통부의 고위공무원단에 속하는 일반직공무원 중에서 국토교통부장관이 지명하는 자가 겸직한다. ② 국토교통부장관은 기획단의 업무수행을 위하여 필요하다고 인정할 때에는 관계 행정기관의 공무원 및 관련 기관·단체의 임직원의 파견을 요청할 수 있다. ③ 제1항 및 제2항에서 규정한 사항 외에 기획단의 조직과 운영에 필요한 사항은 국토교통부장관이 정한다.

예제 44

「지적재조사에 관한 특별법」상 지적재조사사업의 지도·감독, 기술·인력 및 예산 등의 지원을 위하여 시·도에 둘 수 있는 조직으로 가장 옳은 것은? (20년서울시9)

① 지적재조사기획단
② 지적재조사계획단
③ 지적재조사지원단
④ 지적재조사추진단

 정답 ③

6. 토지등에의 출입 등(제37조)

사용·출입	① 지적소관청은 지적재조사사업을 위하여 필요한 경우에는 소속 공무원 또는 책임수행기관으로 하여금 타인의 토지·건물·공유수면 등(이하 이 조에서 "토지등"이라 한다)에 출입하거나 이를 일시 사용하게 할 수 있으며, 특히 필요한 경우에는 나무·흙·돌, 그 밖의 장애물(이하 "장애물등"이라 한다)을 변경하거나 제거하게 할 수 있다. 〈개정 2020.12.22.〉
통지	② 지적소관청은 제1항에 따라 소속 공무원 또는 책임수행기관으로 하여금 타인의 토지등에 출입하게 하거나 이를 일시 사용하게 하거나 장애물등을 변경 또는 제거하게 하려는 때에는 출입 등을 하려는 날의 3일 전까지 해당 토지등의 소유자·점유자 또는 관리인에게 그 일시와 장소를 통지하여야 한다. 〈개정 2020.12.22.〉
제한	③ 해 뜨기 전이나 해가 진 후에는 그 토지등의 점유자의 승낙 없이 택지나 담장 또는 울타리로 둘러싸인 타인의 토지등에 출입할 수 없다.
방해	④ 토지등의 점유자는 정당한 사유 없이 제1항에 따른 행위를 방해하거나 거부하지 못한다.
허가증	⑤ 제1항에 따른 행위를 하려는 자는 그 권한을 표시하는 증표와 허가증을 지니고 이를 관계인에게 내보여야 한다.
보상	⑥ 지적소관청은 제1항의 행위로 인하여 손실을 입은 자가 있으면 이를 보상하여야 한다. ⑦ 제6항에 따른 손실보상에 관하여는 지적소관청과 손실을 입은 자가 협의하여야 한다.
재결	⑧ 지적소관청 또는 손실을 입은 자는 제7항에 따른 협의가 성립되지 아니하거나 협의를 할 수 없는 경우에는 「공익사업을 위한 토지 등의 취득 및 보상에 관한 법률」에 따른 관할 **토지수용위원회**에 재결을 신청할 수 있다. ⑨ 제8항에 따른 관할 토지수용위원회의 재결에 관하여는 「공익사업을 위한 토지 등의 취득 및 보상에 관한 법률」 제84조부터 제88조까지의 규정을 준용한다.

7. 서류의 열람 등(제38조)

열람	① 토지소유자나 이해관계인은 지적재조사사업에 관한 서류를 열람할 수 있으며, 지적소관청은 정당한 사유가 없는 한 이를 거부하여서는 아니 된다.
교부	② 토지소유자나 이해관계인은 지적소관청에 자기의 비용으로 지적재조사사업에 관한 서류의 사본 교부를 청구할 수 있다.
구축·운영	③ 국토교통부장관은 토지소유자나 이해관계인이 지적재조사사업과 관련한 정보를 인터넷 등을 통하여 실시간 열람할 수 있도록 공개시스템을 구축·운영하여야 한다. ④ 제3항에 따른 시스템의 구축 및 운영에 필요한 사항은 대통령령으로 정한다.

8. 공개시스템의 구축 · 운영 등(시행령 제27조) 암기 실적자조사해서 조운건물지정

구축 · 운영	① 국토교통부장관은 법 제38조제3항에 따른 공개시스템(이하 "공개시스템"이라 한다)을 개발하여 시 · 도지사 및 지적소관청에 보급하여야 한다. ② 국토교통부장관은 제1항에 따른 공개시스템을 「전자정부법」 제36조제1항에 따른 행정정보의 공동이용과 연계하거나 정보의 공동활용체계를 구축할 수 있다. ③ 제1항 및 제2항에서 규정한 사항 외에 공개시스템의 구축 및 운영에 필요한 사항은 국토교통부장관이 정하여 고시한다.
입력정보 (제28조)	시 · 도지사 및 지적소관청은 법 제38조에 따라 토지소유자등이 지적재조사사업과 관련한 정보를 인터넷 등을 통하여 실시간 열람할 수 있도록 다음 각 호의 사항을 공개시스템에 입력하여야 한다. 1. 실시계획 2. 지적재조사지구 2의2. 지적측량수행자 선정 공고 3. 토지현황조사 4. 지적재조사측량 및 경계의 확정 5. 조정금의 산정, 징수 및 지급 6. 새로운 지적공부 및 등기촉탁 7. 건축물 위치 및 건물 표시 8. 토지와 건물에 대한 개별공시지가, 개별주택가격, 공동주택가격 및 부동산 실거래가격 9. 「토지이용규제 기본법」에 따른 토지이용규제 10. 그 밖에 국토교통부장관이 필요하다고 인정하는 사항
고유식별 정보의 처리 (제28조의 2) 암기 수동조정 조공탁	지적소관청은 다음 각 호의 사무를 수행하기 위하여 불가피한 경우 「개인정보 보호법 시행령」 제19조에 따른 주민등록번호 또는 외국인등록번호가 포함된 자료를 처리할 수 있다. 1. 법 제6조제1항에 따른 실시계획 수립에 관한 사무 2. 법 제7조제2항에 따른 토지소유자의 동의에 관한 사무 3. 법 제10조제2항에 따른 토지현황조사서 작성에 관한 사무 4. 법 제15조제2항에 따른 지적확정예정조서 작성에 관한 사무 5. 법 제21조제3항에 따른 조정금 수령통지 또는 납부고지에 관한 사무 6. 법 제24조제1항에 따른 새로운 지적공부의 작성에 관한 사무 7. 법 제25조제1항에 따른 등기촉탁에 관한 사무

「지적재조사에 관한 특별법」(이하 "동법"이라 한다.)에서 지적소관청이 사무를 수행하기 위하여 불가피한 경우로서 「개인정보 보호법 시행령」 제19조에 따른 주민등록번호 또는 외국인등록번호가 포함된 자료를 처리할 수 있는 사무에 해당하지 않는 것은? (18년서울시9)

① 동법 제7조제2항에 따른 토지소유자협의회의 구성에 관한 사무
② 동법 제10조제2항에 따른 토지현황조사서 작성에 관한 사무
③ 동법 제21조제3항에 따른 조정금 수령통지 또는 납부고지에 관한 사무
④ 동법 제24조제1항에 따른 새로운 지적공부의 작성에 관한 사무

정답 ①

SECTION 04 벌칙 암기 ㉫㉯하고 ㉯㉰ 가져라.

벌칙 (제43조)	① 지적재조사사업을 위한 지적측량을 고의로 진실에 ㉫하게 측량하거나 지적재조사사업 ㉯과를 거짓으로 등록을 한 자는 2년 이하의 징역 또는 2천만 원 이하의 벌금에 처한다. ② 제41조를 위반하여 지적재조사사업 중에 알게 된 타인의 ㉯밀을 ㉰설하거나 사용한 자는 1년 이하의 징역 또는 1천만원 이하의 벌금에 처한다.
양벌규정 (제44조)	법인의 대표자나 법인 또는 개인의 대리인, 사용인, 그 밖의 종업원이 그 법인 또는 개인의 업무에 관하여 제43조의 위반행위를 하면 그 행위자를 벌하는 외에 그 법인 또는 개인에게도 해당 조문의 벌금형을 과(科)한다. 다만, 법인 또는 개인이 그 위반행위를 방지하기 위하여 해당 업무에 관하여 상당한 주의와 감독을 게을리하지 아니한 경우에는 그러하지 아니다.
과태료 (제45조)	① 다음 각 호의 어느 하나에 해당하는 자에게는 300만 원 이하의 과태료를 부과한다. 　1. 제15조제4항 또는 제18조제3항을 위반하여 임시경계점표지 또는 경계점표지를 이전 또는 파손하거나 그 효용을 해치는 행위를 한 자 　2. 지적재조사사업을 정당한 이유 없이 방해한 자 ② 제1항에 따른 과태료는 대통령령으로 정하는 바에 따라 국토교통부장관, 시·도지사 또는 지적소관청이 부과·징수한다.

■ **지적재조사에 관한 특별법 시행령 [별표] 〈개정 2020.6.23.〉**

과태료의 부과기준(제29조 관련)

1. 일반기준

가. 위반행위의 횟수에 따른 행정처분의 기준은 최근 3년간 같은 위반행위로 과태료를 부과받은 경우에 적용한다. 이 경우 위반횟수는 같은 위반행위에 대하여 과태료를 부과받은 날과 다시 같은 위반행위로 적발된 날을 기준으로 한다.

나. 부과권자는 다음의 어느 하나에 해당하는 경우에는 제2호의 개별기준에 따른 과태료 금액의 2분의 1의 범위에서 그 금액을 줄일 수 있다. 다만, 과태료를 체납하고 있는 위반행위자의 경우에는 그러하지 아니하다.

1) 위반행위자가 「질서위반행위규제법 시행령」 제2조의2제1항 각 호의 어느 하나에 해당하는 경우
2) 위반행위가 사소한 부주의나 오류로 인한 것으로 인정되는 경우
3) 위반행위자가 위반행위를 바로 정정하거나 시정하여 법 위반상태를 해소한 경우
4) 그 밖에 위반행위의 정도, 위반행위의 동기와 그 결과 등을 고려하여 과태료 금액을 줄일 필요가 있다고 인정되는 경우

다. 부과권자는 다음의 어느 하나에 해당하는 경우에는 제2호의 개별기준에 따른 과태료 금액의 2분의 1의 범위에서 그 금액을 늘릴 수 있다. 다만, 법 제45조제1항에 따른 과태료 금액의 상한을 넘을 수 없다.

1) 위반의 내용 · 정도가 중대하여 이해관계인 등에게 미치는 피해가 크다고 인정되는 경우
2) 법 위반상태의 기간이 6개월 이상인 경우
3) 그 밖에 위반행위의 정도, 위반행위의 동기와 그 결과 등을 고려하여 과태료 금액을 늘릴 필요가 있다고 인정되는 경우

2. 개별기준

위반행위	근거 법조문	과태료 금액		
		1차 위반	2차 위반	3차 이상 위반
가. 법 제15조제4항 또는 제18조제3항을 위반하여 [임]시경계점표지를 이전 또는 파손하거나 그 효용을 해치는 행위를 한 경우	법 제45조 제1항제1호	100만 원	150만 원	200만 원
나. 법 제15조제4항 또는 제18조제3항을 위반하여 [경]계점표지를 이전 또는 파손하거나 그 효용을 해치는 행위를 한 경우	법 제45조 제1항제1호	150만 원	200만 원	300만 원
다. 지적재조사사업을 정당한 이유 없이 [방]해한 경우	법 제45조 제1항제2호	50만 원	75만 원	100만 원

3_장 지적재조사행정시스템 운영규정

[시행 2015.8.11.] [국토교통부훈령 제567호, 2015.8.11., 제정]

1. 목적(제1조)

이 규정은 「지적재조사에 관한 특별법」 제38조, 같은 법 시행령 제27조에 따라 구축·운영하는 지적재조사행정시스템의 운용·관리 및 이용 등에 관한 사항을 규정함을 목적으로 한다.

제38조(서류의 열람 등)

① 토지소유자나 이해관계인은 지적재조사사업에 관한 서류를 열람할 수 있으며, 지적소관청은 정당한 사유가 없는 한 이를 거부하여서는 아니 된다.

② 토지소유자나 이해관계인은 지적소관청에 자기의 비용으로 지적재조사사업에 관한 서류의 사본 교부를 청구할 수 있다.

③ 국토교통부장관은 토지소유자나 이해관계인이 지적재조사사업과 관련한 정보를 인터넷 등을 통하여 실시간 열람할 수 있도록 공개시스템을 구축·운영하여야 한다.

④ 제3항에 따른 시스템의 구축 및 운영에 필요한 사항은 대통령령으로 정한다.

시행령 제27조(공개시스템의 구축·운영 등)

① 국토교통부장관은 법 제38조제3항에 따른 공개시스템(이하 "공개시스템"이라 한다)을 개발하여 시·도지사 및 지적소관청에 보급하여야 한다.

② 국토교통부장관은 제1항에 따른 공개시스템을 「전자정부법」 제36조제1항에 따른 행정정보의 공동이용과 연계하거나 정보의 공동활용체계를 구축할 수 있다.

③ 제1항 및 제2항에서 규정한 사항 외에 공개시스템의 구축 및 운영에 필요한 사항은 국토교통부장관이 정하여 고시한다.

---

2. 적용범위(제2조)

이 규정은 지적재조사 행정시스템(이하 "시스템"이라 한다)을 이용하여 업무를 수행하는 모든 과정에 적용하며 사용 대상은 다음과 같다.

---

1. 시스템을 운용·관리하는 국토교통부와 사업관련 정보의 필요성이 인정되는 중앙행정기관

2. 지적재조사 행정시스템 업무를 담당하는 지원단 및 추진단

3. 같은 법 제5조 및 같은 법 시행령 제4조제1항에 따라 지적측량대행자로 선정 고시된 자

4. 지적재조사지구의 토지소유자 및 이해관계인

토지소유자나 이해관계인이 지적재조사사업과 관련한 정보를 인터넷 등을 통하여 실시간
으로 열람할 수 있도록 구축한 공개시스템의 명칭은? (17년3회지기)

① 지적재조사측량시스템

② 지적재조사행정시스템

③ 지적재조사관리공개시스템

④ 지적재조사정보공개시스템

정답 ②

3. 용어정의(제3조)

이 규정에서 사용하는 용어의 정의는 다음과 같다.

시스템	지적재조사사업 수행에 필요한 각종 속성정보 및 공간정보를 전산화하여 통합적으로 관리하는 시스템을 말한다.
기획단	같은 법 제32조제1항에 따른 국토교통부 지적재조사기획단을 말한다.
지원단	같은 법 제32조제2항에 따른 지적재조사지원단을 말한다.
추진단	같은 법 제32조제2항에 따른 지적재조사추진단을 말한다.
대행자	같은 법 제5조제2항에 따른 지적재조사사업의 측량·조사 등을 대행하는 자를 말한다.
권한 관리자	기획단, 지원단, 추진단별 각 소속 기관에서 시스템을 이용하여 사용자권한 업무를 수행하는 자를 말한다.
자료	시스템에서 전산등록·관리하는 지적재조사사업 전반 업무와 관련한 공간 및 속성정보를 통칭한다.

현행 「지적재조사에 관한 특별법」에 따라 지적재조사사업 기본계획의 입안, 지적재조사사
업의 지도·감독, 기술·인력 및 예산 등의 지원, 중앙위원회 심의·의결사항에 대한 보좌
를 위하여 국토교통부에 설치한 것은? (16년서울시9)

① 지적재조사기획단

② 지적재조사지원단

③ 지적재조사추진단

④ 지적재조사총괄단

정답 ①

4. 역할분담(제5조)

① 기획단장은 시스템 관리체계의 총괄 책임자로서 시스템의 원활한 운영·관리를 위하여 다음 각 호의 역할을 수행하여야 한다.

> 1. 법령 변경에 따른 시스템과 데이터베이스의 변경사항
> 2. 시스템의 갱신, 유지·보수 및 응용프로그램 관리
> 3. 시스템 운영·관리에 관한 교육 및 지도·감독
> 4. 그 밖에 시스템 관리·운영의 개선을 위하여 필요한 사항

② 지원단장 및 추진단장은 시스템의 원활한 운영·관리를 위하여 다음 각 호의 역할을 수행하여야 한다.

> 1. 시스템 자료의 등록·수정·갱신
> 2. 시스템 권한 부여 및 전산등록사항 관리

5. 자료의 입력 및 관리(제6조)

① 지원단장 및 추진단장은 국토교통부 「지적재조사업무규정」, 「지적재조사측량규정」, 「지적공부 세계측지계 변환규정」에 명시된 규정에 따라 최신 자료가 유지되도록 조치하여야 한다.

② 지원단장 및 추진단장은 자료의 전산등록과정에서 장애가 발생할 경우 기획단장과 협의하여야 한다.

6. 전산자료의 구축 및 운영(제7조)

① 기획단장은 제6조제1항의 규정에 따라 시스템을 적합하게 구축하여야 한다.

② 기획단장은 시스템의 안정적인 운영을 위하여 시스템 관리자를 지정하고 유지관리 대책을 수립하여야 한다.

7. 사용자 교육실시(제8조)

① 기획단장은 사용자가 시스템을 체계적으로 이용하고 관리할 수 있도록 교육을 실시하여야 한다.

② 지원단장, 추진단장 및 대행자는 사용자가 교육을 받을 수 있도록 지원하여야 한다.

③ 기획단장은 사용자 교육을 관련기관에 위탁하여 실시할 수 있다.

8. 지원단장 · 추진단장 · 대행자의 업무(제9조~제11조)

지원단장 · 추진단장 · 대행자는 각각 다음 업무를 수행한다.

지원단장의 업무	1. 추진단에서 승인 요청한 지적재조사지구 승인 및 고시 사항 전산등록 2. 지적재조사지구별 지적기준점 성과검사 3. 해당 지적재조사지구의 연도별 사업추진 현황 등 통계 관리 4. 추진단 권한관리자 및 지원단 사용자에 대한 사용자 권한 승인 및 관리
추진단장의 업무	1. 지적재조사지구 등 실시계획에 관한 사항 전산등록 2. 일필지 사전조사 및 현지조사에 관한 사항 전산등록 3. 주민설명회 · 동의서 징구 등 지적재조사지구 지정 신청에 관한 사항 전산등록 4. 추진단 업무담당자 및 해당 지적재조사지구 대행자에 대한 사용자 권한 승인 및 관리 5. 그 밖에 지적재조사업무 전반에 관한 자료 전산등록 및 관리
대행자 업무	1. 해당 지적재조사지구 사용자 전산등록 및 승인 요청 2. 일필지측량 완료 후 지적확정조서에 관한 사항 전산등록 3. 일필지 현지조사에 관한 사항 전산등록 4. 대국민공개시스템 및 모바일 현장지원 시스템 활용 5. 경계점 표지등록부 전산등록 6. 그 밖에 지적재조사 측량규정에 의한 측량 성과 전산등록 등

예제 03

지적재조사행정시스템 운영규정상 지적재조사행정시스템을 이용하는 대행자 업무에 해당하지 않는 것은? (17년지방직9)

① 지적재조사지구 등 실시계획에 관한 사항 전산등록

② 일필지측량 완료 후 지적확정조서에 관한 사항 전산등록

③ 일필지 현지조사에 관한 사항 전산등록

④ 경계점 표지등록부 전산등록　　　　　　　　　　　　　　**정답** ①

9. 소유자 및 이해관계인(제12조)

해당토지의 소유자 및 이해관계인은 다음 각 호의 내용을 열람하고 동의 또는 의견 제출 등을 할 수 있다.

1. 토지소유자 사업 동의 및 토지소유자협의회 구성 동의

2. 경계 및 지적확정조서에 관한 사항

10. 사용자권한 관리(제13조)

① 시스템 사용자권한을 새로이 부여받거나 변경하고자 하는 자는 별지 제1호 및 제2호 서식에 의하여 권한관리자에게 신청하여야 한다.

② 권한관리자는 사용자 권한을 새로이 부여하거나 변경하고자 할 때에는 별지 제3호 서식에 따라 사용자 권한 등록부를 관리할 수 있다.

11. 사용자번호 및 인증서 로그인(제14조)

① 시스템에 전산등록하는 사용자번호는 고유의 일련번호로 부여하여야 하며, 한번 부여된 사용자번호는 변경할 수 없다.

② 소속이 변경되거나 퇴직 등을 한 경우에는 사용자의 책임을 명확히 할 수 있도록 관리하여야 한다.

③ 제2조제1호 및 제2호에 따른 사용자의 인증서는 행정안전부에서 부여받은 GPKI로 사용하며, 로그인 후 사용자 로그인 접속내용을 인증서에 의하여 관리한다.

④ 대행자는 공공 I-PIN 등의 공인된 실명인증 방식으로 로그인 후 지적재조사지구별 권한 신청 후 승인을 받아야 한다.

⑤ 지적재조사지구 내 토지소유자 및 이해관계인은 공공 I-PIN 등의 공인된 실명인증 방식으로 로그인 후 소유 및 이해관계 필지에 대하여 관련 자료를 열람할 수 있다.

⑥ 제3항부터 제5항까지에 따른 사용자의 인증서는 다른 사람에게 누설하여서는 아니 되며, 사용자는 인증서가 누설되거나 누설될 우려가 있는 때에는 즉시 이를 변경하여야 한다.

12. 운영관리책임자 등(제15조)

① 시스템을 총괄하는 운영관리책임자는 지적재조사업무를 담당하는 담당과장이 되며, 담당과장은 운영 및 유지관리를 위하여 권한관리자를 지정하여야 한다.

② 운영관리책임자는 다음 각 호의 업무를 수행한다.

> 1. 수시 예방점검 및 장애사항 처리
> 2. 보안관리 및 침해대응
> 3. 지적재조사지구별 통계자료 관리
> 4. 개인정보보호법에 의한 개인정보 침해대응
> 5. 그 밖에 정보자원을 운영 · 관리함에 있어 필요한 사항

13. 우편물 발송 업무(제16조)

① 우편물 발송은 행정정보공동망 「지적재조사 행정시스템과 우정사업본부 전자우편(e-그린)」 연계 시스템에 의하여 처리할 수 있으며, 이용요금은 우정사업본부 고시금액으로 한다.

> 1. 고지서에 의한 납부 방법
> 2. 카드에 의한 납부 방법

② 우편물 발송 시 회송용 봉투를 동봉하고자 하는 경우에는 관할 배송우체국과 별도 계약을 체결하여 운영할 수 있다.

③ 제1항의 우편물 발송정보 변경 시 별지 제4호 서식에 따라 발송우체국(서울지방우정청 서울중앙우체국)에 5일 이내 통보 후 사용하여야 한다.

14. 백업 및 복구(제17조)

① 정부통합전산센터의 장은 프로그램 및 전산자료의 멸실·손괴에 대비하여 정기적으로 관련 자료를 백업하여야 한다. 백업 주기와 방법 및 범위는 「행정안전부 정부통합전산센터」의 백업지침에 따른다.

② 제1항의 백업자료는 도난·훼손·멸실되지 않도록 안전한 장소에 보관하여야 한다.

15. 시스템 장애 및 전산자료 오류 수정(제18조)

① 지원단장 및 추진단장은 지적재조사 행정시스템 자료에 오류가 발생한 경우에는 지체 없이 이를 수정하여야 한다.

② 지원단장 및 추진단장은 시스템 장애가 발생하여 처리할 수 없는 경우에는 별지 제5호 서식에 따라 이를 기획단장에게 보고하고, 그에 따른 필요한 조치를 요청할 수 있다.

③ 제2항에 따라 보고받은 기획단장은 시스템 장애 사항이 정비될 수 있도록 필요한 조치를 하여야 한다.

16. 개인정보의 안전성 확보조치(제19조)

① 기획단장은 「개인정보보호법」 제33조에 따라 시스템의 개인정보 영향평가 및 위험도 분석을 실시하여 필요시 고유식별정보 등에 대한 암호화 기술 적용 또는 이에 상응하는 조치 등의 방안을 마련하여야 한다.

② 시스템을 운영 또는 사용하는 자는 「개인정보보호법」 제29조, 같은 법 시행령 제30조 및 개인정보의 안전성 확보조치 기준에 따라 개인정보의 안전성 확보에 필요한 관리적·기술적 조치를 취하여야 한다.

③ 시스템을 운영 또는 사용하는 자는 시스템으로 인하여 국민의 사생활에 대한 권익이 침해받지 않도록 하여야 한다.

17. 보안 관리(제20조)

① 시스템을 운영 또는 사용하는 자는 보안관련 법령에 따라 관리적·기술적 대책을 강구하고 보안 관리를 철저히 하여야 한다.

② 기획단장은 시스템의 유지관리를 용역사업으로 추진하는 경우에는 보안관련 규정을 준용하여야 한다.

4장 지적재조사업무규정

[시행 2021.2.16.] [국토교통부고시 제2021-196호, 2021.2.16., 일부개정]

SECTION 01 총칙

1. 목적(제1조)

이 규정은 「지적재조사에 관한 특별법」 제6조(실시계획의 수립), 같은 법 시행규칙 제4조(토지현황조사) 및 제10조(지상경계점등록부)에서 국토교통부장관에게 정하도록 한 사항과 그 밖에 지적재조사사업의 시행에 필요한 세부적인 사항을 정함을 목적으로 한다.

법 제6조(실시계획의 수립) [암기] ⓒⓜⓦⓗⓙⓢⓢⓖⓢⓢⓢⓢ

① 지적소관청은 시·도종합계획을 통지받았을 때에는 다음 각 호의 사항이 포함된 지적재조사사업에 관한 실시계획(이하 "실시계획"이라 한다)을 수립하여야 한다. 〈개정 2017.4.18., 2019.12.10.〉

> 1. 지적재조사사업의 시행에 따른 ⓒ보
> 2. 지적재조사지구의 ⓜ칭
> 3. 지적재조사지구의 ⓦ치 및 면적
> 4. 지적재조사지구의 ⓗ황
> 5. 지적재조사사업비의 ⓙ산액
> 6. 지적재조사사업의 ⓢ행자
> 7. 토지현황조ⓢ에 관한 사항
> 8. 지적재조사사업의 시행시기 및 ⓖ간
> 9. 그 밖에 지적소관청이 법 제6조제1항에 따른 지적재조사ⓢ업에 관한 실시계획(이하 "실시계획"이라 한다)의 수립에 필요하다고 인정하는 사항
> 10. 지적재조사사업의 ⓢ행에 관한 세부계획
> 11. 지적재조ⓢ측량에 관한 시행계획
> 12. 지적소관청은 실시계획을 수립할 때에는 ⓢ·도종합계획과 연계되도록 하여야 한다.

② 지적소관청은 실시계획 수립내용을 30일 이상 주민에게 공람하여야 한다. 이 경우 지적소관청은 공람기간 내에 지적재조사지구 토지소유자와 이해관계인에게 실시계획 수립내용을 서면으로 통보한 후 주민설명회를 개최하여야 한다. 〈신설 2020.12.22.〉

③ 지적재조사지구에 있는 토지소유자와 이해관계인은 주민 공람기간에 지적소관청에 의견을 제출할 수 있으며, 지적소관청은 제출된 의견이 타당하다고 인정할 때에는 이를 반영하여야 한다. 〈신설 2020.12.22.〉

④ 지적소관청은 실시계획에 포함된 필지는 지적재조사예정지구임을 지적공부에 등록하여야 한다. 〈신설 2020.12.22.〉

⑤ 실시계획의 작성 기준 및 방법은 국토교통부장관이 정한다. 〈개정 2013.3.23., 2020.12.22.〉

규칙 제4조(토지현황조사)

① 법 제10조제1항에 따른 토지현황조사(이하 "토지현황조사"라 한다)는 지적재조사지구의 필지별로 다음 각 호의 사항에 대하여 조사한다. 〈개정 2013.3.23., 2017.10.19., 2020.6.18.〉

> 1. 토지에 관한 사항
> 2. 건축물에 관한 사항
> 3. 토지이용계획에 관한 사항
> 4. 토지이용 현황 및 건축물 현황
> 5. 지하시설물(지하구조물) 등에 관한 사항
> 6. 그 밖에 국토교통부장관이 토지현황조사와 관련하여 필요하다고 인정하는 사항

② 토지현황조사는 사전조사와 현지조사로 구분하여 실시하며, 현지조사는 법 제9조제1항에 따른 지적재조사를 위한 지적측량(이하 "지적재조사측량"이라 한다)과 함께 할 수 있다. 〈개정 2017.10.19.〉

③ 법 제10조제2항에 따른 토지현황조사서는 별지 제3호서식에 따른다. 〈개정 2017.10.19.〉

④ 제1항부터 제3항까지에서 규정한 사항 외에 토지현황조사서 작성에 필요한 사항은 국토교통부장관이 정하여 고시한다.

규칙 제10조(지상경계점등록부) 암기 토지몽상도 경번지세관위기경 소직명확직명

① 법 제18조제2항에 따라 지적소관청이 작성하여 관리하는 지상경계점등록부에는 다음 각 호의 사항이 포함되어야 한다. 〈개정 2017.10.19., 2020.10.15.〉

> 1. 토지의 소재
> 2. 지번
> 3. 지목
> 4. 작성일
> 5. 위치도
> 6. 경계점 번호 및 표지종류
> 9. 경계점 세부설명 및 관련자료
> 8. 경계위치
> 7. 경계설정기준 및 경계형태
> 10. 작성자의 소속·직급(직위)·성명
> 11. 확인자의 직급·성명

② 법 제18조제2항에 따른 지상경계점등록부는 별지 제6호서식에 따른다. 〈개정 2017.10.19.〉

③ 제1항 및 제2항에서 규정한 사항 외에 지상경계점등록부 작성 방법에 관하여 필요한 사항은 국토교통부장관이 정하여 고시한다. 〈개정 2013.3.23., 2017.10.19.〉

2. 적용범위(제2조)

이 규정은 「지적재조사에 관한 특별법」(이하 "법"이라 한다), 같은 법 시행령(이하 "영"이라 한다) 및 같은 법 시행규칙(이하 "규칙"이라 한다)에 따라 시행하는 지적재조사사업에 적용한다.

1. 실시계획의 수립(제5조)

① 지적소관청은 실시계획 수립을 위하여 당해 지적재조사지구의 토지소유 현황·주택의 현황, 토지의 이용 상황 등을 조사하여야 한다.

② 지적재조사지구에 대한 기초조사는 공간정보 및 국토정보화사업의 추진에 따라 토지이용·건축물 등에 대하여 전산화된 자료와 각종 문헌이나 통계자료를 충분히 활용하도록 하며, 기초조사 항목과 조사내용은 다음과 같다.

조사항목	조사내용	비고
위치와 면적	사업지구의 위치와 면적	지적도 및 지형도
건축물	유형별 건축물(단독, 공동 등)	건축물대장
용도별 분포	용도지역·지구·구역별 면적	토지이용계획자료
토지 소유현황	국유지, 공유지, 사유지 구분	토지(임야)대장
개별공시지가현황	지목별 평균지가	지가자료
토지의 이용상황	지목별 면적과 분포	토지대장

③ 지적재조사지구의 토지면적은 토지대장 및 임야대장에 의한 면적으로 한다. 다만, 지적재조사지구를 지나는 도로·구거·하천 등 국·공유지는 실시계획 수립을 위한 지적도면에서 지적재조사지구로 포함되는 부분을 산정한 면적으로 한다.

④ 지적소관청이 지적재조사 사업을 시행하기 위하여 수립한 실시계획이 법 제7조제7항에 따라 시·도지사의 지적재조사지구 변경고시가 있은 때에는 고시된 날로부터 10일 이내에 실시계획을 변경하고, 30일 이상 주민에게 공람공고를 하는 등 후속조치를 하여야 한다. 다만, 법 제7조제7항 단서에 따라 시행령에서 정하는 경미한 사항을 변경할 때에는 제외한다.

예제 01

「지적재조사업무규정」상 지적재조사지구에 대한 기초조사 항목과 조사내용을 옳지 않게 짝지은 것은?
(22년2월서울시9)

조사항목	조사내용
① 건축물	유형별 건축물(단독, 공동 등)
② 용도별 분포	국유지, 공유지, 사유지 구분
③ 위치와 면적	사업지구의 위치와 면적
④ 토지의 이용상황	지목별 면적과 분포

정답 ②

2. 주민설명회 의견청취(제6조) 암기 (목)(장)에 (개)가 (필)요

① 지적소관청은 작성된 실시계획에 대하여 해당 토지소유자와 이해관계인 및 지역 주민들이 참석하는 주민설명회를 개최하고, 실시계획을 별지 제1호서식에 따라 **30일 이상 공람공고를 하여 의견을 청취하여야** 하며, 주민설명회를 개최할 때에는 실시계획 수립 내용을 해당 지적재조사지구 토지소유자와 이해관계인에게 서면으로 통보한 후 설명회 개최예정일 **14일 전까지** 다음 각 호의 사항을 게시판에 게시하여야 한다.

> 1. 주민설명회 개최(목)적
> 2. 주민설명회 개최 일시 및 (장)소
> 3. 실시계획의 (개)요
> 4. 그 밖에 (필)요한 사항

② 주민설명회에는 다음 각 호의 사항을 설명 내용에 포함시켜야 한다.

> 1. 지적재조사사업의 목적 및 지구 선정배경
> 2. 사업추진절차
> 3. 토지소유자협의회의 구성 및 역할
> 4. 지적재조사지구지정신청동의서 제출 방법
> 5. 토지현황조사 및 경계설정에 따른 주민 협조사항
> 6. 그 밖에 주민설명회에 필요한 사항 등

③ 주민설명회는 주민의 편의를 고려하여 지적재조사지구를 둘 이상으로 나누어 실시할 수 있다.
④ 지적재조사지구에 있는 토지소유자와 이해관계인이 실시계획 수립에 따른 의견서를 제출하는 때에는 별지 제2호서식에 따른다.
⑤ 지적소관청은 주민설명회 개최 등을 통하여 제출된 의견은 면밀히 검토하여 제출된 의견이 타당하다고 인정될 때에는 이를 실시계획에 반영하여야 하며, 제출된 의견은 조치결과, 미조치사유 등 의견청취결과 요지를 지적재조사지구 지정을 신청할 때에 첨부하여야 한다.

예제 02

> **「지적재조사업무규정」상 주민설명회에 대한 설명으로 가장 옳지 않은 것은?** (22년서울시9)
> ① 지적소관청은 작성된 실시계획에 대하여 해당 토지소유자와 이해관계인 및 지역 주민들이 참석하는 주민설명회를 개최한다.
> ② 지적소관청은 실시계획을 15일 이상 공람공고를 하여 의견을 청취하여야 한다.
> ③ 주민설명회는 주민의 편의를 고려하여 지적재조사지구를 둘 이상으로 나누어 실시할 수 있다.
> ④ 지적소관청은 주민설명회 개최 등을 통하여 제출된 의견은 면밀히 검토하여 제출된 의견이 타당하다고 인정될 때에는 이를 실시계획에 반영하여야 한다.
>
> 정답 ②

3. 주민홍보 등(제7조)

> ① 시·도지사 및 지적소관청은 지적재조사사업에 관한 홍보물을 제작하여 주민 등에게 배포하거나 게시할 수 있다.
> ② 지적소관청은 연도별, 지구별 주민홍보계획을 수립하여 시행할 수 있다.

4. 동의서 산정 등(제8조)

① 영 제7조제1항의 토지소유자 수 및 동의자 수를 산정하는 세부기준은 다음 각 호와 같다.

> 1. 토지소유자의 수를 산정할 때는 등기사항전부증명서에 따른다.
> 2. 토지소유자에게 동의서 제출을 우편으로 안내하는 경우에는 토지소유자의 주민등록주소지 또는 토지소유자가 송달받을 곳을 지정한 경우 그 주소지로 등기우편으로 발송하여야 하고, 주소불명 등으로 송달이 불가능하여 반송된 때에는 행정절차법 제14조제4항 및 제15조제3항에 따른 공고일로부터 14일이 지난 경우 법 제7조제2항 및 제13조제1항의 토지소유자 총수 및 전체 토지면적에서 제외할 수 있다.
> 3. 동의자 수 기준 시점은 지적재조사지구지정 신청일로 한다.

② 동의서는 방문, 우편, 이메일, 팩스, 전산매체 등 다양한 방법으로 받을 수 있다.

③ 토지소유자가 본인의 사정상 동의서를 제출할 수 없을 경우 다른 사람에게 그 행위를 위임할 수 있다. 이 경우 동의서에 위임사실을 기재한 위임장과 신분증 사본을 첨부하여야 하며, 위임장은 별지 제3호서식에 따른다.

④ 토지소유자가 미성년자이거나 심신 미약, 사망 등으로 권리행사 능력이 없는 경우에는 민법의 규정을 따른다. 이 경우 동의서에 친권자, 후견인 또는 상속인임을 증명하는 서면을 첨부하여야 한다.

⑤ 토지소유자가 종중, 마을회 등 기타단체인 경우에는 동의서에 대표자임을 확인할 수 있는 서면을 첨부하여야 한다.

5. 지적재조사지구의 지정신청 등(제9조)

① 지적소관청이 법 제7조제1항의 규정에 따라 시·도지사에게 지적재조사지구 지정을 신청할 때에는 별지 제4호서식의 지적재조사지구 지정 신청서에 다음 각 호의 서류를 첨부하여야 한다.

> 1. 지적재조사사업 실시계획 내용
> 2. 주민 서면통보, 주민설명회 및 주민공람 개요 등 현황
> 3. 주민 의견청취 내용과 반영 여부
> 4. 토지소유자 동의서
> 5. 토지소유자협의회 구성 현황
> 6. 별지 제5호서식에 의한 토지의 지번별 조서

② 지적재조사지구 지정 신청서를 받은 시·도지사는 다음 각 호의 사항을 검토한 후 시·도 지적 재조사위원회 심의안건을 별지 제6호서식에 따라 작성하여 시·도 지적재조사위원회에 회부하 여야 한다.

> 1. 지적소관청의 실시계획 수립내용이 기본계획 및 종합계획과 연계성 여부
> 2. 주민 의견청취에 대한 적정성 여부
> 3. 토지소유자 동의요건 충족 여부
> 4. 그 밖에 시·도 지적재조사위원회 심의에 필요한 사항 등

③ 시·도지사는 지적재조사지구를 지정하거나 변경한 경우에 별지 제7호서식에 따라 시·도 공보 에 고시하여야 한다.

④ 시·도지사로부터 지적재조사지구 지정 또는 변경을 통보받은 지적소관청은 관계서류를 해당 지적재조사지구 토지소유자와 주민들에게 열람시켜야 하며, 지적공부에 지적재조사사업지구로 지정된 사실을 기재하여야 한다.

6. 책임수행기관 위탁 등(제10조)

① 지적소관청이 법 제5조제3항에 따라 지적재조사사업의 측량·조사 등을 책임수행기관에게 위 탁할 경우 별지 제8호서식에 따라 지적소관청 공보에 고시하여야 한다.

② 지적재조사사업의 측량·조사 수수료에 관한 사항은 「지적측량수수료 산정기준 등에 관한 규정」 을 따른다.

③ 지적재조사사업의 측량·조사 수수료 산정 필지수는 지적재조사지구 지정 고시일을 기준으로 한다.

1. 토지현황 사전조사(제11조)

규칙 제4조제2항에 따른 토지현황 사전조사는 다음 각 호의 자료를 기준으로 작성한다.

토지에 관한 사항 : 지적공부 및 토지등기부	1. 소유자 : 등기사항증명서 2. 이해관계인 : 등기사항증명서 3. 지번 : 토지(임야)대장 또는 지적(임야)도 4. 지목 : 토지(임야)대장 5. 토지면적 : 토지(임야)대장
건축물에 관한 사항 : 건축물대장 및 건물등기부	1. 소유자 : 등기사항증명서 2. 이해관계인 : 등기사항증명서 3. 건물면적 : 건축물대장 4. 구조물 및 용도 : 건축물대장
토지이용계획에 관한 사항	토지이용계획확인서(토지이용규제기본법령에 따라 구축·운영하고 있는 국토이용정보체계의 지역·지구 등의 정보)
토지이용 현황 및 건축물 현황	개별공시지가 토지특성조사표, 국·공유지 실태조사표, 건축물대장 현황 및 배치도
지하시설(구조)물 등 현황	도시철도 및 지하상가 등 지하시설물을 관리하는 관리기관·관리부서의 자료와 구분지상권 등기사항

예제 **03**

「지적재조사업무규정」에 따라 토지현황 사전조사를 할 경우 조사 항목과 참고 자료를 연결한 것으로 가장 옳지 않은 것은? (19년 서울시9)

① 토지소유자 – 등기사항증명서
② 건축물소유자 – 등기사항증명서
③ 토지 지번 – 토지(임야)대장 또는 지적(임야)도
④ 토지이용 현황 및 건축물 현황 – 등기사항증명서 정답 ④

2. 토지현황 현지조사(제12조)

토지현황 현지조사는 지적재조사측량과 병행하여 다음 각 호의 방법으로 한다.

1. 토지의 이용현황과 담장, 옹벽, 전주, 통신주 및 도로시설물 등 구조물의 위치를 조사하여 측량도면에 표시하여야 한다.
2. 지상 건축물 및 지하 건축물의 위치를 조사하여 측량도면에 표시하여야 한다. 이 경우 측량할 수 없는 지하 건축물은 제외 제외하거나 제11조제5호에 따른 자료가 있는 경우에는 이를 이용·활용하여 표시하며, 건축물대장에 기재되어 있지 않은 건축물이 있는 경우 또는 면적과 위치가 다른 경우 관련 부서로 통보하여야 한다.
3. 경계 등 조사내용은 점유경계 현황, 임대차 현황 등 특이사항이 있는 경우 조사자 의견란에 구체적으로 작성하여야 한다.

3. 토지현황조사서 작성 등(제13조)

토지현황조사서는 다음 각 호와 같이 작성한다.

1. 조사항목별 내용을 기록할 때는 별표의 토지현황조사표 항목코드에 따라 속성 및 코드로 항목속성에 부합되게 작성한다. 다만, 코드화하지 못한 사항은 수기로 작성하여야 한다.
2. 토지현황 사전·현지 조사서는 예시 1, 예시 2와 같이 구분하여 작성한다.
3. 조사서에 사용하였던 관련서류는 디지털화하고, 디지털화하기 어려운 비규격 용지의 경우 별도의 장소에 보관한다.
4. 현황사진은 해당 토지의 이용현황과 주변 토지의 이용현황을 드론 또는 항공사진측량 등으로 촬영한 정사영상자료에 해당토지의 점유현황 경계를 붉은색으로 표시하여 작성하여야 한다. 다만, 비행금지구역 또는 보안규정 등으로 인하여 작성할 수 없는 경우에는 생략할 수 있다.
5. 토지특성은 현장조사를 통해 필지별로 조사한다.
6. 건축물 등에 관한 사항은 지상건축물의 층수, 이용현황, 거주 및 경작자 현황 등을 조사하여 작성한다.
7. 현황경계는 동서남북의 방위별로 경계형태, 경계폭, 연접토지현황, 연접토지와의 고저 등을 상세하게 작성하고, 명확한 경계가 없는 경우에는 특이사항에 현실경계현황을 구체적으로 작성하여야 한다.
8. 토지현황조사 과정에서 나타나는 특이사항 등은 조사자 의견란에 구체적으로 작성하고, 작성할 내용이 많은 경우 별지로 작성할 수 있다.

4. 토지현황 현지조사 입회(제14조)

지적소관청은 토지현황 현지조사를 위하여 토지소유자, 그 밖에 이해관계인 또는 그 대리인을 입회하게 할 수 있다.

5. 경계점표지 설치 입회(제15조)

토지의 경계에 임시 경계점표지 또는 경계점표지를 설치하는 경우 토지소유자협의회 위원, 토지소유자 등을 입회시켜야 한다. 다만, 토지소유자 등이 입회를 거부하거나 입회를 할 수 없는 부득이한 경우에는 그러하지 아니하다.

6. 토지소유자협의회(제18조)

① 지적소관청은 협의회 운영에 필요한 사항을 지원할 수 있다.
② 지적소관청은 협의회 구성에 필요한 별지 제8호의2서식과 의결 내용의 관리에 필요한 별지 제9호 서식을 제공할 수 있다.

1. 지적확정예정통지서에 대한 의견제출(제20조)

법 제15조제3항에 따른 지적확정예정통지서는 별지 제9호의2서식에 의하며, 통지받은 토지소유자나 이해관계인이 의견을 제출하는 경우에는 지적확정예정통지서를 수령한 날부터 20일 이내에 별지 제 10호서식에 따라 지적소관청에 제출하여야 한다.

2. 경계결정 등(제21조)

① 법 제16조제3항에 의한 지적확정예정조서 의결서는 별지 제11호서식에 따른다.

② 지적소관청은 법 제16조제6항에 따라 토지소유자나 이해관계인에게 경계에 관한 결정을 통지하는 때에는 별지 제12호서식에 따른다.

③ 지적소관청은 법 제17조제3항에 따라 경계결정위원회에 제출하는 이의신청에 대한 의견서는 별지 제13호서식으로, 법 제17조제5항에 의한 경계결정 이의신청에 대한 의결서는 별지 제14호서식에 따른다.

3. 지상경계점등록부 작성(제22조)

① 규칙 제10조에 따른 지상경계점등록부는 다음 각 호에 따라 예시 3과 같이 작성한다.

1. 토지소재의 지번, 지목 및 면적은 새로이 확정한 지번, 지목 및 면적으로 기재한다.

2. 위치도는 해당 토지 위주로 작성하여야 하며, 드론 또는 항공사진측량 등으로 촬영한 정사영상자료에 확정된 경계를 붉은색으로 표시하고 경계점번호는 경계점좌표등록부의 부호 순서대로 일련번호(1, 2, 3, 4, 5 … 순)를 부여한다. 다만, 비행금지구역 또는 보안규정 등으로 인하여 정사영상자료가 없는 경우에는 정사영상자료를 생략하고 확정된 경계에 의하여 작성할 수 있다.

3. 지목은 법 제19조에 따라 변경된 지목을 기재한다.

4. 〈삭제〉

5. 작성자는 지적재조사측량수행자의 기술자격과 성명을 기재하고, 확인자는 지적소관청의 검사자 성명을 기재한다.

6. 경계점 위치 상세설명

가. 경계점번호는 위치도에 표시한 경계점좌표등록부의 부호를 기재한다.

나. 표지의 종류는 「지적재조사측량규정」 별표 3에 따른 경계점표지의 규격 코드로 등록한다.

다. 경계설정기준은 법 제14조에 따라 확정된 경계의 기준을 등록한다.

라. 경계형태는 경계선에 설치된 구조물(담장, 울타리, 축대, 논·밭의 두렁 등)과 경계점표지로 작성한다.

마. 경계위치는 확정된 경계의 구조물의 위치를 중앙, 상단, 하단, 안·바깥 등 구체적으로 구분하여 등록한다.

> 바. 세부설명과 관련자료는 경계를 확정하게 된 특별한 사유를 상세하게 작성하고, 연접토지와 합의한 경우 합의서를 별첨으로 등록하여야 한다.

7. 〈삭제〉

8. 지상경계점등록부는 파일형태로 전자적 매체에 저장하여 관리하여야 한다.

9. ~13. 〈삭제〉

② 제1항에 불구하고 도로, 구거, 하천, 제방 등 공공용지와 그 밖에 지적소관청이 인정하는 경우에는 지상경계점등록부의 작성을 생략할 수 있다. 이 경우 별지 제15호서식의 지상경계점등록부 미작성조서를 지적소관청에 제출하여야 한다.

4. 지번의 부여(제23조)

지적재조사 사업완료에 따라 각 필지에 지번을 부여하는 경우에는 「공간정보의 구축 및 관리 등에 관한 법률 시행령」 제56조제3항제5호 준용 또는 종전 토지의 지번으로 한다. 다만, 종전 토지가 임야대장 및 임야도에 등록된 경우는 「공간정보의 구축 및 관리 등에 관한 법률 시행령」 제56조제3항제2호 또는 제5호를 준용한다.

5. 지목의 변경(제24조)

지적소관청은 법 제19조에 따라 지적공부상 지목이 실제의 이용현황에 따라 지목변경할 토지가 있는 경우 인허가 등 관련 사항을 조사하여야 하며, 필요한 경우 인허가 등을 받거나 관계 기관과 협의하여야 한다.

SECTION 05 조정금 산정 등

1. 조정금의 산정 등(제25조)

① 조정금 산정방법은 법 제15조에 따른 지적확정예정조서가 작성되기 전에 결정하여야 한다.

② 조정금을 산정하고자 할 때에는 별지 제16호서식의 조정금 조서를 작성하여야 한다.

③ 조정금은 지적확정예정조서의 지번별 증감면적에 법 제20조제3항에 따른 감정평가액의 제곱미터 당 금액 또는 개별공시지가를 곱하여 산정한다. 단, 개별공시지가가 없는 경우와 개별공시지가가 산정에 오류가 있는 경우에는 개별공시지가 담당부서에 의뢰하여야 한다.

④ 지적소관청은 조정금의 납부와 지급을 처리하기 위해 「지방재정법」 제36조에 따라 세입·세출예산으로 편성하여 운영해야 한다.

⑤ 지적소관청은 조정금 산정을 위한 감정평가수수료를 예산에 반영할 수 있으며, 감정평가를 하고자 할 경우에는 해당토지의 증감된 면적에 대하여만 의뢰하여야 한다.

2. 조정금 등의 통지(제26조)

조정금 등의 통지	조정금 등의 통지 및 서류의 송달은 행정절차법의 규정을 따른다.
조정금의 분할납부	토지소유자에게 조정금의 납부고지를 하는 때에는 납부할 조정금액이 1천만 원을 초과하는 경우 그 조정금을 부과한 날부터 1년 이내의 기간을 정하여 4회 이내로 분할 납부가 가능함을 안내하여야 한다.
조정금 수령통지	지적소관청이 조정금 수령통지를 하는 때에는 별지 제17호서식의 조정금 수령통지서에 따르며, 조정금 수령통지를 받은 토지소유자는 별지 제18호서식의 조정금 청구서에 입금계좌 통장사본을 첨부하여 지적소관청에 제출하여야 한다.
조정금 공탁 공고	법 제21조제6항에 따라 조정금을 공탁한 때에는 그 사실을 해당 시·군·구의 홈페이지 및 게시판에 14일 이상 공고하여야 한다.

SECTION 06 새로운 지적공부 작성 등

1. 사업완료 공고(제30조)

법 제23조제2항에 따른 경계결정위원회의 결정에 불복하여 경계가 확정되지 아니한 토지가 있는 경우에 사업완료 공고를 할 수 있는 토지면적과 토지소유자 수의 산정방법은 영 제7조를 준용하고, 사업완료공고는 별지 제19호 서식에 따른다.

2. 토지이동사유 코드 등(제31조)

지적재조사사업에 따른 토지이동사유의 코드는 다음과 같고, 토지(임야)대장의 토지표시 연혁 기재는 예시 4와 같이 한다.

코드	코드명
33	년 월 일 지적재조사 예정지구
34	년 월 일 지적재조사 예정지구 폐지
53	년 월 일 지적재조사 지구 지정
54	년 월 일 지적재조사 지구 지정 폐지
55	년 월 일 지적재조사 완료
56	년 월 일 지적재조사로 폐쇄
57	년 월 일 지적재조사 경계미확정 토지
58	년 월 일 지적재조사 경계확정 토지

예제 04

「지적재조사업무규정」상 지적재조사사업에 따른 토지 이동사유의 코드 및 코드명으로 가장 옳지 않은 것은?

(21년서울시)

코드	코드명
① 33	년 월 일 지적재조사 예정지구
② 55	년 월 일 지적재조사 완료
③ 56	년 월 일 지적재조사로 폐쇄
④ 57	년 월 일 지적재조사 경계확정 토지

정답 ④

3. 확정판결에 따른 지적공부 정리 등(제31조의2)

① 법 제18조제1항제3호에 따른 행정심판 또는 소송의 재결·확정판결이 있는 경우 경계 결정·확정 절차와 지적공부정리는 다음과 각 호와 같이 한다.

　1. 지적소관청이 승소한 경우

> 가. 판결이 확정되는 날로부터 7일 이내에 판결문을 첨부하여 토지이동 결의 후 "(58)지적재조사 경계확정 토지"로 지적공부를 정리한다.
> 나. 토지이동일자는 결의일자로 등록한다.
> 다. 행정심판은 재결이 있은 후 행정소송 제소기간 내에 토지소유자가 제소하지 않았을 때에는 7일 이내에 지적공부를 정리한다.

　2. 지적소관청이 패소한 경우

> 가. 지적소관청은 법 제14조부터 제18조까지의 절차에 따라 경계를 확정한다.
> 나. 토지이동 사유는 행정심판 또는 행정소송의 대상인 경우 "(58)지적재조사 경계확정토지"로 하고, 연접토지는 "(45)경계정정"으로 지적공부를 정리한다.

4. 소유자정리(제32조)

지적재조사사업 완료에 따른 소유자정리는 종전 토지의 소유권 변동연혁 중 최종 연혁만 새로운 지적 공부에 이기한다.

5. 등기촉탁(제34조)

지적재조사완료에 따른 등기촉탁은 서면 또는 전자등기촉탁 시스템을 이용하여 등기촉탁하여야 하며, 등기를 완료한 경우에는 토지소유자 및 이해관계인에게 등기완료통지서를 통지하여야 한다.

6. 재검토기한(제35조)

국토교통부장관은 「훈령·예규 등의 발령 및 관리에 관한 규정」에 따라 이 고시에 대하여 2019년 7월 1일 기준으로 매 3년이 되는 시점(매 3년째의 6월 30일까지를 말한다)마다 그 타당성을 검토하여 개선 등의 조치를 하여야 한다.

5장 국가공간정보 기본법

(약칭 : 공간정보법)
[시행 2022.3.17.] [법률 제17942호, 2021.3.16., 일부개정]

SECTION 01 총칙

1. 목적(제1조)

이 법은 국가공간정보체계(관리기관이 구축 및 관리하는 공간정보체계)의 효율적인 구축과 종합적 활용 및 관리에 관한 사항을 규정함으로써 국토 및 자원을 합리적으로 이용하여 국민경제의 발전에 이바지함을 목적으로 한다.

2. 정의(제2조)

공간정보	지상 · 지하 · 수상 · 수중 등 공간상에 존재하는 자연적 또는 인공적인 객체에 대한 위치정보 및 이와 관련된 공간적 인지 및 의사결정에 필요한 정보를 말한다.
기본공간정보 암기 [경][지][해][지][건] [기][지][사][수][입] [실]	국토교통부장관은 행정 [경]계 · 도로 또는 철도의 [경]계 · 하천 [경]계 · [지]형 · [해]안선 · [지]적, [건]물 등 인공구조물의 공간정보, 그 밖에 대통령령으로 정하는 주요 공간정보를 기본공간정보로 선정하여 관계 중앙행정기관의 장과 협의한 후 이를 관보에 고시하여야 한다. 1. [기]준점(「공간정보의 구축 및 관리 등에 관한 법률」 제8조제1항에 따른 측량기준점표지를 말한다) 2. [지]명 3. 정[사]영상[항공사진 또는 인공위성의 영상을 지도와 같은 정사투영법(正射投影法)으로 제작한 영상을 말한다] 4. [수]치표고 모형[지표면의 표고(標高)를 일정간격 격자마다 수치로 기록한 표고모형을 말한다] 5. 공간정보 [입]체모형(지상에 존재하는 인공적인 객체의 외형에 관한 위치정보를 현실과 유사하게 입체적으로 표현한 정보를 말한다) 6. [실]내공간정보(지상 또는 지하에 존재하는 건물 등 인공구조물의 내부에 관한 공간정보를 말한다) 7. 그 밖에 위원회의 심의를 거쳐 국토교통부장관이 정하는 공간정보

	GIS 체계는 다양한 분야에서 다양한 형태로 활용되지만 공통적인 기본 자료로 이용되는 지리정보는 거의 비슷하다. 이처럼 다양한 분야에서 공통적으로 사용하는 지리정보를 기본지리정보라고 한다. 그 범위 및 대상은 「국가지리정보체계의 구축 및 활용 등에 관한 법률 시행령」에서 행정구역, 교통, 시설물, 지적, 지형, 해양 및 수자원, 측량기준점, 위성영상 및 항공사진으로 정하고 있다. 2차 국가 GIS 계획에서 기본지리정보 구축을 위한 중점 추진 과제로는 국가기준점 체계 정비, 기본지리정보 구축 시범사업, 기본지리정보 데이터베이스 구축이다.

기본지리정보
암기
행통물지형
해수준공

항목	조사내용
행정구역	행정구역경계
교통	철도중심선 · 철도경계 · 도로중심선 · 도로경계
시설물	건물 · 문화재
지적	지적
지형	등고선 또는 DEM/TIN
해양 및 수자원	하천경계 · 하천중심선 · 유역경계(watershed) 호수/저수지 · 해안선
측량기준점	측량기준점
위성영상 및 항공사진	Raster · 기준점

공간정보 데이터베이스	공간정보를 체계적으로 정리하여 사용자가 검색하고 활용할 수 있도록 가공한 정보의 집합체를 말한다.
공간정보체계	공간정보를 효과적으로 수집 · 저장 · 가공 · 분석 · 표현할 수 있도록 서로 유기적으로 연계된 컴퓨터의 하드웨어, 소프트웨어, 데이터베이스 및 인적자원의 결합체를 말한다.

관리기관	공간정보를 생산하거나 관리하는 중앙행정기관, 지방자치단체, 「공공기관의 운영에 관한 법률」제4조에 따른 공공기관(이하 "공공기관"이라 한다), 그 밖에 대통령령으로 정하는 민간기관을 말한다.
	
	제2조(민간기관의 범위)
	「국가공간정보 기본법」(이하 "법"이라 한다) 제2조제4호에서 "대통령령으로 정하는 민간기관"이란 다음 각 호의 자 중에서 국토교통부장관이 관계 중앙행정기관의 장과 특별시장 · 광역시장 · 특별자치시장 · 도지사 및 특별자치도지사(이하 "시 · 도지사"라 한다)와 협의하여 고시하는 자를 말한다. 〈개정 2015.6.1.〉
	  1. 「전기통신사업법」제2조제8호에 따른 전기통신사업자로서 같은 법 제6조에 따라 허가를 받은 기간통신사업자
	  2. 「도시가스사업법」제2조제2호에 따른 도시가스사업자로서 같은 법 제3조에 따라 허가를 받은 일반도시가스사업자
	  3. 「송유관 안전관리법」제2조제3호에 따른 송유관설치자 및 같은 조 제4호에 따른 송유관관리자

국가 공간정보체계	관리기관이 구축 및 관리하는 공간정보체계를 말한다.
국가공간정보 통합체계	제19조제3항의 기본공간정보데이터베이스를 기반으로 국가공간정보체계를 통합 또는 연계하여 국토교통부장관이 구축 · 운용하는 공간정보체계를 말한다.
공간객체 등록번호	공간정보를 효율적으로 관리 및 활용하기 위하여 자연적 또는 인공적 객체에 부여하는 공간정보의 유일식별번호를 말한다.

예제 01

「국가공간정보 기본법 시행령」상 기본공간정보가 아닌 것은?　(17년지방직9)

① 기준점　　　　　　　　　② 정사영상
③ 수치표면모형　　　　　　④ 실내공간정보　　　　　정답 ③

예제 02

「국가공간정보 기본법」에서 아래와 같이 정의되는 것은?　(18년2회지기)

> 공간정보를 효과적으로 수립 · 저장 · 가공 · 분석 · 표현할 수 있도록 서로 유기적으로 연계된 컴퓨터의 하드웨어, 소프트웨어, 데이터베이스 및 인적자원의 결합체를 말한다.

① 공간정보체계　　　　　　② 국가공간정보통합체계
③ 공간정보데이터베이스　　④ 공간정보　　　　　　정답 ①

예제 03

「국가공간정보 기본법」상 용어의 정의로 가장 옳지 않은 것은?　(20년서울시7)

① '국가공간정보체계'란 공간정보를 효과적으로 수집 · 저장 · 가공 · 분석 · 표현할 수 있도록 서로 유기적으로 연계된 컴퓨터의 하드웨어, 소프트웨어, 데이터베이스 및 인적자원의 결합체를 말한다.
② '공간정보데이터베이스'란 공간정보를 체계적으로 정리하여 사용자가 검색하고 활용할 수 있도록 가공한 정보의 집합체를 말한다.
③ '공간정보'란 지상 · 지하 · 수상 · 수중 등 공간상에 존재하는 자연적 또는 인공적인 객체에 대한 위치정보 및 이와 관련된 공간적 인지 및 의사결정에 필요한 정보를 말한다.
④ '국가공간정보통합체계'란 기본공간정보데이터베이스를 기반으로 국가공간정보체계를 통합 또는 연계하여 국토교통부장관이 구축 · 운용하는 공간정보체계를 말한다.

정답 ①

예제 04

국가공간정보 기본법에서 다음과 같이 정의되는 것은?　(18년1회측기)

> 공간정보를 효율적으로 관리 및 활용하기 위하여 자연적 또는 인공적 객체에 부여하는 공간정보의 유일식별번호를 말한다.

① 공간정보데이터베이스　　② 국가공간정보통합체계
③ 공간객체등록번호　　　　④ 공간객체

정답 ③

3. 국민의 공간정보복지 증진(제3조)

증진	① 국가 및 지방자치단체는 국민이 공간정보에 쉽게 접근하여 활용할 수 있도록 체계적으로 공간정보를 생산 및 관리하고 공개함으로써 국민의 공간정보복지를 증진시킬 수 있도록 노력하여야 한다.
권리	② 국민은 법령에 따라 공개 및 이용이 제한된 경우를 제외하고는 관리기관이 생산한 공간정보를 정당한 절차를 거쳐 활용할 권리를 가진다.
공간정보 취득·관리의 기본원칙 (제3조의2)	국가공간정보체계의 효율적인 구축과 종합적 활용을 위하여 다음 각 호의 어느 하나에 해당하는 경우에는 국토의 공간별·지역별 공간정보가 균형 있게 포함되도록 하여야 한다. 1. 제6조에 따른 국가공간정보정책 기본계획 또는 기관별 국가공간정보정책 기본계획을 수립하는 경우 2. 제7조에 따른 국가공간정보정책 시행계획 또는 기관별 국가공간정보정책 시행계획을 수립하는 경우 3. 제19조에 따른 기본공간정보를 취득 및 관리하는 경우 4. 제24조에 따라 국가공간정보통합체계를 구축하는 경우

SECTION 02 국가공간정보정책의 추진체계

1. 국가공간정보위원회(제5조) 암기 계시수변가는 유보하고 방화정위에서

소속	① 국가공간정보정책에 관한 사항을 심의·조정하기 위하여 국토교통부에 국가공간정보위원회(이하 "위원회"라 한다)를 둔다.
심의사항	② 위원회는 다음 각 호의 사항을 심의한다. 〈개정 2021.3.16.〉 1. 제6조에 따른 국가공간정보정책 기본계획의 수립·변경 및 집행실적의 평가 2. 제7조에 따른 국가공간정보정책 시행계획(제7조에 따른 기관별 국가공간정보정책 시행계획을 포함한다)의 수립·변경 및 집행실적의 평가 3. 공간정보의 활용 촉진, 유통 및 보호에 관한 사항 4. 국가공간정보체계의 중복투자 방지 등 투자 효율화에 관한 사항 5. 국가공간정보체계의 구축·관리 및 활용에 관한 주요 정책의 조정에 관한 사항 6. 그 밖에 국가공간정보정책 및 국가공간정보체계와 관련된 사항으로서 위원장이 회의에 부치는 사항

구성	③ 위원회는 위원장을 포함하여 30인 이내의 위원으로 구성한다. ④ 위원장은 국토교통부장관이 되고, 위원은 다음 각 호의 자가 된다. 　1. 국가공간정보체계를 관리하는 중앙행정기관의 차관급 공무원으로서 대통령령으로 정하는 자 　2. 지방자치단체의 장(특별시 · 광역시 · 특별자치시 · 도 · 특별자치도의 경우에는 부시장 또는 부지사)으로서 위원장이 위촉하는 자 7인 이상 　3. 공간정보체계에 관한 전문지식과 경험이 풍부한 민간전문가로서 위원장이 위촉하는 자 7인 이상 ⑤ 제4항제2호 및 제3호에 해당하는 위원의 임기는 2년으로 한다. 다만, 위원의 사임 등으로 새로 위촉된 위원의 임기는 전임 위원의 남은 임기로 한다. ⑥ 위원회는 제2항에 따른 심의 사항을 전문적으로 검토하기 위하여 전문위원회를 둘 수 있다. ⑦ 그 밖에 위원회 및 전문위원회의 구성 · 운영 등에 관하여 필요한 사항은 대통령령으로 정한다.
전문 위원회 (시행령 제7조)	① 법 제5조제6항에 따른 전문위원회(이하 "전문위원회"라 한다)는 위원장 1명을 포함하여 30명 이내의 위원으로 구성한다. ② 전문위원회 위원은 공간정보와 관련한 4급 이상 공무원과 민간전문가 중에서 국토교통부장관이 임명 또는 위촉하되, 성별을 고려하여야 한다. ③ 전문위원회 위원장은 전문위원회 위원 중에서 국토교통부장관이 지명하는 자가 된다. ④ 전문위원회 위촉위원의 임기는 2년으로 한다. ⑤ 전문위원회에 간사 1명을 두며, 간사는 국토교통부 소속 공무원 중에서 국토교통부장관이 지명하는 자가 된다. ⑥ 전문위원회의 운영에 관하여는 제4조를 준용한다.
위원자격 (시행령 제3조)	① 법 제5조제4항제1호에 따른 위원은 다음 각 호의 사람으로 한다. 　1. 기획재정부 제1차관, 교육부차관, 과학기술정보통신부 제2차관, 국방부차관, 행정안전부차관, 농림축산식품부차관, 산업통상자원부차관, 환경부차관 및 해양수산부차관 　2. 통계청장, 소방청장, 문화재청장, 농촌진흥청장 및 산림청장 ② 법 제5조에 따른 국가공간정보위원회(이하 "위원회"라 한다)의 위원장은 법 제5조제4항제3호에 따라 민간전문가를 위원으로 위촉하는 경우 관계 중앙행정기관의 장의 의견을 들을 수 있다.
운영 (시행령 제4조)	① 위원회의 위원장(이하 "위원장"이라 한다)은 위원회를 대표하고, 위원회의 업무를 총괄한다. ② 위원장이 부득이한 사유로 직무를 수행할 수 없을 때에는 위원장이 지명하는 위원의 순으로 그 직무를 대행한다. ③ 위원장은 회의 개최 5일 전까지 회의 일시 · 장소 및 심의안건을 각 위원에게 통보하여야 한다. 다만, 긴급한 경우에는 회의 개최 전까지 통보할 수 있다. ④ 회의는 재적위원 과반수의 출석으로 개의(開議)하고, 출석위원 과반수의 찬성으로 의결한다.
간사 (시행령 제5조)	위원회에 간사 2명을 두되, 간사는 국토교통부와 행정안전부 소속 3급 또는 고위공무원단에 속하는 일반직공무원 중에서 국토교통부장관과 행정안전부장관이 각각 지명한다.

의견청취 (시행령 제8조)	위원회와 전문위원회는 안건심의와 업무수행에 필요하다고 인정하는 경우에는 관계기관에 자료의 제출을 요청하거나 관계인 또는 전문가를 출석하게 하여 그 의견을 들을 수 있으며 현지조사를 할 수 있다.
회의록 (시행령 제9조)	위원회와 전문위원회는 각각 회의록을 작성하여 갖춰 두어야 한다.
수당 (시행령 제10조)	위원회 또는 전문위원회에 출석한 위원·관계인 및 전문가에게는 예산의 범위에서 수당과 여비를 지급할 수 있다. 다만, 공무원인 위원이 그 소관 업무와 직접 관련하여 회의에 출석한 경우에는 그러하지 아니하다.

예제 05

다음 중 국가공간정보위원회 심의사항으로 옳지 않은 것은?　(17년3회지기)

① 공간정보의 유통과 보호에 관한 사항

② 국가공간정보체계의 중복투자 방지 등 투자 효율화에 관한 사항

③ 국가공간정보체계의 구축·관리 및 활용에 관한 주요 정책의 조정에 관한 사항

④ 국가공간정보정책 종합계획의 수립·변경 및 집행실적의 평가

⑤ 국가공간정보정책 기본계획의 수립·변경 및 집행실적의 평가

정답 ④

예제 06

다음 중 국가공간정보위원회와 관련된 내용으로 옳은 것은?　(17년3회지기)

① 위원회는 회의의 원활한 진행을 위하여 간사 1명을 둔다.

② 위원장은 회의 개최 7일 전까지 회의 일시·장소 및 심의안건을 각 위원에게 통보하여야 한다.

③ 회의는 재적위원 3분의 1의 출석으로 개의하고, 출석위원 3분의 2의 찬성으로 의결한다.

④ 위원장이 부득이한 사유로 직무를 수행할 수 없을 때에는 위원장이 지명하는 위원의 순으로 그 직무를 대행한다.

정답 ④

2. 국가공간정보정책 기본계획의 수립(제6조) [암기] [정][취][연]은 [전][공][자]로 [구][성]하라.

수립	① 정부는 국가공간정보체계의 구축 및 활용을 촉진하기 위하여 국가공간정보정책 기본계획(이하 "기본계획"이라 한다)을 5년마다 수립하고 시행하여야 한다.
기본계획 (제6조)	② 기본계획에는 다음 각 호의 사항이 포함되어야 한다. 〈개정 2021.3.16.〉 1. 국가공간정보체계의 구축 및 공간정보의 활용 촉진을 위한 [정]책의 기본 방향 2. 제19조에 따른 기본공간정보의 [취]득 및 관리 3. 국가공간정보체계에 관한 [연]구 · 개발 4. 공간정보 관련 [전]문인력의 양성 5. 국가공간정보체계의 활용 및 [공]간정보의 유통 6. 국가공간정보체계의 구축 · 관리 및 공간정보의 유통 촉진에 필요한 투[자] 및 재원조달 계획 7. 국가공간정보체계와 관련한 국가적 표준의 연[구] · 보급 및 기술기준의 관리 8. 「공간정보산업 진흥법」 제2조제1항제2호에 따른 공간정보산업의 육[성]에 관한 사항 9. 그 밖에 국가공간정보정책에 관한 사항
제출 (시행령 제12조)	③ 관계 중앙행정기관의 장은 제2항 각 호의 사항 중 소관 업무에 관한 기관별 국가공간정보정책 기본계획(이하 "기관별 기본계획"이라 한다)을 작성하여 대통령령으로 정하는 바에 따라 국토교통부장관에게 제출하여야 한다. ① 관계 중앙행정기관의 장은 법 제6조제3항에 따라 소관 업무에 관한 기관별 국가공간정보정책 기본계획을 국토교통부장관이 정하는 수립 · 제출 일정에 따라 국토교통부장관에게 제출하여야 한다. 이 경우 국토교통부장관은 기관별 국가공간정보정책 기본계획 수립에 필요한 지침을 정하여 관계 중앙행정기관의 장에게 통보할 수 있다.
확정 변경 (시행령 제12조)	④ 국토교통부장관은 제3항에 따라 관계 중앙행정기관의 장이 제출한 기관별 기본계획을 종합하여 기본계획을 수립하고 위원회의 심의를 거쳐 이를 확정한다. ② 국토교통부장관은 법 제6조제4항에 따라 국가공간정보정책 기본계획의 수립을 위하여 필요하면 시 · 도지사에게 법 제6조제2항 각 호의 사항 중 소관 업무에 관한 자료의 제출을 요청할 수 있다. 이 경우 시 · 도지사는 특별한 사유가 없으면 이에 따라야 한다. ⑤ 제4항에 따라 확정된 기본계획을 변경하는 경우 그 절차에 관하여는 제4항을 준용한다. 다만, 대통령령으로 정하는 경미한 사항을 변경하는 경우에는 그러하지 아니하다. ④ 법 제6조제5항 단서에서 "대통령령으로 정하는 경미한 사항을 변경하는 경우"란 다음 각 호의 경우를 말한다. 1. 법 제6조제2항제2호부터 제5호까지, 제7호 또는 제8호와 관련된 사업으로서 사업기간을 2년 이내에서 가감하거나 사업비를 처음 계획의 100분의 10 이내에서 증감하는 경우 2. 법 제6조제2항제6호의 투자 및 재원조달 계획에 따른 투자금액 또는 재원조달 금액을 처음 계획의 100분의 10 이내에서 증감하는 경우 ③ 국토교통부장관은 법 제6조제4항 및 제5항에 따라 국가공간정보정책 기본계획을 확정하거나 변경한 경우에는 이를 관보에 고시하여야 한다.

국가공간정보정책 기본계획의 수립에 대한 설명으로 옳지 않은 것은?

① 관계 중앙행정기관의 장은 소관 업무에 관한 기관별 국가공간정보정책 기본계획을 작성하여 대통령령으로 정하는 바에 따라 국토교통부장관에게 제출하여야 한다.
② 국토교통부장관은 국가공간정보정책 기본계획을 확정하거나 변경한 경우에는 이를 관보에 고시하여야 한다.
③ 국토교통부장관은 관계 중앙행정기관의 장이 제출한 기관별 기본계획을 종합하여 기본계획을 수립하고 위원회의 심의를 거쳐 이를 확정한다.
④ 정부는 국가공간정보체계의 구축 및 활용을 촉진하기 위하여 국가공간정보정책 기본계획을 3년마다 수립하고 시행하여야 한다.

정답 ④

국가공간정보정책 기본계획의 수립 시 포함할 사항으로 옳지 않은 것은?

① 공간정보 관련 전문인력의 양성
② 국가공간정보체계와 관련한 국가적 표준의 연구·보급 및 기술기준의 관리
③ 국가기본지리정보의 취득 및 관리
④ 국가공간정보체계에 관한 연구·개발

정답 ③

〈보기〉는 「국가공간정보 기본법」상 국가공간정보정책 기본계획의 수립 시 포함할 사항을 모두 고른 것은?   (22년2월서울시9)

〈보기〉
ㄱ. 국가공간정보체계에 관한 연구·개발
ㄴ. 국가 공간정보체계의 활용 및 공간정보의 유통
ㄷ. 국가공간정보체계의 구축 및 공간정보의 활용 촉진을 위한 정책의 기본 방향
ㄹ. 국가 공간정보체계의 구축·관리 및 유통 촉진에 필요한 투자 및 재원조달 계획

① ㄱ, ㄷ
② ㄱ, ㄴ, ㄹ
③ ㄴ, ㄷ, ㄹ
④ ㄱ, ㄴ, ㄷ, ㄹ

정답 ④

3. 국가공간정보정책 시행계획(제7조)

수립	① 관계 중앙행정기관의 장과 특별시장·광역시장·특별자치시장·도지사 및 특별자치도지사(이하 "시·도지사"라 한다)는 매년 기본계획에 따라 소관 업무와 관련된 기관별 국가공간정보정책 시행계획(이하 "기관별 시행계획"이라 한다)을 수립한다.
확정 변경	② 관계 중앙행정기관의 장과 시·도지사는 제1항에 따라 수립한 기관별 시행계획을 대통령령으로 정하는 바에 따라 국토교통부장관에게 제출하여야 하며, 국토교통부장관은 제출된 기관별 시행계획을 통합하여 매년 국가공간정보정책 시행계획(이하 "시행계획"이라 한다)을 수립하고 위원회의 심의를 거쳐 이를 확정한다. 　① 관계 중앙행정기관의 장과 시·도지사는 법 제7조제2항에 따라 다음 각 호의 사항이 포함된 다음 연도의 기관별 국가공간정보정책 시행계획(이하 "기관별 시행계획"이라 한다)과 전년도 기관별 시행계획의 집행실적(제3항에 따른 평가결과를 포함한다)을 매년 2월 말까지 국토교통부장관에게 제출하여야 한다. 　　1. 사업 추진방향 　　2. 세부 사업계획 　　3. 사업비 및 재원조달 계획 ③ 제2항에 따라 확정된 시행계획을 변경하고자 하는 경우에는 제2항을 준용한다. 다만, 대통령령으로 정하는 경미한 사항을 변경하는 경우에는 그러하지 아니하다. 　② 법 제7조제3항 단서에서 "대통령령으로 정하는 경미한 사항을 변경하는 경우"란 해당 연도 사업비를 100분의 10 이내에서 증감하는 경우를 말한다.
평가	④ 국토교통부장관, 관계 중앙행정기관의 장 및 시·도지사는 제2항 또는 제3항에 따라 확정 또는 변경된 시행계획 및 기관별 시행계획을 시행하고 그 집행실적을 평가하여야 한다. 　③ 국토교통부장관, 관계 중앙행정기관의 장 및 시·도지사는 법 제7조제4항에 따라 국가공간정보정책 시행계획 또는 기관별 시행계획의 집행실적에 대하여 다음 각 호의 사항을 평가하여야 한다. 　　1. 국가공간정보정책 기본계획의 목표 및 추진방향과의 적합성 여부 　　2. 법 제22조에 따라 중복되는 국가공간정보체계 사업 간의 조정 및 연계 　　3. 그 밖에 국가공간정보체계의 투자효율성을 높이기 위하여 필요한 사항
의견제시	⑤ 국토교통부장관은 시행계획 또는 기관별 시행계획의 집행에 필요한 예산에 대하여 위원회의 심의를 거쳐 기획재정부장관에게 의견을 제시할 수 있다. 　④ 국토교통부장관이 법 제7조제5항에 따라 기획재정부장관에게 의견을 제시하는 경우에는 제3항에 따른 평가결과를 그 의견에 반영하여야 한다. ⑥ 시행계획 또는 기관별 시행계획의 수립, 시행 및 집행실적의 평가와 제5항에 따른 국토교통부장관의 의견제시에 관하여 필요한 사항은 대통령령으로 정한다.
관리기관과 의 협의 (제8조)	① 기관별 시행계획을 수립 또는 변경하고자 하는 관계 중앙행정기관의 장과 시·도지사는 관련된 관리기관과 협의하여야 한다. 이 경우 관계 중앙행정기관의 장과 시·도지사는 관련된 관리기관의 장에게 해당 사항에 관한 협의를 요청할 수 있다. ② 제1항에 따라 협의를 요청받은 관리기관의 장은 특별한 사유가 없는 한 30일 이내에 협의를 요청한 관계 중앙행정기관의 장 또는 시·도지사에게 의견을 제시하여야 한다.

국가공간정보정책 시행계획의 수립 에 대한 설명으로 옳지 않은 것은?

① 국토교통부장관, 관계 중앙행정기관의 장 및 시 · 도지사는 확정 또는 변경된 시행계획 및 기관별 시행계획을 시행하고 그 집행실적을 평가하여야 한다.

② 관계 중앙행정기관의 장과 시 · 도지사는 수립한 기관별 시행계획을 대통령령으로 정하는 바에 따라 국토교통부장관에게 제출하여야 하며, 국토교통부장관은 제출된 기관별 시행계획을 통합하여 매년 국가공간정보정책 시행계획을 수립하고 위원회의 심의를 거쳐 이를 확정한다.

③ 국토교통부장관은 시행계획 또는 기관별 시행계획의 집행에 필요한 예산에 대하여 위원회의 심의를 거쳐 시 · 도지사에게 의견을 제시할 수 있다.

④ 관계 중앙행정기관의 장과 특별시장 · 광역시장 · 특별자치시장 · 도지사 및 특별자치도지사는 매년 기본계획에 따라 소관 업무와 관련된 기관별 국가공간정보정책 시행계획을 수립한다.

정답 ③

4. 연구 · 개발 등(제9조)

연구 개발	① 관계 중앙행정기관의 장은 공간정보체계의 구축 및 활용에 필요한 기술의 연구와 개발 사업을 효율적으로 추진하기 위하여 다음 각 호의 업무를 행할 수 있다. 1. 공간정보체계의 구축 · 관리 · 활용 및 공간정보의 유통 등에 관한 기술의 연구 · 개발, 평가 및 이전과 보급 2. 산업계 또는 학계와의 공동 연구 및 개발 3. 전문인력 양성 및 교육 4. 국제 기술협력 및 교류 ② 관계 중앙행정기관의 장은 대통령령으로 정하는 바에 따라 제1항 각 호의 업무를 대통령령으로 정하는 공간정보 관련 기관, 단체 또는 법인에 위탁할 수 있다.
연구와 개발의 위탁 (시행령 제14조)	① 관계 중앙행정기관의 장은 법 제9조제2항에 따라 다음 각 호의 어느 하나에 해당하는 기관을 지정하여 법 제9조제1항의 업무를 위탁할 수 있다. 1. 「건설기술 진흥법」 제11조에 따른 기술평가기관 2. 「고등교육법」 제25조에 따른 학교부설연구소 3. 「공간정보산업 진흥법」 제23조에 따른 공간정보산업진흥원 4. 「과학기술분야 정부출연연구기관 등의 설립 · 운영 및 육성에 관한 법률」 제8조에 따른 연구기관 5. 「국가정보화 기본법」 제14조에 따른 한국정보화진흥원 6. 「기초연구진흥 및 기술개발지원에 관한 법률」 제14조의2제1항에 따라 인정받은 기업부설연구소 7. 「전자정부법」 제72조에 따른 한국지역정보개발원

연구와 개발의 위탁 (시행령 제14조)	8. 「전파법」 제66조에 따른 한국방송통신전파진흥원 9. 「정부출연연구기관 등의 설립·운영 및 육성에 관한 법률」 제8조에 따른 연구기관 10. 「공간정보산업 진흥법」 제24조에 따른 공간정보산업협회 11. 「공간정보의 구축 및 관리 등에 관한 법률」 제57조에 따른 해양조사협회 12. 법 제12조에 따른 한국국토정보공사 13. 「특정연구기관 육성법」 제2조에 따른 특정연구기관
	② 제1항에 따른 기관의 지정 기준 및 절차 등은 관계 중앙행정기관의 장이 정하는 바에 따른다.
정부의 지원 (제10조)	정부는 국가공간정보체계의 효율적 구축 및 활용을 촉진하기 위하여 다음 각 호의 어느 하나에 해당하는 업무를 수행하는 자에 대하여 출연 또는 보조금의 지급 등 필요한 지원을 할 수 있다.
	1. 공간정보체계와 관련한 기술의 연구·개발 2. 공간정보체계와 관련한 전문인력의 양성 3. 공간정보체계와 관련한 전문지식 및 기술의 지원 4. 공간정보데이터베이스의 구축 및 관리 5. 공간정보의 유통 6. 제30조에 따른 공간정보에 관한 목록정보의 작성
국가공간정보 정책에 관한 연차보고 (제11조)	① 정부는 국가공간정보정책의 주요시책에 관한 보고서(이하 "연차보고서"라 한다)를 작성하여 매년 정기국회의 개회 전까지 국회에 제출하여야 한다. ② 연차보고서에는 다음 각 호의 내용이 포함되어야 한다.
	1. 기본계획 및 시행계획 2. 국가공간정보체계 구축 및 활용에 관하여 추진된 시책과 추진하고자 하는 시책 3. 국가공간정보체계 구축 등 국가공간정보정책 추진 현황 4. 공간정보 관련 표준 및 기술기준 현황 5. 「공간정보산업 진흥법」 제2조제1항제2호에 따른 공간정보산업 육성에 관한 사항 6. 그 밖에 국가공간정보정책에 관한 중요 사항
	③ 국토교통부장관은 연차보고서의 작성 등을 위하여 중앙행정기관의 장 또는 지방자치단체의 장에게 필요한 자료의 제출을 요청할 수 있다. 이 경우 요청을 받은 중앙행정기관의 장 또는 지방자치단체의 장은 특별한 사유가 없으면 그 요청을 따라야 한다. ④ 그 밖에 연차보고서의 작성 절차 및 방법 등에 관하여 필요한 사항은 대통령령으로 정한다.

암기 목명주이자공 목명주조업이임 재정공규해

설립 (제12조)	① 공간정보체계의 구축 지원, 공간정보와 지적제도에 관한 연구, 기술 개발 및 지적측량 등을 수행하기 위하여 한국국토정보공사(이하 이 장에서 "공사"라 한다)를 설립한다. ② 공사는 법인으로 한다. ③ 공사는 그 주된 사무소의 소재지에서 설립등기를 함으로써 성립한다. ④ 공사의 설립등기에 필요한 사항은 대통령령으로 정한다.
설립등기 사항 (시행령 제14조의2)	법 제12조제1항에 따른 한국국토정보공사(이하 "공사"라 한다)의 같은 조 제4항에 따른 설립등기 사항은 다음 각 호와 같다. 1. 목적 2. 명칭 3. 주된 사무소의 소재지 4. 이사 및 감사의 성명과 주소 5. 자산에 관한 사항 6. 공고의 방법

정관
(제13조)
	① 공사의 정관에는 다음 각 호의 사항이 포함되어야 한다.
	  1. 목적 2. 명칭
	  3. 주된 사무소의 소재지 4. 조직 및 기구에 관한 사항
	  5. 업무 및 그 집행에 관한 사항 6. 이사회에 관한 사항
	  7. 임직원에 관한 사항 8. 재산 및 회계에 관한 사항
	  9. 정관의 변경에 관한 사항 10. 공고의 방법에 관한 사항
	  11. 규정의 제정, 개정 및 폐지에 관한 사항
	  12. 해산에 관한 사항
	② 공사는 정관을 변경하려면 미리 국토교통부장관의 인가를 받아야 한다.

사업
(제14조)
	공사는 다음 각 호의 사업을 한다.
	1. 다음 각 목을 제외한 공간정보체계 구축 지원에 관한 사업으로서 대통령령으로 정하는 사업
	
	    가. 「공간정보의 구축 및 관리 등에 관한 법률」에 따른 측량업(지적측량업은 제외한다)의 범위에 해당하는 사업
	    나. 「중소기업제품 구매촉진 및 판로지원에 관한 법률」에 따른 중소기업자간 경쟁제품에 해당하는 사업
	    다. 국가공간정보체계 구축 및 활용 관련 계획수립에 관한 지원
	    라. 국가공간정보체계 구축 및 활용에 관한 지원
	    마. 공간정보체계 구축과 관련한 출자(出資) 및 출연(出捐)
	
	2. 공간정보·지적제도에 관한 연구, 기술 개발, 표준화 및 교육사업
	3. 공간정보·지적제도에 관한 외국 기술의 도입, 국제 교류·협력 및 국외 진출 사업
	4. 「공간정보의 구축 및 관리 등에 관한 법률」 제23조제1항제1호 및 제3호부터 제5호까지의 어느 하나에 해당하는 사유로 실시하는 지적측량
	5. 「지적재조사에 관한 특별법」에 따른 지적재조사사업
	6. 다른 법률에 따라 공사가 수행할 수 있는 사업
	7. 그 밖에 공사의 설립 목적을 달성하기 위하여 필요한 사업으로서 정관으로 정하는 사업

임원 (제15조)	① 공사에는 임원으로 사장 1명과 부사장 1명을 포함한 11명 이내의 이사와 감사 1명을 두 며, 이사는 정관으로 정하는 바에 따라 상임이사와 비상임이사로 구분한다. ② 사장은 공사를 대표하고 공사의 사무를 총괄한다. ③ 감사는 공사의 회계와 업무를 감사한다.
감독 (제16조)	① 국토교통부장관은 공사의 사업 중 다음 각 호의 사항에 대하여 지도 · 감독한다. 1. 사업실적 및 결산에 관한 사항 2. 제14조에 따른 사업의 적절한 수행에 관한 사항 3. 그 밖에 관계 법령에서 정하는 사항 ② 국토교통부장관은 제1항에 따른 감독 결과 위법 또는 부당한 사항이 발견된 경우 공사 에 그 시정을 명하거나 필요한 조치를 취할 수 있다.
유사명칭 사용금지 (제17조)	공사가 아닌 자는 한국국토정보공사 또는 이와 유사한 명칭을 사용하지 못한다.
다른 법률의 준용 (제18조)	공사에 관하여는 이 법 및 「공공기관의 운영에 관한 법률」에서 규정한 사항을 제외하고는 「민 법」 중 재단법인에 관한 규정을 준용한다.

1. 기본공간정보의 취득 및 관리(제19조) 암기 경지해지건 기지사수입실

고시	① 국토교통부장관은 행정ⓐ계·도로 또는 철도의 ⓐ계·하천ⓐ계·ⓘ형·ⓗ안선·ⓘ적, ⓖ물 등 인공구조물의 공간정보, 그 밖에 **대통령령으로 정하는 주요 공간정보**를 기본공간정보로 선정하여 관계 중앙행정기관의 장과 협의한 후 이를 관보에 고시하여야 한다. ① 법 제19조제1항에서 "대통령령으로 정하는 주요 공간정보"란 다음 각 호의 공간정보를 말한다. 　1. ㉮준점(「공간정보의 구축 및 관리 등에 관한 법률」 제8조제1항에 따른 측량기준점표지를 말한다) 　2. ⓘ명 　3. 정ⓢ영상[항공사진 또는 인공위성의 영상을 지도와 같은 정사투영법(正射投影法)으로 제작한 영상을 말한다] 　4. ㉰치표고 모형[지표면의 표고(標高)를 일정간격 격자마다 수치로 기록한 표고 모형을 말한다] 　5. 공간정보 ⓘ체 모형(지상에 존재하는 인공적인 객체의 외형에 관한 위치정보를 현실과 유사하게 입체적으로 표현한 정보를 말한다) 　6. ⓢ내공간정보(지상 또는 지하에 존재하는 건물 등 인공구조물의 내부에 관한 공간정보를 말한다) 　7. 그 밖에 위원회의 심의를 거쳐 국토교통부장관이 정하는 공간정보
데이터 베이스 구축	② 관계 중앙행정기관의 장은 제1항에 따라 선정·고시된 기본공간정보(이하 "기본공간정보"라 한다)를 대통령령으로 정하는 바에 따라 데이터베이스로 구축하여 관리하여야 한다. ③ 관계 중앙행정기관의 장은 법 제19조제2항에 따라 기본공간정보데이터베이스를 구축·관리할 때에는 다음 각 호의 기준에 따라야 한다. 　1. 법 제21조에 따른 표준 및 기술기준 　2. 관계 중앙행정기관의 장과 협의하여 국토교통부장관이 정하는 기본공간정보 교환형식 및 지형지물 분류체계 　3. 「공간정보의 구축 및 관리 등에 관한 법률 시행령」 제7조제3항에 따른 직각좌표의 기준 　4. 그 밖에 관계 중앙행정기관과 협의하여 국토교통부장관이 정하는 기준
관리	③ 국토교통부장관은 관리기관이 제2항에 따라 구축·관리하는 데이터베이스(이하 "기본공간정보데이터베이스"라 한다)를 통합하여 하나의 데이터베이스로 관리하여야 한다. ④ 기본공간정보 선정의 기준 및 절차, 기본공간정보데이터베이스의 구축과 관리, 기본공간정보데이터베이스의 통합 관리, 그 밖에 필요한 사항은 대통령령으로 정한다.

공간객체 등록번호의 부여 (제20조)	① 국토교통부장관은 공간정보데이터베이스의 효율적인 구축 · 관리 및 활용을 위하여 건물 · 도로 · 하천 · 교량 등 공간상의 주요 객체에 대하여 공간객체등록번호를 부여하고 이를 고시할 수 있다. ② 관리기관의 장은 제1항에 따라 부여된 공간객체등록번호에 따라 공간정보데이터베이스를 구축하여야 한다. ③ 국토교통부장관은 공간정보를 효율적으로 관리 및 활용하기 위하여 필요한 경우 관리기관의 장과 공동으로 제2항에 따른 공간정보데이터베이스를 구축할 수 있다. ④ 공간객체등록번호의 부여방법 · 대상 · 유지 및 관리, 그 밖에 필요한 사항은 국토교통부령으로 정한다.
공간정보 표준화 (제21조)	① 공간정보와 관련한 표준의 제정 및 관리에 관하여는 이 법에서 정하는 것을 제외하고는 「국가표준기본법」과 「산업표준화법」에서 정하는 바에 따른다. ② 관리기관의 장은 공간정보의 공유 및 공동 이용을 촉진하기 위하여 공간정보와 관련한 표준에 대한 의견을 산업통상자원부장관에게 제시할 수 있다. ③ 관리기관의 장은 대통령령으로 정하는 바에 따라 공간정보의 구축 · 관리 · 활용 및 공간정보의 유통과 관련된 기술기준을 정할 수 있다. ④ 관리기관의 장이 공간정보와 관련한 표준에 대한 의견을 제시하거나 기술기준을 제정하고자 하는 경우에는 국토교통부장관과 미리 협의하여야 한다.
표준화 협의체 구성 (시행령 제17조)	① 국토교통부장관은 법 제21조에 따른 공간정보와 관련한 표준의 제정 및 관리를 위하여 관리기관과 협의체를 구성 · 운영할 수 있다. ② 협의체는 다음 각 호의 업무를 수행한다. 1. 공간정보와 관련한 표준의 제안 2. 공간정보의 구축 · 관리 · 활용 및 공간정보의 유통과 관련된 기술기준의 제정 3. 제1호 및 제2호에 따른 공간정보와 관련한 표준 및 기술기준의 준수 방안 제안 4. 국제 표준기구와의 협력체계 구축 5. 공간정보와 관련한 표준에 관한 연구 · 개발의 위탁 ③ 국토교통부장관은 법 제21조제4항에 따라 표준에 대한 의견을 제시하거나 기술기준에 관하여 협의할 때에는 전문위원회의 검토를 거쳐야 한다.
표준의 연구 및 보급 (제22조)	국토교통부장관은 공간정보와 관련한 표준의 연구 및 보급을 촉진하기 위하여 다음 각 호의 시책을 행할 수 있다. 1. 공간정보체계의 구축 · 관리 · 활용 및 공간정보의 유통 등과 관련된 표준의 연구 2. 공간정보에 관한 국제표준의 연구
표준 등의 준수의무 (제23조)	관리기관의 장은 공간정보체계를 구축 · 관리 · 활용하거나 공간정보를 유통할 때에는 이 법에서 정하는 기술기준과 다른 법률에서 정하는 표준을 따라야 한다.

예제 11

「국가공간정보 기본법 시행령」상 기본공간정보가 아닌 것은? (17년지방직9)

① 기준점   ② 정사영상

③ 수치표면모형   ④ 실내공간정보

정답 ③

2. 국가공간정보통합체계의 구축과 운영(제24조)

국가공간 정보통합체계 의 구축과 운영 (제24조)	① 국토교통부장관은 관리기관과 공동으로 국가공간정보통합체계를 구축하거나 운영할 수 있다. ② 국토교통부장관은 관리기관의 장에게 국가공간정보통합체계의 구축과 운영에 필요한 자료 또는 정보의 제공을 요청할 수 있다. 이 경우 자료 또는 정보의 제공을 요청받은 관리기관의 장은 특별한 사유가 없으면 그 요청을 따라야 한다. ③ 그 밖에 국가공간정보통합체계의 구축 및 운영에 관하여 필요한 사항은 **대통령령으로** 정한다. ① 국토교통부장관은 법 제24조제1항에 따른 국가공간정보통합체계의 구축과 운영을 효율적으로 하기 위하여 관리기관과 협의체를 구성하여 운영할 수 있다. ② 국토교통부장관은 관리기관의 장과 협의하여 국가공간정보통합체계의 구축 및 운영에 필요한 국가공간정보체계의 개발기준과 유지·관리 기준을 정할 수 있다. ③ 관리기관이 국가공간정보통합체계와 연계하여 공간정보데이터베이스를 활용하는 경우에는 제2항에 따른 기준을 적용하여야 한다. ④ 국토교통부장관은 국가공간정보통합체계의 구축과 운영을 위하여 필요한 예산의 전부 또는 일부를 관리기관에 지원할 수 있다.
국가공간 정보센터의 설치 (제25조)	① 국토교통부장관은 공간정보를 수집·가공하여 정보이용자에게 제공하기 위하여 국가공간정보센터를 설치하고 운영하여야 한다. ② 제1항에 따른 국가공간정보센터(이하 "국가공간정보센터"라 한다)의 설치와 운영 등에 관하여 필요한 사항은 대통령령으로 정한다.
자료의 제출요구 등 (제26조)	국토교통부장관은 국가공간정보센터의 운영에 필요한 공간정보를 생산 또는 관리하는 관리기관의 장에게 자료의 제출을 요구할 수 있으며, 자료제출 요청을 받은 관리기관의 장은 특별한 사유가 있는 경우를 제외하고는 자료를 제공하여야 한다. 다만, 관리기관이 공공기관일 경우는 자료를 제출하기 전에 「공공기관의 운영에 관한 법률」 제6조제2항에 따른 주무기관(이하 "주무기관"이라 한다)의 장과 미리 협의하여야 한다.
자료의 가공 등 (제27조)	① 국토교통부장관은 공간정보의 이용을 촉진하기 위하여 제25조에 따라 수집한 공간정보를 분석 또는 가공하여 정보이용자에게 제공할 수 있다. ② 국토교통부장관은 제1항에 따라 가공된 정보의 정확성을 유지하기 위하여 수집한 공간정보 등에 오류가 있다고 판단되는 경우에는 자료를 제공한 관리기관에 대하여 자료의 수정 또는 보완을 요구할 수 있으며, 자료의 수정 또는 보완을 요구받은 관리기관의 장은 그에 따른 조치결과를 국토교통부장관에게 제출하여야 한다. 다만, 관리기관이 공공기관일 경우는 조치결과를 제출하기 전에 주무기관의 장과 미리 협의하여야 한다.

구축 및 관리 (제28조)	① 관리기관의 장은 해당 기관이 생산 또는 관리하는 공간정보가 다른 기관이 생산 또는 관리하는 공간정보와 호환이 가능하도록 제21조에 따른 공간정보와 관련한 표준 또는 기술기준에 따라 공간정보데이터베이스를 구축·관리하여야 한다. ② 관리기관의 장은 해당 기관이 관리하고 있는 공간정보데이터베이스가 최신 정보를 기반으로 유지될 수 있도록 노력하여야 한다. ③ 관리기관의 장은 중앙행정기관 및 지방자치단체로부터 공간정보데이터베이스의 구축·관리 등을 위하여 필요한 공간정보의 열람·복제 등 관련 자료의 제공 요청을 받은 때에는 특별한 사유가 없으면 그 요청을 따라야 한다. 〈개정 2020.6.9.〉 ④ 관리기관의 장은 중앙행정기관 및 지방자치단체를 제외한 다른 관리기관으로부터 공간정보데이터베이스의 구축·관리 등을 위하여 필요한 공간정보의 열람·복제 등 관련 자료의 제공 요청을 받은 때에는 이에 협조할 수 있다. ⑤ 제3항 및 제4항에 따라 제공받은 공간정보는 제1항에 따른 공간정보데이터베이스의 구축·관리 외의 용도로 이용되어서는 아니된다.

예제 12

「국가공간정보 기본법」에 대하여 ( ) 안에 공통적으로 들어갈 용어로 알맞은 것은?

(18년3회지기)

- 관리기관의 장은 해당 기관이 관리하고 있는 ( )이(가) 최신 정보를 기반으로 유지될 수 있도록 노력하여야 한다.
- 관리기관의 장은 해당 기관이 생산 또는 관리하는 공간정보가 다른 기관이 생산 또는 관리하는 공간정보와 호환이 가능하도록 공간정보와 관련한 표준 또는 기술기준에 따라 ( )을(를) 구축·관리하여야 한다.

① 공간정보데이터베이스 ② 위성측위시스템
③ 국가공간정보센터 ④ 한국국토정보공사 정답 ①

중복투자의 방지 (제29조)	① 관리기관의 장은 새로운 공간정보데이터베이스를 구축하고자 하는 경우 기존에 구축된 공간정보체계와 중복투자가 되지 아니하도록 사전에 다음 각 호의 사항을 검토하여야 한다. 1. 구축하고자 하는 공간정보데이터베이스가 해당 기관 또는 다른 관리기관에 이미 구축되었는지 여부 2. 해당 기관 또는 다른 관리기관에 이미 구축된 공간정보데이터베이스의 활용 가능 여부 ② 관리기관의 장이 새로운 공간정보데이터베이스를 구축하고자 하는 경우에는 해당 공간정보데이터베이스의 구축 및 관리에 관한 계획을 수립하여 국토교통부장관에게 통보하여야 한다. 다만, 관리기관이 공공기관일 경우는 통보 전에 주무기관의 장과 미리 협의하여야 한다.

중복투자의 방지 (제29조)	① 관리기관의 장(민간기관의 장은 제외한다. 이하 이 조에서 같다)이 법 제29조 제2항에 따라 수립하는 공간정보데이터베이스의 구축 및 관리에 관한 계획에 는 다음 각 호의 사항이 포함되어야 한다. 1. 공간정보데이터베이스의 명칭·종류 및 규모 2. 공간정보데이터베이스를 구축하려는 범위 또는 지역 3. 법 제30조에 따른 공간정보에 관한 목록정보 4. 공간정보데이터베이스의 구축방법 및 기간 5. 사업비 및 재원조달 계획 6. 사업 시행계획 ② 법 제29조제5항에 따른 중복투자 여부의 판단에 필요한 기준은 다음 각 호와 같다. 1. 사업의 유형 및 성격 2. 다른 관리기관에서의 비슷한 종류의 사업추진 여부 3. 법 제21조에 따른 공간정보 관련 표준 또는 기술기준의 준수 여부 4. 다른 관리기관에서 구축한 사업의 활용 여부 5. 법 제28조에 따른 공간정보데이터베이스의 활용 여부

③ 국토교통부장관은 제2항에 따라 통보받은 공간정보데이터베이스의 구축 및 관리에
   관한 계획이 중복투자에 해당된다고 판단하는 때에는 위원회의 심의를 거쳐 해당 공
   간정보데이터베이스를 구축하고자 하는 관리기관의 장에게 시정을 요구할 수 있다.
④ 국토교통부장관은 관리기관의 장이 제1항에 따른 검토를 위하여 필요한 자료를 요청
   하는 경우에는 특별한 사유가 없으면 이를 제공하여야 한다.
⑤ 제3항에 따른 중복투자 여부의 판단에 필요한 기준은 대통령령으로 정할 수 있다.

예제 13

「국가공간정보 기본법」상 공간정보데이터베이스에 대한 내용으로 옳지 않은 것은?

(17년지방직9)

① 법령에 의하여 금지된 정보를 제외한 전부 또는 일부 공간정보데이터베이스는 복제하여 판
   매, 배포할 수 있다.
② 멸실 또는 훼손에 대비하여 별도로 복제하여 관리하여야 한다.
③ 다른 기관의 공간정보와 호환이 가능하도록 관련 표준에 따라야 한다.
④ 새로운 공간정보를 구축할 때에는 기존에 구축된 공간정보 체계와 중복 투자함으로써 그 정
   확도를 높여야 한다.

정답 ④

공간정보 목록정보의 작성 (제30조)	① 관리기관의 장은 해당 기관이 구축·관리하고 있는 공간정보에 관한 목록정보(정보의 내용, 특징, 정확도, 다른 정보와의 관계 등 정보의 특성을 설명하는 정보를 말한다. 이하 "목록정보"라 한다)를 제21조에 따른 공간정보와 관련한 표준 또는 기술기준에 따라 작성 또는 관리하도록 노력하여야 한다. ② 관리기관의 장은 해당 기관이 구축·관리하고 있는 목록정보를 특별한 사유가 없으면 국토교통부장관에게 수시로 제출하여야 한다. 다만, 관리기관이 공공기관일 경우는 제출하기 전에 주무기관의 장과 미리 협의하여야 한다. ③ 그 밖에 목록정보의 작성 또는 관리에 관하여 필요한 사항은 대통령령으로 정한다.
공간정보 목록정보의 작성 및 관리 (시행령 제20조)	① 관리기관의 장(민간기관의 장은 제외한다. 이하 이 조에서 같다)은 법 제30조제1항에 따른 공간정보에 관한 목록정보(이하 "목록정보"라 한다)를 12월 31일 기준으로 작성하여 다음 해 3월 31일까지 국토교통부장관에게 제출하여야 한다. ② 관리기관의 장은 법 제30조에 따라 해당 기관이 구축·관리하고 있는 목록정보를 변경하거나 폐지한 경우에는 그 변경사항을 국토교통부장관에게 통보하여야 한다. ③ 국토교통부장관은 매년 공개목록집을 발간하여 관리기관에게 배포할 수 있다.
협력체계 구축 (제31조)	관리기관의 장은 공간정보체계를 구축·관리하거나 활용하는 경우 관리기관 상호 간 또는 관리기관과 산업계 및 학계 간 협력체계를 구축할 수 있다.
공간정보의 활용 등 (제32조)	① 관리기관의 장은 소관 업무를 수행할 때 공간정보를 활용하는 시책을 강구하여야 한다. ② 국토교통부장관은 대통령령으로 정하는 국토현황을 조사하고 이를 공간정보로 제작하여 제1항에 따른 업무에 활용할 수 있도록 제공할 수 있다. ┌──┐ │ ① 법 제32조제2항에서 "대통령령으로 정하는 국토현황"이란 「국토기본법」 제25조 및 같은 법 시행령 제10조에 따라 국토조사의 대상이 되는 사항을 말한다. │ ② 국토교통부장관은 법 제32조제2항에 따라 제작한 공간정보를 국토계획 또는 정책의 수립에 활용하기 위하여 필요한 공간정보체계를 구축·운영할 수 있다. └──┘ ③ 관리기관의 장은 특별한 사유가 없으면 한 해당 기관이 구축 또는 관리하고 있는 공간정보체계를 다른 관리기관과 공동으로 이용할 수 있도록 협조하여야 한다.
공간정보의 공개 (제33조)	① 관리기관의 장은 해당 기관이 생산하는 공간정보를 국민이 이용할 수 있도록 공개목록을 작성하여 대통령령으로 정하는 바에 따라 공개하여야 한다. 다만, 「공공기관의 정보공개에 관한 법률」 제9조에 따른 비공개대상정보는 그러하지 아니하다. ┌──┐ │ ① 관리기관의 장은 법 제33조제1항 본문에 따라 작성한 공간정보의 공개목록을 해당 기관의 인터넷 홈페이지와 법 제25조에 따른 국가공간정보센터(이하 "국가공간정보센터"라 한다)를 통하여 공개하여야 한다. │ ② 국토교통부장관은 법 제33조제2항에 따라 공개목록 중 활용도가 높은 공간정보의 목록을 국가공간정보센터를 통하여 공개하고, 관리기관의 장에게 요청하여 해당 기관의 인터넷 홈페이지를 통하여 공개하도록 하여야 한다. └──┘ ② 국토교통부장관은 관리기관의 장과 협의하여 제1항 본문에 따른 공개목록 중 활용도가 높은 공간정보의 목록을 정하고, 국민이 쉽게 이용할 수 있도록 대통령령으로 정하는 바에 따라 공개하여야 한다.

공간정보의 복제 및 판매 등 (제34조)	① 관리기관의 장은 대통령령으로 정하는 바에 따라 해당 기관이 관리하고 있는 공간정보데이터베이스의 전부 또는 일부를 복제 또는 간행하여 판매 또는 배포하거나 해당 데이터베이스로부터 출력한 자료를 정보이용자에게 제공할 수 있다. 다만, 법령과 제35조의 보안관리규정에 따라 공개가 금지 또는 제한되거나 유출이 금지된 정보에 대하여는 그러하지 아니한다. 〈개정 2014.6.3., 2021.3.16.〉
	② 제1항 단서에도 불구하고 관리기관(중앙행정기관 및 지방자치단체에 한정한다. 이하 이 조 제3항, 제35조의2제1항, 제35조의3, 제35조의4제1항 및 제35조의5제1항에서 같다)의 장은 「공간정보산업 진흥법」에 따른 공간정보사업자 또는 「위치정보의 보호 및 이용 등에 관한 법률」에 따른 위치정보사업자가 공간정보사업, 위치기반서비스 사업 등을 영위하기 위하여 제1항 본문에 따른 공간정보데이터베이스 또는 해당 데이터베이스로부터 출력한 자료의 제공을 신청하는 경우에는 대통령령으로 정하느 바에 따라 공개가 제한된 공간정보를 제공할 수 있다. 〈신설 2021.3.16.〉
	③ 제2항에 따라 공간정보를 제공받은 자는 제35조에 따른 관리기관의 보안관리규정을 준수하여야 한다. 〈신설 2021.3.16.〉
	④ 관리기관의 장은 대통령령으로 정하는 바에 따라 공간정보데이터베이스로부터 복제 또는 출력한 자료를 이용하는 자로부터 사용료 또는 수수료를 받을 수 있다. 〈개정 2021.3.16.〉
	① 관리기관의 장은 법 제34조제1항 본문에 따라 정보이용자에게 제공하려는 공간정보데이터베이스를 해당 기관의 인터넷 홈페이지와 국가공간정보센터를 통하여 공개하여야 한다.
	② 법 제34조제2항에 따라 관리기관의 장이 사용료 또는 수수료를 받으려는 경우에는 실비(實費)의 범위에서 정하여야 하며, 사용료 또는 수수료를 정하였을 때에는 그 내용을 관보 또는 공보에 고시하고(중앙행정기관 또는 지방자치단체에 한정한다) 해당 기관의 인터넷 홈페이지와 국가공간정보센터를 통하여 공개하여야 한다.
	③ 관리기관의 장은 공간정보데이터베이스로부터 복제하거나 출력한 자료의 사용이 다음 각 호의 어느 하나에 해당하는 경우에는 법 제34조제2항에 따른 사용료 또는 수수료를 감면할 수 있다. 1. 국가, 지방자치단체 또는 관리기관이 그 업무에 사용하는 경우 2. 교육연구기관이 교육연구용으로 사용하는 경우

예제 14

일반적인 지도와는 달리 공간적 형태를 특정 목적으로 나타내기 위해 왜곡하여 표현하는 도면은?

(19년지방직)

① 단계구분도(choropleth map) ② 히스토그램(histogram)
③ 카토그램(cartogram) ④ 베리오그램(variogram)

정답 ③

단계구분도 (choropleth map)	지도에 지역별 특성을 색깔로 나타낸 그림을 단계구분도라고 하는데, 이 단계구분 도를 통해 지역별로 다양한 특성들의 차이가 얼마나 되는지 알 수 있다.
도수분포표 (frequency distribution table)와 히스토그램 (histogram)	• 도수분포표(frequency distribution table) : 많은 수의 관측값들을 몇 개의 묶음 으로 나누어 각 묶음에 속한 관측값의 수를 요약, 정리한 표를 지칭한다. 연속형 변수에 대한 도수분포표는 용도에 따라서 도수, 누적도수, 상대도수, 누적 상대도수를 표현한다. 이때 상대도수는 전체 자료의 수 중 해당 범주가 차지하고 있는 비율을 표기하는 방법을 말한다. • 히스토그램(histogram) : 연속형 변수의 도수분포표나 상대도수분포표를 사용하 여 도표로 나타내는 방법이다. 그러나 히스토그램은 계급 간 연속성 표현이 가능 하여 연속형 자료의 분포를 파악하는 데 용이하다. 히스토그램과 같은 도표를 통 하여 많은 수의 자료가 주어지더라도 직관적인 자료의 이해가 가능하다. 도수분포표나 히스토그램을 통하여 자료의 직관적 이해가 쉬워지지만, 관측값이 계급구간에서의 도수(또는 상대도수)로 표현되어 관측값이 숨겨지고 또한 계급구 간의 폭이 서로 다른 경우 자료의 특징이 왜곡되는 문제점이 있어 자료를 표현하기 위하여 계급 결정 시 계급 결정이 적절하였는지 검토가 필요하다.
카토그램 (cartogram)	GIS는 일반적으로 공간적인 피처를 정확하게 그려내는 데 초점을 맞추고 있다. 실세계에 보이는 다양한 현상들을 추상화해서 표현하고 그것을 지리적으로 시각화하는 것이 GIS 의 기본적인 컨셉이나 카토그램은 반대의 영역에 있다. 카토그램은 속성의 정보(일반적으로 통계적 수치)를 이용하여 지리적인 배율을 적용해 맵을 왜곡하여 표현하는 방법이다. 기존의 명확하게 보였던 지역의 면적이나 거리의 의미는 사라지고 다른 정보로 대체된다. 이러한 지리적인 정보의 틀을 깨면서까지 카토 그램을 활용하는 이유는 맵 안에서의 경계, 거리, 면적의 의미보다 더 전달하고 싶은 정보를 효과적으로 전달할 수 있기 때문이다. 카토그램은 보통 ArcGIS, QGIS, GeoDa에 서 생성할 수 있으며, 각각 다른 활용 특성을 가지고 있으므로 사용자에게 맞는 것을 선택하여 카토그램을 만들어 사용하면 된다.
variogram (베리오그램)	지구통계학(geostatistics)에서 관측값들의 공간적 · 시간적 연관성(correlation)을 표 현하는 함수이다. 베리오그램은 고전적인 지구통계학에서 가장 중요한 부분으로서 관 측된 값의 공간적 분포 특성을 규정하는 함수이다. 베리오그램은 실제 관측자료를 이용해서 작성하는 실험 베리오그램(experimental variogram)과 이 실험 베리오그램에 가장 접근하는 이론적 곡선을 완성하는 베리오그램 모델링(variogram modeling) 과정으로 나누어진다. 관측자료로부터 획득한 실험 베리 오그램을 잘 묘사하는 모델링 결과는 크리깅(kriging)이나 지구통계학적 시뮬레이션 (geostatistical simulation)에 이용된다. 두 개의 변수에 대한 베리오그램은 상호 베리오 그램(cross variogram)이라 불리며 두 개의 변수를 참조하는 코크리깅(co-kriging)에 이용되고, 각 변수값을 0 혹은 1로 변환하여 작성하는 지시자 베리오그램(indicator variogram)은 지시자 크리깅(indicator kriging)에 이용된다. 관측자료에 대한 실험 베 리오그램을 계산하는 방법은 관측자료의 임의의 두 지점 x와 $x+h$에 해당하는 값의 차이를 제곱하여 모두 더한 후 그 평균을 구하면 h에 대한 베리오그램값을 구하면 된다. 이런 방식으로 h를 변화시켜 h에 관한 베리오그램 함수를 작성하고 그 값을 그래프로 확인할 수 있다. 여기서 h는 lag라 하고, 일반적으로 베리오그램값의 1/2인 세미베리오 그램(semivariogram)을 많이 이용한다.

보안관리 (제35조)	① 관리기관의 장은 공간정보 또는 공간정보데이터베이스를 구축 · 관리하거나 활용하는 경우 공개가 제한되는 공간정보에 대한 부당한 접근과 이용 또는 공간정보의 유출을 방지하기 위하여 필요한 보안관리규정을 대통령령으로 정하는 바에 따라 제정하고 시행하여야 한다. ② 관리기관의 장은 제1항에 따라 보안관리규정을 제정하는 경우에는 제5조제6항에 따른 전문위원회의 의견을 들은 후 국가정보원장과 협의하여야 한다. 보안관리규정을 개정하고자 하는 경우에도 또한 같다. 〈개정 2021.3.16.〉

보안심사
(제35조의2)
	① 관리기관의 장은 제34조제2항에 따라 공간정보를 제공받으려는 자에 대하여 다음 각 호의 사항에 관한 보안심사를 하여야 한다.
	  1. 공개가 제한되는 공간정보의 보안관리에 관한 사항
	  2. 공개가 제한되는 공간정보 또는 그 정보를 활용하여 생산한 공간정보를 제3자에게 제공할 때의 보안관리에 관한 사항
	② 제1항에 따른 보안심사의 세부 내용, 절차 및 방법 등에 관하여 필요한 사항은 국토교통부장관이 국가정보원장과 협의하여 정한다.
	[본조신설 2021.3.16.]

보안심사 전문기관의 지정 등 (제35조의3)	① 관리기관의 장은 대통령령으로 정하는 바에 따라 제35조의2제1항에 따른 보안심사 업무를 전문적 · 체계적으로 수행하는 보안심사 전문기관(이하 "전문기관"이라 한다)을 지정할 수 있다. ② 관리기관의 장은 제1항에 따라 전문기관을 지정하는 경우에 국가정보원장과 협의하여야 한다. ③ 관리기관의 장은 제1항에 따라 보안심사 업무에 대한 전문기관을 지정하는 경우에 해당 전문기관에 필요한 경비의 전부 또는 일부를 지원할 수 있다. [본조신설 2021.3.16.]

보안심사
전문기관의
지정취소 등
(제35조의4)
	① 관리기관의 장은 전문기관이 다음 각 호의 어느 하나에 해당하면 국가정보원장과 협의한 후 전문기관의 지정을 취소하거나 6개월 이내의 기간을 정하여 그 업무의 전부 또는 일부의 정지를 명하거나 시정명령 등 필요한 조치를 할 수 있다. 다만, 제1호 및 제2호에 해당하는 경우에는 그 지정을 취소하여야 한다.
	  1. 거짓이나 그 밖에 부정한 방법으로 전문기관으로 지정받은 경우
	  2. 업무정지 명령을 위반하여 업무정지 기간 중에 보안심사 업무를 수행한 경우
	  3. 정당한 사유 없이 지정받은 날부터 1년 이상 보안심사 업무를 수행하지 아니한 경우
	  4. 전문기관의 지정 기준에 적합하지 아니하게 된 경우
	  5. 고의 또는 중대한 과실로 보안심사 기준 및 절차를 위반하거나 부당하게 보안심사 업무를 수행한 경우
	② 전문기관의 지정취소, 업무정지 등에 관하여 필요한 사항은 국가정보원장과의 협의를 거쳐 대통령령으로 정한다.
	[본조신설 2021.3.16.]

보고 및 조사 (제35조의5)	① 관리기관의 장은 필요하다고 인정하는 때에는 국가정보원장과의 협의를 거쳐 전문 기관에 대하여 보안심사 업무에 관하여 필요한 보고를 하게 하거나 소속 공무원으 로 하여금 조사를 하게 할 수 있다. ② 제1항에 따라 조사를 하는 경우에는 조사 3일 전까지 조사 일시·목적·내용 등에 관한 계획을 조사 대상자에게 알려야 한다. 다만, 긴급한 경우나 사전에 조사 계획 이 알려지면 조사 목적을 달성할 수 없다고 인정하는 경우에는 그러하지 아니하다. ③ 제1항에 따라 조사를 하는 공무원은 그 권한을 표시하는 증표를 지니고 관계인에게 이를 내보여야 한다. [본조신설 2021.3.16.]
공간정보의 보호 (시행령 제24조)	① 법 제35조에 따른 보안관리규정에는 다음 각 호의 사항이 포함되어야 한다. 1. 공간정보의 관리부서 및 공간정보 보안담당자 등 보안관리체계 2. 공간정보체계 및 공간정보 유통망의 관리방법과 그 보호대책 3. 보안대상 공간정보의 분류기준 및 관리절차 4. 보안대상 공간정보의 공개 요건 및 절차 5. 보안대상 공간정보의 유출·훼손 등 사고발생 시 처리절차 및 처리방법 ② 국가정보원장은 법 제35조에 따른 협의를 위하여 필요한 때에는 제1항에 따른 보안 관리규정의 제정·시행에 필요한 기본지침을 작성하여 관리기관의 장에게 통보할 수 있다. ③ 국가정보원장은 관리기관에 대하여 공간정보의 보안성 검토 등 보안관리에 필요한 협조와 지원을 할 수 있다.
공간정보데이터 베이스의 보관 (시행령 제25조)	관리기관의 장은 법 제36조에 따라 공간정보데이터베이스의 복제·관리 계획을 수립 하여 정기적으로 복제하고 안전한 장소에 보관하여야 한다.
안전성 확보 (제36조)	관리기관의 장은 공간정보데이터베이스의 멸실 또는 훼손에 대비하여 대통령령으로 정하는 바에 따라 이를 별도로 복제하여 관리하여야 한다.
침해 또는 훼손 등의 금지 (제37조)	① 누구든지 관리기관이 생산 또는 관리하는 공간정보 또는 공간정보데이터베이스를 침해 또는 훼손하거나 법령에 따라 공개가 제한되는 공간정보를 관리기관의 승인 없이 무단으로 열람·복제·유출하여서는 아니 된다. ② 누구든지 공간정보 또는 공간정보데이터베이스를 이용하여 다른 사람의 권리나 사 생활을 침해하여서는 아니 된다.
비밀준수 등의 의무 (제38조)	관리기관 또는 이 법이나 다른 법령에 따라 위탁을 받은 국가공간정보체계 관련 업 무를 수행하는 기관, 법인, 단체에 소속되거나 소속되었던 자(용역계약 등에 따라 해 당 업무를 수임한 자 또는 그 사용인을 포함한다)는 국가공간정보체계의 구축·관리 및 활용과 관련한 직무를 수행하면서 알게 된 비밀을 누설하거나 도용하여서는 아니 된다.
벌칙 적용에서 공무원 의제 (법 제38조의2)	전문기관의 임직원은 「형법」 제129조부터 제132조까지의 규정을 적용할 때에는 공무 원으로 본다. [본조신설 2021.3.16.]

암기 ㉙ㅊㅎ 먹고 ㉝ㅁㅂ 버리면 ㉟ㄴㄷ 씻고 ㉯ㅅㅈ와 ㉮ㅂㅈ도

벌칙 (제39조)	제37조제1항(공간정보 등의 침해 또는 훼손 등의 금지) ① 누구든지 관리기관이 생산 또는 관리하는 공간정보 또는 공간정보데이터베이스를 침해 또는 훼손하거나 법령에 따라 공개가 제한되는 공간정보를 관리기관의 승인 없이 무단으로 열람·복제·유출하여서는 아니 된다을 위반하여 공간정보 또는 공간정보데이터베이스를 ㉙단으로 ㉝해하거나 ㉶손한 자는 2년 이하의 징역 또는 2천만 원 이하의 벌금에 처한다.
벌칙 (제40조)	다음 각 호의 어느 하나에 해당하는 자는 1년 이하의 징역 또는 1천만원 이하의 벌금에 처한다. 〈개정 2021.3.16.〉 1. 제37조제1항을 위반하여 공간정보 또는 공간정보데이터베이스를 관리기관의 ㉝인 없이 ㉙단으로 열람·㉶제·유출한 자 2. 제38조(비밀준수 등의 의무)를 위반하여 직무상 알게 된 ㉯밀을 ㉝설하거나 ㉠용한 자 3. 제34조제3항을 위반하여 ㉯안관리규정을 준㉠하지 아니한 ㉯ 4. 거짓이나 그 밖의 ㉙정한 ㉯법으로 전문기관으로 지정받은 ㉯
양벌규정 (제41조)	법인의 대표자나 법인 또는 개인의 대리인, 사용인, 그 밖의 종업원이 그 법인 또는 개인의 업무에 관하여 제39조 또는 제40조의 위반행위를 하면 그 행위자를 벌하는 외에 그 법인 또는 개인에게도 해당 조문의 벌금형을 과(科)한다. 다만, 법인 또는 개인이 그 위반행위를 방지하기 위하여 해당 업무에 관하여 상당한 주의와 감독을 게을리하지 아니한 경우에는 그러하지 아니하다.
과태료 (제42조)	① 제17조(유사 명칭의 사용 금지) 공사가 아닌 자는 한국국토정보공사 또는 이와 유사한 명칭을 사용하지 못한다]를 위반한 자에게는 500만원 이하의 과태료를 부과한다. ② 제1항에 따른 과태료는 대통령령으로 정하는 바에 따라 국토교통부장관이 부과·징수한다.
과태료부과기준 (시행령 제26조)	법 제42조제1항에 따른 과태료의 부과기준은 다음 각 호와 같다. 1. 공사가 아닌 자가 한국국토정보공사의 명칭을 사용한 경우 : 400만 원 2. 공사가 아닌 자가 한국국토정보공사와 유사한 명칭을 사용한 경우 : 300만 원

예제 15

「국가공간정보 기본법」에서 규정하고 있는 벌칙 구분 중 2년 이하의 징역 또는 2천만 원 이하의 벌금형에 해당되는 것은?

① 공사가 아닌 자가 한국국토정보공사 또는 이와 유사한 명칭을 사용한 경우
② 직무상 알게 된 비밀을 누설하거나 도용한 자
③ 공간정보 또는 공간정보데이터베이스를 관리기관의 승인 없이 무단으로 열람·복제·유출한 자
④ 공간정보 또는 공간정보데이터베이스를 무단으로 침해하거나 훼손한 자

정답 ④

6_장 공간정보산업 진흥법

[시행 2021.2.19.] [법률 제17063호, 2020.2.18., 타법개정]

SECTION 01 총칙

1. 목적(제1조)

이 법은 공간정보산업의 경쟁력을 강화하고 그 진흥을 도모하여 국민경제의 발전과 국민의 삶의 질 향상에 이바지함을 목적으로 한다.

2. 용어의 정의(제2조)

공간정보	지상·지하·수상·수중 등 공간상에 존재하는 자연 또는 인공적인 객체에 대한 위치정보 및 이와 관련된 공간적 인지와 의사결정에 필요한 정보를 말한다.
공간정보산업	공간정보를 생산·관리·가공·유통하거나 다른 산업과 융·복합하여 시스템을 구축하거나 서비스 등을 제공하는 산업을 말한다.
공간정보사업에 속하는 사업	가. 「공간정보의 구축 및 관리 등에 관한 법률」 제44조에 따른 측량업 및 「해양조사와 해양정보 활용에 관한 법률」 제2조제13호에 따른 해양조사·정보업 나. 위성영상을 공간정보로 활용하는 사업 다. 위성측위 등 위치결정 관련 장비산업 및 위치기반 서비스업 라. 공간정보의 생산·관리·가공·유통을 위한 소프트웨어의 개발·유지관리 및 용역업 마. 공간정보시스템의 설치 및 활용업 바. 공간정보 관련 교육 및 상담업 사. 그 밖에 공간정보를 활용한 사업
공간정보사업자	공간정보사업을 영위하는 자를 말한다.
공간정보기술자	"공간정보기술자"란 「국가기술자격법」 등 관계 법률에 따라 공간정보사업에 관련된 분야의 자격·학력 또는 경력을 취득한 사람으로서 대통령령으로 정하는 사람을 말한다.

공간정보기술자의 범위	"대통령령으로 정하는 사람"이란 별표 1에서 정하는 사람을 말한다	
	1) 공간정보 구축분야	「공간정보의 구축 및 관리 등에 관한 법률」에 따른 측량기술자 및 「해양조사와 해양정보 활용에 관한 법률」 제25조에 따른 해양조사기술자
	2) 공간정보 활용분야	가) 위성측위 등 위치결정 관련 장비산업 및 위치기반 서비스업에 종사하는 기술자 나) 공간정보의 생산 · 관리 · 가공 · 유통을 위한 소프트웨어의 개발 · 유지관리 및 용역업에 종사하는 기술자 다) 공간정보시스템의 설치 및 활용업에 종사하는 기술자 라) 공간정보 관련 교육 및 상담업 및 그 밖에 공간정보를 활용한 사업에 종사하는 기술자
가공공간정보	공간정보를 가공하거나 이에 다른 정보를 추가하는 등의 방법으로 생산된 공간정보를 말한다.	
공간정보 등	공간정보 및 이를 기반으로 하는 가공공간정보, 소프트웨어, 기기, 서비스 등을 말한다.	
융 · 복합 공간정보산업	공간정보와 다른 정보 · 기술 등이 결합하여 새로운 자료 · 기기 · 소프트웨어 · 서비스 등을 생산하는 산업을 말한다.	
공간정보오픈 플랫폼	"공간정보오픈플랫폼"이란 국가에서 보유하고 있는 공개 가능한 공간정보를 국민이 자유롭게 활용할 수 있도록 다양한 방법을 제공하는 공간정보체계를 말한다.	

예제 01

「공간정보산업 진흥법」상 용어의 정의로 가장 옳지 않은 것은?　　　(21년서울시7)

① "공간정보"란 지상 · 지하 · 수상 · 수중 등 공간상에 존재하는 자연 또는 인공적인 객체에 대한 위치정보 및 이와 관련된 공간적 인지와 의사결정에 필요한 정보를 말한다.

② "가공공간정보"란 공간정보를 가공하거나 이에 다른 정보를 추가하는 등의 방법으로 생산된 공간정보를 말한다.

③ "공간정보 등"이란 공간정보 및 이를 기반으로 하는 가공공간정보, 소프트웨어, 기기, 서비스 등을 말한다.

④ "공간정보오픈플랫폼"이란 민간에서 보유하고 있는 공개 가능한 공간정보를 국민이 자유롭게 활용할 수 있도록 다양한 방법을 제공하는 공간정보체계를 말한다.

정답 ④

1. 공간정보산업진흥 계획의 수립(제4조)

수립	① 국토교통부장관은 공간정보산업 진흥을 위하여 「국가공간정보 기본법」 제6조에 따른 국가공간정보정책 기본계획에 따라 5년마다 다음 각 호의 사항이 포함된 공간정보산업진흥 기본계획(이하 "기본계획"이라 한다)을 수립하여야 한다.
기본계획	1. 공간정보산업 진흥을 위한 정책의 기본방향 2. 공간정보산업의 부문별 진흥시책에 관한 사항 3. 공간정보산업 기반조성에 관한 사항 4. 지방 공간정보산업의 육성에 관한 사항 5. 융·복합 공간정보산업의 촉진에 관한 사항 6. 공간정보사업자 육성에 관한 사항 7. 공간정보산업 전문 인력 양성에 관한 사항 8. 공간정보 활용기술의 연구개발 및 보급에 관한 사항 9. 공간정보 이용촉진 및 유통활성화에 관한 사항 10. 그 밖에 공간정보산업 진흥을 위하여 필요한 사항
시행계획	② 국토교통부장관은 공간정보산업의 시장 및 기술동향 등을 고려하여 기본계획의 범위 안에서 매년 공간정보산업진흥 시행계획(이하 "시행계획"이라 한다)을 수립·시행할 수 있다. 〈개정 2020.6.9.〉
협조사항	③ 국토교통부장관은 관계 중앙행정기관의 장 또는 지방자치단체에 제1항에 따른 기본계획과 제2항에 따른 시행계획(이하 "진흥계획"이라 한다)의 수립에 필요한 자료를 요청할 수 있으며, 중앙행정기관의 장 또는 지방자치단체의 장은 특별한 사유가 없으면 이에 협조하여야 한다. 〈개정 2020.6.9.〉 ④ 국토교통부장관은 진흥계획을 수립하고 「국가공간정보 기본법」 제5조에 따른 국가공간정보위원회의 심의를 거친 후 이를 확정한다. 확정된 진흥계획 중 대통령령으로 정하는 중요 사항을 변경하는 경우에도 또한 같다
공고	① 국토교통부장관은 「공간정보산업 진흥법」(이하 "법"이라 한다) 제4조에 따라 공간정보산업진흥 기본계획 및 공간정보산업진흥 시행계획을 수립하거나 변경하였을 때에는 그 내용을 공고하여야 한다. ② 법 제4조제4항 후단에서 "대통령령으로 정하는 중요 사항을 변경하는 경우"란 법 제4조제1항제2호부터 제9호까지의 사항과 관련된 사업의 기간을 2년 이상 가감하거나 총사업비를 처음 계획의 100분의 10 이상 증감하는 경우를 말한다.

2. 공간정보산업 관련 공공수요의 공개 등(제5조)

공개	① 국토교통부장관은 다음 해의 공간정보산업 관련 공공수요를 조사하여 공개할 수 있다. ② 국토교통부장관은 공공수요를 조사하기 위하여 관계 중앙행정기관의 장에게 필요한 자료를 요청할 수 있으며 관계 중앙행정기관의 장은 특별한 사유가 없으면 그 요청을 따라야 한다. 〈개정 2020.6.9.〉 ③ 국토교통부장관은 국내외 공간정보산업의 기술 및 시장동향 등 공간정보산업 전반에 관한 정보를 종합적으로 조사하여 공개할 수 있다. 〈개정 2013.3.23.〉 ④ 제1항부터 제3항까지에 따른 공공수요의 공개와 공간정보산업정보의 조사에 관하여 필요한 사항은 대통령령으로 정한다.
요청(영 제3조)	① 국토교통부장관은 법 제5조제2항에 따라 공공수요를 조사하기 위하여 관계 중앙행정기관의 장에게 다음 해 공간정보산업(융·복합 공간정보산업을 포함한다. 이하 같다) 관련 사업계획을 요청할 수 있다. 〈개정 2013.3.23.〉 ② 제1항의 공간정보산업 관련 사업계획을 요청받은 관계 중앙행정기관의 장은 매년 12월 31일까지 이를 제출하여야 한다. ③ 국토교통부장관은 제2항에 따라 제출받은 공간정보산업 관련 사업계획을 종합·분석하여 매년 1월 31일까지 공간정보산업 관련 공공수요를 공개하여야 한다.
통계작성	① 국토교통부장관은 공간정보산업 진흥을 위하여 공간정보산업에 관한 통계를 작성하여 관리할 수 있다. ② 제1항에 따른 통계의 작성 대상 등에 관하여는 대통령령으로 정한다. ③ 제1항에 따른 통계의 작성에 관하여 이 법에 규정된 것 외에는 「통계법」을 준용한다.
통계항목	① 법 제5조의2제1항에 따른 공간정보산업에 관한 통계(이하 "공간정보산업통계"라 한다)의 작성 대상은 공간정보산업 및 융·복합 공간정보산업으로 한다. ② 국토교통부장관은 매년 공간정보산업통계를 작성하고 이를 위한 조사를 실시하되, 필요하면 수시로 할 수 있다. ③ 공간정보산업통계의 작성 항목은 다음 각 호와 같다. 1. 공간정보산업체의 경영 및 인력 등에 관한 현황 2. 공간정보산업 육성을 위한 정책수립에 관한 사항 3. 공간정보의 경제적 파급효과 분석과 관련한 사항 4. 그 밖에 국토교통부장관이 공간정보산업의 발전을 위하여 필요하다고 인정하는 사항
공간정보제공 (법 제6조)	① 정부는 「국가공간정보 기본법」 제25조에 따른 국가공간정보센터(이하 "국가공간정보센터"라 한다) 또는 같은 법 제2조제4호의 관리기관(민간기관인 관리기관은 제외한다. 이하 같다)이 보유하고 있는 공간정보를 공간정보를 이용하고자 하는 자에게 유상 또는 무상으로 제공할 수 있다. 다만, 다른 법령에서 공개가 금지된 정보는 그러하지 아니하다. 〈개정 2014.6.3., 2020.6.9.〉

공간정보제공 (법 제6조)	① 법 제6조제1항 본문에 따라 공간정보를 이용하려는 자에게 유상으로 제 공하는 경우 그 사용료 또는 수수료에 관하여는 「국가공간정보 기본법 시행령」 제23조제2항 및 제3항을 준용한다. 〈개정 2018.2.13.〉 ② 법 제6조제1항 본문에 따른 공간정보의 제공은 「국가공간정보 기본법」 제25조에 따른 국가공간정보센터(이하 "국가공간정보센터"라 한다) 또는 같은 법 제2조제4호에 따른 관리기관(민간기관인 관리기관은 제외한다. 이하 같다)을 통하여 국토교통부장관 또는 관계 중앙행정기관의 장이 행 한다. ③ 〈삭제 2015.6.1.〉 ④ 관계 중앙행정기관의 장이 제2항에 따라 공간정보를 제공한 경우 반기별 로 국가공간정보센터에 자료제공 실적을 통보하여야 한다. ② 제1항에 따른 공간정보의 제공 등에 필요한 사항은 대통령령으로 정한다
가공공간정보의 생산 및 유통 (법 제7조)	① 공간정보사업자는 가공공간정보를 생산하여 유통시킬 수 있다. 이 경우 가공공 간정보에는 「군사기지 및 군사시설 보호법」 제2조제1호의 군사기지 및 같은 조 제2호의 군사시설에 대한 공간정보가 포함되지 아니하도록 하여야 한다. ② 국토교통부장관은 가공공간정보 관련 산업의 육성시책을 강구할 수 있다.
공간정보등의 유통 활성화 (법 제8조)	① 정부는 공간정보산업의 진흥을 위하여 공간정보등의 유통 활성화에 노력하여야 한다. ② 국토교통부장관은 공간정보등의 공유와 유통 등을 목적으로 유통망을 설치·운 영하는 민간사업자(이하 "유통사업자"라고 한다) 또는 유통사업자가 되고자 하 는 자에게 유통시스템 구축에 소요되는 자금의 일부를 융자의 방식으로 지원할 수 있다. ③ 제2항에 따라 지원을 받은 유통사업자는 국토교통부장관이 요청하는 경우에는 공간정보의 유통현황 등 관련 정보를 제공하여야 한다. ④ 제2항에 따른 유통사업자에 대한 자금의 지원방법 및 기준 등은 대통령령으로 정한다.
유통사업자의 지원(영 제5조)	① 국토교통부장관은 법 제8조제2항에 따라 유통사업자 또는 유통사업자가 되고자 하는 자에게 새로 유통시스템을 구축하거나 기존 유통시스템을 개선하는 데 직 접 필요한 자금의 일부를 융자의 방식으로 지원할 수 있다. ② 제1항에 따른 자금지원을 받으려는 자는 국토교통부령으로 정하는 신청서를 국 토교통부장관에게 제출하여야 한다. ③ 국토교통부장관은 제2항에 따라 자금지원의 신청을 받은 경우에는 다음 각 호의 사항을 심사하여 지원 여부 및 지원금액을 결정하여야 한다. 1. 사업계획의 실현 가능성 2. 공간정보등의 공유와 유통 등을 위한 기반시설의 확보 수준 3. 공간정보등의 공유와 유통 등을 위한 인력의 전문성 및 적절성 4. 융자금 지출항목의 적합성 5. 융자금 상환계획의 적절성 ④ 제1항부터 제3항까지에서 규정한 사항 외에 자금지원의 세부절차는 국토교통부 장관이 정하여 고시한다.

공간정보 유통사업 지원신청서 (규칙 제3조)	① 「공간정보산업 진흥법 시행령」(이하 "영"이라 한다) 제5조제2항에서 "국토교통 부령으로 정하는 신청서"란 별지 제2호서식의 공간정보 유통사업 지원신청서 (전자문서로 된 신청서를 포함한다)를 말한다. 〈개정 2018.4.27.〉 ② 제1항의 공간정보 유통사업 지원신청서에는 다음 각 호의 서류를 첨부하여야 한다. 이 경우 담당 공무원은 「전자정부법」 제21조제1항에 따른 행정정보의 공동이용을 통하여 법인등기부 등본(신청인이 법인인 경우만 해당한다)을 확인하여야 한다. 1. 사업계획서 2. 인력 및 기반시설을 증명할 수 있는 서류 3. 예산설계서 및 융자금 상환계획서
융·복합 공간정보산업 지원 (법 제9조)	① 정부는 연차별계획을 수립하여 재난·안전·환경·복지·교육·문화 등 공공 의 이익을 위한 융·복합 공간정보체계를 구축할 수 있다. ② 국토교통부장관은 융·복합 공간정보산업의 육성을 위하여 교통, 물류, 실내공 간 측위체계, 유비쿼터스 도시 사업 등에 지원할 수 있다. ③ 국토교통부장관은 제1항에 따른 융·복합 공간정보체계의 구축과 제2항에 따른 융·복합 공간정보산업의 육성을 위하여 공간정보오픈플랫폼 등의 시스템을 구 축·운영할 수 있다.
지식재산권의 보호 (법 제10조)	① 정부는 공간정보 관련 기술 및 데이터 등에 포함된 지식재산권을 보호하기 위하 여 다음 각 호의 시책을 추진할 수 있다. 1. 민간부문 공간정보 활용체계 및 데이터베이스의 기술적 보호 2. 공간정보 신기술에 대한 관리정보의 표시 활성화 3. 공간정보 분야의 저작권 등 지식재산권에 관한 교육 또는 홍보 4. 제1호부터 제3호까지의 사업에 필요한 그 밖의 부대사업 ② 정부는 대통령령으로 정하는 바에 따라 공간정보등에 대한 지식재산권 분야의 전문성을 보유한 기관 또는 단체에 위탁하여 제1항 각 호의 시책에 따른 사업을 수행하도록 할 수 있다.
지식재산권 보호 (영 제6조)	법 제10조제2항에 따라 같은 조 제1항 각 호의 시책에 따른 사업을 위탁받을 수 있 는 자는 다음 각 호와 같다. 1. 법 제23조에 따른 공간정보산업진흥원 2. 법 제24조제1항에 따라 설립된 공간정보산업협회 3. 「저작권법」 제112조에 따른 한국저작권위원회 또는 같은 법 제122조의2 에 따른 한국저작권보호원 4. 「정보통신망 이용촉진 및 정보보호 등에 관한 법률」 제52조에 따른 한국 정보보호진흥원 5. 〈삭제 2015.6.1.〉 6. 「국가공간정보 기본법」 제12조에 따른 한국국토정보공사(이하 "한국국토 정보공사"라 한다) 7. 「중소기업협동조합법 시행령」 제8조에 따라 설립된 조합, 사업조합 또는 연합회(이하 "조합 등"이라 한다)로서 공간정보산업 육성과 관련되는 업 무를 수행하는 조합 등 8. 「민법」 제32조에 따라 설립된 법인으로서 공간정보산업의 육성과 관련되 는 업무를 수행하는 비영리법인
재정지원 등 (법 제11조)	국가 및 지방자치단체는 공간정보산업의 진흥을 위하여 재정 및 금융지원 등 필요 한 시책을 시행할 수 있다.

품질인증 (법 제12조)	① 국토교통부장관은 공간정보등의 품질확보 및 유통촉진을 위하여 공간정보 및 가공 공간정보와 관련한 기기·소프트웨어·서비스 등에 대한 품질인증을 대통령령으로 정하는 바에 따라 실시할 수 있다. ② 제1항의 품질인증을 받은 제품 중 중소기업자가 생산한 제품은 「중소기업제품 구매 촉진 및 판로지원에 관한 법률」 제6조에 따라 지정된 경쟁제품으로 본다. ③ 국토교통부장관은 제1항의 품질인증을 받은 제품 중 중소기업자가 생산한 제품을 우선 구매하도록 관리기관에 요청할 수 있으며, 공간정보 인력양성기관 및 교육기관으로 하여금 동 제품을 우선하여 활용하도록 지원할 수 있다. ④ 국토교통부장관은 제1항의 품질인증을 실시하기 위하여 인증기관을 지정할 수 있다. ⑤ 제1항에 따른 품질인증의 절차와 제4항에 따른 인증기관의 지정요건 등 품질인증의 실시에 관하여 필요한 사항은 대통령령으로 정한다.
품질인증의 절차 (영 제7조)	① 법 제12조제1항에 따른 품질인증을 받으려는 자는 국토교통부령으로 정하는 신청서를 법 제12조제4항에 따라 국토교통부장관이 지정한 인증기관(이하 "품질인증기관"이라 한다)에 제출하여야 한다. ② 품질인증기관은 국토교통부장관이 정하여 고시하는 품질인증 평가기준에 따라 심사한 후 그 평가기준에 적합하다고 인정된 경우에는 품질인증을 하고 품질인증서를 신청인에게 발급하여야 한다. ③ 품질인증기관은 제2항에 따른 심사결과 품질인증 평가기준에 부적합한 경우에는 지체 없이 그 사유를 구체적으로 밝혀 신청인에게 통지하여야 한다. ④ 제1항부터 제3항까지에서 규정한 사항 외에 품질인증의 실시에 필요한 세부절차는 국토교통부장관이 정하여 고시한다
품질인증기관의 지정요건 등 (영 제8조)	① 품질인증기관으로 지정받으려는 자는 국토교통부령으로 정하는 신청서를 국토교통부장관에게 제출하여야 한다. ② 법 제12조제4항에 따른 품질인증기관의 지정요건은 다음 각 호와 같다. 　1. 품질인증업무에 필요한 조직과 인력을 보유할 것 　2. 품질인증업무에 필요한 설비와 그 설비의 작동에 필요한 환경조건을 갖출 것 　3. 품질인증 대상 분야별로 국토교통부장관이 정하는 평가항목·평가기준 및 평가절차를 갖출 것 ③ 국토교통부장관은 법 제12조제4항에 따라 품질인증기관을 지정하였을 때에는 그 사실을 공고하여야 한다. ④ 제1항부터 제3항까지에서 규정한 사항 외에 품질인증기관의 세부 지정요건은 국토교통부장관이 정하여 고시한다.
공간정보산업의 표준화 지원 (법 제14조)	① 국토교통부장관은 공간정보의 공동이용에 필요한 기술기준 등의 산업표준화를 위한 각종 활동을 지원할 수 있다. ② 제1항의 기술기준 등의 산업표준화 활동의 지원에 관하여 필요한 사항은 대통령령으로 정한다.

공간정보산업의 표준화 지원 (법 제14조)	법 제14조에 따른 공간정보산업의 표준화를 위한 지원대상 활동은 다음 각 호와 같다. 1. 국내외 공간정보산업의 표준 제정·개정 활동 2. 공간정보산업 관련 분야 표준과의 연계·협력 3. 그 밖에 공간정보산업의 경쟁력 강화에 필요한 표준화 활동
전문인력의 양성 등 (법 제15조)	① 국토교통부장관은 공간정보 관련 전문인력의 양성과 기술의 향상에 필요한 정책을 수립하고 추진할 수 있다. ② 국토교통부장관은 전문인력 양성기관을 지정하여 제1항에 따른 교육훈련을 실시하게 할 수 있으며, 필요한 예산을 지원할 수 있다. ③ 제1항 및 제2항에 따른 전문인력의 양성, 양성기관의 지정 및 해제에 관하여 필요한 사항은 대통령령으로 정한다
전문인력 양성의 내용(영 제10조)	법 제15조제1항에 따른 전문인력 양성의 내용은 다음 각 호와 같다. 1. 공간정보 온라인 교육의 실시 2. 공간정보기술자 양성 지원 및 재교육 지원
전문인력 양성기관의 지정 등(영 제11조)	① 법 제15조제2항에 따른 전문인력 양성기관(이하 "전문인력 양성기관"이라 한다)은 다음 각 호의 기관 중에서 지정한다. 1. 「고등교육법」 제2조 각 호에 따른 학교 중 공간정보 관련 학과 또는 전공이 설치된 학교 2. 법 제23조에 따라 설립된 공간정보산업진흥원 3. 법 제24조에 따라 설립된 공간정보산업협회 4. 한국국토정보공사 5. 「정부출연연구기관 등의 설립·운영 및 육성에 관한 법률」 제8조에 따라 설립된 연구기관 6. 〈삭제 2015.6.1.〉 7. 그 밖에 공간정보 관련 교육훈련 기관 또는 단체로서 국토교통부장관이 관계 중앙행정기관의 장과 협의하여 인정하는 기관 또는 단체 ② 전문인력 양성기관으로 지정받으려는 자는 국토교통부령으로 정하는 신청서를 국토교통부장관에게 제출하여야 한다. ③ 전문인력 양성기관으로 지정받으려는 자는 다음 각 호의 요건을 갖추어야 한다. 1. 교육시설 및 전문 교수요원 인력의 적정성 2. 교육장비의 보유현황 3. 지원금 활용계획의 적절성 4. 교육 대상에 따른 교육과정 및 교육내용의 적절성 ④ 국토교통부장관은 전문인력 양성기관을 지정하였을 때에는 그 사실을 공고하여야 한다. ⑤ 법 제15조제2항에 따른 전문인력 양성기관 지정, 교육훈련 실시, 예산 지원의 구체적인 내용 및 절차 등에 관하여 필요한 사항은 국토교통부장관이 정하여 고시한다

전문인력 양성기관 지정신청서 (규칙 제6조)	① 영 제11조제2항에서 "국토교통부령으로 정하는 신청서"는 별지 제6호서식의 전문인력 양성기관 지정신청서(전자문서로 된 신청서를 포함한다)를 말한다. 〈개정 2013.3.23.〉 ② 제1항의 전문인력 양성기관 지정신청서에는 다음 각 호의 서류를 첨부하여야 한다. 이 경우 담당 공무원은 「전자정부법」 제21조제1항에 따른 행정정보의 공동이용을 통하여 법인등기부 등본(신청인이 법인인 경우만 해당한다)을 확인하여야 한다. 1. 교육 인력·시설·설비의 확보 현황 2. 교육계획서 및 교육평가계획서 3. 운영경비 조달계획서 및 지원금 사용계획서 4. 교육규정
전문인력 양성기관의 지정해제 (영 제12조)	국토교통부장관은 전문인력 양성기관이 다음 각 호의 어느 하나에 해당하는 경우에는 그 지정을 해제할 수 있다. 1. 제11조제3항 각 호의 전문인력 양성기관 지정요건에 더 이상 해당하지 아니하는 경우 2. 전문인력 양성기관이 정당한 사유를 밝히고 지정해제를 신청하는 경우 3. 법 제15조제2항에 따른 지원금을 용도 외로 사용한 경우
국제협력 및 해외진출 지원(제16조)	① 정부는 공간정보산업의 국제협력 및 해외시장 진출을 추진하기 위하여 관련 기술 및 인력 교류, 전시회, 공동연구개발 등의 사업을 지원할 수 있다. ② 국토교통부장관은 제1항의 사업 수행에 필요한 예산을 지원할 수 있다.
창업의 지원(제16조의2)	국토교통부장관은 「중소기업기본법」 제2조에 따른 중소기업에 해당하는 공간정보산업에 관한 창업을 촉진하고 창업자의 성장·발전을 위하여 다음 각 호의 지원을 할 수 있다. 1. 유상 공간정보의 무상제공 2. 공간정보산업 연구·개발 성과의 제공 3. 창업에 필요한 법률, 세무, 회계 등의 상담 4. 공간정보 기반의 우수한 아이디어의 발굴 및 사업화 지원 5. 그 밖에 대통령령으로 정하는 사항
공간정보 관련 용역에 대한 사업대가(제17조)	① 관리기관의 장(민간 관리기관의 장은 제외한다. 이하 같다)은 공간정보 관련 용역을 발주하는 경우에는 「엔지니어링산업 진흥법」, 「소프트웨어 진흥법」, 「공간정보의 구축 및 관리 등에 관한 법률」 또는 「해양조사와 해양정보 활용에 관한 법률」에서 정한 대가기준을 준용할 수 있다. 〈개정 2020.6.9.〉 ② 제1항의 대가기준의 적용대상에 포함되지 아니한 용역 및 준용이 곤란하다고 판단되는 공간정보 관련 용역에 대한 대가기준은 국토교통부장관이 따로 정할 수 있다.

공간정보산업 진흥시설의 지정 등 (제18조)	① 국토교통부장관은 공간정보산업 진흥을 위하여 공간정보산업진흥시설(이하 "진흥시설"이라 한다)을 지정하고, 자금 및 설비제공 등 필요한 지원을 할 수 있다. ② 진흥시설로 지정받고자 하는 자는 대통령령으로 정하는 바에 따라 국토교통부장관에게 지정신청을 하여야 한다. ③ 국토교통부장관은 제2항의 신청에 따라 진흥시설을 지정하는 경우에는 공간정보산업의 발전을 위하여 필요한 조건을 붙일 수 있다. 이 경우 그 조건은 공공의 이익을 증진하기 위하여 필요한 최소한도에 한정되어야 하며, 부당한 의무를 부과하여서는 아니 된다. 〈개정 2020.6.9.〉 ④ 제3항에 따라 지정된 진흥시설은 「벤처기업육성에 관한 특별조치법」 제18조에 따른 벤처기업집적시설로 지정된 것으로 본다. ⑤ 진흥시설의 지정요건 및 진흥시설에 대한 지원 등에 관하여 필요한 사항은 대통령령으로 정한다.
공간정보산업 진흥시설의 지정 요건 등 (영 제13조)	① 법 제18조제1항에 따른 공간정보산업진흥시설(이하 "진흥시설"이라 한다)의 지정요건은 다음 각 호와 같다. 1. 5 이상의 공간정보사업자가 입주할 것 2. 진흥시설로 인정받으려는 시설에 입주한 공간정보사업자 중 「중소기업 기본법」 제2조에 따른 중소기업자가 100분의 50 이상일 것 3. 공간정보사업자가 사용하는 시설 및 그 지원시설이 차지하는 면적이 건축물 총면적의 100분의 30 이상일 것 ② 진흥시설로 지정받으려는 자는 국토교통부령으로 정하는 신청서를 국토교통부장관에게 제출하여야 한다. ③ 국토교통부장관은 진흥시설을 지정하였을 때에는 그 사실을 공고하여야 한다. ④ 제1항부터 제3항까지에서 규정한 사항 외에 진흥시설의 지정 및 관리에 필요한 사항은 국토교통부장관이 정하여 고시한다.
공간정보산업 진흥시설 지정신청서 (규칙 제7조)	① 영 제13조제2항에서 "국토교통부령으로 정하는 신청서"란 별지 제7호서식의 공간정보산업진흥시설 지정신청서(전자문서로 된 신청서를 포함한다)를 말한다. ② 제1항의 공간정보산업진흥시설 지정신청서에는 다음 각 호의 서류를 첨부하여야 한다. 1. 별지 제8호서식에 따른 공간정보산업진흥시설 조성계획서 2. 공간정보산업진흥시설의 범위를 증명하는 서류 3. 입주 공간정보사업자 명세서 4. 입주사업자 등의 사업자등록증 및 분양(임대)계약서 사본

진흥시설의 지정해제(제19조)	국토교통부장관은 진흥시설이 지정요건에 미달하게 되거나 진흥시설의 지정을 받은 자가 제18조제3항에 따른 지정조건을 이행하지 아니한 때에는 대통령령으로 정하는 바에 따라 그 지정을 해제할 수 있다 령제14조 ① 국토교통부장관은 진흥시설이 제13조제1항에 따른 지정요건에 미달하게 된 경우에는 3개월 이내의 기간을 정하여 보완을 요구할 수 있다. 〈개정 2013.3.23.〉 ② 진흥시설의 지정을 받은 자가 제1항에 따른 보완 요구를 거부하거나 그 보완기간에 보완하지 아니한 경우에는 국토교통부장관은 법 제19조에 따라 진흥시설의 지정을 해제할 수 있다. 〈개정 2013.3.23.〉 ③ 국토교통부장관은 제2항에 따라 진흥시설의 지정을 해제하려면 미리 관할 특별시장·광역시장·도지사 또는 특별자치도지사의 의견을 들어야 하며, 그 지정을 해제하였을 때에는 그 사실을 공고하여야 한다
진흥시설에 대한 지방자치단체의 지원(제20조)	지방자치단체는 공간정보산업의 진흥을 위하여 필요한 경우 진흥시설을 조성하고자 하는 자와 공간정보사업의 창업을 지원하는 공공단체 등에 출연하거나 출자할 수 있다.
산업재산권 등의 출자 특례(제21조)	공간정보사업을 목적으로 하는 회사를 설립하거나 이러한 회사가 신주를 발행하면서 공간정보 관련 특허권·실용신안권·디자인권, 그 밖에 이에 준하는 기술과 그 사용에 관한 권리를 현물 출자하는 경우 대통령령으로 정하는 기술평가기관이 그 가격을 평가한 때에는 그 평가내용은 「상법」 제299조의2에 따라 공인된 감정인이 감정한 것으로 본다. 〈개정 2020.6.9.〉
기술평가기관 (영 제15조)	법 제21조에서 "대통령령으로 정하는 기술평가기관"이란 다음 각 호의 기관을 말한다. 1. 「산업기술혁신 촉진법」 제38조에 따른 한국산업기술진흥원 2. 「산업기술혁신 촉진법」 제39조에 따른 한국산업기술평가관리원 3. 「기술보증기금법」 제12조에 따른 기술보증기금 4. 「한국과학기술원법」에 따른 한국과학기술원 5. 「건설기술 진흥법」 제11조에 따른 기술평가기관 6. 「민법」 제32조에 따라 설립된 법인으로서 법 제21조에 따른 공간정보 관련 특허권·실용신안권·디자인권, 그 밖에 이에 준하는 기술과 그 사용에 관한 권리의 평가를 수행할 수 있다고 국토교통부장관이 인정하는 비영리법인
중소공간정보 사업자의 사업참여 지원(제22조)	① 정부는 중소공간정보사업자의 육성을 위하여 관리기관이 공간정보 관련 공사·제조·구매·용역 등에 관한 조달계약을 체결하려는 때에는 중소공간정보사업자의 수주기회가 증대되도록 노력하여야 한다. ② 관리기관의 장은 공간정보 관련 공사·제조·구매·용역 등에 관한 입찰을 실시하는 경우에는 낙찰자로 결정되지 아니한 자 중 제안서 평가에서 우수한 평가를 받은 자에 대하여는 작성비 등의 일부를 보상할 수 있다. 다만, 대기업과 중소공간정보사업자가 협력하여 입찰하는 경우에는 그러하지 아니하다.

공간정보사업자의 신고 등(제22조의2)	① 공간정보사업을 영위하려는 자는 소속 공간정보기술자 등 국토교통부령으로 정하는 사항을 국토교통부장관에게 신고하여야 하며, 신고한 사항이 변경된 경우에는 그 변경신고를 하여야 한다. 다만, 「공간정보의 구축 및 관리 등에 관한 법률」 또는 「해양조사와 해양정보 활용에 관한 법률」에 따라 해당 사업의 등록 등을 한 경우에는 국토교통부장관에게 신고한 것으로 본다. 〈개정 2020.2.18.〉 ② 국토교통부장관은 제1항에 따라 신고받은 사항을 확인하거나 공간정보사업자의 관리ㆍ감독을 위하여 필요한 경우 관계 행정기관의 장에게 필요한 자료를 요청할 수 있다. 이 경우 요청을 받은 자는 특별한 사유가 없으면 이에 따라야 한다. ③ 제1항에 따른 신고의 절차 등에 필요한 사항은 국토교통부령으로 정한다.
공간정보사업자의 신고(규칙 제7조의2)	① 법 제22조의2제1항 본문에서 "소속 공간정보기술자 등 국토교통부령으로 정하는 사항"이란 다음 각 호의 사항을 말한다. 1. 영위하려는 공간정보산업의 분야 2. 상호(법인인 경우에는 법인의 명칭) 및 대표자 3. 주된 영업소의 소재지 4. 소속 공간정보기술자 5. 보유하고 있는 장비의 현황 6. 재무현황 ② 법 제22조의2제1항에 따라 공간정보사업자의 신고 및 변경신고를 하려는 자는 별지 제9호서식에 따른 신고서(전자문서로 된 신고서를 포함한다)에 다음 각 호의 구분에 따른 서류를 첨부하여 법 제27조 및 영 제19조에 따라 신고업무를 위탁받은 기관(이하 "신고업무 수탁기관"이라 한다)의 장에게 제출하여야 한다. 1. 신규로 신고하는 경우 : 제1항제4호부터 제6호까지의 사항을 증명할 수 있는 서류 2. 변경신고를 하는 경우 : 변경사항을 증명할 수 있는 서류 ③ 제2항에 따른 신고를 받은 신고업무 수탁기관의 장은 「전자정부법」 제21조제1항에 따른 행정정보의 공동이용을 통하여 사업자등록증 또는 법인등기사항증명서를 확인하여야 한다. 다만, 신고인이 사업자등록증의 확인에 동의하지 아니하는 경우에는 그 사본을 첨부하도록 하여야 한다. ④ 제2항에 따른 신고를 받은 신고업무 수탁기관의 장은 별지 제10호서식에 따른 등록부에 신고내용을 기록하고, 별지 제11호서식에 따른 신고확인서를 신고인에게 내주어야 한다.

공간정보사업 수행실적의 통보 및 확인 (규칙 제7조의3)	① 법 제22조의2제1항에 따라 신고한 공간정보사업자는 공간정보사업 수행실적 증명 등을 위하여 수행하고 있는 공간정보사업의 내용을 신고업무 수탁기관의 장에게 통보할 수 있다. ② 신고업무 수탁기관의 장은 제1항에 따라 통보받은 공간정보사업 수행실적에 관한 사항을 기록·관리하여야 하며, 공간정보사업자가 공간정보사업 수행실적에 관한 확인서를 신청하면 이를 발급하여야 한다. ③ 신고업무 수탁기관의 장은 제1항에 따라 통보받은 내용의 확인을 위하여 필요한 때에는 공간정보사업의 발주자 등에 통보된 내용의 확인을 요청할 수 있다. ④ 제1항부터 제3항까지에서 규정한 사항 외에 공간정보사업 수행실적의 통보 및 확인에 관하여 필요한 그 밖의 사항은 신고업무 수탁기관의 장이 정한다.
공간정보기술자의 신고 등(제22조의3)	① 공간정보산업에 종사하는 사람으로서 공간정보기술자로 인정받으려는 사람은 그 자격·경력·학력 및 근무처 등 국토교통부령으로 정하는 사항을 국토교통부장관에게 신고하여야 하며, 신고한 사항이 변경된 경우에는 그 변경신고를 하여야 한다. 다만, 「공간정보의 구축 및 관리 등에 관한 법률」 제39조에 따른 측량기술자 및 「해양조사와 해양정보 활용에 관한 법률」 제25조에 따른 해양조사기술자가 「공간정보의 구축 및 관리 등에 관한 법률」, 「해양조사와 해양정보 활용에 관한 법률」 및 「건설기술 진흥법」에 따라 그 신고 등을 한 경우에는 국토교통부장관에게 신고한 것으로 본다. 〈개정 2020.2.18.〉 ② 국토교통부장관은 제1항에 따라 신고받은 사항을 국토교통부령으로 정하는 바에 따라 관리하여야 한다. ③ 국토교통부장관은 제1항에 따라 신고받은 사항을 확인하기 위하여 관계 행정기관의 장 또는 해당 공간정보기술자가 소속된 공간정보사업자에게 필요한 자료를 요청할 수 있다. 이 경우 요청을 받은 자는 특별한 사유가 없으면 이에 따라야 한다. ④ 국토교통부장관은 공간정보기술자의 신청이 있는 경우 제1항에 따라 신고받은 사항에 관한 증명서를 국토교통부령으로 정하는 바에 따라 발급하여야 한다. 이 경우 국토교통부장관은 증명서의 발급에 필요한 수수료를 신청인에게 받을 수 있다. ⑤ 제1항에 따른 신고의 절차 등에 필요한 사항은 국토교통부령으로 정한다.

1. 공간정보산업진흥원(제23조)

설립	① 국토교통부장관은 공간정보산업을 효율적으로 지원하기 위하여 공간정보산업진흥원(이하 "진흥원"이라 한다)을 설립한다. 〈개정 2013.3.23., 2014.6.3.〉 ② 진흥원은 법인으로 한다. 〈개정 2014.6.3.〉 ③ 진흥원은 그 주된 사무소의 소재지에서 설립등기를 함으로써 성립한다. 〈신설 2014.6.3.〉 ④ 진흥원은 다음 각 호의 사업 중 국토교통부장관으로부터 위탁을 받은 업무를 수행할 수 있다.
위탁업무	1. 제5조에 따른 공공수요 및 공간정보산업정보의 조사 1의2. 제5조의2에 따른 공간정보산업과 관련된 통계의 작성 2. 제8조에 따른 유통현황의 조사·분석 3. 제9조에 따른 융·복합 공간정보산업 지원을 위한 정보수집 및 분석 3의2. 제9조제3항에 따른 공간정보오픈플랫폼 등 시스템의 운영 4. 제10조에 따른 지식재산권 보호를 위한 시책추진 5. 공간정보산업의 산학 연계 프로그램 지원 6. 제12조에 따른 공간정보 관련 제품 및 서비스의 품질인증 7. 제13조에 따른 공간정보기술의 개발 촉진 8. 제14조에 따른 공간정보산업의 표준화 지원 9. 제15조에 따른 공간정보산업과 관련된 전문인력 양성 및 지원 9의2. 제16조에 따른 공간정보사업자 등의 국외 진출 지원 및 공간정보산업과 관련된 국제교류·협력 9의3. 「국가공간정보 기본법」 제9조제1항제1호에 따른 공간정보체계의 구축·관리·활용 및 공간정보의 유통 등에 관한 기술의 연구·개발, 평가 및 이전과 보급 9의4. 제16조의2에 따른 창업지원을 위한 사업의 추진 10. 제18조에 따른 공간정보산업진흥시설의 지원 11. 그 밖에 국토교통부장관으로부터 위탁을 받은 사항

수익사업	⑤ 진흥원은 공간정보산업을 효율적으로 지원하고 제4항에 따른 업무를 수행하는 데에 필요한 경비를 조달하기 위하여 대통령령으로 정하는 바에 따라 **수익사업**을 할 수 있다.
	
	    1. 공간정보산업 진흥을 위한 각종 교육 및 홍보
	    2. 공간정보 기술자문 사업
	    3. 공간정보의 가공 및 유통과 관련된 사업
	
	⑥ 국토교통부장관은 진흥원에 대하여 제4항에 따라 위탁을 받은 업무를 수행하는 데 필요한 경비를 예산의 범위 안에서 지원할 수 있다.
	⑦ 개인·법인 또는 단체는 진흥원의 사업을 지원하기 위하여 진흥원에 금전이나 현물, 그 밖의 재산을 출연 또는 기부할 수 있다
	⑧ 진흥원에 관하여 이 법에서 규정한 것 외에는 「민법」 중 재단법인에 관한 규정을 준용한다.
	⑨ 그 밖에 진흥원의 운영 등에 필요한 사항은 대통령령으로 정한다

진흥원의 운영 등 (영 제16조의2)	1. 설립목적 2. 명칭 3. 주된 사무소의 소재지 4. 사업의 내용 및 집행에 관한 사항 5. 임원의 정원 · 임기 · 선출방법 및 해임 등에 관한 사항 6. 이사회에 관한 사항 7. 재정 및 회계에 관한 사항 8. 조직 및 운영에 관한 사항 9. 수익사업에 관한 사항

2. 공간정보산업협회의 설립(제24조)

설립	① 공간정보사업자와 공간정보기술자는 공간정보산업의 건전한 발전과 구성원의 공동 　이익을 도모하기 위하여 공간정보산업협회(이하 "협회"라 한다)를 설립할 수 있다. ② 협회는 법인으로 한다. ③ 협회는 주된 사무소의 소재지에서 설립등기를 함으로써 성립한다. ④ 협회를 설립하려는 자는 공간정보기술자 300명 이상 또는 공간정보사업자 10분 　의 1 이상을 발기인으로 하여 정관을 작성한 후 창립총회의 의결을 거쳐 국토교 　통부장관의 인가를 받아야 한다.
협회업무 (제5항)	1. 공간정보산업에 관한 연구 및 제도 개선의 건의 2. 공간정보사업자의 저작권 · 상표권 등의 보호활동 지원에 관한 사항 3. 공간정보 등 관련 기술에 관한 각종 자문 4. 공간정보기술자의 교육 등 전문인력의 양성 5. 다음 각 목의 사업 　가. 회원의 업무수행에 따른 입찰, 계약, 손해배상, 선급금 지급, 하자보수 등 　　에 대한 보증사업 　나. 회원에 대한 자금의 융자 　다. 회원의 업무수행에 따른 손해배상책임에 관한 공제사업 및 회원에 고용 　　된 사람의 복지향상과 업무상 재해로 인한 손실을 보상하는 공제사업 6. 이 법 또는 다른 법률의 규정에 따라 협회가 위탁받아 수행할 수 있는 사업 7. 그 밖에 협회의 설립목적을 달성하는데 필요한 사업으로서 정관으로 정하는 사업
보증 · 공제	⑥ 협회에서 제5항제5호가목에 따른 보증사업 및 같은 호 다목에 따른 공제사업을 하려 　면 보증규정 및 공제규정을 제정하여 미리 국토교통부장관의 승인을 받아야 한다. 　보증규정 및 공제규정을 변경하려는 경우에도 또한 같다. 〈신설 2016.3.22.〉 ⑦ 제6항에 따른 보증규정 및 공제규정에는 다음 각 호의 사항을 포함하여야 한다. 　1. 보증규정 : 보증사업의 범위, 보증계약의 내용, 보증수수료, 보증에 충당 　　하기 위한 책임준비금 등 보증사업의 운영에 필요한 사항 　2. 공제규정 : 공제사업의 범위, 공제계약의 내용, 공제료, 공제금, 공제금에 　　충당하기 위한 책임준비금 등 공제사업의 운영에 필요한 사항 ⑧ 국토교통부장관은 제5항제5호가목에 따른 보증사업 및 같은 호 다목에 따른 공 　제사업의 건전한 육성과 가입자의 보호를 위하여 보증사업 및 공제사업의 감독 　에 관한 기준을 정하여 고시하여야 한다. 〈신설 2016.3.22.〉

보증 · 공제	⑨ 국토교통부장관은 제6항에 따라 보증규정 및 공제규정을 승인하거나 제8항에 따라 보증사업 및 공제사업의 감독에 관한 기준을 정하는 경우에는 미리 금융위원회와 협의하여야 한다. 〈신설 2016.3.22.〉 ⑩ 국토교통부장관은 제5항제5호가목에 따른 보증사업 및 같은 호 다목에 따른 공제사업에 대하여 「금융위원회의 설치 등에 관한 법률」에 따른 금융감독원의 원장에게 검사를 요청할 수 있다. 〈신설 2016.3.22.〉 ⑪ 협회에 관하여 이 법에서 규정되어 있는 것을 제외하고는 민법 중 사단법인에 관한 규정을 준용한다. 〈개정 2014.6.3., 2016.3.22.〉 ⑫ 제1항부터 제11항까지에서 정한 것 외에 협회의 정관, 설립 인가 및 감독 등에 필요한 사항은 대통령령으로 정한다.
정관 (영 제16조의3)	1. 설립목적 2. 명칭 3. 주된 사무소의 소재지 4. 사업의 내용 및 그 집행에 관한 사항 5. 회원의 자격, 가입과 탈퇴 및 권리 · 의무에 관한 사항 6. 임원의 정원 · 임기 및 선출방법에 관한 사항 7. 총회의 구성 및 의결사항 8. 이사회, 분회 및 지회에 관한 사항 9. 재정 및 회계에 관한 사항
설립인가의 공고 (영 제16조의4)	국토교통부장관은 법 제24조제4항에 따라 협회의 설립을 인가하였을 때에는 그 주요 내용을 국토교통부의 인터넷 홈페이지에 공고하여야 한다
지도 · 감독 (영 제16조의5)	국토교통부장관은 협회의 지도 · 감독을 위하여 필요한 경우 협회에 자료제출을 요구할 수 있다.

3. 공간정보집합투자기구 설립 등(제25조)

설립 (제25조)	① 「자본시장과 금융투자업에 관한 법률」에 따라 공간정보산업에 자산을 투자하여 그 수익을 주주에게 배분하는 것을 목적으로 하는 집합투자기구(이하 "공간정보집합투자기구"라 한다)를 설립할 수 있다. ② 금융위원회는 「자본시장과 금융투자업에 관한 법률」 제182조에 따라 공간정보집합투자기구의 등록신청을 받은 경우 대통령령으로 정하는 바에 따라 미리 국토교통부장관과 협의하여야 한다. ③ 공간정보집합투자기구는 이 법으로 특별히 정하는 경우를 제외하고는 「자본시장과 금융투자업에 관한 법률」의 적용을 받는다.
등록에 관한 협의 (영 제18조)	금융위원회는 법 제25조제2항에 따라 공간정보집합투자기구의 등록신청을 받은 날부터 7일 이내에 국토교통부장관에게 등록 여부에 대한 협의를 요청하여야 한다.
자산운용의 방법(제26조)	공간정보집합투자기구는 자본금의 100분의 50 이상에 해당하는 금액을 다음 각 호의 어느 하나에 사용하여야 한다. 1. 대통령령으로 정하는 공간정보사업자에 대한 출자 또는 이들 사업자가 발행하는 주식 · 지분 · 수익권 · 대출채권의 취득 2. 그 밖에 국토교통부장관이 사업을 위하여 필요한 것으로 승인한 투자

자산운용의 방법 (령 제18조)	법 제26조제1호에서 "대통령령으로 정하는 공간정보사업자"란 법 제25조제1항에 따른 공간정보집합투자기구의 자산운용 당시 법 제12조에 따른 품질인증을 받은 기기·소프트웨어·서비스 등을 보유한 공간정보사업자를 말한다.

SECTION 06 보칙

권한의 위임·위탁(제27조)	① 국토교통부장관은 이 법에 따른 권한의 일부를 대통령령으로 정하는 바에 따라 특별시장·광역시장 또는 도지사에게 위임할 수 있다. ② 국토교통부장관은 이 법에 따른 업무의 일부를 대통령령으로 정하는 바에 따라 공간정보산업과 관련한 기관, 법인 또는 협회에 위탁할 수 있다.
업무의 위탁 (영 제19조)	① 국토교통부장관은 법 제27조제2항에 따라 다음 각 호에 규정된 업무의 전부 또는 일부를 진흥원, 협회 또는 국토교통부장관이 지정·고시하는 공간정보산업과 관련된 기관에 위탁할 수 있다. 1. 법 제5조에 따른 공공수요 및 공간정보산업정보의 조사업무 2. 법 제8조에 따른 유통사업자 및 유통사업자가 되고자 하는 자에 대한 지원업무 3. 법 제9조에 따른 융·복합 공간정보산업의 지원을 위한 정보 수집 및 분석 4. 법 제10조에 따른 지식재산권의 보호를 위한 시책 추진 5. 법 제12조에 따른 공간정보 및 가공공간정보 관련 기기·소프트웨어·서비스 등에 대한 품질인증 6. 법 제13조에 따른 공간정보산업 관련 기술개발사업을 실시하는 자에 대한 자금의 지원 7. 법 제14조에 따른 공간정보산업의 표준화를 위한 활동의 지원 8. 법 제15조에 따른 공간정보산업과 관련된 전문인력의 양성 및 지원 9. 법 제18조에 따른 공간정보산업진흥시설의 지원 10. 법 제22조의2에 따른 공간정보사업자 신고의 접수, 신고받은 내용의 확인 등을 위한 자료 제출 요청 및 제출자료의 접수 11. 법 제22조의3에 따른 공간정보기술자 신고사항의 관리, 신고받은 내용의 확인을 위한 자료 제출 요청 및 제출자료의 접수, 공간정보기술자의 신고 증명서 발급 ② 국토교통부장관은 제1항 각 호에 따른 업무를 위탁하는 경우 그 수탁자 및 위탁업무 등을 고시하여야 한다.
공무원 의제(제28조)	제23조제4항 또는 제27조제2항에 따라 업무를 위탁받은 관련 기관·법인 또는 협회의 임직원으로서 위탁업무 수행자는 「형법」의 적용에 있어서는 공무원으로 본다

벌칙(제29조)	허위 그 밖에 ㉖정한 ㉚법으로 제12조에 따른 품질인증을 받은 ㉚는 2년 이하의 징역 또는 2천만 원 이하의 벌금에 처한다.
양벌규정(제30조)	법인의 대표자나 법인 또는 개인의 대리인, 사용인, 그 밖의 종업원이 그 법인 또는 개인의 업무에 관하여 제29조의 위반행위를 하면 그 행위자를 벌하는 외에 그 법인 또는 개인에게도 해당 조문의 벌금형을 과(科)한다. 다만, 법인 또는 개인이 그 위반행위를 방지하기 위하여 해당 업무에 관하여 상당한 주의와 감독을 게을리하지 아니한 경우에는 그러하지 아니하다.
과태료 (제31조)	① 다음 각 호의 어느 하나에 해당하는 자에게는 500만 원 이하의 과태료를 부과한다. 〈개정 2020.6.9.〉 1. ㉚당한 사유 없이 제8조제3항에 따른 요청을 따르지 아니한 유㉛사업자 2. 제22조의2제1항을 위반하여 그 신고 또는 변경신고를 하지 아니하거나 거짓으로 ㉜고 또는 변경신㉝를 한 자 3. 제22조의3제1항을 위반하여 그 신고 또는 변경신고를 하지 아니하거나 거짓으로 ㉜고 또는 변경신㉝를 한 자 ② 제1항에 따른 과태료는 대통령령으로 정하는 바에 따라 국토교통부장관이 부과·징수한다.

7.장 국가공간정보센터 운영규정

[시행 2017.7.26.] [대통령령 제28211호, 2017.7.26., 타법개정]

SECTION 01 총칙

1. 목적(제1조)

이 영은 「국가공간정보에 관한 법률」 및 「공간정보의 구축 및 관리 등에 관한 법률」에 따라 국가공간정보센터가 수행하는 업무의 처리 방법 및 절차 등에 관하여 필요한 사항을 규정함을 목적으로 한다.

국가공간정보센터	「국토교통부와 그 소속기관 직제」에 따른 국가공간정보센터를 말한다.
공간정보	지상·지하·수상·수중 등 공간상에 존재하는 자연 또는 인공적인 객체에 대한 위치정보 및 이와 관련된 공간적 인지와 의사결정에 필요한 정보를 말한다.
부동산관련자료	「공간정보의 구축 및 관리 등에 관한 법률」 제70조제2항에 따른 지적공부를 과세나 부동산정책자료 등으로 활용하기 위한 주민등록전산자료, 가족관계등록전산자료, 부동산등기전산자료 또는 공시지가전산자료 등을 말한다.

2. 국가공간정보센터의 운영(제4조)

1) 국가공간정보센터의 수행업무

1. 공간정보의 수집·가공·제공 및 유통
2. 「공간정보의 구축 및 관리 등에 관한 법률」 제2조제19호에 따른 지적공부(地籍公簿)의 관리 및 활용

> **「공간정보의 구축 및 관리 등에 관한 법률」 제2조**
> 19. "지적공부"란 토지대장, 임야대장, 공유지연명부, 대지권등록부, 지적도, 임야도 및 경계점좌표등록부 등 지적측량 등을 통하여 조사된 토지의 표시와 해당 토지의 소유자 등을 기록한 대장 및 도면(정보처리시스템을 통하여 기록·저장된 것을 포함한다)을 말한다.
> 19의2. "연속지적도"란 지적측량을 하지 아니하고 전산화된 지적도 및 임야도 파일을 이용하여, 도면상 경계점들을 연결하여 작성한 도면으로서 측량에 활용할 수 없는 도면을 말한다.
> 19의3. "부동산종합공부"란 토지의 표시와 소유자에 관한 사항, 건축물의 표시와 소유자에 관한 사항, 토지의 이용 및 규제에 관한 사항, 부동산의 가격에 관한 사항 등 부동산에 관한 종합정보를 정보관리체계를 통하여 기록·저장한 것을 말한다.

3. 부동산관련자료의 조사·평가 및 이용

4. 부동산 관련 정책정보와 통계의 생산

5. 공간정보를 활용한 성공사례의 발굴 및 포상

6. 공간정보의 활용 활성화를 위한 국내외 교육 및 세미나

7. 그 밖에 국토교통부장관이 공간정보의 수집·가공·제공 및 유통 활성화와 지적공부의 관리 및 활용을 위하여 필요하다고 인정하는 업무

예제 01

국가공간정보센터에서 수행하는 업무로 옳지 않은 것은? (15년3회지산)

① 공간정보의 수집·가공 및 제공 ② 토지 및 건물 등기부 수집·가공 및 제공

③ 지적공부의 관리 및 활용 ④ 부동산 관련 자료의 조사·평가 및 이용

정답 ②

---

2) 전산시스템 구축

① 국토교통부장관은 위 1)의 업무를 수행하기 위하여 필요한 전산시스템을 구축하여야 한다.

② 국토교통부장관은 제2항에 따른 전산시스템과 관련 중앙행정기관·지방자치단체 및 「공공기관의 운영에 관한 법률」 제4조에 따른 공공기관(이하 "공공기관"이라 한다)의 전산시스템과의 연계체계를 유지하여야 한다.

③ 국토교통부장관은 국가공간정보센터를 효율적으로 운영하기 위하여 관계 중앙행정기관·지방자치단체 소속 공무원 또는 공공기관의 임직원의 파견을 요청할 수 있다.

3. 국가공간정보센터의 운영계획(제4조의2)

1) 운영계획수립

① 국토교통부장관은 국가공간정보센터의 효율적인 운영과 공간정보의 체계적인 제공 및 활용 활성화 등을 위하여 3년마다 국가공간정보센터 운영에 관한 계획(이하 "운영계획"이라 한다)을 수립하여야 한다.

② 운영계획은 「국가공간정보 기본법」에 따른 국가공간정보위원회의 심의를 거쳐 확정한다.

③ 국토교통부장관은 확정된 운영계획의 내용을 「국가공간정보 기본법」에 따른 관리기관(이하 "관리기관"이라 한다)의 장에게 통보하여야 한다.

2) 운영계획 사항

① 공간정보의 효율적인 관리와 체계적인 제공 및 활용 활성화를 위한 기본목표와 추진전략

② 공간정보의 수집, 가공 및 데이터베이스 구축에 관한 사항

③ 공간정보의 제공형태 및 제공방법에 관한 사항

④ 공간정보의 유통·활용의 촉진 및 지원에 관한 사항

⑤ 공간정보 관련 시스템 간 연계에 관한 사항

⑥ 공간정보의 품질관리에 관한 사항

⑦ 공간정보의 가공 · 유통 및 활용 등에 관한 법령 및 제도 개선에 관한 사항

⑧ 공간정보의 가공, 제공, 유통 등에 필요한 교육훈련에 관한 사항

⑨ 그 밖에 공간정보의 수집, 가공, 제공, 유통 등에 필요한 사항

SECTION 02 국가공간정보의 관리 및 유통

1. 공간정보 등의 수집(제5조)

① 국토교통부장관은 관리기관의 장에게 「국가공간정보 기본법」에 따라 국가공간정보센터의 운영에 필요한 공간정보에 관한 자료의 제출을 요구할 수 있다.

② 관리기관의 장은 「국가공간정보 기본법」에 따라 해당 기관이 구축 · 관리하고 있는 공간정보에 관한 목록정보(이하 "목록정보"라 한다)를 국가공간정보센터에 제출하여야 한다.

③ 국토교통부장관은 공간정보에 관한 자료 및 목록정보(이하 "공간정보 등"이라 한다)를 전산매체로 제출하도록 요청할 수 있다.

2. 공간정보데이터베이스 구축(제5조의2)

① 국토교통부장관은 수집한 공간정보 등을 데이터베이스로 구축 · 관리하여야 한다.

② 국토교통부장관은 구축한 공간정보데이터베이스를 「국가공간정보 기본법」에 따라 관리기관의 장이 구축한 공간정보데이터베이스와 호환이 가능하도록 관리하여야 한다.

3. 공간정보 등의 목록 공개(제5조의3)

국토교통부장관은 수집된 공간정보 등의 목록을 작성하여 국민이 쉽게 알 수 있도록 인터넷 홈페이지 등에 공개하여야 한다.

4. 자료의 정확성 유지(제6조)

국가공간정보센터의 장은 공간정보의 변동자료를 수시로 처리하여 공간정보의 정확성이 유지될 수 있도록 관리하여야 한다.

5. 자료의 이용신청 등(제7조)

① 관리기관의 장 및 「공간정보산업 진흥법」 제2조제4호의 공간정보사업자(이하 이 장에서 "공간정보사업자"라 한다)가 공간정보를 이용하려는 경우에는 국가공간정보 이용 · 활용계획서를 첨부하여 서식의 국가공간정보 이용신청서를 국가공간정보센터에 제출하여야 한다.

② 공간정보를 이용하려는 관리기관의 장과 공간정보사업자는 국가공간정보센터가 운영하는 전산망을 이용하여 국가공간정보 이용신청서를 제출할 수 있다.

6. 공간정보의 제공(제8조)

① 국토교통부장관은 공간정보 이용 신청을 받으면 그 내용을 심사한 후 공간정보 자료를 제공할 수 있다.

② 공간정보 자료를 제공받는 관리기관의 장과 공간정보사업자는 서식에 따른 자료이용대장을 갖추어 두고 공간정보 자료의 이용 현황을 기록·관리하여야 한다.

③ 공간정보는 전산망을 통하여 제공하는 것을 원칙으로 하되, 이용자가 원하는 경우 다른 매체를 통하여 제공할 수 있다.

7. 유통시스템의 개발·운영(제9조)

국토교통부장관은 「공간정보산업 진흥법」에 따라 공간정보를 제공하기 위하여 유통시스템을 구축하여야 하며, 관리기관과 공간정보사업자가 이용한 공간정보 현황을 유지·관리할 수 있는 전산프로그램을 개발·구축하여야 한다.

SECTION 03 지적전산자료의 관리

1. 지적전산자료의 관리(제10조)

① 국토교통부장관은 지적공부에 관한 전산자료(이하 "지적전산자료"라 한다)가 최신 정보에 맞도록 수시로 갱신하여야 한다.

② 국토교통부장관은 지적전산자료에 오류가 있다고 판단되는 경우에는 「공간정보의 구축 및 관리 등에 관한 법률」에 따른 지적소관청(이하 "지적소관청"이라 한다)에 자료의 수정·보완을 요청할 수 있다. 이 경우 지적소관청은 요청받은 내용을 확인하여 지체 없이 바로잡은 후 국토교통부장관에게 그 결과를 보고하여야 한다.

③ 국토교통부장관은 「부동산 가격공시에 관한 법률」에 따른 표준지공시지가 및 개별공시지가에 관한 지가전산자료를 개별공시지가가 확정된 후 3개월 이내에 정리하여야 한다.

예제 02

지적공부에 관한 전산자료의 관리에 관한 내용으로 옳지 않은 것은? (18년2회지기)

① 지적공부에 관한 전산자료가 최신 정보에 맞도록 수시로 갱신하여야 한다.

② 국토교통부장관은 지적전산자료에 오류가 있다고 판단되는 경우에는 지적소관청에 자료의 수정·보완을 요청할 수 있다.

③ 지적소관청은 요청받은 자료의 수정·보완내용을 확인하여 지체 없이 바로잡은 후 국토교통부장관에게 그 결과를 보고하여야 한다.

④ 국토교통부장관은 표준지공시지가 및 개별공시지가에 관한 지가전산자료를 개별공시지가가 확정된 후 6개월 이내에 정리하여야 한다.

정답 ④

「국가공간정보센터 운영규정」상 지적전산자료에 오류가 있다고 판단되는 경우 지적소관청에 자료의 수정·보완을 요청할 수 있는 자는? (20년서울시9)

① 국토부장관

② 한국국토정보공사 사장

③ 시·도지사

④ 대도시 시장

정답 ①

2. 지적전산자료의 이용 신청 등(제11조)

① 관리기관의 장이 지적전산자료를 이용하려는 경우에는 관리기관용 지적전산자료 이용신청서(전자문서로 된 신청서를 포함한다)를 국토교통부장관, 특별시장·광역시장·도지사·특별자치도지사(이하 "시·도지사"라 한다) 또는 지적소관청에 제출하여야 한다. 이 경우 중앙행정기관의 장 또는 지방자치단체의 장이 아닌 관리기관의 장은 「공간정보의 구축 및 관리 등에 관한 법률」 본문에 따른 관계 중앙행정기관의 장의 심사 결과를 첨부하여 제출하여야 한다.

② 지적전산 자료의 이용신청을 할 때에는 특별한 경우가 아니면 이용신청자료 목록을 전산매체에 담아 신청하여야 한다.

③ 토지소유자가 지적전산자료를 신청하거나, 토지소유자가 사망하여 그 상속인이 지적전산자료를 신청할 때에는 제적등본, 기본증명서 또는 가족관계증명서(토지소유자가 사망하여 그 상속인이 신청하는 경우에 한정한다)와 신분증(주민등록증, 운전면허증, 여권 또는 주민등록번호가 포함된 장애인등록증을 말한다. 이하 이 조에서 같다)을 지참하여 서식의 개인 신청자용 지적전산자료 이용신청서를 국토교통부장관, 시·도지사 또는 지적소관청에 직접 제출하여야 한다.

④ 대리인이 이용신청서를 제출하는 경우에는 위임자 및 대리인의 신분증 사본 각 1부와 위임장을 첨부하여야 한다.

3. 자료의 제공(제12조)

① 국토교통부장관, 시·도지사 또는 지적소관청은 지적전산자료의 이용 신청을 받으면 그 내용을 심사한 후 지적전산 자료를 제공할 수 있다. 이 경우 대리인에게 지적전산자료를 제공한 경우에는 지체 없이 그 위임자에게 제공 사실을 통지하여야 한다.

② 제1항에 따라 지적전산 자료를 제공받은 관리기관의 장은 자료이용대장을 갖추어 두고 지적전산 자료의 이용 현황을 기록·관리하여야 한다.

법률 제45조(지적측량업자의 업무 범위)

제44조제1항제2호에 따른 지적측량업의 등록을 한 자(이하 "지적측량업자"라 한다)는 제23조제1항제1호 및 제3호부터 제5호까지의 규정에 해당하는 사유로 하는 지적측량 중 다음 각 호의 지적측량과 지적전산자료를 활용한 정보화사업을 할 수 있다.

1. 제73조에 따른 경계점좌표등록부가 있는 지역에서의 지적측량
2. 「지적재조사에 관한 특별법」에 따른 사업지구에서 실시하는 지적재조사측량
3. 제86조에 따른 도시개발사업 등이 끝남에 따라 하는 지적확정측량

SECTION 04 부동산 정보의 관리

1. 부동산관련자료의 제출(제13조)

「공간정보의 구축 및 관리 등에 관한 법률」 제70조제2항에 따라 국토교통부장관에게 부동산관련자료를 제출하는 시장·군수 또는 행정안전부장관 등 관련 기관의 장은 부동산관련자료를 전산매체에 담아 제출하여야 한다.

> **법률 제70조(지적정보 전담 관리기구의 설치)**
>
> ① 국토교통부장관은 지적공부의 효율적인 관리 및 활용을 위하여 지적정보 전담 관리기구를 설치·운영한다.
> ② 국토교통부장관은 지적공부를 과세나 부동산정책자료 등으로 활용하기 위하여 주민등록전산자료, 가족관계등록전산자료, 부동산등기전산자료 또는 공시지가전산자료 등을 관리하는 기관에 그 자료를 요청할 수 있으며 요청을 받은 관리기관의 장은 특별한 사정이 없으면 그 요청을 따라야 한다.
> ③ 제1항에 따른 지적정보 전담 관리기구의 설치·운영에 관한 세부사항은 대통령령으로 정한다.

2. 부동산관련자료의 관리 및 정비(제14조)

① 국토교통부장관은 제출받은 자료에 오류가 발견되었을 때에는 지체 없이 그 내용을 시장·군수 또는 행정안전부장관 등 관련 기관의 장에게 통지하여야 한다.
② 통지를 받은 시장·군수 또는 행정안전부장관 등 관련 기관의 장은 지체 없이 해당 오류를 확인하고 바로잡은 후 그 처리 결과를 국토교통부장관에게 회신하여야 한다.
③ 국토교통부장관은 부동산관련자료의 정확성을 유지하기 위하여 자료의 변동 여부를 확인하는 등 필요한 조치를 하여야 한다.

SECTION 05 부동산관련 정책정보 및 국가공간정보 기본통계의 생산

1. 부동산관련 정책정보 등의 생산 및 제공(제15조)

① 국토교통부장관은 제출받은 부동산관련자료를 가공하여 부동산관련 정책정보 및 통계(이하 "부동산관련 정책정보"라 한다)를 생산할 수 있다.

② 국토교통부장관은 관리기관의 장으로부터 부동산관련 정책정보를 요청받은 경우에는 공익성과 부동산정책 수립의 필요성 등을 검토한 후 이를 제공할 수 있다.

③ 국토교통부장관은 부동산관련 정책정보를 국민에게 공개할 수 있으며 이를 위한 전산시스템을 구축할 수 있다.

④ 국토교통부장관이 부동산관련 정책정보를 제공하거나 공개할 때에는 개인정보의 보호에 필요한 조치를 하여야 한다.

2. 국가공간정보 기본통계의 생산 및 공표(제16조)

국토교통부장관은 공간정보, 지적전산자료, 부동산관련자료 등 수집된 자료를 활용하여 국가공간정보의 기본통계를 작성하며, 통계청장 및 관계 중앙행정기관의 장과 협의하여 이를 공표할 수 있다.

SECTION 06 사무처리 등

1. 실무협의회(제17조)

국토교통부장관은 공간정보, 지적전산자료, 부동산관련자료 및 부동산관련 정책정보 등의 관리·제공과 관련 정보시스템의 연계운영 등에 관한 사항을 협의하기 위하여 국가공간정보센터에 실무협의회를 둘 수 있다.

2. 전산시스템 운영지침 제정(제18조)

국토교통부장관은 공간정보·지적전산자료 및 부동산관련정보의 전산시스템을 효율적으로 관리·운영하기 위하여 필요한 지침을 제정하여 고시할 수 있다.

3. 국가공간정보의 이용현황 조사(제19조)

국토교통부장관은 운영계획의 수립·시행 등을 위하여 공간정보 등의 이용현황 등 필요한 사항을 조사할 수 있다.

4. 고유식별정보의 처리(제20조)

국토교통부장관, 행정안전부장관, 시·도지사, 시장·군수 또는 지적소관청은 다음 각 호의 사무를 수행하기 위하여 불가피한 경우 「개인정보 보호법 시행령」에 따른 주민등록번호 또는 외국인등록번호가 포함된 자료를 처리할 수 있다.

① 지적전산자료 신청의 심사 및 제공에 관한 사무

② 부동산관련자료의 관리 및 정비에 관한 사무

8_장 지적업무처리규정

[시행 2020.8.10.] [국토교통부훈령 제1312호, 2020.8.10., 일부개정]

SECTION 01 총칙

1. 목적(제1조)

이 규정은 「공간정보의 구축 및 관리 등에 관한 법률」, 같은 법 시행령 및 같은 법 시행규칙, 「지적측량 시행규칙」에서 위임된 사항과 지적업무의 처리에 관하여 필요한 사항을 규정함을 목적으로 한다.

2. 적용범위(제2조)

지적업무의 처리에 관하여 「공간정보의 구축 및 관리 등에 관한 법률」 (이하 "법"이라 한다), 같은 법 시행령(이하 "영"이라 한다), 같은 법 시행규칙(이하 "규칙"이라 한다) 및 「지적측량 시행규칙」에서 규정한 것과 다른 규정에 특별히 정하는 것을 제외하고는 이 규정에 따른다.

3. 정의(제3조)

이 규정에서 사용하는 용어의 뜻은 다음 각 호와 같다.

기지점(既知點)	기초측량에서는 국가기준점 또는 지적기준점을 말하고, 세부측량에서는 지적기준점 또는 지적도면상 필지를 구획하는 선의 경계점과 상호 부합되는 지상의 경계점을 말한다.
기지경계선(既知境界線)	세부측량성과를 결정하는 기준이 되는 기지점을 필지별로 직선으로 연결한 선을 말한다.
전자평판측량	토털스테이션과 지적측량 운영프로그램 등이 설치된 컴퓨터를 연결하여 세부측량을 수행하는 측량을 말한다.
토털스테이션	경위의 측량방법에 따른 기초측량 및 세부측량에 사용되는 장비를 말한다.
지적측량파일	측량준비파일, 측량현형파일 및 측량성과파일을 말한다.
측량준비파일	부동산종합공부시스템에서 지적측량 업무를 수행하기 위하여 도면 및 대장속성 정보를 추출한 파일을 말한다.
측량현형(現形)파일	전자평판측량 및 위성측량방법으로 관측한 데이터 및 지적측량에 필요한 각종 정보가 들어 있는 파일을 말한다.

측량성과파일	전자평판측량 및 위성측량방법으로 관측 후 지적측량정보를 처리할 수 있는 시스템에 따라 작성된 측량결과도파일과 토지이동정리를 위한 지번, 지목 및 경계점의 좌표가 포함된 파일을 말한다.
측량부	기초측량 또는 세부측량성과를 결정하기 위하여 사용한 관측부 · 계산부 등 이에 수반되는 기록을 말한다.

예제 01

「지적업무처리규정」에서 정의하는 용어에 대한 설명으로 가장 옳지 않은 것은?

(20년서울시9)

① "기지경계선(旣知境界線)"이란 기초측량성과를 결정하는 기준이 되는 기지점을 필지별로 직선으로 연결한 선을 말한다.
② "전자평판측량"이란 토탈스테이션과 지적측량 운영프로그램 등이 설치된 컴퓨터를 연결하여 세부측량을 수행하는 측량을 말한다.
③ "지적측량파일"이란 측량준비파일, 측량현형파일 및 측량성과파일을 말한다.
④ "측량현형(現形)파일"이란 전자평판측량 및 위성측량방법으로 관측한 데이터 및 지적측량에 필요한 각종 정보가 들어 있는 파일을 말한다.

정답 ①

예제 02

지적업무처리규정에서 정의한 용어의 설명으로 틀린 것은?

(20년1~2회통합지산)

① "지적측량파일"이란 측량준비파일, 측량현형파일 및 측량성과파일을 말한다.
② "기지경계선(旣知境界線)"이란 세부측량성과를 결정하는 기준이 되는 기지점을 필지별로 직선으로 연결한 선을 말한다.
③ "전자평판측량"이란 토탈스테이션과 지적측량 운영프로그램 등이 설치된 컴퓨터를 연결하여 기초측량을 수행하는 측량을 말한다.
④ "측량현형(現形)파일"이란 전자평판측량 및 위성측량방법으로 관측한 데이터 및 지적측량에 필요한 각종 정보가 들어 있는 파일을 말한다.

정답 ③

예제 03

「지적업무처리규정」상 부동산종합공부시스템에서 지적측량 업무를 수행하기 위해 도면 및 대장속성정보를 추출한 파일은?

(2015년지방직)

① 측량준비파일　　　　　　　　　　　② 측량현형파일
③ 측량기초파일　　　　　　　　　　　④ 측량성과파일

정답 ①

1. 지적측량수행자가 설치한 지적기준점표지의 관리 등(제4조)

지적기준점표 지의 관리	① 지적측량수행자가 「지적측량 시행규칙」 제2조제1항에 따라 설치한 지적기준점표지의 작성 등에 관하여는 이 규정이 정하는 바에 따른다. ② 지적측량수행자가 지적기준점표지를 설치한 때에는 「지적측량 시행규칙」 제28조제2항에 따라 측량성과에 대한 검사를 받아야 하며, 지적기준점성과의 고시는 영 제10조를, 지적기준점성과 또는 그 측량부의 보관과 열람 및 등본발급은 법 제27조 및 규칙 제26조를 따른다.
지적기준점의 관리협조 (제5조)	① 시 · 도지사 또는 지적소관청은 타인의 토지 · 건축물 또는 구조물 등에 지적기준점을 설치한 때에는 소유자 또는 점유자에게 법 제9조제1항에 따른 선량한 관리자로서 보호의무가 있음을 통지하여야 한다. ② 지적소관청은 도로 · 상하수도 · 전화 및 전기시설 등의 공사로 지적기준점이 망실 또는 훼손될 것으로 예상되는 때에는 공사시행자와 공사 착수 전에 지적기준점의 이전 · 재설치 또는 보수 등에 관하여 미리 협의한 후 공사를 시행하도록 하여야 한다. ③ 시 · 도지사 또는 지적소관청은 지적기준점의 관리를 위하여 관계기관에 연 1회 이상 지적기준점 관리 협조를 요청하여야 한다. ④ 지적측량수행자는 지적기준점표지의 망실을 확인하였거나 훼손될 것으로 예상되는 때에는 지적소관청에 지체 없이 이를 통보하여야 한다.
지적삼각점성 과표의 작성 (제6조)	① 시 · 도지사는 지적삼각점측량성과를 검사하여 그 측량성과를 결정한 때에는 그 측량성과를 「지적측량 시행규칙」 제4조에 따른 지적삼각점성과표에 등재한다. 이 경우 시 · 도지사는 지적삼각점성과표사본 1부를 지적소관청에 송부하여야 한다. ② 시 · 도지사 및 지적소관청은 지적삼각점성과표에 등재한 지적삼각점에 대해 지형도에 제43조제1항제4호에 따른 표시, 명칭 및 일련번호를 기재하고, 지적삼각점성과표와 함께 관리한다.

기관명	종류	기관명	종류	기관명	종류
서울특별시	서울	울산광역시	울산	전라북도	전북
부산광역시	부산	경기도	경기	전라남도	전남
대구광역시	대구	강원도	강원	경상북도	경북
인천광역시	인천	충청북도	충북	경상남도	경남
광주광역시	광주	충청남도	충남	제주특별자치도	제주
대전광역시	대전	세종특별자치시	세종		

지적삼각점의 명칭 (제7조)

예제 04

다음 중 지적삼각점 명칭으로 사용할 수 없는 것은? (15년서울시9)

① 인천 ② 울산

③ 전주 ④ 세종 정답 ③

2. 측량부의 작성 및 보관(제8조)

① 시·도지사 및 지적소관청은 별지 제1호 서식의 기준점측량부보관대장을 작성·비치하고, 측량부에 관한 사항을 기재하여야 한다.

②「지적측량 시행규칙」제28조제2항제1호에 따른 측량부는 다음 각 호와 같다.

지적삼각점 측량부	1. 기지점방위각 및 거리계산부 2. 수평각관측부 3. 수평각개정계산부 4. 수평각측점귀심계산부 5. 수평각점표귀심계산부 6. 거리측정부 7. 평면거리계산부 8. 삼각형내각계산부 9. 연직각관측부 10. 표고계산부 11. 유심다각망조정계산부 12. 삽입망조정계산부 13. 사각망조정계산부 14. 삼각쇄조정계산부 15. 삼각망조정계산부 16. 변장계산부 17. 종횡선계산부 18. 좌표전환계산부 및 지형도에 작성한 지적삼각점망도
지적삼각보조점 측량부	1. 기지점방위각 및 거리계산부 2. 수평각관측부 3. 수평각개정계산부 4. 수평각측점귀심계산부 5. 수평각점표귀심계산부 6. 거리측정부 7. 평면거리계산부 8. 삼각형내각계산부 9. 연직각관측부 10. 표고계산부 11. 지적삼각보조점방위각계산부 12. 교회점계산부 13. 교점다각망계산부(X·Y·H·A형 포함) 14. 다각점좌표계산부 및 지형도에 작성한 지적삼각보조점망도 다만, 지적삼각보조점의 관측을 지적삼각측량방법으로 할 경우에는 제1호의 지적삼각점측량부를 적용한다.
지적도근점 측량부	1. 기지점방위각 및 거리계산부 2. 교회점계산부 3. 교점다각망계산부(X·Y·H·A형 포함) 4. 배각관측 및 거리측정부 5. 방위각관측 및 거리측정부 6. 지적도근측량계산부 및 그 지역의 일람도 축척으로 작성된 지적도근점망도 이 경우 지적도근점망도는 토지소재 또는 측량지역명과 축척·도곽선과 그 수치·도면번호 및 지적기준점의 표시 등을 기재하여야 한다.
경계점좌표 측량부	지적도근점측량부에 경계점관측부·좌표면적계산부 및 경계점 간 거리계산부·교차점계산부 등

③ 시·도지사 및 지적소관청은 측량성과를 검사한 후 지적삼각점측량부·지적삼각보조점측량부·지적도근점측량부 및 경계점좌표측량부(지적확정측량만 해당한다) 왼쪽 윗부분 여백에 연도별 일련번호를 아라비아숫자로 부여하여 그 측량성과검사부와 함께 편철하여 보관하여야 한다. 이 경우 연도별 일련번호는 지적삼각점측량부는 시·도지사가, 그 밖의 측량부는 지적소관청이 부여한다.

지적삼각점측량부		지적삼각보조점측량부		지적도근점측량부	경계점좌표측량부
기지점방위각 및 거리계산부		기지점방위각 및 거리계산부		기지점방위각 및 거리계산부	기지점방위각 및 거리계산부
수평각	관측부	수평각	관측부		
	개정계산부		개정계산부		
	측점귀심계산부		측점귀심계산부		
	점표귀심계산부		점표귀심계산부		
거리측정부		거리측정부			
평면거리계산부		평면거리계산부			
삼각형내각계산부		삼각형내각계산부			
연직각관측부		연직각관측부			
표고계산부		표고계산부			
유심다각망	조정계산부				
삽입망					
사각망					
삼각쇄					
삼각망					
변장계산부					
종횡선계산부					
좌표전환계산부 및 지형도에 작성한 지적삼각점망도					
		지적삼각보조점방위각계산부			
		교회점계산부		교회점계산부	교회점계산부
		교점다각망계산부 (X·Y·H·A형 포함)		교점다각망계산부 (X·Y·H·A형 포함)	교점다각망계산부 (X·Y·H·A형 포함)
		다각점좌표계산부 및 지형도에 작성한 지적삼각보조점망도			
				방위각관측 및 거리측정부	방위각관측 및 거리측정부
				지적도근측량계산부 및 그 지역의 일람도 축척으로 작성된 지적도근점망도	지적도근측량계산부 및 그 지역의 일람도 축척으로 작성된 지적도근점망도
					경계점관측부
					좌표면적계산부
					경계점 간 거리계산부
					교차점계산부

예제 05

「지적업무처리규정」상 지적삼각점측량부에 해당하지 않는 것은?   (19년서울시9)

① 표고계산부
② 좌표전환계산부
③ 교회점계산부
④ 평면거리계산부

정답 ③

3. 지적기준점 측량계획(제9조)

지적기준점 측량계획	「지적측량 시행규칙」 제7조제3항제1호의 지적기준점 측량계획에는 목적, 지역, 작업량, 기간, 정밀도, 작업반의 편성, 기계, 기구, 소모품, 표지, 재료 등의 종류와 수량, 작업경비, 교통, 후속측량에 미치는 영향 등이 포함되어야 한다.
지적기준점의 확인 및 선점 (제10조)	① 지적삼각점측량 및 지적삼각보조점측량을 할 때에는 미리 사용하고자 하는 삼각점 · 지적삼각점 및 지적삼각보조점의 변동유무를 확인하여야 한다. 이 경우 확인결과 기지각과의 오차가 ±40초 이내인 경우에는 그 삼각점 · 지적삼각점 및 지적삼각보조점에 변동이 없는 것으로 본다. ② 지적기준점을 선점할 때에는 다음 각 호에 따른다. 　1. 후속측량에 편리하고 영구적으로 보존할 수 있는 위치이어야 한다. 　2. 지적도근점을 선점할 때에는 되도록이면 지적도근점 간의 거리를 동일하게 하되 측량대상지역의 후속측량에 지장이 없도록 하여야 한다. 　3. 「지적측량 시행규칙」 제11조제3항 및 제12조제6항에 따라 다각망도선법으로 지적삼각보조점측량 및 지적도근점측량을 할 경우에 기지점 간 직선상의 외부에 두는 지적삼각보조점 및 지적도근점과 기지점 직선과의 사이각은 30도 이내로 한다. ③ 암석 · 석재구조물 · 콘크리트구조물 · 맨홀 및 건축물 등 견고한 고정물에 지적기준점을 설치할 필요가 있는 경우에는 그 고정물에 각인하거나, 그 구조물에 고정하여 설치할 수 있다. ④ 지적삼각보조점의 규격과 재질은 규칙 제3조제1항에 따른 지적기준점표지의 규격과 재질을 준용한다. ⑤ 지적삼각점 및 지적삼각보조점의 매설방법은 별표 1과 같다.
지적기준점 성과의 열람 및 등본 발급 (제11조)	① 규칙 제26조에 따른 지적기준점성과 또는 그 측량부의 열람신청이 있는 때에는 신청종류와 수수료금액을 확인하여 신청서에 첨부된 수입증지를 소인한 후 담당공무원이 열람시킨다. ② 지적기준점성과 또는 그 측량부의 등본은 복사하거나 부동산종합공부시스템으로 작성하여 발급한다. ③ 지적기준점성과 또는 그 측량부의 등본을 복사할 때에는 기재사항 끝부분에 다음과 같이 날인한다. (지적기준점성과 등 등본 날인문안 및 규격) 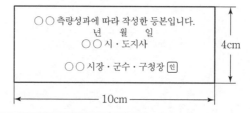

관측각의 오차배부 (제12조)	연접한 여러 개의 삼각형내각 전부를 관측한 경우 관측각의 오차배부는 다음 각 호에 따른다. 1. 기지내각과 관측각의 차를 등분하여 배부한 다음 삼각형 내각의 합과 180도와의 차는 기지각을 제외한 각 각에 고르게 배부한다. 2. 오차배부에 나머지가 있는 경우 그 나머지는 90도에 가장 가까운 각에 배부한다.
지적도근점 측량성과의 확인 (제13조)	① 지적도근점측량을 한 때에는 지적도근점측량성과와 기지경계선과의 부합여부를 도해적으로 확인하여야 한다. 이 경우 지적도근점측량성과와 기지경계선이 부합하지 아니할 경우에는 사용한 지적기준점 및 측량방법을 다르게 하여 지적도근점측량성과를 재확인하여야 한다. ② 제1항에 따라 기지경계선의 부합여부를 확인한 결과 기지경계선이 같은 방향과 거리로 이동하여 등록되었음이 판명된 때에는 기지경계선 등록당시 지적도근점측량성과에 오류가 있는 것으로 보고, 지적소관청이 지적도근점측량성과에 그 이동수치를 가감하여 사용할 수 있다. 이 경우 수정한 좌표는 지적도근점측량계산부 및 지적도근점성과표의 좌표란 윗부분에 붉은색으로 기재하여야 한다. ③ 지적소관청은 제2항에 따라 지적도근점성과를 가감하여 사용한 지역에는 별도로 별지 제2호 서식의 지적도근점성과 가감지역 관리대장을 작성하여 측량결과를 관리하여야 하며, 이를 지적측량수행자에게 통보하여야 한다.

1. 지적측량의 방법(제14조)

지적측량의 방법	① 법 제86조제1항에 따른 지적확정측량과 시가지지역의 축척변경측량은 경위의측량방법, 전파기 또는 광파기측량방법 및 위성측량방법에 따른다. ② 「지적측량 시행규칙」 제7조제1항제4호에 따른 세부측량은 지적기준점 또는 경계점을 이용하여 전자평판측량 방법으로 할 수 있다.
지적측량업 의 등록 (제15조)	① 영 제35조제4항에 따라 시·도지사는 지적측량업등록신청에 관한 적합여부를 심사하는 때에는 다음 각 호에 따라 처리한다. 1. 등록신청에 따른 서류를 심사할 경우에는 정본(등본 또는 증명서)은 서류 확인으로, 사본은 담당공무원이 원본과 대조하여 확인한다. 2. 지적측량업을 등록하려는 개인, 법인의 대표자와 임원에 관한 신원조회는 등록지 시장·구청장 또는 읍·면장에게 의뢰한다. 3. 지적측량업의 등록번호는 시·도명에 업종코드와 전국일련번호를 합하여 정한다. ② 지적측량업을 등록한 자가 측량기기 성능검사를 받은 때에는 성능검사서 사본을 시·도지사에게 제출하여야 한다. ③ 지적측량업을 등록한 자가 폐업신고 시에는 측량업 폐업신고서 및 등록된 기술인력에 대한 자격상실증명원(4대 보험 중 하나)을 시·도지사에게 제출하여야 한다. ④ 지적측량업을 등록한 자가 측량업을 휴업할 경우, 휴업기간 중에도 등록기준에 미달되지 않도록 등록된 사항을 유지하여야 한다. 다만, 보증보험은 제외한다.

지적측량 의뢰 (제16조)	① 지적측량수행자가 법 제24조제1항에 따라 토지소유자 등 이해관계인으로부터 지적측량의뢰를 받은 때에는 법 제106조제2항에 따른 지적측량수수료를 수납하고, 측량예정일자가 기재된 입금표를 측량의뢰인에게 발급하여야 한다. 이 경우 소유자로부터 위임을 받은 자가 의뢰를 할 때에는 소유자의 서명 또는 날인이 첨부된 별지 제3호 서식에 따른 위임장을 지적측량수행자에게 제출하여야 한다. 다만, 해당 토지가 국유지나 공유지일 경우는 그러하지 아니하다. ② 지적측량수행자는 지적공부정리를 하여야 하는 지적측량의뢰를 받은 때에는 의뢰인에게 지적공부정리 및 지적공부등본발급신청을 지적소관청에 직접 신청하거나 지적측량수행자에게 위임할 수 있다는 설명을 하고, 의뢰인으로부터 위임을 받은 때에는 의뢰인이 하는 신청절차를 대행할 수 있다. 이 경우 의뢰서 여백에 "신청위임"이라고 흑백의 반전으로 표시하거나 붉은색으로 기재하고, 소유자의 서명 또는 날인을 받아야 한다. ③ 측량의뢰인은 전화 또는 인터넷 등 정보통신망을 사용하여 측량을 의뢰할 수 있으며, 이 경우 지적측량수행자는 규칙 별지 제15호 서식에 의뢰내용을 기록하여 저장할 수 있다. ④ 제3항의 기록내용은 측량의뢰서로 갈음한다.
지적측량 성과검사 정리부 (제17조)	① 시·도지사, 대도시 시장 또는 지적소관청은 별지 제4호 서식의 지적측량 성과검사 정리부를 작성·비치하고, 지적측량수행계획서를 받은 때와 지적측량성과검사 요청이 있는 때에는 그 처리내용을 기재하여야 한다. ② 지적측량수행자가 지적도근점측량을 한 때에는 제13조제1항에 따라 지적도근점측량성과와 경계가 부합하는지를 확인한 측량결과도를 지적도근점측량성과와 함께 지적소관청에 제출하여야 한다. ③ 시·도지사, 대도시 시장 또는 지적소관청은 지적측량수행계획서에 기재된 측량기간·측량일자 등을 확인하여 측량이 지연되는 일이 없도록 조치하여야 한다. ④ 지적측량수행자는 지적측량성과검사를 위하여 측량결과도의 작성에 관한 제 규정 이행여부를 확인하여 검사를 의뢰하여야 한다.

예제 06

「지적업무처리규정」상 시·도지사가 지적측량업등록신청에 관한 적합여부를 심사할 때의 업무 처리에 대한 설명으로 가장 옳지 않은 것은? (20년서울시7)

① 등록신청에 따른 서류를 심사할 경우에는 정본(등본 또는 증명서)은 서류 확인으로, 사본은 담당공무원이 원본과 대조하여 확인한다.

② 지적측량업을 등록하려는 개인, 법인의 대표자와 임원에 관한 신원조회는 등록지 시장·구청장 또는 읍·면장에게 의뢰한다.

③ 지적측량업의 등록번호는 시·도명에 업종코드와 전국일련번호를 합하여 정한다.

④ 지적측량업을 등록한 자가 폐업신고 시에는 측량업 폐업신고서 및 등록된 기술인력에 대한 자격상실증명원(4대 보험 중 하나)을 시·도지사 및 지적소관청에 제출하여야 한다.

정답 ④

2. 측량준비파일의 작성(제18조)

측량준비 파일의 작성	① 평판측량방법 또는 전자평판측량방법으로 세부측량을 하고자 할 때에는 측량준비파일을 작성하여야 하며, 부득이한 경우 측량준비도면을 연필로 작성할 수 있다. ② 측량준비파일을 작성하고자 하는 때에는 「지적측량 시행규칙」 제17조제1항제1호, 제4호 및 제5호 중 지적기준점 및 그 번호와 좌표는 검은색으로, 「지적측량 시행규칙」 제17조제1항제6호, 제7호 및 제5호 중 도곽선 및 그 수치와 지적기준점 간 거리는 붉은색으로, 그 외는 검은색으로 작성한다. ③ 측량대상토지가 도곽에 접합되어 벌어지거나 겹쳐지는 경우와 필지의 경계가 행정구역선에 접하게 되는 경우에는 다른 행정구역선(동·리 경계선)과 벌어지거나 겹치지 아니하도록 측량준비파일을 작성하여야 한다. ④ 지적측량수행자는 측량 전에 측량준비파일 작성의 적정여부 등을 확인하여 필요한 조치를 하여야 한다. ⑤ 지적측량수행자가 도시·군관리계획선을 측량하기 위해 측량준비파일을 요청한 경우에는 지적소관청은 측량준비파일에 도시·군관리계획선을 포함하여 제공하여야 하며, 지적측량수행자는 도시·군관리계획선을 측량준비파일에 포함하여 작성한 후 시·군·구 도시계획부서 담당자의 서명 또는 확인을 받아야 한다. ⑥ 경위의측량방법으로 세부측량을 하고자 할 경우 측량준비파일의 작성에 관련된 사항은 제1항부터 제5항까지의 규정을 준용한다. 이 경우 지적기준점 간 거리 및 방위각은 붉은색으로 작성한다.	

지적업무 처리규정 제19조 (지적측량 자료조사)	① 지적측량수행자가 세부측량을 하고자 하는 때에는 별지 제5호 서식의 지적측량자료부를 작성·비치하여야 한다. 다만, 측량성과결정에 지장이 없다고 판단되는 경우에는 그러하지 아니하다.	
	준비파일	② 지적측량수행자는 지적측량정보를 처리할 수 있는 시스템에 측량준비파일을 등록하여 다음 각 호의 사항에 대한 자료를 조사하여야 한다. 1. 경계 및 면적 2. 지적측량성과의 결정방법 3. 측량연혁 4. 지적기준점 성과 5. 그 밖에 필요한 사항
	지적측량 자료부	③ 지적측량자료부를 작성할 경우에는 측량 전에 등을 조사하여 측량 시에 활용하여야 한다. 1. 토지이동측량결과도 2. 경계복원측량결과도 및 지적공부 등에 따라 측량대상토지의 토지표시 변동사항 3. 지적측량연혁 4. 측량성과 결정에 사용한 기지점 5. 측량대상토지 주위의 기지점 및 지적기준점 유무
	협조	④ 지적소관청은 지적측량수행자가 지적측량 자료조사를 위하여 지적공부, 지적측량성과(지적측량을 실시하여 작성한 측량부, 측량결과도, 면적측정부 및 측량성과파일에 등재된 측량결과를 말한다) 및 관계자료 등을 항상 조사할 수 있도록 협조하여야 한다. ⑤ 지적소관청은 지적측량 민원처리 등에 필요한 경우에는 지적측량수행자에게 경계복원·지적현황측량결과도 등 관련 자료의 제출을 요구할 수 있다.

지적측량자료부

○ 토지소재고유번호 [   ]

측 량 연월일	측량종목	토 지 소 재		지 번	지 목	면 적 (m²)	축 척	도면번호
		읍·면	동·리					

| 측 량
의뢰인 | 성 명 | | | 생년월일 | | – | | |
| | 주 소 | | (전화번호   ) | | | | | |

| 측량목적 | | | 용도지역 | | 측량결과도번호 | | | |

| | 지적측량기준점현황 | | | | |

1. 특이사항	점 명	번 호	좌 표	
			X	Y
			m .	m .
2. 조사자 의견			.	.
			.	.
3. 측량자 의견			.	.
			.	.
			.	.
			.	.

4. 측량자 :   년   월   일 측량

팀장 지적 사 성명   , 팀원 지적 사 성명   , 팀원 지적 사 성명

예 제 07

「지적업무처리규정 제19호」(지적측량 자료조사)에서 지적측량부 작성 시 조사해야 할 사항이 아닌 것은?

① 지적측량연혁

② 측량성과 결정에 사용한 기지점

③ 측량대상토지의 소유자 변동사항

④ 측량대상토지 주위의 기지점 및 지적기준점 유무

⑤ 측량대상토지의 토지표시 변동사항

정답 ③

3. 현지측량방법(제20조)

지적측량을 할 때	지적측량을 할 때에는 토지소유자 및 이해관계인을 입회시켜 측량에 필요한 질문을 하거나 참고자료의 제시를 요구할 수 있다.
지적측량 결과도	지적측량결과도에는 토지소유자 및 이해관계인의 서명·전자서명 또는 날인을 받아야 한다. 다만, 토지소유자 및 이해관계인이 입회하지 못하는 경우와 입회는 하였으나 서명 또는 날인을 거부하는 때에는 그 사유를 기재하여야 한다.
토지의 형질이 변경	각종 인가·허가 등의 내용과 다르게 토지의 형질이 변경되었을 경우에는 그 변경된 토지의 현황대로 측량성과를 결정하여야 한다.
기지점	세부측량성과를 결정하기 위하여 사용하는 기지점은 지적기준점이어야 한다. 다만, 도면의 기지점이 정확하고 보존이 양호하여 기지점을 이용하여도 측량에 지장이 없다고 인정되는 축척 1천분의 1 이하의 지역에는 그러하지 아니하다.
지적기준점	제4항에 따른 지적기준점은 세부측량을 하기 전에 설치하여야 하며, 그 설치비용을 지적측량의뢰인에게 부담시켜서는 아니 된다. 다만, 「지적측량 시행규칙」 제6조제2항제1호·제2호 또는 제4호에 해당하는 경우, 51필지 이상 연속지 또는 집단지 세부측량 시에 지적기준점을 설치할 경우 및 제4항 단서에 따른 기지점에 따라 세부측량을 할 지역에서 지적측량의뢰인이 지적기준점의 설치를 요구할 경우에는 그러하지 아니하다.
지적확정 측량지구	지적확정측량지구 안에서 지적측량을 하고자 할 경우에는 종전에 실시한 지적확정측량성과를 참고하여 성과를 결정하여야 한다.
지적측량을 완료	지적측량을 완료한 때에는 분할 등록될 경계점의 위치 또는 경계복원점의 위치를 지적기준점·담장모서리 및 전신주 등 주위 고정물로부터 거리를 측정하여 지적측량의뢰인 및 이해관계인에게 확인시키고, 측량결과도 여백에 그 거리를 기재하거나 경위의측량방법에 따른 평면직각종횡선좌표 등 측정점의 위치설명도를 [예시1] 지적측량결과도 작성 예시 목록과 같이 작성하여야 한다. 다만, 주위 고정물이 없는 경우와 도로, 구거, 하천 등 연속·집단된 토지 등의 경우에는 작성을 생략할 수 있다.
지적측량 수행자	지적측량수행자는 지적측량자료조사 또는 지적측량결과, 지적공부의 토지의 표시에 잘못이 있음을 발견한 때에는 지체 없이 지적소관청에 관계자료 등을 첨부하여 문서로 통보하고, 지적측량의뢰인에게 그 내용을 통지하여야 한다.

	법원의 감정측량을 할 때에는 별표 2의 법원감정측량 처리절차에 따른다.

법원의
감정측량
	■ **지적업무처리규정 [별표 제2호]** 〈개정 2017.7.1.〉
	
	법원감정측량 처리절차
	
	1. 지적측량수행자 〈개정 2004.7.6.〉
	   가. 법원감정의 측량기간은 규칙 제25조제3항의 규정을 준용
	   나. 법원감정측량 시 지상경계의 결정은 영 제55조제4항 단서의 규정을 적용하여 법원기 감정을 요구한 내용대로 측량을 실시하되, 지번 · 경계 및 면적 등은 공간정보의 구축 및 관리 등에 관한 법령이 정한 규정에 따라 결정
	   다. 법원감정측량결과도의 작성 및 보관은 제25조의 규정을 적용하되, 다음과 같이 고무인을 제작하여 측량결과도 명칭 윗부분의 중앙에 붉은색으로 날인

	   라. 법원감정측량성과도의 작성은 제25조의 규정을 준용하되, 측량성과도 명칭 윗부분 중앙에 "다"향의 고무인을 붉은색으로 날인하여 2부 작성
	
	2. 지적소관청 〈개정 2004.7.6.〉
	   가. 법원감정측량의 측량성과검사기간은 규칙 재25조제3항의 규정을 준용
	   나. 세부측량성과의 검사항목 중 제26조제2호바목의 규정은 적용 제외(다만, 지적공부정리를 수반하는 지적측량은 적용)
	   다. 지적측량성과의 검사방법과 측량성과도의 발급 등은 제27조 및 제29조의 규정을 준용하되, 법원감정측량성과도는 2부를 작성하여 발급
	   라. 법원감정측량성과를 검사한 때에는 제17조제1항의 규정에 의한 지적측량성과검사정리부 비고란에 「법원감정」이라고 붉은색으로 기재
	
	3. 공통사항 〈개정 2004.7.6.〉
	   가. 지적공부의 정리를 수반하는 측량은 「감정인등 선정과 감정료 산정기준 등에 관한 예규(재판예규 제1211호)」에 의하여 지적측량수행자가 측량한 측량성과도를 지적소관청이 검사한 경우에 한하여 지적공부를 정리할 수 있으며, 그 외의 감정측량결과는 대법원 송무예규에 의하여 지적공부정리 불가 통보
	   나. 법원감정측량성과는 감정을 요청한 법원 외의 원 · 피고 등 이해관계인에게 공개되지 않도록 주의

세부측량	전자평판측량에 따른 세부측량은 지적기준점을 기준으로 실시하여야 하며, 면적측정은 전산처리 방법에 따른다.
이동거리	제10항에 따른 세부측량 시 평판점의 이동거리는 「지적측량 시행규칙」 제2조제1항제3호에서 정한 지적도근점표지의 점간거리 이내로 한다.
지적기준점 이 없는 지역	지적기준점이 없는 지역에서 전자평판측량을 실시할 때에는 보존이 용이한 고정물을 선점하여 보조점으로 사용할 수 있다. 이 경우 설치된 보조점은 후속측량에 사용할 수 있도록 하여야 한다.

지적측량의 성과를 결정	현형법(現形法)으로 지적측량의 성과를 결정하려면 경계점은 반드시 지적공부 등록 당시의 축척으로 하며, 기지점을 기준으로 지상경계선과 도상경계선의 부합 여부를 확인하여야 한다.
이미 작성되어 있는 지적측량 파일을 이용	이미 작성되어 있는 지적측량파일을 이용하여 측량할 경우에는 기존 파일에서 지상경계선과 도상경계가 잘 부합되는 기지점과 신청토지 주변을 추가로 실측하여 성과를 결정하여야 한다.
전자평판 측량의 설치 및 표정방법	전자평판측량의 설치 및 표정방법은 다음 각 호에 따른다. 1. 토털스테이션을 지적기준점 또는 보조점 위에 거치한 후 다른 지적기준점이나 고정물을 시준하고 수평각을 전자평판에서 0°0′0″로 세팅하여 관측을 준비한다. 2. 지적기준점 간의 거리는 2회 이상 측정하여 확인한다. 3. 연직각은 천정을 0으로 설정한다.

예제 08

전자평판측량방법에 따른 세부측량방법으로 옳지 않은 것은? (15년서울시)

① 평판점의 이동거리는 지적도근점표지의 점간거리 이내로 한다.
② 면적측정은 전자면적측정기에 의해 도상에서 2회 측정하여 교차가 허용면적 이내일 때에는 그 평균치를 측정면적으로 한다.
③ 지적기준점을 기준으로 실시하여야 한다.
④ 지적기준점이 없는 지역에서는 보존이 용이한 고정물을 선점하여 보조점으로 사용할 수 있다.

정답 ②

예제 09

「지적업무처리규정」에서 현지측량방법 등에 대한 설명으로 가장 옳지 않은 것은? (19년서울시9)

① 지적기준점이 없는 지역에서 전자평판측량을 실시할 때에는 보존이 용이한 고정물을 선점하여 보조점으로 사용할 수 있다. 이 경우 설치된 보조점은 후속측량에 사용할 수 있도록 하여야 한다.
② 이미 작성되어 있는 지적측량파일을 이용하여 측량할 경우에는 기존 파일에서 지상경계선과 도상경계가 잘 부합되는 기지점과 신청토지 주변을 추가로 실측하여 성과를 결정하여야 한다.
③ 세부측량성과를 결정하기 위하여 사용하는 기지점은 지적기준점이어야 한다. 다만, 도면의 기지점이 정확하고 보존이 양호하여 기지점을 이용하여도 측량에 지장이 없다고 인정되는 축척 1,200분의 1 이하의 지역에는 그러하지 아니하다.
④ 현형법(現形法)으로 지적측량의 성과를 결정하려면 경계점은 반드시 지적공부 등록당시의 축척으로 하며, 기지점을 기준으로 지상경계선과 도상경계선의 부합 여부를 확인하여야 한다.

정답 ③

예제 10

「지적업무처리규정」상의 현지측량방법 등에 대한 설명으로 가장 옳지 않은 것은?

(20년서울시7)

① 세부측량성과를 결정하기 위하여 사용하는 기지점은 반드시 위성기준점이어야 한다.
② 지적측량결과도에는 토지소유자 및 이해관계인의 서명·전자서명 또는 날인을 받아야 하며, 이를 거부하는 때에는 그 사유를 기재하여야 한다.
③ 지적측량을 할 때에는 토지소유자 및 이해관계인을 입회시켜 측량에 필요한 질문을 하거나 참고자료의 제시를 요구할 수 있다.
④ 각종 인가·허가 등의 내용과 다르게 토지의 형질이 변경되었을 경우에는 그 변경된 토지의 현황대로 측량성과를 결정하여야 한다.

정답 ①

예제 11

「지적업무처리규정」상 현지측량방법에 대한 설명으로 가장 옳지 않은 것은?

(22년서울시9)

① 전자평판측량에 따른 세부측량은 지적기준점을 기준으로 실시하여야 하며, 면적측정은 전산처리 방법에 따른다.
② 현형법(現形法)으로 지적측량의 성과를 결정하려면 경계점은 반드시 지적공부 등록당시의 축척으로 한다.
③ 전자평판측량을 이용할 경우 지적기준점 간의 거리는 3회 이상 측정하여 확인한다.
④ 지적확정측량지구 안에서 지적측량을 하는 경우 종전에 실시한 지적확정측량성과를 참고하여 성과를 결정하여야 한다.

정답 ③

4. 신규등록측량(제21조)

신규등록 측량	1950.12.1. 법률 제165호로 제정된 「지적법」 제37조에 따른 신규 등록 시 누락된 도로·하천 및 구거 등의 토지를 등록하는 경우의 경계는 도면에 등록된 인접토지의 경계를 기준으로 하여 결정한다. 이 경우 토지의 경계와 이용현황 등을 조사하기 위한 측량을 하여야 한다.
등록전환 측량 (제22조)	① 1필지 전체를 등록전환 할 경우에는 임야대장등록사항과 토지대장등록사항의 부합 여부 등을 확인하고 토지의 경계와 이용현황 등을 조사하기 위한 측량을 하여야 한다. ② 등록전환 할 일단의 토지가 2필지 이상으로 분할되어야 할 토지의 경우에는 1필지로 등록전환 후 지목별로 분할하여야 한다. 이 경우 등록 전환할 토지의 지목은 임야대장에 등록된 지목으로 설정하되, 분할 및 지목변경은 등록전환과 동시에 정리한다. ③ 경계점좌표등록부를 비치하는 지역과 연접되어 있는 토지를 등록전환하려면 경계점좌표등록부에 등록하여야 한다. ④ 토지대장에 등록하는 면적은 등록전환측량의 결과에 따라야 하며, 임야대장의 면적을 그대로 정리할 수 없다. ⑤ 1필지의 일부를 등록전환 하려면 등록전환으로 인하여 말소하여야 할 필지의 면적은 반드시 임야분할측량결과도에서 측정하여야 한다. ⑥ 임야도에 도곽선 또는 도곽선수치가 없거나, 1필지 전체를 등록전환 할 경우에만 등록전환으로 인하여 말소해야 할 필지의 임야측량결과도를 등록전환측량결과도에 함께 작성할 수 있다. ⑦ 토지의 형질변경이 수반되는 등록전환측량은 토목공사 등이 완료 된 후에 실시하여야 하며, 제20조제3항에 따라 측량성과를 결정하여야 한다.
분할측량 (제23조)	① 측량대상토지의 점유현황이 도면에 등록된 경계와 일치하지 않으면 분할 측량 시에 그 분할 등록될 경계점을 지상에 복원하여야 한다. ② 합병된 토지를 합병전의 경계대로 분할하려면 합병 전 각 필지의 면적을 분할 후 각 필지의 면적으로 한다. 이 경우 분할되는 토지 중 일부가 등록사항정정대상토지이면 분할정리 후 그 토지에만 등록사항정정대상토지임을 등록하여야 한다.

예제 12

등록전환측량에 대한 설명으로 틀린 것은? (17년1회지기)

① 토지대장에 등록하는 면적은 등록전환측량의 결과에 따라야 하며, 임야대장의 면적을 그대로 정리할 수 없다.

② 1필지의 일부를 등록전환 하려면 등록전환으로 인하여 말소하여야 할 필지의 면적은 반드시 임야분할측량결과도에서 측정하여야 한다.

③ 경계점좌표등록를 비치하는 지역과 연접되어 있는 토지를 등록전환 하려면 경계점좌표등록부에 등록하여야 한다.

④ 등록전환할 일단의 토지가 2필지 이상으로 분할하여야 할 토지의 경우에는 먼저 지목별로 분할 후 등록전환 하여야 한다.

정답 ④

「지적업무처리규정」상 등록전환측량에 대한 설명으로 옳지 않은 것은?

(2015년지방직9급)

① 경계점좌표등록부를 비치하는 지역과 연접되어 있는 토지를 등록전환 하려면 경계점좌표등록부에 등록하여야 한다.

② 1필지의 일부를 등록전환 하려면 등록전환으로 인하여 말소하여야 할 필지의 면적은 반드시 임야분할측량결과도에서 측정하여야 한다.

③ 등록전환 할 일단의 토지가 2필지 이상으로 분할되어야 할 토지의 경우에는 지목별로 분할한 후 등록전환 하여야 한다.

④ 토지대장에 등록하는 면적은 등록전환측량의 결과에 따라야 하며, 임야대장의 면적을 그대로 정리할 수 없다.

정답 ③

5. 측량기하적(제24조)

① 평판측량방법 또는 전자평판측량방법으로 세부측량을 하는 때에는 측량준비파일에 측량한 기하적(幾何跡)을 다음 각 호와 같이 작성하여야 하며, 부득이한 경우 지적측량준비도에 연필로 표시할 수 있다.

> 1. 평판점 · 측정점 및 방위표정에 사용한 기지점등에는 방향선을 긋고 실측한 거리를 기재한다. 이 경우 측정점의 방향선 길이는 측정점을 중심으로 약 1센티미터로 표시한다. 다만, 전자측량시스템에 따라 작성할 경우 필지선이 복잡한 때는 방향선과 측정거리를 생략할 수 있다.
> 2. 평판점은 측량자는 직경 1.5밀리미터 이상 3밀리미터 이하의 검은색 원으로 표시하고, 검사자는 1변의 길이가 2밀리미터 이상 4밀리미터 이하의 삼각형으로 표시한다. 이 경우 평판점 옆에 평판이동순서에 따라 부1, 부2 – – – – –으로 표시한다.
> 3. 평판점의 결정 및 방위표정에 사용한 기지점은 측량자는 직경 1밀리미터와 2밀리미터의 2중원으로 표시하고, 검사자는 1변의 길이가 2밀리미터와 3밀리미터의 2중 삼각형으로 표시한다.
> 4. 평판점과 기지점 사이의 도상거리와 실측거리를 방향선상에 다음과 같이 기재한다.
>
> | (측량자) | (검사자) |
> |---|---|
> | $\dfrac{(도상거리)}{실측거리}$ | $\dfrac{\triangle(도상거리)}{\triangle실측거리}$ |
>
> 5. 측량대상토지에 지상구조물 등이 있는 경우와 새로이 설정하는 경계에 지상건물 등이 걸리는 경우에는 그 위치현황을 표시하여야 한다. 다만, 영 제55조제4항제2호와 제3호의 규정에 의해 분할하는 경우에는 그러하지 아니하다.

② 경위의측량방법으로 세부측량을 하려면 지상건물 등의 위치현황표시는 제1항제5호를 준용한다.

③ 「지적측량 시행규칙」제26조제1항제6호 및 같은 조 제2항제7호에 따른 측량대상토지의 점유현황선은 붉은색 점선으로 표시한다.

④ 「지적측량 시행규칙」제26조 및 이 규정 제29조에 따른 측량결과도의 문자와 숫자는 레터링 또는 전자측량시스템에 따라 작성한다.

⑤ 전자평판측량을 이용한 지적측량결과도의 작성방법은 다음 각 호와 같다.

1. 관측한 측정점의 오른쪽 상단에는 측정거리를 표시하여야 한다. 다만, 소축척 등으로 식별이 불가능한 때에는 방향선과 측정거리를 생략할 수 있다.
2. 측정점의 표시는 측량자의 경우 붉은색 짧은 십자선(+)으로 표시하고, 검사자는 삼각형(△)으로 표시하며, 각 측정점은 붉은색 점선으로 연결한다.
3. 지적측량결과도 상단 중앙에 "전자평판측량"이라 표기하고, 상단 오른쪽에 측량성과파일명을 표기하여야 하며, 측량성과파일에는 측량성과 결정에 관한 모든 사항이 수록되어 있어야 한다.
4. 측량결과의 파일 형식은 표준화된 공통포맷을 지원할 수 있어야 하며, 측량결과에 대한 측량파일 코드 일람표는 별표 3과 같다.
5. 이미 작성되어 있는 지적측량파일을 이용하여 측량할 경우에는 기존 측량파일 코드의 내용·규격·도식은 파란색으로 표시한다.

■ 지적업무처리규정 [별표 제3호]

측량파일 코드 일람표

코드	내용	규격	도식	제도형태
1	지적경계선	기본값	———	검은색
10	지번, 지목	2mm	1591 − 10 대	검은색
71	도근점	2mm	○	검은색 원
211	현황선		− − − −	붉은색 점선
217	경계점표지	2mm	○	붉은색 원
281	방위표정 방향선		→	파란색 실선 화살표
282	분할선		———	붉은색 실선
291	측정점		+	붉은색 십자선
292	측정점 방향선		⌐	붉은색 실선
294	평판점	4mm (규격 변동가능)	不	파란색 不$_1$,不$_2$ 등으로 표시
297	이동 도근점	2mm	○	파란색 원
298	$\dfrac{\text{방위각}}{\text{표정거리}}$	2mm	$\dfrac{000-00-00}{000.000}$	붉은색

※ 기존 측량파일 코드의 내용·규격·도식은 "파란색"으로 표시한다

예제 14

다음 중 전자평판측량을 이용한 지적측량결과의 작성방법에 대한 설명으로 옳지 않은 것은?

(11년서울시9)

① 전자평판측량으로 관측한 타점의 오른쪽 상단에는 관측 일련번호 또는 측정거리를 표시하여야 한다, 다만, 소축척 등으로 식별이 불가능할 때에는 생략할 수 있다.

② 측정점의 표시는 측량자의 경우 적색의 삼각형 표시를 하고 검사자는 짧은 십자선(+)으로 표시하며 측정점은 적색 점선으로 연결한다.

③ 담당행정청에 측량성과 검사 의뢰 시 측량성과파일, 지적측량결과도 및 지적측량결과부를 작성하여 제출한다. 다만, 지적측량결과도 상단에 "전자평판측량"이라고 표기하여야 하고, 측량성과 파일 내에 측량서과에 관한 모든 사항이 수록되어 있어야 한다.

④ 측량결과의 작성 시 사용되는 측량준비도파일은 반드시 담당행정청으로부터 새로이 제공받아서 이를 이용하여 측량성과를 작성하여야 한다.

⑤ 레이어명 10의 속성은 지번과 지목이며, 규격은 2mm, 검은색으로 이루어져 있다.

정답 ②

예제 15

전자평판측량을 이용한 지적측량결과도의 작성방법으로 옳지 않은 것은? (15년서울시7)

① 측정거리는 소축척 등으로 식별이 불가능한 때에는 생략할 수 있다.

② 검사자의 경우 측정점의 표시는 삼각형(△)으로 표시한다.

③ 지적측량결과도 하단에 '전자평판측량'이라 표기한다.

④ 측량결과의 파일 형식은 표준화된 공통포맷을 지원해야 한다.

정답 ③

예제 16

「지적업무처리규정」상 전자평판측량을 이용한 지적측량 결과도의 작성 시 측정점의 표시 방법으로 가장 옳은 것은?

(19년서울시9)

① 측량자는 검은색 짧은 십자선(+), 검사자는 삼각형(△)으로 표시한다.

② 측량자는 검은색 삼각형(△), 검사자는 짧은 십자선(+)으로 표시한다.

③ 측량자는 붉은색 짧은 십자선(+), 검사자는 삼각형(△)으로 표시한다.

④ 측량자는 붉은색 삼각형(△), 검사자는 짧은 십자선(+)으로 표시한다.

정답 ③

> 「지적업무처리규정」상 전자평판측량을 이용한 지적측량 결과도의 작성방법으로 가장 옳지
> 않은 것은?   (20년서울시9)
>
> ① 관측한 측정점의 오른쪽 상단에는 측정거리를 표시하여야 한다. 다만, 소축척 등으로 식별
>   이 불가능한 때에는 방향선과 측정거리를 생략할 수 있다.
> ② 측정점의 표시는 측량자의 경우 검은색 짧은 십자선(+)으로 표시하고, 검사자는 삼각형
>   (△)으로 표시하며, 각 측정점은 검은색 점선으로 연결한다.
> ③ 지적측량결과도 상단 중앙에 "전자평판측량"이라 표기하고, 상단 오른쪽에 측량성과파일명을
>   표기하여야 하며, 측량성과파일에는 측량성과 결정에 관한 모든 사항이 수록되어 있어야 한다.
> ④ 이미 작성되어 있는 지적측량파일을 이용하여 측량할 경우에는 기존 측량파일 코드의 내
>   용·규격·도식은 파란색으로 표시한다.   정답 ②

6. 지적측량결과도의 작성 등(제25조)

① 「지적측량 시행규칙」 제26조에 따른 측량결과도(세부측량을 실시한 결과를 작성한 측량도면을
  말한다)는 도면용지 또는 전자측량시스템을 사용하여 예시 1의 지적측량결과도 작성 예시에 따
  라 작성하고, 측량결과도를 파일로 작성한 때에는 데이터베이스에 저장하여 관리할 수 있다. 다
  만, 경위의측량방법으로 실시한 지적측량결과를 별표 제7호 또는 제8호 서식으로 작성할 경우에
  는 다음 각 호의 사항을 별도 작성·관리·검사요청 하여야 한다.

1. 경계점(지적측량기준점) 좌표	2. 기지점 계산
3. 경계점(보조점) 관측 및 좌표 계산	4. 교차점 계산
5. 면적 지정분할 계산	6. 좌표면적 및 점간거리
7. 면적측정부	

② **지적측량수행자 및 지적측량검사자는** 지적측량결과도상의 측량준비도, 측량결과도, 측량성과도
  작성, 도면 등의 작성, 확인 및 검사란에 날인 또는 서명을 하여야 한다. 이 경우 서명은 정자(正
  字)로 하여야 한다.

③ **측량결과도의 보관은** 지적소관청은 연도별, 측량종목별, 지적공부정리 일자별, 동·리별로, 지
  적측량수행자는 연도별, 동·리별로, 지번 순으로 편철하여 보관하여야 한다.

④ **지적측량업자가 폐업하는 경우에는** 보관중인 측량결과도 원본(전자측량시스템으로 작성한 전산
  파일을 포함한다)과 지적측량 프로그램을 시·도지사에게 제출하여야 하며, 시·도지사는 해당
  지적소관청에 측량결과도 원본을 보내주어야 한다.

⑤ **지적측량수행자는** 전자평판측량으로 측량을 하여 작성된 지적측량파일을 데이터베이스에 저장
  하여 후속 측량자료 및 민원업무에 활용할 수 있도록 관리하여야 하며, 지적측량파일은 월1회
  이상 데이터를 백업하여 보관하여야 한다.

7. 지적측량성과의 검사항목(제26조) 암기 ㉮㉪㉯㉲㉵㉤㉦㉫㉧㉵㉲㉠㉤㉦㉫

「지적측량 시행규칙」 제28조제2항에 따른 지적측량성과검사를 할 때에는 다음 각 호의 사항을 검사
하여야 한다.

기초측량	가. ㉮지점사용의 적정여부 나. ㉯적기준점설치망 구성의 적정여부 다. 관측㉰ 및 거리측정의 정확여부 라. 계산의 ㉱확여부 마. 지적기준점 선점 및 표지설치의 정㉲여부 바. 지적기준점성과와 기지경계선과의 부합㉳㉴
세부측량	가. ㉮지점사용의 적정여부 나. 측량㉵비도 및 측량결과도 작성의 적정여부 다. 기지㉶과 지상경계와의 부합여부 라. 경㉷점 간 계산거리(도상거리)와 실측거리의 부합여부 마. 면적측㉸의 정확여부 바. 관계법령의 분할제한 등의 저촉 ㉳㉴. 다만, 제20조제3항 (㉹각 종 인가·허가 등 　　의 내용과 다르게 토지의 형질이 변경되었을 경우에는 그 변경된 토지의 현황대로 　　측량성과를 결정하여야 한다)은 제외한다.

예제 18

「지적업무처리규정」상 기초측량과 세부측량의 성과검사 시 공통적으로 적용하는 지적측량
성과 검사항목은?

(15년지방직9)

① 기지점사용의 적정여부　　　　② 관측각 및 거리측정의 정확여부
③ 관계법령의 분할제한 등의 저촉여부　　④ 지적기준점성과와 기지경계선과의 부합여부

정답 ③

예제 19

「지적업무처리규정」상 기초측량과 세부측량의 성과검사 시 공통적으로 적용하는 지적측량
성과 검사항목은?

(15년지방직9)

① 기지점사용의 적정여부　　　　② 면적측정의 정확여부
③ 기지점과 지상경계와의 부합여부　　④ 지적기준점 선점 및 표지설치의 정확여부

정답 ①

예제 20

「지적업무처리규정」상 세부측량의 지적측량성과 검사 항목으로 가장 옳지 않은 것은?

(20년서울시9)

① 기지점사용의 적정여부　　　　② 기지점과 지상경계와의 부합여부
③ 면적측정의 정확여부　　　　④ 관측각 및 거리측정의 정확여부

정답 ④

8. 지적측량성과의 검사방법 등(제27조)

지적측량성과의 검사방법	① 지적측량수행자가 지적측량 성과검사를 요청하는 경우와 지적소관청이 지적측량 성과검사 결과를 통보하는 경우에는 정보시스템을 이용하여 처리할 수 있다. ② 세부측량(지적공부를 정리하지 아니하는 세부측량을 포함한다)을 하기 전에 기초측량을 한 경우에는 미리 지적기준점성과에 대한 검사를 받은 후에 세부측량을 하여야 한다. 다만, 지적소관청과 사전 협의를 한 경우에는 지적기준점성과와 세부측량성과(지적공부를 정리하지 아니하는 세부측량은 제외한다)를 동시에 검사할 수 있다. ③ 전자평판측량에 따른 측량성과 파일은 도형자료와 속성자료 간의 일치성과 유효성을 검증하기 위하여 다음 각 호의 사항을 실시하고 최종적으로 종번(終番) 검사를 실시하여야 한다. 1. 면적공차 초과 검증 2. 누락필지 및 원필지 중복객체 검증 3. 지번중복 검증 및 도곽의 적정성 여부 검사 4. 법정 리·동계 및 축척 간 접합 중복 검사 5. 폐쇄도면 중첩검사 6. 성과레이어 중첩검사 7. 이격거리 측정 및 필계점 좌표 확인 8. 측정점위치설명도 작성의 적정 여부 9. 주위필지와의 부합여부 10. 그 밖에 필요한 사항 ④ 지적소관청은 지적측량검사가 완료된 때에는 해당 측량성과 파일을 부동산종합공부시스템에 등록하여야 한다. ⑤ 「지적측량 시행규칙」 제28조에 따른 측량성과의 검사방법은 다음 각 호와 같다. 1. **측량성과를 검사하는 때에는 측량자가 실시한 측량방법과 다른 방법으로 한다.** 다만, 부득이한 경우에는 그러하지 아니한다. 2. 지적삼각점측량 및 지적삼각보조점측량은 **신설된 점을,** 지적도근점측량은 **주요도선별로** 지적도근점을 검사한다. 이 경우 **후방교회법으로** 검사할 수 있다. 다만, 구하고자 하는 지적기준점이 기지점과 같은 원주상에 있는 경우에는 그러하지 아니하다. 3. **세부측량결과를 검사할 때에는 새로 결정된 경계를 검사한다.** 이 경우 측량성과 검사 시에 확인된 지역으로서 측량결과도만으로 그 측량성과가 정확하다고 인정되는 경우에는 현지측량검사를 하지 아니할 수 있다. 4. **면적측정검사는 필지별로 한다.** 5. **측량성과 파일의 검사는 부동산종합공부시스템으로 한다.** 6. 지적측량수행자와 동일한 전자측량시스템을 이용하여 세부측량시 측량성과의 정확성을 검사할 수 있다. ⑥ 시·도지사, 대도시 시장 또는 지적소관청은 측량성과를 검사하여 그 측량성과가 정확하다고 인정되는 경우에는 측량부·측량결과도·면적측정부 및 측량성과도에 별표 4의 측량성과검사 필인을 각각 날인하여야 한다.

지적측량성과의 검사방법	⑦ 시·도지사, 대도시 시장 또는 지적소관청은 측량성과 검사결과 측량성과가 부정확하다고 판단되는 경우에는 제17조에 따라 지적측량수행자가 제출한 측량성과를 보완하도록 조치하고, 측량성과검사정리부에 그 사유를 기재한다. 이 경우 측량성과 검사결과 제26조제2호바목 본문에 해당되는 경우에는 지적측량수행자에게 측량성과에 관한 자료를 되돌려 주고 그 사유를 지적측량 성과검사 정리부 비고란에 붉은색으로 기재한다.
지적측량 표본검사 (제27조의2)	① 국토교통부장관은 법 제99조제1항제1호에 따라 지적측량수행자의 고의 또는 과실로 인한 지적측량 민원발생을 사전에 예방하고, 지적측량성과의 정확성을 확보하기 위하여 시·도지사에게는 표본검사를, 한국국토정보공사(이하 "공사"라 한다) 사장에게는 기술검사를 실시하게 할 수 있다. ② 시·도지사는 지적공부를 정리한 측량성과에 대하여 연 1회 이상 표본검사를 실시하여야 하며, 그 결과 지적소관청의 검사사항이 법령 등에 위배된다고 판단되는 경우에는 국토교통부장관에게 보고하여야 한다. ③ 시·도지사는 지적측량업자가 법 제45조에서 정한 지적측량업무를 수행한 측량성과에 대하여는 정기적으로 표본검사를 시행하여야 하며, 그 결과 법령 등에 위배된다고 판단되는 경우에는 필요한 조치를 하여야 한다. ④ 공사 사장은「지적측량 시행규칙」제28조제1항에 따른 경계복원측량 및 지적현황측량성과에 대하여 지역본부별로 연 1회 이상 기술검사를 실시하여야 하며, 그 결과 법령 등에 위배된다고 판단되는 경우에는 필요한 조치를 취하고 그 내용을 국토교통부장관에게 보고하여야 한다.

9. 측량성과도의 작성방법 등(제28조)

작성방법	①「지적측량 시행규칙」제28조제2항제3호에 따른 측량성과도(측량결과도에 따라 작성한 측량성과도면을 말한다)의 문자와 숫자는 레터링 또는 전자측량시스템에 따라 작성하여야 한다. ② 측량성과도의 명칭은 신규 등록, 등록전환, 분할, 지적확정, 경계복원, 지적현황, 지적복구 또는 등록사항정정측량 성과도로 한다. 이 경우 경계점좌표로 등록된 지역인 경우에는 명칭 앞에 "(좌표)"라 기재한다. ③ 경계점좌표로 등록된 지역의 측량성과도에는 경계점 간 계산거리를 기재하여야 한다. ④ 분할측량성과도를 작성하는 때에는 측량대상토지의 분할선은 붉은색 실선으로, 점유현황선은 붉은색 점선으로 표시하여야 한다. 다만, 경계와 점유현황선이 같을 경우에는 그러하지 아니하다. ⑤ 제20조제3항에 따라 분할측량성과 등을 결정하였을 때에는 "인·허가 내용을 변경하여야 지적공부정리가 가능함" 이라고 붉은색으로 표시하여야 한다. ⑥ 경계복원측량성과도를 작성하는 때에는 복원된 경계점은 직경 2밀리미터 이상 3밀리미터 이하의 붉은색 원으로 표시하고, 측량대상토지의 점유현황선은 붉은색 점선으로 표시하여야 한다. 다만, 필지가 작아 식별하기 곤란한 경우에는 복원된 경계점을 직경 1밀리미터 이상 1.5밀리미터 이하의 붉은색 원으로 표시할 수 있다. ⑦ 복원된 경계점과 측량 대상토지의 점유현황선이 일치할 경우에는 제6항에 따른 점유현황선의 표시를 생략하고, 경계복원측량성과도를 현장에서 작성하여 지적측량 의뢰인에게 발급할 수 있다. ⑧ 지적현황측량성과도를 작성하는 때에는 별표 5의 도시방법에 따라 현황구조물의 위치 등을 판별할 수 있도록 표시하여야 한다.

측량성과도 의 발급 (제29조)	① 「지적측량 시행규칙」 제28조제2항제2호에 따라 시·도지사 및 대도시 시장으로부 터 지적측량성과 검사결과 측량성과가 정확하다고 통지를 받은 지적소관청은 「지적 측량 시행규칙」 제28조제2항제3호에 따라 측량성과 및 지적측량성과도를 지적측량 수행자에게 발급하여야 한다. ② 「지적측량 시행규칙」 제28조제1항의 경계복원측량과 지적현황측량을 완료하고 발 급한 측량성과도와 「지적측량 시행규칙」 제28조제2항제3호 전단에 따른 측량성과 도를 지적측량수행자가 지적측량의뢰인에게 송부하고자 하는 때에는 지체 없이 인 터넷 등 정보통신망 또는 등기우편으로 송달하거나 직접 발급하여야 한다. ③ 측량성과도를 정보시스템으로 작성한 경우 측량의뢰인이 파일로 제공할 것을 요구 하면 편집이 불가능한 파일형식으로 변환하여 측량성과를 파일로 제공할 수 있다. ④ 지적소관청은 제20조제3항에 따라 측량성과를 결정한 경우에는 그 측량성과에 따 라 각종 인가·허가 등이 변경되어야 지적공부정리신청을 할 수 있다는 뜻을 지적측 량성과도에 표시하고, 지적측량의뢰인에게 알려야 한다. ⑤ 지적소관청은 지적측량성과도를 발급한 토지에는 지적공부정리 신청여부를 조사하 여 필요한 조치를 하여야 한다.
지적측량성과 파일 검사 (제30조)	① 지적측량수행자가 지적측량을 완료한 때에는 지적공부를 정리하기 위한 측량성과 파일과 측량현형파일을 작성하여 지적소관청에 제출하여야 한다. ② 지적소관청은 지적측량성과 파일의 정확성 여부를 검사하여야 한다. 이 경우 부동산 종합공부시스템에 따라 검사할 수 있다.
지적측량성과 파일 보관 (제31조)	지적소관청이 측량성과파일로 토지이동을 정리할 때에는 서버용 컴퓨터에 저장하되, 파일명은 부동산종합공부시스템 운영 및 관리 규정 제19조제1항의 토지의 고유번호로 하고, 보관은 제25조제3항에 따른다.
중앙지적위원회 의 의안제출 (제32조)	① 국토교통부장관, 시·도지사, 지적소관청은 토지등록업무의 개선 및 지적측량기술 의 연구·개발 등의 장기계획안을 중앙지적위원회에 제출할 수 있다. ② 공사에 소속된 지적측량기술자는 공사 사장에게, 공간정보산업협회에 소속된 지적측 량기술자는 공간정보산업협회장에게 제1항에 따른 중·단기 계획안을 제출할 수 있다. ③ 국토교통부장관은 제2항에 따른 안건이 접수된 때에는 그 계획안을 검토하여 중앙지 적위원회에 회부하여야 한다. ④ 중앙지적위원회는 제1항 및 제3항에 따른 안건이 접수된 때에는 영 제21조에 따라 위원회의 회의를 소집하여 안건 접수일로부터 30일 이내에 심의·의결하고, 그 의 결 결과를 지체 없이 국토교통부장관에게 송부하여야 한다. ⑤ 국토교통부장관은 제4항에 따라 의결된 결과를 송부 받은 때에는 이를 시행하기 위하여 필요한 조치를 하여야 하고, 중·단기계획 제출자에게는 그 의결 결과를 통지하여야 한다.

예제 21

지적업무처리규정에 따른 측량성과도의 작성방법에 관한 설명으로 옳지 않은 것은?

(19년2회지산)

① 측량성과도의 문자와 숫자는 레터링 또는 전자측량시스템에 따라 작성하여야 한다.

② 경계점좌표로 등록된 지역의 측량성과도에는 경계점간 계산거리를 기재하여야 한다.

③ 복원된 경계점과 측량 대상토지의 점유현황선이 일치하더라도 점유현황선을 표시하여야 한다.

④ 분할측량성과 등을 결정하였을 때에는 "인·허가 내용을 변경하여야 지적공부정리가 가능
함"이라고 붉은색으로 표시하여야 한다.

정답 ③

SECTION 04 지적공부의 작성 및 관리

1. 지적공부의 관리(제33조)

지적공부의 관리	법 제2조제19호의 지적공부 관리방법은 부동산종합공부시스템에 따른 방법을 제외하고는 다음 각 호와 같다. 1. 지적공부는 지적업무담당공무원 외에는 취급하지 못한다. 2. 지적공부 사용을 완료한 때에는 즉시 보관 상자에 넣어야 한다. 다만, 간이보관 상자를 비치한 경우에는 그러하지 아니하다. 3. 지적공부를 지적서고 밖으로 반출하고자 할 때에는 훼손이 되지 않도록 보관·운반함 등을 사용한다. 4. 도면은 항상 보호대에 넣어 취급하되, 말거나 접지 못하며 직사광선을 받게 하거나 건습이 심한 장소에서 취급하지 못한다.
지적공부의 복제 (제34조)	① 시장·군수·구청장은 법 제69조제3항에 따라 지적공부를 복제할 때에는 2부를 복제하여야 한다. ② 제1항에 따라 복제된 지적공부 1부는 법 제69조제2항(② 지적공부를 정보처리시스템을 통하여 기록·저장한 경우 관할 시·도지사, 시장·군수 또는 구청장은 그 지적공부를 지적정보관리체계에 영구히 보존하여야 한다)에 따라 보관하고, 나머지 1부는 시·도지사가 지정하는 안전한 장소에 이중문이 설치된 내화금고 등에 6개월 이상 보관하여야 한다.
지적서고의 관리 (제35조)	① 지적소관청은 지적부서 실·과장을 지적공부 보관 정책임자로, 지적업무담당을 부책임자로 지정하여 관리한다. ② 지적서고의 자물쇠는 바깥쪽 문과 안쪽 문에 각각 설치하고 열쇠는 2조를 마련하되, 1조는 지적소관청이 봉인하여 관리하고, 다른 1조는 지적부서 실·과장이 관리한다. ③ 지적서고의 출입문이 자동으로 개폐되는 경우에는 보안 관리의 책임자는 지적부서 실·과장이 되고 담당자는 보안관리 책임자가 별도로 지정한다.
지적공부 등록현황의 비치·관리 (제36조)	지적소관청은 부동산종합공부시스템에 의해 매월 말일 현재로 작성·관리되는 지적공부등록현황과 지적업무정리상황 등의 이상 유무를 점검·확인하여야 한다.

2. 일람도 및 지번색인표의 등재사항(제37조)

규칙 제69조제5항에 따른 일람도 및 지번색인표에는 다음 각 호의 사항을 등재하여야 한다.

일람도	가. 지번부여지역의 경계 및 인접지역의 행정구역명칭 나. 도면의 제명 및 축척 다. 도곽선과 그 수치 라. 도면번호 마. 도로·철도·하천·구거·유지·취락 등 주요 지형·지물의 표시
지번색인표	가. 제명 나. 지번·도면번호 및 결번

「지적업무처리규정」상 일람도에 등재하여야 하는 사항으로 가장 옳지 않은 것은?

(22년2월서울시9)

① 지번 및 지목
② 도곽선과 그 수치
③ 지번부여지역의 경계 및 인접지역의 행정구역명칭
④ 도로 · 철도 · 하천 · 구거 · 유지 · 취락 등 주요 지형 · 지물의 표시

정답 ①

3. 일람도의 제도(제38조)

일람도를 작성할 경우 일람도의 축척은 그 도면축척의 10분의 1로 한다.
다만, 도면의 장수가 많아서 한 장에 작성할 수 없는 경우에는 **축척을 줄여서 작성할 수 있으며**, 도면의 장수가 4장 미만인 경우에는 일람도의 작성을 하지 아니할 수 있다.

제명 및 축척		제명 및 축척은 일람도 윗부분에 "○○시 · 도 ○○시 · 군 · 구 ○○읍 · 면 ○○동 · 리 일람도 축척 ○○○○ 분의 1"이라 제도 이 경우 경계점좌표등록부시행지역은 제명 중 일람도 다음에 "(좌표)"라 기재
	크기	글자의 크기는 9밀리미터로 하고
	간격	글자 사이의 간격은 글자 크기의 2분의 1정도 띄운다.
	사이	제명의 일람도와 축척 사이는 20밀리미터를 띄운다.
도면번호	부여방법	도면번호는 지번부여지역 · 축척 및 지적도 · 임야도 · 경계점좌표등록부시행지별로 일련번호를 부여하고
	새로 작성	이 경우 신규 등록 및 등록전환으로 새로 도면을 작성할 경우의 도면번호는 그 지역 마지막 도면번호의 다음 번호로 부여한다.
	사업	다만, 제46조제12항(도시개발사업.축척변경 등)에 따라 도면을 작성할 경우에는 종전 도면번호에 "−1"과 같이 부호를 부여한다.
	도곽선	도면에 등록하는 도곽선은 0.1밀리미터의 폭으로
	수치	도곽선의 수치는 도곽선 왼쪽 아랫부분과 오른쪽 윗부분의 종횡선교차점 바깥쪽에 2밀리미터 크기의 아라비아숫자로 제도
	번호	도면번호는 3밀리미터의 크기로 한다.
	명칭	인접 동 · 리 명칭은 4밀리미터, 그 밖의 행정구역 명칭은 5밀리미터의 크기로 한다.
	도로	지방도로 이상은 검은색 0.2밀리미터 폭의 2선으로, 그 밖의 도로는 0.1밀리미터의 폭으로 제도한다.
	철도용지	철도용지는 붉은색 0.2밀리미터 폭의 2선으로 제도한다.
	수도용지	수도용지 중 선로는 남색 0.1밀리미터 폭의 2선으로 제도한다.
	하천 · 구거	하천 · 구거(溝渠) · 유지(溜池)는 남색 0.1밀리미터의 폭의 2선으로 제도하고, 그 내부를 남색으로 엷게 채색한다. 다만, 적은 양의 물이 흐르는 하천 및 구거는 0.1밀리미터의 남색 선으로 제도한다.

도면번호	취락지	취락지·건물 등은 검은색 0.1밀리미터의 폭으로 제도하고, 그 내부를 검은색으로 옅게 채색한다
	기준점	삼각점 및 지적기준점의 제도는 제43조를 준용한다.
	사업	도시개발사업·축척변경 등이 완료된 때에는 지구경계를 붉은색 0.1밀리미터 폭의 선으로 제도한 후 지구 안을 붉은색으로 옅게 채색하고, 그 중앙에 사업명 및 사업완료연도를 기재한다.

예제 23

「지적업무처리규정」상 일람도 제도 시 제명의 글자 크기와 도면번호의 크기를 순서대로 바르게 나열한 것은?

(20년서울시9)

	제명의 글자 크기	도면 번호의 크기		제명의 글자 크기	도면 번호의 크기
①	7mm	6mm	②	5mm	3mm
③	9mm	3mm	④	7mm	4mm

정답 ③

4. 지번색인표의 제도(제39조)

제명	제명은 지번색인표 윗부분에 9밀리미터의 크기로 "○○시·도 ○○시·군·구 ○○읍·면 ○○동·리 지번색인표"라 제도한다.
지번	지번색인표에는 도면번호별로 그 도면에 등록된 지번을, 토지의 이동으로 결번이 생긴 때에는 결번란에 그 지번을 제도한다
도곽선의 제도(제40조)	
방향	도면의 위 방향은 항상 북쪽이 되어야 한다.
크기	지적도의 도곽 크기는 가로 40센티미터, 세로 30센티미터의 직사각형으로 한다.
구획	도곽의 구획은 영 제7조제3항 각 호에서 정한 좌표의 원점을 기준으로 하여 정하되, 그 도곽의 종횡선수치는 좌표의 원점으로부터 기산하여 영 제7조제3항에서 정한 종횡선수치를 각각 가산한다.
	이미 사용하고 있는 도면의 도곽크기는 제2항에도 불구하고 종전에 구획되어 있는 도곽과 그 수치로 한다
도곽선	도면에 등록하는 도곽선은 0.1밀리미터의 폭으로, 도곽선의 수치는 도곽선 왼쪽 아랫부분과 오른쪽 윗부분의 종횡선교차점 바깥쪽에 2밀리미터 크기의 아라비아숫자로 제도한다.

제41조(경계의 제도)	
폭	경계는 0.1밀리미터 폭의 선으로 제도한다.
제도	1필지의 경계가 도곽선에 걸쳐 등록되어 있으면 도곽선 밖의 여백에 경계를 제도하거나, 도곽선을 기준으로 다른 도면에 나머지 경계를 제도한다. 이 경우 다른 도면에 경계를 제도할 때에는 지번 및 지목은 붉은색으로 표시한다
거리	규칙 제69조제2항제4호에 따른 경계점좌표등록부 등록지역의 도면(경계점 간 거리 등록을 하지 아니한 도면을 제외한다)에 등록할 경계점 간 거리는 검은색의 1.0~1.5밀리미터 크기의 아라비아숫자로 제도한다. 다만, 경계점 간 거리가 짧거나 경계가 원을 이루는 경우에는 거리를 등록하지 아니할 수 있다.
확대	지적기준점 등이 매설된 토지를 분할할 경우 그 토지가 작아서 제도하기가 곤란한 때에는 그 도면의 여백에 그 축척의 10배로 확대하여 제도할 수 있다.

제42조(지번 및 지목의 제도)		
제도	지번 및 지목은 경계에 닿지 않도록 필지의 중앙에 제도한다. 다만, 1필지의 토지의 형상이 좁고 길어서 필지의 중앙에 제도하기가 곤란한 때에는 가로쓰기가 되도록 도면을 왼쪽 또는 오른쪽으로 돌려서 제도할 수 있다.	
지번·지목	제도	지번 및 지목을 제도할 때에는 지번 다음에 지목을 제도
	크기	이 경우 2밀리미터 이상 3밀리미터 이하 크기의 명조체로 하고
	간격	지번의 글자 간격은 글자크기의 4분의 1정도
		지번과 지목의 글자 간격은 글자크기의 2분의 1정도 띄어서 제도한다.
	레터링	다만, 부동산종합공부시스템이나 레터링으로 작성할 경우에는 고딕체로 할 수 있다.
부호	1필지의 면적이 작아서 지번과 지목을 필지의 중앙에 제도할 수 없는 때에는 ㄱ, ㄴ, ㄷ, . . . ㄱ', ㄴ', ㄷ', . . . ㄱ², ㄴ², ㄷ². . . 등으로 부호를 붙이고, 도곽선 밖에 그 부호·지번 및 지목을 제도한다. 이 경우 부호가 많아서 그 도면의 도곽선 밖에 제도할 수 없는 때에는 별도로 부호도를 작성할 수 있다.	
공부	부동산종합공부시스템에 따라 지번 및 지목을 제도할 경우에는 제2항 중 글자의 크기에 대한 규정과 제3항을 적용하지 아니할 수 있다.	

예제 24

지적공부 작성 시 도곽선 제도에 대한 설명으로 가장 옳지 않은 것은? (19년서울시7)

① 도면의 위 방향은 항상 북쪽이 되어야 한다.

② 지적도의 도곽 크기는 가로 50센티미터, 세로 40센티미터의 직사각형으로 한다.

③ 도면에 등록하는 도곽선은 0.1밀리미터의 폭으로 제도한다.

④ 이미 사용하고 있는 도면의 도곽 크기는 종전에 구획되어 있는 도곽과 그 수치로 한다.

정답 ②

예제 25

지번 및 지목을 제도할 때 지번의 글자 간격은 얼마를 기준으로 띄어서 제도하여야 하는가?

(16년서울시9)

① 글자크기의 1/2 정도
② 글자크기의 1/3 정도
③ 글자크기의 1/4 정도
④ 글자크기의 1/5 정도

정답 ③

예제 26

「지적업무처리규정」상 지적도 및 임야도 경계의 제도 방법 기준에 대한 설명으로 옳은 것은?

(17년지방직9)

① 1필지의 경계가 도곽선에 걸쳐 등록되어 있는 경우에는 도곽선 밖의 여백에 경계를 제도할 수 없다.
② 지적측량기준점 등이 매설된 토지를 분할하는 경우 그 토지가 작아서 제도하기가 곤란한 경우에는 그 도면의 여백에 당해 축척의 20배로 확대하여 제도할 수 있다.
③ 경계점좌표등록부시행지역의 도면에 등록하는 경계점 간 거리는 1.5mm 크기의 붉은색 아라비아숫자로 제도한다.
④ 경계는 0.1mm 폭의 선으로 제도한다.

정답 ④

5. 지적기준점 등의 제도(제43조)

① 삼각점 및 지적기준점(제4조에 따라 지적측량수행자가 설치하고, 그 지적기준점성과를 지적소관청이 인정한 지적기준점을 포함한다)은 0.2밀리미터 폭의 선으로 다음 각 호와 같이 제도한다.

지적기준점 제도(위성기준점은 제외)						
명칭	제도	직경 크기(mm)			비고	
		바깥쪽	중간	안쪽	십자가	내부채색
위성기준점		3	2	–	십자가	–
1등삼각점		3	2	1	–	채색
2등삼각점		3	2	1	–	–
3등삼각점		–	2	1	–	채색

지적기준점 제도(위성기준점은 제외)						
명칭	제도	직경 크기(mm)			비고	
		바깥쪽	중간	안쪽	십자가	내부채색
4등삼각점	◎	–	2	1	–	–
지적삼각점	⊕	3	–	–	십자가	–
지적삼각보조점	●	3	–	–	–	채색
지적도근점	○	–	2	–	–	–

지적기준점의 명칭과 번호는 그 지적기준점의 윗부분에 2밀리미터 이상 3밀리미터 이하 크기의 명조체로 제도한다. 다만, 레터링으로 작성할 경우에는 고딕체로 할 수 있으며 경계에 닿는 경우에는 다른 위치에 제도할 수 있다.

② 「지적측량 시행규칙」 제2조제2항 후단에 따라 지적기준점표지를 폐기한 때에는 도면에 등록된 그 지적기준점 표시사항을 말소한다.

6. 행정구역선의 제도(제44조)

① 도면에 등록할 행정구역선은 0.4밀리미터 폭으로 다음 각 호와 같이 제도한다. 다만, 동·리의 행정구역선은 0.2밀리미터 폭으로 한다.

행정구역선의 제도		
구분	제도	설명
국계		# 4·3·사선·점2 국계는 실선 4밀리미터와 허선 3밀리미터로 연결하고 실선 중앙에 1밀리미터로 교차하며, 허선에 직경 0.3밀리미터의 점 2개를 제도한다.
시·도계		# 4·2·사선·점1 시·도계는 실선 4밀리미터와 허선 2밀리미터로 연결하고 실선 중앙에 1밀리미터로 교차하며, 허선에 직경 0.3밀리미터의 점 1개를 제도한다.
시·군계		# 3·3·점2 시·군계는 실선과 허선을 각각 3밀리미터로 연결하고, 허선에 0.3밀리미터의 점 2개를 제도한다.

행정구역선의 제도		
구분	제도	설명
읍·면·구계	|← 3 →|← 2 →| ‒‒‒ · ‒‒‒ · ‒‒‒ · ‒‒ · ↑ 0.3	# 3 · 2 · 점1 읍·면·구계는 실선 3밀리미터와 허선 2밀리미터로 연결하고, 허선에 0.3밀리미터의 점 1개를 제도한다.
동·리계	|← 3 →|← 1 →| ‒‒‒ ‒‒‒ ‒‒‒ ‒‒‒	# 3 · 1 동·리계는 실선 3밀리미터와 허선 1밀리미터로 연결하여 제도한다.
기타	1. 행정구역선이 2종류 이상 겹치는 경우에는 최상급 행정구역선만 제도한다. 2. 행정구역선은 경계에서 약간 띄워서 그 외부에 제도한다. 3. 행정구역선의 제도(행정구역선은 0.4mm의 폭으로 제도, 다만 동·리의 행정구역선은 0.2mm의 폭으로 제도) – 행정구역의 명칭은 같은 간격으로 띄워서 제도	

예제 27

「지적업무처리규정」상 행정구역선의 제도(製圖)에 관한 설명으로 가장 옳지 않은 것은?

(21년서울시)

① 행정구역선은 경계에서 약간 띄워서 그 외부에 제도한다.
② 행정구역선이 2종 이상 겹치는 경우에는 최상급 행정구역선만 제도한다.
③ 도로·철도·하천·유지 등의 고유명칭은 5밀리미터 이상 7밀리미터 이하의 크기로 같은 간격으로 띄워서 제도한다.
④ 행정구역의 명칭은 도면여백의 넓이에 따라 4밀리미터 이상 6밀리미터 이하의 크기로 경계 및 지적기준점 등을 피하여 같은 간격으로 띄워서 제도한다.

정답 ③

예제 28

다음 중 행정구역선의 제도에 관한 설명으로 틀린 것은?

(07년서울시7)

① 국계는 실선 4mm와 허선 3mm로 연결하고 실선 중앙에 1mm로 교차하며, 허선에 직경 0.3mm의 점 2개를 제도한다.
② 시·도계는 실선 4mm와 허선 2mm로 연결하고 실선 중앙에 1mm로 교차하며, 허선에 직경 0.3mm의 점 1개를 제도한다.
③ 시·군계는 실선과 허선을 각각 3mm로 연결하고, 허선에 직경 0.3mm의 점 2개를 제도한다.
④ 읍·면·구계는 실선 3mm와 허선 2mm로 연결하고, 허선에 직격 0.3mm의 점 1개를 제도한다.
⑤ 동·리계는 실선 4mm와 허선 2mm로 연결하여 제도한다.

정답 ⑤

7. 색인도 등의 제도(제45조)

색인도는 도곽선의 왼쪽 윗부분 여백의 중앙에 다음 각 호와 같이 제도한다.	
규격	가로 7밀리미터, 세로 6밀리미터 크기의 직사각형을 중앙에 두고 그의 4변에 접하여 같은 규격으로 4개의 직사각형을 제도한다
제명 및 축척은 도곽선 윗부분 여백의 중앙에 "○○시 · 군 · 구 ○○읍 · 면 ○○동 · 리 지적도 또는 임야도 ○○장중 제○○호 축척○○○○분의 1"이라 제도한다. 이 경우 그 제도방법은 다음 각 호와 같다.	
크기	글자의 크기는 5밀리미터로 하고, 글자사이의 간격은 글자크기의 2분의 1정도 띄어 쓴다.
축척	축척은 제명끝에서 10밀리미터를 띄어 쓴다
제46조(토지의 이동에 따른 도면의 제도)	
이동	토지의 이동으로 지번 및 지목을 제도하는 경우에는 이동전 지번 및 지목을 말소하고, 새로 설정된 지번 및 지목을 가로쓰기로 제도한다.
말소	경계를 말소할 때에는 해당 경계선을 말소한다.
회복	말소된 경계를 다시 등록할 때에는 말소정리 이전의 자료로 원상회복 정리한다.
신규등록	신규 등록 · 등록전환 및 등록사항정정으로 도면에 경계, 지번 및 지목을 새로 등록할 때에는 이미 비치된 도면에 제도한다. 다만, 이미 비치된 도면에 정리할 수 없는 때에는 새로 도면을 작성한다.
등록전환	등록전환 할 때에는 임야도의 그 지번 및 지목을 말소한다.
분할	필지를 분할할 경우에는 분할 전 지번 및 지목을 말소하고, 분할경계를 제도한 후 필지마다 지번 및 지목을 새로 제도한다.
도곽선	도곽선에 걸쳐 있는 필지가 분할되어 도곽선 밖에 분할경계가 제도된 때에는 도곽선 밖에 제도된 필지의 경계를 말소하고, 그 도곽선 안에 필지의 경계, 지번 및 지목을 제도한다.
합병	합병할 때에는 합병되는 필지 사이의 경계 · 지번 및 지목을 말소한 후 새로 부여하는 지번과 지목을 제도한다.
변경	지번 또는 지목을 변경할 때에는 지번 또는 지목만 말소하고, 새로 설정된 지번 또는 지목을 제도한다.
말소	지적공부에 등록된 토지가 바다가 된 때에는 경계 · 지번 및 지목을 말소한다.
행정구역	행정구역이 변경된 때에는 변경 전 행정구역선과 그 명칭 및 지번을 말소하고, 변경 후의 행정구역선과 그 명칭 및 지번을 제도한다.
사업	도시개발사업 · 축척변경 등의 시행지역으로서 시행 전과 시행 후의 도면축척이 같고 시행 전 도면에 등록된 필지의 일부가 사업지구안에 편입된 때에는 이미 비치된 도면에 경계 · 지번 및 지목을 제도하거나, 남아 있는 일부 필지를 포함하여 도면을 작성한다. 다만, 도면과 확정측량결과도의 도곽선 차이가 0.5밀리미터 이상인 경우에는 확정측량결과도에 따라 새로이 도면을 작성한다.

제46조(토지의 이동에 따른 도면의 제도)	
사업완료	도시개발사업·축척변경 등의 완료로 새로 도면을 작성한 지역의 종전도면의 지구 안의 지번 및 지목을 말소한다.
종합공부	부동산종합공부시스템으로 제1항부터 제13항까지를 정리한 경우에는 변동 전·후의 내용을 관리하여야 하며, 필요한 경우 필지별로 폐쇄 전·후의 내용을 열람 및 발급할 수 있어야한다.

예제 29

「지적업무처리규정」(국토교통부훈령 제899호)상 토지의 이동에 따른 도면의 제도에 대한 설명으로 가장 옳지 않은 것은?

① 토지의 이동으로 지번 및 지목을 제도하는 경우에는 이동 전 지번 및 지목을 말소한다.
② 신규등록·등록전환 및 등록사항정정으로 도면에 경계, 지번 및 지목을 새로 등록할 때에는 새로운 도면에 제도한다.
③ 필지를 분할할 경우에는 분할 전 지번 및 지목을 말소하고, 분할경계를 제도한 후 필지마다 지번 및 지목을 새로 제도한다.
④ 행정구역이 변경된 때에는 변경 전 행정구역선과 그 명칭 및 지번을 말소하고, 변경 후의 행정구역선과 그 명칭 및 지번을 제도한다.

 정답 ②

예제 30

「지적업무처리규정」상 색인도를 제도할 때 그 위치에 관한 내용으로 가장 옳은 것은?

(21년서울시)

① 도곽선의 오른쪽 윗부분 여백의 중앙
② 도곽선의 오른쪽 아랫부분 여백의 중앙
③ 도곽선의 왼쪽 윗부분 여백의 중앙
④ 도곽선의 왼쪽 아랫부분 여백의 중앙

 정답 ③

8. 경계점좌표등록부의 정리(제47조)

경계점 부호	부호도의 각 필지의 경계점부호는 왼쪽 위에서부터 오른쪽으로 경계를 따라 아라비아숫자로 연속하여 부여한다. 이 경우 토지의 빈번한 이동정리로 부호도가 복잡한 경우에는 아래 여백에 새로 정리할 수 있다.
분할	분할된 경우의 부호도 및 부호에는 새로 결정된 경계점의 부호를 그 필지의 마지막 부호 다음 번호부터 부여하고, 다른 필지로 된 경계점의 부호도, 부호 및 좌표는 말소하여야 하며, 새로 결정된 경계점의 좌표를 다음 란에 정리한다.
분할 후	분할 후 필지의 부호도 및 부호의 정리는 제1항 본문을 준용한다.
합병	합병된 때에는 존치되는 필지의 경계점좌표등록부에 합병되는 필지의 좌표를 정리하고 부호도 및 부호를 새로 정리한다. 이 경우 부호는 마지막부호 다음부호부터 부여하고, 합병으로 인하여 필요 없는 된 경계점(일직선상에 있는 경계점을 말한다)의 부호도·부호 및 좌표를 말소한다.
말소	합병으로 인하여 필지가 말소된 때에는 경계점좌표등록부의 부호도, 부호 및 좌표를 말소한다. 이 경우 말소된 경계점좌표등록부도 지번 순으로 함께 보관한다.
등록사항정	등록사항정정으로 경계점좌표등록부를 정리할 때에는 제1항부터 제5항까지 규정을 준용한다.
종합공부	부동산종합공부시스템에 따라 경계점좌표등록부를 정리할 때에는 제1항부터 제6항까지를 적용하지 아니할 수 있다.

예제 31

「지적업무처리규정」(국토교통부훈령 제899호)상 경계점좌표등록부 정리에 대한 설명으로 가장 옳은 것은?　　　　　　　　　　　　　　　　　　　　　　　　　　　(18년서울시9)

① 부호도의 각 필지의 경계점부호는 오른쪽 위에서부터 왼쪽으로 경계를 따라 아라비아 숫자로 연속하여 부여한다.

② 분할된 경우의 부호도 및 부호에는 새로 결정된 경계점의 부호를 그 필지의 시작부호 이전 번호부터 다시 부여한다.

③ 합병된 때에는 존치되는 필지의 경계점좌표등록부에 합병되는 필지의 좌표를 정리하고 부호도 및 부호를 새로 정리한다.

④ 합병으로 인하여 필지가 말소된 때에는 경계점좌표등록부의 부호도, 부호 및 좌표를 말소하고 경계점좌표등록부도 함께 삭제한다.

정답 ③

9. 지적공부의 열람 및 등본작성 방법 등(제48조)

① 지적공부의 열람 및 등본발급 신청은 신청자가 대상토지의 지번을 제시한 경우에만 할 수 있다.

② 지적소관청은 지적공부의 열람신청이 있는 때에는 신청필지수와 수수료금액을 확인하여 신청서에 첨부된 수입증지를 소인한 후 컴퓨터 화면 등에 따라 담당공무원의 참여하에 지적공부를 열람시킨다.

③ 열람자가 보기 쉬운 장소에 다음 각 호와 같이 열람 시의 유의사항을 게시하고 알려주어야 한다.

> 1. 지정한 장소에서 열람하여 주십시오.
> 2. 화재의 위험이 있거나 지적공부를 훼손할 수 있는 물건을 휴대해서는 안 됩니다.
> 3. 열람 시 개인정보 등이 포함된 사항은 기록, 촬영하여서는 안 됩니다.

④ 지적공부의 등본은 지적공부를 복사·제도하여 작성하거나 부동산종합공부시스템으로 작성한다. 이 경우 대장등본은 작성일 현재의 최종사유를 기준으로 작성한다. 다만, 신청인의 요구가 있는 때에는 그러하지 아니하다.

⑤ 도면등본을 복사에 따라 작성 발급하는 때에는 윗부분과 아랫부분에 다음과 같이 날인하고, 축척은 규칙 제69조제6항에 따른다. 다만, 부동산종합공부시스템으로 발급하는 경우에는 신청인이 원하는 축척과 범위를 지정하여 발급할 수 있다.

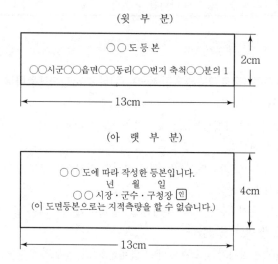

⑥ 제4항에 따라 작성한 등본에는 수입증지를 첨부하여 소인한 후 지적소관청의 직인을 날인하여야 한다. 이 경우 등본이 1장을 초과할 경우에는 첫 장에만 직인을 날인하고 다음 장부터는 천공 또는 간인하여 발급한다.

⑦ 대장등본을 복사하여 작성 발급하는 때에는 대장의 앞면과 뒷면을 각각 복사하여 기재사항 끝부분에 다음과 같이 날인한다.

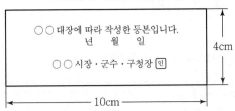

(대장등본 날인문안 및 규격)

○ ○ 대장에 따라 작성한 등본입니다.
년   월   일

○ ○ 시장 · 군수 · 구청장 印

4cm

10cm

⑧ 법 제106조에 따라 등본 발급의 수수료는 유료와 무료로 구분하여 처리하되, 무료로 발급할 경우에는 등본 앞면 여백에 붉은색으로 "무료"라 기재한다.

⑨ 폐쇄 또는 말소된 지적공부의 등본을 작성할 때에는 "폐쇄 또는 말소된 ○○○○에 따라 작성한 등본입니다"라고 붉은색으로 기재한다.

⑩ 부동산종합공부시스템으로 지적공부를 열람하는 경우 열람용 등본을 발급할 수 있으며, 이때에는 아랫부분에 "본토지(임야)대장은 열람용이므로 출력하신 토지(임야)대장은 법적인 효력이 없습니다."라고 기재한다.

⑪ 등본은 공용으로 발급할 수 있으며, 이때 등본의 아래 부분에 "본토지(임야)대장은 공용이므로 출력하신 토지(임야)대장은 민원용으로 사용할 수 없습니다."라고 기재한다.

예제 32

지적업무처리규정상 대장등본을 복사하여 작성 발급할 때, 대장등본의 규격으로 옳은 것은?
(19년2회지산)

① 가로 10cm, 세로 2cm

② 가로 10cm, 세로 4cm

③ 가로 13cm, 세로 2cm

④ 가로 13cm, 세로 4cm

정답 ②

SECTION 05 지적공부 등의 정리

1. 상속 등의 토지에 대한 지적공부정리 신청(제49조)

상속 등의 토지에 대한 지적공부정리 신청	① 상속, 공용징수, 판결, 경매 등 「민법」 제187조에 따라 등기를 요하지 아니하는 토지를 취득한 자는 지적공부정리신청을 할 수 있다. 이 경우 토지소유를 증명하는 서류를 첨부하여야 하고, 상속의 경우에는 상속인 전원이 신청하여야 한다. ② 〈삭제〉 ③ 제1항에 따른 토지소유를 증명하는 서류는 다음 각 호를 말한다. 1. 상속재산 분할 협의서 2. 공용징수증 3. 법원의 확정판결서 정본 또는 사본 4. 경매 낙찰증서 5. 그 밖에 소유권을 확인할 수 있는 서류
지적공부정리 신청의 조사 (제50조)	① 지적소관청은 법 제77조부터 제82조까지, 법 제84조, 법 제86조 및 법 제87조에 따른 지적공부정리신청이 있는 때에는 다음 각 호의 사항을 확인·조사하여 처리한다. 1. 신청서의 기재사항과 지적공부등록사항과의 부합 여부 2. 관계법령의 저촉 여부 3. 대위신청에 관하여는 그 권한대위의 적법 여부 4. 구비서류 및 수입증지의 첨부 여부 5. 신청인의 신청권한 적법 여부 6. 토지의 이동사유 7. 그 밖에 필요하다고 인정되는 사항 ② 접수된 서류를 보완 또는 반려한 때에는 지적업무정리부의 비고란에 그 사유를 붉은색으로 기재한다. ③ 지목변경 및 합병을 하여야 하는 토지가 있을 때와 등록전환에 따라 지목이 바뀔 때에는 다음 각 호의 사항을 확인·조사하여 별지 제6호 서식에 따른 현지조사서를 작성하여야 한다. 1. 토지의 이용현황 2. 관계법령의 저촉 여부 3. 조사자의 의견, 조사연월일 및 조사자 직·성명 ④ 분할 및 등록전환 측량성과도가 발급된 지 1년이 경과한 후 지적공부정리 신청이 있는 때에는 지적소관청은 다음 각 호의 사항을 확인·조사하여야 한다. 1. 측량성과와 현지경계의 부합 여부 2. 관계법령의 저촉 여부

「지적업무처리규정」상 분할 및 등록전환 측량성과도가 발급된 지 1년이 경과한 후 지적공부정리 신청이 있는 때에 지적소관청이 확인 · 조사하여야 하는 사항으로 가장 옳은 것은?

(21년서울시)

① 측량성과와 현지경계의 부합여부　　② 토지의 이동사유
③ 토지의 이동현황　　　　　　　　　④ 신청인의 신청권한 적법여부

정답 ①

예제 34

지목변경 및 합병을 하여야 하는 토지가 있을 때 작성하는 현지조사서에 포함되어야 하는 사항에 해당되지 않는 것은?

(21.1회지기)

① 조사자의 의견　　　　　　　　　② 소유자 변동이력
③ 토지의 이용현황　　　　　　　　④ 관계법령의 저촉여부

정답 ②

2. 지적공부정리 접수 등(제51조)

지적공부 정리 접수	① 지적소관청은 법 제77조부터 제82조까지, 법 제84조, 법 제86조 및 법 제87조에 따른 지적공부정리신청이 있는 때에는 지적업무정리부에 토지이동 종목별로 접수하여야 한다. 이 경우 부동산종합공부시스템에서 부여된 접수번호를 토지의 이동신청서에 기재하여야 한다. ② 제1항에 따라 접수된 신청서는 다음 각 호 사항을 검토하여 정리하여야 한다. 　1. 신청사항과 지적전산자료의 일치 여부 　2. 첨부된 서류의 적정 여부 　3. 지적측량성과자료의 적정 여부 　4. 그 밖에 지적공부정리를 하기 위하여 필요한 사항 ③ 제1항에 따라 접수된 지적공부정리신청서를 보완 또는 반려(취하 포함)할 때에는 종목별로 그 처리내용을 정리하여야 한다. 이 경우 반려 또는 취하된 지적공부정리신청서가 다시 접수되었을 때에는 새로 접수하여야 한다. ④ 제1항의 신청에 따라 지적공부가 정리 완료된 때에는 별지 제7호 서식에 따라 지적정리결과를 신청인에게 통지하여야 한다. 다만, 법 제87조에 따라 대위신청에 대한 지적정리결과통지는 달리할 수 있다. ⑤ 법 제87조에 따라 지적공부정리가 완료된 때에는 사업시행자는 분할 목적 및 분할 결과를 토지소유자 등 이해관계인에게 통지하여야 한다.

임시파일 생성 (제52조)	① 지적소관청이 지번변경, 행정구역변경, 구획정리, 경지정리, 축척변경, 토지개발사업을 하고자 하는 때에는 임시파일을 생성하여야 한다. ② 제1항에 따라 임시파일이 생성되면 지번별조서를 출력하여 임시파일이 정확하게 생성되었는지 여부를 확인하여야 한다.
지목변경 (제53조)	영 제64조제1항에 따라 등록전환을 하여야 할 토지 중 목장용지 · 과수원 등 일단의 면적이 크거나 토지대장등록지로부터 거리가 멀어서 등록 전환하는 것이 부적당하다고 인정되는 경우에는 임야대장등록지에서 지목변경을 할 수 있다.
축척변경 (제54조)	축척변경업무처리에 관하여는 제58조를 준용한다. 다만, 법 제83조제3항제1호 및 제2호에 따른 축척변경은 그러하지 아니하다.
등록사항정정대상토지의 관리 (제55조)	① 지적소관청은 등록사항정정대상 토지관리대장을 작성 · 비치하고, 토지의 표시에 잘못이 있음을 발견한 때에는 그 내용을 별지 제8호 서식의 등록사항정정대상 토지관리대장에 기재하여야 한다. 다만, 영 제82조제1항에 따라 지적소관청이 직권으로 지적공부의 등록사항을 정정할 경우에는 그러하지 아니하다. ② 지적소관청은 제20조제8항에 따라 지적측량수행자로부터 토지의 표시에 잘못이 있음을 통보받은 때에는 지체 없이 그 내용을 조사하여 규칙 제94조에 따라 처리하고, 그 결과를 지적측량수행자에게 통지하여야 한다. 다만, 해당토지가 소유권분쟁으로 소송계류 중일 때는 소송이 확정될 때까지 지적공부정리를 보류할 수 있다. ③ 지적소관청이 지적측량성과를 제시할 수 없어 등록사항정정대상토지로 결정한 경우에는 그 정정할 사항이 정리되기 전까지는 지적측량을 할 수 없다는 뜻을 토지소유자에게 통지하고 일반인에게 공고하여야 한다.

예제 35

지적소관청이 축척변경 등의 사업을 시행하고자 하는 때에는 임시파일을 생성하여야 한다. 이때 생성된 임시파일의 정확성을 확인하기 위해 활용하는 자료로 가장 옳은 것은?

(16년서울시9)

① 지번별 조서   ② 지번 등 명세
③ 토지이동조서   ④ 토지이동조사부

정답 ①

예제 36

지적공부정리신청이 있을 때에 검토하여 정리하여야 할 사항에 속하지 않는 것은?

(17년1회지산)

① 신청사항과 지적전산자료의 일치 여부   ② 지적측량성과자료의 적정 여부
③ 지적측량 입회의 확인 여부   ④ 첨부된 서류의 적정 여부

정답 ③

예제 **37**

지적업무처리규정상 다음 내용의 (   )안에 들어갈 말로 알맞은 것은?   (20년4회지기)

지적소관청이 지번변경, 행정구역변경, 구획정리, 경지정리, 축척변경, 토지개발사업을 하고자 하는 때에는 (   )을 생성하여야 한다.

① 도곽파일

② 복제파일

③ 임시파일

④ 토지이동파일

정답 ③

3. 행정구역경계의 설정 등(제56조)

행정구역경계의 설정	① 행정관할구역이 변경되거나 새로운 행정구역이 설치되는 경우의 행정관할구역 경계선은 다음 각 호에 따라 등록한다. 　1. 도로, 구거, 하천은 그 중앙 　2. 산악은 분수선(分水線) 　3. 해안은 만조 시에 있어서 해면과 육지의 분계선 ② 행정관할구역 경계를 결정할 때 공공시설의 관리 등의 이유로 제1항 각 호를 경계선으로 등록하는 것이 불합리한 경우에는 해당 시·군·구와 합의하여 행정구역경계를 설정할 수 있다. ③ 행정구역경계를 등록하여야 하는 경우에는 직접측량방법에 따라 등록하여야 한다. 다만 하천의 중앙 등 직접측량이 곤란한 경우에는 항공정사영상 또는 1/1000 수치지형도 등을 이용한 간접측량방법에 따라 등록할 수 있다.
행정구역변경 (제57조)	① 행정구역 변경은 다음 각 호의 어느 하나에 해당하는 경우에 할 수 있다. 　1. 행정구역명칭변경 　2. 행정관할구역변경 　3. 지번변경을 수반한 행정관할구역변경 ② 지적소관청은 제1항제3호에 따른 지번변경을 수반한 행정관할구역변경은 시행일 이전에 행정구역변경 임시자료를 생성하여 시행일 전일에 일일마감을 완료한 후 처리한다.

예제 **38**

간접측량방법을 적용하여 행정구역경계를 등록하는 경우에 사용하는 참조자료는?

(2015년지방직)

① 항공정사영상 또는 축척 1/1,000 수치지형도

② 항공정사영상 또는 축척 1/5,000 수치지형도

③ 인공위성영상 또는 축척 1/1,000 수치지형도

④ 인공위성영상 또는 축척 1/5,000 수치지형도

정답 ①

예제 **39**

지적공부정리 업무에 있어 행정구역 변경사유가 아닌 것은?   (18년1회지기)

① 행정계획변경   ② 행정관할구역변경
③ 행정구역명칭변경   ④ 지번변경을 수반한 행정관할구역변경

정답 ①

4. 도시개발 등의 사업신고(제58조)

도시개발 등의
사업신고
	① 지적소관청은 규칙 제95조제1항에 따른 도시개발사업 등의 착수(시행) 또는 변경신고가 있는 때에는 다음 각 호에 따라 처리한다.
	
	  1. 다음 각 목의 사항을 확인한다.
	    가. 지번별조서와 지적공부등록사항과의 부합여부
	    나. 지번별조서·지적(임야)도와 사업계획도와의 부합여부
	    다. 착수 전 각종 집계의 정확여부
	  2. 제1호에 따라 서류의 확인이 완료된 때에는 지체 없이 지적공부에 그 사유를 정리하여야 한다.
	
	② 지적소관청은 규칙 제95조제2항에 따라 도시개발사업 등의 완료신고가 있는 때에는 다음 각 호에 따라 처리한다.
	1. 다음 각 목의 사항을 확인한다.
	
	    가. 확정될 토지의 지번별조서와 면적측정부 및 환지계획서의 부합여부
	    나. 종전토지의 지번별조서와 지적공부등록사항 및 환지계획서의 부합여부
	    다. 측량결과도 또는 경계점좌표와 새로이 작성된 지적도와의 부합여부
	    라. 종전토지 소유명의인 동일여부 및 종전토지 등기부에 소유권등기 이외의 다른 등기사항이 없는지 여부
	    마. 그 밖에 필요한 사항
	
	2. 제1호에 따른 서류의 확인이 완료된 때에는 확정될 토지의 지번별조서에 따라 토지대장을, 측량성과에 따라 경계점좌표등록부 등을 작성한다. 이 경우 토지대장에 등록하는 소유자의 성명 또는 명칭과 등록번호 및 주소는 환지계획서에 따르되, 소유자의 변동일자와 변동원인은 다음 각 목에 따라 정리한다.
	
	    가. **소유자변동일자** : 환지처분 또는 사업준공 인가일자(환지처분을 아니할 경우에만 해당한다)
	    나. **소유자변동원인** : 환지 또는 지적확정(환지처분을 아니하는 경우에만 해당한다)
	
	3. 지적공부의 작성이 완료된 때에는 새로 지적공부가 확정 시행됨을 7일 이상 시·군·구 게시판 또는 홈페이지 등에 게시한다.
	4. 도시개발사업 등의 완료로 인하여 폐쇄되는 지적공부는 폐쇄사유를 그 지적공부에 정리하고 별도로 영구 보관한다.

도시개발사업 등의 정리 (제59조)	① 지적소관청은 규칙 제95조제1항에 따른 도시개발사업 등의 착수(시행) 또는 변경 신고서를 접수할 때에는 사업시행지별로 등록하고, 접수순으로 사업시행지 번호를 부여받아야 한다. ② 제1항에 따라 사업시행지 번호를 부여받은 때에는 지체 없이 사업시행지 번호별로 도시개발사업 등의 임시파일을 생성한 후 지번별조서를 출력하여 임시파일이 정확하게 생성되었는지 여부를 확인하여야 한다. ③ 지구계분할을 하고자 하는 경우에는 부동산종합공부시스템에 시행지 번호와 지구계 구분코드(지구 내 0, 지구 외 1)를 입력하여야 한다.

예제 40

도시개발사업 등의 완료신고가 있는 때에 지적소관청이 확인하여야 하는 사항으로 가장 옳지 않은 것은?   (18년서울시9)

① 지번별 조서와 지적공부등록사항과의 부합 여부
② 확정될 토지의 지번별 조서와 면적측정부 및 환지계획서의 부합 여부
③ 측량결과도 또는 경계점좌표와 새로이 작성된 지적도와의 부합 여부
④ 종전토지 소유명의인 동일 여부 및 종전토지 등기부에 소유권 등기 이외의 다른 등기사항이 없는지 여부   정답 ①

예제 41

도시시개발사업 완료신고 시 제출하지 않는 것은?   (13년서울시9)

① 확정될 토지의 지번별 조서와 면적측정부 및 환지계획서의 부합 여부
② 지번별 조서, 지적(임야)도와 사업계획도와의 부합 여부
③ 종전토지의 지번별 조서와 지적공부등록사항 및 환지계획서의 부합 여부
④ 측량결과도 또는 경계점좌표와의 새로이 작성된 지적도와의 부합 여부
⑤ 종전토지 소유명의인 동일 여부 및 종전토지 등기부에 소유권 등 이외의 다른 등기상이 없는지 여부   정답 ②

예제 42

도시개발사업에 따른 지구계 분할시 지구계 구분코드 입력사항으로 알맞은 것은?

(14년2회지산)

① 지구 내 0, 지구 외 2   ② 지구 내 0, 지구 외 1
③ 지구 내 1, 지구 외 0   ④ 지구 내 2, 지구 외 0

정답 ②

5. 소유자정리(제60조)

소유자정리	① 대장의 소유자변동일자는 등기필통지서, 등기필증, 등기부 등본·초본 또는 등기관서에서 제공한 등기전산정보자료의 경우에는 등기접수일자로, 법 제84조제4항 단서의 미등기토지 소유자에 관한 정정신청의 경우와 법 제88조제2항에 따른 소유자등록신청의 경우에는 (소유자정리결의일자)로, 공유수면 매립준공에 따른 신규 등록의 경우에는 매립준공일자로 정리한다. ② 주소·성명·명칭의 변경 또는 경정 및 소유권이전 등이 같은 날짜에 등기가 된 경우의 지적공부정리는 (등기접수 순서)에 따라 모두 정리하여야 한다. ③ 소유자의 주소가 토지소재지와 같은 경우에도 등기부와 일치하게 정리한다. 다만, 등기관서에서 제공한 등기전산정보자료에 따라 정리하는 경우에는 등기전산정보자료에 따른다. ④ 법 제88조제4항에 따라 지적소관청이 소유자에 관한 사항이 대장과 부합되지 아니하는 토지소유자를 정리할 때에는 제1항부터 제3항까지와 제65조제2항을 준용하며, 토지소유자 등 이해관계인이 등기부 등본·초본 등에 따라 소유자정정을 신청하는 경우에는 별지 제9호 서식의 소유자정정 신청서를 제출하여야 한다.
소유자정리	⑤ 국토교통부장관은 등기관서로부터 법인 또는 재외국민의 부동산등기용등록번호 정정통보가 있는 때에는 정정 전 등록번호에 따라 토지소재를 조사하여 시·도지사에게 그 내용을 통지하여야 한다. 이 경우 시·도지사는 지체 없이 그 내용을 해당 지적소관청에 통지하여야 한다. ⑥ 소유등록사항 중 토지이동과 함께 소유자가 결정되는 신규 등록, 도시개발사업 등의 환지 등록 시에는 토지이동업무 처리와 동시에 소유자를 정리하여야 한다.
미등기토지의 소유자정정 (제61조)	① 법 제84조제4항 단서에 따른 적용대상 토지는 미등기토지로서 소유자의 정정에 관한 사항과 토지조사당시에 사정 또는 재결 등에 따라 대장에 소유자는 등록하였으나, 소유자의 주소가 등록되어 있지 아니한 토지와 종전 「지적법시행령」(대통령령 제497호 1951년 4월 1일 제정)제3조제4호에 따라 국유지를 매각·교환 또는 양여하여 취득한 토지(이하 "국유지의 취득"이라 한다)의 소유자주소가 대장에 등록되어 있지 아니한 미등기토지로 한다. 다만, 1950.12.1. 법률 제165호로 제정된 「지적법」(1975.12.31. 법률 제2801호로 전문 개정되기 이전의 법률을 말한다)이 시행된 시기에 복구, 소유권확인청구의 소에 따른 확정판결이 있었거나, 이에 관한 소송이 법원에 진행 중인 토지는 제외한다. ② 미등기토지의 소유자주소를 대장에 등록하고자 하는 때에는 사정·재결 또는 국유지의 취득 당시 최초 주소를 등록한다. ③ 법 제84조제4항 단서의 미등기토지 소유자에 관한 정정신청은 별지 제10호 서식에 따르며, 지적소관청은 미등기토지의 소유자정정 등에 관한 신청이 있는 때에는 14일 이내에 다음 각 호의 사항을 확인하여 처리하여야 하며, 별지 제11호의 조사서를 작성하여야 한다. 1. 적용대상토지 여부 2. 대장상 소유자와 가족관계등록부·제적부에 등재된 자와의 동일인 여부 3. 적용대상토지에 대한 확정판결이나 소송의 진행여부 4. 첨부서류의 적합여부 5. 그 밖에 지적소관청이 필요하다고 인정되는 사항

미등기토지의 소유자정정 (제61조)	④ 지적소관청은 제3항에 따른 조사를 할 때에는 기간을 정하여 신청인에게 필요한 자료의 제출 또는 보완을 요구할 수 있다. ⑤ 지적소관청은 대장에 소유자의 주소 등을 등록한 때에는 지체 없이 신청인에게 그 내용을 통지하여야 한다.
토지표시변경 등기촉탁 (제62조)	다른 법령에서 토지표시변경 등기촉탁에 관한 규정이 있는 경우에는 법 제89조제1항에 따른 등기촉탁을 하지 아니할 수 있다.

예제 43

「지적업무처리규정」상 소유자정리 시 대장의 소유자 변동일자에 대한 설명으로 가장 옳지 않은 것은? (21년서울7)

① 등기부 등본의 경우에는 등기접수일자로 정리한다.

② 등기필통지서의 경우에는 등기필통지일로 정리한다.

③ 미등기토지 소유자에 관한 정정신청의 경우에는 소유자 정리결의일자로 정리한다.

④ 공유수면 매립준공에 따른 신규등록의 경우에는 매립 준공일자로 정리한다. 정답 ②

6. 지적공부 등의 정리(제63조)

지적공부 등의 정리	① 지적공부 등의 정리에 사용하는 문자 · 기호 및 경계는 따로 규정을 둔 사항을 제외하고 정리사항은 검은색, 도곽선과 그 수치 및 말소는 붉은색으로 한다. ② 지적확정측량 · 축척변경 및 지번변경에 따른 토지이동의 경우를 제외하고는 폐쇄 또는 말소된 지번을 다시 사용할 수 없다. ③ 토지의 이동에 따른 도면정리는 예시 2의 도면정리 예시에 따른다. 이 경우 법 제2조 제19호의 지적공부를 이용하여 지적측량을 한 때에는 측량성과파일에 따라 지적공부를 정리할 수 있다.
지적업무정리부 등의 정리 (제64조)	① 지적소관청은 토지의 이동 또는 소유자의 변경 등으로 지적공부를 정리하고자 하는 때에는 별지 제12호 서식의 지적업무정리부와 별지 제13호 서식의 소유자정리부에 그 처리내용을 기재하여야 한다. ② 제1항의 따른 지적업무정리부는 토지의 이동 종목별로, 소유자정리부는 소유권보존 · 이전 및 기타로 구분하여 기재한다. 다만, 부동산종합공부시스템을 통하여 정보를 확인 및 출력할 수 있으면 지적업무정리부와 소유자정리부의 별도 기재 없이 출력물로 대체할 수 있다.

예제 44

폐쇄 또는 말소된 지번을 다시 사용할 수 있는 토지이동으로 옳은 것은? (07년서울시7)

① 지적확정측량, 축척변경, 등록전환   ② 지적확정측량, 지번변경, 지번정정

③ 지번변경, 지번정정, 합병   ④ 합병, 지번변경, 지적확정측량

⑤ 지적확정측량, 축척변경, 지번변경   정답 ⑤

7. 토지이동정리결의서 및 소유자정리결의서 작성(제65조)

토지이동 정리결의서	① 규칙 제98조제2항에 따른 토지이동정리결의서는 다음 각 호와 같이 작성한다. 이 경우 증감란의 면적과 지번수는 늘어난 경우에는 (+)로, 줄어든 경우에는 (-)로 기재한다. 1. 지적공부정리종목은 토지이동종목별로 구분하여 기재한다. 2. 토지소재ㆍ이동 전ㆍ이동 후 및 증감란은 읍ㆍ면ㆍ동 단위로 지목별로 작성한다. 3. **신규 등록**은 이동후란에 지목ㆍ면적 및 지번수를, 증감란에는 면적 및 지번수를 기재한다. 4. **등록전환**은 이동전란에 임야대장에 등록된 지목ㆍ면적 및 지번수를, 이동후란에 토지대장에 등록될 지목ㆍ면적 및 지번수를, 증감란에는 면적을 기재한다. 이 경우 등록전환에 따른 임야대장 및 임야도의 말소정리는 등록전환결의서에 따른다. 5. **분할 및 합병**은 이동전ㆍ후란에 지목 및 지번수를, 증감란에 지번수를 기재한다. 6. **지목변경**은 이동전란에 변경전의 지목ㆍ면적 및 지번수를, 이동후란에 변경후의 지목ㆍ면적 및 지번수를 기재한다. 7. **지적공부등록말소**는 이동전ㆍ증감란에 지목ㆍ면적 및 지번수를 기재한다. 8. **축척변경**은 이동전란에 축척변경 시행 전 토지의 지목ㆍ면적 및 지번수를, 이동후란에 축척이 변경된 토지의 지목ㆍ면적 및 지번수를 기재한다. 이 경우 축척변경완료에 따른 종전 지적공부의 폐쇄정리는 축척변경결의서에 따른다. 9. **등록사항정정**은 이동전란에 정정전의 지목ㆍ면적 및 지번수를, 이동후란에 정정후의 지목ㆍ면적 및 지번수를, 증감란에는 면적 및 지번수를 기재한다. 10. **도시개발사업 등**은 이동전란에 사업 시행 전 토지의 지목ㆍ면적 및 지번수를, 이동후란에 확정된 토지의 지목ㆍ면적 및 지번수를 기재한다. 이 경우 도시개발사업 등의 완료에 따른 종전 지적공부의 폐쇄정리는 도시개발사업 등 결의서에 따른다.
소유자 정리결의서	② 규칙 제98조제2항에 따른 소유자정리결의서는 다음 각 호와 같이 작성한다. 다만, 등기전산정보자료에 따라 소유자를 정리하는 경우에는 생략할 수 있다. 1. 토지소재ㆍ소유권보존ㆍ소유권이전 및 기타란은 읍ㆍ면ㆍ동별로 기재한다. 2. **정리일자**는 소유자정리결의일부터 정리완료일까지 기재한다. 3. **정리자**는 업무담당자로 하고 확인자는 지적업무 담당으로 한다. 4. 소유자정리결과에 따라 접수ㆍ정리ㆍ기정리 및 불부합통지로 구분 기재한다.
오기정정 (제66조)	지적공부정리 중에 잘못 정리하였음을 즉시 발견하여 정정할 때에는 오기정정할 지적전산자료를 출력하여 지적전산자료책임관의 확인을 받은 후 정정하여야 한다. 다만, 잘못 정리하였음을 즉시 발견하지 못한 경우의 정정은 등록사항정정의 방법으로 하여야 한다.

예제 **45**

> **토지이동정리결의서 및 소유자정리결의서 작성에 대한 설명으로 틀린 것은?** (07년서울시7)
>
> ① 신규등록은 이동 후란에 지목·면적 및 지번수를, 증감란에 면적 및 지번수를 기재한다.
> ② 토지소재·이동 전·이동 후 및 증감란은 읍·면·동 단위로 지목별로 작성한다.
> ③ 등록전환에 따른 임야대장 및 임야도의 말소정리는 토지이동결의서에 의한다.
> ④ 분할 및 합병은 이동 전·후란에 지목 및 지번수를, 증감란에 지번수를 기재한다.
> ⑤ 지적공부등록말소는 이동 전·증감란에 지목·면적 및 지번수를 기재한다.
>
> ③

8. 토지이동정리결의서 및 소유자정리결의서 작성

① 규칙 제98조제2항에 따른 토지이동정리결의서는 다음 각 호와 같이 작성한다. 이 경우 증감란의 면적과 지번수는 늘어난 경우에는 (+)로, 줄어든 경우에는 (−)로 기재한다.

1. 지적공부정리종목은 토지이동종목별로 구분하여 기재한다.
2. 토지소재·이동 전·이동 후 및 증감란은 읍·면·동 단위로 지목별로 작성한다.

종목	이동 전	이동 후	증감란
신규 등록	−	지목·면적 및 지번수	면적 및 지번수
등록전환	임야대장에 등록된 지목·면적 및 지번수	토지대장에 등록될 지목·면적 및 지번수	면적
	이 경우 등록전환에 따른 임야대장 및 임야도의 말소정리는 등록전환결의서에 따른다.		
분할 및 합병	지목 및 지번수	지목 및 지번수	지번수
지목변경	변경 전의 지목·면적 및 지번수	변경 후의 지목·면적 및 지번수	−
지적공부 등록말소	지목·면적 및 지번수	−	지목·면적 및 지번수
축척변경	축척변경 시행 전 토지의 지목·면적 및 지번수	축척이 변경된 토지의 지목·면적 및 지번수	−
	이 경우 축척변경완료에 따른 종전 지적공부의 폐쇄정리는 축척변경결의서에 따른다.		
등록사항 정정	정정 전의 지목·면적 및 지번수	정정 후의 지목·면적 및 지번수	면적 및 지번수
도시개발 사업	사업 시행 전 토지의 지목·면적 및 지번수	확정된 토지의 지목·면적 및 지번수	−
	이 경우 도시개발사업 등의 완료에 따른 종전 지적공부의 폐쇄정리는 도시개발사업 등 결의서에 따른다.		

② 규칙 제98조제2항에 따른 소유자정리결의서는 다음 각 호와 같이 작성한다. 다만, 등기전산정보자료에 따라 소유자를 정리하는 경우에는 생략할 수 있다.

1. 토지소재·소유권보존·소유권이전 및 기타란은 읍·면·동별로 기재한다.
2. 정리일자는 소유자정리결의일부터 정리완료일까지 기재한다.
3. 정리자는 업무담당자로 하고 확인자는 지적업무 담당으로 한다.
4. 소유자정리결과에 따라 접수·정리·기정리 및 불부합통지로 구분 기재한다.

도면 및 측량결과도용지의 규격 (제67조)	① 측량결과도용지의 규격은 별표 6에 따른다. 다만, 동등 이상의 품질인 합성수지제 등을 사용하고자 할 때에는 국토교통부장관의 승인을 받아 사용할 수 있다. ② 측량결과도 예시는 별표 7부터 9까지와 같다.
측량기기의 검사 (제68조)	지적측량(지적측량검사를 포함한다)을 할 때에는 영 제97조에 따라 사용하는 측량기기의 성능을 검사하여 사용하고, 정기적으로 이상 유무를 확인하여야 한다.
권한을 표시하는 증표의 발급(제69조)	① 〈삭제〉 ② 증표를 발급받은 자가 퇴직 또는 전출하는 경우에는 증표를 발급권자에게 즉시 반납하여야 하며, 증표 및 허가증의 유효기간이 경과한 경우에는 즉시 폐기하여야 한다.
재검토기한 (제70조)	국토교통부장관은 「훈령·예규 등의 발령 및 관리에 관한 규정」에 따라 이 훈령에 대하여 2021년 1월 1일 기준으로 매 3년이 되는 시점(매 3년째의 12월 31일까지를 말한다)마다 그 타당성을 검토하여 개선 등의 조치를 하여야 한다.

지적현황측량성과도의 도시방법

기호			
⊕	위성기준점	(깃발 기호)	철도
◉	1등 삼각점	♀	버스정류장
◎	2등 삼각점	♉	택시정류장
●	3등 삼각점	♈	휴지통
◎	4등 삼각점	⊖—⊖	철책
⊕	지적삼각점	→ ↔ →	철조망
●	지적삼각보조점	⊓⊔⊓	성벽
○	지적도근점	(계단 기호)	계단
BM ⊠	수준점	▭◁▷▭	출입문
+ +	시 · 도 계	(석축 기호)	석축
— · —	시 · 군 계	(블록옹벽 기호)	블록옹벽
— · —	읍 · 면 계	(콘크리트옹벽 기호)	콘크리트옹벽
- - - - -	리 · 동 계	(암반노출 기호)	암반노출
——	지적선	⊤ ⊤ ⊤	경사
——	현황선(붉은선)	(보도블록 기호)	보도블록
(고가부 기호)	고가부	(지하철공기통 기호)	지하철공기통
(도로 기호)	도로	⌀	지름
(가로수도로 기호)	가로수도로	→→→	유수방향
- - - -	지하부	♁	소화전
⊐Ⅰ⊏	교차부	✪	급수탑
Ⅲ Ⅲ	지하도입구	⊓	철탑
(교량 기호)	교량	♀	활엽수

기호			
⊐┤├⊏	터널	🌲	침엽수
▭	육교	♀🌲	독립수
Ⓟ	주차장	∪ ∪	녹지
⊓	기념비	⊞	우물
⊔	분수대	━━━	담장
△	묘지	▽▽▽	가드 레일
⊥	논	◉	지하철역
┇	밭	🔘	동상
○	과수원	맨홀	
▱	지호	Ⓦ W1	상수도
⊓	벤치	Ⓢ S	하수도
🦟	우체통	Ⓔ E	전기
⊗	가스수치기	Ⓣ T	전화
⋈	밸브	Ⓖ G	가스
R	분전함	Ⓐ A	공동구
◧	제어기	Ⓘ I	공업용수
TB	공중전화	▱	빗물받이
⬤	신호등	건물	
-○-	전주	▭B	블록건물
-◇-	가로등	▭C	철근콘크리트
-⊖-	전신주	▭W	목조건물
□━	차단기	▭ㅂ	벽돌건물
⛄	경보기	⬚	무벽사

기호			
도로표식		노선경과	
⊤	안내	⊂	기점
⟀	규제	⇨	종점
○	지시	→	통과
⟰	주의	노면	
○	반사거울	C	콘크리트
◉	광고판	A	아스팔트
⋈	사적지	B	블록
WC	공중화장실	C	사다리

측량결과도 용지의 규격

1. 측량결과도 용지의 규격은 다음과 같다.

항목	단위	측량결과도 용지	비고
		백상지	
크기	mm	가로 520±1.5 세로 420±1.5	
평량 (KSM7013)	g/m³	200 이상	
두께 (KSM7021)	mm	0.20 이상	
백색도 (KSM7026)	%	50 이상	
평활도 (KSM7028)	초	20 이상	
내절강도 (KSM7065)	회	종 : 300 이상 횡 : 200 이상	
회분 (KSM7033)	%	2 이하	
신축량	mm	0.5 이하	

2. 측량결과도 용지는 완제품 상태에서 시험한다. 이 경우 시험편 제작 및 신축량의 측정은 다음 각 목에 따른다.

　　가. 시험편의 크기는 가로 520mm, 세로 420mm로 한다.

　　나. 전처리는 KSM7012에 의한 시험용지의 전처리에 의거 4시간 이상 처리한다.

　　다. 도곽선은 4H－6H의 연필로 가로 400mm, 세로 300mm로 제도한다.

　　라. 상대습도 90±2%, 온도 40±1℃, 풍속 0.5～3m/s 정도의 상태에서 4시간 이상 방치하였다가 지체 없이 지적측량시행규칙 제20조제3항의 규정에 의하여 신축량을 측정한다. 〈개정 2004.7.6.〉

　　마. 측정에 사용하는 자는 최소눈금 0.05mm의 캘리퍼를 사용한다.

　　바. 측정조건은 전처리 조건과 동일하게 한다.

3. 측량결과도 용지는 위 사항의 규격에 따른 전문기관의 시험에 합격하여야 한다.

[별표 7] 도해지역의 토지이동 측량결과도 (제67조제2항관련)

시·군·구   읍·면   동·리   측량결과도 제   호 (지적도 호) 축척   00 분의 1
임야도

용도지역   신축량 mm   보정계수

도곽신축 ( )

소관청   측량준비도   속량결과도   속량성과도   지적도   검사
작성 확인 일   작성 확인 일   작성 확인   정리
측량   년 월 일   검사   년 월 일   자격   자격   경리   검사
자격   자격   자격   자격

비고
측량   년 월 일 ㉙   검사   년 월 일 ㉙
측량자격   검사자격

동리 명칭	지 번	종전 지목	최후 토지표시 신청수	측량연혁	도부신청 보정계수	보정연적	원면적	지정연적	신출연적	결정면적
			제1회 제2회							

지적선방위각 기준점	거리	과 표	방위각	X m	Y m

[별표 8] 경계복원·지적현황 측량결과도 (제67조제2항관련)

시·군·구   읍·면·동·리

측량결과도   제 (   ) 호   축척   OO 분의 1

지적도
임야도

신축량 mm	용도지역
보정계수	

도곽선축 (   )

지적측량 기준점 번호	기 지	방위각	계		표	
			X	Y	X	Y

측량준비도		측량결과도			측량도 성과작성
작 성	확 인	작 성	확 인	검 사	

측량 년 월 일

담당자
팀원자
팀원자

인
인
인

[별표 9] 경계점좌표등록부시행지역 측량결과도 (제67조제2항관련)

시군구 읍면동 리 측량결과도(좌표) 제 (호) 지적도 제 호 축적 00 분의 1 용도지역 주거

1. 경계점(경계측량기준점)의 좌표
2. 기지점 계산
3. 경계점(도근점) 관측 및 좌표 계산
4. 교차점 계산
5. 면적측정방법 계산
6. 세부측량성과 결정(전산처리)
7. 성과검사부

9장 지적공부 세계측지계 변환규정

[시행 2021.4.19.][국토교통부훈령 제1380호, 2021.4.19., 일부개정]

SECTION 01 총칙

1. 목적(제1조)

이 규정은 「공간정보의 구축 및 관리 등에 관한 법률」 제6조에 따른 부칙(법률 제9774호, 2009.6.9.) 제5조제2항 및 「지적재조사에 관한 특별법」 제4조에 따라 수립하여 고시된 기본계획에 의하여 세계 측지계 기준으로 지적공부를 변환하기 위한 방법과 절차를 정함을 목적으로 한다.

「공간정보의 구축 및 관리 등에 관한 법률」 제6조에 따른 부칙 5조(측량기준에 관한 경과조치)

① 제6조제1항에도 불구하고 지도ㆍ측량용 사진 등을 이용하는 자의 편익을 위하여 종전의 「측량법」(2001년 12월 19일 법률 제6532호로 개정되기 전의 것을 말한다)에 따른 측량기준을 사용하는 것이 불가피하다고 인정하여 국토해양부장관이 지정하여 고시한 경우에는 2009년 12월 31일까지 다음 각 호에 따른 종전의 측량기준을 사용할 수 있다.

 1. 지구의 형상과 크기는 베셀(Bessel)값에 따른다.
 2. 위치는 지리학상의 경도 및 위도와 평균해면으로부터의 높이로 표시한다. 다만, 필요한 경우에는 직각좌표 또는 극좌표로 표시할 수 있다.
 3. 거리와 면적은 수평면상의 값으로 표시한다.
 4. 측량의 원점은 대한민국 경위도원점 및 수준원점으로 한다.

② 제6조제1항에도 불구하고 제86조제1항에 따른 사업의 시행지역이 아닌 지역에 대하여는 2020년 12월 31일까지 다음 각 호에 따른 종전의 지적측량기준을 사용할 수 있다.

 1. 지구의 형상과 크기는 베셀값에 따른다.
 2. 수평위치는 지리학적 경위도로 표시한다. 다만, 지적도를 제작할 때에는 그 필지의 경계점 및 도곽(圖廓)을 직각좌표로 표시한다.
 3. 거리와 면적은 수평면상의 값으로 표시한다.
 4. 측량의 원점은 대한민국 경위도원점으로 한다.

「지적재조사에 관한 특별법」 제4조(기본계획의 수립) [암기] [규][연][인] [방]기 [시][도] [표][준][교][육] [연][구][개][발]

① 국토교통부장관은 지적재조사사업을 효율적으로 시행하기 위하여 다음 각 호의 사항이 포함된 지적재조사사업에 관한 기본계획(이하 "기본계획"이라 한다)을 수립하여야 한다. 〈개정 2013.3.23., 2017.4.18〉

1. 지적재조사사업의 시행기간 및 [규]모
2. 지적재조사사업비의 [연]도별 집행계획
3. 지적재조사사업에 필요한 [인]력의 확보에 관한 계획
4. 지적재조사사업에 관한 기본[방]향
5. 지적재조사사업비의 특별시 · 광역시 · 도 · 특별자치도 · 특별자치시 및 「지방자치법」 제198조에 따른 대도시로서 구(區)를 둔 시(이하 "[시] · [도]"라 한다)별 배분 계획 〈개정 2021.1.12.〉
6. 그 밖에 지적재조사사업의 효율적 시행을 위하여 필요한 사항으로서 **대통령령으로 정하는 사항**

1. 디지털 지적(地籍)의 운영 · 관리에 필요한 [표][준]의 제정 및 그 활용
2. 지적재조사사업의 효율적 추진을 위하여 필요한 [교][육] 및 [연][구] · [개][발]
3. 그 밖에 국토교통부장관이 법 제4조제1항에 따른 지적재조사사업에 관한 기본계획(이하 "기본계획"이라 한다)의 수립에 필요하다고 인정하는 사항

② 국토교통부장관은 기본계획을 수립할 때에는 미리 공청회를 개최하여 관계 전문가 등의 의견을 들어 기본계획안을 작성하고, 특별시장 · 광역시장 · 도지사 · 특별자치도지사 · 특별자치시장 및 「지방자치법」 제198조에 따른 대도시로서 구를 둔 시의 시장(이하 "시 · 도지사"라 한다)에게 그 안을 송부하여 의견을 들은 후 제28조에 따른 중앙지적재조사위원회의 심의를 거쳐야 한다. 〈개정 2021.1.12.〉

③ 시 · 도지사는 제2항에 따라 기본계획안을 송부받았을 때에는 이를 지체 없이 지적소관청에 송부하여 그 의견을 들어야 한다.

④ 지적소관청은 제3항에 따라 기본계획안을 송부받은 날부터 20일 이내에 시 · 도지사에게 의견을 제출하여야 하며, 시 · 도지사는 제2항에 따라 기본계획안을 송부받은 날부터 30일 이내에 지적소관청의 의견에 자신의 의견을 첨부하여 국토교통부장관에게 제출하여야 한다. 이 경우 기간 내에 의견을 제출하지 아니하면 의견이 없는 것으로 본다.

⑤ 제2항부터 제4항까지의 규정은 기본계획을 변경할 때에도 적용한다. 다만, 대통령령으로 정하는 경미한 사항을 변경할 때에는 제외한다.

1. 다음 각 목의 요건을 모두 충족하는 토지로서 기본계획에 반영된 전체 지적재조사사업 대상 토지의 증감
   가. 필지의 100분의 20 이내의 증감
   나. 면적의 100분의 20 이내의 증감
2. 지적재조사사업 총사업비의 처음 계획 대비 100분의 20 이내의 증감

⑥ 국토교통부장관은 기본계획을 수립하거나 변경하였을 때에는 이를 관보에 고시하고 시 · 도지사에게 통지하여야 하며, 시 · 도지사는 이를 지체 없이 지적소관청에 통지하여야 한다. 〈개정 2013.3.23.〉

⑦ 국토교통부장관은 기본계획이 수립된 날부터 5년이 지나면 그 타당성을 다시 검토하고 필요하면 이를 변경하여야 한다.

2. 정의(제2조)

이 규정에서 사용하는 용어의 정의는 다음과 같다.

세계측지계 변환	지역측지계 기준으로 등록된 지적공부를 세계측지계 기준으로 변환하는 것을 말한다.
사업지구	세계측지계 기준으로 지적공부에 등록된 지역을 제외한 모든 지역을 말한다.
변환구역	세계측지계 변환을 위하여 동일한 변환계수 및 이동량을 사용하는 구역을 말한다.
공통점	지역측지계와 세계측지계 성과를 모두 가지고 있는 지적기준점 중 세계측지계 변환에 이용되는 지적기준점을 말한다.
변환계수	2차원 헬머트(Helmert) 변환모델에 적용하기 위하여 산출한 계수를 말한다.
공통점변환	세계측지계 변환을 위해 공통점을 이용하여 변환하는 방법을 말한다.
2차원 헬머트 (Helmert) 변환	2차원 평면상에서 이동·축척·회전을 이용하여 도형의 좌표를 변환하는 모델을 말한다.
편차량	변환계수를 이용하여 세계측지계로 변환한 성과와 세계측지계 기준의 계산성과 또는 실측 성과와의 차이를 말한다.

3. 적용범위(제3조)

① 이 규정은 지적공부의 세계측지계 변환에 관하여 다른 규정에 우선하여 적용한다.

② 지적공부의 세계측지계 변환 절차와 방법에 대하여 규정하지 아니한 사항은 「공간정보의 구축 및 관리 등에 관한 법률」(이하 "법"이라 한다), 「지적재조사에 관한 특별법」, 「지적측량시행규칙」, 「지적재조사측량규정」에서 규정한 것을 준용한다.

SECTION 02 계획 및 준비

세계측지계 변환 시행자 (제4조)	① 세계측지계 변환은 지적소관청이 시행한다. ② 지적소관청은 세계측지계 변환을 위한 지적기준점 조사 및 공통점 측량, 지적도·임야도(이하 "도면"이라 한다) 정비 등을 「국가공간정보 기본법」 제12조에 따라 설립된 기관에게 대행하게 할 수 있다.
실시계획 수립 (제5조)	① 지적소관청은 공통점 확보 및 변환구역 선정을 위해 다음 각 호의 사항을 검토하여 실시계획을 수립하여야 한다. 　1. 사업 추진일정에 관한 사항 　2. 인력, 장비, 예산 운영에 관한 사항 　3. 공통점 확보를 위한 기준점 측량 및 분석에 관한 사항 　4. 변환성과의 검증 및 관리 등에 관한 사항

실시계획 수립 (제5조)	② 지적소관청은 수립된 실시계획을 특별시장 · 광역시장 · 특별자치시장 · 도지사 · 특별자치 도지사 및 「지방자치법」 제175조에 따른 인구 50만 이상 대도시의 시장(자치구가 아닌 구를 두지 않은 시장은 제외한다. 이하 "시 · 도지사"라 한다)에게 제출하여야 한다. ③ 시 · 도지사는 제2항에 따른 실시계획을 검토하여 결과를 15일 이내에 지적소관청에 통보하 여야 하며, 변경사항이 있는 경우 지적소관청은 정당한 사유가 없으면 실시계획을 수정하여 야 한다.
자료제공 (제6조)	① 지적소관청은 제4조제2항에 의하여 대행하게 할 경우 필요한 지적기준점 자료 및 지적전산 자료 등을 대행자에게 제공하여야 하며, 대행자는 지적소관청에 자료 제공을 요청할 때에는 다음 각 호의 서식을 작성하여 제출하여야 한다 1. 보안각서(「부동산종합공부시스템 운영 및 관리규정」 별지 제4호 서식) 2. 부동산종합공부 전산자료 수령증(「부동산종합공부시스템 운영 및 관리규정」 별지 제5호 서식) ② 지적소관청은 제1항에 따른 자료를 제공할 때에는 소유자 등 개인정보와 관련된 사항은 제외 하여야 한다. ③ 대행자는 지적소관청으로부터 제공받은 자료를 해당 사업에만 사용하여야 하며, 사업이 완 료되는 즉시 파기하고 별지 제9호서식의 파기확인서를 지적소관청에 제출하여야 한다.
지적기준점 조사(제7조)	① 시행자는 원활한 사업추진을 위하여 공통점 측량을 실시하기 전에 지적기준점 조사를 실시 한다. ② 지적기준점 조사는 지적기준점의 분포, 망실여부, 계산부의 보존유무, 위성측량 가능여부 등 을 확인한다. ③ 공통점은 지적기준점 조사 결과를 반영하여 선정한다.

SECTION 03 세계측지계 변환

공통점 선정기준 (제8조)	① 공통점은 제11조의 변환구역 선정 및 제13조의 변환구역 변환을 위해 다음 각 호에 해당되 는 지적기준점으로 선정한다. 1. 전국 지적측량기준점 정비 및 측량성과 산출사업(2009년)으로 정비된 지적삼각점, 지 적삼각보조점 2. 시 · 도지사 및 지적소관청이 지적기준점 정비사업을 별도로 수행하여 관리하고 있는 지적기준점 3. 지적확정측량이 완료되어 세계측지계 성과를 보유하고 있는 지적기준점 4. 성과가 상호 부합한다고 판단되어 지적소관청에서 자체적으로 활용하고 있는 지적기 준점 ② 공통점은 변환구역별 성과가 양호한 지적기준점으로 선정한다. 다만, 원점을 달리하는 경우 에는 원점별로 선정하여야 한다. ③ 지적기준점이 다음 각 호에 해당하는 경우에는 공통점 선정에서 제외할 수 있다.

공통점 선정기준 (제8조)	1. 위성측량 실시지역에서 건물이나 위성신호 왜곡 등으로 양호한 세계측지계 성과 취득이 어려운 경우 2. 토털스테이션 측량방법을 통해 양호한 세계측지계 성과 취득이 어려운 경우 3. 지적기준점의 지역측지계 성과가 주위 성과와 부합되지 않는 경우 4. 지적소관청에서 공통점으로 사용하는데 불필요하다고 인정하는 경우

④ 공통점 확보가 어려운 경우 지적기준점을 신설 또는 정비하여 공통점으로 선정할 수 있다.

공통점 측량 (제9조)

① 변환구역 선정 및 변환계수 산출을 위한 공통점측량은 정지측량, 이동측량 또는 토털스테이션측량 방법으로 실시한다.

② 제1항에 따른 공통점 측량의 관측기준은 다음 각 호와 같으며, 그 밖에 필요한 사항은 「지적재조사 측량규정」에 따른다.

1. 정지측량

기지점과의 거리	측정시간	데이터 수신간격
5km 이상	60분 이상	30초 이하
5km 미만	30분 이상	

2. 이동측량

구분	측정횟수(세션)	관측간격	측정시간	데이터 수신간격
다중기준국 실시간 이동측량	2회	60분 이상	고정해를 얻고 나서 60초 이상	1초
단일기준국 실시간 이동측량	기준국을 달리하여 2회			

※ 단일기준국 실시간 이동측량 시 기준국은 통합기준점 또는 정지측량에 의한 지적기준점을 사용하며, 기지점과의 거리는 5km 이내

3. 토털스테이션측량 : 「지적측량시행규칙」 제8조부터 제15조까지 적용

공통점 결정 (제10조)

① 변환계수 산출에 필요한 공통점은 제8조에 따라 선정된 지적기준점 중에서 세계측지계 관측성과와 대상지역의 변환성과 간 연결교차가 다음 각 호의 범위 이내인 지적기준점으로 결정한다.

1. 경계점좌표등록부 시행지역 : 7.5cm
2. 그 밖의 지역 : 12.5cm

② 사업시행자는 변환구역 내 필지에 대하여 변환 이전의 지적측량성과 결정방법으로 지적측량이 실시될 수 있도록 공통점 수량을 고려하여 결정한다.

변환구역 선정 (제11조)

① 변환구역은 제10조에 따라 선정된 공통점 분석 결과를 반영하여 사업지구 내에서 선정하고, 구소삼각·특별소삼각지역·경계점좌표등록부 시행지역은 별도의 변환구역으로 선정한다.

② 제1항에 따른 변환구역의 선정기준은 다음 각 호와 같다.

1. 지적공부 등록기준별(도해, 경계점좌표등록부)지역
2. 행정구역 단위인 리·동 지역
3. 주요 지형지물(도로, 구거, 하천 등)을 경계로 구분한 지역
4. 기타 지적소관청이 정하는 지역

변환구역의 결정 (제12조)	① 지적소관청은 제11조에 따른 변환구역 선정 결과를 시·도지사에게 제출하여야 한다. ② 시·도지사는 제1항에 따른 변환구역 선정결과를 검토하여 변경사항이 있는 경우에는 15일 이내에 지적소관청에 통보하여야 하며, 변경사항이 없는 경우에는 변환구역이 결정된 것으로 본다.
변환방법 (제13조)	① 제10조에 의해 결정된 공통점을 이용하여 2차원 헬머트(Helmert) 변환모델의 변환계수를 산출하고 제12조에 의하여 결정된 변환구역을 대상으로 변환한다. 다만, 경계점좌표등록부 시행지역은 축척계수를 제외한 이동·회전 변환계수만 산출하여 변환한다. ② 제1항의 공통점을 이용한 변환방법이 변환구역 변환에 적합하지 않는 경우에는 평균편차조정방법, 현형변환방법 및 좌표재계산방법으로 변환할 수 있다.
평균편차조정 방법 (제14조)	① 평균편차조정방법은 제13조제1항의 공통점을 이용한 방법으로 변환된 성과가 지역측지계 지적측량 성과와 들어맞지 않아 조정이 필요한 지역에 적용한다. ② 평균편차조정방법의 적용은 다음 각 호와 같다. 1. 변환구역 단위로 선정된 공통점을 이용하여 2차원 헬머트(Helmert) 변환 모델에 의해 변환계수를 산출한다. 2. 산출된 변환계수로 조정이 필요한 변환구역 단위 공통점들의 편차량을 구한다. 3. 조정이 필요한 변환구역 단위 공통점들의 편차량을 지역측지계 지적측량성과와 들어맞도록 평균값을 구하여 조정한다.
현형변환 방법 (제15조)	① 현형변환방법은 지역측지계에서 현형법으로 지적측량성과를 결정하는 지역에 적용한다. ② 현형변환방법의 적용은 다음 각 호와 같다. 1. 해당 변환구역의 지적측량성과 자료를 확보한다. 다만, 자료를 확보할 수 없는 경우에는 지적측량을 실시하여야 한다. 2. 지역측지계 지적측량성과에 의해 결정된 경계점, 측판점 및 가감된 지적기준점 등을 공통점으로 선정한다. 3. 제10조제2항에 의해 결정된 변환구역 내에서는 지역적 특성에 따라 현형성과 이동량을 조정한다.
좌표재계산 방법 (제16조)	① 좌표재계산방법은 경계점좌표등록부 시행 지역에서 지적확정측량 당시의 관측부 및 계산부가 보존되어 있는 경우에 적용한다. ② 좌표재계산방법은 다음 각 호의 순서에 따른다. 1. 지적확정측량 당시에 사용된 지적기준점의 세계측지계 성과를 산출한다. 2. 제1호에 따라 산출한 세계측지계 성과를 기준으로 지적확정측량 당시의 계산부상 각과 거리를 이용하여 필지경계를 재계산한다.

「지적공부 세계측지계 변환규정」상 공통점을 이용한 2차원 헬머트(Helmert) 변환모델이 변환구역에 적합하지 않아 별도의 사업지구 단위로 변환할 경우 사용하는 방법으로 옳지 않은 것은?

(19년 지방직)

① 7매개변수 변환방법　　　　② 현형 변환방법
③ 평균편차 조정방법　　　　④ 좌표 재계산방법

정답 ①

「지적공부 세계측지계 변환규정」상 공통점 및 변환방법에 대한 설명으로 가장 옳지 않은 것은?

(21년서울시7급)

① 공통점을 이용하여 2차원 헬머트(Helmert) 변환모델의 변환계수를 산출한다.
② 경계점좌표등록부 시행지역은 축척계수를 포함한 이동 변환계수를 산출하여 변환한다.
③ 공통점이란 지역측지계와 세계측지계 성과를 모두 가지고 있는 지적기준점 중 세계측지계 변환에 이용되는 지적기준점을 말한다.
④ 공통점을 이용한 변환방법이 변환구역 변환에 적합하지 않는 경우에는 좌표재계산방법으로 변환할 수 있다.

정답 ②

변환성과 검증 (제17조)	① 변환성과 검증은 위치 검증과 면적 검증으로 구분하여 실시한다.
	② 검증필지는 변환구역 내 모든 필지를 대상으로 하며, 부득이한 경우 지적소관청이 정하는 기준으로 할 수 있다.
	③ 위치 검증성과는 필지별 2개 이상의 경계점을 대상으로 공통점의 지역측지계 성과에서 변환 전 필지의 도상좌표까지 각과 거리를 계산하고 이 값을 사용하여 공통점의 세계측지계 성과를 기준으로 좌표를 산출한다.
	④ 변환성과의 위치 검증은 제3항에 따라 산출한 성과와 비교하여 검증하며, 위치 검증결과 차이가 다음 각 호의 범위 이내인 경우에는 변환성과를 최종성과로 결정한다.
	1. 경계점좌표등록부 시행지역 : 5cm 2. 그 밖의 지역 : 10cm
	⑤ 변환성과의 면적 검증은 다음 각 호에 의하여 검증한다.
	1. 필지의 산출면적은 좌표면적계산법에 의하며, 1천분의 1제곱미터까지 계산하여 정한다. 2. 면적의 비교는 필지의 변환 전과 후의 산출면적을 비교하여 검증한다. 3. 제2호에 따른 허용면적 공차는 변환 전 산출면적 $\times \dfrac{1}{10,000}\,m^2$ 이내로 한다.

성과물 작성 (제18조)	① 시행자는 세계측지계 변환이 완료된 때에는 다음 각 호의 성과물을 별지 제1호 서식부터 제8호 서식에 따라 작성한다. 1. 변환결과부 2. 공통점 배치도 3. 변환계수 산출부 4. 공통점측량 관측표(정지측량) 5. 공통점측량 관측부(정지측량) 6. 공통점측량 관측부(단일기준국·다중기준국실시간이동측량) 7. 위치검증 계산부 8. 면적검증 계산부 ② 기존에 확보된 공통점의 경우, 제1항 제4호 내지 제6호 서식의 작성을 제외한다.
성과검사의 방법 등 (제19조)	① 공통점의 성과검사는 다음 각 호와 같다. 1. 「지적재조사에 관한 특별법 시행규칙」 제6조제4항에 따른다. 2. 지적소관청은 성과검사가 완료된 공통점을 법 제8조에 따라 기준점 표지로 관리하여야 한다. ② 세계측지계 변환 성과검사는 다음 각 호와 같다. 1. 대행자가 세계측지계로 변환한 성과는 지적소관청이 검사하고, 지적소관청이 변환한 성과는 시·도지사가 검사하되 효율적 업무 추진을 위하여 부득이한 경우 지적소관청으로 위임할 수 있으며, 이 경우 측량자와 검사자를 달리하여 검사하여야 한다. 2. 제17조에 따른 변환성과 검증 결과가 허용범위를 초과하는 경우에는 그 원인을 조사하여 변환작업을 재수행하여야 한다. 다만, 허용범위를 초과하는 필지수가 변환구역 전체 필지수의 100분의 5 이하이거나, 지적소관청이 변환구역 전체의 변환성과에 지장이 없다고 판단하는 경우에는 그러하지 아니하다. 3. 제2호에 따라 변환작업을 재수행한 결과가 제17조제4항에 따른 범위를 초과하는 경우에는 변환성과 검증자료와 현장조사, 기존 지적측량 결과도, 수치지도, 정사영상 등을 종합적으로 검토하여 최종 지적불부합지로 결정한다. ③ 세계측지계 변환성과 검사항목은 다음 각 호와 같다. 1. 공통점 선정 및 변환계수 산출의 적정성 2. 공통점 측량의 적정성 및 결과물 점검(기존에 확보된 공통점은 제외) 3. 변환방법의 적정성 4. 변환성과 검증 결과 5. 변환 성과물 점검

「지적공부 세계측지계 변환규정」상 세계측지계 변환성과 검증에 대한 설명으로 가장 옳지 않은 것은? (22년서울시9)

① 면적의 비교는 필지의 변환 전과 후의 산출면적을 비교하여 검증한다.

② 위치 검증성과는 필지별 3개 이상의 경계점을 대상으로 공통점의 세계측지계 성과에서 변환 전 필지의 도상좌표까지 각과 거리를 계산한다.

③ 세계측지계 변환성과 검증은 위치 검증과 면적 검증으로 구분하여 실시한다.

④ 검증필지는 변환구역 내 모든 필지를 대상으로 하며, 부득이한 경우 지적소관청이 정하는 기준으로 할 수 있다.

 정답 ②

「지적공부 세계측지계 변환규정」의 내용으로 가장 옳지 않은 것은? (20년서울시7)

① 공통점이란 지역측지계와 세계측지계 성과를 모두 가지고 있는 지적기준점 중 세계측지계 변환에 이용되는 지적기준점을 말한다.

② 공통점 측량 시 정지측량의 데이터 수신간격은 30초 이하이며, 이동측량은 데이터 수신간격을 1초로 한다.

③ 변환성과 검증에서 위치 검증결과 차이가 경계점좌표등록부 시행지역에서 15cm 이내인 경우에는 변환성과를 최종성과로 결정한다.

④ 변환성과의 허용면적 공차는 변환 전 산출면적 $\times \dfrac{1}{10,000} \mathrm{m}^2$ 이내로 한다.

 정답 ③

〈보기〉는 「지적공부 세계측지계 변환규정」에서 제시하고 있는 변환성과의 허용면적의 공차에 대한 내용이다. ⑺에 들어갈 내용으로 가장 옳은 것은? (21년서울시9)

〈보기〉
면적의 비교는 필지의 변환 전과 후의 산출면적을 비교하여 검증한다. 이에 따른 허용면적 공차는 변환 전 산출면적 × ⑺ m^2 이내로 한다.

① 1/1,000   ② 1/2,000

③ 1/5,000   ④ 1/10,000

 정답 ④

SECTION 04 변환 후 성과관리 등

지적공부
등록
(제20조)
	① 지적소관청은 제19조의 규정에 따라 성과검사를 완료한 세계측지계 변환성과는 법 제2조제19호의 지적공부로 등록하여야 한다. 이 경우 기존 지적도, 임야도 및 경계점좌표등록부는 폐쇄하고 별도로 영구 보관하여야 한다.
	② 지적소관청은 제1항에 따라 세계측지계 변환성과를 지적공부로 등록한 경우에는 지체 없이 다음 각 호의 사항을 일간신문에 게재하거나 해당 시·군·구의 게시판 또는 인터넷 홈페이지에 20일 이상 공고하여야 한다.
	
	   1. 지적공부 세계측지계 변환의 관련근거, 목적 및 주요 내용
	   2. 지적공부 등록 대상 및 시행일자
	   3. 그 밖에 필요한 사항

도면정비 (제21조)	① 지적소관청은 세계측지계 변환 사업의 원활한 추진을 위하여 필요한 경우 지적(임야)도의 행정구역·축척·도곽별로 등록된 필지의 경계 간 이격·공백·중복 등의 오류 정비를 병행하여 추진한다. ② 제1항에 따른 도면정비는 「지적도·임야도 정비지침」(지적기획과-1555, 2011.6.28)에 따른다.
지적불부합지 정리 (제22조)	지적소관청은 제19조제2항제3호에 따라 추출된 지적불부합지는 「지적재조사에 관한 특별법」 제7조에 따른 지적재조사사업으로 정리하거나 법 제84조에 따른 등록사항의 정정으로 정리할 수 있다.

SECTION 05 보칙

재검토기한 (제23조)	국토교통부장관은 「훈령·예규 등의 발령 및 관리에 관한 규정」에 따라 2021년 7월 1일 기준으로 매 3년이 되는 시점(매 3년째의 6월 30일까지를 말한다)마다 그 타당성을 검토하여 개선 등의 조치를 하여야 한다.

10장 도로명 주소법

[시행 2021.6.9.] [법률 제17574호, 2020.12.8., 전부개정]

1. 법 제1조(목적)

이 법은 도로명주소, 국가기초구역, 국가지점번호 및 사물주소의 표기 · 사용 · 관리 · 활용 등에 관한 사항을 규정함으로써 국민의 생활안전과 편의를 도모하고 관련 산업의 지원을 통하여 국가경쟁력 강화에 이바지함을 목적으로 한다.

2. 제2조(정의)

법 제2조	
도로	"도로"란 다음 각 목의 어느 하나에 해당하는 것을 말한다. 가.「도로법」제2조제1호에 따른 도로(같은 조 제2호에 따른 도로의 부속물은 제외한다) 나. 그 밖에 차량 등 이동수단이나 사람이 통행할 수 있는 통로로서 대통령령으로 정하는 것
도로구간	"도로구간"이란 도로명을 부여하기 위하여 설정하는 도로의 시작지점과 끝지점 사이를 말한다.
도로명	"도로명"이란 도로구간마다 부여된 이름을 말한다
기초번호	"기초번호"란 도로구간에 **행정안전부령**으로 정하는 간격마다 부여된 번호를 말한다. 제3조(기초번호의 부여 간격)「도로명주소법」(이하 "법"이라 한다) 제2조제4호에서 "**행정안전부령**으로 정하는 간격"이란 20미터를 말한다. 다만, 다음 각 호의 도로에 대하여는 다음 각 호의 간격으로 한다. 1.「도로교통법」제2조제3호에 따른 고속도로(이하 "고속도로"라 한다) : 2킬로미터 2. 건물번호의 가지번호가 두 자리 숫자 이상으로 부여될 수 있는 길 또는 해당 도로구간에서 분기되는 도로구간이 없고, 가지번호를 이용한 건물번호를 부여하기 곤란한 길 : 0미터 3. 가지번호를 이용하여 건물번호를 부여하기 곤란한 종속구간 : 10미터 이하의 일정한 간격 4. 영 제3조제1항제3호에 따른 내부도로 : 20미터 또는 도로명주소 및 사물주소의 부여 개수를 고려하여 정하는 간격
건물번호	"건물번호"란 다음 각 목의 어느 하나에 해당하는 건축물 또는 구조물(이하 "건물등"이라 한다)마다 부여된 번호(둘 이상의 건물등이 하나의 집단을 형성하고 있는 경우로서 **대통령령으로 정하는** 경우에는 그 건물등의 전체에 부여된 번호를 말한다)를 말한다. 가.「건축법」제2조제1항제2호에 따른 건축물 나. 현실적으로 30일 이상 거주하거나 정착하여 활동하는 데 이용되는 인공구조물 및 자연적으로 형성된 구조물

건물번호	제4조(건물등의 건물번호) 법 제2조제5호 각 목 외의 부분에서 "대통령령으로 정하는 경우"란 다음 각 호의 경우를 말한다. 1. 건물등이 주된 건물등과 동·식물 관련 시설, 화장실 등 주된 건물에 부속되어 있는 건물등으로 이뤄진 경우. 다만, 주된 건물등과 부속된 건물등이 서로 다른 건축물대장에 등록된 경우는 제외한다. 2. 건물등이 담장 등으로 둘러싸여 실제 하나의 집단으로 구획되어 있고, 하나의 건축물대장 또는 하나의 집합건축물대장의 총괄표제부에 같이 등록되어 있는 경우 3. 법 제2조제5호나목의 구조물이 담장 등으로 둘러싸여 실제 하나의 집단으로 구획되어 있는 경우
상세주소	"상세주소"란 건물등 내부의 독립된 거주·활동 구역을 구분하기 위하여 부여된 동(棟)번호, 층수 또는 호(號)수를 말한다.
도로명주소	"도로명주소"란 도로명, 건물번호 및 상세주소(상세주소가 있는 경우만 해당한다)로 표기하는 주소를 말한다.
국가기초구역	"국가기초구역"이란 도로명주소를 기반으로 국토를 읍·면·동의 면적보다 작게 경계를 정하여 나눈 구역을 말한다
국가지점번호	"국가지점번호"란 국토 및 이와 인접한 해양을 격자형으로 일정하게 구획한 지점마다 부여된 번호를 말한다.
사물주소	"사물주소"란 도로명과 기초번호를 활용하여 건물등에 해당하지 아니하는 시설물의 위치를 특정하는 정보를 말한다.
주소정보	"주소정보"란 기초번호, 도로명주소, 국가기초구역, 국가지점번호 및 사물주소에 관한 정보를 말한다.
주소정보시설	"주소정보시설"이란 도로명판, 기초번호판, 건물번호판, 국가지점번호판, 사물주소판 및 주소정보안내판을 말한다.
영 제2조	
예비도로명	"예비도로명"이란 도로명을 새로 부여하려거나 기존의 도로명을 변경하려는 경우에 임시로 정하는 도로명을 말한다
유사도로명	"유사도로명"이란 특정 도로명을 다른 도로명의 일부로 사용하는 경우 특정 도로명과 다른 도로명 모두를 말한다.
동일도로명	"동일도로명"이란 도로구간이 서로 연결되어 있으면서 그 이름이 같은 도로명을 말한다.
종속구간	종속구간"이란 다음 각 목의 어느 하나에 해당하는 구간으로서 별도로 도로구간으로 설정하지 않고 그 구간에 접해 있는 주된 도로구간에 포함시킨 구간을 말한다. 가. 막다른 구간 나. 2개의 도로를 연결하는 구간
규칙 제2조	
주된구간	"주된구간"이란 하나의 도로구간에서 종속구간을 제외한 도로구간을 말한다
도로명관할구역	"도로명관할구역"이란 「도로명주소법 시행령」(이하 "영"이라 한다) 제6조제1항제1호 및 제2호에 따른 행정구역을 말한다. 다만, 행정구역이 결정되지 않은 지역에서는 영 제6조제2항제1호가목 및 제2호나목에 따른 사업지역의 명칭을 말한다.
건물 등 관할구역	"건물등관할구역"이란 영 제6조제1항제1호부터 제3호까지에 따른 행정구역을 말한다. 다만, 행정구역이 결정되지 않은 지역에서는 영 제6조제2항제1호가목 및 제2호나목에 따른 사업지역의 명칭을 말한다.

예제 01

도로명주소법에서 사용하는 용어의 정의로 옳지 않은 것은?　　　　　　　　(21년3회지기)

① "기초번호"란 도로구간에 행정안전부령으로 정하는 간격마다 부여된 번호를 말한다.

② "상세주소"란 건물 등 내부의 독립된 거주·활동 구역을 구분하기 위하여 부여된 동(棟)번호, 층수 또는 호(號)수를 말한다.

③ "도로명주소"란 도로명, 건물번호 및 상세주소(상세주소가 있는 경우만 해당한다)로 표기하는 주소를 말한다.

④ "사물주소"란 도로명과 건물번호를 활용하여 건물등에 해당하지 아니하는 시설물의 위치를 특정하는 정보를 말한다.

정답 ④

예제 02

도로명주소법상 "도로명주소정보시설"에 해당하지 않는 것은?　　　　　　　　(21년2회지기)

① 도로명판
② 건물번호판
③ 지역번호판
④ 국가지점번호판

정답 ③

예제 03

도로명주소법에서 사용하는 용어 중 아래에서 설명하는 것은?　　　　　　　　(22년1회지기)

도로명과 기초번호를 활용하여 건물등에 해당하지 아니하는 시설물의 위치를 특정하는 정보를 말한다.

① 사물주소
② 상세주소
③ 지번주소
④ 도로명주소

정답 ①

3. 영 제3조(도로의 유형 및 통로의 종류)

① 「도로명주소법」(이하 "법"이라 한다) 제2조제1호에 따른 도로는 유형별로 다음 각 호와 같이 구분한다.

1. **지상도로** : 주변 지대(地帶)와 높낮이가 비슷한 도로(제2호의 입체도로가 지상도로의 일부에 연속되는 경우를 포함한다)로서 다음 각 목의 도로

> 가. 「도로교통법」 제2조제3호에 따른 고속도로(이하 "고속도로"라 한다)
>
> 나. 그 밖의 도로
>
>   1) 대로 : 도로의 폭이 40미터 이상이거나 왕복 8차로 이상인 도로
>
>   2) 로 : 도로의 폭이 12미터 이상 40미터 미만이거나 왕복 2차로 이상 8차로 미만인 도로
>
>   3) 길 : 대로와 로 외의 도로

2. **입체도로** : 공중 또는 지하에 설치된 다음 각 목의 도로 및 통로(제1호에서 지상도로에 포함되는 입체도로는 제외한다)

> 가. 고가도로 : 공중에 설치된 도로 및 통로
>
> 나. 지하도로 : 지하에 설치된 도로 및 통로

3. **내부도로** : 건축물 또는 구조물의 내부에 설치된 다음 각 목의 도로 및 통로

> 가. 법 제2조제5호 각 목의 건축물 또는 구조물(이하 "건물등"이라 한다)의 내부에 설치된 도로 및 통로
>
> 나. 건물등이 아닌 구조물의 내부에 설치된 도로 및 통로

② 법 제2조제1호나목에서 "대통령령으로 정하는 것"이란 다음 각 호의 도로 등을 말한다.

> 1. 「건축법」 제2조제1항제11호에 따른 도로
> 2. 「도로교통법」 제2조제1호(가목은 제외한다)에 따른 도로
> 3. 「도시공원 및 녹지 등에 관한 법률」 제15조제1항에 따른 도시공원 안 통로
> 4. 「민법」 제219조의 주위토지통행권의 대상인 통로 및 같은 법 제220조의 주위통행권의 대상인 토지
> 5. 「산림문화 · 휴양에 관한 법률」 제22조의2에 따른 숲길
> 6. 둘 이상의 건물등이 하나의 집단을 형성하고 있는 경우로서 제4조 각 호에 해당하는 경우(이하 "건물군"이라 한다) 그 안의 통행을 위한 통로
> 7. 건물등 또는 건물등이 아닌 구조물의 내부에서 사람이나 그 밖의 이동수단이 통행하는 통로
> 8. 그 밖에 행정안전부장관이 주소정보의 부여 및 관리를 위하여 필요하다고 인정하여 고시하는 통로

다음 중 도로명주소법에서 사용하는 도로의 유형 및 통로에 대한 설명으로 가장 옳지 않은 것은?

① 도로의 폭이 12미터 이상 40미터 미만이거나 왕복 2차로 이상 8차로 미만인 도로를 로라고 한다.

② 공중에 설치된 도로 및 통로를 고가도로라 한다

③ 건물등이 아닌 구조물의 내부에 설치된 도로 및 통로를 입체도로라 한다.

④ 도로의 폭이 40미터 이상이거나 왕복 8차로 이상인 도로를 대로라 한다   정답 ③

4. 법 제5조(주소정보 활용 기본계획 등의 수립 · 시행)

① 행정안전부장관은 주소정보를 활용하여 국민의 생활안전과 편의를 높이고 관련 산업을 활성화 하기 위하여 주소정보 활용 기본계획(이하 "기본계획"이라 한다)을 5년마다 수립 · 시행하여야 한다.

② 기본계획에는 다음 각 호의 사항이 포함되어야 한다.

> 1. 주소정보 관련 국가 정책의 기본 방향
> 2. 주소정보의 구축 및 정비 방안
> 3. 주소정보를 기반으로 하는 관련 산업의 지원 방안
> 4. 주소정보 활용 활성화를 위한 재원 조달 방안
> 5. 그 밖에 주소정보 활용 활성화에 관한 사항으로서 **대통령령으로** 정하는 사항
>
> > ① 법 제5조제2항제5호에서 "대통령령으로 정하는 사항"이란 다음 각 호의 사항을 말한다.
> >   1. 주소정보시설의 설치 및 유지 · 관리에 관한 사항
> >   2. 법 제28조에 따른 주소정보활용지원센터의 운영에 관한 사항
> >   3. 주소정보의 활용 · 홍보 및 교육에 관한 사항
> >   4. 그 밖에 행정안전부장관이 필요하다고 인정하는 사항
> > ② 중앙행정기관의 장은 법 제5조제3항에 따라 기본계획안에 대한 협의를 요청받은 경우 요청 받은 날부터 20일 이내에 기본계획안에 대한 의견을 행정안전부장관에게 제출해야 한다.

③ 행정안전부장관은 기본계획을 수립하거나 변경하려는 경우에는 미리 관계 중앙행정기관의 장과 협의하여야 한다.

④ 행정안전부장관은 기본계획을 수립하거나 변경하려는 경우에는 미리 특별시장 · 광역시장 · 특별자치시장 · 도지사 및 특별자치도지사(이하 "시 · 도지사"라 한다)의 의견을 들어야 한다.

⑤ 행정안전부장관은 기본계획을 수립하거나 변경하면 관계 중앙행정기관의 장 및 시 · 도지사에게 그 내용을 통보하여야 한다.

⑥ 시 · 도지사는 기본계획에 따라 특별시 · 광역시 · 특별자치시 · 도 및 특별자치도(이하 "시 · 도"라 한다)의 연도별 주소정보 활용 집행계획(이하 "집행계획"이라 한다)을 수립 · 시행하여야 한다.

⑦ 특별시장·광역시장·도지사는 집행계획을 수립하거나 변경하려는 경우에는 미리 시장·군수·구청장(자치구의 구청장을 말한다. 이하 같다)의 의견을 들어야 한다.

⑧ 시·도지사는 집행계획을 수립하거나 변경하면 행정안전부장관 및 시장·군수·구청장에게 그 내용을 통보하여야 한다

5. 법 제6조(기초조사 등)

① 행정안전부장관, 시·도지사 및 시장·군수·구청장은 기초번호, 도로명주소, 국가기초구역, 국가지점번호 및 사물주소의 부여·설정·관리 등을 위하여 도로 및 건물등의 위치에 관한 기초조사를 할 수 있다.

②「도로법」제2조제5호에 따른 도로관리청은 같은 법 제25조에 따라 도로구역을 결정·변경 또는 폐지한 경우 그 사실을 제7조제2항 각 호의 구분에 따라 행정안전부장관, 시·도지사 또는 시장·군수·구청장에게 통보하여야 한다.

6. 규칙 제4조(기초조사 등)

「도로법」제2조제5호에 따른 도로관리청은 법 제6조제2항에 따라 도로구역의 결정·변경 또는 폐지 사실을 해당 도로구역의 결정·변경 또는 폐지를 고시한 날부터 30일 이내에 다음 각 호의 사항을 포함하여 행정안전부장관, 특별시장·광역시장·특별자치시장·도지사 및 특별자치도지사(이하 "시·도지사"라 한다) 또는 시장·군수·구청장(자치구의 구청장을 말한다. 이하 같다)에게 통보해야 한다.

1.「도로법」제2조제6호에 따른 도로구역(이하 "도로구역"이라 한다)의 위치도 및 도로계획 평면도
2. 도로구역의 결정·변경 또는 폐지 사유
3.「도로법」제10조에 따른 도로의 종류, 같은 법 제19조제2항 각 호에 따른 노선번호, 노선명, 기점·종점, 주요 통과지
4. 해당 도로구역의 도로공사 사업 수행 기간(도로구역을 폐지하는 경우는 제외한다)

7. 법 제7조(도로명 등의 부여)

① 행정안전부장관, 시·도지사 및 시장·군수·구청장은 다음 각 호의 경우에는 도로구간을 설정하고 도로명과 기초번호를 부여할 수 있다.

1. 제6조제1항에 따른 기초조사 결과 도로명 부여가 필요하다고 판단하는 경우
2. 제6조제2항에 따른 통보를 받은 경우
3. 제3항에 따른 신청을 받은 경우
4. 제4항에 따른 요청을 받은 경우

② 제1항에 따라 도로구간을 설정하고 도로명과 기초번호를 부여할 때에 도로의 구분은 다음 각 호와 같다.

③ 도로명주소를 사용하기 위하여 도로명이 부여되지 아니한 도로에 도로명이 필요한 자는 도로명의 부여를 제2항 각 호의 구분에 따라 행정안전부장관, 시·도지사 또는 시장·군수·구청장에게 신청할 수 있다.

④ 제2항제1호에 해당하는 도로로서 도로명이 부여되지 아니한 도로를 확인한 시·도지사는 행정안전부장관에게, 제2항제2호에 해당하는 도로로서 도로명이 부여되지 아니한 도로를 확인한 시장·군수·구청장은 특별시장, 광역시장 또는 도지사에게 각각 도로명의 부여를 요청하여야 한다. 이 경우 제2항제1호에 해당하는 도로로서 도로명이 부여되지 아니한 도로를 확인한 시장·군수·구청장은 그 사실을 특별시장, 광역시장 또는 도지사에게 통보하여야 한다.

⑤ 행정안전부장관, 시·도지사 또는 시장·군수·구청장은 제1항에 따라 도로구간을 설정하고 도로명과 기초번호를 부여하려면 대통령령으로 정하는 바에 따라 해당 지역주민과 지방자치단체의 장의 의견을 수렴하고 제29조에 따른 해당 주소정보위원회의 심의를 거쳐야 한다.

⑥ 행정안전부장관, 시·도지사 또는 시장·군수·구청장은 도로구간을 설정하고 도로명과 기초번호를 부여하는 경우에는 그 사실을 고시하고, 제3항에 따른 신청인에게 고지하며, 제19조제2항에 따른 공공기관 중 대통령령으로 정하는 공공기관의 장에게 통보하여야 한다.

⑦ 제1항부터 제6항까지의 규정에 따른 도로구간의 설정 및 도로명과 기초번호의 부여에 관한 기준과 절차 등에 관하여 필요한 사항은 대통령령으로 정한다.

8. 영 제6조(도로명주소의 구성 및 표기 방법)

① 도로명주소는 다음 각 호의 사항을 같은 호의 순서에 따라 구성 및 표기한다.

> 1. 특별시·광역시·특별자치시·도 및 특별자치도(이하 "시·도"라 한다)의 이름
> 2. 시(「제주특별자치도 설치 및 국제자유도시 조성을 위한 특별법」 제10조제2항에 따른 행정시를 포함한다. 이하 제7호가목 및 나목에서 같다)·군·구의 이름
> 3. 행정구(자치구가 아닌 구를 말한다)·읍·면의 이름
> 4. 도로명
> 5. 건물번호
> 6. 상세주소(상세주소가 있는 경우에만 표기한다)
> 7. 참고항목 : 도로명주소의 끝부분에 괄호를 하고 그 괄호 안에 다음 각 목의 구분에 따른 사항을 표기할 수 있다.
>
> > 가. 특별시·광역시·특별자치시 및 시의 동(洞) 지역에 있는 건물등으로서 공동주택이 아닌 건물등 : 법정동(法定洞)의 이름
> > 나. 특별시·광역시·특별자치시 및 시의 동 지역에 있는 공동주택 : 법정동의 이름과 건축물대장에 적혀 있는 공동주택의 이름. 이 경우 법정동의 이름과 공동주택의 이름 사이에는 쉼표를 넣어 표기한다.
> > 다. 읍·면 지역에 있는 공동주택 : 건축물대장에 적혀 있는 공동주택의 이름

② 제1항에도 불구하고 행정구역이 결정되지 않은 지역의 도로명주소 표기방법은 다음 각 호에서 정하는 바에 따른다.

> 1. 시 · 도가 결정되지 않은 경우에는 다음 각 목의 사항을 같은 목의 순서에 따라 표기할 것
>
>> 가. 법 제29조제1항에 따른 중앙주소정보위원회(이하 "중앙주소정보위원회"라 한다)의 심의를 거쳐 행정안전부장관이 정하여 고시하는 사업지역의 명칭
>> 나. 제1항제4호부터 제6호까지의 규정에 따른 사항
>
> 2. 시 · 군 · 구가 결정되지 않은 경우에는 다음 각 목의 사항을 같은 목의 순서에 따라 표기할 것
>
>> 가. 제1항제1호의 사항
>> 나. 법 제29조제1항에 따른 시 · 도주소정보위원회(이하 "시 · 도주소정보위원회"라 한다)의 심의를 거쳐 특별시장, 광역시장 또는 도지사가 정하여 고시하는 사업지역의 명칭
>> 다. 제1항제4호부터 제6호까지의 규정에 따른 사항

9. 영 제7조(도로구간 및 기초번호의 설정 · 부여 기준)

① 법 제7조제1항에 따라 도로구간을 설정하려는 경우 정해야 할 사항은 다음 각 호와 같다.

> 1. 도로구간의 시작지점 및 끝지점
> 2. 도로구간을 나타내는 선형(線形)
> 3. 도로구간의 관할 행정구역[특별시 · 광역시 · 특별자치시 · 도 및 특별자치도(이하 "시 · 도"라 한다) 및 시 · 군 · 구를 말한다]
> 4. 제3조제1항에 따른 도로의 유형

② 법 제7조제1항에 따른 도로구간의 설정 기준은 다음 각 호와 같다.

> 1. 도로망의 구성이 가능하도록 연결된 도로가 있는 경우 도로구간도 연결시킬 것
> 2. 도로의 폭, 방향, 교통 흐름 등 도로의 특성을 고려할 것
> 3. 가급적 직선에 가까울 것
> 4. 일시적인 도로가 아닐 것. 다만, 하나의 도로구역으로 결정된 도로구간이 공사 등의 사유로 그 도로의 연결이 끊어져 있는 경우에는 하나의 도로구간으로 설정할 수 있다.
> 5. 도로의 연속성을 유지하면서 최대한 길게 설정할 것. 다만, 길에 붙이는 도로명에 숫자나 방위를 나타내는 단어가 들어가는 경우에는 짧게 설정할 수 있다.
> 6. 다음 각 목의 도로를 제외하고는 다른 도로구간과 겹치지 않도록 도로구간을 설정할 것
>
>> 가. 입체도로 및 내부도로
>> 나. 도로의 선형 변경으로 인하여 연결된 측도가 발생하는 도로
>> 다. 교차로
>> 라. 종전의 도로구간과 신설되는 도로구간이 한시적으로 함께 사용되는 도로

7. 도로구간의 시작지점 및 끝지점의 설정은 다음 각 목의 기준을 따를 것

가. 강·하천·바다 등의 땅 모양과 땅 위 물체, 시·군·구의 경계를 고려할 것. 다만, 길의 경우에는 그 길과 연결되는 도로 중 그 지역의 중심이 되는 도로를 시작지점이나 끝지점으로 할 수 있다.

나. 시작지점부터 끝지점까지 도로가 연결되어 있을 것

다. 서쪽과 동쪽을 잇는 도로는 서쪽을 시작지점으로, 동쪽을 끝지점으로 설정하고, 남쪽과 북쪽을 잇는 도로는 남쪽을 시작지점으로, 북쪽을 끝지점으로 설정할 것. 다만, 시작지점이 연장될 가능성이 있는 경우 등 행정안전부령으로 정하는 경우에는 달리 정할 수 있다.

③ 행정안전부장관, 시·도지사 및 시장·군수·구청장은 제2항에도 불구하고 다음 각 호의 도로에 대해서는 행정안전부장관이 정하는 바에 따라 도로구간을 달리 설정할 수 있다.

1. 고속도로
2. 입체도로
3. 내부도로

④ 법 제7조제1항에 따른 기초번호는 도로구간의 시작지점에서 끝지점 방향으로 왼쪽에는 홀수번호를, 오른쪽에는 짝수번호를 부여하며, 기초번호 간의 간격(이하 "기초간격"이라 한다)은 행정안전부령으로 정한다.

⑤ 행정안전부장관, 시·도지사 및 시장·군수·구청장은 제3항 각 호의 도로의 경우에는 제4항에도 불구하고 행정안전부장관이 정하는 바에 따라 기초번호를 부여할 수 있다.

10. 규칙 제5조(도로구간 및 기초번호 설정·부여의 세부기준)

① 법 제7조제1항에 따라 도로구간을 설정하려는 경우에는 각 도로구간을 독립된 도로구간으로 설정하는 것을 원칙으로 한다. 다만, 연장될 가능성이 없는 50미터(읍·면 지역은 500미터로 한다) 미만의 도로구간은 별도의 도로구간이 아닌 종속구간으로 설정할 수 있다.

② 영 제7조제2항제7호다목 단서에서 "시작지점이 연장될 가능성이 있는 경우 등 행정안전부령으로 정하는 경우"란 다음 각 호의 어느 하나에 해당하는 경우를 말한다.

1. 도로의 한쪽 끝이 하천·강·바다 등으로 막혀 있어 연장될 가능성이 없는 경우
2. 길인 도로구간의 시작지점을 지역의 중심축을 이루는 도로의 방향으로 해야 하는 경우
3. 로(路) 또는 길인 도로구간이 연장될 가능성이 있어 분기점을 시작지점으로 설정해야 하는 경우
4. 길인 도로구간을 인근에 있는 제2호 또는 제3호의 도로 방향과 일치시키려는 경우
5. 「섬 발전 촉진법」 제2조에 따른 섬에 위치한 도로의 경우
6. 영 제3조제1항제2호 및 제3호의 입체도로 및 내부도로에 도로명을 부여하기 위하여 도로구간을 설정하는 경우

③ 도로구간은 다음 각 호의 방법에 따라 설정한다.

1. 도로구간의 끝지점에서 새로운 도로구간이 연결되는 경우에는 기초번호가 유지되도록 도로구간의 끝지점을 새로 연결되는 도로구간의 끝지점으로 할 것

2. 도로구간의 시작지점에서 새로운 도로구간이 연결되는 경우에는 기초번호가 유지되도록 다음 각 목의 방법에 따라 설정할 것. 다만, 도로명주소의 안정성을 확보할 필요가 있는 경우에는 연장된 도로구간을 별도의 도로 구간으로 설정할 수 있다.

> 가. 새로 연결되는 도로구간이 제1항 단서에 해당하는 경우에는 그 도로구간을 종속구간으로 설정할 것
>
> 나. 새로 연결되는 도로구간이 제1항 단서에 해당하지 않는 경우에는 그 도로구간의 시작지점을 새로 연결되는 도로구간의 시작지점으로 설정할 것

3. 도로구간의 시작지점과 끝지점이 아닌 지점에서 도로의 선형(線形)이 변경되는 경우에는 다음 각 목의 방법에 따라 설정할 것. 다만, 도로명주소의 안정성을 확보할 필요가 있는 경우에는 연결된 도로구간을 별도의 도로구간으로 설정할 수 있다.

> 가. 새로 연결되는 부분과 도로구간에서 제외되는 부분이 모두 제1항 단서에 해당하는 경우에는 새로 연결되는 부분은 기존 도로구간의 종속구간으로 설정할 것
>
> 나. 새로 연결되는 부분과 도로구간에서 제외되는 부분이 모두 제1항 단서에 해당하지 않는 경우에는 새로 연결되는 도로구간을 기존 도로구간과 연결하여 하나의 도로구간으로 설정하고, 도로구간에서 제외되는 부분은 별도의 도로구간으로 설정할 것
>
> 다. 새로 연결되는 부분이 제1항 단서에 해당하고 도로구간에서 제외되는 부분은 제1항 단서에 해당하지 않는 경우 새로 연결되는 부분은 기존 도로구간의 종속구간으로 설정할 것
>
> 라. 새로 연결되는 부분이 제1항 단서에 해당하지 않고 도로구간에서 제외되는 부분은 제1항 단서에 해당하는 경우에는 새로 연결되는 부분은 기존의 도로구간과 연결하여 하나의 도로구간으로 설정하고, 도로구간에서 제외되는 부분은 종속구간으로 설정할 것

4. 도로구간의 시작지점 또는 끝지점의 도로가 일부 폐지된 경우에는 현행 기초번호가 유지되도록 시작지점 또는 끝지점을 변경할 것

5. 도로구간의 시작지점 또는 끝지점이 아닌 부분에서 도로가 일부 폐지된 경우에는 다음 각 목의 방법에 따라 설정할 것. 다만, 도로명주소의 안정성을 확보할 필요가 있는 경우에는 폐지된 도로를 가상의 도로구간으로 유지하거나 지역적 특성을 고려하여 각 목과 다르게 설정할 수 있다.

> 가. 도로구간의 시작지점이 있는 도로 부분은 도로구간의 기초번호가 유지되도록 끝지점을 변경할 것
>
> 나. 도로구간의 끝지점이 있는 도로 부분은 별도의 도로구간으로 설정할 것

6. 고속도로, 「도로교통법」 제2조제2호에 따른 자동차전용도로(이하 "자동차전용도로"라 한다) 등에 설치되는 나들목 및 입체교차로에서 서로 다른 도로로 이동하는 데 사용되는 도로의 연결구간은 주된 도로구간의 종속구간으로 설정할 것. 다만, 해당 도로의 연결구간이 도로시설물 등으로 주된 도로와 분리되지 않는 경우에는 주된구간에 포함할 수 있다.

④ 종속구간의 기초번호는 주된 도로구간의 기초번호에 가지번호를 붙여 부여한다. 이 경우 가지번호는 시작지점부터 차례로 왼쪽 종속구간은 홀수번호를, 오른쪽 종속구간은 짝수번호를 부여한다

11. 영 제8조(도로명의 부여기준)

① 제7조에 따라 설정된 도로구간에 도로명을 부여할 때에는 하나의 도로구간에 하나의 도로명을 부여한다.

② 도로명은 주된 명사에 제3조제1항에 따른 도로의 유형별로 다음 각 호의 방법으로 부여한다. 이 경우 주된 명사 뒤에 숫자나 방위를 붙일 경우 그 숫자나 방위도 주된 명사의 일부분으로 본다.

> 1. 지상도로(고속도로는 제외한다) : 제3항에 따른 주된 명사 뒤에 "대로", "로" 또는 "길"을 붙일 것. 다만, 주소정보 사용의 편리성 등을 고려하여 필요한 경우에는 "대로"와 "로" 또는 "로"와 "길"을 서로 바꾸어 사용할 수 있다.
> 2. 고속도로 : 제3항에 따른 주된 명사 뒤에 "고속도로"를 붙일 것
> 3. 입체도로 : "고가도로" 또는 "지하도로"를 나타내는 명칭을 붙일 것
> 4. 내부도로 : 내부도로가 위치한 장소를 나타내는 명칭을 붙일 것

③ 주된 명사는 다음 각 호의 사항과 해당 지역주민의 의견 등을 종합적으로 고려하여 정한다.

> 1. 지역적 특성 또는 지명(地名)
> 2. 위치 예측성 및 해당 도로의 영속성
> 3. 역사적 인물 또는 사건
> 4. 「국가보훈 기본법」 제3조제1호에 따른 희생·공헌자와 관련한 사항

④ 사용 중인 도로명은 같은 시·군·구 내에서 중복하여 사용할 수 없다. 이 경우 도로명의 중복 여부는 주된 명사를 기준으로 한다.

⑤ 제4항에도 불구하고 제2항제2호부터 제4호까지에 따른 도로의 경우에는 주된 명사 뒤에 붙은 도로의 유형이 다를 경우 다른 도로명으로 본다.

⑥ 행정안전부장관, 시·도지사 및 시장·군수·구청장은 도로명을 부여·변경할 때 다음 각 호의 어느 하나에 해당하는 도로명을 사용할 수 없다.

> 1. 같은 시·군·구 내에서 변경되었거나 폐지된 날부터 5년이 지나지 않은 도로명(각종 개발사업으로 인하여 도로구간이 폐지된 경우는 제외한다)
> 2. 시·군·구를 달리하더라도 해당 도로구간의 반경 5킬로미터 이내에서 사용 중인 도로명(동일도로명은 제외한다)

⑦ 제4항부터 제6항까지의 규정에도 불구하고 시·군·구를 합치거나 관할구역의 경계가 변경되어 도로명이 중복된 경우에는 도로명이 중복된 해당 도로구간의 위치가 행정구 또는 읍·면으로 구분될 경우에 한정하여 도로명을 중복하여 사용할 수 있다.

⑧ 제1항부터 제7항까지에서 규정한 사항 외에 도로명의 부여에 필요한 세부기준은 행정안전부령으로 정한다.

12. 규칙 제6조(도로명 부여의 세부기준)

영 제8조제8항에 따른 도로명 부여의 세부기준은 다음 각 호와 같다.

1. 영 제3조제1항제1호나목3)에 따른 길에 영 제8조제2항 각 호 외의부분 후단에 따른 숫자나 방위를 붙이려는 경우에는 다음 각 목의 어느 하나에 해당하는 방식으로 도로명을 부여할 것

> 가. 기초번호방식 : 길의 시작지점이 분기되는 도로구간의 도로명, 길이 분기되는 지점의 기초번호와 '번길'을 차례로 붙여서 도로명을 부여할 것
>
> 나. 일련번호방식 : 길의 시작지점이 분기되는 도로구간의 도로명, 길이 분기되는 지점의 일련번호(도로구간에 일정한 간격 없이 순차적으로 부여하는 번호를 말한다)와 '길'을 차례로 붙여서 도로명을 부여할 것
>
> 다. 복합명사방식 : 주된 명사에 방위 등을 붙여 도로명을 부여할 것

2. 도로구간만 변경된 경우에는 기존의 도로명을 계속 사용할 것
3. 도로명에 숫자를 사용하는 경우 숫자는 한 번만 사용하도록 할 것
4. 도로명은 한글로 표기할 것(숫자와 온점을 포함할 수 있다)
5. 도로명의 로마자 표기는 문화체육관광부장관이 정하여 고시하는 「국어의 로마자 표기법」을 따를 것
6. 영 제3조제1항제1호나목에 따른 도로의 유형을 안내하는 경우 다음 각 목과 같이 표기할 것

> 가. 대로(大路) : Blvd
>
> 나. 로(路) : St
>
> 다. 길(街) : Rd

13. 영 제9조(둘 이상의 시·군·구 또는 시·도에 걸쳐 있는 도로명 등의 설정·부여 기준)

① 둘 이상의 시·군·구 또는 시·도에 걸쳐 있는 도로에 대하여 법 제7조제1항에 따라 도로구간, 기초번호 및 도로명(이하 "도로명등"이라 한다)을 설정·부여하려는 경우에는 제7조 및 제8조와 다음 각 호의 기준에 따른다.

> 1. 도로구간의 경우 : 시·군·구의 행정구역 경계를 기준으로 설정하며, 도로구간 간에 직진성을 유지하면서 같은 방향으로 연속되도록 할 것
> 2. 기초번호의 경우 : 같은 방향으로 연속되어 같은 도로명이 부여된 도로구간이면 시·군·구가 달라지더라도 같은 방향으로 연속해서 기초번호를 부여할 것
> 3. 도로명의 경우 : 같은 방향으로 연속된 도로구간에는 동일도로명을 부여할 것

② 다음 각 호의 어느 하나에 해당하는 경우에는 제1항에도 불구하고 행정안전부령으로 정하는 바에 따라 도로명등을 설정·부여할 수 있다.

> 1. 도로구간이 길어 기초번호가 5자리 이상이 되는 경우
> 2. 특별자치시장·특별자치도지사 및 시장·군수·구청장(이하 "시장등"이라 한다)이 정하는 도로구간 및 도로명의 부여 방법에 맞게 도로망을 설정할 필요가 있는 경우

14. 규칙 제7조(둘 이상의 시·군·구 또는 시·도에 걸쳐 있는 도로명 등의 설정·부여 세부기준)

① 영 제9조제1항에 따라 둘 이상의 시·군·구 또는 시·도에 걸쳐 있는 도로에 시·군·구의 행정구역을 경계로 도로구간을 설정하려는 경우 그 세부기준은 다음 각 호와 같다. 다만, 제5조제1항 단서에 해당하는 도로구간은 행정구역을 경계로 도로구간을 구분하지 않고, 하나의 도로구간으로 설정한다.

> 1. 시·군·구의 경계가 두 번 이상 교차하는 경우 : 교차하는 구역의 중간 지점에 가까운 도로구간과 행정구역 경계의 교차점을 기준으로 설정할 것
> 2. 도로를 따라 시·군·구의 행정구역 경계가 나누어진 경우 : 낮은 기초번호의 부여가 예상되는 도로구간과 행정구역 경계의 교차점을 기준으로 설정할 것
> 3. 두 개의 주된구간을 연결하는 종속구간에 시·군·구 행정구역 경계가 있는 경우 : 해당 행정구역의 경계를 기준으로 설정할 것

② 영 제9조제2항에 따라 도로구간, 기초번호 및 도로명(이하 "도로명등"이라 한다)을 설정·부여하는 경우에는 다음 각 호의 사항을 도로구간 구분의 기준으로 한다.

> 1. 하천, 강, 바다, 다리, 그 밖의 자연적 또는 인공적 지형지물
> 2. 고속도로 및 자동차전용도로의 나들목
> 3. 특별시·광역시·도의 행정구역 경계

15. 영 제10조(도로명등의 설정·부여 절차)

① 시장등은 법 제7조제1항에 따라 도로명등을 설정·부여하려는 경우에는 행정안전부령으로 정하는 사항을 공보, 행정안전부 및 해당 지방자치단체의 인터넷 홈페이지 또는 그 밖에 주민에게 정보를 전달할 수 있는 매체(이하 "공보등"이라 한다)에 14일 이상의 기간을 정하여 공고하고, 해당 지역주민의 의견을 수렴해야 한다. 이 경우 법 제7조제3항에 따른 신청을 받아 도로명을 부여하려는 경우에는 그 신청을 받은 날부터 10일 이내에 공고해야 한다.

② 시장등은 제1항에 따른 의견 제출 기간이 지난 날부터 30일 이내에 행정안전부령으로 정하는 사항을 법 제29조제1항에 따른 해당 주소정보위원회에 제출하고, 도로명등의 설정·부여에 관하여 심의를 거쳐야 한다.

③ 시장등은 제2항에 따른 심의를 마친 날부터 10일 이내에 도로명등을 설정·부여해야 한다. 이 경우 행정안전부령으로 정하는 바에 따라 공보등에 고시하고, 법 제7조제3항에 따른 신청인에게 고지해야 한다.

④ 시장등은 제2항에 따른 심의 결과 해당 주소정보위원회가 예비도로명과 다른 도로명을 설정·부여하기로 한 경우에는 심의를 마친 날부터 10일 이내에 14일 이상의 기간을 정하여 그 다른 예비도로명을 공보등에 공고하고, 해당 지역주민의 의견을 새로 수렴해야 한다.

⑤ 법 제7조제6항에서 "대통령령으로 정하는 공공기관"이란 다음 각 호의 구분에 따른 기관을 말한다.

1. 법 제9조제2항 각 호의 지주(支柱) 또는 시설(이하 "지주등"이라 한다)에 도로명과 기초번호를 표기한 공공기관
2. 소방청
3. 경찰청
4. 우정사업본부
5. 그 밖에 행정안전부장관, 시·도지사 또는 시장·군수·구청장이 필요하다고 인정하는 공공기관

⑥ 도로명주소의 변경을 수반하는 도로명 부여 절차에 관하여는 법 제8조제4항 및 이 영 제15조 및 제16조의 도로명 변경 절차를 준용한다.

16. 규칙 제8조(도로명등의 부여·설정 절차)

① 영 제10조제1항 전단에서 "행정안전부령으로 정하는 사항"이란 다음 각 호의 사항을 말한다.

1. 영 제7조제1항 각 호의 사항
2. 영 제7조제4항 및 제5항에 따른 도로구간의 시작지점과 끝지점의 기초번호 및 기초간격
3. 도로의 길이와 폭
4. 예비도로명과 그 부여 사유
5. 의견 제출의 기간 및 방법
6. 도로명의 부여 절차
7. 그 밖에 특별자치시장·특별자치도지사 및 시장·군수·구청장(이하 "시장등"이라 한다)이 필요하다고 인정하는 사항

② 영 제10조제2항에서 "행정안전부령으로 정하는 사항"이란 다음 각 호의 사항을 말한다.

1. 제1항제1호부터 제4호까지의 사항
2. 도로명 부여에 대한 해당 지역주민과 시장등의 의견
3. 그 밖에 시장등이 필요하다고 인정하는 사항

③ 시장등은 영 제10조제3항 후단에 따라 제12조제1항 각 호의 사항을 고시해야 한다.

17. 영 제11조(둘 이상의 시·군·구 또는 시·도에 걸쳐 있는 도로명등의 설정·부여 절차)

① 특별시장, 광역시장 및 도지사는 법 제7조제1항에 따라 둘 이상의 시·군·구에 걸쳐 있는 도로에 대해 도로명등을 설정·부여하려는 해당 시장·군수·구청장에게 행정안전부령으로 정하는 자료의 제출을 요청할 수 있다.

② 시장·군수·구청장은 제1항에 따른 요청을 받은 날부터 20일 이내에 그 자료를 특별시장, 광역시장 및 도지사에게 제출해야 한다.

③ 특별시장, 광역시장 및 도지사는 제2항에 따른 자료를 제출받은 날부터 20일 이내에 14일 이상의 기간을 정하여 행정안전부령으로 정하는 사항을 공보등에 공고하고, 해당 지역주민 및 시장·군수·구청장의 의견을 수렴해야 한다. 이 경우 법 제7조제3항에 따른 신청을 받아 도로명을 부여하려는 경우에는 그 신청을 받은 날부터 40일 이내에 공고해야 한다.

④ 특별시장, 광역시장 및 도지사는 제3항에 따른 공고 기간이 지난 날부터 30일 이내에 행정안전부령으로 정하는 사항을 해당 시·도주소정보위원회에 제출하고, 도로명등의 설정·부여에 관하여 심의를 거쳐야 한다.

⑤ 특별시장, 광역시장 및 도지사는 제4항에 따른 심의를 마친 날부터 10일 이내에 도로명등을 설정·부여해야 한다. 이 경우 행정안전부령으로 정하는 바에 따라 공보등에 고시하고, 해당 시장·군수·구청장과 법 제7조제3항에 따른 신청인에게 통보 및 고지해야 한다.

⑥ 특별시장, 광역시장 및 도지사는 제5항에도 불구하고 해당 시·도주소정보위원회 심의 결과 예비도로명과 다른 도로명을 부여하는 것으로 결정한 경우에는 심의를 마친 날부터 10일 이내에 14일 이상의 기간을 정하여 해당 시·도주소정보위원회에서 부여하기로 한 예비도로명을 공보등에 공고하고, 해당 지역주민의 의견을 새로 수렴해야 한다.

⑦ 행정안전부장관이 법 제7조제1항까지의 규정에 따라 둘 이상의 시·도에 걸쳐 있는 도로명등을 설정·부여하려는 경우의 절차에 관하여는 제1항부터 제6항까지를 준용한다. 이 경우 제1항부터 제6항까지 중 "특별시장, 광역시장 및 도지사"는 "행정안전부장관"으로, "시장·군수·구청장"은 "시·도지사 및 시장·군수·구청장"으로 보고, 제2항 중 "20일"은 "30일"로 보며, 제3항 중 "40일"은 "50일"로 보고, 제4항 및 제6항 중 "시·도주소정보위원회"는 "중앙주소정보위원회"로 본다.

18. 규칙 제9조(둘 이상의 시·군·구 또는 시·도에 걸쳐 있는 도로명등의 설정·부여 절차)

① 영 제11조제1항에서 "행정안전부령으로 정하는 자료"란 다음 각 호의 자료를 말한다.

> 1. 영 제7조제1항 각 호의 사항
> 2. 예비도로명과 그 부여 사유
> 3. 도시개발사업 및 주택재개발사업 등 각종 개발사업에 관한 자료 또는 도로구역의 결정·변경·폐지에 관한 자료
> 4. 그 밖에 특별시장, 광역시장 및 도지사가 필요하다고 인정하는 자료

② 영 제11조제3항 전단에서 "행정안전부령으로 정하는 사항"이란 다음 각 호의 사항을 말한다.

> 1. 제1항제1호 및 제2호에 관한 사항
> 2. 도로의 길이와 폭
> 3. 도로구간의 설정, 도로명 및 기초번호의 부여 절차
> 4. 의견 제출의 기간 및 방법
> 5. 그 밖에 특별시장, 광역시장 및 도지사가 필요하다고 인정하는 사항

③ 영 제11조제4항에서 "행정안전부령으로 정하는 사항"이란 다음 각 호의 사항을 말한다.

> 1. 제1항 각 호 및 제2항제2호의 사항
> 2. 해당 지역주민 및 시장·군수·구청장의 의견
> 3. 그 밖에 특별시장, 광역시장 및 도지사가 필요하다고 인정하는 사항

④ 특별시장, 광역시장 및 도지사는 영 제11조제5항 후단에 따라 제12조제1항 각 호의 사항을 고시해야 한다.

19. 규칙 제12조(도로명등의 고시 및 고지)

① 행정안전부장관, 시·도지사 및 시장·군수·구청장이 법 제7조제6항에 따라 도로명등을 설정·부여하는 경우 고시할 사항은 다음 각 호와 같다.

> 1. 영 제7조제1항 각 호의 사항
> 2. 도로의 길이와 폭
> 3. 기초간격과 도로구간의 시작지점 및 끝지점의 기초번호
> 4. 부여하는 도로명과 그 부여 사유
> 5. 도로명등의 설정 또는 부여를 고시하는 날과 그 효력발생일
> 6. 도로명주소 및 사물주소의 부여·신청에 관한 사항
> 7. 그 밖에 행정안전부장관, 시·도지사 또는 시장·군수·구청장이 필요하다고 인정하는 사항

② 행정안전부장관, 시·도지사 및 시장·군수·구청장이 법 제8조제5항에 따라 도로명등을 변경하거나 폐지하는 경우 고시 및 고지할 사항은 다음 각 호의 구분과 같다.

1. 도로명등을 모두 변경하는 경우 다음 각 목의 사항

> 가. 변경 전·후의 제1항제1호부터 제3호까지의 규정에 따른 사항
> 나. 변경 전·후의 도로명과 그 부여 사유
> 다. 도로명등의 변경을 고시하는 날과 그 효력발생일
> 라. 도로명주소 및 사물주소의 변경 등에 따른 효력에 관한 사항
> 마. 도로명등의 변경 요건 및 절차
> 바. 변경 전·후의 도로명주소(상세주소는 제외할 수 있다)와 사물주소
> 사. 그 밖에 행정안전부장관, 시·도지사 또는 시장·군수·구청장이 필요하다고 인정하는 사항

2. 도로명만을 변경하는 경우 다음 각 목의 사항

> 가. 영 제7조제1항 각 호의 사항
> 나. 변경 전·후의 도로명과 그 부여 사유
> 다. 도로명의 변경을 고시하는 날과 효력발생일
> 라. 도로명주소 및 사물주소의 부여 등에 따른 효력에 관한 사항
> 마. 도로명의 변경 요건 및 절차
> 바. 변경 전·후의 도로명주소(상세주소는 제외할 수 있다)와 사물주소
> 사. 그 밖에 행정안전부장관, 시·도지사 또는 시장·군수·구청장이 필요하다고 인정하는 사항

3. 도로구간만을 변경하는 경우 다음 각 목의 사항

> 가. 변경 전·후의 제1항제1호부터 제3호까지의 규정에 따른 사항
> 나. 도로구간의 변경을 고시하는 날 및 효력발생일
> 다. 도로구간의 변경 사유
> 라. 그 밖에 행정안전부장관, 시·도지사 또는 시장·군수·구청장이 필요하다고 인정하는 사항

4. 기초번호만을 변경하는 경우 다음 각 목의 사항

> 가. 영 제7조제1항 각 호의 사항
> 나. 변경 전 · 후의 기초간격과 도로구간의 시작지점 및 끝지점의 기초번호
> 다. 기초번호의 변경 사유
> 라. 기초번호의 변경을 고시하는 날과 그 효력발생일
> 마. 도로명주소 및 사물주소의 부여 등에 따른 효력에 관한 사항
> 바. 변경 전 · 후의 도로명주소(상세주소는 제외할 수 있다)와 사물주소
> 사. 그 밖에 행정안전부장관, 시 · 도지사 또는 시장 · 군수 · 구청장이 필요하다고 인정하는 사항

5. 도로구간과 기초번호만 변경하는 경우 다음 각 목의 사항

> 가. 변경 전 · 후의 제1항제1호부터 제3호까지의 규정에 따른 사항
> 나. 변경 전 · 후의 기초간격과 도로구간의 시작지점 및 끝지점의 기초번호
> 다. 도로구간 및 기초번호의 변경을 고시하는 날과 그 효력발생일
> 라. 도로명주소 및 사물주소의 부여 등에 따른 효력에 관한 사항
> 마. 도로구간 및 기초번호의 변경 사유
> 바. 변경 전 · 후의 도로명주소(상세주소는 제외할 수 있다)와 사물주소
> 사. 그 밖에 행정안전부장관, 시 · 도지사 또는 시장 · 군수 · 구청장이 필요하다고 인정하는 사항

6. 도로구간, 도로명 및 기초번호를 폐지하는 경우 다음 각 목의 사항

> 가. 폐지하려는 도로구간에 관한 사항
> 나. 폐지 전 도로명과 그 폐지 사유
> 다. 도로구간의 폐지를 고시하는 날
> 라. 그 밖에 행정안전부장관, 시 · 도지사 또는 시장 · 군수 · 구청장이 필요하다고 인정하는 사항

③ 행정안전부장관, 시 · 도지사 또는 시장 · 군수 · 구청장은 다음 각 호의 구분에 따라 제1항 및 제2항에 따른 도로명등의 설정 · 부여 · 변경 · 폐지의 효력발생일을 정해야 한다.

> 1. 법 제7조제3항 또는 제8조제2항에 따른 도로명등의 설정 · 부여 · 변경 · 폐지 신청을 받은 경우 : 고시한 날부터 10일 이내
> 2. 그 밖의 경우 : 고시한 날부터 90일 이내

20. 규칙 제13조(고지 및 고시의 방법)

① 행정안전부장관, 시 · 도지사 또는 시장 · 군수 · 구청장은 도로명주소의 부여 · 변경 · 폐지에 따른 고지를 하려면 그 고지 대상자를 방문하여 해당 내용을 알려야 한다. 다만, 다음 각 호의 경우에는 법 제7조제6항 · 제8조제5항 · 제11조제3항 및 제12조제5항에 따른 고시일부터 1개월 이내에 서면의 방법으로 고지할 수 있다.

> 1. 고지 대상자가 해당 특별자치시 · 특별자치도 및 시 · 군 · 구가 아닌 곳에 거주하고 있는 경우
> 2. 고지 대상자를 방문했으나 고지 대상자를 만나지 못하여 고지를 하지 못한 경우

② 제1항에도 불구하고 다음 각 호의 어느 하나에 해당하는 경우에는 팩스, 전자우편, 문자메시지 등 전자적 방법으로 고지할 수 있다.

> 1. 고지 대상자가 전자적 방법을 통한 고지를 요청한 경우
> 2. 행정안전부장관, 시·도지사 또는 시장·군수·구청장이 긴급히 고지할 필요가 있다고 인정하는 경우

③ 제1항 및 제2항에 따른 고지가 이루어지지 못한 경우에는 공시송달의 방법으로 고지해야 한다.

④ 법 제11조제3항 및 제12조제5항에 따른 건물번호의 부여·변경·폐지에 관한 고시는 행정안전부장관이 정하는 인터넷 홈페이지를 통하여 할 수 있다.

21. 법 제8조(도로명등의 변경 및 폐지)

① 행정안전부장관, 시·도지사 및 시장·군수·구청장은 제2항에 따른 신청을 받거나 제3항에 따른 요청을 받은 경우, 그 밖에 도로명주소 관리를 위하여 필요하다고 인정하는 경우에는 제7조제2항 각 호의 구분에 따라 해당 도로에 대하여 도로구간, 도로명 및 기초번호를 변경하거나 폐지할 수 있다.

② 사용하고 있는 도로명의 변경이 필요한 자는 해당 도로명을 주소로 사용하는 자로서 대통령령으로 정하는 자(이하 이 조에서 "도로명주소사용자"라 한다)의 5분의 1 이상의 서면 동의를 받아 제7조제2항 각 호의 구분에 따라 행정안전부장관, 시·도지사 또는 시장·군수·구청장에게 도로명 변경을 신청할 수 있다. 다만, 해당 도로명이 제7조제6항에 따라 고시된 날부터 3년이 지나지 아니한 경우 등 대통령령으로 정하는 경우에는 도로명 변경을 신청할 수 없다.

③ 제7조제2항제1호에 해당하는 도로의 도로구간, 도로명 또는 기초번호의 변경 요인이 발생한 것을 확인한 시·도지사는 행정안전부장관에게, 제7조제2항제2호에 해당하는 도로의 도로구간, 도로명 또는 기초번호의 변경 요인이 발생한 것을 확인한 시장·군수·구청장은 특별시장, 광역시장 또는 도지사에게 각각 도로명의 변경을 요청하여야 한다. 이 경우 제7조제2항제1호에 해당하는 도로의 도로구간, 도로명 또는 기초번호의 변경 요인이 발생한 것을 확인한 시장·군수·구청장은 그 사실을 특별시장, 광역시장 또는 도지사에게 통보하여야 한다.

④ 행정안전부장관, 시·도지사 또는 시장·군수·구청장은 제1항에 따라 도로구간, 도로명 및 기초번호를 변경하려면 대통령령으로 정하는 바에 따라 해당 지역주민과 지방자치단체의 장의 의견을 수렴하고 제29조에 따른 해당 주소정보위원회의 심의를 거친 후 해당 도로명주소사용자 과반수의 서면 동의를 받아야 한다. 다만, 다음 각 호의 어느 하나에 해당하는 경우에는 해당 호의 절차의 전부 또는 일부를 생략할 수 있다.

> 1. 대통령령으로 정하는 경미한 사항을 변경하려는 경우 : 해당 지역주민의 의견 수렴, 제29조에 따른 해당 주소정보위원회의 심의, 도로명주소사용자의 과반수 서면 동의
> 2. 해당 도로명주소사용자의 5분의 4 이상이 서면으로 동의하여 도로명 변경을 신청하는 경우로서 건물등의 명칭과 유사한 명칭으로 도로명 변경을 신청하는 경우 등 대통령령으로 정하는 경우가 아닌 경우 : 제29조에 따른 해당 주소정보위원회의 심의와 도로명주소사용자의 과반수 서면 동의

⑤ 행정안전부장관, 시·도지사 또는 시장·군수·구청장은 도로구간, 도로명 및 기초번호를 변경하거나 폐지하는 경우에는 그 사실을 고시하고, 해당 도로명주소사용자 중 도로명주소가 변경되는 자에게 고지하며, 제19조제2항에 따른 공공기관 중 대통령령으로 정하는 공공기관의 장에게 통보하여야 한다.

⑥ 제1항부터 제5항까지의 규정에 따른 도로구간, 도로명 및 기초번호의 변경 및 폐지에 관한 기준과 절차 등에 관하여 필요한 사항은 대통령령으로 정한다.

22. 영 제12조(도로명등의 변경 · 폐지 기준)

① 도로명등의 변경 기준에 관하여는 제7조부터 제9조까지의 규정을 준용한다.

② 법 제8조제1항에 따른 도로구간의 폐지 기준은 다음 각 호와 같다.

> 1. 도로구간에 속하는 도로 전체가 폐지되어 사실상 도로로 사용되고 있지 않을 것
> 2. 도로구간의 도로명을 도로명주소 및 사물주소로 사용하는 건물등 또는 시설물이 없을 것

23. 영 제13조(도로구간 또는 기초번호의 변경 절차)

① 시장등은 법 제8조제1항에 따라 도로구간 또는 기초번호를 변경하려는 경우에는 행정안전부령으로 정하는 사항을 14일 이상의 기간을 정하여 공보등에 공고하고, 해당 지역주민의 의견을 수렴해야 한다.

② 시장등은 제1항에 따른 의견 제출 기간이 지난 날부터 30일 이내에 행정안전부령으로 정하는 사항을 해당 주소정보위원회에 제출하고, 도로구간 또는 기초번호의 변경에 관하여 심의를 거쳐야 한다.

③ 시장등은 제2항에 따른 심의를 마친 날부터 10일 이내에 해당 주소정보위원회의 심의 결과 및 향후 변경 절차(제2항에 따른 심의 결과 도로구간 또는 기초번호를 변경하기로 한 경우로 한정한다)를 공보등에 공고해야 한다. 이 경우 법 제8조제3항 전단에 따른 요청을 받은 경우에는 요청한 자에게 그 사실을 통보해야 한다.

④ 시장등은 제2항에 따른 심의 결과 도로구간 또는 기초번호를 변경하기로 한 경우에는 제3항에 따른 공고를 한 날부터 30일 이내에 도로명주소 및 사물주소를 변경해야 하는 제18조에 따른 도로명주소사용자(제1항에 따른 공고일을 기준으로 한다. 이하 이 조에서 같다) 과반수의 서면 동의를 받아야 한다. 다만, 시장등이 인정하는 경우로 한정하여 30일의 범위에서 그 기간을 한 차례 연장할 수 있다.

⑤ 시장등은 제4항에 따라 서면 동의를 받은 경우에는 서면 동의를 받은 날부터 10일 이내에 행정안전부령으로 정하는 사항을 공보등에 고시해야 한다.

⑥ 시장등은 제4항에 따른 도로명주소사용자 과반수의 서면 동의를 받지 못한 경우에는 서면 동의를 종료한 날부터 10일 이내에 그 사실을 공보등에 공고해야 한다.

⑦ 법 제8조제5항, 제11조제3항 및 제12조제5항에서 "대통령령으로 정하는 공공기관"이란 각각 제10조제5항 각 호의 공공기관과 별표 1 각 호의 공부를 관리하는 공공기관을 말한다.

24. 규칙 제14조(도로구간 또는 기초번호의 변경 절차)

① 영 제13조제1항에서 "행정안전부령으로 정하는 사항"이란 다음 각 호의 사항을 말한다.

> 1. 변경 전·후의 영 제7조제1항 각 호에 따른 도로구간 설정에 관한 사항
> 2. 변경 전·후의 기초번호에 관한 사항
> 3. 도로구간 및 기초번호의 변경 사유
> 4. 변경하려는 도로구간 또는 기초번호에 해당하는 도로명
> 5. 의견 제출의 기간 및 방법
> 6. 도로구간 및 기초번호의 변경 절차
> 7. 그 밖에 시장등이 필요하다고 인정하는 사항

② 영 제13조제2항에서 "행정안전부령으로 정하는 사항"이란 다음 각 호의 사항을 말한다.

> 1. 제1항제1호부터 제4호까지의 규정에 따른 사항
> 2. 도로구간 및 기초번호의 변경으로 변경되는 도로명주소 및 사물주소의 변경 전·후에 관한 사항
> 3. 영 제13조제1항에 따라 공고한 날을 기준으로 해당 도로구간 및 기초번호가 변경됨에 따라 주소를 변경해야 하는 영 제18조제1항에 따른 도로명주소사용자(이하 "도로명주소사용자"라 한다)의 현황
> 4. 도로구간 및 기초번호의 변경에 따른 주소정보시설의 설치·교체·철거에 관한 사항
> 5. 도로구간 및 기초번호의 변경에 대한 해당 지역주민과 시장등의 의견
> 6. 그 밖에 시장등이 필요하다고 인정하는 사항

③ 시장등은 영 제13조제5항에 따라 제12조제2항 각 호의 구분에 따른 각 목의 사항을 고시해야 한다.

25. 영 제14조(둘 이상의 시·군·구 또는 시·도에 걸쳐 있는 도로구간 또는 기초번호의 변경 절차)

① 특별시장, 광역시장 및 도지사는 법 제8조제1항에 따라 둘 이상의 시·군·구에 걸쳐 있는 도로구간 또는 기초번호를 변경하려는 경우에는 해당 시장·군수·구청장에게 행정안전부령으로 정하는 자료의 제출을 요청할 수 있다.

② 시장·군수·구청장은 제1항의 요청을 받은 날부터 30일 이내에 그 자료를 특별시장, 광역시장 및 도지사에게 제출해야 한다.

③ 특별시장, 광역시장 및 도지사는 제2항에 따른 자료를 제출받은 날부터 20일 이내에 14일 이상의 기간을 정하여 행정안전부령으로 정하는 사항을 공보등에 공고하고, 해당 지역주민 및 시장·군수·구청장의 의견을 수렴해야 한다.

④ 특별시장, 광역시장 및 도지사는 제3항에 따른 의견 제출 기간이 지난 날부터 30일 이내에 행정안전부령으로 정하는 사항을 시·도주소정보위원회에 제출하고, 둘 이상의 시·군·구에 걸쳐 있는 도로구간 또는 기초번호의 변경에 관하여 심의를 거쳐야 한다.

⑤ 특별시장, 광역시장 및 도지사는 제4항에 따른 심의를 마친 날부터 10일 이내에 해당 시·도주소정보위원회의 심의 결과 및 향후 변경 절차(제4항에 따른 심의 결과 도로구간 또는 기초번호

를 변경하기로 한 경우로 한정한다)를 공보등에 공고하고, 해당 시장·군수·구청장에게 통보해야 한다.

⑥ 특별시장, 광역시장 및 도지사는 제4항에 따른 심의 결과 도로구간 또는 기초번호를 변경하기로 한 경우에는 제5항에 따른 공고를 한 날부터 60일 이내에 도로구간 또는 기초번호의 변경으로 도로명주소 및 사물주소를 변경해야 하는 제18조에 따른 도로명주소사용자(제3항에 따른 공고일을 기준으로 한다. 이하 이 조에서 같다) 과반수의 서면 동의를 받아야 한다. 다만, 특별시장, 광역시장 및 도지사가 인정하는 경우로 한정하여 30일의 범위에서 그 기간을 한 차례 연장할 수 있다.

⑦ 특별시장, 광역시장 및 도지사는 제6항에 따라 서면 동의를 받은 경우에는 서면 동의를 받은 날부터 10일 이내에 행정안전부령으로 정하는 사항을 공보등에 고시하고, 신청인과 해당 시장·군수·구청장에게 각각 고지 및 통보해야 한다.

⑧ 특별시장, 광역시장 및 도지사는 제6항에 따른 도로명주소사용자 과반수 서면 동의를 받지 못한 경우에는 서면 동의를 종료한 날부터 10일 이내에 그 사실을 공보등에 공고해야 한다.

⑨ 행정안전부장관이 법 제8조제1항에 따라 도로구간 및 기초구간을 변경하려는 경우 그 절차에 관하여는 제1항부터 제8항까지의 규정을 준용한다. 이 경우 제1항부터 제8항까지의 규정 중 "특별시장, 광역시장 및 도지사"는 "행정안전부장관"으로, "시장·군수·구청장"은 "시·도지사 및 시장·군수·구청장"으로 보고, 제2항 중 "30일"은 "40일"로 보며, 제4항 및 제5항 중 "시·도주소정보위원회"는 "중앙주소정보위원회"로 보고, 제6항 중 "60일"은 "90일"로 본다.

26. 규칙 제15조(둘 이상의 시·군·구 또는 시·도에 걸쳐 있는 도로구간 또는 기초번호의 변경 절차)

① 영 제14조제1항에서 "행정안전부령으로 정하는 자료"란 다음 각 호의 자료를 말한다.

> 1. 변경 전·후의 영 제7조제1항 각 호의 도로구간에 관한 사항(도로구간을 변경하려는 경우로 한정한다)
> 2. 변경 전·후의 기초간격 및 도로구간의 시작지점과 끝지점의 기초번호(기초번호를 변경하려는 경우로 한정한다)
> 3. 도로구간 및 기초번호의 변경 사유
> 4. 도로구간 및 기초번호의 변경에 따라 변경해야 하는 도로명주소 및 사물주소의 현황
> 5. 도로구간 및 기초번호의 변경으로 인하여 주소를 변경해야 하는 도로명주소사용자의 현황
> 6. 그 밖에 특별시장, 광역시장 및 도지사가 도로구간 및 기초번호의 변경에 필요하다고 인정하는 사항

② 영 제14조제3항에서 "행정안전부령으로 정하는 사항"이란 다음 각 호의 사항을 말한다.

> 1. 제1항제1호부터 제3호까지의 규정에 따른 사항
> 2. 의견 제출의 기간 및 방법
> 3. 도로구간 및 기초번호의 변경 절차
> 4. 그 밖에 특별시장, 광역시장 및 도지사가 필요하다고 인정하는 사항

③ 영 제14조제4항에서 "행정안전부령으로 정하는 사항"이란 다음 각 호의 사항을 말한다.

> 1. 제1항 각 호의 사항(같은 항 제5호의 사항은 제외한다)
> 2. 해당 도로구간에 속하는 변경 전·후의 도로명주소 및 사물주소에 관한 사항
> 3. 영 제14조제3항에 따라 공고한 날을 기준으로 주소를 변경해야 하는 도로명주소사용자의 현황
> 4. 도로구간 및 기초번호의 변경에 대한 해당 지역주민, 시장·군수·구청장의 의견
> 5. 그 밖에 특별시장, 광역시장 및 도지사가 필요하다고 인정하는 사항

④ 특별시장, 광역시장 및 도지사는 영 제14조제7항에 따라 제12조제2항 각 호의 구분에 따른 각 목의 사항을 고시해야 한다.

27. 영 제15조(도로명의 변경 절차)

① 시장등은 법 제8조제1항에 따라 도로명을 변경하려는 경우에는 행정안전부령으로 정하는 사항을 14일 이상의 기간을 정하여 공보등에 공고하고, 해당 지역주민의 의견을 수렴해야 한다. 이 경우 법 제8조제2항 본문에 따라 도로명 변경의 신청을 받은 경우에는 그 신청을 받은 날부터 30일 이내에 공고해야 한다.

② 시장등은 제1항에 따른 의견 제출 기간이 지난 날부터 30일 이내에 행정안전부령으로 정하는 사항을 해당 주소정보위원회에 제출하고, 도로명의 변경에 관하여 심의를 거쳐야 한다.

③ 시장등은 제2항에 따른 심의를 마친 날부터 10일 이내에 해당 주소정보위원회의 심의 결과 및 향후 변경 절차(제2항에 따른 심의 결과 도로명을 변경하기로 한 경우로 한정한다)를 공보등에 공고해야 한다. 이 경우 법 제8조제2항에 따른 신청 또는 같은 조 제3항에 따른 요청을 받은 경우에는 신청인 또는 요청한 자에게 그 사실을 통보해야 한다.

④ 시장등은 제2항에 따른 심의 결과 도로명을 변경하는 것으로 결정한 경우 제3항에 따라 공고한 날부터 30일 이내에 다음 각 호의 날을 기준으로 한 제18조에 따른 도로명주소사용자 과반수의 서면 동의를 받아야 한다. 다만, 시장등이 인정하는 경우로 한정하여 30일의 범위에서 그 기간을 한 차례 연장할 수 있다.

> 1. 법 제8조제2항에 따른 신청에 의하여 도로명을 변경하려는 경우 : 같은 항에 따른 신청일
> 2. 그 밖의 사유로 도로명을 변경하려는 경우 : 제1항에 따른 공고일

⑤ 시장등은 제4항에 따른 서면 동의를 받거나 법 제8조제4항 각 호에 따라 서면 동의를 생략한 경우에는 그 서면 동의를 받은 날부터 10일(법 제8조제4항에 따라 서면 동의를 생략한 경우에는 생략하기로 한 날부터 10일) 이내에 행정안전부령으로 정하는 사항을 공보등에 고시해야 한다. 이 경우 법 제8조제2항 본문에 따른 신청을 받은 경우에는 이를 신청인에게도 통보해야 한다.

⑥ 시장등은 제4항에 따른 서면 동의를 받지 못한 경우에는 서면 동의 절차를 종료한 날부터 10일 이내에 그 사실을 공보등에 공고해야 한다. 이 경우 법 제8조제2항 본문에 따른 신청을 받은 경우에는 그 사실을 신청인에게도 통보해야 한다.

⑦ 시장등은 제2항에 따른 심의 결과 당초 제출된 예비도로명과 다른 예비도로명으로 결정된 경우에는 제1항의 절차에 따라 해당 결정을 공고하고, 해당 지역주민의 의견을 새로 수렴해야 한다.

⑧ 제1항부터 제7항까지에서 규정한 사항 외에 도로명의 변경에 필요한 세부사항은 행정안전부령으로 정한다.

28. 규칙 제16조(도로명의 변경 절차)

① 영 제15조제1항 전단에서 "행정안전부령으로 정하는 사항"이란 다음 각 호의 사항을 말한다.

> 1. 영 제7조제1항 각 호의 사항
> 2. 현재 도로명 및 부여 사유
> 3. 변경하려는 예비도로명(신청인, 시장등이 제안한 각각의 예비도로명을 말한다)과 그 변경 사유
> 4. 도로명의 변경에 대한 의견 제출자의 범위, 의견 제출의 기간 및 방법
> 5. 그 밖에 시장등이 필요하다고 인정하는 사항

② 법 제8조제2항에 따른 도로명 변경 신청은 별지 제3호서식의 신청서에 따른다.

③ 영 제15조제2항에서 "행정안전부령으로 정하는 사항"이란 다음 각 호의 사항을 말한다.

> 1. 제1항제1호부터 제3호까지의 규정에 따른 사항
> 2. 도로명의 변경 전·후에 도로명주소 및 사물주소에 관한 사항
> 3. 도로명 변경으로 주소를 변경해야 하는 도로명주소사용자의 현황
> 4. 도로명의 변경에 따른 주소정보시설의 설치·교체·철거에 관한 사항
> 5. 도로명의 변경에 관한 해당 지역주민과 시장등의 의견
> 6. 그 밖에 시장등이 필요하다고 인정하는 사항

④ 시장등은 영 제15조제5항 전단에 따라 제12조제2항 각 호의 구분에 따른 각 목의 사항을 고시해야 한다.

29. 영 제16조(둘 이상의 시·군·구 또는 시·도에 걸쳐 있는 도로명 변경 절차)

① 특별시장, 광역시장 및 도지사는 법 제8조제1항에 따라 둘 이상의 시·군·구에 걸쳐 있는 도로명을 변경하려는 경우에는 해당 시장·군수·구청장에게 행정안전부령으로 정하는 자료의 제출을 요청할 수 있다.

② 시장·군수·구청장은 제1항에 따른 요청을 받은 날부터 30일 이내에 그 자료를 해당 특별시장, 광역시장 및 도지사에게 제출해야 한다.

③ 특별시장, 광역시장 및 도지사는 제2항에 따른 자료를 제출받은 날부터 30일 이내에 14일 이상의 기간을 정하여 행정안전부령으로 정하는 사항을 공보등에 공고하고, 해당 지역주민 및 시장·군수·구청장의 의견을 수렴해야 한다. 이 경우 법 제8조제2항 본문에 따라 도로명 변경 신청을 받은 경우에는 그 신청을 받은 날부터 40일 이내에 공고해야 한다.

④ 특별시장, 광역시장 및 도지사는 제3항에 따른 의견 제출 기간이 지난 날부터 30일 이내에 행정안전부령으로 정하는 사항을 시·도주소정보위원회에 제출하고, 둘 이상의 시·군·구에 걸쳐 있는 도로명의 변경에 관하여 심의를 거쳐야 한다.

⑤ 특별시장, 광역시장 및 도지사는 제4항에 따른 심의를 마친 날부터 10일 이내에 해당 시·도주소정보위

원회의 심의 결과 및 향후 변경 절차(제4항에 따른 심의 결과 도로명을 변경하기로 한 경우로 한정한다)를 공보등에 공고하고, 시장·군수·구청장에게 통보해야 한다. 이 경우 법 제8조제2항 본문에 따라 도로명 변경 신청을 받은 경우에는 그 결과를 신청인에게도 통보해야 한다.

⑥ 특별시장, 광역시장 및 도지사는 제4항에 따른 심의 결과 도로명을 변경하기로 한 경우에는 제5항에 따라 공고한 날부터 60일 이내에 다음 각 호의 날을 기준으로 한 제18조에 따른 도로명주소사용자 과반수의 서면 동의를 받아야 한다. 다만, 특별시장, 광역시장 및 도지사가 인정하는 경우로 한정하여 30일의 범위에서 그 기간을 한 차례 연장할 수 있다.

> 1. 법 제8조제2항에 따른 신청에 따라 도로명을 변경하려는 경우 : 같은 항에 따른 신청일
> 2. 그 밖에 사유로 도로명을 변경하려는 경우 : 제3항에 따른 공고일

⑦ 특별시장, 광역시장 및 도지사는 제6항에 따른 서면 동의를 받은 날부터 10일(법 제8조제4항 각 호에 따라 서면 동의를 생략한 경우에는 생략하기로 한 날부터 10일) 이내에 행정안전부령으로 정하는 사항을 공보등에 고시해야 한다. 이 경우 법 제8조제2항 본문에 따른 신청을 받은 경우에는 이를 신청인에게도 통보해야 한다.

⑧ 특별시장, 광역시장 및 도지사는 제6항에 따른 서면 동의를 받지 못한 경우에는 서면 동의 절차를 종료한 날부터 20일 이내에 그 사실을 공보등에 공고하고, 해당 시장·군수·구청장에게 통보해야 한다. 이 경우 법 제8조제2항 본문에 따른 신청을 받은 경우에는 그 사실을 신청인에게도 통보해야 한다.

⑨ 특별시장, 광역시장 및 도지사는 제4항에 따른 심의 결과 당초 제출한 예비도로명과 다른 예비도로명으로 결정된 경우에는 제3항의 절차에 따라 그 결과를 공고하고, 해당 지역주민의 의견을 새로 수렴해야 한다.

⑩ 행정안전부장관이 법 제8조제1항에 따라 도로명을 변경하려는 경우 그 절차에 관하여는 제1항부터 제9항까지를 준용한다. 이 경우 제1항부터 제9항까지의 규정 중 "특별시장, 광역시장 및 도지사"는 "행정안전부장관"으로, "시장·군수·구청장"은 "시·도지사 및 시장·군수·구청장"으로 보고, 제3항 중 "30일"은 "40일"로 보며, 제4항 및 제5항 중 "시·도주소정보위원회"는 "중앙주소정보위원회"로 보고, 제6항 중 "60일"은 "90일"로 본다.

30. 규칙 제17조(둘 이상의 시·군·구 또는 시·도에 걸쳐 있는 도로명의 변경 절차)

① 영 제16조제1항에서 "행정안전부령으로 정하는 자료"란 다음 각 호의 자료를 말한다.

> 1. 영 제7조제1항 각 호의 도로구간에 관한 사항(도로구간 또는 기초번호를 함께 변경하는 경우에는 변경 전·후의 사항을 포함한다)
> 2. 부여하려는 예비도로명과 그 부여 사유에 관한 시장·군수·구청장의 의견
> 3. 도로명주소 및 사물주소의 변경 전·후에 관한 사항
> 4. 도로명 변경으로 주소를 변경해야 하는 도로명주소사용자의 현황
> 5. 도로명의 변경에 따른 주소정보시설의 설치·교체·철거에 관한 사항
> 6. 그 밖에 특별시장, 광역시장 및 도지사가 도로명의 변경에 필요하다고 인정하는 사항

② 영 제16조제3항 전단에서 "행정안전부령으로 정하는 사항"이란 다음 각 호의 사항을 말한다.

> 1. 제1항제1호의 사항
> 2. 현재 도로명 및 부여 사유
> 3. 도로명을 변경하려는 사유
> 4. 부여하려는 예비도로명(신청인, 특별시장, 광역시장 및 도지사 또는 시장 · 군수 · 구청장이 각각 제시한 예비도로명을 말한다)과 사유
> 5. 의견 제출의 기간 및 방법, 의견 제출자의 범위
> 6. 그 밖에 특별시장, 광역시장 및 도지사가 필요하다고 인정하는 사항

③ 영 제16조제4항에서 "행정안전부령으로 정하는 사항"이란 다음 각 호의 사항을 말한다.

> 1. 제1항제3호부터 제5호까지의 규정에 따른 사항
> 2. 제2항제1호부터 제4호까지의 규정에 따른 사항
> 3. 해당 지역주민 및 시장 · 군수 · 구청장의 의견
> 4. 특별시장, 광역시장 및 도지사의 의견
> 5. 그 밖에 특별시장, 광역시장 및 도지사가 필요하다고 인정하는 사항

④ 특별시장, 광역시장 및 도지사는 영 제16조제7항 전단에 따라 제12조제2항 각 호의 구분에 따른 각 목의 사항을 고시해야 한다.

31. 영 제17조(도로명등의 폐지 절차)

① 행정안전부장관, 시 · 도지사 및 시장 · 군수 · 구청장은 법 제8조제1항에 따라 도로명등을 폐지하려는 경우에는 제12조제2항 각 호의 사항을 확인해야 한다.

② 행정안전부장관, 시 · 도지사 및 시장 · 군수 · 구청장은 제1항에 따른 사항을 확인한 날부터 10일 이내에 도로명등을 폐지하고, 행정안전부령으로 정하는 사항을 공보등에 고시해야 한다.

32. 규칙 제18조(도로명등의 폐지 절차)

영 제17조제2항에서 "행정안전부령으로 정하는 사항"이란 제12조제2항제6호의 사항을 말한다.

33. 영 제18조(도로명의 변경 신청 등)

① 법 제8조제2항 본문에서 "대통령령으로 정하는 자"란 다음 각 호의 어느 하나에 해당하면서 해당 도로명을 주소로 사용하는 자(이하 "도로명주소사용자"라 한다)를 말한다. 이 경우 동일인이 각 호 중 여럿에 해당하는 경우에는 하나에만 해당하는 것으로 본다.

> 1. 「건축법」에 따른 건축물대장상의 건물소유자
> 2. 「민법」에 따라 등기한 법인의 대표자
> 3. 「부가가치세법」에 따라 사업자등록을 한 자
> 4. 「부동산등기법」에 따른 건물등기부상의 건물소유자
> 5. 「상법」에 따라 등기한 법인의 대표자
> 6. 「주민등록법」에 따라 주민등록표에 등록된 세대주(법 제8조제2항 본문 및 제4항에 따른 서면 동의는 19세 이상의 세대원이 대리할 수 있다)

7. 「출입국관리법」에 따라 외국인등록을 한 19세 이상의 외국인(주소가 같은 외국인이 여럿인 경우에는 이를 한 명으로 본다)

② 법 제8조제2항에 따른 도로명의 변경 신청 또는 같은 조 제4항에 따른 도로명을 변경하기 위하여 서면 동의를 받아야 하는 도로명주소사용자의 범위는 다음 각 호의 구분에 따른다. 이 경우 도로명주소사용자의 수는 신청일을 기준으로 한다.

1. 공동으로 포함된 도로명을 변경하려는 경우 : 그 도로명과 해당 도로명의 유사도로명을 주소로 사용하는 자
2. 종속구간의 도로명을 변경하려는 경우 : 그 종속구간의 도로명을 주소로 사용하는 자
3. 동일도로명을 변경하려는 경우 : 동일도로명과 그 도로명의 유사도로명을 주소로 사용하는 자
4. 그 밖의 경우 : 각각의 도로구간의 도로명을 주소로 사용하는 자

③ 법 제8조제2항 단서에서 "해당 도로명이 제7조제6항에 따라 고시된 날부터 3년이 지나지 아니한 경우 등 대통령령으로 정하는 경우"란 다음 각 호의 어느 하나에 해당하는 경우를 말한다. 다만, 종속구간을 별도의 도로구간으로 설정하여 새로운 도로명을 부여하려는 경우는 제외한다.

1. 법 제7조제6항 또는 제8조제5항에 따라 도로명이 고시된 날부터 3년이 지나지 않은 경우
2. 제15조제3항 또는 제16조제5항에 따라 도로명을 변경하지 않기로 결정·공고한 날부터 1년이 지나지 않은 경우
3. 법 제8조제4항에 따른 도로명주소사용자 과반수의 서면 동의를 받지 못하여 도로명을 변경하지 않기로 결정·공고한 날부터 2년이 지나지 않은 경우

④ 제1항부터 제3항까지에서 규정한 사항 외에 도로명 부여의 신청 방법 및 그 밖에 필요한 세부사항은 행정안전부령으로 정한다

34. 영 제19조(서면 동의 절차의 생략 등)

① 법 제8조제4항제1호에서 "대통령령으로 정하는 경미한 사항을 변경하려는 경우"란 다음 각 호의 어느 하나에 해당하는 경우를 말한다.

1. 고시된 도로명주소 및 사물주소의 변경을 수반하지 않는 경우
2. 행정구역의 경계 변경으로 도로구간 및 기초번호를 변경해야 하는 경우
3. 건물등 및 시설물에 부여할 기초번호가 없어 기초간격 및 기초번호를 다시 정할 필요가 있는 경우
4. 도시 및 주택개발사업 등 각종 개발사업의 시행으로 그 개발사업 지역과 인접한 도로구간을 변경할 필요가 있는 경우
5. 제3조제1항에 따른 도로의 유형에 적합하도록 도로명을 변경하려는 경우
6. 도로명에 포함된 기초번호를 분기되는 지점의 기초번호와 맞게 정비하려는 경우
7. 제7조 및 제12조제1항에 따른 도로구간의 설정·변경 기준에 적합하도록 도로구간을 정비하려는 경우
8. 각종 공사 등에 따른 도로구간 선형의 변경으로 인하여 기초번호를 변경하려는 경우
9. 도로명주소사용자의 과반수 이상이 도로명의 변경을 신청한 경우로서 해당 주소정보위원회의 심의결과 신청인이 제출한 예비도로명(예비도로명이 2개 이상인 경우에는 1순위 예비도로명을 말한다)으로 도로명을 변경하려는 경우

② 법 제8조제4항제2호에서 "건물등의 명칭과 유사한 명칭으로 도로명 변경을 신청하는 경우 등 대통령령으로 정하는 경우"란 다음 각 호의 어느 하나에 해당하는 경우를 말한다.

> 1. 건물등 또는 건물군의 명칭과 유사한 명칭으로 도로명의 변경을 신청한 경우
> 2. 둘 이상의 시·군·구 또는 시·도에 걸쳐 있는 도로의 도로명을 변경하는 경우
> 3. 행정안전부장관, 시·도지사 또는 시장·군수·구청장이 다른 도로명에 영향을 미칠 우려가 있다고 판단하는 경우
> 4. 제8조 및 제12조제1항에 따른 도로명의 부여·변경 기준에 적합하지 않은 경우

35. 법 제9조(도로명판과 기초번호판의 설치)

① 특별자치시장, 특별자치도지사 및 시장·군수·구청장은 도로명주소를 안내하거나 구조·구급 활동을 지원하기 위하여 필요한 장소에 도로명판 및 기초번호판을 설치하여야 한다.

② 다음 각 호의 어느 하나에 해당하는 지주(支柱) 또는 시설(이하 "지주등"이라고 한다)의 설치자 또는 관리자는 도로명이 부여된 도로에 지주등을 설치하려는 경우에는 해당 특별자치시장, 특별 자치도지사 또는 시장·군수·구청장의 확인을 거쳐 해당 위치에 맞는 도로명과 기초번호를 지 주등에 표기하여야 한다.

> 1. 가로등·교통신호등·도로표지 등이 설치된 지주
> 2. 전주 및 도로변 전기·통신 관련 시설

③ 특별자치시장, 특별자치도지사 및 시장·군수·구청장은 지주등의 본래 용도에 지장을 주지 아니하는 범위에서 도로명판 및 기초번호판을 설치하는 데 지주등을 사용할 수 있다.

④ 특별자치시장, 특별자치도지사 및 시장·군수·구청장은 제3항에 따라 지주등을 사용하려면 미리 그 지주등의 설치자 또는 관리자와 협의하여야 하며, 협의 요청을 받은 자는 특별한 사유가 없으면 지주등의 사용에 협조하여야 한다.

⑤ 지주등의 설치자 또는 관리자는 제3항에 따라 사용되는 지주등을 교체·이전설치·철거하려는 경우에는 미리 해당 특별자치시장, 특별자치도지사 또는 시장·군수·구청장에게 통보하여야 한다.

⑥ 제1항에 따른 도로명판과 기초번호판의 설치장소와 규격, 그 밖에 필요한 사항은 행정안전부령으로 정한다.

36. 법 제10조(명예도로명)

① 특별자치시장, 특별자치도지사 및 시장·군수·구청장은 도로명이 부여된 도로구간의 전부 또는 일부에 대하여 기업 유치 또는 국제교류를 목적으로 하는 도로명(이하 "명예도로명"이라 한다)을 추가적으로 부여할 수 있다.

② 특별자치시장, 특별자치도지사 및 시장·군수·구청장은 명예도로명을 안내하기 위한 시설물을 설치할 수 있다. 다만, 주소정보시설에는 명예도로명을 표기할 수 없다.

③ 제1항 및 제2항에 따른 명예도로명의 부여 기준과 절차 및 안내 시설물의 설치 등에 필요한 사항은 대통령령으로 정한다.

37. 영 제20조(명예도로명의 부여 기준)

시장등은 법 제10조에 따른 명예도로명(이하 "명예도로명"이라 한다)을 부여하려는 경우에는 다음 각 호의 기준을 따라야 한다.

1. 명예도로명으로 사용될 사람 등의 도덕성, 사회헌신도 및 공익성 등을 고려할 것
2. 사용 기간은 5년 이내로 할 것
3. 해당 시장등이 법 제7조제6항 및 제8조제5항에 따라 고시한 도로명이 아닐 것
4. 같은 특별자치시, 특별자치도 및 시·군·구 내에서는 같은 명예도로명이 중복하여 부여되지 않도록 할 것
5. 이미 명예도로명이 부여된 도로구간에 다른 명예도로명이 중복하여 부여되지 않도록 할 것

38. 영 제21조(명예도로명의 부여·폐지 절차 등)

① 시장등은 법 제10조제1항에 따라 명예도로명을 부여하려는 경우에는 행정안전부령으로 정하는 사항을 14일 이상의 기간을 정하여 공보등에 공고하고 해당 지역주민의 의견을 수렴해야 한다.

② 시장등은 제1항에 따른 의견 제출 기간이 지난 날부터 30일 이내에 행정안전부령으로 정하는 사항을 해당 주소정보위원회에 제출하고, 명예도로명의 부여에 관하여 심의를 거쳐야 한다.

③ 시장등은 제2항에 따른 심의를 마친 날부터 10일 이내에 해당 주소정보위원회의 심의 결과를 공보등에 공고해야 한다. 이 경우 시장등은 행정안전부령으로 정하는 바에 따라 그 공고 내용을 기록하고 관리해야 한다.

④ 시장등은 제1항부터 제3항까지의 규정에도 불구하고 이미 부여된 명예도로명을 계속 사용하려는 경우에는 그 사용 기간 만료일 30일 전에 행정안전부령으로 정하는 사항을 해당 주소정보위원회에 제출하고, 명예도로명 사용 연장 여부에 관하여 심의를 거쳐야 한다. 이 경우 해당 주소정보위원회 심의 결과 명예도로명을 계속 사용하기로 한 경우에는 그 결과를 공보등에 공고해야 한다.

⑤ 시장등은 명예도로명의 사용 기간 만료 전이라도 해당 주소정보위원회의 심의를 거쳐 명예도로명을 폐지할 수 있다.

39. 규칙 제19조(명예도로명의 부여·폐지 절차 등)

① 영 제21조제1항에서 "행정안전부령으로 정하는 사항"이란 다음 각 호의 사항을 말한다.

1. 명예도로명을 부여하려는 도로구간의 시작지점 및 끝지점
2. 부여하려는 명예도로명과 그 부여 사유
3. 명예도로명의 사용 기간
4. 명예도로명을 부여하려는 도로구간의 도로명
5. 의견 제출의 기간 및 방법
6. 그 밖에 시장등이 필요하다고 인정하는 사항

② 영 제21조제2항에서 "행정안전부령으로 정하는 사항"이란 다음 각 호의 사항을 말한다.

> 1. 제1항제1호부터 제4호까지의 규정에 따른 사항
> 2. 영 제21조제1항에 따라 제출된 주민의 의견
> 3. 부여하려는 명예도로명에 관한 시장등의 의견
> 4. 명예도로명을 안내하기 위한 시설물의 설치계획
> 5. 그 밖에 시장등이 필요하다고 인정하는 사항

③ 시장등은 영 제21조제3항 전단에 따라 주소정보위원회의 심의 결과를 공보, 행정안전부 및 해당 지방자치단체의 인터넷 홈페이지 또는 그 밖에 주민에게 정보를 전달할 수 있는 매체(이하 "공보등"이라 한다)에 공고하는 경우에는 같은 항 후단에 따라 별지 제4호서식의 명예도로명 부여대장에 그 공고 내용을 기록하고 관리해야 한다.

④ 영 제21조제4항 전단에서 "행정안전부령으로 정하는 사항"이란 다음 각 호의 사항을 말한다.

> 1. 제2항제1호 및 제3호에 관한 사항
> 2. 그 밖에 시장등이 필요하다고 인정하는 사항

40. 영 제22조(명예도로명 안내 시설물의 설치 및 철거)

① 시장등은 법 제10조제2항에 따라 명예도로명을 안내하기 위한 시설물을 설치하려는 경우 법 제9조제1항에 따른 도로명판이 설치된 장소 외의 장소에 해당 시설물을 설치해야 한다.

② 시장등은 제21조제5항에 따라 명예도로명을 폐지하기로 결정한 경우에는 다음 각 호의 사항을 공보등에 공고하고, 공고한 날부터 20일 이내에 법 제10조제2항에 따른 시설물을 철거해야 한다.

> 1. 폐지하려는 명예도로명
> 2. 폐지하려는 명예도로명의 도로구간 시작지점 및 끝지점
> 3. 폐지하려는 명예도로명의 폐지일과 폐지 사유

41. 법 제11조(건물번호의 부여)

① 건물등을 신축 또는 재축하는 자는 건물등에 대한 「건축법」 제22조에 따른 사용승인(「주택법」 제49조에 따른 사용검사 등 다른 법률에 따라 「건축법」 제22조에 따른 사용승인이 의제되는 경우에는 그 사용검사 등을 말한다) 전까지 특별자치시장, 특별자치도지사 또는 시장·군수·구청장에게 건물번호 부여를 신청하여야 한다. 다만, 제2조제5호나목에 따른 건물등의 경우 그 소유자 또는 점유자[임차인(무상으로 사용·수익하는 자를 포함한다. 이하 같다)은 제외한다. 이하 같다]는 건물번호 부여를 신청할 수 있다.

② 특별자치시장, 특별자치도지사 및 시장·군수·구청장은 도로명주소가 필요한 경우에는 제1항에 따른 신청이 없는 경우에도 직권으로 건물번호를 부여할 수 있다.

③ 특별자치시장, 특별자치도지사 및 시장·군수·구청장은 건물번호를 부여하는 경우에는 그 사실을 고시하고, 제1항에 따른 신청인 또는 제2항에 따른 건물등의 소유자·점유자 및 임차인에게 고지하며, 제19조제2항에 따른 공공기관 중 대통령령으로 정하는 공공기관의 장에게 통보하여야 한다.

④ 제1항부터 제3항까지의 규정에 따른 건물번호의 부여 기준·절차·방법 및 그 밖에 필요한 사항은 대통령령으로 정한다.

42. 영 제23조(건물번호의 부여 기준)

① 시장등은 건물등(건물군을 포함한다. 이하 이 조에서 같다)의 주된 출입구가 접하는 도로구간의 기초번호를 기준으로 건물번호를 부여한다.

② 시장등은 건물등마다 하나씩 건물번호를 부여한다. 다만, 다음 각 호에 해당하는 건물등에는 각 출입구에 건물번호를 부여할 수 있다.

> 1. 법 제2조제1호나목에 해당하는 통로에 도로명이 부여된 경우로서 건물등 또는 시설물의 내부에서 벽체 등 물리적인 경계로 구분되는 공간인 경우
> 2. 하나의 건물등의 내부에서 서로 연결되지 않는 둘 이상의 출입구가 있는 경우
> 3. 하나의 건물등에서 층 또는 호(戸)의 출입구가 각각 다른 경우
> 4. 그 밖에 시장등이 필요하다고 인정하는 경우

③ 시장등은 제1항 및 제2항에도 불구하고 건물번호가 부여된 건물군(공동주택은 제외한다) 안 도로에 도로명을 부여한 경우에는 개별 건물등에 건물번호를 부여할 수 있다.

43. 규칙 제20조(건물번호 부여·변경의 세부기준)

영 제23조 및 제25조에 따른 건물번호의 부여·변경에 필요한 세부기준은 다음 각 호와 같다.

1. 둘 이상의 법 제2조제5호 각 목의 건축물 또는 구조물(이하 "건물등"이라 한다)이 하나의 기초번호에 포함되는 경우 : 해당 도로구간의 시작지점에서 끝지점 방향으로 건물등의 주된 출입구의 순서에 따라 두 번째 건물등부터 가지번호를 붙여 건물번호를 부여·변경할 것. 다만, 이미 건물번호가 부여된 건물등이 분리 또는 통합되거나 주된 출입구의 위치가 변경되는 경우에는 해당 소유자·점유자와 협의하여 다르게 부여·변경할 수 있다.

2. 둘 이상의 건물등이 각각 다른 기초번호에 포함되나 각 건축물의 주된 출입구가 하나의 기초번호에 포함되는 경우 : 해당 건축물이 포함되는 기초번호를 건물번호로 부여·변경할 것

3. 건물등의 출입구가 둘 이상의 도로에 접해 있는 경우 : 다음 각 목의 구분에 따른 기초번호를 건물번호로 부여·변경할 것. 다만, 해당 소유자·점유자가 원하는 경우에는 다르게 부여·변경할 수 있다.

> 가. 대로·로·길에 접한 경우에는 대로·로·길의 순서에 따른 기초번호
> 나. 도로의 폭이 넓은 도로의 기초번호
> 다. 교통량이 많은 도로의 기초번호

4. 도로·하천 등의 위에 설치된 건물등은 주된 출입구가 인접한 진행방향의 기초번호를 기준으로 건물번호를 부여·변경할 것

5. 건물등이 도로의 왼쪽 또는 오른쪽이 아닌 중앙에 위치하는 경우에는 주된 출입구가 인접하는 진행방향의 기초번호에 가지번호를 붙여 건물번호를 부여할 것

6. 하나의 건물등이 여러 개의 기초번호에 포함되는 경우로서 건물등의 출입구가 여러 개인 경우에는 여러 개의 기초번호 중 중간에 해당하는 기초번호 또는 첫 번째 기초번호를 건물번호로 부여하거나 변경할 것

7. 공동주택 등이 도로(단지 내 도로는 제외한다)로 여러 개의 구역으로 나누어진 경우에는 구역별로 주된 출입구가 접한 도로의 기초번호를 건물번호로 부여·변경할 것

8. 공동주택 등에 포함된 상가 등을 별개의 건물등으로 구분해야 할 필요가 있는 경우에는 해당 상가 등을 별개의 건물등으로 보아 건물등의 주된 출입구가 접한 도로의 기초번호를 건물번호로 부여·변경할 것

9. 도로구간이 설정되어 있지 않은 도로에 있는 건물등의 경우에는 그 건물등의 진입도로와 만나는 도로구간의 기초번호를 건물번호로 부여·변경할 것. 다만, 건물등의 신축이 예상되는 지역의 경우에는 가지번호를 붙여 건물번호를 부여·변경할 수 있다.

44. 영 제24조(건물번호의 부여 절차)

시장등은 법 제11조제1항에 따라 건물번호의 부여 신청을 받은 경우에는 그 신청을 받은 날부터 14일 이내에 제23조의 기준에 따라 건물번호를 부여해야 한다.

45. 규칙 제21조(건물번호 및 상세주소의 표기 방법)

① 건물번호는 숫자로 표기하며, 건물등이 지하에 있는 경우에는 건물번호 앞에 '지하'를 붙여서 표기한다.

② 건물번호는 '번'으로 읽되, 필요하면 가지번호를 붙일 수 있고, 주된 번호와 가지번호 사이는 '-' 표시로 연결한다. 가지번호를 붙이면 '-' 표시는 '의'로 읽고, 가지번호 뒤에 '번'을 붙여 읽는다.

③ 상세주소는 도로명주소대장에 등록된 동번호, 층수 또는 호수를 우선하여 표기하되, 도로명주소대장에 등록되지 않은 건물등의 경우에는 건축물대장에 등록된 동번호, 층수 또는 호수를 표기한다.

④ 제25조제4항에 따라 상세주소에서 층수를 생략하는 경우에는 '동', '호'의 표기를 생략하고 동번호와 호수 사이를 '-'로 연결하여 표기할 수 있다. 이 경우 '-'를 읽지 않고 '동'과 '호'가 표기된 것으로 보고 읽는다.

⑤ 건물번호와 상세주소를 구분하기 위하여 건물번호와 상세주소 사이에 쉼표를 넣어 표기한다.

46. 규칙 제22조(건물번호의 부여·변경·폐지 신청)

① 법 제11조제1항 또는 제12조제1항·제3항에 따른 건물번호의 부여 또는 변경·폐지 신청은 별지 제5호서식의 신청서에 따른다.

② 법 제11조제1항 또는 제12조제1항에 따라 건물번호의 부여 또는 변경을 신청하려는 자는 시장등에게 건물번호판의 교부를 함께 신청할 수 있다.

③ 영 제26조제2항에서 "행정안전부령으로 정하는 사항"이란 다음 각 호의 사항을 말한다.

1. 변경 전·후의 도로명주소	2. 변경 사유
3. 변경 절차와 효력	4. 의견 제출의 기간 및 방법
5. 그 밖에 시장등이 필요하다고 인정하는 사항	

④ 법 제16조제1항에 따른 행정구역이 결정되지 않은 지역의 건물번호 부여·변경·폐지 신청은 별지 제6호서식의 신청서에 따른다.

47. 규칙 제23조(건물번호의 부여 등에 대한 고시 및 고지)

① 시장등이 법 제11조제3항에 따라 건물번호를 부여하는 경우 고시 및 고지해야 하는 사항은 다음 각 호의 구분과 같다.

> 1. 건물번호의 부여를 고시하는 경우에는 다음 각 목의 사항
>
> > 가. 부여하는 도로명주소 및 그 효력발생일
> > 나. 그 밖에 시장등이 필요하다고 인정하는 사항
>
> 2. 건물번호의 부여를 고지하는 경우에는 다음 각 목의 사항
>
> > 가. 부여하는 도로명주소 및 그 효력발생일
> > 나. 도로명과 그 부여 사유
> > 다. 도로명주소의 관련 지번에 관한 사항
> > 라. 도로명주소의 활용에 관한 사항
> > 마. 그 밖에 시장등이 필요하다고 인정하는 사항

② 시장등이 법 제12조제5항에 따라 건물번호를 변경하는 경우 고시 및 고지해야 하는 사항은 다음 각 호의 구분과 같다.

> 1. 건물번호의 변경을 고시하는 경우에는 다음 각 목의 사항
>
> > 가. 변경 전·후의 도로명주소 및 그 효력발생일
> > 나. 그 밖에 시장등이 필요하다고 인정하는 사항
>
> 2. 건물번호의 변경을 고지하는 경우에는 다음 각 목의 사항
>
> > 가. 변경 전·후의 도로명주소 및 그 효력발생일
> > 나. 변경 사유
> > 다. 도로명주소 관련 지번에 관한 사항
> > 라. 도로명주소의 활용에 관한 사항
> > 마. 법 제20조에 따른 주소의 일괄정정 신청에 관한 사항
> > 바. 그 밖에 시장등이 필요하다고 인정하는 사항

③ 시장등이 법 제12조제5항에 따라 건물번호를 폐지하는 경우 고시해야 하는 사항은 다음 각 호와 같다.

> 1. 폐지하는 도로명주소와 폐지일
> 2. 그 밖에 시장등이 필요하다고 인정하는 사항

48. 법 제12조(건물번호의 변경 등)

① 건물등의 소유자는 다음 각 호의 어느 하나에 해당하는 경우에는 특별자치시장, 특별자치도지사 또는 시장·군수·구청장에게 건물번호 변경을 신청할 수 있다. 다만, 제1호의 경우에는 건물번호 변경을 신청하여야 한다.

> 1. 건물등의 증축·개축 등으로 건물번호 변경이 필요한 경우
> 2. 그 밖에 주소 사용의 편의를 위하여 건물번호 변경이 필요한 경우(도로명 변경이 수반되는 경우를 포함한다)

② 제1항에 따라 건물번호 변경을 신청하는 경우에 해당 건물등의 소유자가 둘 이상인 경우에는 소유자 과반수의 서면 동의를 받아야 한다.

③ 건물등의 소유자 또는 점유자는 거주·활동의 종료 등으로 인하여 건물번호를 사용할 필요가 없어진 경우에는 특별자치시장, 특별자치도지사 또는 시장·군수·구청장에게 건물번호 폐지를 신청하여야 한다. 다만, 해당 건물등에 대한 건축물대장이 말소된 경우에는 그러하지 아니하다.

④ 특별자치시장, 특별자치도지사 및 시장·군수·구청장은 도로명주소 관리를 위하여 필요한 경우에는 제1항 또는 제3항에 따른 신청이 없는 경우에도 직권으로 건물번호를 변경하거나 폐지할 수 있다.

⑤ 특별자치시장, 특별자치도지사 및 시장·군수·구청장은 건물번호를 변경하거나 폐지하는 경우에는 그 사실을 고시하고, 건물등의 소유자·점유자 및 임차인에게 고지하며, 제19조제2항에 따른 공공기관 중 대통령령으로 정하는 공공기관의 장에게 통보하여야 한다.

⑥ 제1항부터 제5항까지의 규정에 따른 건물번호의 변경과 폐지의 기준·절차·방법 및 그 밖에 필요한 사항은 대통령령으로 정한다.

49. 영 제25조(건물번호의 변경·폐지 기준)

① 시장등은 이미 부여된 건물번호가 주된 출입구의 변경 등에 따라 제23조의 기준에 맞지 않게 된 경우에는 건물번호를 변경해야 한다.

② 시장등은 건물등이 멸실된 경우에는 건물번호를 폐지해야 한다.

50. 영 제26조(건물번호의 변경·폐지 절차)

① 시장등이 법 제12조제1항에 따라 건물번호의 변경 신청을 받은 경우 그 변경 절차에 관하여는 제24조를 준용한다.

② 시장등은 법 제12조제4항에 따라 직권으로 건물번호를 변경하려는 경우에는 14일 이상의 기간을 정하여 소유자·점유자 및 임차인에게 행정안전부령으로 정하는 사항을 통보하고 건물번호의 변경에 관한 의견을 수렴해야 한다.

③ 시장등은 제2항에 따른 의견 제출 기간이 종료한 날부터 30일 이내에 제출된 의견을 검토하여 건물번호 변경 여부를 결정해야 한다. 이 경우 건물번호를 변경하기로 한 경우에는 행정안전부령으로 정하는 바에 따라 공보등에 고시하고, 해당 소유자·점유자 및 임차인에게 고지해야 한다.

④ 시장등은 건물번호를 변경하지 않기로 한 경우에는 의견 제출인(의견 제출인이 없는 경우 해당 소유자·점유자 또는 임차인을 말한다)에게 그 사실을 통보해야 한다.

⑤ 시장등은 법 제12조제3항 전단에 따른 신청을 받았거나 같은 조 제4항에 따라 필요하다고 인정하는 경우에는 건물번호가 부여된 건물등(건물군을 포함한다)의 멸실(건축물대장에 등록된 건물등의 경우에는 해당 건축물대장의 말소를 말한다)을 확인해야 한다.

⑥ 시장등은 제5항에 따른 확인을 한 날부터 14일 이내에 그 확인한 날(건축물대장에 등록된 건물등의 경우에는 해당 건축물대장이 말소된 날을 말한다)을 폐지일로 하여 폐지하고, 그 사실을 행정안전부령으로 정하는 바에 따라 공보등에 고시해야 한다.

⑦ 시장등은 법 제8조제5항에 따른 도로명등의 변경으로 도로명주소가 변경되는 경우 행정안전부령으로 정하는 사항을 공보등에 고시하고, 해당 도로명주소사용자에게 고지해야 한다.

51. 법 제13조(건물번호판의 설치 및 관리)

① 건물등의 소유자 또는 점유자는 제11조제3항 또는 제12조제5항에 따라 특별자치시장, 특별자치도지사 또는 시장·군수·구청장으로부터 건물번호를 부여받거나 건물번호가 변경된 경우에는 건물번호판을 해당 특별자치시장, 특별자치도지사 또는 시장·군수·구청장으로부터 교부받거나 직접 제작하여 지체 없이 설치하여야 한다. 이 경우 비용은 해당 건물등의 소유자 또는 점유자가 부담한다.

② 건물등의 소유자 또는 점유자는 제1항에 따라 설치된 건물번호판을 관리하여야 하며, 건물번호판이 훼손되거나 없어졌을 때에는 해당 특별자치시장, 특별자치도지사 또는 시장·군수·구청장으로부터 재교부받거나 직접 제작하여 다시 설치하여야 한다. 이 경우 비용은 해당 건물등의 소유자 또는 점유자가 부담한다.

③ 제2항 후단에도 불구하고 특별자치시장, 특별자치도지사 또는 시장·군수·구청장은 건물번호판이 훼손되거나 없어진 것에 대하여 건물등의 소유자 또는 점유자의 귀책사유가 없는 경우로서 건물등의 소유자 또는 점유자가 재교부 신청을 한 경우에는 건물번호판을 무상으로 재교부하여야 한다.

④ 제1항부터 제3항까지의 규정에 따른 건물번호판의 교부·재교부 신청 절차, 설치장소와 규격 및 그 밖에 필요한 사항은 행정안전부령으로 정한다.

52. 규칙 제24조(건물번호판의 교부 신청 등)

① 법 제13조제1항에 따라 직접 제작하는 건물번호판(이하 "자율형건물번호판"이라 한다)을 설치하려는 자는 별지 제7호서식의 자율형건물번호판 설치 신청서에 크기, 모양, 재질, 부착 위치 등이 표기된 설치계획 도면을 첨부하여 시장등에게 제출해야 한다. 다만, 「건축법」제2조제1항제14호에 따른 설계도서에 자율형건물번호판의 크기, 모양, 재질, 부착 위치 등을 반영하여 건물등의 신축·증축 등에 관한 인허가를 신청 및 신고하는 경우에는 자율형건물번호판 설치 신청서 및 건물번호판 설치계획 도면의 제출을 생략할 수 있다.

② 시장등은 제1항 본문에 따른 자율형건물번호판 설치 신청서를 제출받은 경우에는 제출받은 날부터 7일 이내에 검토 결과를 신청인에게 통보해야 한다.

③ 건물등의 소유자 또는 점유자는 법 제13조제2항 또는 제3항에 따라 건물번호판의 재교부를 신청하려는 경우 별지 제8호서식의 건물번호판 재교부 신청서를 시장등에게 제출해야 한다.

④ 시장등은 제22조제2항 및 이 조 제3항에 따른 신청을 받은 경우 다음 각 호의 날을 기준으로 10일 이내에 건물번호판을 교부해야 한다.

> 1. 제22조제2항에 따른 신청을 받은 경우 : 건물번호의 부여 또는 변경을 고지하는 날
> 2. 제3항에 따른 신청을 받은 경우 : 건물번호판의 재교부를 신청한 날

⑤ 시장등은 제4항에 따라 건물번호판을 교부 또는 재교부하는 경우 별지 제9호서식의 건물번호판(재)교부대장에 이를 기록하고 관리해야 한다.

⑥ 시장등이 교부하거나 재교부하는 건물번호판 제작 비용의 산정 및 징수에 관한 사항은 해당 지방자치단체의 조례로 정한다.

53. 법 제14조(상세주소의 부여 등)

① 「주택법」 제2조제3호에 따른 공동주택이 아닌 건물등 및 같은 조 제19호에 따른 세대구분형 공동주택의 소유자는 해당 건물등을 구분하여 임대하고 있거나 임대하려는 경우 또는 임차인이 상세주소의 부여 또는 변경을 요청하는 경우에는 특별자치시장, 특별자치도지사 또는 시장·군수·구청장에게 상세주소의 부여 또는 변경을 신청할 수 있다.

② 「주택법」 제2조제3호에 따른 공동주택이 아닌 건물등 및 같은 조 제19호에 따른 세대구분형 공동주택의 임차인은 다음 각 호의 어느 하나에 해당하는 경우에는 특별자치시장, 특별자치도지사 또는 시장·군수·구청장에게 상세주소의 부여 또는 변경을 신청할 수 있다.

> 1. 제1항에 따라 건물등의 소유자에게 상세주소의 부여 또는 변경을 요청한 경우로서 요청한 날부터 14일이 지났음에도 불구하고 소유자가 특별자치시장, 특별자치도지사 또는 시장·군수·구청장에게 상세주소의 부여 또는 변경을 신청하지 아니한 경우
> 2. 건물등의 소유자가 임차인이 직접 특별자치시장, 특별자치도지사 또는 시장·군수·구청장에게 상세주소 부여 또는 변경을 신청하는 것에 동의한 경우

③ 특별자치시장, 특별자치도지사 및 시장·군수·구청장은 도로명주소 사용의 편의를 위하여 필요한 경우에는 제1항 및 제2항에 따른 신청이 없는 경우에도 해당 건물등의 소유자 및 임차인의 의견 수렴 및 이의신청 등의 절차를 거쳐 상세주소를 부여하거나 변경할 수 있다.

④ 「주택법」 제2조제3호에 따른 공동주택이 아닌 건물등 및 같은 조 제19호에 따른 세대구분형 공동주택의 소유자는 해당 건물등을 더 이상 임대하지 아니하는 등 상세주소를 사용하지 아니하게 된 경우에는 특별자치시장, 특별자치도지사 또는 시장·군수·구청장에게 그 상세주소의 변경 또는 폐지를 신청할 수 있다.

⑤ 특별자치시장, 특별자치도지사 및 시장·군수·구청장은 제1항부터 제4항까지의 규정에 따라 상세주소를 부여·변경 또는 폐지하는 경우에는 해당 건물등의 소유자 및 임차인에게 고지하여야 한다.

⑥ 제1항부터 제5항까지의 규정에 따른 상세주소 부여·변경·폐지의 기준, 절차 및 그 밖에 필요한 사항은 대통령령으로 정한다.

54. 영 제27조(상세주소의 부여 · 변경 · 폐지 기준 등)

① 법 제14조제1항에 따라 상세주소를 부여하려는 경우 다음 각 호의 구분에 따라 상세주소를 부여 · 변경한다.

> 1. 다음 각 목의 구분에 따라 상세주소를 부여 · 변경할 것
>
> > 가. 동 : 지상으로 돌출된 형태로 구분되는 단위의 건물등
> > 나. 층 : 천장 및 바닥면으로 구획된 공간으로서 두 개의 바닥면(유사한 높이에 있는 바닥면을 말한다. 이하 같다) 사이의 공간 또는 지붕과 바닥면 사이의 공간
> > 다. 호 : 하나의 층에서 물리적인 경계로 구분되는 공간
>
> 2. 「주택법」 제2조제3호에 따른 공동주택이 아닌 건물등의 경우에는 제1호 각 목의 사항과 다음 각 목의 구분에 따라 상세주소를 부여 · 변경할 것
>
> > 가. 하나의 건물번호가 부여되어 있으나 동이 다른 경우에는 각각의 건물마다 동번호를 부여 · 변경할 것
> > 나. 외벽에 출입구가 별도로 있는 경우에는 층수 또는 호수를 부여 · 변경할 것
> > 다. 내부에 복도나 계단 등을 통한 출입구가 별도로 있는 경우에는 층수 또는 호수를 부여 · 변경할 것

② 시장등은 다음 각 호의 어느 하나에 해당하는 경우에는 상세주소를 폐지한다.

> 1. 건물번호가 폐지된 경우
> 2. 개축, 재축, 대수선 등으로 인하여 상세주소가 부여된 동 · 층 · 호가 멸실된 경우
> 3. 상세주소가 부여된 건물등을 임대하지 않는 등 상세주소를 사용할 필요성이 없는 경우

55. 규칙 제25조(상세주소 부여 · 변경의 세부기준)

① 상세주소의 동번호, 층수 및 호수의 부여 · 변경 기준은 다음 각 호와 같다.

> 1. 동번호 : 숫자를 일련번호로 사용하거나 한글을 사용할 것
> 2. 층수 : 지표면을 기준으로 지상은 윗방향으로 1부터 일련번호를 부여하고, 지하는 아랫방향으로 1부터 일련번호를 부여하되 일련번호 앞에 '지하'를 붙일 것. 다만, 층수를 생략하고 층수의 의미를 호수에 포함시키려는 경우에는 층수를 나타내는 숫자로 호수가 시작하도록 호수를 부여한다.
> 3. 호수 : 숫자를 순차적으로 사용할 것. 다만, 하나였던 호를 둘 이상의 호로 나누거나 둘 이상의 호를 하나의 호로 합치는 경우에는 다음 각 목의 구분에 따라 호수를 부여한다.
>
> > 가. 하나의 호를 둘 이상의 호로 나누는 경우 : 한글의 '가나다라'를 순차적으로 붙일 것
> > 나. 둘 이상의 호를 하나의 호로 합치는 경우 : 둘 이상의 호수 중 가장 낮은 호수(호수가 '가나다라'의 순서로 붙어 있는 경우에는 가장 빠른 호수로 한다)를 붙일 것. 다만, 건물등의 소유자가 주민등록표 등 관련 공문서에 등록되어 있는 호수대로 부여하기를 원하는 경우에는 해당 공문서에 적힌 내용에 따른다.

② 영 제3조제2항제6호에 따른 건물군(이하 "건물군"이라 한다)에 속한 건물등의 순서를 구분할 필요가 있는 경우는 동번호에 숫자를 순차적으로 부여한다. 다만, 건물등의 순서를 구분할 필요가 없는 경우에는 동번호를 한글로 부여할 수 있다.

③ 제1항에 따라 상세주소를 부여하거나 변경하려는 경우에는 동·층·호의 이동경로를 설정하고 이동경로를 따라 일정한 간격으로 번호를 나누어 부여·변경할 수 있다. 이 경우 번호 부여의 방법은 다음 각 호와 같다.

> 1. 출입구의 진입방향부터 순차성이 있도록 번호를 부여할 것
> 2. 출입구부터 시계반대방향으로 순차성이 있도록 번호를 부여할 것
> 3. 제1호 또는 제2호를 적용할 수 없는 경우에는 각 번호 간의 순차성이 유지되도록 부여할 것

④ 상세주소를 부여·변경하거나 표기하는 경우 다음 각 호의 구분에 따라 그 일부를 생략할 수 있다.

> 1. 건물번호로 동이 구분되는 경우 : 동번호
> 2. 호수에 층수의 의미가 포함된 경우 : 층수
> 3. 주거를 목적으로 하는 건물등에서 호수가 중복되지 않는 경우 : 층수
> 4. 지하가 한 층인 경우 : 층수에 포함된 숫자

56. 영 제28조(신청에 따른 상세주소의 부여 · 변경 또는 폐지 절차)

① 시장등은 법 제14조제1항·제2항 또는 제4항에 따른 상세주소의 부여·변경 또는 폐지 신청을 받은 경우에는 신청을 받은 날부터 14일 이내에 행정안전부령으로 정하는 사항을 확인하여 상세주소를 부여·변경 또는 폐지하고, 다음 각 호의 구분에 따른 자에게 행정안전부령으로 정하는 바에 따라 고지해야 한다.

> 1. 소유자가 신청한 경우 : 소유자(임차인이 있는 경우에는 임차인을 포함한다. 이하 같다)
> 2. 임차인이 신청한 경우 : 해당 임차인과 건물등의 소유자
> 3. 법 제17조 각 호의 어느 하나에 해당하는 자가 신청한 경우 : 신청인과 임차인

② 제1항에 따른 상세주소의 부여·변경·폐지에 관한 신청 방법 등은 행정안전부령으로 정한다.

57. 규칙 제26조(상세주소 부여 · 변경 · 폐지의 신청 등)

① 법 제14조제1항·제2항 및 제4항에 따른 상세주소의 부여·변경·폐지 신청은 별지 제10호서식의 신청서에 따른다.

② 영 제28조제1항 각 호 외의 부분에서 "행정안전부령으로 정하는 사항"이란 다음 각 호의 사항을 말한다.

> 1. 건축물대장에 상세주소가 등록되었는지 여부
> 2. 영 제27조 및 이 규칙 제25조에 따른 상세주소의 부여·변경·폐지 기준 및 세부기준
> 3. 상세주소를 부여·변경·폐지하려는 건물등의 임대에 관한 사항
> 4. 상세주소를 부여·변경하려는 동·층·호의 해당 출입구
> 5. 소유자의 동의 여부(임차인이 신청하는 경우로 한정한다)

③ 법 제16조제1항 각 호의 구분에 따른 행정구역이 결정되지 않은 지역의 상세주소 부여 · 변경 · 폐지 신청은 별지 제11호서식의 신청서에 따른다.

58. 영 제29조(직권에 의한 상세주소의 부여 · 변경 절차)

① 시장등은 법 제14조제3항에 따라 직권으로 상세주소를 부여 · 변경하려는 경우 해당 건물등의 소유자 및 임차인에게 14일 이상의 기간을 정하여 행정안전부령으로 정하는 사항을 통보하고, 상세주소 부여 · 변경에 관한 의견을 수렴해야 한다.

② 시장등은 제1항에 따른 의견 제출 기간에 제출된 의견이 있는 경우에는 그 기간이 지난 날부터 10일 이내에 제출된 의견에 대한 검토 결과를 의견을 제출한 자에게 통보하고, 14일 이상의 기간을 정하여 이의신청의 기회를 주어야 한다.

③ 시장등은 제2항에 따른 이의신청 기간에 제출된 이의가 있는 경우에는 그 기간이 경과한 날부터 30일 이내에 해당 주소정보위원회의 심의를 거쳐 상세주소를 부여 · 변경하고, 행정안전부령으로 정하는 바에 따라 고지해야 한다. 다만, 주소정보위원회 심의 결과 상세주소를 부여 · 변경하지 않기로 한 경우에는 해당 건물등의 소유자에게 그 사실을 통보해야 한다.

④ 시장등은 제1항 및 제2항에 따른 의견이나 이의가 없는 경우에는 의견 제출 및 이의신청 제출 기간이 종료한 날부터 10일 이내에 상세주소를 부여 · 변경하고, 행정안전부령으로 정하는 바에 따라 건물등의 소유자에게 고지해야 한다.

59. 규칙 제27조(직권에 의한 상세주소의 부여 · 변경 절차 등)

① 영 제29조제1항에서 "행정안전부령으로 정하는 사항"이란 다음 각 호의 사항을 말한다.

> 1. 제25조제1항에 관한 사항
> 2. 상세주소의 부여 · 변경 절차
> 3. 의견 제출의 기간 및 방법
> 4. 그 밖에 시장등이 필요하다고 인정하는 사항

② 시장등이 상세주소를 부여 · 변경 · 폐지하는 경우 고지할 사항은 다음 각 호의 구분과 같다.

1. 상세주소를 부여하는 경우에는 다음 각 목의 사항	가. 상세주소를 포함하는 해당 건물등의 도로명주소 나. 상세주소 적용 범위와 해당 출입구 다. 상세주소의 부여일(도로명주소대장에 등록한 날을 말한다) 라. 상세주소판의 부착 또는 표기에 관한 사항 마. 법 제20조에 따른 주소의 일괄정정에 관한 사항 바. 그 밖에 시장등이 필요하다고 인정하는 사항
2. 상세주소를 변경하는 경우에는 다음 각 목의 사항	가. 상세주소를 포함하는 변경 전 · 후의 도로명주소 나. 변경 전 · 후 상세주소 적용 범위와 해당 출입구 다. 상세주소의 변경일(도로명주소대장에 등록한 날을 말한다) 라. 상세주소판의 교체 또는 표기에 관한 사항 마. 법 제20조 및 제21조에 따른 주소의 일괄정정 · 등기촉탁에 관한 사항 바. 그 밖에 시장등이 필요하다고 인정하는 사항

| 3. 상세주소를 폐지하는 경우에는 다음 각 목의 사항 | 가. 상세주소의 폐지일
나. 상세주소 폐지 전·후의 도로명주소
다. 상세주소판의 철거에 관한 사항
라. 법 제20조 및 제21조에 따른 주소의 일괄정정·등기촉탁에 관한 사항
마. 그 밖에 시장등이 필요하다고 인정하는 사항 |

60. 법 제15조(상세주소의 표기)

① 제14조제5항에 따른 고지를 받거나 제2항에 따라 상세주소판을 교부받은 건물등의 소유자 또는 임차인은 상세주소판을 설치하거나 상세주소의 표기를 하여야 한다.

② 특별자치시장, 특별자치도지사 및 시장·군수·구청장은 제14조제3항에 따라 직권으로 상세주소를 부여하거나 변경한 경우에는 해당 건물등의 소유자 또는 임차인에게 상세주소판을 교부하여야 한다.

③ 제1항 및 제2항에 따른 상세주소판의 설치 장소, 상세주소의 표기 방법 및 그 밖에 필요한 사항은 행정안전부령으로 정한다.

61. 제28조(상세주소판 등의 교부 및 설치 등)

① 법 제15조제1항에 따른 상세주소판의 설치 또는 상세주소의 표기는 해당 출입문 또는 출입구에 해야 한다.

② 시장등은 법 제15조제2항에 따라 상세주소판을 교부하려는 경우에는 상세주소를 고지한 날부터 10일 이내에 상세주소판을 교부해야 한다. 이 경우 상세주소판을 교부받은 소유자 또는 임차인은 제1항의 위치에 상세주소판을 설치해야 한다.

62. 법 제16조(행정구역이 결정되지 아니한 지역의 도로명주소 부여)

① 행정구역이 결정되지 아니한 지역의 도로명주소가 필요한 자는 다음 각 호의 구분에 따라 행정안전부장관 또는 특별시장·광역시장·도지사에게 도로명, 건물번호 또는 상세주소의 부여를 신청할 수 있다.

> 1. 시·도가 결정되지 아니한 경우 : 행정안전부장관
> 2. 시·군·자치구가 결정되지 아니한 경우 : 특별시장, 광역시장 또는 도지사

② 제1항의 신청에 따른 도로명, 건물번호 또는 상세주소의 부여에 관하여는 제7조제5항부터 제7항까지, 제11조제3항·제4항, 제13조, 제14조제5항·제6항 및 제15조제1항·제3항을 준용한다.

63. 영 제34조(행정구역이 결정되지 않은 지역에 대한 국가기초구역등의 설정 및 부여 기준)

① 행정안전부장관, 특별시장·광역시장·도지사는 시·군·구의 행정구역이 결정되지 않은 지역에 법 제16조제2항에 따른 도로명주소를 부여하려는 경우 국가기초구역 및 국가기초구역번호(이하 "국가기초구역등"이라 한다)를 함께 설정 및 부여할 수 있다. 이 경우 행정안전부장관, 특

별시장·광역시장·도지사는 제33조제3항에 따른 예비국가기초구역번호를 국가기초구역번호로 부여한다.

② 행정안전부장관, 특별시장·광역시장·도지사는 제1항에 따라 국가기초구역등을 설정 및 부여하기 위하여 필요한 경우에는 해당 사업지역 관리청의 장에게 다음 각 호의 자료 제출을 요청할수 있다.

> 1. 토지의 이용 및 개발에 관한 사항
> 2. 해당 지역의 용도지역·용도지구·용도구역에 관한 사항
> 3. 단계별 사업추진 계획에 관한 사항
> 4. 인구의 수용 계획에 관한 사항
> 5. 그 밖에 행정안전부장관, 특별시장·광역시장·도지사가 필요하다고 인정하는 사항

64. 법 제17조(사업시행자 등의 도로명 부여 등 신청)

다음 각 호의 어느 하나에 해당하는 자는 제7조제3항, 제8조제2항, 제11조제1항, 제12조제1항 및 제14조제1항에 따른 신청을 소유자를 대리하여 할 수 있다.

> 1. 공공사업 등에 따라 도로를 개설하거나 건물등을 신축하는 경우 : 해당 사업의 사업시행자
> 2. 「집합건물의 소유 및 관리에 관한 법률」에 따른 구분소유 건물인 경우 : 구분소유자가 선임한 관리인(관리인이 없는 경우에는 구분소유자가 선임한 대표자를 말한다)
> 3. 건물등을 신축·증축·개축 또는 재축하는 경우 : 「건축법」 제5조제1항에 따른 건축관계자

65. 법 제18조(도로명주소대장)

① 특별자치시장, 특별자치도지사 및 시장·군수·구청장은 도로명주소에 관한 사항을 체계적으로 관리하기 위하여 도로명주소대장을 작성·관리하여야 한다.

② 제1항에 따른 도로명주소대장의 서식, 기재 내용·방법·절차 및 그 밖에 필요한 사항은 행정안전부령으로 정한다.

66. 규칙 제29조(도로명주소대장의 구분 등)

① 법 제18조제1항에 따른 도로명주소대장(이하 "도로명주소대장"이라 한다)은 다음 각 호에 따라 구분하여 작성·관리해야 한다.

> 1. 도로구간 단위로 작성·관리하는 경우 : 별지 제12호서식의 도로명주소 총괄대장(이하 "총괄대장"이라 한다)
> 2. 건물번호 단위로 작성·관리하는 경우 : 별지 제13호서식의 도로명주소 개별대장(이하 "개별대장"이라 한다)

② 시장등은 도로명주소를 폐지하는 경우 별지 제14호서식의 도로명주소 폐지대장에 이를 기록·관리해야 한다.

67. 규칙 제30조(총괄대장 및 개별대장의 내용)

① 총괄대장은 다음 각 호의 내용을 포함해야 한다.	1. 도로명관할구역 및 도로명 2. 도로구간의 시작지점 및 끝지점의 기초번호 및 기초간격 3. 별표에 따른 도로명주소의 변경 사유 및 해당 코드번호 4. 도로구간의 현황도 5. 동일도로명 현황 및 도로명판 설치현황
② 개별대장은 다음 각 호의 내용을 포함해야 한다.	1. 건물등관할구역 2. 도로명과 건물번호 3. 별표에 따른 도로명주소의 변경 사유 및 해당 코드번호 4. 건물등의 현황도 5. 관련 지번 및 건물군 현황 6. 상세주소의 동·층·호별 현황

68. 규칙 제31조(도로명주소대장의 작성 방법)

① 총괄대장은 하나의 도로구간을 단위로 하여 도로구간마다 작성하고, 해당 도로구간에 종속구간이 있는 경우 그 종속구간은 주된구간의 총괄대장에 포함하여 작성해야 한다.

② 개별대장은 하나의 건물번호를 단위로 하여 건물번호마다 작성해야 한다.

③ 시장등은 총괄대장을 먼저 작성하고, 작성한 총괄대장을 근거로 개별대장을 작성해야 한다.

④ 총괄대장의 고유번호는 행정안전부장관이 부여·관리하고, 개별대장의 고유번호는 시장등이 부여·관리한다.

⑤ 시장등은 관할구역에 주된구간이 없고 종속구간만 있어 총괄대장을 작성할 수 없는 경우에는 주된구간을 관할하는 시장등이 작성한 총괄대장을 근거로 개별대장을 작성해야 한다. 이 경우 해당 주된구간의 총괄대장을 작성·관리하는 시장등에게 그 종속구간이 주된구간의 총괄대장에 포함되도록 요청해야 한다.

⑥ 제5항에 따른 요청을 받은 시장등은 주된구간의 총괄대장에 종속구간에 관한 사항을 기록한 후 그 결과를 요청한 시장등에게 통보해야 한다.

⑦ 제5항 및 제6항에도 불구하고 주된구간에 대한 총괄대장의 작성·관리 주체에 대하여 이견이 있는 경우에는 다음 각 호의 자가 결정한다.

> 1. 해당 주된구간 및 종속구간이 동일한 특별시·광역시 또는 도의 관할구역에 속하는 경우 : 관할 특별시장·광역시장 또는 도지사
> 2. 해당 주된구간 및 종속구간이 각각 다른 시·도의 관할구역에 속하는 경우 : 행정안전부장관

⑧ 도로명주소대장을 말소(도로구간 또는 도로명주소의 폐지로 인하여 해당 도로명주소대장을 폐지하는 것을 말한다. 이하 같다)하는 경우에는 도로명주소대장 앞면의 제목 오른쪽에 빨간색 글씨로 '폐지'라고 기재해야 한다.

⑨ 시장등은 제8항에 따라 도로명주소대장을 말소한 경우에는 별지 제14호서식의 도로명주소 폐지대장에 해당 내용을 작성해야 한다.

69. 규칙 제32조(총괄대장의 변경 · 말소)

① 시장등은 다음 각 호의 어느 하나에 해당하는 경우에는 그 고시한 날(행정구역의 변경에 따라 총괄대장을 변경하는 경우에는 그 행정구역의 변경일로 한다)을 기준으로 지체 없이 총괄대장을 변경해야 한다.

> 1. 다른 도로구간과의 합병으로 도로구간을 변경하고 이를 고시한 경우
> 2. 도로구간의 일부가 폐지되어 이를 고시한 경우
> 3. 제1호와 제2호 외의 사유로 도로구간을 변경하고 이를 고시한 경우
> 4. 기초번호가 변경되어 이를 고시한 경우
> 5. 도로명이 변경되어 이를 고시한 경우
> 6. 도로명관할구역이 변경된 경우
> 7. 제1호부터 제6호까지 외의 사유로 인하여 총괄대장의 기재사항을 변경하는 경우

② 시장등은 다음 각 호에 해당하는 경우에는 그 도로구간의 폐지(변경된 도로명주소의 효력발생일을 포함한다)를 고시한 날을 기준으로 지체 없이 총괄대장을 말소해야 한다. 이 경우 총괄대장이 말소되면 개별대장은 모두 말소된 것으로 본다.

> 1. 도로구간이 폐지된 경우
> 2. 특정 도로구간이 다른 도로구간과 합병된 경우

③ 시장등은 둘 이상의 시 · 도 또는 시 · 군 · 구에 걸쳐 있는 도로구간이 폐지됨에 따라 해당 총괄대장을 말소하려는 경우 폐지되는 도로구간에 걸쳐 있는 시 · 군 · 구를 관할하는 시장등에게 그 사실을 알려야 한다.

70. 규칙 제33조(개별대장의 변경 · 말소)

① 시장등은 다음 각 호의 어느 하나에 해당하는 경우에는 그 고시한 날(행정구역의 변경에 따라 개별대장을 변경하는 경우에는 그 행정구역의 변경일로 하고, 상세주소의 부여 · 변경 · 폐지에 따라 개별대장을 변경하는 경우에는 그 상세주소의 부여 · 변경 · 폐지일로 한다)을 기준으로 지체 없이 개별대장을 변경해야 한다.

> 1. 제32조제1항제1호부터 제4호까지의 사유로 건물번호를 변경하고 이를 고시한 경우
> 2. 건물등의 주된 출입구의 변경으로 건물번호를 변경하고 이를 고시한 경우
> 3. 도로명이 변경되어 이를 고시한 경우
> 4. 건물등관할구역이 변경된 경우
> 5. 제1호부터 제4호까지 외의 사유로 개별대장의 기재사항을 변경하는 경우

② 시장등은 건물번호가 폐지되는 경우에는 그 폐지를 고시한 날을 기준으로 지체 없이 개별대장을 말소해야 한다.

71. 규칙 제34조(도로명주소대장의 정정)

① 시장등은 도로명주소대장의 기재내용에 잘못이 있음을 발견한 경우에는 사실관계를 확인한 후 이를 정정해야 한다.

② 도로명주소대장의 기재내용에 잘못이 있음을 확인한 자는 시장등에게 도로명주소대장의 정정을 신청할 수 있다. 이 경우 신청인은 별지 제15호서식의 도로명주소 기재내용 총괄대장 · 개별대장 정정 신청서에 도로명주소대장의 기재내용 중 정정할 내용을 증명할 수 있는 서류를 첨부하여 시장등에게 제출해야 한다.

③ 시장등은 제2항에 따른 신청을 받은 경우에는 신청 내용이 실제 현황과 일치하는지를 확인한 후 도로명주소대장을 정정해야 한다.

④ 시장등은 제3항에 따라 도로명주소대장을 정정한 경우에는 신청을 받은 날부터 10일 이내에 그 결과를 신청인에게 통보해야 한다.

72. 규칙 제35조(도로명주소대장 등본의 발급 및 열람)

① 도로명주소대장 등본(이하 "등본"이라 한다)을 발급받으려거나 열람하려면 별지 제16호서식의 도로명주소대장 등본발급 · 열람 신청서를 시장등에게 제출해야 한다.

② 시장등은 제1항에 따른 신청인에게 등본을 발급하거나 열람할 수 있도록 해야 한다. 이 경우 신청한 도로명주소대장이 말소된 경우에는 신청인이 그 말소 사실을 확인할 수 있도록 '폐지'라고 기재하여 등본을 발급하거나 열람할 수 있도록 해야 한다.

③ 제1항에 따른 신청인은 다음 각 호에 따른 수수료를 납부해야 한다. 다만, 국가 또는 지방자치단체가 등본의 발급 또는 열람을 신청하는 경우에는 그 수수료를 무료로 할 수 있다.

> 1. 등본을 발급받으려는 경우 : 1건당 500원. 이 경우 출력물이 1건당 20장을 초과하면 장당 50원을 가산한다.
> 2. 등본을 열람하려는 경우 : 1건당 300원

④ 시장등은 제3항에도 불구하고 정보통신망을 통하여 등본을 발급받거나 열람하는 경우에는 수수료를 무료로 할 수 있다.

73. 법 제19조(도로명주소의 사용 등)

① 공법관계에서의 주소는 도로명주소로 한다.

② 공공기관(국가기관, 지방자치단체, 「공공기관의 운영에 관한 법률」에 따른 공공기관, 「지방공기업법」에 따른 지방공기업 및 그 밖에 대통령령으로 정하는 기관을 말한다. 이하 같다)의 장은 다음 각 호의 표기 및 위치 안내를 할 때에는 도로명주소를 사용하여야 한다. 다만, 도로명주소가 없는 경우에는 그러하지 아니하다.

> 1. 가족관계등록부, 주민등록표 및 건축물대장 등 각종 공부상의 등록기준지 또는 주소의 표기
> 2. 각종 인허가 등 행정처분 시 주소 표기
> 3. 공공기관의 주소 표기
> 4. 공문서 발송 시 주소 표기
> 5. 위치안내표시판의 주소 표기 및 위치 안내
> 6. 인터넷 홈페이지의 주소 표기 및 위치 안내
> 7. 그 밖에 주소 표기 및 위치 안내와 관련된 사항

③ 공공기관의 장은 제2항 각 호 외의 부분 단서에 해당하는 경우에는 특별자치시장, 특별자치도지사 또는 시장 · 군수 · 구청장에게 그 사실을 통지하여야 한다.

④ 행정안전부장관, 시 · 도지사 및 시장 · 군수 · 구청장은 공공기관의 장이 갖추어 두거나 관리하고 있는 각종 공부상의 주소를 도로명주소가 있음에도 불구하고 도로명주소로 표기하지 아니한 경우에는 도로명주소로 표기할 것을 해당 공공기관의 장에게 요청할 수 있다. 이 경우 요청받은 공공기관의 장은 특별한 사유가 없으면 지체 없이 도로명주소로 표기하여야 한다.

⑤ 공공기관이 아닌 자는 그가 보유하고 있는 자료 중 도로명주소로 표기하지 아니한 주소를 도로명주소로 표기를 변경하는 경우에는 해당 건물등의 소유자 · 점유자 · 임차인의 동의를 받아 변경하는 것으로 본다.

⑥ 공공기관의 장은 제7조제6항, 제8조제5항, 제11조제3항 및 제12조제5항에 따라 도로명 및 건물번호의 부여 · 변경에 대한 통보를 받은 경우 특별한 사유가 없으면 통보를 받은 날부터 30일 이내에 해당 공공기관이 갖추어 두거나 관리하고 있는 공부상의 주소를 정정하여야 한다.

74. 영 제30조(도로명주소의 사용)

법 제19조제2항 각 호 외의 부분 본문에서 "대통령령으로 정하는 기관"이란 다음 각 호의 기관을 말한다.

1. 「교육기본법」에 따라 설립된 학교와 사회교육시설
2. 특별법에 따라 설립된 특수법인
3. 「지방자치단체 출자 · 출연 기관의 운영에 관한 법률」 제2조제1항에 따른 출자기관 및 출연기관
4. 「사회복지사업법」 제42조제1항에 따라 국가나 지방자치단체로부터 보조금을 받는 사회복지법인과 사회복지사업을 하는 비영리법인
5. 제1호부터 제4호까지에서 규정한 기관 외에 「보조금 관리에 관한 법률」 제9조 또는 「지방재정법」 제17조제1항에 따라 국가나 지방자치단체로부터 연간 5천만 원 이상의 보조금을 받는 기관 또는 단체

75. 법 제20조(주소의 일괄정정)

① 특별자치시장, 특별자치도지사 및 시장 · 군수 · 구청장은 제7조제6항, 제8조제5항, 제11조제3항, 제12조제5항 또는 제14조제5항에 따라 도로명, 건물번호 또는 상세주소가 부여 · 변경되거나 폐지된 경우에는 해당 건물등의 소유자 · 점유자 또는 임차인의 신청을 받아 대통령령으로 정하는 각종 공부상 주소의 정정을 일괄하여 해당 공공기관의 장에게 신청할 수 있다.

② 제1항에 따라 특별자치시장, 특별자치도지사 또는 시장 · 군수 · 구청장으로부터 주소의 일괄정정 신청을 받은 공공기관의 장은 해당 건물등의 소유자 · 점유자 또는 임차인이 신청한 것으로 보아 처리한다. 이 경우 다른 법령에서 수수료를 정하였더라도 이를 무료로 한다.

③ 제1항 및 제2항에 따른 일괄정정 신청의 방법 및 그 밖에 필요한 사항은 대통령령으로 정한다.

76. 영 제31조(주소 일괄정정의 대상 및 신청 절차 등)

① 법 제20조제1항에서 "대통령령으로 정하는 각종 공부상 주소"란 다음 각 호의 주소를 말한다.

1. 「가축 및 축산물 이력관리에 관한 법률」 제19조 및 제20조에 따른 가축및축산물식별대장 및 수입유통식별대장에 기재된 주소

2. 「가축전염병 예방법」 제5조에 따른 외국인 근로자 고용신고 관리대장에 기재된 주소

3. 「관광진흥법」 제4조에 따른 여행업, 관광숙박업, 관광객 이용시설 및 국제회의업의 관광사업 등록증에 기재된 주소

4. 「건설기술 진흥법」 제58조에 따라 국토교통부장관이 공장인증을 하는 경우 그 인증대장에 기재된 주소

5. 「결혼중개업의 관리에 관한 법률」 제4조에 따라 국제결혼중개업 등록관리대장에 기재된 사무소 또는 대표자의 소재지

6. 「계량에 관한 법률」 제7조에 따른 계량기 제조업 등록증에 기재된 사업자대장에 기재된 사업장 또는 공장의 주소

7. 「공인노무사법」 제5조에 따라 공인노무사 자격이 있는 사람이 직무를 시작하기 위하여 한국공인노무사회에 등록하는 경우 그 직무개시 등록부에 기재된 공인노무사의 주소 또는 사무소의 소재지

8. 「부가가치세법」 제8조에 따라 사업자에게 등록번호가 부여된 등록증에 기재된 사업장소재지

9. 「선박법」 제8조에 따른 선박원부(船舶原簿)에 기재된 선박 소유자의 주소

10. 「식품위생법」 제37조에 따른 영업허가증에 기재된 주소

11. 「의료법」에 따른 간호조무사 또는 의료유사업자의 등록대장에 기재된 주소

12. 「주민등록법」 제7조에 따른 개인별 및 세대별 주민등록표에 등록된 주소

13. 제1호부터 제12호까지에서 규정한 주소 외에 행정안전부장관이 관계 중앙행정기관의 장과 협의하여 고시한 공부상의 주소

14. 그 밖에 시·도 및 시·군·구의 조례로 정하는 문서상의 주소

② 시장등은 법 제20조제1항에 따른 신청을 받은 경우 신청을 받은 날부터 5일 이내에 해당 공공기관의 장에게 주소의 일괄정정을 신청해야 한다.

③ 공공기관의 장은 특별한 사유가 없으면 제2항에 따른 신청을 받은 날부터 14일(다른 법령 또는 조례에 주소정정의 처리 기간에 관한 규정이 있는 경우에는 그 처리 기간을 따른다) 이내에 이를 처리하고, 그 결과를 해당 시장등에게 통보해야 한다. 이 경우 다른 법령 또는 조례에 따라 해당 공부에 기재된 주소를 정정할 수 없을 때에는 그 사유를 포함하여 통보해야 한다.

④ 시장등은 제3항에 따른 통보를 받은 날부터 5일 이내에 법 제20조제1항에 따른 신청인에게 그 내용을 알려야 한다.

77. 법 제21조(등기촉탁)

① 특별자치시장, 특별자치도지사 및 시장·군수·구청장은 제7조제6항, 제8조제5항, 제11조제3항 또는 제12조제5항에 따라 도로명 또는 건물번호가 부여·변경되거나 제14조제5항에 따라 상세주소가 부여·변경·폐지된 경우에는 해당 건물등의 관할 등기소에 등기명의인의 주소에 대한 변경등기를 촉탁할 수 있다. 이 경우 등기촉탁은 지방자치단체가 자기를 위하여 하는 등기로 본다.

② 제1항에 따른 등기촉탁에 필요한 사항은 행정안전부령으로 정한다

78. 규칙 제37조(등기촉탁)

① 시장등은 등기명의인 표시변경 또는 주식회사 주소변경에 따른 등기촉탁을 신청하려면 다음 각 호의 구분에 따른 등기촉탁서와 그 각 호에서 정하는 첨부서류를 관할 등기소에 제출해야 한다.

> 1. 등기명의인 표시변경을 하려는 경우 : 별지 제20호서식의 등기명의인 표시변경 등기촉탁서와 주민등록표 초본 및 도로명주소대장
> 2. 주식회사 주소변경을 하려는 경우 : 별지 제21호서식의 주식회사 주소변경 등기촉탁서와 대표자의 주민등록표 초본 및 도로명주소대장

② 시장등은 제1항에 따른 등기촉탁을 전자적 방법으로 처리할 수 있는 경우에는 그 방법에 따른다.

③ 시장등은 법 제21조제1항에 따른 등기촉탁을 신청하는 경우에는 별지 제22호서식의 도로명주소 변경 등기촉탁 관리대장에 그 내용을 기록해야 한다.

79. 법 제22조(국가기초구역 등의 설정 등)

① 행정안전부장관은 국가기초구역 및 국가기초구역번호(각 국가기초구역마다 부여하는 번호를 말한다. 이하 같다)의 설정 등에 필요한 지침을 작성하여 특별자치시장, 특별자치도지사 및 시장·군수·구청장에게 통보하여야 한다.

② 행정안전부장관은 전국 단위로 국가기초구역번호가 중복되지 아니하도록 하기 위하여 시·도별로 국가기초구역번호의 사용 범위를 배정하여 시·도지사에게 통보하여야 한다.

③ 제2항에 따라 국가기초구역번호의 사용 범위를 통보받은 특별시장, 광역시장 및 도지사는 해당 시·도 단위로 국가기초구역번호가 중복되지 아니하도록 시·군·자치구별로 국가기초구역번호의 사용 범위를 배정하여 해당 시장·군수·구청장에게 통보하여야 한다.

④ 특별자치시장, 특별자치도지사 및 시장·군수·구청장은 제1항에 따른 지침과 제2항 및 제3항에 따라 배정받은 국가기초구역번호의 사용 범위에 따라 국가기초구역을 설정하고 국가기초구역번호를 부여하여야 한다.

⑤ 특별자치시장, 특별자치도지사 및 시장·군수·구청장은 제4항에 따라 국가기초구역을 설정하고 국가기초구역번호를 부여하는 경우에는 그 사실을 고시하고, 시장·군수·구청장은 특별시장·광역시장·도지사에게 통보하여야 하며, 그 통보를 받은 특별시장·광역시장·도지사와 특별자치시장, 특별자치도지사는 행정안전부장관에게 통보하여야 한다. 국가기초구역 또는 국가기초구역번호를 변경하거나 폐지하는 경우에도 또한 같다.

⑥ 제5항에 따라 고시된 국가기초구역 및 국가기초구역번호는 특별한 사유가 없으면 통계구역, 우편구역 및 관할구역 등 다른 법률에 따라 일반에 공표하는 각종 구역의 기본단위로 한다.

⑦ 제1항부터 제5항까지의 규정에 따른 국가기초구역의 설정·변경·폐지 및 국가기초구역번호의 부여·변경·폐지의 기준과 방법, 절차 등에 관하여 필요한 사항은 대통령령으로 정한다.

80. 영 제32조(국가기초구역의 설정·변경·폐지 기준 등)

① 법 제22조제4항 및 제5항에 따라 국가기초구역을 설정·변경·폐지하려는 경우에는 다음 각 호의 사항을 고려해야 한다.

1. 법 제22조제3항에 따라 특별자치시, 특별자치도 및 시·군·구별로 배정된 국가기초구역번호의 사용 범위
2. 「통계법」에 따라 공표된 인구수와 사업체 종사자의 수
3. 「주민등록법」에 따라 주민등록표에 등록된 주민의 수
4. 행정안전부령으로 정하는 건물등의 용도별 분포
5. 「국토의 계획 및 이용에 관한 법률」에 따른 용도지역의 범위
6. 통계구역, 우편구역 및 관할구역 등 다른 법률에 따라 일반에 공표하는 각종 구역의 범위
7. 그 밖에 행정안전부장관이 필요하다고 인정하는 사항

② 국가기초구역의 경계는 다음 각 호의 기준을 고려하여 설정한다.

1. 행정구역 및 「공간정보의 구축 및 관리 등에 관한 법률」에 따른 지번부여지역의 경계
2. 도로·철도·하천의 중심선
3. 「국토의 계획 및 이용에 관한 법률」 제2조제2호에 따른 도시·군계획의 경계
4. 임야의 경우 능선·계곡 또는 필지의 경계
5. 그 밖에 행정안전부장관이 필요하다고 인정하는 사항

③ 시장등은 다음 각 호의 경우에는 법 제22조제5항 후단에 따라 국가기초구역을 변경할 수 있다.

1. 제2항에 따른 국가기초구역의 경계 기준을 고려할 때 국가기초구역의 변경이 필요한 경우
2. 해당 국가기초구역의 인구수가 해당 특별자치시, 특별자치도 및 시·군·구의 국가기초구역 중 인구수가 가장 많은 구역의 인구수(그 국가기초구역의 고시일을 기준으로 산정한다)의 1.5배 이상이 된 경우
3. 해당 국가기초구역의 사업체 종사자 수가 해당 특별자치시, 특별자치도 및 시·군·구의 국가기초구역 중 사업체 종사자 수가 가장 많은 구역의 사업체 종사자 수(그 국가기초구역의 고시일을 기준으로 산정한다)의 1.5배 이상이 된 경우
4. 통계구역, 우편구역 및 관할구역 등 다른 법률에 따라 일반에 공표하는 각종 구역의 변경을 위하여 필요한 경우
5. 인접하는 국가기초구역을 하나로 합쳐서 그 경계를 변경할 필요가 있는 경우

④ 시장등은 국가기초구역이 설정되지 않은 토지가 확인되거나, 종전 국가기초구역의 분할로 새로운 국가기초구역의 설정이 필요한 경우 국가기초구역을 새로 설정하거나 변경할 수 있다.

⑤ 시장등은 다음 각 호의 경우에는 법 제22조제5항 후단에 따라 국가기초구역을 폐지할 수 있다.

1. 둘 이상의 국가기초구역에 걸쳐 있는 하나의 건물등(건물군을 포함한다)을 신축·재축·증축함에 따라 국가기초구역을 하나로 합쳐야 할 필요가 있는 경우
2. 행정구역의 변경으로 해당 국가기초구역을 다른 국가기초구역으로 통·폐합할 필요가 있는 경우

81. 규칙 제38조(국가기초구역 설정·변경·폐지의 세부기준)

영 제32조제1항제4호에서 "행정안전부령으로 정하는 건물등의 용도"란 다음 각 호의 용도를 말한다.

> 1. 주거용
> 2. 상업용
> 3. 공업용
> 4. 그 밖의 용도

82. 영 제33조(국가기초구역번호의 부여 · 변경 · 폐지 기준 등)

① 국가기초구역번호는 제32조에 따라 국가기초구역을 설정 · 변경 또는 폐지할 때 함께 부여 · 변경 또는 폐지한다.

② 법 제22조제4항 및 제5항에 따른 국가기초구역번호(각 국가기초구역마다 부여하는 번호를 말한다. 이하 같다)의 부여 · 변경 기준은 다음 각 호와 같다.

> 1. 하나의 국가기초구역에는 하나의 국가기초구역번호를 부여할 것
> 2. 국가기초구역번호는 5자리의 아라비아숫자로 구성하며, 국가기초구역번호로 시 · 군 · 구를 구분할 수 있을 것
> 3. 국가기초구역번호는 북서방향에서 남동방향으로 순차적으로 부여할 것. 다만, 다음 각 목의 어느 하나에 해당하는 경우는 제외한다.
>
>> 가. 제32조제4항에 따라 국가기초구역을 새로 설정하거나 변경하는 경우
>> 나. 제34조제1항에 따라 행정구역이 결정되지 않은 지역에 국가기초구역을 설정하는 경우

③ 행정안전부, 시 · 도 및 시 · 군 · 구에는 국가기초구역의 설정 · 변경 또는 폐지로 국가기초구역번호의 순차성이 훼손되지 않도록 예비로 국가기초구역번호를 두어야 한다.

④ 국가기초구역번호는 폐지된 날부터 5년이 지나지 않으면 다시 사용할 수 없다.

83. 영 제35조(국가기초구역등의 설정 · 부여 · 변경 · 폐지 절차)

① 시장등은 국가기초구역등을 설정 · 부여 · 변경 또는 폐지하려는 경우에는 제2항에 따른 공고 전에 미리 행정안전부장관의 의견을 들어야 한다.

② 시장등은 국가기초구역등을 설정 · 부여 · 변경 또는 폐지하려는 경우에는 설정 · 부여 · 변경 또는 폐지하려는 행정안전부령으로 정하는 사항을 공보등에 공고하고, 해당 지역주민과 법 제22조제6항에 따른 각종 구역을 소관하는 기관(중앙행정기관은 제외한다)의 장의 의견을 수렴해야 한다.

③ 시장등은 제2항에 따른 의견 제출 기간이 지난 날부터 30일 이내에 행정안전부령으로 정하는 사항을 시 · 도지사에게 제출해야 한다.

④ 시 · 도지사는 제3항에 따라 제출받은 자료와 해당 국가기초구역등의 설정 · 부여 · 변경 또는 폐지에 대한 시 · 도지사의 의견을 행정안전부장관에게 제출해야 한다.

⑤ 행정안전부장관은 제4항에 따른 자료와 시 · 도지사의 의견을 제출받은 경우에는 법 제22조제6항에 따른 각종 구역을 소관하는 중앙행정기관의 장의 의견을 들어야 한다.

⑥ 행정안전부장관은 제4항에 따른 자료와 시 · 도지사의 의견을 제출받은 날부터 60일 이내에 제5항에 따른 중앙행정기관의 장의 의견을 종합하여 시 · 도지사 및 시장 · 군수 · 구청장에게 의견을 통보해야 한다.

⑦ 시장등은 제6항에 따라 시·도지사 및 행정안전부장관으로부터 의견을 통보받은 경우에는 그 통보를 받은 날 또는 의견을 들은 날부터 20일 이내에 국가기초구역등의 설정·부여, 변경 또는 폐지 여부를 결정한 후 그 결과를 행정안전부령으로 정하는 바에 따라 공보등에 고시해야 한다.

84. 규칙 제39조(국가기초구역등의 설정·부여·변경·폐지 절차)

① 영 제35조제2항에서 "행정안전부령으로 정하는 사항"이란 다음 각 호의 구분에 따른 각 목의 사항을 말한다.

1. 국가기초구역 및 국가기초구역번호(이하 "국가기초구역등"이라 한다)를 설정·부여하려는 경우에는 다음 각 목의 사항	가. 설정하려는 국가기초구역의 경계에 관한 사항 나. 부여하려는 국가기초구역번호 다. 해당 국가기초구역등의 설정·부여 사유 라. 의견 제출의 기간 및 방법 마. 그 밖에 시장등이 필요하다고 인정하는 사항
2. 국가기초구역등을 변경하려는 경우에는 다음 각 목의 사항	가. 변경하려는 국가기초구역의 경계에 관한 사항 나. 변경 전·후의 국가기초구역등에 관한 사항 다. 해당 국가기초구역등의 변경 사유 라. 의견 제출의 기간 및 방법 마. 그 밖에 시장등이 필요하다고 인정하는 사항
3. 국가기초구역등을 폐지하려는 경우에는 다음 각 목의 사항	가. 폐지하려는 국가기초구역등에 관한 사항 나. 해당 국가기초구역등의 폐지 사유

② 영 제35조제3항에서 "행정안전부령으로 정하는 사항"이란 다음 각 호의 사항을 말한다.

> 1. 제1항 각 호의 구분에 따른 사항(같은 항 제1호라목 또는 제2호라목은 제외한다)
> 2. 영 제35조제2항에 따른 지역주민과 법 제22조제6항에 따라 각종 구역을 소관하는 기관(중앙행정기관은 제외한다)의 장의 의견에 대한 시장·군수·구청장의 검토 결과
> 3. 그 밖에 시장등이 필요하다고 인정하는 사항

85. 영 제36조(행정구역이 결정되지 않은 지역에 대한 국가기초구역등의 설정 및 부여 절차)

① 특별시장, 광역시장 및 도지사는 제34조제1항에 따라 시·군·구의 행정구역이 결정되지 않은 지역에 국가기초구역등을 설정·부여하려는 경우에는 14일 이상의 기간을 정하여 행정안전부령으로 정하는 사항을 공보등에 공고하고, 해당 지역주민과 법 제22조제6항에 따른 각종 구역을 소관하는 기관(중앙행정기관은 제외한다)의 장의 의견을 수렴해야 한다.
② 특별시장, 광역시장 및 도지사는 제1항에 따른 의견 제출 기간 종료일부터 20일 이내에 행정안전부령으로 정하는 사항을 행정안전부장관에게 제출하고 국가기초구역등의 설정 및 부여에 관한 사항을 협의해야 한다.
③ 행정안전부장관은 제2항에 따른 협의를 요청받은 경우에는 법 제22조제6항에 따른 각종 구역을 소관하는 중앙행정기관의 장의 의견을 들어야 한다.

④ 행정안전부장관은 제2항에 따른 협의를 요청받은 날부터 80일 이내에 제3항에 따른 중앙행정기관의 장의 의견을 특별시장, 광역시장 및 도지사에게 통보해야 한다.

⑤ 특별시장, 광역시장 및 도지사는 제4항에 따른 의견을 통보받은 날부터 20일 이내에 국가기초구역등의 설정·부여 여부를 결정하고, 그 결과를 행정안전부령으로 정하는 바에 따라 공보등에 고시해야 한다.

⑥ 행정구역이 결정되지 않은 지역에 대한 행정구역이 결정되면 시장·군수·구청장은 국가기초구역번호가 인근 지역의 국가기초구역번호와 순차성을 유지하며 배열될 수 있도록 국가기초구역번호를 변경할 수 있다. 이 경우 국가기초구역의 변경 절차에 관하여는 제35조제7항을 준용한다.

⑦ 행정안전부장관이 시·도의 행정구역이 결정되지 않은 지역에 국가기초구역등을 설정 및 부여하려는 경우 그 절차에 관하여는 제1항, 제3항 및 제5항을 준용한다. 이 경우 제1항 중 "시·군·구의 행정구역"은 "특별시·광역시·도의 행정구역"으로 보고, 제5항 중 "20일"은 "30일"로 본다

86. 규칙 제40조(행정구역이 결정되지 않은 지역에 대한 국가기초구역등의 설정·부여 절차)

① 영 제36조제1항에서 "행정안전부령으로 정하는 사항"이란 다음 각 호의 사항을 말한다.	1. 해당 사업지역의 도로구간 설정 현황 2. 설정하려는 국가기초구역의 경계 및 부여하려는 국가기초번호에 관한 사항 3. 국가기초구역등의 설정 및 부여 사유 4. 의견 제출의 기간 및 방법 5. 그 밖에 특별시장, 광역시장 및 도지사가 필요하다고 인정하는 사항
② 영 제36조제2항에서 "행정안전부령으로 정하는 사항"이란 다음 각 호의 사항을 말한다.	1. 영 제34조제2항 각 호의 사항 2. 제1항제1호부터 제3호까지 및 제5호의 사항 3. 제출된 의견에 대한 특별시장, 광역시장 및 도지사의 검토 결과 및 의견 4. 그 밖에 특별시장, 광역시장 및 도지사가 필요하다고 인정하는 사항

87. 규칙 제41조(국가기초구역등의 고시 등)

① 시장등은 법 제22조제5항에 따라 국가기초구역등을 설정·부여하거나 변경·폐지하려는 경우에는 다음 각 호의 구분에 따른 각 목의 사항을 고시해야 한다.

1. 국가기초구역등을 설정·부여하려는 경우에는 다음 각 목의 사항	가. 국가기초구역의 경계 및 국가기초구역번호 나. 해당 국가기초구역 안의 도로명주소 다. 해당 국가기초구역에 소재하는 지번(다른 국가기초구역에 걸쳐 있는 필지의 경우에는 '일부'로 표시한다) 라. 설정·부여하려는 사유 마. 그 밖에 시장등이 필요하다고 인정하는 사항
2. 국가기초구역등을 변경하려는 경우에는 다음 각 목의 사항	가. 변경 전·후 국가기초구역등의 제1호가목부터 다목까지에 관한 사항 나. 변경하려는 사유 다. 그 밖에 시장등이 필요하다고 인정하는 사항
3. 국가기초구역등을 폐지하려는 경우에는 다음 각 목의 사항	가. 폐지하려는 국가기초구역등의 제1호가목에 관한 사항 나. 폐지하려는 사유

② 시장등은 법 제22조제5항에 따라 국가기초구역등을 설정·부여하거나 변경·폐지하려는 경우에는 다음 각 호의 구분에 따른 각 목의 사항을 고시 예정일 5일 전까지 같은 조 제6항에 따른 각종 구역을 소관하는 기관의 장(중앙행정기관은 제외한다)에게 통보해야 한다.

1. 국가기초구역등을 설정· 부여하려는 경우에는 다음 각 목의 사항	가. 제1항제1호 각 목의 사항 나. 설정·부여 고시 예정일
2. 국가기초구역등을 변경하려는 경우에는 다음 각 목의 사항	가. 제1항제2호 각 목의 사항 나. 변경 고시 예정일
3. 국가기초구역등을 폐지하려는 경우에는 다음 각 목의 사항	가. 제1항제3호 각 목의 사항 나. 폐지 고시 예정일

③ 법 제22조제6항에 따른 각종 구역을 소관하는 기관(중앙행정기관은 제외한다)의 장은 제2항에 따른 통보를 받거나 국가기초구역등의 고시를 확인한 경우에는 담당하는 구역의 표시를 정비해야 한다.

88. 규칙 제42조(국가기초구역등의 관리 및 안내)

① 행정안전부장관, 시·도지사 및 시장·군수·구청장은 법 제22조제5항 및 영 제36조제5항에 따라 국가기초구역등의 설정·부여 사실에 대한 이력을 관리해야 한다.

② 시·도지사는 국가기초구역등의 관리를 위하여 매년 1회 이상 다음 각 호의 사항을 조사해야 한다.

> 1. 시·군·구별로 배정된 국가기초구역번호의 사용 현황
> 2. 설정·부여되거나 변경·폐지된 국가기초구역등의 적정성 여부
> 3. 법 제22조제6항에 따른 각종 구역을 소관하는 기관의 장이 업무와 관련하여 법령에 따라 일반에 공표하는 각종 구역의 현황
> 4. 「국토의 계획 및 이용에 관한 법률」에 따른 용도지역 등의 변경 현황
> 5. 그 밖에 시·도지사가 필요하다고 인정하는 사항

③ 특별시장·광역시장 및 도지사는 제2항에 따른 조사 결과 국가기초구역등의 정비가 필요한 경우에는 그 결과를 해당 시장·군수·구청장에게 통보해야 한다.

④ 특별자치시장, 특별자치도지사 또는 제3항에 따른 통보를 받은 시장·군수·구청장은 정비계획을 수립하여 영 제35조의 국가기초구역등의 설정·부여·변경·폐지 절차에 따라 정비해야 한다.

89. 법 제23조(국가지점번호)

① 행정안전부장관은 국토 및 이와 인접한 해양에 대통령령으로 정하는 바에 따라 국가지점번호를 부여하고, 이를 고시하여야 한다.

② 제1항에 따라 고시된 국가지점번호는 구조·구급 활동 등의 위치 표시로 활용한다.

③ 공공기관의 장은 철탑, 수문, 방파제 등 대통령령으로 정하는 시설물을 설치하는 경우에는 국가지점번호를 표기하여야 한다.

④ 공공기관의 장은 구조·구급 및 위치 확인 등을 쉽게 하기 위하여 필요하면 대통령령으로 정하는 장소에 국가지점번호판을 설치할 수 있다.

⑤ 공공기관의 장이 제3항에 따라 시설물에 국가지점번호를 표기하거나 제4항에 따라 국가지점번호판을 설치하려는 경우에는 해당 국가지점번호가 적절한지를 행정안전부장관에게 확인받아야 한다.

⑥ 제1항부터 제5항까지의 규정에 따른 국가지점번호 표기·확인의 방법 및 절차, 국가지점번호판의 설치 절차 및 그 밖에 필요한 사항은 대통령령으로 정한다.

90. 영 제37조(국가지점번호의 부여 기준)

① 행정안전부장관은 법 제23조제1항에 따라 국가지점번호를 부여하려는 경우 그 기준점을 정하고, 가로와 세로의 길이가 각각 10미터인 격자를 기본단위로 하여 국가지점번호를 부여한다.

② 국가지점번호는 제1호의 문자에 제2호의 번호를 연결하여 부여한다.

> 1. 제1항에 따른 기준점에서 가로와 세로 방향으로 각각 100킬로미터씩 나누어 각각의 방향으로 "가나다라"순으로 부여한 가로방향 문자와 세로방향 문자를 연결한 문자
> 2. 제1호에 따라 나누어진 지점의 왼쪽 아래 모서리를 기준으로 가로방향은 왼쪽부터 오른쪽으로, 세로방향은 아래쪽부터 위쪽으로 각각 1만으로 나누어 부여한 정수를 연결한 번호. 이 경우 각 정수가 4자리에 미달하는 경우에는 4자리가 될 때까지 그 앞에 "0"을 삽입한다.

③ 법 제19조제2항에 따른 공공기관(이하 "공공기관"이라 한다)의 장은 법 제23조제3항에 따라 시설물에 국가지점번호를 표기하거나 같은 조 제4항에 따라 국가지점번호판을 설치하는 경우 외의 경우에는 제1항에도 불구하고 국가지점번호의 기본단위를 행정안전부령으로 정하는 바에 따라 달리 사용할 수 있다.

91. 규칙 제43조(국가지점번호 기본단위 사용의 표기방법)

영 제37조제3항에 따라 국가지점번호의 기본단위를 같은 조 제1항의 기본단위와 달리 사용하려는 경우 그 국가지점번호의 기본단위 및 표기방법은 다음 각 호와 같다.

> 1. 10킬로미터 단위로 표기하려는 경우 : 영 제37조제2항에 따른 가로와 세로 방향의 네자리 숫자 중 앞 한자리 숫자
> 2. 1킬로미터 단위로 표기하려는 경우 : 영 제37조제2항에 따른 가로와 세로 방향의 네자리 숫자 중 앞 두자리 숫자
> 3. 100미터 단위로 표기하려는 경우 : 영 제37조제2항에 따른 가로와 세로 방향의 네자리 숫자 중 앞 세자리 숫자

92. 영 제38조(국가지점번호의 표기 등)

① 법 제23조제3항에서 "철탑, 수문, 방파제 등 대통령령으로 정하는 시설물"이란 제2항에 따른 장소에서 지면 또는 수면으로부터 50센티미터 이상 노출되어 고정된 시설물을 말한다. 다만, 설치한 날부터 1년 이내에 철거가 예정된 시설물은 제외한다.

② 법 제23조제4항에서 "대통령령으로 정하는 장소"란 도로명이 부여된 도로에서 100미터 이상 떨어진 지역으로서 시 · 도지사가 고시한 지역(이하 "고시지역"이라 한다)을 말한다.

③ 시 · 도지사는 제2항에 따른 고시지역을 새롭게 설정하거나 변경 · 폐지하려는 경우에는 20일 이상의 기간을 정하여 행정안전부령으로 정하는 사항을 공보등에 공고하고, 해당 지역주민과 관련 공공기관의 장의 의견을 수렴해야 한다.

④ 시 · 도지사는 제3항에 따른 의견 제출 기간이 지난 날부터 30일 이내에 행정안전부령으로 정하는 사항을 행정안전부장관에게 제출하고 국가지점번호 고시지역에 관하여 협의해야 한다.

⑤ 행정안전부장관은 제4항에 따른 협의 요청을 받은 경우에는 협의를 요청받은 날부터 90일 이내에 그 결과를 해당 시 · 도지사에게 통보해야 한다.

⑥ 시 · 도지사는 제5항에 따른 통보를 받은 날부터 20일 이내에 그 의견을 종합적으로 고려하여 국가지점번호 고시지역의 설정 또는 변경 · 폐지 여부를 결정하고, 이를 공보등에 고시해야 한다.

예제 04

도로명주소법령상 국가지점번호 표기 및 국가지점번호판의 표기 대상 시설물에 대한 설명으로 틀린 것은?

(22년1회지기)

① 국가지점번호는 주소정보기본도에 기록하고 관리하여야 한다.

② 국가지점번호는 가로와 세로의 길이가 각각 10m인 격자를 기본단위로 한다.

③ 국가지점번호의 표기대상 시설물은 지면 또는 수면으로부터 50cm 이상 노출되어 이동이 가능한 시설물로 한정한다.

④ 국가지점번호 표기 · 확인의 방법 및 절차, 국가지점번호판의 설치 절차 및 그 밖에 필요한 사항은 대통령령으로 정한다.

 정답 ③

93. 규칙 제44조(국가지점번호의 고시지역 설정 등의 절차)

① 영 제38조제3항에서 "행정안전부령으로 정하는 사항"이란 다음 각 호의 사항을 말한다.	1. 영 제38조제3항에 따라 새롭게 설정 · 변경 · 폐지하려는 고시지역(이하 이 조에서 "고시지역"이라 한다)의 경계 및 면적 2. 고시지역 안의 지번에 관한 사항(필지의 일부가 걸쳐 있는 경우에는 "일부"로 표시한다) 3. 고시지역을 설정하거나 변경 · 폐지하려는 사유 4. 의견 제출의 기간 및 방법 5. 그 밖에 시 · 도지사가 필요하다고 인정하는 사항
② 영 제38조제4항에서 "행정안전부령으로 정하는 사항"이란 다음 각 호의 사항을 말한다.	1. 제1항제1호부터 제3호까지 및 제5호의 사항 2. 의견수렴에 따른 검토 결과 3. 해당 시 · 도지사의 의견 4. 그 밖에 시 · 도지사가 필요하다고 인정하는 사항

94. 영 제39조(국가지점번호판의 설치 등)

① 공공기관의 장은 제38조제1항에 따른 시설물의 일부분에 국가지점번호를 표기해야 한다.

② 공공기관의 장은 법 제23조제4항에 따라 국가지점번호판을 설치하려는 경우에는 지면에서 국가지점번호판 하단까지의 높이가 1.5미터 이상이 되도록 설치해야 한다.

③ 법 제23조제3항 또는 제4항에 따라 국가지점번호를 표기하거나 국가지점번호판을 설치하려는 경우 그 기재 사항과 국가지점번호판의 규격 등은 행정안전부령으로 정한다.

④ 공공기관의 장은 법 제23조제3항 또는 제4항에 따라 국가지점번호를 표기하거나 국가지점번호판을 설치하려는 경우 제1항에 따른 시설물 또는 제2항에 따른 국가지점번호판의 설치 위치를 정하고, 행정안전부령으로 정하는 바에 따라 행정안전부장관에게 국가지점번호의 확인을 신청해야 한다. 이 경우 공공기관의 장은 행정안전부장관이 정하는 수수료를 납부해야 한다.

⑤ 행정안전부장관은 제4항에 따른 신청을 받은 경우 그 신청을 받은 날부터 20일 이내에 현장조사를 실시하고, 그 결과를 해당 공공기관의 장에게 통보해야 한다.

⑥ 공공기관의 장은 제5항에 따른 통보를 받은 날부터 30일 이내에 통보 내용에 따라 해당 시설물 또는 전용지주에 국가지점번호를 표기하거나 국가지점번호판을 설치하고, 3일 이내에 그 사실을 행정안전부장관에게 통보해야 한다.

⑦ 행정안전부장관은 제6항에 따른 통보를 받은 경우 그 결과를 해당 시·도지사 및 시장·군수·구청장에게 통보해야 한다.

⑧ 시장등은 제7항에 따른 통보를 받은 경우 해당 국가지점번호를 법 제25조제1항에 따라 주소정보를 종합적으로 수록한 도면(이하 "주소정보기본도"라 한다)에 기록하고 관리해야 한다.

⑨ 제5항부터 제8항까지의 규정에 따른 현장조사의 방법, 확인 결과의 통보 등에 필요한 사항은 행정안전부령으로 정한다.

95. 규칙 제45조(국가지점번호의 확인 신청 등)

① 영 제39조제4항에 따른 국가지점번호의 확인 신청은 별지 제23호서식의 신청서에 따른다.

② 행정안전부장관은 영 제39조제5항 또는 제7항 및 이 규칙 제46조제5항에 따라 별지 제24호서식의 국가지점번호 확인 결과 통보서에 확인 결과를 작성하여 통보해야 한다.

96. 영 제40조(국가지점번호판의 철거 등)

① 공공기관의 장은 국가지점번호판 또는 국가지점번호를 표기한 시설물을 철거한 경우에는 지체 없이 다음 각 호의 사항을 해당 시장등에게 통보해야 한다.

> 1. 국가지점번호판 또는 제38조제1항에 따른 시설물에 표기된 국가지점번호
> 2. 철거하려는 국가지점번호판 또는 국가지점번호를 표기한 시설물의 변경 전·후 사진
> 3. 국가지점번호판 또는 시설물을 철거한 일자

② 행정안전부장관은 매년 정기적으로 점검계획을 수립하여 국가지점번호 표기 시설물 및 국가지점번호판의 설치·관리 현황을 점검해야 한다. 다만, 자연재해 등 긴급한 경우에는 수시로 점검을 할 수 있다.

③ 행정안전부장관은 제2항에 따른 점검 결과 국가지점번호를 정비해야 하는 경우에는 해당 국가
지점번호를 표기하거나 국가지점번호판을 설치한 공공기관의 장에게 그 결과를 통보해야 한다.

④ 공공기관의 장은 제3항에 따른 통보를 받은 날부터 90일 이내에 해당 시설물에 표기한 국가지점
번호 또는 국가지점번호판을 정비하고, 그 결과를 행정안전부장관에게 통보해야 한다.

⑤ 행정안전부장관은 매년 고시지역에서 다음 각 호의 사항을 조사해야 한다.

> 1. 국가지점번호를 표기한 시설물 및 국가지점번호판의 설치 현황
> 2. 법 제23조제3항에 따른 시설물의 설치 현황 및 설치 계획
> 3. 각종 개발 현황
> 4. 각종 안전사고 등의 발생 현황
> 5. 그 밖에 국가지점번호의 설치 및 활용과 관련하여 필요한 사항

97. 규칙 제46조(국가지점번호의 세부 확인 방법 등)

① 행정안전부장관은 법 제23조제5항에 따라 국가지점번호가 적절한지를 확인하려는 경우 「공간
정보의 구축 및 관리 등에 관한 법률 시행령」 제8조 각 호의 기준점을 사용해야 한다.

② 행정안전부장관은 영 제39조제5항에 따라 현장조사를 실시하는 경우 다음 각 호의 사항을 확인
해야 한다.

> 1. 해당 위치에 맞는 국가지점번호의 설정 여부
> 2. 국가지점번호의 표기 위치 및 국가지점번호판의 설치 위치
> 3. 국가지점번호판 설치 예정 위치의 국가지점번호 중복 설치 및 표기 여부
> 4. 영 제38조제2항에 따라 시·도지사가 고시한 지역의 적정성 여부

③ 영 제39조에 따라 공공기관의 장이 설정한 국가지점번호와 제2항에 따른 현장조사를 통하여 행
정안전부장관이 확인한 국가지점번호 간의 오차 허용 범위는 각 좌표 값이 2미터 이내로 한다.

④ 행정안전부장관은 영 제39조제6항에 따른 통보를 받은 날부터 5일 이내에 서면조사를 통하여
국가지점번호가 적절하게 표기되었는지 등을 확인해야 한다.

⑤ 행정안전부장관은 제4항에 따른 서면조사 결과가 국가지점번호의 표기 또는 국가지점번호판의
설치가 잘못된 경우에는 지체 없이 해당 공공기관의 장에게 그 결과를 통보해야 한다.

⑥ 공공기관의 장은 제5항에 따른 통보를 받은 경우에는 해당 국가지점번호가 보이지 않도록 조치
를 하고, 통보를 받은 날부터 20일 이내에 국가지점번호를 수정해야 한다.

⑦ 공공기관의 장은 제6항에 따라 국가지점번호를 수정한 경우 지체 없이 이를 행정안전부장관에
게 통보해야 한다.

98. 법 제24조(사물주소)

① 특별자치시장, 특별자치도지사 및 시장·군수·구청장은 다음 각 호의 어느 하나에 해당하는 시
설물에 대하여 해당 시설물의 설치자 또는 관리자의 신청에 따라 사물주소를 부여할 수 있다. 사
물주소를 변경하거나 폐지하는 경우에도 또한 같다.

1. 육교 및 철도 등 옥외시설에 설치된 승강기
2. 옥외 대피 시설
3. 버스 및 택시 정류장
4. 주차장
5. 그 밖에 행정안전부장관이 위치 안내가 필요하다고 인정하여 고시하는 시설물

② 특별자치시장, 특별자치도지사 및 시장·군수·구청장은 시설물의 위치확인 및 관리 등을 위하여 필요한 경우에는 제1항에 따른 신청이 없는 경우에도 직권으로 사물주소를 부여·변경하거나 폐지할 수 있다.

③ 특별자치시장, 특별자치도지사 및 시장·군수·구청장은 제1항 및 제2항에 따라 사물주소를 부여·변경하거나 폐지하는 경우에는 그 사실을 해당 시설물의 설치자 또는 관리자에게 고지하여야 한다.

④ 제3항에 따라 사물주소의 부여 또는 변경을 고지받은 시설물의 설치자 또는 관리자는 대통령령으로 정하는 바에 따라 사물주소판을 설치하고 관리하여야 한다. 이 경우 사물주소판의 제작·설치 및 관리에 드는 비용은 해당 시설물의 설치자 또는 관리자가 부담한다.

⑤ 제4항에 따른 설치자 또는 관리자는 해당 시설물을 철거하거나 위치를 변경하려는 경우에는 특별자치시장, 특별자치도지사 또는 시장·군수·구청장에게 그 사실을 통지하여야 한다.

⑥ 제1항부터 제5항까지의 규정에 따른 사물주소의 부여·변경·폐지 기준 및 절차, 사물주소판의 설치방법 및 그 밖에 필요한 사항은 대통령령으로 정한다.

99. 영 제41조(사물번호의 부여·변경·폐지 기준 등)

① 시장등은 법 제24조제1항 각 호의 시설물(이하 이 조에서 "시설물"이라 한다)에 하나의 번호(이하 "사물번호"라 한다)를 부여해야 한다. 다만, 하나의 시설물에 사물번호를 부여하기 위하여 기준이 되는 점(이하 "사물번호기준점"이라 한다)이 둘 이상 설정되어 있는 경우에는 각 사물번호기준점에 사물번호를 부여할 수 있다.

② 사물번호의 부여 기준은 다음 각 호의 구분과 같다.

1. 시설물이 건물등의 외부에 있는 경우 : 해당 시설물의 사물번호기준점이 접하는 도로구간의 기초번호를 사물번호로 부여할 것
2. 시설물이 건물등의 내부에 있는 경우 : 해당 시설물의 사물번호기준점에 제27조의 상세주소 부여 기준을 준용할 것

③ 시장등은 사물번호가 제2항의 사물번호 부여 기준에 부합하지 않게 된 경우에는 사물번호를 변경해야 한다.

④ 시장등은 사물번호가 부여된 시설물이 이전 또는 철거된 경우에는 해당 사물번호를 폐지해야 한다.

⑤ 시설물에 부여하는 사물주소는 다음 각 호의 사항을 같은 호의 순서에 따라 표기한다. 이 경우 제2호에 따른 건물번호와 제3호에 따른 사물번호 사이에는 쉼표를 넣어 표기한다.

예제 06

「도로명주소법 시행령」상 사물번호의 부여 · 변경 · 폐지 기준에 대한 설명으로 가장 옳지 않은 것은?

(21년서울시7)

① 시장등은 사물번호가 부여된 시설물이 이전된 경우 에는 해당 사물번호를 폐지해야 한다.
② 도로명주소가 부여된 건물등의 내부에 사물주소를 부여하려는 시설물이 있는 경우 사물번호와 시설물 유형의 명칭 사이에는 쉼표를 넣어 표기한다.
③ 시설물이 건물등의 내부에 있는 경우에는 해당 시설물의 사물번호기준점에 상세주소 부여 기준을 준용한다.
④ 시설물이 건물등의 외부에 있는 경우에는 해당 시설물의 사물번호기준점이 접하는 도로구간의 기초번호를 사물번호로 부여한다.

정답 ②

100. 규칙 제47조(사물번호 부여 · 변경의 세부기준)

① 법 제24조제1항 각 호의 시설물(이하 "시설물"이라 한다) 중 건물등의 외부에 있는 시설물에 사물번호를 부여 · 변경하는 경우 그 세부기준에 관하여는 제20조를 준용한다. 이 경우 "주된 출입구"는 "영 제41조제1항 단서에 따른 사물번호기준점(이하 "사물번호기준점"이라 한다)" 으로, "건물번호"는 "사물번호"로, "건물등"은 "시설물"로 본다.
② 건물등의 내부에 있는 시설물에 사물번호를 부여 · 변경하는 경우 그 세부기준은 다음 각 호와 같다.

1. 사물번호에 층수의 의미를 포함시키려는 경우 그 사물번호는 해당 층수를 나타내는 숫자로 시작하도록 할 것
2. 하나의 기초간격 내에 동일한 유형의 시설물이 둘 이상 있는 경우에는 사물번호를 각각 달리 부여할 것

101. 영 제42조(사물주소의 부여 · 변경 · 폐지 절차)

① 시장등은 법 제24조제1항에 따라 시설물의 설치자 또는 관리자의 신청을 받거나 같은 조 제5항에 따라 통지를 받은 경우에는 그 신청일 또는 통지일부터 14일 이내에 사물주소의 부여 · 변경 또는 폐지 여부를 결정한 후 해당 시설물의 설치자 또는 관리자에게 행정안전부령으로 정하는 사항을 고지해야 한다.

② 시장등은 법 제24조제2항에 따라 직권으로 사물주소를 부여·변경 또는 폐지하려는 경우에는 해당 시설물의 설치자 또는 관리자에게 행정안전부령으로 정하는 사항을 통보하고 14일 이상의 기간을 정하여 의견을 수렴해야 한다.

③ 시장등은 제2항에 따른 의견 제출 기간이 지난 날부터 10일 이내에 사물주소의 부여·변경 또는 폐지 여부를 결정하고 해당 시설물의 설치자 또는 관리자에게 행정안전부령으로 정하는 사항을 고지해야 한다. 다만, 제출된 의견을 검토한 결과 사물주소를 부여·변경 또는 폐지하지 않기로 결정한 경우에는 해당 시설물의 설치자 또는 관리자에게 그 사실을 통보해야 한다.

102. 규칙 제48조(사물주소의 부여·변경·폐지 절차 등)

① 법 제24조제1항에 따른 사물주소의 부여 또는 변경·폐지 신청은 별지 제25호서식의 신청서에 따른다.

② 영 제42조제1항 및 제3항 본문에서 "행정안전부령으로 정하는 사항"이란 각각 다음 각 호의 사항을 말한다.	1. 해당 시설물의 사물주소(사물주소를 변경하려는 경우에는 변경 전·후의 사물주소를 말한다) 2. 사물주소를 부여·변경 또는 폐지하려는 사유 3. 사물주소의 부여일·변경일 또는 폐지일 4. 시설물의 형상 및 사물번호기준점(사물주소를 변경하는 경우에는 변경 전·후의 시설물의 형상과 사물번호기준점을 말한다. 이하 같다) 5. 해당 시설물의 설치자 또는 관리자가 조치해야 할 사항(사물주소판의 설치, 변경 또는 철거에 관한 사항을 포함한다) 6. 그 밖에 시장등이 필요하다고 인정하는 사항
③ 영 제42조제2항에서 "행정안전부령으로 정하는 사항"이란 다음 각 호의 사항을 말한다.	1. 시설물의 형상 및 사물번호기준점(사물주소를 변경하려는 경우에는 변경 전·후의 시설물의 형상 및 사물번호기준점을 말한다) 2. 사물주소를 부여·변경 또는 폐지하려는 사유 3. 인접한 도로의 현황과 해당 시설물에 부여하려는 사물주소(사물주소를 변경하려는 경우에는 변경 전·후의 사물주소를 말한다) 4. 사물주소의 활용 방법(사물주소를 부여하는 경우만 해당한다) 5. 의견 제출의 기간 및 방법 6. 그 밖에 시장등이 필요하다고 인정하는 사항

103. 규칙 제49조(사물주소의 관리 등)

① 시장등은 영 제42조제1항 및 제3항에 따라 사물주소의 부여·변경·폐지를 고지한 경우에는 별지 제26호서식의 사물주소 관리대장에 이를 기록하고 관리해야 한다.

② 행정구역이 결정되지 않은 지역에 사물주소를 표기하려는 경우에는 영 제6조제2항 각 호의 도로명주소 표기방법을 따른다.

104. 영 제43조(사물주소판의 설치 등)

① 법 제24조제3항에 따라 사물주소의 부여 또는 변경을 고지 받은 시설물의 설치자 또는 관리자는 고지를 받은 날부터 30일 이내에 행정안전부령으로 정하는 바에 따라 사물주소판의 교

부를 신청하거나 사물주소판을 직접 제작하여 설치해야 한다. 다만, 시설물의 유형, 지역의 여건 및 설치 수량 등을 종합적으로 고려할 때 사물주소판의 설치 기한을 연장할 필요가 있는 경우에는 시장등의 승인을 받아 그 설치 기간을 연장할 수 있다.

② 시설물의 설치자 또는 관리자는 법 제24조제4항에 따라 사물주소판을 설치하는 경우 지면으로부터 1.6미터 이상의 높이에 사물주소판을 설치해야 한다. 다만, 시설물을 안내하는 표지판 등에 사물주소판을 설치하려는 경우에는 그 시설물의 높이ㆍ크기 등을 고려해 설치하는 높이를 달리할 수 있다.

③ 시설물의 설치자 또는 관리자는 제1항에 따라 설치한 사물주소판을 관리해야 하며, 사물주소판이 훼손되거나 없어진 경우에는 해당 시장등에게 사물주소판을 재교부받아 부착ㆍ설치하거나 직접 제작하여 설치해야 한다.

④ 사물주소가 부여된 시설물의 설치자 또는 관리자는 법 제24조제5항에 따라 해당 시설물을 철거하거나 위치를 변경하려는 경우 철거 예정일 또는 위치 변경 예정일의 5일 전까지 해당 시장등에게 그 사실을 통지해야 한다.

⑤ 제1항 또는 제3항에 따른 사물주소판의 교부 또는 재교부에 필요한 제작비용의 산정 및 징수에 관한 사항은 해당 지방자치단체의 조례로 정한다.

105. 규칙 제50조(사물주소판의 신청 및 교부)

① 법 제24조제1항에 따라 사물주소의 부여 또는 변경을 신청하는 시설물의 설치자 또는 관리자는 시장등에게 사물주소판의 교부를 함께 신청할 수 있다.

② 시장등은 제1항에 따른 신청을 받은 경우에는 영 제42조제3항에 따라 사물주소의 부여 또는 변경을 고지한 날부터 14일 이내에 사물주소판을 교부해야 한다.

③ 사물주소가 부여된 시설물의 설치자 또는 관리자는 사물주소판이 훼손된 경우에는 시장등에게 사물주소판의 재교부를 신청할 수 있다. 이 경우 시장등은 신청을 받은 날부터 14일 이내에 신청인에게 사물주소판을 재교부해야 한다.

④ 제1항에 따른 사물주소판의 교부 신청 및 제3항에 따른 재교부 신청은 별지 제27호서식의 신청서에 따른다.

⑤ 사물주소를 부여받은 시설물의 설치자 또는 관리자는 영 제43조제1항에 따라 직접 제작한 사물주소판(이하 "자율형사물주소판"이라 한다)을 설치하려는 경우 별지 제28호서식의 자율형사물주소판 설치 신청서에 크기, 모양, 재질, 부착 위치 등이 표기된 설치계획 도면을 첨부하여 시장등에게 제출해야 한다. 다만, 개별 법령에 따른 설계도서에 자율형사물주소판의 크기, 모양, 재질 및 설치 위치 등을 반영한 경우에는 이 항 본문에 따른 신청서 및 첨부서류의 제출을 생략할 수 있다.

⑥ 시장등은 제2항 또는 제3항에 따라 사물주소판을 교부 또는 재교부하는 경우에는 별지 제29호서식의 사물주소판 (재)교부대장에 이를 기록하고 관리해야 한다.

106. 법 제25조(주소정보기본도 등의 작성 및 활용 등)

① 행정안전부장관, 시·도지사 및 시장·군수·구청장은 대통령령으로 정하는 바에 따라 지적공부 등을 활용하여 주소정보를 종합적으로 수록한 도면(이하 "주소정보기본도"라 한다)을 작성·관리하여야 한다.

② 행정안전부장관, 시·도지사 또는 시장·군수·구청장은 주소정보의 사용 편의성을 높이기 위하여 주소정보기본도를 이용하여 주소정보를 안내할 목적으로 작성한 지도(이하 "주소정보안내도"라 한다)를 제작·배포하거나 주소정보안내판을 설치할 수 있다.

③ 행정안전부장관, 시·도지사 또는 시장·군수·구청장은 대통령령으로 정하는 바에 따라 주소정보안내도와 주소정보안내판에 광고를 게재할 수 있다. 이 경우 광고는 주소정보안내도 및 주소정보안내판의 기능에 지장을 주지 아니하는 범위에서 하여야 한다.

④ 행정안전부장관, 시·도지사 또는 시장·군수·구청장이 아닌 자는 제3항에 따라 행정안전부장관, 시·도지사 또는 시장·군수·구청장에게 광고의 게재를 신청할 수 있다. 이 경우 행정안전부장관, 시·도지사 또는 시장·군수·구청장은 신청인의 광고를 게재하는 경우 대통령령으로 정하는 바에 따라 신청인에게 광고비용을 부담하게 한다.

⑤ 주소정보를 이용한 제품을 제작하여 판매하거나 그 밖에 다른 용도로 사용하려는 자는 대통령령으로 정하는 바에 따라 행정안전부장관, 시·도지사 또는 시장·군수·구청장에게 주소정보 제공을 요청할 수 있다.

⑥ 행정안전부장관, 시·도지사 또는 시장·군수·구청장은 제5항에 따라 요청받은 주소정보의 내용이 다음 각 호의 어느 하나에 해당하는 경우에는 그 주소정보의 내용을 제외하거나 사용 범위를 제한하여 제공할 수 있다.

> 1. 국가안보나 그 밖에 국가의 중대한 이익을 해칠 우려가 있다고 인정되는 경우
> 2. 그 밖에 다른 법령에 따라 비밀로 유지되거나 열람이 제한되는 등 비공개사항인 경우

⑦ 행정안전부장관, 시·도지사 또는 시장·군수·구청장은 제5항에 따라 요청받은 주소정보를 대통령령으로 정하는 바에 따라 유상으로 제공하여야 한다. 다만, 국가나 지방자치단체가 주소정보 안내를 목적으로 요청하거나 그 밖에 공익상 필요하다고 인정되는 경우에는 무상으로 제공할 수 있다.

⑧ 제4항의 광고에 따른 수입 및 제7항의 주소정보 제공에 따른 수입은 주소정보시설의 설치·유지 및 관리에 사용하여야 한다.

⑨ 주소정보기본도, 주소정보안내도 및 주소정보를 이용한 제품은 「공간정보의 구축 및 관리 등에 관한 법률」 제2조제10호에 따른 지도로 보지 아니한다.

⑩ 누구든지 행정안전부장관의 허가 없이 「국가공간정보 기본법」에 따라 공개가 제한되는 정보가 포함된 주소정보기본도 및 주소정보안내도를 국외로 반출해서는 아니 된다. 다만, 외국 정부와 주소정보안내도를 서로 교환하는 등 대통령령으로 정하는 경우에는 그러하지 아니하다.

⑪ 행정안전부장관은 제10항 단서에 따라 주소정보기본도 및 주소정보안내도를 국외로 반출하는 경우 국가 안보를 해칠 우려가 있는 정보 및 다른 법령에 따라 비밀로 유지되거나 열람이 제한되는 비공개 사항이 포함되지 아니하도록 하여야 하며, 이를 위하여 국가정보원장에게 보안성 검토를 요청할 수 있다.

⑫ 제2항에 따른 주소정보안내도의 작성 방법, 주소정보안내판의 설치 장소와 규격 및 그 밖에 필요한 사항은 행정안전부령으로 정한다.

107. 규칙 제51조(주소정보안내도의 작성 방법)

법 제25조제2항에 따른 주소정보안내도에는 법 제25조제6항 각 호의 내용이 포함되지 않도록 해야 한다.

108. 영 제44조(주소정보기본도의 작성)

① 주소정보기본도는 행정안전부장관이 정하는 전산처리장치에 따라 전산화된 도면으로 작성·관리되어야 한다.

② 제1항에 따라 작성·관리되는 주소정보기본도에는 다음 각 호의 사항이 포함되어야 한다.

> 1. 행정구역의 이름 및 경계
> 2. 도로구간, 도로명 및 도로의 실제 폭(터널 및 교량을 포함한다)
> 3. 기초간격과 기초번호
> 4. 필지 경계 및 지번
> 5. 건물등과 건물번호, 건물군, 동번호·층수·호수 등 상세주소, 출입구 및 실내 이동경로 등
> 6. 국가기초구역, 국가기초구역번호, 국가기초구역 경계, 행정 읍·면·동 및 행정 통·리
> 7. 통계구역·우편구역 등 다른 법률에 따라 공표하는 각종 구역에 관한 사항
> 8. 국가지점번호 격자, 국가지점번호 및 국가지점번호 고시지역
> 9. 사물주소 부여 시설물의 위치, 사물번호기준점 및 사물번호
> 10. 주소정보시설에 관한 사항
> 11. 철도, 호수, 하천, 공원 및 다리의 위치 등에 관한 사항
> 12. 그 밖에 주소정보기본도의 품질 향상 및 주소정보의 효율적 관리·안내를 위하여 행정안전부장관이 필요하다고 인정하는 사항

③ 제2항에서 규정한 사항 외에 주소정보기본도의 작성 및 관리 등에 필요한 사항은 행정안전부장관이 정한다.

109. 영 제45조(주소정보안내도등을 활용한 광고 게재)

① 법 제25조제4항에 따라 같은 조 제2항에 따른 주소정보안내도(이하 "주소정보안내도"라 한다) 또는 주소정보안내판(이하 "주소정보안내판"이라 한다)에 광고의 게재를 신청하려는 자는 다음 각 호의 구분에 따라 광고계획서를 제출해야 한다.

1. 행정안전부장관에게 신청해야 하는 경우는 다음 각 목과 같다.	가. 행정안전부장관이 작성하는 주소정보안내도 또는 주소정보안내판(이하 "주소정보안내도등"이라 한다)에 광고를 게재하려는 경우 나. 둘 이상의 시·도에 광고를 게재하려는 경우
2. 특별시장, 광역시장 및 도지사에게 신청해야 하는 경우는 다음 각 목과 같다.	가. 특별시장, 광역시장 및 도지사가 작성하는 주소정보안내도등에 광고를 게재하려는 경우 나. 둘 이상의 시·군·구에 광고를 게재하려는 경우
3. 시장등에게 신청해야 하는 경우는 다음 각 목과 같다.	가. 시장등이 작성하는 주소정보안내도등에 광고를 게재하려는 경우 나. 해당 지역에 광고를 게재하려는 경우

② 행정안전부장관, 시 · 도지사 및 시장 · 군수 · 구청장은 제1항에 따른 신청을 받은 날부터 50일 이내에 다음 각 호의 사항을 검토하여 광고 게재 여부를 결정하고, 그 결과를 신청인에게 통보해야 한다.

> 1. 광고의 적합성
> 2. 법 제25조제3항 후단의 위반 여부
> 3. 광고계획서의 적정성
> 4. 광고의 제작 · 배포에 관한 사항(주소정보안내도로 한정한다)
> 5. 광고의 설치 및 유지 · 관리에 관한 사항(주소정보안내판으로 한정한다)
> 6. 그 밖에 행정안전부장관, 시 · 도지사 및 시장 · 군수 · 구청장이 필요하다고 인정하는 사항

③ 행정안전부장관, 시 · 도지사 및 시장 · 군수 · 구청장은 제2항에 따라 주소정보안내도등에 광고를 게재하는 것으로 결정한 경우에는 10일 이상의 기간을 정하여 다음 각 호의 사항을 공보등에 공고해야 한다.

> 1. 광고의 내용
> 2. 광고를 게재하려는 주소정보안내도등의 현황
> 3. 광고 게재의 방법 및 기간
> 4. 광고사업자의 성명, 업체명 및 주소
> 5. 그 밖에 행정안전부장관, 시 · 도지사 및 시장 · 군수 · 구청장이 필요하다고 인정하는 사항

④ 법 제25조제4항 후단에 따른 광고비용(이하 "광고비용"이라 한다)은 주소정보안내도등의 제작비를 넘지 않는 범위에서 다음 각 호의 구분에 따라 정한다.

> 1. 제1항제1호의 경우 : 행정안전부장관 고시
> 2. 제1항제2호 또는 제3호의 경우 : 해당 지방자치단체의 조례

⑤ 제4항에도 불구하고 다음 각 호의 어느 하나에 해당하는 경우에는 광고비용을 무료로 한다.

> 1. 국가 또는 지방자치단체가 광고를 게재하는 경우
> 2. 비상업적 공익광고를 게재하는 경우
> 3. 그 밖에 행정안전부장관, 시 · 도지사 또는 시장 · 군수 · 구청장이 필요하다고 인정하는 경우

⑥ 제1항부터 제3항까지의 규정에 따른 광고의 신청 방법과 광고물 관리 등 그 밖에 필요한 사항은 행정안전부령으로 정한다.

110. 규칙 제52조(주소정보안내도 등을 활용한 광고)

① 법 제25조제4항 및 영 제45조제1항에 따른 광고의 신청은 별지 제30호서식의 신청서에 따른다.
② 행정안전부장관, 시 · 도지사 및 시장 · 군수 · 구청장은 영 제45조에 따른 광고 게재 현황 등을 관리하기 위하여 별지 제31호서식의 주소정보안내도 또는 주소정보안내판 광고 관리대장을 작성 · 관리해야 한다.

111. 영 제46조(주소정보의 제공 요청 등)

① 법 제25조제5항에 따라 주소정보를 이용한 제품을 제작하여 판매하거나 그 밖에 다른 용도로 사용하려는 자는 다음 각 호의 구분에 따라 주소정보의 제공을 요청해야 한다.

> 1. 요청하는 주소정보의 범위가 특별자치시, 특별자치도 및 시 · 군 · 구인 경우 : 관할 시장등
> 2. 요청하는 주소정보의 범위가 시 · 도 또는 둘 이상의 시 · 군 · 구인 경우 : 관할 특별시장 · 광역시장 · 도지사
> 3. 요청하는 주소정보의 범위가 전국 또는 둘 이상의 시 · 도인 경우 : 행정안전부장관

② 제1항에 따라 주소정보의 제공을 요청하는 자는 다음 각 호의 사항을 행정안전부령으로 정하는 바에 따라 행정안전부장관, 시 · 도지사 또는 시장 · 군수 · 구청장에게 제출해야 한다. 이 경우 요청하는 주소정보 제공 방법이 시스템 연계인 경우에는 다음 각 호의 사항을 행정안전부장관에게 제출해야 한다.

> 1. 요청인의 인적사항
> 2. 자료의 이용 목적 및 요청 내용
> 3. 제공받은 자료의 보호 대책 및 보안에 관한 사항
> 4. 요청하는 주소정보 제공 방법(전산파일 제공 및 시스템 연계 등을 포함한다)

③ 행정안전부장관, 시 · 도지사 또는 시장 · 군수 · 구청장은 제2항에 따라 주소정보의 제공을 요청받은 경우 자료 이용 목적의 적정성 등을 검토하여 요청받은 날부터 10일(제2항 각 호 외의 부분 후단의 경우에는 30일로 한다) 이내에 주소정보 제공 여부를 결정해야 한다. 이 경우 주소정보를 제공하기로 결정한 경우에는 지체 없이 주소정보를 제공하고, 주소정보를 제공하지 않기로 결정한 경우에는 요청인에게 그 사실을 통보해야 한다.

④ 행정안전부장관, 시 · 도지사 또는 시장 · 군수 · 구청장은 제3항에 따라 주소정보를 제공하는 경우 행정안전부령으로 정하는 바에 따라 그 내용을 기록 · 관리해야 한다.

⑤ 법 제25조제7항에 따른 주소정보 제공 수수료는 제공하는 주소정보의 양 등을 고려하여 행정안전부장관이 정하여 고시한다.

112. 규칙 제53조(주소정보의 제공 등)

① 법 제25조제5항에 따른 주소정보의 제공 신청은 별지 제32호서식의 신청서에 따른다.

② 행정안전부장관, 시 · 도지사 또는 시장 · 군수 · 구청장은 영 제46조제3항에 따라 주소정보를 제공하는 경우 별지 제33호서식의 주소정보 제공 및 관리대장에 이를 기록하고 관리해야 한다.

③ 행정안전부장관은 주소정보를 국민이 쉽게 이용할 수 있도록 다음 각 호의 구분에 따라 주소정보의 목록을 작성하여 공개할 수 있다. 다만, 해당 주소정보가 법 제25조제6항 각 호에 해당하는 경우는 제외한다.

1. 공개하는 주소정보
2. 제공하는 주소정보
3. 사용자와 사용범위를 제한하여 제공하는 주소정보

113. 영 제47조(주소정보기본도 등의 국외 반출)

법 제25조제10항 단서에서 "외국 정부와 주소정보안내도를 서로 교환하는 등 대통령령으로 정하는 경우"란 다음 각 호의 어느 하나에 해당하는 경우를 말한다.

1. 대한민국 정부와 외국 정부 간에 체결된 협정 또는 합의에 따라 주소정보기본도 또는 주소정보안내도(이하 이 조에서 "주소정보기본도등"이라 한다)를 상호 교환하는 경우
2. 정부를 대표하여 외국 정부와 교섭하거나 국제회의 또는 국제기구에 참석하는 자가 자료로 사용하기 위하여 주소정보기본도등을 국외로 반출하는 경우
3. 행정안전부장관이 법 제25조제11항에 따라 국가정보원장의 보안성 검토를 거쳐 주소정보기본도등을 국외로 반출하기로 결정한 경우

114. 법 제26조(주소정보시설의 관리)

① 특별자치시장, 특별자치도지사 및 시장·군수·구청장은 연 1회 이상 주소정보시설을 조사하여 훼손되거나 없어진 시설에 대하여 대통령령으로 정하는 바에 따라 교체 또는 철거 등의 적절한 조치를 하여야 한다.

② 건물등·시설물 또는 토지의 소유자·점유자 및 임차인은 그 건물등·시설물 또는 토지의 사용에 지장을 주는 경우가 아니면 정당한 사유 없이 주소정보시설의 조사, 설치, 교체 또는 철거 업무의 집행을 거부하거나 방해해서는 아니 된다.

③ 각종 공사나 그 밖의 사유로 주소정보시설을 훼손·제거하거나 기능상 장애를 초래한 자는 해당 주소정보시설을 원상복구하거나 그에 필요한 비용을 부담하여야 한다.

④ 도시개발사업 및 주택재개발사업 등 각종 개발사업의 시행자는 그 사업으로 인하여 주소정보시설의 설치·교체 또는 철거가 필요한 경우에는 대통령령으로 정하는 바에 따라 직접 설치·교체 또는 철거하거나 그 비용을 부담하여야 한다.

⑤ 특별자치시장, 특별자치도지사 및 시장·군수·구청장은 제3항 및 제4항에 따라 비용을 부담하려는 자(이하 이 조에서 "납부의무자"라 한다)에게는 그 비용을 부과하여야 한다.

⑥ 특별자치시장, 특별자치도지사 및 시장·군수·구청장은 납부의무자가 제5항에 따른 비용을 대통령령으로 정하는 납부기한까지 납부하지 아니하는 경우에는 「지방행정제재·부과금의 징수 등에 관한 법률」에 따라 징수할 수 있다.

⑦ 제3항부터 제5항까지의 규정에 따른 비용의 부과절차, 납부 및 징수 방법, 환급사유 등에 관하여 필요한 사항은 대통령령으로 정한다.

115. 영 제48조(주소정보시설의 관리)

① 시장등은 법 제26조제1항에 따라 주소정보시설을 관리하기 위하여 매년 주소정보시설 조사 계획을 수립하고, 조사를 실시해야 한다.

② 시장등은 제1항에 따른 조사 결과에 따라 훼손되거나 없어진 시설에 대한 정비계획을 수립하고 해당 주소정보시설을 교체 또는 철거하는 등 적절한 조치를 해야 한다.

116. 영 제49조(주소정보시설 훼손 등에 대한 비용 부담)

① 시장등은 법 제26조제3항에 따른 주소정보시설의 원상복구에 필요한 비용(이하 "정비비용"이라 한다)을 다음 각 호의 기준에 따라 산정한다.

> 1. 주소정보시설의 조달단가
> 2. 종전의 주소정보시설 설치비용

② 시장등은 주소정보시설을 훼손·제거하거나 기능상 장애를 초래한 자에게 제1항에 따라 산정한 정비비용을 통보하고, 14일 이상의 기간을 정하여 의견을 제출할 수 있도록 해야 한다.

③ 시장등은 제2항에 따른 의견 제출 기간에 제출된 의견이 없는 경우에는 10일 이상의 납부기한을 정하여 납부의무자에게 정비비용의 납부를 통보해야 한다.

④ 시장등은 제2항에 따른 의견 제출 기간에 의견이 제출된 경우에는 10일 이내에 제출된 의견을 검토하고 그 검토 결과를 의견을 제출한 자에게 통보해야 한다. 이 경우 검토 결과가 주소정보시설을 훼손·제거하거나 기능상 장애를 초래한 자에게 비용을 부과하는 결정인 경우에는 10일 이상의 납부기한을 정하여 납부의무자에게 정비비용의 납부를 통보해야 한다.

⑤ 시장등은 제3항 또는 제4항에 따른 납부의무자가 납부기한 내에 비용을 납부하지 않은 경우에는 10일 이상의 납부 연장기한을 정하여 비용 납부를 독촉해야 한다.

⑥ 시장등은 제5항에 따른 납부 연장기한까지 정비비용을 납부하지 않은 경우에는 법 제26조제6항에 따라 이를 징수할 수 있다.

117. 규칙 제54조(주소정보시설의 비용 부담)

① 법 제26조제3항 및 영 제49조제3항·제4항에 따른 주소정보시설의 원상복구에 필요한 비용의 부과 및 납부 통보는 별지 제34호서식의 납부서에 따른다.

② 개발사업자는 영 제50조제3항에 따라 수정계획서에 대한 이의신청을 하려는 경우에는 별지 제35호서식의 주소정보시설 설치계획 이의신청서에 이의신청 내용을 증명할 수 있는 서류를 첨부하여 시장등에게 제출해야 한다.

③ 영 제50조제6항에 따른 개발사업지역 주소정보시설 설치비용 납부의 통보는 별지 제36호서식의 납부서에 따른다.

④ 영 제50조제9항에 따른 주소정보시설의 설치이행 통보 및 설치비용 납부의 통보는 별지 제37호서식의 납부서에 따른다.

⑤ 시장등은 법 제26조제4항에 따른 주소정보시설의 설치 등에 관한 비용을 다음 각 호의 기준에 따라 산정한다.

> 1. 주소정보시설의 조달단가
> 2. 종전의 주소정보시설 설치비용

118. 영 제50조(각종 개발사업에 따른 주소정보시설의 설치 · 교체 등)

① 법 제26조제4항에 따른 도시개발사업 및 주택재개발사업 등 각종 개발사업의 시행자(이하 이 조에서 "개발사업시행자"라 한다)는 그 개발사업으로 주소정보시설의 설치 · 교체 또는 철거가 필요한 경우에는 그 개발사업을 수행하기 위한 인허가 또는 승인을 신청할 때 다음 각 호의 사항이 포함된 주소정보시설 설치계획서를 해당 시장등에게 제출해야 한다.

> 1. 개발사업시행자에 관한 사항
> 2. 개발사업의 사업계획도 및 도로망
> 3. 주소정보시설 설치 수량 및 설치 위치
> 4. 예상 설치 비용과 설치 완료 예정일(개발사업시행자가 주소정보시설을 직접 설치하는 경우로 한정한다)
> 5. 주소정보시설의 설치비용 부담 계획(개발사업시행자가 주소정보시설의 설치비용을 부담하려는 경우로 한정한다)
> 6. 지주등 또는 법 제24조제1항에 따른 시설물의 설치에 관한 사항
> 7. 그 밖에 시장등에 대한 협조 요청 사항(도로구간의 설정 · 변경 · 폐지, 도로명 · 기초번호 · 건물번호 · 사물주소의 부여 · 변경 · 폐지 및 국가기초구역에 관한 사항을 말한다)

② 시장등은 제1항에 따른 주소정보시설 설치계획서를 제출받은 날부터 50일 이내에 다음 각 호의 사항을 개발사업시행자에게 통보해야 한다.

> 1. 시장등이 제1항제3호부터 제5호까지의 규정에 따른 사항을 수정한 경우 그 수정계획서
> 2. 도로구간의 설정 · 변경 · 폐지 및 도로명 · 기초번호 · 건물번호 · 사물주소의 부여 · 변경 · 폐지에 관한 계획
> 3. 설치가 계획된 지주등에 표기할 도로명 · 기초번호에 관한 사항
> 4. 그 밖에 시장등이 주소정보시설 설치에 필요하다고 인정하는 사항

③ 개발사업시행자는 제2항제1호의 수정계획서를 통보받은 경우에는 통보받은 날부터 15일 이내에 행정안전부령으로 정하는 바에 따라 시장등에게 이의를 제기할 수 있다.

④ 시장등은 제3항에 따라 이의신청을 받은 경우에는 이의신청을 받은 날부터 30일 이내에 다음 각 호의 사항에 관하여 해당 주소정보위원회의 심의를 거치고 그 결과를 개발사업시행자에게 통보해야 한다.

1. 제1항에 따른 주소정보시설의 설치계획서

2. 제2항제1호에 따른 수정계획서

3. 제3항에 따른 개발사업시행자의 이의신청 내용

4. 그 밖에 시장등이 필요하다고 인정하는 사항

⑤ 개발사업시행자는 제4항 각 호 외의 부분에 따라 심의 결과를 통보받은 경우에는 그 통보받은 내용을 이행해야 한다. 이 경우 개발사업시행자는 제3항에 따른 이의신청을 하지 않은 경우에는 제2항제1호에 따른 수정계획서의 내용을 이행해야 한다.

⑥ 시장등은 제2항 또는 제4항에 따라 개발사업시행자가 주소정보시설의 설치비용을 부담하는 경우에는 제1항제5호에 따른 비용 납부 예정일 10일 전까지 행정안전부령으로 정하는 바에 따라 주소정보시설 설치비용 납부서를 개발사업시행자에게 통보해야 한다.

⑦ 시장등은 설치비용을 부담하는 개발사업시행자가 비용 납부 예정일까지 비용을 납부하지 않은 경우에는 10일 이상의 납부 연장기한을 정하여 비용 납부를 독촉해야 한다.

⑧ 개발사업시행자는 주소정보시설을 직접 설치하기로 한 경우에는 주소정보시설의 설치를 완료한 날부터 5일 이내에 그 결과를 해당 시장등에게 통보해야 한다.

⑨ 시장등은 주소정보시설을 직접 설치하기로 한 개발사업시행자가 주소정보시설의 설치 완료 예정일까지 그 시설의 설치를 완료하지 않은 경우에는 설치 완료 예정일부터 10일 이상의 기한을 정하여 주소정보시설의 설치비용 납부서를 개발사업시행자에게 통보해야 한다. 이 경우 설치비용은 제1항의 설치계획서(제2항제1호에 따른 수정계획서를 포함한다)에 적힌 예상 설치비용(제3항에 따라 이의제기를 한 경우에는 제4항의 심의 결과에 따른 예상 설치비용을 말한다)에서 개발사업시행자가 설치 완료 예정일까지 주소정보시설의 설치에 사용한 비용을 제외한 금액으로 한다.

⑩ 개발사업시행자는 제9항 전단에 따라 통보받은 납부서의 납부기한까지 주소정보시설의 설치를 완료하거나 납부서에 기재된 설치비용을 시장등에게 납부해야 한다.

⑪ 시장등은 다음 각 호의 어느 하나에 해당하는 경우에는 주소정보시설을 직접 설치해야 한다.

1. 시장등이 제6항에 따라 개발사업시행자에게 주소정보시설의 설치비용 납부서를 통보한 경우

2. 개발사업시행자가 제9항 전단에 따라 납부서를 통보받고도 그 납부기한까지 주소정보시설의 설치를 완료하지 않은 경우

119. 법 제27조(주소정보 사용 지원)

① 공공기관의 장은 주소정보 사용을 촉진하기 위하여 필요한 지원을 할 수 있다.

② 행정안전부장관, 시·도지사 및 시장·군수·구청장은 주소정보의 사용과 관련된 산업 분야의 진흥을 위하여 필요한 지원을 할 수 있다.

③ 제1항 및 제2항에 따른 지원의 세부 내용은 대통령령으로 정한다.

120. 영 제48조(주소정보시설의 관리)

① 시장등은 법 제26조제1항에 따라 주소정보시설을 관리하기 위하여 매년 주소정보시설 조사계획을 수립하고, 조사를 실시해야 한다.

② 시장등은 제1항에 따른 조사 결과에 따라 훼손되거나 없어진 시설에 대한 정비계획을 수립하고 해당 주소정보시설을 교체 또는 철거하는 등 적절한 조치를 해야 한다.

121. 영 제49조(주소정보시설 훼손 등에 대한 비용 부담)

① 시장등은 법 제26조제3항에 따른 주소정보시설의 원상복구에 필요한 비용(이하 "정비비용"이라 한다)을 다음 각 호의 기준에 따라 산정한다.

> 1. 주소정보시설의 조달단가
> 2. 종전의 주소정보시설 설치비용

② 시장등은 주소정보시설을 훼손·제거하거나 기능상 장애를 초래한 자에게 제1항에 따라 산정한 정비비용을 통보하고, 14일 이상의 기간을 정하여 의견을 제출할 수 있도록 해야 한다.

③ 시장등은 제2항에 따른 의견 제출 기간에 제출된 의견이 없는 경우에는 10일 이상의 납부기한을 정하여 납부의무자에게 정비비용의 납부를 통보해야 한다.

④ 시장등은 제2항에 따른 의견 제출 기간에 의견이 제출된 경우에는 10일 이내에 제출된 의견을 검토하고 그 검토 결과를 의견을 제출한 자에게 통보해야 한다. 이 경우 검토 결과가 주소정보시설을 훼손·제거하거나 기능상 장애를 초래한 자에게 비용을 부과하는 결정인 경우에는 10일 이상의 납부기한을 정하여 납부의무자에게 정비비용의 납부를 통보해야 한다.

⑤ 시장등은 제3항 또는 제4항에 따른 납부의무자가 납부기한 내에 비용을 납부하지 않은 경우에는 10일 이상의 납부 연장기한을 정하여 비용 납부를 독촉해야 한다.

⑥ 시장등은 제5항에 따른 납부 연장기한까지 정비비용을 납부하지 않은 경우에는 법 제26조제6항에 따라 이를 징수할 수 있다.

122. 영 제50조(각종 개발사업에 따른 주소정보시설의 설치·교체 등)

① 법 제26조제4항에 따른 도시개발사업 및 주택재개발사업 등 각종 개발사업의 시행자(이하 이 조에서 "개발사업시행자"라 한다)는 그 개발사업으로 주소정보시설의 설치·교체 또는 철거가 필요한 경우에는 그 개발사업을 수행하기 위한 인허가 또는 승인을 신청할 때 다음 각 호의 사항이 포함된 주소정보시설 설치계획서를 해당 시장등에게 제출해야 한다.

> 1. 개발사업시행자에 관한 사항
> 2. 개발사업의 사업계획도 및 도로망
> 3. 주소정보시설 설치 수량 및 설치 위치
> 4. 예상 설치 비용과 설치 완료 예정일(개발사업시행자가 주소정보시설을 직접 설치하는 경우로 한정한다)

5. 주소정보시설의 설치비용 부담 계획(개발사업시행자가 주소정보시설의 설치비용을 부담하려는 경우로 한정한다)

6. 지주등 또는 법 제24조제1항에 따른 시설물의 설치에 관한 사항

7. 그 밖에 시장등에 대한 협조 요청 사항(도로구간의 설정ㆍ변경ㆍ폐지, 도로명ㆍ기초번호ㆍ건물번호ㆍ사물주소의 부여ㆍ변경ㆍ폐지 및 국가기초구역에 관한 사항을 말한다)

② 시장등은 제1항에 따른 주소정보시설 설치계획서를 제출받은 날부터 50일 이내에 다음 각 호의 사항을 개발사업시행자에게 통보해야 한다.

1. 시장등이 제1항제3호부터 제5호까지의 규정에 따른 사항을 수정한 경우 그 수정계획서

2. 도로구간의 설정ㆍ변경ㆍ폐지 및 도로명ㆍ기초번호ㆍ건물번호ㆍ사물주소의 부여ㆍ변경ㆍ폐지에 관한 계획

3. 설치가 계획된 지주등에 표기할 도로명ㆍ기초번호에 관한 사항

4. 그 밖에 시장등이 주소정보시설 설치에 필요하다고 인정하는 사항

③ 개발사업시행자는 제2항제1호의 수정계획서를 통보받은 경우에는 통보받은 날부터 15일 이내에 행정안전부령으로 정하는 바에 따라 시장등에게 이의를 제기할 수 있다.

④ 시장등은 제3항에 따라 이의신청을 받은 경우에는 이의신청을 받은 날부터 30일 이내에 다음 각 호의 사항에 관하여 해당 주소정보위원회의 심의를 거치고 그 결과를 개발사업시행자에게 통보해야 한다.

1. 제1항에 따른 주소정보시설의 설치계획서

2. 제2항제1호에 따른 수정계획서

3. 제3항에 따른 개발사업시행자의 이의신청 내용

4. 그 밖에 시장등이 필요하다고 인정하는 사항

⑤ 개발사업시행자는 제4항 각 호 외의 부분에 따라 심의 결과를 통보받은 경우에는 그 통보받은 내용을 이행해야 한다. 이 경우 개발사업시행자는 제3항에 따른 이의신청을 하지 않은 경우에는 제2항제1호에 따른 수정계획서의 내용을 이행해야 한다.

⑥ 시장등은 제2항 또는 제4항에 따라 개발사업시행자가 주소정보시설의 설치비용을 부담하는 경우에는 제1항제5호에 따른 비용 납부 예정일 10일 전까지 행정안전부령으로 정하는 바에 따라 주소정보시설 설치비용 납부서를 개발사업시행자에게 통보해야 한다.

⑦ 시장등은 설치비용을 부담하는 개발사업시행자가 비용 납부 예정일까지 비용을 납부하지 않은 경우에는 10일 이상의 납부 연장기한을 정하여 비용 납부를 독촉해야 한다.

⑧ 개발사업시행자는 주소정보시설을 직접 설치하기로 한 경우에는 주소정보시설의 설치를 완료한 날부터 5일 이내에 그 결과를 해당 시장등에게 통보해야 한다.

⑨ 시장등은 주소정보시설을 직접 설치하기로 한 개발사업시행자가 주소정보시설의 설치 완료 예정일까지 그 시설의 설치를 완료하지 않은 경우에는 설치 완료 예정일부터 10일 이상의 기한을 정하여 주소정보시설의 설치비용 납부서를 개발사업시행자에게 통보해야 한다. 이 경우 설치비용은 제1항의 설치계획서(제2항제1호에 따른 수정계획서를 포함한다)에 적힌 예상

설치비용(제3항에 따라 이의제기를 한 경우에는 제4항의 심의 결과에 따른 예상 설치비용을 말한다)에서 개발사업시행자가 설치 완료 예정일까지 주소정보시설의 설치에 사용한 비용을 제외한 금액으로 한다.

⑩ 개발사업시행자는 제9항 전단에 따라 통보받은 납부서의 납부기한까지 주소정보시설의 설치를 완료하거나 납부서에 기재된 설치비용을 시장등에게 납부해야 한다.

⑪ 시장등은 다음 각 호의 어느 하나에 해당하는 경우에는 주소정보시설을 직접 설치해야 한다.

> 1. 시장등이 제6항에 따라 개발사업시행자에게 주소정보시설의 설치비용 납부서를 통보한 경우
> 2. 개발사업시행자가 제9항 전단에 따라 납부서를 통보받고도 그 납부기한까지 주소정보시설의 설치를 완료하지 않은 경우

123. 법 제27조(주소정보 사용 지원)

① 공공기관의 장은 주소정보 사용을 촉진하기 위하여 필요한 지원을 할 수 있다.

② 행정안전부장관, 시·도지사 및 시장·군수·구청장은 주소정보의 사용과 관련된 산업 분야의 진흥을 위하여 필요한 지원을 할 수 있다.

③ 제1항 및 제2항에 따른 지원의 세부 내용은 대통령령으로 정한다.

124. 영 제51조(주소정보 사용의 지원)

① 공공기관의 장은 법 제27조제1항에 따라 주소정보의 사용을 촉진하기 위하여 다음 각 호의 지원을 할 수 있다.

> 1. 도로명주소를 사용하여 우편물을 다량으로 발송하는 자에 대한 우편요금 등 수수료의 감면
> 2. 기존의 지번주소를 도로명주소로 전환할 수 있도록 하는 주소검색 전산프로그램의 개발 및 보급
> 3. 택배회사, 음식점 등 배달 업소에서 사용할 수 있는 주소정보안내도의 제작·보급 또는 주소정보안내도를 출력하기 위한 전산프로그램의 개발·제공
> 4. 버스·택시 정류장, 지하철 역사(驛舍) 및 승강장, 광장, 지하도, 시장, 관광지, 교통센터, 관광안내센터 등에 설치하려는 안내지도 및 안내표지판의 주소정보 표시 지원
> 5. 관광호텔, 렌터카, 백화점, 부동산중개업소 등에 갖춰 두는 각종 안내지도의 주소정보 표기 지원
> 6. 주소정보시설의 설치
> 7. 그 밖에 주소정보 사용을 촉진하기 위한 사항

② 행정안전부장관은 법 제27조제1항에 따라 주소정보의 사용을 촉진하기 위하여 제1항에서 규정한 사항 외에 다음 각 호의 지원을 할 수 있다.

1. 주소정보의 구축 및 갱신 지원
2. 구역정보의 구축 및 활용 지원
3. 기초번호를 활용한 위치 표시 지원
4. 「공공데이터의 제공 및 이용 활성화에 관한 법률」 제2조제2호에 따른 공공데이터에 포함된 주소정보의 편집ㆍ수정 및 가공 등의 지원
5. 주소정보와 그 밖의 정보를 연계한 정보의 제공
6. 주소정보 간 또는 주소정보와 각종 위치 표시 정보와의 관계 확인
7. 국내의 주소를 국외에 등록하고 있는 자에 대한 주소동일성 영문 증명서 발급(영문증명서에 표기하려는 주소는 국어의 로마자표기법을 따른다)
8. 그 밖에 행정안전부장관이 주소정보의 사용 촉진에 필요하다고 인정하는 사항

③ 시ㆍ도지사 및 시장ㆍ군수ㆍ구청장은 법 제27조제1항에 따라 주소정보의 사용을 촉진하기 위하여 제1항에서 규정한 사항 외에 다음 각 호의 지원을 할 수 있다.

1. 제2항제1호부터 제5호까지의 규정에 따른 지원
2. 그 밖에 시ㆍ도지사 및 시장ㆍ군수ㆍ구청장이 주소정보의 사용 촉진을 위하여 필요하다고 인정하는 지원

125. 영 제52조(주소정보 산업의 진흥)

행정안전부장관, 시ㆍ도지사 및 시장ㆍ군수ㆍ구청장은 법 제27조제2항에 따라 주소정보의 사용과 관련된 산업분야(이하 "주소정보산업"이라 한다)의 진흥을 위하여 다음 각 호의 구분에 따른 사항을 지원할 수 있다.

1. 주소정보산업의 육성시책 마련을 위한 다음 각 목의 사항

    가. 국내외 주소정보산업에 관한 현황 및 기술 동향 등의 조사 및 공개
    나. 주소정보산업과 관련한 통계의 작성 및 관리
    다. 주소정보의 국제협력 및 국외 진출 지원
    라. 주소정보의 공동이용에 필요한 기술기준 마련 및 산업표준의 제정ㆍ개정

2. 주소정보를 기반으로 하는 새로운 산업 유형의 개발 및 지원을 위한 다음 각 목의 사항

    가. 드론, 지능형 로봇, 자율주행자동차의 운용 등
    나. 실내 위치의 안내
    다. 사물인터넷(인터넷을 기반으로 모든 사물을 연결하여 사람과 사물 또는 사물과 사물 간 정보를 상호 공유ㆍ소통하는 지능형 기술을 말한다)의 활용
    라. 그 밖에 행정안전부장관이 주소정보산업의 진흥을 위하여 필요하다고 인정하는 사항

3. 주소정보산업에서 활용하는 주소정보의 체계적 관리를 위한 다음 각 목의 사항

    가. 주소정보의 편집ㆍ가공 및 유통
    나. 산업 분야에서 사용ㆍ관리하는 주소정보의 품질인증
    다. 민간부문에서 사용하는 주소정보의 보안성 검토

4. 전문 인력의 양성 및 교육 등

5. 주소정보시설의 유지 · 관리 지원을 위한 다음 각 목의 사항

> 가. 주소정보시설의 설치 또는 유지 · 관리를 업으로 하는 자에 대한 지원
>
> 나. 주소정보시설에 대한 지도 점검

6. 주소정보와 관련된 사업 · 연구 등을 위한 협회 설립 및 운영 지원

126. 영 제53조(주소정보관리시스템)

① 주소정보를 효율적으로 관리하기 위하여 행정안전부에는 중앙주소정보관리시스템을, 시 · 도에는 시 · 도주소정보관리시스템을, 시 · 군 · 구에는 시 · 군 · 구주소정보관리시스템을 둔다.

② 행정안전부장관, 시 · 도지사 및 시장 · 군수 · 구청장은 각각의 주소정보관리시스템에서 작성 · 관리하는 주소정보가 상호 공유될 수 있도록 필요한 조치를 해야 한다.

③ 제1항 및 제2항에 따른 주소정보관리시스템의 구축 및 운영 등에 관하여 필요한 사항은 행정안전부장관이 정한다.

127. 법 제28조(주소정보활용지원센터)

① 행정안전부장관 및 시 · 도지사는 주소정보의 관리 · 활용과 관련 산업의 진흥을 지원하기 위하여 행정안전부 및 시 · 도에 주소정보활용지원센터를 설치 · 운영할 수 있다.

② 제1항에 따른 주소정보활용지원센터의 운영, 업무 범위 및 그 밖에 필요한 사항은 대통령령으로 정한다.

128. 법 제54조(주소정보활용지원센터의 운영)

① 행정안전부장관 및 시 · 도지사는 법 제28조제1항에 따른 주소정보활용지원센터의 효율적인 운영을 위하여 5년마다 주소정보활용지원센터 운영계획(이하 "운영계획"이라 한다)을 수립해야 한다.

② 행정안전부장관 및 시 · 도지사는 운영계획의 수립 · 시행을 위하여 주소정보의 이용 현황 등 필요한 사항을 조사할 수 있다.

129. 영 제55조(주소정보활용지원센터의 업무범위)

① 법 제28조제1항에 따라 행정안전부에 설치하는 주소정보활용지원센터(이하 "중앙주소정보활용지원센터"라 한다)는 다음 각 호의 업무를 수행한다.

> 1. 법 제5조에 따른 주소정보 활용 기본계획의 수립을 위한 조사 · 연구
>
> 2. 주소정보기본도의 작성 · 관리 지원
>
> 3. 법 제25조제6항에 따른 주소정보 제공 지원
>
> 4. 제51조제2항제1호부터 제6호까지의 규정에 따른 사항의 지원

5. 제52조제1호부터 제3호까지의 규정에 따른 사항의 지원

6. 주소정보를 활용한 창업 공모전 시행 등 주소정보를 활용한 사업의 창업 지원

7. 외국 주소정보 수집 및 분석

8. 그 밖에 주소정보의 수집ㆍ가공ㆍ제공ㆍ유통 및 활용 등에 관하여 행정안전부장관이 필요하다고 인정하는 사항

② 법 제28조제1항에 따라 시ㆍ도에 설치하는 주소정보활용지원센터(이하 "시ㆍ도주소정보활용지원센터"라 한다)는 다음 각 호의 업무를 수행한다.

1. 주소정보기본도의 작성ㆍ관리 지원

2. 법 제25조제6항에 따른 주소정보 제공 지원

3. 제51조제2항제1호부터 제5호까지의 규정에 따른 사항의 지원

4. 제52조제1호가목부터 다목까지의 규정에 따른 사항의 지원

5. 제52조제2호가목부터 다목까지의 규정에 따른 사항의 지원

6. 제52조제3호가목 및 나목에 따른 사항의 지원

7. 제52조제4호부터 제6호까지의 규정에 따른 사항의 지원

8. 제1항제7호 및 제8호에 따른 사항의 지원

9. 그 밖에 주소정보의 활용 등에 관하여 시ㆍ도지사가 필요하다고 인정하는 사항의 지원

130. 법 제29조(주소정보위원회)

① 주소정보와 관련한 중요 사항을 심의하기 위하여 행정안전부에 중앙주소정보위원회를 두고, 시ㆍ도에 시ㆍ도주소정보위원회를 두며, 시ㆍ군ㆍ자치구에 시ㆍ군ㆍ구주소정보위원회를 둔다.

② 제1항에 따른 중앙주소정보위원회, 시ㆍ도주소정보위원회 및 시ㆍ군ㆍ구주소정보위원회의 심의사항과 중앙주소정보위원회의 구성ㆍ운영 등에 필요한 사항은 대통령령으로 정하고, 제1항에 따른 시ㆍ도주소정보위원회 및 시ㆍ군ㆍ구주소정보위원회의 구성ㆍ운영 등에 필요한 사항은 각각 해당 지방자치단체의 조례로 정한다.

131. 영 제56조(주소정보위원회의 심의 사항)

① 법 제29조제1항에 따른 중앙주소정보위원회는 다음 각 호의 사항을 심의한다.

1. 법 제5조에 따른 기본계획의 수립에 관한 사항

2. 법 제7조 및 제8조에 따른 둘 이상의 시ㆍ도에 걸쳐 있는 도로의 도로명(도로구간과 기초번호를 포함한다. 이하 이 조에서 같다) 부여ㆍ변경에 관한 사항

3. 제54조제1항에 따른 운영계획의 수립에 관한 사항

4. 그 밖에 주소정보 활용에 관한 사항으로서 행정안전부장관이 심의에 부치는 사항

② 법 제29조제1항에 따른 시ㆍ도주소정보위원회는 다음 각 호의 사항을 심의한다. 다만, 특별자치시 및 특별자치도의 경우 시ㆍ도주소정보위원회에서 제3항에 따른 시ㆍ군ㆍ구주소정보위원회의 심의사항도 심의한다.

1. 법 제7조 및 제8조에 따른 둘 이상의 시 · 군 · 구에 걸쳐 있는 도로의 도로명 부여 · 변경에 관한 사항

2. 법 제16조제1항제2호에 따른 행정구역이 결정되지 않은 지역의 사업지역 명칭 및 도로명의 부여에 관한 사항

3. 그 밖에 주소정보 활용에 관한 사항으로서 시 · 도지사가 심의에 부치는 사항

③ 법 제29조제1항에 따른 시 · 군 · 구주소정보위원회는 다음 각 호의 사항을 심의한다.

1. 법 제7조 및 제8조에 따른 도로명의 부여 · 변경에 관한 사항

2. 법 제10조에 따른 명예도로명의 부여에 관한 사항

3. 법 제14조제3항에 따라 직권으로 부여 · 변경하려는 상세주소의 이의신청에 관한 사항

4. 제50조제3항에 따른 주소정보시설 설치의 이의신청에 관한 사항

5. 그 밖에 주소정보 활용에 관한 사항으로서 특별자치시장, 특별자치도지사 및 시장 · 군수 · 구청장이 심의에 부치는 사항

132. 영 제57조(중앙주소정보위원회의 구성)

① 법 제29조제1항에 따른 중앙주소정보위원회(이하 "위원회"라 한다)는 위원장 1명과 부위원장 1명을 포함하여 10명 이상 20명 이하의 위원으로 구성한다.

② 위원장과 부위원장은 위원 중에서 호선(互選)하며, 그 임기는 2년으로 한다.

③ 위원회의 위원은 다음 각 호의 사람이 된다.

1. 행정안전부에서 주소정보 관련 업무를 관장하는 고위공무원단에 속하는 공무원 중에서 행정안전부장관이 임명하는 공무원

2. 주소정보에 관한 학식과 경험이 풍부한 사람 중에서 성별을 고려하여 행정안전부장관이 위촉하는 사람

3. 다음 각 목의 중앙행정기관의 고위공무원단에 속하는 공무원 중에서 소속 기관의 장이 지명하는 사람

　　가. 기획재정부

　　나. 과학기술정보통신부

　　다. 문화체육관광부

　　라. 국토교통부

　　마. 경찰청

　　바. 소방청

　　사. 그 밖에 주소정보 업무와 관련하여 행정안전부장관이 정하는 중앙행정기관

제58조(위원의 임기)	제57조제3항제2호에 따른 위원(이하 "위촉위원"이라 한다)의 임기는 2년으로 한다.
제59조(위원의 해촉)	행정안전부장관은 위촉위원이 다음 각 호의 어느 하나에 해당하는 경우에는 해당 위원을 해촉(解囑)할 수 있다. 1. 심신장애로 직무를 수행할 수 없게 된 경우 2. 직무와 관련된 비위사실이 있는 경우 3. 직무태만, 품위손상이나 그 밖의 사유로 위원으로 적합하지 않다고 인정되는 경우 4. 위원 스스로 직무를 수행하는 것이 곤란하다고 의사를 밝히는 경우
제60조(위원장의 직무)	① 위원장은 위원회를 대표하고, 위원회의 업무를 총괄한다. ② 위원장이 부득이한 사유로 직무를 수행할 수 없을 때에는 부위원장이 그 직무를 대행한다. 이 경우 부위원장이 부득이한 사유로 그 직무를 대행할 수 없을 때에는 위원장이 미리 지명한 위원이 그 직무를 대행한다.
제61조(회의)	① 위원장은 위원회의 회의를 소집하고, 그 의장이 된다. ② 위원회의 회의는 재적위원 과반수의 출석으로 개의(開議)하고, 출석위원 과반수의 찬성으로 의결한다. ③ 위원장은 상정된 안건을 논의하기 위하여 필요한 경우에는 안건과 관련된 관계 행정기관·공공단체나 그 밖의 기관·단체의 장 또는 민간 전문가를 회의에 출석시켜 의견을 들을 수 있다.
제62조(운영세칙)	이 영에서 규정한 사항 외에 위원회의 구성·운영 등에 필요한 사항은 위원회의 의결을 거쳐 위원장이 정한다.

133. 법 제30조(자료제공의 요청)

법 제30조 (자료제공의 요청)	① 행정안전부장관, 시·도지사 및 시장·군수·구청장은 국가기관, 지방자치단체 또는 「공공기관의 운영에 관한 법률」에 따른 공공기관의 장에게 도로명주소의 부여·변경·폐지, 국가기초구역의 설정·변경·폐지, 국가지점번호의 부여·표기·관리 및 사물주소의 부여·변경·폐지에 관한 업무를 수행하기 위하여 필요한 자료로서 주민등록·가족관계등록·사업자등록·외국인등록·지방세·법인·건물·시설물 등에 관한 자료의 제공을 요청할 수 있다. 이 경우 자료 제공을 요청받은 기관의 장은 특별한 사유가 없으면 요청에 따라야 한다. ② 행정안전부, 시·도 및 시·군·자치구의 소속 공무원 또는 공무원이었던 자는 제1항에 따라 제공받은 자료 또는 그에 따른 정보를 이 법에서 정한 목적 외의 다른 용도로 사용하거나 다른 사람 또는 기관에 제공하거나 누설해서는 아니 된다. ③ 제1항에 따라 요청할 수 있는 자료의 구체적 범위는 대통령령으로 정한다.
령 제63조 (자료제공의 요청)	법 제30조제1항에 따라 행정안전부장관, 시·도지사 및 시장·군수·구청장이 국가기관, 지방자치단체 또는 「공공기관의 운영에 관한 법률」에 따른 공공기관의 장에게 요청할 수 있는 자료의 구체적 범위는 별표 2와 같다.
법 제31조 (조례의 제정)	지방자치단체는 주소정보의 사용을 촉진하기 위하여 필요한 경우에는 주소정보시설의 설치, 유지·관리, 손해배상 공제 가입, 활용 및 홍보 등에 관한 조례를 제정할 수 있다.
법 제32조(지도·감독)	행정안전부장관은 주소정보 체계의 전국적 통일성을 위하여 필요한 경우에는 주소정보의 부여·설정 및 관리에 관한 사항에 대하여 지방자치단체의 장을 지도·감독할 수 있다.

134. 법 제33조(권한 등의 위임 및 위탁)

① 이 법에 따른 행정안전부장관의 권한은 대통령령으로 정하는 바에 따라 그 일부를 시·도지사 또는 시장·군수·구청장에게 위임할 수 있다.

② 이 법에 따른 행정안전부장관의 업무는 대통령령으로 정하는 바에 따라 그 일부를 「국가공간정보 기본법」 제12조에 따른 한국국토정보공사, 「전자정부법」 제72조에 따른 한국지역정보개발원, 그 밖에 대통령령으로 정하는 기관에 위탁할 수 있다.

135. 영 제64조(권한 등의 위임·위탁)

① 행정안전부장관은 법 제33조제1항에 따라 제40조제2항부터 제5항까지의 규정에 따른 국가지점번호판 관리 등에 관한 권한을 시·도지사에게 위임한다.

② 행정안전부장관은 법 제33조제1항에 따라 다음 각 호의 권한을 시장등에게 위임한다.

> 1. 법 제7조제3항 및 제8조제2항에 따른 도로명 부여·변경 신청의 접수
> 2. 법 제7조제6항 및 제8조제5항에 따른 공공기관의 장에 대한 통보
> 3. 법 제8조제4항에 따른 도로명주소사용자 과반수의 서면 동의에 관한 사항
> 4. 법 제8조제5항에 따른 도로명주소가 변경되는 도로명주소사용자에 대한 고지

③ 법 제33조제2항에서 "대통령령으로 정하는 기관"이란 다음 각 호의 기관을 말한다.

> 1. 국립해양조사원
> 2. 국토지리정보원
> 3. 행정안전부장관이 주소정보와 관련하여 설립을 인가한 비영리법인

④ 행정안전부장관은 제39조제4항부터 제7항까지의 규정에 따른 국가지점번호의 표기 및 국가지점번호판의 설치 확인에 관한 업무를 다음 각 호의 기관에 위탁할 수 있다.

> 1. 「국가공간정보 기본법」 제12조에 따른 한국국토정보공사(이하 "한국국토정보공사"라 한다)
> 2. 국립해양조사원
> 3. 국토지리정보원

⑤ 행정안전부장관은 제44조, 제46조제2항부터 제4항까지 및 제53조에 따른 업무를 다음 각 호의 기관에 위탁할 수 있다.

> 1. 한국국토정보공사
> 2. 「전자정부법」 제72조에 따른 한국지역정보개발원(이하 "한국지역정보개발원"이라 한다)

⑥ 행정안전부장관은 법 제33조제2항에 따라 제51조제1항·제2항, 제52조 및 제54조에 따른 업무를 다음 각 호의 기관에 위탁할 수 있다.

> 1. 한국국토정보공사
> 2. 한국지역정보개발원
> 3. 제3항제3호에 따른 비영리법인

⑦ 행정안전부장관은 제4항부터 제6항까지의 규정에 따라 업무를 위탁하는 경우에는 위탁받는 기관 및 위탁업무의 내용을 고시해야 한다.

136. 법 제34조(벌칙)

① 제30조제2항(② 행정안전부, 시·도 및 시·군·자치구의 소속 공무원 또는 공무원이었던 자는 제1항에 따라 제공받은 자료 또는 그에 따른 정보를 이 법에서 정한 목적 외의 다른 용도로 사용하거나 다른 사람 또는 기관에 제공하거나 누설해서는 아니 된다)을 위반하여 자료 또는 정보를 사용·제공 또는 누설한 자는 5년 이하의 징역 또는 5천만원 이하의 벌금에 처한다.

② 제25조제10항(⑩ 누구든지 행정안전부장관의 허가 없이 「국가공간정보 기본법」에 따라 공개가 제한되는 정보가 포함된 주소정보기본도 및 주소정보안내도를 국외로 반출해서는 아니 된다. 다만, 외국 정부와 주소정보안내도를 서로 교환하는 등 대통령령으로 정하는 경우에는 그러하지 아니하다) 본문을 위반하여 공개가 제한되는 정보가 포함된 주소정보기본도 및 주소정보안내도를 국외로 반출한 자는 2년 이하의 징역 또는 2천만원 이하의 벌금에 처한다.

137. 법 제35조(과태료)

① 제26조제2항(② 건물등·시설물 또는 토지의 소유자·점유자 및 임차인은 그 건물등·시설물 또는 토지의 사용에 지장을 주는 경우가 아니면 정당한 사유 없이 주소정보시설의 조사, 설치, 교체 또는 철거 업무의 집행을 거부하거나 방해해서는 아니 된다)을 위반하여 정당한 사유 없이 주소정보시설의 조사, 설치, 교체 또는 철거 업무의 집행을 거부하거나 방해한 자에게는 100만원 이하의 과태료를 부과한다.

② 제13조제2항(② 건물등의 소유자 또는 점유자는 제1항에 따라 설치된 건물번호판을 관리하여야 하며, 건물번호판이 훼손되거나 없어졌을 때에는 해당 특별자치시장, 특별자치도지사 또는 시장·군수·구청장으로부터 재교부받거나 직접 제작하여 다시 설치하여야 한다. 이 경우 비용은 해당 건물등의 소유자 또는 점유자가 부담한다)을 위반하여 훼손되거나 없어진 건물번호판을 재교부받거나 직접 제작하여 다시 설치하지 아니한 자에게는 50만원 이하의 과태료를 부과한다.

③ 제1항 및 제2항에 따른 과태료는 대통령령으로 정하는 바에 따라 특별자치시장, 특별자치도지사 및 시장·군수·구청장이 부과·징수한다.

138. 영 제65조(과태료 부과기준)

법 제35조제1항 및 제2항에 따른 과태료의 부과기준은 별표 3과 같다.

■도로명주소법 시행령 [별표 3]

과태료의 부과기준(제65조 관련)

1. 일반기준

    가. 위반행위의 횟수에 따른 과태료의 부과기준은 최근 1년간 같은 위반행위로 과태료를 부과받은 경우에 적용한다. 이 경우 위반횟수는 같은 위반행위에 대하여 과태료를 부과받은 날과 다시 같은 위반행위로 적발된 날을 기준으로 하여 계산한다.

    나. 하나의 위반행위가 둘 이상의 과태료 부과기준에 해당하는 경우에는 그중 금액이 큰 과태료 부과기준을 적용한다.

    다. 부과권자는 다음의 어느 하나에 해당하는 경우에는 위반행위의 정도, 위반행위의 동기와 그 결과 등을 고려하여 제2호에 따른 과태료 금액의 2분의 1 범위에서 그 금액을 줄일 수 있다. 다만, 과태료를 체납하고 있는 위반행위자에 대해서는 그렇지 않다.

        1) 위반행위가 사소한 부주의나 오류로 인한 것으로 인정되는 경우

        2) 위반행위자가 법 위반상태를 시정하거나 해소하기 위하여 노력한 것이 인정되는 경우

        3) 제2호가목 또는 나목의 위반행위자가 「중소기업기본법」 제2조에 따른 중소기업자인 경우

        4) 그 밖에 위반행위의 정도, 위반행위의 동기와 그 결과 등을 고려하여 그 금액을 줄일 필요가 있다고 인정되는 경우

2. 기개별기준

위반행위	근거 법조문	과태료 금액(단위 : 만원)			
가. 법 제13조제2항을 위반하여 훼손되거나 없어진 건물번호판을 재교부받아 설치하지 않거나 직접 제작하여 설치하지 않은 경우	법 제35조 제2항	설치하지 않은 기간이 1개월 이하인 경우	설치하지 않은 기간이 3개월 이하인 경우	설치하지 않은 기간이 6개월 이하인 경우	설치하지 않은 기간이 6개월 초과인 경우
		15	25	35	50
나. 법 제26조제2항을 위반하여 정당한 사유 없이 주소정보시설의 조사, 설치, 교체 또는 철거 업무의 집행을 거부하거나 방해한 경우	법 제35조 제1항	1회 위반		2회 위반	3회 이상 위반
		30		50	100